憲法改正問題資料

上

●日本国民は、正当に選挙された国会における代表者を通じて行動し、われらとわれらの子孫のために、諸国民との協和による成果と、わが国全土にわたつて自由のもたらす恵沢を確保し、政府の行為によつて再び戦争の惨禍が起ることのないやうにすることを決意し、ここに主権が国民に存することを宣言し、この憲法を確定する。そもそも国政は、国民の厳粛な信託によるものであつて、その権威は国民に由来し、その権力は国民の代表者がこれを行使し、その福利は国民がこれを享受する。これは人類普遍の原理であり、この憲法は、かかる原理に基くものである。われらは、これに反する一切の憲法、法令及び詔勅を排除する。

●日本国民は、恒久の平和を念願し、人間相互の関係を支配する崇高な理想を深く自覚するのであつて、平和を愛する諸国民の公正と信義に信頼して、われらの安全と生存を保持しようと決意した。われらは、平和を維持し、専制と隷従、圧迫と偏狭を地上から永遠に除去しようと努めてゐる国際社会において、名誉ある地位を占めたいと思ふ。われらは、全世界の国民が、ひとしく恐怖と欠乏から免かれ、平和のうちに生存する権利を有することを確認する。

●われらは、いづれの国家も、自国のことのみに専念して他国を無視してはならないのであつて、政治道徳の法則は、普遍的なものであり、この法則に従ふことは、自国の主権を維持し、他国と対等関係に立たうとする各国の責務であると信ずる。

●日本国民は、国家の名誉にかけ、全力をあげてこの崇高な理想と目的を達成することを誓ふ。

渡辺 治 編著

旬報社

刊行にあたって――本書のねらいと構成

本書は、戦後の日本において常に政治対抗の焦点であり続けた、日本国憲法の改正に関係する資料を網羅的に、できるだけ正確な形で紹介し、編者の視角からその位置づけを明らかにし内容にコメントを加えたものである。

戦後日本史を通じて、憲法の改正が常に保守、革新の政治対決の焦点であり続けたこと、今なおあり続けていること、とりわけ保守の側が一貫してその改正を求め革新の側が擁護に回ってきたことは、戦後日本に特有の極めて珍しい現象である。またそこに、戦後七〇年にわたる政治、社会の大きな特徴を垣間見ることができる。

第二次、第三次安倍晋三内閣のもとで、この憲法にたいする重大な改変の企てが台頭、進行している現在、改めて戦後史を憲法改正という糸を通じてふり返ってみようというのが本書の意図である。

なぜ憲法改正草案に的を絞るのか

本書が憲法改正草案を対象にしていることに関係して、なぜ憲法改正草案に的を絞るのか、その理由をはじめに考えておきたい。

というのは、今までつくられた憲法改正草案のなかには、自由民主党や財界団体のそれもあるが、大半は個人のつくったものであり、その個人も、小沢一郎から鳩山由紀夫までさまざまである。それら個人の草案が政治的にはいかなる意義を持つか疑問が湧くからである。

確かに、個々の憲法改正草案とくに個人の草案には作成者の主観が濃厚に反映しており、必ずしも常にその時代の支配層の改憲構想を正確に反映しているとはかぎらない。けれども、こうした憲法改正草案を検討することは、その時代の憲法改正の動向を知るうえで、大変大きな意義を持っていると思われる。その理由は次の二つの点にまとめられる。

ひとつは、憲法改正草案が作成される背景には、改憲の必要性についての相当なエネルギーの増大があると予想されることだ。改憲が現実的に政治日程にのぼらなければ、改憲の主張はともかく改憲草案作成までには向かわないからである。その点で、改憲案の数や傾向は、その時代の改憲の現実性、切迫性を量る重要な指標となると言える。

それだけではない。第二に、改正草案には、改憲構想の思惑が条文という明瞭な形で表現されるため、その時代の改憲構想のねらいを具体的に知る手がかりとなるからである。

憲法改正草案に焦点をあてた検討が意味を持つのは、こういう理由からである。

また、本書では、とくに近年の部分では、憲法改正草案とともに、かなり多数の安全保障関係の資料も収録している。その理由も、ここであらかじめふれておきたい。その最大の理由は、一九九〇年代以降の現代改憲では、憲法条文をいじらずに解釈や立法でその内容を改変する、いわゆる解釈改憲方式が主流となっているためである。解釈改憲の場合には、既存の解釈を変えるさまざまな資料の検討が不可欠であり、解釈改憲の方向を知るには、憲法改正草案とは別個の資料にあたらなければ分からないからである。

本書の構成

本書は、戦後あまたにのぼる憲法改正草案、さらにそれに結びつく資料を、改憲史に沿って大きく三つの部に分けて編集した。

各部の年代と特徴をタイトルに表すと次のようになる。また、第I部、第II部を上巻に、第III部を下巻に収録した。資料番号は部ごとに発表順に付し、資料の頁数は巻ごとに付した。

第I部　復古的改憲の挫折と改憲消極の時代──一九四九～八〇年代

第II部　「冷戦」の終焉と現代改憲の台頭の時代──一九九〇～二〇〇三年

第III部　自衛隊イラク派兵と現代改憲の実行をめざす時代──二〇〇四年～現在

この三部の区分は、便宜的なもので改憲史の時期区分とは一致していない。改憲史を考える場合には、この括り方では大きすぎて不十分である。

とりわけ五〇年代改憲の時代と、六〇年代以降三〇年に及ぶ改憲消極の時代を、第I部という形で、一つの部に入れることは乱暴である。

他方、九〇年代以来台頭、継続している現代改憲を、二〇〇四年を境に第II部、第III部に分けることもバランスを失している。

しかし、安倍内閣が進めている改憲の淵源を探るため、とくに九〇年代以降の現代改憲を重視するという視角からあえて、このような三部構成を採用した。また、同じ問題関心から、第III部には多くの安保関係の資料を取り上げ、詳しいコメントを付した。

もともと、この憲法改正資料集は、二〇〇〇年代初め、小泉純一郎内閣のもとで改憲と自衛隊の海外派兵が現実化したなかで、二〇〇二年に『憲法「改正」の争点』として同じ旬報社から刊行した。それから一三年が経過して、第二次、第三次安倍内閣のもと、改憲、自衛隊の海外での武力行使をめぐる動きは、新たな段階に入った。この間、おびただしい数にのぼる改憲案や資料も発表された。そこで、今回改めて『憲法改正問題資料』と題して上下二巻で刊行することにしたものである。

本書の視角

本書の冒頭に置いた「序」では、憲法改正資料にあたるに際して、日本国憲法とその改正の試みの歴史をざっとふり返り、改憲がなぜ常に戦後日本の政治対抗の焦点であり続けたか、また改憲構想が時々の政治課題に沿ってどう内容が変化したかを概観しておきたい。

あらかじめ強調しておきたいことは、この改憲史のとらえ方、また個々の憲法改正資料にたいするコメントは、編者の極めて「偏った」視角にもとづくものであるという点である。

編者は、日本国憲法が戦後日本社会の形成に極めて大きな刻印を押し、日本社会のこれからの方向を指し示していると考えており、その憲法改正に反対するのみならず、憲法の十全な実現に日本社会の将来を展望する、ひと言でいえば護憲の立場をとり、その立場から、これまで憲法問題に発言を続けてきた。九条の改正に反対するという一点で結成された「九条の会」の事務局の末席を穢してもいる。

したがって、本書のコメントは、改憲、護憲のいずれにも与しない――そんな立場はあり得ないと思うが――という「中立」的立場からなされたものではない。読者は、本書の資料に付されたコメントがこのようなバイアスを持って書かれていることを理解して読んでいただきたい。

本書のコメントは、こうした立場にもかかわらず、あるいはそれ故に、改憲をはばむという立場の読者にとっては、憲法改正案の正確なねらい、特徴、その歴史的変化を知るうえで、また、改憲を志向する立場の読者にとっても有用であると信じている。

本書が念頭においている憲法改正史の時期区分

本書の冒頭の「序」では、本書に収録した資料を理解する前提として、戦後の憲法改正史の概要をふり返っておきたい。ここで編者の採用している戦後憲法史・憲法改正史の時期区分は以下のとおりである。

第一期　日本国憲法の制定期――一九四五～四七年
第二期　占領体制下の憲法期――一九四七～五二年
第三期　五〇年代復古的改憲の台頭と挫折期――一九五二～六四年
第四期　改憲消極と憲法「定着」期――一九六四～八〇年代
第五期　冷戦終焉と現代改憲の台頭期――一九九〇～二〇〇三年
第六期　自衛隊のイラク派兵と現代改憲の実行期――二〇〇四年～

このうち、第三期は一九六〇年を境にさらに二つの小時期に区分され、また、第四期も八二年の中曽根康弘内閣を境に二つに分けられる。さらに第六期も、明文改憲が追求され挫折停滞する二〇一二年までと、第二次安倍内閣の誕生により現代改憲が改めて再起動された一二年以降の小時期に区分される。

資料集の三部構成と憲法改正史の時期区分の関係を述べておくと、第三期と第四期が第Ⅰ部に、第五期が第Ⅱ部に、第六期が第Ⅲ部にあたる。

＊なお、刊行にあたって、序および、本文コメントにおいては、敬称を略させていただいた。
＊時系列資料目次、コメントおよび憲法改正内容別年表においては政党名を次のように略して表示した。自由民主党→自民党、日本共産党→共産党、日本社会党→社会党。

憲法改正問題資料　総目次

時系列資料目次

第Ⅰ部　復古的改憲の挫折と改憲消極の時代

1　復古的改憲の追求とその挫折＝一九四九〜六四年

Ⅰ・01　公法研究会　「憲法改正意見」（一九四九年三月二〇日）……004
Ⅰ・02　日米安全保障条約（一九五一年九月八日）……011
Ⅰ・03　吉田茂内閣　憲法第九条の「戦力」に関する統一見解（一九五二年一一月二五日）……012
Ⅰ・04　選挙制度調査会　「憲法改正国民投票要綱」（一九五二年一二月二日）……014
Ⅰ・05　自治庁　「日本国憲法改正国民投票法案」（抄）（一九五三年一月二〇日）……015
Ⅰ・06　渡辺経済研究所・憲法改正研究委員会　「憲法改正要点の私案」（一九五三年二月）……018
Ⅰ・07　朝日新聞　「超党派的憲法審議機関設置提案」（一九五三年五月三日）……020
Ⅰ・08　毎日新聞　「官民合同の憲法審査機関設置提案」（一九五三年五月三日）……022
Ⅰ・09　平和憲法擁護の会　趣意書・宣言（一九五三年八月八日）……023
Ⅰ・10　ニクソン米副大統領　「日本は共産侵略の防壁」演説（一九五三年一一月一九日）……025
Ⅰ・11　米当局　「一九五四年が憲法改正準備完了の年」（一九五三年一一月二八日）……026
Ⅰ・12　内閣法制局　憲法改正の問題点に関する調査資料（要旨）（一九五三年一二月）……027
Ⅰ・13　東京新聞　憲法改正に関する座談会（岸信介・西尾末広・阿部眞之助・山浦貫一）（抄）（一九五三年一二月）……029
Ⅰ・14　憲法擁護国民連合　結成大会宣言・要綱・規約（一九五四年一月一五日）……031
Ⅰ・15　改進党　「新日本国民憲法創定に関する決議」案（一九五四年一月一八日）……033

I・16 吉田茂首相　第一九国会における憲法改正問題に関する答弁①衆議院本会議における中曽根康弘との問答（一九五四年一月二九日）、
②衆議院予算委員会における河野密に対する答弁（一九五四年二月三日）……034
I・17 緒方竹虎国務大臣（副総理）　第一九国会衆議院本会議におけるMSA協定に関する答弁（一九五四年三月一一日）……036
I・18 自由党憲法調査会　憲法調査会の論点（一九五四年五月七日）……037
I・19 改進党憲法調査会　現行憲法の問題点の概要並びに各部会報告（一九五四年九月一三日）……038
I・20 自由党憲法調査会　日本国憲法改正案要綱並びに説明書（一九五四年一一月五日）……044
I・21 内閣法制局他　第二一国会における憲法第九条の「戦力」についての新解釈
①衆議院予算委員会における河野密に対する答弁（一九五四年一二月二一日）、
②衆議院予算委員会における福田篤泰に対する答弁（一九五四年一二月二二日）、
③衆議院予算委員会における本間俊一に対する答弁（一九五四年一二月二三日）……055
I・22 憲法研究会　「日本国自主憲法試案」（抄）（一九五五年一月）……058
I・23 鳩山一郎首相　第二二国会衆議院予算委における憲法九条改正に関する質疑・答弁（一九五五年三月二八日）……063
I・24 中曽根康弘　「自主憲法のための改正要綱試案」（一九五五年九月）……065
I・25 自民党憲法調査会　「憲法改正の問題点」（一九五六年四月二八日）……069
I・26 大西邦敏　「新日本国憲法草案」（抄）（一九五六年五月二三日）……075
I・27 憲法調査会法（一九五六年六月一一日）……078
I・28 社会党　憲法調査会に対する社会党の態度（一九五六年九月三日）……080
I・29 広瀬久忠　「日本国憲法改正広瀬試案」（一九五七年四月八日）……081
I・30 国防会議・閣議決定　「国防の基本方針」（一九五七年五月二〇日）……101
I・31 憲法調査会と社会党①日本社会党の憲法調査会への参加を要望する決議（一九五七年九月一九日）、
②憲法調査会不参加の回答（一九五七年九月二一日）、
③「日本社会党の参加を要望する決議」に対する同党の回答についての会長談（一九五七年一〇月二日）……102
I・32 自主憲法期成青年同盟　「青年憲法草案要綱」（一九五八年五月三日）……106
I・33 里見岸雄　「大日本國憲法」（抄）（一九五八年七月一日）……109
I・34 岸信介首相　ブラウン記者との会見における改憲発言（一九五八年一〇月一四日）……112
I・35 砂川訴訟①東京地裁判決（伊達判決）（一九五九年三月三〇日）、
②最高裁判決（一九五九年一二月一六日）……114

I・36 大内兵衛 「憲法問題研究会の意義」(一九五九年五月三日)……144
I・37 我妻榮 「私たちの役割」(一九五九年五月三日)……150
I・38 新安保条約(一九六〇年一月一九日)……153
I・39 中曽根康弘 「高度民主主義民定憲法草案」(一九六一年一月一日)……155
I・40 社会党・民社党と憲法調査会①社会党および民社党への要望書(一九六一年九月二二日)、
②社会党「憲法調査会の最近の動向について」(一九六一年九月二二日)、
③憲法調査会不参加に関する西尾民社党中央執行委員長談話(一九六一年九月二五日)……168
I・41 高柳賢三 「憲法調査会違憲論について」(一九六一年一〇月四日)……170
I・42 民社党 憲法問題に対する立場①民社党綱領(抄)(一九六二年一月二七日)、
②憲法を守り発展させる決議(一九六二年一月二七日)……172
I・43 社会党 憲法調査会に対する申し入れ(一九六二年一月二二日)……173
I・44 大日本生産党、全日本愛国者団体会議 憲法改正案①大日本生産党「日本憲法改正試案」(抄)(一九六二年六月)、
②全日本愛国者団体会議「大日本皇国憲法草案」(抄)(一九六二年八月)……174
I・45 大石義雄 「日本国憲法改正試案」(抄)(一九六二年七月)……179
I・46 憲法調査会共同意見 「憲法改正の方向」(抄)(一九六三年九月四日)……185
I・47 中曽根康弘等 憲法制定の経過に関する小委員会報告書の「結論」に対する共同意見書(一九六四年二月二八日)……192

2 改憲消極と憲法の「定着」＝一九六四〜八〇年代

I・48 憲法調査会 最終報告書(要旨)(一九六四年七月三日)……196
I・49 憲法問題研究会 憲法調査会報告書に対する声明(一九六四年七月三日)……201
I・50 社会党 憲法調査会についての声明(一九六四年七月三日)……202
I・51 共産党 憲法問題に対する立場①憲法改悪阻止とたたかいの方向(一九六四年七月一日)、
②憲法調査会報告書提出について(一九六四年七月三日)……203
I・52 憲法改悪阻止各界連絡会議 結成総会宣言(一九六五年三月六日)……208
I・53 共産党 「日本の中立化と安全保障についての日本共産党の構想」(一九六八年六月一〇日)……210
I・54 社会党外交防衛政策委員会・国際局外交委員会 「非武装・平和中立への道」(一九六八年一二月二八日)……213

Ⅰ・55 自民党憲法調査会　「憲法改正大綱草案」（稲葉試案）（一九七二年六月一六日）……223
Ⅰ・56 集団的自衛権に対する政府解釈①第六九国会参議院決算委員会提出資料（一九七二年一〇月一四日）、②「憲法、国際法と集団的自衛権」に関する質問主意書・答弁書（一九八一年四月二二日、五月二九日）……225
Ⅰ・57 長沼ナイキ基地訴訟①札幌地裁判決（一九七三年九月七日）、②札幌高裁判決（一九七六年八月五日）、③最高裁判決（一九八二年九月九日）……229
Ⅰ・58 三木武夫総理大臣　武器輸出三原則（一九七六年二月二七日）……306
Ⅰ・59 国防会議・閣議決定　昭和五二年度以降に係る防衛計画の大綱（一九七六年一〇月二九日）……308
Ⅰ・60 防衛庁　防衛庁における有事法制の研究について（一九七八年九月二一日）……313
Ⅰ・61 日米安全保障協議委員会　「日米防衛協力のための指針〈ガイドライン〉」（一九七八年一一月二七日）……315
Ⅰ・62 奥野誠亮法務大臣　改憲発言に関する質疑・答弁（一九八〇年八月二七日）……319
Ⅰ・63 鈴木善幸首相　改憲問題に関する質疑・答弁（一九八〇年一〇月六日）……320
Ⅰ・64 防衛庁　「有事法制の研究について」〈中間報告〉（一九八一年四月二二日）……322
Ⅰ・65 自主憲法期成議員同盟　憲法改正草案①「第一次憲法改正草案〈試案〉」（一九八一年一〇月二一日）、②「第一次憲法改正草案追加案」（一九八二年一二月一日）……326
Ⅰ・66 自民党　憲法調査会中間報告（一九八二年八月一一日）……339
Ⅰ・67 中川八洋　「日本国憲法〈草案〉」（抄）（一九八四年五月三日）……349
Ⅰ・68 防衛庁　「有事法制の研究について」〈第二次中間報告〉（一九八四年一〇月一六日）……354

第Ⅱ部　「冷戦」の終焉と現代改憲の台頭の時代

1　自衛隊海外派兵圧力と現代改憲構想の噴出＝一九九〇～九九年

Ⅱ・01 西部邁　「私の憲法案」（一九九一年六月三〇日）……364
Ⅱ・02 小林節　「日本国憲法改正私案」（一九九二年三月五日）……369

Ⅱ・03 PKO等協力法（一九九二年六月一九日） …… 374
Ⅱ・04 自主憲法期成議員同盟・自主憲法制定国民会議　「日本国憲法改正草案」（一九九三年四月二四日） …… 386
Ⅱ・05 日本を守る国民会議　「新憲法の大綱」（一九九三年五月三日） …… 392
Ⅱ・06 自民党憲法調査会　中間報告〈憲法調査会委員による発言要旨〉（一九九三年六月一六日） …… 395
Ⅱ・07 関西経済同友会・安全保障委員会　「提言 信頼される日本―常任理事国にふさわしい国を目指して」（抄）（一九九四年三月） …… 398
Ⅱ・08 関西経済同友会・基本問題部会・憲法問題委員会　「日本国憲法を考える」（一九九四年四月四日） …… 411
Ⅱ・09 経済同友会　「新しい平和国家をめざして」（一九九四年七月） …… 418
Ⅱ・10 読売新聞　「憲法改正試案」第一次試案（一九九四年一一月三日） …… 427
Ⅱ・11 安全保障会議・閣議決定　「平成八年度以降に係る防衛計画の大綱」（一九九五年一一月二八日） …… 438
Ⅱ・12 日本国内閣総理大臣・アメリカ合衆国大統領　「日米安全保障共同宣言―二一世紀に向けての同盟」（一九九六年四月一七日） …… 445
Ⅱ・13 木村睦男　「平成新憲法」（一九九六年四月） …… 448
Ⅱ・14 愛知和男　「平成日本国憲法」私案（抄）（一九九六年五月） …… 456
Ⅱ・15 新進党憲法問題調査会　中間報告〈骨子〉（一九九六年一二月二日） …… 463
Ⅱ・16 日米安全保障協議委員会　「日米防衛協力のための指針〈新ガイドライン〉」（一九九七年九月二三日） …… 469
Ⅱ・17 経済同友会　「緊急提言 早急に取り組むべき我が国の安全保障上の四つの課題」（一九九九年三月九日） …… 479
Ⅱ・18 周辺事態法（一九九九年五月二八日） …… 482
Ⅱ・19 民主党　「安全保障基本政策」（抄）（一九九九年六月二四日） …… 487
Ⅱ・20 憲法調査会設置に関する法改正等①国会法の一部を改正する法律（一九九九年八月四日）、
②憲法調査会設置に関する申合せ（一九九九年七月六日）、
③衆議院憲法調査会規程（一九九九年七月六日） …… 494
Ⅱ・21 小沢一郎　「日本国憲法改正試案」（抄）（一九九九年九月） …… 498

2　解釈改憲による自衛隊海外派兵の実行へ＝二〇〇〇〜〇三年

Ⅱ・22 中曽根康弘　「わが改憲論」（二〇〇〇年三月一日） …… 506
Ⅱ・23 読売新聞　「憲法改正試案」第二次試案（二〇〇〇年五月三日） …… 514
Ⅱ・24 日本経済新聞　「次代へ活きる憲法に　自律型社会に対応を」（二〇〇〇年五月三日） …… 517

Ⅱ・25 米国防大学国際戦略研究所 「米国と日本―成熟したパートナーシップに向けて」(第一次アーミテージ報告)(二〇〇〇年一〇月) …… 524
Ⅱ・26 公明党 「平和憲法のもと適切、着実な国際貢献を果たします」(二〇〇〇年一一月四日) …… 536
Ⅱ・27 共産党 「憲法を生かした民主日本の建設を」(二〇〇〇年一一月二四日) …… 538
Ⅱ・28 自由党・日本一新推進本部・国家基本問題に関する委員会 「新しい憲法を創る基本方針」〈第一次草案〉(二〇〇〇年一二月四日) …… 542
Ⅱ・29 自民党・橋本派政策局・憲法問題に関する分科会 「憲法改正案」(二〇〇〇年一二月二七日) …… 547
Ⅱ・30 自民党・国防部会 「提言 わが国の安全保障政策の確立と日米同盟
―アジア・太平洋地域の平和と繁栄に向けて」(二〇〇一年三月二三日) …… 550
Ⅱ・31 経済同友会・外交・安全保障委員会 「平和と繁栄の二一世紀を目指して
―新時代にふさわしい積極的な外交と安全保障政策の展開を」(二〇〇一年四月二五日) …… 556
Ⅱ・32 社民党・土井たか子党首 「二十一世紀の平和構想―核も不信もないアジアを」(二〇〇一年五月二日) …… 561
Ⅱ・33 山崎拓 「新憲法試案」(二〇〇一年五月三日) …… 565
Ⅱ・34 日本会議・新憲法研究会 「新憲法の大綱」(二〇〇一年四月) …… 569
Ⅱ・35 テロ対策特措法(二〇〇一年一一月二日) …… 572
Ⅱ・36 自衛隊法の一部を改正する法律(二〇〇一年一一月二日) …… 580
Ⅱ・37 海上保安庁法の一部を改正する法律(二〇〇一年一一月二日) …… 584
Ⅱ・38 憲法調査推進議員連盟 「日本国憲法改正国民投票法案」(抄)(二〇〇一年一一月一六日) …… 585
Ⅱ・39 PKO等協力法の一部を改正する法律(二〇〇一年一二月一四日) …… 600
Ⅱ・40 民主党憲法調査会 中間報告(抄)(二〇〇一年一二月一八日) …… 601
Ⅱ・41 新しい日本をつくる国民会議(二一世紀臨調)・国の基本法制検討会議 中間報告(抄)(二〇〇二年二―三月) …… 616
Ⅱ・42 世界平和研究所・安全保障特別研究会 「国家安全保障基本法要綱案」(二〇〇二年三月一九日) …… 640
Ⅱ・43 「二一世紀の日本と憲法」有識者懇談会(民間憲法臨調) 提言(二〇〇二年一一月三日) …… 645
Ⅱ・44 国際平和協力懇談会 報告書(抄)(二〇〇二年一二月一八日) …… 650
Ⅱ・45 経済同友会・憲法問題調査会 「憲法問題調査会意見書―自立した個人、自立した国たるために」(二〇〇三年四月) …… 655
Ⅱ・46 武力攻撃事態対処関連三法①武力攻撃事態対処法、
②安全保障会議設置法の一部を改正する法律、
③自衛隊法及び防衛庁の職員の給与等に関する法律の一部を改正する法律(二〇〇三年六月一三日) …… 666
Ⅱ・47 自民党政務調査会・憲法調査会・憲法改正プロジェクトチーム 「安全保障についての要綱案」(二〇〇三年七月二四日) …… 686

II・48 イラク復興支援特別措置法(二〇〇三年八月一日)……688

【以下、下巻】

第III部 自衛隊イラク派兵と現代改憲の実行をめざす時代

1 明文改憲の台頭と「九条の会」による挫折＝二〇〇四〜〇九年

III・01 愛知和男 「平成憲法・愛知私案(第四次改訂)」(二〇〇四年四月)……004
III・02 読売新聞 「憲法改正二〇〇四年試案」(二〇〇四年五月三日)……018
III・03 自民党 「憲法改正のポイント——憲法改正に向けての主な論点」(二〇〇四年六月)……022
III・04 自民党政務調査会・憲法調査会・憲法改正プロジェクトチーム 論点整理(案)(二〇〇四年六月一〇日)……030
III・05 九条の会 アピール(二〇〇四年六月一〇日)……039
III・06 公明党憲法調査会 論点整理(二〇〇四年六月一六日)……041
III・07 国民保護法(二〇〇四年六月一八日)……047
III・08 民主党憲法調査会 「創憲に向けて、憲法提言 中間報告
—「法の支配」を確立し、国民の手に憲法を取り戻すために」(二〇〇四年六月二二日)……114
III・09 陸上自衛隊幹部 中谷元・元防衛庁長官の要請に応えて作成した「憲法草案」(二〇〇四年一〇月)……129
III・10 安全保障と防衛力に関する懇談会 「安全保障と防衛力に関する懇談会」報告書
—未来への安全保障・防衛力ビジョン(二〇〇四年一〇月)……130
III・11 PHP総合研究所 「二十一世紀日本国憲法私案」(二〇〇四年一一月)……154
III・12 自民党憲法調査会・憲法改正案起草委員会 「憲法改正草案大綱(たたき台)
—「己も他もしあわせ」になるための「共生憲法」を目指して」(二〇〇四年一一月一七日)……166
III・13 安全保障会議・閣議決定 「平成一七年度以降に係る防衛計画の大綱」(二〇〇四年一二月一〇日)……190
III・14 日本経団連 「わが国の基本問題を考える——これからの日本を展望して——」(二〇〇五年一月一八日)……197
III・15 世界平和研究所 「憲法改正試案」(二〇〇五年一月二〇日)……220
III・16 鳩山由紀夫 「新憲法試案」(二〇〇五年二月)……231

Ⅲ・17 社会民主党全国連合常任幹事会　「憲法をめぐる議論についての論点整理」(二〇〇五年三月一〇日)……245
Ⅲ・18 自民党新憲法起草委員会　「各小委員会要綱」(二〇〇五年四月四日)……269
Ⅲ・19 衆議院憲法調査会　「衆議院憲法調査会報告書」(抄)(二〇〇五年四月一五日)……280
Ⅲ・20 参議院憲法調査会　「日本国憲法に関する調査報告書」(抄)(二〇〇五年四月二〇日)……302
Ⅲ・21 「二一世紀の日本と憲法」有識者懇談会(民間憲法臨調)　「国家のグランド・デザインを描くなかから新憲法の創出を」(二〇〇五年五月三日)……323
Ⅲ・22 平沼赳夫　「憲法条文試案」(抄)(二〇〇五年七月)……327
Ⅲ・23 自民党新憲法起草委員会　要綱(第一次素案)(二〇〇五年七月七日)……332
Ⅲ・24 自民党　「新憲法草案」(二〇〇五年一〇月二八日)……337
Ⅲ・25 創憲会議　「新憲法草案」(二〇〇五年一〇月二八日)……349
Ⅲ・26 ライス国務長官・ラムズフェルド国防長官・町村外務大臣・大野防衛庁長官　「日米同盟―未来のための変革と再編」(二〇〇五年一〇月二九日)……362
Ⅲ・27 民主党憲法調査会　「憲法提言」(二〇〇五年一〇月三一日)……371
Ⅲ・28 「二一世紀の日本と憲法」有識者懇談会(民間憲法臨調)　「九条改正に取り組み国家と国民の安全を確保せよ」(二〇〇六年五月三日)……382
Ⅲ・29 日米首脳会談共同文書　「新世紀の日米同盟」(二〇〇六年六月二九日)……386
Ⅲ・30 平和・安全保障研究所　「集団的自衛権の行使へ―普通の民主主義国としての責任を」(二〇〇六年一〇月二六日)……388
Ⅲ・31 戦略国際問題研究所(ＣＳＩＳ)　「米日同盟―二〇二〇年に向けアジアを正しく方向付ける」(第二次アーミテージ報告)(二〇〇七年二月一六日)……398
Ⅲ・32 「二一世紀の日本と憲法」有識者懇談会(民間憲法臨調)　「新憲法制定に向けて」(中間報告)(二〇〇七年五月三日)……421
Ⅲ・33 日本国憲法の改正手続に関する法律(二〇〇七年五月一八日)……428
Ⅲ・34 国会法の一部を改正する法律(憲法審査会設置)(二〇〇七年五月一八日)……465
Ⅲ・35 新テロ対策特別措置法(二〇〇八年一月一六日)……466
Ⅲ・36 自衛隊のイラク派兵差止等請求事件　名古屋高裁判決(二〇〇八年四月一七日)……470
Ⅲ・37 安全保障の法的基盤の再構築に関する懇談会　報告書(二〇〇八年六月二四日)……484
Ⅲ・38 松下政経塾・政経研究所・日米次世代会議プロジェクト　「日米同盟試練の時―「広範でバランスのとれた同盟」への進化が急務」
Ⅲ・39 自民党政務調査会　国防部会・防衛政策検討小委員会　「提言・新防衛計画の大綱について」(二〇〇八年一一月)……504

——国家の平和・独立と国民の安全・安心確保の更なる進展」（二〇〇九年六月九日）……519
III・40 衆議院憲法審査会規程（二〇〇九年六月一一日）……535
III・41 海賊対処法（二〇〇九年六月二四日）……538
III・42 日本経団連 「わが国の防衛産業政策の確立に向けた提言」（二〇〇九年七月一四日）……542
III・43 安全保障と防衛力に関する懇談会 報告書（二〇〇九年八月）……547

2 民主党政権の成立と改憲の停滞＝二〇一〇～一二年

III・44 自民党 「国際平和協力法案」（二〇一〇年五月二六日）……592
III・45 自民党政務調査会・国防部会 「提言・新防衛計画の大綱について
——国家の平和・独立と国民の安全・安心確保の更なる進展」（二〇一〇年六月一四日）……613
III・46 日本経団連 「新たな防衛計画の大綱に向けた提言」（二〇一〇年七月二〇日）……634
III・47 新たな時代の安全保障と防衛力に関する懇談会 「新たな時代における日本の安全保障と防衛力の将来構想
——「平和創造国家」を目指して」（二〇一〇年八月）……640
III・48 民主党外交安全保障調査会 「「防衛計画の大綱」見直しに関する提言」（二〇一〇年一一月三〇日）……675
III・49 安全保障会議・閣議決定 「平成二三年度以降に係る防衛計画の大綱」（二〇一〇年一二月一七日）……682
III・50 参議院憲法審査会規程（二〇一一年五月一八日）……693
III・51 日米安全保障協議委員会 「より深化し、拡大する日米同盟に向けて
——五〇年間のパートナーシップの基盤の上に」（二〇一一年六月二一日）……696
III・52 秘密保全のための法制の在り方に関する有識者会議 「秘密保全のための法制の在り方について（報告書）」（二〇一一年八月八日）……701
III・53 大阪維新の会 「維新が目指す国家像」（二〇一二年三月一〇日）……718
III・54 たちあがれ日本 「自主憲法大綱「案」」（二〇一二年四月二五日）……723
III・55 自民党 「日本国憲法改正草案」（二〇一二年四月二七日）……729
III・56 みんなの党 「憲法改正の基本的考え方」（二〇一二年四月二七日）……743
III・57 新しい憲法をつくる国民会議（自主憲法制定国民会議） 「日本国憲法」（新憲法第三次案）（二〇一二年五月三日）……744
III・58 自民党 「国家安全保障基本法案」（概要）（二〇一二年七月四日）……758
III・59 大阪維新の会 「維新八策」（案）（二〇一二年七月五日）……762

Ⅲ・60 国家戦略会議フロンティア分科会・平和のフロンティア部会　報告書（二〇一二年七月六日）……768
Ⅲ・61 戦略国際問題研究所（CSIS）「米日同盟—アジアに安定を定着させる」（第三次アーミテージ報告）（二〇一二年八月）……783
Ⅲ・62 日本青年会議所　「日本国憲法草案」（二〇一二年一〇月一二日）……801

3　自民党政権の復活と「戦争する国」づくり＝二〇一三年〜現在

Ⅲ・63 産経新聞　「国民の憲法」要綱（二〇一三年四月二六日）……814
Ⅲ・64 自民党　「新「防衛計画の大綱」策定に係る提言—「防衛を取り戻す」」（二〇一三年六月四日）……825
Ⅲ・65 九条の会　「集団的自衛権行使による「戦争する国」づくりに反対する国民の声を」（二〇一三年一〇月七日）……836
Ⅲ・66 国家安全保障会議設置法（二〇一三年一一月四日）……838
Ⅲ・67 特定秘密の保護に関する法律（二〇一三年一二月一三日）……841
Ⅲ・68 国家安全保障会議・閣議決定　「国家安全保障戦略」（二〇一三年一二月一七日）……854
Ⅲ・69 国家安全保障会議・閣議決定　「平成二六年度以降に係る防衛計画の大綱」（二〇一三年一二月一七日）……871
Ⅲ・70 国家安全保障会議・閣議決定　武器輸出三原則の見直し（二〇一四年四月一日）……888
Ⅲ・71 安全保障の法的基盤の再構築に関する懇談会　報告書（二〇一四年五月一五日）……893
Ⅲ・72 安倍晋三　「安全保障の法的基盤の再構築に関する懇談会　報告書」に関する安倍総理記者会見（二〇一四年五月一五日）……926
Ⅲ・73 日本国憲法の改正手続に関する法律の一部を改正する法律（二〇一四年六月二〇日）……930
Ⅲ・74 国家安全保障会議・閣議決定「国の存立を全うし、国民を守るための切れ目のない安全保障法制の整備について」（二〇一四年七月一日）……932

参考資料

1　日本国憲法（一九四六年一一月三日）……939
2　大日本帝國憲法（一八八九年二月一一日）……947

発表主体別五十音索引

発表主体	資料名	発表年月日	資料番号	頁数
【あ】				
アーミテージほか・米国防大学国際戦略研究所	「米国と日本―成熟したパートナーシップに向けて」(第一次アーミテージ報告)	二〇〇〇年一〇月	Ⅱ・25	524
アーミテージほか・戦略国際問題研究所	「米日同盟―二〇二〇年に向けアジアを正しく方向付ける」(第二次アーミテージ報告)	二〇〇七年二月一六日	Ⅲ・31	398
アーミテージほか・戦略国際問題研究所	「米日同盟―アジアに安定を定着させる」(第三次アーミテージ報告)	二〇一二年八月	Ⅲ・61	783
愛知和男	「平成日本国憲法」私案	一九九六年五月	Ⅱ・14	456
愛知和男	「平成憲法・愛知私案(第四次改訂)」	二〇〇四年四月	Ⅲ・01	004
朝日新聞	「超党派的憲法審議機関設置提案」	一九五三年五月三日	Ⅰ・07	020
新しい憲法をつくる国民会議(自主憲法制定国民会議)	「日本国憲法」(新憲法第三次案)	二〇一二年五月三日	Ⅲ・57	744
新しい日本をつくる国民会議(二一世紀臨調)・国の基本法制検討会議	中間報告	二〇〇二年二―三月	Ⅱ・41	616
安倍晋三首相	「安全保障の法的基盤の再構築に関する懇談会報告書」に関する安倍総理記者会見	二〇一四年五月一五日	Ⅲ・72	926

新たな時代の安全保障と防衛力に関する懇談会	「新たな時代における日本の安全保障と防衛力の将来構想―「平和創造国家」を目指して」	二〇一〇年八月	Ⅲ・47	640
安全保障会議・閣議決定	「平成八年度以降に係る防衛計画の大綱」	一九九五年一一月二八日	Ⅱ・11	438
安全保障会議・閣議決定	「平成一七年度以降に係る防衛計画の大綱」	二〇〇四年一二月一〇日	Ⅲ・13	190
安全保障会議・閣議決定	「平成二三年度以降に係る防衛計画の大綱」	二〇一〇年一二月一七日	Ⅲ・49	682
安全保障と防衛力に関する懇談会	「安全保障と防衛力に関する懇談会」報告書―未来への安全保障・防衛力ビジョン	二〇〇四年一〇月	Ⅲ・10	130
安全保障と防衛力に関する懇談会	報告書	二〇〇九年八月	Ⅲ・43	547
安全保障の法的基盤の再構築に関する懇談会	報告書	二〇〇八年六月二四日	Ⅲ・37	484
安全保障の法的基盤の再構築に関する懇談会	報告書	二〇一四年五月一五日	Ⅲ・71	893
イラク復興支援特別措置法	イラク復興支援特別措置法	二〇〇三年八月一日	Ⅱ・48	688
大石義雄	「日本国憲法改正試案」	一九六二年七月	Ⅰ・45	179
大内兵衛	「憲法問題研究会の意義」	一九五九年五月三日	Ⅰ・36	144
大阪維新の会	「維新が目指す国家像」	二〇一二年三月一〇日	Ⅲ・53	718
大阪維新の会	「維新八策」(案)	二〇一二年七月五日	Ⅲ・59	762
大西邦敏	「新日本国憲法草案」	一九五六年五月二三日	Ⅰ・26	075
緒方竹虎国務大臣(副総理)	第一九国会衆院本会議におけるMSA協定に関する答弁	一九五四年三月一一日	Ⅰ・17	036
奥野誠亮法務大臣	改憲発言に関する質疑・答弁	一九八〇年八月二七日	Ⅰ・62	319
小沢一郎	「日本国憲法改正試案」	一九九九年九月	Ⅱ・21	498

【か】

海上保安庁法の一部を改正する法律	海上保安庁法の一部を改正する法律	二〇〇一年一一月二日	Ⅱ・37	584
改進党	「新日本国民憲法創定に関する決議」案	一九五四年一月一八日	Ⅰ・15	033

改進党憲法調査会	現行憲法の問題点の概要並びに各部会報告	一九五四年九月一三日	I・19	038
海賊対処法	海賊対処法	二〇〇九年六月二四日	III・41	538
関西経済同友会・安全保障委員会	「提言 信頼される日本―常任理事国にふさわしい国を目指して」	一九九四年三月	II・07	398
関西経済同友会・基本問題部会・憲法問題委員会	「日本国憲法を考える」	一九九四年四月二八日	II・08	411
岸信介首相	ブラウン記者との会見における改憲発言	一九五八年一〇月一四日	I・34	109
岸信介ほか	憲法改正に関する座談会（岸信介・西尾末広・阿部眞之助・山浦貫一）	一九五三年一二月	I・13	029
木村睦男	「平成新憲法」	一九九六年	II・13	448
九条の会	アピール	二〇〇四年六月一〇日	III・05	039
九条の会	「集団的自衛権行使による『戦争する国』づくりに反対する国民の声を」	二〇一三年一〇月七日	III・65	836
経済同友会	「新しい平和国家をめざして」	一九九四年七月	II・09	418
経済同友会	「緊急提言 早急に取り組むべき我が国の安全保障上の四つの課題」	一九九九年三月九日	II・17	479
経済同友会・外交・安全保障委員会	「平和と繁栄の二一世紀を目指して―新時代にふさわしい積極的な外交と安全保障政策の展開を」	二〇〇一年四月二五日	II・31	556
経済同友会・憲法問題調査会	「憲法問題調査会意見書―自立した個人、自立した国たるために」	二〇〇三年四月	II・45	655
憲法改悪阻止各界連絡会議	結成総会宣言	一九六五年三月六日	I・52	208
憲法研究会	「日本国自主憲法試案」	一九五五年一月	I・22	058
憲法調査会	社会党と憲法調査会への対応①日本社会党の憲法調査会への参加を要望する決議	一九五七年九月一九日	I・31	102

憲法調査会	社会党・民社党と憲法調査会参加をめぐって①社会党および民社党に対する要望書	一九六一年九月二二日	Ⅰ・40	168
憲法調査会	最終報告書	一九六四年七月三日	Ⅰ・48	196
憲法調査会共同意見	「憲法改正の方向」	一九六三年九月四日	Ⅰ・46	185
憲法調査会設置に関する法改正等	憲法調査会設置に関する法改正等①国会法の一部を改正する法律	一九九九年八月四日	Ⅱ・20	494
憲法調査会設置に関する法改正等	憲法調査会設置に関する法改正等②憲法調査会設置に関する申合せ	一九九九年七月六日	Ⅱ・20	494
憲法調査会設置に関する法改正等	憲法調査会設置に関する法改正等③衆議院憲法調査会規程	一九九九年七月六日	Ⅱ・20	494
憲法調査会法	憲法調査会法	一九五六年六月一一日	Ⅰ・27	078
憲法調査推進議員連盟	「日本国憲法改正国民投票法案」	二〇〇一年一一月一六日	Ⅱ・38	585
憲法問題研究会	憲法調査会報告書に対する声明	一九六四年七月三日	Ⅰ・49	201
憲法擁護国民連合	結成大会宣言・要綱・規約	一九五四年一月一五日	Ⅰ・14	031
公法研究会	「憲法改正意見」	一九四九年三月二〇日	Ⅰ・01	004
公明党	「平和憲法のもと適切、着実な国際貢献を果たします」	二〇〇〇年一一月四日	Ⅱ・26	536
公明党憲法調査会	論点整理	二〇〇四年六月一六日	Ⅲ・06	041
国際平和協力懇談会	報告書	二〇〇二年一二月一八日	Ⅱ・44	650
国防会議・閣議決定	昭和五二年度以降に係る防衛計画の大綱	一九七六年一〇月二九日	Ⅰ・59	308
国防会議・閣議決定	「国防の基本方針」	一九五七年五月二〇日	Ⅰ・30	101
国民保護法	国民保護法	二〇〇四年六月一八日	Ⅲ・07	047
国家安全保障会議・閣議決定	「国家安全保障戦略」	二〇一三年一二月一七日	Ⅲ・68	854
国家安全保障会議・閣議決定	「平成二六年度以降に係る防衛計画の大綱」	二〇一三年一二月一七日	Ⅲ・69	871
国家安全保障会議・閣議決定	武器輸出三原則の見直し	二〇一四年四月一日	Ⅲ・70	888

国家安全保障会議・閣議決定	「国の存立を全うし、国民を守るための切れ目のない安全保障法制の整備について」	二〇一四年七月一日	Ⅲ・74	932
国家安全保障会議設置法	国家安全保障会議設置法	二〇一三年一二月四日	Ⅲ・66	838
国会法の一部を改正する法律（憲法審査会設置）	国会法の一部を改正する法律（憲法審査会設置）	二〇〇七年八月七日	Ⅲ・34	465
国家戦略会議フロンティア分科会・平和のフロンティア部会	報告書	二〇一二年七月六日	Ⅲ・60	768
小林節	「日本国憲法改正私案」	一九九二年三月五日	Ⅱ・02	369

【さ】

最高裁判所	砂川事件・最高裁判決	一九五九年一二月一六日	Ⅰ・35	114
最高裁判所	長沼ナイキ基地訴訟・最高裁判決	一九八二年九月九日	Ⅰ・57	229
札幌高等裁判所	長沼ナイキ基地訴訟・札幌高裁判決	一九七六年八月五日	Ⅰ・57	229
札幌地方裁判所	長沼ナイキ基地訴訟・札幌地裁判決	一九七三年九月七日	Ⅰ・57	229
里見岸雄	「大日本國憲法」	一九五八年七月一日	Ⅰ・33	109
参議院憲法調査会	「日本国憲法に関する調査報告書」	二〇〇五年四月二〇日	Ⅲ・20	302
参議院憲法審査会規程	参議院憲法審査会規程	二〇一一年五月一八日	Ⅲ・50	693
産経新聞	「国民の憲法」要綱	二〇一三年四月二六日	Ⅲ・63	814
自衛隊法の一部を改正する法律	自衛隊法の一部を改正する法律	二〇〇一年一一月二日	Ⅱ・36	580
自主憲法期成議員同盟	憲法改正草案①「第一次憲法改正草案〈試案〉」	一九八一年一〇月二一日	Ⅰ・65	326
自主憲法期成議員同盟	憲法改正草案②「第一次憲法改正草案追加案」	一九八二年一二月一日	Ⅰ・65	326
自主憲法期成議員同盟・自主憲法制定国民会議	「日本国憲法改正草案」	一九九三年四月二四日	Ⅱ・04	386
自主憲法期成青年同盟	「青年憲法草案要綱」	一九五八年五月三日	Ⅰ・32	106

自治庁	「日本国憲法改正国民投票法案」	一九五三年一月二〇日	I・05	015
社会民主党(以下、社民党)全国連合常任幹事会	「憲法をめぐる議論についての論点整理」	二〇〇五年三月一〇日	III・17	245
社民党・土井たか子党首	「二十一世紀の平和構想—核も不信もないアジアを」	二〇〇一年五月二日	II・32	561
衆議院憲法調査会	「衆議院憲法調査会報告書」	二〇〇五年四月一五日	III・19	280
衆議院憲法審査会規程	衆議院憲法審査会規程	二〇〇九年六月一一日	III・40	535
集団的自衛権に対する政府解釈	集団的自衛権に対する政府解釈①第六九国会参議院決算委員会提出資料	一九七二年一〇月一四日	I・56	225
集団的自衛権に対する政府解釈	集団的自衛権に対する政府解釈②「憲法、国際法と集団的自衛権」に関する質問主意書・答弁書	一九八一年四月二二日、五月二九日	I・56	225
自由党憲法調査会	憲法調査会の論点	一九五四年五月七日	I・18	037
自由党憲法調査会	日本国憲法改正案要綱並びに説明書	一九五四年一一月五日	I・20	044
自由党・日本一新推進本部・国家基本問題に関する委員会	「新しい憲法を創る基本方針」〈第一次草案〉	二〇〇〇年一二月四日	II・28	542
周辺事態法	周辺事態法	一九九九年五月二八日	II・18	482
自由民主党	「憲法改正のポイント—憲法改正に向けての主な論点」	二〇〇四年六月	III・03	022
自由民主党	「新憲法草案」	二〇〇五年一〇月二八日	III・24	337
自由民主党	「国際平和協力法案」	二〇一〇年五月二六日	III・44	592
自由民主党	「日本国憲法改正草案」	二〇一二年四月二七日	III・55	729
自由民主党	「国家安全保障基本法案」(概要)	二〇一二年七月四日	III・58	758
自由民主党	新「防衛計画の大綱」策定に係る提言—「防衛を取り戻す」	二〇一三年六月四日	III・64	825
自由民主党憲法調査会	「憲法改正の問題点」	一九五六年四月二八日	I・25	069
自由民主党憲法調査会	「憲法改正大綱草案」(稲葉試案)	一九七二年六月一六日	I・55	223
自由民主党	憲法調査会中間報告	一九八二年八月一一日	I・66	339

自由民主党憲法調査会	中間報告〈憲法調査会委員による発言要旨〉	一九九三年六月一六日	Ⅱ・06	395
自由民主党憲法調査会・憲法改正案起草委員会	「憲法改正草案大綱(たたき台)「己も他もしあわせ」になるための「共生憲法」を目指して」	二〇〇四年一一月一七日	Ⅲ・12	166
自由民主党政務調査会・憲法調査会・憲法改正プロジェクトチーム	論点整理(案)	二〇〇四年六月一〇日	Ⅲ・04	030
自由民主党・国防部会	「提言 わが国の安全保障政策の確立と日米同盟―アジア・太平洋地域の平和と繁栄に向けて」	二〇〇一年三月二三日	Ⅱ・30	550
自由民主党新憲法起草委員会	「各小委員会要綱」	二〇〇五年四月四日	Ⅲ・18	269
自由民主党新憲法起草委員会	要綱(第一次素案)	二〇〇五年七月七日	Ⅲ・23	332
自由民主党政務調査会・憲法調査会・憲法改正プロジェクトチーム	「安全保障についての要綱案」	二〇〇三年七月二四日	Ⅱ・47	686
自由民主党政務調査会　国防部会・防衛政策検討小委員会	「提言・新防衛計画の大綱について―国家の平和・独立と国民の安全・安心確保の更なる進展」	二〇〇九年六月九日	Ⅲ・39	519
自由民主党政務調査会・国防部会	「提言・新防衛計画の大綱について―国家の平和・独立と国民の安全・安心確保の更なる進展」	二〇一〇年六月一四日	Ⅲ・45	613
自由民主党・橋本派政策局・憲法問題に関する分科会	「憲法改正案」	二〇〇〇年一二月二八日	Ⅱ・29	547
新安保条約	新安保条約	一九六〇年一月一九日	Ⅰ・38	153
新進党憲法問題調査会	中間報告〈骨子〉	一九九六年一二月二日	Ⅱ・15	463
新テロ対策特別措置法	新テロ対策特別措置法	二〇〇八年一月一六日	Ⅲ・35	466
鈴木善幸首相	改憲問題に関する質疑・答弁	一九八〇年一〇月六日	Ⅰ・63	320
世界平和研究所・安全保障特別研究会	「国家安全保障基本法要綱案」	二〇〇二年三月一九日	Ⅱ・42	172
世界平和研究所	「憲法改正試案」	二〇〇五年一月二〇日	Ⅲ・15	220
選挙制度調査会	「憲法改正国民投票要綱」	一九五二年一二月二日	Ⅰ・04	014

全日本愛国者団体会議	「大日本皇国憲法草案」	一九六二年八月	Ⅰ・44	174
創憲会議	「新憲法草案」	二〇〇五年一〇月二八日	Ⅲ・25	349

【た】

大日本生産党	「日本憲法改正試案」	一九六二年六月	Ⅰ・44	174
大日本帝國憲法	大日本帝國憲法	一八八九年二月一一日	参考2	947
高柳賢三	社会党と憲法調査会③「日本社会党の参加を要望する決議」に対する同党の回答についての会長談	一九五七年一〇月二日	Ⅰ・31	102
高柳賢三	「憲法調査会違憲論について」	一九六一年一〇月四日	Ⅰ・41	170
たちあがれ日本	「自主憲法大綱(案)」	二〇一二年四月二五日	Ⅲ・54	723
テロ対策特措法	テロ対策特措法	二〇〇一年一一月二日	Ⅱ・35	572
東京地方裁判所	砂川事件・東京地裁判決(伊達判決)	一九五九年三月三〇日	Ⅰ・35	114
特定秘密の保護に関する法律	特定秘密の保護に関する法律	二〇一三年一二月一三日	Ⅲ・67	841

【な】

内閣法制局	憲法改正の問題点に関する調査資料	一九五三年一二月	Ⅰ・12	027
内閣法制局	第二一国会における憲法第九条の「戦力」に関する新解釈① 衆議院予算委員会における河野密に対する答弁	一九五四年一二月二一日	Ⅰ・21	055
内閣法制局	第二一国会における憲法第九条の「戦力」に関する新解釈② 衆議院予算委員会における福田篤泰に対する答弁	一九五四年一二月二二日	Ⅰ・21	055
内閣法制局	第二一国会における憲法第九条の「戦力」に関する新解釈③ 衆議院予算委員会における本間俊一に対する答弁	一九五四年一二月二三日	Ⅰ・21	055
中川八洋	「日本国憲法〈草案〉」	一九八四年五月三日	Ⅰ・67	349
中曽根康弘	「自主憲法のための改正要綱試案」	一九五五年九月	Ⅰ・24	065

中曽根康弘	「高度民主主義民定憲法草案」	一九六一年一月一日	I・39	155
中曽根康弘	「わが改憲論」	二〇〇〇年三月一日	II・22	506
中曽根康弘等	憲法制定の経過に関する小委員会報告書の「結論」に対する共同意見書	一九六四年二月二八日	I・47	192
名古屋高等裁判所判決	自衛隊のイラク派兵差止等請求事件	二〇〇八年四月一七日	III・36	470
ニクソン米副大統領	「日本は共産侵略の防壁」演説	一九五三年一一月一九日	I・10	025
西部邁	「私の憲法案」	一九九一年六月三〇日	II・01	364
「二一世紀の日本と憲法」有識者懇談会(民間憲法臨調)	提言	二〇〇二年一一月三日	II・43	645
「二一世紀の日本と憲法」有識者懇談会(民間憲法臨調)	「国家のグランド・デザインを描くなかから新憲法の創出を」	二〇〇五年五月三日	III・21	323
「二一世紀の日本と憲法」有識者懇談会(民間憲法臨調)	「九条改正に取り組み国家と国民の安全を確保せよ」	二〇〇六年五月三日	III・28	382
「二一世紀の日本と憲法」有識者懇談会(民間憲法臨調)	「新憲法制定に向けて」(中間報告)	二〇〇七年五月三日	III・32	421
日米安全保障協議委員会	「日米防衛協力のための指針〈ガイドライン〉」	一九七八年一一月二七日	I・61	315
日米安全保障協議委員会	「日米防衛協力のための指針〈新ガイドライン〉」	一九九七年九月二三日	II・16	469
日米安全保障協議委員会	「より深化し、拡大する日米同盟に向けて―五〇年間のパートナーシップの基盤の上に」	二〇一一年六月二一日	III・51	696
日米安全保障条約	日米安全保障条約	一九五一年九月八日	I・02	011
日米首脳会談共同文書	「新世紀の日米同盟」	二〇〇六年六月二九日	III・29	386
日本会議・新憲法研究会	「新憲法の大綱」	二〇〇一年四月	II・34	569
日本共産党	憲法問題に対する立場①憲法改悪阻止とたたかいの方向	一九六四年七月一日	I・51	203
日本共産党	憲法問題に対する立場②憲法調査会報告書提出について	一九六四年七月三日	I・51	203

日本共産党	「日本の中立化と安全保障についての日本共産党の構想」	一九六八年六月一〇日	I・53	210
日本共産党	「憲法を生かした民主日本の建設を」	二〇〇〇年一一月二四日	II・27	538
日本経済新聞	「次代へ活きる憲法に　自律型社会に対応を」	二〇〇〇年五月三日	II・24	519
日本経団連	「わが国の基本問題を考える—これからの日本を展望して—」	二〇〇五年一月一八日	III・14	197
日本経団連	「わが国の防衛産業政策の確立に向けた提言」	二〇〇九年七月一四日	III・42	542
日本経団連	「新たな防衛計画の大綱に向けた提言」	二〇一〇年七月二〇日	III・46	634
日本国憲法	日本国憲法	一九四六年一一月三日	参考1	939
日本国憲法の改正手続に関する法律	日本国憲法の改正手続に関する法律	二〇〇七年五月一八日	III・33	428
日本国憲法の改正手続に関する法律の一部を改正する法律		二〇一四年六月二〇日	III・73	930
日本国内閣総理大臣・アメリカ合衆国大統領	「日米安全保障共同宣言—二一世紀に向けての同盟」	一九九六年四月一七日	II・12	445
日本社会党	憲法調査会に対する社会党の態度	一九五六年九月三日	I・28	080
日本社会党	社会党と憲法調査会②憲法調査会不参加の回答	一九五七年九月二一日	I・31	102
日本社会党	社会党・民主党と憲法調査会②社会党「憲法調査会の最近の動向について」	一九六一年九月二三日	I・40	168
日本社会党	憲法調査会に対する申し入れ	一九六二年二月二三日	I・43	173
日本社会党	憲法調査会についての声明	一九六四年七月三日	I・50	202
日本社会党外交防衛政策委員会・国際局外交委員会	「非武装・平和中立への道」	一九六八年一二月二八日	I・54	213
日本青年会議所	「日本国憲法草案」	二〇一二年一〇月一二日	III・62	801
日本を守る国民会議	「新憲法の大綱」	一九九三年五月三日	II・05	392

【は】

発表主体	文書名	日付	巻・章	頁
鳩山一郎首相	第二二国会衆院予算委における憲法九条改正に関する質疑・答弁	一九五五年三月二八日	I・23	063
鳩山由紀夫	「憲法改正試案」	二〇〇五年二月	III・16	231
PHP総合研究所	「二十一世紀日本国憲法私案」	二〇〇四年一一月	III・11	154
PKO等協力法	PKO等協力法	一九九二年六月一九日	II・03	374
PKO等協力法の一部を改正する法律	PKO等協力法の一部を改正する法律	二〇〇一年一二月一四日	II・39	600
秘密保全のための法制の在り方に関する有識者会議	報告書	二〇一一年八月八日	III・52	701
平沼赳夫	「憲法条文試案」	二〇〇五年七月	III・22	327
広瀬久忠	「日本国憲法改正広瀬試案」	一九五七年四月八日	I・29	081
武力攻撃事態対処関連三法	武力攻撃事態対処関連三法①武力攻撃事態法	二〇〇三年六月一三日	II・46	666
武力攻撃事態対処関連三法	武力攻撃事態対処関連三法②安全保障会議設置法の一部を改正する法律	二〇〇三年六月一三日	II・46	666
武力攻撃事態対処関連三法	武力攻撃事態対処関連三法③自衛隊法及び防衛庁の職員の給与等に関する法律の一部を改正する法律	二〇〇三年六月一三日	II・46	666
米当局	「一九五四年が憲法改正準備完了の年」	一九五三年一一月二八日	I・11	026
平和・安全保障研究所	「集団的自衛権の行使へ—普通の民主主義国としての責任を」	二〇〇六年一〇月二六日	III・30	388
平和憲法擁護の会	趣意書・宣言	一九五三年八月八日	I・09	023
防衛庁	防衛庁における有事法制の研究について	一九七八年九月二一日	I・60	313
防衛庁	「有事法制の研究について」〈中間報告〉	一九八一年四月二二日	I・64	322
防衛庁	「有事法制の研究について」〈第二次中間報告〉	一九八四年一〇月一六日	I・68	354

【ま】

毎日新聞　「官民合同の憲法審査機関設置提案」　一九五三年五月三日　I・08　022

松下政経塾・政経研究所・日米次世代会議プロジェクト　「日米同盟試練の時―「広範でバランスのとれた同盟」への進化が急務」　二〇〇八年一一月　III・38　504

三木武夫首相　武器輸出三原則　一九七六年二月二七日　I・58　306

民主社会党(以下、民社党)　社会党・民主党と憲法調査会③憲法調査会不参加に関する西尾民社党中央執行委員長談話　一九六一年九月二五日　I・40　168

民社党　憲法問題に対する立場①民社党綱領　一九六二年一月二七日　I・42　172

民社党　憲法問題に対する立場②憲法を守り発展させる決議　一九六二年一月二七日　I・42　172

民主党　「安全保障基本政策」　一九九九年六月二四日　II・19　487

民主党外交安全保障調査会　「「防衛計画の大綱」見直しに関する提言」　二〇一〇年一一月三〇日　III・48　675

民主党憲法調査会　中間報告　二〇〇一年一二月一八日　II・40　601

民主党憲法調査会　「創憲に向けて、憲法提言中間報告―「法の支配」を確立し、国民の手に憲法を取り戻すために」　二〇〇四年六月二二日　III・08　114

民主党憲法調査会　「憲法提言」　二〇〇五年一〇月三一日　III・27　371

みんなの党　「憲法改正の基本的考え方」　二〇一二年四月二七日　III・56　743

【や】

山崎拓　「新憲法試案」　二〇〇一年五月三日　II・33　565

吉田茂首相　第一九国会における憲法改正問題に関する答弁①衆院本会議における中曽根康弘との問答　一九五四年一月二九日　I・16　034

吉田茂首相　第一九国会における憲法改正問題に関する答弁②衆院予算委員会における河野密に対する答弁　一九五四年二月三日　I・16　034

吉田茂内閣　憲法第九条の「戦力」に関する統一見解　一九五二年一一月二五日　I・03　012

読売新聞　「憲法改正試案」第一次試案　一九九四年一一月三日　II・10　427

読売新聞　「憲法改正試案」第二次試案　二〇〇〇年五月三日　Ⅱ・23　514
読売新聞　「憲法改正二〇〇四年試案」　二〇〇四年五月三日　Ⅲ・02　018

【ら】

ライス国務長官・ラムズフェルド国防長官・町村外務大臣・大野防衛庁長官　「日米同盟：未来のための変革と再編」　二〇〇五年一〇月二九日　Ⅲ・26　362
陸上自衛隊幹部　中谷元・元防衛庁長官の要請に応えて作成した「憲法草案」　二〇〇四年一〇月　Ⅲ・09　129

【わ】

我妻榮　「私たちの役割」　一九五九年五月三日　Ⅰ・37　150
渡辺経済研究所・憲法改正研究委員会　「憲法改正要点の私案」　一九五三年二月　Ⅰ・06　018

序——戦後憲法史・改憲史の概観

I　日本国憲法の制定期——一九四五〜四七年

1　戦後史の中の日本国憲法

日本国憲法の戦後史ほど、戦後日本社会の歩みを象徴するものはない。

憲法は、「外からの革命」といわれた戦後の急激な改革の中心として、直接には占領権力の手によって、侵略戦争を長期に展開した軍国主義日本の復活を許さないための保証として制定された。

戦後改革によってつくられた民主主義的統治の枠組みにたいし、支配層は当初根強い不信感をもちその復古的改変を精力的に追求したが、憲法改正がそうした試みの中心であったことはいうまでもない。

保守政権は、六〇年安保以後、その復古的志向の断念を余儀なくされ、戦後の民主的枠組みを一応承認しその枠組みのなかで経済主義的な政治を行うにいたったが、その時代とて憲法は完全に保守支配層の受け入れるところとはならなかった。とくに、憲法九条の非武装平和主義の規定は、支配層の求めた戦後日本の国際的枠組み——すなわちアメリカへの従属・依存のもとで西側陣営の一員として国際社会に復帰するという枠組み——のもとで要求された、安保条約にもとづく米軍の駐留と自衛隊の保持とは、真っ向から衝突するものだったからである。

それでも、一九六〇年代から七〇年代にかけての自由民主党（以下、自民党）政府は、こうした憲法と実際の安保・自衛隊の矛盾を明文改憲によって正面から突破することをあきらめ、憲法の規定にさわらずにその解釈で自衛隊の合憲を唱え、その維持・存続をはかる、改憲消極政策を採った。その結果、政府は、自衛隊の違憲を唱える革新勢力の追及をかわすため、自衛隊の活動にさまざまな制約を加えることを余儀なくされたのである。

九〇年代の自民党政治の改変の主導者である小沢一郎が口を極めて非難しその変革を唱えた「なれ合いの戦後政治」とは、まさしくこの時代の自民党政治を指していたのである。

政府がそのような状況に甘んじざるをえなかったのは、一つは戦争を忌避する国民の意識、それを背景とした強い平和運動の力と日本社会党（以下、社会党）・日本共産党（以下、共産党）の議会での活動に規制されたが故であったが、同時にいまだ巨大な力を保持していたアメリカが日本にたいして在日米軍基地の自由で安定的な使用さえ確保できればよいという態度をとっていたこと、日本経済がいまだ本格的な多国籍企業化段階に入っていなかったことも見逃すわけにはいかない。

こうした内外の条件が変化したことが、憲法にたいする新たな時代を開始させた。冷戦体制が終了した一九九〇年代以降、新たな憲法見直し論議が台頭した背景の第一は、世界の覇権者となったアメリカが日本にたいして世界秩序維持のための負担の分担増を経済的のみならず軍事的にも強く求めはじめたことによる。

しかし同時に、九〇年代の憲法見直しの背景には、日本企業の怒濤のような海外展開とグローバル化にともなう政治的・軍事的大国化の要求もあることを軽視するわけにはいかない。

このように、戦後史のなかで一貫して憲法に違和感を持ち続けた保守支配層に対峙して、憲法の存続・展開の起動力となったのは、「戦後民主主義運動」であった。この運動は、日本の植民地支配と侵略戦争への反省から非武装平和主義と軍国主義・帝国主義の復活の阻止、ポジティブにいえば平和と民主主義の実現・日本の市民社会化を課題としていた。そして、この運動の担い手は、その課題の民主主義的性格にもかかわらず、社会主義をめざしていた社会党、共産党や労働組合そして知識人たちの連合であった。

こうした戦後民主主義運動の特殊な性格は、悲惨な戦争への拒否から出発した戦後日本の国民意識を反映していたと思われるが、この運動のめざしたものこそ、日本国憲法の目標と合致していたのである。

こうした保守支配層と運動の対抗を通じて、以下、戦後七〇年にわたる憲法とその改正の動きを大雑把にたどってみよう。

2　消極的だった日本政府の憲法改正構想

アジア・太平洋戦争の敗戦とポツダム宣言の受諾は、それまで日本の統治の基本を定めていた大日本帝國憲法（以下明治憲法と呼ぶ）（参考資料2）の根本的な改変を余儀なくさせた。

ポツダム宣言は、領土問題についての原則、軍隊の武装解除、戦犯の処罰などとともに、日本の「民主主義的傾向の復活・強化」を謳い、日本国民の自由に表明する意思に従って平和的傾向を有しかつ責任ある政府が樹立されるべきことを求めていた。このポツダム宣言の諸原則は、アメリカ政府によりいっそう具体化されて「降伏後における米国の初期の対日方針」として連合国最高司令官たるマッカーサーにたいし日本占領の基本方針として示された。

このようなポツダム宣言とそれにもとづく諸政策を実施するためには、明治憲法体制の改革が不可避であった。しかし当時の天皇や重臣の主だった人々は、明治憲法の改正には著しく消極的であった。軍部が崩壊してしまった今、憲法を変えないでも「立憲政治」は可能であり、下手に憲法に手をつけると共和制論などが飛び出してきてやぶへびになるというのが、その主たる理由であった。

もっとも、支配層内には改憲に積極的なグループもあった。元首相で、東久邇宮内閣の副総理に就任していた近衛文麿は、連合国軍の占領下でこのまま日本政府が改革に消極的な態度を続けていると、外から天皇制の廃止を含む急進的改革を押しつけられる危険があり、むしろ日本としては「先手を打って」憲法を改正し天皇制を護持すべきであるという判断のもと、GHQの内諾を得て憲法改正に乗り出した。

この動きに対抗するように、一九四五年一〇月九日に成立した幣原喜重郎内閣も、「憲法の自由主義化」というマッカーサーの示唆を受けて国務大臣松本烝治を委員長として憲法問題調査委員会をつくり改正作業に着手した。他方、これに呼応して、戦後の民主化のなかで続々と結成されたり再建されつつあった諸政党も相次いで憲法改正草案を作成、公表するにいたった。

しかし、これら政府や政党の憲法改正構想の多くは、相互に若干のニュアンスの差はあったものの、総じて明治憲法の基本的骨組みを維持したまま、その手直しを図る程度にとどまるものであった。

たとえば、憲法問題調査委員会内でつくられのちにGHQに政府案として提出された、いわゆる松本案と呼ばれる改正案は、「大日本帝国ハ万世一系ノ天皇之ヲ統治ス」と述べた第一条から第四条までの明治憲法の天皇に関する規定については、第三条の「天皇ハ神聖ニシテ侵スヘカラス」の「神聖」を「至尊」と変える以外は手を触れずにそのまま維持するありさまであった。

多くの改憲案がこのようなものにとどまっていた背景には、日本を軍国主義と悲惨な戦争に追いやった責任は必ずしも明治憲法体制とその中心をなす天皇制それ自体にあるのではないという考え方があった。明治憲法自体は立憲主義的なものであり、日本を戦争への道にひきずりこんだのはその憲法をないがしろにし「統帥権の独立」を悪用した軍部であった、というのである。したがって、かかる軍部の横暴を防ぐには、軍の統帥に関する事項も内閣がコントロールできるように改正さえすればよいと考えられたのである。

そうした、いわば憲法改正無用論は、皮肉なことに、明治憲法体制のもとで、その自由主義的解釈を進め一九三〇年代には右翼の攻撃を受けて憲法についての発言の沈黙を余儀なくされた美濃部達吉などにより唱えられたのである。

もっとも、民間の改憲案のなかには、より積極的に明治憲法の根本的改革を提案するものもあった。とくに森戸辰男・高野岩三郎・鈴木安蔵らの憲法研究会の草案は、国民主権を明記し天皇をただ「国家的儀礼ヲ司ル」ものと規定し、また生存権的諸権利を手厚く保障するなどの内容をもっており、GHQスタッフが注目し、のちにGHQの手による憲法草案づくりに際して参考とされ、日本国憲法に大きな影響を与えた。

けれども、この研究会案も含めて、当時の民間草案には共通する限界が存在していた。第一は高野岩三郎案や日本共産党案をごく少数の例外にして天皇制の維持が謳われ共和制の構想がみられなかったこと、第二に人権の諸規定のなかでも戦前の日本の市民を拘束した警察の権力を制限する刑事手続き的権利の保障が弱かったこと、第三に民主主義の基礎をなす地方自治の制度を規定したものがなかったこと、第四に市民的自由を制限する法律を憲法に照らして吟味しその合憲・違憲を判断する違憲立法審査制の構想が欠如していたこと、などである。

また、GHQによって創設され、日本国憲法の柱にひとつとなる戦争放棄もいわんや非武装の規定も、民間草案にはなかった。

3　GHQ憲法草案の特徴――非武装平和主義と近代市民国家の構想

GHQは、当初、憲法改正作業については基本的に日本政府の手に任せ、それがポツダム宣言その他の諸原則にあっているかどうかを監視する方針をとっていた。

ところが一九四六年二月一日『毎日新聞』のスクープによって憲法問題調査委員会の案を知ったGHQは、大きな衝撃を受けた。政府案は、きわめて保守的なものでとうていポツダム宣言に盛り込まれた連合諸国の改革要求を満足させるものでなかったからである。そこで、GHQは、それまでの方針を変更して、みずからの手で憲法草案を作成することを決意した。

国民の信奉する天皇制を廃止して国民の反発をかうのを恐れ、また天皇を占領統治の円滑な遂行のために利用しようとのもくろみのもと、天皇制を大幅に改革したうえで残そうと考えていたマッカーサーは、日本の政府の超保守的な改憲案が日本軍国主義の復活を恐れる連合諸国の厳しい批判の的となり、天皇制の廃止をはじめ連合国内のいっそう急進的な主張が力を得ることを避けようとしたのである。

また、連合国の日本統治の基本方針を決定する極東委員会（FEC）の発足が間近に迫っていたことも、GHQを急がせることとなった。FECが発足すると、GHQはもはや憲法改正について自由な行動をとれなくなるからである。

こうして、まず、憲法起草の指針として、いわゆるマッカーサー三原則が部内に提示され、GHQの民政局（GS）内に起草作業グループがつくられ、短時日のうちに日本国憲法の最初の草案がつくられた。この草案は、一九四六年二月一三日の日本政府との会談において日本側に手交され、政府はそれを若干手直しして、三月六日、「草案要綱」として発表した。GHQの手でつくられた草案の特徴は以下の諸点にあった。

非武装国家の構想

憲法草案の第一の特徴は、この草案に国民主権が明記され、天皇はマッカーサーの指示よりもさらに徹底して政治から切り離され、国民の総意に基づく「象徴」である、と規定された点である。

その第二の特徴は、憲法中に日本の非武装化が規定された点である。

日本帝国主義の復活阻止という目的実現のうえで占領軍がもっとも腐心したのは、言うまでもなくその侵略性の直接的原因とみなされた、天皇制と帝国軍隊の処遇であった。GHQは、天皇制を廃止することによって起こる反動を考慮して天皇制の存置方針を採ったが、その代わりに、憲法内に戦争放棄の規定を入れ日本の非武装国家化をはかることで天皇制が残ることによって生じうる軍国主義復活の危険に対処しようとしたのである。その意味では、この規定は、たんなる理想の表明ではなく、すぐれて現実的政治目的をもって憲法典に入れられたといえる。

そのことを示したのが、この規定が憲法前文でなく本文に挿入された経緯であった。実は、この規定の原型がマッカーサー三原則の第二項に書き入れられたことを受けて、この憲法を起草したケイディス、ハッシー、ラウエルらGHQ内の運営委員会のメンバーは、当初この規定の宣言的性格を顧慮してこれを前文に入れたのである。ところが、マッカーサー、ホイットニーらの最高首脳は、この規定を再び本文に戻しかつ憲法の冒頭第一章に置くよう指示したのである。

後年、憲法九条は単に将来の理想を謳ったにすぎないものであったとか、あるいは当初から自衛のための武装力の保持を想定していたという議論が有力に台頭しているが、そうした見解は少なくも起草者たちの意思ではなかったといわねばならない。

当時、アメリカ国務省内で、米・英・ソ・中の四大国による日本非武装化条約構想が日本帝国主義の復活阻止のための実効的措置として検討されていたが、GHQの構想はこれを条約というような外から強制された形でなく、憲法典に明記し国内法とすることにより、占領終了後も、安定的に保証しようとしたものであった。

近代市民国家構想

憲法草案の第三の特徴は、この憲法において、天皇制国家とは対照的な近代市民国家が構想されていたという点である。そしてこの点もまた非武装規定同様、占領軍が、帝国主義の復活を阻止するという目的のために行ったものであった。

占領権力は、帝国主義の復活を阻止するには、天皇制や軍事機構の改革という直接的な改革だけでは不十分であり、それに加えて、帝国主義を生い立たせる社会的基盤や国家のあり方にまで改革を進めなければならないと考えていた。

そこでGHQの起草者たちが構想した方策のひとつが、日本の国家を自由主義国家・市民国家につくり替えることであった。彼らは、天皇制による市民的自由の抑圧や強大な警察権力の故に市民たちの意思が政治に反映しない結果、侵略戦争を阻止する力が国内に育たなかったと考えたのである。

そのため、憲法起草グループのなかには、ケイディスをはじめ、いわゆるニューディーラーが多数含まれていたにもかかわらず、憲法のなかに具体化されたのは、ニューディール改革が志向したアメリカ型の福祉国家――ニューディール改革は、ほかでもない、アメリカの自由主義国家・市民国家が抱えた弊害の是正のために福祉国家をめざした改革であった――ではなく、むしろそれが改革の対象とした自由主義的、市民的国家であった。

もっとも、起草の過程においてはこうした近代市民国家像がすんなりと決まったわけではなく、部内にはそれに対立する福祉国家型――その背後には明らかにニューディール改革の経験が念頭にあった――を主張する強力な潮流が存在した。憲法草案は、こうした、大きくいうと二つの国家構想の対立のなかから、その妥協を通じて、しかし明らかに近代市民国家優位の形でつくられたのである。GHQ指導部は、当時の日本には自由主義こそが必要だと考えたのである。

実は、日本国憲法がめざした国家像が近代市民国家であったという点は、後の戦後社会形成に極めて大きな影響をもたらした。憲法の市民国家的規定は、五〇年代まで支配層が復古主義的統治をめざしていた時代には、そういう方向を阻止する戦後民主主義運動の目標となり戦後社会の市民化の梃子となったが、六〇年代以降の企業社会化のなかで生じた新たな問題に対処するには必ずしも十分強力とはいえなかった。日本国憲法の起草過程において福祉国家派が主張したような国家が具体化していた場合には、戦後社会は、あるいは少し様相を異にしていたかもしれない。企業社会に対決しその害悪を規制しようとする運動にとって、いっそう有効な武器が提供されたかもしれないように思われる。そこで、以下少しGHQ内の起草グループの対抗を検討して、その未発の可能性を考えてみよう。

市民国家派と福祉国家派の対立点

GHQ内の起草指導部を占めた市民国家派が構想した国家とは次のような特徴をもっていた。

第一は、国民の選挙によって選ばれた強力な議会を中心とし、逆に「弱い行政府」という特徴をもった国家であった。それは、天皇制国家は明治憲法によって保障された強力な行政権の独裁のもとで侵略戦争を遂行しえたという事実を念頭において、その再発を防止することを目的としていた。

それにたいして、福祉国家派の方は、資本の横暴を抑え福祉行政を展開するためには「強い行政府」が不可欠であると主張した。彼らの主張もむろん、明治憲法体制に固執していた日本の保守支配層のそれとはまったく異なって、日本の改革を強く主張する立場からであったことはいうまでもない。

福祉国家派は、アメリカでのニューディール改革の経験を念頭に置いて、強い行政府のリーダーシップがなければ、日本のリベラルな改革は遂行できないという判断をもっていた。また福祉国家派の一部には、ドイツのナチズムやイタリアのファシズムが階級対立の激化による議会の機能麻痺とそれを統合する強い行政府の欠如につけ込んで台頭したという教訓をふまえて、むしろファシズム防止の視点からも強い行政府の確立を主張した者もいた。

しかし、こうした福祉国家派の意見にたいして、市民国家派は、天皇制官僚の強い行政権こそが日本では議会を弱体化し軍国主義の基盤となったという点から強力に反対し、結局彼らの主張を貫徹したのである。日本国憲法では、四一条で国会は「国権の最高機関」と規定された。

市民国家派は、第二に、独立した司法部の確立と、アメリカで慣行的に確立した司法審査制を憲法上明記することを主張した。そこで憲法草案には、裁判官の終身、司法権の独立、行政裁判所の禁止などが含まれていたが、それにたいしても、福祉派は強い懸念を示した。彼らは、民衆に基礎を置かない司法部が「司法寡頭制」を形成して、立法部や行政の行うリベラルな改革にことごとに抵抗することを恐れたのである。その背後には、いうまでもなく、一九三〇年代中葉のアメリカで、労働時間規制立法をはじめとするニューディールの改革立法が最高裁判所によって、契約の自由の名のもとに次々に違憲とされていったことにたいする苦い教訓があった。

それにたいして、市民国家派が強い司法部を主張した背後にも、これまた日本の特殊性にたいする認識があった。彼らには、日本ではむしろ司法部が人権の擁護者として弱すぎたことが軍国主義に反対する民衆の意思表明や運動を不可能にしたという判断があったのである。こうして、憲法八一条は、裁判所に違憲立法審査権を保障したのである。

第三に、市民国家派は地方自治の確立も主張した。ここでも彼らは、日本の専制主義の大きな根拠として地方自治が未確立であったことを問題としており、強力な地方政府の確立を不可欠と考えていた。

ところが、福祉国家派は逆にアメリカにおいて州の独立性が連邦による労働・福祉などのニューディールの福祉国家的改革の足を引っ張り保守の牙城になったことへの反省から、日本においても強い地方の独立性はかえって改革の障害物となるのではないかと懸念したのである。しかし、この面でも市民国家派の主張が通った。日本国憲法第八章は、地方自治を手厚く保障したのである。

福祉国家派の人権カタログ

第四に、市民国家派は、人権条項において、刑事手続的人権を中心とした市民的自由の手厚い保障に力を入れた。しかし、福祉国家派の若手がつくった人権についての第一次案にあった社会的基本権の詳細なカタログについては、運営委員会のメンバーは極めて消極的であった。

第一次案には、ストライキ権をはじめとした労働三権、労働者の休暇権、労働条件がＩＬＯの最低基準に則るべきこと、さらに失業手当、老齢年金など労働者にたいする基本権が詳細に規定されていたのみならず、子ども（子どもが無償で教育を与えられる機会の付与、子どもの医療の無料化、子どもの労働の禁止など）や女性（職業機会の保障、男女同一賃金、母親にたいする保護）などの社会的に「不利な扱いを受けて来たグループ」にたいしても、極めて詳細な権利を付与していた。こうした案の背景には、明らかに第二次大戦後、北欧・西欧諸国の労働者党政権の手で実行されることになる高度な福祉国家像が存在していた。そして、こうした福祉国家は、当然に強力な行政権と規制権をもっていなければならなかったから、主流派の想定する市民的国家像とは対立したのである。

以上に垣間見たような起草グループ内の議論を経て結局のところ市民的国家像が採択された理由はいくつかあるが、そのもっとも大きな理由は、占領軍内部に、侵略を遂行した天皇制国家が社会の半封建性を基盤にした前近代的＝専制的な性格をもったものだという認識があり、こういう社会では近代市民国家の確立こそまず必要であると判断されたことである。天皇制国家は明治憲法のもと強い行政権と中央集権主義によって成り立っていたから、その復活阻止を第一の目的とするGHQとしては、強い行政権を必要とする福祉国家は敬遠されることとなったと思われる。

4　憲法改正案審議の過程

以上のような特徴をもつGHQ草案は、日本政府のそれとは大きく異なるものであったが、政府はこれを受け入れなければ連合国のいっそう強い圧力のもとで天皇制の護持はおぼつかないと判断してこの草案を受け入れた。最後まで、難色を示した昭和天皇も、国体護持にはこれしかないという説得を受け入れた。こうして、GHQ草案は、若干の字句修正のうえ一九四六年三月六日「憲法改正草案要綱」として発表されたのである。

この要綱は条文化されたのち明治憲法所定の改正手続に従い枢密院の審議に付され、同年六月八日可決ののち同月二〇日、第九〇帝国議会に提案された。

改正案は、議会審議において、草案をチェックした極東委員会の意見を入れ、第一条に翻訳の過程であいまいにされていた主権在民の原則を明示し、また第一五条に普通選挙権を、第六六条第二項に国務大臣の文民資格を追加するなどの修正をみたうえで八月二四日に衆議院で可決、一〇月六日に貴族院で修正可決のうえ再度衆議院に回付され、一〇月七日衆議院で可決、同月二九日再び枢密院の議を経て可決、一一月三日に公布された。

このような経緯で日本国憲法は制定をみたが、先にみたようなGHQ草案の諸特徴はそのまま憲法に受け継がれ、その後の日本国憲法の展開に大きな役割を果たすことになる。

II　占領体制下の憲法期——一九四七〜五二年

1　占領政策と憲法の矛盾

日本国憲法の制定直後から、「新憲法」の画期的性格を強調する多数の解説書が出版され、新憲法の理念の普及が試みられたが、日本国憲法の制度や理念はけっして順調に実現の方向へ向かったわけではなかった。憲法の理念を担う主体が未形成であったことがその根本的原因であるが、その直接的原因もいくつかあった。

一つは、ほかでもなく憲法を生み出したアメリカの占領政策の転換であった。そもそも占領権力の支配のもとでは憲法の一元的支配は実現しなかったのだが、それでも、占領権力の政策が憲法を生んだときのそれと同一方向をとっていた初期には、占領権力と憲法の矛盾は表面化しなかった。しかし、占領政策が大きく転換した一九四八年以降は占領権力の意思と憲法との衝突がみられ、そこでは占領権力の意思が貫徹され、その分憲法の理念は実現を阻まれたのである。

冷戦の激化にともなって、アメリカの対日占領政策はそれまでの日本軍国主義の復活を阻止するための民主化政策から、日本を経済的に再建して極東における反共の防波堤にする政策へと転換した。そのため、経済再建の障害になる強い労働組合運動を抑圧する目的で、労働基本権を認めた憲法理念とは大きく相反するような、公務員の争議行為を一律全面禁止する命令がポツダム政令（昭和二三年政令二〇一号）という形で発せられ、さらに占領権力に対決姿勢を強めていた日本共産党や在日本朝鮮人連盟の活動を「秘密的、軍国主義的、極端な国家主義的、暴力主義的及び反民主主義的」団体という名目で規制する団体等規正令（昭和二四年政令六四号）、さらにそれら団体の活動を「占領目的を阻害する」行為として重罰で脅かす占領目的阻害行為処罰令（昭和二五年政令三二五号）などが相次いで発せられ、反体制的労働組合運動や政治活動の抑圧に発動されたのである。団体等規正令などの管理法令はいずれも、表現の自由を保障していた憲法とは鋭く矛盾するものであった。こうして、憲法は出発早々から大きな試練に直面したのである。

こうした占領政策と憲法の矛盾は、一九五〇年の朝鮮戦争の勃発以後、占領軍が警察予備隊という形で再軍備を命ずるにいたって、いっそうあらわなものとなった。GHQは、むろん日本の再軍備が戦力不保持を謳った憲法九条を侵すものであることを自覚していたから、再建軍を「警察予備隊」、すなわち対外的安全保障を任務とする軍ではなく国内治安維持にあたる警察であると称して、違憲という攻撃を避けようとしたが、こうした理屈が早晩成り立たなくなることは明らかであった。

2　明治憲法下の法制の清算の不十分性

日本国憲法の理念や体系の実現を阻んだのは、占領権力ばかりではなかった。戦後民主主義運動が未形成であったこともあって、日本国憲法の視点からの明治憲法下の旧法制の点検が不十分であり、できるかぎり明治憲法下の法制を残そうと画策していた政府の試みを許したことも大きかった。もちろん、明治憲法下で市民の自由を抑圧していた数々の法令はGHQの手によって早々に廃止されたりしていたのだが、それでも占領権力の見過ごしていたものも少なくなかった。

こうした新憲法と旧法との衝突の典型的事例は、刑法の不敬罪規定にみられた。不敬罪とは明治四〇年刑法の以下のような規定である。「第七四条　天皇、太皇太后、皇太后、皇后、皇太子又ハ皇太孫ニ對シ不敬ノ行為アリタル者ハ三月以上五年以下ノ懲役ニ處ス／神宮又ハ皇陵ニ対シ不敬ノ行為アリタル者亦同シ」

不敬罪は戦前、天皇制に対し批判的であったり天皇制神話を疑った言論・思想・宗教を取り締まるのに猛威をふるったが、それが刑法典のなかにあったこともあって、占領権力による一九四五年一〇月四日の指令「政治的、宗教的、市民的自由の制限の撤廃に関する覚書」で治安維持法をはじめとする言論抑圧法令の廃止が命ぜられた際にも、名指しの廃止の対象からはずれ、生きのびていた。

ほとんどの治安法令を奪われた政府は、天皇制批判の言論にたいして、この不敬罪の「活用」を試み、一九四六年五月一九日のいわゆる食糧メーデーに際して共産党員の労働者がもっていた「国体はゴジされたぞ朕はタラフク食ってるぞナンジ人民飢えて死ね」というプラカードにたいして、この不敬罪を発動したのである。

しかし、このプラカード事件は政府にとって裏目に出た。プラカード事件によってGHQは、不敬罪というようなとんでもない法規がいまだ残っていることを知ったからである。その結果、GHQの強い要求により、当時の吉田茂内閣の抵抗にもかかわらず、四七年の刑法一部改正でこれら条項はついに削除された。

こうして、大逆罪・不敬罪は刑法から削除されたものの、同じく刑法にあった尊属犯重罰規定のほうは、同年の刑法一部改正でも生き残った。親を殺した場合には死刑または無期懲役に限るとする刑法二〇〇条他の重罰規定は、法の下の平等を定めた憲法一四条に違反する疑いの強いものであったが、四九年秋に起こった尊属傷害致死事件に際し最高裁判決は、「夫婦、親子、兄弟等の関係を支配する道徳は人倫の大本……人類普遍の道徳原理」だから親に手をかけた者に重罰を科しても当然合憲であると述べた（一九五〇年一〇月一一日)。この判決はそれから二三年たった一九七三年にようやく変更され、九五年の刑法改正で削除された。

III 五〇年代復古的改憲の台頭と挫折期──一九五二〜六四年

1 復古的改憲の昂揚

五〇年代改憲の台頭

保守政治の内部からの憲法改正の動きは、講和によって日本が「独立」した直後から、台頭した。講和以前には、保守政権の内部で、憲法改正を主張する声も公然とは上がっていなかったし、また政権が憲法改正を政治課題として取り上げる動きをしたこともなかった。

日本国憲法が制定されたとき、これが占領権力による強制であることを疑った極東委員会は、日本側の自主的再検討の機会を保証するべく、見直しを勧告していた。それにしたがって、憲法の見直しが政府に打診されたが、吉田内閣には、まったくその気はなく、GHQも憲法改正の意思はなかったから、見直しはごく形式的に吉田内閣が改正の意思なしと言明しておしまいになった。

一九四九年にだされた公法研究会の「憲法改正意見」(I・01)や、東京大学の憲法研究会の憲法改正案は、こうした極東委員会の勧告に沿った見直しの一環として行われたものであったが、いま言ったような事情で、保守政治は、そうした作業の結果を一顧だにしなかった。

こうした憲法をめぐる無風状況は、一九五〇年に朝鮮戦争が勃発し、GHQが再軍備の指令を発して警察予備隊が創設され、また講和条約とともに、日米安全保障条約(I・02)が締結され、米軍の駐留が存続することになって、憲法九条との抵触が問題となるころから、急速に変化した。いずれも九条とは矛盾することは明らかであった。

さしあたり吉田内閣は、憲法九条とこうした警察予備隊や米軍駐留との矛盾を、解釈によって乗り切ることで対処しようとしたが、講和後になると、公職追放解除で政界に復帰した政治家を中心に、憲法改正論が主張されるようになったのである。

こうした憲法改正の動きは、保守政治の主流ではなく、反主流の側から、時の政権にたいする批判の思惑をも含めて主張された。吉田から政権の座を奪い返すべく立ち上がった鳩山一郎の掲げた政治目標が、憲法改正であったことはそれを象徴していた。

吉田の改憲消極姿勢と改憲派の台頭

それにたいして、吉田内閣は一貫して改憲には消極的であった。吉田首相は、米国の要求する再軍備を、憲法を維持しながら行おうと考えていた。そのため、一九五二年の内閣の統一見解(I・03)では、憲法で禁止されている「戦力」とは、「近代戦争遂行に役立つ程度の装備、編成を具えるものをいう」という解釈で、さしあたりしのごうとした。しかしこうした手法は、予備隊が保安隊になり、さらに自衛隊に成長するなかで早晩限界がくることは予想されていた。

しかも、自由党内での吉田主流派と鳩山反主流派の対立が激化し、一九五二年の抜き打ち解散、五三年二月のバカヤロー解散と続く解散・総選挙のたびに、吉田自由党の議席が減るにつれ、吉田内閣は多数派形成のためにも、鳩山一派との連携を強いられ、五三年末には鳩山の自由党復帰の条件として党内に憲法調査会を設けることが合意され、その会長に改憲派である岸信介が就任したことから、改憲は大きな政治課題として浮上するにいたったのである。

自由党が憲法調査会を設置（I・18、I・20）したのに並んで、改進党も、「新日本国民憲法創定に関する決議案」（I・15）を採択し、党内にこれまた憲法調査会を設けて、改憲案の検討に入った。

こうした改憲の動きは、五四年年末にいたり、反吉田派を結集してつくられたに日本民主党を基盤にして、年来の改憲論者である鳩山一郎が首相に就任し、岸信介が与党民主党の幹事長に就任するに及んで、俄然政治課題の正面に躍り出た。保守政治の主流が改憲派によって占められたからである。

五〇年代改憲の背景

この時代の改憲の台頭の諸要因をあげると、以下のようなものがある。

第一は、再軍備が進行し、警察予備隊が、保安隊、自衛隊へと軍隊の姿を整えるにしたがい、解釈だけでは乗り切れないという判断から、再軍備反対の根拠となる憲法九条を廃止して、再軍備と九条の矛盾を解消しようという強い衝動が台頭したことである。

先述のように、当時の保守政治を握っていた吉田内閣は、再軍備問題を国民意識を顧慮して、解釈で糊塗して乗りきる構えであったし、保守野党の改進党内でも、再軍備合憲論と違憲論が拮抗していたから、保守政治全体が違憲論＝改憲論で統一していたわけではなかったが、改憲によって再軍備と九条の矛盾を解消し、再軍備を安定的な法的基盤のうえで推進しようという要請が、改憲の最大の推進力であったことは否定できない。

アメリカも、アジアにおける冷戦に、日本軍とりわけ陸上部隊を動員したいという要求から、急速な再軍備を要求し、その障害となっている憲法九条の改正を要求していた。一九五三年に来日したニクソン米副大統領の演説（I・10）は、こうしたアメリカの要求を露骨に表明したものとして、当時も大きな話題となった。ここでニクソンは、アメリカが、四六年に憲法で日本に非武装を押し付けたのは誤りだったと述べて、日本の憲法改正と再軍備を促したのである。

しかし、この時代の憲法改正要求は、決して、九条と再軍備の問題に解消されていたわけではなかったことが重要である。この時代の改憲の第二の、そして、最大の要因は、日本国憲法のシステムのもとでは、安定した保守政治ができないという、保守政治家の思いであった。九条を改正して公然たる再軍備をしたいという要求も、こうした、日本国憲法のもとでは安定した保守政治の再建はできないという思いのひとつにすぎなかったのである。

そして、その際、保守政治家たちがめざした国家は、戦前の天皇制国家であった。

戦前の天皇制国家をモデルとした復古的国家構想

台頭した五〇年代改憲の第一の特徴は、改憲派の描いた国家構想が戦前の天皇制国家をモデルとしたものであった、という点である。

その延長上に、いくつかの特徴が現れてくる。ひとつは、改憲派のめざした国家構想は、当然のことながら、日本国憲法が想定する国家像とは恐ろしく異なるものであったから、憲法改正論は、日本国憲法の全面的改正を志向するものとなったことである。改憲論の盛り上がりを受けて、内閣法制局の出した「憲法改正の問題点に関する調査資料」（I・12）や、自由党の憲法調査会が自らの検討課題をあげた「自由党憲法調査会の論点」（I・18）を見れば、当時の改憲論が日本国憲法のほぼすべての条項にクレームをつけていたことが分かる。

二つ目に、そのコロラリーであるが、この時代の憲法改正案の中身は、濃厚に明治憲法のシステムを参考にし、その復活をはかるものが多かったという点である。

この時代の改憲論に共通する明治憲法上のシステムへの顧慮は、以下のような諸点であった。

第一は、天皇を「象徴」というようなあいまいな規定にした憲法を改正して、明治憲法上の天皇の地位である「元首」に戻すことである。

第二は、九条を改正して単に軍隊を復活するにとどまらず、統帥権、宣戦布告、戒厳、軍法会議など、明治憲法上の軍事的諸制度の復活がめざされたことである。

第三に、人権規定においても、ほとんどの改憲案が人権条項に通則規定として「基本的人権は社会の秩序を維持し、公共の福祉を増進するために法律を以て制限しうる旨」（自由党案）という類いの制限の規定を置くか、個々の人権条項に制限規定を設けて、日本国憲法の強い人権保障規定の制限をめざしていた。

また、多くの改憲案は、国防義務をはじめとした、国民の義務規定の追加、家族の保護規定のように、日本社会の伝統的な制度の強化を図る規定を入れていた。

第四に、国会については、参議院の構成を変え、直接公選制に替えて、推薦制や間接選挙制を導入することがめざされていた。

第五に、緊急の際に、国会の法律によらない緊急命令を発する権限や、財政についての緊急処分の規定の設置、など明らかに明治憲法体制のもとで、その有効性が立証済みの制度の復活が試みられた。

第六に、地方自治体の首長の直接選挙規定を改廃して、明治憲法下の内務省の一元的統制下の地方自治制度への復古がめざされた。

こうした復古的国家構想に基づく憲法改正構想の代表は、自由党憲法調査会「日本国憲法改正案要綱」（I・20）、改進党の「現行憲法の問題点の概要」（I・19）、憲法研究会の「日本国自主憲法試案」（I・22）、広瀬久忠の「日本国憲法改正試案」（I・29）などがある。

もっとも、この時代の改憲論でも、こうした復古主義とはやや異なる色彩をもったものがなかったわけではない。たとえば、中曽根康弘の「自主憲法のための改正要綱試案」（I・24）は、明治憲法への復古を否定していた。

また、自主憲法期成青年同盟の「青年憲法草案要綱」（I・32）も、より明確に、戦前型天皇制国家への復古色を払拭していた。

しかし、全体として、これら案にも、明治憲法上のシステムの復活の傾向は色濃く貫徹しており、その意味でこの時代の改憲案の基調が、復古的国家構想であったことは否定できない特徴であった。

自衛隊の海外派兵は強く意識されず

五〇年代改憲の第二の特徴は、九条関係では、自前の再軍備を行えるよう、九条を改正・廃棄して軍備の保持を明記しかつ国防会議、戒厳あるいは非常事態の規定、国民の国防に協力する義務規定などをもうけていたが、現代改憲にみられるような自衛隊の海外派兵を明記することは重視されなかったことである。

ここでは、占領の終了にともない自前の再軍備を行いたいという保守政党の願望と、冷戦下で日本の軍事的協力を求めていたアメリカの要請が比較的ストレートに表現されていた。

しかし、自衛隊が、西側陣営の一員として、あるいは、軍事大国として海外に出動することを積極的に規定した案は少なかった。この点は、九〇年代以降の現代改憲との大きな違いである。当時、自衛隊と再軍備をめぐる争点は、戦後日本がふたたび軍隊を保持するか否かにあり、そこでは、軍隊の海外派兵などはその先の問題として、重要な獲得目標ではなかったのである。さらに、戦争が終わって間もない五〇年代には、軍隊の海外派兵を正面に掲げることには、改憲派といえども躊躇せざるをえない雰囲気が強かったことも原因であった。

軍の海外派兵を規定した数少ない改憲案である広瀬試案（I・29）は、軍の武力行使を自衛のためと国連など「国際組織」の要請に限って認めるとしていたが、これが当時の九条をめぐる雰囲気を象徴していた。

広瀬試案は、こうなっていた。

「第百三十七条④　自衛軍は侵略に対する防衛のため、又は第八条（国際協調主義の原則）第一項の国際組織による世界の平和の維持に協力するために必要な場合にのみ軍事行動することができる。」

「第百四十一条　自衛軍は、第八条（国際協調主義の原則）第一項の国際組織による協力義務の履行のために必要な場合及びあらかじめ特に国会の承認を得た場合のほかは、外国の領域に出動させることができない。」

憲法擁護の戦後民主主義運動の高揚

五〇年代改憲をめぐる第三の特徴は、こうした改憲の高揚に対して、逸早く反対運動が盛り上がり、保守政治の側からの改憲運動や改憲論は、こうした反対運動の声を顧慮することを余儀なくされたという点である。

改憲論の盛り上がりにたいして、一九五三年九月には、平和憲法擁護の会（I・09）が結成され、また五四年一月には総評の肝いりで、憲法擁護国民連合（I・14）が結成された。ここには、総同盟や右派社会党を参加させるために共産党が排除されたが、護憲の共闘組織がつくられたことの意義は小さくなかった。

しかし、憲法改正反対の運動をこうした護憲組織に限定してみてしまうと、当時の憲法擁護の運動の広がりを過小評価することになるだろう。実は、憲法擁護とは銘打たないまでも、当時の米軍の基地拡張に反対する基地闘争、原水爆禁止運動、さらに再軍備や軍事大国化に反対する教職員組合や母親大会の運動など、当時、澎湃として起こりつつあった平和運動、戦後民主主義運動の全体がその価値理念として掲げていたのが憲法、とくに九条であり、これら運動の総体が、護憲の輪をつくったのである。

こうした護憲運動の盛り上がりを背景に、国民意識も急速に変貌した。独立したからには自前の憲法を、という主張に親近感を表明していた世論調査において、急速に憲法改正に反対する声が高まっていった。そして、保守政党が、憲法改正を政治課題として掲げるにいたるその時、まず一九五五年二月の衆議院議員選挙で、護憲勢力が改憲発議を阻止するに必要な三分の一の議席を獲得し、続いて、五六年七月には、参議院においても護憲勢力が三分の一を確保するにいたった。保守勢力が改憲発議をする条件はさしあたりなくなったのである。

この運動のなかで、左右社会党の統一が実現し、また、分裂状態にあり、その一部が極左的な武装闘争を展開していた共産党も、冒険主義を自己批判し、統一を回復した。

一方、鳩山内閣は憲法改正を実現する政治力の強化をめざして、自由党、民主党の二つの保守政党の合同を策し、一九五五年一一月自由民主党が誕生した。それを踏まえて、衆院における改憲派の議席確保をもくろんで、小選挙区制の導入を策した。しかし、これは、社会党の強硬な反対と、マスコミの反対を受けて、挫折を余儀なくされ、同じ国会で憲法調査会法案（I・27）だけは何とか通したものの、改憲の早期実現は難しいことを思い知らされたのである。

改憲論の変容─国民意識への配慮

こうした平和・護憲運動の高揚に直面して保守勢力は、当初比較的簡単に実現できると考えられていた憲法改正が容易ならぬ課題であることを思い知らされた。

何よりも憲法改正にたいする国民の警戒の中心は、それが再び軍国主義と天皇制の昔に帰ることを策しているのではないかという危惧であった。

そのため、保守支配層は、こうした運動と国民意識に対処することを迫られたのである。それが現れたのは、発足したての自民党の憲法調査会の出した「憲法改正の問題点」（Ⅰ・25）であった。

この報告においては、こうした国民意識の動向を踏まえて、改憲案にいくつかの変化が見られた。

第一に、天皇の元首化について「慎重に考慮する」とだけ述べられ、決定しなかったことである。

第二に、九条改正についても、それが軍事大国化の復活であるととらえられないよう、徴兵制の復活、海外派兵はしないと謳われたことが注目される。

第三に、人権についても、自由党案や改進党案にはなかった福祉国家的人権が付け加えられたことなどが、その現れであった。

政府の憲法調査会にも工夫がみられた。鳩山の跡を襲って首相に就任した岸信介は、我妻榮などの学者の大物を会長に据えて、社会党をも巻き込んだ組織にしようと画策したのである。結局、調査会は発足を遅らせたにもかかわらず、目星をつけた学者に次々逃げられて、東京大学の英米法の教授であった高柳賢三を会長に発足することになった。

そうした政府・与党の工夫にもかかわらず、社会党は調査会を改憲機関と位置づけて反対し、議員を会に送ることを拒否した（社会党「憲法調査会に対する社会党の態度」Ⅰ・28）。調査会は再三にわたり、社会党議員の参加を求める訴え（「日本社会党の憲法調査会への参加を要望する決議」Ⅰ・31）を繰り返し、そのために会の規約において多数決をとらないことを申し合わせたが、結局最後まで社会党は議員を送ることを拒否したのである。

2　安保闘争と復古的改憲の挫折

岸内閣における軍事大国化の野望

岸内閣のもとで、憲法改正は、単に戦前型の政治体制への復古による安定した保守政治の確立という目的から一歩進んで、戦後冷戦体制のもとでの、新たな軍事大国としての復活をめざす構想の一部に組み入れられることとなった。

岸内閣は、一方で安保条約の改定による、日米同盟の対等化をめざし、反共陣営の一員としてアメリカに従属・依存しつつ軍事大国として復活することをめざした。他方、岸内閣は、朝鮮の独立、中華人民共和国の成立で東アジアの覇権を失った日本の進出先を、新たに東南アジアに設定し、東南アジアへの経済進出と勢力圏確立を志向した。

憲法改正は、そうした新たな軍事大国化の骨格をなすものであり、安保改定に続く課題として設定し直されたのである。こうした岸首相の改憲にたいする戦略が示されたのが、ＮＢＣのブラウン記者との会見（Ⅰ・34）であった。そこで、岸首相は、日本が米国と協力して共産主義にたいする戦いに参加するために、安保を改定し憲法を改正する、と言明したのである。

こうした野望のもとで岸内閣は、平和運動と民主主義運動の担い手のひとつであった日本教職員組合の力を規制することをねらって、教員にたいする勤務評定を導入し、また安保改定反対運動をにらんで、大衆運動を規制するために警察官職務執行法改正を強行しようとした。

こうした岸内閣の政策にたいし、戦後民主主義運動は、それが、戦前の軍国主義を復活させる試みであるとして、反対に立ち上がった。運動は、基地拡張に反対する砂川闘争とも一緒になって高揚した。そのため、政府は、勤務評定は強行したものの、警職法改正には失敗し、砂川への警官隊の導入によっても運動を沈静化することに失敗した。

安保条約改定反対闘争の展開

こうしたなかで岸首相は、安保条約の改定（I・38）に手を付けた。岸首相のもくろみでは、改定は、日本における米軍が攻撃されたときに日米が共同作戦行動をとる約束と引き換えに、日本有事の際の米軍の防衛義務の明記をはかり、また植民地的といわれた内乱条項を削除し、条約に期限をつけるなどの点で、日米対等化を実現するものであり、国民の支持を得られるはずのものであった。この条約改定によって政治的基盤を確立して、憲法改正に臨む、というのが岸首相の戦略であった。

ところが、こうした岸首相の思惑は、外れた。国民のなかでは、安保条約改定によって、日本がアメリカの行う戦争政策に追随して、ふたたび戦争に巻き込まれるのではないかという不安が高まった。それに加えて、岸内閣の強権的やり方を見て、国民はふたたび戦前並の軍国主義が復活する危険をも感じたのである。

安保反対闘争は、最初はなかなか盛り上がらなかった。「安保は重い」と言われた。安保条約改定のねらいや意味がなかなか大衆的に浸透しなかったからである。こうしたなかで、知識人たちのリーダーシップによって、学習運動が展開され、のちの安保闘争の高揚の基盤をつくったことが注目される。

一九五八年には同じ知識人たちのリーダーシップで、憲法改正に反対する研究集団が組織され、研究会と講演会を並行させた憲法運動が展開された。憲法問題研究会（I・36、I・37）である。憲法問題研究会に結集した学者たちは、安保反対運動の先頭に立った学者たちとダブっており、運動を理論的にリードしつつ、運動に参加する広範な市民たちに、憲法的価値を再確認させ、憲法を定着させていくうえで、積極的な役割を果たしたのである。

翌五九年三月、砂川基地反対闘争における警官隊との衝突に際して、日米行政協定に基づく刑事特別法違反で起訴されていた労働組合員らにたいする裁判において、東京地方裁判所は、安保条約を違憲とする判決を下した。いわゆる伊達判決（I・35①）である。伊達判決に危機感を持ったアメリカや政府の圧力を受けて、最高裁は、安保条約を合憲とする判決（I・35②）を打ち出したが、伊達判決を受けて、安保闘争はさらに盛り上がりを見せた。

岸内閣は、六〇年一月訪米して改定安保条約に調印し、条約は批准国会にかけられた。この国会での議論は、安保条約がアメリカの世界戦略に日本を巻き込む危険なものであることを次々に明らかにし、反対運動の盛り上がりを助けた。

六〇年六月にアイゼンハワー大統領の訪日を実現して政権の基盤を固める思惑を持っていた岸内閣は、それまでに批准を完了すべく、五月一九日に強行採決を行ったが、これが反対闘争の火に油を注いだ。岸内閣の乱暴な強行採決によって、安保反対闘争は、平和の声に民主主義擁護の声をも加え、闘争は一層の盛り上がりを見せたのである。

日本の労働運動史上初の政治ストを含めた運動の高揚によって、アイゼンハワー大統領の訪日は中止され、岸内閣は安保条約の批准の成立を待って辞職を余儀なくされた。

保守政治の転換と改憲消極政策

岸内閣の倒壊は、単に首相の交代にとどまらない衝撃を保守政治に与え、以後保守政治は、大きな転換を余儀なくされた。二度と安保の悪夢を繰り返さないことが保守政治の鉄則となった。国民の警戒心をかき立てるような、軍国主義復活を危惧させるような政策は、断念されることとなった。

その最大の象徴が憲法政策の転換であった。岸首相の跡を襲った池田勇人首相は選挙前の記者会見において、自分の任期中は憲法改正をしないと確約し、事実上憲法改正を断念したのである。

自民党政治は、憲法の枠のなかで政治を行うことを余儀なくされた。また自民党政治は、それまでの復古的・政治主義的政治を転換して、経済成長政策を展開し、増大した税収で農村や都市自営業層にたいする利益誘導政治を行い、政権の安定を図ったのである。こうして、自民党政治の安定の時代が始まった。

憲法調査会の変貌と明文改憲消極論の台頭

こうした自民党政治の転換にともなって、憲法調査会も変貌した。その変化はいくつかの形で現れた。

第一の変化は、憲法調査会の会長である高柳賢三が、憲法改正にたいする消極論を打ち出したことである。高柳は、憲法九条は理想の表明であり、九条のもとでも自衛隊が存在することは可能であるとして、改正不要論を唱え波紋を広げた。こうした改憲消極論が調査会会長の口から出されたことは、憲法改正を目的として組織され活動してきた調査会が、保守政治の転換を受けて、むしろ憲法の法的拘束力を緩めて改憲消極論を正当化するような機能を発揮する方向に変わりつつあることを示していた。会内では矢部貞治が高柳と同様の論陣を張り、また真野毅や蝋山政道は、より積極的に改憲不要論を唱えて、改憲派を脅かしたのである。

こうした改憲消極論は、池田首相の側近の宮沢喜一の唱えるところでもあった。こうした改憲消極論がしだいに支配的イデオロギーとして普及し始めたのである。

改憲論の変貌

第二の変化は、憲法調査会内の改憲派の主張の変化であった。その典型が中曽根康弘であった。中曽根は、安保闘争で表明された国民意識のありようを敏感に察知して、自らの改憲論をそうした国民意識に合わせるべく変化させた。

この時代に中曽根が精力的に主張するようになったのが、首相公選論であった。中曽根が発表した「高度民主主義民定憲法草案」(**I・39**)は、首相の直接公選を中心とした改憲案であった。首相公選制の規定は以下のようなものである。

「第七十九条　現に職にある内閣首相の任期の満了前二十日以上五十日以内において、衆議院議員の総選挙と同じ日に選挙を行ない、各政党の指名する内閣首相及び内閣副首相の候補者について選挙人が投票し、法律の定めるところによりそれぞれ過半数を得たものについて、天皇が任命する。」

この首相公選制は、当時の保守政治の安定のもとで、派閥政治の弊害が叫ばれるなか、マスコミでも取り上げられて議論になった。

こうした中曽根のような改憲論に親近感をもつものも調査会内には少なくなく、また、そうでなくとも、復古主義的な立場からの改憲論にはくみしないものも少なくなかった。

憲法調査会の分裂

しかし、高柳や中曽根のような変化にたいして、調査会内で反発も起こった。ひとつは、日本国憲法の全面改正を唱える復古派で、広瀬久忠や大石義雄がここにいた。こうしたごりごりの復古派にはついていけないが、憲法改正を推進すべしとする勢力も高柳や中曽根に反発して、活動を活発化させた。

こうして、調査会内は、改憲派と改憲消極派、改憲派のなかも、伝統的改憲派と中曽根のような新型改憲派とに分裂し始めたのである。これが調査会の第三の変化である。高柳ら改憲消極派や中曽根のような新型改憲派に対抗し、かつごりごりの復古派では国民を結集できないと考える改憲派グループが結集してつくった改憲綱領が、憲法調査会共同意見「憲法改正の方向」（I・46）であった。

また、憲法調査会内の変化に危機感をもって復古派の憲法改正論もいくつか公表された。大日本生産党の「日本憲法改正試案」（I・44①）、全日本愛国者団体会議の「大日本皇国憲法草案」（I・44②）などは右翼団体のものであり、大石義雄の「日本国憲法改正試案」（I・45）は、憲法調査会のメンバーである復古派の改憲案の代表である。しかしこうした復古的改憲案はほとんど政治的影響力を持ちえなくなったのである。

護憲運動の活発化

こうした政治状況の変化を受けて、護憲運動の側は活発化した。安保闘争の高揚にもかかわらず、安保条約の改定が強行されたため、学生運動は敗北感を強め、「挫折の季節」が流行となったが、実際には、運動は高揚を持続した。

社会党の浅沼稲次郎委員長暗殺事件などを口実として、池田内閣が制定を試みた政治的暴力行為防止法（政暴法）案は、大衆運動の力で廃案に追い込まれたし、安保共闘も継続していた。

憲法調査会は、安保後、憲法改正問題の審議を開始するにあたって、改めて、社会党と民社党に調査会への参加を呼びかけたが、社会党はもちろん、民社党も参加を拒否した（社会党・民社党と憲法調査会I・40）。これは明らかに平和、護憲運動の盛り上がりの影響であった。

IV 改憲消極と憲法「定着」期――一九六四～八〇年代

1 五〇年代改憲の終焉

憲法調査会報告書と改憲論の終焉

一九六〇年代の保守政治の転換は、先に述べたように、憲法調査会の行動に大きな影響を与えた。調査会会長の高柳が、改憲消極の旗幟を鮮明にするにともない、改憲草案を作成して国会に発議するという憲法調査会が当初期待された役割は大きな変化を余儀なくされた。先述のように、改憲派も、伝統的改憲派と中曽根のような新型改憲派に分裂した。

こうして憲法調査会では、喧々囂々の議論を繰り返したものの、憲法改正草案を一つにまとめて作成することはおろか、憲法改正の必要性すら打ち出すことができないまま、最終報告書は各委員の分岐した見解をそのまま開示したものとなったのである。

一九六四年七月、憲法調査会最終報告書（I・48）が総会で議決され、池田首相に手渡された。社会党（憲法調査会についての社会党の声明I・50）や、共産党（憲法問題に対する立場I・51）、そして憲法問題研究会（憲法調査会最終報告書に対する憲法問題研究会の声明I・49）も相次いで声明を発表し、憲法調査会の改憲の動きを批判し、改憲反対を訴えた。改憲反対運動は、報告書の提出に危機感をもって、その運動の強化をはかった。

一九六五年になると、護憲連合が共産党系を一貫して排除していることに不満をもって、憲法改悪阻止各界連絡会議（I・52）が結成されたが、これも、改憲勢力の策動にたいする警戒心から運動を強化することを目的につくられたものであった。

しかし、実際には、池田内閣も、その後をついで、タカ派と思われていた佐藤栄作内閣も、憲法改正に手を付けることはもはやできなかった。こうして憲法調査会は報告書提出の一年後にひっそりと店を閉じたのである。憲法調査会の終了は、同時に、五〇年代改憲の動きの終焉を意味したのである。

憲法改正回避の戦後政治の定着

以後、自民党政治のなかではしばらくの間、憲法改正問題は、政治課題に上ることはなくなった。逆に、自民党政治は、憲法の枠は動かさないという前提のもとで政治を運営することに専念するようになったのである。

こうした保守政治が実現した第一の要因としては、この六〇年代から八〇年代にかけては、アメリカの政治的軍事的力量に余裕があり、日本が、アメリカに基地を提供し米軍のアジア太平洋地域における活動の安定的な拠点として貢献することでアメリカも満足していた結果、対日軍事要求がさほど強くなかったことがあげられる。安保闘争の高揚を目の当たりにしたアメリカが、最低限、日本が米軍の戦略展開の安定的な基地として機能すればよいという点に要求を「縮小」したことも改憲圧力の低下の要因となった。

他方、政治にたいして、日本の経済界の軍事大国化を求める声が弱かったことも、改憲消極の政治が存続しえた原因であった。当時は、急速な経済成長のまっただ中であったが、こうした成長は、もっぱら企業社会と自民党政治をもつ国内生産によってなされており、経済の大国化に比して、経済のグローバル化は進んでいなかった。こうして、企業の側からいっても、憲法九条のもとで、経済力に比して小規模な安全保障政策が採られていても、それに格段の不満はなかったのである。

こうした政治が実現した要因の第三は、企業社会が成立し、労働組合運動が企業主義化するなかで、保守政治に反対する労働組合運動の規制力が低下したことである。こうした反体制運動の政治力量の後退は、国内統治のうえから改憲を求める衝動を減らし、保守政治が憲法の枠のもとで政治を運営することを可能にする大きな要因となった。

逆に言えば、こうした条件が崩れると、保守支配層内で改憲の動きが再開されることになるのである。

2　憲法の定着と新たな憲法問題

この時代には、憲法問題の様相が大きく変化した。

憲法九条の政府解釈による自衛隊合憲論と自衛隊活動への制約

その第一は、憲法九条をめぐる変化であった。

安保闘争以後、明文改憲政策を断念した政府は、さしあたり現行憲法のもとで自衛隊の合憲化をはかることを余儀なくされた。そのため、政府が依拠した政府解釈は、一九五四年鳩山内閣の成立にともない改めて打ち出された解釈——いわゆる「自衛力論」（I・21）であった。

その論理は、かいつまんで言えば、こうである。①どこの国でも自衛権とそれを行使するのに必要な実力の保持は認められている、

②しかし日本国憲法は九条で戦争放棄、戦力の不保持を謳っているので、自衛権とその行使のための実力は、「戦力」にならない限度すなわち「自衛のための必要最小限度の実力」にとどまる、③自衛隊は必要最小限度の実力だから合憲である、と。

しかし、五〇年代の改憲を阻んだ平和運動や革新勢力の力は、こうしたつじつま合わせを容認せず、自衛隊違憲論が盛り上がった。ベトナム侵略戦争に加担しそれを補完した自衛隊の実態も、「自衛のための必要最小限度の実力」などという「解釈」のまやかしを暴露していた。

安保闘争の高揚を受けて、以後六〇年代には、恵庭事件、長沼訴訟というように自衛隊に反対する憲法裁判運動が次々と起こったのである。注目すべきことは、こうした憲法裁判運動の担い手も、戦後民主主義運動と同様の、つまり総評・社会党・共産党と弁護士や学者たちの連合であったという点である。

憲法裁判の提起に加え、国会では社会党、共産党、さらに新設の公明党も加わって、自衛隊がいかに政府解釈とは異なる実態を持つかが暴露、追及された。

政府は防戦一方に追い込まれ、自衛隊の存続をはかるため、余儀なく自衛隊の活動に制約を加える一連の解釈を展開せざるをえなくなった（集団的自衛権に関する政府解釈Ｉ・56）。その解釈とは、①自衛隊は自衛のための必要最小限度の実力であるから、海外派兵を禁じられている、②自衛隊は自衛のための必要最小限度の実力だから、自国が攻撃を受けたとき、実力で反撃する個別的自衛権行使は認められるが、集団的自衛権行使は禁じられている、③自衛隊は海外の武力行使を禁じられているだけでなく、海外で武力行使をしないまでも戦闘地域に行って後方支援をすることなどは他国の「武力行使と一体化した活動」として禁じられている、などであり、その制約とはつづめて言えば、海外に出て行って米軍の戦争に加担しないということであった。

こうして政府は、自衛隊の合憲を言うために、自衛隊の活動に厳しい制約をかける解釈の体系をつくっていったのである。

「小国主義」の体系

さらに政府は、狭義の九条解釈だけでなく、九条の精神にみあった「政策」として、軍事大国化を抑えるような一連の原則を承認していった。

第一に、政府は一九六七年「非核三原則」を表明した。非核三原則は七一年に国会決議となって日本政府を拘束したが、これら原則により、日本は大国のなかで核兵器を保有しない稀有の国家であり続けている。

第二に、武器輸出三原則も表明され、七六年には三木武夫首相の答弁によりこの原則は拡充（武器輸出三原則Ｉ・58）された。武器輸出が禁ぜられたために、輸出志向の強い日本の大企業は軍需産業に進出することを躊躇し、その結果日本はアメリカに次ぐ経済大国でありながら大規模な軍需産業が発展しなかった。アメリカのような軍産複合体も存在していない。

さらに七六年、三木内閣は、ポスト四次防として「防衛計画の大綱」（「昭和五二年度以降に係る防衛計画の大綱」Ｉ・59）を策定するのに合わせて、防衛費をＧＮＰ一％の枠内に押さえるという閣議決定を行った。これは運動や野党の圧力ですでに実質的に実現していた基準を公式に認めたにすぎないものであったが、これまた防衛費にたいし無視することのできない制約を与えることとなり、その結果日本の防衛費は絶対額では増加したものの、一九七〇年代には一般会計歳出の五％台に抑えられるにいたったのである。

さらに、六〇年代以降になると、革新政党の側で、憲法の理念を実現して行く政策展望を打ち出す試みが精力的に追求された。とくに、それは九条の平和主義の領域で行われた。

具体的には、社会党の「非武装・平和中立への道」（I・54）や、共産党の中立自衛論にもとづく「日本の中立化と安全保障についての構想」（I・53）などがそれである。

中曽根の自衛隊国民投票論

こうした九条問題の展開に合わせて、改憲派のなかでも大きな変化が現れた。それを象徴したのが、中曽根康弘が防衛庁長官になる前後から唱えた、自衛隊についての合憲を確認する国民投票論であった。中曽根は、時代の空気が改憲に消極的なのを察して、自衛隊の存在についての国民的合意をうるために、自衛隊が憲法九条に違反しないということを国民投票で確認しようと訴えたのである。

ここでは二つのことが注目された。一つは、中曽根のような年来の改憲論者が、九条について憲法改正でなく、自衛隊の合憲を確認する国民投票を訴えたという点に、当時の保守政治と憲法をめぐる雰囲気が象徴されているという点である。

二つ目は、中曽根は、自衛隊の合憲性を正当化するために、国民投票で確認する際の自衛隊についての条件をつけていたことである。そこで、中曽根は、「徴兵制はしかない」と並んで、「自衛隊の海外派兵はしない」という条件を挙げていたのである。

このような海外派兵をしないなどという条件をつけることは、それこそが改憲の目的となっている現代の改憲では考えられないことであった。すなわち、中曽根の国民投票論は、現代改憲の衝動の根底にあるような自衛隊の海外派兵と軍事大国化への動きは、当時はまだなかったことを物語るものであった。

憲法の実質化

戦後民主主義運動は、憲法九条のみならず憲法の人権規定をも、実質化させる梃子となった。たとえば、生活保護法に基づく保護給付が、健康で文化的な最低限度の生活を営む権利を保障した憲法二五条に違反していると訴えた朝日訴訟は、原告である朝日茂の主張をほぼ全面的に認める第一審判決を生み、生活保護行政の改善に大きな影響を与えた。

また、表現の自由の領域でも、一九六〇年代には労働組合や大衆団体・市民がさまざまな要求を掲げてデモ行進を行ったが、それを背景に、デモ行進の自由を規制している公安条例を憲法に照らして限定する諸判決が下級審で相次いだ。これら判決は、東京都公安条例を合憲とした六〇年の最高裁判決がデモ行進を暴徒扱いして条例を手放しで合憲としていた態度を事実上修正するものであった。

また、五〇年代後半から六〇年代にかけて高揚した労働基本権の回復闘争の力によって、この分野でも、公共部門労働者の争議権を一律全面的に奪っている法律を憲法の趣旨に沿って限定的に解釈し、公務員の権利を拡大しようとする判決が出た。最高裁の六六年一〇月二六日の全逓中郵事件判決（一〇・二六判決）、六九年四月二日の都教組事件判決（四・二判決）がそれである。これらの諸判決は、裁判所が運動の主張の正当性をある程度顧慮せざるをえなくなったことを示すものであった。

司法の反動化

こうした裁判所の動きは、保守支配層の裁判への危機感をかきたて、一九七〇年代に入って自民党の裁判攻撃、それを受けた司法部内での反動化――「司法の反動化」を生んだ。

六七年に雑誌『全貌』が「裁判所の共産党員」という特集で裁判

所攻撃の口火を切るや、自民党がこれに応じた。六九年、公務員の争議権禁止に変更を加えようとした最高裁の都教組四・二判決が出ると、自民党は「偏向判決」対策と称して「司法制度調査会」をつくり、偏向裁判批判と青年法律家協会（青法協）攻撃に乗り出したのである。

それに呼応するかのように、最高裁事務総局は『全貌』を買い入れ全国の裁判所に配布するなど青法協つぶしに本腰を入れ始めた。同時あたかも、最高裁長官には石田和外が就任（六九年一月）した。同年七月に長沼町民が保安林指定解除の取り消しを請求して長沼訴訟が提訴されると、福島裁判長への平賀書簡を手始めに、「司法反動」が開始されたのである。

青法協加入の裁判官への脱会工作が露骨に進められ、青法協加入裁判官は三五〇名から二〇〇名に激減した。七一年四月には、宮本康昭判事補の再任が拒否され、任官拒否も相次いだ。

こうした司法の危機に反対する大きな運動が弁護士会も含めて巻き起こったが、最高裁は攻勢の手を緩めず、青法協裁判官への、給与、職務、任地差別を露骨に行い、裁判官の統制をはかった。

こうした司法反動によって、裁判所部内の新たな動きは、抑圧された。七三年四月二五日最高裁の全農林警職法事件判決にみられるような逆転判決はその「成果」であった。しかし、それにもかかわらず、前述のような判決は社会への人権の定着に大きな影響を与えたことは否定できなかった。

企業内の競争構造と企業社会の形成

しかしこの時期は、日本社会が経済の高度成長によって大きく変化し、それにともなって新たな形での自由や権利の侵害が発生して憲法に新しい問題を投げかけた時代でもあった。これが、憲法の第二の変化であった。

日本国憲法は、戦前日本社会が自由を抑圧した苦い教訓に立って、思想信条の自由や表現の自由など、市民国家の基礎となる市民的自由を手厚く保障した。その結果、戦後社会では、戦前の治安維持法のような人の思想を問題とし抑圧する法律は姿を消し、また市民的自由を制限しようとする法律は、戦後民主主義運動によって阻止されるか（警察官職務執行法〈警職法〉改正案など）、制限された（破壊活動防止法〈破防法〉）ものとなった。こうして市民社会化は大きく前進した。

しかし、日本の市民社会化は、特殊に競争的な企業社会という形で実現された。一九五〇年代後半から始まった高度成長のなかで、大企業はブルーカラーとホワイトカラーの労働者を同一昇進体系のもとに組み込みそのかぎりでの「平等化」を実現すると同時に、広く企業への貢献によって昇進の階段を昇らせる査定制度を導入することによって企業の正規労働者全体を激しい競争に巻き込む企業支配をつくり出した。正規労働者は、身分差別から解き放たれて、企業にやる気を示せば昇進の階段を昇っていくことができるようになったが、厳しい競争に勝ち抜くために、「頑張る」ことを強いられた。

競争は仕事の中身に限られず、労働者の企業外での行動、組合運動も広く「企業への貢献度」として評価、査定の対象とされたから、労働者は、会社の内外で常時企業への忠誠を審査されることとなったのである。

この企業支配は企業レベルにおける「復古主義」の放棄であったが、この新しい支配は企業の正規労働者全体を昇進競争に巻き込み、企業の競争力を増すことによって高度成長の牽引力となった。こうした企業支配の論理、すなわち〝企業への忠誠を尽くして企業の繁栄と昇進によって生活を向上する〟という論理は、高度成長の進行とともに社会全体をつかんで企業社会が形成された。

昇進・昇格差別がなくなったとはいえ、ブルーカラー労働者とホワイトカラー労働者の昇進の出発点は大きく異なり、中卒ブルーカラーはどんなに頑張っても工場長止まりであった。また一流企業に入らなければ安定した生活は望めないが、一流企業は、この頃、中卒採用をやめていたから、中卒よりは高卒、それも全日制普通科の「一流高校」が条件となった。こうして企業社会は、激しい教育の競争を生んだ。

企業社会と憲法への新たな攻撃

市民社会化が企業社会という形で実現されたことは、日本社会に特殊に権威的特徴を刻印するとともに新たな憲法問題を生んだ。

まず、企業支配が確立するなかで日本特有の女性差別が普及した。企業での昇進・昇格競争は、正社員を激しい競争に巻き込んだが、その競争からは、女性労働者は排除された。男性正規従業員に昇進のポストを確保するために、女性は、短期で取り替えのきく、安上がり労働力として位置づけられ、結婚退職をはじめとした定年差別、昇進昇格差別制度が定着した。

また、企業支配は、企業内での広範な思想差別を生みだした。査定は労働者の働きのみでなく企業への「貢献」をみるという名のもとに企業外での労働者の思想・信条や組合所属、政党加入をも基準としたから、企業支配の形成にともなって職場からは自由が失われていった。企業は職場外の労働者の行動をも容赦なく規制するようになったのである。熊沢誠が言うような「民主主義は工場の門前で立ちすくむ」（熊沢『民主主義は工場の門前で立ちすくむ』田畑書店、一九八三年）状態が現出した。

三菱樹脂事件

一九六三年、三菱樹脂に入社した新入社員が学生時代に学生運動をした経歴を隠していたとして本採用を拒否された三菱樹脂事件は、こういう現代企業社会のもたらす自由の侵害という問題がクローズアップされた事件であった。この裁判の一、二審は原告の主張を認めたが、七三年最高裁は、近代憲法で保障された人権は第一次的には国家権力による侵害からの保障を意味しており、ただちに私人間の関係に妥当するものではないとして、近代市民社会の論理を逆手にとって判決を破棄差戻しした。

しかし、最高裁のいうように思想信条の自由は対国家的なものだから企業内のことは憲法とは関係がないといってしまったら、多くの市民にとって思想の自由など画に描いた餅にすぎなくなってしまう。幸い三菱樹脂事件は七六年、和解により原告は会社に復帰することができたが、この事件は、市民社会内部の自由の抑圧に憲法がどこまで力を及ぼしうるかという新しい問題を提起した事例であった。

このほか残業を拒否したことを理由として解雇された日立武蔵の田中事件や労働者が思想の故に激しい昇進差別と抑圧を受けたことを争った東芝府中の上野事件、東京電力の思想差別事件など、たくさんの裁判が起こされたが、これらの水面下には、企業社会の労働者たちの自由の抑圧の膨大な集積があることを示していた。

新しい人権の主張

また、この時期には高度成長にともなう新たな社会問題の発生にたいして自民党政権が有効な規制を行わなかったことを問題とする新しい社会運動が起こり、そのなかでさまざまの、憲法に明文の規定のない「新しい人権」が主張された。

これら権利はいずれも、企業の「自由な」活動にたいして国家の介入と規制を求めるものであった。高度成長での公害の発生、騒音・日照被害などにたいし住民の側から環境権という主張が提起されたのはその典型例であった。環境の破壊はそれがひとたび生じると人の生命などに大きな被害を与え、それは損害賠償などの形では救済されないこと、また破壊された環境も元に戻ることは難しいことなどの点から、環境権は、空港や原子力発電所、新幹線など大規模な環境破壊を引き起こす恐れのある建設にたいし事前に差止めを求める権利として提案され発展したものである。

3 「戦後政治の総決算」と改憲論の苦悩

戦後政治の総決算と改憲論の復活

こうした保守政治の動向は、一九八〇年代に入り、衆参同日選挙で自民党が圧勝し、長らく続いた保革伯仲状況が解消されたこと、続いて、中曽根内閣が誕生し、「戦後政治の総決算」の名のもとに、精力的な既存政治の改革が試みられたことから、大きな変化がもたらされた。

まず変化の兆しは、八〇年の衆参同日選挙での自民党の勝利以後に現れた。衆参同日選挙後に首相に就任した鈴木善幸首相は、改憲にも消極的な、既存政治家を代表するような首相であったが、この首相のもとで、七〇年代まではなかった、軍事大国への動きが台頭した。

手始めは、鈴木内閣に法務大臣として入閣した奥野誠亮が、改憲発言（Ｉ・62）を行って物議を醸した。これにたいしては、鈴木首相が釈明（Ｉ・63）して事無きを得たが、こうしたタカ派の活性化の背後には、自民党が国会で多数を制したことへの安心感と同時に、二度にわたる高度成長とオイルショック後の持続的成長により日本が世界ＧＮＰの一割大国となったことにともない、それにふさわしい政治大国となりたいという欲求が台頭したことがあった。ナショナリズムを強化するために教科書検定を強化して、かえってアジア諸国の反発を招いたのも、鈴木内閣の時であった。

こうした大国化の志向の強まるなかで、長らく開店休業状態にあった自民党の憲法調査会が活動を再開した。

こうした動きにたいし、護憲勢力は危機感を深めたが、自民党憲法調査会は、今までの調査会とは様相を異にした。それは調査会内に、改憲に消極的な若手が多数入会し、調査会に陣取る改憲派と対峙したからである。このような新しい状況が生まれたこと事態が、改憲問題が自民党内ですら、必ずしも、すんなりとは通らない状況になっていることを反映していた。

一九八二年に自民党憲法調査会は、中間報告（Ｉ・66）を提出したが、そこでは、現行憲法のほとんどが現状維持とされ、党内ですら、改憲の意思統一が容易でないことを示していた。

「戦後政治の総決算」の挫折

一九八二年、中曽根内閣の登場は、改憲派の士気を高めるものであった。何しろ中曽根は政治家になって以降、一貫して改憲を主張してきた音に聞こえた改憲派であったからである。中曽根なら何かやってくれるし、中曽根内閣の時こそ、改憲の絶好のチャンスだという期待がタカ派のなかで膨らんだのも当然であった。

中曽根首相の掲げた「戦後政治の総決算」とは、保守政治が安保闘争の衝撃以降行ってきた憲法に配慮した政治、復古主義を捨てて経済成長と利益誘導に専念する政治の「総決算」を意味していた。中曽根は一方で、西欧諸国、とくにアメリカ、イギリスで実行されていた新自由主義改革を日本でも先取り的に実行しようと、第二臨調の行政改革を推進しつつ、他方、日本を経済大国に見合った政治大国に引き上げるための政策に腐心したのである。

中曽根内閣が手を付けたのは、とりわけ、一九六〇年代以後の保守政治が、憲法九条とそれを支持する国民意識を顧慮して行ってきた、さまざまな小国主義的縛りを取り払うことであった。中曽根とて、自分の内閣のもとで、年来の持論である憲法改正が実現できるとは思っていなかった。だから彼は、憲法九条の原則を具体化している、自衛隊の活動にたいするさまざまな制約の除去に自分の課題を設定したのである。

まず中曽根がねらったのは、防衛費の対GNP一％枠の撤廃であった。この規制は一九七六年、三木内閣の時に生まれた閣議了解であるにもかかわらず、軍備の肥大化を抑制する慣行として定着していたからである。

続いて、中曽根は、靖国神社への公式参拝の実現、国家秘密法の制定、有事法制の制定などをねらった。

このうち靖国神社への首相の公式参拝の動きは、三木内閣以来歴代首相が少しずつ「前進」させてきたものであり、公式参拝はあと一歩であって、右派の期待のとりわけ強いものであった。

また有事法制も、一九七八年福田赳夫内閣が有事法制研究を解禁（「防衛庁における有事法制の研究について」I・60）して以来、防衛庁で検討が進められ、八一年に「有事法制の研究について〈中間報告〉」（I・64）が、そして八四年に「有事法制について〈第二次中間報告〉」（I・68）が出されて、着々準備がなされていたものであった。

しかし、中曽根の意欲と努力にもかかわらず、それら施策は総じてうまくいかなかった。実現したのは、防衛費の対GNP一％枠の撤廃ぐらいのもので、靖国神社には、一度は公式参拝を強行したものの、中国、韓国の抗議を受けて、翌年からは参拝そのものを取りやめざるをえなくなった。また国家秘密法も国会提出を行ったものの、反対運動にあって挫折を余儀なくされ、有事法制にいたっては、国会提出すらできなかった。

こうした中曽根の大国化政策の挫折は、改めて、日本の国民意識が軍事大国化をめざすような正面からの攻撃には、なお依然として強力な抵抗力をもっていること、そして、八〇年代には、軍事大国化をめざす動きにたいして、アジア諸国の反発という新たな障害物が生まれていることを明らかにした。

九〇年代の軍事大国化では、こうした障害物の回避をめぐって新しい方法が模索されたのである。

国民意識への妥協の産物としての八〇年代改憲案

一九八〇年代には、こうした中曽根首相の「戦後政治の総決算」の動きに触発されて、五〇年代改憲に次ぐ改憲の小さな山を迎えるが、実際に、この時期に作成・公表された憲法改正案は、三本と、意外に少ないのが特徴である。

しかも、これら改憲案は、八二年に出された自民党憲法調査会中間報告（I・66）に代表されるように、五〇年代改憲のそれとは対照的に、九条など最小限の改正に絞った、憲法改正論の小幅化が大きな特徴であった。

また、国民統合の点でも、企業社会と自民党政治による現行憲法のもとでの国民統合の安定を反映して、人権や国会、地方自治のすべてで現状維持論が多数を占めたことが特徴であった。

天皇の章については、現状維持論か、「代表」への改正が主張された。先の自民党憲法調査会中間報告が、多数意見として「象徴天皇は現在では国民の間に広く親しまれており、現行規定の基本精神を改める必要はない」と記していたことは、象徴的である。

「新しい人権」の附加を唱える改憲論の登場

人権規定についても、五〇年代以来の「公共の福祉」による人権にたいする一般的制約論は影をひそめ、現状維持とするか、逆に「知る権利」「環境権」などの新しい人権を挿入すべしという案が登場したことが注目される。

「新しい人権」規定は、自主憲法期成議員同盟と自主憲法制定国民会議が、竹花光範に委嘱してつくった草案の八四年に追加された分（「第一次憲法改正草案（追加案）」I・65②）にはじめて登場したものである。この時点で竹花が、こうした新しい人権規定を盛り込んだのは、もっぱら、憲法擁護の国民意識を崩して、改憲への国民的合意を取り付けようという戦術的思惑によるものであったと推測される。この時点で、こうした規定はさほど注目は集めなかったが、九〇年代に入ると、新しい人権規定はほぼすべての改憲案が採用するまでに普及したのである。

以上のように、この時期の改憲論は、明らかに強い国民の憲法支持意識を考慮して、改憲を最小限にとどめたり、また新しい人権規定を追加したりというかたちで、何とか伝統的改憲論の持っていた復古的色彩を消そうと腐心していたことが分かる。

V 冷戦終焉と現代改憲の台頭期——一九九〇〜二〇〇三年

冷戦の終焉した一九九〇年代初頭から、大きな改憲の波がやってきた。戦後の改憲史をたどってみると、一九五〇年代から六〇年代前半期に台頭した第一の波に次ぐ、改憲の第二の大波である。これをここでは、「現代改憲」と呼んでおく。現在大きな問題として登場している、第二次、第三次安倍内閣の改憲はその新段階を画すものである。

1 現代改憲の動因——アメリカの海外派兵圧力と憲法上の障害

アメリカによる自衛隊派兵圧力

まず、一九九〇年代初頭以来台頭した現代改憲の特質を検討しよう。改憲の第二の波が始まった直接の契機は、冷戦の終焉を機としたアメリカの圧力——日本も新たに拡大した自由な世界秩序維持のために軍事分担をしろという圧力——であった。

すでに、冷戦のさなかから、日本に軍事分担を求める圧力は強かった。とくに、アメリカがベトナム戦争で財政的に破綻し国内における反戦の声の高まりで従来どおりの直接介入がむずかしくなった、一九七〇年代後半以降その圧力は強まっていた。

しかし、九〇年代のアメリカの分担圧力は、冷戦期とは質を異にするものであった。冷戦が終焉し、社会主義圏が崩壊し中国も市場経済に踏み切るなかで、アメリカが多年望んできた「自由な」市場世界が、一気に広がった。その自由な市場世界の警察官役にはアメリカが就いたが、アメリカはその維持のための軍事分担を、日本やNATO諸国とりわけ日本に求めたのである。その中心は、冷戦期に求められた防衛費の増額以上に、自衛隊の海外出動、米軍との共同作戦、米軍の軍事作戦の後方支援の要求であった。

冷戦期の軍拡競争で疲弊するアメリカを尻目に日本の企業は膨張を続け、ソ連亡き後のアメリカの「敵」は、日本であった。アメリカは自由な世界秩序の恩恵を被る日本に「ただ乗りは許さない」、恩恵を被りたいなら「ともに血を流せ」と軍事分担増を求めたのである。

日本企業の海外展開と軍事大国化要求

軍事大国化の要因は、しかし、こうしたアメリカの圧力だけではなかった。日本側にも、一九八〇年代後半以降、軍事大国化を促す構造的変化が生まれていた。それは、日本企業の遅ればせながらのグローバル化である。

もともと、日本企業はその類いまれな競争力の源が企業支配、下請け、自民党政治などいずれも日本国内の体制にあることから、欧米企業が資本蓄積の拡大を求めて、あいついで多国籍化した七〇年代以降も、国内生産―輸出体制に固執していたが、円高と経済摩擦の促迫を受けて、八〇年代後半には怒濤のごとく海外展開を始めた。

他の先進大国の資本に比べて、日本資本がその規模の割に海外展開が遅れていたことが、強い日本の平和運動と相まって、自衛隊の海外派兵体制を中軸とする日本の軍事大国化が、その経済大国化に比して遅れた大きな要因であった。ところが、八〇年代中葉以降の日本企業の多国籍的進出は、こうした軍事大国化への衝動を強く生じさせることとなったのである。

しかも、日本企業の進出先が、アジア諸国に集中していたということが、日本の軍事大国への衝動を人一倍強いものとした。アジア諸国の低賃金や開発独裁政権が設定したさまざまな条件――たとえば低い環境規制基準とか、進出企業に有利な税制、労働組合運動への禁止や抑圧など――は、進出企業にとっては、うまみは多く魅力的ではあったが、アジア諸国の政治的不安定は進出企業にとっては、頭痛の種であった。いくらうま味が多くても、地域紛争が戦争にエスカレートしたり、進出先の国家が核開発などで地域的紛争が拡大したり、いわんや政変で開発独裁政権が倒れたりしたら、元も子もないからである。

したがって、アジア諸国に進出した日本企業にとっては、進出先での企業活動が安定して行われるためにも秩序の安定が望ましく、また紛争がエスカレートしないような軍事的政治的圧力を自国の政府がかけてくれることが望ましかった。

もちろん、日本企業は、日本の軍事力による自国企業の安全確保に期待したわけではなかった。アジアを含めた自由市場秩序の維持・拡大は、アメリカによってなされていたからである。問題は、アメリカが日本企業の安全維持に応じるためにも、アメリカの求める日本の軍事分担増＝「国際貢献」を求めたのである。

ところが、戦後日本は、平和憲法のもとで自衛隊を海外には派兵しないという慣行をつくってきていたから、グローバル企業としては、こうした慣行を打ち破って日本が盟主アメリカとともに、世界秩序、とりわけアジアの秩序の安定のための軍事的プレゼンスを拡大することを望んだのである。

また、それだけでなく、進出企業にとって、自国の政治的軍事的プレゼンスの大きさは、進出先の政府から仕事を受注したり、有利な条件を設定してもらうための重要な条件でもあった。とくに進出先の政府が開発独裁政権であればそれだけ自国の政治的軍事的圧力は、競争に決定的にものを言った。その点からも、グローバル企業は、強い国家を望んだのである。

こうして、ほぼ時を同じくして、米国と、日本の財界の双方から、世界とりわけアジア・太平洋地域への軍事的プレゼンスの要求が日本の政治にたいして突きつけられることとなったのである。

九〇年のイラクによるクウェート侵略、湾岸戦争が、その画期となった。アメリカは日本にたいし露骨に圧力をかけ、経団連はじめ、財界諸団体もいっせいに「国際貢献」を訴えた。

九条の政府解釈による自衛隊の制約と打破をめざす現代改憲の台頭

しかし、当時の日本がその要求を受け入れる条件はなかった。憲法九条とそれを具体化した政府解釈による、自衛隊の活動にたいする制約があるかぎり、政府は「ともに血を流」すどころか「汗」も流せなかったのである。
そこで、政府や自民党内からいっせいに、憲法を「改正」してアメリカの要請に応えるべしという声が噴出したのである。

2 現代改憲の四つの特徴

こうして始まった現代改憲は、改憲第一の波である五〇年代改憲と比較すると新たな特徴を持っていた。

自衛隊の海外派兵実行に焦点

第一は、改憲のねらいが、九条改憲それも自衛隊の海外での武力行使を可能とする「改正」に絞られていたことである。

もちろん、一九五〇年代の第一の改憲の時も、九条改正は焦点の一つであった。しかし、五〇年代改憲の最大のねらいは、日本国憲法がめざした戦後国家像の全面否定、戦前の安定した国家体制への復古にあった。しかも、九条にしても、改憲の最大のねらいは、「正々堂々と」自衛軍を保持できるようにすることであった。その延長線上で当然その軍隊は、海外での武力行使ができることが想定されていたが、当時の状況では海外派兵は切迫した課題ではなく、また、侵略戦争の記憶が新しいなかで、とうてい海外派兵を憲法規定に盛り込むことはむずかしかった。

それにたいして現代改憲案も、日本国憲法の全面改正を求めるものが少なくなかったが、それは、「本能寺」である九条改憲を実現するためのお飾り的側面を濃厚に持っていたのである。

軍事大国化、新自由主義改革と改憲

現代改憲の第二の特徴は、第一の特徴と矛盾するようだが、改憲は、当時の保守政治が追求した二つの改革課題の双方にかかわる形で、それを阻む憲法上の規定の排除やそれを促進する規定の挿入が求められたことである。そのかぎりで、現代改憲も、戦後の国家全体を改変しようという意図を持っていたことである。

実は、冷戦終焉後日本政治には、自衛隊の海外派兵を柱とする軍事大国化とともにもう一つの改革課題が浮上した。それが新自由主義改革である。社会主義圏の崩壊により自由市場が拡大するなかで、グローバル企業の活動の大拡大が起こり、世界は新たな成長と競争の時代に入った。

こうして先進各国で自国のグローバル企業の競争力を強化するために、既存の政治経済体制を改変する新自由主義改革が展開された。ヨーロッパの福祉国家諸国では、新自由主義改革の対象は、膨大な財政支出によりグローバル企業に負担をもたらしている社会保障制度の削減、それを推進してきた福祉国家の解体に置かれたのにたいし、日本では福祉国家は成立せず代わりに企業国家が成立し、もともと社会保障費の比重は高くなかった。そこで日本では、企業負担軽減のため、貧弱な社会保障支出のさらなる削減と他国に例を見ない公共投資の削減、自民党利益誘導型政治を支えていた業界規制の打破―大企業の活動の自由の拡大が浮上した。

もっとも、新自由主義改革は、自衛隊の海外派兵と比べると憲法上の障害は小さかった。九条が自衛隊の海外展開の前に立ちはだかったのとは異なり、生存権を保障した二五条も「健康で文化的な最低限度の生活」の内容は法律により充足される構造になっていたため、新自由主義改革の遂行に憲法はさして障害とはならなかったからである。新自由主義改革にとっての憲法上の障害物として問題となったのは、新自由主義改革を実行する法案の迅速な成立や改革の執行を阻む民主的統治制度であった。その代表が、強い参議院の制度であった。

そのため、九〇年代以降の改憲案には、迅速に法案を通すためその障害となっている参議院の権限縮小、財政の健全化規定など新自由主義改革を促進する体制をめざす規定が登場するようになった。

また新自由主義改革の矛盾が顕在化する二〇〇〇年代に入ると、新自由主義改革が生み出した貧困、格差それに起因する家族の崩壊、社会の解体を抑え込むため、改憲案には家族保護などの新保守主義的規定も登場したのである。

解釈改憲の先行、明文改憲の併存

現代改憲の第三の特徴は、解釈改憲が先行し、明文改憲は後回しにされたことである。

もちろん現代改憲においても、明文改憲を求めて多数の改憲草案が作成発表されているが、九〇年代初頭以来政府がとった方針は解釈改憲であり、明文改憲に不可欠な改憲手続法の制定も、九〇年代の間は放置されていた。

現代改憲が解釈改憲先行ですすんだ第一の理由は、明文改憲にたいし国民が警戒して安保闘争の再来が起こるのを保守政権が恐れたからである。明文改憲、とりわけ九条に手をふれることが国民の平和意識を刺激することへの警戒心は、自民党政権に染みついていた。

第二の理由は、アメリカの矢のような催促に対応するためには明文改憲では時間がかかりすぎるからであった。米軍の戦闘作戦行動にたいし、自衛隊と日本の全面的バックアップ態勢の早急な実現を切望していたアメリカも、日本が憲法や安保に手をつけずに派兵体制を確立することを望んだ。アメリカとしては、米軍の主導のもとでアジア太平洋地域の秩序維持のため自衛隊が米軍の後方支援を全面的に分担することを求めていたが、そのために日本政府が憲法や安保に手をつけて、アメリカの要求が御破算になってしまうことを怖れ、むしろ政府解釈の変更で、米軍の戦闘作戦行動に際して日本の港湾などにおける補給・輸送・修理の確保など、自衛隊の後方支援を取り付けることに目標を絞ったのである。

この解釈改憲方式の最初は、日米防衛協力のための指針の改定(Ⅱ・16)、いわゆる新ガイドラインの締結、それを国内法化した周辺事態法(Ⅱ・18)であった。そこでは、「周辺事態」に際しての米軍の戦闘作戦行動にたいする後方支援の枠組みがつくられた。

自民党政権は、憲法九条についての既存政府解釈を「尊重」しつつ米軍の戦闘作戦行動に、武力行使抜きで、しかも「戦闘行為が行われ」ていない「後方地域」に支援を限るという限定つきで、自衛隊の後方支援に道を開いたのである。

新ガイドラインの具体化を主導したジョセフ・ナイは、「われわれとしては、(安保)条約改定や日本の憲法改正が必要だとは思いません。法的な枠組みにまで触れると、パ、ン、ド、ラ、の箱を開けることになる不安があるのです。……現在日米安保関係の再構築に向けて両国合同で作業に入っていますが、これもあくまで現行の条約・憲法の範囲内で行っています」(傍点引用者)と断言して、日米同盟強化を安保や憲法に手を触れずに実施することを強く求めたのである。

こうした解釈改憲の到達点が、小泉内閣で強行された、自衛隊のインド洋海域さらには、二〇〇四年のイラクへの派兵であった。

しかし、自衛隊のイラク派兵はこうした解釈改憲の限界を、改めて自覚させた。イラクに派遣された自衛隊は武力行使を制約されていたからである。そこで、自民党結党五〇年を目処に、明文改憲の動きが急速に活発化した。解釈改憲の限界を打破すべく、明文改憲に突き進んだのが、第一次安倍政権であった。

ところが、この試みが挫折を余儀なくされるなかで再び解釈改憲が主流を占めることになる。その頂点が、第二次安倍内閣の解釈改憲路線である。

改憲の担い手に二つの潮流

現代改憲の第四の特徴は、改憲の担い手に、保守支配層内の二つの潮流が登場し、現代改憲の原動力となっていることである。

一つは伝統的な改憲派の運動の流れを継承した新保守主義的改憲派である。もう一つが、九〇年代に入って新たに潮流として台頭した「普通の国」派、より正確にはグローバル競争大国派とでも名付けるべき潮流である。現代改憲の主たる担い手は、後者である。

新たな潮流として台頭したグローバル競争大国派の潮流は、外務省、防衛省という、対外政策、軍事政策を担当してきた官僚機構、自民党主流、それに財界団体からなる。この潮流は、アメリカの強い圧力を受け、戦後自民党政権のとってきた外交路線では冷戦後の新たな事態は乗り切れないという認識を共有していた。安保条約のもとで米軍基地を提供するだけではアメリカの要請に応えることにはならず、自衛隊の海外での武力行使を含む「国際貢献」が不可欠であり、そのためには憲法九条は改正されねばならない、というのが彼らの思いであった。

彼らの国家像を彼らの言葉でいうと、小沢一郎の掲げた「普通の国」であった。彼らの眼からみると、戦後日本は冷戦体制下アメリカに依存して経済に特化し国際的責任を果たさないで済ましてきた「異常な国」であった。それを支えたのが、憲法九条であった。こうした体制は、冷戦時代にはやってこられたが、今後は続けることができない。世界秩序維持のための「国際的責任」を果たさねばならず、そのためには、憲法九条は改正されねばならないというのである。

加えて、この潮流は、グローバル経済の時代に日本経済が発展していくためには、大企業の競争力を増すための新自由主義改革が不可欠である、という認識でも一致していた。他面、彼らは、グローバル経済秩序のもとで、とりわけアジアにおいて、日本が大国として存立していくには、過去の戦争と植民地支配には一定の反省は不可欠であるという認識を持ち、この点では、伝統派の意見と対立した。

それにたいして、伝統的改憲派は、概して復古的国家像を保持している。彼らの改憲構想には、新自由主義とグローバリズムによる社会の危機にたいして天皇の復権や家族の強調で対処しようという新保守主義的国家像を掲げた改憲構想もあるが、必ずしもそれが徹底しているわけでもない。その復古的色彩とも相俟って、政治的影響力は大きくないが、改憲運動を実際に担っているのは、この潮流である。

現代の改憲案は、大きく分けると、このいずれかの類型に入るといえよう。

3　現代改憲の時期区分

現代改憲も二五年に及ぶなかでいくつかの時期に区分できるが、現代改憲の焦点である自衛隊の派兵と憲法の関係に注目して時期区分すると、以下の三つの時期に分けられる。

第一期は、一九九〇年の現代改憲の台頭期から二〇〇四年、小泉内閣が自衛隊のイラク派兵を強行し、解釈改憲が一応の達成をみたと同時にその限界も露わになった時期である。

第二期は、二〇〇四年、自民党内で本格的な明文改憲の動きが台頭し、〇五年自民党初の改憲案「新憲法草案」が発表され、改憲手続法も成立をみ、明文改憲の気運が盛り上がったが、運動側の巻き返しにより改憲が停滞・後退を余儀なくされた時期である。

そして、二〇一二年末の第二次安倍政権の誕生とともに第三期に入った。この時期は、九条改憲の強行期、改憲がめざす大国化の新段階の時代ととらえることができる。

そこで以下、上記現代改憲の特徴がいかに現れているかを中心に、第一期の特徴を検討する。第二期、第三期については、次のⅥで取り扱う。

4 現代改憲の第一期――現代改憲の登場と解釈改憲による自衛隊派兵の追求期（一九九〇〜二〇〇四年）

自衛隊派兵実行を求め解釈改憲先行

現代改憲の第一期の最大の特徴は、その最大の動機である自衛隊の海外派兵の障害物である九条とそれを具体化する政府解釈の打破に焦点があっていたことである。そのため、政府と自民党は、解釈改憲の道を選んだのである。

しかも注目すべきは、この第一期には、たんに解釈改憲を選択するだけでなく、既存政府解釈の体系も維持しながら解釈の「微調整」的改変によって自衛隊派兵を強行し、戦後路線の転換を行ったことである。

アメリカの「ともに血を流せ」という要求にたいし、当初自民党執行部は、既存政府解釈の体系を根本的に改変する方法を追求した。しかし、それは、〝自衛隊の海外派兵の道を招く〟として強い反対運動に直面しただけでなく、公明党などの反発を受け、さらに内閣法制局の強い抵抗をも受けた。

こうした障害物の「意外の」大きさに驚いて、政府、自民党がとった路線が、既存政府解釈の体系である「自衛力論」は維持しながら、自衛隊を海外に送り米軍の後方支援にあたらせるという道であった。既存政府解釈は、自衛隊の海外派兵自体を禁じていたし戦場への派遣も「武力行使と一体化した活動」として禁じていたため極めて困難であり、大きな制約がついたが、とにもかくにも、憲法に最初の穴をあけることに精力を集中したのである。

新ガイドラインと周辺事態法

その最初の試みが、先にふれた、一九九七年の日米防衛協力のための指針の改定（Ⅱ・16）、いわゆる新ガイドラインであり、それを国内法化した周辺事態法（Ⅱ・18）であったのである。この枠組みは、先にふれたとおり、周辺事態における米軍の戦闘作戦行動にたいし、自衛隊が武力行使にわたらないかぎりで、かつ戦闘行為の行われない「後方地域」に限って支援を行うことを根拠づけ、自衛隊海外派兵の第一歩を可能とするものであった。

しかし、この周辺事態法の枠組みは、大きな制約を抱えていたから、このあと、アメリカ側からも日本側からも、それを超える新たな要求が噴出した。

アーミテージ報告と要求のレベルアップ

第一次アーミテージ報告（Ⅱ・25）が、それである。アーミテージ報告は、周辺事態法は日米同盟強化の第一歩にすぎないとして、新たな要求を突きつけた。報告は、日米同盟強化のために、日本が憲法九条によって集団的自衛権の行使を禁止されているという政府解釈の制約を取り払うことを提言した。集団的自衛権の発動により米軍の戦闘作戦行動に自衛隊が緊密に参加することによって、日米の軍事的同盟関係を「負担の分担から権力の分担に」引き上げ、同盟を米英関係をモデルに強化するべきだと主張したのである。

この報告は、その中心メンバーであったアーミテージがブッシュ政権の国務副長官に就任することによって新政権の対日方針の骨格となった。

日本側もこれに呼応した。財界や自民党も素早く、これを利用して集団的自衛権見直し論を展開したのである。

まず自民党は、二〇〇一年三月、国防部会が「わが国の安全保障政策の確立と日米同盟」（Ⅱ・30）と題する提言を出して、これに応える姿勢を示した。ここで提言は、アーミテージ報告に倣って、周辺事態法を「あくまでも協力強化に向けての一歩にすぎない」と評価し、いくつかの軍事的役割の拡大を指摘した後、最後に集団的自衛権の行使は許されないという政府解釈が新ガイドライン態勢の有効な機能にとってすら障害になっていると指摘して、その改正を主張した。

また、同じ時期にでた経済同友会の報告「平和と繁栄の二一世紀を目指して」（Ⅱ・31）は、集団的自衛権の見直しを主張するとともに、憲法改正の促進を訴えたのである。

自衛隊の海外への進駐

しかし、事態は、二〇〇一年の九・一一テロ事件で大きく転回した。ブッシュ政権の強い圧力に応じて、小泉純一郎内閣は既存政府解釈のもとで、自衛隊の海外派兵に踏み切ったのである。

小泉内閣は、九・一一のテロ事件を契機とするブッシュ政権のアフガニスタン・タリバン政権攻撃、ついでイラクのフセイン政権攻撃を支持し、自衛隊の派兵を敢行したのである。

その派兵の正当化の理屈は、以下のようなものであった。

①政府が禁止している「派兵」とは武力行使目的による自衛隊の海外への進駐であり、人道復興支援などの目的による自衛隊の出動、すなわち「派遣」は禁じられていない。

②この「派遣」といえども「戦闘地域」で活動すれば、それは他国の「武力行使と一体化」した活動として許されない。したがって、自衛隊の「派遣」は、「非戦闘地域」に限られる。以上のような制約つきであった。

皮肉にも、自衛隊のイラク派兵により、海外での武力行使ができないという限界が改めて浮かび上がったのである。これが、第二期の明文改憲論を呼び起こすのである。

かつてない数の改憲案の発表

第一期の第二の特徴は、政府の解釈改憲優先路線にもかかわらず、この時期には一九五〇年代の第一の改憲の波以来の、多数の改憲草案の発表がなされたことである。数え方にもよるが、九一年の西部邁案（Ⅱ・01）から二〇〇三年まで実に二六個の改憲案が発表された。現代改憲の四半世紀の間に四一個の改憲案が公表されているが、その主たるものは、この第一期に集中しているのである。

しかも改憲案は五〇年代以来の既存の改憲案にはない新たな特色を持っていた。この時期の「普通の国」派の改憲案を代表するものが、読売新聞の「憲法改正試案」（Ⅱ・10）であったが、それには以下のような特色があった。

第一の特徴は、改憲が復古的な性格でないことを随所に強調している点である。たとえば、試案は、憲法の構成を変え、現行憲法が第一章に「天皇」を置き、しかも「国民主権」は第一条の天皇の規定に潜り込ませる形で入っているのにたいし、第一章を「国民主権」の章とし、天皇は第二章に置いている。

第二に、その延長線上だが、試案には「新しい人権」が盛り込まれ、改憲が変化する社会に対応したものであることを強調している点である。

第三に、九条関係でも、試案は、「自衛のための組織」（二〇〇〇年改正〈Ⅱ・23〉では自衛軍）の保持を明記すると同時に、新たに第四章として「国際協力」の章を設け、そこで「日本国は、確立された国際的機構の活動に、積極的に協力する。必要な場合には、……平和の維持及び促進並びに人道的支援の活動に、自衛のための組織（自衛軍）の一部を提供することができる」という条項を設けて、イラクにたいする多国籍軍などへの参加のような、集団的自衛権では正当化が難しいタイプの自衛隊の海外出動を正当化する規定を新設したことが注目される。

これは冷戦終結後数年の間、湾岸戦争にみられるように、国連が一致して決議をあげられる状況ができ、アメリカは自由市場秩序維持のための武力行使、戦争を国連の旗のもとに行える状況があったことに対応していた。

集団的自衛権の名のもとにアメリカの戦争に加担することに警戒心が強い国民にも、国連の旗のもとに自衛隊を派兵する方が合意を得られやすいと思われた。試案はそうした情勢を反映し、このような規定を設けたのである。

実際には、アメリカはその後、世界の警察官としての戦争に国連が使えないと見切りをつけNATOや同盟国を語らって戦争することになったため、自衛隊の海外派兵のための憲法の規定も、集団的自衛権と国連を媒介する派兵の二本だてになっていくが、いずれにせよ、国連の旗のもとでの派兵の規定は、それ以前の改憲案にはなかったものである。

周辺事態法後の改憲論の噴出

改憲案は、新ガイドライン―周辺事態法によって、ひとまず自衛隊の海外での後方支援の枠組みができた後に、さらに噴出した。

一九九九年の第一四五国会以後、まさしく改憲案ラッシュとでもいえるほど、改憲論が盛んになった。

こうした改憲論の活性化の背景には、第一に、周辺事態法が成立して最低限の軍事大国化がひとまず達成され、もはや憲法改正を出しても軍事大国化の進行に悪影響を及ぼす恐れがなくなったこと、第二に、軍事大国化の新たな段階には憲法改正が不可避と判断されたこと、などの要因があったのである。

最初に登場したのが、中曽根康弘の改憲構想「わが改憲論」（Ⅱ・22）であった。続いて、九九年の第一四五国会以後、小沢一郎がそれまでの明文改憲にたいする消極論を転換して「日本国憲法改正試案」（Ⅱ・21）と題する憲法改正案を公表し、それにたいして、鳩山由紀夫が、これは具体的な憲法改正案の公表ではなかったが、小沢一郎案を批判するという形で、自らの憲法改正構想を公表し、二〇〇〇年になると、五月三日には、日本経済新聞の「次代へ活きる憲法に　自律型社会に対応を」（Ⅱ・24）、読売新聞の「憲法改正試案」（第二次試案）（Ⅱ・23）、そして年末には自民党橋本派の「憲法改正案」（Ⅱ・29）が公表された。さらに二〇〇一年にもこの波は続き、山崎拓が「新憲法試案」（Ⅱ・33）を公表し、今まで論憲とのみ言って具体的な改憲構想を提示することができなかった民主党も憲法調査会の中間報告（Ⅱ・40）の形で体系的な改憲構想を打ち出した。

そして、これら改憲案は、集団的自衛権問題に回答を留保している民主党案をやや例外とすれば、各案のそれぞれに工夫と特色はあるものの、いずれも、その中心的な改正点を、米軍の後方支援目的たると国連の集団安全保障の一環たるとを問わず、あらゆる場合に応じて、自衛隊の海外出動を可能にする改正に置いていたことは間違いない。この意味では、軍事大国化の新段階への移行の衝動が、改憲ラッシュの大きな一要因であったことは間違いない。

新自由主義改憲案の登場

第一期の第三の特徴は、新自由主義的改憲案が登場し、また、改憲案のなかに新自由主義改革を効率的に遂行する政治体制づくりをめざす規定が盛り込まれた点である。

二〇〇〇年五月三日に日本経済新聞が発表した憲法改正論（Ⅱ・24）は、こうした新自由主義タイプの改憲論の極端なタイプである。日経新聞は、いまの日本の最大の問題は、「官主導国家」にあり、官主導国家と自民党政治が、所得再分配のために経済にたいする規制や公共事業投資などを行っていることが経済の活力を失わせている最大の要因であるから、こうした官主導の「福祉国家」体制を打破して、個の自立に基づく自己責任の社会をつくらなければならないと主張する。そのために日経案は、福祉国家的介入を基礎づけている憲法二五条の見直し、経済にたいする国家の規制を根拠づけている二二条、二九条の「公共の福祉」条項の見直しを主張している。

新自由主義と関係して、新自由主義によって壊れた社会を再建するねらいをもった、新保守主義的改憲論が登場し始めるのもこの時期である。

このグループの改憲論の代表は、日本を守る国民会議の「新憲法の大綱」（Ⅱ・05）である。この改憲案は、天皇を国民統合の中心としてすえ直し、天皇の伝統的祭祀行為なども憲法上の権限として認めさせようとしている。また国民国家の団結を強めるべく、国防の義務の規定が入り、家庭の保護規定も入っている。またこのグループの極端なものが、西部邁の「私の憲法案」（Ⅱ・01）である。そこでは、伝統を担った「国民」と伝統の象徴としての「天皇」が強調され、人権条項においても、「国民」の基本的責務や「法の秩序」に従う義務が強調されているのである。

VI 自衛隊のイラク派兵と現代改憲の実行期――二〇〇四年〜現在

1 現代改憲の第二期――明文改憲の台頭と挫折、改憲停滞期（二〇〇四〜一二年）

明文改憲論の隆盛

現代改憲の第二期は、自衛隊のイラク派兵の結果露わになった、武力行使が禁止されているという限界を突破するための明文改憲論の台頭で始まった。

二〇〇〇年代に入って、改めて多数の明文改憲案が公表された。そこでは伝統的改憲派の改憲案が多かったが、概して以下のような特徴を持っていた。

第一は、どの改憲案も、家族が社会の基軸であるという家族保護規定を持っていた。これは、すでに新自由主義改革のなかで、家族の崩壊や社会の統合の破綻が現れていたことにたいするものであった。同じように、新自由主義改革による社会の解体を、自由主義による社会の解体ととらえ、社会の締め直しをはかるため、憲法に国民の義務規定を入れるものが増えたことも注目される。

第二に、新自由主義改革を効率的に推進するために、その障害物となっている参議院の改変規定が多くの改憲案にみられた。

第三に、九条関係では、どの改憲案も、いっせいに集団的自衛権の規定を入れていることがこの時代の改憲案の性格をよく現している。

自民党による明文改憲の動き

こうした改憲案のなかで、政治的に最も重要であったのが、自民党が二〇〇五年に発表した憲法改正案であった。

すでにイラク派兵の前から、自民党内では結党五〇周年を目途に憲法改正案を起草するという方針が、二〇〇三年総選挙における自民党マニフェストで掲げられ、それに呼応して、民主党も公明党も憲法改正に積極的な姿勢を打ち出した。総選挙後、自民党は憲法調査会を再開して改憲案づくりに乗りだしたのである。

もっとも党の改憲案づくりは若干の紆余曲折を経た。党憲法調査会に集まった面々には伝統的改憲派が多く、その議をふまえて党憲法調査会長の保岡興治がまとめた改憲案「憲法改正草案大綱（たたき台）」（**Ⅲ・12**）は、一方で、参議院の権限縮小など急進的新自由主義改革促進的制度づくりを打ち出しつつ、他方、新保守主義的色彩も濃厚に帯びた案であった。安全保障面でも集団的自衛権を正面から謳うなど、自民党の改憲に向けた主張が前面に出たものであった。

しかし、この大綱は思わぬところから反対の狼火があがり、党内で葬り去られた。自民党参議院議員の猛反発であった。その代わりに自民党は小泉総裁を本部長とする「新憲法制定推進本部」を立ちあげ、そのなかに森喜朗を長とする「新憲法起草委員会」を設置してそこで改憲案づくりに乗りだしたのである。今度の改憲案づくりを担ったのが舛添要一らグローバル競争大国派であり、二〇〇五年一〇月に発表された「新憲法草案」（**Ⅲ・24**）は、先の大綱とは面目を一新し、公明、民主党も呑めるものにすべきという方針のもとで案の起草がなされた。

新憲法草案

新憲法草案の特徴は第一に、現行憲法の基本原則、規定はなるべく変えない方向が貫かれ、「大綱」にあった新保守主義的改正案は取り除かれた。たとえば、新保守主義的改正案のはやりであった二四条の改正による家族尊重規定の挿入も見送られた。また、前文は変えられたが、日本国家の伝統を称揚する中曽根康弘案は退けられた。

第二に、九条でも、集団的自衛権の明記は避けられ、九条第一項は残し、肝心の自衛隊の海外派兵を根拠づける規定は「国際社会の平和と安全を確保するために国際的に協調して行われる活動」という抽象的文言に収まったのである。

当時自民党と民主党の保守二大政党制は安定しており、明文改憲の恰好のチャンスであった。

第一次安倍政権下での明文改憲の高揚と挫折

こうした明文改憲の活発化を背景に、一気に明文改憲の実行をめざしたのが、小泉内閣のあとを受け「任期中の憲法改正」を公約に掲げて登場した第一次安倍晋三内閣であった。この第一次安倍内閣時こそ、明文改憲の危機がもっとも濃化した時期であった。安倍内閣は、明文改憲実現のために改憲手続法の制定を試み、しかもそれを民主党と共同で作成する努力を行った。これ自体が改憲のための多数派工作の意味を持っていたのである。

しかし、安倍内閣の改憲の試みは、あっけなく挫折を余儀なくされた。

最大の理由は自民党政権が危惧したとおり、明文改憲の試みにたいして、「九条の会」を中心とした大きな反対運動が起こったことである。二〇〇四年に九条の会（**Ⅲ・05**）が呼びかけられると、会は瞬く間に全国に広がり、〇八年には七〇〇〇を越えた。会は大規模なデモや集会を開かず、地域で「九の日行動」や講演会、学習会を開いていった。こうした活動が憲法をめぐる世論を変え、改憲賛成の世論が反対の世論に逆転される状況が生まれた。

挫折の第二の理由は、自衛隊派兵、改憲とともに自民党政権が推進した新自由主義改革の矛盾がこのころ顕在化し、反貧困、反構造改革の運動が盛り上がったことである。もはや政権にとっては、改憲どころではなく、新自由主義改革により深刻化した貧困、格差への対処に手いっぱいとなったのである。

安倍内閣も、福田康夫内閣、麻生太郎内閣も、新自由主義改革による社会の矛盾への対処を呼号して勢力を拡大した民主党への対応に追われ、いずれも短期政権の運命をたどった。

第三の、より直接的理由は、民主党の代表に就任した小沢一郎のもとで民主党が自民党との対決路線に転じ、改憲手続法（Ⅲ・33）にも、改憲にも反対、消極の態度を打ち出したことである。小沢は現代改憲の主導者の一人であったから、この「変節」は異様であったが、新自由主義・構造改革への不満、自衛隊派兵への国民の危惧の増大を察知した結果であり、この小沢のもくろみは功を奏して、民主党は躍進した。

こうして、安倍内閣は改憲手続法は強行したもののあっけなく政権を投げ出し、以後の福田、麻生内閣も、それに代わり政権交代で登場した民主党政権も改憲を口にすることはできなくなったのである。明文改憲の動きは挫折を余儀なくされた。

あれだけ多数発表されてきた改憲案も、二〇〇六年以降、一二年の自民党による「日本国憲法改正草案」（Ⅲ・55）まで発表されなくなった。改憲・軍事大国化、新自由主義改革の停滞の時代が始まったのである。

2　現代改憲の第三期──自民党政権の復活と「戦争する国」づくり追求期（二〇一二年～現在）

解釈改憲路線

現代改憲の第三期は、改憲、軍事大国化の停滞打破をめざして登場した第二次安倍内閣で始まった。

現代改憲第三期の第一の特徴は、ふたたび、解釈改憲優先路線が明確に採用されていることである。しかも、その解釈改憲は、小泉内閣に典型的な第一期のそれと異なり、一九六〇年代以降、運動の圧力で強制され積み上げられてきた既存政府解釈の全体系を抜本的に改変することをめざしているのである。

第二次安倍内閣が解釈改憲路線をとった理由は、大きくは二つある。一つは、明文改憲は危険が大きすぎて困難と判断したことである。第一次安倍内閣の時も明文改憲はあっけなく挫折を余儀なくされたが、もうそんな失敗は許されないことである。

第二の理由は、九〇年以来一貫して自衛隊の海外での武力行使、米軍支援を求めてきたアメリカの戦略転換にともなう改憲要請の変化である。

アメリカは、長年にわたる海外での戦争の継続により、財政赤字、国民の反戦・厭戦意識の増大に直面し、直接武力によって自由な市場秩序に歯向かう「ならず者国家」を制圧するという直接介入主義の転換を余儀なくされた。

アメリカの新戦略は二つあった。一つは、肩代わり戦略である。米軍に代わりNATOや日本の軍事力を投入させようというもので、集団的自衛権行使はさらに強い要求となった。もう一つはイラク、アフガンからの撤兵分を経済成長著しいアジア・太平洋地域に投入する「アジア太平洋重視戦略」である。この戦略の鍵は対中国政策にある。アジア・太平洋地域の自由な市場秩序維持の相手国として、アメリカは中国と責任を分担する。他方、中国が、アメリカの望む自由市場秩序に異を唱えるときには日本など同盟国と組んで中国を包囲する。

いずれにしても日本への政策は変わった。中国との協調の場合には、中国が警戒する日本の復古的軍事大国化をアメリカは抑止し、他方、中国包囲の場合には、日本の軍事力を手足のように使う。こうして、アメリカは日本を手足のように使うために、武力行使も含めた自衛隊の一層の分担を求めつつ、それをあからさまな明文改憲のような形で行うことには消極的な態度になったのである。

日米軍事同盟強化の提言

この点に関係して、政府解釈の変更によって自衛隊の海外での武力行使、日米共同軍事行動を容認し、日米軍事同盟を新たな段階に引き上げるべきだという提言が、第二期から第三期にかけて、多数出された。

その代表が、三次にわたり出されたアーミテージレポートである。第一次は先にふれたとおり、自衛隊が米軍の後方支援から、さらに踏み込んで軍事行動をできるよう集団的自衛権の行使容認を正面から提起した。二〇〇七年に出された第二次アーミテージレポート（Ⅲ・31）は、中国の台頭を問題提起し、二〇一二年に出された第三次アーミテージレポート（Ⅲ・61）は、民主党政権による普天間移設問題などで危機に陥った日米同盟の再建、集団的自衛権容認を改めて提起した。

日本側でも中曽根康弘が会長である世界平和研究所の「国家安全保障基本法要綱案」（Ⅱ・42）、「憲法改正試案」（Ⅲ・15）をはじめ、多数のレポートが出されたが、そのなかでとくに注目されるのは、二〇〇五年に日本経団連が打ち出した「我が国の基本問題を考える」（Ⅲ・14）という報告である。これら提言は、第三期に、安倍内閣の登場で、その実現の担い手を得たのである。

安倍解釈改憲の三つの柱

安倍内閣のもとで、大規模、かつ全面的な改憲が進行している。安倍内閣の改憲の第一の柱は、小泉内閣とは異なる規模での解釈改憲、すなわちあらゆる場合に自衛隊が海外で武力行使できるよう、六〇年に及ぶ既存政府解釈のちゃぶ台返しのような変更を行うことであった。

安倍はその役割を、第一次内閣の時につくった「安全保障の法的基盤の再構築に関する懇談会」（安保法制懇）に求めたのである。

解釈改変のかなめをなすのは、集団的自衛権行使を違憲とする解釈の変更であり、いわゆる集団安全保障措置でも武力行使にわたる場合には違憲という解釈を覆すこと、さらに、武力行使に及ばないでも「武力行使と一体化した活動」は違憲という解釈を変更すること、さらに「グレーゾーン事態」においても迅速な自衛隊の出動と武器使用ができるようにすること、などである。ほかに国連PKO活動に際しての武器使用、駆け付け警護の解禁なども求められた。つまり解釈で、あらゆる軍事力行使の自由を獲得することがめざされたのである。

安倍の解釈改憲の第二の柱は、解釈の改変にともない、自衛隊を、日米共同作戦態勢を担うにたる海外侵攻軍化するということであった。実は、自衛隊は、運動や国会での野党の活動によって、その活動に制約をつけられていたばかりでなく、装備・編成にもさまざまな制約をかけられていたから、これらをはずすことがめざされたのである。二〇一三年一二月に閣議決定で再改訂された「防衛計画の大綱」（Ⅲ・69）でその方向が打ち出された。中心は、海兵隊の創設、敵基地攻撃能力の付与などであった。

第三の柱は、集団的自衛権行使容認にともなう日米共同作戦に不可欠な特定秘密保護法（Ⅲ・67）の制定、さらに武器の互換性を高めついでに日本の軍需産業を成長産業化させるために求められてきた武器輸出三原則の廃棄（Ⅲ・70）、さらに日本版ＮＳＣである国家安全保障会議（Ⅲ・66）の創設、国家安全保障戦略（Ⅲ・68）の策定である。いずれも安倍内閣はこれを強行したのである。

特定秘密保護法反対運動による安倍内閣の誤算

安倍内閣は、二〇一三年夏の参院選にも勝って、自信満々解釈改憲の強行に乗りだした。しかし、再び安倍内閣に大きな壁が立ちはだかり、安倍のもくろみに誤算が生じたのである。

誤算は、特定秘密保護法の制定に、政府の予想を遥かに上回る反対の声が起こったことから始まった。特定秘密保護法には、秘密保護法が戦争への道を開くものという「平和」の立場からの反対に加え、秘密保護法が国民の知る権利を奪うという「民主主義」の立場からの反対をも引き起こしたことが、反対運動高揚の大きな要因であった。おまけに、国民の知る権利を奪うことへの危機感から、マスコミが反対の声を上げた。

その結果、それに続いて強行しようとした集団的自衛権の行使容認の閣議決定に暗雲が垂れ込めたのである。秘密保護法の時には協力した公明党が反対の声の盛り上がりをみて動揺を深め集団的自衛権への消極的態度を一層固めた。いままでの政府解釈をちゃぶ台返しでひっくり返される内閣法制局の態度も依然硬かった。これを突破するには、安倍内閣は当初目標で行けないことが明らかになった。

集団的自衛権限定行使論

そこで出てきたのが、限定行使論であった。自民党副総裁高村正彦が提唱した限定行使論に安倍は飛びついたのである。限定行使論は、安保法制懇による政府解釈の全面否定でなく、政府解釈の「延長線上」に集団的自衛権を認めさせようというものであった。

安保法制懇が、既存の政府解釈による諸制約の一括変更を企てようとした場合、それを可能にする解釈は、「憲法九条の下では、自衛や制裁戦争は禁止されていない、そのための戦力保持も認められる」という、いわゆる芦田理論を採用するしかなかったと思われる。案の定、安保法制懇は芦田理論を使って、自衛のためなら個別的だろうが集団的だろうが自衛権行使すなわち戦争・武力行使はできるとして、諸制約の全面突破をはかったのだが、問題は、内閣法制局はこの芦田理論を、一九五〇年代からただの一度も使ったことがないことにあった。

ということはもし政府が芦田理論を使おうとすれば、内閣法制局が六〇年近くにわたり積み上げてきた九条解釈の体系を全部ご破算にするしかなかったのである。そんな乱暴なことは不可能であった。

そこで、限定行使論は、政府解釈、すなわち「自衛のための必要最小限度の実力行使」は憲法が禁じていないという解釈を「踏襲」しながら、従来の政府解釈が「必要最小限度」とは自国にたいする武力行使が行われた場合にのみ実力行使できるとしてきた点を変更し、他国が攻撃され、自国が攻撃されない場合でも一定の条件、すなわち「我が国の安全に重要な影響を与える事態」には、武力行使をしても「必要最小限度」のなかに入るという解釈を採用することで集団的自衛権を容認させようとしたのである。

安倍首相の変節、安保法制懇使い捨て

安倍首相は、安保法制懇の包括的承認論が通らないとみるや、限定行使論に乗り換えた。安倍首相は、安保法制懇報告（Ⅲ・71）にもこの限定行使論を無理矢理入れさせ、しかも安保法制懇の報告書の発表の数時間後の記者会見（Ⅲ・72）で、安保法制懇報告が打ち出した、芦田理論による包括的容認論は採らないと言明したのである。安倍は自らがつくった安保法制懇を捨てたのである。

記者会見後から始まった自民党と公明党の与党協議では、公明党は派手に「抵抗」をみせ、我が国が攻撃されなくとも「我が国の安全に重要な影響を与える事態」を、より長い条件――「我が国の存立が脅かされ、国民の生命、自由及び幸福追求の権利が根底から覆される明白な危険が」ある場合――と置き換えて了承したのである。ここまでして、安倍内閣は閣議決定「国の存立を全うし、国民を守るための切れ目のない安全保障法制の整備について」（Ⅲ・74）で集団的自衛権行使容認を獲得したのである。

限定行使論が持つ二面性

限定行使論の意義は二面ある。主たる側面は、政府が、さまざまな限定を施したものの集団的自衛権行使容認の解釈変更を強行したことである。この限定行使論をみて、これはほとんど個別的自衛権を認めたのと同じだという評価が一部憲法学者や公明党から行われているが、誤りである。限定行使論は歴とした集団的自衛権容認である。集団的自衛権と個別的自衛権との間には万里の長城がある。それは、どんな長い条件をつけようと、他国が攻撃を受けただけで、自国が攻撃されないのに武力行使できるのが集団的自衛権にほかならないからである。

しかし、同時に、この条件がついたのは、集団的自衛権にたいする反対の声に公明党が動揺して「抵抗」した結果であり、この限定は、これから行われる法律改正と国会審議において、大いに役立つことは間違いない。

安倍内閣にとって、閣議決定を強行した意義は大きい。こうした解釈改憲をふまえて、二〇一五年には日米防衛協力のガイドラインが再改訂され、日米のより緊密な共同作戦態勢が調整される。

しかし、この閣議決定だけで自衛隊は海外での武力行使、後方支援に動けるわけではない。そのためには、この解釈変更に基づいて、自衛隊法、周辺事態法、武力攻撃事態法などを改正し、法律により自衛隊の活動を根拠づけて初めて可能となる。その意味では、二〇一五年が日本の進路を決める分岐点となることは間違いない。

明文改憲への執念

現代改憲の第三期の第二の特徴は、安倍内閣が、解釈改憲にとどまらずアメリカの嫌がる明文改憲にまで手をつけようという意欲を持っていることである。

安倍が明文改憲をあきらめない最大の理由は、自衛隊が米軍の軍事作戦へ参加することまでは解釈改憲でやれても、いざ「戦争する国」になるには、日本国憲法の全体の改変が不可避となるからである。憲法は、九条によってたんに軍隊保持の規定がないだけでなく、他国と戦争するには不可欠な緊急事態規定も、戦時に言論・報道を規制する根拠規定もないからである。

今のところ明文改憲を可能とする政治状況にはほど遠いが、それでも安倍内閣は、二〇一四年の通常国会において八党派共同で、改憲手続法改正（Ⅲ・73）をやってのけた。これで明文改憲の土俵はできたといえるし、何より改憲手続法改正で、八党派の共同をつくり上げたことは、改憲多数派形成には大きな意義がある。

自民党は野党時代に「日本国憲法改正草案」（Ⅲ・55）を作成していた。しかし、明文改憲を実行しようとするには、この案はあまりに自民党的である。明文改憲が政治日程にのぼれば、国会での三分の二の多数獲得のための新たな改憲案が提案されることは間違いない。

新自由主義改革の新段階

現代改憲の第三期の第三の特徴は、軍事大国化のみならず新自由主義改革も、安倍内閣の手で、新たな段階に突入したことである。

新段階の特徴は、二つある。一つは、新自由主義改革がそれを妨害する既存の政治経済制度——福祉国家型、開発主義型制度——の破壊から、グローバル企業の競争力強化のための積極的支援とグローバル企業本位の制度づくり、国家づくりに移行したことである。新自由主義改革は後期段階に入ったといえる。

もう一つは、新自由主義改革が、企業競争力を低下させている企業負担の軽減のための社会保障費削減や規制緩和から、グローバル企業の市場づくりへと移行しつつあることである。

今のところ、こうした新段階の影響は改憲案には現れてはいないが、このいずれの特徴も、日本国憲法の制度の根本的改変をともなわざるをえないことは必定だ。

戦後日本の岐路

戦後保守政権は、二度と戦争は繰り返したくない、という国民の声と運動の圧力によりいくつかの原則を堅持してきた。保守政権は、安保条約を締結し全土に米軍基地を容認してきた。しかし、にもかかわらず、自衛隊の海外での武力行使はしないという原則や中国、韓国とは仲良くするという原則は守ってきた。

安倍内閣の誕生と精力的な改憲政策により、戦後七〇年近くにわたって日本が守り続けてきたこれら原則が、いま覆されようとしているのである。

かくして、第三次安倍内閣になり、日本は戦後もっとも大きな岐路に立っている。

＊なお、本文の記述は、以下の諸論文をもとに作成した。

渡辺治「日本国憲法」同編『現代日本社会論』旬報社、一九九六年刊所収、同『憲法「改正」の争点』解説、旬報社、二〇〇二年刊所収、同「安倍政権と現代改憲の新段階」『法律時報増刊　改憲を問う』日本評論社、二〇一四年刊所収。

憲法改正内容別年表

西暦	憲法改正案、改憲提言、憲法調査会報告書等	改憲・安保に関わる立法、閣議決定、政府解釈、判決、政府の諮問機関等の報告、憲法調査会関係文書等	改憲・安保に関わる政党の政策・方針・声明・発言、民間団体の提言・声明・発言、知識人の発言等	日米関係に関する条約、重要文書等
一九四九	公法研究会「憲法改正意見」(三月二〇日)I・01			
一九五一				日米安全保障条約(九月八日)I・02
一九五二		吉田茂内閣　憲法第九条の「戦力」に関する統一見解(一一月二五日)I・03 選挙制度調査会「憲法改正国民投票要綱」(一二月二日)I・04		
一九五三	渡辺経済研究所・憲法改正研究委員会「憲法改正要点の私案」(二月)I・06	自治庁「日本国憲法改正国民投票法案」(一月二〇日)I・05 内閣法制局　憲法改正の問題点に関する調査資料(一二月)I・12	朝日新聞「超党派的憲法審議機関設置提案」(五月三日)I・07 毎日新聞「官民合同の憲法審査機関設置提案」(五月三日)I・08 平和憲法擁護の会　趣意書・宣言(八月八日)I・09 東京新聞　憲法改正に関する座談会(岸信介・西尾末広・阿部眞之助・山浦貫一)(一二月)I・13	ニクソン米副大統領「日本は共産侵略の防壁」演説(一一月一九日)I・10 米当局「一九五四年が憲法改正準備完了の年」(一一月二八日)I・11
一九五四	改進党「新日本国民憲法創定に関する決議」	吉田茂首相　第一九国会における憲法改正問	憲法擁護国民連合　結成大会宣言・要綱・規約	

年			
	案(一月一八日)Ⅰ・15 自由党憲法調査会　憲法調会の論点(五月七日)Ⅰ・18 改進党憲法調査会　現行憲法の問題点の概要並びに各部会報告(九月一三日)Ⅰ・19 自由党憲法調査会　日本国憲法改正案要綱並びに説明書(一一月五日)Ⅰ・20	題に関する答弁(衆院本会議における中曽根康弘との問答)(一月二九日)Ⅰ・16 吉田茂首相　第一九国会における憲法改正問題に関する答弁(衆院予算委員会における河野密に対する答弁)(二月三日)Ⅰ・16 緒方竹虎国務大臣(副総理)　第一九国会衆院本会議におけるMSA協定に関する答弁(三月一一日)Ⅰ・17 内閣法制局　第二一国会における憲法第九条の「戦力」についての新解釈(衆議院予算委員会における河野密に対する答弁)(一二月二一日)Ⅰ・21 内閣法制局　第二一国会における憲法第九条の「戦力」についての新解釈(衆議院予算委員会における福田篤泰に対する答弁)(一二月二二日)Ⅰ・21 内閣法制局　第二一国会における憲法第九条の「戦力」についての新解釈(衆議院予算委員会における本間俊一に対する答弁)(一二月二三日)Ⅰ・21	(一月一五日)Ⅰ・14
一九五五	憲法研究会「日本国自主憲法試案」(一月)Ⅰ・22 中曽根康弘「自主憲法のための改正要綱試案」(九月)Ⅰ・24	鳩山一郎首相　第二二国会衆院予算委における憲法九条改正に関する質疑・答弁(三月二八日)Ⅰ・23	
一九五六	自民党憲法調査会「憲法改正の問題点」(四月二八日)Ⅰ・25 大西邦敏「新日本国憲法草案」(五月二三日)Ⅰ・26	憲法調査会法(六月一一日)Ⅰ・27	社会党　憲法調査会に対する社会党の態度(九月三日)Ⅰ・28
一九五七	広瀬久忠「日本国憲法改正広瀬試案」(四月八日)Ⅰ・29	国防会議・閣議決定「国防の基本方針」(五月二〇日)Ⅰ・30 憲法調査会　日本社会党の憲法調査会への参加を要望する決議(九月一九日)Ⅰ・31	社会党　憲法調査会不参加の回答(九月二一日)Ⅰ・31

		高柳賢三「日本社会党の参加を要望する決議」に対する同党の回答についての憲法調査会長談（一〇月二日）Ⅰ・31		
一九五八	自主憲法期成青年同盟　「青年憲法草案要綱」（五月三日）Ⅰ・32 里見岸雄　「大日本國憲法」（七月一日）Ⅰ・33	岸信介首相　ブラウン記者との会見における改憲発言（一〇月一四日）Ⅰ・34		
一九五九		砂川訴訟・東京地裁判決（伊達判決）（三月三〇日）Ⅰ・35 砂川訴訟・最高裁判決（一二月一六日）Ⅰ・35	大内兵衛　「憲法問題研究会の意義」（五月三日）Ⅰ・36 我妻榮　「私たちの役割」（五月三日）Ⅰ・37	
一九六〇				新安保条約（一月一九日）Ⅰ・38
一九六一	中曽根康弘　「高度民主主義民定憲法草案」（一月一日）Ⅰ・39	憲法調査会　憲法調査会参加をめぐって社会党および民社党に対する要望書（九月二二日）Ⅰ・40 高柳賢三　「憲法調査会違憲論について」（一〇月四日）Ⅰ・41	社会党「憲法調査会の最近の動向について」（九月二二日）Ⅰ・40 憲法調査会不参加に関する西尾民社党中央執行委員長談話（九月二五日）Ⅰ・40	
一九六二	大日本生産党「日本憲法改正試案」（六月）Ⅰ・44 全日本愛国者団体会議「大日本皇国憲法草案」（八月）Ⅰ・44 大石義雄　「日本国憲法改正試案」（七月）Ⅰ・45		民社党　民社党綱領（一月二七日）Ⅰ・42 民社党　憲法を守り発展させる決議（一月二七日）Ⅰ・42 社会党　憲法調査会に対する申し入れ（二月二二日）Ⅰ・43	
一九六三	憲法調査会共同意見　「憲法改正の方向」（九月4日）Ⅰ・46			
一九六四	憲法調査会　最終報告書（七月三日）Ⅰ・48	中曽根康弘等　憲法制定の経過に関する小委員会報告書の「結論」に対する共同意見書（二月二八日）Ⅰ・47	憲法問題研究会　憲法調査会報告書に対する声明（七月三日）Ⅰ・49 社会党　憲法調査会についての声明（七月三日）Ⅰ・50 共産党　憲法改悪阻止とたたかいの方向（七	

一九六五			月一日)Ⅰ・51 共産党　憲法調査会報告書提出について(七月三日)Ⅰ・51 憲法改悪阻止各界連絡会議　結成総会宣言(三月六日)Ⅰ・52
一九六八			共産党　「日本の中立化と安全保障についての日本共産党の構想」(六月一〇日)Ⅰ・53 社会党外交防衛政策委員会・国際局外交委員会　「非武装・平和中立への道」(一二月二八日)Ⅰ・54
一九七二	自民党憲法調査会　「憲法改正大綱草案」(稲葉試案)(六月一六日)Ⅰ・55	集団的自衛権に対する政府解釈(第69国会参議院決算委員会提出資料)(一〇月一四日)Ⅰ・56	
一九七三		長沼ナイキ基地訴訟・札幌地裁判決(九月七日)Ⅰ・57	
一九七六		三木武夫総理大臣　武器輸出三原則(二月二七日)Ⅰ・58 長沼ナイキ基地訴訟・札幌高裁判決(八月五日)Ⅰ・57 国防会議・閣議決定　昭和五二年度以降に係る防衛計画の大綱(一〇月二九日)Ⅰ・59	
一九七八		防衛庁　防衛庁における有事法制の研究について(九月二一日)Ⅰ・60	日米安全保障協議委員会　「日米防衛協力のための指針〈ガイドライン〉」(一一月二七日)Ⅰ・61
一九八〇		奥野誠亮法務大臣　改憲発言に関する質疑・答弁(八月二七日)Ⅰ・62 鈴木善幸首相　改憲問題に関する質疑・答弁	

一九八一	自主憲法期成議員同盟「第一次憲法改正草案〈試案〉」(一〇月二一日)Ⅰ・65	(一〇月六日)Ⅰ・63 集団的自衛権に対する政府解釈(「憲法、国際法と集団的自衛権」に関する質問主意書・答弁書)(四月二二日、五月二九日)Ⅰ・56 防衛庁「有事法制の研究について」〈中間報告〉(四月二二日)Ⅰ・64	
一九八二	自主憲法期成議員同盟「第一次憲法改正草案追加案」(一二月一日)Ⅰ・65 自民党　憲法調査会中間報告(八月一一日)Ⅰ・66	長沼ナイキ基地訴訟・最高裁判決(九月九日)Ⅰ・57	
一九八四	中川八洋「日本国憲法〈草案〉」(五月三日)Ⅰ・67	防衛庁「有事法制の研究について」〈第二次中間報告〉(一〇月一六日)Ⅰ・68	
一九九一	西部邁「私の憲法案」(六月三〇日)Ⅱ・01		
一九九二	小林節「日本国憲法改正私案」(三月五日)Ⅱ・02	PKO等協力法(六月一九日)Ⅱ・03	
一九九三	自主憲法期成議員同盟・自主憲法制定国民会議「日本国憲法改正草案」(四月二四日)Ⅱ・04 日本を守る国民会議「新憲法の大綱」(五月三日)Ⅱ・05 自民党憲法調査会　中間報告〈憲法調査会委員による発言要旨〉(六月一六日)Ⅱ・06		
一九九四	関西経済同友会・基本問題部会・憲法問題委員会「日本国憲法を考える」(四月四日)Ⅱ・08 読売新聞「憲法改正試案」第一次試案(一一月三日)Ⅱ・10		関西経済同友会・安全保障委員会「提言 信頼される日本―常任理事国にふさわしい国を目指して」(三月)Ⅱ・07 経済同友会「新しい平和国家をめざして」(七月)Ⅱ・09

一九九五		安全保障会議・閣議決定「平成八年度以降に係る防衛計画の大綱」(一一月二八日)Ⅱ・11		
一九九六	木村睦男「平成新憲法」(四月)Ⅱ・13 愛知和男「平成日本国憲法」私案(五月)Ⅱ・14 新進党憲法問題調査会 中間報告〈骨子〉(一二月二日)Ⅱ・15			日本国内閣総理大臣・アメリカ合衆国大統領「日米安全保障共同宣言—二一世紀に向けての同盟」(四月一七日)Ⅱ・12
一九九七				日米安全保障協議委員会「日米防衛協力のための指針〈新ガイドライン〉」(九月二三日)Ⅱ・16
一九九九	小沢一郎「日本国憲法改正試案」(九月)Ⅱ・21	周辺事態法(五月二八日)Ⅱ・18 憲法調査会設置に関する法改正等(国会法の一部を改正する法律)(八月四日)Ⅱ・20 憲法調査会設置に関する法改正等(憲法調査会設置に関する申合せ)(七月六日)Ⅱ・20 憲法調査会設置に関する法改正等(衆議院憲法調査会規程)(七月六日)Ⅱ・20	経済同友会「緊急提言 早急に取り組むべき我が国の安全保障上の4つの課題」(三月九日)Ⅱ・17 民主党「安全保障基本政策」(六月二四日)Ⅱ・19	
二〇〇〇	中曽根康弘「わが改憲論」(三月一日)Ⅱ・22 読売新聞「憲法改正試案」第二次試案(五月三日)Ⅱ・23 日本経済新聞「次代へ活きる憲法に 自律型社会に対応を」(五月三日)Ⅱ・24 自由党・日本一新推進本部・国家基本問題に関する委員会「新しい憲法を創る基本方針」〈第一次草案〉(一二月四日)Ⅱ・28 自民党・橋本派政策局・憲法問題に関する分科会「憲法改正案」(一二月二七日)Ⅱ・29		公明党「平和憲法のもと適切、着実な国際貢献を果たします」(一一月四日)Ⅱ・26 共産党「憲法を生かした民主日本の建設を」(一一月二四日)Ⅱ・27	米国防大学国際戦略研究所「米国と日本—成熟したパートナーシップに向けて」(第一次アーミテージ報告)(一〇月)Ⅱ・25
二〇〇一	山崎拓「新憲法試案」(五月三日)Ⅱ・33	テロ対策特措法(一一月二日)Ⅱ・35	自民党・国防部会「提言 わが国の安全保障	

	日本会議・新憲法研究会「新憲法の大綱」(四月)Ⅱ・34 民主党憲法調査会　中間報告(一二月一八日)Ⅱ・40	自衛隊法の一部を改正する法律(一一月二日)Ⅱ・36 海上保安庁法の一部を改正する法律(一一月二日)Ⅱ・37 PKO等協力法の一部を改正する法律(一二月一四日)Ⅱ・39	政策の確立と日米同盟―アジア・太平洋地域の平和と繁栄に向けて」(三月二三日)Ⅱ・30 経済同友会・外交・安全保障委員会「平和と繁栄の21世紀を目指して―新時代にふさわしい積極的な外交と安全保障政策の展開を」(四月二五日)Ⅱ・31 社民党・土井たか子党首「二十一世紀の平和構想―核も不信もないアジアを」(五月二日)Ⅱ・32 憲法調査推進議員連盟「日本国憲法改正国民投票法案」(一一月一六日)Ⅱ・38
二〇〇二	新しい日本をつくる国民会議(二一世紀臨調)・国の基本法制検討会議　中間報告(二―三月)Ⅱ・41 「二一世紀の日本と憲法」有識者懇談会(民間憲法臨調)　提言(一一月三日)Ⅱ・43	国際平和協力懇談会　報告書(一二月一八日)Ⅱ・44	世界平和研究所・安全保障特別研究会「国家安全保障基本法要綱案」(三月一九日)Ⅱ・42
二〇〇三	経済同友会・憲法問題調査会「憲法問題調査会意見書―自立した個人、自立した国たるために」(四月)Ⅱ・45	武力攻撃事態対処関連三法(六月一三日)Ⅱ・46 イラク復興支援特別措置法(八月一日)Ⅱ・48	自民党政務調査会・憲法調査会・憲法改正プロジェクトチーム「安全保障についての要綱案」(七月二四日)Ⅱ・47
二〇〇四	愛知和男「平成憲法・愛知私案(第四次改訂)」(四月)Ⅲ・01 読売新聞「憲法改正二〇〇四年試案」(五月三日)Ⅲ・02 自民党「憲法改正のポイント―憲法改正に向けての主な論点」(六月)Ⅲ・03 自民党政務調査会・憲法調査会・憲法改正プロジェクトチーム　論点整理(案)(六月一〇日)Ⅲ・04 公明党憲法調査会　論点整理(六月一六日)Ⅲ・06 民主党憲法調査会「創憲に向けて、憲法提言中間報告―「法の支配」を確立し、国民の	国民保護法(六月一八日)Ⅲ・07 安全保障と防衛力に関する懇談会「安全保障と防衛力に関する懇談会」報告書―未来への安全保障・防衛力ビジョン(一〇月)Ⅲ・10 安全保障会議・閣議決定「平成一七年度以降に係る防衛計画の大綱」(一二月一〇日)Ⅲ・13	九条の会　アピール(六月一〇日)Ⅲ・05

手に憲法を取り戻すために」(六月二二日)Ⅲ・08

陸上自衛隊幹部　中谷元・元防衛庁長官の要請に応えて作成した「憲法草案」(一〇月)Ⅲ・09

PHP総合研究所　「二十一世紀日本国憲法私案」(一一月)Ⅲ・11

自民党憲法調査会・憲法改正起草委員会　「憲法改正草案大綱(たたき台)「己も他もしあわせ」になるための「共生憲法」を目指して」(一一月一七日)Ⅲ・12

二〇〇五　日本経団連　「わが国の基本問題を考える――これからの日本を展望して――」(一月一八日)Ⅲ・14

世界平和研究所　「憲法改正試案」(一月二〇日)Ⅲ・15

鳩山由紀夫　「憲法改正試案」(二月)Ⅲ・16

社会民主党全国連合常任幹事会　「憲法をめぐる議論についての論点整理」(三月一〇日)Ⅲ・17

自民党新憲法起草委員会　「各小委員会要綱」(四月四日)Ⅲ・18

衆議院憲法調査会　「衆議院憲法調査会報告」(四月一五日)Ⅲ・19

参議院憲法調査会　「日本国憲法に関する調査報告」(四月二〇日)Ⅲ・20

「二一世紀の日本と憲法」有識者懇談会(民間憲法臨調)　「国家のグランド・デザインを描くなかから新憲法の創出を」(五月三日)Ⅲ・21

平沼赳夫　「憲法条文試案」(七月)Ⅲ・22

自民党新憲法起草委員会　要綱(第一次素案)(七月七日)Ⅲ・23

自民党　「新憲法草案」(一〇月二八日)Ⅲ・24

創憲会議　「新憲法草案」(一〇月二八日)Ⅲ・

ライス国務長官・ラムズフェルド国防長官・町村外務大臣・大野防衛庁長官　「日米同盟:未来のための変革と再編」(一〇月二九日)Ⅲ・26

	25 民主党憲法調査会　「憲法提言」（一〇月三一日）Ⅲ・27		
二〇〇六	「二一世紀の日本と憲法」有識者懇談会（民間憲法臨調）「九条改正に取り組み国家と国民の安全を確保せよ」（五月三日）Ⅲ・28 平和・安全保障研究所　「集団的自衛権の行使へ—普通の民主主義国としての責任を」（一〇月二六日）Ⅲ・30		日米首脳会談共同文書　「新世紀の日米同盟」（六月二九日）Ⅲ・29
二〇〇七	「二一世紀の日本と憲法」有識者懇談会（民間憲法臨調）「新憲法制定に向けて」（中間報告）（五月三日）Ⅲ・32	日本国憲法の改正手続に関する法律（五月一八日）Ⅲ・33 国会法の一部を改正する法律（憲法審査会設置）（五月一八日）Ⅲ・34	戦略国際問題研究所（ＣＳＩＳ）「米日同盟—二〇二〇年に向けアジアを正しく方向付ける」（第二次アーミテージ報告）（二月一六日）Ⅲ・31
二〇〇八		新テロ対策特別措置法（一月一六日）Ⅲ・35 自衛隊のイラク派兵差止等請求事件・名古屋高裁判決（四月一七日）Ⅲ・36 安全保障の法的基盤の再構築に関する懇談会　報告書（六月二四日）Ⅲ・37	松下政経塾・政経研究所・日米次世代会議プロジェクト　「日米同盟試練の時—「広範でバランスのとれた同盟」への進化が急務」（一一月）Ⅲ・38
二〇〇九		衆議院憲法審査会規程（六月一一日）Ⅲ・40 海賊対処法（六月二四日）Ⅲ・41 安全保障と防衛力に関する懇談会　報告（八月）Ⅲ・43	自民党政務調査会　国防部会・防衛政策検討小委員会　「提言・新防衛計画の大綱について—国家の平和・独立と国民の安全・安心確保の更なる進展」（六月九日）Ⅲ・39 日本経団連　「わが国の防衛産業政策の確立に向けた提言」（七月一四日）Ⅲ・42
二〇一〇		新たな時代の安全保障と防衛力に関する懇談会　「新たな時代における日本の安全保障と防衛力の将来構想—「平和創造国家」を目指して」（八月）Ⅲ・47 安全保障会議・閣議決定　「平成二三年度以降	自民党　「国際平和協力法案」（五月二六日）Ⅲ・44 自民党政務調査会・国防部会　「提言・新防衛計画の大綱について—国家の平和・独立と国民の安全・安心確保の更なる進展」（六月一四

		に係る防衛計画の大綱」(一二月一七日)Ⅲ・49	日)Ⅲ・45 日本経団連　「新たな防衛計画の大綱に向けた提言」(七月二〇日)Ⅲ・46 民主党外交安全保障調査会　「「防衛計画の大綱」見直しに関する提言」(一一月三〇日)Ⅲ・48
二〇一一		参議院憲法審査会規程(五月一八日)Ⅲ・50 秘密保全のための法制の在り方に関する有識者会議　「秘密保全のための法制の在り方について(報告書)」(八月八日)Ⅲ・52	日米安全保障協議委員会　「より深化し、拡大する日米同盟に向けて―五〇年間のパートナーシップの基盤の上に」(六月二一日)Ⅲ・51
二〇一二	大阪維新の会　「維新が目指す国家像」(三月一〇日)Ⅲ・53 たちあがれ日本　「自主憲法大綱(案)」(四月二五日)Ⅲ・54 自民党　「日本国憲法改正草案」(四月二七日)Ⅲ・55 みんなの党　「憲法改正の基本的考え方」(四月二七日)Ⅲ・56 新しい憲法をつくる国民会議(自主憲法制定国民会議)　「日本国憲法」(新憲法第三次案)(五月三日)Ⅲ・57 大阪維新の会　「維新八策」(案)(七月五日)Ⅲ・59 日本青年会議所　「日本国憲法草案」(一〇月一二日)Ⅲ・62	国家戦略会議フロンティア分科会・平和のフロンティア部会　報告書(七月六日)Ⅲ・60	自民党　「国家安全保障基本法案」(概要)(七月四日)Ⅲ・58 戦略国際問題研究所(CSIS)　「米日同盟―アジアに安定を定着させる」(第三次アーミテージ報告)(八月)Ⅲ・61
二〇一三	産経新聞　「国民の憲法」要綱(四月二六日)Ⅲ・63	国家安全保障会議設置法(一二月四日)Ⅲ・66 特定秘密の保護に関する法律(一二月一三日)Ⅲ・67 国家安全保障会議・閣議決定　「国家安全保障戦略」(一二月一七日)Ⅲ・68 国家安全保障会議・閣議決定　「平成二六年度	自民党　「新「防衛計画の大綱」策定に係る提言―「防衛を取り戻す」」(六月四日)Ⅲ・64 九条の会　「集団的自衛権行使による「戦争する国」づくりに反対する国民の声を」(一〇月七日)Ⅲ・65

以降に係る防衛計画の大綱」(一二月一七日)Ⅲ・69

二〇一四

国家安全保障会議・閣議決定　武器輸出三原則の見直し(四月一日)Ⅲ・70

安全保障の法的基盤の再構築に関する懇談会報告書(五月一五日)Ⅲ・71

「安全保障の法的基盤の再構築に関する懇談会報告書」に関する安倍総理記者会見(五月一五日)Ⅲ・72

日本国憲法の改正手続に関する法律の一部を改正する法律(六月二〇日)Ⅲ・73

国家安全保障会議・閣議決定「国の存立を全うし、国民を守るための切れ目のない安全保障法制の整備について」(七月一日)Ⅲ・74

第Ⅰ部　復古的改憲の挫折と改憲消極の時代

1 復古的改憲の追求とその挫折＝一九四九〜六四年

資料Ⅰ・01

憲法改正意見

一九四九年三月二〇日

公法研究会

〔出典〕『法律時報』二一巻四号（一九四九年四月）

コメント

1．これは、日本国憲法が日本国民の自主的意思に基づいて制定されたことに疑いを持った極東委員会が、一九四六年一〇月、憲法の施行後二年以内に新憲法が「果たして日本国民の自由な意思の表明であるかどうかを決定するため」国民投票その他の適当な措置を講ずることを求めた決定を受けて、公法研究会が行った憲法改正意見である。

公法研究会には、丸山眞男、鵜飼信成、戒能通孝、川島武宜らが参加し、四八年春からポツダム宣言の趣旨に照らした見直し作業をはじめ、四九年三月この案を発表した。これは、日本国憲法の趣旨を一層徹底しようという立場からのものである点で、その後、保守政治によって推進される改憲案とはまったく性格をことにするものである。

当時、日本の保守政権は、憲法のいかなる意味の見直しも考えていなかったし、GHQも憲法の修正は考えていなかったから、公法研究会のこの案は、政治的にはなんの影響も与えなかった。

2．しかし内容を見ると、以下の点で極めて注目される。

まず、憲法の趣旨の徹底を図る見地から、第一章を「天皇」とすることを批判し、「人民主権」を宣言する章にすべきであるとしている。また天皇を「象徴」より一層明確に儀礼的存在としての性格を鮮明するため「儀章」と変更すべきとしている。

3．九条についても、戦争放棄の趣旨をあいまいにしかねない──現に講和以後は、こうしたあいまい化がはじまった──、「国際紛争を解決する手段としては」という文言を削除して一切の戦争を放棄する意を明確にし、また、第二項の冒頭にある「前項の目的を達するため」という文言を「いかなる目的のためにも」に修正して、いかなる目的のためにも軍備がもてないことを明確にすることを主張するなど、興味深い修正が提案されている。

現に、講和を前後して、その後、第一項の「国際紛争を解決する手段としては」という文言を根拠に、第一項は侵略戦争のみを放棄しており、第二項冒頭に「前項の目的を達するため」という文言があるから第二項は自衛や制裁戦争のための「戦力」保持を禁止していないという、いわゆる芦田解釈が唱えられるようになった。この意見はそうした「解釈」が出てくることを警戒していた。

4．なお、紙数の関係で本書には収録しなかった東京大学憲法研究会の「憲法改正の諸問題」も同様の性格をもつものである。

前文

前文及び本文に使用されている「日本国民」という言葉を「日本人民」に改め、また、前文中、「その権力は国民の代表者がこれを行使し」とあるのを「その権力は人民がこれを行使し」と改める。

〔理由〕前文は日本国憲法の根本原則を示すもので、本文の基礎となっているものであり、従って、憲法の改正手続によって軽々に、これを改むべきものではない。ことに民主主義の根本原則は日本国憲法の鉄則ともいうべきもので、これを民主主義に反する方向に改正することは許さるべきではないが、ただ、民主主義の原則を深化・発展せしめるために改正を加えることは、前文にいう根本原則に反するものではない。従って、日本国民という曖昧な表現を明確にし、英文にあるように日本人民Japanese peopleとすることは、本来の主旨を徹底させるものである。さらにまた、前文中に「その権威は国民に由来し、その権力は国民の代表者がこれを行使し、その福利は国民がこれを享受する」と示されているのは、欧米のデモクラシーの原則としていわれるgovernment of the people, by the people, for the peopleに相当するものであるが、このうち人民による政治にあたる部分は前文においては「国民の代表者」とされ、間接民主政治を意味している。しかるに、デモクラシーの原則としては直接民主政治を排すべき理由はなく、現に日本国憲法も直接民主政治の諸制度を採用しているし、直接民主政治が立て前たるべきものである。従って、民主主義の根本原則を示す場合には、あくまで直接民主政治を意味する「日本人民」とすべきで、「代表者」という文字を削除する。

第一章　天皇

第一章に天皇の章を設けているのは、人民主権を表明する憲法としては妥当ではなく、別に人民主権を宣言する章を設けるか、或いは人民主権の宣言を含む基本的人権の規定を第一章とすべきである。また民主主義の憲政というポツダム宣言の主旨に従えば、天皇制の廃止による共和制とすべきことが理想であり、従って天皇の章は理想案においては不要である。かような場合には、大統領制とすべきことはいうまでもないが、その場合の大統領制は米国のような政治的実権をもつものではなく、仏蘭西流の儀礼的な存在とすべきである。しかし、このような理想案はいま一応将来のこととして、実現可能な改正案ということになれば、天皇制を承認した上で人民主権を明確にすべきである。この観点から、天皇の儀礼的な存在たることを明示すべきである。

〔**第一条**〕「主権は日本人民にある」という条文を新たに加える。

〔理由〕現行の第一条のように天皇の法的性質を表現することに附随して、国民主権を宣言しているのは妥当ではない。別個の一条を設け、これを冠頭に掲ぐべきである。

〔**第二条**〕現行第一条を、「天皇は日本人民の儀章たるべきものである」と改める。

〔理由〕現行憲法の第一条にいう象徴という用語は神秘的要素をもち、その法的性質が明らかでない。ある者は象徴たるものを主権者の地位にまで高める解釈を行っている。象徴とは、本来、儀礼的存在を示すものとして用いられた言葉であるから、これを一層明確にして、儀章とすべきである。儀章は旗章という概念にも相当するもので、新造語であるが、天皇の儀礼的な存在をよく現わしているものと思う。このため、現行憲法にいう「日本国民の統合」という文字も、天皇の地位が「国民の総意に基く」という文字も削除すべきはいうまでもない。これらの用語は天皇制を不当に強化する可能性をもつものだからである。

現行の第二条を改め、次の如くする。「皇位は世襲のものであって、法律の定あるところにより、国会の承認に基いて継承する。」

〔理由〕世襲ということは、何人が天皇の位につくかについて、順位を固定させてしまうことを意味しない。皇統に属するものの中から、日本人民の儀章となるにふさわしい者を人民が決定するのは、人民主権の原則からいって穏当であると思われる。そのため少くとも国会がこれを承認するものとしたい。もちろん、ここに、生前の退位をみとめ、女帝をみとめることは、この条文の主旨と矛盾するものではなく、民主主義の原則からいって、それらの制度は採用さるべきである。憲法の本文のうちに、これらを明記してもよいが、とくにこれを明記する必要はないほど当然のことであろう。また「国会の議決した皇室典範」とあるが、皇室典範が国会の議決を経るにもかかわらずこのような旧来からの固有名詞を用いることは特別の法典であるかのような誤解を生ぜしめるので、皇室継承に関する法律も、その形式的効力について他の法律となんら異らないものであることを明示する必要があり、そのため、皇室典範という文字を削除する。

〔**第三条**〕全文削除

〔理由〕象徴としての天皇は、その本質上、儀礼的行為以外には行うことができないはずであるから、第一に、国事に関する行為というような国政との区別の明らかでない表現は適当でない。第二に、儀礼的行為については、内閣は、旧憲法で天皇が、統治権を総覧していたときのように輔弼の責任を負う必要はなく、従って、それを思わせるような「助言と承認」を行う必要がない。従って本条は全文削除する。ことに助言と承認（advice and approval）は、アメリカ憲法で上院が大統領に与える「助言と同意」advice and consent と紛わしく、表現としても不適当である。

〔**第四条乃至第七条**〕第四条は、第二項を削除し、第一項を次のように改める。「天皇は、国政に関する権能を有しない。ただ儀礼的行為のみを行うことができる。」第五条乃至第七条は全文削除する。

〔理由〕儀章としての天皇にふさわしい行為は儀礼的行為だけであって、現行憲法も既にその精神で規定されていることは疑をいれないところであるにも拘らず、第三条乃至第七条の規定があいまいであって、あたかも実質的に国政に関する権能をもっているかのように解されるおそれがあるから、この際、そのことを明らかにするために、右のような改正をする。第四条第一項では、天皇が国政に関する権能を有しないという大原則を明記することを規定の中心とし、ただその行い得る行為は儀礼的行為に止まることを附記する。第二項の委任代理は不要であり、第五条の法定代理即ち摂政も当然不要となる（摂政という文字が、第四条と矛盾していることは改めていうまでもない）。第六条の任命権及び第七条中のあるもの（例えば国会の召集、衆議院の解散など）は、儀礼的行為でないから、誤解を避けるため、全文を削除したい。

〔**第八条**〕全文削除

〔理由〕第八条によると、皇室の財産はすべて国に属することになっているが、それには例外があって、純然たる皇室の私産は依然として国有とならない。そこでそのような皇室の私産についても、その移動について国会の議決を要するものとするのが本条の趣旨であると通説は解している。しかし既に皇室財産国有の原則が定められた以上、明文によらないでその例外を認めることは適当でない。従って憲法は皇室の私産を認めない趣旨と解すべきであり、もし本来国有たるべき皇室財産の移動であれば、国会の議決に基くべきは当然であるから、本条は全文削除すべきである。なお皇室という法人格を有しないものが、財産権の主体となることは、現行法の建前からいっても論理的でない。これを要するに、皇室に属する各員は、すべて国有の財産物品を使用することを認められているだけで、自ら特有財産をもつことはできないのである。

第二章　戦争の放棄

〔**第九条**〕第一項の「国際紛争を解決する手段としては」を削り、且つ個人の参加を禁止する規定を新に挿入する。

第二項の「前項の目的を達するため」を「如何なる目的のためにも」と改める。

〔理由〕本条の第一項は、侵略的な戦争その他武力の行使又は威嚇が永久に放棄されることの宣言であり、第二項は、進んで更に一切の軍備と一切の戦争を行う権利を否認する規定である。そこで規定の本来の精神からいえば、あらゆる戦争（自衛戦争や制裁戦争を含む）を放棄した徹底的平和主義の宣言の規定であるにも拘らず、本条の字句は、それに若干の制限があるように誤解されるおそれがあるので、それらの点をすべて改めようというのである。

即ち第一項では、放棄される戦争が侵略戦争に限定されているから、これを第二項と同じく一切の戦争を放棄するように改め、同時に、日本国民が個人としても、あらゆる戦争に参加することを禁止して、軍国主義を真に日本国民の心裡から清算することを明示する。第二項の冒頭の一句も、解釈上何らか限定のある規定のように曲解されるおそれがあるから、名義や形式の如何を問わず、一切の軍備を保持しないことを明記しておき度い。

第三章　国民の権利

〔**第一一条**〕本条前段を、「およそ基本的人権の侵害はこれを許さない」というような強い表現をもって代える。

〔理由〕現在の「すべての基本的人権の享有を妨げられない」という表現は、あまりに弱い。本条で、このように、権力者に強力な制限を加える趣意を明かにするとともに、一二条で、人民の側からの反抗権をみとめることによって、基本的人権の保障を、いよいよ十分なものにしようとする。

〔**第一二条**〕（1）本条の前段の次に「これらの自由及び権利が侵されたときは、人民は、これに抵抗することができる」という趣意を加える。

〔理由〕およそ基本的人権にたいする侵害は圧制である。圧制に反抗することは人民の権利である。それもまた基本的人権である。反抗権の裏付けをもたない基本的人権は魂のない人形のようなものだ。基本的人権を保持しようとする「不断の努力」も、そこまでゆかないことには、竜を描いて睛を点じないものだ。フランスの人権宣言も、アメリカの独立宣言も、みな、圧制にたいする反抗権をみとめているのである。

（2）こういうお説教を条文のなかに置くのは、ふさわしくない。また、修正の提案をされた形においても、それは民主主義憲法の基本原理と見るべきものであるから、やはり、前文に現われるのが適当である。

〔**第一二・一三・二二・二九条**〕この四つの各条文のなかから「公共の福祉」という言葉を全部削除する。

〔理由〕新憲法の最大の特色が、基本的人権の完全な享有を現在ならびに将来にわたって保障した点（前文およびとくに一一条）に存するといっても決して過言ではない。何故なら過去の我国においては、旧憲法が規定した極めて小範囲の権利すら、時の官憲の一方的意思によって恣に蹂躙されてきたからである。したがってもしこの規定が等閑に附されるようなことがあれば、新憲法がいかにすぐれた規定を他に含んでいようとも、それはもはや「生ける屍」と同然であるといってよい。したがって基本的人権の保障をとくに我国民に強調する必要のあることは、それを永い間享有してきた英米諸国民の想像以上である。一一条が、基本的人権を以て侵すことのできない永久の権利と謳ったことは当然である。

ところがこの憲法は、この重大な基本的人権の享有に一つの制限を付けている。それが即ち、一二・一三・二二・二九条に現われている「公共の福祉」である。つまり「公共の福祉」のためには基本的人権も一定の限界を有するというのである。基本的人権がいくら尊重すべきものであるといっても、他人の迷惑をもかまわずにその権利を享有されることはたしかに考慮の余地がある。これを認めるには毫も吝でない。唯問題なのは、その限界を測る基準が、意味の頗る曖昧な「公共の福祉」という概念に求められたことである。かつて軍閥官僚支配の時代に「滅私奉公」というこれ亦為政者がその内容を自由に解釈しうる漠然たる標語のために、個人の正当な権利が勝手に無視された歴史をもっている我国である。「公共の福祉」という言葉が、再び嘗つての「滅私奉公」的解釈に利用される惧れがないとはいえない。とくに一七・八世紀のプロシア絶対制官僚国家において、この公共の福祉 Salus pubica という言葉は、専制君主の便益のために人民の自由を無視し、その財産を収奪する場合にいつも用いられる常套語であったことを想起する時、民主化の日なお浅い我国でこうした言葉によって基本的人権の限界を示すことは甚だ危険といえよう。基本的人権の極端な主張が、社会になんらかの危害を及ぼす惧れのある場合は、常に他人の基本的人権を毀損している時である。したがってこの場合両者の基本的人権の享有の程度を比較して、その不当なる享有を行っているものには、それだけ制限し、それによって不当に人権の享有を妨げられているものには、その伸長を計ってやればよい。その意味において基本的人権の享有に対する制限も、同じく基本的人権によることにし、「公共の福祉」という如き曖昧な、内に非民主的解釈の余地をのこす言葉は本憲法の根本精神に基いて、この憲法の箇条から、ことごとく削除することを主張するものである。

〔**第一五条**〕第一項の「公務員を選定し、及びこれを罷免することは、国民固有の権利である」を「人民の譲ることのできない権利」と改める。

〔理由〕官尊民卑の永い歴史を有する我国において、官吏の地位を自由に左右しうるものが逆に人民であると明示した本条は、文字どおり統治関係の百八〇度の顚倒を示す重要な規定といってよい。それだけに用語についてはとくに慎重でなければならぬ、本条が「国民固有の権利」と謳ったことは、それだけでもこの歴史的意義をかなり明瞭に表現しているのであるが、さらに進んで英訳文に出ている inalienable（譲ることのできない）という言葉を用いた方が、一層よくこの重大な権利を説明しうるとおもう。いささか字句に拘泥するようだが自己に「固有」のものであるならば、その保有者の意思によってならこれに異動を生ぜしめることが可能であるという解釈をのこす余地がある。官吏制度の真の民主化を意図するならばむしろ進んで公務員の選定罷免権は、その保有者である人民の意思によっても変更廃棄しえないという客観的法則に支配されていることを現わす意味で「譲ることのできない」と改めた方がよい。

〔**第二一条**〕街頭行進を挿入して、「集会、結社、街頭行進及び言論、出版その他……」とする。

〔理由〕街頭行動は勤労者の利益を保障する有力な手段である。然るに交通妨害等の名目のために往々にして不当な取締の対象とせられることがある。それ故に憲法上に街頭行進の自由を明記してこの権利の保障を完全にしなければならない。

〔**第二五条**〕第一項を「すべての人民は健康で文化的な生活の最低水準を維持する権利を有する。」と改める。

〔理由〕第二五条一項は「すべて国民は、健康で文化的な最低限度の生活を営む権利を有する。」となっているが、これでは、ややもすれば最低生活をする権利だけがあるので、それ以上に程度の高い生活を営む権利はないのだというような印象を与えがちである。それでは本条の意図がまったく逆になってしまう。本条は、かつての日本の支配者たちが好んで行った「耐乏生活」のお説教のごときものとは、まったく反対の考え方をあらわしている。何故ならこのように理解しなければ、一三条の人民の「幸福追求の権利」と矛盾するからである。したがってそのような誤解にみちびきがちな、表明をやめて、左の英文に用いた語句のように改めるべきである。

（本文の英文 All people shall have the right to maintain the minimum standards of wholesome and cultured living.）

〔**第二七条**〕休息の権利を特に本条の一項目として、又は別に条項を設けて規定する。

（2）第二項に最低基準を明記する。

（3）労働に関して、男女の平等の権利を現実に可能ならしめる保障を与える条項を別に設ける。

〔理由〕（1）勤労の権利と関連して、休息の権利を憲法上明確に規定しなければ、労働時間が法令で不当に制限せられる危険がないとはいわれない。それ故に八時間労働日、毎年の有給休暇、療養所、休息の家等休息の権利を保障する規定を設くべきである。

（2）勤労条件については、法律で定めるのみでは勤労者の利益が充分保障せられないから、尠くとも、これに関する最低基準を憲法に明記して、これを法律によって動かされないようにしなければならない。

（3）人民の基本権は、これが形式的な宣言にとゞまってはならないのであって、現実に保障せられなければ無意味である。第十四条には「……政治的、経済的又は社会的関係において、差別されない」と規定せられているから、男女の平等についても一応は現実の平等が保障せられていると解せられる。しかし従来法律上に於ても事実上に於ても女子の地位が極めて低かった我国に於ては、この規定のみでは充分でない。家族生活における男女の平等が第二十四条に規定せられているように、経済的及び社会的関係における男女の平等が、現実に保障せられる積極的な規定が必要である。その内容として、女子に対する男子と平等の労働、労働賃金、休息、社会保険及び教育に関する権利附与、母子の利益の国家的保護、妊娠の際の有給休暇、産院、託児所等の施設を包含することが望ましい。

〔**第二十八条**〕「勤労者の団結する権利及び団体交渉その他の団体行動をする権利は、これを保障する。」となっているが、これを「……団体交渉、同盟罷業その他の団体行動をする権利……」と改める。

〔理由〕団結権、団体交渉権および罷業権（ないし争議権）は、民主主義社会における労働者の基本権として、三位一体的な関係にあるもので、そのうちの一つだけを謳わないのは、奇異の感を与える。むろん、現行憲法の解釈としては、「その他の団体行動権」の中にストライキ権ないし争議権を含ませるのが、常識的な解釈であり、ほとんど誰もそれに反対する人はあるまい。しかし、争議権の裏づけのない団結権や団体交渉権は、本来、ほとんど無意味なのであり、また争議権というものは、その重みからいって、「その他の団体行動権」というような表現の中に埋没せしめられるべき性質のものでないから、純理上、争議権として明記せらるべきものである。

もしも、憲法第二十八条に争議権の保障を明記すれば、公益事業の争議制限等の立法が許されないことになりはしないか、との心配があるとすれば、それは無用の心配である。言論の自由が「保障」されていても（第二一条）、言論による名誉毀損罪や脅迫罪の成立をさまたげないのと同様に、争議権の行使によって一般公衆の健康や安全がおびやかされるというような、法益の衝突の問題、またその調節の問題は、別に考えるべき問題であって、憲法第二十八条の表現の如何が直ちに右の心配のような結論にみちびくわけでは、決してない。いわんや、前記のように、現在の第二十八条でも争議権の保障を含んでいると解釈しなければならぬ以上、第二十八条をわれわれの提案のように改めることは、何らこの問題を左右する結果とはならないのである。

〔**第三一条乃至三五条**〕次の如き条項をあらたに挿入する。

（1）「すべての人民は、国の行う裁判に参加する権利を有する。」

（2）「すべて刑事事件において、被告人または被疑者は、裁判所による刑の最終決定あるまでは、有罪者としての取扱いを受けることのない権利を有する。」

〔理由〕（1）民主主義国家にあっては、国家活動の全領域にわたって、人民の意思が積極的に参画するごとく、また人民の意思が公平に反映するごとく組織されねばならないものであることはいうまでもない。

ところが憲法には、人民の裁判権・裁判手続への参加が基本的権利であるということについては、なんの明文をも規定していない。あたかも司法・裁判の領域のみは、主権を有する人民の意思とは無関係でもあるかのごとき印象をあたえている。従って、明文をもって、裁判権・裁判手続の一切の領域への人民の参加が、奪うことのできない人民の基本的権利である旨を規定する必要がある。

（2）すべての刑事事件において、被告人はもちろんのこと、被疑者程度にしかすぎないものにたいしても、あたかもすでに確定判決によって有罪宣告をうけた確定犯罪者ででもあるかのごとく処遇していることは、現実の事実であり、常識に属する。

しかし被告人または被疑者は、いうまでもなく公開裁判による有罪宣告あるまでは確定犯罪者ではないのであって、かれらにたいしてあたかも有罪宣告後の確定犯罪者＝有罪者ででもあるかのごとく処遇することは、また重大なる基本的人権の侵害であるといわねばならない。もちろん、かれらが捜査、証拠の収集、逃亡の予防等一定の必要な限度で法律上の制限に服さねばならないということはいうまでもない。が、かれらはあくまでも被告人であり被疑者なのであって、有罪者ではない。従って、被告人または被疑者としてもつ基本的人権は、最大限度に尊重されねばならない。すなわち逆にいえば、有罪者としての処遇をされない権利が明文をもって規定さるべきである。

〔**第三六条**〕第二項として左の一項を挿入する。

公務員による拷問及び残虐な刑罰にたいしては、法律の定めるところにより、厳格にこれを処罰する。

〔理由〕本条は、公務員による拷問及び残虐な刑罰は、絶対にこれを禁止する旨規定しているが、これの違反にたいする措置を欠いている。

民主主義国家においては、公務員が人民のサーバントであることは、もとより当然のことである。にもかかわらず、現実においては、公務員が今なお強大な権力をもち、強力な支配意識の上に存続されている。従って公務員による拷問及び残虐な刑罰が、今なお事実として存在している。このような行為にたいしては、単なる禁止の宣言に止らず、人民の基本的権利の重大なる侵犯として厳格に処罰する必要がある。

〔**第四〇条**〕「……国にその補償を求めることができる」を「……国はその補償をしなければならない」に改める。

〔理由〕抑留または拘禁された後、公開の裁判によって無罪の判決をうけ、または公訴の棄却あるいは免訴の言渡をうけたということは、そもそも抑留または拘禁そのものが、公務員の錯誤（事実の認定についてかあるいは法の適用についての）による国家権力の不当な行使の結果であることを意味する。従って、このような基本的人権を侵害する公務員の不当な行為にたいしては、人民の側からする求償請求をまつまでもなく、積極的に国家がそれにたいして補償すべき責任がある。その意味より、現行刑事補償法は、幾多の無用な制限規定をもうけているが、それらの規定を一切排除して、速かに改正する必要がある。

資料Ⅰ・02

日米安全保障条約

（日本国とアメリカ合衆国との間の安全保障条約）

一九五一年九月八日署名

一九五二年四月二八日発効

［出典］『官報』号外第五〇号、一九五二年四月二八日

コメント

1．これは、講和後も米軍が日本全土に駐留を継続し自由に軍事活動ができるよう、米軍駐留を日米両国の間の条約という形で保障することを目的に結ばれた条約である。一九五一年九月、吉田茂内閣は、講和条約と同時に本条約を締結した。この条約は講和条約とセットをなし、アメリカはこの条約を講和の不可欠の前提とみなしていた。

2．この条約は第一条で、日本全土に米軍の駐留の権利を認めている反面、米国には日本防衛の義務が明示されていないこと、日本国内の「大規模な内乱及び騒じょうの鎮圧」に米軍の出動が可能なこと、さらに条約期限がないことなど、不平等性が強かった。

他方、憲法九条との関係では、この条約前文に、米国は、日本が「直接及び間接の侵略に対する自国の防衛のため漸増的に自ら責任を負うことを期待する」旨の文言が入れられたことが注目される。

日本国は、本日連合国との平和条約に署名した。日本国は、武装を解除されているので、平和条約の効力発生の時において固有の自衛権を行使する有効な手段をもたない。

無責任な軍国主義がまだ世界から駆逐されていないので、前記の状態にある日本国には危険がある。よって、日本国は、平和条約が日本国とアメリカ合衆国の間に効力を生ずるのと同時に効力を生ずべきアメリカ合衆国との安全保障条約を希望する。

平和条約は、日本国が主権国として集団的安全保障取極を締結する権利を有することを承認し、さらに、国際連合憲章は、すべての国が個別的及び集団的自衛の固有の権利を有することを承認している。

これらの権利の行使として、日本国は、その防衛のための暫定措置として、日本国に対する武力攻撃を阻止するため日本国内及びその附近にアメリカ合衆国がその軍隊を維持することを希望する。

アメリカ合衆国は、平和と安全のために、現在、若干の自国軍隊を日本国内及びその附近に維持する意思がある。但し、アメリカ合衆国は、日本国が、攻撃的な脅威となり又は国際連合憲章の目的及び原則に従って平和と安全を増進すること以外に用いられうべき軍備をもつことを常に避けつつ、直接及び間接の侵略に対する自国の防衛のため漸増的に自ら責任を負うことを期待する。

よって、両国は、次のとおり協定した。

第一条

平和条約及びこの条約の効力発生と同時に、アメリカ合衆国の陸軍、空軍及び海軍を日本国及びその附近に配備する権利を、日本国は、許与し、アメリカ合衆国は、これを受諾する。この軍隊は、極東における国際の平和と安全の維持に寄与し、並びに、一又は二以上の外部の国による教唆又は干渉によって引き起された日本国における大規模の内乱及び騒じょうを鎮圧するため日本国政府の明示の要請に応じて与えられる援助を含めて、外部からの武力攻撃に対する日本国の安全に寄与するために使用することができる。

第二条

第一条に掲げる権利が行使される間は、日本国は、アメリカ合衆国の事前の同意なくして、基地、基地における若しくは基地に関する権利、権力若しくは権能、駐兵若しくは演習の権利又は陸軍、空軍若しくは海軍の通過の権利を第三国に許与しない。

第三条

アメリカ合衆国の軍隊の日本国内及びその附近における配備を規律する条件は、両政府間の行政協定で決定する。

第四条

この条約は、国際連合又はその他による日本区域における国際の平和と安全の維持のため充分な定をする国際連合の措置又はこれに代る個別的若しくは集団的の安全保障措置が効力を生じたと日本国及びアメリカ合衆国の政府が認めた時はいつでも効力を失うものとする。

第五条

この条約は、日本国及びアメリカ合衆国によって批准されなければならない。この条約は、批准書が両国によってワシントンで交換された時に効力を生ずる。

資料Ⅰ・03

憲法第九条の「戦力」に関する吉田茂内閣統一見解〈閣議了承〉

一九五二年一一月二五日

［出典］朝日新聞一九五二年一一月二六日

コメント

1．一九五〇年の警察予備隊の創設、講和後におけるその保安隊への改組によって、これが、憲法九条の禁止する軍隊ではないかという疑念と批判が巻き起こってきた。また、講和時に締結された安保条約に基づく米軍の駐留と憲法九条との関係も問題視された。

こうした問題に対し吉田茂内閣は国会においてたびたび、答弁を求められた。これは、その応答のなかで出された、初期の政府統一見解である。

2．この政府見解の第一の特徴は、憲法九条二項が禁止する「戦力」を「近代戦争遂行に役立つ程度の装備、編成を具えるもの」と定義したうえで、保安隊をそれに「至らざる程度の」「実力」だから「戦力」にはあたらないとして合憲を主張したことである。同時に、政府見解は副次的に、保安隊は保安庁法の規定からも明らかなように「その本質は警察上の組織」であるから戦力にはあたらないという理由も述べていた。

しかし、保安隊の装備が拡大し、自衛隊に改変されるに従い、こうした解釈では乗り切れなくなる（⇩Ⅰ・21）。

3．この政府見解の第二の特徴は、九条二項が保持を禁止している「戦力」とは「我が国が保持の主体たる」ものであり、米軍はそう

ではないから九条の禁止する「戦力」とは関係ないと米軍駐留の合憲性を主張したことである。この解釈はその後も政府の解釈として受け継がれる。

一、憲法第九条第二項は、侵略の目的たると自衛の目的たるとを問わず「戦力」の保持を禁止している。

一、右にいう「戦力」とは、近代戦争遂行に役立つ程度の装備、編成を具えるものをいう。

一、「戦力」の基準は、その国のおかれた時間的、空間的環境で具体的に判断せねばならない。

一、「陸海空軍」とは、戦争目的のために装備編成された組織体をいい「その他の戦力」とは、本来は戦争目的を有せずとも実質的にこれに役立ち得る実力を備えたものをいう。

一、「戦力」とは人的、物的に組織化された総合力である。従って単なる兵器そのものは戦力の構成要素ではあるが「戦力」そのものではない。兵器製造工場のごときも無論同様である。

一、憲法第九条第二項にいう「保持」とは、いうまでもなくわが国が保持の主体たることを示す。米国駐留軍は、わが国を守るために米国の保持する軍隊であるから憲法第九条の関するところではない。

一、「戦力」に至らざる程度の実力を保持し、これを直接侵略防衛の用に供することは違憲ではない。このことは有事の際、国警の部隊が防衛にあたるのと理論上同一である。

一、保安隊および警備隊は戦力ではない。これらは保安庁法第四条に明らかなごとく「わが国の平和と秩序を維持し人命および財産を保護するため、特別の必要がある場合において行動する部隊」であり、その本質は警察上の組織である。従って戦争を目的として組織されたものではないから、軍隊でないことは明らかである。また客観的にこれを見ても保安隊等の装備編成は決して近代戦を有効に遂行し得る程度のものでないから、憲法の「戦力」には該当しない。

資料Ⅰ・04

憲法改正国民投票要綱

（第三次答申「日本国憲法の改正に関する国民投票制度要綱」）

一九五二年一二月二日

選挙制度調査会

［出典］金丸三郎「日本国憲法改正国民投票制度について」『自治研究』二九巻第四号、一九五三年四月号

コメント

1．この要綱は、選挙制度調査会が、憲法改正の国民投票法について提案したものである。

講和後、再軍備の進行にともない、憲法改正の気運が盛り上がってくると、憲法九六条に規定されている改憲手続、とりわけ憲法改正の国民投票の制度の具体化が問題となった。本要綱はそのもっとも早いものである。しかしその後、国会のなかで改憲に反対する議員の数が三分の一を超え、改憲の実行が困難になるにともない、こうした国民投票制度の具体化の試みは長らく姿を消すことになる。

2．本要綱では、国民投票は、国会での発議から三五日以後九〇日以内に行うものとし、期日は投票日の三〇日前に告示、有効投票の過半数の賛成で、改憲案は国民の承認を得たこととするとされている。投票においては、白票は無効とされ、改憲に有利な制度となっている。この点は、のちに制定された改憲手続法（⇩Ⅲ・33）に受け継がれている。

また、国民投票運動については、「原則として自由」とされているが、公務員の政治活動禁止との関係についてはふれられていない

（⇩Ⅰ・05）。

一　国会が日本国憲法の改正を発議提案したときは、国会は、同時に、特別の国民投票に付するか、又はいずれの選挙の際投票に付するかを決定しなければならないものとする。

二　国民投票は、国会において日本国憲法の改正を発議提案した日から三十五日以後九十日以内に行わなければならないものとする。

三　国民投票の投票権を有する者は、衆議院議員の選挙権を有する者とする。

四　国民投票を行う際には、国会議員の選挙の際に用いる選挙人名簿を用い、特別の国民投票を行う場合には、更に補充選挙人名簿を調製するものとする。

五　国民投票の期日は、少くとも三十日前に内閣総理大臣が告示するものとする。

六　投票は、賛成、反対の両欄を設け、そのいずれを採るかを記号によって表示させる記号式とするものとする。

七　投票区及び開票区は、衆議院議員の選挙のそれらによる外、投票及び開票は、原則として衆議院議員の選挙の例によるものとする。

八　賛否不明の投票は無効とし、賛成投票が有効投票の過半数であるときは、国民の承認を経たものとする。

九　開票の結果の中間集計及び全国集計は、最高裁判所裁判官国民審査の例によるものとする。

十　日本国憲法改正案は、中央選挙管理会が国民の承認を経た旨を告示をしたときには、直ちに公布施行することができるものとする。

十一　国民投票に関し異議がある投票権者は、国民投票の結果の告示の日から三十日以内に東京高等裁判所に出訴し、その判決に不服がある者は、更に最高裁判所に上告することができるものとする。この訴訟

の東京高等裁判所における審理については、裁判官五人をもって組織する特別部を設けて、これに当らせるものとする。

前項の訴訟については、裁判所は、他の訴訟の順序にかかわらず速かにその裁判をしなければならないものとし、投票の結果に異動を及ぼす虞がある場合に限り、投票の全部又は一部の無効を判決しなければならないものとする。

十二　訴訟の結果再投票を行う場合においても、その結果が確定するまでは、従前の投票の結果に基く日本国憲法の改正規定の施行に影響を及ぼさないものとする。

十三　国民投票に影響を及ぼす運動は、原則として自由とし、罰則は、投票の自由、公正及び秩序を確保するため必要なものに限定するものとする。但し、国民投票が国会の定める選挙と同時に行われる場合において、当該選挙の候補者が行う国民投票のための運動は、当該候補者の選挙運動とみなすものとする。

十四　国民投票に関する事務は、中央選挙管理会をして管理させるものとする。

附帯事項

日本国憲法の改正に関する国会の発議及び提案について、すみやかに国会法その他において議事手続その他の規定を整備されたい。

資料Ⅰ・05

日本国憲法改正国民投票法案〈抄〉

一九五三年一月二〇日

自治庁

［出典］『法律時報』四三巻二号（一九七一年一月）

コメント

1．これは、前記（⇩Ⅰ・04）要綱に基づいて、法案化されたものである。投票は同じく、発議があった後三五日以後九〇日以内に行うこととし（三条）、投票は、賛成の時は賛成欄に○、反対の時は反対欄に○をつけるやり方とし、賛成が有効投票の過半数を超えたときは改正案は国民の承認をうけたこととされた（三八条）。

2．もっとも注目すべき国民投票運動については、四一条で、公務員のうち一号から七号にいたる特定の公務員のみ国民投票運動を禁止した。同時に、四二条で教員の「地位利用の禁止」規定をもうけ、教員の国民投票運動に重大な制約を加えた。

第一章　総則

（この法律の趣旨）

第一条　日本国憲法の改正についての国民の承認の投票については、この法律の定めるところによる。

（国民投票の期日）

第三条　国民投票は憲法改正が提案された日から三十五日以後九十日以内において、内閣の定める期日に行う。

② 前項の期間内に衆議院議員の総選挙または参議院議員の通常選挙が行われた場合において、国会がその選挙の際行うことを議決したときは国民投票はその選挙の期日に行う。

③ 前項の議決は憲法改正の発議の際になされなければならない。

（国民投票の期日等の告示）

第四条 内閣は国民投票の期日前二十日（参議院議員の通常選挙の際行われる場合にあっては三十日）までに投票日の期日および憲法改正案を官報で告示しなければならない。

（投票区および開票区）

第六条 投票区および開票区は衆参両院議員選挙の選挙区および開票区による。

（投票権）

第七条 衆議院議員の選挙権を有する者は国民投票権を有する。

（国民投票に関する事務の管理および監督）

第九条 国民投票は中央選挙管理会が管理する。

② 中央選挙管理会は国民投票に関する事務について都道府県の選挙管理委員会を指揮監督する。

第二章　投票および開票

（一人一票）

第十二条 投票は一人一票に限る。

（投票用紙の様式）

第十三条 投票用紙には憲法改正案を掲載しなければならない。

② 投票用紙には憲法改正に対する賛成または反対の意思を表示する記号をつける欄を設けなければならない。

（投票の方式）

第十四条 投票人は投票所において憲法改正に賛成するときは投票用紙の賛成欄に、憲法改正に反対するときは投票用紙の反対欄に自ら○の記号を記載して、投票箱に入れなければならない。

② 投票用紙には、投票人の氏名を記載してはならない。

（投票の効力）

第二十条 左の投票は無効とする。

一 正規の用紙を用いないもの。

二 ○の記号以外の事項のみを記載したもの。

三 ○の記号の外、他事を記載したもの。

四 ○の記号をいずれの欄にも記載したもの。

五 ○の記号を自ら記載したものでないもの。

六 ○の記号をいずれの欄に記載したかを確認し難いもの。

第三章　投票審査分会および投票審査会

（投票審査の結果の報告および告示）

第二十九条 投票審査長は（中略）調査を終えたときは、直ちに憲法改正に賛成の投票の数及び反対投票の数、有効投票の総数の二分の一の数並びに憲法改正に賛成の投票の数が有効投票の総数の二分の一の数をこえる旨またはこえない旨その他投票審査の次第を中央選挙管理会に報告しなければならない。

② 中央選挙管理会は、前項の報告を受けたときは、直ちに憲法改正に賛成の投票の数が有効投票の総数の二分の一の数をこえる旨またはこえない旨を内閣及び衆議院議長に通知しなければならない。

③ 内閣は前項の通知を受けたときは直ちに憲法改正に賛成の投票の数が有効投票の総数の二分の一をこえる旨またはこえない旨を官報で告示しなければならない。

第四章　訴訟

（国民投票無効の訴訟）

第三十一条　国民投票の結果に関し異議がある投票人は、中央選挙管理会の委員長を被告として、第二十九条第三項の規定による告示のあった日から三十日以内に最高裁判所に訴を提起することができる。

② 前項の期間は不変期間とする。

（国民投票無効の判決）

第三十二条　前条の規定による訴訟においては、国民投票に関する規定に違反するため国民投票の結果に異動を及ぼすおそれがあるときは、裁判所は国民投票の全部または一部の無効の判決をしなければならない。

（審判の優位）

第三十三条　第三十一条の規定による訴訟については、裁判所は、他の一切の訴訟に優先して速やかにその審理及び裁判をしなければならない。

第五章　再投票および更正決定

（再投票および更正決定）

第三十七条　第三十一条の規定による訴訟の結果国民投票の全部または一部が無効となった場合においては（中略）更に国民投票を行わなければならない。（以下略）

第六章　国民投票の結果の確定

（国民投票の結果の確定）

第三十八条　中央選挙管理会は、国民投票の結果が確定したときは、憲法改正に賛成の投票数が有効投票の総数の二分の一の数をこえる旨またはこえない旨を添えて、その旨を内閣に通知しなければならない。

② 内閣は、前項の通知を受けた場合において、憲法改正に賛成の投票の数が有効投票の総数の二分の一の数をこえるときは、憲法改正が日本国憲法第九十六条第一項の国民の承認を経た旨、こえないときは、憲法改正が国民の承認を経なかった旨を、官報で告示するとともに、衆議院議長に通知しなければならない。

③ 内閣は、前項の規定により、憲法改正が国民の承認を経た旨の告示をしたときは、直ちに当該憲法改正の公布の手続をとらなければならない。

第七章　国民投票に関する周知《略》

第八章　国民投票に関する運動

（特定公務員の運動の禁止）

第四十一条　下の各号に掲げる者は、在職中国民投票に関する運動をすることができない。

一　中央選挙管理会の委員および中央選挙管理会の庶務に従事する自治庁の職員並びに選挙管理委員会の委員および職員

二　裁判官

三　検察官

四　会計検査官

五　公安委員会の委員

六　警察官および警察吏員

七　収税官吏および徴税の吏員

② 国民投票の投票管理者、開票管理者、投票審査分会長及び投票審査長は、在職中、その関係区域内において、国民投票に関する運動をすることができない。

（教育者の地位利用の運動の禁止）

第四十二条　教育者（学校教育法に規定する学校の長及び教員をいう）

は幼児、児童、生徒及び学生で年齢満二十年未満のものに対する教育上の地位を利用して国民投票に関する運動をすることができない。

（未成年者使用の運動の禁止）

第四十三条　何人も、年齢満二十年未満の者を使用して国民投票に関する運動をすることができない。

（外国人等の運動および寄付の禁止）

第四十四条　外国人、外国法人及び外国の団体は、国民投票に関する運動をすることができない。

② 前項に掲げる者は国民投票に関し、寄付（金銭、物品その他の財産上の利益の供与又は交付の約束をいう）又はその周旋若しくは勧誘をしてはならない。

③ 何人も、国民投票に関し、前項の寄付を受けてはならない。

④ 第二項の規定に違反して寄付がなされたときは、その寄付に係る金銭又は物品の所有権は国庫に帰属するものとし、その保管者において国庫に納付の手続をとらなければならない。

（国民投票の運動と選挙運動）

第四十六条　第四条の規定による告示のあった日から国民投票の期日までの間において公職選挙法第三条に掲げる公職の候補者が行う国民投票に関する運動（当該公職の候補者と意思を通じて行うものを含む）は、当該公職の候補者の選挙運動とみなし、公職選挙法の規定を適用する。

資料Ⅰ・06

憲法改正要点の私案

一九五三年二月

渡辺経済研究所・憲法改正研究委員会

［出典］憲法調査会『日本国憲法改正諸案』憲資・総三九号、一九五九年

コメント

1．これは、渡辺銕蔵が主催する渡辺経済研究所が一九五二年一〇月憲法改正研究委員会をつくり、そこで藤田嗣雄らを呼んで作成した案である。

渡辺は戦前来の自由主義者で、戦時下には反ナチ運動で投獄され、戦後は東宝映画社長となって東宝争議に立ち向かって「勇名」を馳せた。四八年以来、再軍備実現のために活動し、五二年には芦田均と「軍備促進連盟」を結成して再軍備の国民運動を推進した。その一環として生まれたこの案は、講和後の憲法改正論の嚆矢をなす改憲案として注目される。

2．この案は、九条を改正して軍隊保持を規定し、それにともなう国防義務規定の新設、内閣総理大臣の三軍の指揮、宣戦の規定などの改正を規定したものである。

軍の保持の目的として「自衛の目的」に並び「国際集団安全保障のため」という文句が入っていたことは注目される。のちに、冷戦終焉後の九〇年代以降の改憲案では国連の「集団安全保障」への参加を謳うものが多くなる（⇩**第Ⅱ部**）が、この私案はその先駆をなすものである。

国の防衛を可能ならしめるため、憲法第九条二項を修正し、軍の編成、維持、軍の指揮、軍の任務の履行、及び軍紀の保持に関する規定を補足し、国の防衛及軍務に服する国民の義務を規定し、宣戦、講和に関する規定を補足する。

改正案条文

第二章　防衛

第九条　日本国民は正義と秩序を基調とする国際平和を誠実に希求し国権の発動たる戦争と武力による威嚇又は武力の行使は、侵略及び国際紛争を解決する手段としては永久にこれを放棄する。

陸海空軍その他の戦力は専ら自衛の目的及び国際集団安全保障のためにのみ存し、且つこれ等の目的にのみ使用される。

第一章　天皇

第七条

一、憲法改正、法律、政令、条約及び戦争の宣言を公布すること。

第三章　国民の権利及び義務

第二十九条

② 国を防衛することは日本国民の神聖なる義務である。

③ 軍務に服することは日本国民の名誉ある義務である。

④ 軍隊に属するものの任務の履行及び軍紀の保持のため必要なる規定は法律の定めるところによる。

第四章　国会

第六十一条　条約の締結及び戦争の宣言に必要な国会の承認については、前条第二項の規定を準用する。

第五章　内閣

第七十二条　内閣総理大臣は内閣を代表して、議案を国会に提出し、一般国務及び外交関係について国会に報告し、行政各部を指揮監督し並びに陸海空軍を指揮する。

第七十三条

三の② 戦争を宣言すること。但し事前に国会の承認を経ることを必要とする。

三の③ 法律の定める基準にしたがい陸海空軍を編成し維持すること。

資料Ⅰ・07

朝日新聞の超党派的憲法審議機関設置提案

（憲法記念日を迎えて）

［出典］朝日新聞社説一九五三年五月三日

コメント

この社説は、憲法施行六周年において、とくに憲法九条をめぐり、改憲と護憲で大きく国論が分かれている現状を踏まえ、政府、両院代表、学者などからなる「超党派的な憲法審議機関」を設置して、憲法についての合理的解決策を検討すべしという提案を行っている。これが、次に掲載する毎日新聞の社説と並んで、憲法調査会設置の一契機となったことは否定できない。

主権在民の新憲法が施行されてからすでに満六年の年月を経て、きょうはその六周年の記念日を迎える。早いものである。六年といえば、小学校へ入学した児童が目出度く卒業するという年である。われわれ国民はこの六年間、新憲法の下に国家生活を営んできたわけであるが、はたして新憲法を卒業したことになっているだろうか。

何よりもまず、新憲法の精神なり、内容なりが、国民全体に普及し、徹底し、国民生活の中に血となり肉となって溶けこんでいるであろうか。新憲法の公布直後は、憲法普及会というような啓蒙機関が活動した時期があった。しかしそれもいつの間にかさた止みになって、あとは専門学者の研究に任せきりで、ただ特殊の条項に対する論議のみが、国会においても、一般世間においても、やかましいような感じをうける。戦争の放棄をうたった第九条をめぐる論議も、憲法全体に浸みこんだ平和国家、文化国家建設の理想を十二分に理解した上での論議であるべきであって、第九条の条項を切離して論議するだけで足りるものではない。新憲法のよって立つ根本の理念と、それを具体化した各条項の意義とが、徹底的に理解されたのちの論議であってほしいものである。

新憲法施行六年を経た今日、憲法改正の論議がようやく盛んのようである。その一つの大きな根拠としてあげられるものは、新憲法は占領治下マックアーサーによって与えられたものである、これはわが国の実情に適しないから、もっと日本国民自らのものである憲法を持たねばならぬ、という考え方である。この考え方は一部にはかなり勢力を持っているように見受ける。しかしこの考え方には、大きなはき違いが存在していないだろうか。かりに新憲法の原案が所与のものであったとしても、その制定の過程においては、わが国の議会で真剣な論議を経たのち、当時の日本の国民の代表が納得した上で作り上げたものである。当時、国民の大多数は、新憲法の底に横たわる民主主義の理想に対して、心から賛意を表したはずである。つまり、日本国民の責任において、新憲法を作りあげ、そしてその後の六年間、新憲法の精神にそって、民主国家、平和国家としての歩みを続けてきたのである。今になって、それは与えられたものに過ぎない、といって軽視するのは、極めて浅薄な態度といわねばならない。

このような浅薄から発するものとは異なって、平和憲法護持の建前から、最近の政府の行いつつある措置が現実に憲法第九条に違反しており、政府自らが憲法をじゅうりんし、憲法無視の範を示しているから、憲法に対する国民の信頼の念が揺らぐのも無理はない、として政府の施策を攻撃する立場が一方に強く出ている。それはいうまでもなく、保安隊、警備隊の存在と憲法第九条との矛盾を指摘するものである。もちろん政府は国会においても繰返し、その自衛力漸増方策が憲法違反ではない旨を答えているが、それだけでは国民の疑惑を解くには足らないものがあることは何としても否定できない。それかといって、今日の国際情勢の下において、自衛力の存在を認める必要は全然ないという議論にも、国民の大多数は首肯しかねるであろう。したがって、ここに憲法尊重の建前からいって必要なことは、憲法第九条の解釈について、国民全体が納得しうるように、具体的に明白ならしめる手段を講ずることである。

わが国には、最高裁判所というものがある。それは違憲立法審査権を持っているので、憲法裁判所としての役割を果すはずのものであるが、これは一定の訴訟手続を経たのち、初めて裁判の形においてその判断を下しうるにすぎない。自ら積極的に憲法の疑義を明白にする権能を持っていないのである。また政府の解釈も、反対党の攻撃も、それが政争のうずの中に巻きこまれてしまうため、冷静な第三者としての立場を貫きえない憾みがある。何れにしても、憲法第九条の解釈をめぐって激しい対立があることは否定できない今日の現状において、憲法をして権威あらしめる方策をとるにはどうすればよいか。ここには一案として、政府、両院代表、民間学界代表などを打って一丸とした超党派的な憲法審議機関を設定し、そこでこの問題を冷静に討議し、できる限り合理的にしてかつ妥当な結論を導き出すべく努力してはどうだろうか。その結論には、政府も虚心に頭を下げざるを得ないであろう。これまでのように、国会の議場で水かけ論に終始したり、白馬非馬の奇弁でお茶を濁したりするようなことで、いつまでもゴマカしてよい問題ではないのである。

これを要するに、憲法の条項に存する疑義をできるだけ明白にすることが、新憲法を尊重し、護持する要めともいうべきである。もちろん、ことは第九条だけに止まるものではない。新憲法の底に一貫して流れる民主主義にとって代るべきよりよき政治形態を他に求めえないとすれば、われわれはあくまでもこの民主憲法を擁護してゆかねばならないが、それは各条項の一字一句をそのまま永久に踏襲してゆかねばならぬということではない。しかし、改正意見を軽々に提出する前に、もう一度新憲法をよく読み返す必要があるのではあるまいか。すみずみまで再読して、これをはらの中で十分にこなして、われわれの血とし肉とした上で、改正すべき点があれば改正点を考えてみるがよかろう。憲法は国家の根本的組織法である。夏来れば衣替えするように、容易にぬいだり着たりするような便宜的な衣装では断じてないのである。

新憲法施行六周年の記念日を迎えて、われわれは新憲法を卒業するだけの勉強を重ねたであろうか。胸に手を当てて静かに考え直してみたい。

資料Ⅰ・08

毎日新聞の官民合同の憲法審査機関設置提案

（憲法記念日に際して）

［出典］毎日新聞社説一九五三年五月三日

コメント

この社説は朝日新聞に比べて、より改憲に積極的なニュアンスから、憲法の精神を維持しつつ官民合同の調査機関を設置して改正の可否、改正点を審議することを提案したものである。

朝日、毎日という二大紙が期せずして憲法調査機関の設置を求めたことは、改憲の機運を盛り上げる重要な契機となった。

きょう我々は新憲法施行六周年を迎えた。独立してから二度目の憲法記念日である。昨年はこの日平和条約の発効を記念して、独立祝賀式典が行われた。今年は施行以来毎年行われた記念式典といった行事もない。

政府高官のいうように、新憲法の精神は国民の間に相当しみわたって来たので、改めてそういう行事をやらなくてもよいというのも、一つの見解であろう。だが、その前々日のメーデーでは、三つの中心スローガンの中に「日本のファッショ化反対、平和憲法と民主主義を守れ」がとりあげられていたことも事実である。いやそれだけでなく、再軍備問題と関連して、反対派は平和憲法擁護とか、憲法改正反対を、二つの選挙の有力な題目として、国民に訴えたのである。これは一体何を物語っているのか。

安保条約でうたわれている自衛力漸増に対する期待は、憲法改正なくしてもやりうるとしている吉田内閣や自由党の見解は別として、再軍備に反対であれ、賛成であれ、再軍備には憲法改正を要するという見方が、多数を占めている。ここに再軍備反対の見地からする改正反対の意見が、前面に強く押出されているわけであるが、それは逆に再軍備と憲法改正への底流が相当存在しているからだともいわねばならない。この事実を無視して、改正問題は論ぜられないのである。

理想を生かす道

憲法改正を必要とする論者には、占領軍から与えられたものであるから、独立後に自由なる国民の意思によって改正して差支えない、いや改正すべきだとするものがある。この場合、問題となるのは、いかなる改正を指向するかである。与えられた憲法であることも事実であろうが、与えられたものであっても、それが人類の歴史に棹さす民主主義と平和主義と基本的人権の尊重という真理と正義にかなっているものであれば、自らのものとする努力こそ必要であれ、いささかも新憲法の精神にメスを入れる必要はないというべきだ。

それよりも、憲法に盛られている精神や理想を生かすために、現憲法に全然手をふれないがいいか、それとも現実に適応するように若干の改正を行い、これによって世界の現状にもマッチさせ、わが国の政治的、経済的、社会的実情にもふさわしいものとして、その精神を生かし、その理想の達成を容易ならしめるがよいか、ここにこそ改正の可否を決定するカギがあるといえよう。良識ある政党も国民も、日本をファッショ化するとか、軍国主義化したり、全体主義化することを希望しているものはない。もちろん逆コース的な一部の傾向は厳戒せねばならない。だが、制定当時に予想した国際関係の将来とそのあり方、施行することによって判明した憲法の不明確な点や国内事情とマッチしないもの、これらは憲法にそいうるように現実を改善する努力がもちろん必要であるが、他方多分に理想主義的な憲法そのものを、一歩現実に近づかしめることによって、憲法にかかげられた政治的目標に進みうるとの見方も立ちうるであろう。

再軍備と憲法改正との問題は、今は詳論しないが、いつまで現政府のとっている解釈が続きうるか、これは自衛力漸増措置の具体的進展とも深い関係をもっている。この問題を抜きにしても、内閣の解散権に関する第七条と第六十九条の問題、参議院の全員選挙制と任期の問題、二院制そのものの検討、地方団体の長の選挙制と住民投票制、最高裁判官の国民審査制など、すでに今日まで論議の対象となっているものが、かなりの数に上っている。

審査機関の設置

憲法は国民の最高法規であって、みだりに改正すべきでないが、さればといって絶対手をふれてならぬものとは思わない。しかし新憲法が占領軍によって改正を示唆され、制定公布されるまではわずか一年という短時日であった。占領軍の示唆によって、日本だけでは到底やりとげえなかった民主的、平和的憲法となりえたことは事実であるが、半面において慎重かつ周到な準備調査の下に、成文化されたものでないことも、遺憾ながら事実であろう。

とすれば、この際新憲法の精神、理想はあくまでも堅持しつつ、官民合同の調査機関を設けて、改正の可否、改正すべしとすればその改正点といったものを、広く各国の憲法と比較検討しておくことは決して無用ではあるまい。いや相当の年月を費して、世論にこだわらない冷静かつ慎重な調査研究に着手することは、むしろ最大の課題である。

資料Ⅰ・09

「平和憲法擁護の会」趣意書・宣言

一九五三年八月八日
平和憲法擁護の会
［出典］憲法擁護国民連合事務局編『憲法擁護国民連合小史』一九六〇年九月

コメント

改憲論の高揚に対して最初につくられた護憲の組織が「平和憲法擁護の会」である。これは一九五三年八月八日に、片山哲、有田八郎、風見章などによってつくられ、一五〇人ほどのメンバーが集まった。

この会は、護憲の実際の運動を行うというよりは、それらは政党などに任せ、「とりあえず憲法の精神を知らせることに重点を置いて」（片山哲談話、長谷川正安『政治の中の憲法』弘文堂、一九五八年、九六頁）つくられた組織であった。

◇趣意書

原子爆弾発明以後、戦争は、罪もなければ、戦闘力もない老人や、子供や、婦人をこめて、有無をいわさず、一瞬に、二十五万でも、二百五十万人でも殺すのであるから、戦争の目的が何であろうとこれは罪悪である。

交錯した現時の国際関係は、どこで戦争の口火が切られても、結局、世界戦争に発展するのであるから、いやしくも戦争と名のつくものをはじめたものは、世界戦争開始の責任を負うべきである。

戦争は一切しないときめれば、戦力をもつ必要はない。軍備の撤廃は当然であり、必然である。軍備縮小が何度企てられても、戦争を予想する以上は、それは新兵器と新戦術を産む刺激になるに過ぎない。また言うところの軍備は、他の強国間の戦争にまきこまれて、大量に消耗される人的資源を供給するよりほかの意味をもたないのである。

ことに直接侵略よりも、間接侵略の危険が説かれる場合、他国の教唆や干渉による大規模の暴動内乱を予想するならば、社会保障も労働対策も放棄して、戦争のために軍隊を作ることを以て、自衛の道なりとするのは、真空を充填するに火薬をもってするに等しい。

軍備を捨てた吾が国が再び軍備をするには革命を必要とする。なぜなら日本国憲法の依って以ってたつところの憲法前文を改めて、民主政治と世界平和と基本的人権とを否定し去るに非ざれば再軍備論者の欲する憲法改正はできないからである。これは復古であると共に革命であって、憲法第九十六条の手続による改正の限界を超えるものといわなければならない。

憲法の尊重は、民主政治の基本である。憲法を定めながら、これを軽視するどころか、これを無視し否認することが、隷属政治への途であることは、戦争から敗戦へと歩んだ過去において既に経験済みである。

国家の独立と、国民の自由は、世界平和を守ることによって保障される。自衛は、強大なる軍備によって自国を圧迫したり、他国を脅威したりすることではない。自由のなき隷属に平和があるはずもなく、平和を失った戦時下に自由のないことは、痛烈に体験したばかりではないか。

かくてわれら国民は、憲法を改めて再軍備をするか、平和憲法を擁護して再軍備を阻止するか、今や国家の運命を決する重大危局に直面している。われら同志は、ここに戦争を放棄し、戦力を保持しないことを誓い、万世のために太平を開かんとする平和憲法を擁護すべく大同団結するものである。

◇宣　言

変転極りなき国際政局と、多難な国内情勢を前にして、日本国民は、再軍備か否かを決定すべき重大危局に直面している。

終戦後、万世に向って太平を開くという大道を進んで、日本国憲法の戦争放棄と戦力不保持は定められたのである。今やわれらは、どこまでもこの条章を守って、戦争を永久に放棄し、戦力を絶対に保持しないという決意をつづけるか、それとも国際情勢の変化をいいたてて、再軍備に国力を消耗し、人類の正しい歩みに逆行するか、これを決定する岩頭に立つのである。

過去の独裁政治が、憲法の否認と無視を前奏曲として行われ、無謀な戦争に突入して、国家を滅亡の淵に陥れた経験は記憶に新しい。われらは平和憲法を擁護し、これを改変することに反対する。

直接武力侵略に対抗し得る軍備は、貧弱なる我が国力のよくしえざるところであるばかりでなく、強大な軍備は国の内外に各種の弊害を生じて、そのことだけで国を衛るよりも国を危くする。他国を脅威することなくして、国力を発展せしめ自国の独立と国民の人権を衛るためには、専ら軍備によるかわりに、自国を衛る国内政治と、平和に徹する国際外交によるほかに道はない。

自由なければ平和なく、平和なければ自由がないことは、われらが近き過去に身を以て体験したところである。われらは、絶大なる犠牲によって得た平和憲法を尊重し、世界に先んじて戦争を放棄したことを誇りとし、茲に、われらは起って、再軍備の企図を阻止し平和憲法を守らんとする。同憂の人々よ来れ。

昭和二十八年八月

発起人（五十音順）

浅井清信、安倍能成、安部知二、鮎沢巌、荒正人、有田八郎、石川達三、石本統吉、石原憲治、石垣綾子、井関孝雄、井田鶴子、市川房枝、伊藤英雄、稲村隆一、今中次麿、上原専禄、鵜飼信成、海野三郎、江橋活郎、遠藤三郎、大内兵衛、大河内一男、大木金次郎、大谷省三、大塚久雄、大塚節治、大西雅雄、大野幸一、大橋忠一、岡本清一、長田新、小田忠夫、小田切秀雄、小野田捨次郎、小幡清金、戒能通孝、賀川豊彦、風見章、片山哲、勝田守一、加藤恭平、兼常篤子、神近市子、亀井勝一郎、川村継義、川添清吉、菅支那子、気賀重躬、城戸幡太郎、木下順二、木村亀二、清宮四郎、草野信男、久野収、隅部一雄、隅部英雄、倉光俊夫、高良とみ、古坂城、小塩完次、小平権一、小林信一、榊原厳、坂田昌一、佐藤行通、篠田一人、島田武夫、上代たの、末川博、鈴木武雄、鈴木安蔵、住谷悦治、関口泰、関屋正彦、妹尾義郎、千田是也、高桑純夫、高品増之助、高島善哉、高見順、竹内好、竹内勝男、武田清子、武谷三男、田中孝子、谷川徹三、田畑忍、田畑茂二郎、恒藤恭、都留重人、豊島与志雄、永井純一郎、中島健蔵、長瀬秀吉、中田吉雄、中野好夫、長野国助、中原実、中松潤之助、中村哲、中村英男、中山理々、新渡戸コト、野上弥生子、長谷部広子、橋中一郎、畠中博、馬場鶴蔵、林久治郎、原彪、平岡忠次郎、平塚らいてう、福田昌子、藤井日達、野見山不二子、深尾須磨子、堀豊彦、松居桃桜、前芝確三、前田多門、正木ひろし、馬島僴、松崎猛、松宮順、真鍋頼一、丸岡秀子、南博、宮瀬睦夫、宮原誠一、宮崎龍介、向井鹿松、務台理作、宗像誠也、村山ヒデ、森川金寿、守屋東、八木幹雄、安川第五郎、矢野貫城、矢野中、山川菊栄、山本安英、湯浅八郎、吉川幸次郎、吉井千賀子、吉村公三郎、渡辺松子

資料Ⅰ・10

ニクソン米副大統領「日本は共産侵略の防壁」演説

一九五三年一一月一九日
リチャード・ニクソン
［出典］毎日新聞一九五三年一一月一九日夕刊

コメント

この演説は、来日したニクソン米副大統領が、一九五三年一一月一九日に、日米協会で行ったものであり、アメリカ政府の改憲についての本音があからさまに表明されたものとして注目された。もっとも注目されたのは、ニクソンが、「米国は一九四六年に善意の誤りを犯した」と述べて、日本の非武装を定めた憲法九条を誤りと認め、再軍備を慫慂した点であった。

以後、このニクソン演説は、アメリカが憲法改正を望んでいる証拠として、改憲派によって事あるごとに援用されるようになる。

世界の関心は戦争か平和かに集中されているが、こうした時にあって、米国の現在の政策が果して正しいかどうかを私はいつも反省している。米国の政策は国民の総意によってたてられているものである。国民は何を考え、また政府は何を行わんとしているのであるかといえば、その基礎となるものは世界のすべての国と平和を欲するということである。

米国は領土的またはその他のいかなる野心も持っていない。我々が欲するのはただ平和だけである。今日の世界平和に対する脅威は共産主義の脅威である。もし共産主義がなかったら朝鮮、インドシナ、マライに

戦争は起らなかったであろう。また共産主義がなければ軍縮も可能である。

共産主義にはどのような対策を立てたらよいだろうか。もしソ連が西欧より強力であれば、ソ連は自信をもって侵略を続けよう。しかし西欧が強力である限りソ連は戦争を始めることはないであろう。米政府は予算を削減しているが、一九五五年の米国の軍事力はトルーマン政府の計画以上に軍事力を持つことになろう。

現在なぜ予算の削減をしなければならないか。それは米国内の経済を健全にして共産主義の侵略を防ぐためである。日本は共産主義の侵略に対する防衛の見地からみて非常に重要な地位を占めている。日本が共産主義に犯されればアジアは共産主義の手中に陥ることになり、また他のアジア諸国が共産主義に犯されれば日本も同様に共産主義の手中に陥ることになろう。

日本には優秀な米軍がいるが、これだけでは共産主義の侵略に対し十分な防衛が行えるとはいい得ない。日本を守るにはどうしても日本自体の防衛軍を十分な程度にまで強化しなければならない。日本の国民もこれを欲し、その責任を果す用意があると思うが、また米国もこれを援助することに何らちゅうちょしない。日本を回ってみて、日本にその意思のあることが判って大いに満足している。

米国は一九四六年に善意の誤りを犯した。それはソ連の真意を誤解したことだ。その結果米国は軍縮に力をつくしたのであるが、今日の世界情勢では軍縮は許されない。

資料Ⅰ・11

米当局「一九五四年が憲法改正準備完了の年」

一九五三年一一月二八日

［出典］朝日新聞一九五三年一一月二九日夕刊

コメント

この記事は、先のニクソン訪日結果についてのニクソン報告をもとに、アメリカでは、日本の憲法改正は近いと観測されていると述べたものである。この情報も当時、改憲、護憲をめぐる政治対抗のなかで議論の対象となった。

【ワシントン＝中村特派員二十八日発】

官辺筋には「日本は明年が憲法改正準備完了の年、明後年が改正の年」との見通しを立てているものが多い。ごく最近ホワイト・ハウス当局に届いたニクソン副大統領の日本報告にも憲法改正の可能性があげられているといわれる。ニクソン氏はさらに①日本の防衛力増強問題には極めて楽観的な結論を得ることが出来た②反米層より親米層の力が日本では圧倒的に強い③日本との折衝には忍耐強くあるべきことなどが結論的に述べられていると伝えられている。

ニクソン副大統領の「日本の非武装は誤りであった」との東京演説も、当地の共和党筋では日本が憲法改正へ踏み出す上での格好の地ならしとなったものと満足げな態度をあからさまに表明するむきが少なくない。

資料Ⅰ・12

憲法改正の問題点に関する調査資料〈要旨〉

一九五三年一二月
内閣法制局
［出典］朝日新聞一九五三年一二月一四日

コメント

1．この文書は、ニクソン演説など改憲機運の高まりをふまえて、吉田茂首相が法制局長官に「憲法の問題点の研究と整理」を指示したことをうけて、内閣法制局が作成・公表したものである。ここには、一九五〇年代の改憲の論点が網羅されており、五〇年代改憲のねらい、特徴を知ることができる。

2．この文書から明らかになる、改憲論の注目すべき点には、以下のようなものがある。

まず、九条関係では、当時の改憲論は、九条二項を削除して自衛のための軍備の保持を可能とし、それにともなって、宣戦の布告、統帥権、戒厳、軍法会議、徴兵制などの規定を憲法上に入れるというものであった。

また保守政治にとって厄介な代物となっていた参議院の改組・権限縮小、条約批准や予算の増額修正のような点で国会の権限を限定しようという構想、緊急命令や法案に対する政府の拒否権のように、内閣の権限を高めようというねらいに基づく改正、天皇の元首化、家制度の復活、地方公共団体の首長の公選制の廃止なども、改憲の重要な論点となった。

これらの全部、あるいは一部が、五〇年代改憲案の諸案に登場してくることになる。

◇戦争放棄と再軍備

一、戦力保持が禁ぜられているのは憲法第九条第二項の「前項の目的を達するため、陸海空軍その他の戦力は、これを保持しない。国の交戦権は、これを認めない」の規定に基くものでありこれを削除するかどうか。削除すれば戦力を保持できることになるから、従って自衛軍は創設できるわけで、再軍備についての違憲論は一応解消する。

二、再軍備された場合には統帥権の所在をどのようにするか。

三、兵役は志願兵制度をとる場合は憲法上の問題は生じないし、憲法上の規定も必要としないが、徴兵制度を採用する場合、第三十条の納税の義務と同様憲法上これを明記する必要があるかどうか。

四、国家が戦争を行う意思を決定し、開戦を敵国に通告するとともにこれを国内に明示する行為たる宣戦の布告を憲法上どのように規定するか。国会の議決を経て、布告書に天皇の認証を要するかどうかの問題。

五、戒厳の問題。

六、軍法会議を設置するかどうか。設置するとすれば、それは特別裁判所だから憲法第七十六条第二項の特別裁判所を認めないという規定を削らねばならない。

◇参議院制度

一、組織の改革（イ）学識経験者または職能代表制の採用＝昔の勅選議員のような推薦議員制度を採用するかどうかの問題。これは第四十三条第一項の「両議院は、全国民を代表する選挙された議員でこれを組織する」との規定と関連して検討する必要がある。

（ロ）任期の問題＝現在の任期六年では長すぎるとの意見もあり、これを短縮するかどうかの問題。

二、権限の改革（イ）法律案の再議決の問題＝第五十九条第二項によって、参議院が衆院で可決した法律案を修正ないし否決した場合に、衆院は三分の二の多数でなければ再議決できないとの規定を、参議院の権限を縮小するとすれば検討する必要がある。

（ロ）審議期間の問題＝第五十九条第四項によれば参議院が衆議院の可決した法律案を受けとった後国会休会中の期間を除いて六十日以内に議決しないときは、衆議院は参議院がその法律案を否決したものとみなすことができる。この六十日間は長くて実情にそわないのでこれを短縮し、審議未了を防ぐための措置についての検討。

◇**緊急命令**

緊急の事態に対しての措置としての緊急命令の問題。（内閣の職権を規定する第七十三条第六項および第三十一条の検討）

◇**条約の承認**

国会の承認を要する条約を限定する問題、ならびに承認手続きの再検討（第六十一条）

◇**予算の増額修正の制限、及び予算をともなう立法を制限する問題**

予算増額修正と予算をともなう立法によって政府が予算の執行と責任がもてないのでこれらを制限することの検討。

◇**法案拒否権の問題**

国会を通過した法案であっても利権法案の如きものに対しては内閣にこれを拒否する権能を与えるかどうかの問題。

◇**家の制度の問題**

旧来の家の制度を廃止した第二十四条第二項の規定は日本の実情に適しないとの意見もあるのでこれを再検討する。

◇**黙秘権の問題**（**第三十八条第一項**）

犯罪容疑者の取調べや犯罪捜査上支障を来している実情にかんがみ検討する必要があるかどうか。

◇**天皇**

国の象徴としての天皇の地位を国の元首として明確にするかどうかの問題（第一条）、および条約の批准は内閣が行い、天皇は認証するだけになっているが内閣の助言と承認とによって元首として天皇が条約の批准を行うようにするかどうかの問題。（第七条）

そのほかになお主なものとして次のような諸点がある。

一、一つの地方公共団体のみに適用される地方特別法を制定するためには住民投票が必要であるかどうかの問題。

一、最高裁判所裁判官にたいする国民審査を存続するかどうかの問題。（第七十九条第二、三、四項）

一、地方公共団体の長の公選制を廃止する場合に第九十三条第二項（公選制の規定）をどうすべきかの問題。

一、現行憲法は占領治下で「与えられた憲法」であるから全面的に書き直すという意見の可否。

資料Ⅰ・13

憲法改正に関する座談会〈抄〉

一九五三年一二月

岸信介、西尾末広、阿部眞之助、山浦貫一

［出典］東京新聞一九五三年一二月三一日

コメント

1．これは、一九五三年末に、自由党の岸信介、右派社会党の西尾末広、評論家の阿部眞之助、山浦貫一の四人で行われた座談会での改憲関連部分の抄録である。

2．この座談会での発言で注目されるのは、以下の諸点である。

第一に、岸は、自分が党の憲法調査会の会長になったということで自由党の改憲についての態度が変わりつつあることを指摘していることである。

第二に、右派社会党の西尾は、同じ右派社会党の片山哲らが、憲法擁護の先頭に立っているにもかかわらず自らが改憲派であることを隠していないという点である。これが、後に西尾が統一社会党内で少数派となり、ついには脱党して民社党を作ることになる伏線となっている。

○**岸**　自由党では憲法改正とはいわないけれども憲法調査会をつくっている。今まで自由党としての憲法改正に対する意見というものは反対なのか賛成なのか、改正しなければならんのか改正するとすればどの点とどの点を改正するのかという具体的なものはなにもなかった、世論の動向は大事だけれども世論に対してやはり民主主義の指導力といいますか、大衆の中にあってしかも大衆よりなんか一歩出ているものがないとたゞ世間の空気だけでは全体がそれについていかないと思う

○**山浦**　いよいよ改正というハラをきめたのですか

○**岸**　自由党が憲法調査会をつくったということ、従来岸というものは憲法改正に関して積極的な意見を発表している、それが会長になったということ自体が相当に私は憲法改正に対する機運を醸成するものだと思いますネ

○**山浦**　つまりワンマンが少し危険人物であるあなたを会長にもってきたということは、その方向に近づいたということになるかナ、あなたはこの間ワンマンに会っているから判るでしょう

○**岸**　吉田首相はこの問題に対しては結論的なことはなにもいわないが、鳩山自由党との合同にこれが一つの条件になっているからという意味でお座なりでやるということではないということは事実でしょう、しかもぼくにこの問題は大事な問題だから慎重にやってくれといっている

○**山浦**　そうすると決意しているんだナ

○**岸**　ぼくもそうみている、ただ政府自体としてはとにかく責任者として憲法を改正するかどうかという時に自分から改正するとはいえないだろうと思うナ

○**山浦**　その点は了察する、いろいろありますからネ……

○**西尾**　ぼくはその点は、吉田さんは総理大臣であるとともに政党の総裁であるから、総理大臣として憲法改正を必要と認めているが、それをいい出せない時は党に言わせればいいと思う、今までは吉田さんがおさえていたが、本当に改正する決意があるならこんどは逆に党を活用すればいい

○**岸**　私がこれを引受けた決意は自由党は天下の第一党だ、将来憲法を改正するというようなことになるとすれば少くともわれわれがこんどつくる原案というものは相当権威のあるものでなければいけないと思って

いる、そういう意味で今後やっていきたい、例えば憲法第九条によっていわゆる平和憲法といわれているけれども、とにかく保安隊ができているということは事実であり、ＭＳＡの援助を受けなければならぬし、間接侵略だけでなしに直接侵略に対しても日本民族は日本国を守ってゆかなければならぬという考え方があって、一方憲法の条文と違反しているとか、逆の解釈をしているとかいうように非常な議論がそこに集中されている、しかし国民大衆の常識からいうと、そういうものは憲法違反だと思う

かりに戦力なき軍隊といった見方があるとしても憲法というものはそれではいけないと思う、国民が憲法違反だと思うような事柄があって、しかもそれが仕方がない行われることはやむを得ないというような事柄ではすべてが成り立たぬのではないか、これは九条だけの問題ではない、議会運営とか地方制度の運用とかその他新憲法の下において成り立っている色々な内容のもののうちにだってやはりだんだん日時が経ってゆくと憲法違反が行われざるを得ないような状況が起ってくるわけで、このように国に適しない事柄は根本的に建て直すことが必要である、これが政党の姿が改ってくる根本にもなると思う

○本社　憲法改正の見通しはどうですか

○**西尾**　岸さんが憲法について色々研究されたことを観測気球を上げるような意味で一つ一つ発表するでしょう、それがまた一つ一つ話題になってだんだんとそれについて賛成するものや反対するものが出て、そこにはじめて問題と真ッ正面から四ツに取り組むことになるのじゃないか、それが民主主義というものだと思う

○**山浦**　そうするとぼくら新聞記者の感覚からいって、岸さんの方の憲法調査会と片山さんが会長になっている平和憲法擁護連盟とは真ッ向から対立するネ

○**阿部**　それは対立する

○**山浦**　平和憲法擁護連盟というのは勢力はどんな程度なんだ

○**岸**　あれは社会党左派だけじゃもちろんないんだネ、無所属の有田八郎君なんかもいるし……

○本社　憲法問題を推進してゆくための前提となる政党間の再編成というか、そういった新しい動きなどについて見通しは

○**山浦**　それはやはり憲法改正にからんで岸さんなどが大きく動く舞台だと思うナ

○**岸**　考えたいことは従来からみて政党の内部というものが、民主主義政治を行う基礎的な団体であるにかかわらず、封建的なきらいがある、革新の方はどうか知りませんが、組織というものによって非常に性格が変わってくるんですネ、中にあっても、何とか派、何とか派という要するに個人的なツナガリが重大になってくる、もちろん生きた人間の社会のことですから人と人とのつながりも必要でしょうが、国民的に一番影響をもつ政党なのだから、やはり政策を中心にしていかなければならぬと思う、今年はそういう方向に保守政党を持ってゆくというのがわれわれ保守政党に席を置いているものの責任だと思っている

資料Ⅰ・14

「憲法擁護国民連合」結成大会宣言・要綱・規約

一九五四年一月一五日

憲法擁護国民連合

［出典］憲法擁護国民連合事務局編『憲法擁護国民連合小史』一九六〇年九月

コメント

1．一九五三年秋に総評の提唱で憲法擁護のための統一戦線の結成をめざしてつくられた運動体である。同年一二月一九日に、平和憲法擁護の会の片山哲や有田八郎、海野普吉、風見章らが発起人となって準備会が作られ、五四年一月一五日に発会式がもたれた。

2．この連合の担い手は総評と左派社会党であったが、統一をめざすべく右派社会党や保守にも参加が呼びかけられた。しかし、総同盟、右派社会党を巻き込むために、組織方針では、「共産党系の団体は、これを加えないこと」という一項が入ったため、護憲勢力の統一体とはならなかった。

◇宣　言

人類の歴史は平和と民主主義の実現の方向に進んでおり、このため世界の大勢は軍備縮小の機運を示し、国際間の平和な話し合いの政治がすでに実現され始めている。それなればこそ、日本国民は各国に先じて憲法によって戦争を放棄し、軍備を廃止したことを誇りとし、平和日本の高邁な理想は、平和を愛好する諸国民の信頼と支持を得て来たのである。

しかるに、昨今、政府は一部の国際的圧力に動かされ、再軍備のための憲法改正を企図し、あわせて憲法の基調とする民主主義の原則をも大幅に改悪しようとする意図をもつことが明らかとなった。

再軍備は国際間の紛争を話し合いの平和的解決によるのではなく、政治と外交の責任を放棄し武力主義による解決を前提とするものであって、それは日本が過去において犯した軍国主義の過ちを再び犯す危険を十二分にはらんでいる。

それはまた日本の政治的独立性を喪失させ、国民の経済生活を破局に陥らせるものであることは明らかである。

われわれは、このような過ちを再び犯さないために、恒久の国家基本法としての憲法を持つものであることを再確認し、このような時にこそ、憲法を改悪しようとする一切の企図に反対し、憲法の基調とする平和と民主主義の原則をあくまで護り抜いて行かねばならない。このため、われわれは政党政派、主義主張を超えてここに憲法擁護国民連合を結成し都市農山漁村の津々浦々に至るまでひろく国民の平和を愛好する良心に訴え、憲法改正の可否を決定する主権者たる国民の自覚をうながし、国民の力を結集して反動勢力の野望をうちくだき、ひろく、かつ根強い、清新な憲法擁護運動を展開せんとするものである。

一九五四年一月十五日

憲法擁護国民連合結成大会

◇要　綱

一、実践目標

保守反動勢力の憲法改悪計画に対応し、党派、主義、主張を超越し、「平和憲法を護ろうとする」広汎な国民的与論を喚起、結集し、

第一段階においてはその与論の圧力によって改悪計画を封ずる。

第二段階においては議会提案を不可能ならしめる議会勢力を確保する。

第三段階においては最後の国民投票によって改悪案を葬ることを目標

とする。

二、組織並びに運営方針

（1）平和を愛する凡ての団体は積極的に動員すべきであるが、共産党系の団体は、これを加えないことにする。

特に地方における支部組織については、全国組織をもつ本部の常任団体の下部組織を中心に組織並びに事務局編成及び運営について積極的に責任をもつべきである。

（2）参加団体は、本連合の運動に積極的に協力し、統一行動をとるが、各団体の独自の活動の自主性はこれを尊重する。

三、実践方法

（1）平和憲法擁護のための理論的研究

（2）政府の立法措置、行政措置の違憲行為が累積しつつあるが、これに対する合法的闘いを積極的に行う。

（3）国民大会、講演会、研究会の開催

（4）パンフレット、リーフレットの発刊

（5）現存言論機関の協力要請

（6）署名運動

（7）参加団体の全会員はあらゆる通信物に「平和憲法を守りましょう」のスローガンを必ず書き入れること。

◇**規　約**

一、名称　憲法擁護国民連合といい、東京に事務所をおく。

一、目的　平和憲法を守ることを目的とする。

一、事業　右の目的を達成するために、あらゆる啓蒙、宣伝活動をする。

一、構成　団体加入とする。

一、機構　議長一人、代表委員五名、参与三名を置く。
　　実行委員会の推薦により常任実行委員参拾名をおく。
　　常任実行委員会に事務局をおく。

一、会計　費用は参加団体の分担金並びに寄付をもって当てる。
　　会計責任者一名をおく。

一、支部　支部組織は、本部組織にならい、都市単位を適当とする。

資料I・15

「新日本国民憲法創定に関する決議」案

一九五四年一月一八日

改進党

［出典］憲法調査会『憲法改正問題の権移』憲資・総五六号、一九六一年

コメント

1．この決議は、改進党の党大会において採択された憲法改正に関する決議である。改進党は一九五二年二月に結党され、結党時の政策において逸早く「憲法の再検討」を掲げていたが、五四年一月に開かれた第六回大会において、この決議を採択した。

2．決議では、憲法の全面的改正が謳われるとともに、改正のために国会に新憲法制定調査審議会を設けることが提案されたことが注目される。

現行日本国憲法はわが国が独立を失い、わが国民に自由意思なきとき作られ、外国の承認をまって成立したものであって、すでにその制定手続においてすら、真に憲法とよぶにふさわしくないものである。更にその後数年にわたる実施の経験にかんがみても、国際的、国内的諸般の情勢に即応せず、将来にわたってわが日本民族の在り方を恒久的に規定すべき基本法として必ずしも適当でない。

日本は今や敢然として戦前の旧ろうを脱却し、戦後の積弊を一掃し、真に自らの新憲法を制定し、新しき国家発展、国民福祉増進の基を開くべき秋来れりと確信する。よってここに左記の項をひろく全国民に提出するものである。

一、現行憲法の再検討は現行憲法の全条章についてこれを行い、その全面的改正の手続により新日本国民憲法の制定を志向するものとする。

一、全面的再検討に当っては、現行憲法の骨格をなす民主主義、平和主義、国際協調主義の精神はこれを堅持し、その他現存する長所は十分これを存続せしめる。

一、現行憲法の改正は超党派の国民的立場に立って行うべく、一党一派の手によるべきでない。よってこれが準備のため国会に新憲法制定調査審議会を設け、最高の知識と各層の世論を反映した代表により、全国民の協力により草案を調査策定すべきものとする。

資料Ⅰ・16

第一九国会における憲法改正問題に関する吉田茂首相答弁

①**衆議院本会議**における**中曽根康弘**との**問答**

一九五四年一月二九日

［出典］第一九回国会衆議院会議録第七号、一九五四年一月二九日

②**衆議院予算委員会**における**河野密**に**対する答弁**

一九五四年二月三日

［出典］第一九回国会予算委員会議録第三号、一九五四年二月三日

コメント

この二つの資料は憲法改正に関する吉田茂首相の答弁の一部である。①の中曽根康弘に対する答弁では、憲法改正には消極的なニュアンスの答弁となり、逆に②の河野密の質問に関しては改正にやや積極的なニュアンスをにじませていることが注目される。

また河野質問に答えて、吉田は、自由党内に憲法調査会が設けられたことについて答弁している。

①衆議院本会議における中曽根康弘との問答

○**中曽根**（**改進党**）　およそ憲法はその国存立の神聖なる根本的規範であって、その国民のために、その国民の完全なる自由意思によって制定すべきものであります。しかるに現行日本国憲法は、占領下自由意思なきときにつくられ、外国の承認を経て成立したものであって、すでにその成立の手続においてすら真に憲法と呼ぶにふさわしくないものがあるのであります。およそ憲法が存立するときには、少くとも国民の過半数は死を賭してその憲法を守るという決意が込められたものでなくてはなりません。しかるにかくのごとき条件の下につくられた現在の憲法を死を賭して守らんとする日本国民は何人ありますか。自由意思のないところには、道義もなければ勇気も生れて来ないのは当然であります。かかる見地からすれば、現在の憲法はまさにマッカーサー元帥の占領政策基本法ともいうべきものであって、自由意思すなわち道徳性の根拠のない根本的規範は、まことに血の通わざる死体にひとしいのであります。そこで自由意思を回復した今日においては、当然新たなる憲法を制定して、占領下の憲法を廃止することが最も民主主義的措置であると思うのであります。《略》

○**吉田首相**　憲法改正の問題についてお答えをいたしますが、憲法の淵源は何であろうが、これはマッカーサーの憲法であろうがなかろうが、これは国民として考慮に置く必要はないのであります。すでに憲法として成立いたした以上、憲法としてこれを尊重するのが遵法精神のよって来るところであります。これをいかに改正するか、これは国民の国論によるところであり、国論が改正すべきものであると考えるならば、政府はよろこんでこの世論に従って改正の手段をとります。

②衆議院予算委員会における河野密に対する答弁

○**吉田首相**　ニクソン副大統領のいわれたことについて私が批評することは差控えますが、現行憲法が制定されたのは御承知のとおり数年前であります。終戦直後のことであります。そのときの事情として私は現行憲法、少くとも憲法第九条その他の条文は決して今日において誤っておるとは考えられなかったのであります。

憲法にしてもその他の法制にしても、そのときの実情に即応した規定が置かれるのは当然であって、その当時終戦直後においては共産主義国

といえども世界の平和を云々しているときで、共産主義、自由国家が今日のように苛烈な対立を生ずるということは、実は予想されておらなかったのであります。そして同時に日本の国は軍国主義国であり、あるいは世界の平和を脅かす国であるというような疑いあるいは疑念をもって――これは猜疑心であり誤解であるのでありますが、終戦直後でありますから、そういう感じをもって世界が日本に臨んでおり、従って日本は決して平和を脅かす国ではないということを明瞭にする憲法が当然制定されることは適当であったろうと思います。現行憲法の由来はとにかくとして、この憲法の制定には相当の理由があり、憲法制定の精神からみて、そのときの事情に即応する憲法であった。こういってさしつかえないと私は今なお考えております。

しかしながら、憲法もあるいは法律もそのときの事情に応じて、その国の内外の事情に即応して制定せらるべきものでありますから、憲法改正という考え方も事情の変化に応じて国民としてまた国として考えるべきであります。しかしながら、一旦きまった憲法を軽々しく改廃するということはよくない。またかりに改廃せられる場合といえども国民がその改廃せられた理由、改廃に至った経緯等に十分納得がいって、そしてでき上った憲法は国民の要望に沿い、国民の世論に従って、国民の意思によってでき上ったものであるということが、十分納得ができなければ、その憲法が遵奉されるようになりませんから、その点からいってみても、国民の十分納得の行く線で、納得の行く憲法をこしらえ上げるということが――憲法を改正するとするならば、十分国民の理解のもとにいたすことが必要であろうと思います。ゆえに現行憲法に対しては、軽々しく改正いたすべきものではない、こういう考えでおります。《略》

憲法委員会（自由党の憲法調査会を指す）を設けた趣意は、今申した私の趣意にほかならないのであります。憲法がいかに遵奉せられるか、いかに運用せられるか、これも絶えず政党として考えなければならぬことであり、またもし憲法を改正するとするならば、どうすべきか、どう改正をするか、これは絶えず政党として研究もし、国民の考え方も考えておらなければならぬことであるから、憲法に関する委員会を設けるのがよかろうということで私は賛成いたしたのであります。

資料Ⅰ・17

第一九国会衆議院本会議におけるMSA協定に関する緒方竹虎国務大臣答弁

一九五四年三月一一日

［出典］第一九回国会衆議院会議録第一八号、一九五四年三月一一日

コメント

自由党内で吉田茂首相の後釜をねらっていた緒方竹虎は吉田に比べて憲法改正に積極的な姿勢を見せ、防衛力が増大してある限界に達したときには、改正が必要となると答え、それは駐留軍撤退のときがひとつの目安となると答えている。

ＭＳＡ協定によって憲法改正は必至と考えられるが、その時期は一体いつか。これは私は今から憲法改正の時期を明示することは困難であると考えます。政府のとっております防衛力に対する態度は、あらためて申し上げるまでもなく、国力の許す範囲内において防衛力を増して行く、それが政府のいわゆる漸増方針でありまして、その漸増の結果、ある限界に至りました場合、またそれに伴っていわゆる戦力を保持し得るようになった場合、憲法改正をせなければならぬことは当然であると考えます。それならばそういう時期はいつ来るかということにつきましては、今からそれを予言することはできませんけれども、今御質問の中にありました駐留軍が完全に撤退するときがその時期であるか。それは一つの考え方でありまして、防衛力を漸増して参り、また近代兵器を保有するようになって、駐留軍の駐留を必要としない、駐留軍の撤退を可能とする時期になりましたとき、――それは駐留軍はもちろん地上兵力だけでなく海上も空軍も伴うのでありまして、含めての話でありますが、そういう場合には日本としては当然に独力をもって国の防衛に当る力をたくわえておるときであると思います。それは一つの憲法改正の時期でありますが、それは今から明らかに何年後ということは当然に予見されないのでありまして、一応の目安としては、さようなことを政府としては考えておる次第であります。

資料Ⅰ・18

自由党憲法調査会の論点

一九五四年五月七日
自由党憲法調査会
［出典］朝日新聞一九五四年五月一〇日

コメント

1．本文書は、当時政権与党であった自由党の憲法調査会が作成した改憲の主要論点を網羅したものであり、自由党の改憲構想の性格を知ることができる。

当時首相の座にあった吉田茂は憲法改正に消極的であったが、一九五三年三月以来分裂していた鳩山一郎派の党への復帰の条件として党内に憲法調査会を設置することが条件とされたため、五三年一二月に岸信介を会長として設置が決定した。同党憲法調査会は、五四年三月一二日、発会式を行って発足し、まず現行憲法制定事情を聴取した後、五月上旬に五つの分科会を設置して、具体的な審議に入った。その際の論点がこれである。

2．これを見れば、五〇年代の憲法改正構想がいかに全面的なものかが分かる。本文書の注目すべきは以下の各点である。

第一に、天皇の元首化が検討されている。

第二に、九条関係では、自衛権保持のみならず、統帥権、戒厳、徴兵制が念頭におかれている。

第三に、人権条項では、「公共の福祉」を人権制限の一般条項にすること、また二一条の表現の自由に制限を設けることが検討されている。

第四に、国会では参議院の権限縮小が検討課題にのぼっている。

第五に、地方自治が検討対象にあがっている。

第六に、九六条の憲法改正手続の緩和、とくに国民投票の廃止についても検討課題となっている。

◇**前文**――前文に盛られた思想はよいが、ポツダム宣言の受取証のような翻訳調に対し、この内容全般を再検討する。

◇**天皇**――天皇の地位（第一条）は象徴であるのか、元首であるのか。天皇の権能（第四―七条）のうち、国政と国事の区別、天皇の関与すべき国事事項の整理。皇室典範（第二条）、皇室財産（第八、八十八条）の規定を憲法中に含む必要の有無。

◇**戦争放棄**――最も問題とされる点で、第九条に関し、自衛権、再軍備、統帥権、宣戦講和、戒厳、軍人の地位（文民規定、軍法会議等の問題を含む）、徴兵義務の諸問題など総合的、根本的に検討する。また第九条第一項は存続させ、第二項の削除のみで足りるのか、どうかなど。

◇**国民の権利義務**――第十二、十三条に関し公共の福祉と基本的人権の関係を明確にする。このほか第二十一条の集会、結社、言論、出版の自由はこのままでよいか、第二十四条の家族制度、第二十八条の団結権、団体交渉権、刑訴法の面で第三十八条の黙秘権など。また第九条との関連で国土防衛（兵役）義務の新設の要否。このほか反逆罪（反国家的行為）の新設の要否。

◇**国会**――二院制度、特に参議院の在り方として衆議院との関係、推薦議員制、間接選挙制、議員任期の問題など（第四十二条―四十六条）、このほか選挙制度（第四十七条）、両院が異なる議決をした場合（第五十九、六十、六十一条）、国政調査権（第六十二条）、参議院解散権（第七、六十九条）、提案権ならびに予算を伴う議員立法の問題、政府の拒否権（第七十二、七十三、八十三―八十六条）。

◇**内閣**――文民規定（第六十六条）、総理大臣の指名手続（第六十七条）、閣僚任免権（第六十八条）、内閣の権限、行政権の明確化（第六十五条）、国会召集決定権、解散決定権、議案提出権など（第七、五十三、六十九、七十二条）、選挙後の特別国会における総辞職手続（第七十条）。

◇**司法**――最高裁判所裁判官の国民審査（第七十九条）、最高裁判所の法令審査、憲法裁判所としての性格、違憲判決の効果などの問題（第八十一条）。

◇**財政**――予算を伴う議員立法の取扱い、継続費制度の明確化、皇室財産の扱いなど。また第八十九条の公金支出制限の緩和、第九十条の監察制の強化など。

◇**地方自治**――第九十三条の首長公選制、第九十五条の特別法住民投票、および第九十二条に関し地方制度全般についての問題。

◇**憲法改正**――第九十六条の発議および提案権の所在を明確にする。同条の国民投票制の扱い。このほか憲法改正手続に関し、現行憲法の無効を唱える議論の検討、および改正手続の根本的再検討、改正権の限界の問題について無制限に改正可能とする議論と基本的条項（民主主義、平和主義、基本的人権尊重の三点）に関するものは改正不可能とする議論を検討し、この問題を明確化する。

◇**最高法規**――第九十八条について憲法と条約との優先関係を明白にする。

◇**その他**――第五十四条の緊急事態およびその他非常の事態に対する措置を明らかにする。

資料I・19

現行憲法の問題点の概要並びに各部会報告

一九五四年九月一三日

改進党憲法調査会

［出典］憲法調査会『日本国憲法改正諸案』憲資・総三九号、一九五九年

コメント

1．これは当時野党第一党であった改進党憲法調査会の報告である。改進党報告も次の自由党報告も、全面改正論であり、これらは五〇年代改憲論を代表している。

2．改進党の改憲構想については、具体的には以下の諸点が注目される。

第一に、天皇を象徴から「元首」にもどすというのは、五〇年代改憲に共通する志向で、改進党ももちろんそれを主張しているが、それが復古的な「旧憲法の天皇主権への復元」を意図するのではないかという懸念に対する顧慮が働いて、しきりと弁解がなされている点が注目される。

第二に、九条については、「国の独立と自由を守る」ための軍隊保持規定を入れるという、これまた当時の改憲論に共通の方向を打ち出しているが、ここでも、それが戦前の軍国主義と「軍閥」の復帰とならないように、国会のコントロールを強調している。

第三に、人権では、表現の自由や教育に対する国家の規制権を明記すること、ならびに国防の義務など、国民の義務規定を新設すること、家族の規定を入れること、など総じて日本国憲法の広すぎる

人権に規制をかけ、家族制度と国家への義務により戦前型社会秩序の再建を志向していることが注目される。

第四に、日本国憲法で登場した公選制参議院の権限縮小、地方公共団体の首長の直接選挙制の修正、など民主主義的機構の制限が試みられていることが注目される。

ほかに憲法裁判所の設置、内閣総理大臣権限の制限などがあげられている点は、この案の特徴である。

第五に、憲法改正規定の要件の緩和、国民投票の制限も当時の改憲の共通の志向として注目される。

前　文

現行憲法の民主主義、平和主義、国際協調主義等の進歩的要素を堅持して、これを積極的かつ自主的なものに書き改める。

第一　天皇の地位

国際法上独立国家には対外的にその国を代表する者を必要とする。通常これを元首といっている。元首は必ずしも国内的の実権者たるを要しない。このことは外国の実例に依っても明らかである。わが国では天皇がこの地位にあられることが妥当であるとの意見が強い。但し旧憲法の天皇主権への復元は意図しない。

内閣の助言と承認による天皇の国事行為に、大公使の任免、信任状の授与、大赦特赦を行うこと、条約の批准を加える。

第二　戦争放棄

改進党は現憲法下でも自衛のための戦力の保持は許されると解しているが、反対説もあるから、この点を明らかにする必要がある。即ち国憲の発動たる戦争と武力による威嚇又は武力の行使は、国際紛争解決の手段としては永久に放棄するが、国家の独立と自由を防衛するため、陸海空軍その他の戦力を保持する旨を規定する。

なおこれと同時に軍閥の発生を予防し、国会の軍に対する優位を確保するため必要な規制を憲法上明文化する。国会が国権の最高機関である以上軍の最高指揮権は憲法上、国会に属すると解しなければならぬ。しかして内閣総理大臣は、国会の授権により国防会議の補佐の下にこれを行使するものとするとの建前をとろうとする意見が強い。

第三　国民の権利義務

一、基本的人権

現行憲法では個々の基本権と「公共の福祉」との関係は明確でなく今日迄の実績では、「公共の福祉」の名の下で基本権が不当に狭められる傾向があるから、個々の基本権について制限の要否と限界を明瞭にする必要がある。

二、国民の義務に関する規定

国民の連帯的な義務に関する規定を設ける。

第四　国会

一、衆議院の解散

現行第七条及び第六十九条をめぐっての解釈は帰一しないから、これを明らかにする必要がある。その場合内閣のみの判断で解散を行い得ないこととするか、これを認めても何等かの方法でこれを制約する。

二、参議院の構成

全国制を廃止し、任期を四年とする。また定員の中、五十名乃至百名を推薦制とする。

三、国会の召集

議員一定数以上の要求があれば「一定の期限内」に召集することを要するものとする。

第五　内閣

一、現行規定では内閣総理大臣の権限は余りにも強大であるから、これに何等かの制約を加える。

二、国務大臣は内閣総理大臣の推薦により天皇これを任命するものとし、国務大臣に対する罷免の規定を削除する。

第六　司法

一、違憲立法審査機構

現行最高裁判所の法令審査権の規定は不明確であり、その運営も所期の通りでないからこれを（イ）別に憲法裁判所を設ける、（ロ）現行最高裁判所を純粋の憲法裁判所に改める、（ハ）現行最高裁判所に違憲立法審査部門を設置する等の方法を講じることを考究する。

二、最高裁判所の裁判官の国民審査は廃止する。

第七　財政

一、現行第八十九条のごとく慈善、教育もしくは博愛の事業に対し、公の財産の支出又は利用を禁じることは当を得ない。

第八　地方自治

一、地方公共団体の長の直接選挙は、間接選挙により得ることとする。

二、一の地方公共団体のみに適用される特別法の住民投票は不要である。

第九　憲法改正

現行の改正手続は厳重にすぎるから、これを衆参両議院の三分の二以上の賛成で成立し、参議院の賛成が二分の一以上に止まるときは国民投票によることを考慮する。

◇第一部会（前文及び戦争放棄）報告（二九・九・一三）

第一　憲法前文の修正

各委員の意見は単に部分的な改正でなく全面的改正をなすべきであるというにある。従って、前文についても民主主義、平和主義、国際協調主義等の現行憲法における進歩主義的原則はこれを把持しつつ自主独立の精神を骨格として全面的に書き改めるべきであるとする見解が圧倒的である。

現行憲法の前文は、その内容は消極的且つ隷属的であり、その用語も翻訳調で、生硬、難解なものが少くないから、これを積極的、且つ自主的な内容のものとし、その文体も国民情操に合致した平明なものとする。

第二　憲法第二章（戦争放棄）の修正

国家の独立を保持し、国民の生存と安全を守る為の武装は、人類文化の現段階においては、これを容認せざるを得ない。わが改進党は現行憲法第九条の下においても自衛のためには戦力の保持を許されるという解釈をとっている。しかし反対説もある。国家の防衛という如き根本的な重要問題について、憲法上の論争の余地が存することは不適当である。故にわが国が平和を愛好する国家たる大原則はこれを堅持し、従って国権の発動たる戦争と武力による威嚇又は武力の行使は国際紛争解決の手段としては永久にこれを放棄するということは明記するが国家の独立と自由を防衛するため陸海空軍その他の戦力を保持することが出来る旨の規定を設ける。

しかしながら、一方、国家の防衛が如何に必要であっても、その目的は、結局国民の生存、安全、幸福のためのものであるから、軍事費が国民生活を犠牲にするほど厖大なものとなったり、国民の社会生活上の自由を軍隊により又は軍事上の目的の名において極度に圧迫したり軍が政治に干渉したり、況や自衛軍がその目的を逸脱して他国の侵略に使われたりすることは厳にこれを戒めなければならない。そのためには、次の如き憲法上の規制を明文化する必要がある。

1　軍閥の発生を予防するため、国会の軍に対する優位性を確保すること。従って

（イ）宣戦及び講和については、国会の議決を絶対の要件とする旨の規定を設けると同時に、宣戦の布告は、内閣の助言により、天皇が国民の名において行う旨の規定を設ける。（註、天皇が元首として、しかも

主権者たる国民の名において行うという意味で、天皇の章の改正と相俟たなければならない。)

(ロ) 軍の編成並に兵力量は、法律で定める。

(ハ) 最高指揮権―我国が自衛の為めの国防軍を有すると規定する場合に於て最高指揮権の所在、及びその行使の機構を如何にすべきやは、実に重大且つ深刻な問題である。軍の統率は必ずしも一般行政の観念中に入るべきものではない。国会を以て国権の最高機関とする戦後の我国家構成を保持する以上最高指揮権は憲法上は国会に属するものと観念し総理大臣は国会の授権に依り之を行使するものと規定し、その行使については国防会議の補佐に由らしむることを条件とし、なお司令官、総司令官等の任命については国会の承認を得ることを要すると為すが如きも一案である。国防会議の構成及びその機構の詳細は無論法律に譲るべきであるが、その大綱的要件、例へば文民優位の為めの条件等は憲法中に一条を設くべきである。

2 内乱等の場合に処するため戒厳の規定を置く必要がある。

(イ) 戒厳の宣告は、国会の承認を必要とするものとする。

(ロ) 戒厳の要件及び効力については、法律で定めるものとする。

(戒厳宣告は、国民の権利自由の制限を行うものであって、極めて重大な問題であるから、その要件及び効力について少くともその大綱は、憲法に明記する方がよいという見解もある。)

3 独立国の国民が自らの国を自分で守ることは当然であるから「日本国民は国家を防衛する義務を有する」旨の一ケ条を国民の権利義務の章におく必要がある。

4 軍は、国家防衛という重大な責務を有するものであるから、軍隊内の規律は特に厳重でなければならない。従って

(イ) 軍人に関しては、一般国民に保障される権利自由について、除外例を憲法上或る程度認めることは已むを得ない。

(ロ) 軍の規律を保持するため軍事特別裁判制度を設置すべきであると言う意見が多数である。

5 軍を日本領土外に出動させることは禁止する旨の一ケ条を置くかどうかについては問題があるけれども、日本が国際平和機構(国際連合又は将来の世界連邦)に参加し、その憲章、協定又は国際協力義務(共同防衛義務の分担)から海外派兵ということは将来起こり得ることであるから、この問題は更に充分検討を加えるものとする。

6 世界恒久平和実現のためには従来の絶対主権国家概念は止揚されつつあるという、諸国の実例にかんがみ人類福祉の増進に寄与するための高次な国際機構に対し国家主権の一部移譲を容認する旨の規定を憲法に置くことを可とする見解もある。

註、(イタリア共和国憲法第十一条、フランス第四共和国憲法前文、西ドイツ連邦共和国基本法第二十四条、デンマーク王国憲法第二十条)

◇第二部会(天皇・国会及び内閣)報告(三一・九・一三)

第一 天皇の地位

一、天皇が国の元首的地位にある事を明らかにする。

国を代表する元首のあることは国際法からも当然である。しかるに元首に関する規定がなく天皇が元首たるの地位に在るか否かも明らかでない。よって何等かの表現を以て、天皇が元首的地位に在ることを明確化する必要がある。之と同時に若し「象徴」という表現を存続するとすれば、「皇位」が民族の統合と伝統の象徴であるという趣意の表現を用うることとする。

但し上述の如き趣旨の改正は明治憲法の天皇主権に復元することを意図するものではない。

二、天皇の権能

第七条の内閣の助言と承認による天皇の国事に左の行為を追加する。

1　大使、公使の任免及び信任状の授与

2　大赦、特赦等を行うこと

3　条約の批准

尚、現行第七条の「助言と承認」という辞句及び「国事行為」という称呼については何等かの改正を必要とすること、特に「助言と承認」については「承認」を削除すべしとする意見もあるが更に慎重に検討を加へることとする。

第二　国会

一、衆議院の解散

衆議院の解散については第七条及び第六十九条の解釈をめぐって各方面の議論が多く尚帰一を見ない状態であるが、当部会に於ても左の如き両論があって結論を今後の審議に保留することとした。

1　衆議院の解散は現行憲法第六十九条の如き場合及び衆議院が解散の決議を成立せしめた場合以外には内閣の専恣的判断によって解散を行い得ないものとする。

2　現行憲法第七条の如き場合によっても解散を行うことが出来るが、何等の制約を加へることとする（例へば同一主班内閣による一ケ年以内の連続解散を行い得ないものとする等）

二、参議院の構成及び権限

1　全国制の廃止

2　任期を四年とする（三年とする意見もある、この場合には衆議院の任期も考慮する）

3　定員の中、五十名乃至百名を推薦制にする。推薦母体については選挙制度調査会の答申案（註、右選挙制度調査会の答申案は委員を十二人とし、内閣総理大臣、衆議院議長、参議院議長及び最高裁判所長官、言論界代表二人、大学学長代表二人、実業界代表二人、労働界代表二人として衆議院において指名する）を一応参考とするも尚検討を加える。

三、国会の召集

召集については現行通りとするも臨時国会の召集については議員一定数以上の要求があれば「一定の期限内に」召集することを要する。期限については国会法に委任する。

四、議員立法

議員立法を制限する問題は国会法の問題として考慮する。

第三　内閣制度

現行の規定によれば内閣総理大臣の権限が余りに強大に失するやに思われる点が少なくない。これに何等かの制約を加へることを考慮する。

一、内閣総理大臣及び国務大臣の任命

1　内閣総理大臣は国会議員の中から国会がこれを指名し、天皇がこれを任命する。

2　その他の国務大臣は内閣総理大臣の推薦により天皇これを任命する。その過半数は国会議員でなければならない。

3　国務大臣に対する罷免の規定を削除する。

4　内閣の連帯性を強化することを考慮すべしとする意見が多数である。

5　文民の規定を削除するを可とするの意見及び内閣総理大臣並に各国務大臣の大臣の名称はこれを適当な名称に改める旨の意見がある。

◇第三部会（国民の権利義務・司法・地方自治等）報告（二九・九・一三）

第一　国民の権利及び義務

一、基本的人権

憲法第三章中国民の権利の保障に関する規定は、個々の基本権についての条項では、殆んど無制限に不可侵のものとして規定し、しかも第一二条、一三条において抽象的にかかる基本権は「公共の福祉」のため行使すべく、また「公共の福祉」に反するものは立法上制約あるべき旨を定めておるが、憲法に総則を置くとすればかかる国民の権利全般に関する抽象的規定はこれを総則に集めるを可とするであろう。且今日迄の実績に徴すれば「公共の福祉」の名の下に基本的人権が不当に狭められる傾向がある。基本的人権の制約については左の如く個個の権利に関する条項において制限の要否と限界等を明瞭にすることが望ましいとの意見が有力である。

1　言論出版その他一切の表現の自由は個人の名誉を毀損し、又は善良の風俗を紊乱しない限りこれを保障する。

2　所有権其他の財産権不可侵の大原則を明確に之を掲げるのは当然であるが、その行使については社会正義を無視してはならない旨をも明にする必要がある。（現行二九条第二項に於て財産権の内容について単に抽象的に公共の福祉と関連せしめているのは適当ではない）

3　教育に関する規定（二六条）においては「義務教育はこれを無償とし、国がこれを監督する責を負う」旨の如く規定する。

二、国民の義務に関する規定

憲法第三章の規定は十八世紀、十九世紀の各国の憲法に類し、圧倒的に権利保障の規定が多く、国民の連帯的な義務に関する規定が少いから次の如き条項を設けることを考慮する。

1　「国民はこの憲法を尊重し擁護する義務を負う」

（これに関連し九九条の天皇その他の憲法尊重の義務に関する規定は宣誓規定に改めるか、または之を削除する）。

2　「国民は法律の定めるところにより国を防衛する義務を負う」

三、家族生活に関する規定

家族生活に関する二四条の規定は個人の尊厳と両性の本質的平等の二原則を掲げているのみである。旧家族制度への復元は厳に警戒せねばならぬが、苟も家庭なるものが存在する以上は家庭の平和、家族の幸福を目的とする第三の原理を表明すべきものでなかろうか、又農地の相続に関しその細分化を防止する何等かの方法を考案するべしとの論が有力に唱えられた。そのためには外国に行はれている家産制度につき調査を進めたい。

第二　司法

一、違憲立法審査機構

現行最高裁判所の法令審査権の規定（八一条）は不明確であり、またその運営も所期の通りでないから、左の方法の何れかによって現行制度を改正することを考究する。

A　最高裁判所とは別に憲法裁判所を設置することとし、現在の最高裁判所を第三審の司法裁判所とする。この場合には憲法裁判所の構成、権限等を憲法中に規定する必要がある。

B　現行最高裁判所を純粋の憲法裁判所に改め、一般の上告事件は別途処理することとする。

C　現行最高裁判所に特に違憲立法の審査を行う部門を設置する。

二、最高裁判所の裁判官の国民審査

これに関する七九条の規定は外国にもほとんど類例を見ず、また実効もないからこれを廃止する。その代り現在内閣の責任のみで行うその任用方法については別に改正方を考究する。

第三　財政

一、公の財産の支出又は利用の制限（八九条）は立法趣旨明確を欠きまた厳格にすぎるから、これを存置するとしても緩和する必要がある。

二、政府提案の予算に対する国会の増額修正の問題に関しては国会法の改正と併せてこれを検討する。

第四　地方自治

一、地方公共団体の長の公選制

現行の直接選挙制（九三条二項）による首長主義は、その実情に応じて間接選挙による議会主義にも依り得るものとすることを考慮する。

なお地方公共団体の法律の定める吏員の選挙制はこれを削除する。

二、一の地方公共団体のみに適用せられる特別法の住民投票

これに関する九五条の規定は、あらゆる国の特殊国情に由来するものであって、わが国ではこの種立法は不要である。

第五　憲法改正

現行の改正手続（九六条）は各議院の三分の二以上の賛成と、国民の承認との双方を必要とし、厳重に過ぎるから、これを凡そ左の如くにすることを考慮する。

「憲法改正は各議院の三分の二以上の賛成で成立するものとし、参議院の賛成が三分の一以上に止まるときは国民投票の過半数の賛成により成立せしめる」、但し現行憲法の改正は、国会の発議により現行の九六条の手続によって行はなければならないことは勿論である。

第六　最高法規

現行の最高法規に関する第十章の規定は連邦国家であるアメリカ憲法に由来するもので、他の条章と重複しまた趣旨不明の点もあり憲法審議のときから不要又は修正を唱えられたものであるが、これを改廃する必要がある。

資料Ⅰ・20

日本国憲法改正案要綱並びに説明書

一九五四年一一月五日

自由党憲法調査会

〔出典〕憲法調査会『日本国憲法改正諸案』憲資・総三九号、一九五九年

コメント

1．これは、当時の政権党である自由党の憲法改正案とその説明書である。自由党憲法調査会は岸信介が会長の座に座ることにより、急進的改憲論者の牙城となったが、この案は、そうした事情を反映して、改進党の報告（⇨Ⅰ・19）より、より踏み込んだ復古的改憲案としての色彩を鮮明にしている。

2．その注目すべき特徴は、以下の諸点である。

第一に、前文で日本の歴史と伝統の尊重を謳い、天皇を元首とすることを主張している点は五〇年代改憲論共通の志向である。しかしそこでも、女性の天皇を認めるなど、戦後社会意識への配慮をみせているところは注目される。時代を下るにしたがい、次第にこうした配慮が強くなっていくことになる。

第二に、九条関係では、軍隊保持とそれにともなう軍法会議、非常事態宣言、などの規定の創設を主張している。この点は改進党よりくわしく、また軍事大国体制復活への志向は、露骨である。国務大臣の文民規定をはずして「現役軍人を排除」するにとどめたことなどはその一例である。

もっとも、「戦争の惨禍なお生々しい国民の感情を考慮して」徴兵制の導入を見送った点は、戦後平和意識への配慮であった。実際

にはこの程度の配慮ではとうてい国民の平和意識を、納得させることはできなかったことはいうまでもない。

第三に、人権部門では、「公共の福祉」による制限の明記、刑事手続き的人権の縮減、家族制度擁護の規定の新設、農地について家産制度の創設、国家への忠誠義務をはじめとした義務規定の拡充など、復古主義が露骨に表明されていることが特徴である。

第三に、参議院への間接選挙制の導入・推薦議員の導入、内閣不信任案上程の制限、停会権など国会の民主的権限の縮小・制限、その反面として、内閣の緊急命令権など内閣権限の拡大は、五〇年代改憲論の共通の志向であるが、注目される。

第四に、地方自治体首長の直接公選規定の修正も五〇年代改憲論の共通の志向とはいえ、注目される。

第五に、憲法裁判所を明示的に否認し、逆に、違憲審査権の制限を入れていることは改進党改憲案との対照で注目される。

第六に、憲法改正の要件を緩和していることも注目される。

3.「要綱案説明書」は、長文にわたるが、当時の改憲構想の考え方を詳細に説明してきわめて興味深いので全文収録した。

日本国憲法改正案要綱

◇**前　文**

一、わが国が独立回復により、わが国の歴史と伝統を尊重し、国民の意思に基き、自主的憲法を確立する旨を明かにする

二、国権は国民に発することを明かにし、国民の自由と権利を保障し、社会の安寧、民生の向上を念願して、民主主義、平和主義、人権尊重主義を基調とする国家の繁栄、福祉国家実現を掲げる

三、世界の平和、人類文化の発展に寄与せんとする国際協力の態度を宣明し、これが為には、一切の侵略戦争を放棄し、他国民の自由に干渉することなく、国際法規を遵守し、互恵平等を条件として国際的平和の組織並に集団防衛体制に参加する旨を明かにする

◇**天　皇**

一、天皇は日本国の元首であって、国民の総意により国を代表するものとする

二、天皇は内閣の進言に基いて憲法に定める行為を行い、内閣がその責任を負うものとする

三、天皇の行う行為に左の諸件を加える

（一）予算の公布

（二）国会の停会

（三）宣戦講和の布告

（四）非常事態宣言及び緊急命令の公布

（五）条約の批准

（六）国務大臣及び法律の定めるその他の官吏の任命状、並びに大公使の信任状の授与

（七）外国大公使の信任状の受理

（八）大赦、特赦、減刑、刑の執行免除及び復権

四、皇室財産の規定は法律に譲る

五、憲法改正の発議に天皇の認証を要するものとする

附、皇室典範を改正し、女子の天皇を認めるものとし、その場合その配偶者は一代限り皇族待遇とする。但しその場合摂政となることを得ないものとする

◇**国の安全と防衛**

一、「国の安全と防衛」に関する一章を設け、戦争放棄は前文中に宣明すると共に、国力に応じた最少限度の軍隊を設置し得るものとする

二、軍の最高指揮権は内閣を代表して内閣総理大臣におき、国防会議、

軍の編成、維持、戦争並に非常事態の宣言、軍事特別裁判所、軍人の政治不干与並に権利義務の特例等軍事に関する最少限の規定を設ける

三、国防に協力する国民の義務並に戦争又は非常事態下における国民の権利義務の特例については別途考慮する

◇**国民の権利及び義務**

一、基本的人権の主要なるものを各条に列記してその保障の原則を明示する

二、各条に列記したものその他の基本的人権は社会の秩序を維持し、公共の福祉を増進するため法律を以て制限し得る旨を規定する

三、全般に条文を簡略にし、殊に刑事手続に関する一部を刑事訴訟法に譲る

自白の効力並に黙秘権行使の限界につき再検討する

四、旧来の封建的家族制度の復活は否定するが夫婦親子を中心とする血族的共同体を保護尊重し親の子に対する扶養および教育の義務、子の親に対する孝養の義務を規定すること。農地の相続につき家産制度を取入れる

五、国防の義務、遵法の義務、国家に対する忠誠の義務を規定する

六、国民の幸福な生活実現のため、国家経済の発展に協力する義務を規定する

◇**国　会**

一、国会は国権の最高機関である旨の規定は改めるものとする

二、国会議員は国民全部の代表であることを明かにする

三、二院の異質性を明かにするため参議院は選挙された議員と推薦された議員とを以て組織することを考慮する

四、衆議院議員選挙につき小選挙区制の採用、参議院議員選挙につき間接選挙制の採用、全国選挙区制の廃止を考慮する（選挙法改正と関連）

五、参議院議員の任期を改める

六、法律案等の自然成立の期間を短縮するものとする

七、解散の根拠を明かにすると共に必要な制約の方法を講ずるものとする

八、審議の慎重を期するため停会を認めるものとすると共に必要な制約の方法を講ずるものとする

九、不信任案提出につき提案の定数、表決に何等かの制約を加えるものとする

一〇、通常国会の会期を短縮すると共に臨時国会召集要求の制約を厳にし、要求あれば一定期間に召集しなければならないものとする（国会法改正と関連）

一一、戦争及び非常事態の宣言については国会の承認を要するものとする

◇**内　閣**

一、行政権はすべて内閣に属することを明確にする

二、内閣総理大臣その他の国務大臣は、文民でなければならないという要件を、現役軍人を排除することに改める

三、内閣の権限に、法律案並びに憲法改正発議案の提出及び国会の召集、衆議院の解散、国会の停会、並びに栄典授与の決定を加える

四、内閣総理大臣は、内閣を代表して軍隊を指揮するものとする

五、戦争及び非常事態の宣言、国防会議及び軍の編成維持の事務を内閣の権限とし、戦争及び非常事態の宣言には国会の承認を要するものとする。国会の召集が不可能な場合の措置につき考慮すること

六、国会の閉会中、緊急事態に際して内閣は法律に代るべき命令を出し得ることとする。この場合は次の国会においてその承認を求め承認を得られなかった場合は将来に向って無効とするものとする

七、条約の締結について、国会の承認を要するのは、立法権、予算審議

権など国会の権限に関係のあるものその他政治的に重要な条約に限るものとする

八、国務大臣の訴追されない特典については、内閣総理大臣を含み、訴追のうちには逮捕を含むことを明かにする

九、国務大臣の用語を統一すること及び大臣の呼称につき考慮する

◇**司　法**

一、法律により特別裁判所を設置することができるものとする

二、裁判官は良心に従い、独立してその職権を行い、憲法及び適法な法令にのみ拘束されるものとする

三、最高裁判所の規則制定権は法律に反しない範囲に限定されるものとする

四、最高裁判所裁判官の国民審査制はこれを廃止するものとする

五、最高裁判所の長官その他の裁判官の任命については、司法の独立性と裁判官の適格性を確保する趣旨から詮衡委員会の如きものを設けて、その議を経ることゝする

六、いわゆる憲法裁判所を認めるものでないことを明確にし、違憲審査については国務行為、条約等につきその限界を明確にする

七、裁判公開を停止し得ない場合を法律によるものとする

◇**財　政**

一、予算の増額修正については、政府の同意がなければ発議できぬものとし、新たに国庫の負担をもたらす議員立法については、その抑制につき考慮する

二、予算不成立の場合の処置として、暫定予算の外に政府の責任支出を認め、事後に国会の承認を得るものとする

三、予算も公布するものとする

四、皇室財産並びに皇室の費用の規定は削除する

五、公金その他公の財産の民間団体又は事業に対する支出禁止の規定は削除する

六、決算は国会に提出して両院の承認を得なければならないものとする。但し戦時において軍機保持のため毎年決算を検査確定することが困難な場合の措置を考慮する

七、非常事態において、国会召集の不能又は余裕のない場合、政府の責任支出を認め、事後に国会の承諾を求めるものとする

◇**地方自治**

一、地方公共団体の組織及び運営に関する事項のみならず、地方公共団体の種類も、地方自治の本旨に基いて、法律でこれを定めるものとする

二、地方公共団体の長を画一的に直接選挙する制度を改め、法律の定めるところによって、選出することとする

法律の定めるその他の吏員の選挙に関する規定は、之を削除する

三、一の地方公共団体のみに適用される特別法でその地方公共団体の住民の投票に付さなければならないものは、特に法律で定めるものに限定するものとする

◇**改　正**

発議権を内閣にも認めることとし、特別多数決と国民投票はその何れかの一によることとする。現行憲法の改正手続に付ては、特別に考慮するものとする

◇**最高法規**

前文中に国際協力主義を明かにすると共に、国際協力による集団安全保障体制への加入と、国際条約と主権制限の関係を明定する

日本国憲法改正案要綱説明書

◇**前　文**

前文はかならずしも憲法に不可欠のものではないが、明治憲法にも上

論があり、外国の例にも多いので、もし置くとすれば、全面的に書きかえることが必要である。現行憲法の前文は、「ポツダム宣言の受取証」といわれるほど、敗戦国としての誓約や、反省の言葉に満ちていて憲法の前文たるにふさわしい国家の理想や、民族の気魄が盛られていない。

当時としては、やむを得なかった事情も諒解できるが、今日われわれが、占領憲法を改めるに当っては、はっきりと、独立回復により、日本国民の意思による、自主憲法を確立する趣旨をうたうべきである。

この場合も、天皇主権の旧体制へ復帰するものでないことを明かにするため、国権が、国民に発すること、ならびに民主々義、平和主義、人権尊重主義の理想は明示する必要がある。

さらに、現行憲法第二章に規定されるものの中、侵略戦争放棄の平和宣言は、その性質上これを前文の中に取り入れ、あわせて、国際協力による平和保障の体制に参加する旨を宣明することが望ましい。

◇天　皇

象徴という意義不明瞭な天皇の地位をより明確にすると同時に、過去に体験した天皇政治に伴う弊害に陥らないよう配慮し、他方、国民の精神的拠り処としての要望に応えようという趣旨により、天皇の地位と権能について再検討を加え、日本の歴史と国民感情を尊重しながら近代国家としての民主々義的諸要請を法制化すべく試みた。

よって、試案においては、独立国としては当然欠くことのできない国の代表者としての元首の地位に、国民意思の顕現に基き、天皇を置くことにし、その行為はすべて内閣の進言に基いて行い、その責はすべて内閣が負うことにしたのである。すなわち、ここに言う元首とは、国を形式的に代表する者という意義を有するに止まり、主権とは何等の関連的意義を有するものではない。この点明治憲法第四条に規定する主権者としての元首とは本質的に異るものである。

「象徴」の語句はマッカーサー司令部によって案出されたもので英国の王冠、又は、各国の国旗等のように、物を指すのを普通とする点において、人間天皇の地位を規定するに当って不適当であると思われる。

「進言」の語句は、「助言と承認」という翻訳語のもつ表現力よりも、日本語として適切であるのみならず、国の代表者たる天皇に対する尊敬の意も含まれ、かつ又、進言する者（内閣）進言される者（天皇）に対する政治的主体性をより明確に表現するものと思われる。

天皇の行う国事行為は「この憲法に定める行為」としてこれを規定し、その実質的決定権は内閣の権限としてこれを規定し、法文上、明確にすることとした。従って、その行為は、実際にあっては形式的、儀礼的であることは明白であるので、「認証」という語句は、日本語としても、法律用語としても適切でないので、これを使用しないことにした。これによって、現行第六条と第七条列挙事項との本質上の区別は無くなるわけである。

新憲法において列挙せられている天皇の行為の中、国を代表する元首として条約の批准、又は大公使の信任、及び、外国使臣の接受等は、当然、認めなければならないと考える。尚、内閣の権限の改正に伴って、宣戦講和の布告、及び、非常事態の布告等も、当然加えられるべきものと考えられる。憲法改正においても天皇の行為は明かにされるべきである。

軍の最高指揮権は内閣総理大臣に置き、政治に対する軍事の従属を明らかにして、いわゆる統帥権の独立の弊害は、厳に防止することにしたが、政党の総裁たる内閣総理大臣に軍の最高指揮権が帰することに対し、政局の変動により軍に不安、動揺を与えるおそれのあることを考慮して、天皇が軍の名誉的位置にあって、その精神的中心になるような構想も主張された。

その他の天皇の行為の追加は、悉く、内閣の権限の改正に伴う形式的規定である。

皇位継承については、皇室典範第一条を改変し、皇男子なき場合は皇女子がこれを継ぐものとする。皇女子が皇位を継承する場合におけるその配偶者は一代限り皇族待遇を受けるものとし、摂政となることができないこととする。

◇**国の安全と防衛**

現在の第二章戦争放棄の宣言は前文に移すことにして、別に一章設けて、国家の安全と防衛に関する規定を置く。実質的には、現在の第九条第二項削除とたいした差異もなく独立国として自衛のための最少限度の軍隊を持ち得ることは当然であり、これを憲法で禁止することのナンセンスを是正したまでである。九条第一項と第二項との間の矛盾――第一項では「国際紛争解決の手段としては」と明確に条件をつけて、戦争放棄を述べ、正当なる自衛権を認めていながら、第二項で「一切の戦力は保持しない」と自衛のための戦力も否定している――については、立法当時から政府もこれを認めざるを得ず「自衛権はあるのだが、この際その自衛権の行使も慎しむという意味」と、敗戦者のやむを得ざる立場を述べている。

この点は、去る八月パリの国際比較法学会に出席した高柳賢三博士の談話にもあるが（十月七日毎日）、世界の法学者のもの笑いの種になるような規定を、独立後まで残しておく必要はないと考える。

ここではたゞ憲法の不合理を是正して自衛のための軍隊を持ち得るようにするというに止まり、現実に再軍備するか否か、また現在の自衛隊が憲法に違反するか否かには触れない。

自衛のための軍隊を置き得ることにすれば、それに伴う諸規定が、憲法に必要になり、自衛戦争ならびに非常事態（戒厳）についての規定も、それぞれの章に付け加えなければならない。

国防に対する国民の協力義務については、戦争の惨禍なお生々しい国民の感情を考慮して、兵役の義務は、これを避け、志願兵制度をたてまえとして「国防に協力する義務」という程度の規定にとどめた。

◇**国民の権利義務**

基本的人権または自由権の保障については憲法の規定をまたない当然のことであるとの説があるけれども、旧憲法も現行憲法もまた外国憲法の多くの例にみても主要なる自由権につき、明文を以て、その保障の原則を明かにしているので、試案においてもその例に倣った。

基本的人権につき、自然法説または天賦人権説をとる学者中には、ある種の基本的人権は法律を以てしても之を制限することができないと説くものがある。しかし天賦人権説は旧時代の法律思想であって、現代の国家にして法律を以てしても基本的人権を制限することができないという法律思想を採用している国はその例を見ない。

現行日本国憲法のこの点に関する規定はすこぶる曖昧であるため、法律上政治上幾多の問題が生じている。基本的人権保障の規定中公共の福祉の制約を認めているのは、第十三条、第二十二条などであって、その他の権利及び自由については制約の規定がない。しかし制約の規定のないものは法律を以てしても制限することはできないという反対解釈は一般に是認されていない。立法の実例に於ても、たとえば自由権の典型である第二十一条の表現の自由についてもあるいは第二十八条の労働権について、憲法上制約の規定がないにも拘らず、これを制限する法律が制定されているのである。然し憲法の規定が区々になっていることは、解釈上の疑義を生じ、政治上、裁判上の紛糾の原因となるから、規定を統一する必要がある。

第十一条と第十二条とは基本的人権の通則のような規定であるけれどもその意義が明瞭を欠き法規というよりも国民の心構えを示したものの如くである。殊に第十一条の読み方によっては、法律を以てしても制限しえないかのような解釈を与えるし、又第十二条の自由および権利と公共の福祉の関係も、単に国民の心構えを訓示したものか、法律による制約の根拠を与えたものか、意義不明瞭である。

かような解釈上疑義多き通則は之を廃止して、基本的人権と公共の福祉との関係を簡潔明瞭に規定すべきである。

旧帝国憲法は一般に法律による制約を認めていた。外国にもその立法例は多いけれども、これでは法律という形式さえふめばいかなる場合にも、いかなる制限もなし得ることとなって弊害を生ずる。

又基本的人権制限の法律の憲法違反か否やを判断することが、裁判所の権限からはずれることとなる。故に形式の外に、制限し得る場合を憲法に規定しておく必要がある。また公共の福祉のためであっても政府の命令などで勝手に制限することはこれまた弊害があるから、制限の形式は法律に限ることとする必要がある。

かように制限しうる形式と内容を明かにすることによって、裁判所が、此の点の憲法違反問題を取上げる根拠が生ずるのである。

いかなる場合に基本的人権を制限し得るかを各条毎に具体的に規定することは、立法技術上極めて困難であるばかりでなく、憲法の規定が著しく冗長となる点がある。

よって抽象的に一括的に規定する外なく、試案の如く、「社会の秩序を維持し公共の福祉を増進するため」とするのが適当である。この規定の体裁は大体に於て新しい各国の憲法または世界人権宣言、米州人権宣言などと、その軌を一にする所である。

現行憲法第三章の規定は概して細目に亘りすぎまた重複したものも少なくない。又道徳的宣言、あるいは希望の表現に過ぎない規定も少くない故に之を整理して、国家の基本法たるにふさわしいものとする必要がある。ことに第三十一条以下人身の保障に関する規定は、その性質上刑事訴訟法に譲るのが適当と考えられるものが少くないから適当に整理すべきである。

第三十八条第一項は所謂黙秘権を一般に認めたものと解されているが、これがため裁判の迅速なる運行に多大の弊害を与えているのである。

この規定は米国の制度に倣って制定されたものであるが、米国憲法では、「何人も刑事々件に於て自己に不利益な証人となることを強制されない」と規定しているのであって、偽証罪の適用を前提とした狭い規定であるのに、わが国では不当に拡大した規定の形式となったため、幾多の弊害を生じているのである。

同条第三項の「自己に不利益な唯一の証拠が本人の自白である場合には有罪とされない。」という規定も広きに失してむしろ弊害が多い。英米法のアレーメントの制度は、これによって極めて多くの刑事々件を簡単に片付けているのであるが、わが国ではこの憲法の規定があるが故にさような簡単な処理ができない。又この自白の中に、公判廷における自白を含むかどうかについて解釈上疑義が多く、米英両国では含まないことになっており、わが国でも最高裁判所の判例に同趣のものがあるが、明文の規定に反する嫌がある。

右のようなわが国の実情にも適せず、外国にも例のないような行過ぎた規定は、再検討して改正する必要がある。

家族制度の問題については、憲法改正と関連して、とくに論議が多い。占領軍は憲法第二十四条と、民法の改正によって、わが国の家族制度に根本的変革を加えた。これは日本の弱体化という占領政策の線に副って実行したものである。然し、わが国の従来の家族制度には、人権尊重の立場から反省すべき点があった。家長の権限が強大であり、又女子の地位が低かった点などは、改めるのが正しいから、憲法改正に当っても、これらの封建的色彩は復活すべきでない。

然しながら現行の憲法と、之に基く教育方針が極端な個人主義の立場から、家族という観念の抹殺を図ったのは行き過ぎである。

夫婦親子を中心とする家族は、人間性に由来する血族的共同体であって、健全な社会構成のため保護尊重すべきである。現行憲法では夫婦関係についてのみ相互協力の義務を規定し、親子関係については親の子に対する教育の義務を規定するに止まり、相互扶助のことは挙げて民法に譲っているのは妥当を欠く。親の子に対する扶養と教育の義務については問題ないが、子の親に対する尊敬と、老後の扶養については、今日学校教育その他に於て著しく軽視されて、時としては否認されている。生活力を失った親は幼子と同じく弱者である。社会保障によって全部の老人の老後の安泰を期することは、経済力の貧弱なわが国状の許さざる所である。憲法に子の親に対する孝養の義務を規定して、人倫の大義を明かにするべきである。一九四八年合衆国を含む北米、中米、南米二十数ケ国の共同に成る米州人権宣言の中、「親は未成年の子を養う義務がある。子は親を尊敬し、必要に応じ扶養しなければならない」という一条がある。自由主義、個人主義の本拠である米大陸国家の人権宣言にこのことあるは注目すべきである。

　相続については憲法第二十四条によって均分相続制を採用することになったのは原則として是認し得るけれども、今日既に一戸当り耕作反別の極めて低位にある農村に於て、遺産の平等配分によって、農地が更に零細化されることは農家経済の存立を危機に陥れるものである。一部の人々は、法律上均等相続といっても、事実上は相続権の抛棄によって弊害の発生を防いでいるから改正の必要なしと主張している。論者もこれ以上の農地の細分は避くべきであるという点では見解が一致しているのである。農地相続紛糾は既に相当甚しくなっているのであって、自発的権利抛棄に期待し得るものには自ら限界がある。

　わが国のように農地の細分化されている国は外にないのであるが、それにも拘らず、農地の細分化を防ぐため憲法で家産制度を認めている国は十七ケ国もある。この外に普通の法律で家産制度を認めている国もあるのである。これ等の国では農地の一定面積以下のものを世襲財産として法律上特別の取扱をしているものが多い。わが国でも憲法で均分相続の例外として農地の家産制度を認めその内容は法律で規定することとすべきである。

　現行憲法は国民の権利を多く規定し、義務については納税の義務など僅かに存するのみである。かくの如き権利偏重の憲法は外国にも多く例を見ざる所であって、要するに個人主義を強調して、国家の弱化を企図した結果に外ならない。少くも右に列挙した国民の義務を新たに加える必要がある。

　旧憲法の兵役の義務を削除したのは、第九条の武装抛棄の結果として当然であろうが、外敵の侵入等の場合之を防衛することは国民の当然の義務であるから、国家防衛の義務はこれを憲法に明記すべきである。外国の憲法は大部分防衛の義務又は兵役の義務を規定している。ソ連邦その他の憲法では国家防衛の義務の外に兵役の義務を併せ規定している。

　遵法の義務は法治国家とくに民主国家に於て、国民の重要なる義務であるから、多数の国の憲法と同じく遵法の義務を明記すべきである。国民は国家に忠誠であるべきであり、祖国に反逆するようなことをすべきでないことは当然である。しかるに、日本国憲法の制定と同時に刑法を改正し、国家の安全を害するような反逆行為を処罰する規定を削除したのである。かくの如きは国家の本質に反する不当の改正であるから、憲法上軍備を認め自衛戦争のあり得る法意を明かにすると同時に、忠誠の義務を規定し、反逆罪等の刑罰規定制定の根拠となすべきである。外国では憲法自体に反逆罪を規定している国が非常に多いけれども、憲法では忠誠の義務として包括的に規定するのが適当である。

　わが国の政治上経済上の最大の問題は、資源と人口の不均衡を克服し、すべての国民に職業と生活資料を与えることの一事に存する。

　現行憲法では、すべての国民に幸福追求の権利を認め、健康で文化的な最低限度の生活を営む権利を認め、その能力に応じてひとしく教育を受ける権利を認め、国に対しては、すべての生活部面について、社会福祉社会保障及び公衆衛生の向上および増進に力むべき義務を課し、要するに文化国家福祉国家の理想が遺憾なく表現されている。然し之を実現するには、国家の財政と国民経済全体が発展し豊になることを前提とする。然らば理想実現の手段として、国民は、公務員たると産業人たると労務者たるとその他の職にある者たるを問わず、各自の職域を通じて国家経済の発展に協力すべきことは当然の責任である。

◇国　会

国会の条項で、第一の問題は、参議院のありかた、とくに、二院制の本質からみて、その構成、権限に再検討が加えられなければならぬということである。

両院の異質性ということから、予算、法律案、内閣総理大臣指名等について、衆議院に一そうの優越を認めるかわりに、参議院に、人事承認、条約批准等の特別の権限を与えて、その中立性、安定性に応えたらどうかという意見もあった。

構成の上で、現在の全国選挙区制をやめて、一部推薦制または間接選挙制を考えようという意見は圧倒的である。

この場合の具体的方法については、選挙制度調査会試案などが参考として考慮された。選挙制度については、衆議院の小選挙区制は理論的根拠からも政界粛正の意味からも強く主張された。これは選挙法改正の問題であるが、憲法が選挙に関する事項をはじめ両院の定数、議員の資格等を法律に譲って、任期のみを定めているのはおかしいし、参議院議員の任期を六年としたのは、解散のある、衆議院との比較の上からも、また変転の激しい現代の諸情勢からも長すぎるとの意見が多く、同時に推薦議員を認める場合には其の任期につき別途考慮の要があるとの意見があった。

議院内閣制の根本問題については、慎重に論議されたが、内外学者の意見、民主政治先進国の実例、日本における明治以来の先例と政党政治の現実等を考慮した上で、国政の能率的遂行のためには、二大政党対立の下における議院内閣制の円滑なる運営が望ましいという前提の下に、国会と内閣との関係の調整が検討された。

その意味で、日本の政党の現状等からすれば、ある程度、内閣に強力な権限を持たせ、政治の安定性と、能率性を考慮することが必要であるとの結論に達した。試案において、衆議院解散権が内閣にあることを確認し（但し乱用防止の制約を考慮する）、不信任決議にある程度の制約を加え、新に国会の停会制および緊急命令を認めたのはその趣旨からであり、法律案等の自然成立の期間を短縮し、通常国会の会期を短縮し、臨時国会の召集に制約を設けようというのも、政府が国会に手を取られすぎる弊を救おうとするものである。

その他、国会の現状にかんがみ、国会の粛正浄化、議員の品位向上につき世上いろいろの提案が行われているが、その多くは、選挙法、国会法に関するものである。試案においては、国会議員は、国民全部の代表であって、選挙区その他一部の代表ではない旨を明定したこと、および国会は国権の最高機関であるというソ連系諸国にのみ見られる独裁制的規定を省くこと、および財政の項において、予算の増額修正ならびに予算を伴う議員立法を抑制することなどが、その意味からも役立つところがあるであろう。

戦争および非常事態（戒厳）の宣言について国会の承認を求めるのは当然であるが、国会召集の不可能な場合や、その余裕のない場合の措置を考慮する必要がある。また、非常事態宣言が独裁や革命の手段として利用される場合のないように、その条件、効果、手続等を憲法に規定し、要あらば国会の常置委員会のごとき制度を設けこれに諮ることも考慮すべきである。

◇内　閣

議院内閣制と大統領制との優劣についても、検討が加えられたが、日本においては、政治が円滑に運営されるには、過去における経験からも、天皇の存在する事実からも、議院内閣制の方が適しているとの結論であった。

これを前提とし、政治の安定と能率を得るべく考究した結果、試案においてはある程度、内閣の権限の強化を見たことは、国会のところで述べたとおりである。総理大臣の閣僚任免権についても、それを抑制する意見もあったが、日本の政党の現状では、これを国会の承認にすれば一そうの弊害を招くおそれがあり、小党分立のことも考慮して、試案ではこれにふれないことにした。

内閣の権限と天皇の国事行為との関係で、たとえば衆議院解散、栄典授与、外国大公使接受等、現行法に不明確ないしは不合理の箇所があるのを改め、天皇の行為の中、儀礼を除いては、その実質的決定権が、ことごとく内閣にあることを明らかにした。

「行政権は、内閣に属する。」という現行第六十五条は、立法権の第四十一条、司法権の第七十六条に比べて表現不十分で、人事院各種行政委員会のごときものが、内閣の管轄に入るか否かで、常に問題になっているので、明確に行政権はすべて内閣の権限と責任に属することにした。

軍事に関しては、これを行政の一部として、政治の優越性を明確にし、軍隊の指揮権は内閣を代表して内閣総理大臣に置くが、政変等による国防方針、防衛基本計画等に不安を与えないため、憲法上の機関として国防会議を設け、その安定と永続性を保障することにした。

また、旧軍閥排除のための経過的規定であった第六十六条の文民規定は、これを改めて、現役軍人の政治不干与を明定することにした。その他の軍事事項は、極く一般的なものである。

緊急命令の制度は、現行憲法制定当時日本側の主張を占領軍司令部が頑強に拒否して、これを置かせず、衆議院解散中のみ参議院の緊急集会を認めるという世界に例のない形になっているのを通常の例にならったにすぎないが、これが濫用を防ぐために、たとえば国会に常置委員会を設けてこれに諮る等慎重を期する措置が必要である。

条約の締結と、国会の承認については、現行法の不明確を改めると共に、さして重要でない事務的協定については、外国の例にもあるとおり、国会の承認を要せずとして、従来しばしば問題になった点を解決した。

その他、内閣総理大臣の指名、議決を一段階にすること、この場合の国会議員たることは指名の際の資格条件か在職条件か、同様にその他の国務大臣の過半数についても、この点を明らかにすること、総選挙後最初の国会で必ずしも総辞職せずとも信任を求めることにしては如何等の意見があった。

◇司　法

日本国憲法の大きな特色の一つは、司法が、立法、行政から完全に独立して、法令、処分の違憲審査をなし得る点にあり、これは試案においても維持して、独立の憲法裁判所は認めないこととするが、第七十七条の規則制定権が、立法権を侵し得るという解釈は排する。

最高裁判所裁判官の国民審査制は、実質的な意義を持たぬ無駄な制度として、これを廃するが、その任命を内閣に任せ、長官を、内閣の指名により天皇の任命にまつというだけでは、司法の独立の点からも、適任者を得るという点からも、国民との結びつきの上からも、不十分であるということで、詮衡委員会制の採用を考えた。

公開裁判制が、悪質な法廷戦術に利用されて、神聖なる裁判権の行使を妨げているのを是正するため、第八十二条の例外の制限を法律の基準に任ねる。

特別裁判所否認の第七十六条第二項も、軍事裁判所設置の要請で削除を要する。

その他、違憲判決の効果についても、個々の事件に限定するという通説に対し、一般的に法令処分を無効とするとの説もあるので明らかにする要があるとの意見があった。

◇**財　政**

予算の増額修正、および予算を伴う議員立法については、とかく一部の利益のために悪用されるおそれありとして、国会の不信、政治の腐敗を防ぐ趣旨から、その制限または禁止が一般にやかましく説かれており、この点は外国憲法の例からも、うなずけるところであるが、これを政府の拒否権とするか、同意権とするか、再審議の要求権とするか、あるいは、発議または採決に制限をおくかは、国会の立法権および予算審議権尊重のたてまえから論議があり、慎重に決することが必要である。

予算が成立に至らない場合や、非常緊急の場合政府の責任支出については、趣旨において反対もなく、現実の問題として、その必要も認められるが、濫用に流れないための制約は考慮さるべきことが主張された。

決算を国会に提出するという現行法を一歩進めて、両院の承諾を要することにするのは、とかく放漫、無責任になりがちな国費の経理に対し、政治的責任を加重しようというねらいである。

予算の公布は当然であり、皇室財産を国に属せしめる規定は膨大なる帝室林野を国有にするための経過的なもので、今日では存続の意義なく、公金を民間団体や事業に支出禁止の規定も、日本の実情に副わない規定であるから削除すべきものである。

◇**地方自治**

地方自治が、民主々義の基盤としての地方分権の本旨から尊重さるべきであるということから、憲法にそれに関する規定を設ける趣旨は認めるが、現行の首長の直接公選制のごとき画一的な制度は、かえって地方自治の本旨に矛盾する場合もあるので、法律に委ねることが適当である。

都道府県を憲法上の地方公共団体と認めず、知事の任命制は現行法下でも可能であるとする論もあるが、この点も法律にゆずって明らかにすべきである。

特別法の住民投票は、今日までの例では無用の制度であるが、たとえば新に大阪に都制を布くというような場合は、現在の府民にとっては意味があろう、ということで、とくに法律で基準を定め、重要なものに限る趣旨である。

◇**改　正**

憲法改正に、両院の三分の二の多数決と、国民投票と二つを必要とするというのは、外国にも例の少い厳重な規定で、改正を困難にしているが、これは各国の立法例にみても、その何れか一つで十分である。とくに、今回の占領憲法改正に当っては、改正箇所も全面的にわたり、その内容も根本的に掘下げようとすると、この手続によることは、技術的にも大きな困難を伴うので、何か特別の方法によることが必要ではないかと考えられる。

その一つとしては、この憲法は、本質的に占領法規であるから、独立国の憲法としては無効であるとし、廃棄宣言により、明治憲法に復原、または、新憲法を制定するという論であり、一つは、形式的には現行第九十六条により、第一段として、九十六条そのものを改めて、国民投票制度を廃し、第二段として、内容の全面改正を行うという、いわば国民に白紙委任を求める方法である。

これらについては、さらに慎重に研究し、世論の動向をも考慮して、最終的に決定すべきであろう。

憲法改正の発議については、従来も、その提案権が内閣にもあるか否かで問題になっていたが、試案では明確に内閣に発議権を認め、天皇についても、その憲法上の地位を考慮して、認証という形で、これに関与せしめることにした。

◇**最高法規**

現在の規定は、制定当時修正のいきさつもあって、憲法と条約との優先関係が明らかでないために、今日までにも、しばしば「憲法違反の条約」という形で問題を起している。

とくに戦後国際間に、国連その他集団安全保障体制の進むに伴い、国際協力を内容とする条約と憲法との調整は、各国の間にも重大な問題として論ぜられ、最近制定または改正された憲法には仏、伊、西独の例に見るごとく、いずれもこれに関する規定を設けているにかんがみ、試案では、国際協力のために主権を制限し得ることを明らかにした。

なおこの条項は、さきの「国の安全と防衛」の章に入れるべきである。

資料I・21

第二一国会における憲法第九条の「戦力」についての新解釈

①**衆議院予算委員会**における**河野密**に対する**内閣法制局長官答弁**
一九五四年一二月二一日
［出典］第二一回国会衆議院予算委員会議録第一号、一九五四年一二月二一日

②**衆議院予算委員会**における**福田篤泰**に対する**大村清一国務大臣答弁**
一九五四年一二月二二日
［出典］第二一回国会衆議院予算委員会議録第二号、一九五四年一二月二二日

③**衆議院予算委員会**における**本間俊一**に対する**内閣法制局長官答弁**
一九五四年一二月二三日
［出典］第二一回国会衆議院予算委員会議録第三号、一九五四年一二月二三日

コメント

1．ここに収録した三つの答弁は、吉田茂内閣から鳩山一郎内閣への交替を機に、自衛隊の合憲性について打ち出した新たな政府解釈である。この一連の政府答弁によって、以後現在にいたる自衛隊と憲法九条についての政府の解釈の枠組みができたという点で重要な答弁である。
一九五四年一二月、これまで明文改憲論者であり、自衛隊は違憲であるとして憲法改正を主張してきた鳩山一郎が首相に就任したこともあり、政府は、憲法九条と自衛隊の関係について解釈を統一する必要が出てきた。

しかも九条と戦力に関する政府の解釈は、I・03で示したように、九条の禁止する「戦力」を「近代戦争遂行に役立つ程度の装備」を

備えたものとし、保安隊等をそれに該当しないとしてきたが、今や自衛隊はこうした解釈ではうまく説明できないことが明らかとなり、この点でも、政府解釈の何らかの変更は不可避であった。

そこで政府が内閣法制局との打ち合わせに基づいて新たに打ち出した解釈が、これである。

2．こうした政府見解で示された、新解釈の基本は以下のとおりである。

第一、自衛権は「国が独立国である以上、その国が当然に保有する権利である。憲法はこれを否定していない」。

第二、憲法九条第一項は、戦争を放棄したが、それは「国際紛争を解決する手段として」の戦争、武力行使であって、自国に対し武力攻撃が加えられた場合に、国土を防衛する手段としての武力行使、「自衛のための抗争」「自衛のための武力行使」は放棄していない。

第三、九条第二項は、陸海空軍その他一切の戦力の保持を禁止しているが、この第二項も「自衛のための任務を有し、かつその目的のため必要相当な範囲の実力部隊を設けることは、」禁止していない。自衛隊は、自衛のための必要相当な実力部隊であるから、第二項が保持を禁止している「戦力」にはあたらない。

後に政府は、「必要相当な」という文言を「必要最小限度の」に変えるが、原則として、この解釈で押し通すことになる。

①衆議院予算委員会における河野密に対する答弁

○**河野（密）委員**……一体憲法の第九条のどこに自衛のための軍隊ならばよろしいということがありますか。《略》

○**林修三政府委員**（**法制局長官**）　憲法第九条は御承知のように第一項におきまして国際紛争を解決する手段として武力の行使というものをはっきり放棄いたしております。この第一項の解釈につきましては大体において説は一致しておりますが、これにつきましては、日本は固有の自衛権というものを独立国である以上放棄したものではない、従いまして他国から急迫不正の侵害を受けた場合に、その自衛権を行使するという形において武力抗争をすることも第一項は放棄したものではないということも、これも大体通説と考えてよろしいと思います。ただ問題は第二項に参りまして、第二項に前項の目的を達するために陸海空軍その他の戦力は保持しないという規定がございます。この意味につきましてこれはいろいろ説もあるわけでございますが、第一項におきまして、国は自衛権、あるいは自衛のための武力行使ということを当然独立国家として固有のものとして認められておるわけでありますから、第二項はやはりその観点と関連いたしまして解釈すべきものだ、かように考えるわけでございます。それでこれにつきましては、大体においてただいままでの解釈といたしまして、この陸海空軍その他の戦力を保持しないという言葉の意味につきましては、戦力という言葉をごく素朴な意味で戦い得る力と解釈すれば、これは治安維持のための警察力あるいは商船とか、そういうものもみな入ることに相なるわけでありますが、憲法の趣旨から考えて、そういう意味の国内治安のための警察力というものの保持を禁止したものとはとうてい考えられないわけであります。戦力という言葉にはおのずから幅がある、陸海空軍その他の戦力を保持しないという意味においては幅があるというふうに考えられます。従いまして国家が自衛権を持っておる以上、国土が外部から侵害される場合に国の安全を守るためにその国土を保全する、そういうための実力を国家が持つということは当然のことでありまして、憲法がそういう意味の、今の自衛隊のごとき、国土保全を任務とし、しかもそのために必要な限度において持つところの自衛力というものを禁止しておるということは当然これは考えられない、すなわち第二項におきます陸海空軍その他の戦力は保持しないという意味の戦力にはこれは当らない、さように考えます。

②衆議院予算委員会における福田篤泰に対する大村清一国務大臣答弁

○福田（篤）委員　まず私は大村大臣に対しまして、昨日の本委員会における憲法第九条をめぐりまして、新内閣の勉強が不足かあるいは閣内の不統一かはわかりませんが、きわめてあいまいな、でたらめな御答弁がありまして、国内におきましても大きな問題になっております。これについて統一ある、はっきりした新内閣の憲法第九条に対する釈解を承りたいと思います。

○大村国務大臣　ただいまお尋ねになりました点につきまして、政府の見解をあらためて申し述べます。

第一に、憲法は自衛権を否定していない。自衛権は国が独立国である以上、その国が当然に保有する権利である。憲法はこれを否定していない。従って現行憲法のもとで、わが国が自衛権を持っていることはきわめて明白である。

二、憲法は戦争を放棄したが、自衛のための抗争は放棄していない。一、戦争と武力の威嚇、武力の行使が放棄されるのは、「国際紛争を解決する手段としては」ということである。二、他国から武力攻撃があった場合に、武力攻撃そのものを阻止することは、自己防衛そのものであって、国際紛争を解決することとは本質が違う。従って自国に対して武力攻撃が加えられた場合に、国土を防衛する手段として武力を行使することは、憲法に違反しない。

自衛隊は現行憲法上違反ではないか。憲法第九条は、独立国としてわが国が自衛権を持つことを認めている。従って自衛隊のような自衛のための任務を有し、かつその目的のため必要相当な範囲の実力部隊を設けることは、何ら憲法に違反するものではない。

自衛隊は軍隊か。自衛隊は外国からの侵略に対処するという任務を有するが、こういうものを軍隊というならば、自衛隊も軍隊ということができる。しかしかような実力部隊を持つことは憲法に違反するものではない。

自衛隊が違憲でないならば、何ゆえ憲法改正を考えるか。憲法第九条については、世上いろいろ誤解もあるので、そういう空気をはっきりさせる意味で、機会を見て憲法改正を考えたいと思っている。

以上お答えいたします。

③衆議院予算委員会における本間俊一に対する答弁

○**本間俊一委員**　第九条を一体どういうふうにお読みになるわけでございますか、第一項はかりに問題ないにいたしましても、第二項はどういうふうに現内閣は御解釈になりますか、その点を明らかにしていただきたいと思います。《略》

○**林修三政府委員**　九条の一項につきましては、これは国の固有の権利としての自衛権というものを否定していないことはほとんど異論のないところであろうと思います。同時に従って、一項は国際紛争解決の手段としての武力抗争あるいは戦争を否定しておるだけでありまして、自衛権の発動としての武力抗争ということを否定しておらないことも、これまたほとんど異論のないところであろうと思うわけであります。問題は結局第二項に参るわけでありますが、第二項に、陸海空軍その他の戦力を保持しないという規定があるわけであります。これにつきましては学説がいろいろ出ておるわけであります。しかしいずれにいたしましても、この二項の規定は、もちろんこの一項の規定と関連して、あるいは憲法全体の考え方から合理的に読まなければならないものであろうと思うわけであります。この第二項で陸海空軍その他の戦力を保持しないといいますけれども、第一項で自衛権を認め、自衛のための武力抗争、ともかく外国から侵略を受けた場合にただ黙っておるというような態度でない以上は、この二項につきましてもその見地からそれを合理的に読まなければならないであろう、かように考えるわけであります。「陸海空軍その他の戦力」という言葉は、やはりそこの意味からいって一切の戦い得る力を否定しておるものではない、かように考えるわけでございます。つまり先刻来大村大臣から申しました通りに、自衛権があるというところから参りまして、自衛のための任務を持っておるわけであります。もう一つにおいては結局一項において国際紛争解決の手段としての戦争を放棄しておる、こういう関係から申しまして、自衛のために必要相当な限度の実力部隊、こういうものを持つことは二項は当然認めておるものである、そこで保持を禁じておる戦力には当らないものである、かように考えるわけでございます。

資料Ⅰ・22

日本国自主憲法試案〈抄〉

一九五五年一月
憲法研究会

［出典］憲法調査会『日本国憲法改正諸案』憲資・総三九号、一九五九年

コメント

1．これは、戦前東京大学教授で近衛文麿にも影響を与えた矢部貞治が主催した憲法研究会により作成された改憲草案である。

矢部は、戦後、戦前・戦時期における国策協力の責任をとって東大教授を辞職するが、中曽根康弘をはじめ、政界にも大きな理論的影響力を持った。矢部は、後に政府の憲法調査会にも参加して改憲の動きにも理論的影響力を持つ。

2．この案は、五〇年代改憲論の共通項を示していて、内容的にはさほど新味はないが、他の案と比べて、明治憲法下の統治制度復活の志向が強いことが特徴である。この案には、きわめてくわしい解説がついているが、全文を掲載すると膨大になるため、各項の見出しのみをここでは掲載し、解説文は省略した。この案の注目すべき特徴は具体的には以下の諸点である。

第一に、天皇「元首」規定を復活している。

第二に、憲法九条関係では九条二項の削除論であり、軍に関する規定を置くことを提案している。

第三に、人権関係でも、その「公共の福祉」による制限を明記することを主張するほか、人権の縮減を主張している。とくに屋外集会について公安上の理由から制限規定を設けていること、検閲につ

いても緊急事態では例外であると規定すべしとしていること、家族に関する規定、農家の家産保護規定を置くべきことを主張している点が注目される。

また労働者の団結権について、その制限を主張しているが、当時の労働運動を反映した規定であり注目される。

第四に、国会の権限については、緊急命令権、国会の停会権のように、執行府の権限拡大と国会の権限制限が志向されている。

第五に、内閣については、内閣の宣戦布告、戒厳宣告権、法案に対する拒否権の付与など　内閣権限の強化を規定していることが注目される。予算についても、成立しなかった場合に明治憲法下の規定を参考にして前年度予算の執行制を提案していることが注目される。

第六に、都道府県知事の公選制を否定して、知事の官選を明示していること、地方自治体による条例制定についても何らかの方法で制限することを主張している点など、日本国憲法下の地方自治制を戦前の地方行政制度を参照して制限することがもくろまれていることは注目される。

第七に、憲法改正要件を緩和していることは、当時の改憲案に共通している。

前　文

一、前文は、全部書き改めること。

第一章　天皇

二、天皇は、日本国の元首であり、日本国民統合の象徴であって、この地位は、主権の存する日本国民の総意に基く。

三、内閣の助言と承認について。

四、天皇の国事に関する行為は、すべてこれを発案する大臣及び内閣総理大臣の副署がなければ、効力を有しない。

五、天皇の国事行為の委任について。

六、天皇の国事に関する行為について。

◎大赦、特赦、減刑、刑の執行の免除及び復権を決定すること。

◎批准書及び法律の定めるその他の外交文書に親署すること。

◎全権委任状及び大使及び公使の信任状を発し、並びに外国の大使及び公使を接受すること。

七、皇室財産に関する規定について。

第二章　戦争の放棄

八、第九条第二項は、削除する。第一項は、字句修正の必要があれば、それをなすという程度に止めて、削除はしない。

九、再軍備して、軍に関する規定を憲法に置く場合には、制軍の機構を充分に考慮すること。

第三章　国民の権利及び義務

十、基本的人権は、公共の福祉を理由に、法律で制限され得ることを、通則において、明規すること。

十一、すべて国民は、法の前に平等である。

十二、法律の定める公務員を選定し、及びこれを罷免することは、国民固有の権利である。

十三、何人も、いかなる奴隷的拘束も受けない。又、国家の防衛に従事し、もしくは公共の役務に服する場合、又は犯罪による処罰の場合を除いては、その意に反する苦役に服させられない。児童は、これを酷使してはならない。

十四、思想及び学問の自由は、これを保障する。

十五、信教及び良心の自由は、これを侵してはならない。何人も、宗教上の行為、祝典、儀式又は行事に参加することを強制されない。

いかなる宗教団体も、国から特権を受け、又は政治上の権力を行使してはならない。国及びその機関は、宗教教育その他いかなる宗教的活動もしてはならない。

十六、集会、結社及び言論、出版その他一切の表現の自由は、これを保障する。

屋外での集会については、この自由は、法律で、もしくは法律を根拠として、これを制限することが出来る。

検閲は、これをしてはならない。但し、戦時において、戒厳中もしくはその他の緊急の必要により、又は興行物に対して、法律で、検閲をなすことの出来る場合を定めたときはこの限りではない。

十七、現行憲法第二十二条及び第二十九条の規定から「公共の福祉に反しない限り」という語及び「公共の福祉に適合するように」という語を削除する。

十八、家族の概念を明確にすること。

十九、農家の家産制度について。

二十、国は、すべての国民が、健康で文化的な最低限度の生活を営むことができるようにするため、すべての生活部面において、社会福祉、社会保障および公衆衛生の向上及び増進に努めなければならない。

二十一、労働者の団結権につき、その限界を明らかにし、且つこの団結権が正しく行使されるような何らかの保障を図ること。

二十二、国民の基本的義務を強調すること。

「すべて国民は、法律の定めるところにより、国土の防衛及び保持のために必要な文事及び軍事の役務に従事する義務を負い、国又は公共団体が災厄を蒙ったときは、可能な限り、文事の役務に従事する義務を負う。

すべて国民は、この憲法、法律及びその他国家機関の発する適法な命令を遵守する義務を負う。」

二十三、何人も、法律の定める手続きによらなければ、その生命、自由もしくは財産を奪われない。

二十四、何人も、公判廷における自白の場合を除いて、自己に不利益な唯一の証拠が自白である場合には、有罪とされない。

第四章　国会

二十五、国会は、国民を代表する機関であって、立法権を行使し、及び国政を監督する。

二十六、国会議員は、全国民の代表者であり、自己の良心にのみ拘束され、自己の選挙区民のいかなる希望要求にも拘束されない。

二十七、両議院の議員は、議員たる地位に就くに当り、その属する議院に出席して、左に掲げる宣誓をなし、これに署名するものとする。宣誓を又は署名をなすことを拒んだものは、議員となることができない。

「私は、……（宣誓の文言）……を宣誓し、署名する。」

二十八、議員は、その在任中、自己のためと第三者のためとの如何を問わず、政府と契約を結び、又は政府と契約を結ぶ法人の役員となってはならない。又、第三者のために官公署と交渉を行ってはならない。

二十九、参議院の組織に関する問題。

三十、国会議員数を減少して、この定数を憲法に明規すること。

三十一、衆議院議員及び参議院議員の任期は、夫々五年とする。

三十二、両議院の議員は、法律の定めるところにより、国庫から相当額の歳費をうける。但し、歳費に関する法律は、これを議決した議会の議員の任期が終るまでは、効力を生じない。

三十三、国会の常会は、毎年一月上旬及び九月上旬に、これを召集し、会期は、夫々三カ月及び二カ月とする。

三十四、内閣は、臨時の必要ある場合に、国会の召集を決定することができる。いづれかの議院の総議員の過半数の議員の要求があった場合には、内閣は、直ちにその召集を決定しなければならない。

臨時会の議事は、臨時会召集の目的となった事項に限定される。

三十五、解散による総選挙の場合であると、任期満了による総選挙の場合であるとを問わず、衆議院議員の総選挙の日から三十日以内に、国会は、特別会に召集されなければならない。

三十六、国会の閉会中、又はいづれかの議院が解散されているとき、国に緊急の必要が生じた場合には、内閣は、両議院の議員で組織する常置委員会の事前の同意を得て、緊急命令を発することができる。但し、緊急命令は、臨時のものであって、次の国会開会の後、十日以内に国会の同意がない場合には、その効力を失う。この国会は、緊急命令の発せられた後、できるだけ速かに召集されなければならない。

三十七、国会の停会制を採用すること。

三十八、両議院は、この憲法及び法律に特別の定めある場合を除いて、各々その総議員の三分の一以上の出席がなければ、議事を開くことができず、総議員の過半数の出席がなければ、議決することができない。

両議院の議事は、この憲法及び法律に特別の定めある場合を除いて、出席議員の過半数でこれを決し、可否同数のときは、議長の決するところによる。

三十九、両議院の会議は、公開とする。但し、出席議員の過半数で議決したときは、秘密会を開くことができる。

四十、法律案は、この憲法に特別の定めある場合を除いては、両議院で可決したとき、法律となる。

施行期日につき、法律に特段の定めがないときは、法律は、公布の日から二十日が経過した日より、施行されるものとする。

四十一、衆議院で可決し、参議院でこれと異なった議決をした法律案は、直ちに両議院の合同会を開いて、審議し、可決したときは、法律となる。

参議院が、衆議院の可決した法律案を受けとった後、国会の休会中の期間を除いて、六十日以内に議決しないときは、衆議院は、参議院がその法律案を否決したものとみなして、前項の措置をとるものとする。

四十二、国会は、条約について、承認又は不承認を決する。

四十三、両議院は、各々国政に関する調査を行うため、特別の国政調査委員会を設けることができる。総議員の三分の一以上の要求があるとき、又は出席議員の過半数で議院がその設置を議決したときは、これを設けなければならない。

国政調査委員会は、国政に関する調査に関して、証人の出頭及び証言並びに記録の提出を要求することができる。

第五章　内閣

四十四、内閣総理大臣は、国会議員の中から、衆議院により選挙される。この選挙は、他のすべての案件に先立って、これを行う。

四十五、内閣は、衆議院で総議員の過半数により、不信任の決議案を可決され、又は信任の決議案を否決されたときは、十日以内に衆議院が解散されない限り、総辞職をしなければならない。

内閣に対する不信任の決議は、内閣が成立したとき、又は次条に定める信任を得たときより、六カ月を経過した後でなければ、これを行うことができない。

内閣に対する信任の問題に関する表決は、それが衆議院に提出されてから二日を経過した後でなければ、これを行うことができない。

解散権の濫用を防止する。

四十六、衆議院議員総選挙の後にはじめて国会の召集があったときは、内閣は、直ちに衆議院に対して信任案を提出し、総議員の過半数により信任の決議案を否決されたときは、総辞職しなければならない。

内閣総理大臣が欠けたときも、内閣は、総辞職しなければならない。

四十七、内閣総理大臣は、内閣を代表して、憲法改正案、法律案及びその他の議案を国会に提出し、一般国務及び外交関係について国会に報告し、並びに行政各部を指揮監督する。

四十八、内閣総理大臣は、内閣を代表して、軍隊を指揮する。

内閣総理大臣による閣僚任免権の問題。

四十九、法案否決権の問題。

五十、宣戦布告に関する問題。

第○条　内閣は、他の一般行政事務の外、左の事務を行う。

○号　国会の承認を得て、戦争を宣言すること。但し、緊急を要する防衛戦争の場合は、この限りではない。

五十一、戒厳の問題。

第○条　内閣は、他の一般行政事務の外、左の事務を行う。

○号　戒厳状態を宣言すること。但し、国会開会中の場合は、事前に、また国会の開会していない場合は、出来るだけ速やかに国会を召集して、事後に、国会の承認を得ることを必要とする。国会の承認がないときは、戒厳状態を宣言することができず、又は、宣言された戒厳状態は、直ちに、停止されなければならない。

五十二、閣議の表決数の問題。

五十三、国務大臣に宣誓の義務を課すること。

五十四、大臣の在任中における行為を制限すること。

第六章　司法

五十五、例外裁判所は、これを設置することができない。

五十六、すべて裁判官は、その良心に従い独立してその職務を行い、この憲法及び法律に拘束される。

五十七、最高裁判所の規則制定権を、「法律の定める範囲内において」と限定すること。

五十八、最高裁判所は、その長たる裁判官及び法律の定める員数のその他の裁判官でこれを構成し、その長たる裁判官以外の裁判官は、裁判官候補者選考委員会の提出する倍数の候補者名簿の中から、内閣でこれを任命する。

五十九、憲法裁判所の問題。

第七章　財政

六十、予算も法律とすること。

六十一、予算不成立の場合の措置を明確にすること。

六十二、予算の増額修正を禁止すること。

六十三、予算措置を伴う議員立法を制限するか又は禁止すること。

六十四、国の収入支出の決算は、すべて毎年会計検査院がこれを検査し、内閣は、次の年度に、その検査報告とともに、これを国会に提出しなければならない。

国会は、この決算の報告を審査して、承認又は不承認の議決をするものとする。

六十五、第八十九条の「公の財産支出使用の制限」に関する規定の中から、「又は公の支配に属しない慈善、教育若しくは博愛の事業に対し」という部分を削除する。

六十六、第九十一条の「国民に対する財政状況の報告」に関する条規は、削除すること。

六十七、第八十八条の皇室財産に関する規定は、削除する。

第八章　地方自治

六十八、都道府県を地方公共団体からはづし、都道府県知事を官選にする。

知事候補者選考委員会とか推薦委員会とかの、その構成に何らかの民主的な要素を含んだ、出来るだけ中正な委員会を設置しておき、この委員会の選考した者の中から、知事を、又は推薦した者を、知事に、内閣総理大臣が、任命する。

六十九、条例の問題

第九章　改正

七十、この憲法の改正は、各議院で総議員の過半数で可決された後、国民投票に附して、その投票の過半数の承認を得た後でなければ、これをなすことができない。但し、各議院で総議員の三分の二以上の多数で、憲法の改正が可決されたときは、国民投票に附することを要しない。

資料Ⅰ・23

第二二国会衆議院予算委における憲法九条改正に関する鳩山一郎首相答弁

一九五五年三月二八日

［出典］第二二回国会衆議院予算委員会議録第四号、一九五五年三月二八日

コメント

これは、年来の改憲派であり、総理就任以前は、憲法改正を唱えていた鳩山一郎が首相に就任し当面改憲を政治課題とすることができなくなったことを踏まえて、憲法改正に関する考えを事実上修正した答弁のひとつである。

この前提として、先にⅠ・21で示した鳩山内閣下での「戦力」に関する新解釈があったことはいうまでもない。鳩山首相が、この新解釈を正確に理解していたか否かはやや疑問があるが、いずれにせよ、鳩山内閣においても、当分、自衛隊は合憲として押し通す方針が確定したわけである。

○**鳩山国務大臣**　とにかく少しも防衛力を持っていないで一国が存在するということは、私は無理な話だと思います。戦争が現実にあるかないかということを度外視いたしましても、日本としては相当の防衛力を持っていなくてはならないと思っておるのであります。そこで安全保障条約やその他の条約もできているのでありまして、だんだんと自衛隊を増強いたして参りまして、そのうちに米軍の駐留ということがだんだんなくなってくることを理想とすべきだと考えております。

○**杉村委員**　ただいま総理が申されておることも、あるいは総理の御意

見かもしれませんが、いま少しく具体的に伺いたいのであります。このままで行けば、どうも今総理のおっしゃられるようなことでありますと、いつまでたってもアメリカの兵隊に日本から帰ってもらえないというようなことになるのでありますが、この安全保障条約第四条から行きますならば、これは個別的に交渉しても平和が守られる、たとえば中共あるいはソ連と日本が個別的に話し合いをつけて、そうして平和が保たれるということになれば、この安全保障条約第四条によってアメリカに対してもこの安全保障条約の廃棄を求めることができるのでありますが、そうでないと、いつまでたってもこれはこのままでおるということになるのです。そうすると総理は、どういう状態になりましたならばアメリカの兵隊に帰ってもらうことをアメリカに請求することができるとおぼしめしになりますか、具体的にお示しを願いたいのであります。

○**鳩山国務大臣**　とにかく自衛隊がだんだんと増強せられていけば、やがては駐留軍が撤退する時期が来るであろうと思います。とにかく本年度はアメリカの駐留軍一個師団は帰るのでありますから、だんだんとそういう事態になってくるものと思います。

○**杉村委員**　ただいまの総理の御説明で、だんだんと自衛隊が拡張されればとおっしゃられるのでありますが、そうなって参りますと、勢いこれは憲法第九条の問題に入っていくのであります。総理はこの間、わが党の片山委員の憲法第九条の問題についての質問に対して、いろいろとお答えがあったのですが、この憲法第九条の問題につきまして、総理は何か御心境に変化でも生じたのでありますか。昭和二十九年十二月十九日の朝日新聞の記事による総理の新聞発表によりますと、どうしても憲法改正をしなければならないということをはっきりと申されておるのであります。ところがこの間のわが党の片山委員の質問に対して、今日では事実問題としてその必要がなくなったというように申されておるのでありますが、ただいまの御意見を伺えば、現在の状態ではアメリカの駐留軍に撤兵してもらうことの要求ができる状態ではない、さらにこれから拡張してというようなことを申されたのであります。

そうすると、憲法は改正しないで、なおやはり自衛隊を拡張なさるという御意見でございますか、伺いたいのであります。

○**鳩山国務大臣**　とにかく現在の日本の憲法は、防衛力を持っては悪いということは書いてないのです。軍隊を持ってはいけない。その軍隊を持ってはいけないという意味は、自衛のためならば、兵力を持ってもよいというように解釈されておるのであります。かつて自衛隊法のないときには、直接、間接の侵略に対して防衛力を持ってもよいという法律がない場合には、どうしても憲法を改正しなくては軍隊は持てないのでありますから、憲法第九条の改正を必要と考えておりました。しかしながら、自衛隊法ができて、国会の意見が自衛のためならば軍隊を持ってもよいということになった今日におきましては、さほどに急がなくてもよいだろうと思いまして、私の第九条の改正に対する熱度は薄らいで来たのであります。

○**杉村委員**　憲法の第九条の論争をいたしておりますと時間がなくなりますから、これは避けますが、ただ簡単に私は総理の御意見を伺っておきたいのは、今日文化国家におきましてどこの国でも持っておる軍隊というものは、いずれも自衛のための軍隊であって、よその国を侵略するという軍隊を文化国家として憲法に規定する国はおよそないだろうと思うのであります。従って、日本の憲法といえども、たとえば九条を改正しましたところが、よその国を侵略する軍隊を持っていいのだというふうに改正のできようはずは、私はないと思う。そうしたなれば、自衛のための軍隊であれば持っていいということは、これはきわめて憲法を曲解いたしておるのであります。また総理は自衛隊法ができたからとおっしゃられますけれども、自衛隊法を自由党や改進党が多数で通過させて来たところが、それは憲法を無視しておるのでありまして、決して憲法が死んではおらないのでありますから、自衛隊法ができたから憲法第九条はもうそれを認めるのだというのは、私はいささか本末転倒の感がありはしないかと思うのでありますが、その点はいかがでありましょうか。
○**鳩山国務大臣**　あなたのような解釈も成文の上からは適当だろうと思います。しかしながら成文がどうあっても成文の中に無抵抗主義をとったということも明らかになってはいないのであります。侵略を受けたならば防衛すべからずというところまで書いてあるわけではないのでありますから、自衛隊を持っていましても、憲法の改正必ずしもするものではないという解釈もできるはずであります。

資料Ⅰ・24

自主憲法のための改正要綱試案

一九五五年九月
中曽根康弘
［出典］『自主憲法の基本的性格――憲法擁護論の誤りを衝く』一九五五年九月一〇日、憲法調査会

コメント

1．保守派の改憲論者の中心人物であり、現在なお改憲問題に強い影響力を持っている中曽根康弘の名で出された最初の改憲案である。中曽根は、講和以前から、日本国憲法が占領権力によって作られたものであり、独立の暁には、日本国民の自主的憲法制定が必要である旨を唱えてきたが、改憲の気運が高まったことをうけて、提示されたものである。
2．中曽根案の注目すべき第一の特徴は、この案が「自主」憲法を前面に押し出している点である。
　中曽根は、日本国憲法をマッカーサー憲法として否定するが、同時に明治憲法も同じく国民の手によらない憲法として否定する。彼はそのいずれでもない新しい憲法を国民の手で作ることを主張している。これが彼の独特のスタンスである。
3．中曽根案の注目すべき第二の特徴は、同案が随所に復古的改憲でないという点を押し出すための〝新見解〟を強調しつつ全体としては復古的色彩の強いものとなっている点である。
　たとえば中曽根が、この案において、新しい憲法の中心的理念として押し出しているのが、福祉国家としての憲法という点であるこ

とは注目される。しかし、「新しい国に進むため」の「新しい国の設計図」（中曽根『自主憲法の基本的性格』一〇頁）であることを強調し、明治憲法の復活でないことを力説するわりに中身は明治憲法への復古的色彩が強い。また、中曽根の持論であり、以後の改憲案には登場する首相公選論が入っていない点など、この案の特徴も見逃せない。それは、この案の直接の起草者が矢部貞治であると推測されることと関係しているかも知れない。

この案の具体的な特徴は以下の諸点である。

第一、天皇については「元首」として復活させるとしているが、女帝を認めることなどの点で中曽根の持論が入っている。

第二、人権条項については、教育に関する国家関与などは福祉国家論を念頭に置いたものであろう。また家族の規定、農家相続の特例などは、憲法研究会案（⇩I・22）と似ている。

第三に、九条関係では防衛軍の保持、指揮権を内閣総理大臣が持つこと、非常事態規定、軍法会議の設置、など当時の改憲論の共通項を採っていて、特段の新味はない。

第四に、国会、内閣については、宣戦布告についての国会の承認、参議院の任期・権限の限定、緊急命令権、などが規定されている。予算については増額修正制限、前年度予算執行、非常事態に際しての責任支出が定められている。

第五に、地方自治については首長の間接選挙制を認める規定になっている点が注目される。

第六に、憲法改正要件の緩和が提案されている点も、他の五〇年代改憲案と共通している。

◇基本方針

① 従来、憲法に於ては、国家機関の組織権限と国民の権利、自由の規定が主要部分とされた。これは、旧来の自由主義的国家観からすれば当然である。政府の権限に反抗する国民の権利、自由の確保が、各国に於ける憲法成立の歴史であったからである。然し、近代に於いては此のような古い自由主義的国家観に対し、国家や政府は、必要悪的消極的存在たるに止らず、積極的に国民の福祉を図り、階層間の摩擦を進んで調整する、大衆的民主主義時代の福祉国家観が普遍化して来ている。

我々の自主憲法も、此の福祉国家観に従い、国民の福祉増進のための積極的理想や内容を盛った条項を以て充実せしむべきと思う。

特に、明治憲法や、マックアーサー憲法に規定されていない事柄で、日本の国情に鑑み、独創性を以て特に規定すべき事項も多い筈であり、又従来の憲法から削除すべき点も多いと思う。此の様な、独創的な立場を執って新しく書くことが大切である。

② 第二次大戦後の各国憲法の動向、国際関係の推移、国内諸条件の変化、等を静に注視し、来るべき新しき時代の芽をとり入れながら、然も現実に即する弾力性ある憲法を作ることが第二である。

③ 勤労者、中小企業者、農漁民、青年、婦人等国民各階層の国家生活上の具体的要求を先ず取り上げ、これを最大公約数に順次絞りつつ、日本の社会的現実に即する、民衆憲法を制定することである。

④ 各界の自主憲法草案作製を奨励し、政党に於て作製審議せられる自主憲法草案は、国会提案前、相当期間国民の眼に曝した後、これを中心題目として総選挙に付し、世論の動向を見た上、国会に提案、審議を行い、然る後、国民投票に付して慎重な手続を経るべきである。

⑤ 改正の手続は、法律的には、日本国憲法第九章に基ずく改正手続によることとする。

◇前　文

① 日本国民は、国家再建の基礎を平和を尊び人格を重んずる人類普遍

の原理に求め、固有の歴史と伝統を尊重しつつ、自主独立の基盤に立って、民主主義により国政を行い、茲に主権の存する国民の総意によってこの憲法を実施する。

② 日本国民は又、正義と秩序を基調とする世界の恒久平和を念願し、このため誠実に国際信義を遵守し、国際協力に貢献し、人類共同の繁栄のために進んで責任を分担する。

③ 国政は国民の信託に基ずく崇高な行為であって、常に基本的人権を尊重し、個人の自由と公共の福祉との調和を図り、国民一体となってこの憲法を遵守して自由と平和を愛する福祉国家を建設することを誓う。

◇**天　皇**

① 天皇は日本国の元首であって、主権の存する国民の総意に基ずき、日本国を代表する。

② 皇位は世襲であって、皇室法の定めるところにより、これを継承する。

③ 天皇は内閣の進言に基ずいて、憲法の定める国家の議事に関する行為を行い、内閣がその責任を負う。

④ 内閣の進言に基ずき、天皇の行う行為に左の諸件を加える。

(一) 予算の公布

(二) 宣戦、講和の布告

(三) 非常事態宣言、及び緊急命令の公布

(四) 条約の批准

(五) 国務大臣及び法律の定めるその他の公務員の任免状、並びに全権委任状、大使及び公使の信任状の授与

(六) 外国大使、公使の信任状の受理

(七) 大赦、特赦、減刑、刑の執行免除及び復権を行うこと。

(註) ①皇室法の改正により女子の天皇を認めるものとしその場合、その配偶者は一代限り皇族待遇とする。但し、摂政になり得ない。

②第四条天皇の権能、国事行為の委任、第八条皇室の財産授受、は削除し、第八条は法律に譲る。

◇**国民及びその権利、義務**

① 国家は、法律の定めるところにより、国民の能力と経済的条件に応じ、最高教育に至るまでの教育費を保障する。

② 国家は企業の規模に応じ、夫夫国民経済の伸長に寄与するよう調和ある発達を図る。

③ 利潤の分配、経営の参加等につき特別の協約をなす企業にあっては、勤労者の争議上の実力行使の権利はこれを認めないことが出来る。

④ 家庭は社会を作る人倫の基盤であって、信愛貞節を以て結び、各人の幸福について相互に責任を負う。

⑤ 国家は青少年の自由にして健全な成長のため特に意を用うる。

⑥ 農地の零細化を防止するため、法律により相続につき特別の定めをなすことが出来る。

◇**国家の安全保持**

① 日本国民は平和の確保を誠実に念願し、国際紛争解決の手段として、武力による威嚇又は武力の行使を為すことは永久にこれを放棄する。

② 日本国民は国家を防衛する義務を有する。防衛軍は国力に相応するものとし、その指揮編成、規律及び兵力量は法律で定める。防衛軍の最高指揮権は国会の授権に基ずき内閣総理大臣が内閣を代表してこれを行使する。

③ 国家に非常の事態が起ったときは、内閣は非常事態宣言を発することが出来る。

非常事態宣言の要件及び効力は法律で定める。

◇**価値の創造**

新しき価値を創造して人類の文化に貢献し、国民の生活を豊にするために、勤労、科学技術、芸術を尊重し、奨励する。

◇国　会

① 国会は、国権の最高機関であって、国の唯一つの立法機関である。

② 国会議員は国民全体の代表者であり、一部の代表者ではない。法律の定めるところにより強制的委任は禁止する。

③ 参議院議員の任期を四年とし、法律の定めるところにより、推薦制による議員を認め、この議員は政党員たり得ないものとする。

④ 参議院議員は、国務大臣、政務官に選任出来ないこととする。

⑤ 裁判官弾劾裁判、特定高級公務員任命に対する承認は参議院の専管事項とする。

⑥ 同一内閣に於いては、同一原因による解散を二回続けて行ってはならない。

⑦ 特別国会に於ける不信任決議の可決は衆議院の三分の二の多数を必要とする。

⑧ 戦争の宣言については国会の事前の承認を必要とする。国家非常事態の宣言、防衛出動については、国会の事前又は事後の承認を必要とする。

（註）参議院議員の全国選挙区制は廃止する。

◇内　閣

① 内閣総理大臣の指名は、衆議院において、衆議院議員中より指名し、この指名に基づいて天皇が任命する。

② 国務大臣の過半数は衆議院議員とし、総理大臣の指名に基づき、天皇が任命する。総理大臣の、国務大臣罷免権は存続する。

③ 現役軍人は国務大臣たり得ない。

④ 防衛軍の指揮（国会の授権に基ずく）、編成、維持、国防会議の事務は内閣の権限とする。

⑤ 国会の閉会中、緊急事態に際しては内閣は法律に代る命令を出すことが出来る。この命令は次の国会においてその承認を求め、承認を得られなかった場合は将来に向って失効するものとする。

⑥ 内閣総理大臣の呼称を内閣総理長官、国務大臣の呼称を国務長官と改める。

◇司　法

① 法律の定めるところにより、軍事裁判所等の特別裁判所の設置を認める。

② 最高裁判所裁判官の国民審査は廃止し、その適格審査は参議院の権限に移す。

③ 裁判の公開が、公序良俗を害する恐あるときは、裁判官の全員の決議により、裁判を非公開とすることができる。

◇財　政

① 予算の増額修正につき、政府が反対の場合は両院の三分の二の多数を必要とする。

② 年度開始までに予算が成立しない場合は、新予算成立に至るまで、前年度予算を施行し、国会の事後承諾を得ることとする。

③ 予算も公布する。

④ 公金、其の他公の財産を、民間の慈善、教育、博愛の事業に対しても、支出し又は利用に供することができることとする。

⑤ 決算は国会に提出して両院の承諾を要するものとする。

⑥ 非常事態において、国会召集が不可能か又はその余裕ない場合、政府の責任支出を認め、事後に国会の承諾を求めるものとする。

◇地方自治

① 地方公共団体の種類も、法律でこれを定めるものとする。

② 地方公共団体の長は、法律の定めるところにより、住民の直接又は間接の選挙で選出することとする。

③　一の地方公共団体のみに適用される特別法で、その地方公共団体の住民の投票に付さなければならないものは、特に法律で定めるものに限定する。

◇改　正

両院のいづれかの一院における賛成者が二分の一を越え、三分の二に達しないときは、国民投票に付するものとし、両院いづれも三分の二以上の賛成を得たときは、国民投票は要しない。

資料Ⅰ・25

憲法改正の問題点

一九五六年四月二八日
自由民主党憲法調査会
〔出典〕憲法調査会『日本国憲法改正諸案』憲資・総三九号、一九五九年

コメント

1．本文書は、党憲法調査会の名で発表された、自由民主党の結党以来初の改憲構想である。

鳩山一郎内閣のとき、憲法改正の実現をもその目的のひとつにして、自由党と民主党という二つの保守政党が合同し、他方、左右に分かれていた社会党も統一を回復して、国会は自民、社会の二大政党対立の時代を迎えた。この文書は、そうした状況の下で、自民党が近い将来の憲法改正をにらんで出した中間報告である。

2．この文書の注目される点は、復古的構想が全面開花していた自由党の構想（⇩Ⅰ・20）、改進党の構想（⇩Ⅰ・19）と比べると、国民意識や護憲運動の高まりをふまえて復古色を抑えにかかっている点にある。

すでに、この時点で、憲法改正に反対する運動が盛り上がりを見せはじめており、また憲法改正に必要な国会での議席をとるために政府が強行しようとしていた小選挙区制についても、世論の強い反対が起こっていた。また、当の自民党憲法調査会内でも、若手を中心に復古的改憲に反対する声が台頭していた。本文書には、そうした国民の、戦前の天皇制復活に対する警戒心を考慮して、極力復古色を薄める方向が出ている。

3．本文書では、具体的には、以下の諸点が注目される。

第一に、五〇年代改憲派の共通了解であった、天皇の「元首」化について、それを明記せず「慎重に考慮」とされた点はきわめて注目される。しかし、天皇の行為を外形的にせよ、通例の立憲君主の権能とそろえることによって明治憲法下の天皇がもっていた国民統合力の回復を試みていることは見逃せない。

第二に、九条関係については、自衛のための軍隊保持規定を入れることを主張しているが、「一部には、海外派兵、徴兵制度等の実施を目的として改正を企てているものの如く臆測する者があるが、これはわれわれの真意を誣いるも甚だしいものである」とわざわざ注記している点から見て、この点についての限定を改正案上に入れることも考えられていたのではないかと推測される。

第三に、人権については、憲法研究会案（⇩I・22）、中曽根案（⇩I・24）に並んで、母子・老人の保護規定、生存権条項の具体化など「福祉国家」的規定の挿入が強調されており、改憲に対する国民の警戒心を和らげるための、この時代のひとつの傾向として注目される。また家族の保護規定も、旧家族制度の復活ではないと弁明されつつ挿入されていることも注目される。

第四に、参議院の組織の合理化や国会の承認を要する条約の限定などがうたわれているものの、抽象的違憲審査権の付与、地方公共団体の首長の直接公選規定の見直し、などについては結論を保留している。

第五に、憲法改正の国民投票制度についての廃止が検討されている。

調査会における調査研究は目下熱心に継続されており、その結論を得るには、なお時日を要する。その審議の現段階において、指摘されている主要な問題点を便宜上憲法の章別に掲げれば概ね次の通りである。

（一）前文について

現行憲法前文の基本精神とするところは、もちろん尊重すべきであるが、現在の前文は表現において冗漫であり、且つ翻訳調であるのみならず、その内容において、いかにも消極的、他力本願的である。

よって、これを全面的に書き改めて、国民主権の宣言とともに、個人の尊厳、基本的人権の保障、平和主義及び国際協調主義の原則を明示し、文化向上、国民の福祉、民族の繁栄に対する理想と決意を表明する等、積極的且つ自主的な精神を盛り上げる。

「備考」前文については、つとに、旧帝国議会において現行憲法審議の際社会党議員によって、これは「源氏物語の法律版」であり、「泣くが如く訴うるが如き哀調すら漂っている」と批判されたところである。

（二）天皇について

調査会の基本方針は国民主権の原則をいささかも変更するものではない、一部の人々の臆測するごとく、天皇を実権者とし、あるいは、天皇の地位を明治憲法下におけるそれに復せんとするが如き議論は片鱗だに出ていない。

（1）象徴という表現

現行憲法の「象徴」という表現は、いかにも翻訳的であり意味も分明を欠いている。独立国である以上は、君主国たると共和国たるとを問わず何人が国の代表者であるかを確認し得るのが常則であるにかかわらず、この点について、現行憲法の規定は甚だ不明確である。

（すなわち、わが国には、国を代表する者が存在せず、又は、天皇と内閣総理大臣とがその地位を分っているというが如き論すら見られるところである。）

右に関連し「象徴」という表現を他のことばに変更すべきではないかとの論があり、慎重に検討されている。

（なお、これに関連して、天皇が元首である旨の明文を設けることの当否の問題があるが、この点は特に慎重に考慮を要するものとされている。）

（2）国事行為の調整

以上の欠陥を成している主因は、「象徴」という表現の不明確とあいまって、天皇の国事行為に関する第七条の列挙事項が一貫性を欠いているところにあると認められる。

よって、天皇が対外的に国を代表することを明らかにするため、国事行為に調整を加えて、現在、天皇の認証となっている条約の批准書、大公使の信任状その他外交に関する文書等は、天皇の名義において発せられるよう改めることが考慮されている。

右と併せて、現在、栄典が天皇の名において授与せられることになっているのに対し、恩赦が認証となっていることは、権衡を失しているから、恩赦も栄典と同様の扱とすることが考慮されている。

以上のいずれについても、現行憲法第七条における国会の召集その他の場合と同様実質はもちろん内閣の決定によるものとし、単に行為の外形が天皇の名においてなされるものとする。

（三）戦争放棄について

調査会の基本方針は、平和主義を堅持し国際協調主義を推進するにある。

（1）自衛の軍備

現行憲法第九条を見ると、その第一項は「国際紛争を解決する手段として」の戦争及び武力の行使等を禁ずるものであり、自衛のためにする戦争及び武力の行使等を否定するものでないことは一般の通説であるのみならず、規定の文面上も明らかである。なお、同条第二項の規定についても、それが自衛のための武力の保持までも禁じているものとは解し得ないが、この第二項の解釈については種々の議論がある。

よって、侵略戦争の放棄に関する現行憲法第九条第一項の根本精神はこれを堅持しつつ、自衛のための最少限度の軍備はこれを保持し得ることとする。

「備考」一部には、海外派兵、徴兵制度等の実施を目的として改正を企てているものの如く臆測する者があるが、これはわれわれの真意を誣いるも甚だしいものである。

（2）軍の最高指揮権

この場合、かりそめにも、往年の軍閥の発生、統帥権独立のごとき弊の生ずる余地なからしめるため、軍隊の最高指揮権は、あくまでもこれを政府及び国会の統制の下に置くよう規定を整備する。

（四）国民の権利及び義務について

基本的人権尊重の原則を堅持すべきは当然であり、調査会はむしろ福祉国家の建設を目ざしてその拡充を検討している。

ただ現行憲法の規定は、いかにも雑然としており、且つ、わかり難いので条文の配置及び表現等に整備を加え、秩序ある体裁に改める必要が認められ、なお、その実体について、次のような点が指摘されている。

（1）個々の基本権と「公共の福祉」との関係

現行憲法においては、右の関係が明確を欠いているため、公共の福祉の名の下に基本権が不当に制約されるおそれがあり、あるいは、逆に、特定人の権利の乱用が放置されて、他人の基本権が侵害され、ひいては公共の福祉に障害を生ずる面も少くない。したがって、これが相互の関係を明確ならしめるべきではないかということが問題となっている。

（2）母子老人の保護規定

現行憲法では、児童保護について、その酷使を禁ずる規定が見られるのみであるが、これのみに止めることなく、ひろく、母子、老人等の保護に関する規定を設けることが考慮されている。

（3）国民福祉に関する諸規定

勤労の権利、最低生活、社会保障等に関する現行憲法の諸規定は、抽象的に失し不明確であるので、これをさらに具体化し実効あらしめることが考究されている。

（4）文化の向上に関する規定

科学、芸術の尊重、国費による英才教育等、文化の向上についての諸規定の追加も考究されている。

（5）家族（家庭）の問題

戸主権中心の旧家族制度の復活の如きは全く考えられていないが、現行憲法の規定は協同体としての家族（家庭）の存在意義をも否定するもの如き誤解を与えているので、個人の尊厳と両性の本質的平等の原則の下に、何らかの規定を補充することの要否が研究されている。

「備考」（イ）多くの民主主義国家の憲法は家族に関する規定がありマッカーサー草案においてすら、「家族は人類社会の基底」であることが示されていた。

（ロ）家族（家庭）に関し、国連の人権に関する世界宣言には次のような規定がある。

第一六条第三項　家庭は、社会の自然且つ基本的な集団単位であって、社会及び国の保護を受ける権利を有する。

なお、憲法に家庭の保護育成に関する規定を設けた例は、西独、フランス、イタリア、スペインその他非常に多い。

（6）刑事手続に関する諸規定

現在の諸規定の精神とするところは、公権力の乱用を防止し、もって基本的人権を擁護せんとするものであり、その趣旨は、当然尊重しなければならないが、各個の規定について見るときは、あまりに詳細に失し、他の諸規定と権衡を失するものも少くない。

なお、黙秘権（三八条）については、条文の表現が必らずしも適確でないために、公判廷における自己の氏名の黙秘などこれが乱用と見られるような事例もあるので、基本的人権の保障を全うしつつ、事案の真相を明らかにし、裁判の適正を期し得るよう措置することの必要が指摘されている。

（7）基本的義務に関する規定

二十世紀における諸外国の憲法の趨勢に鑑み、社会連帯の理念に基く国民の基本的義務たとえば他人の人格、権利を尊重する義務、社会秩序を尊重する義務、国土防衛の義務等が考究されている。

「備考」（イ）国民の基本的義務に関してはたとえば、国連の「人権に関する世界宣言」には次のような規定がある。

第一条　人間は、理性と良心とを授けられており、同胞の精神をもって互に行動しなければならない。

第二九条　何人も、その人格の自由且つ完全な発達がその中にあってのみ可能である社会に対して義務を負う。

何人も、その権利及び自由を行使するに当っては、他人の権利及び自由の妥当な承認及び尊重を保障すること並びに民主的社会における道徳、公の秩序及び一般の福祉の正当な要求を充足することをもっぱら目的として法律が規定している制限のみに従わなければならない。

これらの権利及び自由はいかなる場合にも、国際連合の目的と原則とに反して行使してはならない。

第三〇条　この宣言は、いずれかの国、団体又は個人がこの宣言に掲げられている権利及び自由のいずれかを破壊することを目的とする活動に従事し又は右の目的を有する行為を遂行するいかなる権利をも、包含しているものと解釈してはならない。

（ロ）国土防衛の義務については、徴兵制度等の実施を目的として考究されているものではない。

なお、国土防衛の義務に関する規定は大多数の国の憲法に見られるところであり、ことにソ連邦その他共産圏諸国等の憲法では、きわめて徹底した規定を設けている。

その一例として、ソ連憲法には次の如き規定がある。

第百三十三条　祖国の防衛は各ソ連邦市民の神聖な義務である。国に対する叛逆すなわち忠誠の宣誓違背、敵側への脱走、国家の軍事力の毀損、間諜は極悪の犯罪として法律によって極めて厳重に処罰される。

（五）国会について

（1）参議院の組織

両院制を採る以上、両院の構成に各々特色あらしめることが、その効用を発揮せしめる所以であることは一般の通念であるにかかわらず、現行憲法のわく内では、両院の性格に適切な差異を設けることが困難となっている。

右の趣旨から、たとえば参議院の一部に、直接公選以外の民主的な手続によって適材をその構成に加える道を設ける等、参議院の組織の合理化についての方途が考究されている。

なお議員の任期について、これを短縮することの当否も検討されている。

（2）国会の権限

予算の増額修正権、予算を伴う議員立法、及び国政調査権等に関する問題が採り上げられている。

（六）内閣について

（1）国務大臣の罷免方法

内閣総理大臣が国務大臣を任意に罷免し得る現行制度の当否について、連帯責任制の問題と関連して検討されている。

（2）解釈上の疑義の解消

内閣の法律案提出権及び解散権について、従来解釈上の論議があるので、これらに関する法文の明確化が考慮されている。

（3）国会の承認を要する条約の範囲についての調整

条約は、主として立法事項、財政事項等本来国会の権限に属する事項を内容とするもの、その他政治的に重要なものについて、国会の承認を要することとするなど、条約に関する国会と内閣との権限関係を明確にすべきではないかとの論がある。

「備考」独・仏・伊などの憲法は、立法機関に付議すべき条約についてこの種の限界を明かにしている。

（4）臨時の応急措置

国会閉会中に不時の災害等が発生し、国会の召集すら不可能の場合があり得る。このような場合に対処するための立法上、財政上の応急措置の要否等が研究されている。

（七）司法について

（1）国民審査

最高裁判所裁判官の国民審査については、他国に殆どその例を見ないし（全世界を通じ、わずかにアメリカの一州ミズリーの憲法にその前例を見るのみ）多額の国費を要することでもあって、世論も批判的であるので、これに代るべき適切且つ合理的な民主的方途が考究されている。

（2）裁判所規則と法律との関係

裁判所規則と法律との効力関係については、従来解釈上の疑義があるので、裁判所規則は法律の範囲内において制定されるべきものとする等、その関係の明確化について研究されている。

（3）最高裁の違憲審査権

最高裁判所に憲法裁判所的性格を与え、一般的に違憲立法等を審査する権限を与うべしとの論がある。この点についても慎重に検討を加える。

（八）財政について

公益事業に対する公金支出等の制限撤廃

現行憲法第八九条は、慈善、教育又は博愛の事業に対する公金その他による公の援助を制限しているが、その立法の趣旨自体、明瞭を欠くのみならず、かえってこの種民間事業に対する公の助成を必要とするわが国の実情に背反するものであることは、一般の指摘するところであり、その撤廃の必要が論ぜられている。

（九）地方自治について

（１）直接選挙制の緩和

地方公共団体の長については直接選挙以外の選出方法も定め得るよう条件を緩和すべきであるとの論もあるので十分研究することとなっている。

（２）住民投票制の合理化

現行憲法は、一の地方公共団体のみに適用される特別法に対し、住民投票を要求しているが、たとえば特定の公共団体に利益のみを与える法律についてまで、多額の公費を費して住民投票を行うごときは、全然無意味である。従ってこれについては、その緩和ないしは根本的再検討が考慮されている。

（十）憲法改正について

（１）国民投票制の再検討

憲法改正について、あらゆる場合に国民投票を行う制度は、他国の立法例も少く、厳格に失するとの論もあるので、これが緩和について検討が進められている。

（２）内閣の憲法改正提案権

国会に対し、憲法改正の原案を内閣が提案し得るか否かについて、一部に解釈上の異説が見られるので、これを明確にすることが考究されている。

（十一）最高法規について

条約と憲法との関係

第九八条等に関し、条約と憲法との優越関係について、従来、解釈上の疑義があり学説も対立しているので、その明確化の問題が採り上げられている。

以上、現行憲法の章別にしたがって、問題点の概略を示したが、調査会においては、章別その他全般の構成についても、新たなる構想の下に研究を進めていることはいうまでもない。

資料I・26

新日本国憲法草案〈抄〉

一九五六年五月二三日

大西邦敏

［出典］憲法調査会『日本国憲法改正諸案』憲資・総三九号、一九五九年

コメント

1．この草案は、比較憲法学者の大西邦敏が作成した改憲案である。大西は、各国憲法にくわしく、技術的には、保守派の改憲作業に役立ったが、政治的には、大きな影響を与えなかった。

この案も、大西が、第二次世界大戦後の憲法を参酌して、その「長所」を抜き出して作った、全文一三七条にわたる膨大なものであるが、大西の現行憲法に対する批判の主たる点は、日本国憲法が、現代国家の憲法が共通して有している福祉国家的規定を持っておらず、自由主義国家段階の規定のみを不当に肥大化している時代遅れの憲法であるという点にあった。そのため、大西案の特徴は、憲法中に福祉国家的役割を入れるという点に置かれ、五〇年代の他の改憲案に比べ復古的性格がやや希薄である。その点に留意し、ここでは大西案の全体像を要約してある「草案大綱」と、その特徴が象徴されている「前文」「第一章」を掲載した。

2．大西案の注目すべき特徴は、以下の諸点である。

第一の特徴は、第一章に「基本国策」という章を設けて、現代国家の責務を列記するという体裁をとっている点である。同時にそこで、日本がめざすべき国家像として、「福祉国家」が打ち出されていることも大きな特徴である。

第二に、天皇については、五〇年代の改憲案の傾向にならって天皇の地位の強化をはかっているが、「元首」という言葉を用いていない点、女帝を認めている点などに、配慮が見られる。

第三に、人権のところでは、「福祉国家」を打ち出した関係で社会権的規定の「充実」が注目される。

第四に、国会、内閣のところでは、法律案に対する内閣の再審議のための返付権、法案について内閣が違憲の疑いをもった際の最高裁による憲法判断の制度、内閣の緊急政令権など内閣権限の強化が注目される。

第五に、司法については、最高裁判事の任命を選考委員会の推薦にかかわらせることが提案されている。

第六に、地方自治の章では、市町村長の選任に推薦制を導入している。

第七、国防関係は第九章に置かれ、詳細であるが、国防軍の国土開発的任務の規定が注目される。

第八、憲法改正の要件を緩和していることも、五〇年代改憲に共通の特徴である。

◇草案大綱

外国の憲法、殊に第二次世界大戦後の六十に上る外国憲法を調べて、その間に発見された一般的傾向にかんがみ、時代錯誤的な現行憲法を真に現代の諸要求に応ずる「現代的な憲法」、民主政治の欠陥を防止して民主政治を成功せしめる「真の民主的憲法、真に平和を確保できる平和憲法」に改めることに意を用いた。

一、前文。民主々義と平和主義の護持を宣明し、独裁政治を否認する一方、日本が選択した民主政治の成功的運用に必要な国民の心構えを強

調した。

二、基本国策。日本の進むべき福祉国家又は社会国家の方向を明確にし、併せて政党間における政策の甚しい懸隔を是正することをねらって、政治、経済、社会、教育文化及び外交の五分野における国策の指導原理を打ち出した。殊に、資本及び企業の公共性と経済社会の領域における社会正義の実現を強調した。

三、天皇。天皇の地位を明確にすることに努めた。但し、天皇は、内閣の助言に基いて、その権能を行うことを明かにし、所謂「天皇制」の復活を防避した。又、世界の顕著な一傾向である男女同権を徹底せしめるため、且つは、この憲法における天皇の地位及び権能から見て、日本歴史における女皇の弊害が再発する虞のないことにかんがみ、女皇を認めることにした。

四、国民の基本的権利及び義務。現行憲法における基本的人権の十八・九世紀性を払拭するため、諸外国憲法のきわめて顕著な傾向にしたがい、且つは、世界人権宣言を参照して、寧ろ基本的人権を質量共に強化すること、殊に、男女の同権、身体の自由及び労働者の地位の一段の強化及び女子労働、家庭、婚姻、母子及び老人に対する国家の保護の確立を期する一方、福祉国家の建設における自発的労働の重要性の強調及び国民の負うべき当然の義務の追加と共に、基本的人権の濫用、殊に暴力の行使を警しめ、陳情の弊害の是正に努めた。所謂家族制度の復活など絶対に意図していない。

五、国会。二十世紀の仕事をするには二十世紀の道具をもってしなければならないことに鑑み、国会の領域において抜本的な改正を必要と考え、議員の全国民代表性、議員の宣誓の義務、議員の行為の制限、歳費議決に対する制約、予算の増額修正及び予算を伴う議員立法の禁止、参議院議員の異質性化、両院における議案の並行審議、両院合同会制、臨時会に対する制約等の採用により、汚職の発生、国費の浪費、国政の能率低下、国会の権限濫用及び政党政治の諸弊の防止を図って国会及び議会政治の威信の確立を企図すると共に、できる限りの非常時対策を定めて、現行憲法の一大欠陥を埋めることに努めた。

六、内閣。内閣の安定及び国政の能率的処理に重点を置いた。

七、司法。最高裁判所裁判官の任命のための選考委員会制、最高裁判所裁判官に十年の任期制及びその臨時裁判官制を採用し、又、毎年国会の常会において裁判の進捗状況を報告する義務を最高裁判所長官に課する一方、国民審査制及び裁判官弾劾裁判所の常置制を廃止し、他の有効でしかも経費のかゝらない代案を採用して、裁判の効率化と国費の節約を意図した。

八、財政。継続費及び予算不成立の場合の対策に関する規定を新設して、長期計画の策定を便にすると共に、国政の能率向上を期した。

九、地方自治。地方財政の浪費の根源の除去と、地方自治の能率増進を期した。

十、外交及び国防。外交の面では、条約及び国際慣習の尊重、国際紛争の平和的解決、侵略戦争の否認によって、外交の基調を平和主義に置き、国防の面においては、自衛のための最少限度の軍隊の保有を認め、この軍隊に併せて国土造営の任務を担当せしめ得ることにして軍に生産的性格を与え、もって真に国民のための軍隊たらしめる一方、軍の最高指揮監督権を内閣総理大臣に付与しながら、濫用の危険を防ぐためこれに適当な制約を課し、国会の軍に対する監督権を厳にして政治の優位を確保することに努めた。

十一、最高法規。条約に対する憲法の優位を明確にし、又、本章に憲法改正の手続規定を入れ、今日の諸外国における傾向に従って憲法改正を若干容易化し、同時に憲法不可停止性を明規して憲法の最高法規性を確保することに意を用いた。

十二、補則及び経過規定。国際紛争発生の一防止策として在日外国人の処遇を明記する規定を本章の一部として挿入した。

◇日本国憲法改正案文

前　文

われわれ日本国民は、個人の尊厳に出発した自由、平等及び友愛の精神を基調とする民主政治を最善の政治形体として選択し、一切の独裁政治を否認する。

この民主政治を永遠に確保して、われらとわれらの子孫がその恵沢に浴するがためには、内にあっては、日本国は、すべての日本国民がその運命を共にし、祖国日本国は、国民各自に期待するところ絶大であるとの国民的自覚をもって、同胞間のいたずらな争を排し、国を挙げて国富を増強し、もって政治、経済及び社会の全部面において正義を実現して民主政治成功の基盤を固め、あわせて、ややもすれば起る自由及び権利の濫用、国費の浪費及び国政の能率の低下を国民の冷静な理性によって克服し、外に対しては、対等、独立、互恵を条件として諸外国との国交を温め、恒久の世界平和の確立に協力する必要あることを痛感する。

ここに、われわれ日本国民は、さきにわれわれの代表者がわれらに対して発議した民主主義と平和主義を基本とするこの憲法に全幅の賛意を表するものである。

第一章　基本国策

〔政治に関する基本国策〕

第一条（一項）国は、外に対しては独立、内に対しては治安を確保するため、必要な措置を講じ、もってすべての国民が安んじてその生業を営むことのできる体制を整えることにつとめなければならない。

（二項）国は、一切の生活部面において、徹底的な男女同権を基本とする自由及び権利を保障し、すべての国民が人間に値する生活を営むことのできるような経済社会秩序の確立につとめなければならない。

〔経済に関する基本国策〕

第二条（一項）経済秩序は、社会のために必要な最大限の財を生産して富をつくり、この富の最も公正な分配によってすべての国民の福利を増進することをもって、その基本としなければならない。

（二項）企業は、利潤を追求することではなくして、施設の拡充及び改善に意を用いながら、できるだけ多くの国民に適正な報酬を伴う職を与えることをもって、その主たる目的としなければならない。

（三項）労働と資本は、二つながら生産に欠くことのできない基本的要素として、国によって保護されなければならない。

（四項）一切の形における資本は、国民経済に奉仕し、その使用は、公共の福祉に反してはならない。

（五項）前項の条件の下に、経済的創意は、これを自由とする。

（六項）労働と資本は、相互理解を旨として、国民経済の基礎の確立と生産の増強に協力しなければならない。

（七項）国は、大企業の圧迫から中小企業をまもるため、協同組合の奨励及び保護、特殊金融機関の設置その他の適切な法的措置を講じなければならない。

（八項）国は、基本的食糧を確保し、あわせて農村労働力の流出に因る都市労働力の過剰化を防止するため、可能な一切の方法を尽して新地の獲得につとめ、もって農業を奨励し、又、農家に適正面積の土地を保障する諸般の措置を講ずることにつとめなければならない。殊に、寒冷地帯における農業を保護するため、国（国立寒冷地帯副業試験研究所）の技術的指導と販路の開拓により、適当な副業を与えて農家の生活の安定化につとめなければならない。

（九項）国は、生産の合理化によって製品の価格の低廉、技術の改善によって質の向上を図り、輸出貿易の振興につとめなければならない。

（十項）国は、生産資本の充実と広汎な分布のため、貯蓄を奨励し保護する適切な措置を講じなければならない。

〔社会政策に関する基本国策〕

第三条　国は、貧困その他の社会的不安から国民を解放するため、疾病、傷害、廃失その他の社会保険及び働く意思を有しながら働くことのできない生活困窮者に対する生活保護制度を充実して、社会正義の実現につとめなければならない。

〔教育・文化に関する基本国策〕

第四条（一項）教育の如何が民主政治の運命を左右することにかんがみ、国は、その保護及び監督の下に教育を振興し、特に独立して物を考える能力を養うことに教育の重点を置かなければならない。

（二項）国は、施設に補助を与えることにより学術の研究を促進しなければならない。

（三項）前二項の目的を達するため、国は、最少限度の経費を指定し、且つ、毎年これを増額することにつとめなければならない。

（四項）国は、文化財を保護し、その海外流出及び損傷を防止することにつとめなければならない。

〔外交に関する基本国策〕

第五条　日本国の外交は、自主独立の精神により文化及び物資の適正交流によって全人類の福祉を増進するため、公正と信義を旨として諸外国との間に友好親善の関係を保持し、且つ、正義と秩序を基調とする恒久の世界平和を確保するため諸外国と協力することを基本としなければならない。

《以下略》

資料Ⅰ・27

憲法調査会法

一九五六年六月一一日法律第一四〇号

〔出典〕『法令全書』一九五六年1

コメント

1．本法は、憲法改正を見すえて改正案を作成し国会に提案することをめざして内閣に憲法調査会を設置することを定めた法律である。

鳩山内閣のもとで、憲法改正をもにらんで導入がもくろまれた小選挙区制は、統一社会党を始めとする野党の反対運動で挫折を余儀なくされ、また一九五五年二月の総選挙、五六年七月の参議院議員選挙の結果、衆・参両院で相次いで、憲法改正発議の阻止に必要な三分の一の議席を革新政党が占めるに及んで、憲法改正が早急に実現する見通しは遠のいた。それでも政府は、憲法改正の目標をあきらめず、五六年の第二四国会で、内閣に憲法調査会を設置する法案の制定を強行した。この法律がそれである。

2．しかし本法は、国会で社会党などの強い反対を受け、法律のなかに憲法調査会の目的として憲法改正を謳うことはできず、「日本国憲法に検討を加え、関係諸問題を調査審議」するとされた。

これを受けて、後に調査会は、同会が反対派のいうような改憲を目的としたものではないと弁明につとめざるをえないことになる。委員は五〇人以内とされ、国会議員三〇人、学識経験者二〇人とされた。

（設置）

第一条　内閣に、憲法調査会（以下「調査会」という。）を置く。

（所掌事務）

第二条　調査会は、日本国憲法に検討を加え、関係諸問題を調査審議し、その結果を内閣及び内閣を通じて国会に報告する。

（組織）

第三条　調査会は、委員五十人以内で組織する。

2　委員は、次の各号に掲げる者のうちから、それぞれ当該各号に定める数の範囲内において、内閣が任命する。

一　国会議員　三十人

二　学識経験のある者　二十人

3　委員は、非常勤とする。

（会長及び総会）

第四条　調査会に、会長一人及び副会長二人を置き、委員の互選によってこれを定める。

2　会長は、会務を総理する。

3　副会長は、会長の定めるところにより、会長を補佐し、会長に事故があるときは、その職務を代理する。

（専門委員）

第五条　調査会に、専門の事項を調査させるため、専門委員を置くことができる。

2　専門委員は、学識経験のある者のうちから、内閣総理大臣が任命する。

3　専門委員は、当該専門の事項に関する調査が終了したときは、解任されるものとする。

4　専門委員は、非常勤とする。

（幹事）

第六条　調査会に幹事を置く。

2　幹事は、学識経験のある者及び関係機関の職員のうちから、内閣総理大臣が任命する。

3　幹事は、調査会の所掌事務について、委員を補佐する。

4　幹事は、非常勤とする。

（部会）

第七条　調査会に、必要に応じ、部会を置くことができる。

2　部会所属の委員、専門委員及び幹事は、会長が指名する。

3　部会に、部会長を置き、部会に属する委員の互選によってこれを定める。

（議事）

第八条　調査会の議事に関し必要な事項は、会長が調査会の議を経て定める。

（事務局）

第九条　調査会の事務を処理させるため、調査会に、事務局を置く。

2　事務局に、事務局長、事務局事務官その他所要の職員を置く。

3　事務局長は、内閣総理大臣が任命する。

4　事務局長は、会長の命を受けて、事務局の事務を掌理し、部内の職員の任免、進退を行い、かつ、その服務につき、これを監督する。

5　事務官は、命を受け、事務を整理する。

6　事務局長を除くほか、事務局に置かれる職員（二月以内の期間を定めて雇用される者、休職者及び非常勤の者を除く。）の定員は、七人とする。

（主任の大臣）

第十条　調査会に係る事項については、内閣法（昭和二十二年法律第五号）にいう主任の大臣は、内閣総理大臣とする。

（委任規定）

第十一条　この法律に定めるもののほか、調査会に関し必要な事項は、政令で定める。

附則

《以下略》

資料Ｉ・28

憲法調査会に対する社会党の態度

一九五六年九月三日

日本社会党党本部

［出典］『資料　日本社会党四十年史』日本社会党中央本部、一九八六年七月

コメント

本声明は、憲法調査会法（⇩Ｉ・27）に基づき発足が予定されていた憲法調査会に社会党が不参加を表明したものである。

改憲の動きに対し、統一したての社会党は、党を挙げてこれに反対する姿勢を明確にした。この勢いを背に、この声明は、憲法調査会に対して、いち速く、党の見解を示したものである。

ここで社会党は、現在保守勢力により進められている憲法改正を「逆コース」をねらう「憲法改悪」であると断じ、それを推進する憲法調査会への出席を拒否する態度を打ち出した。

この態度は、その後の政府による再三の働きかけにもかかわらず変わらず、憲法改正作業の遅帯と挫折に大きな影響を与えた。

参議院選挙において、わが党は躍進をとげ、憲法改悪に反対する勢力は、参議院において三分の一以上の議席を占めた。かくして保守勢力の企図する憲法の改訂は、少なくとも向う三年間は、実行不可能となった。これは、日本国民が、憲法を改悪し、再軍備を公然と行い、再び日本をして逆コースをたどらしめる計画に反対する決意をはっきり表明したものである。

このような情勢の下において、近く発足を予定されている憲法調査会

は、事実上その意義を失うに至った。自民党は、同調査会にわが党の参加を求めているが、わが党は勿論これが参加を拒否すると共に、さらに進んで国民の憲法改悪阻止の決意に応え、すでに政治的に無意義となった同調査会を廃止することを、政府に要求するものである。

資料Ⅰ・29

日本国憲法改正広瀬試案

一九五七年四月八日

広瀬久忠

［出典］憲法調査会『日本国憲法改正諸案』憲資・総三九号、一九五九年

コメント

1．これは、改憲派の議員が集まってつくった自主憲法期成議員同盟の会長であった広瀬久忠の書いた憲法改正案である。

広瀬久忠は、戦前の内務官僚で厚生大臣を歴任したあと貴族院議員を務めたが、戦後公職追放にあい、復帰後参議院議員となって、参議院の改憲派の中心人物となった。

2．広瀬の改憲案は、憲法の全面改正を図るもので首相を「国務委員長」とし、また参議院の構成に推薦議員を入れるなど特異の内容をもつが、その大筋は、五〇年代改憲のねらいを共有している。

この案の特徴は、以下の諸点である。

第一、広瀬案では、第一章に「天皇」の章ではなく、「総則」がきて、「日本国の基本的性格」「国民主権原則」「平和主義の原則」などが規定されている点に特徴がある。

第二に、天皇の章は、「元首」という言葉を避け「首位」という言葉を使ってはいるが、内容は天皇を立憲君主として強化しようというねらいに基づく改正となっている。

第三に、人権の章（ちなみに、この章のタイトルは「国民の福祉及び責務」となっていて、権利という言葉がはずされている）では、公安上の理由から表現の自由に制限を設けている点、普通教育の目

的を「真理と正義を愛し、平和を希求し、かつ、わが国固有の歴史と伝統に対する正しい理解をもって国を愛する自主的精神及び責任感に充ちた国民を育成することを主眼として行わなければならない」とし、また学校教育に対する国の責任を謳っている点、年少者、家の保護を謳っている点、防衛義務ほかの国民の義務規定を拡充している点、権利の限界規定を入れている点などが特徴である。これらは、いずれも五〇年代改憲に共通する復古的志向をもった改憲構想といえる。

第四に、国会については、参議院を、無党派の公選議員と推薦議員からなるものとし、任期その他を変え、また参議院の議決の拘束力を強めている点、参議院に教育、防衛などの常設委員会の設置を法定している点などが注目される。この特徴は、参議院の権限を弱めようという志向をもった五〇年代改憲の一般的傾向と著しくずれており、参議院議員たる広瀬案の個性が現れている。

また国会に法案の憲法審査を行う「憲法問題審査委員会」を置くこともこの案の特色である。

第五に、内閣の緊急命令権、財政の緊急処分、非常事態宣言など明治憲法上の規定に倣った内閣の権限強化が図られている。

第六に、最高裁の長たる裁判官を参議院の指名とし、他の最高裁大法廷判事について「裁判官選定委員会」の推薦にかかわらせている点、また陪審、参審を導入することを予定している点などは、広瀬案の特徴である。

第七に、防衛に関しては、広瀬案が自衛軍の設置を謳っている点は五〇年代の他の改憲案と同じであるが、自衛軍の任務として自国の防衛のほか「国際組織による協力義務の履行」をあげている点は、九〇年代以降の現代の改憲論につながるこの案の特徴である。

とくに、第八条で国際協調主義の原則を掲げ、それを受けて、第一三七条四項で「国際組織による世界の平和の維持に協力するために必要な場合に」軍事行動を認め、第一四一条ではそれ以外の自衛軍の国外出動を制限する規定を設けている点は、一九九四年の読売憲法改正試案（⇩**Ⅱ・10**ほか）に影響を与えているようにみえ、注目される。

第八に、憲法改正の要件を緩和しているのは、この時代の改憲案と共通している。

日本国憲法

日本国民は、おおよそ一国の歴史と伝統が国の自主的な存立をささえ、かつ、その独自の発展力をつちかう基盤であって、国の固有の生命がすべてここを源として生成し、発展することを確信する。よって、われらは、わが国の歴史と伝統に対する正しい認識を堅持し、日本国の固有の生命の持続発展を全うすることを希求して、ここに、外国軍隊の占領下に制定された日本国憲法を全面的に改正し、国家生活に関する規範を決定する。

そもそも国政は、その権威の源を国民に発し、その権力を国民の信託に基いてその代表者が行使し、国民の福祉を確保し、伸張することをもってその窮極の目標とする。これは民主主義政治の基本原理であって、この憲法は、この原理を確守するものである。しかして、われらは、この原理の実現が、人間の尊厳の確立と国家協同体の一員としての国民各自の自覚及び遂行によって初めて全うされ得べきものであることを確信するのである。このゆえに、国民は、個人として尊重されなければならないとともに、また、国の一員としてその国家的責務の遂行に努めなければならないことを宣明するものである。

日本国民は、世界の平和を念願する。しかして、自国とともに他国もまた、各、その所に従って繁栄を遂げることが、平和の実現のかぎであり、また、人類生存の至上原理であると認める。よって、われらは、自国の主権の尊厳を保持することに努めるとともに他国の主権の尊厳を重んじ、相互の協調と協力を国際社会に処する指導精神とすべきことを宣言する。また、かようにして世界平和の確立と人類の繁栄に寄与することがわれらの責務であることを確信するものである。

われらは、以上を内外に対する政治の基本原理と認めるので、ここに、これらの原理を憲法に具現し、これを遵守して名誉ある日本国の再建を期し、理想の実現に進んで行くことを誓うものである。

第一章　総　則

（日本国の基本的性格）

第一条　日本国は、天皇を国民統合の中心とする民主主義の国家である。

（国民主権の原則）

第二条　日本国の主権は国民に存し、国権はすべて国民から発する。

② 日本国民たる要件は、法律の定めるところによる。

（三権分立及び公務員奉仕の原則）

第三条　国権は、立法権、行政権及び司法権の別により、この憲法の定めるところにより各別の機関によって行使されるものとし、これら三権の独立と協調は、統治上の基本原則とする。

② 公権力の行使は、国民の信託に基いて公務員によってされる。すべて公務員は、全体に対する奉仕者であって、その職務の執行はこの精神に基かなければならない。

（人間の尊厳及び社会連帯の原則）

第四条　国は、何人に対しても人間の尊厳を認め、その人格の自由な発展に対する権利を尊重し、かつ、保護する義務を負うとともに、何人に対しても、他人との間に相互の福祉を全うするため、並びに社会及び国家の健全な存立を確保するために本来的に必要な義務を果すことを要請する権利を有する。

（平等主義の原則）

第五条　すべて国民は、法のもとに平等である。人種、信条、性別、社会的身分等を理由として、人の政治上、経済上又は社会上の立場に差別をつけることは、許されない。

（普通選挙及び秘密投票の原則）

第六条　この憲法に定める選挙は、すべて、成年者による普通選挙とする。

② すべて選挙については、投票の秘密を侵してはならない。何人も選挙における選択に関して、いかなる責任も問われることはない。

（平和主義の原則）

第七条　日本国は、国策遂行のために戦争その他の武力行使又は武力的威嚇の手段に訴えることを永久に放棄する。

（国際協調主義の原則）

第八条　諸国家間の協力により世界の平和と秩序を保持するための国際組織に参加することは、国際社会に対する日本国の責務とする。

② 前項の規定により参加する国際組織がその目的達成のために参加国の主権を制限することを必要とする場合には、日本国は、他国とひとしい条件のもとで、諸国家間の持続的な平和と秩序を確保するために必要な限度で、その制限に同意するものとする。

（国際法尊重の原則）

第九条　日本国は、条約及び確立された国際法規を尊重し、これを誠実に遵守するものとする。

第二章　天　皇

（天皇の地位）

第十条　天皇は、日本国の首位にあって、日本国を代表する。

（皇位の承継）

第十一条　皇位は、皇統に属する者が、皇室典範の定めるところにより継承する。

② 皇室典範の制定は、法律によってしなければならない。

（天皇の行為）

第十二条　天皇は、国務に関し、この憲法によりその権能に属させた行為のみを行うものとする。

② 天皇の行為には、すべて内閣の助言を必要とし、内閣がその行為の責任を負う。

③ 天皇の行為に係る文書には、すべて国務委員長の副署を必要とする。

（天皇の権能）

第十三条　天皇は、衆議院の指名に基いて国務委員長を任命し、国務委員長の指名に基いてその他の国務委員を任命する。

② 天皇は、国務委員長の申出に基いて、国務委員を解任する。

第十四条　天皇は、参議院の指名に基いて最高裁判所の長たる裁判官を任命し、内閣の指名に基いて最高裁判所の長たる裁判官以外の大法廷の構成員たる裁判官及び法律の定めるその他の裁判官を任命する。

第十五条　天皇は、前二条に規定するもののほか、内閣の指名に基いて、会計検査院の長及び法律の定めるその他の公務員を任命し、内閣の申出に基いてこれを解任する。

第十六条　天皇は、憲法改正、法律、政令及び条約を公布する。

第十七条　天皇は、内閣の決定に基いて、次の行為を行う。

一　国会を召集すること。

二　参議院の緊急集会を召集すること。

三　衆議院を解散すること。

四　衆議院議員の総選挙及び参議院議員の通常選挙の施行を公示すること。

五　条約の批准、外交使節に対する全権委任、大使及び公使に対する信任その他法律の定める外交関係の意志表示をすること。

六　外国の大使及び公使を接受すること。

七　大赦、特赦、減刑、刑の執行の免除及び復権を行うこと。

八　栄典を授与すること。

九　儀式を行うこと。

十　自衛力の発動に係る事態につき国際法上の宣言を発すること。

（摂政）

第十八条　摂政を置くのは、皇室典範の定めるところによる。

② 摂政は、天皇の名でその国務に関する行為を行う。

（皇室への財産譲渡）

第十九条　皇室に対する財産の譲渡については、法律の定めるところにより、国会の議決を要するものとすることができる。

第三章　国民の福祉及び責務

（人身の自由及び幸福追求権）

第二十条　何人も、生命及び身体の不可侵その他の人身の自由並びに幸福追求に対する権利を有する。

（住居の安全及び居住移転、国籍離脱の自由）

第二十一条　何人も、その住居を侵されることがない。

② すべて国民は、国内において居住及び移転の自由を有する。

③ すべて国民は、外国に移住し、又は国籍を離脱する自由を有する。

（職業選択の自由）

第二十二条　すべて国民は、職業選択の自由を有する。

（思想及び良心の自由）

第二十三条　何人も、思想及び良心の自由を有する。

（学問の自由）

第二十四条　学問は、自由とする。

（信教の自由）

第二十五条　何人も、信教の自由を有する。

② 何人も、宗教上の行為若しくは儀式をすること、若しくはしないこと、又は宗教上の行事に参加し、若しくは参加しないことを強制されることはない。

（宗教と国政の分離）

第二十六条　いかなる宗教上の組織も、国から特権を受けることはできない。

② 国及び公共団体は、宗教教育その他一切の宗教的活動をしてはならない。

③ 公金その他の公の財産は、宗教上の組織の維持又は便宜のために、支出し、又は供用してはならない。

（集会、結社及び表現の自由）

第二十七条　すべて国民は、集会、結社及び言論、出版その他一切の表現の自由を有する。

② すべて国民は、通信の秘密を侵されることがない。

③ 検閲をすることは、前二項の規定による権利の侵害となるものとする。

④ 第一項の規定は、社会の平穏を乱す行為又は平和のかく乱若しくはこの憲法に定める統治機構の暴力による破壊を目標とする行為について、同項に掲げる自由を保障する趣旨を含むものではない。

（公職就任権）

第二十八条　すべて国民は、ひとしく、その適性及び能力に応じて公職につくことができる。

（請願権）

第二十九条　すべて国民は、平穏に請願をすることができる。

（裁判を受ける権利）

第三十条　何人も、裁判所において裁判を受ける権利を奪われない。

（公務員の不法行為による損害の賠償）

第三十一条　何人も、公務員の不法行為により損害を受けたときは、法律の定めるところにより、国又は公共団体に対し、その賠償を求めることができる。

（勤労の権利及び義務）

第三十二条　すべて国民は、勤労の権利を有し、義務を負う。

（勤労条件及び勤労者の利益擁護権）

第三十三条　賃金、就業時間、休暇その他の勤労条件については、法律でその基準を定める。

② 勤労者は、勤労条件の維持及び改善のための団結権、団体交渉権及び争議権を有する。

③ 公務員及び職務の性質上公務員と同視するを相当と認められる者については、法律の定める範囲内で前項の権利を保障するものとする。

（文化生活の維持権）

第三十四条　すべて国民は、健康で文化的な生活を維持する権利を有する。

② 国は、国民生活に関し、公衆衛生の向上、社会保障の充実その他各分野にわたる社会福祉の増進に意を用いなければならない。

（科学技術の保護助長）

第三十五条　国は、科学技術の進歩が文化の発展と福祉の増進の基本的条件であることに留意し、科学技術を保護し、かつ、その進歩を助長することに意を用いなければならない。

（文化財の保護）

第三十六条　国は、学芸上の所産、歴史上又は有史前の遺物及び風景その他の国土特有の自然物がわが国の文化及び民族性形成の要素であり、かつ、これらの向上発展の基礎となるものであることに留意し、その価値を保存することに意を用いなければならない。

（中小事業の保護助長）

第三十七条　国は、中小規模の商業、工業、農業その他の事業がわが国民経済をささえる重要な基盤であることに留意し、これらの事業を保護し、かつ、助長することによって、その事業者の自主的な経済活動を促進し、あわせて、これらの事業の経済的地位を強固にするように意を用いなければならない。

（私有財産の保護）

第三十八条　国は、財産の私有を保障する。ただし、公共の用に供するために必要がある場合に限り、法律の定めるところにより、その必要の限度で、私有財産を使用し、又は収用しその他これに規制を加えることができる。この場合においては、当該財産の性状、用途等に照らし、特にやむを得ないと認められる事情があって法律で特別の定をした場合を除いては、正当な補償を与えなければならない。

② 財産権の内容は、公共の福祉に適合するように、法律で定める。

（納税義務）

第三十九条　すべて国民は、法律の定めるところにより、納税の義務を負う。

（教育の機会均等）

第四十条　すべて国民は、法律の定めるところにより、ひとしく、その能力に応じて教育を受ける権利を有する。

② すべて国民たる児童は、法律の定める普通教育を受けなければならない。

③ 普通教育は、真理と正義を愛し、平和を希求し、かつ、わが国固有の歴史と伝統に対する正しい理解をもって国を愛する自主的精神及び責任感に充ちた国民を育成することを主眼として行わなければならない。

④ すべて国民は、法律の定めるところにより、その保護する子女に第二項の普通教育を受けさせる義務を負う。義務教育は、無償とする。

（教育の適正保持）

第四十一条　法律の定める学校の教員は、全体に対する奉仕者であって、教育の意義と使命に立脚し、良心に従って、その職務を行わなければならない。

② 国は、教員の身分を尊重し、かつ、その待遇の適正を期するように意を用いなければならない。

③ 学校教育が適正に行われることを確保することは、国の責任に属する。国は、特に、教育の実施に当って学校が政治的中正を保つことの確保されるように意を用いなければならない。

（年少者の養護）

第四十二条　すべて国民は、その子女が、その心身の健全な成長を遂げ、有用な国民となるように、これを保護し、養育する権利を有し、義務を負う。

② 国は、児童の保護及び養育が正しく行われるように意を用い、酷使その他保護のない状態に置かれる児童のないように措置する責務を負う。

（家の保護）

第四十三条　婚姻又は血縁に基礎を置く生活協同体を家とし、国は、家が社会組織の自然的な単位集団として日本国の存立の健全な基礎となるように、これを保護する責務を負う。

② 家に関する事項については、法律は、個人の尊厳と両性の平等に立脚し、かつ、家族の和親結合と家の持続発展に資するように制定しなければならない。

③　婚姻は、両性の合意のみを基礎として成立する。

（社会の連帯性に順応する義務）

第四十四条　何人も、すべて国民各個の幸福が一個人の力によっては全うされず、国民相互の協力及び扶助と国の施策の円滑な働きによって初めて全うされ得るものであることを認識し、自己の権利の享有とともに他人の権利の享有を尊重し、また、国権を重んじて、国の行う施策に順応することに努めなければならない。

（権利の一般的限界）

第四十五条　すべてこの憲法に規定する権利及び自由は、公共の福祉を全うするため、又は民主主義体制を保持しその他社会及び国家の健全な存立を確保するために必要がある場合にその必要の限度においてこれに加えられる規制に服すべき義務を伴うものとする。

②　すべて人の権利に規制を加えその他人に義務を課するのは、法律又は法律の定める条件によってすることを必要とする。

（遵法義務及び誠実義務）

第四十六条　すべて国民は、憲法その他の法令を遵守し、かつ、国に対し誠実である義務を負う。

（防衛義務）

第四十七条　すべて国民は、国の防衛に必要な奉仕をする義務を負う。

（生命の不可侵及び強制労働の禁止）

第四十八条　何人も、犯罪に対する処罰のためにする場合を除いては、生命を奪われることなく、また、犯罪に対する処罰又は裁判所の裁判による保安処分のためにする場合を除いては、強制労働に服させられることはない。

（適正手続の保障）

第四十九条　何人も、適正な法律の手続によらなければ、その生命、自由又は財産を奪われない。

（罪刑法定主義及び二重処罰の禁止）

第五十条　何人も、行為前に施行されている法律でこれに対する刑罰を定めている場合のほかは、その行為について刑罰を科せられることはない。

②　何人も、すでに裁判によって無罪とされた行為について改めて刑罰を科せられることなく、また、同一の行為について重ねて刑罰を科せられることはない。

（刑罰における人道主義）

第五十一条　刑罰は、犯人に対し、人道に反するような方法により苦痛を与えるものであってはならない。

（人身の保護）

第五十二条　何人も、正当な理由がなくて人身を拘束されたと認める者は、裁判又は第五十四条（人身拘束の際の令状の保障）に規定する令状による拘束の場合を除いては、すみやかに自己及び弁護人の出席する公開の法廷でその理由を審査され、かつ、正当の理由のないことが明らかとなったときは、裁判所の命令によって救済を与えられる権利を有する。

②　人身の拘束は、いかなる場合においても、人間の尊厳を傷つけるような方法で行うことを許さない。

（人身拘束の際の理由告知及び弁護の保障）

第五十三条　何人も、官憲により人身を拘束される場合には、直ちに、その理由を告げられ、かつ、直ちに弁護人に弁護を依頼する機会を与えられる権利を有する。

（人身拘束の際の令状の保障）

第五十四条　何人も、現行犯の場合を除いては、裁判官があらかじめ正当の理由に基いて発する令状によらなければ、刑事手続のために人身を拘束されることはない。ただし、重大な罪を犯した疑の濃厚な者につき、これを特に急速に逮捕する必要があって、あらかじめ令状を求めることのできない事情のある場合に関しては、法律で、逮捕の後すみやかに令状を得れば足りるものとすることができる。

（侵入、捜索及び押収の際の令状の保障）

第五十五条　何人も、現行犯人又は前条の令状に係る者の逮捕に当って必要な処分として行われるものを除いては、裁判官があらかじめ正当の理由に基いて発する令状によらなければ、その住居、身体又は書類その他の所持品につき刑事手続のための侵入、捜索又は押収を受けることはない。ただし、同条ただし書の逮捕に当ってする侵入、捜索又は押収については、やむを得ない限度において、法律で、令状を要しないものとすることができる。

（刑事被告人の基本権）

第五十六条　すべて刑事被告人は、事件について迅速な裁判を受ける権利を有する。

②　すべて刑事被告人は、何時でも、弁護人を依頼する権利を有する。被告人が自らこれを依頼することができないときは、法律の定める基準によって、国がこれを附する。

③　すべて刑事被告人は、その事件に係る証人に対し、審問をする機会を与えられる権利を有する。ただし、特にやむを得ない事情のある場合については、裁判の公正を害しない限度で、法律で、特別の定をすることができる。

（自白強要の禁止及び自白の証拠能力）

第五十七条　刑事事件において、被疑者又は被告人に対し、拷問、脅迫その他の強制方法により、自白を強要することは、許されない。

②　拷問、脅迫その他の強制方法により強要された自白は、裁判のための証拠とすることができない。

③　何人も、自白以外に自己に不利益な証拠がない場合には、その自白が公開の公判廷でされたものである場合を除いては、有罪の裁判を受けることはない。

（刑事補償）

第五十八条　何人も、人身の拘束を受けた後、無罪の裁判を受けたときは、法律の定めるところにより、国に対し、補償を求めることができる。

第四章　国会

（国会の地位）

第五十九条　立法権は、国会に属する。

②　前項のほか、国会は、予算を議決しその他この憲法及び法律の定めるところにより、国権の基本的事項について、その権限を行う。

（二院制）

第六十条　国会は、衆議院及び参議院の両議院で構成する。

（議院の組織）

第六十一条　衆議院は、国民によって直接選挙された議員で組織する。

②　参議院は、政党に属していない者の中から国民によって直接選挙された議員及び参議院議員選定委員会によって推薦された政党に属していない議員で組織する。ただし、推薦による議員の数は、参議院議員の定数の十分の一に相当する数の範囲内で法律の定める数に限るものとする。

③　両議院の議員の定数は、法律で定める。

（議員及び選挙人の資格）

第六十二条　両議院の議員及び選挙人の資格については、この憲法に定めるもののほか、法律で定める。

（衆議院議員の任期）

第六十三条　衆議院議員の任期は、四年とする。ただし、衆議院が解散されたときは、その期間満了前に終了する。

（参議院議員の任期）

第六十四条　参議院議員の任期は、公選による議員にあっては四年、推薦による議員にあっては八年とし、公選による議員は二年ごとにその半数を改選し、推薦による議員は四年ごとにその半数を改定する。

②　参議院議員である者が政党に属するに至ったときは、その者は、議員の地位を失う。

（非常時における議員任期の延長）

第六十五条　衆議院議員又は参議院議員の任期の満了の際に、天災地変その他異常の事変に起因する大規模の社会的混乱があって、総選挙又は通常選挙を施行することが困難であると認められる特別の事情があるときは、内閣は、衆議院議員の場合にあっては参議院の同意、参議院議員の場合にあっては衆議院の同意を得て、第六十三条（衆議院議員の任期）及び第七十六条第一項（総選挙及び特別会）の規定又は前条第一項の規定にかかわらず、議員の任期を一定期間延長し、又はすでに議員の地位を失った者に更に一定期間議員としての職務を行わせることを決定することができる。

②　内閣は、国会が開かれていない場合には、前項の規定による同意を求めるため、参議院又は衆議院の集会を求めることができる。

（選挙及び政党に関する事項）

第六十六条　選挙区、投票の方法その他両議院の議員の選挙に関する事項及び政党に関する事項は、法律で定める。

（推薦による参議院議員の決定）

第六十七条　推薦による参議院議員の決定は、参議院議員選定委員会の推薦した者につき、参議院の同意を得て、内閣が行う。

②　参議院議員選定委員会は、国務委員長をもってその会長とし、両議院の議長、最高裁判所の長たる裁判官及び法律の定めるその他の者をもって、その委員とする。

③　内閣は、国会が開かれていない場合には、第一項の同意を求めるため、参議院の集会を求めることができる。

④　前三項に規定するもののほか、参議院議員選定委員会及び参議院議員選定委員会のする推薦に関し必要な事項は、法律で定める。

（議員の地位及び職務の本質）

第六十八条　両議院の議員は、全国民の代表者であって、選挙区民その他一部の国民の代表者ではない。両議院の議員は、その職務を行うに当り一部の国民の要請に服することなく、全体の利益の実現のために憲法と良心に従ってその職務を行わなければならない。

②　両議院の議員は、その就任の始めにおいて、法律の定めるところにより、宣誓をしなければならない。その宣誓は、全国民の代表者たることを充分に自覚し、憲法を遵守し、良心に従って、もっぱら国民の全般の幸福と国家の利益を目標としてその職務を行うべき旨を明らかにしたものでなければならない。

（議員の兼職禁止）

第六十九条　何人も、同時に両議院の議員たることはできない。

第七十条　参議院議員は、国務委員その他政務をつかさどる行政部内の公務員となることはできない。

（議員の歳費）

第七十一条　両議院の議員は、法律の定めるところにより、国庫から相当額の歳費を受ける。

（議員の不逮捕特権）

第七十二条　両議院の議員は、法律の定める場合を除いては、国会の会期中その議院の許諾がなければ逮捕されることはなく、また、会期前に逮捕された議員は、その議院の要求があったときは、会期中釈放しなければならない。

（議員の発言及び表決に係る免責特権）

第七十三条　両議院の議員は、議院で行った演説、討論又は表決について、院外で責任を問われることはない。

（常会）

第七十四条　国会の常会は、毎年一回法律の定める時期に召集する。

（臨時会）

第七十五条　臨時緊急の必要がある場合には、内閣は、国会の臨時会を召集することを決定することができる。

②　いずれかの議院の定数の三分の一以上に相当する数の議員が、法律の定めるところにより、臨時緊急の必要がある旨を明らかにして、臨時会の召集を要求したときは、内閣は、これを召集することを決定しなければならない。この場合においてその召集の時期は、法律の定める期間内でなければならない。

（総選挙及び特別会）

第七十六条　衆議院議員の任期が満了し、又は衆議院が解散されたときは、任期満了の場合にあってはその満了の前に、又は満了の後三十日以内に、解散の場合にあっては解散の後三十日以内に総選挙を行い、総選挙が任期満了の前に行われた場合には任期満了の後二十日以内に、その他の場合には総選挙の後二十日以内に国会を召集しなければならない。

②　衆議院が解散されたときは、参議院は、同時に閉会となる。

（参議院の緊急集会）

第七十七条　衆議院議員の任期が満了し又は衆議院が解散された後総選挙により新たな議員が決定するまでの間において、緊急の必要を生じたときは、内閣は、参議院の緊急集会を召集することを決定することができる。

②　緊急集会は、臨時に国会に代る権能を有するものとする。ただし、緊急集会において採られた措置は、衆議院が、次の国会の開会の後十五日以内に、これに対して同意をしないときは、将来に向かってその効力を失う。

（参議院の特別集会）

第七十八条　参議院は、議員の任期満了により通常選挙が施行されたときは、議院の内部の事項を処理するために、遅滞なく集会するものとする。ただし、その集会前に国会が召集されたときは、この限りでない。

（定足数及び多数決原則）

第七十九条　両議院は、各、定数の三分の一以上に相当する数の議員が出席しなければ、議事を開き議決することができない。

②　両議院の議事は、この憲法に特別の定のある場合を除いては、出席議員の過半数で決し、可否同数のときは、議長の決するところによる。

（会議公開原則及び会議録）

第八十条　両議院の会議は、公開とする。ただし、出席議員の三分の二以上の多数で議決したときは、秘密会とすることができる。

②　両議院は、各、その会議の記録を保存し、秘密会の記録の中の特に秘密を要する部分を除いては、これを公表し、かつ、一般に頒布しなければならない。

③　憲法改正案若しくは法律案の議決、条約締結の承認に係る議決又は予算の議決のためにする各議員の表決は、出席議員の五分の一以上の要求があったときは、会議録に記載しなければならない。

（議院の自律権）

第八十一条　両議院は、各、その議長その他の役員を選任する。

②　両議院は、各、法律の範囲内で、その会議の運営その他内部の規律に関し必要な事項について、規則を定めることができる。

（法律案議決の法則）

第八十二条　法律案は、この憲法に特別の定のある場合を除いては、両議院で可決したとき法律となる。

②　衆議院で可決し参議院でこれと異なる議決をした法律案は、衆議院で出席議員の三分の二以上の多数で再び可決したときは、法律となる。ただし、参議院が出席議員の三分の二以上の多数で衆議院と異なる議決をした場合においては、当該法律案は、衆議院で出席議員の四分の三以上の多数で再び可決したときに限り法律となるものとする。

③　前項の規定は、法律の定めるところにより、衆議院が、両議院の協議会を開くことを求めることを妨げない。

④　参議院が、衆議院の可決した法律案を受け取った後、国会休会中の期間を除いて六十日以内にその法律案に係る議決をしないときは、衆議院は、参議院がその法律案を否決したものとみなすことができる。参議院がその法律案を否決したものとみなされた場合については、第二項ただし書の規定は、適用がないものとする。

（議員の法律案発議権）

第八十三条　両議院の議員は、法律の定めるところにより、自ら法律案を発議することができる。

（条約承認の法則）

第八十四条　衆議院で承認の議決をした条約の締結につき参議院がこれを承認しない議決をした場合において、衆議院が出席議員の三分の二以上の多数で再び承認の議決をしたときは、当該条約の締結につき、国会の承認があったものとする。ただし、参議院で当該条約の締結に賛成しない議員の数が出席議員の三分の二以上の多数であったときは、衆議院が再び承認の議決をするには、出席議員の四分の三以上の多数によることを必要とする。

②　参議院が、衆議院でその締結につき承認の議決をした条約を受け取った後、国会休会中の期間を除いて三十日以内にその承認に係る議決をしないときは、衆議院は、参議院がこれを承認しない議決をしたものとみなすことができる。参議院が承認をしない議決をしたものとみなされた場合については、第一項ただし書きの規定は、適用がないものとする。

（憲法上の疑義の処理）

第八十五条　内閣が提出し若しくは議員が発議した法律案又はその締結について承認を求めるために内閣が提出した条約が憲法に適合するかどうかについて疑がある場合において、当該案件のかかっている議院の議員五十人以上から要求があったときは、法律の定めるところによりその案件を憲法問題審査委員会に付議し、憲法に適合するかどうかを審査させることができる。

②　前項の規定により法律案又は条約が憲法問題審査委員会に付議されたときは、いずれの議院も、憲法問題審査委員会からその意見の報告があるまでの間は、その議員の定数の三分の二以上の多数によらなければ、その法律案を可決し、又はその条約を承認する議決をすることができない。

③　憲法問題審査委員会から、当該法律案又は条約が憲法に適合しないと認める旨の意見が報告されたときは、いずれの議院もその議員の定数の三分の二以上の多数によらなければ、その法律案を可決し、又はその条約を承認する議決をすることができない。

④　前項の場合において、当該法律案又は条約がすでに他の議院で可決され、又は承認されたものであって他の議院の当該議決が同項の条件を満たさないものであるときは、当該議決は、同項の報告があった時にその効力を失う。ただし、その議院が同項の規定に従って再びその法律案又は条約について議決をすることを妨げない。

⑤　第一項の規定により法律案又は条約が憲法問題審査委員会に付議されたときは、憲法問題審査委員会からその意見の報告があるまでの間

は、当該案件については第八十二条第二項から第四項まで（法律案議決の場合の衆議院優越法則）及び前条の規定を適用しない。憲法問題審査委員会から当該法律案又は条約が憲法に適合しないと認める旨の意見が報告されたときは、その報告のあった後においても、また、同様とする。

（憲法問題審査委員会）

第八十六条　憲法問題審査委員会は、国会に設けられる機関とし、参議院の議長をもってその委員長とし、参議院議員、衆議院議員及び学識経験あるその他の者の中から法律の定めるところにより選任される者をもってその委員とする。委員の数は、参議院議員の中から選任される者、衆議院議員の中から選任される者及び学識経験あるその他の者の中から選任される者を各同数とし、その総数は、法律で定める。

②　憲法問題審査委員会は、委員長のほか、定数の四分の三以上に当る数の委員が出席しなければ議事を開き議決することができない。

③　憲法問題審査委員会の議事は、出席委員の過半数で決し、可否同数のときは、委員長の決するところによる。

（予算議決の法則）

第八十七条　予算は、先に衆議院に提出しなければならない。

②　予算について参議院が衆議院と異なる議決をした場合において法律の定めるところにより両議院の協議会を開いても意見が一致しないとき、または参議院が、衆議院の可決した予算を受け取った後、国会休会中の期間を除いて三十日以内にその議決をしないときは、衆議院は、再び当該予算に係る議決をすることができるものとし、その議決があったときは、これをもって国会の議決とする。

③　前項の場合において当該予算が前に衆議院で次条第二項の規定により出席議員の三分の二以上の多数で議決されたものであるときは、衆議院が前項の規定により再可決をするには、出席議員の三分の二以上の多数によることを必要とする。

（予算の増額修正と内閣の異議権）

第八十八条　衆議院は、予算について、内閣の有する提出権を侵すこととならない範囲で、これを増額して議決することができる。ただし、衆議院がこれを増額して議決したときは、内閣は、その議決の後二十四時間以内に、これに対し異議を述べることができる。

②　前項の規定により内閣が衆議院の議決に対し異議を述べたときは、その議決は、効力を失うものとし、衆議院は、改めて当該予算についての議決をするものとする。衆議院が出席議員の三分の二以上の多数で再び前の議決と同様の議決をしたときは、内閣は、これに対し異議を述べることはできない。

③　いずれかの議院において、その実施につき新たな予算を必要とする事項に係る法律案が発議され、その議院がこれを可決したときは、内閣は、その議決の後三日以内に、これに対し異議を述べることができるものとし、内閣が異議を述べたときは、その議決は、効力を失う。当該議院が出席議員の三分の二以上の多数で再び同一の法律案を可決したときは、内閣は、これに対し異議を述べることはできない。

④　いずれかの議院が、法律案について、その実施につき新たな予算を必要とするに至るような修正を加えてこれを可決した場合には、前項の規定を準用する。

⑤　第二項の規定により衆議院が出席議員の三分の二以上の多数で可決した予算につき、参議院で衆議院と異なる議決をするには、出席議員の三分の二以上の多数によることを必要とする。参議院でその議決が成立しなかったときは、衆議院の議決をもって国会の議決とする。

（参議院の予算上権限の消極性）

第八十九条　参議院は、予算について、これを増額して議決することはできない。

（国政調査）

第九十条　両議院は、各、国政に関する調査を行うことができる。

② 両議院は、国政に関する調査のため必要があると認めるときは、法律の定めるところにより、証人の出頭及び証言並びに記録の提出を求めることができる。ただし、議院がその都度の議決によって特に必要を認めた場合を除いては、何人に対しても、その求めに応じることを強制することはできない。

（議員資格に係る争訟）

第九十一条　両議院は、各、その議員の資格に関する争訟を裁判する。ただし、議員の議席を失わせるには、出席議員の三分の二以上の多数による議決を必要とする。

（議員の懲罰）

第九十二条　両議院は、各、その議院の秩序を乱した議員を懲罰することができる。ただし、懲罰によって議員を除名するには、出席議員の三分の二以上の多数による議決を必要とする。

（国務委員の出席及び発言）

第九十三条　国務委員長その他の国務委員は、何時でも、発言するため議院に出席することができる。また、答弁又は説明のため議院に出席を求められたときは、出席しなければならない。

（教育審議委員会）

第九十四条　参議院に常設機関として、その議員の中から選任される委員で組織する教育審議委員会を設ける。

② 教育審議委員会は、学校教育に関する重要事項につき、内閣に対し意見を述べ、又は勧告をする。

③ 前二項に規定するもののほか、教育審議委員会に関し必要な事項は、法律で定める。

（防衛監理委員会）

第九十五条　参議院に常設機関として、その議員の中から選任される委員で組織する防衛監理委員会を設ける。

② 防衛監理委員会は、国の防衛に関する重要事項につき、内閣に対し意見を述べ、又は勧告をする。

③ 前二項に規定するもののほか、防衛監理委員会に関し必要な事項は、法律で定める。

（裁判官弾劾の機関）

第九十六条　参議院に常設機関としてその議員の中から選任される裁判員で組織する裁判官弾劾裁判所を、衆議院に常置機関としてその議員の中から選任される委員で組織する裁判官訴追委員会をそれぞれ設ける。

② 裁判官弾劾裁判所は、裁判官の罷免の訴追につき裁判する。

③ 裁判官の罷免の訴追は、裁判官訴追委員会が行う。

④ 前三項に規定するもののほか、裁判官の弾劾に関し必要な事項は、法律で定める。

第五章　内　閣

（内閣の地位）

第九十七条　行政権は、内閣に属する。

（内閣の構成及び責任）

第九十八条　内閣は、その長たる国務委員及び法律の定める員数のその他の国務委員で構成し、内閣の長たる国務委員を国務委員長と称する。

② 内閣は、行政権の行使について、国会に対し連帯して責任を負う。

③ 行政事務の処理に関する基本的な事項は、行政事務の能率的な遂行を確保し得るように法律で定める。

（国務委員長の指名）

第九十九条　国務委員長は、衆議院が、その議員の中から、法律の定めるところにより指名する。この指名は、法律で特別の定をする場合のほかは、他の案件に先立って行う。

（一般国務委員の指名）

第百条　国務委員長以外の国務委員は、国務委員長が、衆議院議員の中から指名する。ただし、特に衆議院の同意を得たときは、定数の三分の一以内のものに限り、衆議院議員以外の者の中から指名することができる。

② 前項ただし書の場合においても、参議院議員及び現役の軍人は、国務委員に指名されることはできない。

（国務委員長の職務）

第百一条　国務委員長は、内閣を代表して、行政各部を統督し、議案を国会に提出し、一般国務及び外交関係について国会に報告する。

（国務委員長の職務代行者）

第百二条　国務委員長に事故のあるとき、又は国務委員長が欠けたときは、そのあらかじめ指定する国務委員が、臨時に、国務委員長の職務を行う。

（内閣の権能）

第百三条　内閣の権能は、次の通りとする。

一　天皇の国務に関する行為につき助言をすること。

二　第十七条各号（内閣の決定に基き天皇の行う行為）に掲げる事項を決定しその他この憲法の他の規定に掲げる職務を行うこと。

三　法律案を立案して国会に提出すること。

四　法律を誠実に執行すること。

五　外交関係を処理すること。

六　法律の定めるところにより公務員に関する事項を処理すること。

七　予算を作成して国会に提出すること。

八　政令を制定すること。

九　法律の定めるところにより自衛軍に関する事項を処理すること。

十　前各号に掲げるもののほか、一般行政事務を処理すること。

② 内閣は、大赦を決定し、又は減刑若しくは復権で法律の定める場合に該当するものを決定するには、あらかじめ参議院の意見を聞かなければならない。この場合には、第六十七条第三項（参議院に対する集会要求）の規定を準用する。

③ 内閣は、前項の規定により参議院に意見を求めた場合において、法律の定める期間内に参議院よりその意見の報告がないときは、参議院の意見の報告を待たないで、その大赦、減刑又は復権を決定することができる。

④ 内閣は、国際組織に関する条約、国交に関する条約、領土の帰属に関する条約、国の財政に負担を課することとなる条約、国民の権利義務に直接関係する事項を定める条約その他法律の定める基準に該当する条約を締結することを決定するには、事前に国会の承認を得なければならない。ただし、特に緊急やむを得ない事情があるときは、事後において、その承認を得れば足りる。

⑤ この憲法に特別の定のある場合のほかは、政令は、この憲法及び法律の規定を実施するために制定することができるものとし、かつ、政令で罰則を設けることは、法律に特にその旨の委任がある場合でなければすることができない。

⑥ 内閣は、国会及び国民に対し、毎年一回、国民経済の現況及びこれに対する将来の施策の大綱について報告をしなければならない。

（衆議院の解散）

第百四条　内閣は、新たに総選挙により国民の総意を確認するを適当とする事情があると認めるときに、衆議院の解散を決定することができる。ただし、第百七条（衆議院の不信任を受けたときの処置）の場合を除いては、あらかじめ参議院の意見を聞かなければならない。

② 内閣は、前項ただし書の規定により参議院に意見を求めた場合において、三日以内に参議院よりその意見の報告がないときは、参議院の意見の報告を待たないで解散を決定することができる。

③ 第一項ただし書に規定する場合のほか、参議院は、出席議員の三分の二以上の多数で、同項に規定する事情があると認めたときは、内閣に対して、衆議院の解散を決定することを勧告することができる。

④ 第一項ただし書の場合には、第六十七条第三項（参議院に対する集会要求）の規定を準用する。

（緊急政令及び緊急財政処分）

第百五条 天災地変その他異常の事変によって大規模の社会的混乱が起り、これがために重大な公共の危害を生じ、又は生ずる危険が急迫している場合において、この危害を避けるために緊急の必要があり、かつ、国会が開かれていなくてこれを召集し、又は参議院の緊急集会を召集する余裕がないときには、内閣は、臨時に法律に代る政令を発し、また、臨時にその責任で財政上必要な措置をすることができる。

② 前項の規定による政令又は財政上の措置は、その承諾を得るため事後二箇月以内に国会に付議しなければならない。

③ 第一項の規定による政令は、国会でこれを承諾しない旨の議決をしたとき、又は国会の議決がされないままでその施行後三箇月の期間が経過したときは、将来に向かってその効力を失う。

（非常事態の宣言）

第百六条 天災地変その他異常の事変によって大規模の社会的混乱が起り、これがために重大な公共の危害を生じ、又は生ずる危険が急迫している場合において、自衛軍の力によらなければ公共の危害を避けることができないと認められる事情があるときは、内閣は、国会の承認を得、地域と期間を定めて、非常事態を宣言することができる。ただし、特に緊急を要する事情があるときは、内閣は、国会の承認を得ないでその宣言をすることができる。

② 内閣は、前項ただし書の規定により非常事態を宣言したときは、その承認を得るため事後すみやかにこれを国会に付議しなければならない。国会でこれを承認しない旨の議決をしたとき、又は国会の議決がされないまま宣言の後二十日の期間が経過したときは、この宣言は、将来に向かってその効力を失う。

③ 非常事態に係る地域の地方的行政事務は、法律の定めるところにより、必要やむを得ない範囲のものに限り、自衛軍によって行われるものとする。

④ 非常事態に係る地域については、特にやむを得ない事情のある場合に限り、第二十一条（住居の安全及び居住移転国籍離脱の自由）、第二十七条（集会、結社及び表現の自由）、第三十三条第二項及び第三項（勤労者の利益擁護権）、第三十八条（私有財産の保護）、第五十四条（人身拘束の際の令状の保障）並びに第五十五条（侵入、捜索及び押収の際の令状の保障）の規定にかかわらず、法律でこれらの規定と異なる定をすることができる。

⑤ 前四項に規定するもののほか、非常事態の宣言に関し必要な事項は、法律で定める。

（衆議院の不信任を受けたときの処置）

第百七条 内閣は、衆議院で不信任の決議案を可決し、又は信任の決議案を否決した場合において十日以内に衆議院の解散を決定しないときは、総辞職をしなければならない。

（必要的総辞職）

第百八条 国務委員長が欠けたとき、又は衆議院議員総選挙の後に初めて国会が召集されたときは、内閣は、総辞職をしなければならない。

（総辞職後の法的関係）

第百九条 内閣は、総辞職をした場合には、新たに国務委員長が任命されるまでの間、引き続きその職務を行う。

② 総辞職をした内閣の構成員たる国務委員は、新たに国務委員長が任命された時に、すべてその地位を失う。

(国務委員の職務専念義務)

第百十条 国務委員は、その全力を職務の遂行のために用いることを旨としなければならない。

② 国務委員は、その就任の初めにおいて、法律の定めるところにより、宣誓をしなければならない。その宣誓は、憲法を遵守し、良心に従い、全力をもって、国民の幸福の増進と国家の健全な存立及び発展のために尽すべき旨を明らかにしたものでなければならない。

(国務委員の逮捕及び訴追の制限)

第百十一条 国務委員は、その在任中は、法律の定める場合を除いては、国務委員長の同意がなければ、逮捕され、又は訴追されることはない。ただし、逮捕及び訴追の権利は、これによっては害されない。

第六章　裁判所

(裁判所の地位及び種類)

第百十二条 司法権は、裁判所に属する。

② 裁判所は、最高裁判所及び法律の定めるところにより設置する下級裁判所とする。

③ 行政機関は、終審機関として裁判をすることはできない。

(裁判官の職務の独立)

第百十三条 裁判官は、その良心に従って独立してその職務を行い、法にのみ拘束される。

(裁判所の法令審査権)

第百十四条 裁判所は、事件の裁判について、その事件に係る法律、命令その他の法規が憲法に適合するかしないかを判定する権能を有する。

(憲法の解釈適用についての終審裁判所)

第百十五条 事件の裁判についてする憲法の解釈適用については、最高裁判所をもって終審裁判所とする。

(大法廷及び小法廷)

第百十六条 最高裁判所は、大法廷及び小法廷で審理及び裁判をする。

② 大法廷は、最高裁判所の長たる裁判官及び法律の定める員数のその他の裁判官で構成する。

③ 小法廷の数及び構成は、法律で定める。

④ 前条の規定による終審の審理及び裁判は、法律の定める特別の場合を除いては、大法廷においてする。

⑤ 前項の場合を除いては、大法廷及び小法廷は、法律の定める区分に従って事件を取り扱う。

(対審及び裁判の公開原則)

第百十七条 裁判の対審及び判決は、公開とする。ただし、裁判所が、裁判官全員一致の意見で、対審を公開することが公の秩序又は善良の風俗を害する虞があると認めるときは、対審は、公開しないで行うことができる。

(最高裁判所の規則制定権)

第百十八条 最高裁判所は、裁判官会議の議によって、法律の範囲内で、訴訟に関する手続、裁判所の内部規律及び司法事務の処理に関する事項について、規則を定める権能を有する。

② 最高裁判所は、下級裁判所に関する事項に係るものに限り、前項の権能を下級裁判所に委任することができる。

③ 検察官及び弁護士は、最高裁判所の定める規則に従わなければならない。

④ 裁判官会議の構成に関する事項は、法律で定める。

(最高裁判所の裁判官の指名及び任命)

第百十九条　最高裁判所の長たる裁判官の指名は、法律の定めるところにより、参議院が行う。

② 最高裁判所の長たる裁判官以外の裁判官で大法廷の構成員たるものの指名は、裁判官選定委員会の推薦した者につき、内閣が、あらかじめ参議院の同意を得て行うものとする。

③ 大法廷の構成員たる裁判官以外の最高裁判所の裁判官は、天皇の任命に係るものにあっては、裁判官選定委員会の推薦する者につき内閣が指名し、その他のものにあっては、最高裁判所が裁判官会議の議によって指名する者につき内閣が任命する。

④ 裁判官選定委員会は、衆議院議長をもってその会長とし、裁判官、検察官、弁護士、衆議院議員、行政部内の公務員及び学識経験あるその他の者の中から法律の定めるところにより選任される者をもってその委員とする。

⑤ 前項に規定するもののほか、裁判官選定委員会に関し必要な事項は、法律で定める。

⑥ 第一項及び第二項の場合には、第六十七条第三項（参議院に対する集会要求）の規定を準用する。

（大法廷の裁判官の審査）

第百二十条　大法廷の構成員たる裁判官は、その任命後八年を経過するごとにその経過後最初の国会で参議院の審査に付されるものとする。

② 前項に規定する国会において、参議院議員の員数が、公選による議員の任期満了のため定数に満ちていないときは、審査は、通常選挙の後最初の国会で行うものとする。

③ 前二項の審査において、定数の三分の二以上に相当する数の参議院議員が罷免を可とする裁判官は、これによって罷免されるものとする。

④ 前三項に規定するもののほか、審査に関し必要な事項は、法律で定める。

（下級裁判所の裁判官の指名及び任命）

第百二十一条　下級裁判所の裁判官は、天皇の任命に係るものにあっては、最高裁判所が裁判官会議の議によって推薦する者につき内閣が指名し、その他のものにあっては、最高裁判所が裁判官会議の議によって指名する者につき内閣が任命する。

（裁判官の宣誓）

第百二十二条　裁判官は、その就任の初めにおいて、法律の定めるところにより、宣誓をしなければならない。その宣誓は、裁判官が国家生活における正義の終極的の維持者であることを充分に自覚し、憲法及び法律に従うほかは何ものによっても動かされることなく、良心に従って、その職務を行うべき旨を明らかにしたものでなければならない。

（裁判官の身分保障）

第百二十三条　裁判官は、第百二十条（大法廷の裁判官の審査）の場合を除いては、裁判所が心身の故障のため職務を執ることができないと認める裁判、法律の定めるところによって裁判所のする懲戒裁判又は弾劾の手続によってされる裁判によるのでなければ、その意に反して罷免されることはない。

② 裁判官が辞任を願い出たときは、その任命を行う権能を有するものが、裁判所の申し出に基いて、これを解任する。

（裁判官の任期及び定年）

第百二十四条　最高裁判所の裁判官で大法廷の構成員でないもの及び下級裁判所の裁判官の任期は、十年とする。ただし、再任することを妨げない。

② 裁判官は、すべて、法律の定める年齢に達した時に、退官する。

（裁判官の報酬）

第百二十五条　裁判官は、定期に相当額の報酬を受ける。この報酬は、裁判所が法律の定めるところによってする懲戒裁判による場合を除いては、減額することができない。

（参審及び陪審）

第百二十六条 この章の規定は、法律の定めるところにより、参審員又は陪審員を下級裁判所における裁判に関与させることを妨げない。

② 参審員及び陪審員には、裁判官に関する規定は、適用ないものとする。

第七章　財　政

（財政処理に関する基本原則）

第百二十七条 すべて国の財政の処理は、国会の議決に基いて行わなければならない。

（租税法定主義）

第百二十八条 新たに租税を課し、又は租税を変更するには、法律又は法律の定める条件によってすることを必要とする。

（国費の支出及び国の債務負担の要件）

第百二十九条 国費を支出し、又は国が債務を負担するには、国会の議決に基くことを必要とする。

（予算の作成）

第百三十条 内閣は、毎会計年度の予算を作成し、国会に提出して、その議決を経なければならない。

（継続費）

第百三十一条 内閣は、数年度を経て完成されるべき事業につき、特に必要があるときは、その経費を数年度にわたって支出するために、これを継続費としてあらかじめ総額及び年割額を定め、国会に提出して、その議決を経ることができる。

（予備費）

第百三十二条 予見し難い予算の不足に充てるため、国会の議決に基いて予備費を設けることができる。

② 内閣は、その責任で予備費を支出することができ、その支出については、事後に国会の承諾を得なければならない。

（皇室費用）

第百三十三条 皇室の費用は、予算に計上して国会の議決を経なければならない。

（責任支出）

第百三十四条 新たな年度が開始した時にまだその年度の予算が成立していないときは、内閣は、予算の成立に至るまでの間、その責任で、法律の執行のために必要な経費、法律上内閣の義務に属する事項のために必要な経費及び法律の定める特別の事項に係る経費に限り、法律の定める限度で支出することができる。

② 前項の規定による支出については、内閣は、事後すみやかに国会の承諾を得なければならない。

（決算及び会計検査院）

第百三十五条 国の収入支出の決算は、毎年度会計検査院が検査し、内閣は、次の年度に、その検査報告とともに、これを国会に提出しなければならない。

② 会計検査院は、内閣に対し独立の地位を有する。

③ 会計検査院の長は、内閣が、参議院の同意を得て指名する。

④ 前項の場合には、第六十七条第三項（参議院に対する集会要求）の規定を準用する。

⑤ 前四項に規定するもののほか、会計検査院の組織及び権限は、法律で定める。

（財政状況の報告）

第百三十六条 内閣は、国会及び国民に対し、定期に、少くとも毎年一回、国の財政状況について報告をしなければならない。

第八章　防　衛

（自衛軍の保持及びその職能）

第百三十七条　日本国民は、国の安全を保ち、その独立を全うすることが、国家生活による福祉の完全な享有を確保する基本的な条件であることを確信し、この確信に立脚して、国民自らの福祉の防衛のために、侵略に対する防衛を任務とする自衛軍を保持する。

② 自衛軍は、この憲法の他の規定又は法律の定めるところにより、前項に規定する任務のほか、平和の保持のために必要なその他の任務をも担当するものとする。

③ 自衛軍の編成の大綱及び常備兵力量は、法律で定める。この法律の定は、直接又は間接の侵略に対して国を防衛するために必要な限度をこえるようなものであってはならない。

④ 自衛軍は、侵略に対する防衛のため、又は第八条（国際協調主義の原則）第一項の国際組織による世界の平和の維持に協力するために必要な場合にのみ軍事行動をすることができる。

（自衛軍の最高指揮命令権）

第百三十八条　自衛軍に対する最高の指揮命令権は、内閣に属し、国務委員長が、内閣を代表して、これを行使する。

② 前項の指揮命令権の行使は、平時においては、法律の定めるところにより、他の国務委員に委任することができる。

（自衛軍の人事に対する参議院の関与）

第百三十九条　自衛軍における指導的任務を有する職で法律の定めるものに充てるべき者の選任については、内閣は、あらかじめ参議院の承認を得なければならない。

② 前項の場合には、第六十七条第三項（参議院に対する集会要求）の規定を準用する。

（自衛軍の出動命令に対する国会の関与）

第百四十条　国務委員長は、外部からの武力攻撃に対してわが国を防衛するため自衛軍に出動を命ずる場合には、法律の定めるところにより、事前又は事後に、国会の承認を得なければならない。

② 国務委員長は、第八条（国際協調主義の原則）第一項の国際組織による協力義務の履行のため自衛軍に出動を命じたときは、すみやかにこれを国会に報告しなければならない。

③ 国務委員長は、第一項の規定により事後に国会の承認を求めた場合においてその承認が得られなかったとき、又は前二項の場合において出動の必要がなくなったときは、直ちに自衛軍の撤収を命じなければならない。

（自衛軍の国外出動に対する制限）

第百四十一条　自衛軍は、第八条（国際協調主義の原則）第一項の国際組織による協力義務の履行のために必要な場合及びあらかじめ特に国会の承認を得た場合のほかは、外国の領域に出動させることができない。

（国際法上の宣言）

第百四十二条　内閣は、自衛力の発動に係る事態につき国際法上の宣言を発することを決定する場合には、あらかじめ国会の承認を得なければならない。

（軍人に対する人権保障の限界）

第百四十三条　軍人については、第三章（国民の福祉及び責務）の規定は、軍隊の規律を保ち、その任務の遂行を確保するのに支障のない限度でのみ適用があるものとする。

第九章　地方自治

（地方自治の基本構成）

第百四十四条　地方公共団体の種類並びにその組織及び運営に関する事

項は、地方自治の本旨に適合するように法律で定める。

② 前項の規定は、地方自治の制度が窮極において国民一般の福祉と国の健全な存立に寄与することをその使命とするものであることを否認する趣旨を含むものではない。

（地方公共団体の基本的機関）

第百四十五条 地方公共団体には、法律の定めるところにより、その議事機関として議会を設置する。

② 地方公共団体の議会は、その住民によって直接選挙された議員で組織する。

③ 法律の定める基礎的地方公共団体の長は、その条例の定めるところにより、住民によって直接選挙され、又は議会によって選任される。ただし、首都の地域に係る場合にあっては、法律で特別の定をすることができる。

（地方公共団体の権能）

第百四十六条 地方公共団体は、その公共事務を処理し、及び行政を執行する権能並びに条例を制定する権能を有する。

② 地方公共団体は、地方自治の範囲においては、第四十五条（権利の一般的限界）第二項の規定により法律を要するものとされている事項についても条例を制定することができ、また、条例で、その規定に違反した者について、法律の定める限度内の罰則を設けることができる。

③ 条例の制定は、議会の議決によってするものとする。

④ 前条第三項の規定による場合を除いては、条例は、法律の範囲内でその効力を有するものとする。

第十章　補　則

（施行期日）

第百四十七条 この憲法は、公布の日から起算して六箇月を経過した日から施行する。

② この憲法を施行するために必要な法律の制定その他の準備行為は、前項の期日よりも前に行うことができる。

（憲法改正の手続）

第百四十八条 将来この憲法を改正しようとするときは、その議案は、内閣が国会に提出し、又はいずれかの議院の議員が五十人以上の一致した意見によって発議する。

② この憲法の改正は、両議院において、各、その議員の定数の三分の二以上の多数でその議案を可決したときに成立する。

③ この憲法の改正に係る議案がいずれかの議院で可決され他の議院で否決された場合において、当該他の議院でその議案に賛成した議員の数が定数の二分の一をこえていたときは、議案を可決した議院は、その可決した改正案を国民投票に付する議決をすることができ、また、いずれかの議院で可決されたこの憲法の改正に係る議案が他の議院で修正を加えて可決され先の議院がその修正に同意しなかった場合において、先の議院でその修正に賛成した議院の数が定数の二分の一をこえていたときは、議案を修正して可決した議院は、その可決した改正案を国民投票に付することを議決することができる。

④ 前項の規定により改正案を国民投票に付する旨の議決がされた場合においては、投票者の過半数がその議案に賛成したときに、その改正は成立するものとする。

⑤ 前二項の規定は、法律の定めるところにより、両議院の協議会を開くことを妨げない。

⑥ 両議院の協議会を開いた場合において協議会で成案を得たときは、その成案について第三項前段の規定を準用する。

⑦ 国民投票に関する事項は、法律で定める。

《以下略》

資料I・30

国防の基本方針

一九五七年五月二〇日

国防会議決定、閣議決定

コメント

1．本「国防の基本方針」は、岸信介内閣のもとで、国防会議、閣議決定により、日本の防衛政策の基本方針として策定されたものである。日本の防衛政策の表明は、この「基本方針」が初めてのものであったが、爾来長らく、これが「我が国の防衛政策」として変更されずに堅持され、二〇一三年一二月第二次安倍晋三内閣のもとで「国家安全保障戦略」（⇩Ⅲ・68）が、この基本方針に代わるものとして策定された。

2．国防会議は、一九五六年七月二日、五〇年代改憲を推進した鳩山一郎内閣のもとで発足したが、この基本方針は、岸内閣のもとで、一九五七年五月二〇日、国防会議決定、閣議決定で策定された。発足したての岸内閣は、初の訪米で、日米安保条約の改定の了承を取り付けようとしていた。そのためには、防衛政策の基本路線を確定して、アメリカの望む防衛力整備を打ち出しておく必要があった。そこで策定されたのが、本「基本方針」である。

この「国防の基本方針」策定の一ヶ月後の六月一四日、政府は国防会議で「第一次防衛力整備計画」を決定し、岸首相は、これを引っさげて、二日後の六月一六日に訪米したのである。

こうした文脈から言えば、本「基本方針」の要は、（3）、（4）、とくに「（3）国力国情に応じ自衛のため必要な限度において、効率的な防衛力を漸進的に整備する。」にあった。

3．しかし、注目すべきことに、本「基本方針」は、防衛力整備と安保体制を後ろに回し、第一項で、「国際連合の活動を支持し、国際間の協調をはかり、世界平和の実現を期する。」と国連尊重を掲げ、第二項では内政安定を掲げた。また、防衛力整備も、「国力国情に応じ自衛のため必要な限度において」、「漸進的に」整備すると明記された。ここには、当時、岸内閣が志向していた再軍備、改憲に対する国民の強い警戒心と社会党などの存在への配慮があったことがうかがわれる。

こうした「基本方針」の、国連尊重、防衛力の漸進的整備、安保体制という抑制的方針が、その後六〇年安保反対闘争後の、改憲消極政策の時代には適合的な方針として、維持されることとなったのである。

国防の目的は、直接及び間接の侵略を未然に防止し、万一侵略が行われるときはこれを排除し、もって民主主義を基調とする我が国の独立と平和を守ることにある。この目的を達成するための基本方針を次のとおり定める。

（1）国際連合の活動を支持し、国際間の協調をはかり、世界平和の実現を期する。

（2）民生を安定し、愛国心を高揚し、国家の安全を保障するに必要な基盤を確立する。

（3）国力国情に応じ自衛のため必要な限度において、効率的な防衛力を漸進的に整備する。

（4）外部からの侵略に対しては、将来国際連合が有効にこれを阻止する機能を果たし得るに至るまでは、米国との安全保障体制を基調としてこれに対処する。

資料Ⅰ・31

憲法調査会と社会党

①日本社会党の参加を要望する決議

一九五七年九月一九日第二回総会決定

憲法調査会

〔出典〕『憲法調査会年報（昭和三二・三三年度）』

②憲法調査会不参加の回答

一九五七年九月二一日

鈴木茂三郎（日本社会党中央執行委員長）

〔出典〕『資料　日本社会党四十年史』日本社会党中央本部、一九八六年七月一日

③「日本社会党の参加を要望する決議」に対する同党の回答についての会長談

一九五七年一〇月二日

高柳賢三（憲法調査会長）

〔出典〕『憲法調査会年報（昭和三二・三三年度）』

コメント

1．これら一連の文書は、できるだけ超党派で憲法調査会を発足させ、改憲についての幅広い合意を得たい政府－憲法調査会と、それへの参加を拒否する社会党との応答である。この社会党の不参加が、憲法調査会の正統性を大きく損なうものとなった。

2．内閣の憲法調査会は、会長の選任に手間取ったりして、一九五七年八月にようやく第一回総会をもった。会はそこで高柳賢三を会長に選出した。

①は、その第二回総会でなされた社会党への参加要請の決議である。

②はそれについての社会党の拒否回答である。その理由は、別紙に詳細に書かれているが、中心は、内閣に憲法調査会を設置することは憲法改正の発議権を国会に与えた憲法九六条に違反するという点と、憲法調査会の目的とする憲法改正は、「憲法の改悪」であって社会党はそれに全面的に反対であるというものである。

③は、社会党の回答に対する高柳会長談話である。この談話は先の社会党の憲法調査会違憲論に対する反論である。

①日本社会党の参加を要望する決議

憲法調査会は、先に第一回総会を開き、調査審議に着手することになりましたが、われわれは、この際、日本社会党に属する国会議員の本調査会への参加を強く要望したいのであります。

本調査会は、憲法調査会法第二条に定められているとおり、日本国憲法に検討を加え、関係諸問題を調査審議し、その結果を内閣および内閣を通じて国会に報告することを任務とするのであります。

本調査会は、内閣の指示によって調査審議を行なうのではなく、自主的にその任務を遂行するのであります。われわれは、日本国憲法の諸問題を検討し、これに関する世論の動向を公聴会その他の方法をもって明確にし、世界各国の憲法運用の実際的経験を新たに研究し、これらを基礎としてひとえにわが国民の将来の福祉を念とし、本調査会を共通の広場として、公正、かつ、慎重に審議を行なおうとするものであります。これがまたわが国民の本調査会に期待するところであることを固く信ずるのであります。

現在わが国において、改正論と改正反対論が対立しているのは事実でありますが、これらのいずれにもとらわれることなく、全然白紙にかえって、改正論と改正反対論の主張の根拠を検討し、審議することが本調

査会の任務であると考えるのであります。この見地から、いわゆる改正論者のみならず改正反対論者の主張が、十分に、本調査会において展開され、かつ、本調査会の報告中におりこまれることを期待するのであります。

本調査会は、改正の可否を政治的に決定する機関ではありません。憲法改正を発議するかどうかを決定するのは国会であり、また、憲法改正の可否を決定するのは国民であります。本調査会の任務は、これらの政治的判断が妥当に行使されるため、論点を明らかにし、なるべく正確な資料を提供することにあるものと考えます。

したがって、たとえば、調査研究に基づく慎重な審議の結果なおかつ意見の一致をみない場合は、通常の合議体におけるようにしいて多数決をもって本調査会の意見を定めるのではなく、多数意見と少数意見、改正論と改正反対論の論拠をどこまでも公正に報告し、国会および国民の政治的判断に役立たしめようとするものであります。

われわれは、日本社会党が本調査会の右のような性格を了承し、その所属国会議員が本調査会に参加することを、全委員の総意に基き、要望するものであります。

②憲法調査会不参加の回答

昭和三十二年九月二十一日

日本社会党中央執行委員長
鈴木茂三郎

憲法調査会会長
高柳賢三殿

九月十九日憲法調査会会長高柳賢三氏並に委員茅誠司氏、蝋山政道氏の来訪を辱うし、貴調査会の決議を伝達せられました。わが党としては九月二十日中央執行委員会に於て慎重に審議いたしました結果、左の通り党の態度を決定いたしましたので、これをお伝え申上げます。

日本社会党は先に憲法調査会に対し不参加の態度を決定し、内閣からの参加要請を拒否して参りました。これに対し、憲法調査会の第二回総会に於ては、「日本社会党の参加を要望する決議」を採択され、重ねてわが党の参加を求める手続をとられ、この旨伝達せられました。わが党としては、憲法調査会が自主的にかかる御決定をなされたことに対してはこれを多と致しますが、残念ながら御趣旨に添い難いことを御回答申上げます。

何故にわが党が参加できないかの理由に就きましては、別紙添附の理由書に依って詳細御諒承願い度いと存じますが、基本的には憲法調査会を行政府に設置するのは憲法違反であるとの見解によるものでありまして、現にわが党提案の「憲法調査会を廃止する法律案」が国会に於て継続審議中であります。憲法の施行に重大な影響を及ぼす機関を行政府に設けることは、憲法の歴史に徴しても不合理であるとの信念を枉げることはできません。従って、わが党としては、憲法調査会に参加できないことを重ねて表明する次第であります。

尚憲法調査会の運営が民主的に行われるよう種々御配慮のようでございますが、それ自身としては諒解できると致しましても、根本の誤りは是正し得ないと考えますので、わが党としては独自の道を参り度いと存じます。

〈別紙〉

憲法調査会に参加しない理由

わが党は、さきに憲法調査会に対し、不参加の態度を決定し、内閣からの参加要請を拒否してきた。これに対し、各方面から論評が加えられているので、この際わが党の態度を解明し不参加の理由を明確にする。

一、憲法調査会は、立法の趣旨にも明白な如く、現行憲法を改正する意思を決定する目的のもとに設置されたものである。しかもこの調査会は、内閣の一機関として設けられている。いやしくも憲法改正の手続行為の一部を行う機関を、行政府たる内閣に設置することは、憲法第九十六条に照らして重大な憲法違反である。

即ち第九十六条では「憲法の改正は、各議院の総議員の三分の二以上の賛成で、国会が、これを発議し、国民に提案してその承認を経なければならない。」とあり、憲法改正に関する限り国会にのみその発議権があるので、行政府にその権能はない。従って行政府の一機関において憲法改正問題を論議することは不適当であり、国会こそが、この問題を論議する正当な機関である。

政府及び与党は、調査会を行政府に設けた理由として広く民間有識者を委員に任命する便宜上のためだといっているが、かかる便宜主義の議論で憲法上の重大問題を枉げることはできない。

以上の見地から、わが党は、第二十六国会に「憲法調査会を廃止する法律案」を提案した。しかも現在これが国会において継続審議中である。

二、憲法調査会設立の主要なる目的は、現行憲法を改正して天皇の権限強化、公然たる再軍備の実行、基本的人権の制限、家族制度の復活、国会権限の縮小等旧帝国憲法に逆行せんとするものであって、特にその中心は再軍備要求にあり、これは明かに憲法の改悪である。

わが党は、以上の如き改悪には全面的に反対であり、その他の問題においても現在直ちに現行憲法を再検討する必要を認めないのである。

調査会が如何に民主的な議事運営を行うとも、以上の目的を達成するための手段となることは明かである。世論の中にはかりに少数意見たりとも充分に述べて立場を明かにすべきであると云うものがあるが、このため憲法改正阻止運動に影響を与えることは堪え難いことである。

また憲法調査会が将来憲法改正について何らかの結論を出すとしても、同法に基き当然国会に報告しなければならず、さらに憲法第九十六条に基づき、国会において本格的な論議が行なわれるのであって、わが党はその際充分詳細に意見を表明する機会と権利が与えられており、これが憲法上正当なる態度である。

三、さらに憲法調査会は、憲法改正の必要について調査すると云いながら、その構成員の大多数は改憲論者で構成され、日本の憲法学及び憲法についての一般論を代表するとは考えられない。

これは良識ある有能なる憲法学者から調査会参加を拒否された結果であって、このような構成から如何なる論議がなされ如何なる結論が導き出されるかはあまりにも明白である。

四、また憲法調査会法が成立したのは、昨年の通常国会であり、それから一年有余の空白期間を経て漸く発足をしている。しかもそれは岸首相の訪米直後に発足した事実からみて、岸内閣の対米ゼスチュアの一つであることは明かである。

現行憲法を「押しつけられた憲法」と誹謗しながら「押しつけられた改悪」を強いる態度に対してわが党は絶対に反対をする。

以上の見地に立って憲法調査会の活動に反対し、改めて参加拒否すると同時に、岸内閣に対し、速かに憲法調査会の活動を停止し、現行憲法を忠実に遵守し、完全に履行すべきことを要求する。

五、しかしわれわれとしては、単に憲法調査会の論議を遠くから眺めているのではなく、有識者諸君と共同して現行憲法の精神普及徹底のために啓蒙運動をやりたいと考えている。

③「日本社会党の参加を要望する決議」に対する同党の回答についての会長談

日本社会党の参加を要望する本調査会の決議に対し、同党から参加できない旨の回答があった。その理由として述べられている見解はいずれも首肯しがたいものであるが、そのうち憲法調査会は憲法違反の存在であるとしている点は軽々にこれを看過し得ないので、特にこの点についての見解を簡単に表明する。

憲法問題は、国民の重大な関心の的となっているところである。憲法調査会は、これにこたえ、まったく白紙の立場に立って現行憲法に検討を加え、果たして改正の要があるかどうかの点をも含めて慎重に関係諸問題を調査審議するものであって、日本社会党のいうがごとく「現行憲法を改正する意思を決定する目的のもとに」設けられたものでないことは憲法調査会法の正文及び精神に照らして明らかである。

本調査会の任務は、憲法について慎重な調査審議を行ない、その結果を内閣および内閣を通じて国会に報告するにある。憲法改正を発議するのは国会であるが、その発議は国会が国民に対してするものである。本調査会の報告は、国会が憲法改正の発議をなすべきかどうかを考慮する場合の参考資料として役立つことはあり得るにしても決して国会の発議権の自由な行使になんら拘束を加えるものではなく、国会の発議権を犯すものでないことは明らかである。したがって、憲法調査会が日本社会党のいうように「憲法改正の手続行為の一部を行なう機関」でないことも、また、明白である。

国会が、憲法に検討を加える機関は国会議員と学識経験者から構成されることが妥当であると考えて、憲法調査会を国会にではなく内閣に設置する法律を制定したとしても、前段の理由により、かかる国会の立法行為が憲法第九十六条に違反する越権の行為であり、したがって無効であるとすることはできない。

憲法調査会を内閣に設けた憲法調査会法をもって違憲であるとする日本社会党の見解は論拠を欠くものといわなければならない。まして、憲法調査会が審議の結果について強いて多数決をもってその意見を決定するものでないことを明らかにした今日、なお、違憲論その他の理由をくりかえして参加を拒んでいることは、良識ある世論の強く批判するところである。社会党が従来の態度を改め公党たる責務に基づいて、これに参加し、日本国憲法の検討、関係諸問題の調査審議にその所信をひれきして国民の要望にこたえることを期待してやまない。

資料Ⅰ・32

青年憲法草案要綱

一九五八年五月三日
自主憲法期成青年同盟
［出典］『青年憲法草案（第一次案）』一九五八年五月三日

コメント

1．この改憲案は、自主憲法期成青年同盟の作成した案である。この案には、福祉国家建設を強調した憲法研究会（⇩Ⅰ・22）や中曽根案（⇩Ⅰ・24）、大西邦敏案（⇩Ⅰ・26）、広瀬久忠案（⇩Ⅰ・29）などの影響、とくにそのうちでも広瀬案の影響が強くみられ、これら諸案にみられる復古色の希薄が、より一層徹底している。しかし、それだけに当時の改憲論の主力であった復古的改憲構想とは相容れず、政治的影響力は強くなかった。そこで、ここでは案全文の掲載は省略し、「要綱」のみを掲げた。

2．この案の特徴は以下の諸点である。

第一に、この案は、五〇年代改憲の共通の特徴である天皇の地位の強化の志向がないことが大きな特徴である。すなわち、この案では、総則のあとの第一編は「権利章典」となっており、第二編の「政治機構」の冒頭には、国民主権がうたわれ、その次に、ようやく天皇の規定が出てくる。

しかも天皇は「象徴」のままである。また女帝を認めている点も注目される。さらに、天皇の行為が現行より制限されていることも、大きな特徴である。

第二に、他の改憲案に比べ、人権の章の地位が高く、かつ人権のカタログも多い。とくに、福祉主義を標榜しているため、社会権のところは、母子・老齢者に対する保護、男女同一賃金とか、義務教育無償、奨学金制度拡充などの規定が置かれている。

第三に、国会のところでは第二院を間接選挙にし、予算、条約の承認は両院合同会で行うとしているのが特徴である。

第四に、最高裁判事の選任に際して「最高裁判所裁判官選衡委員会」の作成名簿から第二院の同意を得て選ぶとしていること、また内閣かいずれかの議院の三分の一以上の訴求に基づいて法律公布前の違憲審査制を規定していることなどが特徴である。

第五に、自治体の首長について間接選挙制を導入している点は五〇年代改憲の共通する復古的志向を示している。

第六に、国防については、国防軍の保持の理由として、単に国の独立と安全のためのみならず、「世界の平和を確保するため」という点をもあげていることが、「国際協調主義」の強調と相まって注目される。この点には広瀬案の影響が強くみられる。

一、前文

一に民主主義、二に福祉主義、そして三に国際協調主義をうたい、世界に平和と幸福をもたらすよう、こゝに誓った。

二、総則

憲法の最高法規性と、すべての国民の憲法遵守義務を示す。

憲法改正の手続規定をおき、現行の総議員の三分の二を、過半数とした。

三、権利章典

1、通則　基本的人権の不可侵性と、社会正義の強調、法の下の平等を宣言し、それらは、国の積極的配慮が必要であるとした。

特に富の公正な分配をうたって、経済秩序の基本を示し、国民の実質的平等につとめる。

又、他人の権利の侵害や、憲法的秩序の破壊を禁じ、公共の福祉に反しないかぎり、人権を最大限に尊重されるとする。

2、参政権　国民主権の原理に基く主動的権利であるところから、これを特に重要視し、他の諸権利の前におく。

すべての国民は平等の条件の下に投票の権利と被選挙権を有し、普通選挙が保障される。又、公務員の不法行為に基く損害賠償請求権をこゝにいれた。

3、自由権　自由権は、権利章典の中核をなすものであり、詳細すぎる程に規定した。

思想良心の自由から始まり、あらゆる権利を明確に保障している。信教の自由では、国の宗教活動を禁止し、結社の自由では、政党の結成は、自由でかつ民主的基本秩序を乱さないかぎり、これを保障する。

婚姻は、両性の合意のみに基いて成立し、夫婦は同等の権利を有するとなし、家族に関しては、個人の尊厳と両性の本質的平等をうたっている。

又、財産権については、私有財産の社会的機能の確保と、あらゆる形における資本はすべて国民経済に奉仕するものであるとし、その使用は、国民の利益に反してはならないと規定した。

更に、人身の自由を保障し、いわゆる司法作用に対する自由権の保障については、十数ケ条に亘って詳細をきわめ、英米法にいう適法手続条項を並べた。

又、刑罰は教育刑主義をとり、保安処分、人身保護制度を明記し、死刑を廃止した。

4、社会権　社会権の充実強化は、本草案の一大特色であるところから、福祉国家の建設を目指し、一切の社会保障制度を国に義務づけた。そしてこれに要する費用は国の予算で最優先とし、特に母子及び老齢者の保護につとめる。

又、勤労者の最低賃金の保障、失業救済をうたい、勤労者の団結権及び団体交渉その他の団体行動の権利は、経済的地位の向上と、勤労条件の改善のためにのみ有するものとし、労働問題の早期解決を図らしめる一方、これに対する国のいかなる政治的干与も禁止した。

教育に関しては、国公立の義務教育を全額無償とし、奨学金制度を確立して、教育を受ける権利を実質的たらしめた。

5、基本義務　納税の義務では、租税体系を合理的累進主義に基くものとし、国民の勤労の義務を定める。

又、すべての国民に、国の独立と国民の生命、自由及び財産を確保するため、国防の義務を課した。

四、政治機構

1、通則　国民主権主義の宣言と、天皇の象徴性、並びに、三権の帰属と各独立を規定する。

2、天皇　天皇の世襲制をうたい、女皇を認める。

天皇の行為については、現行より大幅の制限を加え、純粋に儀礼的行為のみとした。又、天皇及び摂政は、両院合同会で、憲法遵守の宣誓を行わねばならないとした。

3、国会　国政の能率化を図り、二院制の妙味を出した。両院合同会を定め、国会理事会を設ける。

第一院を国民の直接選挙、第二院を間接選挙とし、議員の定数を夫々、四百、二百名をこえてはならないとし、任期はいづれも四年である。新たに議員に宣誓を要するものとし、歳費の増額は次の議員から効力を発する。

国会の常会は、一月上旬から三ケ月、九月上旬から二ケ月とし、臨時会は、内閣が召集し、又、第一院総議員の三分の一以上又は国会理事会の議題を付した要求があるときとし、その議事は召集の目的となった事項のみにかぎられる。

予算は、両院合同会で審議、議決され、増額修正は認められない。法律案は第一院に先議権があり、租税に関する法律及び予算を伴う法律の発案権は内閣に属する。

又、条約の承認も両院合同会で行うものとした。

議員で院内の秩序を乱し、又、正当な理由なくして欠席した議員、非行のあった議員は懲罰され、除名は出席議員の三分の二で決せられる。

両議院は国政調査権を有し、裁判官の弾劾裁判所は第二院の議員で、訴追委員会は両議院の同数の議員で組織される。

4、内閣　こゝでは、内閣の安定と強化を図る。内閣総理大臣は、第一院から選出され、その他の国務大臣の任免権を有し、すべての国務大臣は、第二院議員又は現役の軍人であってはならない。

内閣が総辞職をする三つの場合を明記した。不信任案は第一院の議員の三分の一以上の連署を要し、信任案の提出は内閣が行い、不信任案の可決又は信任案の否決には後継総理の指名を附することゝした。

この提案に対する採決は二日後として、五日以内に議決されないときは信任されたものとした。又、内閣は総選挙後一年を経なければ第一院を解散させることができない。

内閣が行う一般行政事務の外、行いうる事務を列挙した。特に、非常事態宣言及び緊急政令を認め、原則として両院合同会の事前の承認を要するものとした。又、大赦、特赦等は、第二院の同意で行う。

5、裁判官　最高裁判所裁判官は、最高裁判所裁判官選衡委員会の作成した名簿の中から第二院の同意をえて内閣が任命し、その互選により長官を選び、第二院議長がこれを任命する。

最高裁の裁判官は、その任命後十年毎に、国民が選挙した最高裁判所裁判官審査委員会の審査をうけ、その委員会の三分の二以上の多数で罷免が決せられる。

最高裁に大法廷と小法廷をおく。そして、具体的訴訟事件に関連して、違憲審査を行うことができ、又、内閣がいづれかの議院の三分の一以上の訴求に基いて、法律の公布前にその違憲性を審査することができる。

6、財政　予算が前年度内に不成立のときは、内閣の責任支出が認められる。五年以内にかぎって継続費を認めるが、これを軍事上の目的に供してはならない。予備費は、内閣の責任において支出できる。

決算は、会計検査院の検査を経て国会の承認をうける。検査官は、第二院の同意を得て内閣が任命する。

7、地方自治　地方公共団体の議会の議員は、住民の直接選挙とし、地方公共団体の長は、その議会が選出する。

国は、地方公共団体の衡平を図るため、財政上の措置を講じなければならない。

五、国際協調

1、通則　世界平和の達成と、全人類の福祉を増進するため、国際協調を基本として、積極的方策にいで、それに貢献するためにのみ、わが国の独立と安全をはたすことができるものとした。

2、外交　国際法の遵守と国際紛争の解決は、国際連合その他の国際機構を通じて、平和的手段により行うものとする。

すべての侵略戦争を否認し、平和を乱す一切の要因をなくすよう努める。又、そのための主権の制限に同意する。

3、国防　わが国の独立と安全を保持し、かつ、世界の平和を確保するために、国防軍をもつことゝした。

国防軍は、国土開発に積極的に寄与する。

軍権は厳格に文治権に従属し、軍の最高指揮監督権は内閣総理大臣が有し、軍の組織、編成はすべて法律でこれを定めるものとする。

又、軍の動員及び出動には、原則として両院合同会の事前の承認を要することゝした。

軍事裁判所は、純軍事上の事件のみを扱う。

六、附則

この憲法施行のための準備規定。

資料Ⅰ・33

大日本國憲法〈抄〉

一九五八年七月一日

里見岸雄

［出典］『国体文化』一九五八年七月号

コメント

これは、田中智学の三男で日蓮思想の見地から国体論を論じ石原莞爾にも思想的影響を与えた国体憲法学者、里見岸雄の作成した憲法改正案である。

「国体」の復権を志向するこの案は、あまりにも時代錯誤的で、戦後政治のなかではまったくといってよいほど影響力はなかったので、この案の性格を象徴的に表わしている前文だけを掲載し、本文は省略した。

日本国人は、何者にも強要せられず、何者にも隷属することなく、完全に自由な総意を以て、ここに新しく、光輝ある大日本国憲法を制定する。おもふに、わが国の成文法は、推古天皇の御代、聖徳太子の摂政を以て定められた十七条憲法に端を発し、それ以後、幾多の変遷を経てきたが、明治二十二年二月十一日、明治天皇が、大日本帝国憲法を制定したまふに及んで、初めて、近代憲法の確立を見るに至った。かくて、日本は近代的立憲国家となり、営々として経国の事に当ったので、国運は、躍進に次ぐに躍進を以てし、国力は、発展に次ぐに発展を以てし、国威は、あまねく中外に高揚して、遂に世界三大強国の一に算へられたが、これ誠に君民一体挙国一致の努力の賜物であって、世界史上、稀有の驚異であった。

そもそも、わが国が、道義の建養と平和の確保を国是としたことは、建国の古傳にも明かにされてゐるが、確実な文書歴史の時代に入ってから大正時代に至る迄、一千五百年の長い間に、わが国が、外国と兵馬の間に相見えたことは、攻防合せて、僅かに数指を屈するに過ぎないのであって、これ、四隣に殆んどその比を見ないわが国人の誇といはねばならぬ。しかるに近時、漸く心驕った一部の勢力が覇を制した結果、国是を誤り、無謀に戦を好むの風を生じ、事毎に、他国に兵を進めて止まるところを知らず、他国民に幾多無用の惨害を与へたあげくのはて、終に、国力尽きて敗戦の悲運を招き、わが国土を荒廃に帰し、国史に一大汚辱を残したことは、痛恨の極みであり、外、犠牲となった他国民に対してはもとより、内、皇祖皇宗の尊霊並びに国民祖宗の神霊に向ふとき、唯々、懺悔の念を深うするのみである。辛うじてわれらの心を医するものは、この戦を契機として、東亜の諸民族が続々として蹶起し、その永き隷従の悲境から各々自らを解放し、感激の声高らかに、各々その独立を告げるようになった一事である。敗戦の祖国に殉じた幾十百万の戦歿英霊、並びに戦禍犠牲の高霊、願はくはこれを冥覧して各々慰むところあれかしと祈る。

ポツダム宣言を受諾したわが国は、全国土を外国軍隊によって占領せられ、主権を制限せられた。これは、わが国人にとって、未曽有のそして最大の苦痛ではあったが、同時に、それはわが民族にとって、求めても得られない一大試練でもあった。わが国人は、次々と、占領軍司令官の冷厳な要求に直面したが、それらは、根本的なものから末端的なものに至る迄、多岐に亙ったとはいへ、一々改革の断行を迫られ、そしてこれらの要求は、最後的且つ根源的に、つひに憲法改正の一事に要約集中せられたのである。元来、一国が、外国の軍隊によってその国土を占領せられてゐる期間中に、その軍隊の命令や圧力によって憲法を改正することは、世界の常道ではないのであるが、時の情勢上、わが国は、この異変の道に就くことを余儀なくせられ、昭和二十一年十一月三日、改正の名の下に、事実上日本帝国憲法を廃棄し、占領軍司令官の原案を受諾し、その監視と制約との下に、若干の修正を許され、日本国憲法を制定公布したのである。日本国憲法は一面には、確に、多くの進歩的要素やその他の特色を含み、わが国の民主主義化に長足の進歩を促し、且つ官僚政治、軍閥独裁その地の弊害の拠って来たるところを除去するに役立ち、裨益するところ少くなかったことは、これを認めなければならないが、その半面には、民主主義が、初期占領政策の目的たる、日本永遠弱小化の為めに、大いに利用せられてゐる点に、眼を閉ぢてはならないのである。これが為め、日本国憲法には、わが国の個性、歴史、民情、社会の発達段階、将来に於ける国力の発展可能性など、幾多重要な諸面が、不当に軽視され又は故意に無視され、或は計画的に除去せられ又は警戒的に抑圧せられてをり、その甚しいものに至っては、当然の権利たるべきものが剥奪せられてをるのであって、法の根底に、わが国に対する懲罰的意図が横たはってゐるのを、見逃すべきではない。かくて必然の結果として、民族精神は去勢せられ、社会は混乱を招き、国民は分裂し、しかも国力の綜合統一は著しく弱化して、国歩の艱難覆ひがたきものがある。これ、日本国憲法の民主主義が、わが国人の高度の自覚と、社会的基盤の成熟に基いて、歴史的に成立したものと異り、戦勝国が、自らの利益に奉仕せしめようとする不純の目的を混入して、立案強制したものだからにほかならない。歴史は高価な実物教訓である。昭和二十五年朝鮮戦争の勃発に際会して愕然とした米国は、初めて占領政策の重大な誤謬を悟り、占領軍指令官は、俄にわれに令して再軍備を強行せしめた。かくてわが国には憲法の許さない陸海空の三軍が、自衛隊の名の下に存在するに至り、日本国憲法はこの一角から崩壊し始め、日を逐ふて、占領政策の矛盾が、諸方面に、拡大されるばかりとなった。後、ニクソン副大統領の来日を機会に、米国はわれに遺憾の意を表明するところがあったとはいへ、かかる欠陥に満ちた憲法の厳存する限り、日本国の深き苦悩は除かれず、われらは永遠に破衮を擁して泣かねばならぬ。われらは、われらの独立を完全且つ偉大なものとする為めに、わが国固有の主権を発動して日本国憲法を改正し、その長はこれを取り、その短はこれを捨て、もっぱら、わが国の歴史と社会に基いて、自主的憲法の成立を告げることにより、われらの権威ある国家生活を完うすると共に、一層、世界の文化と平和に貢献し得ることを確信してやまない。

大日本国は、国の唯一最高の意思たる主権の源泉が、国人たる天皇（皇族を含む）及び国民の両者に遍在する意味で、全人国である。大日本国は、国人の総意に基き一切の専制と独裁を排し、三権を分立し、基本的人権を確認尊重して、国民多数の意思に基き国民自ら政治を行ふ意味で、民主国である。大日本国は、日本民族不滅の道統を維持する為め、万世一系の天皇を奉じて君主と崇め、皇位を拠り所とし、神器を道義の象徴と仰いで、社会の安定、国家の統一を窮極的に保持する意味で、君主国である。日本国人は、わが国の古伝と国史を貫いて流れる国の道統と、近代世界の形成がわれらに齎した諸文化とを融合し、個性豊かでありながら、よく世界の大勢に歩調を合はせ、内には道義国家を完成して国人共存共栄の理想社会を建設し、外には諸国民の強弱大小を越えて、すべての国々が体系化し、全人類を同胞とし、有無相通じ、敬愛扶助の誼を厚くし、以て世界一家の絶対平和を実現すべく奉仕することを、国是とする。就中、現今の急務として、日本国人は、世界各国が、国際戦争を地上から永遠に駆逐することを念願し、各国がそれぞれの国内治安の維持の為めに、避けえない限度に於いて設ける警察的武装及び国際警察軍を除き、一切の戦力を、同時に、且つひとしく、永久に、解体消滅せしめる日の、一日も速やかに到来することを期し、あらゆる機会に、最大最善の努力を傾注し、全人類と共に、この至上目的を達成することを誓ふ。

《以下略》

資料Ⅰ・34

岸信介首相のブラウン記者との会見における改憲発言〈米NBC〉

一九五八年一〇月一四日

［出典］『総合世界資料』一巻二〇号

コメント

これは、岸信介首相が憲法九条の改正について語った有名なインタビューである。このインタビューで、岸の露骨な憲法改正についての思惑を知り、野党や平和運動は、岸内閣が推進しようとしていた安保改定について、一層警戒心をつのらせた。

ここで注目されるのは、岸が九条改正の理由を、自衛隊を海外に派兵できず、自由世界を守る役割を果たせない点に置いていたことである。「いまや日本は自由世界を維持するための戦いにおいて十分な役割を演ずる用意をしなければならないと岸首相はいった。岸首相は、日本が必要な場合戦争することを禁じた条項を廃止したいと望んでいる」と。

日本の岸首相は米国に対し東南アジア経済機構を推進する上で日本を支持するよう要請した。岸氏は東南アジアの強力な経済同盟を米国が後援することは日本と南太平洋諸国の繁栄と、中共の経済的浸透に対抗するために欠くことのできないものであると語った。日本がいますぐ米国から必要としている最大のものは、貿易をもっと均衡のとれたものにすることであると岸首相は私に語った。首相はまた次のようにつけ加えた。

われわれは貴国がわれわれから買うよりも多くのものを貴国から買っている。これを調整することは米国国民の側のいっそうの理解と日本の輸出業者の忍耐を要する。双方がもっと妥協しなければならない。

日本の岸首相は今回始めて、中共が日本との通商条約の代価として外交的承認を要求していることを明らかにした。岸首相は次のようにいった。

われわれは中共にそういう代価を払うつもりはない。われわれは中共を承認するつもりはない。中共は朝鮮、ベトナムで侵略者であったし、今日金門、馬祖に対する侵略者である。もし中共が態度を変えなければ、また変るまで、われわれは力を国家政策の道具として使用する国を承認するつもりはない。私は中共を強く非難する。

岸首相は力強くその思想を語り、社会党の反対を無視した。岸首相は私に、共産主義者の拡大を押えるために、あらゆる方法で米国と協力する用意があると述べた。このことは、極東を防衛するために、日本にある米軍基地を使用することを妨げようとする現在の動きにとらわれず首相がこれに反対することを示すものである。

岸首相は台湾、朝鮮を共産主義の手に落ちないようにしておくことは日本にとって絶対必要なことである。日本はそうした脅威から保護されねばならない。しかもそれはまた米国の政策でなければならない。さもなければ全太平洋地域は安全でないだろうと語った。

岸首相はいま敵対者たちからさんざんやっつけられていながら血気盛んな若者のような気力で今日まで戦ってきた。岸首相はこのNBC記者に一時間のインタビューを許可して、現在騒がれている問題について、いままでにない大胆な表現で発言した。岸首相はマッカーサー元帥が銀の盆にのせて日本人に手渡した憲法のすべての重要な特徴に背を向ける覚悟をしている。「日本が憲法第九条を廃棄する時は来た」と岸首相は私にいった。第九条によれば、日本は海外に派兵できないし、戦争もできず、純然たる自衛軍に限定されている。世界の情勢は急変した――と岸首相はいった。日本は自由世界を守る役割を果す用意があるが、憲法を変えるには時間がかかるだろうと。

私は岸首相にいった。もしそれがあなたの望みならミサイルや原子兵器をつけられるものにさえ反対しているのはなぜか。いいかえれば私は日本が近代兵器を持たないで自分の役割を果せるものかどうかお聞きしたいのですと。

岸首相はいった。

日本における感情は原子兵器の保有に反対している。これに対する強い憎悪がある。何といっても、原爆がわれわれの頭上に落ちて来たのである。現在のところわれわれは共産主義よりも原子兵器の方を恐れている。しかしわれわれは共産主義が日本に侵入して来るのを防ぐため警戒していなければならない。

岸首相は、米国との安保条約の改定については、彼は社会党よりもはるかに先へ進みたいと希望しており、恐らく日本人の多くもそうだということを明らかにした。岸首相は米国が他の国々と結んでいるのと同じような相互防衛条約は、日本との間にはありえないことを指摘した。日本の憲法がそれを許さない。

しかし岸首相はあたかも逃避的態度では共産主義の侵略を食い止められないことを承知している政治家のようにしゃべった。強い反対や米国についていつも批判的な世論をものともしない人物として岸首相は大胆で率直、しかも気の抜けたような人物ではなかった。日本にはほとんどいかなる代価を払っても中共との貿易協定を結べという強い感情がある。

私はそうはしない。私は中共を非難する。中共は朝鮮とベトナムにおいて侵略者だったし、金門と馬祖に対しても侵略者である。われわれは蒋介石の台湾政府を認めている。この態度は変えない。中共は国際共産主義組織の一部である。たとえ日本の社会党が台湾紛争を内戦と呼ぼうとも、私としてはそれを国際的な反共闘争と考える。地理が示す通りわれわれ自身共産主義の危険にさらされている。ソ連は日本の北方の樺太にいる。共産主義者は北鮮を支配している。従って日本の安全保障にとっては朝鮮と台湾が共産主義者の手に落ちないことが絶対不可欠である。

「自由世界はこの戦いに勝ちつつあるかどうか」と私は首相に尋ねた。彼は答えた。「共産諸国はその力を増大した。だが自由世界のわれわれの方がまだ進んでいる。彼らは勝利者に追いつこうと懸命になっている」「自由世界は生き残れるか」と私は尋ねた。首相は答えた。「たしかに生残る。生残らねばならないからだ。自由世界は文化と人間の尊厳、そして人道のために生残ることが絶対に必要である。」

岸首相は日本が憲法の戦争放棄の条項を廃棄すべき時期が来ていると語った。この憲法が米国人によって日本に与えられていらい世界情勢は急激に変化していると同首相は述べた。いまや日本は自由世界を維持するための戦いにおいて十分な役割を演ずる用意をしなければならないと岸首相はいった。岸首相は、日本が必要な場合戦争することを禁じた条項を廃止したいと望んでいる。岸首相はきょう記者との一時間にわたる個人的会見で、一連の驚くべき言明を行った。彼は中共を非難し、蒋介石を支持し、米国にもっと自由な貿易の実施を訴えた。防衛について岸首相は次のように述べた。

日本は台湾と朝鮮が共産主義者の手に収められることを阻止するため、可能なあらゆることを行う用意がなければならない。そのような事態は日本の安全のために決して起ってはならないことである。

「台湾海峡の情勢は内戦ではなく、共産主義者の侵略に対する国際的な戦いである」と彼はいった。ところで、この重大な点は、三日前台北で蒋介石総統も私に語っていたことである。岸首相は「われわれは米国と最大限の協力を規定する安全保障条約について交渉する用意があるが、目下われわれは海外派兵を禁止されているので、憲法の改正が必要である」といった。岸首相のこれらの言明は、彼が政権担当いらい日本の政策について行った最も大胆な意見の表明である。

資料Ｉ・35

砂川訴訟

①東京地方裁判所判決（伊達判決）一九五九年三月三〇日

（昭和三一年（特わ）第三六七号、三六八号　日本国とアメリカ合衆国との間の安全保障条約第三条に基く行政協定に伴う刑事特別法違反事件）

［出典］下級裁判所刑事判例集一巻三号

②最高裁判所大法廷判決一九五九年一二月一六日（破棄差戻し）

（昭和三四（あ）七一〇号　日本国とアメリカ合衆国との間の安全保障条約第三条に基く行政協定に伴う刑事特別法違反事件）

［出典］刑集第一三巻一三号三二二五頁

コメント

①はいわゆる伊達判決といわれる砂川事件一審判決である。本判決については、すでに膨大な量にのぼる評釈、分析、検討がなされているので、ここでの解説は省略する。

安保条約に基づく米軍の駐留を憲法違反であると判示した本判決が出されたのは、一九五九年三月三〇日であったが、実はその二日前、三月二八日には、総評、社会党、共産党などが参加して安保条約改定阻止国民会議が結成されていた。本判決は、政府や国民に衝撃を与え、安保条約改定反対闘争の盛り上がりを加速化した。

②は一審判決に対する政府の跳躍上告を受けてなされた最高裁判決である。本判決についても、ここでは解説を省略する。

最高裁は異例のスピードで審理をすすめ、五九年一二月一六日に一審判決を破棄差戻しし安保条約に基づく米軍駐留を合憲とする判決を下した。砂川事件一審判決の与える政治的影響力を抑えるためであった。最高裁判決の直後、一九六〇年一月一九日、ワシントンにおいて改定安保条約（⇩Ⅰ・38）の調印が行われた。

①東京地方裁判所判決（伊達判決）一九五九年三月三〇日

主　文

本件各公訴事実につき、被告人坂田茂、同菅野勝之、同高野保太郎、同江田文雄、同土屋源太郎、同武藤軍一郎、同椎野徳蔵はいずれも無罪。

理　由

本件公訴事実の要旨は、東京調達局においては日本国とアメリカ合衆国との間の安全保障条約第三条に基く行政協定の実施に伴う土地等の使用等に関する特別措置法及び土地収用法により内閣総理大臣の使用認定を得て、昭和三十二年七月八日午前五時十五分頃からアメリカ合衆国空軍の使用する東京都北多摩郡砂川町所在の立川飛行場内民有地の測量を開始したが、この測量に反対する砂川町基地拡張反対同盟員及びこれを支援する各種労働組合員、学生団体員等千余名の集団は同日早朝から右飛行場北側境界柵外に集合して反対の気勢をあげ、その中の一部の者により滑走路北端附近の境界柵は数十米に亘って破壊された。被告人坂田茂、同菅野勝之、同高野保太郎、同江田文雄、同土屋源太郎、同武藤軍一郎は右集団に参加していたものであるが、他の参加者三百名位と意思相通じて同日午前十時四十分頃から同十一時三十分頃までの間に、正当な理由がないのに、右境界柵の破壊された箇所からアメリカ合衆国軍隊が使用する区域であって入ることを禁じた場所である前記立川飛行場内に深さ四・五米に亘って立入り、被告人椎野徳蔵は国鉄労働組合の一員として右集団に参加していたものであるが、同日午前十時三十分頃から同十一時五十分頃までの間に、正当な理由がないのに、右境界柵の破壊された箇所から合衆国軍隊が使用する区域であって入ることを禁じた場所である前記立川飛行場内に深さ二・三米に亘って立入ったものであるというので、按ずるに、《人証・書証略》によれば被告人坂田茂、同菅野勝之、同高野保太郎、同江田文雄、同土屋源太郎、同武藤軍一郎は共同して昭和三十二年七月八日午前十時三、四十分頃から午前十一時頃迄の間に正当な理由がないのにアメリカ合衆国軍隊が使用する区域であって入ることを禁じた場所である東京都北多摩郡砂川町所在立川飛行場内に深さ四・五米に亘って立入り、被告人椎野徳蔵は同日午前十時三十分頃から午前十一時三十分頃迄の間に正当な理由がないのに前記立川飛行場内に深さ約二・三米に亘って立入ったことが認められる。

右事実は日本国とアメリカ合衆国との間の安全保障条約第三条に基く行政協定に伴う刑事特別法（以下刑事特別法と略称する。）第二条に該当するが、同法条は、日米安全保障条約に基いてわが国内に駐留する合衆国軍隊が使用する一定の施設又は区域内における合衆国軍隊及びその構成員等の行動、生活等の平穏を保護するため右施設又は区域にして入ることを禁止した場所に対する、正当な理由なき立入又は不退去を処罰するものであるところ、これに対応する一般刑罰法規としては、軽犯罪法第一条第三十二号の正当な理由なく立入禁止の場所等に入った者に対する処罰規定を見出すことができ、従って刑事特別法第二条は右の軽犯罪法の規定と特別法、一般法の関係にあるものと解することができる。しかして、両者間の刑の軽重をみるに、軽犯罪法は拘留又は科料（情状により刑を免除又は併科し得る。）を科し得るに止まるのに対し、刑事特別法第二条は一年以下の懲役又は二千円以下の罰金若しくは科料を科し得るのであって、後者においては前者に比してより重刑をもって臨んでいるのであるが、この差異は法が合衆国軍隊の施設又は区域内の平穏に関する法益を特に重要に考え、一般国民の同種法益よりも一層厚く保護しようとする趣旨に出たものとみるべきである。そこでもしこの合衆国軍隊の駐留がわが国の憲法に何等抵触するものでないならば、右の差別的取扱は敢えて問題とするに足りないけれども、もし合衆国軍隊の駐留がわが憲法の規定上許すべからざるものであるならば、刑事特別法第二条は国民に対して何等正当な理由なく軽犯罪法に規定された一般の場合よりも特に重い刑罰を以て臨む不当な規定となり、何人も適正な手続によらなければ刑罰を科せられないとする憲法第三十一条及び右憲法の規定に違反する結果となるものといわざるを得ないのである。そこで以下この点について検討を進めることとする。

日本国憲法はその第九条において、国家の政策の手段としての戦争、武力による威嚇又は武力の行使を永久に放棄したのみならず、国家が戦争を行う権利を一切認めず、且つその実質的裏付けとして陸海空軍その他の戦力を一切保持しないと規定している。即ち同条は、自衛権を否定するものではないが、侵略的戦争は勿論のこと、自衛のための戦力を用いる戦争及び自衛のための戦力の保持をも許さないとするものであって、この規定は「政府の行為によって再び戦争の惨禍が起ることのないやうに」（憲法前文第一段）しようとするわが国民が、「恒久の平和を念願し、人間相互の関係を支配する崇高な理想（国際連合憲章もその目標として いる世界平和のための国際協力の理想）を深く自覚」（憲法前文第二段）した結果、「平和を愛する諸国民の公正と信義に信頼して、われらの安全と生存を維持しよう」（憲法前文第二段）とする、即ち戦争を国際平和団体に対する犯罪とし、その団体の国際警察軍による軍事的措置等、現実的にはいかに譲歩しても右のような国際平和団体を目ざしている国際連合の機関である安全保障理事会等の執る軍事的安全措置等を最低線としてこれによってわが国の安全と生存を維持しようとする決意に基くものであり、単に消極的に諸外国に対して、従来のわが国の軍国主義的、侵略主義的政策についての反省の実を示さんとするに止まらず、正義と秩序を基調とする世界永遠の平和を実現するための先駆たらんとする高遠な理想と悲壮な決意を示すものといわなければならない。従って憲法第九条の解釈は、かような憲法の理念を十分考慮した上で為さるべきであって、単に文言の形式的、概念的把握に止まってはならないばかりでなく、合衆国軍隊のわが国への駐留は、平和条約が発効し連合国の占領軍が撤収した後の軍備なき真空状態からわが国の安全と生存を維持するため必要であり、自衛上やむを得ないとする政策論によって左右されてはならないことは当然である。

そこで合衆国軍隊の駐留と憲法第九条の関係を考察するに、前記のようにわが国が現実的にはその安全と生存の維持を信託している国際連合の機関による勧告又は命令に基いて、わが国に対する武力攻撃を防禦するためにその軍隊を駐留せしめるということであればあるいは憲法第九条第二項前段によって禁止されている戦力の保持に該当しないかもしれない。しかしながら合衆国軍隊の場合には、わが国に対する武力攻撃を防禦するためわが国がアメリカ合衆国に対して軍隊の配備を要請し、合衆国がこれを承諾した結果、極東における国際の平和と安全の維持及び外部からの武力攻撃に対するわが国の安全に寄与し、且つ一又は二以上の外部の国による教唆又は干渉によって引き起されたわが国内における大規模な内乱、騒じょうの鎮圧を援助する目的でわが国内に駐留するものであり（日米安全保障条約第一条）、わが国はアメリカ合衆国に対してこの目的に必要な国内の施設及び区域を提供しているのである（行政協定第二条第一項）。従ってわが国に駐留する合衆国軍隊はただ単にわが国に加えられる武力攻撃に対する防禦若しくは内乱等の鎮圧の援助にのみ使用されるものではなく、合衆国が極東における国際の平和と安全の維持のために事態が武力攻撃に発展する場合であるとして、戦略上必要と判断した際にも当然日本区域外にその軍隊を出動し得るのであって、その際にはわが国が提供した国内の施設、区域は勿論この合衆国軍隊の軍事行動のために使用されるわけであり、わが国が自国と直接関係のない武力紛争の渦中に巻き込まれ、戦争の惨禍がわが国に及ぶ虞は必ずしも絶無ではなく、従って日米安全保障条約によってかかる危険をもたらす可能性を包蔵する合衆国軍隊の駐留を許容したわが国政府の行為は、「政府の行為によって再び戦争の惨禍が起きないようにすることを決意」した日本国憲法の精神に悖るのではないかとする疑念も生ずるのである。

しかしながらこの点はさて措き、わが国が安全保障条約において希望したところの、合衆国軍隊が外部からの武力攻撃に対してわが国の安全に寄与するため使用される場合を考えて見るに、わが国は合衆国軍隊に対して指揮権、管理権を有しないことは勿論、日米安全保障条約上合衆国軍隊は外部からのわが国に対する武力攻撃を防禦すべき法的義務を負担するものでないから、たとえ外部からの武力攻撃が為された場合にわが国がその出動を要請しても、必ずしもそれが容れられることの法的保障は存在しないのであるが、日米安全保障条約締結の動機、交渉の経過、更にはわが国とアメリカ合衆国との政治上、経済上、軍事上の密接なる協力関係、共通の利害関係等を考慮すれば、そのような場合に合衆国がわが国の要請に応じ、既にわが国防衛のため国内に駐留する軍隊を直ちに使用する現実的可能性は頗る大きいものと思料されるのである。而してこのことは行政協定第二十四条に「日本区域において敵対行為又は敵対行為の急迫した脅威が生じた場合には、日本国政府及び合衆国政府は、日本区域防衛のため必要な共同措置を執り、且つ安全保障条約第一条の目的を遂行するため、直ちに協議しなければならない。」と規定されていることに徴しても十分窺われるところである。

ところでこのような実質を有する合衆国軍隊がわが国内に駐留するのは、勿論アメリカ合衆国の一方的な意思決定に基くものではなく、前述のようにわが国政府の要請と、合衆国政府の承諾という意思の合致があったからであって、従って合衆国軍隊の駐留は一面わが国政府の行為によるものということを妨げない。蓋し合衆国軍隊の駐留は、わが国の要請とそれに対する施設、区域の提供、費用の分担その他の協力があって始めて可能となるものであるからである。かようなことを実質的に考察するとき、わが国が外部からの武力攻撃に対する自衛に使用する目的で合衆国軍隊の駐留を許容していることは、指揮権の有無、合衆国軍隊の出動義務の有無に拘らず、日本国憲法第九条第二項前段によって禁止されている陸海空軍その他の戦力の保持に該当するものといわざるを得ず、結局わが国内に駐留する合衆国軍隊は憲法上その存在を許すべからざるものといわざるを得ないのである。

もとより、安全保障条約及び行政協定の存続する限り、わが国が合衆国に対しその軍隊を駐留させ、これに必要なる基地を提供しまたその施設等の平穏を保護しなければならない国際法上の義務を負担することは当然であるとしても、前記のように合衆国軍隊の駐留が憲法第九条第二項前段に違反し許すべからざるものである以上、合衆国軍隊の施設又は区域内の平穏に関する法益が一般国民の同種法益と同様の刑事上、民事上の保護を受けることは格別、特に後者以上の厚い保護を受ける合理的な理由は何等存在しないところであるから、国民に対して軽犯罪法の規定よりも特に重い刑罰をもって臨む刑事特別法第二条の規定は、前に指摘したように何人も適正な手続によらなければ刑罰を科せられないとする憲法第三十一条に違反し無効なものといわなければならない。

よって、被告人等に対する各公訴事実は起訴状に明示せられた訴因としては罪とならないものであるから、刑事訴訟法第三百三十六条により被告人等に対しいずれも無罪の言渡をすることとし、主文のとおり判決する。

②最高裁判所大法廷判決一九五九年一二月一六日（破棄差戻し）

主　文

原判決を破棄する。

本件を東京地方裁判所に差し戻す。

理　由

東京地方検察庁検事正野村佐太男の上告趣意について。

原判決は要するに、アメリカ合衆国軍隊の駐留が、憲法九条二項前段の戦力を保持しない旨の規定に違反し許すべからざるものであるということを前提として、日本国とアメリカ合衆国との間の安全保障条約三条に基く行政協定に伴う刑事特別法二条が、憲法三一条に違反し無効であるというのである。

一、先ず憲法九条二項前段の規定の意義につき判断する。そもそも憲法九条は、わが国が敗戦の結果、ポツダム宣言を受諾したことに伴い、日本国民が過去におけるわが国の誤って犯すに至った軍国主義的行動を反省し、政府の行為によって再び戦争の惨禍が起ることのないようにすることを決意し、深く恒久の平和を念願して制定したものであって、前文および九八条二項の国際協調の精神と相まって、わが憲法の特色である平和主義を具体化した規定である。すなわち、九条一項においては「日本国民は、正義と秩序を基調とする国際平和を誠実に希求」することを宣言し、また「国権の発動たる戦争と、武力による威嚇又は武力の行使は、国際紛争を解決する手段としては、永久にこれを放棄する」と規定し、さらに同条二項においては、「前項の目的を達するため、陸海空軍その他の戦力はこれを保持しない。国の交戦権は、これを認めない」と規定した。かくのごとく、同条は、同条にいわゆる戦争を放棄し、いわゆる戦力の保持を禁止しているのであるが、しかしもちろんこれによりわが国が主権国として持つ固有の自衛権は何ら否定されたものではなく、わが憲法の平和主義は決して無防備、無抵抗を定めたものではないのである。憲法前文にも明らかなように、われら日本国民は、平和を維持し、専制と隷従、圧迫と偏狭を地上から永遠に除去しようとつとめている国際社会において、名誉ある地位を占めることを願い、全世界の国民と共にひとしく恐怖と欠乏から免かれ、平和のうちに生存する権利を有することを確認するのである。しからば、わが国が、自国の平和と安全を維持しその存立を全うするために必要な自衛のための措置をとりうることは、国家固有の権能の行使として当然のことといわなければならない。すなわち、われら日本国民は、憲法九条二項により、同条項にいわゆる戦力は保持しないけれども、これによって生ずるわが国の防衛力の不足は、これを憲法前文にいわゆる平和を愛好する諸国民の公正と信義に信頼することによって補ない、もってわれらの安全と生存を保持しようと決意したのである。そしてそれは、必ずしも原判決のいうように、国際連合の機関である安全保障理事会等の執る軍事的安全措置等に限定されたものではなく、わが国の平和と安全を維持するための安全保障であれば、その目的を達するにふさわしい方式又は手段である限り、国際情勢の実情に即応して適当と認められるものを選ぶことができることはもとよりであって、憲法九条は、わが国がその平和と安全を維持するために他国に安全保障を求めることを、何ら禁ずるものではないのである。

そこで、右のような憲法九条の趣旨に即して同条二項の法意を考えてみるに、同条項において戦力の不保持を規定したのは、わが国がいわゆる戦力を保持し、自らその主体となってこれに指揮権、管理権を行使することにより、同条一項において永久に放棄することを定めたいわゆる侵略戦争を引き起こすがごときことのないようにするためであると解するを相当とする。従って同条二項がいわゆる自衛のための戦力の保持をも禁じたものであるか否かは別として、同条項がその保持を禁止した戦力とは、わが国がその主体となってこれに指揮権、管理権を行使し得る戦力をいうものであり、結局わが国自体の戦力を指し、外国の軍隊は、たとえそれがわが国に駐留するとしても、ここにいう戦力には該当しないと解すべきである。

二、次に、アメリカ合衆国軍隊の駐留が憲法九条、九八条二項および前文の趣旨に反するかどうかであるが、その判断には、右駐留が本件日米安全保障条約に基くものである関係上、結局右条約の内容が憲法の前記条章に反するかどうかの判断が前提とならざるを得ない。

しかるに、右安全保障条約は、日本国との平和条約（昭和二七年四月二八日条約五号）と同日に締結せられた、これと密接不可分の関係にある条約である。すなわち、平和条約六条（a）項但書には「この規定は、一又は二以上の連合国を一方とし、日本国を他方として双方の間に締結された若しくは締結される二国間若しくは多数国間の協定に基く、又はその結果としての外国軍隊の日本国の領域における駐とん又は駐留を妨げるものではない。」とあって、日本国の領域における外国軍隊の駐留を認めており、本件安全保障条約は、右規定によって認められた外国軍隊であるアメリカ合衆国軍隊の駐留に関して、日米間に締結せられた条約であり、平和条約の右条項は、当時の国際連合加盟国六〇箇国中四〇数箇国の多数国家がこれに賛成調印している。そして、右安全保障条約の目的とするところは、その前文によれば、平和条約の発効時において、わが国固有の自衛権を行使する有効な手段を持たない実状に鑑み、無責任な軍国主義の危険に対処する必要上、平和条約がわが国に主権国として集団的安全保障取極を締結する権利を有することを承認し、さらに、国際連合憲章がすべての国が個別的および集団的自衛の固有の権利を有することを承認しているのに基き、わが国の防衛のための暫定措置として、武力攻撃を阻止するため、わが国はアメリカ合衆国がわが国内およびその附近にその軍隊を配備する権利を許容する等、わが国の安全と防衛を確保するに必要な事項を定めるにあることは明瞭である。それ故、右安全保障条約は、その内容において、主権国としてのわが国の平和と安全、ひいてはわが国存立の基礎に極めて重大な関係を有するものというべきであるが、また、その成立に当っては、時の内閣は憲法の条章に基き、米国と数次に亘る交渉の末、わが国の重大政策として適式に締結し、その後、それが憲法に適合するか否かの討議をも含めて衆参両院において慎重に審議せられた上、適法妥当なものとして国会の承認を経たものであることも公知の事実である。

ところで、本件安全保障条約は、前述のごとく、主権国としてのわが国の存立の基礎に極めて重大な関係をもつ高度の政治性を有するものというべきであって、その内容が違憲なりや否やの法的判断は、その条約を締結した内閣およびこれを承認した国会の高度の政治的ないし自由裁量的判断と表裏をなす点がすくなくない。それ故、右違憲なりや否やの法的判断は、純司法的機能をその使命とする司法裁判所の審査には、原則としてなじまない性質のものであり、従って、一見極めて明白に違憲無効であると認められない限りは、裁判所の司法審査権の範囲外のものであって、それは第一次的には、右条約の締結権を有する内閣およびこれに対して承認権を有する国会の判断に従うべく、終局的には、主権を有する国民の政治的批判に委ねらるべきものであると解するを相当とする。そして、このことは、本件安全保障条約またはこれに基く政府の行為の違憲なりや否やが、本件のように前提問題となっている場合であると否とにかかわらないのである。

三、よって、進んで本件アメリカ合衆国軍隊の駐留に関する安全保障条約およびその三条に基く行政協定の規定の示すところをみると、右駐留軍隊は外国軍隊であって、わが国自体の戦力でないことはもちろん、これに対する指揮権、管理権は、すべてアメリカ合衆国に存し、わが国がその主体となってあたかも自国の軍隊に対すると同様の指揮権、管理権を有するものでないことが明らかである。またこの軍隊は、前述のような同条約の前文に示された趣旨において駐留するものであり、同条約一条の示すように極東における国際の平和と安全の維持に寄与し、ならびに一または二以上の外部の国による教唆または干渉によって引き起されたわが国における大規模の内乱および騒じょうを鎮圧するため、わが国政府の明示の要請に応じて与えられる援助を含めて、外部からの武力攻撃に対する日本国の安全に寄与するために使用することとなっており、その目的は、専らわが国およびわが国を含めた極東の平和と安全を維持し、再び戦争の惨禍が起らないようにすることに存し、わが国がその駐留を許容したのは、わが国の防衛力の不足を、平和を愛好する諸国民の公正と信義に信頼して補なおうとしたものに外ならないことが窺えるのである。

果してしからば、かようなアメリカ合衆国軍隊の駐留は、憲法九条、九八条二項および前文の趣旨に適合こそすれ、これらの条章に反して違憲無効であることが一見極めて明白であるとは、到底認められない。そしてこのことは、憲法九条二項が、自衛のための戦力の保持をも許さない趣旨のものであると否とにかかわらないのである。（なお、行政協定は特に国会の承認を経ていないが、政府は昭和二七年二月二八日その調印を了し、同年三月上旬頃衆議院外務委員会に行政協定およびその締結の際の議事録を提出し、その後、同委員会および衆議院法務委員会等において、種々質疑応答がなされている。そして行政協定自体につき国会の承認を経べきものであるとの議論もあったが、政府は、行政協定の根拠規定を含む安全保障条約が国会の承認を経ている以上、これと別に特に行政協定につき国会の承認を経る必要はないといい、国会においては、参議院本会議において、昭和二七年三月二五日に行政協定が憲法七三条による条約であるから、同条の規定によって国会の承認を経べきものである旨の決議案が否決され、また、衆議院本会議において、同年同月二六日に行政協定は安全保障条約三条により政府に委任された米軍の配備規律の範囲を越え、その内容は憲法七三条による国会の承認を経べきものである旨の決議案が否決されたのである。しからば、以上の事実に徴し、米軍の配備を規律する条件を規定した行政協定は、既に国会の承認を経た安全保障条約三条の委任の範囲内のものであると認められ、これにつき特に国会の承認を経なかったからといって、違憲無効であるとは認められない。）

しからば、原判決が、アメリカ合衆国軍隊の駐留が憲法九条二項前段に違反し許すべからざるものと判断したのは、裁判所の司法審査権の範囲を逸脱し同条項および憲法前文の解釈を誤ったものであり、従って、これを前提として本件刑事特別法二条を違憲無効としたことも失当であって、この点に関する論旨は結局理由あるに帰し、原判決はその他の論旨につき判断するまでもなく、破棄を免かれない。

よって刑訴四一〇条一項本文、四〇五条一号、四一三条本文に従い、主文のとおり判決する。

この判決は、裁判官田中耕太郎、同島保、同藤田八郎、同入江俊郎、同垂水克己、同河村大助、同石坂修一の補足意見および裁判官小谷勝重、同奥野健一、同高橋潔の意見があるほか、裁判官全員一致の意見によるものである。

裁判官田中耕太郎の補足意見は次のとおりである。

私は本判決の主文および理由をともに支持するものであるが、理由を次の二点について補足したい。

一、本判決理由が問題としていない点について述べる。元来本件の法律問題はきわめて単純かつ明瞭である。事案は刑事特別法によって立入を禁止されている施設内に、被告人等が正当の理由なく立ち入ったということだけである。原審裁判所は本件事実に対して単に同法二条を適用するだけで十分であった。しかるに原判決は同法二条を日米安全保障条約によるアメリカ合衆国軍隊の駐留の合憲性の問題と関連せしめ、駐留を憲法九条二項に違反するものとし、刑事特別法二条を違憲と判断した。かくして原判決は本件の解決に不必要な問題にまで遡り、論議を無用に紛糾せしめるにいたった。

私は、かりに駐留が違憲であったにしても、刑事特別法二条自体がそれにかかわりなく存在の意義を有し、有効であると考える。つまり駐留が合憲か違憲かについて争いがあるにしても、そしてかりにそれが違憲であるとしても、とにかく駐留という事実が現に存在する以上は、その事実を尊重し、これに対し適当な保護の途を講ずることは、立法政策上十分是認できるところである。

およそある事実が存在する場合に、その事実が違法なものであっても、一応その事実を承認する前提に立って法関係を局部的に処理する法技術的な原則が存在することは、法学上十分肯定し得るところである。違法な事実を将来に向って排除することは別問題として、既定事実を尊重し法的安定性を保つのが法の建前である。それによって、ある事実の違法性の影響が無限に波及することから生ずる不当な結果や法秩序の混乱を回避することができるのである。かような場合は多々存するが、その最も簡単な事例として、たとえ不法に入国した外国人であっても、国内に在留するかぎり、その者の生命、自由、財産等は保障されなければならないことを挙げることができる。いわんや本件駐留が違憲不法なものでないにおいておや。

本件において、もし駐留軍隊が国内に現存するという既定事実を考慮に入れるならば、国際慣行や国際礼譲を援用するまでもなく、この事実に立脚する刑事特別法二条には十分な合理的理由が存在する。原判決のふれているところの、軽犯罪法一条三二号や住居侵入罪との法定刑の権衡のごとき、結局立法政策上の問題に帰着する。

要するに、日米安全保障条約にもとづくアメリカ合衆国軍隊の駐留の合憲性の問題は、本来かような事件の解決の前提問題として判断すべき性質のものではない。この問題と、刑事特別法二条の効力との間には全く関連がない。原判決がそこに関連があるかのように考えて、駐留を違憲とし、従って同法二条を違憲無効なものと判断したことは失当であり、原判決はこの一点だけで以て破棄を免れない。

二、原判決は一に指摘したような誤った論理的過程に従って、アメリカ合衆国軍隊の駐留の合憲性に関連して、憲法九条、自衛、日米安全保障条約、平和主義等の諸重要問題に立ち入った。それ故これらの点に関して本判決理由が当裁判所の見解を示したのは、けだし止むを得ない次第である。私は本判決理由をわが憲法の国際協調主義の観点から若干補足する意味において、以下自分の見解を述べることとする。

およそ国家がその存立のために自衛権をもっていることは、一般に承認されているところである。自衛は国家の最も本源的な任務と機能の一つである。しからば自衛の目的を効果的に達成するために、如何なる方策を講ずべきであろうか。その方策として国家は自国の防衛力の充実を期する以外に、例えば国際連合のような国際的組織体による安全保障、さらに友好諸国との安全保障のための条約の締結等が考え得られる。そして防衛力の規模および充実の程度やいかなる方策を選ぶべきかの判断は、これ一つにその時々の世界情勢その他の事情を考慮に入れた、政府の裁量にかかる純然たる政治的性質の問題である。法的に認め得ることは、国家が国民に対する義務として自衛のために何等かの必要適切な措置を講じ得、かつ講じなければならないという大原則だけである。

さらに一国の自衛は国際社会における道義的義務でもある。今や諸国民の間の相互連帯の関係は、一国民の危急存亡が必然的に他の諸国民のそれに直接に影響を及ぼす程度に拡大深化されている。従って一国の自衛も個別的にすなわちその国のみの立場から考察すべきでない。一国が侵略に対して自国を守ることは、同時に他国を守ることになり、他国の防衛に協力することは自国を守る所以でもある。換言すれば、今日はもはや厳格な意味での自衛の観念は存在せず、自衛はすなわち「他衛」、他衛はすなわち自衛という関係があるのみである。従って自国の防衛にしろ、他国の防衛への協力にしろ、各国はこれについて義務を負担しているものと認められるのである。

およそ国内的問題として、各人が急迫不正の侵害に対し自他の権利を防衛することは、いわゆる「権利のための戦い」であり正義の要請といい得られる。これは法秩序全体を守ることを意味する。このことは国際関係においても同様である。防衛の義務はとくに条約をまって生ずるものではなく、また履行を強制し得る性質のものでもない。しかしこれは諸国民の間に存在する相互依存、連帯関係の基礎である自然的、世界的な道徳秩序すなわち国際協同体の理念から生ずるものである。このことは憲法前文の国際協調主義の精神からも認め得られる。そして政府がこの精神に副うような措置を講ずることも、政府がその責任を以てする政治的な裁量行為の範囲に属するのである。

本件において問題となっている日米両国間の安全保障条約も、かような立場からしてのみ理解できる。本条約の趣旨は憲法九条の平和主義的精神と相容れないものということはできない。同条の精神は要するに侵略戦争の禁止に存する。それは外部からの侵略の事実によって、わが国の意思とは無関係に当然戦争状態が生じた場合に、止むを得ず防衛の途に出ることおよびそれに備えるために必要有効な方途を講じておくことを禁止したものではない。

いわゆる正当原因による戦争、一国の死活にかかわる、その生命権をおびやかされる場合の正当防衛の性質を有する戦争の合法性は、古来一般的に承認されているところである。そして日米安全保障条約の締結の意図が、「力の空白状態」によってわが国に対する侵略を誘発しないようにするための日本の防衛の必要および、世界全体の平和と不可分である極東の平和と安全の維持の必要に出たものである以上、この条約の結果としてアメリカ合衆国軍隊が国内に駐留しても、同条の規定に反するものとはいえない。従ってその「駐留」が同条二項の戦力の「保持」の概念にふくまれるかどうかは—我々はふくまれないと解する—むしろ本質に関係のない事柄に属するのである。もし原判決の論理を是認するならば、アメリカ合衆国軍隊がわが国内に駐留しないで国外に待機している場合でも、戦力の「保持」となり、これを認めるような条約を同様に違憲であるといわざるを得なくなるであろう。

我々は、その解釈について争いが存する憲法九条二項をふくめて、同条全体を、一方前文に宣明されたところの、恒久平和と国際協調の理念からして、他方国際社会の現状ならびに将来の動向を洞察して解釈しなければならない。字句に拘泥しないところの、すなわち立法者が当初持っていた心理的意思でなく、その合理的意思にもとづくところの目的論的解釈方法は、あらゆる法の解釈に共通な原理として一般的に認められているところである。そしてこのことはとくに憲法の解釈に関して強調されなければならない。

憲法九条の平和主義の精神は、憲法前文の理念と相まって不動である。それは侵略戦争と国際紛争解決のための武力行使を永久に放棄する。しかしこれによってわが国が平和と安全のための国際協同体に対する義務を当然免除されたものと誤解してはならない。我々として、憲法前文に反省的に述べられているところの、自国本位の立場を去って普遍的な政治道徳に従う立場をとらないかぎり、すなわち国際的次元に立脚して考えないかぎり、憲法九条を矛盾なく正しく解釈することはできないのである。

かような観点に立てば、国家の保有する自衛に必要な力は、その形式的な法的ステータスは格別として、実質的には、自国の防衛とともに、諸国家を包容する国際協同体内の平和と安全の維持の手段たる性格を獲得するにいたる。現在の過渡期において、なお侵略の脅威が全然解消したと認めず、国際協同体内の平和と安全の維持について協同体自体の力のみに依存できないと認める見解があるにしても、これを全然否定することはできない。そうとすれば従来の「力の均衡」を全面的に清算することは現状の下ではできない。しかし将来においてもし平和の確実性が増大するならば、それに従って、力の均衡の必要は漸減し、軍備縮少が漸進的に実現されて行くであろう。しかるときに現在の過渡期において平和を愛好する各国が自衛のために保有しまた利用する力は、国際的性格のものに徐々に変質してくるのである。かような性格をもっている力は、憲法九条二項の禁止しているところの戦力とその性質を同じうするものではない。

要するに我々は、憲法の平和主義を、単なる一国家だけの観点からでなく、それを超える立場すなわち世界法的次元に立って、民主的な平和愛好諸国の法的確信に合致するように解釈しなければならない。自国の防衛を全然考慮しない態度はもちろん、これだけを考えて他の国々の防衛に熱意と関心とをもたない態度も、憲法前文にいわゆる「自国のことのみに専念」する国家的利己主義であって、真の平和主義に忠実なものとはいえない。

我々は「国際平和を誠実に希求」するが、その平和は「正義と秩序を基調」とするものでなければならぬこと憲法九条が冒頭に宣明するごとくである。平和は正義と秩序の実現すなわち「法の支配」と不可分である。真の自衛のための努力は正義の要請であるとともに、国際平和に対する義務として各国民に課せられているのである。

以上の理由からして、私は本判決理由が、アメリカ合衆国軍隊の駐留を憲法九条二項前段に違反し許すべからざるものと判断した原判決を、同条項および憲法前文の解釈を誤ったものと認めたことは正当であると考える。

裁判官島保の補足意見は次のとおりである。

日本国憲法九条はわが国の自衛権そのものを否定するものではないこと、同条二項にいう戦力とは、わが国の指揮管理下にある戦力を意味し、かかる状況にない外国軍隊の戦力をいうものでないと解すべきことについては、多数意見に同調するものである。

憲法九条二項を以上の趣旨に解する以上、わが国がその指揮管理下に戦力を保有すること以外のいかなる手段方法によってわが国の存立をまっとうすべきかということ（従って、わが国の指揮管理下に立たない外国の軍隊に依存してその自衛をまっとうすべきかということ）については、わが憲法は、直接これを規定することなく、政治部門の裁量決定に委ねる趣旨と解さざるを得ない。もとより、わが憲法の基本精神が平和主義・国際協調主義にある以上、政治部門がこのことを決定するに当っては、できるかぎりこの精神に忠実でなければならないことは当然であり、この意味において、平和主義・国際協調主義の精神が政治部門の政策決定の基本方針ないし裁量決定の基準となるものと解さねばならない。従って、この点に関する政治部門の裁量権には一定の限界があり、明白に平和主義・国際協調主義の精神を裏切るような決定は許されないものと解すべきであるが、その反面において、いやしくも、政治部門の政策決定が裁量権の限界を超えるものでないと認められる以上、本来政治に関与すべきでない裁判所が、右政策決定の当否に立ち入ってこれを問議すべきでないことは当然である。

そこで、本件の問題は、わが国の政治部門が安全保障条約（以下安保条約という。）を締結してアメリカ合衆国軍隊をわが国に駐留させることによりわが国の存立をまっとうしようと決定したことが、平和主義・

国際協調主義の精神に明白に反し、裁量権の限界を超えるものと認められるかどうかということにある。この観点から考えてみるに、この条約は、軍国主義がまだ世界から駆逐されていないのにわが国が武装を解除され、固有の自衛権を行使する有効な手段をもたなくなったので、その防衛のため暫定措置を講ずる必要があるとの見地に立って締結されたものであり、同条約は、国際連合軍による日本区域における安全保障措置が効力を生じたと認められた時にその効力を失うものであることは、その明文上明らかである。これによってみれば、わが国の政治部門は、国際社会になお侵略戦争の危険があるとの認識を基礎として、世界の平和と安全を維持するための機構である国際連合がなお理想的機能を発揮し得ない国際情勢にかんがみ、わが憲法の平和主義・国際協調主義の精神にできるかぎり添いつつわが国の存立をまっとうする手段として、さし当り、安保条約を締結して合衆国軍隊を駐留させることが最も適切な方法であるとの決定に到達したものであることは明らかである。されば、右決定の基礎となった世界情勢の判断をもって、明白に誤りであると断定し得ない以上、この判断を基礎としてなされた政治部門の決定が明白に平和主義・国際協調主義の精神に反し裁量権の限界を超えるものと断定し得ないことも当然である。もとより、世界情勢の認識については、右と異なる判断もあり得ないわけではなく、右と異なる政治的判断を基礎として、わが国にいずれの外国の軍隊をも駐留させないことがかえってわが国の平和と安全を維持する所以であると説くことは、一の政策論として、必ずしも不可能ではないであろう。しかし、われわれは、世界情勢についての互に相異なる二つの判断のうちいずれか一方が明白に誤りであると断定すべき根拠を発見し得ないし、現下の世界情勢の下で、何人も、わが国にいずれの外国の軍隊をも駐留させないことによってわが国の平和と安全を保持し得ることを疑を容れないまでに明確に論証することは不可能であろう。問題は、現下の世界情勢の下で、できるかぎり平和主義・国際協調主義の精神に添いつつわが国の平和と安全とをまっとうする方法として、いずれの外国の軍隊をもわが国に駐留させない方式と、安保条約を締結して合衆国軍隊を駐留させる方式と、いずれの方式がいっそう有効適切であるかということにあり、われわれは、後の方式が前の方式に比して明確に不適切なものであると断定すべき手掛を発見し得ない以上、わが国の政治部門が後の方式を決定したことをもって、裁量権の限界を超えるものと断定することは許されないものといわねばならない。しかも、この点の決定は、わが国の運命に関する重大な政治的決断を含むものであり、内閣が成規の手続により条約としてこれを締結し、国会の承認を得、さらに数次の選挙を通じて大多数の国民の支持を得ているところである。してみれば、政治部門の右決定は、憲法によって委された裁量権の範囲内における最終決定として尊重さるべきことは当然であり、本来政治に関与すべきでない裁判所がかかる政策決定の当否に立ち入ってこれを審査することは、わが憲法の期待しないところと解さざるを得ない。以上の理由により、わが政治部門が安保条約を締結して合衆国軍隊を駐留させたことが違憲といい得ない以上、これが違憲であることを前提として本件刑事特別法二条の規定が無効であると判断した原判決は失当であり、破棄を免れない。

裁判官藤田八郎、同入江俊郎の補足意見は次のとおりである。

われわれは多数意見に同調するものであるけれども、左に補足意見として多数意見に同調する所以を明らかにする。

一、日本国憲法は、立法、行政、司法の三権の分立を確立し、司法権はすべて裁判所の行うところとした（七六条一項）。

また、裁判所法は、裁判所は一切の法律上の争訟を裁判するものと規定し（三条一項）、民事、刑事のみならず行政事件についても、事項を限定せず概括的に司法裁判所の管轄に属するものとせられ、さらに、憲法は、一切の法律、命令、規則又は処分が憲法に適合するかしないかを審査決定する権限を裁判所に与えた（八一条）。これらの結果、国の立法、行政の行為は、それが法律上の争訟となるかぎり、違憲審査を含めて、すべて裁判所の裁判権に服することとなったのである。これがいわゆる司法権の優位として、司法権に、立法、行政に優越する権力をみとめるものとせられ、日本国憲法の一特徴とされるところである。

しかしながら、司法権の優位にも限度がある。憲法の三権分立の構想において、その根幹を為すものは三権の確たる分立と共に、三権相互のチェック（check）とバランス（balance）であって、司法権優位といっても、憲法は決して司法権の万能をみとめたものでないことに深く留意しなければならない。たとえば、直接国家統治の基本に関する高度に政治性のある国家行為は、たとえ、法律上の争訟となる場合においても、従ってこれに対する有効無効の法律判断が法律上可能である場合であっても、かかる国家行為は裁判所の審査権の外にあり、その判断は主権者たる国民に対して政治的責任を負うところの政府、国会等の政治部門の判断に委され、最終的には国民の政治判断に委ねられているものといわなければならない。この司法権に対する制約は、結局三権分立の原理に由来し、当該国家行為の高度の政治性、裁判所の司法機関としての性格、裁判に必然的に随伴する手続上の制約等にかんがみ、特定の明文による規定はないけれども、司法権の憲法上の本質に内在する制約と理解すべきである。

そして、このことは、その沿革、理論上の根拠、これが対象となる行為の範囲等については、区々たるを免れないけれども、ひろく欧米諸国において、すなわち、フランスにおいてはアクト・ド・グーベルヌマン（acte de gouvernement）、イギリスにおいてはアクト・オブ・ステート（act of state）又はマター・オブ・ステート（matter of state）、アメリカ合衆国においてはポリチカル・クエスチヨン（political question）として古くから判例上みとめられ、戦後西独においてはボン憲法一九条に関連し、レギールングスアクト（Regierungs akt）又はホーハイツアクト（Hoheits akt）として学説上是認せられるところである。わが国においても、日本国憲法施行後、多くの公法学者によって統治行為なる観念の下にみとめられるに至ったことは周知のとおりである。

二、本件において原判決は「日本国とアメリカ合衆国との間の安全保障条約第三条に基く行政協定に伴う刑事特別法」二条は違憲無効の法律であるとして、これが適用を求める検察官の請求を斥けて被告人等に無罪の言渡をしたのであるが、原判決が刑事特別法二条を無効とする理由を原判決について検討すれば、同法同条は、わが国に駐留するアメリカ合衆国軍隊の施設又は区域内の平穏に関する法益を保護するために設けられた規定であるが、わが国が「合衆国軍隊の駐留を許容していることは、憲法九条二項前段によって禁止されている陸海空軍その他の戦力の保持に該当するもの」であって「わが国に駐留する合衆国軍隊は憲法上その存在を許すべからざるもの」であるから、その施設又は区域内の平穏に関する法益保護のため特に設けられた刑事特別法二条は究極するところ憲法三一条に違反することとなり無効であるというに帰する。すなわち、原判決はわが国に合衆国軍隊の駐留を許容する行為が憲法違反であることを前提として、刑事特別法二条を無効としているものであることはあきらかである。そして、わが国が合衆国軍隊の駐留を許容する行為として、その基幹を為すものは、「日本国とアメリカ合衆国との間の安全保障条約」であって、合衆国軍隊の駐留は右条約の履行として為されているのであるから、当審において原判決の当否を審査するにあたっては、まず右安全保障条約自体が憲法に違反するかどうかの点を審査しなければならないものであることは、多数意見の説示するとおりである。

三、日米安全保障条約は、日本国と連合国との間に昭和二六年九月八日調印された「日本国との平和条約」（昭和二七年条約第五号）と同日に署名され、平和条約第六条（ａ）但書の規定に基いて、平和条約発効後におけるわが国の安全のための措置として、アメリカ合衆国との間に締結されたものであって、平和条約と不可分の関係に立つものである。そして、この保障条項は、いわゆる対日講和七原則の第四「安全保障」に由来するものであり、武装解除後防衛力をもたぬわが国の真空状態を、いかにしてその安全を保障するかに関して、かねて、アメリカ合衆国政府が来るべき平和条約の一要綱として各連合国と折衝したところにもとづくものであって、実質的には平和条約の一内容を為すものといっても必ずしも過言ではないのである。

平和条約は日本国と連合国との間の戦争状態を終了せしめ、日本国の完全な主権を回復し、日本国をして今後独立国として世界各国の間に伍して国際社会において名誉ある地位を占めることを得しめる、わが国にとって、国の興廃にも関するきわめて重要な条約であることはいうまでもないところであって、かくの如き条約こそ、国家統治の根本に触れた最も高度の政治性を具有する条約であるといわなければならない。そして、わが国は敗戦国であり、当時なお、被占領の状態にあり、独立の国家間の条約のごとく、自由対等の立場において、平和条約を締結し得る場合でなかったこともこの条約の性格を検討するにあたってはとくに考慮すべき事柄である。変転きわまりなき複雑な国際情勢下において、かかる条約の折衝にあたることは多分に高度の政治的考慮を要するものであることはもとより、いうまでもないところであろう。以上の意味において、平和条約ならびにこれと一体不可分の関係にある日米安全保障条約は、その政治性はきわめて高度であるといわなければならない。

四、われわれは日本国憲法の下においても、司法権の本質に由来する司法権の限界としていわゆる統治行為の観念を是認すべきものと考えるのであるが、統治行為の観念については、これをみとめるべき範囲に関し、諸種の問題はあるとしても、いやしくも統治行為なる観念をみとめる以上、本件日米安全保障条約のごときものこそこれに該当するものと考えざるを得ないのである。もとより政府がかかる条約を締結し、国会がかかる条約を承認するにあたっては、その自らの責任においてこれが合憲性を審査判断すべき国法上の義務あることは勿論であるが、裁判所としては、かくのごとき国家行為については、原則として、これら政治部門の判断を容認すべきであって、換言すれば、かかる条約の違憲性のごときは裁判所の審査権の埒外にありと結論せざるを得ないのである。そして、このことは本件におけるがごとく、安全保障条約の有効無効が、直接訴訟の対象として判断をもとめられているのでなく、本件適用法条たる刑事特別法二条の有効無効を判断するにつきその前提問題として取り上げられている場合であってもその理は同じであって、ひとしく裁判所の審査の外にあり、その結果、裁判所としては右条約は合憲有効であるとの前提に立って審理をすすめるほかはないのである。（われわれは安全保障条約は条約なるが故に裁判所の審査権の外にあるというのではない。条約は憲法と並んで、若しくはこれに優位する国の最高法規であるから違憲審査の対象にならないとか、或は条約はすべて国際的性質を有するものであるから、一国の裁判所の審査権に服さないとかいう説はわれわれの左袒しないところである。条約も、その国内法的効力は原則として裁判所の審査に服するものと考えるのであるが、本件安全保障条約のごとき、前述のごとく最も政治性の高いもの、いわゆる統治行為に属する条約は、統治行為なるの故をもって、その国内法的効力もまた裁判所の審査権の外にあると考えるものである。）

なお、最後に考えるべき問題がある。統治行為は右に述べたごとく裁判所の審査権の外にあるとしても、問題となる行為がいわゆる統治行為の範疇に属するかどうかは、もとより裁判所の判断によって決すべきであるのみならず、当該行為が統治行為の範疇に属するものとせられた場合においても、若しその行為が実は実体上不存在であるとか、またはその行為があきらかに憲法の条章に違反するがごとき、一見明白にその違憲性が顕著なる場合には、（かくのごときことは実際問題としては、ほとんど考えられないことであろうけれども）例外として、裁判所によって、その不存在、若しくは違憲を宣明することができるということである。かくのごとき場合にも、尚かつ裁判所の審査を除外すべき何等の合理的理由はないからである。多数意見が本件安全保障条約については原則として裁判所に審査権なしとしながら、以上の限度において、同条約について、右のごとき意味における違憲の点のない旨を判示したのはこの考え方によるものであると理解する。

五、しかるに、原判決は如上説示のごとき裁判所の審査権の範囲を超えて、本件安全保障条約について、その条項に立入って違憲性を審査し、ひいて同条約にもとづく合衆国軍隊の駐留を違憲なりと断定し、その前提に立って刑事特別法二条の無効を判示したのは、いわゆる統治行為に対する裁判所の審査権の限界に関する解釈をあやまったことによるものであって、原判決はこの点において破棄を免れないものである。

（行政協定の承認について。「日本国とアメリカ合衆国との間の安全保障条約第三条に基く行政協定」が性質上条約であって憲法七三条三号但書により国会の承認を必要とするものであることは論を待たないところである。そして、これが承認は、事前にせよ事後にせよ、国会において、協定の内容について十分に検討した上でなさるべきことは、まさに憲法の要請するところであると信ずる。――アメリカ合衆国上院が本件安全保障条約を承認するにあたって、特に右行政協定の内容を検討した上で条約の承認をしたことは、もって範とすべきであろう。――しかしながら、この行政協定の承認に関しては、政府は行政協定の根拠規定たる安全保障条約が国会の承認を経ている以上、これと別に行政協定につき国会の承認を経る必要はないといい、国会においては参議院においても、衆議院においても、行政協定は特に国会の承認を経べきものであるとする決議案を否決したことは多数意見の説明するとおりであり、殊に本件において問題とされているのはアメリカ合衆国軍隊駐留の施設、区域に関するものであるが、この事項に関するかぎり行政協定は安全保障条約三条に対する国会の承認によって包括的に承認されているとの解釈もあながち不当とはいえないのであって、裁判所としては国会の承認というがごとき国会の行為に関しては、政府および国会の右見解を容認することが結局、三権分立の趣意に沿う所以であると思料する。）

以上の理由によりわれわれは多数意見に同調するものである。

裁判官垂水克己の補足意見は次のとおりである。

一、争点と本判決理由の構成　原判決は次のような趣旨のことをいう「わが国が日米安全保障条約（その国内法的部面）により米軍の駐留を許容していることは憲法九条二項前段の禁止する戦力の保持に当たる。だから駐留米軍は右憲法の条項上存在を許されないものである。ほかならぬ憲法がその存在を許さないものであるということこそ、駐留米軍の施設または区域内の平穏に関する法益が一般国民の同種法益以上の厚い保護を受けるべき合理的理由がないとされるべき唯一の、しかし何よりも有力な根拠である。すなわち、原判示の刑事特別法二条は駐留米軍を保護するため軽犯罪法一条三二号所定の一般の場合よりも特に重い刑をもって臨むものであるから、結局、右特別法二条は何の合理的理由もないのに駐留米軍を特に厚く保護するものであり、「何人も「適正な」（垂水註、この三字に注意）手続によらなければ刑罰を科せられない」ことを趣旨とする憲法三一条に違反し無効なものである。被告人らが起訴状記載通りの行為をした事実は証拠により認められるが、これに対しては違憲無効な刑事特別法二条は適用すべき限りでない。彼等の行為は起訴状に明示された訴因としては犯罪を構成しない。」と。

これに対し、上告趣意はいう「右刑事特別法二条は駐留米軍の施設、そこで、もし、本判決がこの第二説を採るなら、次のようにいえば足り、それでおしまいである。「憲法三一条は、決して実体的刑罰法規が明白に合理的理由を欠くものであってはならないという趣旨を含むものではない。原判決が刑事特別法二条は合理的理由を欠くものと判断し、その故に同条を憲法三一条に違反する無効のものと断定したのは、その合理的理由を欠くとした法的理由の如何にかかわりなく憲法三一条の解釈を誤ったものである」と。

ところが、本判決はこのような趣旨に従った趣旨の判示をしていない。だからといって、本判決は第一説の適正手続説に従った趣旨の判示もしていない、と解される。ただ、第二説に従うなら、訴訟法上不必要な、否、むしろ、してはならない判断までしている（裁判所は法律に従って裁判しなければならない）ということになるところから見て、第一説の見地に立っていると解される余地はあるかも知れないが、私の解釈では、本判決が第一説の見地に立つことを暗黙に判示していると見るのも早計だと思う。

本判決は、私の解釈によると、次の趣旨に結論する。

「わが国の平和と安全ひいてはわが国の存立の基礎に極めて重大な関係をもつ高度の政治性を有する条約については、一般の条約と異り、その内容が違憲なりや否やの法的判断は純司法的機能を使命とする司法裁判所の審査には原則として適しない性質のものであり、一見極めて明白に違憲無効であると認められない限りは（憲法八一条所定の）裁判所の審査権の範囲外のものであって、それは第一次的には右条約の締結権を有する内閣およびこれに対して承認権を有する国会の判断に従うべきものである。昭和三二年七月八日当時砂川町所在立川飛行場内の土地を使用していた空軍を含む米国軍隊の駐留の基礎である日米安全保障条約およびその三条に基く行政協定は右のような高度の政治性を有する条約と解すべきであるから、その内容が違憲なりや否やの判断をすることは裁判所の審査権の範囲に属しない。（尤も右のような条約でも一見極めて明白に違憲無効なら、裁判所は審査権を有する。）

地域内の平穏に関する法益を一般のそれよりも厚く保護すべき数個の合理的理由があるから憲法三一条に違反しない（第一点）。米軍の駐留を許容する日米安全保障条約も憲法九条二項前段に違反しない（第二点）。のみならず、元来、同条約（その国内法的部面）についても、またこれに関する政府の締約行為や国会各院の承認行為についても、それらが憲法に適合するか否かを判断することは、憲法上、司法裁判所の違憲審査権の限界外にある。原判決が同条約とこれに基く米軍の駐留を違憲とした判断は憲法の解釈を誤り裁判権の限界を越えた失当のものである（第三点）」と。

であるから、本判決において判断されるべき主要問題は、刑事特別法二条は原判示のような理由で憲法三一条に違反するといえるかどうかである。

では、先ず大前提である憲法三一条の趣旨如何。これについてはわが国に二つの説があると思う。第一説は大体次のような説である「同条の趣旨は、何人も国会を通過した法律（手続法）に定めた手続によらなければ、刑罰その他これに近似する刑事、民事もしくは行政上の不利益な裁判、処分、措置を受けない、のみならず、裁判所が刑罰手続等において準拠すべき裁判規範としての実体法（刑法等）も不適正、不正義な、すなわち、憲法の人間尊重、人権、自由尊重の基本的精神に背くことが明白なものであってはならない、かような意味で明白に不適正な刑罰法規は憲法の他の条項に直接違反しなくても憲法三一条違反となる、というのである」と。

（原判決はこのような説に属すると解される。）

第二説はいう「憲法三一条は単に刑罰その他これに近似する不利益措置は国会を通過した手続法によらなければ科せられない、というだけで、実体法（刑罰法規等）が第一説のいう意味で明白に不適正、不合理的なものでないことをまで必要とする趣旨ではない」と。

明白に違憲無効と認められる場合には裁判所は違憲審査権を有するところ、右安全保障条約および行政協定は一見極めて明白に憲法九条二項前段に違反するものとは到底認められない。）原判決が同条約に基く米軍の駐留を憲法九条二項前段に違反し許すべからざるものと判断したのは、裁判所の審査権の範囲を逸脱し同条および憲法前文の解釈を誤ったものであり、従ってこれを前提として本件刑事特別法二条を違憲と判断したことも失当である。（なお、右行政協定は、右特別法二条の関係においてこれをみても、右条約三条に基き米軍の配備を規律する条件を定めるもので、日米安全保障条約と同様の性質の条約であるから、しかる以上それが国会の承認を欠く違憲無効のものであるか否かの審査権も前同様の理由で裁判所には属しない）」と。

本判決によれば、原審が刑事特別法二条を憲法三一条違反とした理由であるところの、右安全保障条約が憲法九条二項に違反するという判断は、裁判権の範囲を逸脱した憲法上従ってまた訴訟法上許されない判断である、故にこの無権限判断の上に立って刑事特別法二条を合理的理由を欠くものとした原判決は、（a）前記第一説的見地からいえば、「無権限判断に基いて右特別法二条を憲法三一条違反と断じた違憲、違法（憲法八一条の違憲審査権の解釈の誤、刑事特別法二条の解釈方法の誤）があるもので、その憲法九条二項前段の解釈が実体的に正当か否かは問うべき限りでなく、この最後の点は、上告審といえども審査しえないところである」といわねばならない。（b）もし、第二説的見地からいえば、当審としては、「右特別法二条は合理的理由を欠くという理由からは憲法三一条違反とはいいえないから、原判決が右特別法二条は合理的理由を欠くから憲法三一条に違反すると結論したのは、その合理的理由を欠くとした判断が無権限のものか否か、その内容が如何なるものかを問うまでもなく憲法三一条の解釈を誤ったものである」と判示して、それだけで原判決を破棄してよい筈である。

本判決は第一説、第二説いずれの見地に立つかを明らかにしないが、いずれの見地に立つにせよ原判示の理由からは右特別法二条が憲法三一条違反といえない点では一致するのであって、この結論的理由においては反対意見はないと解される。

本判決が、日米安全保障条約については裁判所は違憲審査権なしといいながら、これが憲法九条二項前段に適合するか否かについて判断し、そのために、わが国が固有の自衛権を有することから説き起こして憲法の右条項の趣旨を判示し、平和目的のため自らを防衛する手段として、わが国が主体となって指揮権管理権を行使しえない外国軍隊に頼る途を選んで締結した日米安全保障条約およびこれに基いてわが国内に米軍を駐留させることは、少くとも「一見極めて明白に」憲法の右条項に違反するといえないという実体的憲法判断をまでしたのは、いうまでもなく、かような性質の条約であっても裁判所に違憲審査権のある場合に当らないかどうかを審査するためであったと解される。

本判決は、本件刑事特別法の基く行政協定が形式的に国会の承認を欠く違憲無効のものか否かの点についても裁判所に違憲審査権がないことを念のため判示した。この判示は傍論ではあっても、わが訴訟法上は差戻後の裁判所を拘束する規範となろう。

二、裁判所の違憲審査権　裁判所は、国内法としての一般条約を含む一般の法律、命令、規則又は処分が憲法に適合するかしないかを決定する権限を有する（憲法八一条）。これが原則である。しかしわが憲法の三権分立の理念、司法権の性質、行使の仕方、その効果に照らし、例外として、ある種の国会各院の行為または政府の行為で、裁判所によってそれが違憲であると決定されるに適しないため裁判所の審査権の対象から除外されるべきものがある。私は欧米の憲法上「統治行為」、「裁判所の審査に服しない高権行為」もしくは「政治問題」などと呼ばれるものについて知るところがないが、わが国には、統治行為の観念はこれを定義しまたは悉く列挙する方法で明らかにすることは困難であるとしつつもこの名の下に国会の行為または政府の行為のうちには裁判所の違憲審査の対象とされるべきでないものが存するとの学説もあり、上告趣意第三点は明らかにこれを主張する。本判決は、この点を検討し、国内法としての日米安全保障条約（および同条約三条に基く行政協定）が「わが国の平和と安全ひいてはわが国の存立の基礎に極めて重大な関係をもつ高度の政治性を有するものであって裁判所の違憲審査には適しない性質のものである」と判定し、その故に、両条約が違憲なりや否やを審査することは憲法八一条に定める裁判所の権限の範囲外のことであるとして司法権の一つの限界を示し、法律にも例外として裁判所の違憲審査に服しないものがあることを判示したのである。（本判決において、一般に条約とは、条約がその文言ないし趣旨どおり国内法としての効力をも持つものとして公布されたものを指す。従って一般国内法律と同じく憲法に違反するときは無効とされるのを原則とする）。この両条約の国際法上の効力を裁判所は否定できないが、すでに両条約についての政府の締約行為および国会の承認行為の違憲審査が司法権の限界外にある以上、これらに基いて出来上った両条約の国内法的部面の違憲審査も権限外であるという訳である。裁判所の違憲審査権の限界を決定することも裁判所の権限であると考える。

ところが、原判決は、「日米安全保障条約とこれに基く米軍の駐留が憲法九条二項前段に違反するから刑事特別法二条は憲法三一条に違反する」と判決したのに対し、本判決は、「原審が権限なくして同条約を違憲であるとした判断に基いては右特別法二条を憲法三一条違反と判断することは許されない。けだし、前記のような高度の政治性を持つ条約については、一般の条約その他一般の法律と異り、その内容が違憲か否かの判断は一見極めて明白に違憲無効と認められない限りは裁判所の審査権の範囲外のものであって、それは内閣および国会の判断に従うほかないからである。これは国内法律でも裁判所が例外として違憲審査権を持たない場合である。右安全保障条約および行政協定の内容は憲法九条、九八条二項および前文の趣旨に適合しこそすれこれらの条章に反して違憲無効であることが一見極めて無効であるとは認められない。」という。

思うに、条約内容が前記のような高度政治性のものであることが判ったら裁判所はその違憲審査権がないとの理由でそれが憲法九条二項に牴触するか否かについて判示せずその条約規定を遵守適用するほかないことを判示すれば足る筈である。思考の論理上条約内容を審査することによってのみ、それが「違憲無効」、しかも「違憲無効であることが一見極めて明白だ」という判断が生れるのだから、本判決は違憲か否かの実体的審査権があるかどうかの形式的審査（裁判所の権限審査）のためにその実体的審査をすることを認容するものの如くであるが、これは本件では必要でない判断であるとしても、判断しても差支ないであろう。（私は、判示のような高度政治性の法律についても、裁判所は、合憲か違憲かの実体的審査はしなければならず、する権限を持つのではないか、ただこの場合、かような高度政治性法律については、裁判所はこれを違憲と考えても、違憲と考えたことを理由としてこれを無効としてその適用を拒否する権限を持たないという制限を受けるのではないか、違憲審査権というものはそういうものではないか、という疑問は検討に値すると考える。）

三、刑事特別法二条と憲法三一条　原判決のいうような理由では刑事特別法二条は憲法三一条に違反するとはいえない。というのが訴訟法上本判決の主たる理由である。裁判所が前記第一説（適正手続説）の見地に立って判決するとしても、このような場合判決理由中に右特別法二条の持つ合理的理由を一々判示する必要はないと考える。けだし、幾千に上る法律の中の一規定について憲法の全条項や他のすべての法律の規定との関連においてその合理的理由の総てを示すことは至難の業である。

それほど個々の法条とその集積である全法体系の趣旨は含蓄に富みかつ流動的でもある。が、今、本件刑事特別法二条を是認すべき理由の一、二について触れてみよう。第一に、同法条に違反する犯罪行為は日米安全保障条約および行政協定三条に基いて米軍が日本国内およびその附近に具体的に配備され許されて特定の施設または地域を使用する状態が現実に発生したのでなければ起りえない。しかるに、米軍がわが国に駐留し特定の施設または地域を使用するのは右両条約に基くのであり、この両条約のわが憲法上の違憲性は国際法上米国に対抗できないから、両条約の違憲、合憲に拘らず、駐留米軍の使用する施設または地域の平穏を、軽犯罪法一条三二号をもって、一般の内外公私の施設または地域の平穏よりも少しく厚く保護することは一概に理由なしとなしえない。（かく保護しなければならないことはないが保護してもよい。立法政策の問題である）。第二に、刑事特別法二条が保護しようとする施設または地域というのは（a）条約に基き（b）わが国の平和と安全を防衛することを一の重要目的として駐留する（c）外国の（d）軍隊が使用するものである点において、わが国内に存する一般の内外公私の施設または地域と異る全く独特の存在である。軍隊は非常事態の勃発に際しては敏速機宜の組織的な広範囲の活動を出来る限り他人に阻害されないで行わなければならない。そのためには演習、移動の際その他平時においても軍隊ないしその従属者によるその施設、地域の使用の自由（軍人、軍属、家族等の組織的生活におけるその使用の自由）が特に十分に確保されていることが適切であって、そこにみだりに人々がはいったり障害物が持ち込まれたりしてはならない。（地域内の教会、家庭、映画館にいる軍人が軍務のため至急そこを飛び出し地域内の空地に集合しなければならない場合もあろう。）このことはわが国の安全にも関係する。また駐留軍使用の施設、地域には危険物がありうる、また、わが警察力はここに充分には及ばない。第三に、わが国を防衛するための駐留軍である以上、その使用する立入禁止の施設、区域にみだりに立ち入るために相互の誤解等によるトラブルなどが起り両国の友交関係に悪影響を及ぼすようなことがあってはならない。そのために、あるいは単なる国際礼譲として、駐留米軍の法益を特に重く保護すべき理由も成立する。刑法九二条が、外国に対し侮辱を加える目的でその国の国旗、国章を損壊、除去などする行為を処罰し、自国の国旗、国章の損壊について同様の処罰をしない（外国にも同様の立法例を見る）のと同様の意味で、かような法益の保護も妥当とされよう。

とに角、日米安全保障条約および行政協定がたとえ違憲であっても、わが政府がこれを理由として米軍の駐留を拒否せずこれを現実に国内に駐留させたからには、米軍は国際法上の大義名分すなわち権利があって駐留しているのであるから、その面からみて、これを条約に基かないわが政府の単純な同意によって一時的に滞在する外国軍隊と区別しそれよりも少しく厚く保護する刑事特別法二条のような立法をしても、これを適正でないことの明らかな憲法三一条違反の刑罰法規とはいえないのではないか。

裁判官河村大助の補足意見は次のとおりである。

わたくしは多数意見に同調するものであるが、ただ日米安全保障条約（以下安保条約と略称する。）に対する判断につき、その理由箇に失する嫌いがあるので、この点についてのみ補足意見を述べる。

一、憲法九条において戦争を放棄し、戦力の保持を禁止したわが国が、その生存と安全を全うするために如何なる措置を講じ得るかの点については、憲法に特別の明文はないが、わが国が自国の平和と安全を維持しその存立を全うするために適当な自衛のための措置をとり得ることは、国家固有の権能であって憲法の趣旨精神にも適合するものであることについては多数意見の述べるとおりである。

二、ところが、わが国の平和と安全を維持し、その存立を全うするという国家最高の目的を達成するために如何なる国政方針を採用すべきかについては、法は一義的の国政方針を予定していないのであるから、結局政治部門の合目的的考慮に基く裁量判断に委ねられたものと解するを相当とする。すなわち、前記の如き国家目的達成のために、他国と安全保障条約の取極をなすべきか又は永世中立主義を採用すべきか等の国政方針の選択は、いずれが合目的的であって国家目的によりよく適合するかの裁量判断により決せられる問題であると考えられる。ことにかかる国政方針に関する政治的判断においては一方の政策に絶対の真理があり、他方の政策には一面の真理も含まれないとする客観的基準は存しないし、なお政治の実際に見られるように国政方針に関する政治的価値判断は多くの場合に多元性をもつものであって、価値観の対立は免れないものであるから、そのいずれを採用すべきかは原則として政治部門の政策的乃至裁量的決定の権限に委ねられているものと解するを相当とする。すなわちその判断に当不当の問題は生じても直ちに違法の問題を生ずることはないものというべきである。しかしながら政治部門が如何なる方式内容の条約を取結ぶべきかの裁量決定に当っては、わが憲法の基本原則である平和主義、国際協調主義を基準として、前記国家目的達成に相応しいものをとるべきであることもまた当然であるから、政治部門の裁量権はこれを尊重すべきではあるが、その裁量権には一定の限界があり、その限界を踰越し又は裁量権の濫用により、明白に憲法の平和主義国際協調主義その他憲法の条章に反する措置に出た場合、たとえば、攻げき目的のため駐留を許容したものと認められるような明白な違反が存する場合においては、当該措置は司法裁判所における違憲判断の対象となるものと解するを相当とする。

三、以上の見地に立って合衆国軍隊の駐留の根拠となっている安保条約を見るに、同条約は国際連合等による十分な安全保障措置が成立するまでの暫定的措置として締結したものであって（前文四項、四条）その前文には「平和条約は、日本国が主権国として集団的安全保障取極を締結する権利を有することを承認し、さらに、国際連合憲章は、すべての国が個別的及び集団的自衛の固有の権利を有することを承認している。これらの権利の行使として、日本国はその防衛のための暫定措置として、日本国に対する武力攻げきを阻止するため日本国内及びその附近にアメリカ合衆国がその軍隊を維持することを希望する。アメリカ合衆国は、平和と安全のために、現在若干の自国軍隊を日本国内及びその附近に維持する意思がある」とあり、すなわち日本の防衛のためとアメリカ合衆国の平和と安全のために軍隊の駐留に関する取極を行うことが宣言されているのである。

四、ところで同条約第一条においては合衆国軍隊駐留の目的として、極東における国際の平和と安全の維持に寄与し、ならびに一または二以上の外部の国による教唆または干渉によって引き起された日本国における大規模の内乱および騒じようを鎮圧するため、日本国政府の明示の要請に応じて与えられる援助を含めて、外部からの武力攻げきに対する日本国の安全に寄与するために使用する旨定められているのであるが、右目的中「極東における国際の平和と安全の維持に寄与」するということは、これによってわが国が自国の防衛と直接関係のない戦争に巻き込まれる虞れがあるとの違憲論が生じている。しかしかかる虞れがあるかどうかは条約の内容だけでは判定し得ないものであって、この点は、むしろ、極東情勢乃至世界情勢の評価認識いかんによって左右される問題である。別個の立場から見れば、極東の平和はわが国の平和と安全の維持に密接な関係があり、米軍が前記の目的をもってわが国に駐留することが、かえって、極東における侵略を未然に防止し、その平和を維持することにより、ひいてはわが国の平和と安全を守ることになるといえないこともなく、少くともかような見地に立って条約を結んだと認められる政治部門の評価判断が、前記反対論に比し明らかに事態の認識を誤った違法があると認むべき根拠はない。又米軍を駐留させることは共産圏諸国を仮装敵国に廻すこととなり、わが憲法の平和主義、国際協調主義の精神に反するとの説がある。勿論出来得べくんば「対立する可能性ある諸国民を含んだ」国際連合軍の援助に期待することがわが憲法の趣旨からいって望ましい方式であることは疑いないが、かような安全保障の方式は国際連合の現状では不可能であること明らかである以上、わが国がいずれの外国軍隊の駐留をも認めない他の方式をとることが、安保条約の形で米軍の駐留を認めることに比し、真に平和主義、国際協調主義の要請に副ってわが国の自存を全うする唯一の方法であると断定すべき明白な根拠は存在しない。要するに安保条約は、その明文の示すようにわが国の平和と安全を維持しその存立を全うするために締結されたものであって、その内容においても政治部門の裁量判断に明白な違憲違法の廉は認められない。

五、次に安保条約が国際連合憲章に牴触するときは、憲章優位の原則により（国際連合憲章一〇三条）憲法九八条二項違反の問題をも生ずるものと考えられるので、右憲章と安保条約との関係についても、ここに簡単に触れておく。安保条約と同日に締結された日本国との平和条約によれば日本国は国際連合憲章に基く義務を受諾し（五条（a））かつ「連合国としては、日本国が主権国として国際連合憲章第五十一条に掲げる個別的又は集団的自衛の固有の権利を有すること及び日本国が集団的安全保障取極を自発的に締結することができることを承認する」と定められている（五条（c））、そして安保条約は右平和条約で認められた安全保障取極を締結する権利の行使として、日本国は、その防衛のための暫定措置として、合衆国軍隊の駐留を希望することによって締結されたものと認むることができる（前文三、四項）、その後日米両国は駐留軍隊の軍事行動は、すべて国際連合憲章に反しない範囲においてなさるべきものである趣旨を確認している（昭和三二年六月二一日発表の内閣総理大臣と大統領の共同声明及び昭和三三年九月一七日付日米安全保障条約と国際連合憲章との関係に関する外務大臣とアメリカ大使間の日米交換公文）すなわち、安保条約に基く合衆国軍隊の軍事行動は、国際連合の機関の決定又は勧告に基く場合と国際連合憲章五一条の「個別的又は集団的自衛の固有の権利」の行使として認められる場合に限り許されるものと解すべきであって、換言すれば安保条約は、国際連合憲章乃至平和条約を逸脱するものでなく、却ってこれらの基本的条約に定められた枠の中で軍事行動をとり得るという制約を受けているものと解するを相当とする。されば安保条約乃至合衆国軍隊の駐留は国際連合憲章に牴触するものでなく又憲法九八条二項に違反するものとも認められない。

裁判官石坂修一の補足意見は次の通りである。

わたくしは、多数意見に賛同するものであるけれども、次の通り補足意見を述べる。

一、自衛権と日米間の本件安全保障条約との関連についての多数意見の説明は、わたくしには十分理解し難い点があるので、若干の見解を附加する。

わが国が平和と安全と生存とを維持し、専制と隷従と偏狭とを除去し、国際社会において名誉ある地位を占めるため、急迫不正の侵害に対し、これを排除するため自ら衛る権利を有することについては、異論があるとは考へ得られない。正義と秩序とを基調とする国際平和を希求しない国家或は集団に、屈服すべしとする者はないであらう。自衛権は、急迫不正の侵害に対し已むを得ざる場合、わが国自らこれを行使し得ることは当然であって、若しその行使が禁止せられて居るとするならば、自衛権を以って無内容となし、単なる画餅とするに外ならぬ。わが国自ら自衛権を行使し得るものとする以上は、これに即応する有効適切なる手段をも持ち得るものとすべき結論に帰着する。

憲法九条は、国権の発動なる戦争と、武力による威嚇又は武力の行使を国際紛争解決の手段としては、永久に放棄し、右の目的を達成するため、戦力を保持しないことをこそ規定すれ、わが国が自ら右の如き自衛権行使の手段即ち防衛手段を保有することを、全面的に禁止して居るものとは、到底解し得られない。

蓋し、国際紛争解決の手段としての、国権の発動なる戦争と武力による威嚇又は武力の行使は、勝敗により事を決する意図の下に、いづれもこれにより相手方を制圧、屈服せしめ、以って国家の一方的利益に国際紛争を終局に導くことを目的とするものであり、憲法九条はかゝる目的のために戦力の保持せられることを禁止したものと解すべきである。これ等は、既に述べたるが如き自衛権の行使及びそのための防衛手段とは、全く法的意義を異にし、彼此の間は、峻別せらるべきものであって、混淆を許されぬ。

往々、右防衛手段について、原始的或は粗笨なる武器に類するものゝ名を挙げ、かゝる器具のみは、機に臨み変に応じ国民それぞれの工夫において、その使用を許さるゝが如く論ずる者もないではないけれども、時態にかんがみれば、かくの如き方法は、国家のための防衛手段中に算へる値があるとは考へ得られない。されば、自衛権行使のため有効適切なる手段を、国家が予め組織整備することも亦、法的に可能であるとせざるを得ない。

而して、前記の如き侵害は、時と場合とによって、その様相千差万別であり、予め容易にこれを想定し難かるべく、従って、これに即応する有効適切なる防衛手段の形態をも亦、予め容易に想定し難いであらう。思ふに、右の如き侵害に対する有効適切なる防衛手段を、国家が現実に持つべきか持たざるべきか、持つとすればその形態、規模を如何にすべきか等は、国家内外の情勢及びその推移を勘案して始めてその判断がよくせらるべき所である。（固より、その形態、規模は、侵さず、侵されざるの限界を保つべく、その防衛行為は、侵害より生ずる紛争が、国際連合憲章に従って解決を見るに至る迄の間における当面の措置たるべきものと解すべきである。）かゝる事項は、元来政治に干与すべからざる裁判所の判断になじまないものである。これは専ら、政府及び国会の政治上の責任において決定せらるべきものであって、裁判所の審査すべき法的領域ではない。このことは、わが憲法が、三権分立を基本として居ることよりする極めて当然なる帰結である。

前述の如く、わが国が憲法上、防衛手段保有の可能なることに基き、この手段を持たない場合或はその不十分なる場合、政府が、わが国の安全を保障するため外国と条約を締結し、以って防衛のための軍事的協力を受けることを決定し、国会がこれを承認する以上、かゝる条約を違憲であるとはなし得ない。わたくしの意見は、この点に関する島裁判官の補足意見及び河村（大）裁判官の補足意見第二乃至第四点と出発点において若干の差はあるにしても、結局合流して居ると信ずるが故に、これ等を引用する。

かゝる見解に立つときは、日米間の本件安全保障条約は、憲法に違反しないものとなさざるを得ない。従って、この条約に基いてアメリカ合衆国軍隊がわが国に駐留することは、憲法上許すべからざるものであるとする原判決は、これを維持しないことゝなる。

二、最高裁判所が、条約に対する違憲審査権を有するや否やについて、多数意見がこれを明確にして居るとは、必ずしも解し得られない。

若し、違憲審査権を規定した憲法八一条に、「条約」の語が現はれて居らないことより出発して、これに対する最高裁判所の違憲審査権を否定する結論に至るならば、甚しき誤謬に陥るであらう。

仮にわが国の根本組織、国民の基本的人権等に関し、憲法に牴触する条約の締結を見たる場合、最高裁判所は、これを座視すべきものではあるまい。

わたくしは、最高裁判所に、条約に対する違憲審査権ありとしつゝ、本件安全保障条約は違憲でないとする奥野裁判官及び高橋裁判官の意見に賛同し、なほ右両裁判官の意見と相容れる限り、この点に関する小谷裁判官の意見を支持する。

三、多数意見において説明を省略せられた上告論旨に言及する。

わたくしは、田中裁判官の補足意見第一点及び垂水裁判官補足意見第三点に賛同し、なほ若干の見解を附加する。

原判決は、一面アメリカ合衆国軍隊がわが国に駐留することを憲法上許すべからざるものとしつゝ、他面「安全保障条約及び行政協定の存続する限り、わが国が合衆国に対しその軍隊を駐留させ、これに必要なる基地を提供しまたその施設等の平穏を保護しなければならない国際法上の義務を負担することは当然であるとしても」と判示して居る。少くとも、アメリカ合衆国の立場としては、その軍隊をわが国に駐留せしむる権利があり、わが国の立場としては、その権利を尊重すべきことを承認するものゝ如くである。想ふに、条約が国内法上無効であっても、国際法上は直ちにその効力を失ふものではないとする見解に基くものであらう。

この見解よりすれば、現にアメリカ合衆国の軍隊が、わが国の同意を得て、国際法上、わが国に駐留して居る以上、それが国内的に違憲であると否とに拘りなく、いやしくも右駐留の事実が、国際法上適法に解消せらるゝまでは、この軍隊のための施設の平穏を保護する目的を以って刑事立法を行ふことは、憲法の精神に反する虞れがあるとも考へ得られない。しかもこれは、刑法の住居侵入罪並に軽犯罪法違反とは全くその法益を異にする事項である。これがため如何なる刑事立法を行ふやは、政府及び国会の政治上の責任に帰する立法政策の問題であり、これらの機関が、その政治的裁量に従ひ、刑法一三〇条より軽く、軽犯罪法一条三二号より重き刑罰を規定した刑事特別法二条を目して、原判決が、合理的理由がないのに国民に対し特に重い刑罰を以って臨んだとするのは、諒解し難い所である。（記録に依れば、アメリカ合衆国軍隊の使用する本件施設は、有刺鉄線の柵等を以って囲繞せられ、兵舎、宿舎、兵器庫、航空滑走路等を含む地域であって、本件侵入行為のあったのは、右滑走路最先端に至近なる場所であったこと及び何人かが前記の柵を破壊した箇所より、本件侵入が行はれたことに留意すべきである。）

いづれにせよ、原判決が刑事特別法二条を直ちに憲法三一条に違反するものと結論したのは、甚だ早急に過ぎるといはねばならない。

裁判官小谷勝重の意見は次のとおりである。

一、わたくしは、多数意見の「主文」には同一意見であるが、その「理由」については「本件日米安全保障条約はわが国の存立に重大な関係を持つ高度の政治性を有するものであるから、該条約に対しては、一見極めて明白な違憲無効と認められるものの外は違憲審査権は及ばない」との趣旨の一連の部分につき反対する。

そして、わたくしの本件に対する判断の要旨は、憲法九条はわが国が主権国として有する固有の自衛権それ自体はこれを否定したものではなく、また同条二項前段は右自衛権行使のためわが国自体が保持する戦力をも禁止しておるものであるか否かは別論として、少なくともわが国に駐留する外国軍隊で、わが国に指揮権も管理権もないものは、それが憲法九条一項で禁ぜられておる目的のために駐留するものでない限り、かかる外国の戦力はこれを含まないものと解すべく、そして本件日米安全保障条約によるアメリカ合衆国のわが国駐留軍隊は、右憲法九条一項で禁じておる侵略等のために駐留しておるものではなく、極東における平和の維持とわが国の安全に寄与するために駐留しておるものであることは、本件安全保障条約の前文及び本文一条並びに日本国との平和条約五条c項六条a項及び国際連合憲章五一条五二条等に照して明らかであって、憲法九条二項前段に禁ずる戦力には該当しないものといわなければならない。されば右駐留米軍の安全を保護するための、安全保障条約三条に基く行政協定に伴う刑事特別法二条の規定は何ら憲法三一条に違反するものでないことは明白である。それ故原判決はその前提たる憲法九条の解釈を誤った違法があって、検察官上告の論旨は理由があり、原判決は破棄のうえ差戻すべきものであるとの意見である。

二、以下、わたくしが、多数意見に対する反対点である、「条約と違憲審査権」に関し、わたくしの意見と多数意見に対する反対の理由を述べる。

憲法七六条三項は「すべて裁判官は、……この憲法及び法律にのみ拘束される」と規定し、また憲法八一条は、裁判所は「一切の法律、命令、規則又は処分が憲法に適合するかしないかを決定する権限」、すなわちいわゆる違憲審査権を有することを規定している。そこで「条約」に対しては違憲審査権を有しないであろうか。まずこの問題の前にその前提となる二、三の事柄について考えておく必要がある。その第一の事項は条約は国と国との国際法上の契約であるが、これを大別して国だけに対して拘束力を持つものすなわち国際法的効力だけを有するものと、国民に対しても拘束力を持つものすなわち国内法的効力をも有するものとの二つに分けることができるであろう。そして条約の解釈及び条約の国際法的効力に関する事項についての当事国間における法律的紛争は、国際司法裁判所の管轄に属するが（昭和二九年条約第二号国際司法裁判所規程三六条等参照）、しかし右国際法的効力の部分でも、それがわが国内における或る争訟においてその部分が争点となっておる場合には、依然わが裁判所の違憲審査の対象となるものとわたくしは考える。次に国内法的効力を有する条約についてみると、その条約の目的の全部一部が条約自体に直接規定されておるものと、そうでなく別に国内法律の制定によってその条約の目的の全部一部を実施するものとがある。そしてこの場合の国内法律は当然憲法七六条三項、及び八一条の「法律」に当り、したがって違憲審査の対象となることは論を俟たないであろう。また条約自体そのままが実施されるものも、右国内法律によって実施されるものと同様の効力を有するものといわなければならない。けだし右両者の国民に対する拘束力すなわち法的効力は全く同一であり、何らの差異がないからである。前提事項の第二は憲法九八条の規定は、はじめ憲法改正草案要綱九三として「此ノ憲法並ニ之ニ基キ制定セラレル法律及条約ハ国ノ最高ノ法規トシ其ノ条規ニ矛盾スル法令、詔勅及其ノ他ノ政府ノ行為ノ全部又ハ一部ハ其ノ効力ヲ失フコト」とあり、右要綱は占領軍司令部の示唆そのままを政府が採択してこれを制憲議会に提出したものであって、このことは今や公知の事実である。ところで右要綱はアメリカ合衆国憲法六条二項の「この憲法、これに準拠して制定せられる合衆国の法律及び合衆国の権能をもってすでに締結せられ、また将来締結せられるすべての条約は、国の最高の法である。各州の裁判官は、各州憲法又は州法律中に反対の規定がある場合でも、これらによって拘束せられる」とあるものと同旨であることが観取できる。ところで、合衆国の如く、各州の憲法及び法律の上に、連邦としての憲法、法律及び条約がある国家においては、連邦憲法及びそれに基いて制定された法律及び条約が各州に対してはその最高の法規となるべく、したがってこれらに反する各州憲法及び法律の全部一部はその限度において効力なきものと定められるのは当然であるけれども、単一国家であるわが国においては右要綱の如く、如何に法律も条約も憲法に基きたるものであるとはいえ、この三者（憲法、法律、条約）を最高の法規とすと規定することはその必要がなく（即ち条約はしばらくおき、わが国では憲法を最高法規とし、法律は憲法の範囲内、命令は法律の範囲内において制定せられるものであることは周知のとおりであり、ただ憲法に抵触する法律が制定された場合、旧憲法下ではいわゆる違憲審査権はないものとせられて旧憲法五十余年の時代を経過して来たのである）、また「此ノ憲法並ニ之ニ基キ制定セラレタル……条約」と規定することは、違憲の条約が締結せられることを予定する如くにて好ましからずとされ、もって新憲法制定議会の衆議院において前示要綱案は修正せられ、結局現行九八条の如く第一項と第二項に分ち、第一項においては先ず憲法のみが最高法規であることを宣明し、もってこの憲法に反する法律・命令・詔勅及びその他の国務行為の全部一部はその効力なきことを規定したのであるが、右はむしろ当然のことなるも、その設けた精神は憲法の最高法規性を強調して次の九九条憲法遵守義務の規定を重からしめんとしたること（なおこの点については旧憲法七六条参照）にあり、次に第二項において、条約及び確定された国際法規の誠実遵守を規定したのであるが、これも自明の規定なるも（旧憲法にはかかる規定はない）、過去わが国が不戦条約九箇国条約並びに国際法規等に違反したとの世界的非難に対し、爾今これらの遵守を世界に誓約宣言したものと解すべきである。右の如く法律と条約を別項に分けたからといって、国の基本法たる憲法に抵触する条約を認容しそれの遵守義務を規定したものと解すべきでないことは勿論である。要するに条約は内閣によって締結され、国会によって承認された後公布され、公布によって国民を拘束する効力を生ずることは法律と全く同様であるのである。前提事項の第三は条約と法律とが抵触する場合、何れが優先適用されるかの問題である。結論としては条約が優先すると解するを正当と信ずる。けだし条約はその締結時、既成の国内法律を意識して締結されるのであるから、前法後法の関係に立ち後法たる条約が優先するものと解すべく、また条約締結後国内法律に変更があったときは、国内法律は条約相手国の意思にかかわりなく立法されるのであるから、この場合もまた条約が優先すべきであることは信義の原則に照して明らかであるからである。

三、条約と違憲審査権についてわたくしの意見の本論に入る。憲法七六条三項及び八一条には何れも「条約」の文詞がないから、条約には違憲審査権がないとの説をなすものがある。しかし上来説明のとおり、条約は公布（法例一条、及び現在は廃止されたが明治四〇年勅令第六号公式令八条参照）によって国及び国民を拘束する効力を生ずること、法律と全く異なるところがないのであるから、右憲法七六条三項及び八一条に「条約」の文詞がなくても、右は両条中の「法律」の文詞に当然包含されているものと解するを相当とする（このことは憲法九四条の「条例」について言えば、憲法八一条に何ら条例の文詞なきも、条例が違憲審査の対象たることは毫も疑を容れない）。すなわち条約は公布により国内法と同様、憲法七六条三項により裁判官を拘束すると同時に、同八一条の違憲審査権の対象となるものと言わなければならない（憲法八一条は違憲審査権賦与の直接の規定ではなく、憲法及び法律に拘束される裁判所としての本質にすでに内在する当然の権能であると説く説がある。この説によれば憲法八一条は、最高裁判所は違憲審査に関する最終裁判所であることを示したに過ぎない規定となる）。ただ違憲判決の効力は、わが現在の裁判所は憲法裁判所でなく司法裁判所であるから、当該争訟事件につき本来ならば適用ある法律または条約の全部一部を違憲としてその適用から排除する（もしくは適用を拒否する）旨の宣言と解すべきであって、違憲とする法律または条約それ自体の無効を宣言するものと解すべきではないのである。そして該判決の確定力の及ぶ範囲は当該当事者及び当該事件並びに当該判決の主文に包含するものに限られるのであって、いわゆる対世的効力は有しないのである。ただ内閣及び国会は裁判所の当該違憲判決を尊重し判決の趣旨に添う適正措置を講ずべき政治的義務を負担するものと解すべきである。もしそれ条約には違憲審査権が及ばないとするときは、憲法九六条の定める国民の直接の承認を必要とする憲法改正の手続によらずして、条約により憲法改正と同一目的を達成し得ることとなり、理論上、その及ぶところは、或は三権分立の組織を冒し或は基本的人権の保障条項を変更することも出来ることとなるのである。わが憲法は果してこのような結論を認容するものであろうか。

多数意見は理由二の後段において、「ところで、本件安全保障条約は、前述の如く、主権国としてのわが国の存立の基礎に極めて重大な関係をもつ高度の政治性を有するものというべきであって、その内容が違憲なりや否やの法的判断は、その条約を締結した内閣およびこれを承認した国会の高度の政治的ないし自由裁量的判断と表裏をなす点がすくなくない。それ故、右違憲なりや否やの法的判断は、純司法的機能をその使命とする司法裁判所の審査には原則としてなじまない性質のものであり、従って一見極めて明白に違憲無効であると認められない限りは、裁判所の司法審査権の範囲外のものであって、それは第一次的には、右条約の締結権を有する内閣およびこれに対して承認権を有する国会の判断に従うべく、終局的には、主権を有する国民の政治的批判に委せらるべきものであると解するを相当とする」、と判示し、更に理由の三冒頭に「よって、進んで本件アメリカ合衆国軍隊の駐留に関する安全保障条約およびその三条に基く行政協定の示すところをみると、」との書き出しで、以下安保条約に関し憲法上の判断を下した後、理由の三中段「果してしからば、かようなアメリカ合衆国軍隊の駐留は、憲法九条、九八条二項および前文の趣旨に適合こそすれ、これらの条章に反して違憲無効であることが一見極めて明白であるとは到底認められない。」といい、理由三最後段において「しからば、原判決が、アメリカ合衆国軍隊の駐留が憲法九条二項前段に違反し許すべからざるものと判断したのは、裁判所の司法審査権の範囲を逸脱し同条項および憲法前文の解釈を誤ったものであり、従って、これを前提として本件刑事特別法二条を違憲無効としたことも失当であって、」（以上圏点はわたくしが付した）と、判示するところである。以上多数意見を要約すると、安保条約は、わが国の存立に重大な関係を有する高度の政治性を有するものであること、かかる条約の違憲なりや否やの判断は司法裁判所の判断には原則としてなじまないものであること、したがってかかる条約の違憲審査権は「一見極めて明白な違憲無効」と認められるものに限られ、「それ以外」は裁判所の違憲審査権の範囲外であるということに帰着するのである。多数意見は以上の如く判示しながら、その次には安保条約及びそれに基く駐留軍隊の本質内容等につき解釈を下し、次に相当詳細に憲法的判断を加えたうえ、「アメリカ合衆国軍隊の駐留は、憲法九条、九八条二項および前文の趣旨に適合こそすれ、これらの条章に反して違憲無効であることが一見極めて明白であるとは到底認められない。」との結論を下し、したがって安保条約に基く米軍隊の駐留が憲法九条二項前段に違反すると判断した原判決は、「裁判所の司法審査権の範囲を逸脱し」た違法がある。と、判示しておるのである。

四、わたくしは、以上指摘した多数意見一連の判旨には到底賛同し難い。先ず条約に限らず法律のうちでも国の存立に極めて重大な関係を持ち、したがって高度の政治性を有するものは数多くあることは言うをまたないのであるが、多数意見はこの場合も条約の場合と同様、違憲審査権の行使は一見極めて明白な違憲の場合に限るというのであろうか。そうでなければ論理が一貫しないこと明らかである。何となれば条約は内閣が締結し、国会が承認するのであるが、法律もまた全くそれと同様であるのである。要するに多数意見の到達するところは、違憲審査権は立法行政二権によってなされる国の重大事項には及ばない、とするものであって、わが新憲法が指向する力よりも法の支配による民主的平和的国家の存立理念と、右法の支配の実現を憲法より信託された裁判所の使命とに甚だしく背馳するものであることは明らかである。かくてわが憲法上の三権分立のうち、立法行政二権に対する司法権唯一の抑制の権能たる違憲審査権は、国の重大事項には全く及ばないこととなり（多数意見のいう「一見極めて明白なる違憲無効」というようなものは殆んどあるものではない。すなわち有名無実のものである）、わが三権分立の制度を根本から脅かすものと思う。また多数意見のいう本件安保条約に対しては違憲審査権は原則としてなじまないものであるとするのは如何なる法的根拠によるものであるのか、少しもその理由が説明されておらず、理由不備の判決といわなければならない。或は統治行為説または裁量行為説等、内閣または国会の行為のうちには違憲審査権が及ばないものがあるとの説があるけれども、元来三権分立の制度からくる内閣または国会の地位権限に照して、これら各機関固有の権限行為または固有の裁量行為は当該機関の専権に属し、他機関がこれを冒すことはできないけれども、その専権に属する権限行為または裁量行為の内容に違憲が存在するときは、それは裁判所の違憲審査の対象となることは、力よりも法を優位とし法の支配を実現せんとする違憲審査の制度に照して疑いないばかりでなく、憲法八一条の「……裁判所は、一切の法律、命令、規則又は処分が憲法に適合するかしないかを決定する権限」との明文に照して明らかであるというべきである。（もっとも、「降伏文書」、または無条件降伏した「敗戦国としての平和条約」の如きは、その本質上、違憲審査の対象とならないことはいうまでもなかろう）。さればわたくしは、統治行為説または裁量行為説には、少なくともわが憲法上は到底賛同することができない。次に違憲審査権は、「憲法に適合するかしないかを決定する権限」、すなわち「憲法適否の審査権」と解すべきであるところ（憲法八一条）、多数意見は本件条約の場合「違憲の審査」については「一見極めて明白なる違憲無効」のものに限ること、「それ以外は裁判所の司法審査（私注、ここに司法審査とは違憲審査の意味と解する）の範囲外である」と判示する。而して本件条約の場合右にいう「一見極めて明白な違憲無効」と認むべきものはなく、そして「それ以外は違憲審査権の範囲外」であるというのであるから、本件はこれのみで「違憲の審査」は終了し、爾余は適憲とも違憲とも判断してはならないものとわたくしは考える。再言すれば、「一見極めて明白な違憲無効」のものに限り「それ以外は審査の範囲外」であるというのであるから、一切憲法に適合するものとも適合しないものとも判断すべきではないのである。もし判断したらそれは権限外の行為であって違法なのである。このことは上級審の判断の下級審に対する拘束力（裁判所法四条参照）の点を考えれば明瞭である。また「一見極めて明白な違憲無効」とは「ひと目見てすぐ判る違憲無効」の意と解せられるが、智能をあつめ日月をかけて締結し、衆智によって承認された条約に「ひと目見てすぐわかる違憲無効」のような瑕疵が果してあるであろうか。ひっきょう多数意見は違憲審査権に対する自慰的な言い訳けの言に外ならないと考えられる。したがって多数意見の究極するところは条約（精確にいえば、本件安保条約）に対しては違憲審査権は及ばないとしたものと同一に帰着する。或は条約と憲法との関係は、努めて条約を憲法に適合するように解釈すべきであるとの説がある。この説は前提において条約に対しても法律同様の完全な違憲審査権があることを前提とするものであって、本件多数意見とは根本的にその立場を異にする。次に多数意見は本件には一見極めて明白な違憲はないと断定しながら、違憲審査の範囲外であるとする「それ以外」の事項について相当詳細に憲法的判断を下したうえ、その結論として、「アメリカ合衆国軍隊の駐留は、憲法九条、九八条二項および前文の趣旨に適合こそすれ、」と判示し、最後に原判決に対して「司法審査権の範囲を逸脱し」た違法ありと断定しておるのである。そもそも条約と違憲審査権の問題は最高裁判所発足以来本件がはじめての案件ではあるが、多数意見理由三の冒頭以下本件安保条約及びその駐留軍の性質を論じて本条約の適憲性を判断しておるように、本条約は十分に違憲審査に耐えるものであることは多数意見自体それを証拠立てていの違憲審査権は、国の重大事項には全く及ばないこととなり（多数意見るものであって、特に本件において、「条約（精確にいえば本件安保条約）に対しては一見極めて明白な違憲無効以外のものは違憲審査権はない」などとの重要判示をしなければならない法律上ないし審判上何らの必要を認めない案件であることは明らかである。

五、おもうに、新憲法が違憲審査権を裁判所に賦与した主たる理由は、裁判官は「憲法及び法律にのみ拘束され」（憲法七六条三項）、したがって法の解釈適用を強制される裁判所の本質に内在する固有的な機能を認めて、これに賦与したものと解すべく（アメリカ合衆国は違憲審査権につき何ら憲法上に規定なきにかかわらず、独立以来裁判所がこの権能を行使して今日に及んでおるのである）、そして本権につき憲法が企図するところは、力よりも法の優位であること、法の支配による正義の行われる社会の実現を期し、かくて憲法前文のいう「平和を維持し、専制と隷従、圧迫と偏狭を地上から永遠に除去しようと努め」るための普遍的原理の実現にあるものと考える。そして本制度の効果は、しばしば違憲判決の下されるよりも、本制度のあることそれ自体によって、力による違憲行為の発生を未然に防止する消極的効果にむしろ期待を寄せているものと考える。多数意見は「国の存立に重大な関係あり、したがって高度の政治性を有する条約」については、原則として違憲審査権の及ばないことを判示するものであって、国の重大事項と憲法との関係において、憲法を軽視するものであってそれはやがて力（権力）を重しとし法（憲法）を軽しとする思想に通ずるものといわなければならない。かつて旧憲法において、法的にはその責任は不明確であったが、彼の枢密院が天皇の諮詢機関として存在し、もってすべての条約（前掲公式令八条参照）及び重要なる法律並びに勅令案は皆同院における憲法適否の審査を経たものであって、同院は実質上憲法擁護の任にあったことは今更いうまでもないところである。また憲法は国の基本法として条約よりも優位であることの法理確認の事例としては、昭和四年条約第一号「戦争抛棄ニ関スル条約」、すなわちいわゆる不戦条約第一条中の文言に、「其ノ各自ノ人民ノ名ニ於テ厳粛ニ宣言ス」とあるうちの「人民ノ名ニ於テ」なる文詞は、憲法に反するものとして右文詞のみはわが国に適用なき旨留保宣言（その留保宣言は「帝国政府ハ……条約第一条中ノ「其ノ各自ノ人民ノ名ニ於テ」ナル字句ハ帝国憲法ノ条章ヨリ観テ日本国ニ限リ適用ナキモノト了解スルコトヲ宣言ス」）を付して該条約を批准した事実は、歴史の明証するところである。新憲法の違憲審査の権能は明治憲法よりも劣弱であるというのであろうか。更にまた国の存立に重大関係あり高度の政治性ある条約というべき、第二世界戦争勃発の原動力となった日独伊三国同盟条約の如きは、「一見極めて明白な違憲」と認められないようにその体制を整えることができると思うのであるが、多数意見は違憲審査権の範囲外としてその効力を認容するであろうか。けだし世界状勢は変転極まりなく、国の権力にも変遷推移あることに想到すれば、国の基本法たる憲法の護持擁護は不抜のものでなくてはならないことが痛感されるのである。わたくしは平和の維持と基本的人権の擁護のため、違憲審査権の健在を祈ってやまないものである。

裁判官奥野健一、同高橋潔の意見は次のとおりである。

憲法九条一項は、わが国の、国権の発動たる戦争と、武力による威嚇又は武力の行使は、国際紛争を解決する手段としてはこれを放棄したものであり、従って、同条二項の戦力の不保持も、わが国が自ら指揮権管理権を有する戦力の保持を禁じたものと解すべきが当然であり、わが国が指揮管理し得ない外国軍隊に関するものではない。従って、安全保障条約により、わが国に駐留する米国軍隊は、わが国が指揮権管理権を有するものでないことは明らかであるから、右九条二項に直接違反するものといい得ないことは明白である。しかし、右米国軍隊の駐留が、憲法九条二項の精神又は憲法の前文の趣旨に反しないかは、更に、検討する必要がある。

米国軍隊がわが国に駐留するのは、安保条約に基き、その実行としてするのであるから、米国軍隊の駐留の違憲性を判断するには、先ずその前提として、安保条約が違憲であるか否かを判断する必要がある。然るに多数意見は安保条約の違憲性については裁判所に審査権がない旨判示する。その趣旨が、一般に条約の違憲性については裁判所の審査権が及ばないというのであるか、或いは条約については審査権があるが、本件安保条約はいわゆる統治行為に属するから審査権がないというのであるか、明らかでないが、その何れにしても、われわれは異見を有する。元来、条約は国と国との国際法上の契約であるが、同時に条約そのままが国内法的効力を有する場合があり、又条約が直ちに国内法規としての効力を有しないで、別に国内法律を制定して、これにより条約を実施する場合とがある。条約がそのまま国内法規として国民を拘束する場合は、その国内法的効力は、原則として最高法規である憲法の下位に立つものであって、この場合国内法律と同様、憲法八一条により憲法に適合するかしないかの裁判所のいわゆる違憲審査の対象になるものと解する。このことは、条約を前提問題として判断する場合も同様である。また、条約実施のための国内法律が右憲法同条の法律として裁判所の違憲審査に服すべきことは勿論である。あるいは、右八一条中に「条約」なる文字がないから、条約については、裁判所に違憲審査権がないと論ずる者があるが、たとえ、裁判所が条約を違憲であると判断しても、それは条約の国内法的効力を否定するに止まり、国際法上における条約の効力を否定するものではなく（政府としては、かかる場合、条約の廃棄、修正の手続を採るか又は条約実施の義務違反の国際法上の責任を生ずるかは別問題として）、依然国際法上は条約として有効なのであって、裁判所は国際法上の条約自体の有効、無効まで審査判断するものではない。この意味において、右八一条中に特に「条約」なる文字を插入しなかったものと解すべく、条約の国内法的効力について裁判所の違憲審査権を否定する趣旨と解すべきではない。繰り返していうなれば、憲法八一条は憲法の下位にある一切の国内法規についての司法審査権を規定したものであって、同条が規定していない憲法九四条の「条例」なども当然司法審査の対象となることは疑を容れないところであり、条約も右八一条に列挙されていなくても、その国内法的効力については当然司法審査の対象になるものであり、この意味において条約は国内法規としては右八一条中の「法律」のうちに包含されているものと解せられる。このことは、また、憲法七六条三項及び九八条一項の「法律」のうちに国内法規としての条約も包含されていると解すべきであると同様である。従って、九八条一項に「条約」の文字がないからといって、条約が憲法の下位には立たぬとか、或いは裁判所の違憲審査の対象にならぬとかという根拠にはならないし、また、九八条二項の条約遵守の義務から、当然に憲法に違反する条約でもすべて国民を拘束し、裁判所の違憲審査権が及ばないとする根拠にはならないと考える。また、若し条約に違憲審査権が及ばないとすれば、他国との間に憲法の条章に矛盾・背反する条約を結ぶことによって憲法改正の手続を採ることなく、容易に憲法を改正すると実質上同様な結果を生ぜしめることができることとなり甚しく不当なことになる。

また、司法審査権の限界について、われわれは、いわゆる統治行為ないし政治問題として審査権の及ばない或る部面のあることは必ずしも否定しない。しかし、問題が政治性が高いとか、国の重大政策に関する問題であるからというだけの理由で、当然これに該当するとすることには、われわれは賛同できない。けだし、元来、法律の制定とか条約の締結の如き行為は、概ね国の重大政策に関する政治性の高い事項であり、従って、これに対する違憲審査は当然政治性の高い判断を必要とするものであるから、単に、政治性が高いとか、国の重大政策に関する問題であるというだけの理由で裁判所の違憲審査権が及ばないとすると、政治的問題となった重要法律等の多くは裁判所が違憲審査ができないこととなり、わが憲法が、特に八一条の明文を設けて、裁判所に法律以下の一切の国内法規並びに処分についての違憲審査権を賦与し、以って、国会や政府の行為によって憲法が侵犯されないように配慮した憲法の精神に副わないのみならず、同七六条、九九条により特に憲法擁護の義務を課せられた裁判官の職責を完うする所以でもないと信ずるからである。これを要するに、多数意見は条約には裁判所の違憲審査権は及ばないという意見と本件安保条約は統治行為に属するから審査権がないという意見とを最大公約数的に包括したものと思われるが、何れにしても本件安保条約は裁判所の司法審査権の範囲外のものであるとしながら、違憲であるか否かが「一見極めて明白」なものは審査できるというのであって、論理の一貫性を欠く（殊に若し条約には始めから司法審査権なしという意見者もかかる理論を是認しているものとすれば、甚だ理解に苦しむところである）のみならず、安保条約はわが国の存立の基礎に極めて重大な関係を持つ高度の政治性を有するものであるから、一見極めて明白な違憲性についてだけ審査するに止め、更に進んで実質的な違憲審査を行わないというのであって、この態度は矢張り前述のようにわが憲法八一条、七六条、九九条の趣旨に副わないものと考える（しかも、多数意見は結語として安保条約は一見極めて明白な違憲があるとは認められないといいながら、その過程において、むしろ違憲でないことを実質的に審査判示しているものと認められる）。われわれは、安保条約の国内法的効力が憲法九条その他の条章に反しないか否かは、司法裁判所として純法律的に審査することは可能であるのみならず、特に、いわゆる統治行為として裁判所がその審査判断を回避しなければならない特段の理由も発見できない。

　そこで、安保条約が果して憲法九条の精神又はその前文の趣旨に反しないか否かを審査するに、憲法九条一項は「国権の発動たる戦争と武力による威嚇又は武力の行使を国際紛争を解決する手段とする」ことを禁止しているのであって、その趣旨は不戦条約にいう「国際紛争の解決のために戦争に訴えることを不法とし、国家の政策の手段としての戦争を放棄する」というのと同趣旨に解すべきものであり、かくて、また国連憲章二条四項の趣旨とも合致するものと考える。従って、憲法九条一項は何らわが国の自衛権の制限・禁止に触れたものではなく、「国の自衛権」は国際法上何れの主権国にも認められた「固有の権利」として当然わが国もこれを保持するものと解すべく、一方、憲法前文の「……われらの安全と生存を保持しようと決意した」とか「……平和のうちに生存する権利を有することを確認する」とかとの宣言によっても明らかなように、憲法はわが国の「生存権」を確認しているのである。然るに、今若しわが国が他国からの武力攻撃を受ける危険があるとしたならば、これに対してわが国の生存権を守るため自衛権の行使として、防衛のため武力攻撃を阻止する措置を採り得ることは当然であり、憲法もこれを禁止していないものと解すべきである。けだし、わが国が武力攻撃を受けた場合でも、自衛権の行使ないし防衛措置を採ることができないとすれば、坐して自滅を待つの外なく、かくの如きは憲法が生存権を確認した趣旨に反すること明らかであるからである。そして、かかる場合に、わが国の安全と生存を保障するためには、国連憲章三九条ないし四二条による措置に依拠することは理想的ではあるけれども、国連の右措置は未だ、適切有効に発揮し得ない現況にあることは明らかであるから、次善の策として、或る特定国と集団安全保障取極を締結し、もって右特定国の軍隊の援助によりわが国の安全と生存を防衛せんとすることは止むを得ないところであって、その目的のために右特定国軍隊をわが国の領土に駐留することを許容したからといって、それはわが国の自衛権ないし主権に基く防衛措置に外ならないのであるから、憲法前文の平和主義に反するものではなく、また、憲法九条二項の禁止するところでもない。而して、安保条約は平和条約五条（c）と六条（a）但書に則りわが国と米国との間に締結された条約であって、「無責任な軍国主義がまだ世界から駆逐されていないので」、日本には武力攻撃を受ける危険があることを前提として（かかる「危険」があるか否かの国際情勢の判断については、いわゆる政治問題として裁判所の審査判断すべきところではなく、既に、政府と国会が安保条約の前文において、かかる判断を下している以上裁判所としてはこれに従う外はないものと考える）、わが国は、国連憲章の承認しているすべての国の固有する「個別的及び集団的自衛権の行使」として、わが国に対する武力攻撃を阻止するため、日本国内及びその附近に米国軍隊を維持することを希望し、米国に対しその軍隊を右地域に配備する権利を許与し、米国はこれを受諾し、その配備した軍隊を「外部からの武力攻撃に対する日本国の安全に寄与するため等に使用することができる」ことを協定したものであって、国連憲章の制約と国連の一般的統制の下に、国連憲章五一条の「個別的、集団的自衛の固有の権利」に基き、専ら「武力攻撃が発生した場合における」自衛のための措置を協定した集団的安全保障取極である（昭和三二年六月二一日の共同コミニュケ、昭和三二年九月一四日交換公文、参照）。すなわち、右条約は各国の固有する自衛権に基く防衛目的のための措置を定めたものであって、固より侵略を目的とする軍事同盟であるとはいい難く、従って前記説明の趣旨において憲法九条の精神にも、その前文の趣旨にも反するものとはいいえない。（なお、安保条約が米国軍隊が極東における国際の平和と安全の維持に寄与するためにも使用せられることを規定しているところから、米国軍隊が極東平和のため行動することにより、わが国がその防衛に関係のない戦争に巻き込まれ、わが国に再び戦争の惨禍を招く危険があるから憲法前文に反するとの議論について一言する。米国軍隊が安保条約の右規定によって出動し得るのは、国際連合の機関の決定または勧告に従う場合の外は、国連憲章五一条に従ってその要件の下においてのみ行動すべきものであることは、前記交換公文により日米両国間に確認せられているところである。従って、この場合には、極東において現実に「武力攻撃が発生した場合」であることを要するのはいうまでもない。そしてこの武力攻撃の発生は、極東の平和と安全が日本の平和と安全とも極めて密接不可分の関係を有するものであるから、同時に日本の平和と安全をも脅かすものであり、従ってかかる米国軍隊の行動はわが国の平和と安全をも保障するものであるとの議論も成立し得るのである。このような、日本の平和と安全とが極東の平和と安全と密接不可分であるとの判断の是非は、国際情勢ないし軍事情勢等に対する判断の如何にかかるものであって、政府や国会の判定すべきいわゆる政治問題に属し、それらの機関において既に右のような判断を下して前記の如き規定を設けた以上は、司法裁判所としては右判断に介入審査し得べき限りではないと考える。）

以上述べたように、安保条約は憲法九条及びその精神並に憲法前文に反するものとはいいえない。（なお、行政協定は、特に国会の承認を経ていないが、既に国会の承認を経た安保条約三条の委任の範囲内のものであると認められるから違憲とは認められない。）従って、右安保条約及び行政協定に基く米国軍隊の駐留も、また違憲とはいいえない。よって、これが受入国たるわが国が、その軍事施設の安全につき保護を与えることは、当然であり、米国軍隊の施設及び区域内の平穏を保護するため本件刑事特別法を制定しその違反行為に対し、軽犯罪法一条三二号所定の法定刑よりも重い刑を定めたからといって、立法機関の裁量に任された範囲における立法政策の問題であって、憲法三一条に違反するものとは勿論いいえないし、また、両者の法定刑に差異を設けたからといって、その法益を異にするものであるから、これを以って不合理な差別的取扱をしたものとして、憲法一四条に違反したものともいえないことは勿論、憲法一三条に反するものでもない。されば、原判決は憲法の解釈を誤ったものであり、本件上告はその理由があって、原判決は破棄を免れない。よってわれわれは多数意見の主文にはもとより同一意見であるが、その理由は以上の如く異にするものである。（なお、憲法九条が自衛のためのわが国自らの戦力の保持をも禁じた趣旨であるか否かの点は、上告趣意の直接論旨として争っているものとは認められないのみならず、本件事案の解決には必要でないと認められるから、この点についてはいまここで判断を示さない）。

検察官　清原邦一、同村上朝一、同井本台吉、同吉河光貞出席。

昭和三四年一二月一六日

最高裁判所大法廷

裁判長裁判官　田中耕太郎
裁判官　小谷勝重
裁判官　島　保
裁判官　斎藤悠輔
裁判官　藤田八郎
裁判官　河村又介
裁判官　入江俊郎
裁判官　池田　克
裁判官　垂水克己
裁判官　河村大助
裁判官　下飯坂潤夫
裁判官　奥野健一
裁判官　高橋　潔
裁判官　高木常七
裁判官　石坂修一

資料Ⅰ・36

憲法問題研究会の意義

一九五九年五月三日

大内兵衛

［出典］『世界』一九五九年七月号

コメント

これは憲法調査会が活動を開始し改憲の機運が盛り上がったことに危機感をもって、憲法を守る立場から学者が集まってつくられた憲法問題研究会が一九五九年五月三日に行った講演会における大内兵衛の講演である。

憲法問題研究会は、一九五八年六月、憲法調査会に対抗すべく、大内、我妻榮、宮沢俊義ら四十数名によってつくられ、七六年まで活動を続け、護憲運動に小さくない影響をもった。本講演者の大内も、資料Ⅰ・37で紹介する我妻榮も、いずれも、この会の中心メンバーである。

この講演で、大内は、憲法問題研究会の一年間の研究の歩みを簡潔に語っているので、ここに収録した。

昨年の六月、われわれ少数の有志が相集って憲法問題研究会というものを作ったとき、意外にも、これが世間の注目をひいた。各新聞はいっせいに論評をかかげ、あるものは大いにやれそして政府の憲法改正の意図と戦えといった。またあるものは、そういうことはけしからん、やりたければ憲法調査会へ行ってやればいいではないか。学者とは勇気のない人々だともいった。政府は政府で少しあわてて、「政府が三顧の礼をつくして調査会へ入ってくれといったのを断った人までがそういうことをするのは、学者としての良識を疑いたい」などといった。あの当時声明したように、少数の日本国民——九千万人中の四十数人のわれわれが集まって、愛する祖国の憲法を静かに研究しようというのに、どうしてみんながこんなにさわぐのか、われわれにはそれが不思議であった。しかし考えて見れば、これは国民が憲法問題は大切な問題だと思っている証拠であるに相異ない。そしてわれわれ学者と自称する者に対して過当の期待をよせているからにちがいない。私はそう思い、これはいよいよ以て、どうしても真面目にやらなくてはいかぬと考えて、あれから一年、同志諸君ととにかく真面目に勉強をいたしました。（拍手）

それで今日は、われわれの会がこの一年間にどういうことをして来たか。われわれは政府や一部批評家のいうように、国民としてけしからぬことをやっているのか、それとも、国民として、また国民からパン代のほかに身にあまる尊敬をうけている学者としてその義務を果していないかどうか、その批判をうけるためにこういう会を開き、まずわれわれの事業の勉強のやり方から報告をいたします。

われわれは、東京と京都と別々に研究会をもっている。東京は毎月必ず、京都もたいてい一度研究会を開くことにしているが、いつも出席が大変よく、討論はさかんであります。

その第一回は創立のための会合で昨年六月八日に開いた。どういうことをやるか、どういう方法でやるかというような問題を議した。会員は限定されて有志の研究会という性格が定まった。ついでに会の代表者をもきめたが、我妻栄君と宮沢俊義君と私がその撰に入った。今日、ここでこの会務を私が報告するのは、この三人のうち年の順で私が当ったわけで、憲法について私が一番偉いからではありません。（笑声）

第二回は会員佐藤功君が第一報告をした。それは憲法調査会（政府の調査会）はいままでにどういうことをやっているかという報告であった。それによりますとこの調査会では、なぜ社会党が委員を出すことを拒むのかがよくわからないらしい。またいまの憲法は誰がどういう風にして作ったのかもよくわからぬとしている。すなわち委員の内にはこれはマッカーサーが作ったので、日本人が作ったものでないということを熱心に主張している人がいる。そういうことがあるために、まずそれを明らかにしなければならぬという問題を重大視し、それを解くために詳細な資料を集めている。そのためアメリカにまで会長自ら出かけているが、まだ、何ともたしかにはきまらない。この報告に対し、この日、全員はこれについてそれぞれの知識をもち出したが、そのうちには、あの調査会がそもそも憲法違反だ、憲法の改正は当然に議会が問題とすべきものであって、内閣が主となるのはおかしいとか、あの調査会はあまりに自民党的であるから社会党が入れないのは当然だとかいう話が出た。こういう情勢の下で、一方自民党の委員のうちには、憲法改正は既定の事実であるのに、何をグズグズするのかといっている人がいる。他方学者のうちから、この平和憲法は改正してはならないという声が出ない。私はこれは少しおかしいと思った。学者となると、ああいうところに出ても、われわれ同様勇気が出ないのでしょうか。（笑声）

当日第二の報告者は鵜飼信成君、同君はいつか問題になっていた自主憲法期成同盟の改正憲法私案の内容を説明しそれを批評した。この私案はしきりに民主主義をうたっているが、よく見ると、天皇の政治的地位責任を重くし、天皇に対して国務大臣（といわないでその名を国務委員と変えてはいるが）の地位を低くしようとしている。またこの私案は平和主義を高くかかげているが自衛軍の設置は必要だと主張している。その他、この私案は家族制度を復活し、憲法改正には国民投票はいらぬとしている。こういう私案に対する会員の間からの批評は、この私案はいかに民主主義をうたっていても、その衣の下からどうもドイツの保守的イデオロギーの鎧が見える、また、国家緊急の場合だということで憲法停止ができるということにしているのは危険至極だといった類であった。私はそういう議論をききながら、文字というものは魔術であるから、民主主義、平和主義などといって、法文をかざりながら、そういう憲法を、多数専制でも少数専制でも軍国主義にでも運用できるようにするのは、そうむづかしいことではない。日本の政治家にもそのくらいの智慧のある人はたくさんいると思いました。（笑声）

第三回の会では、中村哲君が、憲法擁護運動の経過の報告をした。この運動はサンフランシスコ条約ができると間もなくはじまったもので、それは社会党、総評、共産党などが各独立にイニシァティブをとろうとした平和運動であった。それではうまく行かないで、二十九年の一月にはこれらのグループが集って憲法擁護連合を作った。このとき彼らは共産党と一線を劃した。ところがこの連合の運動は目標がばく然としていたので、また分化して平和運動は護憲連合に、政治運動は社会党に、原水爆禁止運動は原水協がうけもつことになった。要するに国民の間には憲法改正反対と平和主義擁護の勢はあるのだが、それを実行にうつす運動の方はその主体が弱くその問題の焦点が確立していないといっていい。こういう報告に対して、会員の間からは、この運動が社会党の別働隊と思われるのがよくないのではあるまいか、社会党の支持者と護憲の支持者とはちがうのは当然ではあるまいか、それはそれにしても、この運動は国民運動となる可能性はあるという意見などがあり、その点がいろいろに論ぜられた。この話を聞いていて、私は、まさに国民には一定の要求はある。だが、それを組織するのがむつかしいということを痛感した。要するに国民にとっては金と人間がどうもうまくいかないのである。これに対して、権力をもっているものはマス・コミをもち、彼らは金と人間をうまく支配する。国民はそれができない。

この日の第二の報告は城戸又一君。憲法問題に対する国民意識。これについては、これまでに、種々の調査があるが、それによると、憲法改正に反対の人が急にふえているとはいえない。時々は減る形さえもある。三十一年十月という時点では、ある調査によると改正賛成二八％、改正反対一九％、再軍備賛成三一％それに反対四二％というのもある。これらについてわからぬという答が相当に多い。これによると世論は憲法改正賛成であるかの如く見えるが、必ずしもそうではない。同じとき朝日新聞の調査によると、憲法改正賛成の方が二七％で反対の方が三一％、反対が多い。再軍備賛成三二％反対五二％、これも反対が多い。それでは、国民のどの層が反対なのか、こころみに年齢別にそれを分類して見ると、どうも二十代のものには反対論が非常に多く、四十代五十代六十代となると賛成にまわるものが多い。また教育程度についていうと、教育の高い方には反対が多い。それなら教養の高いものは必ず反対かというと、それはとんでもないことで、年齢の高い人でしかも学歴の高い人、昔の大学卒業者などを特別にとって見ると彼らのうちには賛成が圧倒的に多いのである。こういう事実の報告について、われわれの間では、いずれにしてもそういう調査はそんなに正確でないという議論があり、またそのことを承認しても、憲法改正は世論であるというのは本当でないという人もいた。こういう議論の間、私はこれらの論客の顔を見ていた。論客は、どれもこれもご老人で、四十以下の人は少く、五十以上、六十以上であった。しかもこの人々は、この調査の事実とは反対に、憲法即時改正に反対らしい顔をしている人の方が多かった。私はこれはおかしいと思いました。

第四回の会合の報告は久野収君の日本憲法の論理学というので、久野君はいかにも学者らしい議論を展開した。久野君によると日本国憲法の眼目は何か、それが第一前提だ。自分はそれを、第十条から第二十九条までの規定すなわち人権保障の規定とする。これを前提にすれば、他はこの目的に対する手段または機構である。天皇も、国会も、内閣も、司法、財政も、地方自治も、その目的のためにある手段である。従ってこの人権保障の規定の解釈は具体的積極的でなくてはならない、反対に、諸機関の規定の方は制限的で消極的でなくてはいけない。これは憲法の論理である。そう考えると憲法の規定を以て理想的道徳的だからその解釈がそうはっきりしないでもいいなどというのはよくない。そういうことをいっていると、反動政府の拡張解釈が許されることになり、それによってヒドイ目にあわされる危険がある。久野君のこういう議論はこの人の体験によって実証されて深刻なものであったが、それに対して会員間には、そうではあるが、その目標とその手段とを逆かさまに考えている人が、いまなお多く、しかもまたそうならざるを得ない事情もある。例えば私有財産と自由権とが両方とも保護されているために、それが衝突したとき実際はどちらが主になるのかわからないという人もいた。まことに憲法百三ケ条、一寸よむとわかるがほんとうはそうかんたんにはわからない。憲法の論理がわかりにくいものだ。それは民主主義だといっても、その民主主義なるものは、少数のパワー・エリートの利益の論理だとも考えられ、また多数国民の利益の論理だとも考えられないこともない。もしそうだとすると論理もまたほんとうは実力なのだろうか。その辺のところ、なかなかむつかしいと私は、思いました。

第五回は宮沢俊義君の上杉・美濃部両博士の憲法論争の話。これは明治末期に美濃部博士がドイツの国家法人説に基いて「天下は天下の天下である。天皇は機関にすぎない」といったのに対して、上杉博士が立ち上って、天皇を機関とは何事だ、機関とは使用人ではないか、使用人なぞと天皇を申し上げるのは国体を侮辱するものだと批難したのである。今日から考えれば、美濃部さんは天皇の地位を法律学の理論によって説明しているものである。それに対して上杉さんは天皇さまを理論的に説明してはいかぬ、感情的に尊ぶべきものだといっているのである。これはけんかにならぬけんか、少くとも学問的に大した内容のある議論でなかったのである。しかしそれにもかかわらずこれが天下の大問題となってすべての憲法学者がこの論争に動員せられた形となったが、美濃部説をいいとするものの方が絶対的に多かった。しかし学界の元老加藤弘之や憲法の番人穂積八束はそれには反対であって、ここでも奇妙な対立があった。これについて穂積八束は「天皇神権説を唱えるものはいまや自分と上杉氏のみ」と嘆じた。この問題がこのような大問題となり、しかもそれについてこのような対立があったのは、やはり日本国民の間に物の考え方に二つのタイプがあるという反射であり、たまたま、このとき、幸徳事件その他を背景にして、二つの考え方のうち国民的な立場の方が強くあらわれたのであると思われる。この歴史はくり返され、後日、さらに大々的規模の政治問題となったのがかの美濃部博士事件であった。そしてそれがさらに大規模にくり返されて二・二六事件となった。宮沢氏のこういう昔話を基礎にしてわれわれの間では穂積、上杉、美濃部三博士の人物論や学説批評までがさかんに交換された。私は偉い学者というものは死んでもなかなか死なぬものであることを感じたが、同時に、生きているうちに威張っていたやつは、死んでからはずいぶん割が悪いなあと思いました。

第六回の会合においては入江啓四郎君から安保条約改訂問題の話を聞きました。現行の日米安保条約という条約は普通の対等国間の条約ではない。それであるなら対等相互の協力の約束であるはずだが、これは基地設定の条約も含んでいて、その基地条約なるものもまた普通の基地ではない。それは設定する方の国のためすなわちアメリカだけのための基地ではなく、被設定国すなわち日本の自衛のための基地であって、いいかえれば自国内に自国が基地をおく約束を他国としているのである、それについて、今度の改正はこの変則を改めて普通のものとするというのであるが、もしそれがほんとうに対等な国と国とがやる話ならかんたんであるが実際はそうでない。対等でない二つの国が各々軍事的拡大の目標をもってこれをやることになると、軍事義務がどういうことになるのかか、そうかんたんに予想することはできない。下手をすると、日本が西太平洋まで防衛しなくてはならぬというようなことにもなりかねない。尤もいまのところ問題の中心は、駐在のアメリカ軍を使用する場合、アメリカが日本に協議をしなくてはならぬとしたいというにあるらしいが、それについても、日本がいつでもそういうアメリカの申込を拒否し得るとするのではなく、防衛上と称して日本がどのくらいの軍隊を出すかということを協議できめようとするものらしい。もしこういう改定ができ、その必要から日本の自衛力が大きくなると、こんどは自衛のためのその軍事力が直ちに攻撃のための軍事力としてアメリカ及び日本によって利用されるかも知れない。そう考えると安保条約の改正が中立主義や平和主義にとって有利かどうかあやしいものだ。もともとあの条約はしばらくの間ということでできたと思うが、それがつい長くそのままになっている。それがこまるので、それを改訂しようというのが今回の改正理由であるが、それかといってそれを不完全に改訂してしまうと、五年も十年も、その上の改訂ができぬということになるのもずいぶん危険だ。そう考えるとこの問題については慎重がいい。入江君はそういう風に話した。これに対する多数の討論者もまた慎重論の方らしく、いま急いで、条件が整っていない内に、いな、世界の緊張がはげしくなろうとし、従ってアメリカの軍事的恐怖または軍国的野望がたぎり立っているときに、これをやるよりも、日本としてはまず国際間の緊張を緩和するように努力した方がいい、そのためにはアメリカの軍隊の駐屯をまずやめてもらうのがいい、そういいたいところだという気分がつよかった。私も同感でありました。

第七回の例会では真野毅君（元最高裁判事）がこれまで最高裁でどういう憲法問題がとりあげられたかについて報告した。一々のケースについての説明はここでは略するが、要するに人権保障に関する規定に反しているという訴が圧倒的に多く、次に選挙や警察権の発動やについて取扱に違憲の疑があるというのが多い。これらの違憲告訴についての最高裁の判決によれば全部が全部政府がまちがっていたとはいえぬが、間違っていたこともあった。いずれにするも行政処分や判決があまり違憲をやるのはよくない、と同時に、最高裁の決定はもっと威力をもつ方がいい。が、さて、それを実現する方法はどうか。例えば、国会立法の際、国会は先に裁判所の意見を聞いておくようにしたらどうか。裁判の決定について、進駐軍や政府の圧力が最高裁に加わるようなことをあり得ないようにする方法はどうか、などが問題となった。この議論を通じて得た私の印象では日本のいまの法律乃至はその法律の適用について、それが憲法違反かどうかわからぬ点があまり多すぎる。これでは憲法は安定せず、威信は十分でない。しかもその原因といえば、法律のできもわるい、その適用もわるい、それに対して憲法の解釈もむつかしくて一定していないということになる。まだ生れたばかりの憲法だのに、何とのろわれた運命にくるしまねばならぬのでしょう。

第八回例会は家永三郎君の明治十年代の憲法思想について聞きました。日本にも民主主義があった。明治十年代がそれである。そしてそれは、思想としては西洋伝来であるにしても、その根拠は日本自身の社会と農村にあったのではないかと思われる。明治十年代に日本にすでに地方自治について、近代家族制度の要求について、相当強い運動があったのも、そういう根拠があったればこそであろう。こういう民主勢力が、どのような表現をもったかは、明治十年代に私擬憲法が二十も三十もあったことによって、また、その内容によって知られる。この内で、最も民主主義的なものは、明治十四年の植木枝盛のそれである。植木の憲法は、人権保障を第一におき、国家の機関の権力は、その必要のために制限せられねばならぬとする点でも、地方自治を保障するために地方長官を公選としている点でも、ことに夫婦中心の小家族制を正しい家族主義とする点でも、非常に進歩的なものであって、それは思想としてはいまの憲法のそれと同じことである。して見ると、明治十年代の民主主義は極めて徹底したものがあったというべく、それがこの植木憲法案であったといえると。そういう話を聞いて皆からそれについての所感がのべられたが、それによって、私がつよく感じたことは、明治憲法はこういう思想に対する反動であったということ、それゆえにその維持のために、政府を原動力とする反動政治が必要であり、それが成長する民間の民主主義を抑圧したのが日本の憲政史であった。しかもそれは、明治憲法の宿命であった。

第九回総会では野村平爾君がI・L・O条約と憲法問題について報告されました。これは公共企業体労働関係法がそういう企業の労働者の団結権団交権を制限したことにもとずいて、企業側はそれをことさらに拡大解釈する傾向があらわれ、労働者側はそれを不当とした、そしてそのうちのある問題について労働者側はI・L・Oに提訴していたが、I・L・Oは労働者側の要求を正当なりとする一方、こんどはI・L・Oの方から積極的に日本政府に対して同条約第八七号の批准を勧告した。そういう行がかりで政府もI・L・O条約を認めなければならぬことになったが、それを認めるにしても、その条約にいう団結権や団交権をめぐって今後はいろいろの争点が残されている。いずれにするも公共企業の労働者に対する政府の政策については現行法規そのものにすでに憲法違反の疑があり、またその適用はI・L・Oの主張する国際的一般基準に反する疑は十分である（詳しくは『世界』四月号「不当労働行為とILO条約」を参照して下さい）こういう報告を中心にして会員からいろいろの意見が出たが、法的にいえば公務員という概念も、彼らの団結権という概念もはなはだあいまいでそのために公企業の労働者の人権は十分に保障されていない疑があるということが明らかにせられたようであります。

第十回では中野好夫君が「憲法をどのくらい国民が知っているか」、それについて中野君たちが行った社会調査の報告がありました。これは中野君たちが東京や田舎での限られた地区で、その住民について具体的に聞いてあるいて得た結果だ。それによると、憲法をたしかに知っていると思われるのは都会では二六％ぐらい、田舎では八％ぐらいである。そしてその知っている人というのは若い人々である。これは学校でそのことを何度も教えているおかげであろう。ところが、天皇は日本国の象徴だということを知っているものになると、都会では六〇％、農村では四〇％ぐらいしかない。さて、それならその意味はどういうことだとなると、すこぶるあやしい、例えば天皇が政治活動をしてもいいと思っている人が相当に多い。それならさらに一歩をすすめて、天皇は神さまですかと聞くと、はっきりはわからぬが天皇は神聖だがどうも神や仏じゃないらしいと答える。これは家庭でそう教えられたからだろう。そこでもう一度、もう少し具体的に問題を切りかえて、憲法第九条があるが、あれがあっても軍備ができると思うかときくと、できぬというのが圧倒的である。また、自衛隊もよくないというのも多い。それなら、第九条はいらぬかときくと、こんどは、あれはいらぬやめた方がいいというものが相当に多い。いろいろ矛盾しているが、それが事実で、その程度の意識である。それにしても、憲法の人権保障の規定は尊重しなくてはならぬという思想は、なかなかよく徹底しているらしく思える。感心であるということでした。

以上、創立総会をいれて十一回、会としてはささやかな会ですが、まじめに勉強したことはこのレジューメでわかるでしょう。私がつけ加えた感想はもちろん私だけのものであって、皆のものではない。そこで、この会として諸君に問いたい。諸君はわれわれのこのような研究が日本にあることが無用だと思うか、それとも必要と思われますか。あるいは、われわれが、国民としてけしからんことをやっているか、そうではなく、こういう研究はもっとやった方がいいと思われるか。今日は、そのことについての判断をするために、こころみにこういう会を催して見たものであります。それでは、これから、会員宮沢俊義君同じく桑原武夫君のお話がございます。ご静聴を願います。

会の代表者としてではなく、なお一言、私の気持を語ることを許していただきたい。私は、日本が戦争にまけたとき、War does not pay. 戦争は損だ、少くとも国民には損だった、これからの日本は、戦争をしてはならぬとつよく感じました。その実感に立って、そのためには東西の争がどんなにひどくなっても、日本はどの国とも仲よくした方がよい、そのためには日本が戦争をやったすべての国と講和すべきであって、一面または片面講和はよくない、講和は全面講和でなくてはいかぬと思い、サンフランシスコ条約につよく反対しました。私のこういう考は、すべて、経済的な考慮、すなわち日本全国民が幸福に生きるために、どういう道がいいかという点に出発していました。あれから八年、日本はさらにいろいろの問題をもっていますが、どの問題も憲法と関係があり、それと関係のないものはほとんどありません。それで私は、友人と共にこういう研究会を作り、問題の点について自己理解を得たいと思って、一年間勉強して来たのでありますが、私自身は、これによって、大に啓発するところがありました。と同時に、この民主憲法をあくまでも守ることは、かねての私の願に照らして、この際断じて必要であるということを、いよいよつよく感ずるようになりました。それはどうしたら守れるか、それを思うと心配なことが多い。いまさらこの老骨をいかんともし得ないが、それでも日本に生れた一人の人間として死ぬまでは、もう少しこういう勉強をして行きたいと思います（拍手）

お断り　この報告の際、第八回と第九回の分を落していました。ノートの整理がわるかったためです。それをつけ加えておきました。

資料I・37

私たちの役割

一九五九年五月三日

我妻　榮

〔出典〕『世界』一九五九年七月号

コメント

これも、一九五九年五月三日、憲法問題研究会主催の講演会で行われた我妻榮の講演である。我妻は、東大法学部の民法の教授であり、当時首相であった岸信介と同窓であることもあり、内閣の憲法調査会の会長就任を打診されていたが、それを断わり、憲法問題研究会に参加した。

この講演は憲法問題研究会の研究、啓蒙団体的な性格を生き生きと語っているので、ここに収録した。

先日、憲法問題研究会の総会の日に、講演会をやろうと話合いましときに、聴衆が多いだろうか少いだろうかという点が問題になりました。多分少いだろうというのが、その時の多数の者の予想でありました。なぜ少いと考えたか、宣伝をしないからです。宣伝をすれば、相当数の聴衆を集めることもできるだろうが、宣伝をしないのじゃだめだろう、という予想でした。（笑声）それなら、なぜ宣伝をしないのか。金がないからです。研究会には宣伝に使うだけの資金がないからです。私はこの研究会の台所役を承っておりますが、どこから金を出してやっているかと申しますと、会員から毎月五百円会費をもらって、やっております。会員は四十五、六人おりますが、幸いにも滞納者が一人もおりませんので（笑声）、毎月の収入が二万三千円ほどになります。それで毎月第二土曜日に学士会館の部屋を借りて、担当者の報告と会員のディスカッションをやりますと、部屋代とお菓子とコーヒー、その金を出しても二万円は多少残ります。それで会計はきわめて健全でありますが、余裕はありません。ところが、今日のような会をするのには、相当金がかかります。今日は、今まで約一年間蓄積しておいた余分を全部はたいてこの会を開いた次第でございます。（拍手）宣伝費がないことがおわかりのことと存じます。

かように、宣伝しないから、おそらく聞きに来る人が少いだろうと思ったのでありますが、どうも意外にも非常に多数の諸君の御来場を得まして、たいそう嬉しく思っております。

ところで、聴衆が多いか少いか予想しましたときに、万一聴衆が多かったならば、大多数の方を失望さすであろうという考えもありました。なぜ聴衆が多かったら失望さすと考えたかというと、もし万一聴衆が多いとすれば、それは多くの人が、この講演会にアジ演説を期待してくるだろうと考えたからであります。ところがわれわれがやろうとする講演会は、諸君がお聞きになってすでにおわかりのように、きわめてアカデミックなものであります。それはわれわれの研究会の性格からいって当然のことであります。私どもの研究会が過去一年の間に何をやってきたかということは、開会の言葉に、大内先生が言われましたように、きわめてアカデミックな研究と討論であります。まだ一つの問題も結論に達しておりません。ですから、われわれは、講演会を開くについても、結論を作って聴衆にアッピールしよう、アジろうということは少しも考えておらないのです。

それではこういう講演会を開いた理由はどこにあるのかと申しますと、憲法を研究するということは学者だけの専売ではない、国民全体がやらなければならないことだ。国民全体のなすべきことは、ある結論だけを聞いて、深く考えもしないで賛成するかしないか手をあげることではない。その結論に達するための問題点を自分で考えて、自分の思想で判断して、その上で、賛否の手を上げることである。国民はその覚悟をもって、その能力を養うことに努めなければならない。（拍手）そのことをこの機会に多少なりとも諸君に理解していただきたいと思ったのが、この会を催した理由なのでありました。

なお、講演会の企画を作ります際に、序でに入場料をいただいて、ファンドの足しにすることができれば一石二鳥だと思いましたけれども、それだけの自信はありませんでしたので、今回は無料ということにいたしました。（笑声）ところが、無料であったためかどうかわかりませんが、全く予想以上の多数の諸君がお集り下さいました。のみならず、諸君は相当に満足して下さったように、ここから私は拝見するのでありました。その理由は、何でありましょうか。宮沢、桑原という、わが会員中のナンバー・ワンを壇上に送ったのでありますから、諸君を飽きさせなかった、諸君に大いに示唆するところがあった。これが理由の一つであろうと思います。けれども、それにも増して大きな理由は、諸君が私どもがやろうとしたことに共鳴して下すったことだと考えるのであります。（拍手）その意味でわれわれ司会者は非常に満足を感じているわけであります。

さて、それなら、われわれは、これから後何をやっていくかという問題でありますが、それは改めて申し上げるまでもなく、大内先生が最初に言われたような研究会を続けていくつもりであります。その研究会は何よりも研究会員自身の為になる。今桑原さんは憲法上のいろいろの難問題をお出しになりました。ご自身で憲法の素人だとおっしゃっておりますが、提出された問題は、相当辛辣であり、皮肉であります。あの問題に対しては、憲法の専門学者宮沢さんも、容易に答えることができないと思います。いや、宮沢先生なら、もちろん、巧みに理論的な答弁をなさるに相違ありませんが、桑原さんを納得させることは容易じゃないと思います。そこで法律学者だけでなく、政治学者、経済学音、社会思想の研究者その他、桑原さんのように素人として人民を代表すると申される方々などが集って、違う立場から納得いくまで議論してみたい。そうすることがわれわれ会員自身の知識と理解を深めることだと思います。

そんな会員だけに役立つことをやって何の意味があるかとお考えになる方があるかもしれません。しかし、私などは学窓に止っておりまして、あまり外に出ませんけれども、会員の中には新聞や雑誌に大いに執筆される方もあります。それらの方々のお書きになることは、この研究会で吸収された知識と討論によって深められた理解とによって、これから多少なりとも違ってくるのではないかと考えられます。そうだといたしますと、そのことが研究会の大きな効果だといってよいだろうと思います。

こう申し上げますと、それもむろん結構だが、あるときは結論を出して社会に呼びかけたならばどうかとおっしゃる方があるかもしれません。そういう方がおありになれば、その方に対し、私個人の意見として、こうお答えしようと思います。政府に設けられた憲法調査会は、現在までのところでは、日本国憲法は押しつけられたものかどうかという、その成立の経緯だとか、十年間の運用の情況というようなことを調査しておりますけれども、やがては、具体的な問題について、例えば憲法第一条はこう改正すべきだとか、第九条はこう書き改むべきだというようなことを審議決定して、政府に答申する時が来ると思います。そして、政府は、自己の責任においてではありましょうが、調査会の答申を基礎とし、何等かの形で改正案を国民に示し、その意思を問う時が来るであろうと予測されます。その時には、その政府の案を批判して立つ者がなければならぬと思います。批判するということは、決して片端から反対するというのではありません。その中によいものがあったならば、大いにバックしなければなりません。そのうちに感心しない点があったならば、厳正に批判しなければなりません。学問的な立場で批判して、国民に対して、みずから判断する材料を与える者がなければなりません。わが憲法問題研究会は、その任務を担当する一つであります。（拍手）もしその日がやってきましたならば、われわれ憲法問題研究会は、それまでの研究の成果を結集し、学究的立場を捨てて、大いに政治的に活動することになろうと私は考えております。（拍手）

しかし、その日の来るまでは、私どもは静かにその研究を続けたいと思います。どうぞ諸君も、その日をわれわれに期待されると同時に、その日までわれわれが静かに研究することを、大らかな気持で眺めておっていただきたいと思うのであります。そしてこういう講演会を開く機会がありましたら、今日にも増して大勢の方がおいで下さるよう、そしてまた、万一会費を頂戴することもありましたならば大いに醵出して下さるようにお願いをいたしておきます。（拍手）

資料Ⅰ・38

新安保条約

（日本国とアメリカ合衆国との間の相互協力及び安全保障条約）

一九六〇年一月一九日署名
一九六〇年六月二三日発効
［出典］『法令全書』一九六〇年3

コメント

1．これは、一九六〇年に改定された安保条約、いわゆる新安保条約である。岸信介内閣がめざした旧安保条約の改定に対しては、日本をアメリカの行う戦争に巻き込む危険があるとして大規模な反対闘争が高揚し、岸内閣は一九六〇年五月一九日に、衆議院で警官隊を導入して強行採決を行い条約の批准を強行した。反対闘争は、「平和」の問題に加え「民主主義」の問題も加わり、さらに広範なものとなった。そのため岸内閣は批准の成立を待って総辞職を余儀なくされ、岸が安保条約改定に続いて実現をめざしていた憲法改正の動きは、挫折を余儀なくされた。

2．本条約で旧安保条約から継承され、また変更された点は以下のとおりである。

第一に、旧安保条約により認められていた、日本全土にわたる米軍の基地使用とそれを拠点とした活動は、本条約第六条によって引き続き保障された。

第二は、本条約第五条により、自衛隊が、日本の領域内にある米軍に対する攻撃に対しては、共同で防衛することを義務づけられたことである。その見返りとして、米軍は、日本に対する武力攻撃に対して、日本を防衛する義務が規定された。これは旧安保条約にはなかったものである。

第三に、旧安保条約（⇩Ⅰ・02）第一条にあった、いわゆる内乱条項、すなわち「大規模の内乱及び騒じょうを鎮圧するため」米軍が出動できる、という規定は削除された。

第四に、旧安保条約にはなかった、条約の期限が設定された。すなわち一〇年の固定期限を設け、以後はいずれか一方の廃棄通告によって終了するというものである（第一〇条）。

このように、新条約は、旧安保条約にあった、日米間の不対等な部分を改善して日米同盟の対等化をめざしたものであったが、日本における米軍の自由な基地使用をあいかわらず保障した（第六条）のみならず条約第五条の日米共同作戦条項などが新たに入ったため、日本は、米軍が世界戦略上おこす戦争に巻き込まれる恐れが一層強まったという反対や批判を受けて、改定反対闘争が盛り上がったのである。

日本国及びアメリカ合衆国は、
両国の間に伝統的に存在する平和及び友好の関係を強化し、並びに民主主義の諸原則、個人の自由及び法の支配を擁護することを希望し、
また、両国の間の一層緊密な経済的協力を促進し、並びにそれぞれの国における経済的安定及び福祉の条件を助長することを希望し、
国際連合憲章の目的及び原則に対する信念並びにすべての国民及びすべての政府とともに平和のうちに生きようとする願望を再確認し、
両国が国際連合憲章に定める個別的又は集団的自衛の固有の権利を有していることを確認し、
両国が極東における国際の平和及び安全の維持に共通の関心を有することを考慮し、

相互協力及び安全保障条約を締結することを決意し、よって、次のとおり協定する。

第一条

締約国は、国際連合憲章に定めるところに従い、それぞれが関係することのある国際紛争を平和的手段によって国際の平和及び安全並びに正義を危うくしないように解決し、並びにそれぞれの国際関係において、武力による威嚇又は武力の行使を、いかなる国の領土保全又は政治的独立に対するものも、また、国際連合の目的と両立しない他のいかなる方法によるものも慎むことを約束する。

締約国は、他の平和愛好国と協同して、国際の平和及び安全を維持する国際連合の任務が一層効果的に遂行されるように国際連合を強化することに努力する。

第二条

締約国は、その自由な諸制度を強化することにより、これらの制度の基礎をなす原則の理解を促進することにより、並びに安定及び福祉の条件を助長することによって、平和的かつ友好的な国際関係の一層の発展に貢献する。締約国は、その国際経済政策におけるくい違いを除くことに努め、また、両国の間の経済的協力を促進する。

第三条

締約国は、個別的及び相互に協力して、継続的かつ効果的な自助及び相互援助により、武力攻撃に抵抗するそれぞれの能力を、憲法上の規定に従うことを条件として、維持し発展させる。

第四条

締約国は、この条約の実施に関して随時協議し、また、日本国の安全又は極東における国際の平和及び安全に対する脅威が生じたときはいつでも、いずれか一方の締約国の要請により協議する。

第五条

各締約国は、日本国の施政の下にある領域における、いずれか一方に対する武力攻撃が、自国の平和及び安全を危うくするものであることを認め、自国の憲法上の規定及び手続に従って共通の危険に対処するように行動することを宣言する。

前記の武力攻撃及びその結果として執ったすべての措置は、国際連合憲章第五十一条の規定に従って直ちに国際連合安全保障理事会に報告しなければならない。その措置は、安全保障理事会が国際の平和及び安全を回復し及び維持するために必要な措置を執ったときは、終止しなければならない。

第六条

日本国の安全に寄与し、並びに極東における国際の平和及び安全の維持に寄与するため、アメリカ合衆国は、その陸軍、空軍及び海軍が日本国において施設及び区域を使用することを許される。

前記の施設及び区域の使用並びに日本国における合衆国軍隊の地位は、千九百五十二年二月二十八日に東京で署名された日本国とアメリカ合衆国との間の安全保障条約第三条に基く行政協定（改正を含む。）に代わる別個の協定及び合意される他の取極により規律される。

第七条

この条約は、国際連合憲章に基づく締結国の権利及び義務又は国際の平和及び安全を維持する国際連合の責任に対しては、どのような影響も及ぼすものではなく、また、及ぼすものと解釈してはならない。

第八条

この条約は、日本国及びアメリカ合衆国により各自の憲法上の手続に従って批准されなければならない。この条約は、両国が東京で批准書を交換した日に効力を生ずる。

第九条

千九百五十一年九月八日にサン・フランシスコ市で署名された日本国

とアメリカ合衆国との間の安全保障条約は、この条約の効力発生の時に効力を失う。

第十条

この条約は、日本区域における国際の平和及び安全の維持のため十分な定めをする国際連合の措置が効力を生じたと日本国政府及びアメリカ合衆国政府が認める時まで効力を有する。

もっとも、この条約が十年間効力を存続した後は、いずれの締約国も、他方の締約国に対しこの条約を終了させる意思を通告することができ、その場合には、この条約は、そのような通告が行なわれた後一年で終了する。

資料Ⅰ・39

高度民主主義民定憲法草案〈抄〉

一九六一年一月一日

中曽根康弘（衆議院議員）

［出典］『正論』一九九七年七月号

コメント

1．これは中曽根康弘が一九六一年に発表した、自身二つめの改憲案である。本書には、中曽根康弘の改憲案がつごう三つ収録してあるが、この草案は、中曽根が首相公選制をはじめて打ち出した憲法草案として注目される。

中曽根は政府の憲法調査会においても、こうした立場から積極的に意見を開陳している。首相公選制は、この時代には、議論にはなったが政治的には無視された。しかし、現代の改憲では首相公選制は有力な改正論として再び浮上している。そういうこともあり、ここに収録した。ただし人権条項は、前の中曽根案とさほど違いがないので省略した。

2．この案の注目すべき諸点は以下の点である。

第一に、天皇については、この案では首相公選制が採用され、天皇と国民に直接選ばれた首相のどちらが元首になるかという疑問や批判がでてくることを予想して、それを封じ込めるため、天皇「元首」規定が入っている。それと同様の見地から、天皇を「国民統合の中心」としている。

第二に、首相公選制を導入している点がもっとも注目される。この案によると、内閣首相と副首相は、四年任期で、各政党の推薦する候補者についての国民投票で過半数をえたものが選出される。権力分立的制度を構想しているため、衆議院の解散を設けていない点も注目される。

第三に、この案では、首相経験者、衆参両院議長のほか、両議長の推薦する各三名の委員からなる「憲法評議会」を設け、首相の解職請求の受け取りと投票、また法律・条約の公布、発効前の合憲性の審査を行うとしている点が特徴的である。その結果であろうか、裁判所の違憲審査権が脱落している。

第四に、防衛では、「国際平和機構に対する協力」が前面に押し出され、自衛軍については、侵略に対する防衛とともに、「国際平和機構に協力する場合」（第一一三条第三項）にも軍事行動が可能となっている。この点は、九〇年代以降に台頭する現代改憲論の先駆をなしているという意味から、注目される。

◇序

日本の政界においては、政変の度に次の総理大臣をきめるために大騒動を繰り返して、政治の空白が一カ月位続くのを常とする。岸内閣交替の場合もそうであるし、前の鳩山内閣、吉田内閣、芦田内閣の場合においても同様である。しかも通例この政変は、与党たる自民党内部における勢力交替という現象によって起こるのであるが、勢力交替は、党内派閥間における反逆あるいは連合という現象を通じて起こるので、派閥間の恩愛怨恨は長くあとを引き、それが政治の円滑な運営に常に障害となっている。党内において総裁を公選する場合においても、それは必ず重大なしこりを党内に残すと同時に、公選における第一回投票の第一位が必ずしも決選において一位として残ることなく、商議に成功した連合勢力がこれを圧倒しているのが例である。

このようなことは、必ずしも民主主義の好ましい姿とはいえない。このような政変の前後には国政の機能は停止し、官僚はサボタージュし、恐るべき損害を国家国民は蒙っているのである。このような状態下に、国民は又常に後継首相の決定をめぐる派閥や政党間のかけひきを切歯扼腕して凝視しているのである。それというのも、首相の地位が国民の手の届かない場所において、国民の意識とはかけはなれた利害打算のうちに、談合の対象となっている場合が多いからだ。このような度々の政変において、国民の期待とは異なった首相が取引のうちに出現する場合が起こる。このような政変の姿は現憲法下では毎回起こりうるのである。それは、現在の議院内閣制が、日本において充分に機能を発揮しえない状態にあるからだ。そこで、これを打開する抜本策として、私は、首相の国民投票制を提唱したいのである。

第一に、現在の日本の議院内閣制は、次の時代を切り開く原動力である科学と労働を中軸にする長期計画の推進力となっていない。このことは、米国とソ連が、その政治体制は異なるとしても、いずれも大統領、首相の地位が全人民的基礎の上に直接立って、安定した政局下に強力に三カ年計画や五カ年計画の長期国策を断行しつつ国力発展のバックボーンとなって他国を遥かに引き離しているのに比べるとはっきりする。第二次大戦後の世界において、米ソが遥かに他国を引き離して優勝戦を競っている原因はここにあるのだ。

由来、日本のような議院内閣制は、十九世紀英国の自由放任主義と予定調和の哲学に基づいており、資本主義順風満帆の時代、海外植民地からは膨大な収入が入り、階級対立も激化していない当時の英国では、充分適用できた。国富をもち、伝統と常識の国の英国の現実をみると、なおこの議院内閣制があてはまる余地がある。しかし日本の現実に果して通用するかどうか。労働と資本、老人と青年、都市と農村、大企業と中小企業等との間には深刻な背離関係が存在している。これらの利害は、政党内部にそのまま持ち込まれ、政党や更に国会の内部において乱反射し合い、この複雑な渦巻の中に、政党の総裁あるいは首相たるものは、党内の派閥の間を調整し、党を一本化するために全精力を使い、あるいは又国会が開会になれば国会乗り切りに全エネルギーをついやして、知力、体力を消耗し、国策を行なう余力は殆んどないといってよい。しかもこの議院内閣制は、本来政権争奪の制度なのである。

　したがって、政局は常に党内派閥間のバランスの上に立ち、噴火山上において踊っている。予算は各派閥の間でむしりとられ、神武景気のような好景気がくると思えば、たちまちデフレの淵に沈み、最大の被害者は常に農民や中小企業者であり弱い勤労者である。又、圧力団体の影響が大であることも周知の事実である。このことは、必然的に度々解散を誘発する。その解散は、国策を国民に問うということよりも、党内における他の派閥征服のための解散が多い。

　このような状態では、長期計画の推進による国力発展など到底期待されない。解散の前後少くとも二カ月は政治の空白があるので、四カ月間は国の前進は停止することになる。戦後十四年間で七回の解散があったが、そうすると二十八カ月の国の歩みの停止があったわけである。すなわち二年四カ月の政治の空白があったことになる。これに対し、アメリカは国民の直接選挙による大統領制で、任期四年、平均二回当選するから在任八年、三カ年計画は三回繰り返すことができる。ソ連においては、権力的強制により、スターリンもフルシチョフも任期はその葬式まで続く。そして五カ年計画を既に数回繰り返している。このような国々が飛躍的に前進し、日本やイギリスやイタリー、フランスのような国が追い付けない原因はここに明らかであろう。

　第二に、積極的に首相の国民投票制を主張する根拠として、マスコミの驚異的な発達をあげることができる。テレビ、ラジオ、新聞の普及により、国民は直ちに政治の動向を知ることができる。現在の選挙制度は大正十四年の普通選挙より発するが、当時はラジオもテレビもなく、地方では新聞が二日遅れるという時代で、代議士に首相を選ばせる理由があった。しかし、今日では国民は市町村会議員よりも、岸（信介）、大野（伴睦）、河野（一郎）、池田（勇人）といった中央政治家のほうをはるかによく知っている。

　国民はこれらの政治家の良し悪しを皮膚で感じとる。その感覚は平凡ではあっても多数集まれば正しいものである。現在の議院内閣制においては、議院のプールは十九世紀にイギリスにおいて予想されたように、必ずしもしかく清浄なものではない。ややもすれば濁り、ボウフラがわいているのである。そして国民の心のごとく国会議員が動くものとは必ずしも保証されていない。それはあまりにも国民からくる乱反射や選挙区における圧力が大きいからである。したがって、国民の感覚と国会の感覚とは全く別のものであることもある。このことがおいおいひどくなれば、必ずファッショや暴力革命主義を誘発する。ドイツにおけるヒットラー出現の前夜がそうであったし、最近までのフランスはこの病状が著しく、かくてドゴールの出現によりフランスの病気は治癒しつつあるのである。

　もし国民が直接国民投票によって首相を選ぶならば、選ばれた首相は派閥の思惑や利害とは無縁に、常に政治と大衆の心のギャップを埋めて政治を安定させ、象徴天皇のもとに民主主義をたくましく前進させる力となりえよう。

　また、近来におけるマスコミや交通機関の発達は、指導者の直接投票を行なったギリシャのアテネやスパルタのような都市国家と同じ大きさに政治的に日本をしているのである。ソクラテスやアリストテレスが演説して廻った範囲は、歩いて二時間の範囲であった。今我々は東京から北海道まで、あるいは九州までいずれも飛行機では二時間の範囲である。テレビやラジオを使えば、その瞬間に主張や思想は伝達される。九百万人の東京都民が都知事を直接選んでいるのに、九千万人の国民が首相を直接選べないということはありえないはずだ。

もちろん、国民投票制には首相の独裁化の恐れがあるとか、反対党が多数党になった場合、政治の運営に支障をきたすといったいろいろな批判があることは十分承知している。しかし、それを計算してもなお首相の国民投票制はわが国にとって意義あることだと思う。特に、全体主義体制の下に驀進する中共に対抗してゆく点から、果して現在のような体制でよいものであろうか。首相の独裁化を防ぐためには、その任期を四年とし、たとえば三選を禁止し、国会議員の任期を四年にして解散をなくし、議員は辞任する場合以外には大臣になれぬこととし、一方、国会の権限を強化するなど、方策は十分あろう。とにかく、この国民投票による首相の直接選挙によって、閣僚は、首相が国の各方面から人材を集めることができる。議員からも任命する場合は本人が辞職をすればなれるのであるから、人材の簡抜も可能であろう。農業界や労働界や中小企業界からも、国会議員でなくとも縦横に人材を引き抜くことができる。そのことは内閣を更に国民に密着させ、国民的内閣の成立を促進する。

最後に、いまの制度の首相の下で、いざ国難という場合、自衛隊は喜んでその命令に服するであろうか。戦前においては、軍隊の最高指揮権（統帥権）は天皇にあった。現在においてはそれは首相にある。が、自分の妻や親たちが勝っても負けても自分とともに直接選んだ首相のもとでなら、自衛隊員も責任を感じ、勇気を持つ。戦前の天皇制では、天皇の伝統的権威により国民は無条件で防衛に任じた。しかし、派閥の利害を背景に、国民と遊離した首相が出たとき、無条件に命令に服するだろうか。また、政党政治が堕落したり、一党の専制的状態が出現すると、軍隊は政党やその総裁勢力の私兵化する危険性はないか。憲法改正の基本的な問題は第九条にあるのではなく、むしろ、この点にあることを認識する必要がある。首相の国民投票制は普選からさらに民主主義を前進させる現代的高度民主主義の制度である。

◇高度民主主義民定憲法草案

日本国憲法

勅　語

朕は、日本国憲法第九十六条により、国会が、各議院の総議員の三分の二以上の賛成で議決して発議した改正案が、国民投票において過半数をえたことをよろこび、ここにこれを公布する。

前　文

わが国日本は、主権が国民に存する民主主義共同体である。日本国のすべての国権は、その源を国民に発するものであって、国民の信託に基づいて、その代表者を通じ、国民の幸福を目的として行使される。

国民は、ひとしく人間としての尊厳を保障されるとともに、共同体の一員としての責務を負担する。

日本国は、世界の恒久平和を念願する。科学の発達は、人類に偉大な恩恵をもたらすが、倫理がこれに伴わないときは、人類の文明に恐るべき危機を招く。今や、世界の諸国民は、共同してその恩恵を確保し、その惨禍を防止する責任をわかつものである。このために、われらは、世界の諸国民が友愛と信義のもとに平和に共存すべき新しい時代に入りつつあることを自覚し、諸国民とともに従来の偏狭な国家主義の観念を克服し、国際民主主義の諸原理を着実に確立しつつ、究極的には、国家間の一体的な平和的秩序を樹立することを目標とし、特に戦争の禁止及び軍備の完全な国際管理を達成するため、世界の諸国民と誠実に協力することを誓う。

われらは、長期に亘り、独立の民族として、固有の文化と歴史を形成し、運命をともにしてきた。民族の存立の基礎は、その伝統と新しい創造に対する共同の自覚と自治にある。われらは、この見地に立って世界の新しい平和的秩序を希求するとともに、わが日本国の輝かしい文化と歴史の形成を決意し、ここに、大日本帝国憲法及び日本国憲法の歴史的意義を想起しつつ、その経験を生かして、新時代にふさわしいわが日本国の根本規範として、すべての国民の名で、この憲法を確定する。

第一章　日本国及び天皇

（日本国の基本的性格）

第一条　日本国は、天皇を国民統合の中心とし、その主権が国民にある民主主義国家である。

（天皇の地位）

第二条　天皇は、日本国の元首であり、日本国を代表する。

（皇位の継承）

第三条　皇位は、皇統にある者が、皇室典範の定めるところにより継承する。

2　皇室典範は、法律で定める。

（天皇の行為）

第四条　天皇の国務に関する行為は、この憲法の定めるものに限る。

2　天皇の行為には、内閣の助言を必要とする。内閣は、天皇の行為について責任を負う。

3　天皇の行為に関する文書には、内閣首相が、内閣を代表して副署する。

（天皇の権能）

第五条　天皇は、国民の選挙に基づいて内閣首相及び内閣副首相を任命し、内閣首相の指名に基づいて内閣委員を任命する。

2　天皇は、内閣首相の申出に基づいて内閣委員を解任する。

第六条　天皇は、参議院の指名に基づいて、最高裁判所長官その他の最高裁判所裁判官及び会計検査院長を任命する。

第七条　天皇は、この憲法の定めるところに従い、憲法評議会委員を任命する。

第八条　天皇は、内閣の指名に基づいて法律の定める公務員を任命し、内閣の申出に基づいてこれを解任する。

第九条　天皇は、憲法改正、法律、政令及び条約を公布する。

第十条　天皇は、内閣の決定に基づいて次の行為を行なう。

一　国会を召集すること。

二　内閣首相及び内閣副首相の公選の施行を公布すること。

三　衆議院議員の総選挙及び参議院議員の通常選挙の施行を公布すること。

四　条約の批准、外交使節に対する全権の委任、大使及び公使に対する信任その他法律の定める外交関係の意思表示をすること。

五　外国の外交使節を接受すること。

六　大赦、特赦、減刑、刑の執行の免除及び復権を行なうこと。

七　文化及び芸術の奨励助長を行なうこと。

八　栄典を授与すること。

九　儀式を行なうこと。

十　自衛力の発動につき、この憲法の定めるところにより国際法上の宣言を発すること。

（摂政）

第十一条　摂政を置く場合は、皇室典範の定めるところによる。

2　摂政は、天皇の名で、その国務に関する行為を行なう。

第二章　国民の地位及び国家の責務《略》

第三章　国　会

（立法権）

第五十四条　立法権は、国会に属する。

（両院制）

第五十五条　国会は、衆議院及び参議院の両議院で構成する。

（衆議院の組織）

第五十六条　衆議院は、各選挙区から選挙され、全国民を代表する議員で組織する。

2　衆議院議員の被選挙権を有する者は、年齢満二十五年以上の者とする。

3　衆議院議員の任期は、四年とする。

（参議院の組織）

第五十七条　参議院は、広域別に比例代表制により選挙される議員及び推薦制により選任される議員で組織する。

2　広域別に選挙される議員の定数は、参議院議員の定員の五分の四以上とし、法律で定める。

3　内閣首相及び両議院の議長で構成する参議院議員推薦会議は、法律の定めるところにより、特定数の参議院議員を推薦によって選任する。

4　参議院議員の被選挙権を有する者は、年齢満三十年以上の者とする。推薦によって選任される議員の被選任権についても、同様とする。

5　参議院議員の任期は六年とし、三年ごとに議員の半数を改選する。

（議員及び選挙人の資格、選挙に関する事項）

第五十八条　この憲法に定めるもののほか、両議院の議員及び選挙人の資格は、法律で定める。ただし、人種、信条、性別、社会的身分、門地、教育、財産又は収入によって差別をしてはならない。

2　選挙区、議員の定数、投票の方法その他議員の選挙に関する事項は、法律で定める。

（両議院議員兼職の禁止）

第五十九条　何人も、同時に両議院の議員となることができない。

（両議院議員の宣誓）

第六十条　両議院の議員は、その就任の際に、次に掲げる宣誓をしなければ、議席につくことができない。

「私は、全国民の代表であることを自覚し、日本国憲法を守り、良心に従って、世界の平和を守りつつ、もっぱら国民全体の幸福と公共の利益を目標として職務を行なうことを誓う。」

（議員の歳費）

第六十一条　両議院の議員は、法律の定めるところにより、国庫から相当額の歳費を受ける。

（議員の不逮捕特権）

第六十二条　両議院の議員は、法律の定める場合を除いては、国会の会期中逮捕されず、会期前に逮捕された議員は、その議院の要求があれば、会期中これを釈放しなければならない。

（議員の発言、表決の無責任）

第六十三条　両議院の議員は、議院で行なった演説又は表決について、院外で責任を問われない。

（常会）

第六十四条　国会の常会は、毎年一回召集する。

（臨時会）

第六十五条　内閣は、国会の臨時会の召集を決定することができる。いずれかの議院の総議員の四分の一以上の要求があれば、内閣は、その召集を決定しなければならない。

（資格争訟の裁判）

第六十六条　両議院は、おのおのその議員の資格に関する争訟を裁判する。ただし、議員の議席を失わせるには、出席議員の三分の二以上の多数による議決を必要とする。

（定足数、表決）

第六十七条　両議院は、おのおのその総議員の三分の一以上の出席がなければ、議事を開き議決することができない。

2　両議院の議事は、この憲法に特別の定めのある場合を除いては、出席議員の過半数で決し、可否同数のときは、議長の決するところによる。

（会議の公開、会議録、表記の記載）

第六十八条　両議院の会議は、公開とする。ただし、出席議員の三分の二以上の多数で議決したときは、秘密会を開くことができる。

2　両議院は、おのおのその会議の記録を保存し、秘密会の記録の中で特に秘密を要すると認められるもの以外は、これを公表し、かつ、一般に頒布しなければならない。

3　出席議員の五分の一以上の要求があるときは、各議院の表決における賛否の氏名は、会議録に記載しなければならない。

（役員の選任、議院規則、懲罰）

第六十九条　両議院は、おのおのその議長その他の役員を選任する。

2　両議院は、おのおのその会議その他の手続及び内部の規律に関する規則を定め、また、院内の秩序をみだした議員を懲罰することができる。ただし、議員を除名するには、出席議員の三分の二以上の多数による議決を必要とする。

（法律案の議決、法律案議決に関する衆議院の優越、内閣首相の再議権）

第七十条　法律案は、この憲法に特別の定めのある場合を除いては、両議院で可決したとき法律となる。

2　衆議院で可決し、参議院でこれと異なった議決をした法律案は、衆議院で出席議員の三分の二以上の多数で再び可決したときは、両議院の可決があったものとみなす。

3　前項の規定は、法律の定めるところにより、衆議院が両議院の協議会を開くことを求めることを妨げない。

4　参議院が、衆議院の可決した法律案を受け取った後、国会の休会中の期間を除いて五十日以内に、議決しないときは、衆議院は、参議院がその法律案を否決したものとみなすことができる。

5　両議院を通過した法律案について同意しがたいときは、内閣首相は、その送付を受けた日から国会の閉会中の期間を除いて十日以内に、理由を示して、これを再議に付することができる。両議院が、それぞれ出席議員の三分の二以上の多数で再び同じ議決をしたときは、その議決は、確定する。

（衆議院の予算先議、予算議決に関する衆議院の優越）

第七十一条　予算は、先に衆議院に提出しなければならない。

2　予算について、参議院で衆議院と異なった議決をした場合に、法律の定めるところにより、両議院の協議会を開いても意見が一致しないとき、又は参議院が、衆議院の可決した予算を受け取った後、国会の休会中の期間を除いて三十日以内に、議決しないときは、衆議院の議決を国会の議決とする。

（条約承認に関する衆議院の優越、自衛力発動宣言、外交使節選任に関する参議院の権能）

第七十二条　条約の締結に必要な国会の承認については、前条第二項の規定を準用する。

2　自衛力の発動について、国際法上の宣言を発するには、国会の承認を経なければならない。

3　大使、公使、その他法律で定める外交使節の任命については、予め参議院の同意を経なければならない。

（閣僚の議院への出席）

第七十三条　内閣首相、内閣副首相又は内閣委員は、議案について発言するため議院に出席することを申し出ることができる。また、答弁又は説明のため出席を求められたときは、出席しなければならない。

（国政調査、行政査察）

第七十四条　両議院は、おのおの国政に関する調査を行なうことができる。

2　両議院は、国政に関する調査のため必要があると認めるときは、法律の定めるところにより、証人の出頭及び証言並びに記録の提出を求めることができる。

3　両議院は、行政の非能率、国費の濫費、国民に対する不親切等について、査察を行なうことができる。

（質問）

第七十五条　行政上の情報を得るため、両議院の議員は、いつでも内閣首相、内閣副首相又は内閣委員に対し、質問を行なうことができる。

（弾劾裁判所）

第七十六条　国会は、解任の訴追を受けた裁判官を裁判するため、両議院の議員で組織する弾劾裁判所を設ける。

2　弾劾に関する事項は、法律で定める。

第四章　内閣及び内閣首相

（行政権）

第七十七条　行政権は、内閣に属する。

（組織）

第七十八条　内閣は、この憲法及び法律の定めるところにより、内閣首相、内閣副首相及び内閣委員で組織する。

（内閣首相及び内閣副首相の選挙）

第七十九条　現に職にある内閣首相の任期の満了前二十日以上五十日以内において、衆議院議員の総選挙と同じ日に選挙を行ない、各政党の指名する内閣首相及び内閣副首相の候補者について選挙人が投票し、法律の定めるところによりそれぞれ過半数を得たものについて、天皇が任命する。

2　内閣首相及び内閣副首相の任期は四年とし、連続再選されることはできない。

3　出生によって日本国民たる者で、年齢満三十五年に達した者は、内閣首相及び内閣副首相の候補者になることができる。

4　現役の軍人及び退職後二年を経過しない元軍人は、内閣首相又は内閣副首相の候補者となることができない。

5　この憲法に定めるもののほか、選挙人の資格その他選挙に関し必要な事項は、法律の定めるところによる。

（内閣首相の宣誓）

第八十条　内閣首相は、その職務を開始する前に、次に掲げる宣誓を行なわなければならない。

「私は内閣首相の職務を忠実に遂行し、日本国憲法を守り、全力をつくして国際平和と国民の福祉の増進に努力することを誓う。」

（内閣首相及び内閣副首相の報酬）

第八十一条　内閣首相及び内閣副首相は、その勤務に対して定期に報酬を受ける。その額は、その任期の間、増減されることはない。

（内閣首相、内閣副首相及び内閣委員の兼職禁止）

第八十二条　内閣首相、内閣副首相及び内閣委員は、国会議員その他いかなる官職をも兼ねることができない。

2　内閣首相、内閣副首相及び内閣委員は、営利を目的とする私企業に従事し、又は自ら営んではならない。

3　内閣首相、内閣副首相及び内閣委員は、報酬を得て、前項の営利企業以外の事業に従事してはならない。

（内閣首相の権限）

第八十三条　内閣首相は、内閣を代表して予算、条約その他の議案を国会に提出する。

2　内閣首相は、必要があると認めるときは、法律案の発議について国会に勧告することができる。

3　内閣首相は、少なくとも毎年一回、国政の状況について国会に報告しなければならない。

（内閣首相の解職の請求及び投票）

第八十四条　内閣首相の選挙権を有する者は、法律の定めるところにより、その総数の三分の一以上の者の連署を以て、その代表者から、憲法評議会に対し、内閣首相の解職の請求をすることができる。

2　前項の請求があったときは、憲法評議会は、これを選挙人の投票に付さなければならない。

3　内閣首相は、前項の規定による投票において、過半数の同意があったときはその職を失う。

（内閣首相の職務代行）

第八十五条　内閣首相が、この憲法及びその他の法律の定めるところにより、免職され、死亡し、若しくは辞職し、又はその権限及び義務を遂行する能力を失った場合には、その職務権限は、その残任期間、内閣副首相がこれを行なう。

2　内閣首相及び内閣副首相がともに欠け、又は無能力となった場合には、法律の定める公務員が、内閣首相の職務を行なう。この公務員は、内閣首相又は内閣副首相の無能力の状態がなくなり、又は内閣首相が選任されるまで、その職務を行なう。

（内閣首相及び内閣副首相の不逮捕、不訴追の権）

第八十六条　内閣首相及び内閣副首相は、その在任中、逮捕され、又は訴追されることはない。

（内閣委員の任免及び解任）

第八十七条　内閣委員は、内閣首相の指名に基づいて、天皇が任命する。

2　現役の軍人及び退職後三年を経過しない元軍人は、内閣委員になることができない。

3　内閣委員は、内閣首相の申出に基づいて、天皇が解任する。

（内閣の行なう行政事務）

第八十八条　内閣は、一般行政事務のほか、左の事務を行なう。

一　法律を誠実に執行し、国務を総理すること。

二　予算を作成して国会に提出すること。

三　外交関係を処理すること。

四　条約を締結すること。ただし、事前に、事宜によっては事後に、国会の承認を経ることを必要とする。

五　法律の定める基準に従い、公務員に関する事務を掌理すること。

六　この憲法及び法律の規定を実施するために、政令を制定すること。ただし、政令には、特にその法律の委任がある場合を除いては、罰則を設けることができない。

七　大赦、特赦、減刑、刑の執行の免除及び復権を決定すること。ただし、事前に参議院の承認を経なければならない。

（緊急政令、財政処分）

第八十九条　天災地変その他異常な事態によって大規模な社会的混乱が起こり、そのため公共の危害を生じ、又は急迫の危害を避ける必要がある場合において、国会が開かれていないときは、内閣は、憲法評議会の議決を経て、臨時に法律に代わる政令を発し、又は臨時に財政上必要な処分をすることができる。

2　前項の規定による政令又は財政上の処分は、その承認を得るため、二箇月以内に召集される国会に付議しなければならない。

3　第一項の規定による政令は、国会でこれを承認しない旨の議決があったとき、又は国会の議決がされないままでその施行後三箇月を経過したときは、将来に向かってその効力を失う。

（非常事態の宣言）

第九十条　前条の場合において、自衛軍の力によらなければ、公共の危害を避けることができないと認められる事情があるときは、内閣首相は、国会、又は国会を開くことができないときは憲法評議会の議決を経て、地域及び期間を定め、非常事態の宣言を発することができる。

2　内閣首相は、前項の規定により非常事態の宣言を発したときは、その承認を得るため、事後においてすみやかにこれを国会に付議しなければならない。国会でこれを承認しない旨の議決があったときは、この宣言は、将来に向かってその効力を失う。

3　非常事態中における行政事務は、法律の定めるところにより、必要やむを得ない範囲のものに限り、自衛軍によって行なわれる。

4　非常事態にかかる地域については、やむを得ない事情のある場合に限り、住居の安全、居住、移転、国籍の離脱、集会、結社及び表現の自由、勤労者の利益擁護権、私有財産の保護、人身拘束の令状の保障並びに侵入、捜査及び押収の際の令状の保障の規定にかかわらず、法律で、これらの規定と異なる定めをすることができる。

5　前四項に規定するもののほか、非常事態の宣言に関し必要な事項は、法律で定める。

（非常時における議員任期の延長）

第九十一条　衆議院議員又は参議院議員の任期満了の際に、天災地変その他異常な事態による大規模な社会的混乱があって、選挙を行なうことが困難と認められる事情があるときは、内閣首相は、憲法評議会の決議に基づいて、議員の任期を一定期間延長することができる。

（法律、政令の署名）

第九十二条　法律及び政令には、すべて主任の内閣委員が署名し、内閣首相が連署することを必要とする。

第五章　憲法評議会

（憲法評議会の構成）

第九十三条　現に職にある両議院の議長及びかつて内閣首相の地位に在った者は、当然に憲法評議会の委員となる。

2　前項の委員のほか、衆議院議長、参議院議長は、それぞれ三名の委員を指名し、天皇が任命する。この六名の委員の任期は六年とし、三年ごとに二分の一を改選し、再選されることができない。

3　憲法評議会の議長は、委員が互選する。憲法評議会は、五名以上の委員の出席がなければ、議事を開き議決をすることができない。議事は、出席委員の過半数で決し、可否同数のときは、議長の決するところによる。

（委員の兼職禁止）

第九十四条　前条第二項による憲法評議会の委員の職は、内閣首相、内閣副首相、内閣委員又は国会議員及び法律の定めるその他の職と兼ねることができない。

（憲法評議会の権限）

第九十五条　憲法評議会は、内閣首相及び内閣副首相の選挙の適法性を監視し、その結果を発表する。

2　憲法評議会は、法律の定めるところにより、前項の選挙に関する異議について審査する。

3　憲法評議会は、法律の定めるところにより、国民投票の執行の適法性を監視し、その結果を発表する。

第九十六条　法律又は条約がこの憲法に違反する疑があるときは、内閣首相、いずれかの議院の議長又は五十人以上の議員は、法律については公布前、条約についてはその発効前に、当該の法律又は条約がこの憲法に違反するかどうかの裁定を、憲法評議会に要求することができる。

2　前項の場合において、憲法評議会は、要求の時から一箇月以内に裁定しなければならない。ただし、緊急の必要があるときは、政府の要求に基づき、当該期間を八日とすることができる。

3　第一項の要求があった場合には、当該の法律又は条約が、この憲法に違反しない旨の憲法評議会の裁定があるまでは、これを公布し、又は発効させてはならない。

第六章　司　法

(司法権、裁判所、特別裁判所の禁止、裁判官の独立)

第九十七条　すべて司法権は、最高裁判所及び法律の定めるところにより設置する下級裁判所に属する。

2　特別裁判所は、設置することができない。行政機関は、終審として裁判を行なうことができない。

3　すべて裁判官は、その良心に従い独立してその職権を行ない、この憲法及び法律にのみ拘束される。

(最高裁判所の規則制定権)

第九十八条　最高裁判所は、訴訟に関する手続、弁護士、裁判所の内部規律及び司法事務処理に関する事項について、規則を定める権限を有する。

2　検察官は、最高裁判官の定める規則に従わなければならない。

3　最高裁判所は、下級裁判所に関する規則を定める権限を、下級裁判所に委任することができる。

(裁判官の身分の保障)

第九十九条　裁判官は、裁判により、心身の故障のために職務をとることができないと決定された場合を除いては、公けの弾劾によらなければ解任されない。裁判官の懲戒処分は、行政機関が行なうことはできない。

(最高裁判所の裁判官、定年、報酬)

第百条　最高裁判所は、その長たる裁判官及び法律の定める員数のその他の裁判官で構成する。

2　最高裁判所の裁判官は、法律の定める年齢に達した時に退官する。

3　最高裁判所の裁判官は、すべて定期に相当額の報酬を受ける。この報酬は、在任中、減額することができない。

(下級裁判所の裁判官、任期、定年、報酬)

第百一条　下級裁判所の裁判官は、最高裁判所の指名した者の名簿によって、内閣が任命する。この裁判官の任期は十年とし、再任されることができる。ただし、法律の定める年齢に達した時には退官する。

2　下級裁判所の裁判官は、すべて定期に相当額の報酬を受ける。この報酬は、在任中、減額することができない。

(裁判の公開)

第百二条　裁判の対審及び判決は、公開法廷で行なう。

2　裁判所が、裁判官の全員一致で、公けの秩序又は善良の風俗を害するおそれがあると決定した場合には、対審は、公開しないで行なうことができる。ただし、政治犯罪、出版に関する犯罪又はこの憲法第二章で保障する国民の権利が問題となっている事件の対審は、常に公開しなければならない。

第七章　財　政

(財政処理の基本原則)

第百三条　国の財政を処理する権限は、国会の議決に基づいて、行使しなければならない。

（課税）

第百四条　あらたに租税を課し、又は現行の租税を変更するには、法律又は法律の定める条件によることを必要とする。

（国費の支出及び国の債務負担）

第百五条　国費を支出し、又は国が債務を負担するには、国会の議決に基づくことを必要とする。

（予算）

第百六条　内閣は、毎会計年度の予算を作成し、国会に提出して、その審議を受け議決を経なければならない。

（予備費）

第百七条　予見し難い予算の不足に充てるため、国会の議決に基づいて予備費を設け、内閣の責任でこれを支出することができる。

2　すべて予備費の支出については、内閣は、事後に国会の承諾を得なければならない。

（皇室財産、皇室の費用）

第百八条　すべての皇室財産は、国に属する。すべて皇室の費用は、予算に計上して国会の議決を経なければならない。

（決算検査、会計検査院）

第百九条　国の歳入歳出の決算は、すべて毎年会計検査院がこれを検査し、内閣は、次の年度に、その検査報告とともに、これを国会に提出しなければならない。

2　会計検査院の組織及び権限は、法律で定める。

（財政状況の報告）

第百十条　内閣は、国会に対し、定期に、少なくとも毎年一回、国家の財政状況について報告しなければならない。

第八章　防　衛

（国際平和機構に対する協力）

第百十一条　国は、平和を維持するため、国際的な相互集団安全保障制度に参加することができる。国は、平和で永続的な秩序を世界諸国にもたらし、かつ保障するような主権の制限に、他国とともに同意することができる。

（戦争の禁止）

第百十二条　日本国民は、正義と秩序を基調とする国際平和を誠実に希求し、国権の発動たる戦争と、武力による威嚇又は武力の行使は、国際紛争を解決する手段としては、永久に禁止する。

（自衛軍の性格と任務）

第百十三条　自衛軍は、国の安全と独立を確保し、及び国際平和機構に協力するため必要最小限度の戦力を保持する。

2　自衛軍の編成及び配備は、法律で定める。

3　自衛軍は、侵略に対する防衛又は国際平和機構に協力する場合にのみ軍事行動をとるものとする。

（自衛軍の最高指揮権）

第百十四条　自衛軍の最高指揮権は、内閣首相に属する。

（自衛軍の人事）

第百十五条　法律の定める自衛軍幹部の選任については、あらかじめ参議院の同意を得なければならない。

（自衛軍の出動）

第百十六条　内閣首相が、侵略に対し国の安全と独立を防衛し又は国際平和機構に協力するため、自衛軍に出動を命ずる場合には、国会の、国会の閉会中は憲法評議会の承認を得なければならない。

2　内閣首相は、国会の閉会中に、憲法評議会の承認を得て自衛軍に出動を命じた場合には、すみやかに国会を召集して、その承認を求めなければならない。この場合において、不承認の議決があったときは、内閣首相は、直ちに自衛軍の撤収を命じなければならない。

（軍人の地位）

第百十七条　軍人については、軍隊の規律を保ち、その任務を遂行するに必要な限度において、第二章の規定の適用を排除することができる。

2　軍人については、第九十七条第二項の規定にかかわらず、法律の定めるところにより、特別裁判所を設けることができる。

第九章　地方自治

（地方自治の基本原則）

第百十八条　地方公共団体の組織及び運営に関する事項は、地方自治の本旨に基づいて、法律で定める。

（地方公共団体の機関、その直接選挙）

第百十九条　地方公共団体には、法律の定めるところにより、その議事機関として議会を設置する。

2　地方公共団体の長、その議会の議員及び法律の定めるその他の議員は、その地方公共団体の住民が、直接選挙する。

（地方公共団体の権能）

第百二十条　地方公共団体は、その財産を管理し、事務を処理し、及び行政を執行する権能を有し、法律の範囲内で条例を制定することができる。

（特別法の住民投票）

第百二十一条　一の地方公共団体のみに適用される特別法は、法律の定めるところにより、その地方公共団体の住民投票において、その過半数の同意を得なければ、国会は、制定することができない。

第十章　改　正

（改正の手続）

第百二十二条　この憲法の改正は、各議院の総議員の五分の三以上の賛成によるか、又は選挙人の三分の一以上の連署によって発議され、国民投票に付して、その過半数の賛成による承認を経なければならない。

（改正の公布）

第百二十三条　憲法改正について前条の承認を得たときは、天皇は、国民の名で、この憲法と一体をなすものとして、直ちにこれを公布する。

第十一章　補　則

（施行期日、準備手続）

第百二十四条　この憲法は、公布の日から起算して六箇月を経過した日から、施行する。

2　この憲法を施行するために、必要な法律の制定、参議院議員の選挙、憲法評議会委員の指名並びにこの憲法を施行するために必要な準備手続は、前項の期日より前にも、行なうことができる。

資料Ⅰ・40

社会党・民社党と憲法調査会

①日本社会党および民主社会党への要望書

一九六一年九月二二日

憲法調査会

［出典］憲法調査会事務局『憲法調査会年報（昭和三七年度）』

②憲法調査会の最近の動向について

一九六一年九月二二日

日本社会党

［出典］憲法調査会『憲法調査会報告』一九六四年

③憲法調査会不参加に関する西尾民主社会党中央執行委員長談話

一九六一年九月二五日

西尾末広

［出典］憲法調査会『憲法調査会報告書』一九六四年

コメント

これら文書は、一九六一年になって再び憲法調査会が社会党、民社党へ参加を呼びかけたことをめぐるやり取りである。以前の経緯については、Ⅰ・31を参照されたい。

①は、憲法調査会がいよいよ各論点について議論する新段階に入るところで、同会が改めて社会党、それから一九六〇年に結党された民社党（この時点では正式名称は民主社会党であるが、のち、一九六九年に同党は正式名称を民社党と改名するので、ここでは民社党と呼ぶ）にあて参加を呼びかけたものである。

②③は、それに対する社会党、民社党の拒否回答である。社会党は当然のことながら、民社党が参加を拒否したことは、当時の改憲をめぐる雰囲気を知るうえで注目される。

①日本社会党および民主社会党への要望書

憲法調査会は、これまで日本国憲法の制定の経過とその運用の実際について事実調査を行なってきたのでありますが、このほどこれらの段階を終え、憲法の問題点について検討を加える段階にはいることになりました。

右の事実調査のため、調査会は各方面の参考人の所見を聴取し、あわせて全国にわたる公聴会において、公述人を通じて国民各層の声を聴取してきたのでありますが、このような調査に基づいて、別添一のような問題点についてこれから検討審議を行なうことになったのであります。

これらの問題点は、観念的に想定されたものでなく、主として国民生活の実際と国政運営の現実から提起されたものを整理したものであります。

われわれは、このような新たな段階を迎えるに際し、貴党が右の諸問題の検討審議に参加され、その意見を十分に述べられることが全国民の期待するところであることを信じ、その所属国会議員の参加をちゅう心より要望するものであります。

これまで参考人や公述人のえらび方についてもかたよらないよう細心の注意をはらって公正を期していましたが、この方針は今後といえども堅持することはもちろんであります。なお、内閣および国会に提出する報告書の作成についても、別添の二のような申合せがなされており、この方針で進むことになっておりますことを申し添えます。

別添一「今後において審議すべき問題点要綱」《略》

別添二「憲法調査会の意見の決定に関する申合せ」（昭和三十六年七

月二十六日第五十五回総会決定）

憲法調査会が、調査審議を終結するにあたって、慎重な調査審議の結果なおかつ意見の一致をみない場合は、多数決をもって本調査会の意見を決定することなく、すべての委員の意見を、多数意見と少数意見、改正論と改正反対論等の別なく、その論拠とともに公正に報告し、内閣、国会および国民の政治的判断に役立たしめるものとする。

②憲法調査会の最近の動向について

一、憲法調査会の最近の動向をみると、社会党が、すでに同会設立の際指摘した通り、現行憲法改悪の方向に向って、急ピッチで進んでいることが明かである。

憲法改悪の最大の目標は、現行憲法下で根強い地盤を築いた平和と民主主義とを守る勢力を一掃するために天皇制の強化、第九条の改悪を始めとしてあらゆる面において、反動体制を固めることにある。ただ、それを真正面から打出せば、国民の強力な反撃を受けることを恐れて、憲法調査会は、選挙民権或は現行憲法の運用の面での技術的諸問題を取上げて、それらの問題が、憲法の全面的改定を必要とするかの如き印象を、国民に与えようとしている。しかしながら、第二次大戦の惨禍を身を以って体験した日本国民は、もはや、このようなゴマカシではだまされない。現に、この六年来、憲法擁護勢力は、選挙を重ねる毎に、その得票数・得票率を、着実に増している。この事実は、いくら現行憲法を改悪しようとしても、それを全国民的な基盤の上に行なうことは、全く不可能になっていることを証明するものである。

一、現在、わが国の政治が、不安と動揺とを重ねている最大の原因は、自民党政府が、憲法を守って政治を行なおうとしないところにあるのであって、憲法に罪があるのではない。憲法に違反する自衛隊という既成事実を先に作っておいて、その既成事実に合わせるために憲法を変えるというのでは、憲法はあれども無きに等しい。それは、「法による支配」という民主主義の根本理念を、根底から破壊する行為である。このような明白な違憲行為に眼をつむっておきながら、一体、憲法調査会は、憲法の何を「調査」しようというのであろうか。

一、憲法調査会に参加している人々のうちの一部が、善意を以って事に当ったとしても、それらの人々の主観的な善意は、現在の政治情勢の下においては、結局、逆コースを押し進めようとする勢力に利用されるに終る。われわれは、これらの人々の善意が、真面目なものであればあるだけ、改憲勢力にとっては、その真の意図をかくす看板としての利用価値が高くなるという皮肉な事実を、指摘しない訳に行かない。

一、社会党は、憲法調査会から参加の呼びかけがあっても、もちろん参加しないし、さらに進んで、従前通り、同会を廃止する法案を、来るべき臨時国会に提出する。また、憲法擁護の国民運動を一層強化し、来るべき参議院選挙においては、社会党単独で、「三分の一」の議席を獲得し、一切の憲法改悪の動きを封ずる決意を固めている。

③憲法調査会不参加に関する西尾民主社会党中央執行委員長談話

わが党は綱領において現行憲法の民主主義及び平和主義を堅く守ることを明らかにしている。

現行憲法は完全無欠とはいえないにしても、われわれは、全体としてこれを擁護するものであって、部分的改正にしても、その時期ではない。

憲法調査会は、その設立の当初から、保守党の改憲への意図を背景としており、現在でもその構成上改憲派の数が多い。

わが党は前述の理由に基づいて、この憲法調査会には参加しない。

資料Ⅰ・41

憲法調査会違憲論について

一九六一年一〇月四日
憲法調査会第五九回総会了承
高柳賢三
［出典］憲法調査会事務局『憲法調査会年報（昭和三七年度）』

コメント

この談話は、憲法調査会についての違憲論に、会長高柳賢三が反論したものである。憲法調査会への社会党、民社党への参加呼びかけを機に、再び憲法調査会違憲論がでたことに対し、調査会が、会長名で再度反論したものである。

談話は、とくに、憲法改正案の発案権が内閣にあることを前提にして改憲の調査機関を内閣に設けることは憲法改正の発議権を国会に限った憲法九六条に違反するという主張、ならびに、内閣が憲法改正を主張しあるいはその必要の有無について調査することは、憲法九九条の公務員の憲法尊重擁護義務に違反するという主張に反論している。

憲法調査会は、憲法調査会法第二条に定められているように、「日本国憲法に検討を加え、関係諸問題を調査審議し、その結果を内閣及び内閣を通じて国会に報告する」ことを任務とするものである。

すなわち、憲法調査会は、決して憲法の改正を目的とし、そのための調査審議を行なう機関でないのであって、このことは、憲法調査会法の正文および精神に照らして明らかであるのみならず、また、憲法調査会の発足以後今日に至るまでの実際の運営からも十分に立証されていると信ずる。

また、その調査審議の結果は、内閣および国会に報告するのにとどまり、この報告を受けた内閣および国会がいかなる措置に出るかは、もっぱら、内閣および国会の決するところであって、憲法調査会の報告は内閣および国会のこの決定のための参考資料を提供するという意味をもつにすぎないものである。したがって憲法調査会が憲法に検討を加え、その結果を内閣および国会に報告することは、国会の権限に対し何らの拘束を加えるものではない。これらの点から考え、憲法調査会が違憲でないことは、明白である。このことは、先の「日本社会党の参加を要望する決議に対する同党の回答についての会長談」（昭和三十二年十月二日）において、すでに明らかにしたところであるが、なお、この点に関し、主要な論点についての法理論を付言すれば、次のとおりである。

まず、憲法調査会が違憲であるとする論は、憲法第九十六条を第一の論拠とするもののようである。すなわち、同条は、「憲法の改正は、各議院の総議員の三分の二以上の賛成で、国会が、これを発議し、国民に提案してその承認を経なければならない」と定めているのであるが、ここにいわゆる「発議」とは、発議にかかる憲法改正案の発案までをも含むものであるとし、したがって内閣にその発案権があることを前提としそのために必要な調査機関を内閣に設けることは同条に違反する、とするのである。

しかしながら、憲法第九十六条が、内閣の発案権を否認し、したがってそのために必要な調査機関を内閣に設置することを禁止したものであるとは到底解せられない。

すなわち、同条にいう「発議」とは、各議院の総議員の三分の二以上の賛成で、憲法改正の可決があった後、これを国民に向って提案して国民投票を求めるという段階を指すのであって、その以前の段階、すなわち、国会の審議の対象たる憲法改正の原案の発案を何者がなすかについては、同条は全く触れていないのである。したがって、この点は、同条の文言のみを根拠として論ずべきではなく、憲法全体の趣旨から総合的に考えなければならない。

すなわち、憲法は議院内閣制をとり、内閣と国会とは、緊密、一体的な関係にある。法律案についても、国会は「唯一の立法機関」であるが、その発案権までをも国会に独占せしめる趣旨ではないということは、第七十二条において、「内閣総理大臣は、内閣を代表して議案を国会に提出し」とあるところからも察せられるところである。このことは、内閣法上および実際の運営上確定した原則となっているところである。憲法改正の原案の発案権についても、右の考え方はそのまま当てはまるものであって、第七十二条の「議案」には憲法改正の原案をも含み、したがって内閣にも発案権はあると解すべきである。次に、内閣が憲法の改正を主張し、あるいはその必要の有無について調査を行なうことは、「天皇又は摂政及び国務大臣、国会議員、裁判官その他の公務員は、この憲法を尊重し擁護する義務を負ふ。」と定める憲法第九十九条に違反し、したがって、憲法調査会を内閣に置くことは同条に違反するとする論もあるようである。もとより、同条の示すように、国務大臣その他が、現に施行されている憲法を尊重し、擁護すべきことは当然のことであって、それと憲法の現行規定に関し、その必要の有無について調査することとは、全く別のことがらである。このことは、現に憲法みずからその改正に関して規定を設けていることからきわめてあきらかである。

以上のように、内閣が憲法改正の原案を国会に発案することおよびその調査のための機関を内閣に設けることは、憲法第九十六条および第九十九条に違反するものではない。したがって、もしも憲法調査会が憲法の改正のための調査機関として設けられたという場合を仮定しても、それは憲法に違反するものではない。いわんや、憲法調査会は、前述のように、憲法改正を目的とする機関ではなく、また、現在、将来ともに憲法改正を目的とした検討審議を行なうものではないのであるから、憲法調査会が違憲でないということは明々白々であって、いうをまたないところである。

資料Ⅰ・42

民社党の憲法問題に対する立場

①民主社会党綱領〈抄〉

一九六二年一月二七日

民主社会党第四回全国大会採決

［出典］『民社党史・資料編』一九九四年一〇月、民社党史刊行委員会

②憲法を守り発展させる決議

一九六二年一月二七日

民主社会党第四回全国大会

［出典］『民社党十五周年史』一九七四年七月、民社党十五周年史頒布会

コメント この二つの文書は、民社党の憲法に対する態度を示したものである。いずれも、一九六二年一月に開催された同党第四回全国大会の決定である。

①は、この大会で決定された「党綱領」中の憲法に関する部分であり、②は「憲法を守り発展させる決議」である。

民社党の結党時においては、党首に就任した西尾末広は、九条の下でも自衛の軍隊はもてるという意見であり、大会で九条との関係が議論された。しかし、綱領は憲法擁護を明記しており、また執行部が答弁において現在の自衛隊は違憲であるという態度を明らかにして、ようやく可決された。

②の決議も、民社党が護憲の立場に立ち、憲法調査会に反対する旨を謳った。こうした民社党の憲法に対する態度は党の最高顧問に就任した片山哲の意向を汲んでのものでもあった。

①民主社会党綱領〈抄〉

一　われわれの党の基本原理

1　党の理念

われわれの党は、民主社会主義の原理に立つひとびとの政治的結合体である。党は資本主義と左右の全体主義とに対決し、一切の抑圧と搾取とから社会の全員を解放して、個人の尊厳が重んぜられ、人格の自由な発展ができるような社会を建設しようとするものである。

2　党の基本原理

民主社会主義の社会は、自然必然的に到来するものではない。われわれがつぎの原理に従って主体的に努力する場合にはじめて、その理念は実現されうるのである。

（イ）われわれは、個人の尊厳を重視するものである。国家権力でなく階級的利益でなく、いわんや物質的富でもなく、まさに個人人格の自由な発展こそ、最高の価値基準である。

（ロ）われわれは、個人の市民的自由を最大限に拡張するものである。個人の能力が最高度に発揮できるような、各種の市民的自由の保証がなくては、人間の解放は行なわれない。

（ハ）われわれは、社会主義社会の実現に努力するものである。資本主義は生産力を発展させたが、人間を商品化し、人間による人間の搾取をうみだした。利潤獲得を至上命令とする資本主義経済を克服し生産力を飛躍的に高め、豊富な物質的条件を万人に平等に保証するものでなければ、市民的自由は空語にならざるをえない。

（ニ）われわれは現行憲法の規定する議会制民主主義を擁護発展させるものである。現在の議会政治の欠点を是正することはもちろんであるが、左右いずれの形をとわず暴力革命と独裁政治には断固として反対す

る。政権獲得後も議会制民主主義を維持発展させる。

（ホ）われわれは、現行憲法の規定する平和主義の精神を擁護し、国際紛争の平和的解決につとめるものである。今日の世界では一国のみの平和はあり得ない。ゆえに、国際的平和機構の強化により世界平和の維持にあらゆる努力をはらう。日本の正当な国民的要求を主張するとともに、他国民の文化と権利とを尊重する。一切の植民地の解放に最大の援助をあたえる。《以下略》

②憲法を守り発展させる決議

一、主　文

日本国憲法は世界平和の道標である。これを守り抜くとともに、世界各国がこの憲法の精神をそれぞれの国の憲法に採り入れ、それを実行し、もって世界の永久平和樹立のために全力を尽すよう要請すべきである。

民社党は、この本旨の上に力強く立ち上がり総力を挙げ、実践活動を通して憲法を擁護することを誓うものである。

右決議する。

二、理　由

内閣の憲法調査会は、来年夏の報告書提出をメドとして憲法改正是非の本格的審議を進めている。現在までの審議過程からみて、結論として改憲の方向に傾くことは否定できないであろう。

日本で憲法に関する限り、保守派はその大勢が改憲論である。

「今年は憲法の年」といわれるほど参議院選挙を控えて憲法問題が国民の関心を集めるとき、今こそわが党は平和憲法の意義を内外に普及徹底せしめることに全力を傾注しなければならない。

核兵器と核実験による悲惨な経験を経た国民として、また、戦争放棄の平和憲法を保持する唯一の国民として世界平和に対する重大な使命をわが党こそ全身に荷って奮闘することをここに表明する。

資料Ⅰ・43

憲法調査会への社会党の申し入れ

一九六二年二月二二日

日本社会党

［出典］憲法調査会『憲法調査会報告書』一九六四年

コメント　これは、内閣憲法調査会が地方公聴会を開くのに際して、社会党が、憲法調査会違憲論の立場から、その開催の取りやめを要求した申し入れである。

憲法調査会はいま本格的に改憲の討議をすすめ、しかも改憲の世論を誘導するかのような地方公聴会を各地で開催しようとしております。

そもそも憲法第九十九条で「憲法を尊重し擁護する義務」を背負っている内閣に、このような改憲論議のための調査会をつくったことは憲法の精神に反するものと云わなければなりません。しかも最近の調査会の活動をみると最近の政治情勢の反動化に歩調を合わせた改憲論議が中心になっており、しかも憲法改悪の方向に与論を誘導する役割を果しております。

現在国民の立場から憲法の規定が正しく実施されているかどうかを明らかにし、さらに政府が憲法に違反する諸政策をすすめていることこそ明らかにされなければならない時に憲法調査会がこのような活動を進めていることは極めて危険なことであります。

とくに現在、憲法調査会がブロック別に地方公聴会を行う計画をすすめ、これに伴って国の権威をかりて改憲論議を誘導するかのような行動をくむことについては強く反対するものであります。

日本社会党は、かかる観点から憲法調査会がその活動を停止し、とくに当面、二月二十四日の関東ブロック公聴会をはじめとして調査会が計画している地方公聴会の計画をただちにとり止めるよう要求するものであります。

日本社会党

一九六二年二月二十二日

内閣総理大臣　池田勇人殿

憲法調査会会長　高柳賢三殿

資料Ⅰ・44

大日本生産党、全日本愛国者団体会議の憲法改正案

①日本憲法改正試案〈抄〉

一九六二年六月

大日本生産党

［出典］荒原朴水『増補大右翼史』一九七四年、大日本一誠会

②大日本皇国憲法草案〈抄〉

一九六二年八月

全日本愛国者団体会議

［出典］荒原朴水『増補大右翼史』一九七四年、大日本一誠会

コメント

1．この二つの憲法改正草案は、いずれも右翼団体のつくったものである。内閣の憲法調査会がつくられたが、六〇年安保闘争後、憲法調査会内では、会長高柳賢三を中心として、明文改憲消極論が精力的に展開されるようになり、また、改憲派のなかからも、中曽根康弘のように、国民に懸念の強い九条の改憲を避け首相公選論を中心とした改憲論を唱えるものも現れた。

ここに掲げた二つの憲法改正案は、こうした状況に危機感をもった右翼団体が、国体論的憲法改正論として提示したものである。

2．①大日本生産党の改正案は、一九六二年六月の同党第八回全国大会で上程されたものである。

②全日本愛国者団体会議案のほうは、同会議常任理事会から荒原朴水事務局長に執筆要請がなされ、荒原が起草したものである。い

ずれも、国体憲法論の立場からの改憲案で、政治的影響力は大きくはなかったが、当時の右翼の立場を示している。

3．注目すべきは、この二つの改憲案では微妙な違いがあり、この両者の間で論争が起こっていることである。

全日本愛国者団体会議案のほうは、もっとも正統的な国体憲法論であり、以下のような特徴がある。第一に、この案は、日本国憲法を認めていないため、「改正」という名称をとっていない。第二に、この案では、「国体」の本質は、「万世一系の天皇」が皇国を「統治」するところにある。つまり日本は天皇を統治権の保持者とする君主国であるとする。

4．それに対し、大日本生産党の草案は、第一にその案の題名を「改正試案」と名付けているとおり、一応日本国憲法の存在を認めている。

第二に、大日本生産党案は、「国体」を荒原草案のように、ただ「万世一系の天皇統治」にあると見ず、それに加えて、「万世一系の天皇を国民統合の中心」と仰ぐところにその本質があると主張している。この辺は「国体」の理解で大きな対立点であり、大日本生産党案のほうが、たとえば、西部邁の議論（⇩**I・68**）に近いと言える。

また第三に、大日本生産党案は、「日本国は万世一系の天皇を国民統合の中心とする民主国家である」と規定する。生産党は、この「民主国家」とは天皇を国民統合の中心とした国家であり、かつ天皇の政治のあり方は国民本位という意味だと主張するが、これに対して荒原らは激しくこれを非難したのである（荒原朴水『増補大右翼史』七五六頁以下）。

①日本憲法改正試案〈抄〉

第一章　天　皇

第一条　日本国は、万世一系の天皇を国民統合の中心とする民主国家である。

第二条　皇位は、皇室典範の定めるところにより、祖宗の皇統に属する皇男子孫これを継承する。

皇室典範の改正は、内閣が皇室会議に諮問し、国会の議決を経なければならない。

第三条　天皇の尊厳はこれを侵すことができない。

第四条　天皇の国務に関する行為は、内閣の助言に基いて行なわれ、内閣がその責任を負う。

天皇は、法律の定めるところにより、その国務に関する行為を委任することができる。

第五条　皇室典範の定めるところにより、摂政を置くときは、摂政は、天皇に代って、その国務を行なう。

第六条　天皇は、衆議院の指名に基いて、衆議院議長を任命し、また参議院の指名に基いて、参議院議長を任命する。

天皇は衆議院の指名に基いて、内閣総理大臣を任命する。

天皇は、内閣の指名に基いて、最高裁判所の長たる裁判官を任命する。

第七条　天皇は、この憲法に別に定めた国務の外、左の国務を行なう。

一　憲法改正及び皇室典範並びに法律を裁可し、又憲法改正、法律、政令および条約を公布すること。

二　国会を召集すること。

三　衆議院を解散すること。

四　国会議員の総選挙の施行を公示すること。
五　国務大臣及び法律の定めるその他の官吏の任免並びに全権委任状及び大使、公使の信任状を認証すること。
六　法律の定めるところにより、恩赦を行なうこと。
七　栄典を授与すること。
八　条約を批准すること。
九　外国の大使及び公使を接受すること。
十　儀式を行なうこと。
十一　その他、国民統合の地位にふさわしい行為を行なうこと。

第二章　戦争の放棄

第八条　国際紛争を解決する手段としての戦争は、これを認めない。但し、自衛権の行使はこの限りでない。自衛軍の組織及び権限は、法律の定めるところによる。

第三章　国民の権利及び義務

第九条　日本国民たる要件は、法律でこれを定める。

第十条　国民は何人も、法律の定めるところにより、国家に対して忠誠の義務を負う。

第十一条　この憲法が国民に保障するすべての自由及び権利は、これを濫用してはならないのであって、常に公共の福祉のためにこれを利用する義務を負う。

第十二条　すべて国民は個人として尊重される。生命、身体、自由、財産、名誉の安全については、公共の福祉に反しない限り、立法その他の国政の上で最大の尊重を必要とする。

第十三条　すべて国民は、法の下に平等であり、立法の上においても、人種、信条、性別、社会的身分又は門地により、政治的、経済的又は社会的関係において差別されない。

第十四条　公務員を選定し及びこれを罷免することは、国民の権利である。すべて公務員は、全体の奉仕者であって、一部の奉仕者ではない。

公務員の選挙については、成年者による普通選挙を保障する。

すべて選挙における投票の秘密は、これを侵してはならない。

第十五条　国民は何人も公務に関し、法律の定めるところにより平穏に請願する権利を有する。《以下略》

②大日本皇国憲法草案〈抄〉

第一章　大日本皇国

第一条（領土）　大日本皇国は本州、四国、九州、北海道の四大島及び沖縄諸島、小笠原群島、南樺太、千島列島、対島諸島並にその他の諸島を固有の領土とし、日本民族を固有の国人とする。

2　領土の詳細は法律を以て定める。

第二条（国旗及び国歌）　大日本皇国の国旗は白布に日章を表した日の丸である。

2　国歌は「君が代」である。

第二章　天　皇

第三条（国体）　大日本皇国は万世一系の天皇、皇祖の神勅を奉じて之を統治する。

第四条（政体）　大日本皇国は天皇を元首とする立憲君主国家である。

第五条（皇位の継承）　皇位は皇室典範の定める処により、皇子孫之を継承する。

第六条（天皇の神聖不可侵）　天皇の神聖は之を侵してはならない。

第七条（摂政）　摂政を置く場合は皇室典範の定める処による。

2　摂政は天皇の名に於いてその国務に関する行為を行なう。
3　但し憲法改正の公布及び第三項を除いた第十一条、第十二条、第十三条は之を行なうことが出来ない。
第八条（天皇の行為）　天皇の国務に関する行為は、この憲法の定める処による。
2　天皇の行為には内閣の輔弼を必要とする。
内閣は天皇の行為について責任を負う。
3　天皇の行為に関する文書には内閣総理大臣が内閣を代表して副書する。
第九条（天皇の権能）　天皇は国会の指名する処に基いて内閣総理大臣を任命する。
2　天皇は総理大臣の奏請に基いて国務大臣を任命する。
3　天皇は内閣の奏請に基いて最高裁判所の長たる裁判官を任命する。
第十条　天皇は内閣の責任ある奏請に基いて、天皇たるの権能を以て左の国務を行なう。
一　憲法改正、法律、政令及び条約を公布すること。
二　国会を召集すること。
三　衆議院を解散すること。
四　国会議員の総選挙の施行を公布すること。
五　国務大臣の任免並びに全権委任状及び大使、公使の信任状を勅裁すること。
六　外国の外交使節を接受すること。
七　大赦、特赦、減刑、刑の執行の免除及び復権を行なうこと。
八　文化及び芸術の奨励助長を行なうこと。
九　栄誉を授与すること。
十　条約を批准し法律に定めるその他の外交文書を勅裁すること。
第十一条　天皇は国軍を統帥し内閣の奏請に基いて国軍総司令長官を任免すること。
②　天皇は国軍を親閲し、軍旗を親授しその士風を醇化し、士気を鼓舞する。
③　国軍の発動及び宣戦、講和、戒厳の布告
第十二条（天皇の大権）　国家に極めて重大なる事態が発生し、通常の国家権力を以てしても致命的犠牲を払うのみにして、これを拾収し得ないとの見解に達したる時は、内閣の全員が完全に一致し且つ内閣が共同の責に任ずる意志を明示して奏請したる時には天皇は非常大権を行なう。
②　内閣は国会休会の場合は直に国会の召集を奏請し、国会開催中の場合は直にその承認を国会に求めなくてはならない。
第十三条（天皇の親諭）　天皇は国政又は国運上重大な必要ある時は政府その他公の機関並に国民に対し親諭を発することが出来る。
②　親諭には何等の権力も伴なわない。

第三章　国　防

第十四条（国軍の設置）　国体の護持、領土の安全、国民の生命及び財産を保持するため国軍を置く。
②　国軍の組織及び権限その他は法律の定める処による。

第四章　祖国防衛

第十五条（祖国防衛の義務）　祖国防衛は大日本皇国の国民たる至高の義務であり最大の名誉であって、何人と謂えどもこの義務を免除されることはない。
《中略》

第十章　国　軍

第九十九条（国際平和機構に対する協力）　国は平和を維持するため国際的な相互集団安全保障制度に参加することが出来る。

国は平和で永続的な秩序を世界にもたらし且つ保障するような主権の制度に他国とともに同意することが出来る。

第百条（国軍の性格と任務）　国軍は国の安全と独立を確保し及び国際平和機構に協力するため必要限度の戦力を保持する。

② 国軍の編成及び配備は法律できめる。

③ 国軍は侵略に対する防衛又は国際平和機構に協力する場合及び天皇の大権が発動された場合に軍事行動をとる。

第百一条（最高指揮権及び国防会議）　国軍の最高指揮権は国防会議に属する。

② 国防会議は内閣総理大臣及び各国務大臣並びに両院の議長、副議長、国軍総司令官を以て構成し、天皇これを召集し勅裁する。

第百二条（軍人の地位）　軍人については軍隊の規律を保ち、その任務を遂行するに必要な限度に於いて第五章の規定の適用を排除することが出来る。

② 軍人については法律の定める処により特別裁判所を設けることが出来る。

第十一章　地方自治

第百三条（地方庁の設置）　国防及び地方分権の不統一、独走等の弊害を除き、又地方特殊の事情を中央に通ぜしめるために全国に地方庁、即ち北海道庁、東北庁、関東庁、中京庁、近畿庁、中国庁、九州庁を置き総括したる地方の行政に当る。

第百四条（地方公共団体機関と選挙）　地方公共団体の組織及び運営に関する事項は法律で定める。

第百五条（地方議会）　地方公共団体には法律で定めるところによりその議事機関として議会を設置する。

② 地方公共団体の長、その議会の議員及び法律の定めるその他の吏員はその地方公共団体の住民が直接選挙する。

第百六条（地方公共団体の権能）　地方公共団体はその財産を管理し、事務を処理し及び行政を執行する権能を有し、法律の範囲内で条例を制定することが出来る。

第百七条（特別法の住民投票）　一つの地方公共団体にのみに適用される特別法は法律の定める処によりその地方公共団体の住民投票に於いて、その過半数の同意がなければ国会はこれを制定することが出来ない。

第十二章　改　正

第百八条（改正の手続き）　この憲法を改正するには、両議院の五分の三以上の賛成によるか、又は選挙人の三分の一以上の連署によって発議され国民投票に附しての過半数の賛成による承認を経なくてはならない。

国民投票を経た憲法改正案は、天皇の裁可ありたる時改正憲法となる。

国民投票に関する事項は法律でこれを定める。《以下略》

資料Ⅰ・45

日本国憲法改正試案〈抄〉

一九六二年七月

大石義雄

［出典］『憲法改正の根本問題―憲法改正試案』一九六二年七月、有信堂

コメント

1．この改憲案は、京都大学法学部教授として憲法学を教え、戦後はほぼ一貫して日本国憲法を「おしつけ憲法」として批判しその改正を主張し、内閣の憲法調査会の委員でもあった大石義雄の改憲案である。大石の案の政治的影響力はさほどないが、当時の復古的改憲論の代表的論者の改憲案として注目される。

2．本草案において具体的に注目されるのは、以下の諸点である。

第一に、天皇の章は、天皇に「万世一系の」と修飾語をつけたり、「天皇の尊厳はこれを侵すことができない」（第三条）という規定を置いたり、復古的色彩が著しく強い。

第二に、九条関係では自衛権と自衛軍の規定を置く、極めて簡素な案となっている。本草案の関心がここにはあまり置かれていないことを示している。

第三に、人権条項の最初に国家に対する忠誠義務を置いている（第一〇条）点、教育の目的に「祖国愛を基本とし」と謳っている点（第二六条）、刑事手続的人権を大幅にカットしている点など、復古的色彩が強い。

第四に、国会に関しては、参議院を「学識経験者で構成する」としている点は復古的な改正案であるが、法律の合・違憲を国民投票にかけ違憲と判断された法律を無効とするという規定（第五二条）は、大石案独特のものである。

第五に、裁判所による違憲審査権の規定が削除されていることにも、この案の復古的性格が象徴的に示されている。

第六に、憲法改正手続が緩和され、国会での発議の要件が、憲法で規定されていない。

日本国憲法

前　文《略》

第一章　天　皇

第一条　日本国は、万世一系の天皇を国民統合の中心とする民主主義国家である。

第二条　皇位は、皇室典範の定めるところにより、祖宗の皇統に属する皇子孫これを継承する。

皇室典範の改正は、内閣が皇室会議に諮問し、国会の議決を経なければならない。

第三条　天皇の尊厳はこれを侵すことができない。

第四条　天皇の国務に関する行為は、内閣の助言に基いて行われ、内閣がその責任を負う。

天皇は、法律の定めるところにより、その国務に関する行為を委任することができる。

第五条　皇室典範の定めるところにより、摂政を置くときは、摂政は、天皇に代って、その国務を行う。

第六条　天皇は、衆議院の指名に基いて、衆議院議長を任命し、また参

議院の指名に基いて、参議院議長を任命する。

天皇は、衆議院の指名に基いて、内閣総理大臣を任命する。

天皇は、内閣の指名に基いて、最高裁判所の長たる裁判官を任命する。

第七条 天皇は、この憲法に別に定めた国務の外、左の国務を行う。

一 憲法改正及び皇室典範を裁可し、又憲法改正、法律、政令および条約を公布すること。

二 国会を召集すること。

三 衆議院を解散すること。

四 国会議員の総選挙の施行を公示すること。

五 国務大臣及び法律の定めるその他の官吏の任免並びに全権委任状及び大使、公使の信任状を認証すること。

六 法律の定めるところにより、恩赦を行うこと。

七 栄典を授与すること。

八 条約を批准すること。

九 外国の大使及び公使を接受すること。

十 儀式を行うこと。

十一 その他、国民統合の地位にふさわしい行為を行うこと。

第二章　戦争の放棄

第八条 国際紛争を解決する手段としての戦争は、これを認めない。但し、自衛権の行使はこの限りでない。

自衛軍の組織及び権限は、法律の定めるところによる。

第三章　国民の権利及び義務

第九条 日本国民たる要件は、法律でこれを定める。

第十条 国民は、法律の定めるところにより、国家に対して、忠誠の義務を負う。

第十一条 この憲法が国民に保障するすべての自由及び権利は、これを濫用してはならないのであって、常に公共の福祉のためにこれを利用する義務を負う。

第十二条 すべて国民は、個人として尊重される。生命、身体、自由、財産、名誉の安全については、公共の福祉に反しない限り、立法その他の国政の上で、最大の尊重を必要とする。

第十三条 国民は、法の下に平等であり、立法の上においても、人種、信条、性別、社会的身分又は門地により、政治的、経済的又は社会的関係において差別されない。

第十四条 公務員を選定し及びこれを罷免することは、国民の権利である。

公務員は、全体の奉仕者であって、一部の奉仕者ではない。

公務員の選挙については、成年者による普通選挙を保障する。

選挙における投票の秘密は、これを侵してはならない。

第十五条 国民は、公務に関し、法律の定めるところにより、平穏に請願する権利を有する。

第十六条 国民は、公務員の不法行為により、損害を受けたときは、法律の定めるところにより、国又は公共団体に、その賠償を求めることができる。

第十七条 国民は、思想及び良心の自由を侵されない権利を有する。

第十八条 国民は、信教の自由を侵されない権利を有する。

第十九条 国民は、集会、結社及び言論、出版その他一切の表現の自由を有する。

第二十条 国民は、通信の秘密を侵されない権利を有する。

第二十一条 国民は、居住、移転及び職業選択の自由を有する。

第二十二条 国民は、学問の自由を妨げられない権利を有する。

第二十三条　国民は、婚姻の自由を有し、夫婦は、同等の権利を有する。

第二十四条　国民は、健康で文化的な最低限度の生活を営む権利を有する。

第二十五条　国民は、法律の定めるところにより、その能力に応じて、ひとしく教育を受ける権利を有する。

第二十六条　国民は、法律の定めるところにより、その保護する子女に、普通教育を受けさせる義務を負う。

義務教育は、これを無償とする。

すべて教育は、世界平和に通ずる祖国愛を基本とし、社会に奉仕する社会人を育成することを目的としなければならない。

第二十七条　国民は、勤労の権利を有し、義務を負う。

女子及び児童は、これを酷使してはならない。

第二十八条　国民は、労使関係において、団結する権利及び団体交渉その他の団体行動をする権利を有する。

第二十九条　国民は、その財産権を侵されない。公共のために必要な財産権の制限は、法律の定めるところによる。

第三十条　国民は、法律の定めるところにより、納税の義務を有する。

第三十一条　国民は、法律の定める手続によらなければ、逮捕、監禁、審問、処罰されない。

第三十二条　国民は、住居を侵されない権利を有する。

第三十三条　国民は、法律の定めた裁判所の裁判を受ける権利を奪われない。

刑事事件においては、被告人は、裁判所の迅速な公開裁判を受ける権利を有する。

第三十四条　国民は、無罪の裁判を受けたときは、法律の定めるところにより、国にその補償を求めることができる。

第四章　国　会

第三十五条　立法権は、国会に属する。

第三十六条　国会は、衆議院及び参議院でこれを組織する。

第三十七条　衆議院は公選された議員で、これを構成する。

参議院は、法律の定めるところにより、学識経験者でこれを構成する。

第三十八条　両議院の議員の定数、衆議院議員の選挙人及び被選挙人の資格は、法律でこれを定める。

第三十九条　衆議院議員及び参議院議員の任期は四年とする。但し、衆議院解散の場合には、衆議院議員の任期は、そのときで終る。

第四十条　選挙区、投票の方法、その他議員の選挙に関する事項は、法律でこれを定める。

第四十一条　何人も、同時に両議院の議員となることはできない。

第四十二条　両議院の議員は、法律の定めるところにより、国庫から相当額の歳費を受ける。

第四十三条　両議院の議員は、法律の定める場合を除いては、国会の会期中逮捕されることがない。会期前に逮捕された議員は、その議院の要求があれば、会期中これを釈放しなければならない。

第四十四条　両議院の議員は、議院内の発言及び表決について、院外で責任を問われない。

第四十五条　国会の常会は、毎年一回これを召集する。

第四十六条　内閣は、国会の臨時会の召集を決定することができる。いずれかの議院の総議員の四分の一以上の要求があれば、内閣は、その召集を決定しなければならない。

第四十七条　衆議院が解散されたときは、解散の日から四十日以内に、衆議院議員の総選挙を行い、その選挙の日から三十日以内に、国会を召集しなければならない。

衆議院が解散されたときは、参議院は、同時に閉会となる。但し、内閣は、国に緊急の必要があるときは、参議院の緊急集会を求めることができる。

前項の緊急集会において採られた措置は、臨時のものであって、次の国会開会の後十日以内に、衆議院の同意がない場合には、その効力を失う。

第四十八条　両議院は、各々その議員の資格に関する争訟を裁判する。但し、議員の議席を失わせるには、出席議員の三分の二以上の多数による議決を必要とする。

第四十九条　両議院は、各々その総議員の三分の一以上の出席がなければ、議事を開き、議決することができない。

両議院の議事は、この憲法に特別の定のある場合を除いては、出席議員の過半数でこれを決し、可否同数のときは、議長の決するところによる。

第五十条　両議院の会議は、公開とする。但し、出席議員の三分の二以上の多数で、議決したときは、秘密会を開くことができる。

両議院は、各々その会議の記録を保存し、秘密会の記録の中で特に秘密を要すると認められるもの以外は、これを公表しなければならない。

出席議員の五分の一以上の要求があれば、各議員の表決は、これを会議録に記載しなければならない。

第五十一条　両議院は、各々その議長その他の役員を選挙する。両議院は、各々その内部の規律に関する規則を定め、又院内の秩序をみだした議員を徴罰することができる。但し、議員を除名するには、出席議員の三分の二以上の多数による議決を必要とする。

第五十二条　法律案は、この憲法に特別の定めのある場合を除いては、両議院で可決したとき、法律となる。

衆議院で可決し、参議院でこれと異った議決をした法律案は、衆議院で再び可決したときは、法律となる。

参議院が、衆議院の可決した法律案を受取った後、国会休会中の期間を除いて六十日以内に、議決しないときは、衆議院は、参議院がその法律案を否決したものとみなすことができる。

国民投票で、有効投票の過半数が、憲法に反すると決定した法律は、無効となる。

国民投票に関する事項は、法律で、これを定める。

第五十三条　予算案は、両議院で可決したとき、予算となる。予算案は、先に衆議院に提出しなければならない。

衆議院で可決し、参議院でこれと異った議決をした予算案は、衆議院で再び可決したときは、予算となる。

参議院が、衆議院の可決した予算案を受取った後、国会休会中の期間を除いて三十日以内に、議決しないときは、衆議院は、参議院がその予算案を否決したものとみなすことができる。

第五十四条　条約の締結に必要な国会の承認については、前条第二項の規定を準用する。

第五十五条　衆議院は、国政に関する調査を行い、これに関して、証人の出頭、証言及び記録の提出を要求することができる。

第五十六条　内閣総理大臣その他の国務大臣は、両議院の一に議席を有すると否とにかかわらず、何時でも、議案について発言するため、議院に出席することができる。又答弁又は説明のため出席を求められたときは、出席しなければならない。

第五十七条　国会は、罷免の訴追を受けた裁判官を裁判するため、両議院の議員で組織する弾劾裁判所を設ける。

弾劾に関する事項は、法律でこれを定める。

第五章　内　閣

第五十八条　行政権は、内閣に属する。

第五十九条　内閣は、法律の定めるところにより、その首長たる内閣総理大臣及びその他の国務大臣で、これを組織する。

内閣は、行政権の行使について、国会に対し連帯して責任を負う。

第六十条　内閣総理大臣は、衆議院がこれを指名する。この指名は、他のすべての案件に先だって、これを行う。

第六十一条　内閣総理大臣は、国務大臣を任免する。

第六十二条　内閣は、衆議院で不信任の決議をしたときは、十日以内に衆議院が解散されない限り、総辞職をしなければならない。

第六十三条　内閣総理大臣が欠けたとき、又は衆議院の総選挙の後に初めて国会の召集があったときは、内閣は、総辞職をしなければならない。

第六十四条　前二条の場合には、内閣は、新に内閣総理大臣が任命されるまで引続きその職務を行う。

第六十五条　内閣総理大臣は、内閣を代表して議案を国会に提出し、国務について国会に報告し、行政各部を指揮監督する。

第六十六条　内閣は、他の一般行政事務の外、左の事務を行う。

一　法律を誠実に執行し、国務を総理すること。

二　外交関係を処理すること。

三　条約を決定すること。但し、事前又は事後に、国会の承認を必要とする。

四　法律の定めるところにより、官吏に関する事務を掌理すること。

五　予算を作成して、国会に提出すること。

六　この憲法及び法律を実施するために、政令を制定すること。但し、政令には、特にその法律の委任がある場合を除いては、罰則を設けることができない。

第六十七条　法律及び政令には、すべて主任の国務大臣が署名し、内閣総理大臣が連署しなければならない。

第六十八条　内閣総理大臣は、その在任中、衆議院の同意がなければ、訴追されない。又他の国務大臣は、その在任中、内閣総理大臣の同意がなければ、訴追されない。但し、これがため、訴追の権利は、害されない。

第六章　司　法

第六十九条　司法権は、最高裁判所及び法律の定める下級裁判所に属する。

裁判官は、その良心に従い独立してその職権を行う。

第七十条　最高裁判所は、訴訟に関する手続、弁護士、裁判所の内部規律、司法事務について、法律の範囲内で、規則を制定することができる。

検察官は、最高裁判所の定める規則に従わなければならない。

最高裁判所は、下級裁判所に関する規則を定める権限を、下級裁判所に委任することができる。

第七十一条　裁判官は裁判により、心身の故障のために職務を執ることができないと決定された場合、又は法律の定める刑の宣告を受けて確定した場合の外、罷免されない。裁判官の懲戒処分は、行政機関がこれを行うことはできない。

第七十二条　最高裁判所は、その長たる裁判官及び法律の定める員数のその他の裁判官でこれを構成し、その長たる裁判官以外の裁判官は、内閣でこれを任命する。

最高裁判所の裁判官は、法律の定める年齢に達したときに、退官する。

最高裁判所の裁判官は、定期に法律の定める相当額の報酬を受ける。

第七十三条　下級裁判所の裁判官は、最高裁判所の指名した名簿によって、内閣でこれを任命する。その任期は十年とし、再任されることができる。但し、法律の定める年齢に達したときには、退官する。

下級裁判所の裁判官は、定期に法律の定める相当額の報酬を受ける。

第七十四条　最高裁判所は、終審裁判所である。

第七十五条　裁判の対審及び判決は、公開の法廷でこれを行う。

裁判所が、裁判官の全員一致で、公序良俗を害するおそれがあると決した場合には、対審は、公開しないで、これを行うことができる。

第七章　財　政

第七十六条　国の財政を処理する権限は、国会の議決に基いて、これを行使しなければならない。

第七十七条　新に租税を課し、又は現行の租税を変更するには、法律又は法律の定める条件によらなければならない。

第七十八条　国費を支出し、又は国が債務を負担するには、国会の議決に基かなければならない。

第七十九条　内閣は、毎会計年度の予算を作成し、国会に提出して、その議決を経なければならない。

第八十条　予見し難い予算の不足に充てるため、国会の議決に基いて予備費を設け、内閣の責任で、これを支出することができる。

すべて予備費の支出については、内閣は、事後に国会の承認を得なければならない。

第八十一条　すべて皇室の費用は、予算に計上して、国会の議決を経なければならない。

皇室財産の管理は、皇室経済法の定めるところによる。

第八十二条　国の収入支出の決算は、すべて毎年会計検査院がこれを検査し、内閣は、次の年度に、その検査報告とともに、これを国会に提出しなければならない。

会計検査院の組織及び権限は、法律でこれを定める。

第八十三条　内閣は、国会及び国民に対し、毎年一回、国の財政状況について報告しなければならない。

第八章　地方自治

第八十四条　地方公共団体の組織及び運営に関する事項は、地方自治の本旨に基いて、法律でこれを定める。

地方公共団体の種類は、法律でこれを定める。

第八十五条　地方公共団体には、法律の定めるところにより、その議事機関として議会を設置する。

地方公共団体の長は、その地方公共団体の住民が、これを選挙する。

第八十六条　地方公共団体は、その財産を管理し、公共事務を処理し、行政を執行する権限を有し、法律の範囲内で条例を制定することができる。

第八十七条　一の地方公共団体のみに適用される特別法は、法律の定めるところにより、その地方公共団体の住民の投票において、その過半数の同意を得なければ、国会はこれを制定することができない。

第九章　非常事態の措置

第八十八条　天災又は事変の場合において、緊急已むを得ないときは、内閣は、憲法第三章の規定にかかわらず、法律の定めるところにより、臨機応変の処置を執ることができる。

但し、この非常の処置は、次の国会において、直ちにその承認を得なければならない。

第十章　改　正

第八十九条　この憲法を改正するには、国会が、これを発議し、これを国民投票に付し、その国民投票において、過半数の賛成がなければならない。

国民投票を経た憲法改正案は、天皇の裁可ありたるとき、改正憲法となる。

国民投票に関する事項は、法律でこれを定める。

第十一章　最高法規

第九十条　この憲法は、国の最高法規であって、これに反する法律、命令、その他の公務に関する行為は、その全部又は一部は、その効力を有しない。

命令、其の他の公務に関する行為が、憲法に反するか否かは、法律の定めるところにより、最高裁判所が、これを決定する。

第十二章　国際法遵守の義務

第九十一条　国民は、条約及び確立された国際法規を遵守する義務を負う。

資料Ⅰ・46

憲法改正の方向〈抄〉

一九六三年九月四日

憲法調査会共同意見

［出典］憲法調査会『日本国憲法改正諸案』憲資・総三九号、一九五九年

コメント

1．これは、憲法調査会内の改憲派のうち、中曽根康弘など、新型の改憲派と復古的色彩の鮮明な改憲派を除いた、中間的改憲派の作成した共同意見書である。憲法調査会改憲派の主流の意見書である。本意見書は膨大なものであるが、内容的には、さしたる新味はないので、この意見書の基本的立場を述べた、一、二章をここには掲載する。

2．本意見書の立場で、注目すべきは以下の諸点である。

第一に、共同意見書は、押しつけ憲法論をとっている点で、調査会の「憲法制定経過に関する小委員会」の報告の立場とは意見を異にしている。

第二に、意見書は一方で社会党、共産党の護憲論に批判を加えつつ、同時に他方、憲法調査会内の改憲消極派にも批判の矛先を向けている。共同意見書の大きな目的は、この会内の改憲消極派に対して明文改憲論を対置する点にあったことが注目される。

第三に、共同意見書は、大きな区分としては伝統的改憲派に属するが、それにもかかわらず、さすがに積極的国家構想抜きでは新たな改憲論としてのインパクトが弱いと考えて、五〇年代改憲論のひとつの潮流としてあった、福祉国家論を取り入れている。

第四に、具体的な改正点では、天皇については対外的には国家元首であると断言しつつ、「元首化」規定を入れることにはこだわっていない点が注目される。

九条については、伝統的自衛軍設置論である。

人権についても伝統的な「公共の福祉」による制約規定を入れろという主張、また刑事手続き的人権を削れという主張などは伝統派の主張を受け継いでおり、さらに家庭の保護規定導入も伝統派の主張である。

同時に、意見書は「福祉国家」論を打ち出したことから、社会権的規定の拡充を主張している点が新味である。

憲法調査会委員の有志の間で、憲法問題の取扱い方につき、今年二月以降、十数回にわたって自由な意見の交換を重ねて参りました。別冊「憲法改正の方向」は箇々の改正点については、各自意見を異にする場合がありますが、大勢において、われわれの考え方がまとめられたものであります。下名等は憲法調査会の報告書起草の段階にあたり、これを参考に供せられるならば幸甚と考え、ここに提出する次第であります。

昭和三十八年九月四日

○八木秀次、○高田元三郎、○小島徹三、○大西邦敏、○吉村正、○潮田江次、○郡祐一、○愛知揆一、木村篤太郎、笹森順造、太田正孝、木暮武太夫、山崎巌、植竹春彦、青木正、田中伊三次、千葉三郎（註 ○印は「憲法改正の方向」のとりまとめに当った者であります。）

憲法調査会長

高柳賢三 殿

一、日本の憲法はいかなる憲法であるべきか

1 現行憲法の制定過程をどう見るか

日本の憲法はいかなる憲法であるべきかといういわば憲法の理想の姿は最後の結論的なテーマであって、はじめから容易に論断することは不可能である。ここでは、現行憲法をどうみるかという現状認識の立場から、論をすすめてゆくのが妥当であろう。

まず、現行日本国憲法はどういう経過をたどって制定されたのであろうか。これについては、すでに十分な調査がおこなわれ、ほぼその全貌が明るみに出たと考えてよい。ただこれをどう評価し、これにどう対処するかが問題である。第一にいえることは、現行日本国憲法が、生まれたときの環境――時代的背景――が敗戦による全面占領下、連合国間の複雑な内情と混乱した国内情況のもとにあったということである。すなわち、国政の基本となるべき最も重要な一国の根本法（憲法）がつくられるには、むしろ最悪の環境であったといわなければならない。第二に、この新憲法制定（形式的には旧帝国憲法の改正）が、日本国民の自主的で自由な意思によるのではなく、国外すなわち連合国の側からくわだてられたということである。時の連合国最高司令官であったマッカーサーが、憲法改正の意図を日本側につたえたばかりでなく、自らの改正草案を日本側に提示したことが今でははっきりしている。しかもその草案（マッカーサー草案）なるものは、憲法や政治学の専門家らしい者が一人もいない軍人の手により、マッカーサーの部下となっていたありあわせの人びとにより、せいぜい一週間ていどのごく短期間にあわててつくられたものであった。

ここまでの過程において、すでに憲法制定の出発点がいかなるものであったかがわかるが、マッカーサーは実はこのような命令的、強制的な方法で、日本政府に憲法改正を強いることを避けたかったのである。表面上はあくまでも、日本国民の自由意志を表明したという形で、日本国民が自主的に憲法を改正したというふうにしたかった。なぜならば、憲法改正がマッカーサー（連合国）によって強制された事実を将来日本国

民が知ったら、日本国民がこれを支持し、承認する可能性がうすれると考えられたからである。したがって、マッカーサーが憲法改正を日本政府に命令するのは、あくまでも最後の手段の場合にかぎるとされていた。ところが、モスクワ協定によってソ連がアメリカの日本占領に口をはさみそうになったので、マッカーサーは急いで最後の非常手段――憲法改正の命令と強制――にうったえざるをえない破目に立ちいたったとされる。

このようにして、日本政府はマッカーサー草案を受けとり、これにもとづいて政府案の作成にとりかかったのであるが、ここでも日本側に完全な自主性と自由はなかった。すなわち第三として、国会に提出する政府原案の作成過程もまた、占領軍当局の厳重な監視下にあったということである。マッカーサー草案の内容は、当時の日本政府にとっては驚天動地の革命的なものであり、大きなショックを受けたのであった。だから政府は、たびかさなる占領軍当局との交渉によって、なんとかこれをやわらげようとしたが、それははかないレジスタンスにすぎなかった。マッカーサー草案を改めるには一々司令部の承認をえなければならなかった。こうして日本側の草案はつくられたのである。

この政府案は、若干の修正を附したうえで帝国議会を通過したわけであるが、たとえ議会でみとめられたとはいうものの、以上のような制定過程に重大な問題がのこされた事実は否定できないであろう。少なくとも、日本国民の発意にもとづき、自由で自主的な意志によって制定されたと見ることはどうしてもできない。「押しつけられたかどうか」は、こうなれば単なる言葉の問題にすぎず、実質的には連合国司令部（主にマッカーサー元帥）の命令と強制と干渉によって制定されたことは否定できない事実である。

護憲論者のなかには、さすがにこのような制定経過の事実をみとめようとしない者は少なくなったが、「内容さえよければ手続はどうでもよい」という意見がまだかなり強い。「押しつけ」の事実はかくしようがないからやむをえずみとめても、それをしいて無視または軽視しようとする傾向がある。しかし、これはあきらかに誤りである。なぜならば、民主主義というものは、内容や結果ばかりでなく、その手続や方法にも重きをおくものであるからである。内容と手続とは別のものであって、手続が悪くても内容がよければよいという論も、また逆に内容が悪くても手続がよければよいという論も、民主主義者としてはとるべきではない。内容がよいうえに、手続もよくするにこしたことはない。ましてや、現行憲法はその内容さえもよいとはいえないのである。

2 現行憲法の内容をどうみるか

さて、現行憲法はその制定過程に以上のような重大な問題があるうえに、その内容においても幾多の不備、欠陥、矛盾がふくまれている。むしろ、あのような制定過程であわててつくられたからこそ、その内容がずさんであるということができる。「内容さえよければ手続はどうでもよい」というのは単なる口実で、手続と内容とはもともと密接な関係をもつものである。手続がずさんでりっぱな内容がでてくるはずがないことは、われわれの日常の経験からしても当然といってよい。

そうかといって、現行憲法が全面的に否定されるべきものではもちろんない。われわれはむしろ、現行憲法の根本精神や基本原理はすぐれて近代的・民主的なものであると評価している。すなわち、この憲法のめざす平和主義、民主主義などの根本精神には何人といえども反対してはいない。ことに国民主権、人権の保障、議会政治、多数決、権力分立、法治主義などを基本とする民主主義と、正義と秩序を基調とする国際協調（平和）主義とを根本理念とした功績は、これを高く評価するものである。これらが旧帝国憲法のもっていた諸欠陥を是正し、わが国を国際社会の一員として正当に発展させるうえに、大いに役だっていることをみとめる。われわれはむしろ、これらの現行憲法の根本精神を正しく発展させ、将来にまで守ってゆこうと主張するものである。

しかし、だからこそ同時に、これらの根本原則を具体化し実現するための憲法の不備、欠陥がめだつのである。現行憲法のめざす民主主義、平和主義はあくまでも理念であり理想であって、ただそれをうたうだけでは実効を収めることはできない。それだけではかえって観念論・公式論にはしって、見た目には美しく心をひかれるが、絵に画いたモチと同じにすぎなくなってしまう。かつて日本で理想とされたワイマール憲法が、このような単なる観念的民主主義憲法のよい一例である。ワイマール憲法はナチ・ドイツの前にもろくもたおされてしまったが、残念なことに現行日本国憲法の性格はこのワイマール憲法のそれと似ているのである。今日の世界を見ると、日本の憲法ほどの観念的民主主義憲法をもっている例はなく、この点において内容においても重大な不備・欠陥をもっているといってもさしつかえあるまい。

それでは、具体的に現行憲法のどこに不備・欠陥があるというのであろうか。正確にいえば全文的にある。まず前文にはじまって、天皇制・戦争の放棄・基本的人権・義務・国会・内閣・司法・財政・地方自治・憲法改正、とすべての章にあるが、とうていここで一つ一つを指摘する余裕はないから省略せざるをえない（具体的な指摘は、のちの改正論のなかにおのずから出てくるので、ここではそれとの重複を避けたい。）。ほんの一例をあげれば、一国の生存と安全を保障する具体的な措置がまったく講ぜられていないことである。これに関連して国家の緊急事態に対する応変の措置がまったくなおざりにされている。総じて、諸外国の憲法にくらべれば、どこの国の憲法にもない規定が二十を数えるばかりでなく、ぜひ必要な条文規定がかなり抜けているずさんさや世界の憲法の一般的傾向を無視した時代錯誤性―前時代的性格―がめだつ。現代の民主的な福祉国家を建設するには、現行憲法の内容はあまりにも不完全すぎるといわざるをえないのである。

3　いかなる憲法であるべきか

それではいったい、日本の憲法はいかなる憲法であるべきか。この問いに対する答えは、すでにいままでの立論のなかに用意されている。ここでは、いままでの立論から当然にみちびき出される結論をまとめればよいであろう。

まず第一に、日本の憲法は独立国家の憲法であることから当然に、あくまでも国民の自由な発意により、国民の信念に合致するようになっとくのいく自由な検討を経て、自主的に制定されたものであるべきである。これは民主主義の鉄則からの要請でもあり、独立の主権国家としての必要条件でもあり、一国の根本法である憲法の重要性にもとずく至上の原理でもある。国民全体が自分たちのものとして誇りをもち、単に忠実に守るという消極的な態度ではなく、それを将来への輝かしい発展のシンボルとして仰ぐことのできるような憲法であるためには、なんといっても自由にして自主的な国民の総意によって、よろこびのうちに制定される必要がある。

第二に、日本の新しい憲法には、正しい歴史の方向に沿いつつ現代世界の進展に見あった若々しい生命力を盛りたいものである。いやむしろ、人類の進むべき道をさししめし世界の動きをリードできるような前向きの理想的憲法を、われわれ日本国民が力を結集して作りあげようではないか。このように自信と希望にあふれた態度で内外にほこりうるようなりっぱな憲法を創造したいものである。

そしてその内容は、自国の安全と国民の幸福を確保して、世界の平和に積極的に貢献しうるものでなければならない。もちろん、現行憲法の最大の長所を生かし、その欠陥をおぎなうものであるが、民主主義、平和主義の根本精神はこれを生かし、さらに拡大発展させるような前向きの方向をとるべきである。そして近代的な福祉国家の建設に最適と思われる条文規定を周到に設ける必要があろう。それと同時に、日本の良い伝統を継承し、日本の特殊性に合ったものにする工夫がぜひこらされなければならない。日本民族の祖国愛、自主性、伝統に根ざすことによって、はじめて「日本人の、日本人による、日本人のための憲法」とすることができる。

それから、政治といい憲法といっても、それを運用し、そのなかで動くのはみんな生きている人間である。この生きている人間というものを憲法は考慮すべきである。日本民族は協同体として社会を構成している。その社会を細分していくと、最小単位は家庭である。夫婦、親子で形成するこの家庭の関係を、法的にうたうことが必要であろう。

それから、あるべき日本の憲法の文章は、わかりやすく正しい日本語で書かれるべきであり、国民が常に愛唱しうるような格調の高い文章が望ましい。

最後に、一案として新憲法の大ざっぱな構造についてふれておこう。まず、前文と本文との関係であるが、前文には精神的・宣言的なこと、法的規制力（または拘束力）をもたないようなこと——いわゆるプログラム規定——だけを定めるのがよい。その構成については、第一段では主権が国民にあること、すなわち民主主義を大原則とすることをしめし、第二段では平和主義、国際協調の理想を高くかかげる。第三段では日本社会の基本的な構造をうたい、日本民族は皇室——天皇——を尊崇の的とし統一のシンボルとして仰いでいること、最小単位としての家庭を社会構造の基盤として——皇室も家庭をもつ——、共同体としての日本社会をつくっていること、さらに皇室は精神的な統一のシンボルであって、政治的責任を負わないで憲法の定める国事行為（たとえば現行七条の定めるような）のみをおこなうものであることをあきらかにしたい。したがって、実効的規定——法的拘束力をもつ条文規定——はすべて本文で定めるのがよく、そこでは基本的人権・義務や国家統治権力の発動をあくまでも現代民主主義にのっとって規定するのが当然である。

各章について概説すれば、まず天皇制は国民主権と調和するように存続させるべきであり、「外国に対して日本国を代表する」という表現を入れるべきである。つぎに現行憲法の第九条を廃止して、日本の防衛——自衛体制——をはっきり規定することは、独立主権国家として当然の権利であり義務である。基本的人権については、人間が社会生活をいとなむ以上、社会を構成しているすべての他人の人権をも尊重しなければならないから、公共の福祉や社会の安寧秩序をたもつために、相互作用によって人権が制約を受けるのは当然といえよう。このことを明示するとともに、国民としての当然の義務をも明示する必要がある。すなわち、社会連帯の考えかたに立つわけである。国会および内閣のありかたの根本は現行どおりであるが、個々の規定はより適正な再検討を要する。「国会が国権の最高機関である」というのは削除すべきで、立法・行政・司法の三権を同一レベルにおいてとりあつかったほうがよい。その他、選挙、両院の構成、権限、定員、立法、政党など、諸種の弊害を一掃するように規定されたらよい。首相公選制は日本には不適当と考える。司法・財政・地方自治についてはここでは省略するが、新しい憲法には国の緊急事態ないし非常事態に対するより適切な処置をぜひ講じておく必要がある。

以上は、あるべき日本の憲法についての一つの提案であるが、これはあくまでも一例にすぎないものであって、われわれは日頃から常に理想的な憲法を探求する努力をおこたってはならないのである。

二、現行憲法の改正に対していかなる態度をとるべきか

すでにのべてきたところからあきらかなように、現行憲法はその制定過程において重大な難点があるうえに、その内容においても幾多の不備・欠陥がある以上なるべく早い時期において、各条章にわたり全文的に再検討の上、適正に改正されるのが最も望ましい。その場合には、い

まや完全に主権国家として独立を回復し日本国民が、完全に自由で自主的な自己の意志にもとづいて、自らの憲法を確立するということを意味する。

このような憲法改正論に対し、いわゆる「憲法擁護」（護憲）をとなえて反対する人びとがいる。これはさらに、大ざっぱに分けて二つの意見がある。第一は、現行憲法は「民主憲法」「平和憲法」でりっぱな憲法だから、これを改正することには反対である、という共産党、社会党など革新勢力の意見である。本論は、これらの意見の論理的矛盾や政略的・戦術的意図を衝くことを目的とするのではないからそれについては詳述しないが、少なくとも彼ら社会主義者、共産主義者にとって、現行憲法が理想（またはそれに近い）憲法であるはずがないことだけは確かである。なぜならば、現行憲法はあきらかに自由民主主義、資本主義の社会体制を前提とする憲法であるから、共産主義、社会主義を信奉するこれらの人びとにとって、それは打倒すべきものではあっても、忠実に守り育てるべきものではありえないからである。したがって、これらの人びとのとなえる「憲法改正反対」「憲法擁護」はそのイデオロギーからいけば疑いもなく矛盾撞着を来たすことになる。それなのになぜ改正反対をとなえるかといえば、それはもっぱら彼らの政治的目標——共産主義または社会主義革命の達成——のために都合が良いからである。つまり、あくまでも政略的・戦術的な意図からであるといわねばならない。これを裏がえせば、「憲法改正反対」「憲法擁護」をとなえる方が革命に有利だからであり、それはとりもなおさず、現行憲法がいかに彼らの革命達成に有利であるかを示すものである。

このような改正反対論、護憲論の真意は、しかし、一般大衆にはまだ徹底していない。彼らの巧妙で煽動的な逆宣伝によって、憲法改正にはかなり困難な情勢が形成されて今日にいたっている。そこで、憲法改正に反対するもう一つの立場が出てくる。すなわち、現行憲法の制定過程の難点や内容の不備・欠陥をみとめ、原則的には憲法改正の必要をじゅうぶんみとめていながら、現実の政治的主張としては憲法改正に反対するという立場の人びとである。これは、第一の共産党、社会党系のグループの護憲の宣伝によって、「今や憲法改正は困難というより事実不可能であり、これを強行すれば安保同様（ことによれば安保以上）の国民的抵抗をまねき、一大事態が発生するおそれなしとしないから、なにもむりして改正を強行することはない」というわけである。そして、今まで歴代の保守党政権がとってきたように、憲法の柔軟な解釈と運用によって現行憲法の精神を生かしていけばよいというわけである。しかし、英米法流にいくら「柔軟な解釈と運用」といっても、そこにはおのずから一定の限界があることは否定できないうえに、余りに拡大解釈をみとめると根本精神までふみにじられてしまうおそれがある。改正が困難だから見合わせようというのは、一種の敗北主義、ごまかし主義といわれてもしかたあるまい。それに、憲法の必須の要件であるその自主性というものをいっさい考慮にいれていないことも、大きな問題をのこしている。

われわれは、以上のような憲法改正反対論、憲法擁護論にはどうしても組することができない。いやしくも一国の根本法であり国政の基本ルールをさだめる憲法を、そういうふうに政略的・戦術的に考える態度こそ正されなければならない。れっきとした現代の成文憲法の解釈や運用に大きな幅を予想することは、「成文法」の存在価値を軽視し、ひいては法治主義、立憲主義の建前を否定する道に通ずる危険を内包している。したがって、成文憲法をみとめる以上は、多岐にわたる解釈上の疑義や運用上の歪曲は、できるだけ避けるように細心の注意をはらうべきは当然であろう。もちろん、どんな憲法でも法律でも、どんな細心の注意をはらっても、起こりうるあらゆる事態を予想してこれにことごとく対処できるような条文規定を設けることは不可能である。そのことはわれわれもみとめるのにやぶさかではない。時は休みなく流れ、時勢は時々刻々変ってゆく。ことに急激なテンポで変転する現代社会にあっては、この傾向は目を見はるばかりである。したがって、どんな憲法においても、時が経つにつれて現実と合わず、時代おくれになる部分が出てくるものであり、あるいは新事態に対処するなんらの条文規定もない場合も出てくるものである。このときには、できるかぎり憲法を時代に合うように改正して、条文規定に不明確で疑義のある部分、解釈が多岐にわたる部分、実情から遊離するかに見える部分などを新たに是正拡充し、必要と思われる規定がない場合はこれを追加する――すなわち憲法を改正する――ことがなされなければならない。そうでなければ、憲法を忠実に守れば一国の政治はとりのこされ、とりのこされないためには事実上の憲法違反をせざるをえないか、そのどちらかをえらぶこととなる。これを解決するためにこそ、憲法はそれ自体のなかに、自らを改正する手続を明示しているのである。

参考までに諸外国を見てみると、民主国の多くは憲法改正を適度におこなっていることがよくわかる。たとえば、一九四五年から一九四九年までの四年のあいだに三十三カ国で新しく憲法が制定されたが、そのうち実に二十六カ国がその後憲法を改正しており、その二十六カ国のうち十八カ国は全面改正または新憲法の制定であった。西ドイツとインドにいたっては、すでに十回もの改正をおこなっているのである。改正を一回もしないのはブルガリヤなどの五カ国にしかすぎない。第二次大戦前からの憲法を維持している国においても、アメリカ、ソ連、スイス、ノルウェー、スエーデンなどの三十カ国が戦後改正をおこなっており、そのうち九カ国が全面改正であった。なお、民生の安定しているとみられるスイス、ノルウェー、スエーデン、メキシコなどにおいては、だいたい二年から三年に一回のわりあいで憲法が改正されていることは、注目にあたいしよう。

これらにくらべれば、日本ではあまりに憲法改正に尻ごみしすぎるきらいがありはしないか。そしてそれは旧帝国憲法時代からの「悪しき習慣」といえないであろうか。「不磨の大典」とされた旧憲法ならいざしらず、民主的をモットーとする現行憲法に適正な改正をほどこすことは、なんら憲法を軽視・冒瀆することにはなるまい。いな、かえって憲法を真の意味で忠実に守り、その根本精神を将来に向かって伸ばし育ててゆくためにも、適正な改正は必要であると考える。進歩的・民主的を自称する人びとの改憲反対論、護憲論は革新をのぞむ前向きの態度とは程遠いもので、現状維持、現状固持の超保守的姿勢であるとさえいえよう。

憲法改正の必要性を原則としてみとめていながら、その時期については「時期尚早」だとか、「適当な時期に」だとか、「国民世論の成熟を待って」だとか、「あわてることはない、慎重に」だとかいう、いちおうもっともらしい現実的（?）な意見が意外に多い。なるほど、機が熟さなければ改正できるはずもないし、現状のままで強行すればどんな事態が発生するかもはかりがたい。けれども、おそらくそのような消極的・現状固守的な態度をとっていたのでは、百年河清を待つのと同じ結果になってしまう。「棚からボタ餅」が落ちてくるのを待つのは、急テンポで流動する現代にあっては「永遠待ち」と大して変りない。そのような消極的な態度は、実際政治においては憲法改正に水をさすことになるから、改正反対と同じ効果をもつことになろう。いやしくも、憲法改正の必要性をみとめる以上、「時期尚早」をとなえるのは理論上・原則上はもちろん、実際政治における戦術としても大きな誤りである。もし機が熟していないものならば、改正の必要性を誠心誠意、国民大衆にうったえ、「自ら機を熟させる」ほどの努力をおこなうのが正しい道だといえるのではないか。《以下略》

資料Ⅰ・47

憲法制定の経過に関する小委員会報告書の「結論」に対する共同意見書

一九六四年二月二八日

中曽根康弘等

［出典］憲法調査会『憲法調査会報告書』（付属文書一号）一九六四年

コメント

1．これは、憲法調査会内に設けられた「憲法制定経過に関する小委員会」の報告書の内容に対して、憲法調査会委員二九名が、疑義を唱えて提出した意見書である。

小委員会報告はその最終章で制定経過の総括を行い、憲法が占領軍の押し付けであったか否かを改めて検討し、押し付けであったとする説と単純にそうはいえないという説を併記した後、末尾で、原文が英語で出された事実その他を見れば「それを押し付けられ、強制されたものであるとすることも十分に正当である」としながら、それに加えて「それならば、それは全部が全部押し付けられ強制されたと言い切ることができるかといえば、当時の広範な国際環境ないし日本国内における世論なども十分分析評価する必要もあり、さらに制定の段階において、いわゆる日本国民の意思も部分的に折り込まれたうえで、制定された憲法であるということも否定することはできないであろう」と述べていた。

この意見書の提出者たちは、小委員会報告のこうした折衷的な見解に反発したのである。

2．この共同意見書は、日本国憲法が連合軍総司令部による押し付けによりつくられ、「憲法制定に関する正常な手続によったものとはいえ」ないと主張する。しかし、同時に注目されるのは、そこから日本国憲法無効論を主張するわけではなく、制定手続の瑕疵の効果については判断を留保している点である。無効とするかどうかという点については、共同意見書のメンバー内でも意見の一致をみていなかったからである。

憲法制定の経過に関する小委員会報告書の「結論」に対し、われわれは、次の如き意見をもっているので、最終報告書の作成に当っては、この共同意見を採択されんことを要望します。

中曽根康弘、愛知揆一、青木正、井出一太郎、稲葉修、小島徹三、椎熊三郎、周東英雄、千葉三郎、中垣国男、野田卯一、古井喜実、山崎巌、植竹春彦、木村篤太郎、郡祐一、木暮武太夫、迫水久常、笹森順造、植村甲午郎、潮田江次、大石義雄、大西邦敏、神川彦松、田上穣治、高田元三郎、広瀬久忠、八木秀次、吉村正

◇憲法制定の経過に関する小委員会報告書の「結論」に対する共同意見書

われわれは、日本国憲法制定の経過を考察するに、日本国憲法は、実質的に、日本国民の自由な意思で制定された憲法であると認めることはできない。即ち、連合軍総司令部より憲法草案が交付された時点の客観情勢、特に、手交された日本側の心理状態、公職追放や相当数の未帰還日本国民の存在、政府原案の作成及び議会における修正がいずれも連合国総司令部の承諾を必要としていた事実等に照らし、憲法制定に関する正常なる手続によったものとはいえず、自由意思の表明の著しく困難な状態で作られたといわざるをえない。

第二次世界大戦以後出現した各国の憲法の中に、外国軍隊の占領下に

おいて、憲法の修正又は制定を禁止する規定を設けるものがあるが、日本の事態は正にこの規定の該当する外国による軍事占領下の、国民の自由意思の保障されない状態下における憲法制定であったと認めざるをえないのである。しかしこのことは、制定経過における瑕疵を指摘するのであって、この不幸な事態がいかなる事由で招来され、又、その制定の内容が将来いかなる意味をもったかということは、別個に評価を要することである。

われわれは、民主憲法の主要な一要件として、制定手続の自主性を重視する見地からこの事実を事実として指摘するものである。

なお、前に憲法調査会の委員であった次の諸氏も前記の意見に賛成であるので申し添える。

荒木万寿夫、植木庚子郎、小沢佐重喜、清瀬一郎、小坂善太郎、田中伊佐次、高橋禎一、中村梅吉、西村直巳、藤枝泉介、青柳秀夫、太田正孝、梶原茂嘉、杉原荒太、館哲二、天坊裕彦、村上義一、富田健治

2 改憲消極と憲法の「定着」＝一九六四〜八〇年代

資料Ⅰ・48

憲法調査会最終報告書〈要旨〉

一九六四年七月三日

［出典］読売新聞一九六四年七月三日

コメント

1．これは、内閣の憲法調査会の最終報告書である。一九六四年、憲法調査会は最終報告書を作成し、これを七月三日の第一三一回総会で確定し、内閣に提出した。この報告書は膨大なものであったが、そこでは、憲法改正の要否についてひとつのまとまった意見は形成されず、各意見の分岐がそのまま開陳されたという点で、インパクトの弱いものであった。

2．この報告書の時点では、改憲の気運は後退しており、これを受け取った池田勇人首相も、憲法改正に対する熱意はまったくなく、報告書は受け取られたまま、なんの措置もとられなかった。皮肉なことに、この報告書の提出が五〇年代改憲の終焉を告げる画期となったのである。

本報告書は極めて膨大なものであるため、ここではその一部を何らかのかたちで抜すいして掲載することは止めにし、読売新聞に掲載された報告書の要旨を収録した。これで膨大な報告の全体像はつかめるからである。

第一編　憲法調査会の設置および構成の経緯

昭和二十一年の日本国憲法制定当時から、憲法改正の底流があった。二十五年の朝鮮戦争を契機に防衛問題を中心として憲法改正が活発に論議され始めた。自由党、改進党、日本民主党と歴代保守政党は憲法改正のため努力を重ねたが、三十一年五月、保守合同による自由民主党、鳩山内閣の下でようやく「憲法調査会法」が成立した。調査会は社会党はじめ護憲勢力の抵抗で約一年後の三十二年八月発足した。

第二編　調査会の所掌事務と組織および運営

調査会は内閣に置かれ、日本国憲法に検討を加え、関係諸問題を調査審議し、結果を内閣と内閣を通じて国会に報告する。調査会は五十人の委員（現在三十八人）からなり、会長、副会長、専門委員、各委員会、部会がある。

第三編　調査審議の経過および内容

第一章　調査審議の基本方針

第一段階として制定過程の調査、第二段階で憲法の運用の実際を四年間調査、第三段階で調査結果に基づいて憲法改正の要否などを二年間審議した。

第二章　調査審議の経過

三十二年十月から憲法制定過程について、三十三年三月から運用の実際について調査にはいり、三十六年九月まで続けた。同月、この調査の結果を整理し「今後において審議すべき問題点要綱」を決定し、三十七年十二月までこの要綱の問題点について、憲法改正の要否、運用の改善等の審議を行なった。

ついで三十八年一月、以上の調査、審議の結果を基礎に「討議に対する問題点」をきめ五月まで討議を行なった。そして六月以降、これら調査、審議の結果を内閣および内閣を通じて国会に報告するため、報告書作成のための審議を行ない、三十九年七月三日の第百三十一回総会で確定した。また、この間五十六回の公聴会のほか、ひろく海外調査を行なった。

第三章　調査審議の内容

第一節　日本国憲法制定の経過についての調査内容

同調査の内容は「小委員会報告書」にくわしい。同報告書は①憲法改正問題の起源②憲法改正問題の展開③総司令部による憲法草案の作成④日本案の作成から議会提出まで⑤憲法議会の審議と憲法改正の成立、と段階的な事実調査の報告で、最後に制定過程に関する総括的考察が行なわれている。そこでマッカーサー草案の提示は日本に対する強制であったか、など五点が重要問題としてあげられ、見解の対立が明らかにされている。そして「結び」で「制定過程は敗戦、占領という事情の下で異常ではあるが、押しつけ強制されたか否かは事情は単純ではない」としている。

第二節　日本国憲法運用の実際についての調査の内容

【一】天皇＝天皇の地位、権能、皇位の継承などについて調査した結果①「象徴」の文字は現行通りでよいか②国事行為の規定を整備する必要はないかの問題点がとりあげられた。

【二】戦争放棄＝逐条的形でなく、日本の防衛問題全般としてとりあげられ、その中で第九条が問題とされた。すなわち①第九条成立の経緯②戦後の防衛問題の推移③日米安保条約の成立と改定④安保制度の発展と現段階⑤現代の防衛のあり方⑥防衛組織のあり方⑦第九条解釈の諸問題といった点から調査検討が加えられた。その結果①第九条を現実に合わせて改正するか、現状を第九条に合わせるよう改めるか②国際平和条項を設けるべきか……といった問題があげられた。

【三】国民の権利および義務＝①人権の保障の意味②公共の福祉による人権の制限③法の下の平等・家庭生活における個人の尊厳と平等、司法上の人権などについて、憲法第十条から第四十条までの規定についての調査概要。その結果①国民の権利義務に関する諸規定で再検討する必要はないか②基本的人権の限界を公共の福祉という一般概念で示すのがよいか、個別に規定するのがよいか③司法上の人権の規定が詳細にすぎることなどが問題点としてあげられた。

【四】国会＝「国会は国権の最高機関である」との国会の地位の問題、両院制とくに参議院制度、委員会中心の国会運営といった国会そのものから選挙や政党のあり方まで、国会に関する運用の実際の調査は多面にわたった。

【五】内閣＝議院内閣制の諸類型、議院内閣制と政党との関係、政党政治と選挙制度との関係などについて理論的調査が行なわれた。とくに、議院内閣制の是非、総理大臣の権限の問題がとりあげられた。

【六】司法＝①特別裁判所の禁止②最高裁の規則制定権③最高裁の下級裁判所への人事権④最高裁判官の国民審査⑤違憲審査権など現憲法の特色たる点が多いので、これらの規定の運用を中心に審査され、とくに、規則制定権でアメリカ、違憲審査権でドイツで調査した。

【七】財政＝国の財政処理権の帰属の問題、予算、決算に対する国会の権能、予算と法律との関係等を中心に調査が行なわれた。

【八】地方自治＝①地方公共団体の範囲②「地方自治の本旨」という字句の内容③地方公共団体の組織形態、その長の選任方法④事務範囲などを中心に調査が行なわれた。

【九】最高法規＝調査はほぼ逐条的に行なわれたが、とくに重点となったのは九十八条二項、憲法と条約との関係であった。

第三節　日本国憲法の問題点についての審議の内容

本報告書第四編「憲法調査会における諸見解」付属文書「各委員の意見」で記述する。

第四節　公聴会および海外調査にあらわれた意見内容

【一】公聴会にあらわれた意見の内容（一）都道府県公聴会において

は憲法上の重要事項について公述人の自由に選定した問題で意見をきいた。公述した人数は戦争放棄で二百五十人、憲法制定過程で百四十九人、改正について百二十三人、家族制度で九十五人といった順で関心の強さを示すものとみられる。

（二）地区および中央公聴会で調査会がとりあげた問題点について改正の要否等をきいた。発言の数からは自衛隊について八十四人、憲法改正で六十六人、天皇で五十七人といった順になっている。

【二】海外調査にあらわれた意見の内容（一）アメリカ、カナダの部＝高柳賢三、小島徹三委員、田中和夫専門委員らは三十七年三月から五月までアメリカ、カナダで憲法の問題点を調査。

天皇については大部分の学者は象徴天皇制を改める必要はないとの意見だった。戦争の放棄については①自衛隊を持つために第九条を改正する②現行第九条下でも自衛隊をもてるから改める必要なし③第九条改正は政治的に賢明ではないなどの意見がのべられた。

（二）ヨーロッパ諸国の部＝真野毅、愛知揆一委員、黒田覚、松本馨専門委員は三十七年十月から十二月まで、イギリス、フランス、ドイツなどで学識者から意見をきいた。

天皇制ではイギリスで多くの角度から批判がなされた。第九条についてはイギリスは批判的で、フランスでは改正論、改正不用論から活発な発言があり、ドイツではすべて批判的意見だった。

第四編　調査会における諸意見

第一章　総説

第三編に記した調査の結果、とりあげられた憲法の基本問題、重要問題について、委員の意見を全員またはほとんど全員が一致する意見、一定数の共通の意見といった大勢においてとらえ類型的にその論拠とともに明らかにした。

第二章　日本国憲法の基本問題

第一節　日本国憲法はいかなる憲法であるべきか

①日本国民が自主的に制定する憲法②人類普遍の原理とともに日本の歴史、伝統に適合する憲法③世界の動向に対応し、現実的、実効的憲法、という点は各委員に共通している。改正論では理由づけとして積極的にのべられている。

第二節　日本国憲法の制定過程をいかに評価すべきか

多数の委員は現行憲法は日本国民の自由な意思に基づいて制定されたものでないとしている。これに対して必ずしもマッカーサー草案は強制されたとはいえず、国民の自由意思がはいっているとの反論もある。高柳委員の「日米合作」との意見もある。

第三節　日本国憲法の解釈・運用をいかにみるべきか

憲法改正論の立場からは厳格な解釈・運用論に立ち、現行憲法の欠陥はもはや解釈・運用では措置しえずと主張される。改正不要論からは、現行憲法に問題があることは認めても、弾力的解釈・運用で措置すべきであると主張される。

第三章　日本国憲法の前文および各章の重要問題

第一節　前文

現行憲法の前文は、文章、表現、内容で、日本の憲法にふさわしくないので全面的に改めるべきであるとの意見が多数である。

第二節　天皇

一、委員のほとんど全員は天皇制も国民主権と調和するものとし、現行天皇制のあり方を維持すべしとしている。

二、その上で、天皇が「元首」たる地位にあることを明らかにし、権能上もそれに応じた改正をすべきであるとの意見と、象徴天皇制を維持する意見の対立がある。

三、調査会内では、天皇主権論、「元首」と明記し権能強化を主張する意見は少数ある。最多数の意見は「元首」と明記することはさけ、対外的に国家を代表するものとして、対外的国事行為を整備すべきであるとする。また、現行天皇制維持も相当多数である。

第三節　戦争の放棄

一、現行憲法の平和主義の理想はあくまで維持すべきであるというのは委員全員の一致した見解である。また現行第九条下でも自衛隊、日米安保体制、国連加入等の防衛体制は違憲ではないとの点でもほとんど全員が一致している。

二、しかし第九条の改正については、改正論の委員が多数であり、改正不要論は少数である。この見解の対立は①第九条二項の戦力不保持の現実性②自衛権、独立国家の理想③第九条の防衛体制への支障の有無④第九条改正の効果……などの点において現われている。

第四節　国民の権利・義務

一、国民の権利・義務全般の問題として基本的人権の制約について現行の「公共の福祉」だけでよいのか、権利・義務について新しい規定の追加、整理は必要ないかの点について見解が対立している。これらの対立は実質的なものでなく、新たな規定を置くか、解釈・運用で措置するかという対立である。

二、ただしこの対立が思想的形で現われている場合がある。現行憲法が現代福祉国家の原理にあわないとして改正を主張する見解が多数である。これに対し、現代福祉国家の要請は現行憲法下でも実現不可能ではないとして、改正不要を主張する見解がある。

第五節　国会

一、現行憲法の国民主権、三権分立、議院内閣制等の基本原則については、ほとんど全員が維持すべきものとしている。否定するものとしては、首相公選論、選挙民権論がある。

二、「国会は国権の最高機関である」との規定は削除すべきであるとの見解が多数である。その論点は三権分立の基本原則と矛盾し、国会の権限濫用の弊害をまねくというものである。

三、国会の構成についてはほとんど全員は両院制を維持すべきものとしている。ただし、参議院組織を現行のままでよいとする見解は少数で、多数の意見は衆議院と異質のものとするため任命制議員を加える等の意見が多い。

第六節　内閣

一、基本的問題として取り上げられたのは首相公選制であった。そして多数の意見は首相公選制に反対し、議院内閣制を維持すべしとしている。これら反対論は首相公選制の基本的立場への反対ではなく、日本には現在、首相公選制が行なわれる条件が欠けていること、日本の政治の欠点除去に有効でなく、有害であることを論拠としている。

二、その他の問題は解釈上、技術上の問題である。

第七節　司法

一、現行の司法権の拡大強化の基本方針は、委員のほとんど全員が維持すべしとしている。

二、もっとも問題とされたのは違憲審査権で、これは国会に対する裁判所の優位であるとの意見もあったが、多数の意見は現行制度を維持した。

三、意見の対立が顕著なのは最高裁裁判官の任命方法とその解職についての国民審査制度についてだった。任命については諮問委員会等を設けるとともに、解職についての国民審査制度を廃止すべきであるとの意見が多い。

第八節　財政

一、国会の問題と関連して、財政に対しても、国会中心に傾きすぎているとし、これを改正すべしとする見解が多い。

二、現代の複雑な財政処理のため政府の権限と責任を重視すべしとの見解もある。反対論としてはこれらの点は法律で措置しうるとしている。

第九節　地方自治

わが国の広域行政に対する要求を理由として、現行制度は地方分権に傾きすぎているとの見解が強い。国と地方公共団体との基本的あり方を明らかにし、とくに道州制等の改革を可能にするため、地方公共団体の種類や長の選任方法を明らかにすべきであるとの見解が多数である。

第十節　改正

現行第九十六条の改正規定は不明確な点が多く、疑義をなくすため改正を要するとするのが多数の意見である。問題点は現行規定では改正手続きが厳格すぎるので緩和の必要があるとする。改正不要論は政治の安定と、解釈・運用を論拠としている。

第十一節　最高法規

第十章「最高法規」の三か条はいずれも不要であるか、他の章に移すべきで、本章は存在理由がなく、削除すべきであるとする見解が多数の見解である。

第十二節　非常事態

非常事態について何らかの措置が必要との点では全員が一致しているが、これに関する規定を憲法に置くか、否かで対立している。憲法に規定すべきであるとの見解が大多数の見解である。この対立は憲法の解釈を厳格なものとするか、弾力的解釈を認めるかといった態度の対立でもある。

第十三節　政党

政治機構の基礎にある政党の重要性は委員全員が一致して認めている。しかし政党についての規定を憲法に置くか否かでは、その必要があるとする委員と、これに反対する委員はほぼ同数である。

第十四節　選挙

公正な選挙法の制定を保障する必要性は委員全員が一致して認めてい

る。そのために憲法上特別の機関を置く必要性については反対の意見が多い。ただ高柳賢三、大西邦敏、中曽根康弘、広瀬久忠委員ら少数の委員から積極的意見が述べられている。

第四章　日本国憲法の改正の要否

一、調査会においては、日本国憲法は改正を要するとする見解が多数で、改正を不要とする見解は少数である。改正論にも「全文改正論」と「一部改正論」「自主憲法論」などの立場の相違がある。改正の要否の対立の起因は、日本国憲法の基本問題に対する意見の相違に基づいている。

二、改正論の多数意見では、制定経過では自由意思に基づかなかったとし、天皇制では象徴天皇制を維持し「元首」と明記する必要はないが対外的国事行為を整理すべきであるとする。戦争の放棄では第九条二項の戦力不保持は現実的でないとし、独立国家の自衛権の観念に基づき第九条を改正すべきであるとする。

三、改正論には「天皇主権論」など多数意見と異なる見解もある。

四、改正不要論では、制定経過も自由意思がなかったと評価することは正しくなく、第九条についても、現行の自衛体制は合憲だから改正の必要はないとしている。

資料I・49

憲法調査会最終報告書に対する憲法問題研究会の声明

一九六四年七月三日

憲法問題研究会

［出典］憲法問題研究会編『憲法読本』下、一九六五年、岩波書店

コメント
これは、憲法調査会の最終報告書に対する憲法問題研究会の声明である。声明は憲法調査会の最終報告の提出とともに憲法改正の政治的動きが開始されることに対する危機感をもち、これに反対する旨を声明している。

憲法調査会は、七年にわたる調査を終え、近く報告書を提出する。現実に憲法を改定するか否かを選ばねばならぬ日も遠くはない。

憲法が国家の最高規範である以上、その理想の形態を求めて検討をつづけることは、国民当然の任務である。私たちの研究会も、過去六年の間、憲法に関する諸種の問題を討議してきた。

たしかに憲法に対する不断の検討は必要である。しかし、そのことは、憲法をいかなる状況のもとでも改定してよいという結論に導くものではない。なぜなら、現在の状況のもとでは、ひとたび改定が進行すると、特定の意図と判断が、改定の内容に強い影響を与え、結果として、憲法の基本原理を侵す危険が生ずるからである。げんに憲法調査会における多数意見とこれに呼応する世論のなかには、この危険が現われている。

私たちといえども、憲法が日本社会の実情や伝統を無視してよいというのではない。だが、その実情や伝統は、国民が経験した過去の戦争や旧憲法の政治・社会の暗い側面を意味するものではない。また憲法が国民の自主性に基かねばならぬことも当然である。だが、その国民の自主性は、国際平和の進展を妨げるものであってはならない。一国の伝統も自主性も、ともに憲法の基本原理である人類普遍の理念を排除しては成り立たないのである。

私たちが憲法について努力すべき課題は、戦争直後に決意した国民主権・人権・平和の三原理をさらに充実してゆくことである。この努力によってのみ伝統の新鮮な再生と真の自主性の実現が期待される。伝統と自主の名のもとに憲法の逆転を誘致する改定に対して、私たちは強く反対するものである。

資料I・50

憲法調査会についての社会党の声明

一九六四年七月三日
日本社会党中央本部

［出典］『資料　日本社会党四十年史』一九八六年七月一日、日本社会党中央本部

コメント

これは、憲法調査会最終報告書に対する社会党の声明である。この声明は調査会報告を「違憲の報告書」と断定し、調査会の多数の改憲論は、復古的立場から日本国憲法の基本精神を崩壊させようとする憲法改悪であると批判している。

本日、違法の存在である内閣の憲法調査会が、七カ年の実質的な改憲準備活動を経て、その最終報告書を内閣及び内閣を通じて国会に提出したが、日本国憲法を守る立場にあるわれわれは、このような違憲の報告書を正式に認めることはできない。

この調査会が発足する当時、改憲の目的を持ち、ほとんど改憲論者を委員として構成する憲法調査会が出す結論は、実質的に改憲意見書になることは明らかであると指摘し、不参加を表明したが、最終報告書はまさにその通りのものとなっている。

しかも、この調査会への参加を拒否したのはわれわれだけではなく、我妻栄、小野清一郎、宮沢俊義、鵜飼信成等の各氏のように、現代日本における有数な法学者、憲法学者も当時参加を拒否しており、憲法調査会はその出発当初から客観的に権威のないものとなっていたのである。

したがって、報告書に現われている改憲論の大部分は、近代憲法のなにものかを理解しないものや、旧明治憲法の古い固定観念からの暴論が多く、現行憲法意識に目ざめている国民を到底納得せしめることはできない。

とくに、これらの改憲意見は、日本国憲法の基本精神とする国民主権、絶対平和主義、人権主義という優越性を根底から崩壊せしめるものであり、明らかな憲法改悪論である。

われわれは、今日まで十数年の長期にわたって、日本国憲法を守る運動を続けてきたが、さらに一層その力を強め、これら改悪論に対してあくまでこれを粉砕し、阻止して行くと同時に、政府に対しては憲法の空洞化行為を徹底的に追及し、この憲法の完全実施を要求する闘いを通じて日本国憲法を守り抜く決意である。

資料Ⅰ・51

日本共産党の憲法問題に対する立場

①憲法改悪阻止とたたかいの方向

［出典］アカハタ一九六四年七月一日

一九六四年七月一日

②憲法調査会報告書提出について

［出典］アカハタ一九六四年七月四日

一九六四年七月三日

日本共産党中央委員会幹部会

コメント

1．これは調査会最終報告書が提出されることに対して、日本共産党が同党の憲法に対する立場を明らかにした二つの文書である。

2．①は、調査会報告書提出直前の七月一日付『アカハタ』の主張である。主張は、憲法改正を「対米従属下の軍国主義体制確立」の完成をめざすものであると位置づけ、「憲法改悪反対闘争」の重要性を訴えたあと、憲法に対する同党の見解をふり返り、現行憲法のブルジョア憲法としての不徹底さを指摘するとともに、「憲法改悪に反対し、憲法の平和的、民主的条項の完全実施」を要求するという同党の態度を確認している。そのうえで、主張は、各政党の憲法政策と運動方針を検討し、憲法改正に反対する広範な統一行動の必要を強調している。

とくに、末尾において次のように指摘して統一行動の必要性を強調していることは注目される。「わが党の一部には、いままで社会党の護憲闘争のセクト主義を批判するあまり、実践のうえでは憲法闘争を軽視し、可能な統一行動に熱意をしめさない傾向がかなりありました。いまこそこの欠陥を是正し、全党あげて、憲法闘争のために奮闘しましょう」と。

3．②は、調査会報告に対する共産党幹部会の声明である。共産党は、憲法調査会の報告書提出を機に、憲法闘争は「新しい段階にはい」ったと位置づけ、「憲法改悪」を粉砕するために、改憲反対勢力が「大同団結し、統一行動と統一戦線を大きく前進させる」ことを強く呼びかけている。

①憲法改悪阻止とたたかいの方向

一　内閣の憲法調査会は、いよいよ八年間にわたる作業をおえ、きたる七月三日、最終答申報告書を内閣および国会に提出することになりました。これを契機に憲法問題をめぐる闘争はあたらしい段階にはいろうとしています。政府、自民党が、この提出をうけ、ただちに国会に憲法調査会を設置する方針をつよくうちだすか、あるいは、報告書を内閣の法制審議会の審議にかけ、憲法問題の表面化を一定期間おさえるかのようにみせかける態度にでるか、まだ予断をゆるしません。

しかし自民党は本年はじめの党大会で、答申書の提出を契機に、憲法「改正」の啓もう宣伝活動を党組織をあげておこなうことをきめており、すでにこのため百万部のパンフレットの発行を用意しているようです。したがって、最終答申書の提出を契機に、憲法「改正」か、改憲阻止かをめぐって、大きなたたかいとなることは必至となってきました。

もともと憲法改悪は、歴代自民党政府の対米従属下の軍国主義、帝国主義復活の政策をさらにいちだんとすすめ、自衛隊の海外派兵を実現し、徴兵制を実施し、独立、民主のためにたたかう日本共産党をはじめ日本の民主勢力への弾圧を強化する「対米従属下の軍国主義体制確立」（七中総決議）を完成することをねらっています。

とくにこんにちアメリカ帝国主義は、東南アジア、南朝鮮の情勢がますます不利となるなかで、ラオス、南ベトナムをはじめ冒険主義的な侵略計画をすすめています。そうなればなるほど米日反動が憲法改悪の条件を早急に成熟させようと必死の努力を開始するであろうことは、当然予測しなければなりません。日本の全民主勢力はこのあたらしい事態をむかえ、米日反動の改憲政策に対決する行動の統一を早急に確立する必要に直面しています。

二　日本共産党は憲法問題をとりわけ重視してきました。現憲法制定の過程でも、主権在民を明確に主張したのは政党ではわが党だけであり、それは現憲法に主権在民を明記させた国内の主要な推進力となりました。その後も占領下とサンフランシスコ体制下をつうじ、弾圧に抗して、独立、民主、平和、中立、生活向上のためにたたかい、憲法のじゅうりんに反対し、一貫してたたかってきました。

ちかくは第七回および第八回党大会の大会決議をつうじても、憲法闘争を一貫して重視してきました。とくに第八回党大会で決定された「綱領」および政治報告では、国家権力および日本革命のうえで占める憲法問題の位置づけ、憲法闘争の役割などを、マルクス・レーニン主義の立場から明確にしております。そして、現憲法のブルジョア憲法としての不徹底さ、限界を明確に指摘すると同時に、「憲法改悪に反対し、憲法の平和的、民主的条項の完全実施を要求してたたかう」ことの重要性を強調しています。

これら諸決議がしめすとおり、こんにちの日本の憲法問題の根本は、サンフランシスコ体制によって日本がアメリカに従属させられていること、日本の独立と国家主権がアメリカ帝国主義によって侵害されていること――ここに憲法じゅうりんの根源があることです。とくに安保条約・地位（旧行政）協定・特別法（刑事特別法、ＭＳＡ秘密保護法等々）の一連の法体系が米駐留軍に大幅な特権と治外法権をあたえ、憲法とくにその根本問題である国家主権をじゅうりんしていることはあきらかです。なかでも米軍の日本駐留、軍事基地、港湾の占拠は、その完全な掌握下にある自衛隊の増強とともに、憲法第九条を根本的にじゅうりんしているだけでなく、わが国の国家主権、国民主権をも根本的に侵害し、「戦争準備と日本民族抑圧と人民収奪維持の体制」である「サンフランシスコ体制」に日本人民をしばりつける道具となっています。

またこの憲法に違反し、民主主義をふみにじり、人民を弾圧するために、公安条例、破防法、新暴力法などの治安立法、ストライキ権を侵害する公務員法その他の関係労働諸法、地方自治権その他を侵害する警察法、教育関係法など憲法違反の数おおくの法律が施行されています。こうして「憲法の最高法規性」「主権在民」など憲法の主要な柱は事実上空文化されているのです。

このような米日反動の一貫した憲法じゅうりんによって、アメリカ帝国主義の極東侵略戦争と軍事体制が日本を足場にすすめられ、日本独占資本の対米従属下の軍国主義、帝国主義復活の諸政策がすすめられています。しかし日本人民はこれら諸政策を明白な憲法違反として、大義名文をみずからの手ににぎり、統一行動によって米日反動をしばしば窮地においこみました。安保闘争はもちろん、警職法改悪反対、政暴法粉砕のたたかいや、松川闘争の偉大な勝利をはじめ、各地の基地闘争や生存権を要求する「朝日訴訟」にいたるまで、大きな成果をあげました。「憲法の平和的・民主的条項の完全実施」を要求する日本共産党は、つねにこれら諸闘争の先頭にたってたたかってきました。

こんにち、米日反動の意図している憲法改悪は、憲法の平和的、民主的条項を削除、改悪することによって、日本人民からそのたたかいの合法性をうばい、これを弾圧し、逆に軍国主義、帝国主義復活の法的障害をとりのぞき、対米従属下の軍国主義体制を確立して一九七〇年の安保条約再改定を、より公然とした侵略的日米軍事同盟にかえることに道をひらこうとするものであります。

したがって、米日反動の改憲意図を粉砕する闘争は、日本の独立、民主、平和、中立、人民の生活向上をめざすたたかいの一環であり、同時に安保条約破棄をめざす日本人民の反帝、反独占のたたかいの重要な課題の一つとなってきたといわなければなりません。

三、米日反動の改憲政策があたらしい段階にはいろうとしているとき、そして人民のこれと対決する行動の統一が必要となっているとき、各党、各派、各団体ともこれに対応する政策樹立をいそぎ、また行動にうつりつつあります。

日本社会党は、五月、六月を「護憲月間」ときめ「護憲大行進」をおこない、護憲連合、各地の護憲センター、憲法をまもる会の組織づくりを開始しました。民社党は、同党の綱領は現憲法と完全に一致している、真の護憲政党はわが党のみ、といい、片山哲氏を会長とする「新護憲」もうごきはじめようとしています。公明会も「平和憲法擁護」をスローガンとし、憲法改悪反対の政策をかかげています。また総評をはじめとする労働組合も憲法擁護を決議し、護憲センターを組織する方針を発表しています。また良心的学者、文化人を結集した「憲法研究会」はじめ学者、研究者の諸集団、日本民主法律家協会その他民主的法律家団体も、憲法講演会、研究会などの行動をおこそうとしています。宗教団体も「平和憲法擁護」の活動をはじめています。これら諸政党、諸団体のあいだでは、憲法問題にたいする根本的見解、政策のうえでいろいろの相違点があることはあきらかですが、すくなくとも、当面の憲法改悪に反対し、その平和的、民主的条項の完全実施を要求する点では、完全に一致点があります。この一致点を基礎として改憲阻止の統一行動を開始することがいま緊急に必要となっています。それにもかかわらず、各党、各団体の行動は、げんざいばらばらの状態です。

このような状態をうみだした大きな原因の一つは、日本の民主勢力、改憲阻止勢力のなかで重要な位置をしめる日本社会党が、その指導下にある護憲連合から一貫してわが党を排除し、「護憲、平和、中立の社会党政権」樹立という、同党独自の政権獲得運動のために、人民の憲法闘争を従属させようとするつよいセクト的態度をとりつづけていることにあります。

社会党の憲法理論の特徴は、同党がこんにちの日本が基本的には独立していると規定していることとも関連し、憲法問題から、独立、国家主権の回復という基本問題をとりのぞき、アメリカ帝国主義との関連で憲法問題を位置づけず、闘争を日本独占資本の帝国主義復活にだけ集中している点にあります。また社会党は、極東情勢が緊迫し、アメリカ帝国主義の戦争改革、とくに日本の核攻撃基地化、自衛隊の核武装化がすすめられ、日韓会談がいそがれているこんにち、憲法闘争をこれらにたいする反対の統一行動と結合して展開すべきなのに、逆に日本の民主勢力のこれらすべての闘争を憲法問題中心にしぼろうとする傾向をつよくしています。

げんざいではさらに一歩すすみ、安保共闘を解消し、わが党および統一戦線のためにたたかう諸団体を排除した護憲連合あるいは護憲センターをもって、これにかえようとする分裂的、セクト的組織方針をうちだすということがつたえられています。

これはきわめて残念なことです。とくに憲法「改正」という問題は、戦後一八年の歴史のなかでも、安保改定とともに、日本の今後の進路をきめるうえで、もっとも重大なたたかいの一つです。それだけにこれまでのゆきがかりにとらわれず、人民の利益と幸福をまもる立場にたって、いまこそ統一行動発展の方向をうちだすことが必要な時期にさしかかっているといわなければなりません。現に日中国交回復の運動では共産党、社会党が協力し国民的運動を前進させる推進力になっています。また下部の安保共闘では、共、社中心で統一行動がすすみ、憲法問題もとりあげてともにたたかっています。

米日反動は安保共闘のように全人民が団結してたちあがることをなによりもおそれています。また全人民も、憲法闘争では、政党政派をこえて団結してたちあがることを心からねがっています。

四　このような人民の願望にこたえ、真に行動の統一を実現するために、わが党が統一のために一貫して努力するとともに、なによりもわが党が率先して憲法改悪阻止の闘争にとりくみ、その先頭にたってたたかうことが重要です。

第一に、自民党の大宣伝に対抗し、わが党独自で大宣伝戦をつよめることです。憲法問題講演会、大小の集会、書籍、印刷物による大量宣伝をおこなうことです。

第二に、げんざいたたかわれている諸闘争、原水爆禁止世界大会、母親大会、沖縄闘争、日韓会談粉砕、日中国交回復などの諸闘争、とくに弾圧に反対し、人権と民主主義をまもる諸闘争のなかで、目的意識的に憲法改悪阻止の宣伝をおこない、改憲阻止の人民の決意をかためて行動にたたせることです。

第三に、米日反動は大宣伝と並行して、さらにいっそう憲法の平和的、民主的条項のじゅうりんを徹底的にすすめ、既成事実をつみあげ、力関係をかれらに有利にかえ、この圧力で反対運動の手足をしばり、その力で改憲を強行することをねらっています。だから現に犯され、またこれからも犯されようとする憲法じゅうりんにたいする一つ一つのたたかいを強化し、下からの憲法闘争の統一行動をもりあげてゆくことです。とくに独立、民主、平和の諸闘争はもちろんのこと、人民の生活向上の諸要求をも発展させ、自治体闘争、「朝日訴訟」などの社会保障のたたかいを強化し、憲法問題が大衆の身近な要求とも密接な関係をもっていることをあきらかにし、これらすべての闘争と結合して憲法闘争をすすめることです。こうしてこそ憲法闘争は真にいきいきとした、下からもりあげる運動として発展することができます。

第四に、こうした人民の闘争に依拠して、わが党が、くりかえしくりかえし統一行動をよびかけ、一致点を基礎として統一行動をすすめてゆくことです。その一つとして、安保反対国民会議も当然この問題をとりあげることが必要です。安保反対国民会議は、「安保反対・平和と民主主義を守る国民会議」という名称にもしめされているように、また安保条約が憲法じゅうりんの根源であることからも、当然、憲法問題にとりくむ必要があります。

このような党の独自活動と統一行動の具体的前進とわが党の正しい統一戦線指導がむすびつくならば、社会党の一部幹部のセクト主義や分裂主義の傾向を克服して、真に改憲阻止の全人民的統一行動として発展させ、米日反動の改憲意図を粉砕することができます。

七月三日の憲法調査会の最終答申書の提出を契機に、憲法闘争は新しい重要な段階にはいります。わが党の一部には、いままで社会党の護憲闘争のセクト主義を批判するあまり、実践のうえでは憲法闘争を軽視し、可能な統一行動に熱意をしめさない傾向がかなりありました。いまこそこの欠陥を是正し、全党あげて、憲法闘争のために奮闘しましょう。

②憲法調査会報告書提出について

一、内閣の憲法調査会は、本日、現行憲法は「改正さるべきである」という多数委員の意見を含む最終報告書を内閣と国会に提出しました。したがって日本人民の憲法闘争はこれを契機に新しい段階にはいり、米日支配層の改憲意図を粉砕するたたかいが今後ますます重要になってきました。

もともと憲法調査会は政府が人民の意思を無視し、進歩的憲法学者を排除して勝手につくりあげたものであり、この報告書は八年越しの年月と数億の国費を乱費して米日反動の政治的策謀の一環としてつくりあげられたものです。

だれでも知っているように、すでに現在日本の憲法は、サンフランシスコ体制のもとで安保条約をはじめとする売国的条約、協定による米軍の駐留、軍事基地の設置や、自衛隊の創設と増強などにより、その国家主権とともに憲法前文と第九条の平和的条項は根本的にじゅうりんされています。またかずかずの違憲立法による大衆運動にたいする弾圧、ストライキ権の侵害、地方自治権のじゅうりんなどに見られるように、現憲法の主要な民主主義的条項もまったくふみにじられ、空文化されています。こうして現憲法の平和的民主的条項をじゅうりんすることによって、アメリカ帝国主義と日本独占資本は、日本人民を民族的屈辱のもとに戦争の脅威にさらし、日本をかれらのアジア侵略の拠点として核武装を急いでいます。売国的反動的池田内閣・自民党はこれに一貫して協力し、日本の軍国主義、帝国主裁の復活を進めてきました。

しかるに、今日憲法はさらに改悪されようとしています。それは明らかに、わが国へのアメリカの核兵器の持ち込み、自衛隊の核武装化と徴兵制の実施、海外派兵などを合法化し、公然たる軍国主義復活を進めようとするアメリカ帝国主義とこれに従属的に同盟する日本の反動勢力の強い要求にもとづいています。

それはまた、労働者の労働基本権をはじめ、基本的人権をふくむ人民の民主主義的権利をいっそうふみにじり、勤労大衆を米日支配層の反動的抑圧のもとにおいて海外膨張をめざす独占企業の「高度経済成長」政策を達成させようとする米日独占資本の要求にもとづいています。それは同時に対米従属の下で確立された軍国主義体制の基礎のうえに、一九七〇年の安保条約再改定をいっそう公然とした侵略的日米軍事同盟として強行するための具体的準備です。したがってこの「改正」はひきつづく対米従属下で人民にたいする抑圧と収奪の強化をはかり、侵略と戦争への道を開くことをねらった、まさに反民族的反人民的な「改悪」であることは明らかです。

しかも今日、アメリカ帝国主義はその侵略政策が、アジア諸国人民の英雄的闘争でますます大きな打撃をうけ、これを打開するためにラオス、南ベトナムその他でいっそう冒険的な侵略計画を進めています。そして日本の売国的反動勢力と池田内閣・自民党がこれに積極的に協力し、軍国主義、帝国主義の復活を強行するくわだてを必死に追求している時期に、憲法改悪が急がれていることは、日本人民にとってきわめて重大です。

二、日本共産党はとりわけ憲法問題を重視してたたかってきました。今後も一貫して「憲法改悪に反対し、憲法の平和的・民主的条項の完全実施」を要求してたたかうものです。

また党は今日、日本の憲法がじゅうりんされ、さらに改悪されようとする根源は、サンフランシスコ体制によって、アメリカ帝国主義の支配下に、日本の独立と国家主権がアメリカによって根本的に侵害されていること、同時に日本独占資本が対米従属の下で人民にたいする抑圧と搾取と収奪を強化することによって軍国主義、帝国主義の復活をねらっているためであることを明らかにし、憲法改悪反対のたたかいが反帝、反独占の日本人民の重要な課題の一つであることを正しく方向づけてきました。党は憲法改悪を粉砕するための闘争を、日本の独立、民主、平和、中立、人民の生活向上をめざすたたかいの重要な一環として位置づけ、いっそう強力にたたかうものです。

憲法闘争は新しい段階にはいりました。この闘争は安保条約破棄の闘争とともに、日本の今後の進路をきめるうえで、もっとも重大なたたかいの一つであるとともに、安保条約が憲法第九条の全面的じゅりんである点からみても表裏一体をなす闘争です。日本人民は偉大な安保闘争をたたかった経験と力をもっています。残念ながら現在、憲法改悪反対という立場では一致しながらも実際の運動はセクト的であり統一されておらず米日反動の改憲の策動を有利にしています。

重要なことは憲法改悪粉砕のためにすべての人びとは大同団結し、統一行動と統一戦線を大きく前進させることです。そのために党は社会党をはじめあらゆる民主団体、改憲反対勢力と団結し、広範な行動の統一を実現するために奮闘するものであります。

資料I・52

「憲法改悪阻止各界連絡会議」結成総会宣言

（全民主勢力と国民のみなさんへの訴え）

一九六五年三月六日

憲法改悪阻止各界連絡会議

〔出典〕『憲法会議通信』一九六五年四月一〇日号（第一号）

コメント

この宣言は、「憲法改悪阻止各界連絡会議」（以下、憲法会議と略称）が結成された総会での訴えである。

先に見たように、憲法改正に対して護憲の組織としては、すでに一九五四年に護憲連合が結成され（⇩I・14）活動していた。しかし、これは当時総同盟や社会党右派を入れるために共産党並びに共産党系団体を排除して作られた。その後、警察官職務執行法反対闘争や安保反対闘争では、共産党をも含む統一戦線が結成され、大きな力を発揮したが、憲法運動の分野では、統一した組織ができていなかった。

こうした状況の下で、一九六五年、この組織が結成された。この組織は名称が「憲法改悪阻止」となっていることに見られるように、憲法の評価においては共産党と同様の態度に立っており、以後全都道府県に組織を拡大していくことになる。

憲法会議は、「憲法改悪阻止の一点で、すべての改憲反対勢力の団結と統一をかため」ることを訴えて活動を展開したが、この後、憲法運動は、この憲法会議と、社会党系といわれた護憲連合、民社党系の新護憲、とくに前二者の併存の下で行われることとなった（長谷川正安『憲法運動論』岩波書店、一九六八年参照）。

国民のみなさん

憲法改悪のうごきは、いま重大な段階にさしかかっています。

憲法の平和的・民主的条項のじゅうりんの既成事実を基礎として、憲法そのものの公然たる改悪が企てられています。このうごきが、わが国に、ふたたび軍国主義を復活させ、戦争と反動政治への道をきりひらくことは、疑うまでもありません。

最近、国会で問題となった「三矢作戦」計画といわれる秘密文書は、それをあますところなく証明しています。この秘密計画は、現行憲法に規定された改憲手続を頭からふみにじり、反動的な戦時立法と戒厳状態のもとで、クーデター方式によって憲法を破棄することをさえたくらんでいます。

この事実は、憲法改悪の危険が、表面にあらわれたところよりも、はるかに深刻であり、さしせまっていることを、ものがたっています。改悪阻止の勢力が国会議席の三分の一以上を確保していることを理由に、憲法改悪の危険性を甘くみることは、断じて許されません。

国民のみなさん

わたくしたちは、この重大な内外情勢のもとに、憲法改悪阻止の一点で、すべての改憲反対勢力の団結と統一をかためねばならぬことを決意し、ここに憲法改悪阻止各界連絡会議を結成しました。

この連絡会議は、憲法改悪阻止のための全民主勢力の団結をめざすものであり、これに賛成するすべての団体と個人とが参加し、他の改憲反対の諸組織とも積極的に共同して活動し、憲法改悪阻止の幅広い運動を展開していくものです。

国民のみなさん

わたくしたちは、みなさんに、つよく訴えます。

いまこそ、すべての勢力を結集して、憲法じゅうりんに反対し民主的自由を守り、憲法の平和的・民主的条項の完全実施を要求する運動をつよめ、憲法の公然たる改悪を阻止する一大国民運動をまきおこしましょう。

安保条約の実施は、憲法のじゅうりんとその改悪と表裏一体のものであるとの立場にたって、安保反対国民会議と全国の安保共闘組織に、憲法改悪阻止を重要な課題としてとりあげてもらうよう強く要望しましょう。

都道府県、市区町村、全国のいたるところ憲法改悪阻止各界連絡会議を急速につくりあげましょう。

全国民はそれを熱望しており、その条件は十分に成熟しています。

わたくしたちは、このための推進力としての光栄ある任務をはたすために、全力をあげて奮闘することを誓います。

一九六五年三月六日

憲法改悪阻止各界連絡会議結成総会

資料Ⅰ・53

日本の中立化と安全保障についての日本共産党の構想

一九六八年六月一〇日
日本共産党
［出典］赤旗一九六八年六月一一日

コメント

これは、七〇年安保を前にして具体化された日本共産党の安全保障政策である。

ここで共産党は、安保条約を廃棄し、沖縄の完全復帰を勝ち取ったあと、まず第一に、中立法を施行し、中立の国際的保障を獲得するという方針を打ち出している。

第二に、安保条約を廃棄した後、自衛隊を解散して憲法九条の完全実施をはかったうえで日本の中立化の国際的保障をはかると主張している。同時に、将来の問題として自国の独立と主権を軍事的にも守る必要が生じた場合には、一定の自衛措置をとることを「日本国民自身が、新しい内外情勢に応じ、憲法上のあつかいもふくめて」決定すべきであるとしている。

そして第三に、国際的な平和の体制として、すべての軍事ブロックの解消と真の集団安全保障措置、国連改革、アジアの集団安保体制などを提言している。

一九七〇年を前にして、日本が、このまま日米安保条約とそれにもとづく日米軍事同盟の延長強化の道をすすむか、それとも、安保条約をなくして独立・平和・中立の日本への道にふみだすか、この二つの道の対決は、各党派のあいだの政策論争のなかでも、最大の争点の一つとして前面におしだされてきている。

日本がベトナム侵略戦争の作戦・補給基地とされたこの数年来の経験や、佐世保における米原潜の放射能汚染事件、米軍機の九大墜落事件などは、日本の独立をおかし国民の安全をおびやかす日米安保条約のおそるべき実態を、広範な国民の面前で具体的に暴露してみせた。こうした状況のもとで、安保条約をめぐる国民の世論には、一九六〇年の安保反対闘争のときとくらべても、大きな変化が進行している。

たとえば、一九六〇年の安保反対闘争の前年、一九五九年八月におこなわれた世論調査をみると、安保条約反対の意見は、「いますぐ廃棄」「いずれは廃棄」の両方をあわせても二〇パーセントにみたず、これにたいして、安保条約賛成の意見は四〇パーセントをこえていた。ところが、一九七〇年を二年さきにひかえた現在では、多くの世論調査で、日本の安全のために「中立を守る」ことを支持する声が、アメリカとの同盟や米軍基地の存続を支持する声をはるかに上まわるという結果がでている。これは、日本の広範な世論が、安保条約の解消をのぞみ日本の中立化を支持する方向に大きく動きつつあることをしめしている。いまや、安保条約に反対している民主勢力が団結し、積極的に活動するならば、一九七〇年にむかって、国民の世論の多数を、安保条約反対、安保条約廃棄の方向に明確に結集できる条件が、つくりだされてきているのである。

日本の中立を支持する世論のこうした増大とともに、安保条約を廃棄した日本がとるべき中立政策の具体的内容や、そのもとでの安全保障の問題などについて、明確な解明をもとめる声も、つよまっている。

日本共産党は、さきに、日本の中立化の政策をふくめて、「民主連合政府のとるべき対外政策」についてのわが党の見解をあきらかにしたが、あらためてここに、日本の平和・中立化の問題についてのよりたちいった構想を発表するものである。

一、日本の中立化とその国際的保障

（1）日本の中立化の宣言

安保条約を廃棄し、沖縄の全面祖国復帰をかちとって、真の独立を達成した日本は、国会の議決のもとに、中立法を施行し、今後、中立政策をとることを内外に宣言する。この宣言にふくまれる中立政策の基本的な内容は、つぎの諸点にある。

①いかなる軍事同盟にもくわわらない。

②資本主義国、社会主義国を問わず、いかなる外国にも軍隊の駐留、軍事基地の設定を許さない。

③「平和五原則」（領土主権の相互尊重、相互不可侵、内政不干渉、平等互恵、平和共存）にもとづき、すべての国と平和関係を結ぶ。

（2）中立化の国際的保障

日本の平和、中立化の政策をより確固としたものとするためには、その国際的保障を実現するために努力する必要がある。

中立化の国際的保障の形態には、（イ）関係諸国の国際条約による保障（スイス）、（ロ）国内法で中立を宣言しその国際的承認をかちとるもの（オーストリア、カンボジア）、（ハ）関係国と個別に不可侵条約、中立条約を結ぶもの（フィンランド、アフガニスタン）など、さまざまな方式がある。

日本共産党は、中立化を宣言した日本が、その国際的保障の問題について、つぎのような政策をとることを主張する。

第一に、国会で採択した中立宣言を、各国に送付し、その承認と尊重を要請する。これによって、日本は、自主的な対外政策として中立政策を実行するにとどまらず、国際的に承認された中立国家として、国際法上の地位を確立することができる。

第二に、情勢におうじて、関係諸国と協議し、国際的保障のいっそう確実な形態として、日本の中立を保障する国際条約の締結に努力する。関係諸国との個別の不可侵条約や中立条約、ソ連、中国、アメリカをふくむ関係諸国全体で日本の中立を集団的に保障する国際条約など、さまざまの方式があるが、その情勢と条件に応じ国民の意思にもとづいて、国際保障のもっとも有効で現実的な形態をかちとるために努力する。

二、中立政策のもとでの安全保障

（1）自衛隊の解散と憲法の平和条項の実現

現行憲法は、第九条で、自衛のための軍備をもふくめて、国がどんな「戦力」をもつことをも禁止している。したがって、現在の自衛隊の本質は、対米従属と日本人民抑圧の軍隊であるだけでなく、憲法違反の軍隊である。当然、自衛隊は解散し、憲法の平和条項を完全に実現すべきである。自衛隊の隊員は、国の責任で平和産業に就職させる。

日本共産党は、安保条約を廃棄した後においても、現憲法下で、国が軍隊をもつことは正しくないと考える。

（2）外国からの侵略の危険にたいする対処

日本が独立、平和、中立の道にふみだした後でも、帝国主義者が、日本の中立をおかして不当な圧迫、干渉、さらには侵略の挙に出てくる危険がまったくなくなるとはいえない。日本共産党は、安保条約廃棄後の中立日本は、現憲法下では、①日本の中立化の国際的保障、②反帝平和、民族自決の擁護の立場に立った平和政策の積極的な推進、③日本の独立と中立を擁護する人民の政治的団結の強化を、主要な手段として、外国からの圧迫や干渉、侵略の危機に対処し、これを防止することを主張する。

（3）中立の侵犯を防止する中立国自身の義務（いわゆる「不寛容の義務」）

中立国としての国際的地位を確立した国家は、戦争がおこった場合に、自分自身が軍事的中立の立場を厳守する義務をおっているだけでなく、いかなる交戦国にたいしても、中立の侵犯を許さない責任と義務――いわゆる「不寛容の義務」を、国際法のうえで厳重に課せられている（たとえば、一九〇七年のヘーグ協定〈陸戦の場合における中立国および中立人の権利義務に関する条約〉第五条）。このことからみても、日本が平和・中立化の政策をとる場合、自国の主権をおかし中立を侵犯する外国の圧迫や侵略にたいし、自衛の権利を行使してこれを防止することは、中立国家としての当然の責務である。日本人民自身による自衛の権利と責任を放棄して、すべてを国際的保障だけにたよるような自主性のない無責任な見地では、平和・中立化の政策を真に保障することはできないのである。

（４）将来の自衛措置の問題

将来の問題としては、内外情勢の推移によっては、日本が自国の独立と主権をまもるために、軍事的な意味でも、一定の自衛措置をとることを余儀なくされるような状況も生まれることを考慮する必要がある。したがって、将来にわたって「非武装中立」などを固定的な原則として宣言したりすることは、真に日本の主権と中立をあらゆる情勢のなかでまもりぬく正しい態度ではない。しかし、この問題は、将来、日本国民自身が、新しい内外情勢に応じ、憲法上のあつかいもふくめて、国民の総意にもとづいて決定すべき問題である。

三、真の集団安全保障体制の確立

（１）軍事ブロックの解消と真の集団安全保障体制

安保条約廃棄後の日本は、みずからどんな軍事同盟にもくわわらない平和・中立化政策をとるとともに、アジアと世界の平和の維持、強化に積極的に貢献するために、国際的にも、世界にあるすべての軍事ブロックの解消と真の集団安全保障体制の確立をめざして、活動する必要がある。

（２）国連の民主的改革

この見地から、独立・中立の日本は、国連のなかでも、アメリカが国連をその侵略政策の道具として活用してきていることに反対し、国連が、国連憲章に規定された諸目的――「国際の平和および安全の維持」「人民の同権および自決の原則の尊重に基礎をおく諸国間の友好関係の発展」などの実現に役だつ機構となるように、国連機構の民主的改造の問題をふくめて、積極的に努力する。

将来、国連が、侵略を防止し侵略者を制裁するという、集団的安全保障機構としての本来の任務をはたせるようになった場合、中立国家である日本は、軍隊の派遣などの国連の「軍事的措置」（憲章第四十二条）に参加することはできないが、外交的、経済的手段による「非軍事的措置」（第四十一条）には参加し、集団安全保障体制の一員としての義務をはたすことができる。

（３）アジア・太平洋地域の集団安全保障

アジア・太平洋地域の安全保障についても、日本は、この地域におけるすべての軍事ブロックの解消と、社会体制のことなるすべての国をふくむ地域的な集団安全保障体制の確立のために努力する。

資料Ⅰ・54

非武装・平和中立への道

一九六八年一二月二八日
日本社会党外交防衛政策委員会・国際局外交委員会
［出典］『資料　日本社会党四十年史』一九八六年七月一日、日本社会党中央本部

コメント

これは、日本社会党の安全保障政策の基本方針と見なされた文書である。

この文書は、冒頭で改めて憲法九条の平和主義のもつ意義を強調し、非武装・中立政策の基本的考え方を明らかにしたうえで、その現実性を強調した。

そのうえで護憲民主・中立の政府のもとでの非武装中立を実行する外交、国連政策と、自衛隊の解体などを柱とする国内政策を展開している。

一、平和と安全保障に対する基本的な考え

（一）絶対平和の追求

一切の武力から完全に遮断された恒久平和の維持は、人類の長い歴史とともに追求されてきた悲願であり、われわれの到達目標である。

とくに、大量殺戮の究極兵器の出現とその発達にともなって、現在、最も熾烈な現実的要求となっていることは疑う余地のないところである。

核時代と呼ばれる新しい世界史の中で、この「完全平和」の実現こそが人類に課せられた最大の任務であり、われわれは、この歴史的任務を達成するために、日本自らの歴史的過誤に対する深い反省の上に立って平和憲法を制定し、その決意を世界に表明したのである。

国の安全保障即軍備という固定観念のもとに今日まで戦争と殺戮の悲劇をくりかえしながら、しかも殆ど根本問題を解決し得ないで軍備競争が続けられている。

本来、平和そのものは最高度に発達した民主主義と一体のものであり、武力や軍備とは相入れない本質をもつものであるが、この基本的に矛盾するものを関係づけて安全を保障し、平和を求めようとしてきたところに矛盾の再生産——戦争のくりかえしが行われてきたのである。

とくに現代における平和の危機は、この基本的な矛盾をそのままとし、究極兵器の無限の発達と拡大を統御できないでいる現実にその根源があるといわなければならない。

日本国憲法は、このような現実の基本的な矛盾を克服するため人類の理想とする平和追求をその手段においても本来的な原理に則して具体化する国際的国内的努力を誓約したものである。

日本国憲法第九条は国家として国際法上認められている自衛権を否定しないが、その権利行使の方法として一切の武力的手段を排して、いかなる国際紛争もあらゆる平和的手段をもって解決するという積極的な戦争否定の行動を背景にもつ絶対平和主義の精神に貫かれている。

しかも、「恒久の平和を念願し」、「平和を愛する諸国民の公正と信義に信頼して、われらの安全と生存を保持しようと決意した」憲法前文の表明のように、それは自国民の安全と平和のためばかりでなく、それを国家間の境界を越えて積極的に他民族に、ひいては全人類に敷衍しようとする新たな世界史の創造を志向したものである。

この意味で日本国憲法の精神は国際的な優越性をもつものであり、われわれはこの憲法制定以来党の基本方針として非武装の絶対平和主義を完全に貫徹する方針を堅持してきたが、その正しさと重要性は現在少しも変っていないことを改めて確認する。

（二）平和主義の普遍性

非武装、絶対平和主義の条項をもつ日本国憲法は、世界唯一のものであり、先駆的な意義をもっているが、しかし、その基本精神は今日の国際世論の中で決して孤立しているものではない。むしろ絶対平和主義の思想は、一層深まり、普遍的な国際世論となって拡大している。

国家や国際関係の制約の中においてすら国連における全面完全軍縮に関する八十二ケ国決議の採択（一九五九年）や部分的核実験停止条約（一九六三年）などの国際的諸活動の中にその方向が示され、同時に、核兵器の発達に伴って各国の科学者、知識人、労働者、学生、一般市民層の間に拡大した戦争及び軍備競争を憎悪し平和を追求する平和思想の高まりは急速度に高揚している。

「ラッセル・アインシュタイン宣言」（一九五五年）、バグウォッシュ科学者会議（一九五六年七月）はひろく東西科学者の一致した支持をうけ、原水爆禁止運動は全世界的規模の運動にまで発展した。

また、一九五四年NATO核武装計画など一連の緊張政策によってもたらされた情勢に対して出された五五年一月のウィーン・アピールに対しては短期間に七億名の署名が寄せられ、さらにラッセル・サルトル等のベトナム法廷は、ベトナムにおけるアメリカの戦争行動に犯罪性を規定づけている。このような戦争否定の世界世論は、ひとしく人類の安全と生存を保障しようとする国際倫理観の樹立につながっている。

現在、帝国主義相互間の矛盾は依然として存在し、さらに帝国主義と社会主義、帝国主義と民族独立闘争の対立は続いているが、社会主義勢力と民族独立運動など世界の平和勢力は、帝国主義侵略と戦争政策に反対し、平和五原則を基本とする国際関係を推進しており、平和世論の高まりと相まって、基本的に戦争は不可避ではない国際情勢をつくり出している。

以上のことは、明らかに古い戦争の論理が崩壊し、新しい平和の論理が創造されつつある世界史の流れを示すものに外ならない。

われわれはこのように普遍化されつつある絶対平和の思想の現実的意義に強い確信をもつものである。

（三）政府自民党の安全保障政策の基本は、安保条約強化延長の方向にも示されているように、国家、民族間の関係を対立抗争の対象としてとらえ、軍事同盟によって意識的な敵対関係を形づくるという古い固定概念に支配されている。

「国を守る気概」を国民に求め、「侵略から守る」という彼らの抽象的観念はこのことを示すものに外ならない。

これは、人類の志向する平和思想とは全く逆に、一貫してアメリカとの安保条約を柱として自らの軍事力も強化し、再びアジア支配の地位を確立しようとしている。

この方向はニクソン体制によってアスパックの軍事化、日本の防衛責任の強化などで一層強められる情勢にある。

さらに安保条約の中で「締約国は、その自由な諸制度を強化する」（第二条）として、アメリカと日本の資本主義体制の維持強化をうたっているが、これは彼らが「侵略」から守ろうとするものは国民の生命や生活よりも独占資本の支配体制であることを証明するものである。

また「……それぞれの国際関係において、武力による威嚇又は武力の行使を、いかなる国の領土保全又は政治的独立に対するものも、また、国際連合の目的と両立しない他のいかなる方法によるものも慎むことを約束する。」（第一条）と規定しながら、ベトナムの民族独立闘争に対してB52の沖縄発進や原子力艦隊寄港にみられるように安保条約上の義務としてベトナム戦争に加担している事実からみれば、安保条約がいかに日本国憲法の基本に違反し、国民生活と権利を侵害するものであるかが明かである。

われわれの安保条約廃棄、安保体制打破の政策は、このような自民党の政策と強く対決し、これを根本から転換せしめようとするものであり、その基本はあくまで日本国憲法の精神に立って平和を確立し、国民の生活と権利を保障し、これを最大限に伸展させるための努力を約束するものである。

いわゆる「国を守る気概」という愛国心は、資本主義の矛盾を押しつけて、生活を圧迫し、諸権利を侵害しながら古い精神主義を強要する中からは絶対に生れるものではない。

国家の基本法たる憲法の精神を完全に具現し、民主主義を高度に発展させる中で文化的な国民生活を保障し、その権利を最大限に尊重して、個々の生活実態からも守るに価する自発的な意志が形成される政治基盤からのみ、真の意味の愛国心が発揮されるのである。

このような愛国心こそが最終的に非軍事的手段による有効な国民的自衛の源泉となり、行動が期待できるのである。

われわれは、政治、経済、文化その他国の全機能をあげて非武装中立の平和国家建設にその努力を傾注する決意を明かにするものである。

二、非武装中立の基本的な考え方とその実現性

(一)「非武装」と「中立」の概念

もとより「非武装」と「中立」は異る概念であり、一つは国家の在り方の原理であり、他は外交政策である。しかしこの二つはいづれも平和主義を共通の根底にもっており、そこに両者を統一する根拠がある。それは決して理想主義的性格のものにとどまるのでなく、今日の世界情勢と日本の条件を加味するとき、もっとも現実主義的性格をあわせもつものであり、理念的、価値的側面を強くもつと同時に、政治的リアリズムの上に立つ現実的政策である。

さらに現実の政策としてわれわれが非武装を主張する場合に、中立外交の諸政策と切り離し、非武装だけを抽出して議論することはほとんど意味をなさない。われわれの非武装とはそれは沖縄の即時無条件全面返還と基地撤去、中国との国交正常化、国連加盟、日米安保条約の廃棄、隣国との不可侵条約の締結等、その他アジアにおける諸々の緊張緩和の政策実施による政治状況、外交関係の変化を基礎としているからである。

(二) 非武装中立の基本的な考え方

国家の安全保障の方法には二つの道筋がある。一つは同盟関係か単独かを問わず、軍事力の強化による方法であり、他は相手国との緊張緩和を基本とする方法である。この二つの間には外交政策とか国家戦略についての基本的な考え方の違いがある。

第一に軍事同盟政策はもともと敵対関係を想定して生れたものであり、しかもこうした敵対関係を想定した政策をとること自体が、その敵対関係を持続させ、ときには激化させ、敵対関係の解決をいっそう困難にする。そういう方法にたいする反省が非武装中立政策の考え方の基本である。

また自主防衛論は、現実的にも論理的にも当然核武装にまで発展する性格をもっているが、その場合の安全を保障する抑止力とは何を意味するのか。A国のB国にたいする抑止力はB国にとってはA国の与える脅威であり、B国のA国にたいする抑止力はA国にとってはB国の与える脅威と映る。この場合に自国の軍事力あるいは核の傘に対してはそれを抑止力と称し、敵の軍事力に対してはそれを脅威と勝手に名づけているに過ぎない。むしろこの相互関係からいって、強大な軍事力はじつは抑止力ではなく起爆力であり、必然的に緊張の激化を生み出さずにはおかない。こうした奇妙な論理から抜け出すためにも、われわれは軍事力を前提としない世界を作り出すために全力をつくさなければならない。

第二には、多くの中立国が武装していることをもって、非武装中立を非現実的とする説があるが、スエーデン、スイス、オーストリヤ、カンボヂャ、インド等が中立と安全を守っているのは、その軍備の程度によるよりも、国際政治の状況、国際世論、その国の中立政策、国民の抵抗

精神によるものである。スエーデンが軍備を縮小しても、そのために侵略される可能性が増すとは考えられない。またオーストリヤはもし隣接国から巨大な軍事的圧力が加えられたら、これに対抗し得る武力はないが、しかしそのためにオーストリヤが安全を脅されていると考えるものは誰もいない。

カンボヂャは三万の軍隊をもっており、しかもこの国は現に戦争の火中にある隣接国との長い不安定な国境線があるが、この国の軍隊が米国に援助された隣接国からの侵略を防げるとはとうてい考えられない。カンボヂャの中立と安全は、現在の三万の軍隊を四万に増やしても、二万に減らしても少しも変らず、隣接国がカンボヂャを攻撃しないのはカンボヂャの武装をおそれているからではない。このことはインドその他の中立諸国についても同じである。従って他の中立国の武装をもって日本の非武装を非現実的とする理由は当らない。

第三には、これまで、安保体制か非武装中立かを論ずる場合、どちらがより日本の安全、あるいは防衛に役立つかという観点から問題がとりあげられてきたが、どちらが日本とアジアの平和や緊張緩和により有効かという観点から問題へ接近していくべきだという考え方である。

問題は日本の外交がこれまで一度もアジアの緊張緩和のために外交を展開してこなかったことにある。逆にアジアの緊張を激化させる方向に力を貸し、つぎにアジアの情勢が不安定だ、脅威があるから安保や自衛隊が必要だというのが防衛論者の大方の立論であるが、こうした悪しき循環論をわれわれはどこかでたち切らなければならない。

このような考え方が非現実的でない証拠には、最近、中国の核の脅威が誇張されながら、それにくらべてはるかに強大なソ連の核の脅威を感じなくなっているが、これは日ソの国交回復による国際環境の発展にあり、従って中国の「脅威」を減殺するためには中国との国交に関する外交的諸措置を誠意をもって積極的にとることである。中国に向けられている沖縄の核軍事基地を撤去させることもその一環である。

このように非武装中立は、戦争からの逃避だけを目的とするのでなく、現在対立している国を含めて、国家的利益の共通性を積極的に拡げていくことに中心的な目的がある。日本国民がある朝目をさましたら、突如某国が核侵略を行っていたという状況想定は全く非現実的である。現実にはそれに至るまでに半年、あるいは数年の相互作用による緊張増大の過程があると考えるのが常識であろう。その緊張増大の過程を如何になくしていくかということこそ、真の安全保障の道である。

三、非武装中立の現実的根拠

以上のように、われわれが安全あるいは防衛の論理ではなく、平和の論理、緊張緩和の論理をあくまで追究していく立場は、けっして空想的ではなく、確たる現実的根拠がある。

(一) 非武装中立の一般的条件

第一は熱核兵器の出現である。熱核戦争がひとたび勃発すれば、勝者もなければ敗者もありえず、戦争手段そのものが戦争目的を全く無意味と化してしまう状況が生れており、世界の平和の維持という問題を離れて自国の安全を確保することが不可能となったからである。だからこそ戦争に至らない前に、平時において戦争のない世界へ向って、積極的に働きかけることが、核時代において人類が生き残るための基本的な原理となったのである。

第二には、世界の力関係の根本的変化である。平和を望む諸国民の力すなわち社会主義諸国の拡大、民族独立闘争の発展、資本主義国の労働者階級の闘争、非同盟中立諸国の存在、反戦平和の国際世論のもりあがりによって、帝国主義戦争を必ずしも不可避としないところまで成長したことへの認識である。

とくに今日の国際政治の状況を考える場合に、アメリカと中国との関係のような特殊な敵対関係にもとづいた世界だけを頭に描き、何故アメリカとカナダの間のような相互防衛を必要としない国際関係を本来的な世界の姿とみないのか。軍縮会議が決裂せずに続いているのは何故なのか。このような現代世界がようやく当面しようとしている真の平和共存、軍縮の可能性を追究する姿勢をとることによって、その可能性をいっそう強めていくことが必要である。

（二）日本における非武装中立の条件

第一には、いうまでもなく戦争のない世界への理念をうたった平和憲法の存在である。憲法九条こそは、戦争のない未来世界を創造するうえで、日本が世界の革命的根拠地になり得る誇るべき内容をもつものであり、まさに核時代に人類の到達した崇高な原理といえよう。同時にこのような平和憲法が生れたこと自体、人類史上はじめて原子爆弾の洗礼をうけた国民として、ふたたび戦争はすまじという国民的合意を内包しており、さらに明治以来の日本のアジア諸国への侵略の歴史、軍国主義への反省を含み、それらは非武装中立を志向する日本国民の民族的精神的条件である。

第二には、日本の地理的条件、日本をとりまく国際環境、民族形成等の条件がある。日本が地理的に海にかこまれていることは、自らが危険な紛争の原因をつくらない限り、海をこえてこの国が侵略を受ける可能性はほとんど発見できない。また民族的にこれほど統一された国家であることも、民族問題や宗教問題に端を発する紛争の可能性を少なくしている。日本が米・中・ソの谷間に位置していること、アジア諸国が日本の非軍事化を望んでいるという国際環境も非武装中立にとって見逃すことのできない条件である。

最近、非同盟諸国がおちいった困難をもって、非武装中立の非現実性が立証されたとする説があるが、たとえばインド・アラブ連合の非同盟主義の困難はいずれも自国が国際紛争の当事者となり、しかもそれを武力解決に走ったこと、自国の経済的な存立や軍備強化のために大国の援助に依存せざるを得なかったことにある。このことは日本の場合には国際紛争のおそれがなく、たとえ隣接国の紛争にまき込まれても武力解決に訴えないこと、独立の経済的基礎をもっていること等、非武装中立政策の維持に必要な条件を備えているといえよう。

第三には高度工業国としての日本の経済的基礎にかかわる条件である。世界第三位の国民総生産を誇っているわが国の経済構造は、国内資源の決定的な貧弱さのゆえに、原材料資源を他国に依存し、それを輸入し、加工したうえで輸出するという基本的な構造をとっている。このことは、日本経済を維持、発展させるためにも、互恵平等にもとづく輸出入市場の確保を必然的な前提においており、それは国際紛争や侵略戦争とは基本的に矛盾するものである。これは中東紛争に際してわが国の石油備蓄が危機に瀕した一例をあげるだけで十分である。さらに輸出入市場を特定国に過度に依存させることは、その国の経済変動や外交政策によって、日本経済が左右されることになり日本経済の健全な発展を失なわせることになる。

従って、日本経済の自主性を確立するためにも平和五原則に基礎をおく外交政策が必要であり、われわれの非武装中立政策こそが、日本の経済発展を保証するものである。

第四には、各種世論調査で明かなように、日本国民の大多数が絶対平和を志向する憲法を支持しているということは、それ自体、重大な政治的現実であり、重い意味をもっている。しかも各種世論調査にあらわれている自衛隊の必要を認めるものも、その大多数は戦争と殺りくを目的とする自衛隊ではなく、災害出動など国民生活と密着した役割りを期待して認めているという事実を見逃してはならない。

四、日本の平和保障への道

日本の安全保障の道は、他国との軍事同盟を結んである特定の国ぐにを仮想敵視し、これら諸国との間に軍事緊張をつくり、また核対立の一方に組して他国の戦争に自動的にまきこまれたり、核攻撃の危険を負担することではない。

「護憲・民主・中立」政府のとるべき安全保障の道は「平和を愛する諸国民の公正と信義に信頼して、安全と生存を保持しよう」と決意し、そのために一切の戦力と交戦権を否定した日本国憲法の精神に立って、非武装中立を基本的国是とし、何れの軍事同盟にも参加せず、諸国との友好関係の樹立と発展を通じて、世界の平和維持に寄与し、そのなかで自らの平和と安全を確保することにある。すなわち軍事力によって国家の「安全」を守ろうとするのではなく、話し合いを基調とする平和と友好の外交によって、国民の生命、生活、権利を守ろうとするのである。

このような非武装中立の基本的国是と平和外交は、現在の自民党政権の外交から大転換をとげることであり、侵略の基地としての日本ではなく、平和と友好の砦としての立場を築き、追従外交ではなく、自主独立の外交を、アジアに背を向けた外交ではなく、アジアの一員としての自覚をもち、アジアの平和確保と善隣友好、発展途上国の〝貧困〟からの脱却に真に貢献できる新しい日本外交を展開することである。この外交によってこそ、日本は軍事的対立の緩和と解消、国際紛争の平和的解決、核軍縮の達成、異なる体制間の平和共存を推進し、また平和五原則による国家関係を基礎とする世界の平和維持に貢献できるのである。

そして「平和を維持し、専制と隷従、圧迫と偏狭を地上から永遠に除去しようとつとめている国際社会において名誉ある地位」を占めることができるのである。

(一) 安保廃棄と平和友好外交の展開

「護憲・民主・中立」政府は、憲法と国連憲章にそって相互友好条約を締結する。

(1) その外交活動の第一歩として直ちにアメリカに対して日米安保条約の解消を通告し、外交交渉をへて条約を廃棄する。

(2) 日台条約を破棄し、中華人民共和国と平和条約を結び、日中国交回復を実現する。

(3) 日ソ共同宣言にもとづいて、日ソ平和条約を締結し、ハボマイ、シコタン諸島の返還を実現する。

千島列島の日本帰属についてはソ交渉を継続し、その間日本は返還を保障する条件として極東の平和確保と日ソ友好関係の発展に努力し、このなかで解決する。

(4) 朝鮮に対しては、日韓条約を廃棄し、統一朝鮮との間に正式な国交関係を樹立する。それが実現するまでの間日本は暫定的措置として朝鮮人民と全般的友好関係を発展させるとともに、可能な限り南北朝鮮との間に平和五原則に立つ外交関係を樹立する。

日本は日朝の歴史的経過と独立自由の統一朝鮮を保障したカイロ宣言ならびにポツダム宣言にもとづき積極的に朝鮮の平和的統一の達成に貢献する平和外交を展開する。「朝鮮問題は朝鮮人民にまかせるべきである」という民族自決の原則に立って、南朝鮮における一切の外国軍隊の撤退を要求する。

(5) 以上の外交的諸方策をもって日本の中立を完成し、日本の平和保障を確立する。

(二) 平和保障体制と平和地域の確立

日本は日米安保条約を廃棄し、自らの中立宣言と非核武装宣言に立って、関係諸国によびかけ、次の課題を実現する。

(1) 日本の中立と不可侵を保障する米中ソ朝等関係諸国による個別的集団的平和保障体制をつくる。

(2) アジア・太平洋非核武装地帯の設置に努力する。

(3) 何れの軍事同盟にも参加せず、他国の軍隊および基地をおかないアジア中立地帯の拡大に努力する。

(三) 経済協力

日本は各国との間に国家主権の尊重と平等互恵の原則に立った経済外交を展開する。とくに社会主義国を近隣諸国としてもつ日本にとって、これら諸国の計画経済建設と結びついた安定した経済関係を維持することは重要である。

アジア、アフリカ、ラテン・アメリカの発展途上国に対してはこれら諸国との貿易の拡大に努力するとともに、

（1）被援助国の主権を尊重し、いかなる附帯条件もつけない。

（2）被援助国の自力更生、経済的独立の達成に協力する。

（3）被援助国の負担を軽くする経済援助の方式をとる。

等の立場に立った経済協力を強化する。

（四）核軍縮への貢献

日本は中立宣言と非核武装宣言を基礎として、国連の内外において核軍縮の達成のために積極的役割を果たす。

（1）核不使用協定

核戦争を回避するために核保有国間による核不使用協定の締結は緊要である。

とくにアメリカのベトナム侵略戦争をめぐって核兵器を使用する危険性の存在している以上、少なくとも不使用協定への第一歩として、非核保有国（核兵器を製造せず、所有せず、持込まれていない国）に対していかなる種類の核兵器による威嚇および攻撃を行わない、核兵器を先に使わない等を相互に確認する国際的とり決めを結ぶ。

（2）核拡散防止条約

核拡散防止条約は単に核保有国の増加のみを規制するのでなく、核保有国の核軍縮への義務を規定する。そのため、（イ）核兵器の他国への配置、移動の禁止、（ロ）非核保有国に対する核兵器の不使用を明らかにする。

（3）地下核実験および核兵器生産の禁止協定

現在進行している核軍拡の悪循環をたち切るために地下核実験と核兵器生産を禁止する協定を結ぶ。

（4）核兵器の全面禁止と完全廃棄

以上の諸協定を基礎として核軍縮を段階的に押し進め、最終的に核兵器の全面禁止と完全廃棄を実現する。

（五）平和機構としての国連の強化

日本は国連が世界の平和と安全を維持し、社会的、経済的進歩を維持する普遍的平和機構として正しい機能と役割を果すよう努力する。

（1）そのために国連における台湾政権の議席を除外し、中華人民共和国の正当な代表権を回復する。

（2）分裂国家に対しては、国連はすべての内政干渉を排除し、これら諸国の自主的・平和的統一達成のために協力する。

（3）あらゆる形の植民地支配と人種差別を一掃し、民族独立を支援するとともに、発展途上国に対する国連の経済開発協力と援助を強化する。

（4）国連の平和維持機能強化に貢献する。国連が、真に世界の普遍的平和機構として確立されたあかつきには、世界の平和維持と公正な国際紛争処理機関として国連警察隊を設置する。

五、非武装中立の国内的措置

国の外交政策と国内体制とは、表裏一体の関係にあるといわなければならない。従って、日本が非武装平和、中立を国是とした外交政策を展開する以上、これに即応した国内体制の民主化が同時併行的に推進されなければならない。

その基本は、国連憲章、日本国憲法ならびに国際的な平和主義の発展に基礎をおく非武装中立政策との対応関係において確立されなければならず、いわば平和と民主主義の憲法原理の具体化であり、その完全実施にほかならない。それはまた歴代の保守党政府によって空洞化されてき

た憲法原理の復活、再生であり、非武装中立政策の国内的、主体的な保障措置である。さらに非武装平和中立の思想は世界人類の共有財産であることを深く認識するならば、これが世界の反戦平和運動によって支えられるべきことと同様に、国内においても勤労大衆による民主主義のたたかいによって支えられるべきものである。

このため憲法の精神にそった「平和基本法」を制定し、国の内政、外交における平和的民主的活動の義務を集約し、憲法精神を徹底させる。

（一）平和外交推進、平和中立維持のための国家機関

社会党政権は、日米安保条約を廃棄し、日本の平和中立を確保する外交政策と併行し、国内においては広範な国民大衆の支持のもとに、自衛隊の解体をはじめとする反動立法、機構を廃棄して諸制度の民主化を推進する。この段取りについては二つの側面がある。一つは、保守政権の憲法空洞化の既成事実によって積み重ねられてきた軍事的、非民主的諸法律および機構の廃棄あるいはその非軍事的、民主的な改編という消極的側面であり、他は、憲法に内在する平和主義、民主主義の理念を徹底的に追究するための諸機構の設置という積極的側面である。しかしこの両面は相互補完的な関係にある。

（イ）国防会議、防衛庁、防衛施設庁、公安調査庁等は廃止し、新たに内閣のもとにおいて日本の平和保障に関連する基本政策の立案、世界平和推進に関する諸施策を検討する。

（ロ）平和思想による人間形成を重視し、憲法と教育基本法にそった教育行政および教育内容の中立性を確保するため、文部省を改組し、全教育課程において「平和教育」を必須科目として義務づける。また防衛大学校を廃止する。さらに国の学術、文化の諸機構を通じて平和思想の発展、平和運動の強化のために不断の努力を続け、日本を世界平和の砦とする。

（ハ）従来の中央集権的な警察制度を民主化し、これを都道府県自治体警察に切りかえるとともに、公選制の国家公安委員会のもとに国民警察隊を設置する。

（ニ）建設省、北海道開発庁、国土地理院、気象庁その他関連機構を統合して「国土開発省」として一元化する。そのもとに「平和国土建設隊」を設置し、国土の平和的総合開発、軍事基地の平和転用、災害防止、救助などについて強力な施策を展開する。

（ホ）その他各省庁、政府機関について必要な民主的改革を推進する。

（二）自衛隊の解体計画

社会党政権はその成立とともに、ただちに防衛庁設置法、自衛隊法、国防会議に関する法律、その他防衛関連法規の改廃に着手する。さらに自衛隊員の募集、戦闘訓練、武器購入を停止する。

自衛隊の解体にあたっては、基本的には社会党政権の安定度、自衛隊掌握の度合、国民意識、平和中立外交政策の進展度などの条件を勘案しつつ、人員、装備の両面にわたってこれを実施する。自衛隊解体計画の立案にあたっては関係各省、学識経験者とともに、自衛隊員代表を含めた機関において策定する。

自衛隊員の職業転換と生活保障については、基本的にはそれぞれがもつ特殊技能を生かしつつ、個人の希望をいれて国または地方公共団体、民間産業への再就職を保障する。同時に、新しく設置される（イ）国民警察隊、（ロ）平和共栄隊などに一部を採用する。

（イ）国または地方公共団体、民間産業への就職転換は、今日の技能労働力の不足状況からみてきわめて有望である。たとえば行政事務の近代化、合理化にともなうコンピューター操縦者をはじめ、都市高層化にともなう化学消防の拡充、離島間航空の確保、積雪豪雪地帯における緊急連絡、救難ヘリコプターの設置、民間航空のパイロット、整備員、遠洋漁業における漁群探知、海難救助、貨客航路の拡大にともなう通信士、機関士など、日本経済の発展と国民生活の向上に寄与する分野で、個々

の技能が誇りをもって最大限に発揮されることになる。

（ロ）国民警察隊は、警察制度の民主化による都道府県自治体警察への改編にともなって、広域警察を主たる任務として国内秩序維持にあたるとともに、もっぱら国民の生命と財産を守ることに専念する。国民警察隊は、中央本隊のほか全国九ブロックに配置する。

このほかとくに海上警備については、海上保安庁を拡充し、海上を通ずる不法出入国、密貿易、密漁、海難救助、漁船保護などの対策を強化することとし、攻撃用武器を廃棄した自衛艦その他ヘリコプター、航空機を転用する。

（ハ）平和国土建設隊は、高度の技術を駆使して国土改造計画にもとづく都市再開発、土地利用、交通建設、河川建設、通信輸送、国土調査、気象、航空連絡、海洋資源調査などの任務とともに、地震、風水害、火災、大事故などの災害に際して、その救援出動、復旧作業に従事する。このため中央に本部ならびに教育、技術、補給などの諸機関を設置するとともに、全国九ブロックに地方本部をおき平常の国土改造計画の遂行と緊急任務に万全の体制をはかる。

（ニ）平和共栄隊は、発展途上国の要請に応じて平和的な国土開発とくに農林、機械、医療技術などの協力を主なる任務とし、また日本における非武装平和中立の思想と経験交流をあわせもつものとする。とくにかつて日本がアジア諸国を侵略し、植民地支配を行なった反省のうえにたって、互恵平等の原則にもとづく平和共栄の理念を基本とするもので、仮りにも「新植民地主義」的意図をもつことがあってはならない。それはむしろ反帝・反植民地を基礎に発展途上国の自力更生に資する平和的活動である。

六、結語―国民的合意のために

以上われわれの平和と安全保障に対する基本的な考え方と非武装中立の条件とその実現の過程を明かにしてきた。

しかしその基礎にある平和と安全の理念は、ひとり日本社会党の独創でも、その独占物でもない。これこそ日本国憲法がさし示す道である。それは世界最初に原子爆弾の洗礼をうけ、太平洋戦争の廃墟から立ち上った日本民族の歴史的な所産であり、世界の平和愛好者の共通の悲願であり、また新たな世界史の創造にとって先駆的な役割を担うものである。

戦後二十三年、とにかくも、わが国が戦火に巻き込まれることなく、経済の急速な繁栄を見たことは、政府自民党が強弁するように、日米安保条約によるものではなく、平和憲法とこの憲法を守り続けてきた日本国民の護憲、平和の運動の結果であると言わねばならない。

昭和三〇年に社会党の支持によって実現した日ソの国交回復、これに引き続く国連加盟がなかったら、国際社会のなかにおける現在の活動はなかったであろう。

また昭和三一年の憲法改悪を企図する小選挙区法案を粉砕することができなかったなら、憲法改悪、徴兵制と海外派兵が強行せられ、恐らくベトナムに自衛隊が派遣されていたであろう。

日本社会党は、昭和二十六年以来平和四原則（全面講和、軍事基地反対、自主中立、再軍備反対）の旗を高く掲げ、護憲、反安保の闘いを続けてきた。

全面講和は今日、日中国交回復を目標として継続され、軍事基地反対闘争は各地で執拗に続けられている。

当初われわれの中立政策を批判した勢力も、今日では中立の方針に転換し、国民の大多数が、中立政策を支持している。また、わが国の非武装については、政府自民党の二十年に亘る違憲の既成事実のつみあげ、強力な世論指導にもかかわらず、今日においても、多数の国民が依然としてこれを支持している。

このようななかで、われわれは、平和四原則の発展である「非武装中立」の目標をかかげて、さらに前進することを決意するものである。

われわれは右の見解に立ち、非武装中立の基本的な思想とその諸原則について、国民的合意を求めるものである。

第一は、日本国憲法の平和主義・民主主義の崇高な理念を国民的に再確認し、これを基調として内外政策を推進するとともに、この精神を世界におし進め、戦争の絶滅、軍備の完全廃棄の実現のために前進することである。

第二は、恐怖の均衡、軍事力による安全保障、核抑止力に対する信仰などの幻想を打破して、平和外交の手段による安全保障の道を開き諸国民と友好と親善を進め、平和五原則に基く、国際関係を樹立することである。

第三には、開国以来百年、欧米帝国主義を模倣して、戦争につぐ戦争のエスカレートによって、他国を侵略した路線を断乎として放棄し、日本が真のアジアの一員としてアジアの諸国諸民族と友好、協力の新しい連帯関係をつくりあげることである。この意味でも、安保条約をアジア安保に拡大し、アメリカの極東戦略の尖兵として、再び下請的帝国主義の道を進む政府自民党の政策に反対することは当然である。

第四には、国土、国民の生命財産を守ることと、現在の独占資本の支配体制擁護とを厳格に区別し、防衛の美名の下に体制を守ろうとするゴマ化し政策を断乎粉砕することである。資本主義か社会主義か、いかなる社会体制を選ぶかは、それぞれの国民が大多数の意思によって民主的に決定すべき問題であり、他国に特定の政治体制をおしつけ、あるいは革命を輸出するために、武力に訴えることは許されない。

自衛隊が、独占資本を守るために、反体制の国民運動に銃口を向けるような事態が生ずることをわれわれは全力を以て阻止しなければならない。

第五はわが国が平和のなかでのみ繁栄し得ること、日本国民がその資質と能力を有することに確信を固めることである。軍事的政治的な背景を以て勢力範囲を拡大する過去の政策は破綻した。狭い国土で、工業原料の大部分を海外に仰ぎ、平和な経済交流の上に貿易の発展を期待し得るわが国の自然的地理的社会的条件を考えても、わが国こそ世界のなかで、「絶対平和」を生存の条件とする国であると確信する。

資料Ⅰ・55

憲法改正大綱草案

一九七二年六月一六日
自由民主党憲法調査会「稲葉試案」
［出典］『政策月報』一九七二年七月号

コメント

1．これは、自民党の憲法調査会で、当時会長であった稲葉修が一九七二年に試案のかたちで発表したものである。自民党政権が改憲に消極的な時代に発表された数少ない改憲案のひとつとして注目される。

2．稲葉は年来の改憲論者であり、中曽根康弘の盟友でもあるところから、五〇年代型改憲の構想を引きずっている。

しかし、七〇年代初頭の、憲法改正がもっとも困難を極めていた時代に出されたものであるため、天皇については、「元首」とせず「国民統合の中心として国を代表する」と書かれたり、また九条についても、自衛力の保持に文民統制による旨を入れるとか、「日本国の安全保障は、究極には国連の普遍的集団安全保障機構に依存することを明らかにする」と謳うなど、国民意識に配慮した部分が見られ、また地方自治について、五〇年代型改憲案にはほぼ登場していた、地方自治体首長の直接公選制の修正などは消えている。

こうした点に、憲法擁護の国民意識を顧慮した、憲法改正の小幅化の方向が現れていることが注目される。

◇第一　日本国憲法改正の基本方針

およそ独立した民主国では、主権をもつ国民が、自由な意志をもって国民の自由、幸福と国の平和、発展を目標として制定した自主的憲法をもつ。

現行日本国憲法は、占領下、国民にいまだ主権がなく、また自由な意志の表明を許されなかったとき、連合国占領軍の強い指導の下に、きわめて短時日の間に作成されたものであるから、その中に多くの長所を備えているが、不備不合理な個所があり、わが国情に合致しないところが少なくない。またその表現は明確を欠くため、解釈上疑義があり、わが国および世界の進展にも即応し難いうらみがある。

よってわれわれは、ここに独立した民主国にふさわしい憲法をもつため、国民の幸福、国家社会の発展に寄与するとともに、国際間に正義と平和の理念を確立し、東西文化の融合を図り、人類の福祉と新文化の創造に貢献することを目途とし、つぎの方針をもって憲法を改正する。

一、天皇の地位の明確化

わが国の歴史にもとづき、天皇が国を代表することを明確にする。

二、世界平和への寄与とわが国の安全保障の確立

日本国は孤立しては存立し、繁栄しえないことにかんがみ、地球上から戦争を絶滅し、世界の恒久平和を確保することが、わが国最高の使命である。

わが国の安全保障は、国際緊張の緩和と各国の友好親善の増進のための平和外交によることを第一義とするが、万一の侵略に対しては、国連の普遍的安全保障機構に依存することを理想とし、これに到達するまでの間は、自衛力の保持と集団安全保障によることを明らかにする。

三、社会連帯の理念による文化的福祉国家の建設

個人とその形成する家庭、社会、国家とは共同体であることにかんが

み、個人の幸福追求と国家社会秩序との調整をはかり、真の文化的福祉国家を建設する。

四、人種平等、民族の自主性尊重にもとづく世界連邦の建設

人類社会の真の平等と幸福は、究極において人種平等と民族の自主性尊重にもとづく世界連邦の建設によって完成さるべきものであるから、国家主権が唯一・不可分・絶対・最高のものであるとする従来の憲法理念を改める。

◇第二　憲法改正の方向

前文

世界平和への寄与と国の安全保障、人権尊重による文化的福祉国家の建設等を盛る自主的憲法を制定する趣旨を明らかにし、簡潔で、格調の高い、しかも国民の親しみやすい文章に改める。

第一章　天皇

一、天皇の法的地位を明確にするため、天皇は国民統合の中心として、国を代表する旨を規定する。

第二章　戦争放棄

一、平和維持のため、国際紛争解決の手段としての武力行使に関する現行憲法第九条第一項はこれを存続する。

二、現行憲法は、国の固有の権利である自衛権を否認していないが、これを行使する自衛力の保有については種々の議論がある。日本国の安全保障は、究極には国連の普遍的集団安全保障機構に依存することを明らかにする。

三、自衛力の保持については、文民統制（シビリアン・コントロール）による趣旨を規定する。

第三章　国民の権利及び義務

一、現行憲法では、個々の基本権と公共の福祉の関係が明確を欠くため、個人の権利と自由が一面乱用に陥るとともに、他面公共の福祉の名によって不当に制約されるおそれがあるから、憲法上個別的にその内容、限界を定める。

二、国民の権利は、社会連帯の理念にもとづき発揮さるべきものであるから、国民は他人の権利、自由及び社会の秩序を尊重すべき責務を明らかにする。

三、家庭は祖先から受けて子孫に伝承すべき人間の生命を育てる礎石であり、また社会の基底であることにかんがみ、国は家庭を保護することを規定する。

注：人権に関する世界宣言第十六条

「家庭は、社会の自然なしかも基本的な集団単位であって、社会及び国の保護を受ける権利を有する。」

四、人間の生存と繁栄を可能ならしめるため、天然資源の開発と自然環境保全の調和をはかり、そのため土地の所有権等に制限を加えることを明らかにする。

第四章　国会

一、現行憲法では国会は衆・参両院をもって構成され、ほとんど同一の権限をもち、異質性を欠いているから、参議院の特殊性を発揮できるようその構成、機能についてこれを根本的に改めることを考究する。

第五章　内閣

一、内閣に緊急状態における特別の立法及び財産措置の権限を付与する規定を設ける。

第六章　司法

一、裁判の迅速と違憲裁判充実のため、最高裁判所の大法廷は、憲法の解釈適用に関する裁判及び判例を変更する裁判を行い、小法廷はその他の裁判を行うこと等を考究する。

第七章　財政

一、現行憲法八十九条後段の慈善、教育、博愛の事業に対する公金及び公の財産の支出供与の制限に関する条項はこれを削除する。

第十章　最高法規

一、国際平和機構への参加協力とその場合の主権制限の関係について新たに規定を置く必要がある。

附記

憲法の改正は、国の最高の課題であるから、憲法改正の必要とその方向につき十分国民の理解と納得を求め、適当な時期に国会に憲法調査委員会（仮称）を設けて憲法の条章により国民に発議する改正案を作成する。

資料Ⅰ・56

集団的自衛権に対する政府解釈

①第六九国会参議院決算委員会提出資料

水口宏三議員要求

一九七二年一〇月一四日

②稲葉誠一衆議院議員提出「憲法、国際法と集団的自衛権」に関する質問主意書・答弁書

一九八一年四月二二日、五月二九日

コメント

1．これらは、政府の集団的自衛権行使に関する見解であり、この解釈が、二〇一四年七月一日の閣議決定（⇩Ⅲ・74）で変更されるまで、確立した政府解釈として堅持されてきた（集団的自衛権に関する研究書は多数あるが、さしあたり、ここでは、阪田雅裕『政府の憲法解釈』有斐閣、二〇一三年、浦田一郎『自衛力論の論理と歴史』日本評論社、二〇一二年、浦田一郎編『政府の憲法九条解釈』信山社、二〇一三年、などを参照。以下も、これらを参照した）。

2．集団的自衛権に対する国会での議論は、安保条約の改定交渉にかかわって始まったが、これら解釈が出るまで、必ずしも確立したとはいえない状態であった。この二つの見解は、そうした集団的自衛権についての解釈を明確化したものであるが、とくに以下の二つの点でその意義がある。

まず、第一に、「集団的自衛権」の定義について明確にした点である。安保条約改定時の議論では、この定義は必ずしも確定していなかった。安保改定当時の政府答弁では、集団的自衛権とは、中心的には、他国が武力攻撃を受けた場合に、それを守るために外国まで行ってそれを防衛することという見解が出され、また、集団的自衛権のなかには、実力行使だけでなく、外国への基地等の貸与や、経済援助も含まれるという見解も出されていた。

これに対し、この二つの政府見解は集団的自衛権についての概念を明確にし、それが必ずしも外国に出かけていくかどうかにかかわらないこと、またそれが実力行使にかかわる概念であることを明確にした。すなわち集団的自衛権とは「自国と密接な関係にある外国に対する武力攻撃を、自国が直接攻撃されていないにもかかわらず、実力をもって阻止する」権利であるという定義である。本見解の意義の第一はこの点にある。

3．第二に、この二つの政府見解の意義は、国際法上は、日本も個別的、集団的自衛権は有するものの、憲法上は集団的自衛権行使が許されないこと、またその根拠を明確にした点である。

憲法九条と集団的自衛権の関係については、自国が武力攻撃を受けていない場合同盟国等のために武力行使をすることは憲法上禁止されているという解釈は、すでに五〇年代前半から確立していた。しかし、その法的根拠付けは必ずしも十分展開されていなかった。①の見解は、その点をくわしく述べたものである。

②の一九八一年答弁書は、それを端的に集団的自衛権行使は、九条のもとで許容される「必要最小限度の範囲」を超えると説明した。「憲法第九条の下において許容されている自衛権の行使は、我が国を防衛するため必要最小限度の範囲にとどまるべきものであると解しており、集団的自衛権を行使することは、その範囲を超えるものであって、憲法上許されない」と。

①第六九回国会参議院決算委員会提出資料

国際法上、国家は、いわゆる集団的自衛権、すなわち、自国と密接な関係にある外国に対する武力攻撃を、自国が直接攻撃されていないにもかかわらず、実力をもって阻止することが正当化されるという地位を有しているものとされており、国際連合憲章第五一条、日本国との平和条約第五条（C）、日本国とアメリカ合衆国との間の相互協力及び安全保障条約前文並びに日本国とソヴィエト社会主義共和国連邦との共同宣言3第二段の規定は、この国際法の原則を宣明したものと思われる。そして、わが国が、国際法上右の集団的自衛権を有していることは、主権国家である以上、当然といわなければならない。

ところで、政府は、従来から一貫して、わが国は国際法上いわゆる集団的自衛権を有しているとしても、国権の発動としてこれを行使することは、憲法の容認する自衛の措置の限界をこえるものであって許されないとの立場にたっているが、これは次のような考え方に基づくものである。

憲法は、第九条において、同条にいわゆる戦争を放棄し、いわゆる戦力の保持を禁止しているが、前文において「全世界の国民が……平和のうちに生存する権利を有する」ことを確認し、また、第一三条において「生命・自由及び幸福追求に対する国民の権利については、……国政の上で、最大の尊重を必要とする」旨を定めていることからも、わが国がみずからの存立を全うし国民が平和のうちに生存することまでも放棄していないことは明らかであって、自国の平和と安全を維持しその存在を全うするために必要な自衛の措置をとることを禁じているとはとうてい解されない。しかしながら、だからといって、平和主義をその基本原則とする憲法が、右にいう自衛のための措置を無制限に認めているとは解されないのであって、それは、あくまでも国の武力攻撃によって国民の生命、自由及び幸福追求の権利が根底からくつがえされるという急迫、不正の事態に対処し、国民のこれらの権利を守るための止むを得ない措置として、はじめて容認されるものであるから、その措置は、右の事態を排除するためとられるべき必要最小限度の範囲にとどまるべきものである。そうだとすれば、わが憲法の下で、武力行使を行うことが許されるのは、わが国に対する急迫、不正の侵害に対処する場合に限られるのであって、したがって、他国に加えられた武力攻撃を阻止することをその内容とするいわゆる集団的自衛権の行使は、憲法上許されないといわざるを得ない。

②稲葉誠一衆議院議員提出「憲法、国際法と集団的自衛権」に関する質問主意書・答弁書

「憲法、国際法と集団的自衛権」に関する質問主意書

集団的自衛権と憲法第九条、国際法との関係については必ずしも明瞭でないので、これを明らかにすることがこの際必要と考えるので、ここに質問主意書を提出する。

集団的自衛権について次のとおり質問する。

一　内閣としての統一した定義

二　独立主権国家たる日本は当然自衛権を持ち、その中に集団的自衛権も含まれるのか。

三　集団的自衛権は憲法上「禁止」されているのか。とすれば憲法何条のどこにどのように規定されているか。

四　「禁止」されていず政策上の問題として「やらない」としているのか。

五　集団的自衛権が「ない」ということで我が国の防衛上、実質的に不利を蒙むることはあるか。

六　尾崎行雄記念財団発行「世界と議会」一九八一年四月号に、元外務次官法眼晋作氏の「日本の外交」と題する講演が記載され、その七頁上段に「たとえば、日本が集団的自衛権がないということをいうでしょう。法制局がそう解釈しているのですが、しかし、安保条約を見てごらんなさい。日ソ共同宣言を見てごらんなさい。国際連合憲章をみてごらんなさい。どの国も個別的に、集団的に自衛をする固有の権利を持っているということが書いてあります。それを日本の解釈は、集団的自衛権がないということをいうものですから、安保条約の解釈も、日本が自分だけを守ることをやっておっていいけれども、それ以外はアメリカと協力しない、という建前で議論するわけです。そんな独断的解釈が通るでしょうか。云々」とある。

1　日米安保条約は、集団的自衛権を否定しているものか。とすればその条文上の根拠

認めているとすればその条文上の根拠

2　日ソ共同宣言は、日本の集団的自衛権を認め、その上に成立しているのか。

3　国連憲章を承認して加盟している以上、その第五十一条により集団的自衛権をなくしているのではないか。

4　平和条約第五条C項との関係

七　昭和四十七年五月十二日参議院内閣委員会会議録第十一号二十頁二段目、法制局第一部長答弁の中に、「韓国に対する脅威が、危害がありましても、これは直ちにわが国の自衛権が発動することになるとは毛頭考えておりません。」とある。

「直ちに」とあるのはいかなる意味か。

それがひいては日本の自衛権発動―個別的か集団的かを問わず―を招来することを予期しての答弁ではないか。

八　また、同十九頁三段四段には、「かりにわが国が集団的自衛権の

行使ということを行なっても、外国はわが国を目して国際法違反であると、国際法的に見て違法な行為をしたのだというべき立場にはないということだろうと思います。云々」とある。

これはいかなる意味か。

右質問する。

衆議院議員稲葉誠一君提出「憲法、国際法と集団的自衛権」に関する質問に対する答弁書

一から五までについて

国際法上、国家は、集団的自衛権、すなわち、自国と密接な関係にある外国に対する武力攻撃を、自国が直接攻撃されていないにもかかわらず、実力をもって阻止する権利を有しているものとされている。

我が国が、国際法上、このような集団的自衛権を有していることは、主権国家である以上、当然であるが、憲法第九条の下において許容されている自衛権の行使は、我が国を防衛するため必要最小限度の範囲にとどまるべきものであると解しており、集団的自衛権を行使することは、その範囲を超えるものであって、憲法上許されないと考えている。

なお、我が国は、自衛権の行使に当たっては我が国を防衛するため必要最小限度の実力を行使することを旨としているのであるから、集団的自衛権の行使が憲法上許されないことによって不利益が生じるというようなものではない。

六について

我が国は、国際法上、国際連合憲章第五十一条に規定する集団的自衛権を有しており、このことについて、日本国との平和条約第五条（C）は、「連合国としては、日本国が主権国として国際連合憲章第五十一条に掲げる個別的又は集団的自衛の固有の権利を有すること……を承認する。」と、日本国とソヴィエト社会主義共和国連邦との共同宣言第三項第二段は、「日本国及びソヴィエト社会主義共和国連邦は、それぞれ他方の国が国際連合憲章第五十一条に掲げる個別的又は集団的自衛の固有の権利を有することを確認する。」と、日本国とアメリカ合衆国との間の相互協力及び安全保障条約前文は、「両国が国際連合憲章に定める個別的又は集団的自衛の固有の権利を有していることを確認し」と、それぞれ規定している。

なお、我が国が集団的自衛権を行使することが憲法上許されないことについては、一から五までについてにおいて述べたとおりである。

七について

御指摘の答弁は、その答弁に係る事態について、我が国の自衛権の行使が認められる余地があるという趣旨のものではない。このことは、同答弁の直前において、「わが国に対する武力攻撃があった場合に日本の個別的自衛権は限定された態様で発動できるというだけのことでございますから」と述べていることからも明らかである。

八について

御指摘の答弁は、我が国が、国際法上、主権国家として、集団的自衛権を有していることを説明したものである。

右答弁する。

資料Ⅰ・57

長沼ナイキ基地訴訟

①札幌地方裁判所判決一九七三年九月七日

（昭和四四年（行ウ）第一六号・第二三号・第二四号　保安林指定の解除処分取消請求事件）

［出典］判例時報七一二号二四頁

②札幌高等裁判所判決一九七六年八月五日

（昭和四八（行コ）二号　保安林解除処分取消請求控訴事件）

［出典］行裁例集第二七巻八号一一七五頁

③最高裁判所第一小法廷判決一九八二年九月九日（棄却）

（昭和五二（行ツ）五六　保安林解除処分取消）

［出典］民集第三六巻九号一六七九頁

コメント

1．ここに掲載した三つの判決は、いわゆる長沼事件の第一審、二審、最高裁判決である。

この事件は、北海道夕張郡長沼町の住民である原告らが、ナイキ基地建設のために行われた同地山林の農林大臣による保安林の指定解除処分の取り消しという形で、自衛隊の違憲性を訴えた、攻勢的な憲法裁判として注目される。

憲法九条に係わる裁判としては、一九五九年に一審判決、最高裁判決を得た砂川事件（⇩Ⅰ・35）、六七年に札幌地裁で憲法判断が回避された恵庭事件に継ぐ第三番目の裁判であった。

また、その判決も、とくに第一審札幌地裁の判決が正面から自衛隊の違憲を判示した点で、他方、最高裁判決が自衛隊の合・違憲の実体判断に踏み込まずそれを回避した点で、注目すべき判決である。

2．長沼事件のくわしい経緯は省略する。長沼事件とは、一九六八年、北海道夕張郡長沼町に、自衛隊の高射教育・訓練施設を建設するために、同地の国有林・保安林の一部を指定解除したため、住民がその取り消しを求めて起こした行政訴訟事件である。

この裁判の過程で、第一審の福島重雄裁判官に対し、札幌地裁の平賀健太所長による書簡の形での裁判干渉が引き起こされ、いわゆる「司法の反動化」問題の一環として、社会問題化した。

一九七三年に出された第一審判決は以下の諸点で注目される。

第一に注目されるのは、判決は、原告の訴えの利益の有無について、地区住民の利益は森林法によって保護された利益であり、原告らは「法律上の利益を有する者」にあたると判断したが、その際、平和的生存権を法律上の利益として認めたことである。

「それに加えて、右森林法を憲法の秩序のなかで位置づけたうえで、その各規定を理解するときには、……右各規定は帰するところ、憲法の基本原理である民主主義、基本的人権尊重主義、平和主義の実現のために地域住民の『平和のうちに生存する権利』（憲法前文）すなわち平和的生存権を保護しようとしているものと解するのが正当である。したがって、もし被告のなんらかの森林法上の処分によりその地域住民の右にいう平和的生存権が侵害され、また侵害される危険がある限り、その地域住民にはその処分の瑕疵を争う法律上の利益がある」と。

第二に注目されるのは、判決が、違憲審査権行使と統治行為論との関係についても判断し、まず原則として、裁判所は必要な場合には「憲法適合性を審理判断する義務がある」と述べ、統治行為の存在を一応認めたうえでそれを制限的に解釈すべきと判断したことである。

「裁判所は具体的争訟事件の審理の過程で、国家権力が憲法秩序の枠を越えて行使され、それゆえに、憲法の基本原理に対する黙過することが許されないような重大な違反の状態が発生している疑いが生じ、かつその結果、当該争訟事件の当事者をも含めた国民の権利が侵害され、または侵害される危険があると考えられる場合において、裁判所が憲法問題以外の当事者の主張について判断することによってその訴訟を終局させたのでは、当該事件の紛争を根本的に解決できないと認められる場合には、……憲法判断を回避するといった消極的な立場はとらず、その国家行為の憲法適合性を審理判断する義務があるといわなければならない。」と。

第三に注目される点は、判決が積極的に憲法九条の解釈に踏み込み、「陸、海、空各自衛隊は、憲法第九条第二項によってその保持を禁ぜられている『陸海空軍』という『戦力』に該当」し、自衛隊関連法規は違憲であると断定したことである。判決はそれをふまえて、自衛隊が違憲である以上、自衛隊の施設を設置する目的は、森林法二六条二項の「公益上の理由」にあたらず違法であり、処分は取り消しを免れないとした。

3．札幌地裁判決に対し国側控訴に基づいて、札幌高裁で審理がなされ、一九七六年、第二審判決が下された。二審判決の意義は以下の諸点である。

第一に高裁判決は、一審判決後のナイキ基地の完成、代替施設工事の完成により指定解除処分によって住民が被る不利益は解消され訴えの利益は消滅したとして、自衛隊の合違憲という実体判断に踏み込まずに、原告の訴えを門前払いの形で却下したことである。

しかし、第二に高裁判決は、わざわざ「付加意見」として、原告、被控訴人の「自衛隊等違憲の主張に」反論したことである（二八五頁以下）。とくに付加意見のなかで、判決は統治行為論を展開し、自衛隊の合・違憲判断も統治行為にあたるから、自衛隊が「一見極めて明白に侵略的なものとみなし得ない」限り、当該事項は司法判断の対象にならない、として、自衛隊の合・違憲判断は、統治行為に属し裁判所が判断すべきでないと結論づけた。

「憲法第九条の前記解釈によれば、同条が保持を一義的、明確に禁止するのは侵略戦争のための軍備ないし戦力、すなわち侵略を企図し、その準備行為であると客観的に認められる実体を有する軍備ないし戦力だけである。したがって、自衛隊法が予定する自衛隊の目的、組織、編成、装備等が右にいう侵略的なものであると一見極めて明白に認められるときは、裁判所は自衛隊法もしくはこれに当る条規の違憲であることを判断すべきであり、また自衛隊法もしくはその条規の違憲性の有無とは別に、行政運用の実体である自衛隊の目的、組織、編成、装備等その実態が証拠調手続を経るまでもなく右にいう侵略的なものであると一見極めて明白に認められるならば、この点については司法判断の対象となるというべきである。しかし、右に当らず、一見極めて明白に侵略的なものとなし得ない場合には、当該事項がいわゆる統治行為に属するものであることにかんがみ、右は司法審査の対象とはならないといわなければならない。」と。

4．それに対する原告の上告に基づいて、一九八二年に最高裁判決が出された。判決の注目すべき点は、代替施設の完成により上告人の居住地域の洪水の危険はなくなり、上告人らの訴えの利益はなくなったとして、自衛隊合・違憲判断に踏み込まずに訴えを退けた点である。

地裁、高裁と異なり最高裁が、自衛隊と憲法についての実体判断に一切踏み込まなかったことは、この時点での最高裁のある種の政治判断、つまり自衛隊の合憲判断に踏み込むほどに国民のなかでの合意がないという政治判断がうかがわれる。

①札幌地方裁判所判決一九七三年九月七日

原　告　　　　　伊藤　隆　ほか二七〇名
右原告ら代理人　弁護士　彦坂敏尚　ほか四五三名
被　告　農林大臣　代理人　村重慶一
右指定代理人　　高松　勇　ほか一二名

判　決

第一目　当事者の表示

1　原告らの氏名、住所および訴訟代理人の氏名は別紙当事者目録（一）《略》記載のとおり

2　被告および指定代理人の氏名は別紙当事者目録（二）《略》のとおり

第二目　主　文

1　被告が昭和四四年七月七日農林省告示第一、〇二三号をもってした左記保安林の指定を解除する旨の処分を取消す。

（1）解除にかかる保安林の所在場所　北海道夕張郡長沼町（国有林）

（2）保安林として指定された目的　水源のかん養

（3）解除の理由　高射教育訓練施設および同連絡道路敷地にするため

2　訴訟費用は被告の負担とする。

第三目　事　実

第一次　当事者双方の求めた裁判

一、本案前の裁判

（被告）「本件訴えを却下する。訴訟費用は原告らの負担とする。」との判決

二、本案についての裁判

（原告ら）主文同旨の判決

（被告）「原告らの請求を棄却する。訴訟費用は原告らの負担とする。」との判決

第二次　原告らの主張《略》

第三次　被告の主張・認否《略》

第四次　当事者の提出、援用した証拠《略》

第四目　理　由

第一次　当事者間に争いのない事実

原告らの請求原因事実および被告の主張事実のうちでつぎの各事実は当事者間に争いがない（なお（一）ならびに（二）の頭書、（1）ないし（5）および（6）中「関係書類………」以下の記述は原告らは弁論の全趣旨から争わないものと認める。）

（一）馬追山保安林の概要

本件馬追山保安林は夕張川の支流の上流部にあたり夕張郡長沼町と由仁町との町界をなす標高八〇ないし二九七メートルの丘陵性の山地約一、五〇〇ヘクタールの水源かん養保安林の一部であること、水源かん養保安林は森林のもつ理水機能に着目したものであって、用水の確保、洪水防止の機能をもつものであること。

A　地況

地質は第三紀層に属し、基岩は砂岩、泥岩、頁岩、凝灰岩および安山岩などから構成され、樽前火山灰が堆積し、土壌は砂壌土からなっていること。傾斜は五ないし二〇度の緩斜ないし中斜地で、南北にせき梁が走る丘陵地形であること、このせき梁から東西に多数の渓流が流出しているが保安林指定の解除地（約三五ヘクタール）はこの団地の北寄りの小水系の一部で集水区域内にある保安林面積は二八七ヘクタールであること。

B　林況

約一、五〇〇ヘクタールのこの保安林はトドマツ、カラマツ、ストローブマツ等五ないし三五年生の人工林が主体をなし、一部比較的急斜地はナラ、シナ、イタヤ等の老壮齢の天然生広葉樹でおおわれ、ヘクタールあたり、約一三〇立方メートルの蓄積をもち、生育は中庸であること、下層植生はクマザサが密生していること。

またこのうち指定解除地は約七〇％（二五ヘクタール）が人工造林地で、他は広葉樹を主とした天然生林であり、人工林は六ないし三五年生の前記樹種からなり、このうち七七％（一九ヘクタール）が一二年生以下、その半数が六年生であること。

2　保安林の指定

この一団地の保安林は通称馬追山国有林と呼ばれ、明治三〇年、同四二ないし同四四年の間四回にわたり長沼町および由仁町の水田用水の確保および洪水による災害防止のために水源かん養保安林に指定されたこと、この指定当時の面積は二、一六一ヘクタールであったが、昭和二四年、同二七年の二回にわたり開拓用地にあてるため保安林の一部解除がおこなわれ、その結果保安林の面積は長沼町一、〇九六ヘクタール、由仁町四一二ヘクタールとなったこと、同四三年六月このうち長沼町所在の分六七ヘクタールを防衛庁に所管換えし、そのうち約三二ヘクタールと、林野庁所管の国有林三ヘクタールについて本件保安林指定の解除処分がなされたこと。

（二）本件保安林指定の解除手続

本件保安林指定の解除手続は二つに分かれていること。その一つは札幌防衛施設局長が航空自衛隊第三高射群施設（高射教育訓練施設）敷地とするため森林法第二七条に基づいて被告農林大臣に保安林指定の解除を申請したものであり、その二は右施設の連絡道路として必要な部分について札幌防衛施設局長が国有林野法による国有林の貸与申請をしたことに基づき、所轄札幌営林局長が被告に保安林指定の解除の上申をしたものであること。以下右解除手続の概要は、

（1）札幌防衛施設局長は昭和四三年六月一二日航空自衛隊第三高射群施設（高射教育訓練施設）を設置するため、被告あての同日付保安林指定の解除申請書を北海道知事に提出したこと。

（2）北海道知事は同年六月一三日右保安林指定の解除はやむをえないものであるとの意見書を付して右申請書を被告に進達したこと。

（3）被告は同年六月二〇日右申請書ならびに意見書を受理したが、北海道林務部長あてに疑義を照会するなど慎重に審査した結果、解除を相当と認め、同年七月一三日北海道知事あてに同法第二九条の通知をおこない、同知事は同月一九日北海道告示第一、四八五号をもって同法第三〇条の予定告示をおこなうとともに長沼町役場においても関係書類を縦覧に供したこと。

なお連絡道路の敷地に関する部分については同年七月八日付で札幌営林局長から被告あてに上申書が提出され同年七月二三日被告から同法第二九条の通知がされ、同月二七日北海道告示第一、五七〇号をもって同法第三〇条による予定告示がされたこと。

（4）予定告示に対する異議意見書の提出期限は高射教育訓練施設の敷地については同年八月一八日、連絡道路の敷地については同月二六日であったが、それぞれの期限まで両者を合併した異議意見書が一三八通（原告ら主張では一三九名）提出され、これを受理した北海道知事は同月三〇日付でこれらを被告に進達したこと。

（5）そこで被告は同年九月一六日から一八日までの三日間札幌市中央区北二条西一丁目所在の札幌営林局の会議室において公開による聴聞会（第一回）をおこなおうとし、その旨を同月五日付で意見書提出者一三七名（一三八通の意見書のうち一通には異議意見の内容およびその理由が記載されていなかったので除外）に通知するとともに同月七日付官

報で告示したこと。

また被告は同四四年五月八日から一〇日までの三日間夕張郡長沼町所在の長沼町公民館において再度公開による聴聞会（第二回）をおこなうことにし、その旨を同年四月末頃付で一二八名（意見書取下げ者九名を除外）に通知するとともに同年五月一日付官報で告示したこと。

（6）その後被告は本件保安林指定の解除をすることを相当と認め、同年七月七日農林省告示第一、〇二三号をもって本件保安林指定の解除の告示をするとともに関係書類を北海道庁ならびに長沼町役場において縦覧に供したこと。

（三）原告らのうち原告皆川咲を除いたその余の者はいずれも夕張郡長沼町に居住するものであること。

第二次　原告皆川咲の住所および書証の成立の認定

1　原告皆川咲の住所は、同原告の訴訟代理委任状から夕張郡長沼町市街地銀座区であることを認める。

2　《証拠略》

第三次　原告らの訴えの利益について

被告は原告らが本件訴訟につき訴えの利益をもたないとして以下の（一）1、（二）1、（三）1のとおり主張する。しかし右各主張は（一）2、（二）2、（三）2の理由によっていずれも採用できず、（四）記述の理由をも含めて原告らは本件訴訟につき法律上の利益をもつものといわなければならない。

（一）1　およそ行政処分の取消訴訟において原告適格をもつ者は行政事件訴訟法第九条にいう「当該処分……取消しを求めるにつき法律上の利益を有する者」でなければならないが、原告らは本件保安林指定の解除処分についてはたんにいわゆる反射的利益をもつ者にすぎず、右条項にいう法律上の利益をもつ者にはあたらない。すなわち本件保安林は長沼町および由仁町の水田用水等の確保、洪水などの防止を目的としたいわゆる水源かん養保安林であるところ、これを保安林として指定する際には、その森林がその地域全体において占める位置、付近の状況等を参酌して公益的観点からされるのであって、その所有者や周囲の居住者などの個人的利益のためにされるものではない。したがって、原告らがかりに右指定によって利益を受けるにしても、それはたんに保安林として指定されたことからくる反射的利益ないし偶然的な事実上の利益であって、いまだ法律が直接保護しようとしている利益ということはできない。そして森林法第二七条第一項、第三二条等が地区住民に保安林としての指定もしくは解除の申請権を認め、また指定もしくは解除の告示に対する異議につき意見書の提出、聴聞の機会を与えているとしても、それが当該地方公共団体の長にも認められていることからも明らかなように、これは保安林の指定もしくは解除について被告のする前記公益判断につき参考となる意見を徴し、もって林野行政の公正妥当な運営を担保しようとするものにすぎず、これをもって原告らが法律によって直接に保護された利益をもっていることにはならない、と主張する。

2　森林法第三章第一節に規定する保安林制度の趣旨は同法第二五条第一項が保安林指定の目的としてその保安林地区の水源かん養（第一号）、土砂の流出、崩壊の防備（第二、三号）、風水害、干害等の防備（第五号）、なだれ等の防止（第六号）、公衆の保健（第一〇号）、その他を列挙していることからも明らかなように、たんに当該森林の所有者またはその他の権利者の個人的利益を保護しようとするものではなく、その森林付近の地域住民の生命、身体、財産、健康、その他生活の安全等を保護しようとするものであることはいうまでもない。このことは同法第二七条第一項が「保安林の指定若しくは解除に……直接の利害関係を有する者」は保安林の指定、もしくは指定の解除を農林大臣に申請する権利があるとしていること、同法第二九条が「農林大臣は、保安林の指定又は解除をしようとするときは、あらかじめその旨」を所在場所、指定または解除の目的、指定施業要件、解除の理由とともに「森林の所在地を管轄する都道府県知事に通知しなければならない。」とし、これをうけて同法第三〇条が「都道府県知事は、前条の通知を受けたときは、遅滞なく……その通知の内容を告示し、その森林の所在する市町村の事務所に掲示（し）……なければならない。この場合において、保安林の指定又は解除が第二七条第一項の規定による申請にかかるものであるときは、その申請者にも通知しなければならない。」と規定し、また同法第三三条第一項が「農林大臣は、保安林の指定又は解除をする場合には、その旨」を、その所在場所、指定または解除の目的、指定施業要件、解除の理由とともに「告示するとともに関係都道府県知事に通知しなければならない。」とし、同条第三項がこれをうけて「都道府県知事は、第一項の通知を受けたときは、その処分の内容を……その処分が第二七条第一項の申請に係るものであるときはその申請者に通知しなければならない。」と規定し、（右各規定はつぎに述べる第三二条の意見書提出権等の規定とともに同法第三三条の二および三において保安林の指定施業要件の変更の場合にも準用されている。）さらに同法第三二条第一項が「第二七条第一項に規定する者は、第三〇条の告示があった場合においてその告示の内容に異議があるときは、……農林大臣に意見書を提出することができる。」とし、同条第二項が「農林大臣は前項の規定による意見書の提出があったときは、これについて公開による聴聞を行なわなければならない。」、また同条第四項が「農林大臣は、第三〇条の告示の日から四〇日を経過した後（第一項の意見書の提出があったときは、これについて第二項の聴聞をした後）でなければ保安林の指定又は解除をすることができない。」といずれも規定していることからも明らかである。そしてこのような保安林の指定の予定告示の効果の反面として、同法第三一条により「都道府県知事は」森林所有者その他の権利者に対し「保安林予定林について、……九〇日をこえない期間内において、立木竹の伐採又は土石若しくは樹根の採掘、開墾その他の土地の形質を変更する行為を禁止することができ……」、また指定後は保安林においては同法第三四条によって原則として「都道府県知事の許可をうけなければ、立木を伐採してはなら（ず）」（第一項）また同様に「都道府県知事の許可をうけなければ、立木を伐採し、立木を損傷し、家畜を放牧し、下草、落葉若しくは落枝を採取し、又は土石若しくは樹根の採掘、開墾その他の土地の形質を変更する行為をしてはならない。」ことになる。

このような諸規定からみるときは保安林の制度はたんに特定の個人の利益の保護を目的とするものではなく、一定の地域住民の利益の保護を目的とするものであるという意味において、それなりの公共的、公益的目的をもつ制度であるといってさしつかえないが、しかしこのようにいうことは個々の地域住民を直接考慮することのないまったく抽象的、一般的公共性を目指すことを意味するものではない。このことは前記第二七条第一項がほかに「利害関係を有する地方公共団体の長」にも保安林の指定または指定解除の申請権（したがって同法第三〇条、第三二条、第三三条の場合も前に同じ）を認め、また第三三条の二第二項にも同様に「利害関係を有する地方公共団体の長」の指定施業要件の変更申請権を認め、さらに同法第三六条第一項が受益者負担につき「保安林の指定によって利益をうける地方公共団体……」と規定しているとしても前記制度本来の趣旨の解釈を左右するものではない。

以上のとおり森林法が保安林制度によって保護しようとしているものはその地区住民のもつ生命、身体、財産、健康その他生活の安全等の利益であるから、この地区住民の利益は被告の主張するようなたんなる反射的利益ではなく、まさに右森林法によって保護された利益であるといわなければならない。

原告らがいずれも本件馬追山保安林の存在する夕張郡長沼町に居住す

る者であることは前記第一次（三）、第二次1で記述したとおりであるから、原告らは本件保安林指定の解除処分の取消しを求めるについては行政事件訴訟法第九条にいう「法律上の利益を有する者」に該当する。

（二）1　また被告は、およそある森林が保安林として指定されるには、その対象地が森林としての性状をもたなければならず、森林でないものを対象としてされた保安林の指定は無効であり、また、いったん保安林として指定されても、その後、森林性を喪失したならば、右指定処分も当然に失効するものといわなければならない、そして、本件処分によって保安林の指定を解除された森林約三五ヘクタールについては、右処分後すでにその樹木は伐採され、その跡地には半永久的な射撃統制施設、発射施設等のナイキ高射教育訓練施設およびその連絡道路が構築されていて、森林性は失われており、かりに本件解除処分が取消されても、現実の事実状態として森林性が復活することがないから原告らの本件訴えの利益はすでに消滅したと主張する。

2　なるほど、保安林が森林としての性状を永久に喪失するならば（たとえば河川によって著しく浸蝕され、また地変により湖底、海底に埋没するなど）、その保安林としての指定もまたその効果を失うに至るとみるべきことは被告の主張のとおりである。しかし、保安林がたんに樹木の伐採、地形の変化、山林火災などにより一時的にその森林性を喪失することがあっても、その跡地にその後自然の力によって森林性を回復する可能性がある場合はもちろん、その他現代の土木工事、植林、営林技術による人為的な措置によって回復が可能である限りは、右にいう森林性を未だ喪失していないといわなければならない。

このことはたとえば森林法第三四条の二が「森林所有者等が保安林の立木を伐採した場合には、当該保安林に係る森林所有者は、当該保安林に係る指定施業要件として定められている植栽の方法、期間および樹種に関する定めに従い、当該伐採跡地について植栽しなければならない。」と定め、また同法第三八条第一項が「都道府県知事は、第三四条第一項の規定に違反した者若しくは同項の許可に附した同条第六項の条件に違反して立木を伐採した者又は偽りその他不正な手段により同条第一項の許可を受けて立木を伐採した者に対し……当該伐採跡地につき、期間、方法および樹種を定めて造林に必要な行為を命ずることができる。」と規定し、また第三八条第二項も第三四条第二項に違反した場合につき右と同様に定め、さらに第三八条第三項も森林所有者が第三四条の二による植栽義務を履行しない場合には都道府県知事はその所有者に対し、期間、方法などを定めて植栽を命ずることができると規定しているなどいずれも森林性の回復を予定した規定が存在することからも明らかである。

したがってもし本件保安林指定の解除処分が取消されるならば、法律上当然に保安林指定が復活することになるので、本件保安林の所有者である国は前記森林法第三四条の二によって右保安林の指定施業要件（この点本件口頭弁論に提出された証拠資料からは右保安林について施業要件が指定されているのか否か、またいかなる内容の要件が指定されているのかは明らかではないが）に従がって伐採跡地に樹木を植栽しなければならない義務を負うことになり、またかりに指定施業要件を欠いていたとしても、行政事件訴訟法第三三条および森林法第三八条第一項の規定の趣旨からみても、被告が同様に伐採跡地に樹木を植栽して森林性を回復する措置をとらなければならない義務を負うことは明らかである。

そして、本件保安林指定の解除処分の対象となった山林の位置、範囲、規模等は前記第一次（一）で記述したとおりであり、また解除処分後の森林樹木の伐採形態、その跡地に構築されたいわゆる高射教育訓練の各施設および工作物を、《証拠略》からみても、未だ右各施設工作物を除去したならばその跡地に植栽することにより森林性を回復することは十分可能であると認められるので、原告らはなお行政事件訴訟法第九条にいう「処分の取消しによって回復すべき」法律上の利益をもつといえる。

（三）１　さらに被告は本件保安林指定の解除処分後、その対象地区の樹木を伐採し、その跡地に前記各施設を構築することによって、本件馬追山保安林の従来から果たしてきた水源かん養林としての機能を若干低下させることになるにしても、すでに富士戸一号、二号の堰堤、砂防堰堤（七基）、馬追運河の一部嵩上げ工事などの代替施設工事の施行完成により、灌漑用水、飲用水の確保は十分にされており、また洪水の危険性も除去されて、右解除処分による経済上および保安上の影響は完全に補填されているから、右解除処分が取消されても原告らにとってなんら新たな利益を生ずる余地はなく、原告らの訴えの利益は消滅したと主張する。

２　しかしながら被告が右代替施設工事の設計基準および工事施行の結果として提出援用する《証拠略》のほか、原告らの弁論の趣旨（前記第三目、第二次、第一、四）からみて、前記富士戸一号堰堤についてはその設計の基礎となった一〇〇年確率日雨量資料の不十分さ、またその設計過程における洪水の流出率、比流量の算定などにつきかなりの疑問点が残されており、さらに砂防堰堤についての土砂流出量の計算などについても同様であって、右代替施設工事によっても、未だその洪水の危険性が完全に除去されているとはいえないので、本件保安林指定の解除処分の取消しを求める原告らの訴えの利益はなお存在するものといわなければならない。

（四）それに加えて、右森林法を憲法の秩序のなかで位置づけたうえで、その各規定を理解するときには、同法第三章第一節の保安林制度の目的も、たんに同法第二五条第一項各号に列挙された個個の目的にだけ限定して解すべきではなく、右各規定は帰するところ、憲法の基本原理である民主主義、基本的人権尊重主義、平和主義の実現のために地域住民の「平和のうちに生存する権利」（憲法前文）すなわち平和的生存権を保護しようとしているものと解するのが正当である。したがって、もし被告のなんらかの森林法上の処分によりその地域住民の右にいう平和的生存権が侵害され、また侵害される危険がある限り、その地域住民にはその処分の瑕疵を争う法律上の利益がある。

そして本件保安林指定の解除処分の理由は前記第一次（二）で述べたように第三高射群施設などの設置で、それは後述のようにいわゆるナイキＪの発射基地であり、《証拠略》からはこのような高射群施設やこれに併置されるレーダー等の施設基地は一朝有事の際にはまず相手国の攻撃の第一目標になるものと認められるから、原告らの平和的生存権は侵害される危険があるといわなければならない。しかも、このような侵害は、いったん事が起きてからではその救済が無意味に帰するか、あるいは著るしく困難になることもまたいうまでもないから、結局この点からも原告らには本件保安林指定の解除処分の瑕疵を争い、その取消しを求める法律上の利益がある。

第四次　請求原因の判断の順序

原告らの主張する請求原因は、前記事実欄記載のように、自衛隊の憲法第九条違反を含む森林法第二六条第二項の公益性の欠如、同条同項の必要性の欠如、同条同項の代替施設の瑕疵、同法第三二条第二項の聴聞会手続の瑕疵の四点である。そしてこれらはいずれも独立して右解除処分の取消しを求めることのできる違法事由である。

このように、ある処分の取消しを求める理由として、憲法違反（法律違反であってもその内容に憲法違反をいう場合を含む。）の理由と、単純な法律違反の理由がともに主張されている場合については、もし単純な法律違反の点について判断することにより、その訴訟を終局させることができるなら、あえて憲法違反の主張については判断しないとの見解が唱えられているが、この見解にはそれなりに相当の根拠があると考える。なぜならば憲法八一条は特に明文をもって裁判所が、いっさいの法律、命令、規則および処分の憲法への適合性を審査できること、すなわち、いわゆる違憲審査権をもつことを定め、この限度では司法権は他の二権、すなわち立法権、行政権に優位することを定めているけれども、裁判所は違憲審査権の行使にあたり、憲法体制ないし憲法秩序のなかにおける司法権の地位と役割ならびに司法作用の特性からくる制約などの諸条件を考慮したうえで、右審査権を行使するかしないかを決めなければならないと考えられるからである。この場合に考慮すべき事柄としては、第一に、憲法が、立法権、行政権および司法権の三つの国家機関は相互に抑制しつつ均衡を保つという三権分立体制をもって、民主的な統治機構の理想としている以上、三権はできる限り相互に、それぞれ各権の判断を尊重すべきであるということ、第二に、司法権は、具体的訴訟事件について、その限りで法を判断し、適用する権限をもつものであり、すなわち、私権の救済を本旨とするものであること、第三に、法律、命令、規則等に対する違憲審査権の行使の結果に伴なう政治的、社会的あるいは経済的影響力のもつ意味は予測しにくい、微妙なものがあること、第四に、司法権の作用と機能には、その特有の手続的な制約があること、つまり、主張、立証は原則としては当事者の訴訟活動に委ねられ、裁判所が職権をもって証拠などの取調をする場合も補充的なものにすぎず、かつ、その裁判の執行方法も限定されていること、が挙げられているが、このような諸点を考慮して、裁判所が憲法違反の主張についての判断をできる限り最終判断事項として保留し、その権限の行使を慎重にしようとすることは十分な理由があるといわなければならない。しかしながら、右の原則は、いつ、いかなる場合にも、裁判所が当事者の主張のうち憲法違反の主張については最後に判断すべきであるとまでいうものではない。むしろ、わが国は、憲法を中心とする法治国家であるから、立法、司法、行政の三権はいずれも憲法体制、あるいは憲法秩序のなかでその権限を行使しなければならないのであって、それら三権のなかでも司法権だけが法令等の憲法適合性を最終的に判断する権限と義務をもっているのであるから、裁判所は具体的争訟事件の審理の過程で、国家権力が憲法秩序の枠を越えて行使され、それゆえに、憲法の基本原理に対する黙過することが許されないような重大な違反の状態が発生している疑いが生じ、かつその結果、当該争訟事件の当事者をも含めた国民の権利が侵害され、または侵害される危険があると考えられる場合において、裁判所が憲法問題以外の当事者の主張について判断することによってその訴訟を終局させたのでは、当該事件の紛争を根本的に解決できないと認められる場合には、前記のような憲法判断を回避するといった消極的な立場はとらず、その国家行為の憲法適合性を審理判断する義務があるといわなければならない。

なぜならば、もしこのような場合においても、裁判所がなお訴訟の他の法律問題だけによって事件を処理するならば、かりに当面は当該事件の当事者の権利を救済できるようにみえても、それはただ形式的、表面的な救済にとどまり（同一の紛争がまた形を変えて再燃しうる）、真の紛争の解決ないしは本質的な権利救済にならないばかりか、他面現実に憲法秩序の枠を越えた国家権力の行使があった場合には、裁判所みずからがそれを黙過、放置したことになり、ひいては、そのような違憲状態が時とともに拡大、深化するに至ることをもこれを是認したのと同様の結果を招くことになるからである。そして、このことは、さらに本来裁判所が憲法秩序、法治主義（法の支配）を擁護するために与えられている違憲審査権を行使することさえも次第に困難にしてしまうとともに、結果的には、憲法第九九条が、裁判官をも含めた全公務員に課している憲法擁護の義務をも空虚なものに化してしまうであろう。

そこで、本件についてみると、原告らの主張する前述の憲法第九条違反、森林法第二六条第二項の公益性の欠如の主張からは、わが国の自衛隊の存在が、憲法の基本原理の一つである平和主義に違反するものではないかとの疑いがもたれるのであり、かつ、前記第三次で認定したように、本件保安林指定の解除処分が航空自衛隊の第三高射群の基地設置と不可分に結びつくものであり、そしてその結果、原告らの平和的生存権、その他の権利の侵害のおそれが生じていると疑われるのであるから、前述したところにより、裁判所としては、憲法判断を回避することは許されないのであって、違憲審査権を積極的に行使すべき場合に該当するといわなければならない。

したがって以下はまずこの点から判断する。

第五次　本件保安林指定の解除処分の憲法第九条違反、および森林法第二六条第二項の公益性の欠如について

第一、当事者双方の主張の要旨

1　原告らの右の点についての主張の要旨は、

被告が森林法第二六条第二項によってした本件保安林指定の解除処分は、航空自衛隊第三高射群の施設（いわゆるミサイル発射基地）、およびその連絡道路敷地とするためのものであるが、しかし、陸、海、空各自衛隊は、いずれも憲法第九条によってその保持を禁じられている陸海空軍に該当するので、その存在は違憲である。そして、被告が森林法の各条項によって与えられた権限を行使するにも、当然に憲法の各条項に合致してこれをする義務を負い、かつ、これに違反した場合には、その権限行使の結果は無効となるものである。そうすれば、被告が右自衛隊の施設等設置の目的でした本件保安林指定の解除処分は、憲法第九八条第一項の規定をまつまでもなく、違憲であって無効である。

さらに、右のような違憲の存在である自衛隊の施設等の設置は、森林法第二六条第二項にいう公益上の理由にはならないので、被告の右処分はこの点でも違法なものである。

というにある。

2　これに対して被告の主張の要旨は、

（1）防衛庁は、本件保安林を航空自衛隊第三高射群施設等の敷地として使用する計画であるが、これは、昭和四二年三月一四日内閣において決定された第三次防衛力整備計画に基づくものである。ところで、国家の防衛が公益性をもつものであることはいうまでもない。すなわち、国家の防衛は、自国の平和と安全を維持し、その存在をまっとうするための基礎条件であり、もし、これに欠陥があって外部から武力攻撃をうけた場合には、国の平和と安全のみならず、国民の基本的人権の保障さえも危くなる。したがって、国家の防衛および防衛施設の設置は、きわめて高度の公益性をもつ国家作用である。それゆえ、本件保安林指定の解除処分も、森林法第二六条第二項にいう公益上の理由により必要が生じたものとして適法である。

（2）自衛隊が、憲法第九条の禁止するいわゆる戦力に該当するかどうかは、司法権の審査の範囲には属さない。およそ独立国が自衛権をもつことは自明のことであって、憲法第九条もわが国の平和と安全を維持し、その存立をまっとうするために必要な措置までも禁止したものでないことは明らかである。そして、この自衛のための措置として、自衛隊を保持するか否か、また保持するにしても、いかなる程度の規模、装備、能力等を備えるかなどは、わが国の国家統治の基本に関する事柄であって、流動する国際環境、国際情勢、ならびに科学技術の進歩などを、将来の展望をも含めて総合的に判断し、わが国の国力、国情に応じて決すべききわめて高度の政治性をもつ事柄であり、したがって、主権者である国民に対し、直接責任を負うところの国会および政府が、高度の政治的裁量のもとに決定し、その当否は、最終的には主権者である国民の政治判断に委ねるべきものであって、国民に対し政治責任を負わない純司法的機能をその使命とする司法審査になじまないものであるばかりでなく、裁判に必然的に随伴する手続上の制約を考えても、裁判所が審査すべきものではない。

（3）かりに、自衛隊の憲法適合性について司法審査権がおよぶとしても、自衛隊は、わが国の自衛権に基づく自衛力であって、憲法第九条にいう戦力ではなく、したがって合憲である。すなわち、憲法は、わが国が主権国としてもつ自衛権を否定するものでないことはいうまでもなく、その平和主義が、決して無防備、無抵抗を意味するものではなく、わが国が外部からの不正な武力攻撃や侵略を受けた場合、それを防止すること、そしてそれに必要な力、すなわち、自衛力を保有することまで禁止するものではない。そして自衛隊は右にいう自衛権に基づく自衛力である。

というに帰する。

3　原告らと被告の各主張するところからは、実体的な論点として、自衛隊が憲法第九条にいう「陸海空軍その他の戦力」に該当せず合憲であるとすれば、その施設設置のために被告のした本件保安林指定の解除処分は森林法第二六条第二項にいう公益性があり、もしそれが右憲法条項に抵触して違憲の存在だとすれば、被告の右解除処分自体も憲法に違反し、かつ、森林法の右条項にいう公益性を具備できないことになり、当事者双方の主張は、この点でその論点を共通にしているものということができる。

そして森林法第二六条第二項は、保安林指定の解除処分をするための実体的な要件として、解除の目的が「公益上の理由」に基づかなければならないとしているところ、ここにいう公益性は、憲法を頂点とする法体系上価値を認められるものでなければならないことはいうまでもなく、自衛隊が、憲法に違反する存在であるとすれば、その防衛施設の設置という目的は、右にいう「公益上の理由」にあたらないものといわなければならないから、本件保安林指定の解除処分について前記「公益上の理由」の要件の存否を判断するためには、自衛隊の防衛施設の設置が憲法に違反するか否かの問題を判断しなければならないことになる。

しかしながら、被告は、右論点に先立って、自衛隊の憲法適合性については、司法審査は及ばないとし、これに対し、原告らは当然に右の司法審査が可能であるという前提に立っている。したがって以下まず自衛隊の憲法適合性についての司法審査の可能性の点から検討する。

第二、自衛隊の司法審査の法的可能性（いわゆる統治行為論について）

1　憲法第七六条第一項は「すべての司法権は、最高裁判所及び法律に定めるところにより設置する下級裁判所に属する。」と規定し、さらに、同法第八一条は「最高裁判所は、一切の法律、命令、規則又は処分が憲法に適合するかしないかを決定する権限を有する終審裁判所である。」と規定している。後者は、その文言からも、下級裁判所もまた前審裁判所として、いっさいの法律、命令、規則または処分が憲法に適合するかしないかを決定する権限をもつものである、と解されることは多言を要しない。そして、裁判所法第三条もこれらをうけて「裁判所は日本国憲法に特別の定のある場合を除いて一切の法律上の争訟を裁判」すると定めている。したがって、右各条項からは、現在の自衛隊の規模、組織、編成などを規定している防衛庁設置法（昭和二九年六月九日法律第一六四号）、および自衛隊法（同上年月日法律第一六五号）を中心とした関連諸法規および自衛隊に関する国家行為が一応司法審査の対象となる、とみることは当然といえよう。

しかし、このような一般論を前提としたうえで、なお種々の実際的要請のもとに、司法審査の範囲外とされる法律、命令、規則、処分、あるいはその他の国家行為の分野があるか否かの問題がある。そして、この問題はいわゆる「統治行為」、または「政治問題」という名称で論じられている。

2　一般に、このように一定の国家行為を司法審査から除外しようとする考え方は、憲法体制や、国家組織の理論的帰結というよりは、むしろ、各国の歴史的、社会的諸事情のもとに形成され発展してきたのであり、そのため、この考え方の内容は、各国各様であって、統一したものをみない。そこで、代表的なものと目されるフランスおよびアメリカについて検討してみよう。

（1）このような統治行為の存在をもっとも早くから問題にしたのはフランスであるといわれる。フランスにおいては、古くから行政裁判制度の発達によって、原則として、いっさいの行政機関の行為がコンセイユ・デタ（参事院）の統制のもとに置かれることになったが、その例外として、それが、政治的動機によること、または政治的性質をもっているという理由で、どのような訴訟の対象にもならないとされる一群の国家行為の存在を認め、これを「統治行為」と呼んだ。しかし、具体的にいかなる行為をもって統治行為とするかは、必ずしも明確ではなく、結局は、コンセイユ・デタがその行政裁判の歴史のなかで、いくつかの裁判例によってただ経験的に積重ねてきたものにすぎないが、一応つぎのものがそのなかに含まれるとされている。すなわち、1内政上の行為として、（イ）政府と議院との関係における行為、たとえば、政府による下院の解散、（ロ）コンセイユ・デタによる内部的秩序の維持のための処置と確認される行為、たとえば、軍隊内部の懲戒処分、2外交上の行為として、（イ）領土の合併およびその効果、（ロ）条約の有権的解釈、（ハ）外交上のとりきめ、または条約の条項の適用上の行為、（ニ）その他、3戦争行為がそれである。

このような行為が統治行為とされてきたのは、フランスでは、一面においては、行政訴訟につき一般的に審査権をもったコンセイユ・デタが、高度に政治性をもつ国家行為について議院との間で争いの生ずることを避けようとするなどの政治的合目的的配慮からと、他面において、当時、公法の領域においては、法規が未だ完全に整ってはいなかったため、コンセイユ・デタが、司法裁判所とは異なって、厳格な法の拘束を受けるものではなく、またそれは司法権の機関ではなく行政権の機関としての性格から、多分に政策的考慮を加味して裁判をする可能性を与えられていた、という歴史的背景に基づくものであろうといわれている。

しかし、近時フランスにおける法治主義の進展とともに、このような統治行為の考え方は、漸次縮減の方向にあるとされている。

（2）アメリカの裁判所も、その性質上高度に政治に関連する国家行為をいわゆる「政治問題」と呼び、これについて司法審査をおこなうことを避けてきた。それは、三権分立制の基盤のうえでは、一定の事項について、政治機関たる立法機関と行政機関が最終決定権をもち、たとえその事項が法律上の争訟となっても、裁判所は政治機関の最終決定に従うべきで、これについて司法審査をすることが許されないとするものである。しかし、フランスの場合と同様に、その具体的な範囲は必ずしも明らかではない。ただ、アメリカの裁判所が、その長い歴史のなかで樹立したこのような政治問題には、つぎのものが含まれるといわれている。すなわち、1国際関係として、（イ）条約の効力、（ロ）戦争の開始および終了の決定、（ハ）外国人の入国禁止および追放、（ニ）領土権の範囲、（ホ）国家の承認、（ヘ）その他、2内政関係として、（イ）共和政体の保障、（ロ）インデアン種族と州との争い、（ハ）連邦と州との争い、（ニ）その他、がそれである。

このような政治問題に司法審査権が立入らないとする実質的な根拠について、J・P・フランクは、第一に、迅速かつ単一の政策を必要とする場合、とくに、対外事項に関するある種の問題については、明確な、そして臨機の解答を出すことが、正しい解答を出すことよりも、より強く要求されることがある。第二に、司法権が有能に処理できない場合、すなわち、立法的解決に委ねるのを相当とするか、または、事件の処理に裁判所が知ることのできない情報が必要な場合、第三に、他の政府部門の権限たることが明瞭の事項、第四に、処理不可能な状況を避ける必要性、をあげている。しかし、このようなお若干の不明確さを伴なう政治問題には、アメリカの裁判所はこの方向にあまりにもいきすぎているのではないかという批判がなされ、そしてまた、前記したフランク自身も、政治問題の理論はもっとも好ましくない方向に拡大しつつあり、個人の自由の重要な要求を司法審査から排除するものであるから、アメリカの制度の精神に反するものであり、やむをえない場合に限定されるべきである、と結論づけている。

そして、現在では、アメリカの判例は、次第に形式的に司法審査に適合しないとされる行為（たとえば外交問題）である場合にも、とくに個人の重要な人権の侵害を含む事件においては、政治問題として司法審査の外におくことなく、まさに、個々の事件ごとに審査すべきか否かをきめるという傾向を確立しつつあるといわれている。

3　わが国においては、右のような統治行為として司法審査の範囲外とされるべき問題について、未だ学説、判例上確立したものを見ない。しかも、前記したフランス、アメリカで論じられている統治行為、政治問題というものは、いずれも、前述のように、その国の歴史的背景のもとに形成され、発達してきたものであるから、それらの国とは歴史的社会的事情も相違し、しかも、右両国とは異なり、憲法第八一条によって司法権が立法権、行政権のするいっさいの行為にも、審査権をもつ旨規定し、その限度では司法権の他の二権に対する優位を成文上明記しているわが国にただちに導入することもまた妥当を欠くものといわなければならない。

とりわけ、一定の分野の国家行為を司法審査の対象から除外するということは、そのこと自体がすべての国家行為が法のもとにおこなわれ、かつ司法裁判所の審査に服し、これにより国民の権利を擁護するという近代民主主義制度の根幹をなす法の支配ないし法治主義とは対立するものであり、それらは、おのおのの歴史の段階において、その特殊な政治的事情のなかでそれなりの合理性をもっていたとしても、右法治主義からはあくまでも例外的な現象といわなければならず、このことだけからみても、それはフランスの傾向やフランクの批判をまつまでもなく拡大されるべきものではない。

4　わが国の憲法第八一条は、さきにも指摘したように、「最高裁判所は、一切の法律、命令、規則又は処分が憲法に適合するかしないかを決定する権限を有する終審裁判所である。」と規定している。そしてこの「……一切の法律、命令、規則または処分が……」なる文言は、それ自体からはまったく例外を認めない趣旨にも解しうる。

しかしながら、同憲法中にも、たとえば、第五五条本文は「両議院は各々その議員の資格に関する争訟を裁判する。」と定め、また第六四条第一項は「国会は、罷免の訴追を受けた裁判官を裁判するため、両議院で組織する弾劾裁判所を設ける。」と規定しており、これらはいずれも第七六条、第八一条の例外を定めたものとみることができる。

さらに、最高裁判所は、昭和三五年六月八日衆議院解散の効力に関する裁判所の審査権限について、「すなわち衆議院の解散は、極めて政治性の高い国家統治の基本に関する行為であって、かくのごとき行為について、その法律上の有効無効を審査することは司法裁判所の権限の外にありと解すべきことは……あきらかである」旨（民集第一四巻第七号一二〇六頁）を、また同三七年三月七日法律制定の議事手続の効力が争われた事件につき「しかしながら、同法は両院において議決を経たものとされ適法な手続によって公布されている以上、裁判所は両院の自主性を尊重すべく同法制定の議事手続に関する所論のような事実を審理してその有効無効を判断すべきでない。」（民集第一六巻第三号四四六頁）旨各判示している。これらはいずれも政府と国会の関係および国会内部の事項に関するものとみることができる。

加えて、同裁判所は、昭和三四年一二月一六日日米安全保障条約の憲法適合性の争われたいわゆる砂川事件について、「ところで本件安全保障条約は、……主権国としてのわが国の存立の基礎に極めて重大な関係をもつ高度の政治性を有するものというべきであって、その内容が違憲なりや否やの法的判断は、その条約を締結した内閣およびこれを承認した国会の高度の政治的ないし自由裁量的判断と表裏をなす点がすくなくない。それ故、右違憲なりや否やの法的判断は、純司法的機能をその使命とする司法裁判所の審査には、原則としてなじまない性質のものであり、従って、一見極めて明白に違憲無効であると認められない限りは裁判所の司法審査権の範囲外のものであって、それは第一次的には、右条約の締結権を有する内閣およびこれに対して承認権を有する国会の判断に従うべく、終局的には、主権を有する国民の政治的批判に委ねらるべきものであると解するのを相当とする。」（刑集第一三巻第一三号三、二二五頁）と判示し、「一見極めて明白に違憲無効であると認められ」る場合を除き、司法審査の対象外としている。この判例はいうまでもなく条約の解釈、または効力の問題に関するものである。

5　被告は、自衛隊の憲法適合性の問題は高度の政治性のある事柄であり、かつ、国家統治の基本にかかわる問題であるから、司法審査の対象とならないという。なるほど、前掲昭和三五年六月八日付最高裁判所判決は、その前段で「しかし、わが憲法の三権分立の制度の下においても、司法権の行使についておのずからある限度の制約は免れないのであって、あらゆる国家行為が無制限に司法権の審査の対象となるものと即断すべきでない。直接国家統治の基本に関する高度に政治性のある国家行為のごときはたとえそれが法律上の争訟となり、これに対する有効無効の判断が法律上可能である場合であっても、かかる国家行為は裁判所の審査権の外にあり、その判断は主権者たる国民に対して政治的責任を負うところの政府、国会等の政治部門の判断に委され、最終的には国民の政治判断に委ねられているものと解すべきである。この司法権に対する制約は、結局、三権分立の原理に由来し、当該国家行為の高度の政治性、裁判所の司法機関としての性格、裁判に必然的に随伴する手続上の制約等にかんがみ、特定の明文による規定はないけれども、司法権の憲法上の本質に内在する制約と理解すべきである」旨判示している。しかし、右判決は、前記したように衆議院の解散の効力に関して判示されたものであって、ただちに本件にも適切であるとは思われない。このような司法審査の対象から除外される国家行為の容認は、前記したようにあくまでも法治主義に対する例外であって、このような例外の理由を述べた判示は、普遍化されるべき性格をもつものではなく、この点を顧慮しないで、右の一般論的叙述部分のみを安易に拡大ないしは抽象化することはついには、法治主義の崩壊にも至る危険をはらんでいるものといわなければならない。そのことは、前述したように、統治行為論を生みだしたフランスおよびアメリカにおいても、いずれもその長い裁判の歴史のなかで、その時時の政治、社会の情勢に慎重な考慮を払いながらただ例外としてのみ容認してきた経緯からも容易にうかがい知ることができるのである。

そしてわが国の憲法が第九七条、第九八条にもみられるように、国民の権利と自由を最大に保障しようとしていることからみれば、このような憲法秩序を維持するためにも、右のような例外は最少に局限されるべきことはいうまでもない。

6　そして被告のいう「高度の政治性」、「国家統合の基本」なる概念は、いずれもきわめて内容を限定し難い不明確な概念であって、なにをもって「高度の政治性」あるいは「国家統治の基本」というかは、きわめて流動性に富み、このような曖昧な概念には、ときにはきわめて広汎な解釈を与えることも可能にするおそれがある、といわなければならない。そしてまた、こと法令等の憲法適合性が問題とされる場合には、多かれ少なかれ同時に政治性を伴うことは不可避であり、また、その法令等が少なくとも国家統治の基本と無関係なものは存在しないといわなければならない。そしてこのような曖昧な概念をもって、司法審査の対象外とされる国家行為の存在を容認するときには、それらの概念が、ときにはきわめて危険に拡大解釈され、そして裁判所は、国家行為の過誤から国民の基本的人権の救済を図ることなく、かえってみずから門戸を固く閉ざさざるをえなくなるおそれがある。このような被告の主張は、法治主義、そして司法権の優越の原則を、わが国の基礎として定めた現行憲法第八一条の規定にも、また同法第九七条、第九八条などの規定にもみられる憲法の趣旨、またはその精神にも合致するものとは思われない。

7　また被告は前記第一、2、(2)で要約したように、わが国が、自衛のために自衛隊を保持するか否か、また保持するとしても、いかなる程度の規模、装備、能力等を備えるかなどは、流動する国際情勢、および科学技術の進歩等を総合的に判断して決すべきもので、自衛隊の憲法適合性の問題は、司法裁判に随伴する手続上の制約からみても、司法裁判所の審査になじまないと主張する。

しかしながら、自衛隊の憲法適合性、つまり国家安全保障について軍事力を保持するか否かの問題については、憲法は前文および第九条において、明確な法規範を定立しているのであって、その意義および解釈は、まさに法規範の解釈として客観的に確定されるべきものであって、ときの政治体制、国際情勢の変化、推移とともに二義にも三義にも解釈されるべき性質のものではない。そして、当裁判所も、わが国が国際情勢など諸般の事情を総合的に判断して政策として自衛隊を保持することが適当か否か、またこれを保持するとした場合どの程度の規模、装備、能力を備えるか、などを審査判断しようとするものではなく、まさに、主権者である国民がわが国がとることのできる安全保障政策のなかから、その一つを選択して軍隊等の戦力を保持するか否かについて定立した右憲法規範への適合性だけを審査しようとするものである。そうであるとすれば、裁判手続のなかで、一定範囲で自衛隊の規模、装備、能力等その実体を明らかにすることができる程度で主張、立証が尽くされれば、国際情勢、その他諸々の状況を審理検討するまでもなく、自衛隊の右憲法条規への適合性を容易に検討できるのであって、その間、裁判手続に随伴するなんらかの桎梏も存在することなく、結局、被告主張のように、司法審査の対象から除外しなければならない理由は見出すことができない。

8　結局わが国において、憲法第八一条の例外として、司法審査から除外されるべき国家行為は、前記4の事例にだけ認められてきたものであり、これらを除いたその余のいっさいの法律、命令、規則または処分の憲法適合性の審査は、憲法第七六条、第八一条、裁判所法第三条により、司法裁判所の審査の範囲内にあるものであり、したがって、本件訴訟においても当然に司法審査は及ぶものといわなければならない。

第三、憲法の平和主義と同法第九条の解釈

一、憲法前文の意義

1　およそ一国の基本法たる憲法において、それを構成する各個の条項の記述に先だって、前文としてその憲法制定の由来、動機、目的、あるいは基本原理などが明記され、また宣言されていることは、しばしばみられるところである。

わが国の現行憲法も、前文を四項にわけ、その第一項ないし第三項において「憲法の憲法」とでもいうべき基本原理を定めている。それは、国民主権主義と、基本的人権尊重主義と、そして平和主義である。

2　平和主義については、まずその前文第一項第一段において、「日本国民は……諸国民との協和による成果とわが国全土にわたって自由のもたらす恵沢を確保し、政府の行為によって再び戦争の惨禍が起ることのないやうにすることを決意し、……この憲法を確定する。」と規定し、また、その第二項においては、「日本国民は、恒久の平和を念願し、人間相互の関係を支配する崇高な理想を深く自覚するものであって、平和を愛する諸国民の公正と信義に信頼して、われらの安全と生存を保持しようと決意した。われらは、平和を維持し、専制と隷従、圧迫と偏狭を地上から永遠に除去しようと努めている国際社会において、名誉ある地位を占めたいと思う。われらは、全世界の国民が、ひとしく恐怖と欠乏から免かれ、平和のうちに生存する権利を有することを確認する。」と規定し、そして、第三項において、「われらは、いづれの国家も自国のことのみに専念して他国を無視してはならないのであって政治道徳の法則は、普偏的なものであり、この法則に従うことは、……各国の責務であると信ずる。」旨述べたあと、最終第四項で、「日本国民は、国家の名誉にかけ、全力をあげてこの崇高な理想と目的を達成することを誓ふ。」として前文を結んでいる。

このような憲法の基本原理の一つである平和主義は、たんにわが国が、先の第二次世界大戦に敗れ、ポツダム宣言を受諾させられたという事情から受動的に、やむをえず戦争を放棄し、軍備を保持しないことにした、という消極的なものではなく、むしろ、その前文にもあるごとく、「われらとわれらの子孫のために……わが国全土にわたって自由のもたらす恵沢を確保し、……再び戦争の惨禍が起ることのないやうにすることを決意」（第一項）するにいたった積極的なものである。すなわち、一方では、この平和への決意は、たんに今次太平洋戦争での惨禍をこうむった体験から生じた戦争嫌悪の感情からくる平和への決意にとどまらず、それは、日清、日露戦争以来今次大戦までのすべてについて、その原因、ならびに、わが国の責任を冷静にかつ謙虚に反省し、さらに、その結果を、後世の子孫たちに残すことにより、将来ふたたび戦争をくり返さない、という戦争防止への情熱と、幸福な国民生活確立のための熱望に支えられた、理性的な平和への決意であり、そしてまた、他方において、一般に戦争というものが、たんに自国民だけではなく、広く世界の他の諸国民にも、限りない惨禍と、底知れない不幸をもたらすことは、必然的であって、このような悲劇についての心底からの反省に基づき、今後そのような悲劇を、わが国民だけではなく、人類全体が決してこうむることのないように、みずから進んで世界の恒久平和を念願し、人類の崇高な理想を自覚して、積極的にそれを実現するように努めることの決意である。そして、この決意は、現在および将来の国民の心のなかに生き続け、真に日本の平和と安全を守り育てるものであり、究極的には、全世界の平和をもたらすことになるものである。

このように、わが国は、平和主義に立脚し、世界に先んじて軍備を廃止する以上、自国の安全と存立を、他の諸外国のように、最終的には軍備と戦争によるというのではなく、国内、国外を問わず戦争原因の発生を未然に除去し、かつ、国際平和の維持強化を図る諸活動により、わが国の平和を維持していくという積極的な行動（憲法前文第二項第二段）のなかで究極的には「平和を愛する諸国民の公正と信義に信頼して、われらの安全と生存を保持しようと決意した。」（同第二項第一段）のである。これは、なによりもわが国が、平和憲法のもとに国民の権利、自由を保障する民主主義国家として進むことにより、国内的に戦争原因を発生させないこと、さらに、平和と国家の繁栄を求めている世界の諸国のなかで、右のように、平和的な民主主義国家として歩むわが国の生存と安全を脅かすものはいないという確信、そしてまた、今日世界各国の国民が、人類の経験した過去のいついかなる時期にもまして、わが国と同様に、自国の平和と不可分の世界平和を念願し、世界各国の間において、平和を乱す対立抗争があってはならない、という信念がいきわたっていること、最後に、国際連合の発足によって、戦争防止と国際間の安全保障の可能性が芽ばえてきたこと、などに基礎づけられているものといえる。このことは、憲法が、その前文第二項第二段からとりわけ第三項において、自国のみならず世界各国に対しても、利己的な、偏狭な国家主義を排斥する旨宣言して、自国のことばかりにとらわれて、他国の立場を顧慮しようとしない独善的な態度を強くいましめていることからも明らかである。

このような前文のなかからは、万が一にも、世界の国国のうち、平和を愛することのない、その公正と信義を信頼できないような国、または国家群が存在し、わが国が、その侵略の危険にさらされるといった事態が生じたときにも、わが国みずからが軍備を保持して、再度、武力をもって相戦うことを容認するような思想は、まったく見出すことはできないといわなければならない。

3　このような憲法前文での平和主義は、他の二つの基本原理である国民主権主義、および基本的人権尊重主義ともまた密接不可分に結びついているといわなければならない。

（1）すなわち、憲法前文第一項は、前記した「政府の行為によって再び戦争の惨禍が起ることのないやうにすることを決意し、」に続けて、「主権が国民に存することを宣言し、この憲法を確定する。」とし、さらに、「そもそも国政は国民の厳粛な信託によるものであって、その権威は国民に由来し、その権力は国民の代表者がこれを行使し、その福利は国民がこれを享受する。これは人類普遍の原理であり、この憲法は、かかる原理に基くものである。」と平和主義と国民主権主義とを結びつけていることからも明らかである。このことは、過去の歴史上、戦争が、も、しばしば、国民とは遊離した一部の者が支配する政府の独善と偏狭のために原因が形成され、ぼっ発したという事実に基づいて、そのような過ちを二度とくり返さないために、国民主権のもとに強く政府の行動を規制し、その独善と専行を排除することにより、平和の万全を確立しようとするのであり、他面、国民主権主義が、真に国民のためのものとして確立されるためには、そこには、平和主義が十全に確保されていなければならないとの思想に基礎づけられているものである。

（2）他方、前文第二項は、前記した平和主義の規定に続けて、「全世界の国民が、ひとしく恐怖と欠乏から免かれ、平和のうちに生存する権利を有することを確認する。」ことを明記している。これは、この平和的生存権が、全世界の国民に共通する基本的人権そのものであることを宣言するものである。そしてそれは、たんに国家が、その政策として平和主義を掲げた結果、国民が平和のうちに生存しうるといった消極的な反射的利益を意味するものではなく、むしろ、積極的に、わが国の国民のみならず、世界各国の国民にひとしく平和的生存権を確保するために、国家みずからが、平和主義を国家基本原理の一つとして掲げ、そしてまた、平和主義をとること以外に、全世界の諸国民の平和的生存権を確保する道はない、とする根本思想に由来するものといわなければならない。

これらの思想は、また、国際連合憲章前文にもみられるところであり、さらに、第三回国連総会において採択された「人権に関する世界宣言」の前文に、「人類社会のすべての構成員の固有の尊厳と平等で譲ることのできない権利との承認は、世界における自由、正義および平和の基礎をなしているので、人権の無視と軽べつとは、人類の良心をふみにじった野蛮な行為を招来したのであり、また、人間が言論及び信抑の自由と恐怖及び欠乏からの自由（解放）を享有する世界の到来はあらゆる人たちの最高の熱望として宣言されて来た」、という文言によっても明らかにされているところであって、わが国の憲法も、これらの思想と合致し、これをさらに徹底したものである。

そして、この社会において国民一人一人が平和のうちに生存し、かつ、その幸福を追及することのできる権利をもつことは、さらに、憲法第三章の各条項によって、個別的な基本的人権の形で具体化され、規定されている。ここに憲法のいう平和主義と基本的人権尊重主義の二つの基本原理も、また、密接不可分に融合していることを見出すことができる。

4　そして、国民主権主義が国民各自の基本的人権尊重と、これまた不可分に結びついていることは、改めて述べるまでもないことであって、ここに三基本原理は、相互に融和した一体として、現行憲法の支柱をなしているものであって、そのいずれか一つを欠いても、憲法体制の崩壊をもたらすことは、多言を要しないところである。

前文の最後は、これらの憲法を貫く諸原理は、たんに美辞麗句に終ることのないように、日本国民みずからが、国家の名誉にかけて、全力をもってこれらの崇高な理想と目的を達成することを、全世界の前に宣言したものである。

二、憲法第九条の解釈

1　憲法第九条の解釈は、前述の憲法の基本原理に基づいておこなわなければならない。なぜならば、第九条を含めた憲法の各条項は、前記基本原理を具体化して個別的に表現したものにほかならないからである。

憲法第九条第一項は、「日本国民は、正義と秩序を基調とする国際平和を誠実に希求し、国権の発動たる戦争と、武力による威嚇又は武力の行使は、国際紛争を解決する手段としては、永久にこれを放棄する。」と規定し、同条第二項は、「前項の目的を達するため、陸海空軍その他の戦力は、これを保持しない。国の交戦権は、これを認めない。」と規定している。

2　まず第九条第一項についてみると、

（1）「日本国民は正義と秩序を基調とする国際平和を誠実に希求する」旨の文言は、前文掲記の平和主義を、第九条の規定にあたっても、再確認し、さらに、あらゆる国家が、正義と秩序を尊重し、平和を愛好するものであり、それを信頼するとともに、国際社会に正義と秩序が支配するならば、平和が保持されるとの確信のもとに、それを誠実に希求し、かつ、その目的のために、同項に以下の規定を置くとするものである。

（2）「国権の発動たる戦争」とは、国家行為としての戦争と同意義である。なお本項では国権の発動によらない戦争の存在を容認する趣旨ではない。

（3）「武力による威嚇又は武力の行使」ここにいう「武力」とは、実力の行使を目的とする人的および物的設備の組織体であるが、この意味では、後記第九条第二項にいう「戦力」と同じ意味である。「武力による威嚇」とは、戦争または戦闘行為に訴えることをほのめかしてなされる威嚇であり、「武力の行使」とは、国際法上認められている戦争行為にいたらない事実上の戦闘行為を意味する。

（4）「国際紛争を解決する手段としては、永久にこれを放棄する。」ここにおいて、国際紛争を解決する手段として放棄される戦争とは、不法な戦争、つまり侵略戦争を意味する。この「国際紛争を解決する手段として」という文言の意味を、およそいっさいの国際紛争を解決するものとして、憲法は第九条第一項で自衛戦争、制裁戦争をも含めたいかなる戦争をも放棄したものであるとする立場があるが、もしそうであれば、本項において、とくに「国際紛争を解決する手段として」などと断る必要はなく、また、この文言は、たとえば、一九二八年の不戦条約にもみられるところであり、同条約では、当然に、自衛戦争、制裁戦争を除いたその他の不法な戦争、すなわち、侵略戦争を意味するものと解されており（このことは同条約に関してアメリカの国務長官が各国に宛てた書簡に明記されている。）、以後、国際連盟規約、国際連合憲章の解釈においても、同様の考えを前提としているから、前記した趣旨に解するのが相当と思われる。したがって、本条項では、未だ自衛戦争、制裁戦争までは放棄していない。

3　つぎに同条第二項についてみる。

（1）「前項の目的を達するため」の「前項の目的」とは、第一項を規定するに至った基本精神、つまり同項を定めるに至った目的である「日本国民は、正義と秩序を基調とする国際平和を誠実に希求（する）」という目的を指す。この「前項の目的」なる文言を、たんに第一項の「国際紛争を解決する手段として」のみに限定して、そのための戦争、すなわち、不法な戦争、侵略戦争の放棄のみの目的と解すべきではない。なぜなら、それは、前記した憲法前文の趣旨に合致しないばかりか、後記するように、現行憲法の成立の歴史的経緯にも反し、しかも、本項の交戦権放棄の規定にも抵触するものであり、かつ、現行憲法には宣戦、講和などの戦争行為に関するいっさいの規定を置いていないことからも明らかである。

（2）「陸海空軍その他の戦力は、これを保持しない。」「陸海空軍」は、通常の観念で考えられる軍隊の形態であり、あえて定義づけるならば、それは「外敵に対する実力的な戦闘行動を目的とする人的、物的手段としての組織体」であるということができる。このゆえに、それは、国内治安を目的とする警察と区別される。「その他の戦力」は、陸海空軍以外の軍隊か、または、軍という名称をもたなくても、これに準じ、または、これに匹敵する実力をもち、必要ある場合には、戦争目的に転化できる人的、物的手段としての組織体をいう。このなかにはもっぱら戦争遂行のための軍需生産設備なども含まれる。ここで、その他の戦力の意味をひろく戦争のための手段として役立ちうるいっさいの人的、物的勢力と解することは、近代社会に不可欠な経済、産業構造のかなりの部分がこれに含まれることになり妥当ではない。

このようにして、本項でいっさいの「戦力」を保持しないとされる以上、軍隊、その他の戦力による自衛戦争、制裁戦争も、事実上おこなうことが不可能となったものである。

（3）被告は、「外部からの不正な武力攻撃や侵略を防止するために必要最少限度の自衛力は憲法第九条第二項にいう戦力にはあたらない」旨主張する。しかしながら、憲法の同条項にいう「戦力」という用語を、通常一般に社会で用いられているのと意味を異にして憲法上独特の意味に解しなければならないなんらかの根拠を見出すことができないうえ、前記と同様に、かような解釈は、憲法前文の趣旨にも、また憲法の制定の経緯にも反し、かつ、交戦権放棄の条項などにも抵触するものといわなければならない。

とりわけ、自衛力は戦力でない。という被告のような考え方に立つと、現在世界の各国は、いずれも自国の防衛のために必要なものとしてその軍隊ならびに軍事力を保有しているのであるから、それらの国国は、いずれも戦力を保有していない、という奇妙な結論に達せざるをえないのであって、結局、「戦力」という概念は、それが、自衛または制裁戦争を目的とするものであるか、あるいは、その他の不正または侵略戦争を目的とするものであるかにかかわらず、前記したように、その客観的性質によってきめられなければならないものである。

（4）「国の交戦権は、これを認めない。」「交戦権」は、国際法上の概念として、交戦国が国家としてもつ権利で、敵の兵力を殺傷、破壊したり、都市を攻撃したり、占領地に軍政をしいたり、中立国に対しても一定の条件のもとに船舶を臨検、拿捕し、また、その貨物を没収したりなどする権利の総称をいう。この交戦権を、ひろく国家が戦争をする権利と解する立場は、第一項の「国権の発動たる戦争」と重複し、妥当ではない。

またこの交戦権放棄の規定は、文章の形からいっても、（1）で記述した「前項の目的を達するため」の文言にはかからず、したがって、その放棄は無条件絶対的である。このため、この「前項の目的」の解釈に際し、侵略戦争の放棄のみに限定し、自衛戦争および制裁戦争は放棄されていないとする立場、ならびに本項で自衛力は戦力に含まれないとして、自衛戦争を容認する被告の立場は、少なくとも、いかなる形にせよ戦争を承認する以上、その限度で、国際法上の交戦権もまた容認しなければ不合理であって、これらの立場は、いずれも、この交戦権の絶対的放棄に抵触するものといわなければならない。

三、右憲法解釈の実質的な裏づけ

以上のような当裁判所の解釈は、つぎのような憲法成立の経緯、その他の事実によっても裏づけられるものである。

1（1）現行憲法が、第二次世界大戦でのわが国の敗戦の結果生まれたものであること、そして、この敗戦が、昭和二〇年（一九四五年）八月一〇日わが国がポツダム宣言を受諾したことによることはいうまでもない。

ポツダム宣言は、その第六項において、「吾等ハ無責任ナル軍国主義ガ世界ヨリ駆逐セラルルニ至ル迄ハ平和安全及正義ノ新秩序ガ生ジ得ザルコトヲ主張スルモノナルヲ以テ日本国国民ヲ欺瞞シ之ヲシテ世界征服ノ挙ニ出ヅルノ過誤ヲ犯サシメタル者ノ権力及勢力ハ永久ニ除去セラレザルベカラズ」と、第七項では「右ノ如キ新秩序ガ建設セラレ且日本国ノ戦争遂行能力ガ破砕セラレタルコトノ確証アルニ至ル迄ハ聯合国ノ指定スベキ日本国領域内ノ諸地点ハ吾等ノ茲ニ指示スル根本的目的ノ達成ヲ確保スル為占領セラルベシ」と、また、第九項で「日本国軍隊ハ完全ニ武装ヲ解除セラレタル後各自ノ家庭ニ復帰シ平和的且生産的ノ生活ヲ営ムノ機会ヲ得シメラルベシ」と、そしてさらに、第一一項第一段に「日本国ハ其ノ経済ヲ支持シ且ツ公正ナル実物賠償ノ取立ヲ可能ナラシムルガ如キ産業ヲ維持スルコトヲ許サルベシ但シ日本国ヲシテ戦争ノ為再軍備ヲ為スコトヲ得シムルガ如キ産業ハ此ノ限ニ在ラズ」と各明記している。

このようなポツダム宣言のもとに、同年八月一五日、戦後の日本が再出発したのである。

（2）かくして、新生日本となったわが国において、昭和二一年三月六日政府から「憲法改正草案要綱」が発表されたのち、同年四月一〇日衆議院議員の総選挙がおこなわれ、ついで同月一七日「憲法改正案」が発表され、そして、同年五月一六日に召集された第九〇帝国議会（いわゆる制憲議会）に政府は右改正案を上程した。右議会の審議において、当時の内閣総理大臣吉田茂は同案に「戦争放棄」の規定を置くにいたった動機について、つぎのように述べている。

「政府が憲法改正の必要を認めまして、研究に着手しましてから、欧米その他の日本に対する感情、考え方に付て色々事態が明瞭になって来ますると共に、日本の国際関係に於て容易ならざるものがあると考えざるを得なくなったのであります。

先ず第一、日本の従来に於ける国家組織、この国家組織が再び世界の平和を脅かすが如き組織であると誤解されたのであります。日本を戦争に導いた原因、国情、組織等が世界の平和に非常な危険を感ぜしむるものありと誤解されたことであります。随て、又日本が再軍備をして世界の平和を紊す。攪乱することの危険がありはしないか、これは聯合国に於て最も懸念した所であります。故に先ず第一に聯合国と致しまして、日本に対して求むる所は日本の軍備の撤去であります。日本が再軍備が出来ないようにする。日本の軍備撤去と云うこと、世界の平和を脅かさざるような国体の組織にすると云うことが必要である。これは固より誤解から生じたのであります。……併しながらこの五箇年の間の戦の悲惨なる結果から見まして、斯の如く考え、又世界が平和を愛好すると云う精神から考えまして、日本に対する既感、懸念は又尤もと考えざるを得ないのであります。……斯くの如き疑惑の下にあって、……日本が如何にして国体を維持し、国家を維持するかと云う事態に際会して考えて見ますると、日本の国体、日本の国家の基本法たる憲法を、まず平和主義、民主主義を徹底せしめて、日本憲法が毫も世界の平和を脅かすが如き危険の国柄でないと云うことを表明する必要を、政府と致しましては深く感得したのであります。」（逐条日本国憲法審議録第一巻四二、四三頁）

また憲法第九条の規定に関しては同総理大臣はつぎのような説明をし

ている。

「戦争抛棄に関する本案の規定は、直接には自衛権を否定しては居りませぬが、第九条第二項に於て一切の軍備と国の交戦権を認めない結果、自衛権の発動としての戦争も、又交戦権も抛棄したのであります。従来近年の戦争は多く自衛権の名に於て戦われたのであります。満洲事変然り、大東亜戦争亦然りであります。今日我が国に対する疑惑は、日本は好戦国である、何時再軍備をなして復讐戦をして世界の平和を脅かさないとも分からないというのが、日本に対する大なる疑惑であり、又誤解であります。先ず此の誤解を正すことが今日我々としてなすべき第一のことであると思うのであります。又この疑惑は誤解であるとは申しながら、全然根抵のない疑とも言われない節が既往の歴史を考えて見ますると多々あるのであります。故に我が国に於ては如何なる名義をもってしても交戦権は先づ第一進んで抛棄する。抛棄することに依って全世界の平和の確立の基礎を成す、全世界の平和の愛好国の先頭に立って、世界の平和確立に貢献する決意を先づ此の憲法において表明したいと思うのであります。」（前同審議録第二巻八二、八三頁）

同様の趣旨は、国務大臣金森徳次郎の右議会での説明にもみられる。

すなわち同国務大臣は、「第九条の規定は……本当に人類の目覚めの道を日本が第一歩を踏んで、模範を垂れる積りで進んで行かう、斯う云う勇断を伴った規定である訳であります。……此の第一項に該当しまする部分、詰り不戦条約を明らかにするような規定は、世界の諸国の憲法中類例を若干見得るものであります。日本ばかりが先駆けて居ることではございませぬが併し其の第一項の規定、詰り或種の戦争はやらないと云うことをはっきり明言するだけではどうも十分なる目的は達し得ないのでありまして、諸国の憲法も之に類する定めは甚だ不十分であります。さうなりますと更に大飛躍を考へて、第二項の如き戦争に必要なる一切の手段及び戦争から生ずる交戦者の権利をもなくすると云う所迄進んで、以て、此の画期的な道義を愛する思想を規定することが適当なこととなったと思うのであります。」（前同審議録二巻二七頁）

また国務大臣幣原喜重郎は右議会において戦争放棄の意義についてつぎのように述べている。「実際この改正案の第九条は戦争の抛棄を宣言し、わが国が全世界中最も徹底的な平和運動の先頭に立って指導的地位を占むることを示すものであります。今日の時勢に尚国際関係を律する一つの原則として、或範囲内の武力制裁を合理化、合法化せむとする如きは、過去に於ける幾多の失敗を繰返えす所以でありまして、最早我が国の学ぶべきことではありませぬ。文明と戦争とは結局両立し得ないものであります。文明が速かに戦争を全滅しなければ、戦争が先ず文明を全滅することになるでありましょう。私は斯様な信念を持って此の憲法改正案の起草の議に与ったのであります」（前同審議録第二巻二一、二二頁）

以上のように、憲法改正案の提案者らは、制憲議会において、わが国は、完全な非武装主義に立脚して、戦争を放棄する旨言明している。したがって、制憲議会およびこれを支える国民の意思は、永久平和主義、戦争放棄方式を憲法の基本原理の一つとして採用したことは明らかである。これら現行憲法成立経過の点からみても、前記一、二の解釈の正当であることが裏づけられる。

2　そしてこのことは、また、旧大日本帝国憲法と現行憲法の規定のあり方を対比してみても明らかである。すなわち、かつて陸海軍を擁した旧憲法は、その第一一条において「天皇ハ陸海軍ヲ統帥ス」と、また第一二条では「天皇ハ陸海軍ノ統制及常備兵額ヲ定ム」と、さらに第一三条で「天皇ハ戦ヲ宣シ和ヲ講ジ及諸般ノ条約ヲ締結ス」と、そして第一四条で「天皇ハ戒厳ヲ宣告ス戒厳ノ要件及効力ハ法律ヲ以テ之ヲ定ム」と陸海軍の指揮、編成や戦争の開始および終結に関する手続規定などを定めていた。しかし現行憲法は、このような重要な事項に関して明文の規定を欠いていることはもちろん、それらを法律などに委任する旨の規定もまったく置いていない。このことは現行憲法が前記のような歴史的経緯のもとに、自衛のための軍備の保有さえも排除した趣旨に解せざるをえないものといわなければならない。

3　以上のような永久平和主義と戦争放棄に関するわが憲法の規定の淵源は、とくに、今世紀に入って以来、世界の諸国がそれぞれの憲法や条約において取決めた幾多の戦争の禁止や制限に関する規定の流れのなかに求めることができる。

（1）諸外国の憲法における戦争放棄の規定の出現は、古く一八世紀にさかのぼるが、とくに今世紀に入ってからは、その数も著しく増大している。

まずその先駆をなすものは、フランスの一七九一年の憲法（いわゆる大革命憲法）である。同憲法はその第六篇「フランス国民と他国民の関係」のなかで、「フランス国民は、征服の目的をもっていかなる戦争をも行うことを放棄し、またいかなる国民の自由に対しても決して武力を行使しない。」と規定した。これと同旨の規定は、その後、同国の一八四八年の憲法（いわゆる二月革命憲法）前文の五、一九四六年の憲法（いわゆる第四共和国憲法）前文にも引き継がれている。

また同様に、侵略戦争の放棄について、ブラジルの一八九一年の憲法第八八条は「いかなる場合にも、ブラジル合衆国は直接にも又間接にも、自ら或は他国の同盟として征服の戦争には従事しない。」と規定し、同国の一九三四年の憲法も同旨の規定を置き、さらに、一九四六年の憲法第四条は、これに加えてその前段で、「ブラジルはその加盟する国際安全機関の定める仲裁若しくは紛争解決の平和的手段を採る余地がないか、又は失敗に帰した場合でなければ戦争に訴えない。」として、侵略戦争以外の戦争すなわち自衛戦争、制裁戦争にも厳重な制約を置き同様の趣旨の規定は同国の一九六七年の憲法第七条にも引き継がれている。

他方、つぎに述べる一九二八年の不戦条約の戦争放棄条項を国内法化して憲法上の規定としているものもみられる。まず、スペインの一九三一年の憲法第六条は、「スペインは、国家の政策の手段としての戦争を放棄する。」と定め、続いて、フィリピンの一九三五年の憲法第二条第三節は、「フィリピンは国策遂行の手段としての戦争を放棄し、一般に受諾された国際法の諸原則を国内法の一部として採用する。」と規定し、一九四七年のビルマ憲法第二一一条、一九四九年のタイ憲法第六一条も同旨である。

また、これとは別に、一九四七年のドイツ民主主義共和国憲法第五条第三項は、「いかなる市民も、他の国民の抑圧に仕える戦闘的行動に参加してはならない」と、同年のイタリア共和国憲法第一一条前段は、「イタリアは、他国民の自由を侵害する手段および国際紛争を解決する方法としての戦争を否認する。」と規定し、さらに、一九四八年の大韓民国憲法第六条、同国の一九六二年の憲法第四条「大韓民国は国際平和の維持に努力し、侵略戦争を否認する」の規定、一九四九年のドイツ連邦共和国憲法第二六条第一項「諸国間の平和な共同生活をみだすおそれがあり、かつその意図をもって行われる行動、とくに侵略戦争の遂行を準備する行動は違憲とする。これらの行動は処罰する。」などの規定もある。

（2）このような国内法上の戦争放棄の立法化の動向とともに、国際社会においても一九世紀後半から、次第に国家間の武力行使がもたらす惨禍を省み、これを防止するために国家主権を制限しようとする傾向がみられるようになった。

まず、一九一九年六月二八日成立した国際連盟規約（ヴェルサイユ平和条約第一編）は、その前文で、「締約国ハ戦争ニ訴ヘザルノ義務ヲ受諾シ」と明記し、さらに第一二ないし第一五条において各国が戦争に訴える前に、平和的な解決手段により争いの解決に努めるべき義務を定めて、戦争行為を制限した。その後、国際連盟は、一九二四年第五回総会でいわゆる「ジュネーブ議定書」を、また、一九二八年第八回総会でいわゆる「一般議定書」を各採択し、国際紛争の平和的処理のための調停、司法、仲裁などの手続を規定した。

一九二八年フランス外務大臣ブリアンが発議し、これにアメリカ国務長官ケロッグが賛成して成文化された「戦争の放棄に関する条約」（いわゆる「不戦条約」）には、わが国をも含めて、世界のほとんどすべての国が加入した（もっとも当時右の不戦条約に加入していなかったアルゼンチンほか三国の南米諸国も、これと同内容の「ラテンアメリカ不戦条約」には加入していた。）。

同条約第一条は、「締約国ハ国際紛争解決ノ為戦争ニ訴フルコトヲ非トシ且其ノ相互関係ニ於テ国家ノ政策ノ手段トシテノ戦争ヲ抛棄スルコトヲ其ノ各自ノ人民ノ名ニ於テ厳粛ニ宣言ス」と表明し、第二条で、「締約国ハ相互間ニ起ルコトアルベキ一切ノ紛争又ハ紛議ノ性質又ハ起因ノ如何ヲ問ハズ平和的手段ニ依ルノ外之ガ処理又ハ解決ヲ求メザルコトヲ約ス」と規定し、明文をもって、国際紛争の解決の手段としての戦争を禁止するに至った。

当時、右条約に加入していたわが国は、国際条約によって侵略戦争を放棄し、自衛のためのみにその陸海軍を保有していたものとみなければならない。しかるに、昭和八年（一九三三年）に始まる満洲事変を契機として、その後の日中事変、そして昭和一六年（一九四一年）に始まる第二次世界大戦への突入した歴史は未だ記憶に新らしく、そして、前述したとおり、戦後の現行憲法は、まさにかような歴史的事実をふまえて誕生するに至ったものであることを想起しなければならない。

（3）かような幾多の戦争防止への努力も空しく、一九三九年から一九四五年の六年間にわたった第二次世界大戦は、またしても世界各国にはかり知れない戦禍をもたらす結果となった。一九四五年六月二六日、連合各国代表は国際連合憲章に合意した。

右憲章前文では、「われらの一生のうち二度まで言語に絶する悲哀を人類に与えた戦争の惨害から将来の世代を救い……善良な隣人として互いに平和に生活し、国際の平和、安全を維持するために力を合わせる……」旨の決意が宣言された。そしてさらに、同憲章第二条第三項は「すべての加盟国は、その国際紛争を平和的手段によって、国際の平和及び安全並びに正義を危くしないように解決しなければならない。」とし、同条第四項は「すべての加盟国は、その国際関係において、武力による威嚇又は武力の行使を、いかなる国の領土保全又は政治的独立に対するものも、また、国際連合の目的と両立しない他のいかなる方法によるものも慎まなければならない。」として、不法な戦争、侵略戦争、またそれに至らない武力による威嚇、その行使を全面的に禁止し、さらに、その自衛権の行使についてさえも、同憲章第五一条は「この憲章のいかなる規定も、国際連合加盟国に対して武力攻撃が発生した場合には安全保障理事会が国際の平和及び安全の維持に必要な措置をとるまでの間、個別的又は集団的自衛の固有の権利を害するものではない。」と一応容認はしているものの、さらに続けて「この自衛権の行使に当って加盟国がとった措置は、直ちに安全保障理事会に報告しなければならない。また、この措置は、安全保障理事会が国際の平和及び安全の維持又は回復のため必要と認める行動をいつでもとるこの憲章に基づく権能及び責任に対してはいかなる影響も及ぼすものではない。」と規定している。

このように現在では、世界各国のもつ自衛権の行使にすら幾多の制約が存在するものである。

（4）このようにして、世界の潮流は、とりわけ今世紀に入ってからは、それまでの一九世紀的な国家主権の一内容としての自己保存権的自衛権の概念、そしてそれに基づく戦争行為の正当化の考え方を大きく変容させた。とくに、前記した第一次世界大戦後の不戦条約を契機として、自衛権を国家の自己保存権的色彩から脱却させ、たんに外部からの急迫不正な侵害に対する自国を防衛する権利としてのみ国際法上容認し、これを越えるいっさいの戦争行為を禁止したのである。

しかしそれにもかかわらず、その後も、いくつかの国々においてときには「自衛」の名のもとに、ときには「自衛権の行使」と称して、戦火が絶えることなく、わずか二十有余年にして、ふたたび第二次世界大戦の惨禍に世界を巻込むに至ったことは、今ここであらためて述べるまでもない。

そこで、前項で述べたように、第二次世界大戦後の国際連合憲章は、このような自衛権の濫用を厳しく規制するために、第五一条において自衛権の行使自体に強い制約措置を定めるに至った。すなわち、1自衛権の行使を、「外国からの武力攻撃が発生した場合」のみに限定して、いわゆる先制的自衛行動を否認し（もっともこの点については若干の国際法学者からは異説が唱えられているが、世界の大多数の国々においてはこのように解されている）、2自衛権の行使は「安全保障理事会が国際の平和及び安全の維持について必要な措置をとるまでの間に限定し、かつ、3加盟国がとった自衛の「措置は、直ちに安全保障理事会に報告しなければならない」として、その報告義務を定めた。したがって、これらの規定に従わない自衛行動は、国際法上正当な自衛権の行使とは認めることのできないものである。

このような戦争行為の否認への流れは、まさに人類の歴史の赴くところといわなければならない。なるほど現在でもなお世界の各国が独立国として自衛権をもち、そしてこれに基づいて各国独自の軍事力を保持していることは現実の姿である。しかし、このような自衛権なるもの自体は、つねに本来その濫用の危険性をはらんでいるものであり、歴史は幾多の濫用の事実を教えていることもまた明らかである。わが国の憲法も、前述したように、このような潮流をふまえたうえで、これを越え、これに先駆けて「恒久の平和を念願し……平和を愛する諸国民の公正と信義に信頼して……」「平和を維持し、専制と隷従、圧迫と偏狭を地上から永遠に除去しようと努めている国際社会において名誉ある地位を占め……」、そして「国家の名誉にかけ、全力をあげてこの崇高な理想と目的を達することを誓」いながら、永久平和主義、戦争放棄の道を選んだのである。

四、自衛権と軍事力によらない自衛行動

もちろん、現行憲法が、以上のように、その前文および第九条において、いっさいの戦力および軍備をもつことを禁止したとしても、このことは、わが国が、独立の主権国として、その固有の自衛権自体までも放棄したものと解すべきでないことは当然である（昭和三四年一二月一六日付最高裁判所判決参照）。しかし、自衛権を保有し、これを行使することは、ただちに軍事力による自衛に直結しなければならないものではない。すなわち、まず、国家の安全保障（それは究極的には国民各人の生命、身体、財産などその生活の安全を守ることにほかならない）というものは、いうまでもなく、その国の国内の政治、経済、社会の諸問題や、外交、国際情勢といった国際問題と無関係であるはずがなく、むしろ、これらの諸問題の総合的な視野に立ってはじめてその目的を達成できるものである。そして、一国の安全保障が確保されるなによりも重要な基礎は、その国民の一人一人が、確固とした平和への決意とともに、国の平和問題を正しく認識、理解し、たえず独善と偏狭を排して近隣諸国の公正と信義を信頼しつつ、社会体制の異同を越えて、これらと友好を保ち、そして、前記した国内、国際諸問題を考慮しながら、安全保障の方法を正しく判断して、国民全体が相協力していくこと以外にありえないことは多言を要しない。そしてこのような立場に立ったとき、はじめて国の安全保障の手段として、あたかも、軍事力だけが唯一必要不可欠なものであるかのような、一面的な考え方をぬぐい去ることができるのであって、わが国の憲法も、このような理念に立脚するものであることは勿論である。そして、このような見地から、国家の自衛権の行使方法についてみると、つぎのような採ることのできる手段がある。つまり《証拠略》からは、自衛権の行使は、たんに平和時における外交交渉によって外国からの侵害を未然に回避する方法のほか、危急の侵害に対し、本来国内の治安維持を目的とする警察をもってこれを排除する方法、民衆が武器をもって抵抗する群民蜂起の方法もあり、さらに、侵略国国民の財産没収とか、侵略国国民の国外追放といった例もそれにあたると認められ、また《証拠略》からは、非軍事的な自衛抵抗には数多くの方法があることも認めることができ、また人類の歴史にはかかる侵略者に対してその国民が、またその民族が、英知をしぼってこれに抵抗をしてきた数多くの事実を知ることができ、そして、それは、さらに将来ともその時代、その情況に応じて国民の英知と努力によってよりいっそう数多くの種類と方法が見出されていくべきものである。そして前記した国際連合も、その創立以来二十有余年の歴史のなかで、いくつかの国際紛争において適切な警察行動をとり、双方の衝突を未然に防止できた事実もこれに付加することができる。

このように、自衛権の行使方法が数多くあり、そして、国家がその基本方針としてなにを選択するかは、まったく主権者の決定に委ねられているものであって、このなかにあって日本国民は前来記述のとおり、憲法において全世界に先駆けていっさいの軍事力を放棄して、永久平和主義を国の基本方針として定立したのである。

第四、自衛隊の規模、装備、能力（関係法規も含む）

一、警察予備隊の発足から保安隊、自衛隊への発達

《証拠略》のほか関係法令から、つぎの事実が認められる。

1　警察予備隊の創設

朝鮮事変の開始直後である昭和二五年七月八日、当時の連合国最高指令官マッカーサーは、日本政府に対し書簡をもって、警察予備隊七万五、〇〇〇人の新設と、海上保安庁八、〇〇〇人の増員を指令した。そして、同年八月一〇日日本政府によって公布された警察予備隊令（政令第二六〇号）第三条は、その任務としてつぎのように規定している。「警察予備隊は、治安維持のため特別の必要がある場合において、内閣総理大臣の命を受け行動するものとする。警察予備隊の活動は、警察の任務の範囲に限られるべきものであって、いやしくも日本国憲法の保障する個人の自由及び権利の干渉にわたる等その権能を濫用することがあってはならない。警察予備隊の警察官の任務に関し必要な事項は政令で定める。」それにもかかわらず、警察予備隊は、その設立当初より米軍から供与されたカービン銃などをもって武装し、その教育も米軍の指示のもとにおこなわれた。当時、連合国総司令部のホイットニー民政局長は、「ポリスリザーブ（警察予備隊）は普通の警察ではない。内乱がおこったり、外国から侵略があったとき、それに立向うべきものだ。だから警察予備隊の隊員にはさし当り各人にカービン銃をもたせる。将来は予備隊が大砲や戦車などを持つことになるだろう。」といったといわれる。

2　昭和二六年九月八日、日本政府と連合国との間に「日本国との平和条約」（いわゆる対日講和条約）が調印され、あわせて、アメリカ政府との間に「日本国とアメリカ合衆国との間の安全保障条約」（以下旧安全保障条約という）が締結され（公布はいずれも同二七年四月二八日）た。右旧安全保障条約の前文第五項では「……アメリカ合衆国は、日本国が、攻撃的な脅威となり又は国際連合憲章の目的及び原則に従って平和と安全を増進すること以外に用いられうべき軍備をもつことを常に避けつつ、直接及び間接の侵略に対する自国の防衛のため漸増的に自ら責任を負うことを期待する。」と規定された。ここに、わが国が条約上の義務にまで至らないまでも、締約相手国の期待にそうべく自発的に防衛のために軍備をもつ責任を負うに至ったのである。（もっともこの

点は昭和三五年一月一九日締結された「日本国とアメリカ合衆国との間の相互協力及び安全保障条約」（いわゆる新安全保障条約）には記載なく、代って同条約第三条に「締約国は、個別的に及び相互に協力して継続的かつ効果的な自助及び相互援助により、武力攻撃に抵抗するそれぞれの能力を、憲法上の規定に従うことを条件として、維持し発展させる。」と規定され、わが国の条約上の義務は現行憲法に従うものとされた。）かようにして、同二七年七月三一日、従来の警察予備隊令に代えて保安庁法（法律第二六五号）が公布施行され、警察予備隊および海上保安庁内の海上警備隊は保安庁に統合され、その名称も「保安隊」および「警備隊」に改められた。当時その人員は、保安隊一一万人、警備隊七、五九〇人であった。

右保安庁法第四条は、保安庁の任務として、「保安庁は、わが国の平和と秩序を維持し、人命および財産を保護するため、特別の必要がある場合に行動する部隊を管理し、運営し、およびこれに関する事務を行い、あわせて海上における警備救難の事務を行うことを任務とする。」と規定し、また同法第六一条第一項は、「内閣総理大臣は、非常事態に際して、治安の維持のため特に必要があると認める場合には、保安隊又は警備隊の全部又は一部の出動を命ずることができる。」と、そしてさらに、同法第六四条は都道府県知事の要請による出動、第六五条は海上における警備行動、第六六条は災害派遣をいずれも規定した。なお同法第六八条は、保安隊らの保有する武器につき、「保安隊及び警備隊は、その任務の遂行に必要な武器を保有することができる。保安官及び警備官は、その任務の遂行に必要な武器を所持することができる。」と規定した。ちなみに、警察法は警察官の所持する武器については、「警察官は、その職務の遂行のため小型武器を所持することができる。」（第六七条）と定めているのみである。

3　昭和二九年三月八日、日本政府とアメリカ政府との間に、「日本国とアメリカ合衆国との間の相互防衛援助協定」（いわゆる日米相互防衛援助協定、ＭＳＡ協定）が調印された。同協定の前文第三項にも前記した旧安全保障条約前文第五項と同様のわが国の防衛力漸増責任が規定された（もっとも同協定第九条第二項では「この協定は、各政府がそれぞれ自国の憲法上の規定に従って実施するものとする。」と規定されている）。そして、同年六月九日、従前の保安庁法に代えて、防衛庁設置法（法律第一六四号）、および自衛隊法（法律第一六五号）が公布施行された。

右防衛庁設置法第四条によれば、防衛庁の任務は、「わが国の平和と独立を守り、国の安全を保つことを目的とし、これがため、陸上自衛隊、海上自衛隊、及び航空自衛隊を管理し、及び運営し、並びにこれに関する事務を行うこと……」とされ、さらに同法第七条により、各自衛隊の定員は、陸上自衛官一三万人、海上自衛官一万五、八〇八人、そして新たに設置された航空自衛官六、二八七人で、これに統合幕僚会議に所属する陸海空各自衛官を加えて総計一五万二、一一五人となった。

そして自衛隊の任務は、自衛隊法第三条第一項により、「わが国の平和と独立を守り、国の安全を保つため、直接侵略及び間接侵略に対しわが国を防衛することを主たる任務とし、必要に応じ、公共の秩序の維持に当るものとする。」とされ、その行動に関しては後記二5のように、同法第七六条（防衛出動）、第七八条、第八一条（いずれも治安出動）、第八二条（海上警備行動）がそれぞれ規定され、また、その武器の保有について同法第八七条は、前記保安庁法と同様に、「自衛隊は、その任務の遂行に必要な武器を保有することができる。」と規定し、そしてその行使については後記二、5のとおり同法第八八条ないし第九三条、第九五条が規定された。

二、自衛隊の組織、編成、行動

まず防衛庁および自衛隊の組織、編成、行動を関係法令に基づきみて

みるに、

1　防衛庁設置法によれば、防衛庁は、国家行政組織法第三条第二項の規定に基づいて、総理府の外局として設置され（防衛庁設置法第二条）、その長である防衛庁長官は国務大臣をもってあて（第三条）、その任務は、前記した各自衛隊の管理、運営のほか、条約に基づく外国軍隊の駐留、および日米防衛相互援助協定の規定に基づくアメリカ政府の責務のわが国内における遂行に伴う事務で他の行政機関の所管に属していないものをおこない（第四条、第五条）、本庁には長官官房のほか防衛局、人事教育局、衛生局、経理局、装備局の五局を置き（第一〇条）、それぞれ長官を補佐し（第二〇条）、また、本庁には陸上、海上、航空の各幕僚監部を置き（第二一条）、各幕僚監部の長をそれぞれ幕僚長とし、これに各自衛官をあて、各幕僚長は、防衛庁長官の指揮監督を受けて幕僚監部の事務を掌理する（第二二条）。各幕僚監部は、各自衛隊についての防衛警備に関する計画立案、教育訓練、行動、編成、装備、配置、情報、経理、調達、補給等の計画立案の事務等をおこなう（第二二条）。

また本庁に統合幕僚会議を設置し（第二五条）、同会議は議長、陸上、海上、航空各幕僚長をもって組織し（第二七条）、統合防衛計画の作成および各幕僚監部の作成する防衛計画の調整、統合後方補給計画の作成および各幕僚監部の補給計画の調整、統合訓練計画の方針の作成および各幕僚監部の訓練計画の調整、出動時における自衛隊に対する指揮命令の基本および統合調整、防衛に関する情報の収集および調査、その他防衛庁長官の命じた事項に関して同長官を補佐する（第二六条第一項）。なお統合幕僚会議には統合幕僚学校を付置して上級部隊指揮官または上級幕僚を教育し、かつ自衛隊の統合運用に関する基本的な調査研究をおこなう（第二六条第二項、第二八条の二）。

国防に関する重要事項を審議する機関としては内閣に国防会議を置き、その議長は内閣総理大臣がなり、同会議員は内閣法第九条により指定された国務大臣、外務大臣、大蔵大臣、防衛庁長官、経済企画庁長官をもって構成し、国防の基本方針、防衛計画の大綱、これに関する産業等の調整計画の大綱、防衛出動の可否を審議する（第六二条、国防会議の構成等に関する法律第三条、第四条）。

なおそのほかに自衛隊の施設の取得、これに関する事務、建設工事の実施、管理をおこなうために防衛施設庁がある（防衛庁設置法第三九条、第四一条）。

2　自衛隊法は自衛隊の任務、部隊の組織および編成、行動および権限、隊員の身分の取扱いなどを定めているが（第一条）、自衛隊とは防衛庁長官、防衛政務次官、防衛庁の事務次官および参事官、防衛庁本庁の内部部局ならびに統合幕僚会議、その附属機関、陸上、海上、航空各自衛隊防衛施設庁を含み（第二条第一項）、陸上、海上、航空各自衛隊は各幕僚監部ならびに各幕僚長の監督を受ける部隊および機関を含む（同条第二ないし第四項）。

そして、内閣総理大臣は内閣を代表して自衛隊の最高の指揮監督権をもち（第七条）、防衛庁長官は内閣総理大臣の指揮監督をうけ、自衛隊の隊務を統括する。ただし、陸上、海上、航空各幕僚長の監督を受ける部隊および機関に対する指揮監督はそれぞれの幕僚長を通しておこなう（第八条）。

陸上、海上、航空各幕僚長は防衛庁長官の指揮監督をうけ、それぞれ陸上、海上、航空各自衛隊の隊務および所部の隊員の服務を監督しそれぞれの部隊等に対する長官の命令を執行する（第九条）。

3　そして各自衛隊の以上のほかの組織、編成は

（1）陸上自衛隊の部隊は、方面隊、その他の長官直轄部隊とし、方面隊は方面総監部、師団その他の直轄部隊から、師団は師団司令部および連隊、その他の直轄部隊からなり（第一〇条）、方面隊の長である方

面総監は長官の指揮監督を受けて方面隊の隊務を統括し（一一条）、師団の長である師団長は方面総監の指揮監督を受けて師団の隊務を統括し（一二条）、方面隊および師団以外の部隊の長は防衛庁長官の定めるところにより上官の指揮監督を受け当該部隊の隊務を統括する（第一四条）。方面隊は北部（方面総監部所在地は札幌市）、東北（仙台市）、東部（東京都）、中部（伊丹市）、西部（熊本市）の五個、師団は一三個師団とし師団司令部は第一師団東京都、第二師団旭川市、第三師団伊丹市、第四師団福岡県筑紫郡春日町、第五師団帯広市、第六師団東根市、第七師団千歳市、第八師団熊本市、第九師団青森市、第一〇師団名古屋市、第一一師団札幌市、第一二師団群馬県北群馬郡榛東村、第一三師団広島県安芸郡海田町にそれぞれ配置する（第一三条）。

（2）海上自衛隊は自衛艦隊、地方隊、教育航空集団、練習艦隊、その他の長官直轄部隊とし、自衛艦隊は自衛艦隊司令部、護衛艦隊、航空集団、掃海隊群その他の直轄部隊からなり、護衛艦隊は護衛艦隊司令部および護衛隊群その他の直轄部隊からなり、地方隊は地方総監部、護衛隊、掃海隊、基地隊、航空隊その他の直轄部隊からなり、教育航空集団は教育航空集団司令部、教育航空群その他の直轄部隊からなり、練習艦隊は練習艦隊司令部、練習隊その他の直轄部隊からなる（第一五条）。

自衛艦隊司令官、護衛艦隊司令官、航空集団司令官、教育航空集団司令官、練習艦隊司令官はいずれも防衛庁長官の指揮監督を受けてそれぞれ自衛艦隊、護衛艦隊、航空集団、教育航空集団、練習艦隊の隊務を統括する（第一六条ないし第一六条の三、第一七条の二、三）。地方総監は同長官の指揮をうけて地方隊の隊務を（第一七条）、その他の部隊の長も同長官の定めるところにより上官の指揮監督を受け当該部隊の隊務を統括する（第一八条）。地方隊は横須賀（地方総監部所在地は同市）、舞鶴（同市）、大湊（むつ市）、佐世保（同市）、呉（同市）の五個に分かれて配置されている（第一九条）。

（3）航空自衛隊は航空総隊、飛行教育集団、航空団、保安管制気象団その他の長官直轄部隊からなり、航空総隊は航空総隊司令部、航空方面隊その他の直轄部隊から、航空方面隊は航空方面隊司令部、航空団その他の直轄部隊からなり、飛行教育集団は飛行教育集団司令部、航空団、飛行教育団その他の直轄部隊から、航空団は航空団司令部、飛行群その他の直轄部隊から、保安管制気象団は保安管制気象団司令部、保安管制群、気象群その他の直轄部隊からそれぞれなる（第二〇条）。

航空総隊司令官、飛行教育集団司令官、航空団司令、保安管制気象団司令はそれぞれ防衛庁長官の指揮監督を受けて航空総隊、飛行教育集団、航空団、保安管制気象団の各隊務を統括し（第二〇条の二、三、五、六）航空方面隊司令官は航空総隊司令官の指揮監督を受け航空方面隊の隊務を統括し（第二〇条の四）、その他の部隊の長は右同長官の定めるところにより上官の指揮監督を受け当該部隊の隊務を統括する（第二〇条の七）。

航空総隊、保安管制気象団、飛行教育団、輸送航空団はそれぞれ一個とし、前二者の司令部を東京都に、後二者の司令部は浜松市と境港市に、航空方面隊は北部（司令部所在地は三沢市）、中部（入間市）、西部（福岡県筑紫郡春日町）の三個に、航空団は八個として第一航空団は浜松市に、以下第二航空団は千歳市、第三航空団は小牧市、第四航空団は宮城県桃生郡矢本町、第五航空団は宮崎県児湯郡新富町、第六航空団は小松市、第七航空団は茨城県東茨城郡小川町、第八航空団は福岡県筑上郡稚田町にそれぞれ配置する（第二一条）。

（4）そのほかに各自衛隊の機関として学校、補給処、補給統制処、病院、地方連絡部を置き、学校においては隊員に対し職務上必要な知識、技能を修得させるための教育訓練など、また補給処においては自衛隊の需品、火薬、弾薬、車両、航空機、施設器材、通信器材等の調達、保管補給または整備、およびこれに関する調査研究をおこなう（第二四条ないし第二八条)。

4 (1) 自衛官の階級は陸上自衛隊は陸将、陸将補、一ないし三等陸佐、一ないし三等陸尉、準陸尉、一ないし三等陸曹、陸士長、一ないし三等陸士があり、海上、航空自衛隊も右各区分に対応する階級をもって構成されている(第三二条)。そしてその服務本旨は「わが国の平和と独立を守る自衛隊の使命を自覚し、一致団結、厳正な規律を保持し、常に徳操を養い、人格を尊重し、心身をきたえ、技能をみがき、強い責任感をもって専心その職務の遂行にあたり、事に臨んで危険を顧みず、身をもって責務の完遂に努め、もって国民の負託にこたえることを期するものとする。」(第五二条) とされている。

(2) なお昭和四七年度における自衛隊員の定数は、陸上自衛官一七万九、〇〇〇人、海上自衛官三万八、三二三人、航空自衛官四万一、六五七人で、統合幕僚会議に属する自衛官を含めて総計二五万九、〇五八人である(防衛庁設置法第七条)。

そのほかに防衛出動命令が発せられた場合、防衛招集命令により自衛官となるいわゆる予備自衛官の員数は三万六、三〇〇人とされ(自衛隊法第六六条、第七〇条)、予備自衛官は年に二回以内訓練招集を受けて訓練に従事する(第七一条)。

5 自衛隊の行動

(1) 自衛隊法は、防衛出動につきつぎのように定めている。

「内閣総理大臣は、外部からの武力攻撃(外部からの武力攻撃のおそれのある場合も含む。)に際して、わが国を防衛するため必要があると認める場合には、国会の承認を得て、自衛隊の全部又は一部の出動を命ずることができる。ただし、特に緊急の必要がある場合には、国会の承認をえないで出動を命ずることができる。」(第七六条第一項)「前項ただし書の規定により国会の承認をえないで出動を命じた場合には、内閣総理大臣は、直ちに、これにつき国会の承認を求めなければならない。内閣総理大臣は、前項の場合において不承認の議決があったとき、又は出動の必要がなくなったときは、直ちに、自衛隊の撤収を命じなければならない。」(同条第二、三項) この防衛出動の場合にはわが国を防衛するために必要な武力を行使することができ、この武力の行使に際しては国際法規および慣例によるべき場合にはこれを遵守し、かつ事態に応じ合理的に必要と判断される限度を越えてはならないものとされ(第八八条)、また必要に応じ公共の秩序を維持するために行動することもできる(第九二条第一項)。

(2) 治安出動についてはつぎのように定められている。「内閣総理大臣は、間接侵略その他の緊急事態に際して、一般の警察力をもっては、治安を維持することができないと認められる場合には、自衛隊の全部又は一部の出動を命ずることができる。」(第七八条第一項)「内閣総理大臣は、前項の規定による出動を命じた場合には、出動を命じた日から二〇日以内に国会に付議して、その承認を求めなければならない。ただし、国会が閉会中の場合又は衆議院が解散されてる場合には、その後最初に召集される国会において、すみやかに、その承認を求めなければならない。内閣総理大臣は、前項の場合において不承認の議決があったとき、又は出動の必要がなくなったときは、すみやかに、自衛隊の撤収を命じなければならない。」(同条第二、三項)

「都道府県知事は、治安維持上重大な事態につきやむをえない必要があると認める場合には、当該都道府県の都道府県公安委員会と協議の上、内閣総理大臣に対し部隊等の出動を要請することができる。内閣総理大臣は、前項の要請があり、事態やむを得ないと認める場合には部隊等の出動を命ずることができる。」(第八一条第一、二項)「都道府県知事は、事態が収まり、部隊等の出動の必要がなくなったと認める場合には、内閣総理大臣に対し、すみやかに、部隊等の撤収を要請しなければならない。内閣総理大臣は、前項の要請があった場合又は部隊等の出動の必要がなくなったと認める場合には、すみやかに、部隊等の撤収を命じなければならない。都道府県知事は、第一項に規定する要請をした場合には、事態が収った後、すみやかに、その旨を当該都道府県の議会に報告しなければならない。」（同条第三、四項）

そしてこれらの出動した自衛隊の部隊等の職務の執行には警察官職務執行法が準用されるが、その場合、右職務執行法中の「公安委員会」の任務役割は「（防衛庁）長官の指定する者」がこれをおこなう。また右職務執行法第七条により自衛官が武器を使用するには正当防衛または緊急避難に該当する場合を除き当該部隊指揮官の命令によらなければならない（第八九条）。また自衛官が1職務上警護する人、施設または物件が暴行または侵害をうけ、またうけようとする明白な危険があり、武器を使用するほか、他にこれを排除する適当な手段がない場合、2多衆集合して暴行もしくは脅迫をし、また暴行もしくは脅迫しようとする明白な危険があり、武器を使用するほか他にこれを鎮圧し、また防止する適当な手段がない場合、その事態に応じ合理的と判断される限度で武器を使用することができる。ただしこの場合も正当防衛、緊急避難に該当する場合を除き当該部隊の指揮官の命令によらなければならない（第九〇条）。また前記防衛出動に際しての公共の秩序維持にあたって武器使用も右と同様である（第九二条）。さらに自衛官は、自衛隊の武器、弾薬、航空機、車両または液体燃料を職務上警備しているとき人またはそれらのものを防護するために必要と認める相当の理由がある場合には、その事態に応じ合理的に必要と判断される限度で武器を使用することができる。ただし正当防衛、緊急避難に該当する場合のほか人に危害を与えてはならない（第九五条）。

（3）そのほかに、防衛庁長官は海上における人命もしくは財産の保護または治安の維持のため特別の必要がある場合には内閣総理大臣の承認をえて自衛隊の部隊に海上において必要な行動をとることを命ずることができ（第八二条）、都道府県知事その他政令で定める者は天災地変その他の災害に際して人命または財産の保護のため必要があると認める場合には部隊等の派遣を防衛庁長官またはその指定する者に要請することができ、この場合長官またはその指定する者は事態がやむをえないと認めるならば部隊等を救援のため派遣することができる。ただし天災地変その他の災害に際しとくに緊急を要し前記知事の要請をまついとまがないと認められるときはその要請をまたないで部隊等を派遣することができる（第八三条）。

（4）さらに防衛庁長官は外国の航空機が国際法規または航空法その他の法令の規定に違反して、わが国の領域の上空に侵入したときは自衛隊の部隊に対し、これを着陸させ、またはわが国の領域上空から退去させるため必要な措置をとらせることができる（第八四条）。

三、自衛隊の装備、軍事能力、演習訓練

（一）前記したように、自衛隊法第八七条は、「自衛隊はその任務の遂行に必要な武器を保有することができる。」と規定しているのみでその「必要な武器」の内容、たとえばその種類、数量、性能などは明らかではない。それで以下陸上、海上、航空の各自衛隊につき、本件口頭弁論に提出された証拠から認められる限度で、その装備、軍事能力およびその演習訓練をみてみることにする。

まず《証拠略》からはつぎの事実を認めることができる。

（1）昭和二九年保安隊から自衛隊になった当初、自衛隊の装備していた兵器のほとんどは未だ米軍から供与されたものであった。

ところで昭和三三年度から始まり同三五年度までの三か年にわたっておこなわれた第一次防衛力整備計画（以下第一次防という）では、その目標を「必要最小限度の自衛力の整備」におき、予算総額四、五三〇億円（実際の支出額は四、七二一億円）で装備の増強をおこなった。その計画内容は、陸上自衛隊が六管区隊、四混成団、自衛官一八万人、予備自衛官一万五、〇〇〇人、海上自衛隊が艦船保有トン数一二万四、〇〇〇トン、うち護衛艦八万三、〇〇〇トン、掃海艇一万六、五〇〇トン、その他約二万四、〇〇〇トン、航空機二二二機、航空自衛隊が保有機数一、三四二機、三三飛行隊編成で、うち全天候戦闘機部隊九隊、昼間戦闘機部隊一八隊、偵察機部隊三隊、輸送部隊三隊であったが、人員の整備に若干の欠員のあったほかほぼその目標に近い線で達成された。（なお証人高橋甫の尋問結果からは、この陸上自衛隊の人員一八万人はすでに当時のイギリス陸軍の人員に匹敵するものであったことが認められる。）

（2）その後、昭和三七年度から同四一年度までの五か年間に第二次防衛力整備計画（以下第二次防という）に基づき、目標を「通常兵器の使用による局地戦以下の侵略に対し有効に対処しうる防衛体制の基盤を確立する」ことにおき、予算総額一兆一、五〇〇億円（実際の支出額は一兆三、八七七億円）で自衛隊の装備の近代化、機動力の向上、対空誘導弾の導入、情報機能の整備、充実に重点が置かれ、かつ、次第に兵器の国産化にも力が注がれ、その結果、陸上自衛隊一八万人、五方面隊、一三個師団（うち機甲師団一個を含む）が編成され、対空ミサイル・ホーク部隊が配置され、また予備自衛官は三万人に増員となり、また海上自衛隊には国産の護衛艦、潜水艦があいついで配備され、そして護衛艦には対潜水艦ミサイル「アスロック」が装備され、また国産の潜水艦六隻による第一潜水隊群も編成され、その結果保有艦艇約一四万三、七〇〇トン、うち護衛艦艇約九万〇、三〇〇トン、潜水艦約一万六、五〇〇トン、掃海艦艇一万五、七〇〇トン、海峡港湾防備艦艇等約二万一、二〇〇トン、航空機は対潜ヘリコプター二三機を含めて二三五機を保有し、さらに航空自衛隊は、従来のF86F戦闘機のほか、新たに諸性能の著しく向上したF104J戦闘機二〇〇機が国産で配備されることになり、保有機数一、〇三六機で二四飛行隊が編成され、うち全天候戦闘機部隊一一隊、昼間戦闘機部隊八隊、偵察部隊一隊、輸送機部隊二隊、その他となり、また地対空ミサイル・ナイキアジャックス二大隊も編成され、自動警戒管制組織の建設に着手した。

（二）1　前掲《証拠略》によればつぎの事実を認めることができる。

第二次防に引き続いて、昭和四二年度から同四六年度までの五か年間に第三次防衛力整備計画（以下第三次防という）が実施され、その目標を、「通常兵器による局地戦以下の侵略事態に対し最も有効に対応しうる効率的なもの」を整備することにおき、「特に周辺海域の防衛能力および重要地域防空能力の強化ならびに各種の機動力の増強を重視する」ことにした。このため、1陸上自衛隊関係では、現有部隊の充実等のため自衛官の編成定数は従来の一八万人のままとするが、機動力を向上させ、防空能力を強化するためにヘリコプター、装甲車、および地対空誘導弾部隊を増強するとともに、新装備の導入をおこない装備体系を改善するほか、戦車、対戦車火器等の更新増強をおこなう。2海上自衛隊関係では、周辺海域の防衛能力および海上交通の安全確保能力を向上させるため護衛艦、潜水艦等の各種艦艇の増強、近代化を図るとともに、新固定翼対潜機、飛行艇等を整備する。3航空自衛隊関係では、重要地域の防空力を強化するため、地対空誘導弾部隊を増強し、新戦闘機の整備に着手するとともに、警戒管制組織の自動化を完成する等警戒管制等能力の向上、近代化を図る。4技術研究開発関係では高等練習機、レーダー搭載警戒機、輸送機等の航空機、短距離地対空誘導弾の各種誘導弾、その他各種の装備、器材についての研究開発をおこなうとともに、技術研究開発体制を強化することになった。

その結果第三次防での陸上、海上、航空各自衛隊の装備、軍事能力、およびその演習訓練は以下に記述するようなものになった。

2　陸上自衛隊の装備、能力、演習訓練

（1）装備能力

《証拠略》からつぎの事実を認めることができる。

前記したように、第二次防以来、陸上自衛隊は五方面隊、一三個師団となっており、その他に空挺団、施設団、通信団、長官直轄部隊、学校、補給処、病院がある。一師団の構成は九、〇〇〇人をもってするもの五個師団、七、〇〇〇人をもってするもの七個師団とされている。通常の師団は、普通科連隊（いわゆる歩兵）三ないし四個（一個連隊は約一、二〇〇人で小銃、銃剣その他の兵器で装備）、および特科連隊（いわゆる砲兵、一個連隊は約一、三〇〇人）、戦車大隊（戦車約六〇両）、施設大隊（いわゆる工兵）、補給隊、輸送隊などをもって構成されている。

陸上自衛隊の保有する武器の主なものは、砲として、一五五ミリ榴弾砲八六八門、加農砲三二門、高射砲、高射機関砲を含めて二〇四門、無反動砲一、二九六門、自走砲四六四門、迫撃砲二、一六四門、機関銃六、七〇〇挺、小銃一七万九、五〇〇挺、また誘導弾としては、対戦車誘導弾（ATM）五五台、地対地誘導弾（三〇型ロケット）三〇台、地対空誘導弾（ホーク）一〇〇基、車両としては六一式戦車六五五両を含めて戦車九七〇両、装甲車六三〇両、その他の車両一万九、〇〇〇両、航空機は固定翼機一三七機、回転翼機はV107、HU1などを含めて二一〇機である。

そしてこれらの装備は、いずれも兵器として、現在世界各国の陸軍の保有する一流の兵器にくらべてなんら遜色のない性能をもつものであり、また、旧日本陸軍の装備と比較しても、一師団あたり、火力においては約四倍、また機動力、通信力を含めた総合戦力では約一〇倍の威力をもっている。

（2）演習訓練

陸上自衛隊での訓練は、日毎におこなわれているが、その代表的なものに昭和四六年八月二三日から二六日にかけて北海道でおこなわれたヘリボーン演習と、同四四年一〇月上旬東富士演習場でおこなわれた治安訓練を掲げる。

A 《証拠略》からはつぎの事実が認められる。

北海道でおこなわれた右ヘリボーン演習（昭和四六年度陸幕特命演習、北部方面隊演習）では攻撃側は赤軍と呼ばれ、札幌市の第一一師団がこれにあたり、防御側は青軍と呼ばれて千歳市の第七師団中の一個連隊が参加、両者あわせた人員が約九、八〇〇人、攻撃側が北から侵攻し、島松演習場および千歳付近を確保しようとし、防御側は島松村近を確保してこれを防御する想定で、島松の演習場で両者が合戦、この演習では部隊の移動はヘリコプターを使って富良野、旭川、滝川から対戦車火器、一〇六ミリ無反動砲や若干のジープとともに輸送され、参加したヘリコプターはV107大型、HU1B中型を主力として一二二機、各部隊のもつ六一式戦車をはじめとする多数の戦車、装甲車も参加した。なお、この演習をアメリカ太平洋軍司令官ラーソン大将が観戦した。

このようなヘリボーン作戦は、戦術的目的をもってする空中機動作戦で、地上作戦では即応できない緊急かつ緊要な時期における要点の占領、あるいは重要目標の攻撃をおこなうものであるが、その特徴は、行動が秘匿性に富み、かつ単純、軽易に実施することができ、その奇襲性を最大限に発揮し、敵の遊撃部隊の活動の機先を制し、これを分断孤立化させるとともに一挙に覆滅し、かつ、その撤収、補給なども敏速におこなえ、作戦全般の遂行を容易にすることにある。この作戦では、ヘリコプターによって輸送可能なすべての戦闘部隊が武装したまま兵器などとともに運搬しておこなわれ、その能力は、V107四二機、小型観測ヘリコプターLOH四機でもって、一個連隊（一、〇〇〇人）を四〇〇キロメートル以上離れた地点に二往復で空輸することができ、いわゆる「空飛ぶ歩兵」と呼ばれている。そしてこのような一個連隊の奇襲増強は、師団単位の戦闘の勝敗を左右することができるとさえいわれている。またこれに用いられるヘリコプター自体も、機関銃で武装し、さらに二・七五インチロケット弾、対戦車ミサイルATMなどをも装備してヘリボーン作戦を援護し、空中砲兵としての役割を果たす。このような作戦はとくに対ゲリラ戦に有効といわれ、かつてフランス軍のアルジェリア戦で、また近くは米軍のベトナム戦争で多く用いられたものである。

B そしてまた、一般に、このような演習は、たんなる訓練とは異なり、一国の基本的な防衛戦略を基礎として計画実施され、有時になればほぼそのまま実戦にも利用されるものであって、それはただ一回限りの局地戦闘訓練や軍事技術の習得を目的とするというものとしてみるべきものではない。すなわち、このような演習においては、その演習の場所それ自体は本来固有な意味をもつものではなく、あらゆる類似の地形、気候の個所を想定して部隊の種類、規模が決定され、またその移動の手段、方法、距離等が選ばれているものである。そして《証拠略》からは、その基本構想についても、右のヘリボーン演習は昭和四二年の陸上自衛隊北部方面隊のいわゆる「菊演習」などとその想定を同じくし、ただその規模、内容を漸次充実、進展させたものであり、また、このような演習は、通常たんに陸上自衛隊が単独でおこなうことは稀で、むしろ他の海上、あるいは航空自衛隊との協同のもとにおこなわれることが多く、右菊演習には、それに合わせて航空自衛隊の「隼作戦」がおこなわれており、また前記ヘリボーン演習もそれに相前後して海上自衛隊が陸上自衛隊第一二師団の第二普通科連隊一、〇〇〇人を、本州の直江津から北海道の釧路（のちに室蘭に変更）に海上輸送する、いわゆる「矢臼別転地訓練」が実施されていることが認められる。（もっともヘリボーン演習には、航空自衛隊も対地支援作戦のため参加する予定であったが、昭和四六年七月三〇日の全日本空輸旅客機との衝突事故のため中止されたといわれる。）

C 《証拠略》によればつぎの事実が認められる。

静岡県東富士演習場でおこなわれた治安行動訓練の報道関係者に公開されたのは一〇月二日から三日間であって、約五〇〇人の地上部隊からなる同訓練の一部のみであるが、その公開された際の模様は、訓練は、重要拠点であるビルを約三〇〇人のヘルメット、角材で身を固めた暴徒が占拠したとの想定にたって、陸上自衛隊第一師団の砲兵連隊を中心とした二一〇人が出動してその排除にあたるというものであった。「状況開始」のラッパとともにまず暴徒集団に扮した一隊がビルに突入、これに対して、装甲車三台、戦車一台、ヘリコプター三機、ブルドーザー、タンクローリーなど機動部隊、楯と銃で武装した兵士が出動し、火炎ビン、投石、放火などによって抵抗する暴徒を約三〇分で鎮圧した。この訓練を視察した陸上幕僚長山田正雄は、「今日は攻撃だけだが、訓練は防御、そ撃のほか夜間訓練などあらゆる場合を想定してやっている。各中隊に四人ずついるそ撃兵は腕、足などねらったところは必らず撃てる。」と語った。

3 海上自衛隊の装備、能力、演習訓練

（1） 装備、能力

《証拠略》からつぎの事実を認めることができる。

海上自衛隊は、前記二、3、（2）のとおりの編成、配置であるが、その詳細は、護衛艦隊の司令部は旗艦内にあり、それはさらに、第一（司令部所在地横須賀）、第二（同佐世保）、第三（同舞鶴）の各護衛隊群と、掃海隊（司令部所在地横須賀）に分かれ、各護衛隊群はそれぞれ三個の護衛隊に分かれる。そして各護衛隊には二ないし三隻の護衛艦が属している。自衛隊には潜水隊群（司令部所在地呉）も含まれ、これは、第一ないし第三潜水隊と、横須賀および呉の各潜水艦基地隊に分かれる。各潜水隊には、二ないし四隻の潜水艦が属している。航空集団（司令部所在地下総）は、第一（司令部所在地鹿屋）、第二（同八戸）、第三（同徳島）、第四（同下総）、第二一（同館山）の各航空群に分かれ、各航空群は、一ないし四個の航空隊からなっており、その他に自衛艦隊には、海上訓練指導隊群（司令部所在地横須賀）、第一揚陸隊、給油艦が属している。

海上自衛隊の保有する艦艇は、支援船（約三一〇隻）を除き、総隻数二一六隻、総トン数一七万五、〇〇〇トン（実就役は二〇五隻一四万四、〇〇〇トン）である。種類は、警備艦として護衛艦、潜水艦、掃海艇、掃海母艦、哨戒艇、駆潜艇、魚雷艇などがあり、特務艦として輸送艦、砕氷艦、給油艦、敷設艦などがある。護衛艦の保有は四五隻で九万トン、これはアメリカでは「デストロイヤー」と呼ばれ、駆逐艦に属する艦種である。そのなかには対潜ヘリコプターや対潜ミサイルアスロックを積載しているものもある。潜水艦の保有は一四隻二万トンで、いずれも通常燃料（非原子力）型である。掃海艇の保有は四二、三隻、掃海母艦一隻、魚雷艇は各艇約一〇〇トンで、その速度三〇ないし四〇ノット、魚雷や対艦ミサイルSSMを積載するが、その隻数は明らかでない。その他保有する艦艇隻数は哨戒艦艇、輸送艦艇各五〇隻、敷設艦二隻、給油艦一隻、潜水艦救難艦一隻、その他の特務艦艇二〇隻などである。

保有する航空機の総数は約二七〇機である。このうち、大型固定翼機はP2V対潜哨戒機四八機を含めて六五、六機、このP2V対潜哨戒機は航続距離二、〇〇〇マイルで魚雷四本八トンを積載する性能をもっている。小型固定翼機はS2F対潜哨戒機を含めて五〇機、ヘリコプターはHSS2三三機を含めた対潜ヘリ五〇機、その他にV107掃海ヘリ四機、S62救難ヘリ六機がある。その他に練習機、輸送機を保有する。

海上自衛隊は、諸外国の海軍に比較して、その保有する艦艇のトン数では世界第一〇位、隻数では第八位、予算規模では第一四、五位で、総合では第一〇位内外である。

（2）演習訓練

《証拠略》から、つぎの事実を認めることができる。

海上自衛隊の目標とするところは、わが国に対する直接侵攻の排除と周辺海域における制海権の確保にあり、この周辺海域には、わが国本土近海のみでなく、沖縄、南西諸島、小笠原諸島、南鳥島をも含む海域であり、そして、近時、世界の海軍力で潜水艦の占める役割が増大したことから、海上自衛隊の訓練も、主として、対潜水艦作戦の訓練が中心とされている。

A　対潜作戦訓練は、昭和三四年以来同四六年までの一三年間、毎年一、二回米海軍との間で合同しておこなわれ、これには海上自衛隊側からは護衛艦、潜水艦、対潜哨戒機などが、また米海軍からは対潜空母、駆逐艦、潜水艦、給油艦などがこれに参加し、四ないし一二日間の日程でいずれも日本海を含めた日本近海で演習がおこなわれている。

B　昭和四六年一一月には海上自衛隊はハワイで米海軍の訓練施設を借用して訓練をおこない、これに潜水艦一隻、P2V対潜哨戒機六機が参加した。

C　さらに海上自衛隊のみのものでは、同四六年度の演習として同年九月二九日から翌一〇月一〇日までの一二日間瀬戸内海から四国南方約一、八〇〇キロメートルに及ぶ西太平洋の海域で、海上交通の保護、沿岸防備の実施訓練を目的とする演習がおこなわれ、これには、自衛艦隊と呉地方隊が参加し、護衛艦、潜水艦、駆潜艇など約七〇隻の艦艇とP2V、P2Jなどの対潜哨戒機、HSS2対潜ヘリコプターなど約六〇機、海上自衛隊員約一万七、〇〇〇人が参加し、大規模に、対潜、対空、掃海、給油、通信の総合訓練がおこなわれた。なおこれには航空自衛隊、陸上自衛隊も協力参加した。

D　このような演習は、前記した陸上自衛隊の演習の場合と同様に、当然にわが国の防衛戦略を基礎とするものであることはいうまでもなく、それらに参加する艦艇、航空機なども、次第に航続距離の長い大型艦艇が増加し、その搭載兵器も逐次新鋭化、高性能化し、また演習海域もわが国の沿岸海域から、漸次日本海中央海域に、また西太平洋海域にと極東海域全般に拡大され、その海域において、あるいは海上自衛隊独自で、また、米海軍と共同で、潜水艦、航空機、水上艦艇一体となっての対潜水艦作戦遂行の能力を強化し、あわせて、同海域での海上交通を確保して海上優勢を確立することを目指しているものといえる。

4　航空自衛隊の装備、能力、警備、演習訓練

（1）装備、能力

《証拠略》からつぎの事実が認められる。

A　航空総隊に所属する航空方面隊が北部、中部、西部の三方面隊に分かれ、それらの方面隊に八個の航空団が属していることは前記二、3、(3)のとおりであるが、さらに詳細には、北部航空方面隊には、第二航空団のほか、第八一航空隊（所在地八戸）、北部航空警戒管制団（三沢ほか）、第三高射群（千歳、長沼）、北部航空施設隊（三沢、千歳）が、さらに中部航空方面隊には、第三、第四、第六、第七航空団のほか、中部航空警戒管制団（入間ほか）、第一高射群（入間ほか）、中部航空施設隊（入間、小松）が、また西部航空方面隊には、第五、第八航空団のほか、第八二航空隊（岩国）西部航空警戒管制団（春日ほか）、第二高射群（春日ほか）、西部航空施設隊（芦屋）がそれぞれ属しており、航空総隊には、その他に航空総隊司令部飛行隊（入間）、偵察航空隊（入間）、航空指揮所（府中）が属している。なお各航空方面隊の警戒管制団には、その下にさらに、数個の群をもち、その各群はわが国全土の二四か所に散在して、レーダーによりわが国周辺の空の監視にあたっており、この警戒管制体制は、後記するように、第三次防において自動化されバッジシステムを構成している。

航空自衛隊の保有する航空機の総数は約九六〇機である。このうち、戦闘機としてはＦ８６Ｆ約二八〇機、Ｆ１０４Ｊ約一九〇機が含まれる。Ｆ８６Ｆ戦闘機は、速度〇・八マッハ、二五〇キロ爆弾を二ないし四発積載、航続距離一、四三〇キロメートル、一三ミリ機関砲六門、二・七五インチ空対空ロケット（マイティ・マウス）二四発を装備する性能をもつ。Ｆ１０４Ｊ戦闘機は、全天候要撃用で、速度はマッハ二・〇、行動半径二五〇ないし二六〇キロメートル、機関砲一門と空対空ミサイルサイドワインダー二発、五〇〇ポンド（二二五キログラム）爆弾二発積載する性能をもつ。このＦ１０４Ｊは、七飛行隊で編成されており、一隊は一八機（ただし沖縄の飛行隊は二五機）、予備三ないし五機からなっており、Ｆ８６Ｆも七飛行隊で編成されている。その他の保有航空機としては、Ｆ８６Ｆを改造したＲＦ８６Ｆ偵察機は約二〇機で一飛行隊編成、さらに、輸送機には、Ｃ４６約三〇機、ＹＳ１１約一〇機、練習機には、Ｔ３３ジェット練習機約二〇〇機、Ｔ１Ａ、Ｔ１Ｂあわせて約五〇機、Ｔ３４約一〇〇機、さらに、ＭＵ２捜索機八機、ヘリコプターは、Ｖ１０７、Ｓ６２あわせて約二〇機がある。

現有のＦ１０４Ｊ戦闘機の次期戦闘機としては、Ｆ４ＥＪファントムがすでに第三次防において一〇四機配置を決定され、おもに、第四次防において実際に配置される。Ｆ４ＥＪファントムはＦ１０４Ｊ、Ｆ８６Ｆ戦闘機がいずれも単座制であるのにくらべて複座制であり、乗員の一人はＥＣＭ、ＥＣＣＭ（いずれも電波妨害装置）などの電子機器の操作にあたるほか、その性能としては、速度は二・四マッハ、航続距離二、八〇〇キロメートル、行動半径四五〇ないし四六〇キロメートル、上昇限度は二万一、六〇〇メートル、爆弾五・五トンを積載できる。このＦ４ＥＪファントムは、戦闘機としては、現在世界各国の保有するもののなかで第一級の性能をもつものである。また、これらのＦ８６Ｆ、Ｆ１０４Ｊ、Ｆ４ＥＪファントムは、いずれも迎撃戦闘機としてのほかに戦闘爆撃、地上支援攻撃の目的にも使用できる。

以上のほか、航空自衛隊は、対空誘導弾ナイキアジャックス七二基、ナイキＪ二九基を保有するがその組織、性能は後記（3）のとおりであ

る。航空自衛隊は、その保有機数などからみると、現在世界の諸外国空軍のなかで九位ないし一〇位の地位にある。

B　航空自衛隊では、第二次防から第三次防にかけて、それまでの警戒管制体制の自動化を図り自動警戒管制組織、つまりバッジシステムを導入、配備した。すなわち、昭和三九年一二月四日および同四〇年七月一八日に、それぞれ日本政府とアメリカ政府との間で、わが国にバッジシステムを配備することについての取決めがなされ、第二次防からその建設に着手され、第三次防である同四三年に完成、その後運用試験を経て、同四五年より実用態勢に入った。

バッジシステムは、全国二四か所（北海道では稚内、網走、根室、当別、奥尻、襟裳の六か所）の防空監視所にあるレーダーが、わが国周辺の空を監視し、それらのレーダーからの情報は、自動的に三沢、嶺岡山、笠取山、春日にある防空指揮所に伝達され、同所にある大型要撃計算機で即刻その高度、速度、飛行方向が計算され、相手方、味方の区別、その型、機種の識別がなされ、さらに、わが国の防空体制のなかから要撃に用いられるべき航空機、ミサイルなどの兵器の選択、割当てもなされ、そしてその後、発進した要撃機を自動的に目標に向けて誘導し、またその帰途も基地まで誘導してその安全を確保する機能を果たす。とりわけ、レーダーの覆域が外国の領土、領海にまで及ぶときには、発進した味方の航空機をして、相手の反撃を回避させながら、攻撃に参加するよう誘導することも可能であって、この点バッジシステムは、たんにわが国の防空、防衛機能のみをもつものとはいえない。そしてこれらのバッジシステムからの情報は、即刻、三沢、入間、春日にある防空管制所に、さらに、府中の航空総隊司令部の戦闘指揮所にも伝送される組織である。

C　ナイキJ部隊の編成、同ミサイルの性能およびその役割

航空自衛隊の地対空誘導弾部隊は、ナイキアジャックス部隊とナイキJ部隊に分かれ、それらは前記のとおり、第一ないし第三高射群に分属配置されているが、そのほかに第四高射群が京阪神地区に建設されつつある。

一つの高射群の構成は、ナイキの指揮、運用をする指揮運用隊、指揮業務の補佐機関である群司令、ナイキを運用する高射隊、その整備補給をする整備補給隊からなっている。一つの高射隊は、一五〇ないし二〇〇人の人員をもって編成され、それは、さらに、射撃統制小隊と発射小隊に分かれ、射撃統制小隊は、レーダーを運用して相手機の発見、捕捉、ナイキの誘導にあたる。このためのレーダーには、捜索、目標追随、ミサイル追随、目標測距の四種類がある。発射小隊は、一隊に九発射機が配置され、平常一発射機に二基のナイキ弾体が準備されている。

第三高射群では、群司令は千歳に、指揮運用隊は当別町に、第九、第一〇高射隊は千歳基地に、そして第一一高射隊は本件長沼町馬追山に配置されている。

ナイキJの構造は、ミサイル本体の長さ（ブースターを含む）は一二・五メートル、直径八〇センチメートル、重量は四・五トン、燃料はブースター、ミサイルともに固体燃料を使用し、発射機（ランチャー）から発射される。その速度は三マッハ、射高は四万五、〇〇〇メートル、射程距離は約一三〇キロメートルで、レーダーにより目標に誘導される。ナイキJは、米軍の使用する同型のミサイルナイキハーキュリーズが、核、非核両用であるのに対し、非核専用であり、そのためミサイル弾頭部には特殊な加工が施こされており、また、その発射機もコネクターなどが除去されている。ナイキJの弾頭部分には、約二〇〇キログラムの高性能火薬が充填されており、目標機の至近距離で炸裂して弾片を飛散させ、それによって撃墜、あるいは損傷を与える。

このようなナイキJは、陸上自衛隊のもつ地対空誘導弾ホークが低空用であるのと異なり、高空用誘導弾である。

本件長沼に配置されたナイキJは、千歳に所在するナイキJとともに、

北海道中央地区、苫小牧地区、および千歳基地の防御を目的としている。

Ｄ　ナイキＪの導入と防空態勢の変化

現在一国の防空防衛組織は、その国全土にわたる総合的、複合的なものであることはもちろんであるが、ナイキＪの導入は、わが国の防空組織につぎのような大きな変化をもたらした。従来は、まずレーダーなどによる警戒管制装置が侵入機を発見して、つづいてＦ１０４Ｊを中心とする要撃戦闘機が緊急発進（いわゆるスクランブル）して防空態勢に入っていたのであるが、ナイキＪの導入により、まず、その射程距離である一三〇キロメートル前方において侵入機に対する有効な防衛線をひくことが可能となり、その後方はホークミサイル、七五ミリ高射砲（いわゆるスカイスーパー）、三五ミリ二連装高射機関砲（Ｌ９０）などで補う。それにより、要撃戦闘機は、当然にナイキＪの防衛線の外側において防御をおこなう方が効率的となるので、同機の主体は、それまでのＦ１０４Ｊからこれに合うような性能をもつＦ４ＥＪファントム戦闘機に漸次切り替えられている（第三次防から第四次防にかけての整備計画）。そしてこの比較的航続距離の長いＦ４ＥＪファントムは、右のナイキの防衛線の外側で、公海、公空上を常時警戒飛行（いわゆるＣＡＰ）を続け、ひとたびバッジシステムからの指示があれば、ただちに、迎撃戦闘態勢に入ることができるようになる。その結果、第三次防における純然たる要撃戦闘機Ｆ１０４Ｊによる迎撃態勢は、主としてわが国の領空あるいは沿岸上空においておこなわれることを予定していたが、第四次防では遥か公海上でおこなわれることになる。しかも前記したようにバッジシステムは、攻撃手段としても機能できることも考えあわせるとき、外国に対する万一の先制攻撃も不可能なこととはいい切れない。

（2）警備、演習訓練

《証拠略》によればつぎの事実を認めることができる。

Ａ　警備としては航空自衛隊は、わが国を防衛する目的で、北は宗谷海峡から、日本海のほぼ中央を通り、朝鮮海峡を経て西南諸島に至り、そこから伊豆諸島南を通って根室海峡を経て宗谷海峡に至る空域に防空識別圏を設定し、日夜同空域に入る国籍不明機に対し警戒体制をとるとともに、同空域での航空優勢を確保しようとしている。そして発見した国籍不明機に対しては、ただちに所轄基地から、Ｆ１０４Ｊなどの要撃戦闘機を発進させて、その確認、退去措置をとっている。このような警備行動は、昭和三三年から同四三年三月までに二、三九六回におよんでいる。

Ｂ　演習訓練としては、航空自衛隊は海上自衛隊との共同訓練として、艦船の捜索、発見、攻撃訓練が昭和四三年度二〇数回、同四四年度約四〇回、同四五年度三〇数回といずれも日本近海でおこない、また毎年一回バッジシステム、ＥＣＭ、ＥＣＣＭなどを使った総合演習、対地支援演習などをおこなっている。

たとえば航空自衛隊初の総合演習である昭和四四年度の「やまと一号作戦」は、同年一一月に三日間にわたっておこなわれたが、その内容は、まず航空優勢の確保の演習として、侵入機がＥＣＭを使用して防空レーダーを攪乱させながら進攻してくるのに対して、味方はＥＣＣＭによりこれを防御しながらバッジシステムを全面的に活用し、Ｆ１０４Ｊ戦闘機とナイキＪによりこれを撃破し、さらに地上支援演習として、Ｆ８６Ｆ一六機、輸送機一〇機が九州築城基地から宮城県松島基地まで一、〇〇〇キロメートル以上を移動し、途中、紀伊半島から伊豆半島までの間ではＦ１０４Ｊ戦闘機による空中援護戦闘の訓練をおこない、その後、青森県三沢基地などから右松島基地に集結したＦ８６Ｆと合流して、合計五〇機が、宮城県王城寺演習場において地上攻撃の支援をおこなった。

また同四五年度の総合演習である「飛鳥作戦」は、同年一〇月に五日間にわたって、輸送機二五機、戦闘機二三〇機が参加し、バッジシステムの運用、ＥＣＭ、ＥＣＣＭ、地上支援攻撃訓練などがおこなわれた。

このような演習は、前記した陸上自衛隊、海上自衛隊の演習の場合と同様に、わが国の防衛戦略を基礎として計画、実施されていることはいうまでもない。

5　いわゆる「三矢研究」について

《証拠略》によれば、つぎの事実を認めることができる。

昭和三八年度に、自衛隊統合幕僚会議事務局および各自衛隊幕僚監部が中心となっておこなった同年度統合防衛図上研究、いわゆる「三矢研究」では、朝鮮半島において武力衝突が発生したとの想定のもとに、これに伴う、わが国の防衛のための自衛隊の運用などに関して研究がされている。これによると、その主要研究項目は、1基礎研究として、「非常時において必要な統幕事務局及び統合委員会等の組織・機能ならびにこれらと内局、各幕、米軍及びその他の関係各省庁との連けい要領」その他、2状況下の研究として、その一「非常事態の生起に際し、とくにその行動においてとられるべき国家施策の骨子」、その二は「非常事態の生起に際し、自衛隊としてとるべき措置」が掲げられているが、このうち、右その二においては、さらに、「昭和三八年度防衛及び警備計画における作戦構想の適否、とくに次の事項実施上の問題点、a作戦準備、b戦略展開、c初期作戦、d対着上陸侵攻作戦」が研究題目となっている。そして自衛隊の具体的運用などについて、まず米軍が朝鮮半島へ、さらに沿海州、中国東北部に出動したとの想定のもとに、自衛隊は、わが国土を米軍の後方支援基地として確保しつつ、具体的状況に応じた各種の戦闘行動に入ること、とりわけ、わが国自体に対して相手国より反撃がおこなわれた場合、これに対処して起すべき軍事行動の種類、規模、方法などが細目にわたって検討され、さらに紛争が核兵器の使用までに発展する場合や、米軍が千島、樺太、北朝鮮を占領した場合などの種々具体的状況の想定のもとに、その際の自衛隊のとるべき軍事諸行動、および米軍との協同関係の調整、とりわけ、日米統合作戦司令部の設置などの研究がされ、そしてまた、これらの事態に際して、わが国国内にも起りうる混乱、反戦抵抗、暴動などに対処して、その治安維持のために、非常事態措置法令の施行をはじめとした戦時国家体制の確立なども対象項目として詳細な研究がおこなわれている。

そしてこれらの研究目的は、《証拠略》の「極秘　昭和三八年度総合防衛図上研究（三矢研究）」によれば、これらの「………非常事態に際するわが国防衛のための自衛隊の運用ならびにこれに関連する諸般の措置及び手続を統合の立場から研究し、もって次年度以降の統合及び各自衛隊の年度防衛及び警備の計画作成に資するとともに米軍及び国家施策に対する要請を明らかにして防衛のための諸措置の具体化を推進する資料とする。」とされており、また、右研究当時の統合幕僚会議事務局長田中義男も、この三矢研究は、わが国将来の防衛計画に影響を与えるものとして考えられていた、と述べていた。

ところで、わが国の防衛戦略の大綱は、一応昭和三二年五月二日内閣閣議で決定された「国防の基本方針」、およびその後の第二次、第三次の各防衛力整備計画などに示されており、自衛隊は、これらに基づいて、毎年統合幕僚会議においてその年度の「統合情報見積」なるものを作成し、これを基礎として「統合年度防衛警備計画」（なおこれは旧日本軍の「年度作戦計画」に対応するものである）や、各自衛隊の「年度防衛警備に関する計画」を作成して、国外からの武力攻撃に対する防衛行動や、国内での治安維持のための警備活動に際しての自衛隊の作戦、運用を定めているが、この三矢研究は、前記したその目的や田中事務局長の発言などを考えあわせると、右の「統合年度防衛警備計画」とまったく無関係な、架空な研究討論としてみることはできないといわなければならない。

6　第四次防における各自衛隊の展望

前記のとおり、第三次防衛力整備計画は昭和四六年度に終了するが、引き続いて同四七年度から同五一年度までの五年間に、第四次防衛力整備計画（第四次防）が実施される。《証拠略》によれば、右整備計画において防衛庁がその整備目標とする計画案はつぎのとおりであることを認めることができる。

（1）まず、その立案の趣旨として、「わが国の防衛力は、………複雑な国際情勢のもとでわが国の独立と平和を守るためには、なお十分な体制にあるとはいえない。」とし、「最近の国際情勢からみて………わが国に対し差迫った脅威があるとは考えないが、武力紛争が跡を絶たない国際政治の現実にかんがみると、防衛力は、国家の安全を確保するため………万一の事態に備えてこれを保持しなければならない。」そしてその防衛力は「通常兵器による局地戦事態における侵略に対処しうる専守防衛の態勢を確立するため………わが国の国力国情にふさわしく、かつ科学技術の進歩に即応した効率的な防衛力の整備をめざすとともに、所要経費の面においてその他の重要な国家諸施策との調和に留意する。」とする。その防衛力の基本構想を「わが国周辺における航空優勢、制海を確保しつつ被害の局限、侵略の早期排除に努める………。」とし、その整備方針として、「陸・海・空各自衛隊の総合防衛力の向上を図（り）………自主防衛態勢の整備に努める。また沖縄の施政権の返還に伴い、同地域に所要の防衛力を配備する。」、そして具体的には「1科学技術の進歩等に即応して、装備の更新と近代化を推進するとともに教育訓練体制を充実して練度の向上を期する。2早期に事態に対応して適確に行動し、かつ、陸・海・空自衛隊の統合運用能力を高めるよう、情報機能、指揮通信機能等を強化する。3将来の防衛力の向上と装備の国産化に資するため、部内外の能力を活用して、わが国の実情に即した装備の開発を推進する。」としている。そしてこれに基づいて、

A　陸上自衛隊については、五方面隊、一三個師団一八万人体制を維持しつつ、装備の充実、近代化により師団を中心とする部隊の戦闘力の向上を図るとともに、ホーク部隊を増強するほか、部隊等の組織の合理化をおこなって、効率的な陸上防衛力の整備を推進する。装備の充実、近代化についてはヘリコプターおよび装甲車の増強、各種火砲の自走化等による空地機動力の向上と、戦車、対戦車火器および対空火器の増強による火力の充実を重視する。なお警備部隊等の要員にあてるため予備自衛官をさらに増大する。

B　海上自衛隊については、沿岸海域の防衛体制を強化し、あわせて上陸侵攻対処能力を充実するため高射ミサイル艇、潜水艦等の増強をおこなうとともに、護衛艦の更新に際し、対艦および対空ミサイルの導入等水上打撃力および対空能力の向上を図る。また、わが国周辺の海域における海上交通の安全を確保するためヘリコプター搭載護衛艦、対潜航空機の増強等、対潜能力の強化を図り、護衛部隊の充実、近代化と対潜掃討部隊の増強をおこなう。

C　航空自衛隊については、防空力を補強し、強化するために、既定のF4EJファントム飛行隊四個隊を整備するほか、沖縄配備、および将来の減耗に対処するため、新たにファントム飛行隊の整備に着手するとともに、ナイキ部隊を増強し、バッジシステムを強化するために固定三次元レーダー、移動警戒隊の整備を推進する。さらに現用の支援戦闘機および偵察機をそれぞれ新機種に更新し、上陸侵攻に対処する能力および全天候警戒偵察能力等を向上させ、また現有の固定翼機C46輸送機の減耗に伴い、機種を現在国産開発中のC1輸送機に更新し航空輸送力を充実近代化するとともに、同様国産開発中のT2超音速高等練習機を整備し、操縦教育の効率化を図る。

なお第四次防の総予算は五兆二、〇〇〇億円であり、経済変動を加味すると最終的には五兆八、〇〇〇億円になるだろうと見込まれている。

このようにして各自衛隊の個別的装備内容は以下のようになる。

（2）陸上自衛隊（予算一兆八、〇〇〇億円）人員の増員はないが、

四個師団を機械化し、ホークを四個群ふやして八個群とし、戦車は六一式を主に約一、〇〇〇両、昭和五〇年度以降新型戦車約一〇〇両取得、対戦車ミサイル二四〇基、自走砲二〇〇門、L90高射機関砲八〇門、装甲車八五〇両、ヘリコプター三八〇機を装備する。なお予備自衛官を六万人とする。

（3）海上自衛隊（予算一兆三、〇〇〇億円）総数八〇隻、一〇万トンを調達する。（この間の老朽除籍艦艇は一〇〇隻四万トン）。この結果、保有する艦艇二〇〇隻二四万五、〇〇〇トン、航空機二二〇機になるが、第四次防中の実就役は一八〇隻一八万五、〇〇〇トン、一八〇機の見込み。個別的には、涙滴型潜水艦九隻、一万七、〇〇〇トンを調達、既存のものとあわせて一八隻三万三、〇〇〇トンとするが、第四次防中の実就役は一五隻の予定。さらに八、三〇〇トン級ヘリ六機積載護衛艦DLH二隻、四、〇〇〇トン級艦対空ミサイル装備の護衛艦DDG一隻、三、五〇〇トン級短距離艦対艦または艦対空ミサイル装備の護衛艦DDA二隻、二、三〇〇トン級OH6A改対潜ヘリ一機搭載護衛艦DDK五隻、一、五〇〇トン級「ちくご」型沿岸護衛艦DE一〇ないし一二隻、高速ミサイル水中翼艇PTH（一八〇トン）一四隻、魚雷艇PT（一四〇トン）一三隻を調達する。以上の結果、護衛艦は五五隻一三万トンとなり護衛艦隊は五群となる。そのほか、機雷、哨戒、揚陸、特務各艦艇二四隻二万七、〇〇〇トンを調達、対潜哨戒機P2J四五機、対潜哨戒艇PS1一五機を調達、保有するP2Jを八五機、PS1を三〇機とする。対潜ヘリは九〇機に増強、他にV107掃海ヘリ、C1改輸送兼機雷敷設機、練習機など約七〇機を調達、また、海のバッジといわれるCCS（指揮管制通信組織）を配置。自衛官五、〇〇〇人、予備自衛官三、〇〇〇人を増員する。

（4）航空自衛隊（予算一兆五、五〇〇億円）保有機数を九〇〇機とし、実就役八八〇機一四飛行隊とする。F4EJファントム戦闘機六飛行隊一五八機（うち一飛行隊は沖縄用）を調達し、既存のF104J四飛行隊とあわせ一〇飛行隊とする。ナイキミサイル部隊三個を増強、合計七大隊とし、レーダー基地は沖縄用四基地増設を含めて合計二八基地とし、さらに、固定三次元レーダー隊を六隊、移動レーダー隊を三隊にする。またバッジシステムの大型計算機一セットを二セットにし長時間連続用を可能にする。早期警戒機AEWを入れる。支援戦闘機は現用のF86F四飛行隊をT2改一二〇機四飛行隊に、偵察機RF86FをRF4E二一機一機一飛行隊にかえる。現在のC46、YS11二輸送機隊をC1三〇機とYS11の混成二輸送隊とする。高等練習機T2を八〇機調達。自衛官三、〇〇〇人ないし三、五〇〇人増員、予備自衛官二、〇〇〇人を新設する。

7　わが国の防衛予算と諸外国の軍事費との比較

昭和三三年度から始まった第一次防の総予算が四、五三〇億円、同三七年度からの第二次防が一兆一、五〇〇億円、同四二年度からの第三次防が二兆三、四〇〇億円、同四七年度からの第四次防が五兆二、〇〇〇億円であることは前記1、6で述べたとおりであるが、これを各年平均すると、第一次防は、一、五一〇億円、第二次防は二、三〇〇億円、第三次防は、四、六八〇億円、第四次防は一兆〇、四〇〇億円となり、第二次防以降その防衛予算額は各次防ごとに倍加されて増大していることになる。《証拠略》によれば、右のような防衛予算の伸び率は、現在世界の諸外国においてもその例を見ないものであり、また第四次防の予算をもってすれば、わが国の防衛費は、アメリカ、ソ連、中国、西ドイツ、フランス、イギリスにつづいて世界第七位になるといわれ、これらの諸国中西ドイツを除いてはいずれも核保有国であって、現在においても、これらの諸国の軍事費から核開発や核戦力維持に必要な諸経費や海外駐留費などを差引いた本土防衛費だけをとってみると、わが国と大差のないものになるとさえいわれていることを認めることができる。

第五、自衛隊の対米軍関係

（1）昭和三五年一月一九日日本政府とアメリカ政府との間で締結された「日本国とアメリカ合衆国との間の相互協力及び安全保障条約」第三条は「締約国は、個別的に及び相互に協力して、継続的かつ効果的な自助及び相互援助により、武力攻撃に抵抗するそれぞれの能力を、憲法上の規定に従うことを条件として、維持発展させる。」と、第四条は「締約国は、この条約の実施に関して随時協議し、また日本国の安全又は極東における国際の平和及び安全に対する脅威が生じたときはいつでも、いずれか一方の締約国の要請により協議する。」、第五条第一項は「各締約国は、日本国の施政下にある領域における、いずれか一方に対する武力攻撃が、自国の平和及び安全を危くするものであることを認め、自国の憲法上の規定及び手続きに従って共通の危険に対処するよう行動することを宣言する。」と定め、わが国に対する武力攻撃に対処して自衛隊と米軍との共同行動をとることを規定している。

（2）《証拠略》によれば、昭和三四年九月二日自衛隊航空総隊司令官松前未曽雄空将と、米第五空軍司令官ロバート・W・バーンズ空軍中将との間で取決められた「日本の防空実施に関する取扱い」（いわゆる松前・バーンズ協定）ではつぎのように定められている。一項「この取扱いは、戦時緊急計画の実施以前における第五空軍（以下「五空」という）と航空総隊（以下「総隊」という）との日本での防空運用実施上の基本的責任を明らかにするものである。」、三項「日本における航空警戒管制組織の移管計画完了後、防空組織の地上通信電子部門は総隊が維持運用し、この組織内で総隊と五空双方の要撃機が運用される。この取扱いは、これら二国の航空部隊の終始各々の自国の部隊としての本来の姿を保持させつつ、且つ一つの団結した防空組織として運用するものを容易にするよう案画したものである。防空組織全般に通ずる運用は、この取扱いの発効時に発令して制定する双方の部隊共通の運用手段に従い実施する。（中略）、防空に関する態勢及び防空警報のおくれが、日本の防空を危くするような場合には一方的な処置を行った後、調整を行うことができる。」、四項「府中作戦指揮所は五空と総隊の防空指揮の中枢として指定する。防空運用実施上の運用通信系統は、府中作戦指揮所から防空管制所、防空指令所を経て、防空監視所に至るものとする。航空警戒管制組織は、五空および総隊双方の航空機に対して所要の指令及び情報を送受する。同組織はまた日本の組織内各分野に、防空情報の送受を行うだけでなく、五空司令官が責任を負っている隣接防空組織との間においても、これを行うものとする。日本の防空組織と隣接防空組織との間の情報の交換は、五空司令官の責任であって五空司令官が主となって行う。日本にある防空の全地上通信電子施設は総隊が運用するが、総隊は、五空が防空管制所を防空指令所に五空の連絡人員を配置することを認め、かつそれを希望する。これらの連絡班は五空司令官がその任務を行う必要な諸機能を果すものとする。このような班は、日本の防空組織内で総隊と五空が二つの部隊として運用されるかぎり、その間必要であろう。」、五項「要撃機の運用は現行運用手順にしたがい実施する。然しながら、総隊の要撃機は航空自衛隊の要撃準則を守り、五空の要撃機は太平洋空軍交戦準則を守るものとする。武器の使用に対する決定は、すべて行動中の要撃機に武器を使用させる権限を委託されているそれぞれの国の指揮官が行なわなければならない。防空管制所と防空指令所にある五空連絡班は、五空司令官が兵力の使用を行う中間実行機関となる。」といずれも航空総隊と米第五空軍が共同して日本の防空にあたる旨が規定されている。

（3）《証拠略》によれば「日本国と米国とのバッジ組織の取極」（昭和三九年一二月四日付）の1項には「日本国政府は、半自動航空兵器管制組織を設置する。この組織は、日本国政府により維持され、運営され及び使用される。また同組織からえられる資料は、日本国の防衛に利用するためにアメリカ合衆国政府の使用に供される。」と取決められている。

（4）海上自衛隊と米海軍との対潜作戦などの共同訓練の状況は前記第四、三、3、（2）のとおりであるが、さらに《証拠略》からは、その訓練の際の使用語はいずれも米語であり、また、自衛艦隊の護衛艦などには、いずれも米語のニックネームが付されてそれで呼ばれ、また、その作戦方法のいくつかは米語のまま海上自衛隊内でも使用されていることが認められ、また、航空自衛隊に関しては《証拠略》によれば、米第五空軍司令部と自衛隊航空司令部はいずれも同じ府中市にある同一敷地内にあり、しかも一部建物は共同で使用しており、また航空総隊司令部にある戦闘指揮所には米軍要員も入っており、また、航空自衛隊と第五空軍との間には幕僚以下の各種の連絡機関があって随時接触交渉がもたれていること、そして、たとえば、昭和四四年四月一五日発生した米空軍の偵察機ＥＣ１２１型機が北朝鮮付近で撃墜された事件の際には、その情報は、まず第五空軍から総隊司令部に伝えられ、その後に総隊司令部から航空幕僚の方へ、さらに防衛庁長官へと伝達されたこと、そして米空軍が緊急態勢に入る場合には、航空自衛隊もまたそれに準じた警戒態勢をとることが認められ、《証拠略》からは、陸上自衛隊でも、また、必要に応じて随時米軍と接触連絡をとっていること、が認められる。

（5）また、朝鮮半島などわが国周辺の諸国において武力衝突や紛争が発生した場合における自衛隊の対米軍関係、とりわけ、米軍のこれらの紛争地への出動を前提としたその後方支援基地の確保、そしてこのためのわが国の治安の確立、その他日米統合作戦司令部の設置による協同作戦行動などについては、いずれも前記第四、三、5の三矢研究に関して記述したとおりである。

（6）そして最後に、《証拠略》によれば、元航空自衛隊幕僚長源田実は、個人的な見解だとしながらも、つぎのように述べている（日時は昭和三七年一二月二〇日）。

「今、自衛隊で、航空自衛隊はもとより、陸上でも海上でももとより、米軍と非常に緊密な共同の下にやる準備をしております。陸上でも海上でもとよりそうでありますが、……その三軍がねらっているところにニュアンスの違いがあるわけです。実にニュアンスというより思想に非常に大きな違いがあるわけです。そこらも国防上の矛盾になってきまして、たとえば陸上では局地戦争を考えるほうが都合がいいわけなので、まあこういうことを言うと具合が悪いのですが、局地戦争と言わないと今の陸上自衛隊を使う場所がないわけなのであります。そういうことは私は極端な言い方かもしれませんが内乱でも起きないかぎりは陸上自衛隊は海外派兵はできないし使う場所がないのです。……航空自衛隊などというものは局地戦を考えてわずかな兵力が来たって航空自衛隊を使う場所がない。Ｆ１０４などああいう飛行機を、局地戦などということであまり使える性質のものではない。ゲリラ戦なんかでもあまり役立たない。海上はちょうどその中間に位いする兵力を持っております。したがって、各自衛隊、あるいは防衛庁部内の内局でも……この局地戦が日本で起きるか起きないかということは……各自衛隊によっても判断が違ってきている。しかし、私は、アメリカというものを相手にしないで日本を侵略することはできない。アメリカを相手にするということは日本にいるアメリカ軍の飛行機が、これは直ちに反撃に転ずる。これは防衛だけはやってないのです。日本の自衛隊みたいに防御だけということは絶対ない。もとより防御も少しやります。しかしこの大部分というのは全部攻撃なのです。……これが防御の戦争で、局地戦だから攻撃はやらないといって、そのまま待っておったら自滅するだけだ」、「そこで全面戦というものが起きた場合に、日本が果たす役割というもの、……第一、この日本列島というものは戦略的な価値というものが非常に大きなものであります。日本列島というものが持っている、ここに展開された航空基地なりレーダー網なり、あるいは海上基地なり、こういうものはアメリカ軍が反撃し攻撃する場合には、これを誘導するために実に大きな役割を持っております。自衛隊そのものが持っている兵力というものが、もしこれをもって東京とか大阪とか、あるいは北九州とか、ああいう工業都市などを守ろうとするならば、航空自衛隊の持っている力などというものは微々たるものであって、これによってほとんど守りうるものではない。………今の戦争においては百機来たうち、たとい十機残っても、その十機のもたらす惨害というのはものすごい損害であって、これは潰滅的打撃を日本の各都市に与える。来るやつのうち九〇パーセント以上もたたき落とすなどということは特別な新兵器でも出ないかぎりはほとんど不可能なことである。」、「そこで問題は今の日本の航空自衛隊というものが、何を目標として訓練をし、何をやるべきかというと………そのうちの攻撃的な面は日本はやらないことになっておりますからやらないのですが、防衛の主体というものはアメリカの持っている反撃力を守る。日本自体が反撃すれば日本の反撃力を守ることである。アメリカの反撃力が飛立っている基地を守る。日本がもし反撃をやるならば、日本の反撃力を守るように、そういう具合にこれを配置すべきである。またレーダーなんかもそうであります。もとより日本にやってくるやつに対して探知しなければならぬのですが、同時に、このレーダーとかいうものが、すべてその相当部分はどこへ向かうべきかというと、その相当部分は反撃兵力を目標にして誘導するためである。また帰りをうまく誘導してやる、そういう具合に使って初めてこれが生きてくる。単に第二次戦争当時の日本の防空部隊みたいな形で、ただ守るだけ、都市の防空、何の防空だと守るだけの形においてはそう大して意味をなさないと私は考える、………こういう形において全面戦の場合に日本の空軍というものは役割を果すべきである。その次に考えられるのは国土の防衛でありますが、これは、はるかにそれに付随したものとして出るわけであります。」、「その次に日本自体が非常に前進した位置にあります。これは全面戦争が始まった場合に一応、勝敗は、だいたい片はそれでつくけれども、その後の、やはり陸上戦闘ということで追撃しなければならぬ。城下の誓いをさせるということが、最後にどうしても起ってくる。そういう場合に、前進基地としての役割を果すことになる。それから日本だけではありませんが沖縄、台湾、フィリピン………こういう列島線というものは太平洋を把握するための潜水艦なり飛行機に対する監視、防御、こういうことに対する実に大きな役割をいたします。また、同じく海上自衛隊がやるべきですが、列島線の内側、要するに日本海とか黄海とか東シナ海とか、こういう面の制海権の確保あるいは制空権の確保、これは単に海上ばかりでなく空軍も入るわけです。それから日本の近海の潜水艦、これを掃討するというような問題がここに日本の役割として出てきます。」、「そういうことが日本の役割になるわけでありますが、そういう役割をするのは今の自衛隊の力をもってある程度可能であると考えます。要するに主攻撃力、これはアメリカの反撃力そのものを、最も有効に働かせるように日本が協力する。これが今の航空自衛隊の現装備、現兵力、現在の思想をもってやりうる最大限のことである。」、「したがって………日本としてやるべきことはなんとしても戦争というものを防がなければならない。戦争を防ぐためにはアメリカの現在持っている戦略的優位性を保持するために協力するような形がいちばんいい。」、「………その上でアメリカとどういう具合に手を組んでいくのか、あるいは台湾なり、朝鮮なりとはどうやって手を組んでいくか、今は………沖縄はアメリカを通じてできますが、台湾、朝鮮とは手を組めない。防衛的には憲法の制約もあります。憲法の制約は、解釈によってどうにでもできると思うのでありますが、台湾、朝鮮と手をつながないと戦略的にみましても、日本の防衛は成立たない。しかし、これと手をつなげない。こういう問題を根本的に考え直さなければならぬと考えております。」

第六、自衛隊およびその関係法規の違憲性、並びに本件保安林指定の解除処分の森林法第二六条第二項にいう公益性の欠如

1　以上認定した自衛隊の編成、規模、装備、能力からすると、自衛隊は明らかに「外敵に対する実力的な戦闘行動を目的とする人的、物的手段としての組織体」と認められるので、軍隊であり、それゆえに陸、海、空各自衛隊は、憲法第九条第二項によってその保持を禁ぜられている「陸海空軍」という「戦力」に該当するものといわなければならない。そしてこのような各自衛隊の組織、編成、装備、行動などを規定している防衛庁設置法（昭和二九年六月九日法律第一六四号）、自衛隊法（同年同月同日法律第一六五号）その他これに関連する法規は、いずれも同様に、憲法の右条項に違反し、憲法第九八条によりその効力を有しえないものである。

2　森林法第二六条第二項にいう「公益上の理由」があるというためには、解除の目的が、前記第五次、第一、3で述べたように憲法を頂点とする法体系上価値を認められるものでなければならないから、前項のように、自衛隊の存在およびこれを規定する関連法規が憲法に違反するものである以上、自衛隊の防衛に関する施設を設置するという目的は森林法の右条項にいう公益性をもつことはできないものである。このように、軍事力による国の防衛が現行憲法のもとでは、公益性をもちえないことは、旧土地収用法（明治三三年三月七日法律第二九号）と同現行法（昭和二六年六月九日法律第二一九号）の規定を対比してみても明らかである。すなわち旧帝国憲法下で施行されていた旧土地収用法第一条第一項が「公共ノ利益ト為ルベキ事業ノ為之ニ要スル土地ヲ収用又ハ使用スルノ必要アルトキハ其ノ土地ハ本法ノ規定ニ依リ之ヲ収用又ハ使用スルコトヲ得」と規定し、続いて同法第二条が「土地ヲ収用又ハ使用スルコトヲ得ル事業ハ左ノ各号ノ一ニ該当スルモノナルコトヲ要ス」とし、その第一号で「国防其ノ他軍事ニ関スル事業」と規定していたが、現行憲法下で成立、公布された現行土地収用法では、その第一、二条において旧法第一条に該当する土地収用目的の公共利益性を同様に明記しながらも、その個別的事業項目を規定する第三条では旧法第二条第一号に該当する国防その他軍事に関する事業なる項目をまったく含めてはいない。

3　被告が、昭和四四年七月七日農林省告示第一、〇二三号をもってなした本件保安林指定の解除処分は、自衛隊の組織の一部である航空自衛隊第三高射群第一一高射隊の射撃基地施設の設置および同連絡道路敷地とするためであることは前記のとおりである。したがって自衛隊の右施設等設置のためにされた、被告の右処分は、森林法第二六条第二項にいう「公益上の理由」を欠く違法なものであり、取消しを免がれない。

第六次　結語

そうすれば、その余の諸点につき判断を加えるまでもなく、原告らの本訴請求は理由があるので認容することとし、訴訟費用につき民事訴訟法第八九条を適用して被告の負担とし、主文のとおり判決する。

（裁判官　福島重雄　　稲守孝夫　　稲田竜樹）

②札幌高等裁判所判決一九七六年八月五日

主文

原判決を取消す。

被控訴人らの訴えはいずれもこれを却下する。

訴訟費用は第一、二審を通じて被控訴人らの負担とする。

事実

控訴代理人は、「原判決を取消す。被控訴人らの訴えを却下する。訴訟費用に第一、二審とも被控訴人らの負担とする。」との判決、予備的に、「原判決を取消す。被控訴人らの請求を棄却する。訴訟費用は第一、

二審とも被控訴人らの負担とする。」との判決を求め、被控訴代理人は、控訴棄却の判決を求めた。

当事者双方の主張並びに証拠関係は、別紙二「主張並びに証拠」記載のほかは、原判決事実摘示と同一であるからここに引用する。

理　由

第一　処分の存在

控訴人は、昭和四四年七月七日、農林省告示第一、〇二三号をもって、北海道夕張郡〈以下略〉所在の防衛庁所管国有財産に係る水源かん養保安林（実測面積〇・三二二六四平方キロメートル）及び林野庁所管国有財産に係る水源かん養保安林（実測面積〇・〇二八四六四平方キロメートル）（以上実測面積合計〇・三五一一〇四平方キロメートル、別添図面一表示の（イ）斜線部分、以下「本件保安林部分」という。）の指定を解除する旨の処分をなしたこと、右処分は、本件保安林部分を航空自衛隊第三高射群の施設及びその連絡道路の敷地にするためになされたものであり、国家の防衛は公益性をもつものとの見地から、森林法第二六条第二項にいう公益上の理由により必要が生じたときに当るとしてなされたものであること、以上の事実は当事者間に争いがない。

第二　手続の概要

当事者間に争いない事実及び明らかに争わない事実並びに《証拠略》によれば、本件保安林部分の指定解除手続の概要は以下のとおりである。

防衛庁は、第三次防衛力整備計画を執行するため、新たに北海道中央部に航空自衛隊の第三高射群（三個高射隊編成）を配備するに当り、その配置地点として本件保安林部分を決定した。そこで、本件保安林部分のうち前記防衛庁所管の〇・三二二六四平方キロメートルについては、札幌防衛施設局長から控訴人に対し、これを航空自衛隊第三高射群施設の敷地として使用するため、森林法第二七条の規定により保安林指定の解除申請がなされ、前記林野庁所管の〇・〇二八四六四平方キロメートルについては、右第三高射群施設への連絡道路用敷地として使用するために、札幌防衛施設局長が、国有林野法第七条に基づき、所管の札幌営林局長に対し、国有林の貸与申請をしたため、右営林局長から控訴人に対し、同一の理由により保安林指定の解除申請がなされた。しかして、右各申請並びにこれに対する解除処分は、大要次の手続を経て行われた。

すなわち、札幌防衛施設局長は、本件保安林部分のうち防衛施設設置区域につき、昭和四三年六月一二日、航空自衛隊第三高射群施設を設置するため、控訴人あての同日付保安林指定の解除申請書を北海道知事に提出したところ、同知事は、同年六月一三日、右保安林指定の解除はやむを得ないものであるとの意見書を付して、右申請書を控訴人に進達した。

控訴人は、同年六月二〇日、右申請書及び意見書を受理したが、北海道林務部長あてに疑義を照会するなどして審査した結果、解除を相当と認め、同年七月一三日、北海道知事あてに森林法第二九条の規定による通知を行い、次いで、同月一九日、同知事は、北海道告示第一、四八五号をもって同法第三〇条の規定による予定告示を行うとともに、長沼町役場においても関係書類を縦覧に供した。なお、本件保安林部分のうち連絡道路の敷地に関する部分については、同年七月八日付で札幌営林局長から控訴人あてに上申書が提出され、これに対し、同月二三日、控訴人から同法第二九条の規定による通知がなされ、更に、同月二七日、北海道告示第一、五七〇号をもって同法第三〇条の規定による予定告示関係書類の縦覧がなされた。右予定告示に対する異議意見書の提出期限は第三高射群施設の敷地については同年八月一八日、連絡道路の敷地については同月二六日であったが、それぞれの期限までに、両者を合併した異議意見書が一三八通提出され、これを受理した北海道知事は、同年九月三日付でこれらを控訴人に進達した。

そこで、控訴人は、同年九月一六日から一八日までの三日間札幌市

〈以下略〉所在の札幌営林局の会議室において公開の聴聞会（第一回）を行うこととし、その旨を同月五日付で前記意見書提出者に通知するとともに同月七日付官報で告示した。右公聴会は、反対意見者らから解除後の跡地を自衛隊ミサイル基地に利用すること等に関する釈明要求が繰返され紛糾するに至ったこともあり、更に、控訴人は、昭和四四年五月八日から一〇日までの三日間北海道夕張郡〈以下略〉所在の長沼町公民館において再度公開の聴聞会（第二回）を行うこととし、その旨を同年四月末日付で異議意見書提出者（意見書取下者を除く）に通知するとともに同年五月一日付官報で告示したが、右聴聞会も前同様の経過で終了した。

以上の経過を経たうえで、控訴人は、本件保安林部分の指定を解除することを相当と認め、前述のとおり、本件保安林部分の指定解除処分の告示をするとともに関係書類を北海道庁並びに長沼町役場において縦覧に供するに至った。

第三　本件保安林部分周辺の地理的概要

当事者間に争いない事実、《証拠略》並びに弁論の全趣旨に徴すれば、次の諸事実を認めることができる。

本件保安林部分は、北海道夕張郡〈以下略〉及び由仁町にまたがり、標高八〇ないし二九七メートルの、傾斜度五ないし二〇度の緩斜地もしくは中斜地からなり、その主稜線がほぼ南北に走る丘陵性の山地で、俗に馬追山丘陵と呼ばれる山地に存する約一五・〇八平方キロメートルの水源かん養保安林（長沼町所在部分約一〇・九六平方キロメートル、由仁町所在部分約四・一二平方キロメートル）のうち、長沼町所在の一部〇・三五一一〇四平方キロメートル（右保安林全体の約三・二パーセント）である。本件保安林部分を含む通称馬追山保安林は、まず、明治三〇年に、次いで同四二年ないし四四年の間に四回にわたり水源かん養保安林に指定（編入）されたもので、本件保安林部分は、明治四二年に指定されたものの一部である。右保安林の指定面積は、合計二一・六一平方キロメートルであったが、昭和九年以降数次にわたる部分的解除が行われた結果、本件解除処分当時、その面積は前記のとおりとなったものである。右馬追山丘陵の地質は第三紀層に属し、本岩は砂岩、泥岩、頁岩、凝灰岩及び安山岩などから構成され、地表部には樽前火山灰が堆積し、土壌は砂壌土からなっている。その地上の林況をみると、約一五・〇八平方キロメートルの前記保安林の主体は、トドマツ、カラマツ、ストローブマツ等の人工林であるが、一部比較的急斜地は、ナラ、シナ、イタヤ等の老壮令の天然生広葉樹でおおわれ、生育は中庸で、下層植生はクマザサが密生している。そして、本件保安林部分の約七〇パーセントが何回かにわたって植栽された人工造林で、他は広葉樹を主とした天然生林であり、本件解除処分当時、人工林は六ないし三五年生のトドマツ、カラマツ、ストローブマツ等からなり、うち七七パーセントが一二年生以下、その半数が六年生以下の比較的若年生の樹木からなっていた。馬追山丘陵は、その中央部を南北に走る脊梁から、東西にほぼこれと直交する方向に多数の渓流が山腹を刻んでいるが、本件保安林部分は、右丘陵のやや北寄り地点においてほぼ東西に横断する道道札幌夕張線の南寄りの西側斜面を流下する渓流に発し、旧夕張川に流入する富士戸川本、支流の上流部に位置を占めている。右富士戸川本、支流を流下する流水は、脊梁から約三キロメートル離れた標高約二〇メートルの地点で合流し、右馬追山麓の扇状地を経て、長沼町平野部に入り、東西線排水路を南方に流れ、零号排水路を西方に流れて馬追運河の中央部に流入し、更にそれから長沼町の西北側境界をなす旧夕張川に合流する。右馬追運河は、長沼町を南北に分けて、その中央部をほぼ東西に貫流しており、右零号排水路流入点から右旧夕張川合流点までの距離はほぼ四キロメートルである。長沼町は、その東方の馬追山丘陵を背にし、他の三方を石狩川支流の千歳川、旧夕張川及び夕張川に囲まれた東西約一五・五キロメートル、南北約二一・一キロメートルの地域に広がる面積約一七〇平方キロメートルの農村地帯で、そのほぼ中央部に市街地を有する町である。同町内は、丘陵地を除き、平野部は海抜六ないし一〇メートルの低地帯であるため、多数の排水路を掘さくしているが従来から水害に見舞われることが多く、殊に昭和九年以前においては、ほとんど毎年のように旧夕張川及び千歳川の屈曲した流れが河川の勾配緩慢かつ流水面積の狭小なため、この地域で停滞して氾濫していたが、昭和一二年までには千歳川及び旧夕張川の切替工事が完成し右氾濫の原因はほぼ解消した。しかし、その後も、なお、長期降雨時等には、石狩川本流の水位が上昇し、これに合流する千歳川、旧夕張川及びこれら河川に流入する排水路である馬追運河等の各水位も高くなって、同運河等に流入する内水を排出することができず、かつ、これら河川からの逆流もあって、同町内の低地帯に水害を起すことがあった。そこで、北海道開発局は、洪水防止施策の一環として、昭和三九年三月、同町内の中央部に位置する馬追運河、南方部に位置する南六号川、南九号川の内水を旧夕張川又は千歳川に揚水機で排出することを内容とする千歳川長沼地区機械排水事業計画を立案し、昭和四〇年度に着工、昭和四三年一〇月末日、その完成をみた。そして、右計画の実施により、馬追運河と旧夕張川との合流点、南六号川及び南九号川と千歳川との各合流点に、それぞれ機械排水設備及び逆水門が設置され、内水の排出が促進され、増水時に石狩川本流及び旧夕張川、千歳川の高水位による馬追運河等の内水排水路への逆流現象が阻止されるようになった。

第四　当事者適格

一　行政処分取消訴訟における法律上の利益

司法裁判所による行政裁判制度は、一面において行政の適法性、合公益性の確保を図る行政是正制度の一環をなすものであるとともに、他面違法な行政処分により被る個々の国民の被害の救済を図る争訟制度である。しかして司法権が行政権に介入することとなる右の制度を、行政是正の観点と被害者救済の観点との間にたって、これを如何に構成するかは立法政策の問題であるところ、行政事件訴訟法（以下「行訴法」という。）は、行政に関する訴訟として、抗告訴訟（第三条）、当事者訴訟（第四条）、民衆訴訟（第五条）、機関訴訟（第六条）、の類型を定め、抗告訴訟については、処分等の取消しを求めるいわゆる行政処分取消訴訟のみならず、無効等確認の訴えにおいても、提訴者の資格として「法律上の利益」を有することを要件とし（第九条、第三六条）、これに対し、民衆訴訟、機関訴訟にあっては、処分取消し又は無効確認等を求める訴訟であっても、提訴者の資格として「法律上の利益」を必要と定める第九条、第三六条の規定は準用せず（第四三条）、民衆訴訟提起については、法律に特別の定めがある場合に限定はしているが（第四二条）、選挙人その他自己の法律上の利益にかかわらない資格で足りるものとしている。そうすると、行訴法は行政処分の効力を争う訴訟類型として、一方において主体的行政参加者たる地位に基づき、専ら国又は公共団体における行政の適法性の確保を目的とする客観訴訟としての民衆訴訟を規定するとともに、別途、「法律上の利益」を訴え提起者の資格と定めた抗告訴訟という類型を定めているのであるから、右「法律上の利益」は、行政対象者として受ける生活利益を指称し、かつ、抗告訴訟は、その利益侵害の救済にその重点が置かれた訴訟であるものと解さなければならない。換言すれば、行政処分取消訴訟は、たとえ当該処分に違法があっても、その取消訴求者に取消しを求めるにつき利益のない限り、裁判によってこれを取消すことはなく、瑕疵を有しながらも、これを行政部門における措置にまかす処分として残ることを認めているのである。

ところで、行訴法第九条は、行政処分取消訴訟を提起し得る者は、当該処分の取消しを求めるにつき法律上の利益を有する者に限ると規定しているが、日本国憲法の施行に伴い、行政裁判制度が廃止されて、行政訴訟事件も司法裁判所の管轄に統一され、出訴事項の制度も撤廃されて、いわゆる概括主義が採用され、法律上の争訟は、憲法第三二条の裁判を受ける権利の保障のもとに、すべて司法裁判所に救済を求め得られるものとされたこと、また、行政処分は、法律関係を設定、変更するものではあるが、その目的は公益の実現にあり、その達成を効果的にならしめるためには、右処分に伴う事実上の影響、効果をも広く配慮して行われざるを得ないものであることを考慮し、更に、今日の高度に経済生活が成長複雑化した社会においては、単に国民相互間の私法上の権利関係が複雑化するのみならず、微妙な事実上の利害関係が互に因果関係を生じ、複雑多岐に錯綜し、かつ、現実の生活に無視し得ない結果を招来することも生じ、他方、行政の作用領域も、質的、量的に著しく増大し、国民の日常生活は、多種多様な形式による行政活動に密着した関係に立ち、これに対する依存度も高くなり、したがって、一つの行政上の措置の効果は、直接の当事者のみならず、ますます広く多数の第三者の利害に複雑かつ深刻な影響を及ぼすに至っているものであることを考慮すれば、ある公益目的達成のための行政処分をなすにあたり、右処分に伴い、直接に影響を及ぼすものとして、現実に配慮されたと認むべき事実上の効果は、それ自体処分と不可分のものと考えるのが相当であるから、これもまた法的効果というべきであり、行訴法第九条にいう法律上の利益は、単なる実体法上の権利ないし保護利益にとどまらず、行政処分が法の趣旨に基づいてなされた際、法目的達成のために特にその実現が所期されたと認め得る事実上の利益も含み得るものと解すべく、したがって、また、その利益を受けている者であれば、必ずしも処分当事者に限らず、第三者であっても、その処分を争い得る余地があるものと解するのが相当である。

しかしながら、行政処分取消訴訟は、司法権による行政への介入であり、「法律上の利益」の存在は、訴求者にその利益がある場合に限り訴訟を通じて司法権が関与し、これがない限り、たとえ当該行政処分が違法であろうとも、司法権の関与が許されないとする司法権関与条件でもあるから、右「法律上の利益」を単に生活利益一般と同義語と解することはできないのであって、右利益は、裁判所の司法作用たる法的判断によって個別的に解決さるべき具体性、個別性を要するとともに、裁判所の法的判断の結果直接解決され得る利益でなければならず、更に右利益は、前示のとおり、その保護を求めて取消訴訟を提起した者に対し、法が行政処分を介し、その実現を所期しているものと解し得るものでなければならない。このことは、行訴法第一〇条において、取消しを訴求する当事者が、訴訟上の攻撃防禦方法として主張し得る違法事由そのものも、法がその者の法律上の利益に関係があるものとして定めてある事由に限定していることと照応するものである。

二　本件訴訟における法律上の利益

1　森林法は、森林の保続培養と森林生産力の増進を図り、国土の保全と国民経済の発展とに資することを目的とし、その目的を達成するための制度の一つとして保安林制度を設けているものであることは同法第一条に照して明らかである。そして、同法第三章第一節に定めるところによれば、保安林の制度は、林産物の供給という森林のもつ産業経済的機能に優先し森林の保存とその森林における適切な施業を確保することによって、当該森林の有する事実上の作用としての自然界に対する国土保全的機能の活用を図り、水源かん養、災害の防止、産業の保護、公衆の保健、風致の保存等の公共的利益を守ることを第一義の目的とするものであるということができる。そこで、森林法は、右事実上の効果としての保全的機能を十全に発揮せしめるため、その方法として、保安林制度を定め、森林について保安林の指定がなされると、制度の効果として、その森林に関し一般国民はもとより、当該森林の所有者その他権限に基づき森林の立木竹、土地の使用収益をなし得る私法上の権利者（以下

「森林所有者ら」という。）も、右森林での立木竹の伐採、家畜の放牧、土地の形質の変更等が原則的に禁止され（第三四条第一第二項）、又は、施業要件指定による立木竹伐採の制限、植栽義務を課される等（第三四条第三、第四項、第三四条の二）、その森林の自由な利用に規制を受けることとなっているのである。したがって、保安林指定解除処分の法律上の効果は、指定の効果として発生した禁止の解除、なかんずく、立木竹の伐採禁止の解除にとどまるものであって、その効果の発生後に回復された自由に基づく伐採の効果とは、概念上は区別されなければならないものである。しかし、本件保安林部分の指定解除の如く、森林法第二六条第二項の規定による解除は、同条第一項の規定する指定目的の消滅による指定の解除とは異なり、なお森林の保全的機能に依存すべき指定目的が失われていないにもかかわらず、他の公益上の目的のための必要から、その指定の解除をなすものであるから、右解除の理由とされる他の公益上の目的に解除地域内の立木竹の伐採等が禁止された状態の下においては達成され得ないと判明しているものということとなり、この場合になされる保安林指定の解除は、解除地域の立木竹の伐採を直接かつ当然に予定しているものというべきこととなる。そうだとすると、森林法第二六条第二項の規定による解除にあっては、右に述べたとおり、立木竹の伐採を予定しない解除は観念し得ないという意味においては、伐採許可たる一面を有し、両者は、法的評価においては密接不可分であるものといわなければならない。したがって右保安林の指定解除処分は単なる授益処分にとどまらず、場合により、伐採行為を介して、第三者に対する侵害処分たる性質を兼有するに至るものとみるべきであり、かつ、右解除処分は指定の効果である禁止の解除にとどまるものであるから、右解除処分により失われる利益は、指定に伴って生じた利益にほかならないものと解され、もし、右利益が、先に説示した法が所期した利益に当ると認められる場合においては、その利益救済を求めて右指定解除処分を争うことができるものといわなければならない。

2　本件保安林部分は、馬追山丘陵一帯にわたって指定されている約一五・〇八平方キロメートルの水源かん養保安林の一部である。

ところで、水源かん養保安林の指定は、本来、森林法第一条に掲げる国土保全、経済発展を目的とする具体的行政処分であり、他の防備保安林と異なり、その目的とするところは、流域保全上重要な地域にある森林の理水機能を利用して降雨等の流出量を調節し、下流河川の水量を過不足なきに至らしめ、広く、当該地域における水の被害からの社会生活上の安全確保と水の利用による経済活動の発展という公益の実現を図ることにあるから、水源かん養保安林の指定における森林法上の保護利益は、右現実が企図されている公益自体であるというべきである。したがって、森林法は、水源かん養保安林の指定効果の及ぶ広範囲内の個々人に生ずべき特定の生活利益を想定しつつ、法の保護利益そのものとしては、これを個々人の利益そのものとしてではなく、社会的存在としての一般的利益として、その個性を捨象し、公益の形で保護しているものと解すべきである。しかし、特定の保安林の指定に際して、その指定目的はもとより、具体的地形、地質、気象条件、受益主体との関連等から、処分に伴う直接的影響が及ぶものとして配慮されたものと認め得る個々人の生活利益は、没個性的に一般化し得ない利益として上述のとおり、当該処分による個別的、具体的法的利益と認めるのが相当である。

前示認定事実並びに《証拠略》によれば、本件保安林部分は、他の保安林部分とともに、長沼町一円の農業用水確保目的を動機とし、水源かん養保安林として指定されたものであり、その他水源かん養保安林として指定されることによって生ずる事実上の各種効果のうち、洪水予防、飲料水の確保、右保安林に接続して位置する田畑への土砂流入防止の効果がまず配慮されていたものであることが認められる。そうすると、右配慮された効果のうち、前示水源かん養保安林の指定目的に包摂されない土砂の流入防止の効果を除いて、その余の利益は、その実現を所期されていた種類の利益であると解することができる。

控訴人は、森林法第二五条第一項第一号の目的の保安林は、同項第二号ないし第七号の保安林がいずれも比較的局所的な災害の防備を目的とするのに対し、その受益の範囲（保全の対象）が広く因果関係は不明確であり、具体的受益地域を特定できない旨主張する。なるほど、水源かん養保安林は、本来その受益範囲を広くみる場合は、降雨地点から雨水が流下し海岸に至るまでの相当広い範囲に及び、かつ、その理水作用も当該河川流域周辺の他の水源かん養保安林とあいまって、初めて全体としての森林の理水機能により、当該下流域全域における河川の流量を調節し、用水の確保、並びに洪水、渇水の予防を図るものであるということができるのであって、これを本件についていえば、本件保安林部分も、これを含む馬追山保安林等周辺の水源かん養保安林はもとより、石狩川上流各地における保安林とあいまって、広く石狩川水系全域における用水の確保、洪水渇水予防の目的に資するものであるということができる。したがって、かかる見地からすれば、ある特定の水源かん養保安林が下流地域内のある特定地点における洪水緩和、渇水予防効果との間に果して如何なる限度で因果関係を有するかについては必ずしもこれを明確にすることはできないともいい得るが、特定の水源かん養保安林は、具体的に特定された地域において指定されるのであるから、その特定の河川流域との自然的、地理的条件によって、当該保安林の有する理水機能がまず直接重要に作用する一定範囲の地域、換言すれば、主として当該保安林の伐採による理水機能の低下により直接に影響を被る一定範囲の地域を特定することも可能であるというべきである。

本件保安林部分一帯の地質は、前記認定のとおりであり、その設計日雨量は後記認定のとおり一八二・三ミリメートルであり、《証拠略》によれば、本件保安林部分を含む富士戸川本、支流の集水地域三・七六平方キロメートル（以下「本件流域」という。）内の降雨は、そのほとんどすべてが、馬追山西側山腹を刻む富士戸川本、支流に流入してこれを流下し、次いで海抜六ないし一〇メートルの長沼町平野部の東四線排水路に入り、南に流れて（右流入地点の北側は標高が高く流れは北には流れない。）零号排水路を経て、馬追運河に流入し、同運河から旧夕張川に排出される水路を経由するものであるが、右地域は従来水害多発地帯であったので、右運河が旧夕張川に接する地点には前記のとおり逆水門及び馬追運河排水機場が設置されて、右設備による内水の機械排水と、右逆水門により、石狩川支流の一たる旧夕張川からの逆流の防止が図られていることが認められる。

また、《証拠略》によれば、防衛施設庁は、本件保安林部分の指定解除後における立木の伐採による理水機能の低下によりもたらされると予測された事態に対処するため、地元関係者と協議の上、その要望に応じ、種々の施策を構じているが、従来、本件保安林部分を含む馬追山保安林の集水地域からの流水及び伏流水を主たる給水源としていた馬追山山麓の富士戸川とタンザン川にはさまれた耕地一・八九平方キロメートル（水田〇・八六平方キロメートル、畑一・〇三平方キロメートル、別添図面一の（ロ）斜線部分）につき、本件保安林部分の伐採により、代掻期（水田起耕期）に毎秒〇・二二立方メートルのかんがい用水の不足が見込まれるとして、右用水不足解消のための方策を立て、その結果、後記認定のとおりの代替施設が設置されるに至り、また、当時、未だ長幌上水道企業団の上水道施設が及んでいなかったために、その飲料水を、本件保安林部分を含む前記集水区域からの渓流、伏流水等に依存していた別添図面一の破線で囲む範囲内の六四戸の居住者らに対し、本件保安林部分の伐採による減水あるいは汚濁の影響が及ぶことを慮り、既設の右上水道からの引水が計画されて、後記認定のとおり右引水工事がなされるに至ったことが認められる。

以上認定諸事実からすると、先ず右農業用水及び飲料水不足の影響範囲としては、それぞれ図面一の（ロ）斜線、破線内の範囲に限られるものと認めるのが相当である。したがって、用水確保の面では、右各地域が直接の影響が及ぶ範囲であるというべきであり、右地域と生活との密接性並びにその利益の生活における重要性からみて、右地域内の耕地についての権利者ら及び右六四戸の居住者らの農業用水、飲料水確保の利益は、本件保安林の指定処分に際し、直接的に影響が及ぶものとして現実に配慮され、その実現が所期されていたと認めるべき具体的、個別的利益と解して妨げないものというべく、かつ、本件解除処分により直接にその侵害を受けるおそれのあるものであるから、右利益の享受者らは、本件解除処分を争うにつき法律上の利益を有するものと認めるべきである。しかして、弁論の全趣旨により真正に成立したと認める《証拠略》によれば、被控訴人らのうち右地域内の耕地について右利益を有する者は、被控訴人G、同H、同I、同Jの四名であり、飲料水に関して右利益を有する者は、右被控訴人らのうちH、I、Jの三名であると認められるから、右被控訴人らは、本件解除処分を争うにつき原告適格を有するものと認めることができる。

次に、本件保安林部分からの雨水流出経路、地形等上段認定の諸事実からすれば、富士戸川本、支流から東四線排水路、零号排水路を経由して馬追運河に至る右流域は、本件保安林部分からの流水による直接的水害のおそれが認められ、その水害対策が構ぜられるべき地帯であるところ、前掲《証拠略》によれば、馬追運河排水機場流域（図面一に実線表示の範囲）は、前示各河川を含み、しかも、右排水機場は、右各河川による水害防止対策として、流水排出のために設置された設備であるところ、右排水機場流域は、その機械排水能力の及ぶ範囲として地形上予定されているものであることが認められるので、本件馬追山保安林の指定に際し、本件保安林部分に関しては、右排水機場流域が水害防止必要地域として、直接の影響の及ぶ範囲として考慮されたものと解するのが相当である。しかして、社会生活の基本的存在たる個々人の生命、身体の安全は、第一義的に考慮されなければならないことからすれば、同地域に居住する個々的住民の洪水からの生命、身体の安全は、没個性的に一般化することができない利益として配慮されているものというべく、法が具体的な保安林指定処分によりその実現を所期している個別的、具体的利益であると解すべきである。

そうすると、本件記録によれば、被控訴人らのうち、別紙当事者目録中に甲と表示のある被控訴人らは、右馬追運河排水機場流域内に居住する者ではないことが明らかであるから、右被控訴人らは、そもそも本件解除処分を争う法律上の利益を有しない者というべきこととなり、同被控訴人らの本件訴えは原告適格を欠き不適法であって、いずれも却下を免れない。そして、右以外の被控訴人ら（別紙当事者目録中に乙と表示のある者）は、いずれも、その肩書住所に徴し、右流域内に居住する者と推認すべく、これに反する証拠はないから、いずれも前記認定の如き生命、身体の安全の利益を享受する者であり、本件解除処分を争うにつき原告適格を有するものと認めるのが相当である。

3　なお森林法は、第二七条において、保安林の指定及び解除の申請権を有する者として、利害関係ある地方公共団体の長のほか、右指定及び解除に直接の利害関係を有する者を挙げ、第三〇条では、申請にかかる保安林の指定及び解除をなす場合においては、右申請権者に対する通知義務を定め、更に、第三二条では、指定もしくは解除の告示に対し異議があるときには、右申請権者らに農林大臣に対する意見書の提出権を付与するとともに、農林大臣に公開の聴聞を行うことを義務づけている。しかしながら、聴聞会において傍聴者に発言を認める同法施行規則第二一条の二第六項の趣旨に照らせば、これらの規定の眼目は、農林大臣が保安林の指定又は解除をなすに当り、主として森林法の主目的たる国土の保全等公益上の見地から考慮すべき事項にき、当該関係地域についての行政上の責任者のほか、国民の行政参加の一環として、当該地域の実情に関しその意見を聴取するに最もふさわしい立場にあると認められる直接の利害関係者を手続に関与せしめ、国民の行政手続への参加により、行政の正当性を担保しようとする目的のために認められているものと解すべきであり、これらの者の個人的、私的な利益を保護するためその機会を与え、その意見を聴取するものではないと解されるから、被控訴人らが右異議意見書提出者として、右手続上の利害関係者たる地位にあったとしても、このことから、これを理由にして、右手続関与者が保安林の指定、解除の処分につき、これを訴訟上争うについて法律上の利益を有することの根拠とすることはできない。また、森林法第三六条が受益者負担に関する規定をおいている趣旨も、専ら衡平上の理念に出た制度と解すべきものであって、この規定をもって、右負担者らに保安林の指定、解除を争う法律上の利益を認めたものと解すべきものでないことは、右に述べたところと同断である。

三　平和的生存権と法律上の利益

被控訴人らは本件解除処分は航空自衛隊第三高射群基地の建設を目的とするものであるから、右基地周辺の住民である被控訴人らは、いわゆる基地公害のほか一朝有事の際には直接の攻撃目標とされ、憲法前文等に根拠を有する「平和のうちに生存する権利」を具体的に侵害されるおそれがあるとして、単に生命、身体、財産の安全等の利益にとどまらず、右平和的生存権の侵害を理由としても、本件解除処分の取消しを求める法律上の利益を有するものであると主張する。

憲法前文は、その形式上憲法典の一部であって、その内容は主権の所在、政体の形態並びに国政の運用に関する平和主義、自由主義、人権尊重主義等を定めているのであるから、法的性質を有するものといわなければならない。ところで、前文第一項は、憲法制定の目的が平和主義の達成と自由の確保にあることを表明し、わが国の主権の所在が国民にあり、主権を有する日本国民が日本国憲法を確定するものであること及びわが国が国政の基本型態として代表制民主制をとることを規定しているところ、国民主権主義を基礎づける右民主権の存在の宣明は同時に憲法制定の根拠が国民の意思に依拠するものであることを具体的に確定し、また、国政の基本原理である民主主義から基礎づけられた統治組織に関する型態としての代表民主制度については同項でこれに反する一切の憲法、法令及び詔勅を排除する旨規定しているところから、右はいずれも一定の制度として確定され、その法的拘束力は絶対的なものであるといわなければならないものであるが、国政の運用に関する主義原則は、規定の内容たる事項の性質として、また規定の形式の相違において、その法的性質には右と異なるものがあるといわなければならない。前文第二項は、平和主義の原則について、第一項において憲法制定の動機として表明した、諸国民との協和による成果と自由のもたらす恵沢の確保及び戦争の惨禍の積極的回避の決意を、総じて日本国民の平和への希求であると観念し、これを第一段では日本国民の安全と生存の保持、第二段では専制と隷従、圧迫と偏狭の除去、第三段では恐怖と欠乏からの解放という各視点から、より多角的にとらえて平和の実現を志向することを明らかにし、更に前文第三項は、日本国民としての右平和への希求を政治道徳の面から国の対外的施策にも生かすべきことを規定しているもので、これにより憲法は、自由、基本的人権尊重、国際協調を含む平和をわが国の政治における指導理念とし、国政の方針としているものということができる。したがって、右第二、第三項の規定は、これら政治方針がわが国の政治の運営を目的的に規制するという意味では法的効力を有するといい得るにしても、国民主権代表制民主制と異なり、理念としての平和の内容については、これを具体的かつ特定的に規定しているわけではなく、前記第二、第三項を受けるとみられる第四項の規定に照しても、右平和は崇高な理念ないし目的としての概念にとどまるものであることが明らかであって、前文中に定める「平和のうちに生存する権利」も裁判規範として、なんら現実的、個別的内容をもつものとして具体化されているものではないというほかないものである。また、被控訴人は、右のいわゆる平和的生存権は、憲法第九条及び同法第三章の規定に具体化されているとも主張するのであるが、同法第九条は前文における平和主義の原則を受けて規定されたものであるとはいえ、同条第一項は国際紛争解決手段としての戦争、武力による威嚇、武力行使を国家の権能のうちからこれを除外すると定め、国家機関に対し、間接的に当該行為の禁止を命じた規定であり、同条第二項はわが国の交戦権に関する権利主張を自ら否定するとともに、陸海空軍その他の戦力を保持しないと宣言して、国家機関に対し、かかる戦力の保持禁止を命じているものと解すべきである。しかりとすれば、憲法第九条は、前文における平和原則に比し平和達成のためより具体的に禁止事項を列挙してはいるが、なお、国家機関に対する行為の一般禁止命令であり、その保護法益は一般国民に対する公益というほかなく、同条規により特定の国民の特定利益保護が具体的に配慮されているものとは解し難いところである。したがって仮に具体的な立法又は行政処分による事実上の影響として、個人に対し、何らかの不利益が生じたとしても、それは、右条規により個々人に与えられた利益の喪失とはいい得ないものといわなければならない。また、憲法第三章各条には国民の権利義務につき、とくに平和主義の原則を具体化したと解すべき条規はないから、被控訴人らの主張はこの点においても理由がない。

なお被控訴人らの主張は、本件解除処分との因果関係上も肯認できない。すなわち、本件保安林部分跡地に右防衛施設を設置することは、本件保安林部分の指定解除後における跡地利用の単なる事実行為にすぎないのであって、それによってもたらされる事実上並びに法律上の効果は、本件解除処分によるそれとは区別して考えなければならない。けだし保安林の指定解除、立木伐採、跡地の利用は、事実上の関係においては、一連の連鎖関係にあることは否定できず、森林法第二六条第二項の規定に基づく保安林指定解除の場合は、前述したような意味において、伐採は、保安林指定解除と法的には一体であると解すべきであるが、跡地利用目的は、当該保安林を森林として存続せしむべきか否かを決定する際における公益判断の対象そのものであり解除目的から生ずる利益、不利益は、解除処分すなわち伐採に伴う影響として考慮さるべき性質のものではない。したがって、右跡地利用行為により招来される不利益を理由に、本件解除処分を争う法律上の利益を肯認することはできないものというべきである。

第五　訴えの利益

一　森林性の喪失

控訴人は、本件保安林部分は、指定解除後立木が伐採されてその跡地は整地され、半永久的な航空自衛隊第三高射群の各施設及び道路等の工作物が設置され、その現況はまったく森林性を喪失したので、本件保安林部分に対する保安林指定処分は、その対象を失い、当然失効するに至ったから、被控訴人らは、もはや本件解除処分の取消しにより回復すべき利益を有しない旨主張する。

もとより、保安林の制度は、前述したとおり、森林の保存とその森林における適切な施業を確保することにより、当該森林の保全機能を十全に発揮させ、これが活用を図ることを目的とするものであるから、その指定対象が森林であることを要することはいうまでもないところであり、森林法第二五条第一項もそのことを明規している。

森林法は、その第二条第一項において、森林についての定義を掲げ、森林とは、「木竹が集団して生育している土地及びその土地上にある立木竹」（同項第一号）及び「木竹の集団的な生育に供される土地」（同項第二号）をいうというのであり、現に木竹が集団的に生育している土地でなくとも、それが「木竹の集団的な生育に供される土地」と認められる場合には、同法上の森林に当るものとしているのである。しかして、ここにいう「木竹の集団的な生育に供される土地」とは、伐採跡地等で現に木竹が集団して生育している土地とはいえない場合、又は、散生地のように、木竹が多少は生育しているが必ずしも集団的な生育状態にない場合であっても、植栽意思が存在し、その土地の状態から、物理的、経済的に、社会通念上、「木竹が集団して生育している土地」とすることが客観的に可能な性質を有すると認められる場合には、その土地はなお森林性を失わず、森林法上の森林に当るものと解するのが相当である。

　ところで、森林法は、第三四条で、同条所定の場合を除き、都道府県知事の許可にかからしめて認めるほかは、保安林における立木竹の伐採、土地の形質変更を原則的に禁止し、第三四条の二で、保安林において立木竹の伐採等がなされた場合、その所有者らに植栽義務を負わせ、第三八条で、これらの禁止に違反した者に対し、都道府県知事が造林あるいは土地の原状復旧のために必要な行為を命ずることができる旨定めているから、保安林指定処分がなされた以上、当該森林所有者らには森林保持義務がある。したがって、保安林指定処分後においては、当該指定区域内の土地上の立木竹がすべて伐採された場合であっても、その跡地が前記客観的要件を保有する限り、右土地は、森林法上の森林に当るものであるから、これに対する保安林指定の効果は当然に失われるものではないと解すべきものである。

　本件保安林部分は、指定解除後、約〇・三五平方キロメートルの全域にわたり、立木竹がほぼ全面的に伐採され、その跡地には、控訴人ら主張のとおり、航空自衛隊第三高射群の各施設とその敷地並びに連絡道路等が建設されているのであって、現に木竹が集団的に生育している土地に当らないことは、《証拠略》により、これを肯認するに十分であるが、右各証拠によれば、約〇・三五平方キロメートルの本件保安林部分伐採跡地は、総面積一五平方キロメートル余の馬追山保安林に包み込まれるような形で存在し、その周囲は、現に集団的に生育する樹木に囲まれていること、右跡地の利用形態は、樹木を伐採したうえ、土地を高低に応じて階段状に平担とし、その地上に建物その他の設備を建設したものであることが認められ、右地形、周辺の状態、本件土地の利用状況等からすると、本件保安林部分伐採跡地は、現存の各施設を撤去したうえ、木竹を植栽し、自然力及び人工的措置を活用することにより、これを木竹の集団的に生育する土地に回復せしめることは、物理的、社会的観点からして決して困難なものではないということができる。

　したがって、本件保安林部分伐採跡地は、木竹の集団的な生育に供される土地として、その森林性を失っていないものであるから、森林法上の森林に当るものというに足り、この点に関する控訴人の主張は採用することができない。

二　代替施設

1　代替施設の大要

《証拠略》によれば、本件保安林部分の指定解除の申請に当り、防衛施設庁は、利害関係人長沼町長の保安林解除に対する同意の条件としての要請等地元の要望もあり、また、林野庁の行政指導もあって、本件保安林部分の指定解除に伴う水資源確保等のための代替施設を設置することとし、（1）用水確保のための施設として、南長沼用水路の補強工事、導水路、送配水、揚水施設工事及び上水道施設工事を、（2）立木の伐採に伴い流出が予想される土砂流出防止のための砂防対策として、砂防堰堤七基（当初計画では六基）の建設を、（3）洪水防止施設として、富士戸一号堰堤の建設、富士戸二号堰堤の補強工事（当初計画では、富士戸川本、支流に各一基の堰堤新設）及び馬追運河左岸（南岸）のかさ上工事をそれぞれ立案、計画し、関係各機関との連絡打合せ、諸調査を経たうえ、昭和四四年四月初め頃その成案を得、関係各機関の協力のもとに後記認定のとおり、いずれもほぼ計画どおり右各工事を完了したことを認めることができる。

控訴人は、本件解除処分により被控訴人らが被る不利益は、立木の伐採により、本件保安林部分が水源かん養保安林として従来果していた理水機能が低下することによって生ずる限度の用水不足、洪水及び土砂の流出等の危険をいうにすぎないものというべきところ、右各代替施設の完成により、本件保安林部分の伐採に伴う理水機能の低下は、完全に補塡代替されるに至ったから、被控訴人らの右不利益はいずれも消滅した旨主張する。当裁判所も、本件訴えの要件として考慮さるべき利益の範囲は控訴人の右主張の限度の利益と考えるので、以下に順次この点について検討を加えることとする。

2　用水確保の施設

《証拠略》によれば、用水確保のための代替施設としては、次の各工事がなされたことを認めることができる。すなわち、前記認定のとおり、本件保安林部分の伐採による理水機能の低下により、従来本件保安林部分を含む集水地域からの流水を主たる給水源としていた前記耕作地一・八九平方キロメートルにつき、代掻期に毎秒〇・二二立方メートルのかんがい用水の不足が予測された。そこで、右補水源として、南長沼土地改良区が所有する用水路であって、千歳川から取水している南長沼用水路の幹線水路の亀裂、漏水個所の補修等による漏水の防止、軽減による増加量をあてることが計画され、その方法として、右既存水路を補修して、同水路からの引水を新設の導水路及び揚水施設により後記の富士戸一号堰堤に貯水し（後記認定のとおり同堰堤のかんがい用水貯留量は六四、〇〇〇立方メートル。）、同所で湛水中の水温上昇による温水効果をもたせたうえ、一部は更に揚水機で右堰堤上流部に配水し、一部は同堰堤の斜樋を通して下流部に送水することとされた。かくして、いずれも防衛施設周辺の整備等に関する法律による全額国庫補助のもとに、南長沼土地改良区を事業主体とし、昭和四四年度から昭和四七年度までの四年度にわたり、四期に分けて、総額二億七六一八万一〇〇〇円の工費を費して、延長八、一六七メートルにわたり南長沼用水路の改修工事がなされ、昭和四七年一二月一五日完成した。また、これと並行して、長沼町を事業主体として、いずれも昭和四四、四五年度の二年度二期に分けて、工費合計六二四七万二〇〇〇円をもって、延長二、〇一九メートルの導水路新設工事が、工費合計二億一二三一万二〇〇〇円をもって、吸水槽一基及び揚水機四基の据付け、送水管延長一六、七三五メートルの敷設を含む揚水施設工事がなされ、前者は昭和四五年一二月一五日、後者は昭和四六年三月三一日それぞれ完成した。その結果、長沼町が新設施工した導水、揚水施設も従来の南長沼用水路と一体として南長沼土地改良区の管理下に移され、右用水改良工事完了前の昭和四六年五月下旬から送水が開始され、農業用水の不足の解消については、右各工事の完成により所期の目的が達成された。また、前記認定の六四戸の居住者に対する飲料水施設については、長幌上水道企業団の経営する既存の上水道から分水して給水することとし、これも前同様全額国庫補助のもとに、長幌上水道企業団を事業主体として、昭和四四、四五年度の二年度二期に分けて、工費合計三〇一三万九〇〇〇円を費して、延長九、六三八メートルに及ぶ送配水施設工事がなされて、昭和四五年一一月三〇日完成し、対象民家六四戸に送水がなされるに至っている。右事実によれば、前記被控訴人G、同H、同I、同Jの四名が本件解除処分により被るべき農業用水、飲料水不足等の不利益は、すべて右各代替施設の完成により代替補塡されるに至ったものと認めることができる。したがって、同被控訴人らは、この関係においては、もはや本件解除処分を争い、その取消しを求める具体的利益を失っているものというべきである。

3　砂防施設

《証拠略》によれば、札幌防衛施設局は、本件保安林部分の立木が伐採され、約七〇、〇〇〇立方メートルの土地が切盛される等、同地域内の土地の形質が変更されるのに伴う土砂の流出を防止するため、富士戸川本、支流の沢部分に、重力式無筋コンクリート造りで、別添表二六の種類、構造欄（同表のhは堰堤高を、Lは堰堤長を表す。）記載の規模の七基の砂防堰堤の建設を計画し、昭和四五年一〇月二八日本件保安林部分の立木伐採開始に先立ち、同局の直轄工事として、同年六月二五日、右表記載の一号、三号、五号、七号の各砂防堰堤の建設に着手して、同年九月三〇日、これを当初の計画どおり完成し、引続き、同年八月一八日から一一月一五日までの工事期間を経て、二号、四号、六号の各砂防堰堤を、同様右計画どおり完成させ（以上の総工費は六〇六二万六〇〇〇円。）、昭和四六年三月二五日本件保安林部分の立木伐採完了後には、土盛部分を厚さ三〇センチメートルごとに転圧し、法面に張芝をなし、排水路を設置する等の工事をなしたことを認めることができる。ところで土砂の流出防止による利益自体は、本件保安林の指定による所期利益に当らぬことは、前述のとおりであるが、砂防堰堤は、その建設による随伴的効果として、渓床勾配の緩化をもたらし、これによる流水の流速低下、山脚固定等により、洪水調節の機能をももたらすことは、容易にこれを肯認し得るところである。

《証拠略》によれば、右七基の砂防堰堤の計画根拠は前記表二六のとおりであるところ、昭和四九年五月二三日、昭和五〇年八月二九日の二回にわたる測定の結果によれば、右各砂防堰堤のたい積土砂量は別添表二七のとおりであることが認められる。右表二六記載のとおり建設前の計画段階における推量計算上右七基の砂防堰堤の設置五年後の予想貯砂量は合計五、八六四立方メートルとされていたが、右表二七により明らかなとおり、昭和四五年一一月一五日完成後すでに四年九箇月を経た後の各堰堤の現実の貯砂量は、約一、九八〇立方メートルにすぎず、その間後記のとおり昭和五〇年八月の六号台風に伴う大量降雨による流出土砂が少なからず存すると推測されるにもかかわらず、実際のたい積土砂量は予想計算を遥かに下廻るものである。一般に、これらの施設は、一定期間を限度とする貯砂能力を予定して設置されるものであるところ、右実績にかんがみると、七基合計二〇、三三〇立方メートルの計画貯砂能力をもつ右各砂防堰堤は、完成後四年九箇月を経た時点において、計算上向後なお少なくとも三〇年を越える期間土砂の流出防止の機能を発揮することが期待できる。被控訴人らは、本件保安林部分からの流出土砂量の予測に関し、芝張地の崩落等の危険性を主張し、右各砂防堰堤について予定された貯砂能力に対比して、控訴人の推定計算による数値が過少である旨抗争し、昭和五〇年台風六号により施設中における芝張地が一部崩落したことは控訴人もこれを争わないが、前記表二七に明らかな過去の実績たい積土砂量中には、右崩落の結果も含まれているのであるから、右主張は採用できない。

4 洪水防止施設

（一） 富士戸一、二号堰堤工事とその規模

《証拠略》によれば、長沼町は、本件保安林部分の指定解除に伴う洪水防止対策として、前記防衛施設周辺の整備等に関する法律に基づき、総工費三億一三八二万三〇〇〇円につき、全額国庫補助を受け、昭和四四年一一月四日から昭和四五年三月二五日にかけて、富士戸川本流の上流部（後記富士戸一号堰堤より上流約一、五〇〇メートルの地点）に存する既設のかんがい用土堰堤（富士戸二号堰堤）の堤体を補強するため、これに接する渓流のうち一四一メートルにわたり、コンクリート及びコンクリートブロツクで三面装工の護岸工事を施し、洪水時に渓流に面した堤体脚部の洗堀による決壊の防止を図るとともに、本件保安林部分の立木伐採により増加が予測される洪水流出量の調節を目的として、昭和四四年八月一一日から同年一二月二〇日までと、昭和四五年五月一一日

から翌四六年三月二五日までの二期に分けて、富士戸川本流と支流の合流点（位置は図面一参照）に、前述のとおり農業用水の確保を兼ねた富士戸一号堰堤を構築したこと、右富士戸一号堰堤は、本件流域、すなわち、本件保安林部分を含む富士戸川本、支流の集水地域三・七六平方キロメートル内の流出雨量はすべてこれに流入することが予定されたもので、堰堤高八メートル（堰堤天端標高二二五メートル）、堰堤長二一三メートル、堰堤総幅員五五・六五メートル、湛水面積六〇、〇〇〇平方メートル、かんがい用貯水容量（有効貯水量）六四、〇〇〇立方メートル（常時満水位標高二二一メートル）、洪水調節容量六八、〇〇〇立方メートル（設計洪水位標高二二三・四〇メートル、ただし、後記認定のとおり最大可能洪水位は標高二二四・四〇メートル。）、堆砂量二一、〇〇〇立方メートルの規模をもつ前面舗装型フィルダムで、構造上、堰堤本体は砂質土（山砂利）で構築され、堰堤のりの勾配は、上流が二割（一対二・〇）、下流が三割（一対三・〇）であり、上流前面は、ベントナイト混入の心土の上に七〇センチメートルの厚さに切込砂利層を造り、その表面を更に一九センチメートルのアスファルト舗装で仕上げ、下流前面は、二〇センチメートルの粘土の表面を芝張仕上げしたもので、その右岸（北側）に高さ二・三五メートル、幅六・二〇メートル、延長三五五メートルで、末端部に減勢装置を付した自然調節型の余水吐が、右岸際の堤体脚部付近には、土砂吐水門とかんがい用水用の斜樋が設けられていることが認められる。

（二）富士戸一号堰堤余水吐の排水能力

（1）《証拠略》によると、財団法人建設技術研究所が行った縮尺二〇分の一の模型実験の結果によれば、富士戸一号堰堤余水吐の各水位に対応する余水吐からの流下量は別添表一のとおりであることが認められ、右数値は、前《証拠略》記載の計算方法に基づく数値に対比すれば、設計時における予想数値にほぼ合致し、出水時において、右堰堤内水面における波高として〇・六メートルを考慮に入れると、流入した水が右堰堤の堤体を越流する危険なくして右余水吐から排出される流量が最大になるのは、堰堤天端標高二二五メートルとの間に右〇・六メートルの余裕をおいたとき、すなわち、堰堤水位が標高二二四・四〇メートル（余水吐水位の標高二二四・二四メートル）のときであること、そのときの最大排出量、換言すれば、右余水吐の最大排水能力は毎秒三六・一一立方メートルであることか認められる。

もっとも、《証拠略》によれば、フィルダムの特徴は、粒状材料により構成されているため越流に対し弱いことで、その破壊の第一の原因は、洪水が堤頂を越流したことによる決壊であることが認められ、また、《証拠略》によれば農林省農地局制定の「土地改良事業計画設計基準」（昭和四一年六月三〇日改定、以下《証拠略》とともに「設計基準」という。《証拠略》）。は、フィルダムの余裕高は、如何なる悪条件下においても、洪水が堤頂を越流することのないよう十分大きくとるべきことを要求し、本件富士戸一号堰堤の如く堤高（堰堤の基礎地盤と堤頂との標高差）一五メートル未満のいわゆる低ダムの場合でも、その余裕高（計画最高水位すなわち設計洪水位と堤頂との標高差）は「8．05H＋1．0（m）」の数式（Hは基礎地盤から計画最高水位までの高さ）により算出される数値を要し、如何なる場合でも最小限一・〇メートルの余裕高をとることが望ましいとしていることが認められる。しかし、先に言及した〇・六メートルとの数値は、堰堤設計時にその安全性確保のために要求される余裕高とか、完成後の堰堤が実際に有する余裕高とは別の問題で、洪水時に、堰堤内水面に生ずる波浪の波高が、堰堤天端に達した極限状態（波高が堰堤高と同一になった状態）の下において、しかも、波浪が堤体を越流することなくして、余水吐が最大限どの程度の洪水量を処理し得るかの限界を検討するに当り考慮すべき数値、換言すれば、堰堤の最大可能洪水位を意味するものであるから、この場合においては、控訴人主張のとおり波高のみを考慮の対象におけば足りるものというべきであり、前記数式「0．05H＋1．0」を顧慮する必要はない。そうすると、本件富士戸一号堰堤のダムサイトは前記設計基準によれば、北海道における弱風帯にあり、局地的な強風地帯である証拠はないから、その風波高の計算に当っては、最大風速を毎秒二〇メートルとみて妨げないものと解すべく、また、《証拠略》によれば、堤体からその対岸までの最長自由水面距離すなわち対岸距離は三〇〇メートルと認められるところ、富士戸一号堰堤の上流斜面がアスファルト舗装され、勾配が二割（一対二・〇）であることは前記認定のとおりであるから、右各数値を前記設計基準中の「風波高の計算図表」（図四・二五）にあてはめれば、右風波高として〇・六メートルとの数値が得られることを認めることができる。しかして、右風波高を求めるについて使用した数値及び算式等は、いずれも前記設計基準に拠ったもので、その性質上、いずれも広く一般に用いられる基準として合理性を有するものと認むべきであるから、これに依拠して算出された右数値もまた十分に合理性をもつものということができる。したがって、富士戸一号堰堤の余水吐の最大流下量としては、前記模型実験の結果によって得られた毎秒三六・一一立方メートル（このときの同堰堤の水位、すなわち最大可能洪水位は標高二四・四〇メートルである。）との数値を採用するのが相当である。

（2）ちなみに、余裕高（計画最高水位と堤頂との標高差）に関する前記数式「0．05H＋1．0」（Hは基礎地盤から計画最高水位までの高さ）は、前記設計基準第一七条の解説によれば、本件富士戸一号堰堤の如く堤高一五メートル未満のいわゆる低ダムの貯水池面積は、大多数が〇・一平方キロメートル以下であるから、その対岸距離は最大に見積っても五〇〇メートル、最大風速毎秒三〇メートル、堰堤斜面の勾配二・五割の張石として、前出の風・波高の計算図表により風波高を求めた結果が一・〇メートルと出るところから、これに堤高に比例した安全高（〇・〇五H）を加えて右公式としたものであることが認められる。そうすると、本件富士戸一号堰堤において、右一・〇メートルに相当する数値として、〇・六メートルを得られることは、前記の波高計算の結果から明らかであり、同堰堤の基礎地盤から計画最高水位までの高さは《証拠略》によれば、二三・四〇メートルから一五・〇メートルを控除した八・四〇メートルであるから、右公式における〇・〇五Hは〇・四二メートルとなり、これによれば、本件富士戸一号堰堤の余裕高としては一・〇二メートルあれば不足することがないことが分る。

ところで、本件において、富士戸一号堰堤への最大洪水流入量は毎秒二一・三七九立方メートルであり、これに対応する余水吐流下量が毎秒一六・六〇立方メートルであることは後記認定のとおりであるから、前記模型実験の結果得られた表一の数値からすれば、このときの堰堤水位が同表上の余水吐流下量毎秒一九・四〇立方メートルに対応する二三・五九メートル以下であることは明らかであるから、その際の同堰堤には、実際上は、一・四〇メートルを超える余裕高（前記設計基準が最小限度の余裕高として要求するのは一・〇メートルである。）が存することとなる。なお、被控訴人らの主張する二・〇ないし三・〇メートルとの数値は、堤高一五メートル以上の高ダムについて要求される余裕高であることは、前記設計基準第五三条の解説によって明らかであるから、富士戸一号堰堤に関しては問題すべき余地はない。

（3）更に、被控訴人らは、前記設計基準によれば、堰堤堤頂部には、基礎地盤及び築堤材料の完成後の沈下量を見込んで、必要にして十分な量の余盛もとらなければならず、通常は堤高の一パーセントを見込む必要があるとし、富士戸一号堰堤の堤高は八・〇メートルであるから、〇・〇八メートル要するところ、この要求が満たされていない旨主張する。しかし、《証拠略》によれば、昭和四六年三月富士戸一号堰堤完成後ほぼ四年半経過した昭和五〇年九月一五日当時において、同堰堤の堤体は、実測、最低部分でも標高二五・〇五八メートルとなっていることが認められ、更に、同堰堤頂上に存する保安上のガードフェンス支柱のコンクリート基礎工まで入れると、その最も低い部分でも標高二五・二六四メートルとなることが認められるから、富士戸一号堰堤は、右余盛の点においても欠けるところはないということができる。

（三）洪水調節能力の検討方法

富士戸一号堰堤が、洪水防止施設として、伐採された本件保安林部分に代る施設であるといい得るためには、本件保安林部分が、その理水機能により、立木伐採以前に果して来た洪水緩和の効果に対応し、それと同程度の洪水調節機能をもつものでなければならないし、また代替施設であるとするには、その限度をもって足りるものというべきである。すなわち、先にみた富士戸一号堰堤余水吐の排出能力を前提としたうえで、本件保安林部分の立木伐採による本件流域の理水機能低下により増加が見込まれる洪水流量が、富士戸川本、支流を経て富士戸一号堰堤に流入し、これを通過することによって調節され、その余水吐から流下する水量が、伐採以前と変らないか、もしくは、それ以下であれば、富士戸一号堰堤は、その有する洪水調節機能により、従前伐採前の本件保安林部分が果していた理水機能に代り得る機能を果しているものといえるのである。しかしながら、森林の伐採による理水機能の低下によって増加する洪水量の推定は、その地域における降雨量の多寡、その集中度、あるいは流出率等の予測困難な与件因子の相関関係のもとにおいてなされざるを得ないから、ある程度の蓋然性をもって満足せざるを得ないものというべく、裁判上この種の問題については、本文統計資料等に基づき、社会通念上一応の合理性の認められる方法をもって検討すれば足りるものと解すべきである。そこで、以下に、まず、本件流域にどの程度の降雨があると予測されるかを検討して、本件流域における降雨量（確率日雨量）の推定をなし、次いで、右降雨中最大限どの程度の水量が地表流となって流出し、富士戸川本、支流を経て富士戸一号堰堤に流入すると考えられるかに検討を加えて、富士戸一号堰堤への最大洪水流入量を推定し、かくして得られた最大洪水流入量の流入があったときに、前記認定の能力を有する富士戸一号堰堤の余水吐が、果して右にいうような洪水調節の機能を発揮し得る能力を有するか否かについて検討を進めることとする。

（四）流域雨量の推定

本件流域内には雨量観測所が存しないので、本件流域内の確率雨量を求めるにつき、これを直接本件流域内における既往の観測資料から推定することはできない。右確率雨量の推定に当っては、本件流域周辺の類似の気象影響圏内の地域の観測資料によるほかはない。《証拠略》によれば、本件流域付近の長沼観測所の大正一四年から昭和四八年までの間の四六年（昭和一三年、二三、二四年は欠測）の各年最大日雨量をもとにして、確率雨量の推定方法として一般に使用されている岩井法により一〇〇年確率最大日雨量を算出すると、その結果は、控訴人が本件流域雨量として採用すべく主張する一五一・九ミリメートルとの数値を得ることができ、右数値は、本件流域至近の観測所における長期間にわたる資料を基礎にした計算であるから、一応その合理性があるものと認めるべきである。

被控訴人らは、前記設計基準を援用し、確率雨量推定の基礎となるべき観測資料は、できる限り広範な範囲から収集すべきであるとし、本件流域周辺について、札幌管区気象台の二〇年以上の各年別最大日雨量に関する公式資料に基づいて計算した一〇〇年確率最大日雨量として、支笏湖観測所で三八五・四ミリメートル、栗沢観測所で三四一・九ミリメートル、南幌観測所で三三七・一ミリメートルとの数値を挙げて、右一五一・九ミリメートルとの数値が過少にすぎるとし、また、平地にある長沼観測所の資料をもとに山地である本件流域の雨量を推定するのは、平地とは異なる山地の降雨特性を無視するものであると非難する。たしかに、一般的にいえば、洪水量の予測にかかわる確率雨量推定のための基礎資料をなす降雨資料の収集は、事柄の性質上安全尊重の観点から、なるべく広い範囲ですることが望ましいことや、平地に比較し、山地に向うに従い降雨量が増大する傾向にあることは、前記設計基準の指摘をまつまでもなく、経験則上も容易に肯認し得るところである。しかしながら、右のようにいうことによって、現地の実情を無視してはならないのであって、本件流域は、前述した本件保安林部分周辺の地理的概要並びに《証拠略》により明らかなとおり、東側には由仁町、南側には千歳市等の平地を控え、北西に広く開けた石狩平野の一隅に、低く丘陵をなす馬追山（最高標高約二九〇メートル、平均標高一二〇メートル）の西側斜面に存在し、山地としての性格はさほど顕著なものではないと認められること、それに加えて、《証拠略》によれば、本件流域付近には、一〇〇年確率等雨量線図上明らかな降雨特性、すなわち、馬追山丘陵の北西側から山頂を経て南東側に向って降雨量が減少する傾向の存することが認められること、更には、長沼町内にある長沼観測所は、被控訴人らの指摘する支笏湖、栗沢、南幌の各観測所に比し、本件流域に極めて接近して存在するのに対し、支笏湖観測所は、右一〇〇年確率等雨量線図により容易に看取されるとおり、本件流域の南西に位置し、海岸に近く、支笏湖を控えているうえに、周囲を恵庭岳（標高一、三二〇メートル）や樽前山（標高一、〇二四メートル）等に囲まれる等地理的条件も異なるところから、その降雨特性の相違は明らかであり、また、栗沢、南幌両観測所は、本件流域の北西方に位置して石狩湾に近く、右等雨量線図上、明らかに降雨量の増加する傾向が認められる方向に位置しており、いずれも本件流域に比し多雨地域に当る（ちなみに、右等雨量線図上の各観測所の一〇〇年確率日雨量は、支笏湖三四〇ミリメートル、栗沢二六〇ミリメートル、南幌二九〇ミリメートルである。）と認められること、しかも、長沼観測所における観測期間が長期にわたっていて、確率水文量計算の基礎資料が多く計算値の信頼度が高いと考えられることからすれば、被控訴人らの批判は当らないものというべきである。

もっとも、《証拠略》によれば、富士戸一号堰堤の設計段階においては、安全度を考慮し、本件流域雨量の推定資料として、支笏湖付近の北海道さけ・ます孵化場千歳支所における昭和三〇年から昭和四〇年までの一一年間における各年最大日雨量をもとにして岩井法により計算した一〇〇年確率最大日雨量二五五・七ミリメートルを採っていることが認められる。しかし、右数値は、僅か一一年間の観測資料に基づく一〇〇年確率水文量の推定値であって、基礎となる統計期間と確率年との間の差が過大にすぎることから、その信頼性にはやや疑問が残るのみでなく、前示のとおり千歳支所付近は本件流域より多雨地域にあることが認められるから、設計段階において右数値を使用したことには、安全性配慮の見地からそれなりの意味があったと認められるが、完成した富士戸一号堰堤の洪水調節能力を代替能力の点から検討するには、本件流域の推定日雨量として前示長沼観測所資料を排して、右数値を採用することは必要でもなく適切でもないというべきである。

なお、《証拠略》によると、前記一〇〇年確率等雨量線図上の長沼観測所の一〇〇年確率最大日雨量は、一八八ミリメートルとなっていることが認められ、また、被控訴人らは、昭和四九年度の土木学会北海道支部に発表された「北海道における確率降雨分布と地域特性について」との論文が提唱する方式により算出した本件流域の一〇〇年公率最大日雨量は一九二ミリメートルとなると主張する。しかしながら、《証拠略》によれば、前者の数値は、長沼観測所の昭和二五年から昭和四一年に至る一七年間の降雨観測資料をもとに資料の少い場合に採用されるトーマス法により算出されたものと認められるから、その基礎をなす統計資料数の多寡の比較において、また後者算定方式は、《証拠略》により認められるように、資料不足等の場合に備え、確率雨量強度式を地域的分布に拡大し、資料の収集、解析作業の省力化を目的として開発された簡易な降雨強度式である点を考慮すれば、前示の如く長期間にわたる観測資料が存在する場合には、確率雨量としては、右資料の解析に基づく算定結果の方がより合理性があるものといわなければならず、被控訴人らの主張は採用できない。

以上の諸点を考慮すれば、前記一〇〇年確率最大日雨量一五一・九ミリメートルをもって、本件流域の日雨量と推定するのが地域の実情に適し、相当であると認める。

しかして、本件流域の日雨量を推定するに当り、確率年として一〇〇年の長期を選択したことは、すでにそれ自体安全性を見込んだものというべきであるが、以下においては、前記設計基準第一五条の余水吐の設計降雨量は一〇〇年確率日雨量の一・二倍とするとの安全基準に準拠し、前記一五一・九ミリメートルに更に一・二を乗じた一八二・三ミリメートルを検討基準として採用することにする。

（五）最大洪水流入量の推定

そこで、まず、右に採用した日雨量一八二・三ミリメートルについての雨量分布（降雨量の時間配分）を推定する。《証拠略》により、確率雨量の時間配分を推定するについて一般に用いられる方法と認められるシャーマン法により、右日雨量一八二・三ミリメートルについての一時間ないし二四時間雨量を推定すると、別添表二の数値が得られるから、この各時間雨量について、それぞれその直前の時間雨量を控除することにより、一時間毎の降雨量を算出すると、その結果は別添表三のとおりとなり、右一時間毎の降雨量を、更に、一般的な降雨型に準じて、中央山型に分布すると、別添表四を得ることができる。

次に、富士戸一号堰堤への最大洪水流入量を推定するため、単位流出量（降雨中直接地表に流出する量を単位時間当りで表したもの）及び流出率（降雨量に対する有効雨量の比率）を決定し、これを前記雨量分布に適用して有効雨量（降雨中直接地表に流出する量）時間別流出量及び合成流出量を順次算出するが、その方法としては、佐藤流出関数法を採ることとする。この方法は《証拠略》によれば、流出量を算定するための計算方法として、広く一般に使用されている方法であると認められるところ、右方法に拠ること自体は、後述するとおり、右公式に使用すべき数値のうち到達時間、係数αについて争いのあることは別として、被控訴人らも争うものではない。まず、単位流出量（単位流域一平方キロメートルに一様に単位雨量一ミリメートルが降り、その全量が流出するものと仮定した場合、換言すれば、流出率を一と仮定した場合における各時間毎の流出量）の計算結果は、《証拠略》によれば、別添表五のとおりとなることが認められる。次に、総雨量と総流出率との関係については、前記設計基準に別添表七のとおりの基準値が示されていることは当事者間に争いがないから、右数値を採用し、これを前記中央山型の雨量分布（表四）にあてはめると、別添表八のとおり各時間毎の有効雨量を得ることができる。そして、前記時間毎の単位流出量（表五）に、右表八の時間毎の有効雨量を乗じ、これに、更に、本件流域のうち本件保安林部分を除いた地域の面積三・四〇八八九六平方キロメートル（本件保安林部分〇・三五一一〇四平方キロメートルについては、後記のとおり別途算出する。）を乗じて時間別流出量を算出し、右時間別流出量を合算することにより本件保安林部分を除いた本件流域内の時間別合成流出量を求めることができる。この計算に当り、控訴人は、本件保安林部分中現に伐採ずみの地域〇・三三五平方キロメートルと、右部分を除いた本件流域とに分けて計算しており、その結果は、成立に争いない《証拠略》によれば、本件流域のうち右伐採ずみ部分を除いた部分については、別添表九のとおりとなることが認められる。しかし、本件保安林部分はすでに指定解除ずみであり、今後いつでも伐採可能な地域であるから、右計算に当っては、本件保安林部分全域を本件流域から除外するのが相当である。そうすると、右表九の数値によれば、本件流域面積からそれぞれ本件保安林部分を除いた面積と、本件保安林部分中伐採ずみの土地を除いた面積の比により、本件保安林部分を除いた本件流域からの最大洪水流出量、すなわち富士戸一号堰堤への最大洪水流入量を推定することができ、その数値は毎秒一六・四四八立方メートルとなる。また、本件流域のうち本件保安林部分については、流出率を〇・八としてラショナル式により算出すると、その結果得られる同地域からの最大洪水流出量（富士戸一号堰堤への最大洪水流入量）は、《証拠略》により認め得る別添表一〇の数値から前同様本件保安林部分とそのうちの伐採地域との面積比で求めた毎秒四・九三一立方メートルとの数値となる。したがって、以上を合計した毎秒二一・三七九立方メートルが、前記日雨量一八二・三ミリメートル降雨があった場合に、本件流域から富士戸一号堰堤に流入すると推定される最大洪水流出量である。被控訴人らは、右最大洪水流出量は、設計基準に定める比流量からみて少量すぎる旨主張する。しかしながら、《証拠略》によれば、前記設計基準にいうところは、流域面積が一〇平方キロメートル以下の場合には、面積が小さくなるに従い流出率が大きくなることを、一定量の降雨に対し、流域面積の大小により、流域面積五平方キロメートルの場合には一平方キロメートル当り毎秒二〇立方メートルであり、三平方キロメートルの場合には一平方キロメートル当り毎秒二二立方メートルとの比率で示しているにすぎないものであって、右設計基準上は、その、一定の降雨量は与えられていないのであるから、本件で採用した前記日雨量のもとで得られた右最大洪水流出量を単純に右数値と比較することには格別の意味はないものといわなければならない。かえって、右設計基準では、ダムの流域面積が約五〇平方キロメートル以下の小流域であって、信頼できる本文資料が乏しい場合には、地域別比流量を参考にして一〇〇年確率流量を推定してよいとし、それによれば、北海道地方に一平方キロメートル当り毎秒六立方メートル以上とされているから、前記最大洪水流量二一・三七九立方メートルとの数値は右設計基準にみあうものであるといえる。

（六）余水吐の洪水調節能力

《証拠略》によれば、自然調節型の余水吐を設置した貯水池においては、これに流入した水は、貯水池満水面上に、一部一時的に貯留される（遊水作用）ので、余水吐から流出する最大洪水流出量は、最大洪水流入量より少なくなること、貯水池の有するこの機能を洪水調節能力というが、本件富士戸一号堰堤も、右洪水調節能力により洪水流入量の調節を図ることを目的とするものであることが認められる。そこで、富士戸一号堰堤の水位が常時満水位（標高二二メートル）にあるとして、これに流入する洪水量が前記最大洪水流入量に達した場合における余水吐からの流下量（最大排出量）を検討するに、《証拠略》により洪水調節池の洪水調節量の推定に関する一般的な方法であると認められるエクダールの解決によると、《証拠略》によって認められるとおり、右余水吐からの最大排出量としては毎秒約一六・六〇立方メートルとの数値を得ることができる。右数値は、最大洪水流入量の算出に当り、本件流域を伐採地域（防衛施設地域）とそれ以外の地域に分けて計算した毎秒二一・二三一立方メートルとの洪水流入量を前提とするものであるが、右数値は、前記認定の最大洪水流入量毎秒二一・三七九立方メートルとの間に僅か〇・一四八立方メートルの差異があるにすぎないから、右最大洪水流入量毎秒二一・三七九立方メートルに対応する最大排出量は、《証拠略》によって認められる数値とさほど違いはないものというべきである。したがって、本件保安林部分の立木伐採後における本件流域からの最大洪水流入量毎秒二一・三七九立方メートルは、富士戸一号堰堤を通過することにより、その洪水調節機能によって、余水吐から流下するときは毎秒約一六・六〇立方メートルに調節（減量）されるものということができる。右毎秒一六・六〇立方メートルとの数値は、成立に争いない《証拠略》により認められる本件保安林部分の立木伐採前の本件流域からの最大洪水流出量毎秒一八・一四三立方メートルを下廻るものであり、しかも、同堰堤余水吐の最大可能排水量毎秒三六・一一立方メートルを超えるものでないことが明らかである。なお、この場合に、最大洪水流出量毎秒二一・三七九立方メートルに一・二を乗じた異常洪水量毎秒二五・六五五立方メートルをとってみても、成立に争いない《証拠略》によれば、右洪水量も、富士戸一号堰堤の洪水調節機能により、余水吐から流下するときは毎秒約二〇・二〇立方メートルに減量されることが認められるから、伐採前における計算上の異常洪水量より少なく、かつ、この場合にも十分余裕をもって排出し得るものであるということができる。のみならず、《証拠略》によれば、富士戸一号堰堤余水吐の最大排水能力毎秒三六・一一立方メートルをもってすれば、日雨量三二〇ミリメートルまでの降雨による洪水に対しては、これを調節し得るものであること（このときの最大洪水流出量は毎秒約四六立方メートル、余水吐からの最大排出量は毎秒約三五・八立方メートルである。）を認めることができる。したがって、富士戸一号堰堤は、その洪水調節能力により、伐採前の本件保安林部分が果していた理水機能による洪水防止の機能に代る機能を十分に営み得るものであるということができる。

被控訴人らは、フィルダムの洪水調節能力の測定及び安全性につき前記設計基準第三部第一編フィルダム第一七条「フィルダム余水吐の設計にあたっては、原則として、貯事池満水面以上の一時的な洪水貯留能力を考慮に入れない。ただし、非調節型余水吐で、かつ流域面積に比べて満水面積がかなり大きく、十分に安全性が確認できる場合に限り、余水吐の洪水調節能力を考慮してもよい。」を引用し、本件富士戸一号堰堤の如きフィルダムの余水吐を設計するに当っては、原則として貯水池満水面以上の一時的な洪水貯留能力を考慮に入れず、ただ満水面積が流域面積の三〇分の一より大きく、洪水到達時間が相当長い場合には、余水吐の洪水調節能力を考慮してもよいとされているにすぎないとしたうえ、富士戸川の流域面積は三・七六平方キロメートルあるのに対し、富士戸一号堰堤の満水面積は六〇、〇〇〇平方メートルであって、その比率は六三分の一であるから、右設計基準によれば、富士戸一号堰堤は余水吐による洪水調節を考えてはならない場合に該当すると主張する。しかし、《証拠略》によれば、右設計基準第一七条が堰堤の満水面積とその流域面積との比率を考えているのは、その解説により明らかなとおり、余水吐を設計するに際し、堰堤の満水面積が流域面積の三〇分の一より大きい等一定の条件を具備するときは、前述した堰堤自体の有する洪水調節能力を考慮して、その断面等の規模を縮小してもよいというにすぎないのであって、堰堤の満水面積が流域面積の三〇分の一以下であるときには、余水吐によって洪水調節をしてはならないとするものと解すべきではなく、現に存する余水吐の能力を考えれば、本件においては、最大降雨量に対する堰堤容量になお十分の余裕があるから、被控訴人らの右批判は当を得ないものというべきである。

次に被控訴人らは、本件保安林部分伐採後の同地域からの洪水流出量の算定に当り採用したラショナル式の適用に当り使用すべき洪水到達時間の推定方法に誤りがあり、これを三〇・三〇分とすべきところ一時間としていると主張する。しかし、この点についての被控訴人らの非難は、本件保安林部分伐採前の本件流域からの洪水到達時間の計算をなした《証拠略》を本件保安林部分の伐採地域からの洪水到達時間の計算に関するものと誤解し、その内容において地表流、みぞ流河道流等の区別を導いているものであるから失当である。のみならず、前掲《証拠略》によれば、設計洪水量の算定に当りラショナル式計算法によって計算された洪水到達時間が一時間以内の場合には、これを一時間として扱うとされていることが認められることからしても、右主張は容れることができない。

また、被控訴人らは、単位流出量の計算に当り使用すべき数式の係数α（流量が早期に多量に流出するか、漸時少量ずつ流出するかを表す係数）の値を一としたのは誤りであり、右αの値は二になるべきものである旨主張する。すなわち、《証拠略》によれば、洪水到達時間（T）の推定に当り、主としてルチハの式及び愛知用水公団設計基準を併用し、降雨が流域内の最遠点から富士戸一号堰堤に達するまでを、地表流、みぞ流、河道流に分け、その各所要時間を合計してこれを一時間としているが、洪水到達時間（T）は、一般に最大降雨量から最大流出量までの時間（最大流量の到達時間、tl）の二倍とされているところ、右係数αと右最大流量の到達時間（tl）との間には「tl＝1／α」の関係があるから、αの値を一と採るならば、一般に最大流量到達時間（tl）の二倍である洪水到達時間（T）は二時間とならなければならず、この点に矛盾があるというのである。なるほど《証拠略》（水理公式集）によれば、本件保安林部分を除く本件流域からの洪水流出量の算定に当り使用した流出関数法においては、一般に最大流量到達時間（tl）と係数αとの間には「tl＝1／α」の関係があるとされていることが認められるけれども、《証拠略》によれば、洪水到達時間（T）が最大流量到達時間（tl）の約二倍とする関係が成立つのは、専ら河道流の洪水到達時間を求めるルチハの式に拠った場合にのみいえることであり、これと異なる地形を含む地域における洪水流量算定方式である流出関数法に直ちに全部的に適用することは誤りである。そして、《証拠略》における計算結果によれば、そこでの洪水到達時間の計算は一・二時間であり、常時河道流下時間は僅か一〇分余にすぎ、他はみぞ流と地表流到達時間であることが認められる。しかして、地表流、みぞ流の流下時間については、常時河谷を流下する場合とは異なり、地表面の土質、形状、植生等の複雑な要素が作用して流速は遅れ、そこでの洪水到達時間と最大流量到達時間との間には、必ずしも前者は後者の二倍であるとの関係は成立たず、河道流以外の流下時間が前記のとおりその大部分を占める本件の場合は、その倍率が相当に低減するであろうことはこれを容易に肯認することができる。以上の各点を総合して考えれば、この点の被控訴人らの主張も肯認することはできない。

被控訴人らは、降雨持続時間を一時間として、流量ピーク発生時の誤りを主張するが、本件においては、日雨量について、その合成流出量における最大洪水流出量を検討すべきであるから、右主張は失当である。

なお以上の検討は、富士戸一号堰堤がかんがい用水六四、〇〇〇立方メートルを貯留している場合で、その水位が余水吐の底面に達している満水位にあることを前提としている。しかし、いずれも成立に争いない《証拠略》によれば、富士戸一号堰堤管理者である長沼町が制定した長沼町富士戸堰堤管理規程によると、同堰堤は、毎年五月一日から八月三一日までのかんがい期間中には、常に満水位（標高二二メートル）になるよう努め、かんがい用水のための利用は低水位（標高二〇・五〇メートル）までとし、特別の場合を除き右低水位を維持すべきものとしているが、その管理に当っては、洪水調節を優先的に考慮すべきこととしており、洪水調節を行う必要が生ずると認められる場合には、常時閉鎖を原則とする斜樋、底樋ゲートを開扉してあらかじめ予備放流を行うこととしていること、現に昭和五〇年八月二二日から二四日の台風六号来襲時においても、大雨注意報の発令に伴い、三個の斜樋ゲートの操作により予備放流をなし水位を低減していることが認められるから、富士戸一号堰堤の余水吐による洪水調節能力は、これら斜樋ゲート操作等による予備放流を併用することにより、実際上は、前記実験結果により推定されるより以上の余力があるものということができる。

更に、被控訴人らは、富士戸一号堰堤は越流による決壊のおそれがあるから、洪水調節能力を有するものといえないばかりでなく、そもそもかかる決壊のおそれのある施設をもって森林に代替し得るものということはできないと主張する。しかしながら、富士戸一号堰堤は、上来判示したところから明らかなとおり、本件流域において推定される一〇〇年確率最大日雨量一五一・九ミリメートルから設計基準による安全率を加味して求めた設計日雨量一八二・三ミリメートルの降雨に際し予測される最大洪水流入量毎秒二一・三七九立方メートルに対して、十分な余裕高を残して調節可能であり、また、安全性を限度一杯にみて、堤頂との間に風波高〇・六メートルを残した堰堤水位標高二四・四〇メートルの状態のもとにおいて可能な余水吐の最大排水能力三六・一一立方メートルをもってすれば、右設計日雨量を遥かに超過する日雨量三二〇ミリメートルの降雨がある場合にもなお洪水調節能力を発揮し得るものであるから、富士戸一号堰堤の越流による決壊の蓋然性は無視し得る程度に低いものとみて誤りないものというべきである。しかして、およそ代替性が問題とされる以上は、代替物が代替されるものと能力的にまったく同一であるということはあり得ないはずであるから、富士戸一号堰堤が右に述べたとおり、予測され得る範囲において、社会通念上十分な洪水調節の機能を有するものと認め得られる限り、それは、代替施設として欠けるところはないものというべきである。

（七）台風六号による降雨について

昭和五〇年八月の台風六号の降雨により、長沼町内に水害が発生したことは当事者間に争いがない。ところで、《証拠略》によれば、右台風六号に伴う降雨は、長沼観測所の観測結果によると、同年八月二二日三六ミリメートル、翌二三日一三二ミリメートルであることが認められるところ、被控訴人らの主張する昭和四一年の最大降雨記録は、《証拠略》によれば、同年八月一九日の日雨量一〇七ミリメートル、同月一九、二〇日の連続二日雨量一四〇ミリメートルであり、《証拠略》によれば、長沼観測所における大正一四年以降の各年最大日雨量の最大値は、昭和二二年九月一五日の日雨量一三四・五ミリメートルであると認められることからすると、右六号台風時の降雨は同地域における最大級の降雨であったということができる。しかしながら、右降雨量程度の降雨による洪水流出量に対して富士戸一号堰堤が十分余裕をもった調節能力を有することは前述のとおりであり、現に、右降雨時にも、富士戸一号堰堤に何らの支障も生じていないことは、弁論の全趣旨に徴し明らかである。そうすると、本件における洪水防止施設としては、先にも述べたとおり、本件保安林部分の伐採に伴う増加洪水量を調節し伐採前の本件保安林部分が有していた理水機能の低下を補塡し、これに代り得る機能を営む限りにおいてその目的は果されるものであるから、右に述べたところからすれば、富士戸一号堰堤はこの点において欠けるところがないものということができる。そうすると、前記のとおり、長沼町内に被害の発生をみたとしても、それらは、いずれも本件保安林部分の伐採にはかかわらないものというべきであって、右事実から、逆に、富士戸一号堰堤等の代替施設としての機能に不足があったものとすることは当たらないというべきである。

また、被控訴人らは、右降雨量に関連し、逆算の結果として、右台風時における本件流域からの洪水流出率は〇・七五九となっていた旨主張するが、その前提とする現実の流入量と対比すべき現実の降雨量の特定が不可能であるから採用できないのみならず、もし主張のとおりであるとすれば、右数値は、本件流域全体の立木が伐採されたに等しい場合でなければ考えられないものであって、到底これを是認することはできない。

なお、被控訴人らは、台風六号時において、本件保安林部分の伐採跡地のうち、射撃統制地域内の降雨による流水は、同地域内から連絡道路を流下し、右射撃統制地域沿いに走る道路が右地域西南方で急激に屈曲する地点で、流勢に押され、右道路の側溝を超え、タンザン川集水地域である道路外に逸出して、タンザン川に流入する現象が生起しているが、本件代域内の降雨はすべて富士戸一号堰堤に流入することが予定され、代替施設としては、右タンザン川には何等の策も施されていないから、洪水防止施設としての代替施設には不備がある旨主張する。しかしながら、もし右主張の如き情況下にタンザン川下流域に被害が発生したとしても、それは、右防衛施設の一部である連絡道路の構造上の欠陥に起因し、富士戸川に流入すべき降雨がたまたまタンザン川に流入したものというべきであるから、右被害は、本件保安林部分の伐採によるものではなく、伐採跡地の利用方法の不適切なことにかかわる問題であるというべきである。そうすると、跡地利用方法による被害が本件解除処分を争うにつき法律上の利益をなすものでないことは前述したとおりであるから、右跡地利用行為の不適切により被害を受け、或いは受けるおそれがある場合においては、直接に右行為を対象として、その差止めを求めあるいは損害賠償を請求する等の手段を構ずるは格別これをもって解除処分自体を争うに足りる利益とみることはできないものというべきである。

（八）結論

以上説示のとおりであるから、被控訴人らのうち別紙当事者目録中に乙と表示のあるものが、本件保安林部分の解除により、その生命、身体の安全を侵害される不利益は、富士戸一号堰堤等の洪水防止施設により補塡、代替されるに至り、同被控訴人らも、また、本件解除処分を争う具体的な利益を失ったものというべきである。したがって、同被控訴人らの本件各訴えも、また、不適法として却下を免れないものというべきである。

第六　自衛隊等違憲の主張について

本件についての当裁判所の結論並びにその理由は上述のとおりである。しかし被控訴人らは、本件における本案に関する争点の一つである自衛隊等の憲法適合性判断の点につき、原審以来本件訴訟において裁判所に判断を求める実質的な対象として詳細な弁論をなし、控訴人もまたこれを重要争点として係争してきたものであり、原審もこの点について判断をなしているところ、当裁判所はこれと異なる結論を有するので、以下、この点に関する見解を付加することとする。

一　本件における憲法上の争点

被控訴人らは、本件訴訟において、本件保安林指定解除処分は自衛隊ミサイル基地設置を目的としてなされたものであるところ、右基地、自衛隊並びにその根拠法規である自衛隊法は、憲法第九条第二項、憲法前文、なかでもその平和のうちに生存する権利、その他憲法第三章の人権保障規定ないし憲法全体を貫ぬく精神に違反する違憲の存在であるから、右解除処分は、その目的上、憲法に直接違反する無効のものであり、また違憲の存在である以上ミサイル基地設置は森林法第二六条第二項に解除要件として定めた「公益上の理由」に当らず、違法であり、取消しを免れないものと主張している。

ちなみに、自衛隊法は、第三条により自衛隊の主任務がわが国の独立を守り、国の安全を保つため、直接侵略及び間接侵略に対しわが国を防衛することにあるとし、右目的のもとに、第二章では自衛隊の指揮監督を、第三章ではその部隊の組織、編成を定めているほか、第七六条、第八七条、第八八条では自衛隊が、その任務の遂行に必要な武器を保有し、外部からの武力攻撃に際しわが国を防衛するため必要があると認められる場合には、出動して武力を行使することができることを規定している。そして右自衛隊法に基づき現に自衛隊が、国家機関の組織として編成され、前示の目的のため武器を保有しているものであり、本件ミサイル基地設置はその運営の一環として計画されたものであること、並びに本件解除処分が右基地設置の目的でなされたものであることは当事者間に争いがない。

二　憲法第八一条の解釈

憲法第八一条は、一切の法律、命令、規則、処分につき、裁判所が違憲審査権を有する旨規定している。したがって、右規定をみる限り、裁判所は具体的事件において、これら法令、処分の憲法適合性が争われる場合には、これを判断する権限があると同時に、判断する義務もあるというべきである。

ところで、わが憲法における三権分立の原則は、国権の三作用のうち、立法はこれを国会に、行政はこれを内閣に、司法はこれを裁判所に、それぞれ分属行使せしめ、国権が単一の機関によって専断行使される弊害を避け、各機関における国家意思がそれぞれの機関において独立に決定されるものとしつつ、他方、三機関の相互の抑制のもとに一機関における権力行使の逸脱を防ぎ、調和ある国政の統一を図る政治組織を構成しているものというべきである。しかして右のうち立法権及び行政権は、本来的にはそれぞれその固有の権能を通じてわが国の政治的運営方針を、その実現のための方策を含めて選択し、これを国家意思として定立もしくは実現する作用を営むものであるから、右各機関の行為は、本質的には、妥当性を指向した合目的的裁量行為たる性質を有する政治行為であるといわなければならず、わが憲法下においては、行政府の長たる内閣総理大臣は国会議員たる資格のもとに国会によって指名され、内閣はその行政機能につき国民の代表者をもって構成する国会に対し連帯してその責任を負い、立法府たる国会は、立法機能を含め、直接国民に対しその政治責任を負い、選挙を通じて国民の批判を受けるものである。これに対し司法権は、各個独立して国家作用を行う個々の裁判所が、立法府、行政府によって選択された法、具体化された処分、その他生活事実等に所与のものとし、その法適合性の判断を高権的になす機能を果すものであって、本質的には個別的確認的判断作用を行うにとどまるものであり、これを超え、国民に対し政治責任を負う各機関に代って、より妥当性ある結果を実現する国の統一的政策決定をなす作用を営むものではないといわなければならない。そうすると、司法部門と他の二機関の機能の本質的相違からして、司法権の他機関の機能に対する介入、抑制も、右機関鼎立の趣旨を実質的に否定するものであってはならず、また事項によっては、司法的抑制に親しまず、これを行うべき本来の機関の専属的判断を尊重すべき場合を生ずることを承認しなければならない。特に、立法、行政にかかる国家行為の中には、国の機構、組織、並びに対外関係を含む国の運営の基本に属する国政上の本質的事項に関する行為もあるのであって、この種の行為は、国の存立維持に直接影響を生じ、最も妥当な政策を採用するには高度の政治判断を要するもので、その政策は統一的意思として単一に確定さるべき性質のものである。したがってかかる本質的国家行為は、司法部門における個々的法判断をなすに適せず、当該行為を選択することをその政治責任として負わされている所管の機関にこれを専決行使せしめ、その当否については終局的には主権を有する国民の政治的判断に問うことが、三権分立の原則及びこれを支える憲法上の原理である国民主権主義に副うものであると考えられる。すなわち、憲法は、一方において裁判所に違憲審査権を与え、立法、行政に対する司法の優位を認めるが、同時に三権分立を国家作用に関する国の制度としているものであるから、この両者を統一的に考えるとすれば、司法の優位は三権分立の基本原理を侵さない限度において認められる相対的優位のものと理解するほかなく、前示のような高度の政治性を有する国家行為については、統治行為として第一次的には本来その選択行使を信託されている立法部門ないし行政部門の判断に従い終局的には主権者である国民自らの政治的批判に委ねらるべく、この種の行為については、たとえ司法部門の本来的職責である法的判断が可能なものであり、かつそれが前提問題であっても、司法審査権の範囲外にあることが予定されているものというべきである（最高裁昭和三五年六月八日大法廷判決参照)。

ところで司法判断は、法令を大前提とし、一定の対象事項を小前提としてその適合性の判断をなすものであるが、統治行為が司法審査権の範囲外にあるという場合、一般的には小前提たる対象事項がいわゆる統治事項に当るものとして考えられていると解されるのであって、大前提たる法規解釈の問題としてとらえられているのではない。しかし、小前提に適用さるべき大前提たる憲法その他の法令の解釈行為についても、なお右と同様の問題が考慮されなければならないはずである。けだし、裁判所は、大前提たるべき法規については、自らこれを解釈適用する本来の職責を有するものではあるが、当該法規が統治事項を規定しながら、その規定の意味内容が客観的には必ずしも一義的に明瞭でなく、一応合理的反対解釈が成立し得る余地のある場合において、各裁判所がそれぞれこれに解釈を与えるということは、その選択そのものが、事柄の性質上、政治部門が行うべき高度に政治的な裁量的判断と表裏する判断をなすこととなるのみならず、その解釈の相違の結果生ずる対社会的、政治的混乱の影響は広範かつ重大であることが避けられず、これを解釈する場合の問題は、小前提たる統治行為が司法判断の対象となり得るか否かを検討した場合の問題と本質的には異なるところはないと解されるからである。

もっとも、純粋な意味で統治行為の理論を徹底させ、これについてはおよそ司法審査の対象にならないとするときは、立法、行政機関の専権行為については、明白に憲法その他の法令に違反するものであっても、裁判所がこれを抑制できないことになるが、それはまた、他面において三権分立の原理に反することになるといわなければならず、憲法第九八条の規定からも、右結論を是認することはできない。したがって、立法、行政機関の行為が一見極めて明白に違憲、違法の場合には、右行為の属性を問わず、裁判所の司法審査権が排除されているものではないと解すべきである。けだし、大前提たるべき条規の定めるところが客観的、一義的に明確である場合には、それが統治事項に関する規定であっても、その一義性、明確性にかんがみ、たとえこれにより如何に国民に対し政治的、社会的に重大な結果を招来することがあろうとも、他の政治的、社会的意義に優先して当該事項の選択を是とする見地から、規範として定立されたものと考えることができるのであり、したがってこの場合には、右条規を大前提たる判断基準となし得るものと解するのが相当であり、もし小前提たる法規ないし処分が一義的に明確なものである場合には、それが統治事項に関するものであってもなおこれを司法判断の対象になし得るものと解すべきであるからである。

結局憲法第八一条は、前記統治行為の属性を有する国家行為については原則として司法審査権の範囲外にあるが、前記の如く大前提、小前提ともに一義的なものと評価され得て一見極めて明白に違憲、違法と認められる場合には、裁判所はこの旨の判断をなし得るものであることを制度として認める規定であると解するのが相当である。

三　自衛隊の設置等と統治行為

防衛庁設置法並びに自衛隊法第三条、第八七条、第八八条等の規定を含む同法の制定は国会の立法行為によるものであり、これに基づく自衛隊の設置、運営は内閣の行政行為によるものである。したがって右自衛隊法及び自衛隊の存在の憲法第九条適合性を判断するに当っては、その立法行為及び行政行為が右に検討した司法審査の対象となる国家行為であるか否かがここで検討されなければならない。ところで、防衛庁設置法、自衛隊法の各規定及び上段判示の諸事実に照せば、右立法行為及び行政行為はいずれも、他国からの直接、間接の武力攻撃に際し、わが国を防衛するため、国の組織として自衛隊を設け、武力を保持し、これを対外的に行使することを認める内容をもつ国防に関する国家政策の実現行為であり、自衛隊は通常の概念によれば軍隊ということができるが、仮に、いったん他国からの侵略行為が生じた場合は、事柄の性質上、直ちに、国家、国民の存亡にかかわる事態の惹起されることが十分予想され、わが国が他国の武力侵略に対し如何なる防衛姿勢をとるかは極めて緊要な問題であるのみならず、その政策の採否及び効果は、平時、緊急時を問わず、国内における政治、経済、文化、思想、外交その他諸般の事情に深くかかわり合いを持ち、かつその選択は、高度の専門技術的判断とともに、高度の政治判断を要する最も基本的な国の政策決定にほかならない。したがって、右政策決定を組成する前記立法行為及び行政行為は、正に統治事項に関する行為であって、一見極めて明白に違憲、違法と認められるものでない限り、司法審査の対象ではないといわなければならないものである。

四　憲法第九条の解釈

わが憲法は、第九条第一項において国際紛争解決の手段としての戦争、武力による威嚇、武力の行使を放棄し、同条第二項において右目的を達成するため陸海空軍その他の戦力を保持しないと定めたことにより、侵略のための陸海空軍その他の戦力の保持を禁じていることは一見明白である。しかし、憲法第九条第二項の解釈については、自衛のための軍隊その他の戦力の保持が禁じられているか否かにつき積極、消極の両説がある。

まず、積極説の論旨を要約すれば、次のとおりである。すなわち、憲法第九条は、その文言の形式的な表現にとどまらず、前文を含む憲法全体に貫ぬかれている平和主義国際協調主義の理想追求の精神、憲法制定当時における事情、憲法提案者たる政府当局者の立法趣旨説明、政府の行為により戦争の惨禍を避けるための現実的方策等を十分に考慮して検討すれば、第一項において自衛のための戦争等を放棄していないとしても、第二項は、憲法前文の精神を受けて「正義と秩序を基調とする国際平和を誠実に希求する」目的を達成するため、およそ「陸、海、空軍その他の戦力」の不保持を規定したものと解すべきで、この規定は、憲法前文第一項において「政府の行為によって再び戦争の惨禍が起ることがないように決意」し、第二項において日本国民は「平和を愛する諸国民の公正と信義に信頼してわれらの安全と生存を維持しようと決意した」ことに照応するものである。まして同条第二項後段が「交戦権」を否認している以上、自衛のための戦争も遂行することは不可能であり、自衛戦争のための軍備も不要で、自衛権の存在は戦力保持を根拠づけない。したがって、右戦力不保持の規定は、例外を許さない絶対的禁止規定と解するほか他に解する余地のないことは明白であるというのである。しかして、被控訴人らの主張する憲法第九条第二項の解釈も、要するに右のような積極説の立場に立つものである。

これに対し、消極説の論旨は、要約すれば次のとおりである。すなわち、憲法第九条第一項は、国権の発動たる戦争、武力による威嚇、武力の行使を、文言上明らかに国際紛争解決手段として行われる場合に限定して放棄しているもので、他国から急迫不正の攻撃や侵入を受ける場合に自国を防衛する自衛権行使の場合についてまで右戦争等を放棄しているものとは解されない。なるほどわが憲法は、国の在り方として平和主義、国際協調主義をその原則としていることは明らかである。しかしわが憲法は、主権を有する日本国民が、その意思によって形成する国の組織形態及びその基本的運営の在り方を確定した国の最高法規であって、国としての理想を掲げ、国民の権利を保障し、その実現に努力すべきことを定めているものであるから、わが国の存在基盤をなす領土等が保全され、主権が侵害されることなく維持されることをその前提としているものといわなければならない。したがって、もし国の存在が失われるならば、主権は否定され、憲法はその理想を実現することはもちろん、国民の人権保障さえ不可能となるのであるから、国の存立維持を図ることは憲法の基本的立場である。憲法の平和主義、国際協調主義も、わが国が戦争等を開始し自ら平和を破ることはないとする生存の姿勢を示したものであり、わが国が他国から武力侵略を受け、滅亡の危機に際してまで無抵抗を貫ぬくものとして平和主義を定めたものと解することはできず、したがって、実力による抵抗は当然予想されているもので、憲法第九条第一項において他国からの急迫不正な攻撃や侵入に抵抗する自衛のための戦争等は放棄されていないと解することは、むしろ憲法の精神に副うものである。ところで同条第二項前段は、戦力等の不保持については、「前項の目的を達するため」と規定している。そして右の文言は、憲法制定議会における審議中、同条第一項における戦争等の放棄条項中に「国際紛争を解決するための手段としては」という限定文言の存在することを前提に挿入された経緯があり、これを考慮しつつ同条第一項、第二項を比照すれば、「前項の目的」とは、第一項全体の趣旨を受けるものと解するのが相当であって、第二項において不保持を定めた陸、海、空軍その他の戦力は、国際紛争を解決する手段として行われる戦争遂行戦力のみと解すべきであって、かく解することが、同法第六六条第二項において国務大臣を文民に限定した規定の趣旨に照応するものである。また同条第二項後段において否認されている「交戦権」の解釈については、これを「戦争をなす権利」と解するものと、「国際法上認められている交戦国の権利」と解する説があるが、前者と解するならば第一項において規定した戦争等の放棄と同一事項に関する規定を第二項の後段に位置せしめて反覆したことになり不自然であって、むしろ第二項前段において戦闘手段たる戦力等の不保持を定めたことに続けて位置せしめていることからすれば戦争の過程における戦闘に伴う個別的加害行為を認容される国際法上の交戦国の権利を定めたものと解することが規定の位置からも素直な解釈というべきである。そして証、同条第二項後段において否認した「交戦権」が前示の国際法上の権利であり「戦争をなす権利」の否認でないとすれば戦争の本質的現象である相手国兵力に対する戦闘行為そのものは否認の対象とはならず、第一項において自衛のための戦争が放棄されていない以上、前示交戦権が否認されたからといって自衛のための戦闘遂行が不可能になるものではない。したがって、自衛のための必要最小限度のものについては、憲法第九条第二項前段における「陸、海、空軍その他の戦力」には当らないというのである。しかして控訴人の憲法第九条第二項の解釈も、要するに右のような消極説の立場に立つものである。

ところで、双方の各論旨をみると、積極説はその解釈において、わが憲法は、採用した平和主義、国際協調主義による平和を生存をかけて実現すべき理想とし、かつ現在の国際社会の情勢上もそれが可能であるとの見解を基盤とするものであり、消極説は、わが憲法は平和主義の理想を尊重すべきことを命じてはいるが、現実の国際社会において、急迫不正の侵害の危険性は現存し、その際における自救行為はこれを当然の前提としているとの見解を基盤として立論するものである。そして、わが憲法が右のいずれの見解に立脚して設けられているものであるかは、必ずしも明瞭とはいえず、各論旨はいずれもそれなりに一応の合理性を有するものといわなければならないから、結局自衛のための戦力の保持に関する憲法第九条第二項前段は、一義的に明確な規定と解することができないものといわなければならない。

五　自衛隊の存在等と司法判断

憲法第九条の前記解釈によれば、同条が保持を一義的、明確に禁止するのは侵略戦争のための軍備ないし戦力、すなわち侵略を企図し、その準備行為であると客観的に認められる実体を有する軍備ないし戦力だけである。したがって、自衛隊法が予定する自衛隊の目的、組織、編成、装備等が右にいう侵略的なものであると一見極めて明白に認められるときは、裁判所は自衛隊法もしくはこれに当る条規の違憲であることを判断すべきであり、また自衛隊法もしくはその条規の違憲性の有無とは別に、行政運用の実体である自衛隊の目的、組織、編成、装備等その実態が証拠調手続を経るまでもなく右にいう侵略的なものであると一見極めて明白に認められるならば、この点については司法判断の対象となるというべきである。しかし、右に当らず、一見極めて明白に侵略的なものとなし得ない場合には、当該事項がいわゆる統治行為に属するものであることにかんがみ、右は司法審査の対象とはならないといわなければならない。

そこで右の点を検討してみると、自衛隊法が自衛隊の主たる任務をわが国の防衛に置き、このために自衛隊としての一定の組織、編成を定め、かつ武器を保有し、これらを対外的に行使することを予定し、また現実に自衛隊が右自衛隊法に基づき同法所定の組織、編成のもとに武器を保有しているものであること前記一のとおりであるから、その設定された目的の限りではもっぱら自衛のためであることが明らかである。そして自衛隊法で予定された自衛隊の組織、編成、装備、あるいは現実にある自衛隊の組織、編成、装備が、侵略戦争のためのものであるか否かは、掲げられた右目的だけから判断すべきものではなく、客観的にわが国の戦争遂行能力が他の諸国との対比において明らかに侵略に足る程度に至っているものであるか否かによって判断すべきであるところ、戦争遂行能力の比較は、その国の軍備ないし戦力を構成する個々の組織、編成、装備のみならず、その経済力、地理的条件、他の諸国の戦争遂行能力等各種要素を将来の展望を含め、広く、高度の専門技術的見地から相関的に検討評価しなければならないものであり、右評価は現状において客観的、一義的に確定しているものとはいえないから、一見極めて明白に侵略的なものであるとはいい得ないといわなければならない。

六　帰結

右のとおりであるから、結局自衛隊の存在等が憲法第九条に違反するか否かの問題は、統治行為に関する判断であり、国会及び内閣の政治行為として窮極的には国民全体の政治的批判に委ねらるべきものであり、これを裁判所が判断すべきものではないと解すべきである。

第七　結論

以上説示したとおり、被控訴人らはいずれも当事者適格又は訴えの利益を欠き、本件はその訴訟要件を欠く不適法なものであり、これと結論を異にする原判決は失当であるから、民事訴訟法第三八六条に従いこれを取消し、被控訴人らの訴を却下するものとし、訴訟費用の負担につき、同法第九六条、第八九条、第九三条を適用して、主文のとおり判決する。

（裁判官　小河八十次　落合　威　山田　博）

別紙一　（当事者目録省略）
別紙二　主張並びに証拠（略）

③最高裁判所第一小法廷判決一九八二年九月九日（棄却）

主　文

本件上告を棄却する。
上告費用は上告人らの負担とする。

理　由

上告代理人佐伯静治、同新井章、同池田真規、同今永博彬、同五十嵐義三、同岩崎修、同猪狩久一、同猪狩康代、同榎本信行、同尾崎陞、同大森典子、同風早八十二、同川村俊紀、同郷路征記、同後藤徹、同今重一、同今瞭美、同佐藤文彦、同佐藤太勝、同佐藤義雄、同斎藤了一、同鈴木悦郎、同田村徹、同田中宏、同内藤功、同中村仁、同彦坂敏尚、同林信一、同広谷陸男、同牧雅俊、同三津橋彬、同吉原正八郎、同渡辺良夫、同中島達敬の上告理由について

上告人らが上告理由第二部第一点ないし第四点（第一部中これに関連する部分を含む。）において主張するところは、要するに、本件保安林指定解除処分取消訴訟における本案前の問題としての上告人らの原告適格及び訴えの利益の有無に関して原審が示した認定判断には法令の解釈適用の誤りや理由齟齬、事実誤認、審理不尽、理由不備の違法があるというにあるが、上告人らの主張と原審の認定判断の間には原告適格ないし訴えの利益についての基本的な見解の相違が存在し、それが上告理由の各論点の底流をなしていると考えられるので、以下においては、右の基本的問題との関連において各上告理由を本件における原告適格、訴えの利益の消滅、いわゆる跡地利用と原告適格ないし訴えの利益との関係の各項目に区分し、そのそれぞれにつき順を追って当裁判所の見解と判断を示すこととする。

一　原告適格について（上告理由第二部第一点関係）

森林法（以下「法」という。）上、農林水産大臣は、水源のかん養その他法二五条一項各号に掲げられている目的を達成するため必要があるときは、森林を保安林として指定することができるとされており、いったん保安林の指定があると、当該森林における立木竹の伐採、立木の損傷、家畜の放牧、下草・落葉・落枝の採取又は土石・樹根の採掘、開墾その他の土地の形質を変更する行為が原則として禁止され、当該森林の所有者等が立木の伐採跡地につき植栽義務を負うなど、種々の制限が課せられるほか（法三四条、三四条の二）、違反者に対しては、都道府県知事の監督処分が規定されており（法三八条）、また、罰則による制裁も設けられている（法二〇六条三号ないし五号、二〇九条等）。このように、保安林指定処分は、森林所有者等その直接の名宛人に対しては、私権の制限を伴う不利益処分の性格を有するものであるが、他方、右処分によって達成しようとする目的として法二五条一項各号が掲げるところを通覧すると、それらはおおむね、当該森林の存続によって周辺住民その他の不特定多数者が受ける生活上の利益とみられるものであって、法は、これらの利益を自然災害の防止、環境の保全、風致の保存などの一般的公益としてとらえ、かかる公益の保護、増進を目的として保安林指定という私権制限処分を定めたものと考えられるのである。

ところで、一般に法律が対立する利益の調整として一方の利益のために他方の利益に制約を課する場合において、それが個々の利益主体間の利害の調整を図るというよりもむしろ、一方の利益が現在及び将来における不特定多数者の顕在的又は潜在的な利益の全体を包含するものであることに鑑み、これを個別的利益を超えた抽象的・一般的な公益としてとらえ、かかる公益保護の見地からこれと対立する他方の利益に制限を課したものとみられるときには、通常、当該公益に包含される不特定多数者の個々人に帰属する具体的利益は、直接的には右法律の保護する個別的利益としての地位を有せず、いわば右の一般的公益の保護を通じて附随的、反射的に保護される利益たる地位を有するにすぎないとされているものと解されるから、そうである限りは、かかる公益保護のための私権制限に関する措置についての行政庁の処分が法律の規定に違反し、法の保護する公益を違法に侵害するものであっても、そこに包含される不特定多数者の個別的利益の侵害は単なる法の反射的利益の侵害にとどまり、かかる侵害を受けたにすぎない者は、右処分の取消しを求めるについて行政事件訴訟法九条に定める法律上の利益を有する者には該当しないものと解すべきである。しかしながら、他方、法律が、これらの利益を専ら右のような一般的公益の中に吸収解消せしめるにとどめず、これと並んで、それらの利益の全部又は一部につきそれが帰属する個々人の個別的利益としてもこれを保護すべきものとすることももとより可能であって、特定の法律の規定がこのような趣旨を含むものと解されるときは、右法律の規定に違反してされた行政庁の処分に対し、これらの利益を害されたとする個々人においてその処分の取消しを訴求する原告適格を有するものと解することに、なんら妨げはないというべきである。

これを前記森林法所定の保安林指定処分についてみるのに、右処分が一般的公益の保護を目的とする処分とみられることは前記のとおりであるが、法は他方において、利害関係を有する地方公共団体の長のほかに、保安林の指定に「直接の利害関係を有する者」において、森林を保安林として指定すべき旨を農林水産大臣に申請することができるものとし（法二七条一項）、また、農林水産大臣が保安林の指定を解除しようとする場合に、右の「直接の利害関係を有する者」がこれに異議があるときは、意見書を提出し、公開の聴聞手続に参加することができるものとしており（法二九条、三〇条、三二条）、これらの規定と、旧森林法（明治四〇年法律第四三号）二四条においては「直接利害ノ関係ヲ有スル者」に対して保安林の指定及び解除の処分に対する訴願及び行政訴訟の提起が認められていた沿革とをあわせ考えると、法は、森林の存続によって不特定多数者の受ける生活利益のうち一定範囲のものを公益と並んで保護すべき個人の個別的利益としてとらえ、かかる利益の帰属者に対し保安林の指定につき「直接の利害関係を有する者」としてその利益主張をすることができる地位を法律上付与しているものと解するのが相当である。そうすると、かかる「直接の利害関係を有する者」は、保安林の指定が違法に解除され、それによって自己の利益を害された場合には、右解除処分に対する取消しの訴えを提起する原告適格を有する者ということができるけれども、その反面、それ以外の者は、たといこれによってなんらかの事実上の利益を害されることがあっても、右のような取消訴訟の原告適格を有するものとすることはできないというべきである。

そこで進んで法二七条一項にいう「直接の利害関係を有する者」の意義ないし範囲について考えるのに、法二五条一項各号に掲げる目的に含まれる不特定多数者の生活利益は極めて多種多様であるから、結局、そのそれぞれの生活利益の具体的内容と性質、その重要性、森林の存続との具体的な関連の内容及び程度等に照らし、「直接の利害関係を有する者」として前記のような法的地位を付与するのが相当であるかどうかによって、これを決するほかはないと考えられる。原審は、特定の保安林の指定に際して、具体的な地形、地質、気象条件、受益主体との関連等から、処分に伴う直接的影響が及ぶものとして配慮されたものと認める個々人の生活利益をもって、当該処分による個別的・具体的な法的利益と認めるべきものとし、本件保安林は、a町一円の農業用水確保目的を動機として、水源かん養保安林として指定されたものであり、その指定に当たっては、右農業用水の確保のほか、洪水予防、飲料水の確保という効果も配慮され、右処分によるその実現が期待されていたものと認め、これらの利益を右の個別的・具体的な法的利益とし、進んで右の見地から、本件保安林の有する理水機能が直接重要に作用する一定範囲の地域、すなわち保安林の伐採による理水機能の低下により洪水緩和、渇水予防の点において直接に影響を被る一定範囲の地域に居住する住民についてのみ原告適格を認めるべきものとしているのであるが、原審の右見解は、おおむね前記「直接の利害関係を有する者」に相当するものを限定指示しているものということができるのであって、その限りにおいて原審の右見解は、結論において正当というべきである。ところで、原審の認定によれば、本件保安林のうち原判決添付図面一表示の（イ）斜線部分（以下「本件保安林部分」という。）の伐採により農業用水及び飲料水の不足の影響を受ける範囲はそれぞれ右図面表示の（ロ）斜線部分及び破線内の範囲に限られるものと認められ、また、b川の本支流から東四線排水路、零号排水路を経由してc運河に至る流域は、本件保安林部分からの流水による直接的水害のおそれが認められ、その水害対策が講ぜられるべき地帯であるが、c運河排水機場は、右水害防止対策として流水排出のために設置された設備であるところ、c運河排水機場流域（右図面における実線表示の範囲。以下「排水機場流域」という。）

はその機械排水能力の及ぶ範囲として地形上予定されているものであると認められ、本件保安林の指定に際し、本件保安林部分に関しては、排水機場流域が水害防止必要地域として直接の影響の及ぶ範囲として考慮されたものと解するのが相当である、というのであり、原審は、これらの認定に基づいて排水機場流域（農業用水及び飲料水の不足の影響を受ける地域はこの中に含まれている。）内に居住する者のみが本件保安林部分の伐採による理水機能の低下によって直接の影響を受ける者に当たるとしている。所論は、排水機場流域は本件保安林部分の伐採によって洪水の危険が生ずる地域に含まれるといいうるとしても、後者の範囲は当然には前者の範囲に限られるとはいえない旨主張するが、原審の上記認定判断は原判決挙示の証拠関係に照らして是認することができないではなく、その過程に右所論の違法があるということはできない。そうすると、上告人らのうち本件記録上排水機場流域内に居住する者でないことが明らかな原判決添付別紙当事者目録中に甲と表示のある者は、いずれも前記「直接の利害関係を有する者」に当たらないものというべく、したがって、右上告人らの本件訴えは原告適格を欠く不適法のものであるとした原審の判断は、結局、正当として是認することができる。（仮に所論のように本件保安林部分の伐採による理水機能の低下によって洪水の危険が生ずる地域が排水機場流域よりも広く、したがって、排水機場流域外に居住する上告人らについても原告適格を肯定する余地があるとしても、後記「二」において判示するように、排水機場流域内に居住する上告人らについても訴えの利益が消滅するに至ったとされる関係にある以上、右地域外に居住する上告人らについても同様に考えられるから、右の点に関する認定判断の違法は、結局、原判決の結論に影響を及ぼす瑕疵とはならないというべきである。）

なお、所論は、原審が本件訴訟の原告適格につき排水機場流域内に居住する者のみに限ってこれを認め、非居住者でも洪水によって生活上なんらかの態様で影響を受ける者についてこれを認めなかったことは行政事件訴訟法九条の解釈を誤ったものであると主張するが、さきに説示したとおり、かかる非居住者の利益は前記一般的公益に包含され、これとは別個独立の保護法益としての存在をもつものではなく、たかだか地域住民の利益の代表者として関係地方公共団体の長がその利益主張の任に当たるものとされているにすぎないと解すべきであるから、右論旨も採用することができない。

二　訴えの利益の消滅について（上告理由第二部第二点関係）

前記の見解のもとに上告人らのうち原告適格を有するとされた排水機場流域内に居住する者（原判決添付別紙当事者目録中に乙と表示のある者。以下「乙と表示のある上告人ら」という。）についても、本件保安林指定解除処分後の事情の変化により、右原告適格の基礎とされている右処分による個別的・具体的な個人的利益の侵害状態が解消するに至った場合には、もはや右被侵害利益の回復を目的とする訴えの利益は失われるに至ったものとせざるをえない。換言すれば、乙と表示のある上告人らの原告適格の基礎は、本件保安林指定解除処分に基づく立木竹の伐採に伴う理水機能の低下の影響を直接受ける点において右保安林の存在による洪水や渇水の防止上の利益を侵害されているところにあるのであるから、本件におけるいわゆる代替施設の設置によって右の洪水や渇水の危険が解消され、その防止上からは本件保安林の存続の必要性がなくなったと認められるに至ったときは、もはや乙と表示のある上告人らにおいて右指定解除処分の取消しを求める訴えの利益は失われるに至ったものといわざるをえないのである。

そこで進んで所論が専ら問題とするいわゆる代替施設による洪水の危険の解消に関する原審の判断について検討する。

原審は、まず、砂防施設に関し、砂防堰堤は、その建設による随伴的効果として、渓床勾配の緩化をもたらし、これによる流水の流速低下、山脚固定等により、洪水調節の機能をもたらすことが肯認されるところ、札幌防衛施設局がb川の本支流の沢部分に建設した七基の砂防堰堤は、合計二万三三〇立方メートルの計画貯砂能力を有し、完成後四年九か月を経た時点において、計算上向後なお少なくとも三〇年を越える期間土砂の流出防止の機能を発揮することが期待されうるものと認定判断している。

次に、原審は、本件の主要な洪水防止施設であるb一号堰堤の余水吐が発揮しうる洪水調節能力について、本件保安林部分を含むb川の本支流の集水地域三・七六平方キロメートル（以下「本件流域」という。）における降雨量（確率日雨量）及び右降雨量から算出して得られるb一号堰堤への最大洪水流入量を推定し、右最大洪水流入量の流入に対する右余水吐の排出能力を測定するという方法を採用し、おおむね次のとおり認定判断している。すなわち、本件流域附近のD観測所の大正一四年から昭和四八年までの間の四六年（昭和一三年、同二三年、同二四年は欠測）の各年最大日雨量をもとにし、確率年として一〇〇年の長期を選択して、一〇〇年確率最大日雨量を算出した結果一五一・九ミリメートルの数値を得、これにさらに農林省農地局制定の「土地改良事業計画設計基準」（昭和四一年六月三〇日改定）による安全率一・二を乗じて一八二・三ミリメートルを本件流域における降雨量（確率日雨量）として採用した。そして、右日雨量一八二・三ミリメートルについての雨量分布（降雨量の時間配分）を推定し、単位流出量及び流出率を決定し、これを前記雨量分布に適用して、有効雨量、時間別流出量及び合成流出量を算出した結果、本件保安林部分を除いた本件流域からの最大洪水流出量を毎秒一六・四四八立方メートル、本件保安林部分からの最大洪水流出量を毎秒四・九三一立方メートルと算定し、その合計毎秒二一・三七九立方メートルを、本件流域からb一号堰堤に流入すると推定される最大洪水流入量であるとしている。次に、原審は、右最大洪水流入量毎秒二一・三七九立方メートルがb一号堰堤を通過し余水吐から流下するときは、その洪水調節機能によって毎秒約一六・六〇立方メートルに減量され、十分な余裕高が残されるとし、しかも、右最大洪水流入量毎秒二一・三七九立方メートルに一・二を乗じた異常洪水量毎秒二五・六五五立方メートルがb一号堰堤に流入すると仮定した場合でも、右余水吐からの流下量は、毎秒約二〇・二〇立方メートルに減量されるのみならず、日雨量三二〇ミリメートルまでの降雨による洪水の場合でも、最大洪水流出量は毎秒約四六立方メートル、余水吐からの最大排出量は毎秒約三五・八立方メートルと計算されるが、堤頂との間に風波高〇・六メートルを残した堰堤水位標高二四・四〇メートルの状態のもとにおいて可能な右余水吐の最大排水量毎秒三六・一一立方メートルをもってすれば、右の雨量までの降雨による洪水に対してもこれを調節することができ、したがってまた、b一号堰堤の越流による決壊の蓋然性は無視しうる程度に低いものとみて誤りないとしている。

そして原審は、以上認定の事実関係に基づき、各砂防堰堤の土砂流出防止機能とb一号堰堤の洪水調節能力とにより、乙と表示のある上告人の居住する地域における洪水の危険は社会通念上なくなったものと認定判断しているものと解される。

以上の原審の認定判断は、原判決挙示の証拠関係に照らし是認することができないではなく、その過程に所論の違法があるということはできない。所論は、また、原審は右の点につき適切な証拠資料の提出の機会を封じたまま、不完全・不十分な証拠資料のみに基づいて判断を下した点において審理不尽の違法を免れないというが、右はひっきょう原審の専権に属する証拠調の必要性に関する判断の不当をいうものにすぎないのみならず、かかる証拠資料の取調べが原審の前記認定判断の結論に明らかに影響を及ぼすと認めるべき根拠を見出すこともできないので、右論旨は、結局、採用することができない。

してみると、本件保安林の指定解除に伴う乙と表示のある上告人らの利益侵害の状態はなくなったと認められるのであるから、右上告人らが本件保安林指定解除処分の取消しを求める訴えの利益は失われたものというべきであり、本件訴えは不適法として却下を免れないとした原審の判断は、正当として是認することができる。なお、所論は、本件における訴えの利益の消滅というような本案前の問題については、その認定について慎重な態度をとるべきものであり、前記のように洪水の危険性が社会通念上なくなったと認められるだけでは足りず、あらゆる科学的検証の結果に照らしてかかる危険がないと確実に断定することができる場合にのみ訴えの利益の消滅を肯定すべきであるというが、右は独自の見解であって採用することができない。

三　いわゆる跡地利用と原告適格ないし訴えの利益との関係について（上告理由第二部第三点及び第四点関係）

論旨は、要するに、本件保安林指定解除処分が解除後の跡地利用に対する許可処分の一面をも有することを前提とし、右解除処分の目的である本件ミサイル基地設置に伴い上告人らの平和的生存権が侵害されるおそれがあるので、上告人らは被上告人の公益判断の誤りを理由として右処分を争う法律上の利益を有する、というのである。

しかしながら、本件訴訟の原告適格は、本件保安林の指定について「直接の利害関係を有する者」に当たる乙と表示のある上告人らについてのみ認められるものであり、その原告適格の基礎となる訴えの利益も、専らその直接の利害関係を基礎づける立木竹の伐採等に伴う洪水や渇水の危険の防止の点に存するものであることは、上来説示したとおりであって、伐採後のいわゆる跡地利用によって生ずべき利益の侵害のごときは、指定解除処分の取消訴訟の原告適格を基礎づけるものには当たらないのである。もっとも、本件保安林の指定解除処分が取り消されれば、右保安林が伐採されることもなく、また、伐採されても非森林として自由に使用することができなくなる結果、所論のような跡地利用も事実上不可能となり、したがってかかる利用によって生ずる利益侵害の危険もなくなるという関係が存在することは確かであるが、このような関係があるからといって、右跡地利用による利益侵害の危険をもって右指定解除処分の取消訴訟の原告適格を基礎づける法律上の利益を構成するものと解することはできない。なお、所論は、法二六条二項による保安林指定解除処分はその理由となった伐採後における特定の跡地利用に対する許可を含むものと解すべきであるというが、右指定解除処分がかかる許可を含み、ないしは許可の効果を生ずると解すべき理由はない。また、かかる跡地利用の内容及び性質は本件保安林の指定解除処分を適法にすることができるかどうかの実体上の問題において重要な論点となりうるものであることは所論のとおりであるが、この点は本案前の訴訟要件の有無の問題に関する限り特段の意味をもつものとはいえない。それ故、乙と表示のある上告人ら以外の上告人らについて原審が本件訴訟の原告適格を認めなかったこと、及び乙と表示のある上告人らについても、原審が、本件保安林の指定解除処分による前記洪水、渇水防止上の利益の侵害が解消した以上、本件訴えの利益は消滅したといわざるをえないとし、右利益の存否を判断するにつき、伐採後の跡地利用による利益侵害のおそれの有無を問わなかったことは、いずれも、結局、正当として是認されるべきである。なお、所論中いわゆる平和的生存権に関する原審の判断の不当をいう部分は、原判決の右結論に影響のない点についてその判示の不当をいうものにすぎない。それ故、論旨は採用することができない。

よって、行政事件訴訟法七条、民訴法四〇一条、九五条、八九条、九三条に従い、裁判官藤崎萬里の意見及び裁判官団藤重光の反対意見があるほか、裁判官全員一致の意見で、主文のとおり判決する。

裁判官藤崎萬里の意見は、次のとおりである。

本件訴えを却下すべきものとすることについては、私も多数意見と結論を同じくするものであるが、その理由については見解を異にする。

多数意見は、結局において原判決と同様に、上告人らのうちの一部の者については原告適格を欠くことを理由に、その余の者については原告適格を有することを認めたうえ訴えの利益を喪失したことを理由に訴えを不適法とするものであるが、私は、上告人らはすべて原告適格を欠くことを理由に訴えを不適法であるとすべきものと考える。

多数意見は、森林法二七条一項の規定を援用し、原審が原告適格を認めている者はおおむね右規定にいう「直接の利害関係を有する者」に相当するから、原審の見解は、その結論において正当であるとする。しかし、私には、右規定が行政事件訴訟法九条に基づく原告適格の問題についての判断を左右しうるような規定であるとは思われない。

そうすると、本件の場合も、この種の問題における原則的な考え方によるべきことになるが、その原則的な考え方は、多数意見にもあるとおり、要するに、公益に包含される不特定多数者の個別的利益の侵害は単なる法の反射的利益の侵害にとどまり、かかる侵害を受けたにすぎない者は行政事件訴訟法九条に定める法律上の利益を有する者には該当しない、ということである。従って、上告人らのうちの一部の者に原告適格を認めることは、右の原則に対する例外を認めることを意味する。しかも、それは法的に極めて重大な例外であるといわなければならない。なぜならば、一つには、この例外によって侵される原則が行政法理論上の一つの基本的な原則であるからであり、二つには、例外の内容が一般的には原告適格を認められない者にこれを認めるという訴訟法上の重要問題にかかわるからである。これほど重大な例外を認める以上、そこには当然それを正当化するに足りる事由がなければならないが、それは、結局、当事者の有する利害関係の格別の重大さに求めるほかないであろう。

ところが、本件において原告適格を認められた者の有する利害関係の実体にそれほど他から隔絶したものがあるとは思われないのである。

裁判官団藤重光の反対意見は、次のとおりである。

本件保安林指定解除処分取消訴訟における原告適格ないし訴えの利益の問題について多数意見が森林法の解釈として詳細に説示するところは、すべて、同時にわたくしの考えでもある。ただ、多数意見中、わずかに一点だけ、原判決の理解についてわたくしとしては同調に躊躇を感じる部分があり、そのわずかな理解の相違が多数意見とは反対の結論に導くのである。

その一点とは、多数意見が、「二」の「訴えの利益の消滅について（上告理由第二部第二点関係）」の項の中で、「そして原審は、以上認定の事実関係に基づき、各砂防堰堤の土砂流出防止機能とb一号堰堤の洪水調節能力とにより、乙と表示のある上告人らの居住する地域における洪水の危険は社会通念上なくなったものと認定判断しているものと解される」としている箇所に関する。原判決がはたしてそのように洪水の危険が社会通念上なくなったものと認定判断しているものといえるかどうかについて、わたくしとしては、なお、不安を払拭し切れないのである。問題は、原審が訴えの利益の問題について、かならずしも多数意見（私見も同様）と同一の見解をとってはいないのではないかとおもわれる点にある。原判決はもっぱら本件代替施設が「伐採前の本件保安林が果していた理水機能による洪水防止の機能に代る機能を十分に営み得るものである」かどうかの点に着眼して、これを肯定的に認定判断しているのである。つまり、多数意見や私見においては、端的に本件代替施設の設置によって洪水や渇水の危険が解消されたと認められるにいたったかどうかを問題としているのに対して、原審は、単に右施設の理水機能が伐採前の本件保安林のそれと同程度のものになったかどうかを問うているにすぎない。なるほど、両見解の相違は、実際問題としては、特段の事情でもないかぎり、ほとんど無視されうる程度のものであろうし、また、原判決は、多数意見や私見のような見解を別に想定した上で、これと異なる見解を採る趣旨で前記のような認定判断をしたものではないかも知れないが、だからといって、多数意見のように原判決を解釈して当該地域における洪水の危険がなくなったものと認定判断している趣旨と解するのには、やや無理があるのではあるまいか。わたくしは、やはり、原審をして正しい理論的前提のもとに改めて訴えの利益の消滅の有無について審理を尽くさしめるのが本筋だとおもうのであり、原判決を破棄して事件を原審に差し戻すのが相当であると考える。

最高裁判所第一小法廷

裁判長裁判官　団藤重光

裁判官　藤崎萬里

裁判官　中村治朗

裁判官　谷口正孝

裁判官本山亨は、退官のため署名押印することができない。

裁判長裁判官　団藤重光

資料Ⅰ・58

武器輸出三原則

一九七六年二月二七日

三木武夫総理大臣

［出典］第七七回国会衆議院予算委員会議録第一八号、一九七六年二月二七日

コメント

1．本答弁は、一九六七年に政府方針として打ち出された武器輸出三原則を強化・拡充したものであり、この政府答弁をふまえて、その後、三原則は、武器輸出を事実上全面的に禁止する原則として確立したものとなった。

2．もともとの武器輸出三原則は、一九六七年四月、第五五国会において、佐藤栄作首相の答弁で政府方針となった。これは従来通産省の内部方針であったものを政府方針に格上げしたものであった。

ここで打ち出された三原則とは、共産圏、また国連決議によって武器輸出を禁止された国、国際紛争の当事国もしくはその恐れのある国には武器輸出を行わないというものであった。

この原則は、一九六八年五月、ベトナム戦争を遂行していたアメリカをも武器禁輸の対象とすべきだという野党の質問に椎名悦三郎外相が肯定する発言をしたことで、アメリカにも適用されることが確認された。

3．この三原則は、三原則の緩和を求める財界の要請を機に問題化したが、一九七六年二月、第七七国会の衆議院予算委員会で三木武夫首相は、三原則を一層強化する方向で、新しい三原則を政府見解として発表した。それが、ここに収めたいわゆる新三原則である。

この三原則は、さらに発展して、同年六月には、軍事技術についても武器同様、輸出が禁止されることが表明され、さらに八一年三月には、堀田ハガネの事件を機に、「政府は、武器輸出について、厳正かつ慎重な態度を持って対処するとともに制度上の改善を含め実行ある措置を講ずべきである」という国会決議がなされ、一層強い原則となった。

4．この三原則に対しては、財界が一貫して、その緩和、見直しを求めてきた。また実際、一九八三年には、中曽根康弘内閣のもと、対米武器技術供与については三原則の例外とされ、二〇〇五年には、アメリカとの弾道ミサイル防衛システムの共同開発・生産も三原則の例外とされた。

二〇一四年四月、第二次安倍晋三内閣のもとで、武器装備移転三原則（⇩Ⅲ・70）が閣議決定され、武器輸出三原則は廃棄された。

一、政府の方針

「武器」の輸出については、平和国家としての我が国の立場から、それによって国際紛争等を助長することを回避するため、政府としては、従来から慎重に対処しており、今後とも、次の方針により処理するものとし、その輸出を促進することはしない。

（一）三原則対象地域については、「武器」の輸出を認めない。

（二）三原則対象地域以外の地域については、憲法及び外国為替及び外国貿易管理法の精神にのっとり、「武器」の輸出を慎むものとする。

（三）武器製造関連設備（輸出貿易管理令別表第一の第百九の項など）の輸出については、「武器」に準じて取り扱うものとする。

二、武器の定義

「武器」という用語は、種々の法令又は行政運用の上において用いられており、その定義については、それぞれの法令等の趣旨によって解釈すべきものであるが、

（一）武器輸出三原則における「武器」とは、「軍隊が使用するものであって、直接戦闘の用に供されるもの」をいい、具体的には、輸出貿易管理令別表第一の第百九十七の項から第二百五の項までに掲げるもののうちこの定義に相当するものが「武器」である。

（二）自衛隊法上の「武器」については、「火器、火薬類、刀剣類その他直接人を殺傷し、又は武力闘争の手段として物を破壊することを目的とする機械、器具、装置等」であると解している。なお、本来的に、火器等をとう載し、そのもの自体が直接人の殺傷又は武力闘争の手段としての物の破壊を目的として行動する護衛艦、戦闘機、戦車のようなものは、右の武器に当たると考える。

これが武器輸出についての政府の統一見解であります。

資料Ⅰ・59

昭和五二年度以降に係る防衛計画の大綱

一九七六年一〇月二九日

国防会議決定　閣議決定

［出典］防衛庁編『防衛白書（昭和五二年版）』一九七七年八月

コメント

1．本文書は、戦後日本で初めての防衛政策を打ち出した文書であり、以後政府は、一定の期間をおいて「大綱」の策定に取り組むことになった。

それまで、日本の防衛政策の基本を打ち出したものとしては、一九五七年、岸信介内閣時に策定、閣議決定をみた「国防の基本方針」（⇩Ⅰ・30）があり、それに基づいて、五ヶ年計画で一次防から四次防に至るまでつくられた、年次防衛計画があった。しかし、一方では、一次防から四次防まですすみ、装備は拡充したものの、相変わらず、安保条約や自衛隊の存在については憲法九条との関係で違憲の疑いが根強く、国民的合意は得られておらず、防衛における自衛隊の役割も本格的な検討がなされないままにきた。しかも、高度成長が終焉して防衛費もいままでのような大幅な増額は見込めなかった。そこでポスト四次防の策定を前に、本格的な防衛政策の策定が求められたのである。

それを担って、防衛政策を「防衛計画の大綱」という形でとりまとめたのは、三木武夫内閣の防衛大臣であった坂田道太と、防衛次官であった久保卓也であった。

坂田は、防衛政策の策定にあたり、「防衛を考える会」をつくり、ここで今後の防衛政策のあり方を議論させた。坂田は、こうした形で防衛のあり方を議論することを通じて、自衛隊についての国民的合意を図ろうとしたのである。

2．その方向を指導したのが久保であった。久保は、一九七〇年二月、中曽根康弘防衛庁長官時代に防衛局長となり、七二年四月には「平和時の防衛力」の作成を主導した。この久保の防衛構想が「防衛計画の大綱」に流れ込んだのである。

久保の防衛構想の最大の特徴は、軍事体制としての安保体制についての国民的合意形成を試みた点であった。じつは安保条約は、自衛隊以上にその存在が国民のなかに定着していなかったのである。そこで、久保は、安保条約の意義を、第一にそのもっている抑止力に求め、第二にそれによって防衛の対象が限定され、また日本が保持する防衛の質量をも限定づけうるという点に求めた。

久保構想の第二の特徴は、安保体制を前提としてそれと有機的に結合した日本の防衛戦略を立てた、という点にあった。従来の日本の防衛体制においては、実態的には全面的にアメリカに従属・依存しながら、戦略構想のなかには意外にも、アメリカの存在はカウントされていなかったのである。三次防、四次防のなかでも、日本の整備すべき防衛力は、周辺諸国の軍事能力を予測し、これに対して一定の範囲で対応できる防衛力の規模・内容すなわち「脅威対応」論で構想されていたが、こうした構想では、軍事力整備の目標は、周辺諸国の軍事能力を基準とするため非常に大きなものとなることは必定であった。それに対して、久保の構想は、安保体制のもとでの米軍抑止力を前提にして、そのもとで起こりうる小規模な侵略事態に対処しうる能力を身につけるというものであり、「基盤的防衛力」論と名付けられた。

第三の特徴は、従来、事実としては国民の自衛隊への期待の多くを占めていた災害復旧等の活動を正面からあらためて自衛隊の任務とした点にあった。

こうした久保の「基盤的防衛力」構想は、陸・海・空の三幕僚監部とのやりとりをへて、一九七六年七月、ポスト四次防原案となって国防会議にかけられ、その了承を得て、同年一〇月二九日、「防衛計画の大綱」として閣議決定をみたのである。

3.「大綱」の注目すべき特徴は以下の諸点である。

第一に、大綱は、米ソのデタントの継続という情勢を前提にして防衛構想を立てている点であった。第二に注目すべき点は、大綱が安保体制の存在を防衛構想の前提としてカウントしている点であった。そして第三に注目すべきは、「基盤的防衛力」構想が打ち出されている点であり、第四に注目すべき点は、災害救援等国内の民生安定への寄与が謳われている点であった。

こうした「大綱」は、それまで、もっぱら防衛予算拡大計画に過ぎなかった一次防〜四次防と異なり、日本の安全保障が、安保条約と自衛隊により成り立っていることを打ち出し、自衛隊の存在意義をあらためて明確化しようと試みた。それは、これまでつねに憲法九条との関係でみられ、それだけつねに消極的、防衛的たらざるをえなかった安保条約・自衛隊の存在を、憲法問題と切り離して積極的に示すことにより、憲法九条のもとでもこれらの存在を確保しようという試みであった。

防衛計画の大綱

一．目的及び趣旨

わが国が憲法上許される範囲内で防衛力を保有することは、一つには国民の平和と独立を守る気概の具体的な表明であるとともに、直接的には、日米安全保障体制と相まって、わが国に対する侵略を未然に防止し、万一、侵略が行われた場合にはこれを排除することを目的とするものであるが、一方、わが国がそのような態勢を堅持していることが、わが国周辺の国際政治の安定の維持に貢献することともなっているものである。

かかる意味においてわが国が保有すべき防衛力としては、安定化のための努力が続けられている国際情勢及びわが国周辺の国際政治構造並びに国内諸情勢が、当分の間、大きく変化しないという前提にたてば、防衛上必要な各種の機能を備え、後方支援体制を含めてその組織及び配備において均衡のとれた態勢を保有することを主眼とし、これをもって平時において十分な警戒態勢をとり得るとともに、限定的かつ小規模な侵略までの事態に有効に対処し得るものを目標とすることが最も適当であり、同時に、その防衛力をもって災害救援等を通じて国内の民生安定に寄与し得るよう配慮すべきものであると考えられる。

わが国は、従来、四次にわたる防衛力整備計画の策定、実施により、防衛力の漸進的な整備を行って来たところであるが、前記のような構想にたって防衛力の現状を見ると、規模的には、その構想において目標とするところとほぼ同水準にあると判断される。

この大綱は、以上のような観点にたった上で、今後のわが国の防衛のあり方についての指針を示すものであり、具体的な防衛力の整備、維持及び運用に当たっては、以下に示す諸項目に準拠しつつ、防衛力の質的な維持向上を図り、もってわが国の防衛の目的を全うし得るよう努めるものとする。

二．国際情勢

この大綱の策定に当たって考慮した国際情勢のすう勢は、概略次のとおりである。

最近の国際社会においては、国際関係の多元化の傾向が一層顕著になるとともに、諸国のナショナリズムに根ざす動きがますます活発化しており、他方、国際的相互依存関係が著しく深まりつつある。

このような状況の下で、特に軍事面で依然圧倒的比重を維持している米ソ両国の関係を中心に、東西間では、核戦争を回避し相互関係の改善を図るための対話が種々の曲折を経ながらも継続されており、また、各地域において、紛争を防止し国際関係の安定化を図るための各般の努力がなされている。

しかしながら、米ソ両国を中心とする東西関係においては、各種の対立要因が根強く存在しており、また、各地域においては、情勢の流動的な局面も多く、様々な不安定要因が見られる。

わが国周辺地域においては米・ソ・中三国間に一種の均衡が成立しているが、他方、朝鮮半島の緊張が持続し、また、わが国近隣諸国の軍事力の増強も引き続き行われている。

このような情勢にあって、核相互抑止を含む軍事均衡や各般の国際関係安定化の努力により、東西間の全面的軍事衝突又はこれを引き起こすおそれのある大規模な武力紛争が生起する可能性は少ない。

また、わが国周辺においては、限定的な武力紛争が生起する可能性を否定することはできないが、大国間の均衡的関係及び日米安全保障体制の存在が国際関係の安定維持及びわが国に対する本格的侵略の防止に大きな役割を果たし続けるものと考えられる。

三　防衛の構想

1　侵略の未然防止

わが国の防衛は、わが国自ら適切な規模の防衛力を保有し、これを最も効率的に運用し得る態勢を築くとともに、米国との安全保障体制の信頼性の維持及び円滑な運用態勢の整備を図ることにより、いかなる態様の侵略にも対応し得る防衛体制を構成し、これによって侵略を未然に防止することを基本とする。

また、核の脅威に対しては、米国の核抑止力に依存するものとする。

2　侵略対処

間接侵略事態又は侵略につながるおそれのある軍事力をもってする不法行為が発生した場合には、これに即応して行動し、早期に事態を収拾することとする。

直接侵略事態が発生した場合には、これに即応して行動し、防衛力の総合的、有機的な運用を図ることによって、極力早期にこれを排除することとする。この場合において、限定的かつ小規模な侵略については、原則として独力で排除することとし、侵略の規模、態様等により、独力での排除が困難な場合にも、あらゆる方法による強じんな抵抗を継続し、米国からの協力をまってこれを排除することとする。

四　防衛の態勢

前記三の防衛の構想の下に、以下に掲げる態勢及び次の五に掲げる体制を備えた防衛力を保有しておくものとする。その防衛力は、前記一においてわが国が保有すべき防衛力について示した機能及び態勢を有するものであり、かつ、情勢に重要な変化が生じ、新たな防衛力の態勢が必要とされるに至ったときには、円滑にこれに移行し得るよう配意された基盤的なものとする。

1　警戒のための態勢

わが国の領域及びその周辺海空域の警戒監視並びに必要な情報収集を常続的に実施し得ること。

2　間接侵略、軍事力をもってする不法行為等に対処する態勢

（1）国外からの支援に基づく騒じょうの激化、国外からの人員、武器の組織的な潜搬入等の事態が生起し、又はわが国周辺海空域において非公然武力行使が発生した場合には、これに即応して行動し、適切な措置を講じ得ること。

（2）わが国の領空に侵入した航空機又は侵入するおそれのある航空

機に対し、即時適切な措置を講じ得ること。

3　直接侵略事態に対処する態勢

直接侵略事態が発生した場合には、その侵略の態様に応じて即応して行動し、限定的かつ小規模な侵略については、原則として独力でこれを排除し、また、独力での排除が困難な場合にも有効な抵抗を継続して米国からの協力をまってこれを排除し得ること。

4　指揮通信及び後方支援の態勢

迅速かつ有効適切な行動を実施するため、指揮通信、輸送、救難、補給、保守整備等の各分野において必要な機能を発揮し得ること。

5　教育訓練の態勢

防衛力の人的基盤のかん養に資するため、周到な教育訓練を実施し得ること。

6　災害救援等の態勢

国内のどの地域においても、必要に応じて災害救援等の行動を実施し得ること。

五．陸上、海上及び航空自衛隊の体制

前記四の防衛の態勢を保有するための基幹として、陸上、海上及び航空自衛隊において、それぞれ次のような体制を維持するものとする。

このほか、各自衛隊の有機的協力体制の促進及び統合運用効果の発揮につき特に配意するものとする。

1　陸上自衛隊

（1）わが国の領域のどの方面においても、侵略の当初から組織的な防衛行動を迅速かつ効果的に実施し得るよう、わが国の地理的特性等に従って均衡をとって配置された師団等を有していること。

（2）主として機動的に運用する各種の部隊を少なくとも一個戦術単位有していること。

（3）重要地域の低空域防空に当たり得る地対空誘導弾部隊を有していること。

2　海上自衛隊

（1）海上における侵略等の事態に対応し得るよう機動的に運用する艦艇部隊として、常時少なくとも一個護衛隊群を即応の態勢で維持し得る一個護衛艦隊を有していること。

（2）沿岸海域の警戒及び防備を目的とする艦艇部隊として、所定の海域ごとに、常時少なくとも1個隊を可動の態勢で維持し得る対潜水上艦艇部隊を有していること。

（3）必要とする場合に、重要港湾、主要海峡等の警戒、防備及び掃海を実施し得るよう、潜水艦部隊、回転翼対潜機部隊及び掃海部隊を有していること。

（4）周辺海域の監視哨戒及び海上護衛等の任務に当たり得る固定翼対潜機部隊を有していること。

3　航空自衛隊

（1）わが国周辺のほぼ全空域を常続的に警戒監視できる航空警戒管制部隊を有していること。

（2）領空侵犯及び航空侵攻に対して即時適切な措置を講じ得る態勢を常続的に維持し得るよう、戦闘機部隊及び高空域防空用地対空誘導弾部隊を有していること。

（3）必要とする場合に、着上陸侵攻阻止及び対地支援、航空偵察、低空侵入に対する早期警戒監視並びに航空輸送の任務にそれぞれ当たり得る部隊を有していること。

以上に基づく編成、主要装備等の具体的規模は、別表のとおりとする。

六．防衛力整備実施上の方針及び留意事項

防衛力の整備に当たっては、前記四及び五に掲げる態勢等を整備し、諸外国の技術的水準の動向に対応し得るよう、質的な充実向上に配意しつつこれらを維持することを基本とし、その具体的実施に際しては、そ

別表

自衛官定数			一八万人
陸上自衛隊	基幹部隊	平時地域配備する部隊	一二個師団 二個混成団
		機動運用部隊	一個機甲師団 一個特科団 一個空挺団 一個教導団 一個ヘリコプター団
		低空域防空用地対空誘導弾部隊	八個高射特科群
海上自衛隊	基幹部隊	対潜水上艦艇部隊（機動運用）	四個護衛隊群
		対潜水上艦艇部隊（地方隊）	一〇個隊
		潜水艦部隊	六個隊
		掃海部隊	二個掃海隊群
		陸上対潜機部隊	一六個隊
	主要装備	対潜水上艦艇	約六〇隻
		潜水艦	一六隻
		作戦用航空機	約二二〇機
航空自衛隊	基幹部隊	航空警戒管制部隊	二八個警戒群
		要撃戦闘機部隊	一〇個飛行隊
		支援戦闘機部隊	三個飛行隊
		航空偵察部隊	一個飛行隊
		航空輸送部隊	三個飛行隊
		警戒飛行部隊	一個飛行隊
		高空域防空用地対空誘導弾部隊	六個高射群
	主要装備	作戦用航空機	約四三〇機

（注）この表は、この大綱策定時において現有し、又は取得を予定している装備体系を前提とするものである。

のときどきにおける経済財政事情等を勘案し、国の他の諸施策との調和を図りつつ、次の諸点に留意してこれを行うものとする。

なお、各年度の防衛力の具体的整備内容のうち、主要な事項の決定に当たっては国防会議にはかるものとし、当該主要な事項の範囲は、別に国防会議にはかった上閣議で決定するものとする。

1　隊員の充足についての合理的な基準を設定するとともに、良質の隊員の確保と士気高揚を図るための施策につき配慮すること。

2　防衛施設の有効な維持及び整備を図るとともに、騒音対策等環境保全に配意し、周辺との調和に努めること。

3　装備品等の整備に当たっては、その適切な国産化につき配意しつつ、緊急時の急速取得、教育訓練の容易性、費用対効果等についての総合的な判断の下に効率的な実施を図ること。

4　防衛力の質的水準の維持向上に資するため、技術研究開発態勢の充実に努めること。

資料Ⅰ・60

防衛庁における有事法制の研究について

一九七八年九月二一日

防衛庁

［出典］防衛庁編『防衛白書（昭和五七年版）』一九八二年九月

コメント

一九七八年、当時の統合幕僚会議議長であった栗栖弘臣が、防衛出動下令前に日本が急迫不正の侵害を受けた場合には、自衛隊は、超法規的に対処しなければならないという発言を行い、話題を呼んだ。栗栖は、文民統制に反するとして、議長を解任されたが、政府や自衛隊が、かつて三矢作戦計画が暴露されて以来、鳴りを潜めていた有事法制研究を行っているのではないかという疑惑が浮上し、論議となった。これを受けるように、福田赳夫首相は、有事法制の研究を行う旨言明した。こうした動きへの反対運動が展開されるなかで、この文書は、その鎮静化を図るべく、防衛庁が出した見解である。

ここでは有事法制研究がすでに行われていること、しかし、それは世論が警戒するような、戒厳、徴兵制、緊急時の言論統制などは含まないことが、強調されている。

1　現在、防衛庁が行っている有事法制の研究は、シビリアン・コントロールの原則に従って、昨年八月、内閣総理大臣の了承の下に、三原前防衛庁長官の指示によって開始されたものである。

2　研究の対象は、自衛隊法第七六条の規定により防衛出動を命ぜられるという事態において自衛隊がその任務を有効かつ円滑に遂行する上での法制上の諸問題である。

現行の自衛隊法によって自衛隊の任務遂行に必要な法制の骨幹は整備されているが、なお残された法制上の不備はないか、不備があるとすればどのような事項か等の問題点の整理が今回の研究の目的であり、近い将来に国会提出を予定した立法の準備ではない。

また、最近問題となった防衛出動命令下令前に急迫不正の侵害を受けた場合の部隊の対応措置に関するいわゆる奇襲対処の問題は、本研究とは別個に検討している。

3　自衛隊の行動は、もとより国家と国民の安全と生存を守るためのものであり、有事の場合においても可能な限り個々の国民の権利が尊重されるべきことは当然である。今回の研究は、むろん現行憲法の範囲内で行うものであるから、旧憲法下の戒厳令や徴兵制のような制度を考えることはあり得ないし、また、言論統制などの措置も検討の対象としない。

4　この研究は、別途着手されているいわゆる防衛研究の作業結果を前提としなければならない面もあり、また、防衛庁以外の省庁等の所管にかかわる検討事項も多いので、相当長期に及ぶ広範かつ詳細な検討を必要とするものである。

幸い、現在の我が国をめぐる国際情勢は、早急に有事の際の法制上の具体的措置を必要とするような緊迫した状況にはなく、また、いわゆる有事の事態を招来しないための平和外交の推進や民生の安定などの努力が重要であることはいうまでもないが、有事の際における自衛隊の行動のための法制に係る研究も当然必要なことであり、むしろこの種の研究は、今日のような平穏な時期においてこそ、冷静かつ慎重に進められるべきものであると考える。

5　今回の研究の成果は、ある程度まとまり次第、適時適切に国民の前に明らかにし、そのコンセンサスを得たいと考えている。

資料Ⅰ・61

日米防衛協力のための指針（ガイドライン）

一九七八年一一月二七日第一七回日米安全保障協議委員会決定、二八日国防会議了承・閣議了承

［出典］『防衛白書（昭和五四年版）』一九七九年七月

コメント

1．これは、一九七六年に開かれた日米安全保障協議委員会で設置された日米防衛協力小委員会が七八年にまとめた、日米防衛協力を具体化する方針である。この「指針」（ガイドライン）は、一九九七年に締結されたガイドラインと比較して、いわゆる旧ガイドラインといわれるものである。

2．このガイドラインは、①侵略を未然に防衛するための態勢、②日本に対する武力攻撃に対する対処行動、③日本以外の極東における事態で日本の安全に重要な影響を与える場合の日米間の協力、の三項目から成っていた。

アメリカ側は、特に③の共同研究を推進することを望んだが、日本側はそれには消極的で、その結果、①②の共同研究は進んだが、③の検討は新ガイドライン（⇩Ⅱ・16）に持ち越されることになる。

日米安全保障協議委員会が了承した防衛協力小委員会の報告

昭和五一年七月八日に開催された日米安全保障協議委員会で設置された防衛協力小委員会は、今日まで八回の会合を行った。防衛協力小委員会は、日米安全保障協議委員会によって付託された任務を遂行するにあたり、次の前提条件及び研究・協議事項に合意した。

1　前提条件

（1）事前協議に関する諸問題、日本の憲法上の制約に関する諸問題及び非核三原則は、研究・協議の対象としない。

（2）研究・協議の結論は、日米安全保障協議委員会に報告し、その取り扱いは、日米両国政府のそれぞれの判断に委ねられるものとする。この結論は、両国政府の立法、予算ないし行政上の措置を義務づけるものではない。

2　研究・協議事項

（1）日本に武力攻撃がなされた場合又はそのおそれのある場合の諸問題

（2）（1）以外の極東における事態で日本の安全に重要な影響を与える場合の諸問題

（3）その他（共同演習・訓練等）

防衛協力小委員会は、研究・協議を進めるに当たり、日本に対する武力攻撃に際しての日米安保条約に基づく日米間の防衛協力のあり方についての日本政府の基本的な構想を聴取し、これを研究・協議の基礎として作業を進めることとした。防衛協力小委員会は、小委員会における研究・協議の進捗を図るため、下部機構として、作戦、情報及び後方支援の三部会を設置した。これらの部会は、専門的な立場から研究・協議を行った。更に、防衛協力小委員会は、その任務内にあるその他の日米間の協力に関する諸問題についても研究・協議を行った。

防衛協力小委員会がここに日米安全保障協議委員会の了承を得るため報告する「日米防衛協力のための指針」は、以上のような防衛協力小委員会の結果である。

◇日米防衛協力のための指針

この指針は、日米安保条約及びその関連取極に基づいて日米両国が有している権利及び義務に何ら影響を与えるものと解されてはならない。

この指針が記述する米国に対する日本の便宜供与及び支援の実施は、日本の関係法令に従うことが了解される。

Ⅰ　侵略を未然に防止するための態勢

1　日本は、その防衛政策として自衛のため必要な範囲内において適切な規模の防衛力を保有するとともに、その最も効率的な運用を確保するための態勢を整備・維持し、また、地位協定に従い、米軍による在日施設・区域の安定的かつ効果的な使用を確保する。また、米国は、核抑止力を保持するとともに、即応部隊を前方展開し、及び来援し得るその他の兵力を保持する。

2　日米両国は日本に対する武力攻撃がなされた場合に共同対処行動を円滑に実施し得るよう、作戦、情報、後方支援等の分野における自衛隊と米軍との間の協力態勢の整備に努める。

このため、

（1）自衛隊及び米軍は、日本防衛のための整合のとれた作戦を円滑かつ効果的に共同して実施するため、共同作戦計画についての研究を行う。また、必要な共同演習及び共同訓練を適時実施する。

更に、自衛隊及び米軍は、作戦を円滑に共同して実施するため作戦上必要と認める共通の実施要領をあらかじめ研究し、準備しておく。この実施要領には、作戦、情報及び後方支援に関する事項が含まれる。また、通信電子活動は指揮及び連絡の実施に不可欠であるので、自衛隊及び米軍は、通信電子活動に関しても相互に必要な事項をあらかじめ定めておく。

（2）自衛隊及び米軍は、日本防衛に必要な情報を作成し、交換する。自衛隊及び米軍は、情報の交換を円滑に実施するため、交換する情報の種類並びに交換の任務に当たる自衛隊及び米軍の部隊を調整して定めておく。また、自衛隊及び米軍は、相互間の通信連絡体系の整備等所要の措置を講ずることにより緊密な情報協力態勢の充実を図る。

（3）自衛隊及び米軍は、日米両国がそれぞれ自国の自衛隊又は軍の後方支援について責任を有するとの基本原則を踏まえつつ、適時、適切に相互支援を実施し得るよう、補給、輸送、整備、施設等の各機能について、あらかじめ緊密に相互に調整し又は研究を行う。この相互支援に必要な細目は、共同の研究及び計画作業を通じて明らかにされる。特に、自衛隊及び米軍は、予想される不足補給品目、数量、補完の優先順位、緊急取得要領等についてあらかじめ調整しておくとともに、自衛隊の基地及び米軍の施設・区域の経済的かつ効率的な利用のあり方について研究する。

Ⅱ　日本に対する武力攻撃に際しての対処行動等

1　日本に対する武力攻撃がなされるおそれのある場合

日米両国は、連絡を一層密にして、それぞれ所要の措置を取るとともに、情勢の変化に応じて必要と認めるときは、自衛隊と米軍との間の調整機関の開設を含め、整合のとれた共同対処行動を確保するために必要な準備を行う。

自衛隊及び米軍は、それぞれが実施する作戦準備に関し、日米両国が整合のとれた共通の準備段階を選択し自衛隊及び米軍がそれぞれ効果的な作戦準備を協力して行うことを確保することができるよう、共通の基準をあらかじめ定めておく。

この共通の基準は、情報活動、部隊の行動準備、移動、後方支援その他の作戦準備に係る事項に関し、部隊の警戒監視のための態勢の強化から部隊の戦闘準備の態勢の最大限の強化にいたるまでの準備段階を区分して示す。

自衛隊及び米軍は、それぞれ、日米両国政府の合意によって選択された準備段階に従い必要と認める作戦準備を実施する。

2　日本に対する武力攻撃がなされた場合

（1）日本は、原則として、限定的かつ小規模な侵略を独力で排除する。侵略の規模、態様等により独力で排除することが困難な場合には、米国の協力をまって、これを排除する。

（2）自衛隊及び米軍が日本防衛のための作戦を共同して実施する場合には、双方は、相互に緊密な調整を図り、それぞれの防衛力を適時かつ効果的に運用する。

（i）作戦構想

自衛隊は主として日本の領域及びその周辺空域において防勢作戦を行い、米軍は自衛隊の行う作戦を支援する。米軍は、また自衛隊の能力の及ばない機能を補完するための作戦を実施する。

自衛隊及び米軍は、陸上作戦、海上作戦及び航空作戦を次のとおり共同して実施する。

（a）陸上作戦

陸上自衛隊及び米陸上部隊は、日本防衛のための陸上作戦を共同して実施する。

陸上自衛隊は、阻止、持久及び反撃のための作戦を実施する。

米陸上部隊は、必要に応じ来援し、反撃のための作戦を中心に陸上自衛隊と共同して作戦を実施する。

（b）海上作戦

海上自衛隊及び米海軍は、周辺海域の防衛のための海上作戦及び海上交通の保護のための海上作戦を共同して実施する。

海上自衛隊は、日本の重要な港湾及び海峡の防備のための作戦並びに周辺海域における対潜作戦、船舶の保護のための作戦その他の作戦を主体となって実施する。

米海軍部隊は、海上自衛隊の行う作戦を支援し、及び機動打撃力を有する任務部隊の使用を伴うような作戦を含め、侵攻兵力を撃退するための作戦を実施する。

（c）航空作戦

航空自衛隊及び米空軍は、日本防衛のための航空作戦を共同して実施する。

航空自衛隊は、防空、着上陸侵攻阻止、対地支援、航空偵察、航空輸送等の航空作戦を実施する。

米空軍部隊は、航空自衛隊の行う作戦を支援し、及び航空打撃力を有する航空部隊の使用を伴うような作戦を含め、侵攻兵力を撃退するための作戦を実施する。

（d）陸上作戦、海上作戦及び航空作戦を実施するに当たり、自衛隊及び米軍は、情報、後方支援等の作戦に係る諸活動について必要な支援を相互に与える。

（ii）指揮及び調整

自衛隊及び米軍は、緊密な協力の下にそれぞれの指揮系統に従って行動する。自衛隊及び米軍は、整合のとれた作戦を共同して効果的に実施することができるよう、あらかじめ調整された作戦運用上の手続きに従って行動する。

（iii）調整機関

自衛隊及び米軍は、効果的な作戦を共同して実施するため、調整機関を通じ、作戦、情報及び後方支援について相互に緊密な調整を図る。

（iv）情報活動

自衛隊及び米軍は、それぞれの情報組織を運営しつつ、効果的な作戦を共同して遂行することに資するため緊密に協力して情報活動を実施する。このため、自衛隊及び米軍は、情報の要求、収集、処理及び配布の各段階につき情報活動を緊密に調整する。自衛隊及び米軍は、保全に関しそれぞれ責任を負う。

（v）後方支援活動

自衛隊及び米軍は、日米両国間の関係取極に従い、効果的かつ適切な後方支援活動を緊密に協力して実施する。

このため、日本及び米国は、後方支援の各機能の効率性を向上し及びそれぞれの能力不足を軽減するよう、相互支援活動を次のとおり実施する。

（a）補給

米国は、米国製の装備品等の補給品の取得を支援し、日本は、日本国内における補給品の取得を支援する。

（b）輸送

日本及び米国は、米国から日本への補給品の航空輸送及び海上輸送を含む輸送活動を緊密に協力して実施する。

（c）整備

米国は、米国製の品目の整備であって日本の整備能力が及ばないものを支援し、日本は、日本国内において米軍の装備品の整備を支援する。整備支援には、必要な整備要員の技術指導を含める。関連活動として、日本は、日本国内におけるサルベージ及び回収に関する米軍の需要についても支援を与える。

（d）施設

米軍は、必要なときは、日米安保条約及びその関連取極に従って新たな施設・区域を提供される。また、効果的かつ経済的な使用を向上するため自衛隊の基地及び米軍の施設・区域の共同使用を考慮することが必要な場合には、自衛隊及び米軍は、同条約及び取極に従って、共同使用を実施する。

Ⅲ　日本以外の極東における事態で日本の安全に重要な影響を与える場合の日米間の協力

日米両政府は、情勢の変化に応じ随時協議する。

日本以外の極東における事態で日本の安全に重要な影響を与える場合に日本が米軍に対して行う便宜供与のあり方は、日米安保条約、その関連取極、その他の日米間の関係取極及び日本の関係法令によって規律される。日米両政府は、日本が上記の法的枠組の範囲内において米軍に対して行う便宜供与のあり方について、あらかじめ相互に研究を行う。このような研究には、米軍による自衛隊の基地の共同使用その他の便宜供与のあり方に関する研究が含まれる。

資料Ⅰ・62

奥野誠亮法相の改憲発言に関する質疑・答弁

一九八〇年八月二七日

[出典] 第九二回国会衆議院法務委員会議録第二号、一九八〇年八月二七日

コメント

これは鈴木善幸内閣の法務大臣であった奥野誠亮が、一九八〇年八月、国会で行った改憲発言である。当時、自民党が衆・参同時選挙で圧勝したことから、自民党政権が保守の大勝を好機に、再び改憲の動きにでるのではないかという警戒感を与え、大きな論議になった発言である。

○**稲葉委員**　……そこで、別のことになりますが、法務大臣というか国務大臣というか、お尋ねをしたいわけですが、自主憲法ということがよく言われますね。大臣のお考えになる自主憲法というのは、日本の場合に当てはめてどういうことを言われるのでしょうか。

○**奥野国務大臣**　法務大臣としてよりも、政治家としての私の所見をお尋ねになっているのだと思いますので、率直にお答えを申し上げたいと思います。

いまの憲法は占領軍の指示に基づいて制定されたものだ、私はこう心得ております。そしてまた当時は、国会はございましたけれども、委員会に提案をいたしします場合にも、委員会で採決をいたしします場合にも、事前に占領軍の承認が得られなければできなかったのであります。自主的な活動はできなかったのであります。しかも、重要な規定であります憲法第九条は有力な政党間において解釈の違いがございます。

こういうものでございますから、国民の間から、自分たちでひとつ憲法をつくろうじゃないか、同じものであってもいいから、自分たちで自由な論議をしてつくろうじゃないかという気持ちが出てくることは望ましい、私はこういう感じは持っております。国民合意の中から、自主的に憲法をひとつつくり直してみようじゃないか、こういう感じが出てくるといたしますならば、それは好ましいという考え方を私は持っております。

○**稲葉委員**　そこで、いまのはあなたの政治家としてのお考えですけれども、そうすると、自主憲法と言われると一体どことどこをどういうふうにするということをお考えになっていらっしゃるわけですか。

○**奥野国務大臣**　少なくとも憲法第九条のような独立を保持していくための基本的な条文についてまで有力な政党間において解釈に百八十度の違いがあるというようなことは、避けられるものなら自主憲法をつくる際には解決をしてほしいものだな、こう思います。

内容そのものよりも、私は制定の過程を振り返ってみまして、私もその当時政府の一員でございましたから、みずからが体験をしておるわけでございます。それだけに、そういう空気が国民の間から生まれてくれば望ましいことだ、そう信じているわけでございます。

○**稲葉委員**　そうすると、憲法改正について、そういう改正に関連をする空気が国民の間から生まれてくることが望ましい、それに関連をしてそういう空気が出ることを期待して政府としては何らかの行動を起こしたい、こういうふうなことになるわけですか。

○**奥野国務大臣**　これも私個人の考え方でございますけれども、いまの状態の中でそういう動きを政府がするということは適当でない、こう思っております。

○**稲葉委員**　政府がそういうことをするのは適当でないと言うけれども、

そういう空気ができてくることを望んでいるということは間違いない、こういうことですね。
○**奥野国務大臣**　政治家個人として私はそういうふうに思っておりますと、私なりの考え方を申し上げたわけであります。

資料Ⅰ・63

鈴木善幸内閣の改憲問題に関する質疑・答弁

一九八〇年一〇月六日

［出典］第九三回国会衆議院会議録第四号、一九八〇年一〇月六日

コメント

先の奥野発言（⇩Ⅰ・62）や、同じ頃自民党内で休業していた憲法調査会の再開などを見て、自民党が改憲に動き出すのではないかという警戒心が野党や憲法運動のなかで強まった。これは、そうした危惧を背景に社会党の北山愛郎議員が質問し、それに対して鈴木善幸首相が答えたものである。

鈴木首相は、ここで憲法改正は考えていないと答弁した。とくに注目すべきは、鈴木が二つの点をあげて、憲法改正をすべきでないと断言したことである。ここには当時の保守政治の主流の、改憲に消極的な姿勢が表明されている。

○**北山愛郎**　私は、日本社会党を代表して、当面の重要な問題について政府の所信をただし、なお、われわれの主張を明らかにしたいと思うのであります。（拍手）《略》

いま政府・自民党の周辺は、改憲論議で騒然としております。多くの国民は、自衛隊の増強、安保体制の拡大、有事体制の推進、靖国神社法、そして憲法改悪と、右寄り反動化への道を進む自民党の一党支配に対して、不安と危惧を感じておるのであります。（拍手）われわれは、このような情勢の中で、いまこそ平和憲法を守り、非武装中立の理念をかた

く守るべきときだと信じておるのであります。（拍手）

また、国内の政治の腐敗、経済の行き詰まり、社会の荒廃を克服するためにも、人間尊重、自由と平等をうたった憲法の諸原則をよりどころにして、平和の創出と民主主義の再生を図らなければならないとかたく決意するものであります。（拍手）

鈴木総理がある場所で、日本の憲法は、平和主義、民主主義、基本的人権尊重など、世界にすぐれた憲法である、これを改正する意思がないと表明されたことを、私は率直に評価します。しかし、先日の施政演説の中では、その表現がまことに不明確でございました。改めてここに憲法改正の意思がないことを明らかにしていただきたいと思うのであります。（拍手）

また、それが総理の真意であるならば、これを行動で示し、閣僚の言動に対して強い指導性を発揮すべきであります。国務大臣は、憲法及び法律に従って行政を執行する責任ある地位であって、一般の人のように勝手な改憲論議が許されるものではありません。（拍手）もしも総理の意に反して改憲論議を行う閣僚がある場合は、断固これを罷免すべきでありますが、総理の決意のほどをお尋ねをいたします。（拍手）《略》

○**内閣総理大臣**《略》　次に、憲法問題についてお答えをいたします。

憲法改正問題に対する鈴木内閣の方針について、この際、明確にしておきたいと思います。

まず、結論から先に申し上げますが、鈴木内閣におきましては、憲法の改正ということは全く考えておりません。現行憲法を遵守し、擁護してまいります。

私が憲法を改正する考えのないことは、次の理由によるものであります。

その第一は、現行憲法は民主主義、平和主義及び基本的人権の尊重を基本理念としておりますが、この理念は非常にすぐれたものであると評価し、将来においても堅持すべきものと考えております。

その第二は、憲法を改正するというようなことは慎重の上にも慎重な配慮を要するものであり、国民の中から憲法を改正すべしという世論が大きく高まってきて、国民的なコンセンサスがそういう方向で形成されることが必要であります。

ところで、現在国民の中に憲法を改正すべしということについてコンセンサスができておるとは思いません。したがって、そういう段階において憲法改正という問題を政治日程にのせることは全く考えておりません。

次に、最近の憲法論議についてであります。

憲法第九十九条は、公務員の現行憲法に対する尊重擁護義務を規定しておりますが、内閣としては、同条の規定に従って憲法を厳に遵守していくものであります。

他方、憲法九十六条は憲法の改正手続を規定しており、憲法の改正について議論をしたりあるいはそのための研究を行うことは、もとより憲法第九十九条の尊重擁護義務に違反するものでないことは明確でございます。（拍手）

鈴木内閣においては、現行憲法を改正しない方針を確認しております。閣僚が憲法を尊重擁護し、法律を誠実に執行していくことは当然のことであって、これに反する閣僚は一人も存在しておりません。（発言する者あり）もとより、各閣僚は、政治家である以上、憲法について研究し、その改正の要否について意見を持っておることは当然でありますが、現内閣においては、憲法を改正しないとの方針には閣僚全員が賛成しておりますので、閣内不一致ということはありません。

資料Ⅰ・64

有事法制の研究について〈中間報告〉

一九八一年四月二二日

防衛庁

［出典］『防衛白書（昭和五七年版）』一九八二年九月

コメント

1．この文書は、一九七八年九月の「有事法制の研究について」（⇩Ⅰ・60）に基づいて、防衛庁内で進められた有事法制についての研究の中間報告である。

2．この報告は、検討対象となる法令を以下の三つに区分している。すなわち防衛庁所管の法令（第1分類）、他省庁所管の法令（第2分類）、所管省庁が明確でない事項に関する法令（第3分類）である。

防衛庁では、主としてこのうち第1分類の検討を進め、続いて第2分類の検討に入ったが、これは他省庁との関係もあって検討が進んでいるとは言い難いとしている。

続いて、報告は、第1分類の法令整備の必要性についての検討結果を報告しているが、ここで、いくつかの作業については、防衛出動命令下令後では間に合わないので、防衛出動待機命令下令時からはじめると指摘している点が注目される。

有事法制の研究については、その基本的な考え方を昭和五三年九月二一日の見解で示したところであり、現在、これに基づいて作業を進めている。

この見解でも述べているように、有事に際しての自衛隊の任務遂行に必要な法制は、現行の自衛隊法によってその骨格は整備されている。しかし、なお残された法制上の不備はないか、不備があるとすれば、どのような事項か等の問題点の整理を目的としてこれまで研究を行ってきたところである。

研究はまだその途中にあり、全体としてまとまる段階には至っていないが、現在までの研究の状況及び問題点の概要を中間的にまとめれば、次のとおりである。

1　研究の経過

（1）研究の対象となる法令の区分

研究の対象となる法令を大別すると、次のように区分される。

防衛庁所管の法令（第1分類）

他省庁所管の法令（第2分類）

所管省庁が明確でない事項に関する法令（第3分類）

第1分類に属するものとしては、防衛庁設置法、自衛隊法及び防衛庁職員給与法があり、これらには有事の際の関係規定が設けられているが、これで十分かどうかについて検討する必要がある。

第2分類に属するものとしては、部隊の移動、資材の輸送等に関連する法令、通信連絡に関連する法令、火薬類の取扱いに関連する法令など、自衛隊の有事の際の行動に関連ある法令多数が含まれる。これらの法令の一部については、自衛隊についての適用例外ないし特例措置が規定されているが、有事の際の自衛隊の行動の円滑を確保するうえで、これで十分かどうかについて検討する必要がある。

第3分類に属するものとしては、有事に際しての住民の保護、避難又は誘導の措置を適切に行うための法制あるいは人道に関する国際条約（いわゆるジュネーブ四条約）の国内法制のような問題がある。これらの問題は、法制的に何らかの整備が必要であるとは考えられ、また、自衛隊の行動とは関連するが、防衛庁の所掌事務の範囲を超える事項も含まれているところから、より広い立場からの研究が必要である。

（2）各区分の検討状況

このように大別した三区分については、第1分類を優先的に検討することとし、第2分類については第1分類に引き続いて検討することとし、第3分類についてはこの問題をどのような場で扱うことが適当であるかが決められた後に研究することとして、作業を進めてきた。

したがって、現段階においては、第1分類についてはかなり検討が進んでいるが、第2分類については他省庁との調整事項等も多く、検討が進んでいる状況にはなく、第3分類については未だ研究に着手していない。

2　第1分類についての問題点の概要

（1）現行法令に基づく法令の未制定の問題

ア　自衛隊法第一〇三条は、有事の際の物資の収用、土地の使用等について規定しているが、物資の収用、土地の使用等について知事に要請する者、要請に基づき知事が管理する施設、必要な手続等は政令で定めることとされており、この政令が未だ制定されていない。

したがって、同条の規定により必要な措置をとりうることとするためには、この政令を整備しておくことが必要であり、この政令に盛り込むべき内容について検討した。

この概略は、別紙のとおりである。

イ　防衛庁職員給与法第三〇条は、出動を命ぜられた職員に対する出動手当の支給、災害補償その他給与に関し必要な特別の措置について別に法律で定めると規定しているが、この法律は、未だ制定されていない。

この法律に盛り込むべき内容としては、支給すべき手当の種類、支給の基準、支給対象者、災害補償の種類等が考えられ、これらの項目について検討を進めているところである。

（2）現行規定の補備の問題

ア　自衛隊法第一〇三条の規定による措置をとるに際して、処分の相手方の居所が不明の場合等、公用令書の公布ができない場合についての規定がない。このため、物資の収用、土地の使用等を行いえない事態が生ずることがあり、そのような場合に措置をとりうるようにすることが必要であると考えられる。

イ　自衛隊法第一〇三条の規定により土地の使用を行う場合、その土地にある工作物の撤去についての規定がない。このため、土地の使用に際してその使用の有効性が失われることがあり、工作物を撤去しうるようにすることが必要であると考えられる。

ウ　自衛隊法第一〇三条の規定により物資の保管命令を発する場合に、この命令に従わない者に対する罰則規定がないが、災害救助法等の同種の規定には罰則があるので権衡上必要ではないかとの見方もあり、必要性、有効性等につき引き続いて検討していくこととしている。

エ　なお、有事法制の研究と直接関連するものではないが、自衛隊法第九五条に規定する防護対象には、レーダー、通信器材等が含まれていないので、これらを防護対象に加えることが必要であると考えられる。

（3）現行規定の適用時期の問題

ア　自衛隊法第一〇三条の規定による土地の使用に関しては、陣地の構築等の措置をとるには相当の期間を要するので、そのような土地の使用については、防衛出動命令下令後から措置するのでは間に合わないことがあるため、例えば、防衛出動待機命令下令時から、これを行いうるようにすることが必要であると考えられる。

イ　自衛隊法第二二条の規定による特別の部隊の編制等に関しては、編成等に相当の期間を要し、防衛出動命令下令後から行うのでは間に合わないことがあるので、例えば、防衛出動待機命令下令時から、これを行いうるようにすることが必要であると考えられる。

ウ　自衛隊法第七〇条の規定による予備自衛官の招集に関しては、招集に相当の期間を要し、防衛出動命令下令後から行うのでは間に合わないことがあるので、例えば、防衛出動待機命令下令時から、これを行いうるようにすることが必要であると考えられる。

（4）新たな規定の追加の問題

ア　自衛隊法には、自衛隊の部隊が緊急に移動する必要がある場合に、公共の用に供されていない土地等を通行するための規定がない。このため、部隊の迅速な移動ができず、自衛隊の行動に支障をきたすことがあるので、このような場合には、公共の用に供されていない土地等の通行を行いうることとする規定が必要であると考えられる。

イ　自衛隊法には、防衛出動待機命令下にある部隊が侵害を受けた場合に、部隊の要員を防護するために必要な措置をとるための規定がない。このため、部隊に大きな被害を生じ、自衛隊の行動に支障をきたすことがあるので、当該部隊の要員を防護するため武器を使用しうることとする規定が必要であると考えられる。

3　**今後の研究の進め方及び問題点の取扱い**

今後の有事法制の研究については、今回まとめた内容にさらに検討を加えるとともに、未だ検討が進んでいない分野について検討を進めていくことを予定しているところである。

なお、今回の報告で取り上げた問題点の今後の取扱いについては、有事法制の研究とは別に、防衛庁において検討するとともに、関係省庁等との調整を経て最終的な決定を行うこととなろう。

〈別紙　自衛隊法第一〇三条の政令に盛り込むべき内容について〉

1　要請者、要請方法

（1）物資の収用、土地の使用等について都道府県知事に要請する者は、防衛出動を命ぜられた自衛隊の方面総監、師団長、自衛艦隊司令官、地方総監、航空総隊司令官、航空方面隊司令官等とすること。

（2）この要請は、文書をもって行うこと。

2　管理する施設

要請を受けた都道府県知事が管理する施設として政令で定めるものは、燃料、弾火薬類等の緊急需要に備えての保管施設と装備品等の応急修理のための施設とすること。

3　医療等に従事する者

医療、土木建築工事又は輸送に従事する者の範囲は、災害救助法施行令に規定するものとおおむね同様のものとすること。

4　公用令書関係手続

（1）公用令書の交付先

ア　管理、使用又は収用の場合の公用令書は、対象となる施設、土地等又は物資の所有者に対して交付するものとすること。ただし、所有者に交付することが困難な場合においては、当該施設、土地等又は物資の占有者に対して交付すれば足りること。また、所有者が占有者でないときは、占有者に対しても公用令書を交付しなければならないこと。

イ　保管命令の場合の公用令書は、保管の対象となる物資の生産、集荷、販売、配給、保管又は輸送を業とする者に対して交付すること。

ウ　業務従事命令の場合の公用令書は、業務従事命令を受ける者に対して交付すること。

（2）公用令書の記載事項

ア　施設の管理等の場合の公用令書の記載事項は、①公用令書の交付を受ける者の氏名及び住所、②処分の要請を行った者の官職及び氏名、③管理すべき施設の名称、種類及び所在の場所並びに管理の範囲及び期間、使用すべき土地又は家屋の種類及び所在の場所並びに使用の範囲及び期間、使用又は収用すべき物資の種類、数量、所在の場所及び引渡時期並びに使用又は収用の期間又は期日、保管すべき物資の種類、数量及び保管場所並びに保管の期間等とすること。

イ　業務従事命令の場合の公用令書の記載事項は、①命令を受ける者の氏名、職業、年齢及び住所、②処分の要請を行った者の官職及び氏名、③従事すべき業務、④従事すべき場所及び期間、⑤出頭すべき日時及び場所等とすること。

（3）業務従事命令に応じることができない場合の手続

公用令書の交付を受けた者が病気、災害その他のやむをえない事故により業務に従事することができない場合には、直ちにその事由を付して都道府県知事にその旨を届け出なければならないこと。

この場合、都道府県知事は、その業務に従事させることが適当でないと認めるときは、その処分を取り消すことができること。

（4）公用令書の変更及び取消

公用令書を交付した後、処分内容を変更し、又は取り消したときは、速やかに公用変更令書又は公用取消令書を交付しなければならないこと。

（5）公用令書の写しの送付

都道府県知事が公用令書、公用変更令書又は公用取消令書を交付したときは、直ちにその写しを処分の要請者に送付しなければならないこと。また、防衛庁長官等が公用令書、公用変更令書又は公用取消令書を交付したときは、直ちにその写しを都道府県知事に送付しなければならないこと。

5　物資の引渡し

（1）占有者の義務

使用又は収用の対象となる物資の占有者は、公用令書に記載されている引渡時期にその所在の場所において処分を行う都道府県知事又は防衛庁長官にその物資を引き渡さなければならないこと。

（2）受領調書の交付

物資の引渡しを受けたときは、引渡しを行った占有者に対して受領調書を交付しなければならないこと。

6　都道府県知事の職務

都道府県知事が施設の管理、土地等の使用若しくは物資の収用を行い又は物資の保管命令若しくは業務従事命令を発する場合には、都道府県知事は、公用令書の交付後、防衛庁長官等が行った処分の要請の趣旨に沿い、適切な措置をとるように努めること。

7　損失補償、実費弁償等

（1）損失補償の申請

処分による損失の補償を受けようとする者は、管理、使用又は保管命令の場合にあっては管理、使用又は保管命令が取り消され、又はその期間が満了した後、収用の場合にあっては収用の後、一年以内に補償申請額等を記載した損失補償申請書を都道府県知事又は防衛庁長官に提出しなければならないこと。ただし、管理、使用又は保管命令の場合にあっては、管理、使用又は保管の期間が一月を経過するごとにその経過した期間の分について申請できること。

（2）実費弁償の基準

業務従事命令による実費弁償の基準は、災害対策基本法施行令第三五条の規定（業務に従事した時間に応じて手当を支給すること、支給額は、同種業務に従事する都道府県職員の給与を考慮すること等）を準用すること。

（3）実費弁償の申請

業務従事命令による実費の弁償を受けようとする者は、業務従事命令が取り消され、又はその期間が満了した後一年以内に実費弁償申請額等を記載した実費弁償申請書を都道府県知事に提出しなければならないこと。ただし、業務従事の期間が七日以上経過するごとに、その経過した期間の分について申請できること。

（4）扶助金の種類、基準等

業務従事命令による扶助金の種類（療養扶助金、休業扶助金、障害扶助金、遺族扶助金、葬祭扶助金及び打切扶助金の六種）及び扶助金の支給については、災害救助法施行令第一三条から第二二条までの規定を準用すること。

（5）扶助金支給の申請

業務従事命令による扶助金の支給を受けようとする者は、業務従事命令が取り消され、又はその期間が満了した後一年以内に扶助金支給申請額等を記載した扶助金支給申請書を都道府県知事に提出しなければならないこと。ただし、療養扶助金又は休業扶助金については、療養又は休業の期間が一月を経過するごとにその経過した期間の分について申請できること。

（6）損失補償額等の決定及び通知

都道府県知事又は防衛庁長官は、損失補償申請書、実費弁償申請書又は扶助金支給申請書を受理したときは、補償すべき損失、弁償すべき実費又は支給すべき扶助金の有無及び補償、弁償又は支給すべき場合にはその額を決定し、遅滞なくこれを申請者に通知しなければならないこと。

資料Ⅰ・65

第一次憲法改正草案〈試案〉・同追加案

①第一次憲法改正草案〈試案〉

一九八一年一〇月二一日

自主憲法期成議員同盟（竹花光範）

［出典］憲法会議『月刊憲法運動』一〇〇号、一九八一年六月

②第一次憲法改正草案追加案

一九八二年一二月一日

自主憲法期成議員同盟（竹花光範）

［出典］憲法会議『月刊憲法運動』一一六号、一九八三年一月

＊のちに両案とも、竹花光範『現代の憲法問題と改正論』（成文社、一九八六年）二八九頁以下に収録。

コメント

1．この案は、自主憲法期成議員同盟が、大西邦敏の門下で駒沢大学法学部教授で憲法学者の竹花光範に依頼して作成した憲法改正案である。

八〇年代に入って、自民党が衆・参同日選挙で勝利し、久方ぶりに安定多数をとったことから、久しく政治課題とはなりえなかった憲法改正が、保守政治の検討すべき課題として浮上した。

改憲論台頭のより大きな背景としては、日本の経済大国化とそれに見合った政治体制づくりという要請があったが、しかし現実の政治状況は、こうした改憲にはきわめて厳しい状況であり、八〇年代改憲は、こうしたなかで可能な改正の道を探るものとなった。

この竹花案は、こうした状況をふまえて可能な道を探った最初の

試みとして注目される。

竹花案は、一九八一年と八二年の二回にわけて出されており、それぞれやや性格をことにするので、①②にわけて解説する。

2．まず①である。ここで竹花が冒頭語っていることは、こうした八〇年代改憲の雰囲気を象徴的に示しているので少し長くなるが引用しておく。

「現状では、現憲法の全面的改正は事実上不可能である。そこで当面、国民的合意（具体的には一部野党の賛成）を得て、国会の両院で、発議に必要な総議員の三分の二以上を獲得するためには、それが可能と考えられる特定の規定についての所謂『部分改正』を企図すべきであろう。しかし、部分改正といっても、現憲法の基本原理にかかわるような改正や、あまりに多くの条文にわたっての改正については、抵抗が強いと思われるので、とりあえず第一次の改正においては（数次にわたる改正を経ることによって、より理想に近い憲法に改めることが必要であろう）、比較的、技術的性格の強い規定で、しかも、一般に改正の必要性について理解しやすい規定に対象を限定すべきであろう」と。

こうした認識に立って作られた竹花案は、八〇年代改憲の代表的特徴を備えている。具体的には以下の諸点である。

第一に、改憲に対する抵抗を避けるために、天皇については「元首」という言葉の使用を控えるとか、九条についても一項、二項はそのままにし、三項で武力保持規定を入れるというように国民意識を考慮してなるべく小幅の改正が考えられている。

また、第二に、この案は人権条項に触れないとか、参議院改革についても参院で否決した法案の再可決の条件を緩和するにとどめ、さらに地方自治についても手を触れない、憲法改正手続についても触れない、非常事態規定についても新設はしない、というように、「全面改正」であるという色彩を極力抑える内容となっている。

第三に、その結果、この案は憲法改正を一気に決めず段階的に数度にわたって行おうという構想を前提にしていることである。

3．これに対して、八二年に②が出された。ここではじめて、今までの改憲案にはなかった「知る権利」など「新しい人権」がうたわれた。

こうした特徴は、やがて九〇年代以降の現代の改憲論に受け継がれていくことになる。その意味では、この案はきわめて注目される。

追加案の具体的な特徴は以下の諸点である。

第一に、追加案には、「知る権利」、老人・母子に対する保護規定、デュー・プロセス条項などが挿入された点である。

このうち老人・母子に対する保護規定は、以下のようである。

「『現代憲法』としてみた場合、現憲法の社会権規定が不備であることは否定しがたい。改正によって、二十世紀的基本権ともいわれる同権利の充実をはかるべきであろう。とりあえず、第一次改正においては、第二十五条に第三項を設け、『老人及び母子の保護』に関する規定をおくことを提案する。」こうした点は、五〇年代の福祉国家型改憲案では登場しているが、九〇年代以降の改憲には登場しないものである点には注意が必要である。九〇年代以降には、新自由主義改革のもと、改憲論でも、二五条拡充論は姿を消すからである。

竹花がかかる人権規定を入れたのは、多分に戦術的思惑によるものと思われる。

しかし第二に、他の改正点は、五〇年代改憲論から受け継がれたものが多く、現代の改憲論とは断絶している点である。

①第一次憲法改正草案〈試案〉

はじめに

現状では、現憲法の全面的改正は事実上不可能である。そこで当面、国民的合意（具体的には一部野党の賛成）を得て、国会の両院で、発議に必要な総議員の三分の二以上を獲得するためには、それが可能と考えられる特定の規定についての所謂「部分改正」を企図すべきであろう。しかし、部分改正といっても、現憲法の基本原理にかかわるような改正や、あまりに多くの条文にわたっての改正については、抵抗が強いと思われるので、とりあえず第一次の改正においては（数次にわたる改正を経ることによって、より理想に近い憲法に改めることが必要であろう）、比較的、技術的性格の強い規定で、しかも、一般に改正の必要性について理解しやすい規定に対象を限定すべきであろう。

以下に、改正すべき条項を挙げ、同条項の改正が何故必要かについて述べた上で、同条項に対する改正試案を示すことにする。（註　配列順は、便宜上、現憲法の配列に従ったもので、重要順というわけではない。）

○改正点一……第一章第一条

現状では、日本国の対外代表者（すなわち国家元首）が誰であるかについて明記がないため、憲法解釈上、対立がある（天皇説、内閣説、内閣総理大臣説等）。

このような対立を排除するために、天皇が日本国を対外的に代表することを明らかにすべきである。そこで憲法第一章第一条を、次のように改めることを提案する。

◇案一

「天皇は、日本国民統合の象徴であり、外国に対し日本国を代表する。この地位は主権の存する日本国民の総意に基く。」

◇案二

「天皇は、日本国の元首であり、日本国民統合の象徴であって、この地位は、主権の存する日本国民の総意に基く。」

――コメント――

「元首」という表現を用いるか用いないかは問題である。「元首」とは、今日、一国の対外代表者のことであるが、わが国においては「統治権の総攬者」といったイメージが強いため、このような表現を用いることには抵抗があるかもしれない。

○改正点二……第一章第三条および第七条

天皇の国事行為には、内閣の「助言と承認」が必要とされているが、「助言と承認」という表現では、助言の閣議決定と承認の閣議決定（つまり二度の閣議決定）が必要である、という解釈が生まれる余地がある。このような余地をなくすために「助言と承認」を「助言」に改めるべきである。

◇案

第三条「天皇の国事に関するすべての行為には、内閣の助言を必要とし、内閣が、その責任を負う。」

第七条「天皇は、内閣の助言により、国民のために、左の国事に関する行為を行なう。」

――コメント――

天皇の政治的無答責、すなわち天皇の国事行為について、内閣がその責任を負うことをあらわすには、単に「助言」という表現を以て足りるであろう。苫米地事件の再発を防ぐためにも「承認」という文字は削除すべきである。なお現行の規定は、第三条、第七条それぞれ末尾が「負ふ」「行ふ」となっているが、これらも同時に現代かなづかいに改めて、それぞれ「負う」「行う」とすべきである。

○改正点三……第九条

現状では、自衛隊違憲論も成り立ちうることは、周知のごとくである。そこで、そのような余地をなくし自衛隊を明らかに合憲的な存在とするよう改めることが必要である。ただし、現憲法の「平和主義」の原理そのものには、手をふれないことが望ましいように思う。

◇案一……解釈規定を第三項に置く

第九条第三項「前二項は、日本国の独立と安全を防衛し、国民の基本的人権を守護することを目的とし、必要な実力（または武力）を保持し、これを行使することを妨げるものではない。」

……衛のための実力の保持を明記

問題は、第三項であるが、すっきりさせるためには、現在の規定を削除し、これに代わって、右に示したような規定を置くことが、望ましいであろう。ただし、第一項の場合と同様、第二項についても、それを変更することが、「平和主義」の原理を後退させるような印象を一般に与え、その結果、九条改正に反対の声が高まることも予想される。そのような場合には、第二項もそのままにしておき、別に第三項を設けて、そこで、自衛戦争および自衛のための武力の保持が、第一項、第二項によって禁ぜられるものでない旨の、いわば、解釈規定を置くことも、一つの考え方ではないかと思う。

○**改正点四……第四一条**

第四一条の「国権の最高機関」たる表現は、プロレタリアート独裁のもとに権力統合の原理に立つ社会主義憲法を象徴する規定であり、自由民主主義憲法には見られないところである。現状では、日本国憲法があたかも権力分立の原理を否定しているかのような誤解を生ぜしめる危険性があり、好ましくない。また、同条にある「唯一の立法機関」なる表現も、たとえば、政令、条例等の存在と矛盾することになり、適当ではなかろう。

◇案

第四一条「国会は、国民代表の府であり、立法権を行使し、予算案を……し、その他この憲法および法律の定める権限を行……

……「国権の最高機関」とすることは、他の国家機関を、……せしめることを意味し、本来、権力分立の原理を否……しまう。

……規定は、社会主義諸国の憲法には例外なくみられる……主主義諸国では、「国民公会制」という特殊な制度を採用しているスイス憲法と、わが日本国憲法以外にはみられない。

○**改正点五……第五二条**

現憲法は、国会の常会について、一回制を採用している。しかし、今日のように、国会において処理しなければならない案件が増大している情況下では、常会一回制は適当ではない。

事実上も、臨時会がほとんど定期的に開催されることによって、常会二回制の如き現象を呈している。世界的にも今日、常会二回制は、半数をこえる国家において、採用されているところである。

◇案一

「国会の常会は、毎年二回、これを召集する。」

◇案二

「国会の常会は、毎年二回、これを召集する。前期常会は一月の第四週から三月末までを、後期常会は九月第三週から十月末までを、会期とする。但し、両議院一致の可決でこれを延長することができる。」

――コメント――

常会二回制は、世界における最近の最も顕著な傾向であり、同制度を採用する国家の数は増加の一途をたどっている。また、同時に、常会の会期を憲法上明記する国家も、今日、議会制度を採用する国家の半数をこえている。

○改正点六……第五九条

現憲法は二院制を採用しており、しかも、十分に必要な程度に第一院たる衆議院にも優越的な地位を与えていない。しかしながら、第二院を置く積極的な理由は極めて希薄になっており、世界の多くの諸国では憲法を改正して二院制を廃し、一院制を採用する傾向にある。わが国の場合、現状でただちに二院制を廃することには抵抗があるものと思われるので、とりあえず、二院制の最大の欠陥である第二院が、国政をマヒさせる危険な存在になることを、できうる限り防止するような措置を講ずるべきであろう。また、現憲法は、法律案の発案権の明記がないため、その所在について争いがある。そのような争いをなくすためにも、発案権の所在について明記が必要であろう。

以上を勘案すれば、第五九条は次のように改められるべきものと思う。

◇案……現行の第五九条の一項を二項に移し、さらに同条三項を四項に、四項を五項に移す。一項に新たに法律案の発案権の所在を規定し、現行の二項については、表決数を改めた上、三項に移す。

第五九条「法律案の発案権は、内閣および各議院の議員に属する。但し、租税に関する法律、および予算を伴う法律案の発案権は、内閣に属する。

法律案は、この憲法に特別の定めのある場合を除いては、両議院で可決したときに法律となる。

衆議院で可決し、参議院でこれと異なった議決をした法律案は、衆議院で総議員の過半数の賛成で再び可決したときは、法律となる。

前項の規定は、法律の定めるところにより、衆議院が、両議院の協議会を開くことを求めることを妨げない。

参議院が、衆議院の可決した法律案を受け取った後、国会休会中の期間を除いて、六十日以内に議決しないときは、衆議院は、参議院がその法律案を否決したものとみなすことができる。」

――コメント――

現状では、内閣に法律案の発案権がないとする有力な学説があり、そのような説を排除するためにも、右のような規定が必要であると思われる。また、租税に関する法律案、および予算を伴う法律案については、国の収入支出について責任を負っている内閣に、その発案権は専属せしめるべきであろう。

「国政をマヒさせる」存在に第二院がなる危険性を除去するためには、事実上、第一院のみで法律を成立させることが可能となるような措置を講ずるべきである。衆議院における再可決の表決数を「出席議員の三分の二」から「総議員の過半数」に改めたのはそのためである。

○改正点七……第六〇条

現憲法には、予算が年度内に成立しなかった場合どうするか、について全く規定がない。現在は、財政法第三〇条に基づいて、とりあえず暫定予算を組んで当面をしのぐのであるが、この場合も、国会の議決が必要であり、年度内に必ず成立するという保障はどこにもない。もし、暫定予算ですら年度内に成立しなかった場合には、一体どうするか。このような場合に対処するため、第六〇条に新たに第三項を置いて、次のように規定すべきであろう。

◇案

第六〇条第三項「会計年度の終了までに次年度の予算が成立しない場合には、内閣は、予算が、成立するまでの間、左の目的のために必要な一切の支出をなすことができる。

一、法律によって設置された施設を維持し、並びに法律によって定まっている行為を実行するため。

二、法律上国に属する義務を履行するため。

三、前年度の予算ですでに承認を得た範囲内で、建築、調達及びその他の事業を継続し、又はこれらの目的に対して補助を継続するため。」

――コメント――

右案は、西ドイツのボン基本法の規定を参照している。なお、明治憲法では、第七一条に予算不成立の場合には、前年度の予算を当該年度の予算として施行することができる旨定められていた。

○改正点八……第六八条

現憲法には、臨時に内閣総理大臣に事故のある時、または、内閣総理大臣が欠けた時に臨時に内閣総理大臣の職務を誰が行うか、について定めがない。現在は、内閣法第九条に基づいて「その予め指定する国務大臣」が、それを行うことになっているが、予めの指定がなかった場合どうするか、については一切沈黙している。

右のような場合どうするかについて、憲法上の措置を講じておく必要があるだろう。

◇案一……第六八条に新たに第三項を設ける

第六八条三項「内閣総理大臣は、内閣の成立と同時に、内閣総理大臣に事故のある時、又は、内閣総理大臣が欠けた時に、臨時に内閣総理大臣の職務を行う国務大臣を指定しなければならない。」

◇案二……副総理制を明記する（第六八条に三項、四項を置く）

第六八条三項「内閣総理大臣は、内閣の成立と同時に、国務大臣の中から一名を選び、内閣副総理大臣に指定しなければならない。」

第六八条四項「内閣副総理大臣は、内閣総理大臣に事故のある時、又は、内閣総理大臣が欠けた時に、臨時に内閣総理大臣の職務を行う。」

――コメント――

先の大平首相の急逝の際のような混乱を防ぐためにも、「内閣の成立と同時に」指定する、としておくことが必要であろう。なお、このような重要な規定を一般の法律で行うことは適当ではない。

○改正点九……第六九条

現憲法は、内閣不信任権の濫用防止について、何らの規定も置いていない。現状では、「出席議員の過半数」の賛成で不信任が成立してしまうが、これでは何らかの理由で内閣を信任していながら出席しなかった議員の意志が無視され、総議員の中では少数である不信任議員の意志で、不信任が可決されてしまう危険性がある。また、内閣不信任のような、国政に重大な影響を与えかねないような案件の議決には、提案から議決までの間に、一定の冷却期間を置く必要があるように思う。

◇案……現第六九条の表決数を改め第一項とし、新たに第二項を置き、冷却期間を定める。

第六九条一項「内閣は、衆議院で総議員の過半数により不信任の決議案を可決し、又は、信任の決議案を否決したときは、十日以内に衆議院が解散されない限り、総辞職をしなければならない。」

第六九条二項「内閣に対する不信任及び信任の決議案の議決は、動議が提出されてから四十八時間後でなければならない。」

――コメント――

世界で不信任規定を有している国家の八〇%以上が、憲法で内閣の不信任について、議会側に何らかの濫用防止規定を付している。右の四十八時間の冷却期間は、西ドイツ、フランスの例にならった。なお、不信任権の濫用防止措置として、不信任動議に必要な議員数を、憲法で規定する例も多く見られる。

○改正点十……第八九条

現憲法の第八九条の規定を文理解釈すると、私立学校への国家助成には、違憲の疑いが強い。現在は、そのために、私学振興財団なる団体を設け、国家は同財団に助成金を支出し、同財団が各私立学校に、それを配分する、という便法をとっている。

しかし、このような措置を講じても、「公の支配に属しない」私立学校に公金が支出されていることには変わりなく、八九条違反の疑いは免れない。現行規定を改め、私学助成違憲の疑いを除去すべきである。なお、現在は、慈善ないし博愛の事業に対する公金の支出も禁止されているが、これも、妥当ではあるまい。同時に改めるべきであろう。

◇案

第八五条「公金その他の公の財産は、宗教上の組織若しくは団体の使用、便益、若しくは維持のため、これを支出し、又はその利用に供してはならない。」

――コメント――

右案は現八九条から「又は公の支配に属しない慈善、教育、若しくは博愛の事業に対し」なる文言を削除したものである。

なお、靖国神社の国家護持を憲法上の疑義なしに実現するためには、右の規定に但し書きを置いて、例えば「但し、靖国神社の維持のための支出は、この限りではない」とすれば良いであろう。但し、このような改正には抵抗が強いと思われるので、第一次改正案には盛りこむべきではないであろう。

おわりに

はじめに述べたように、右十項目のほかにも改正すべき個所は多々あるが、それは、改正の緊急度から第二次以降の改正に委ねてもよいと思われる。

なお、内容的にはほとんど関係がないため、緊急な改正の必要性はないものの、できうれば第一次改正の対象とすることが望ましいものとして、現憲法の旧かなづかいを新かなづかいに直す（例えば第九九条の「負ふ」を「負う」に直す等）ことや、明らかな用語の誤りを正す（例えば、第六〇条の「予算」を「予算案」に直す等）ことを挙げることができるが、この点に手をつけると、極めて多くの条文の改正にわたるため、あたかも全面改正のような印象を与えることになり、抵抗が強いかもしれない。もし、そうであるとするならば、これらの改正も第二次改正以降にまわしても良いであろう。

また、自衛隊の憲法上の認知と同時に、国家の非常事態に対処する措置を講ずべきだという考え方も当然あり得るが、（非常事態対処規定の欠如は、国家の基本法として現憲法の最大の欠陥の一つである。）これらを同時に行うことは、改憲は軍国主義化を推し進めることになるとの批難を招来し、改憲を事実上不可能にしてしまうであろう。従って、第一次改正においては、この点をとりあげることは、差し控えるべきではないかと思う。

なお、現憲法の第三章（国民の権利及び義務）についても、種々問題はあるが、これに手をつけると相当大幅な改正とならざるを得ず、現状では困難であろう。

付　記

自民党憲法調査会において問題とされている前文の改正について若干付言しておきたい。たしかに、現在の前文は、「ポツダム宣言の受取書」だとか「詫び証文」だとか言われてもいたしかたない内容であり、いずれ改められるべきであることは言うまでもない。

しかし、そうしたことは、憲法全体について言えることであって、とくに前文に限ったことではない。それに前文は、憲法の基本原理について述べているわけであり、それに手をつけることは、基本原理に変更を加えるような印象を与え、違憲派の強い反発を招くことになり、改憲作業にブレーキをかけることになりかねない。

また、前文は、本文とは異なり、そこから直ちに法的拘束力を導き出しうるものではなく、本文各条項を解釈する場合の指針としての役割を果たすものであることを考えれば、その改正の緊急度は、本文の一部の条項に比べて、それほど高いとは言えない。

全面改正が可能な状況であるならまだしも、国民の間に改憲アレルギーの強い現状では、前文の改正は第二次改正以降に持ち越した方がよいように思う。

②第一次憲法改正草案追加案

追加案の起案にあたって

当面、実現可能性のある案ということで、先に、自主憲法期成議員同盟からの依頼により、「第一次憲法改正草案試案」を発表したのであるが、その後、改憲に対する国民の理解も徐々に高まりつつあるので、より望ましい改憲案とすべく、同案にさらに十五点の追加を行い、このたびここに『第一次憲法改正草案試案』追加案」を起案することとした。

「追加案」の起案にあたっても、「第一次憲法改正草案試案」同様、「当面実現可能性のある案」とすることを念頭においた。したがって、当然のことながら、その内容は必ずしも十全なものではない。とくに「第一次案」でも述べたように、現憲法の最大の内容的欠陥の一つである非常事態対処規定の欠如という点について、今回もほとんど是正措置は講じられていない。それは、国民の理解度からみて、いまだ実現の可能性はうすい、と考えたからである。

ただ、今回は、国民の権利・義務を定めた第三章にも手をつけているため、「追加案」に盛りこんだ改正点は、「第一次案」のそれよりも多くなってはいる。しかし、いずれも国民の理解を得ることが容易なものばかりであるから、それほど大幅な改正という印象を一般に与えることはないものと思う。（竹花光範）

○追加改正点一……第十四条第一項

第十四条第一項は、その冒頭で、「すべて国民は、法の下に平等であって」と規定しているが、「法の下に」という表現では、法の適用の下における平等しか意味しない、という解釈も可能になってしまう。そのような解釈の余地を排し、法の定立にあたって、その内容そのものにおいても、国民を差別してはならないという意味を明白にするために、「法の下に」を「法の前に」と改めるべきである。

◇案

第十四条第一項「すべて国民は、法の前に平等であって、人種、信条、性別、社会的身分又は門地により、政治的、経済的又は社会的関係において、差別されない。」

——コメント——

英文が“under the law”であるため、邦文も「法の下に」となったのであろうが、各国憲法の規定は、いずれも“before the law”「法の前に」と表現されている。

フランス人権宣言が「すべての市民は、法の前に平等であって、自己の価値および才能による以外は差別なく……」（第六条）と宣言して以来、「法の前の平等」は、近代憲法における権利章典の不可欠の要素となっている。

○追加改正点二……第二十一条

現憲法に、「知る権利」に関する明文規定がないことは周知の如くである。現状でも、第二十一条第一項の規定から「知る権利」を引き出すことは可能であるが、しかし、この場合の「知る権利」は、あくまでも「自由権」としてのそれであり、我が国の場合、現在の法制度のもとでは、「受け手」の側の「知る権利」が侵害されたということだけを理由として、その権利主体であるところの国民が、原告として訴訟の場に登場するというようなことはほとんど不可能である（第十三条の「幸福追求権」にまでさかのぼれば、そのような解釈も可能ではあるが）。

「知る権利」を、「請求権」としても明白に認めるためには、同権利を憲法上明記することが必要であろう。

◇案……現行の第二十一条第二項を第三項に移し、代わりに、新たに次のような規定を第二項としておく。

第二十一条第二項「何人も、国の安全及び公共の秩序並びに個人の尊厳を侵さない限り、一般に入手できる情報源から、情報を得ることを妨げられない権利を有する。」

――コメント――

現憲法第十二条、第十三条は、いわば基本的人権の通則規定であり、よって、当然「知る権利」も「公共の福祉」による制約を受けるわけであるが、しかし、本権利については、それが濫用されるということになると、極めて由々しい事態を招来すると思われるので、第二十二条、第二十九条の場合と同様、注意的に「国の安全及び公共の秩序並びに個人の尊厳を侵さない限り」を入れることにした。

憲法上、明文をもって「知る権利」を保障している諸国では、例外なく、「国家の安全」や「公序良俗」などに反する場合には、それが制限され得るものである旨の定めをおいている。

なお、右案の「一般に入手できる情報源から」は、西ドイツのボン基本法の規定にならった。

○追加改正点三……第二十二条

現憲法は、「外国に移住する自由」および「国籍離脱の自由」については明記しているものの、むしろ、今日においては、より一層重要と思われる「国籍剥奪」、「国外追放」などからの保護に関しては、何ら定めがなされていない。第二十二条に新たに第三項を設け、次のような規定をおくことを提案する。

◇案

第二十二条第三項「何人も、国籍を奪われ、外国に追放され、又は犯罪人として外国政府に引き渡されない。」

――コメント――

本条に関しては、その他、在留外国人の法的地位の明確化、逃亡政治犯罪人の引き渡しの禁止などについて、規定をおくことも一考に値しよう。国際関係がますます拡大化し複雑化する今日、これら諸権利について、憲法上の明記が、いよいよ必要になってきているのではないかと思う。

○追加改正点四……第二十四条

現憲法には、婚姻や夫婦に関する規定はあるが、社会生活の基礎単位としての家庭（ないし家族）については何らの定めもない。夫婦が、家庭（家族）の中心であることは否定しないが、家庭（家族）は、他にその親や子をも含んで構成されるものであり、そのような家庭（家族）の生活が、幸せで豊かであるよう、憲法上何らかの保障措置を講ずることが必要であろう。

◇案……第二十四条に新たに第三項を設ける。

第二十四条第三項「国は、国民生活の基礎単位として家庭を尊重し、及びこれを保護しなければならない。」

――コメント――

このような規定を、まず憲法において、その上で、国が何らかの具体的措置を講ずることによって、家庭（家族）が尊重されることになれば、今日の過度な自分本位の考え方も是正され、たとえば青少年の非行なども、ある程度防止することが可能になるのではないかと思う。

なお、本条については、その他、農業の衰退を防止するために、「農家の家庭の保障」に関する規定を設けることなども、第二次以降の改憲においては一考に値しよう。

○追加改正点五……第二十五条

「現代憲法」としてみた場合、現憲法の社会権規定が不備であることは否定しがたい。改正によって、二十世紀的基本権ともいわれる同権利の充実をはかるべきであろう。とりあえず、第一次改正においては、第二十五条に第三項を設け、「老人及び母子の保護」に関する規定をおくことを提案する。

◇案

第二十五条第三項「国は、老人及び母子に特別の補助及び援助を与えなければならない。」

――コメント――

その他、「勤労の保護」、「女子及び年少者の労働の保護」や、国が「すべての教育施設を保護監督する」こと、さらには、最低賃金制、男女同一賃金、年次有給休暇制などの諸原則を定めることも一考に値するが、それは第二次以降の改正における検討課題としたい。

○追加改正点六……第二十九条第三項

現憲法第二十九条第三項では、私有財産を公共のために用いる場合、「正当な補償」を必要とすると定めているが、「正当な補償」が、「完全な補償」を意味しているのか、それとも「相当な補償」を意味しているのか必ずしもはっきりしない。現代的な社会福祉国家の要請に応ずる意味からも、「正当な補償」を「相当な補償（ないし適正な補償）」に改めるべきである。

その他、内容には関係ないが、「公共のために用ひる」の「用ひる」は、現代仮名づかいに改めて「用いる」とすべきであろう。

◇案

第二十九条第三項「私有財産は、相当な補償の下に、これを公共のために用いることができる。」

――コメント――

歴史的にいって、十八世紀から十九世紀にいたる間においては、個人の財産権は不可侵の権利であるという思想が強く、したがって、その補償は「完全な補償」でなければならないと考えられていた。しかし、二十世紀に入ると、次第に財産権不可侵性が修正を受けるようになり、それにつれて補償についても「相当な補償（ないし適正な補償）」を妥当とする考え方が支配的となった。

○追加改正点七……第三十一条

第三十一条が、刑事手続法定主義を定めていることは明らかである。しかし「法律の定める手続」とあるだけで、「適正な」とか「正当な」といった言葉が入っていないため、単に刑事手続が法律によって定められていればそれでよい、といった解釈ができないこともない。手続法の実態の適正をも要求することを明確にする意味で、「手続」の前に「適正な」という言葉を入れるべきである。

その他、内容には関係ないが、「その生命若しくは自由を奪はれ」の「奪はれ」は、現代仮名づかいに改めて「奪われ」とすべきであろう。

◇案

第三十一条「何人も、法律の定める適正な手続によらなければ、その生命若しくは自由を奪われ、又はその他の刑罰を科せられない。」

――コメント――

本条については、その他にも問題は多い。例えば、罪刑法定主義の原則を含んでいるかどうかはっきりしないし、また、本条が行政手続に適用されるかどうかも明らかではない。

さらには、英文を翻訳したためであろうが、文章表現が日本語として適切でないところがあることなども問題であろう。第二次以降の改正でさらに手直しが必要かと思われる。

○追加改正点八……第三十二条

本条は、いわゆる「裁判請求権」を定めたものであるが、単に、「裁判所において」とだけあるため、解釈上疑義の生ずる余地がある。「適法な（ないしは公正な）裁判所」において、「資格を有する裁判官」の裁判を受ける権利であることを明らかにする必要がある。

その他、内容には関係ないが、末尾の「奪はれない」は、現代仮名づかいに改めて「奪われない」とすべきであろう。

◇案

第三十二条「何人も、適法な裁判所において、資格を有する裁判官の裁判を受ける権利を奪われない。」

――コメント――

本条については、その他、審級を異にする裁判所において、同一事件について、同一の裁判官が重ねて裁判することを禁じる規定を入れるべきだ、という意見もあり得よう。

○追加改正点九……第三十三条

第三十三条は、いわゆる「令状主義」を定めたものであるが、「司法官憲」という表現は不適切である。これでは、検察官や警察官も司法権の作用に関係する権限を有するのであるから、その意味では、「司法官憲」と呼ぶこともできるわけであり、そうだとすると、現状では、検察官や警察官によって発せられる令状を認めるような解釈も可能になってしまう。「司法官憲」を「裁判官」と改める必要があろう。

その他、内容には関係ないが、「理由となってゐる」の「ゐる」は、現代仮名づかいに改めて「いる」とすべきであろう。

◇案

第三十三条「何人も、現行犯として逮捕される場合を除いては、権限を有する裁判官が発し、且つ理由となっている犯罪を明示する令状によらなければ、逮捕されない。」

――コメント――

本条は、逮捕には令状を要するという、単に形式的な手続を定めたものではないはずである。公正な地位にある裁判官によって、不当な逮捕を抑制しようというのが、その趣旨だといえよう。

○追加改正点十……第四十五条

現在、任期満了による総選挙は、任期が終わる日の前三十日以内に行われることになっている（公選法三十一条）が、非常の事態が発生し、総選挙が行えなくなったとき一体どうするのか。現憲法は、そのような事態に対処する定めを何ら持っていない。第四十五条に、第二項、第三項を追加し、非常事態の発生が任期満了の前であれば、国会の議決によって非常事態の継続中、任期を延長することとし、任期満了後又は解散後に非常事態が発生した場合は、新国会が成立するまで、前国会が引きつづきその権限を行う、としたらいかがであろう。

◇案

第四十五条第二項「衆議院議員の任期は、衆議院議員の総選挙を行うに適しない非常の事態が発生した場合においては、国会の議決で、非常の事態の継続中、これを延長することができる。」

第四十五条第三項「衆議院議員の任期満了後、又は衆議院の解散後、総選挙を行うに適しない非常の事態が発生した場合には、新国会が成立するまで、前国会が引きつづきその権限を行う。」

――コメント――

右のように、任期満了後又は解散後に、非常事態が発生し、所定の期日までに総選挙が行えない場合に、新国会が成立するまで、引きつづき前国会がその権限を行うとすれば、現憲法第五十四条第二項後段及び同条第三項の規定する参議院の緊急集会の制度は、その意義を失うことになる。右改正と同時に、それらの規定を削除してよかろう。

なお、第四十五条については、衆議院の任期も問題となる。任期四年で解散があるということは、いわゆる「短任期制」ということであるが、最近では、むしろ、解散制をとる場合は、任期五年以上とする「長任期制」が、世界の傾向となっている。第二次以降の改定においては、衆議院議員の任期の延長も、当然検討課題となろう。

○追加改正点十一……第七十三条第六号

現行規定では、「この憲法及び法律の規定を実施するために、政令を制定すること。」となっているが、これでは、直接「憲法の規定を実施するために」政令を制定することができるといった解釈の余地があり、不都合である。右規定のうち「この憲法及び」なる文言は削除すべきである。

◇案

第七十三条第六号「法律の規定を実施するために、政令を制定すること。但し、政令には、特にその法律の委任がある場合を除いては、罰則を設けることができない。」

――コメント――

憲法の規定を実施するために法律があるわけであり、政令は単に法律の規定を実施するためのものであることをはっきりさせる必要がある。

なお、右規定については、その他、「委任命令」を認めているかどうかといったことも問題となる。限られた一定の事項については、委任命令たる政令を認めていると解すべきであろうが、委任の範囲をどうするか、委任立法について国会が事後審査を行う必要はないか、などといった点は第二次以降の改定における検討課題であろう。

○追加改正点十二……第七十七条第一項

現行の規定では、最高裁判所の規則制定権が、あたかも、刑事訴訟法や民事訴訟法などの法律の分野にまで及ぶかのように読めてしまう。規則制定権は、あくまで「法律の範囲内で」認められるものであることを明記すべきである。

◇案

第七十七条第二項「最高裁判所は、法律の定める範囲内において、訴訟に関する手続、弁護士、裁判所の内部規律及び司法事務処理に関する事項について、規則を定める権限を有する。」

――コメント――

最高裁判所に規則制定権を与えることは、決して国会の立法権を侵すことを許容する趣旨ではない。それは、司法部の自主性を徹底せしめるとともに、裁判の手続的、技術的、細目的な事項については、裁判所の専門的な知識と実際的な経験を尊重しようとしたために他ならない。

○追加改正点十三……第八十二条第二項

第八十二条は、裁判公開の原則を定めているのであるが、同条第二項但書のような規定は世界に類例をみない。

「政治犯罪、出版に関する犯罪又はこの憲法第三章で保障する国民の権利が問題となつてゐる事件の対審は、常にこれを公開しなければならない。」と定めているが、これでは、裁判非公開の余地はほとんどないといってよい。とくに、防衛上、外交上の重大事件についてまで、一切公開の法廷で裁判が行われなくてはならないということでは、国家の機密がもれてしまい、対外関係にも悪影響を及ぼすことは必定であろう。右但書は全文削除すべきである。

その他、内容には関係ないが、「対審は、公開しないでこれを行ふ」の「行ふ」は、現代仮名づかいに改めて「行う」とすべきであろう。

◇案

第八十二条第二項「裁判所が、裁判官の全員一致で、公の秩序又は善良の風俗を害する虞があると決した場合には、対審は、公開しないでこれを行うことができる。」

――コメント――

本規定については、他に、「裁判官の全員一致で」非公開を決定するということにも問題がないわけではない。一人でも反対の裁判官がいれば公開せざるを得ないということは、いかがなものであろう。この点については、第二次以降の改正で検討を要しよう。

○追加改正点十四……第八十六条

現憲法は、予算一年主義及び会計年度の制度を採っているためであろうが、「継続費」を認める規定を置いていない。しかし、現実には、公共土木事業など数年にわたり継続して経費を支出しなければならない場合も少なくない。そのような必要に応じ、憲法上の疑義なく、経費の継続支出を可能とするために、明文の規定を置くべきであろう。

◇案……第八十六条に新たに第二項を設ける。

第八十六条第二項「特別に継続支出の必要あるときは、年限を定め、継続費として、国会の議決を経なければならない。」

――コメント――

現在でも、第八十六条の「毎会計年度の予算」というのを、当該年度に限らず、数年度を会計年度とすることをも認めたものと解せば、国会の議決によって継続費を設けることは許されよう（現に、財政法第十四条の二は継続費を認めている）。しかし、それは、何といっても予算一年主義及び会計年度の制度に対して、例外をなす制度なのであるから、やはり、憲法上の明記が必要だといえよう。

○追加改正点十五……第九十二条

第九十二条にいう「地方自治の本旨」の意味が明確でないため、様々な混乱が生じている。とくに問題なのは、同規定をアメリカ式に解して、地方公共団体は固有の自治権を有していると主張し、国政と地方自治とを観念的に峻別し、対立的にみる考え方が一部にあることである。このような考え方を排し、地方自治の健全な発展を保障するために、第九十二条に新たに第二項を設け、次のような規定を置くことを提案したい。

◇案……第九十二条に新たに第二項を置く。

第九十二条第二項「国と地方公共団体とは、協同して、国民の福祉の増進につとめなければならない。」

――コメント――

アメリカのような連邦制の国家の場合ならまだしも、我が国のような単一国家において、地方公共団体の自治権が、固有の権利であるはずはない。それに、すべての国民に一定の生活水準を保障する、という現代福祉国家の理念からいっても、国と地方公共団体との協同は、必然の要請だといえよう。

資料I・66

自民党憲法調査会中間報告

一九八二年八月一一日
自由民主党憲法調査会
〔出典〕『憲法見直し作業の視点』一九八三年四月、第一法規出版

コメント

1. これは、一九八〇年、先の奥野法相の改憲発言（⇩I・62）に触発され、同年一〇月に活動を再開した自民党憲法調査会が、一九八二年に出した中間報告である。この中間報告も、八〇年代の憲法状況を反映して、党調査会内で改憲派と改憲消極派の意見が対立し、会の一致した意思を形成できないという問題が如実に現われたものとなっている。すなわち、憲法改正についての合意を見たのは、ほとんど現状維持の確認に止まるという内容となっている点が注目される。同時に、自民党の憲法調査会内部での改憲派と改憲消極派の対立状況が公然化した点も注目される。

2. この報告で具体的に注目される点は以下の諸点である。

第一に、天皇の「象徴」規定についてはいじらないとする意見が多数を占めたことである。

第二に、国会に関しては五〇年代改憲論がほぼ必ず削除を求めていた「国権の最高機関」という言葉をそのままにするという意見が多数を占めた点に象徴されるように、改正論は、国会の現状に合わせたものに止まり、大幅な改正は意見が対立してまとまらなかったことである。

財政についても、予算不成立の場合の措置、予算案に対する国会の増額修正の制限、継続費などの規定挿入といった問題について改正の必要性を指摘するに止まった。

第三に、地方自治の規定も、九五条の住民投票の削除論を除いて、現行通りとする意見が多数を占めた。

第四に、人権の部分は、従来の復古的改正論のほとんどが退けられ、逆に、知る権利、プライバシー、環境権などの「新しい人権」規定の追加も退けられた結果、ほぼ現状通りという意見になった。

第五に、司法についても現状維持派が多数となり、五〇年代改憲が必ず問題にした改正手続きについても現行通りとなったことである。九〇年代以降の現代改憲論では再び九六条改正論が出てくることを考えると、極めて興味深い。

第六に、戦争放棄の規定については、この部分を扱った第四分科会の主査が憲法改正派の論客、森清であったため、そのリーダーシップによって、二項を削り自衛隊の保持を認める案（森試案）が提案されたが、この分科会内でも九条改正反対論が出て、議論は大もめにもめた結果、結局ここでも、「この時期における改正には、なお、総合的判断に待たねばならない」という文言に収まったのである。

とくに、九条改正反対論の論拠として、「東南アジアをはじめとする諸外国」の「軍事大国」化への懸念があげられていることは、九〇年代以降の自民党の動向と比べ、注目される。「これに対し、憲法第九条について①現憲法がわが国の平和と繁栄に果たしてきた役割は大きく、すでに国民の意識の中に定着している　②東南アジアをはじめとする諸外国が、わが国は再び軍事大国の道へ踏み出すのではないか、と警戒を強めてくることが予想される——等の理由から、憲法第九条の基本的精神である平和主義を踏まえて、改正する必要はないという主張がなされた。」と。

◇前文に網羅すべき事項

1　新しい憲法が完全に日本国民自身の手で作られたことを確認する。

2　民主主義の共通原理である国民主権、個人の尊重、基本的人権の保障などに対する尊重を謳うとともに、平和主義と国際協調主義を宣明する。

3　日本の進路として長い歴史と伝統にもとづいた祖国日本の平和的発展のために、内にあっては国民の福祉、文化の向上、社会的正義の実現を図る一方、権利、自由の濫用などの戒めを謳い、外に対しては世界平和の確立に寄与する信念を吐露する。

4　憲法の理念を国民が一致団結して推進することを声明する。

◇前文についてのメモ

われら日本国民は、民主主義共通の理念たる国民主権、個人の尊重、基本的人権の保障、代議制民主主義を尊重し、平和主義と国際協調主義をさらに推進することを声明する。

われら日本国民は、長い歴史と伝統にもとづいて築き上げられてきた祖国を、よりよく発展させるために、内にあっては国民の福祉、文化の向上、社会的正義の実現、家庭と祖国との調和をはかり、ややもすれば起る自由および権利の濫用を国民の理性によって克服し、外に対しては独立、対等、内政不干渉を条件として諸外国との友好関係を促進し、もって世界平和の確立に寄与する。

ここにわれら日本国民は、民主主義と平和主義を基調とするこの憲法に全幅の賛意を表し、一致団結してその理念の実現に努めることを誓う。

◇前文に網羅すべき事項案についての意見要約

前記1　「新しい憲法が完全に日本国民自身の手で作られたことを確認する。」の「確認する」については全体の表現に盛り込む。

前記2　このままでよい。

前記3　「日本の進路として長い歴史と伝統にもとづいた祖国日本の平和的発展のために、内にあっては国民の福祉、文化の向上、社会的正義の実現を図る一方、権利、自由の濫用などの戒めを謳い、外に対しては世界平和の確立に寄与する信念を吐露する。」の「権利、自由の濫用などの戒めを謳い」については、次の各意見があった。

①　各条文により検討することとし前文より削除する。

②　削除せずこのままでよい。

③　他の表現を以ってこれにかえる。

前記4　このままでよい。

◇第一章　天　皇

天皇の地位・権能について

本第一分科会では、象徴天皇は現在では国民の間に広く親しまれており、現行規定の基本精神を改める必要はない。

これに対し、天皇が対外的に国家を代表するものであることを明確にすべきであるとか、天皇を日本国の象徴としている表現は意味も不明であり、適切な表現ではないから、天皇が元首としての地位にあることを明らかにすべきである、という考え方もあった。

第一条

（1）現行どおりとする。

第二条

（1）現行どおりとする。

第三条

（1）第三条を

天皇のこの憲法に定めるすべての行為には、内閣の助言と承認を必要とし、内閣がその責任を負う。

とし、

「国事に関する」を削除する。

第四条

（1）第四条を

天皇は、この憲法の定める行為のみを行う。

天皇は、法律の定めるところにより、その行為を委任することができる。

とし、

第一項中の「国事に関する」と「国政に関する権能を有しない」及び第二項中の「国事に関する」はいずれも削除する。

（2）第四条は積極的に改正する必要はないという考え方もあった。

第五条

（1）第五条を

皇室典範の定めるところにより摂政を置くときは、摂政は、天皇の名でこの憲法の定める天皇の行為を行う。

とし、

「その国事に関する」と「この場合には、前条第一項の規定を準用する。」を削除する。

第六条

（1）現行どおりとする。

第七条

（1）第七条冒頭の条項を

天皇は、内閣の助言と承認により、国民のために、左の行為を行う。

とし、

「国事に関する」を削除する。

（2）同条第五号を

国務大臣及び法律の定めるその他の官吏を任免すること。

とし、

「並びに全権委任状及び大使及び公使の信任状を認証すること」の部分を削除する。

（3）同条第六号を

大赦、特赦、減刑、刑の執行の免除及び復権を行なう。

とし、

「認証すること」の部分を削除する。

（4）同条第八号を

条約を批准すること。

とし、

同号の全文を削除する。

（5）同条第九号を

全権委任状及び大使及び公使の信任状を発し、並びに外国の大使及び公使を接受すること。

とする。

第八条

（1）現行どおりとする。

◇**第五章　内　閣**

（1）第五章内閣について検討したが、他の立法及び司法機関に関連して問題もあるが、全体的にみて議院内閣制度を骨子とする本条章は基本的に改正する必要はない。

◇**第四章　国　会**

第四十一条

（1）現行どおりとする。

（理由）

選挙を通じて直接国民に結びついている国会が国政の中枢的地位にあるべきことを政治的に強調することによって国会による行政権のコントロールを強化し、国民主権原理を実現する趣旨であり、「最高機関」の言葉は議会主義の理念を簡潔・適切に表現しており、すでに定着している。

なお、次のような意見もあった。

「国会は国権の最高機関」という規定を削るか、適当な表現に改める。

（理由）

① 国会を最高機関とするのは自由主義諸国ではわが国がそうであり、また、ソ連等の権力集中国家だけである。かりに立法、司法、行政の三権分立論を踏まえるなら、三権は同等であるべきである。また国権の最高機関ということは、衆参両院議長が国家元首ということにもなりかねない。

② 行政権優位という現実は否定できない。

（２）国の唯一の立法機関

「唯一の」という表現が適切であるかどうか問題がある。

（理由）

「唯一」の立法機関とは、国会中心立法と国会単独立法を意味するが、国会中心立法の原則には重要な例外がある。すなわち、議院規則（五十八条②）、最高裁判所規則（七十七条①）、条例（九十四条）について、国会以外の他の機関（各議院、最高裁、地方公共団体）による実質的意味の法律を定める機能を、憲法自らが認めていることから、「唯一の」という表現は適切でないという問題はある。

第四十二条

（１）国会の構成

① 現行どおり二院制とする。

（理由）

現在の参議院制度においては、学識経験者代表の府として議案審議の慎重、衆議院通過法案の改善・再考が期待でき、また、憲法改正の発議および緊急集会の点で、なお存在意義を有する。

また、憲法改正の発議および緊急集会制に加え、さらに参議院の特色を活かす規定をおくならば現在の二院制でよい。

② 一院制とする。

（理由）

原理的にも経済的にも一院制が合理的である。また、参議院の存在理由が稀薄化している現状がある。すなわち、当初の目的に反し、参議院の政党化がすすみ、衆議院との差異が激減（衆議院のカーボンコピー化）している。したがって一院制にしてはどうか。

その場合、議院の解散の必要が生じた場合や緊急事態が生じた場合、それに対処する機構の問題がある。

（２）参議院制度および衆・参両院の機能

① 二院制を採用した場合、参議院の存在意義を高めるために、衆議院に対し、参議院を一部優位とするか、参議院の機能を強化することが必要であろう。

② 国会運営の効率化のため、衆・参合同本会議制を採用すべきである。

（例・内閣の施政方針演説等について）

③ 参議院の構成に特色を与えるために、参議院の一部に直接選挙以外の民主的な手続きによって適材をその構成に加える制度として、推薦制あるいは比例代表制を導入する。

第四十三条

（１）「全国民を代表する」という文言は不要である。

（理由）

国会議員が、一部の国民や選挙民の要請に奉仕するものではなく、国民全体の利益のために、良心に従って行動することは当然の事理である。

（２）「全国民」は「国民」と言えば足りる。

（３）「選挙された」を「直接または間接に選挙された」と改める。

（理由）

両議院選挙制度の比例代表制を導入することについて、疑義を生ぜしめないことになる。なお、参議院に推薦制を導入する場合は、「選挙された」の文字についてさらに検討を要する。

第四十四条

（1）実態に合わないから、「門地」の語を削除する。

なお、差別理由の列挙をやめて、「両議院の議員および選挙人となる権利はすべて国民にひとしく与えられ、その資格については法律でこれを定める。」と規定すべきである、という意見があった。

第四十五条

（1）現行どおりとする。

ただ、議員の政治活動が選挙によって大幅に制約されている現状にかんがみ、最低一年間の任期を保障する。この場合の例外規定についてさらに検討する。

第四十六条

（1）現行どおりとする。

第四十七条

（1）現行どおりとする。

第四十八条

（1）現行どおりとする。

（理由）

二院制をとった場合、各院は別個独立のものであり、各院が別個の議員で構成されなければならないことは当然のことであって、知事・市長等の公職との兼職禁止とともに国会法等関係法令に定めれば足りる。

第四十九条

（1）現行どおりとする。

第五十条

（1）現行どおりとする。

（2）国会議員は「公務員」であるかどうか明確にする規定をおく。十五条で処理すべきか。

第五十一条

（1）現行どおりとする。

（理由）

この規定は、国民代表としての議員が院内における議員活動について、院外から責任追及されないことによって議員の職務遂行の自由を保障するとともに、行政・司法からの介入を排除する趣旨であって、存続すべきである。

第五十二条

（1）常会は、年二回が適当である。その場合、一回目は衆議院においては予算審議中心、参議院においては決算審議中心となり、二回目は法案等他の事項を審議する。

（理由）

現状は、毎年二回国会が召集されている。

第五十三条

（1）現行どおりとする。

なお、議院に臨時会の召集権を与え、一定数の議員の賛否で召集できることとしてはどうか、という意見があった。

（2）国会の召集

内閣のほか、議院にも自律的な国会召集権を認め、「いづれかの議院の二分の一以上の賛成があれば国会を召集しなければならない。」とすべきである。

第五十四条

（1）衆議院の解散

内閣の衆議院解散権を明示するとともに、一定数以上の議員の賛成で衆議院を解散できることとする衆議院の自律解散権の規定をおく。

（理由）

①解散権の主体　②解散権の法的根拠　③解散権行使の要件、の各規定が不明確であるため、学説が錯綜している。すなわち、七条説、六十九条説、六十五条説、制度説、自律解散説等があって立法的に解決する必要があるからである。

（2）参議院の緊急集会

内閣による国家緊急権の規定をこの制度とは別途に置くべきである。

（理由）

平時のみを想定して制定された現行憲法の中で、「緊急」の文字があるのはこの五十四条のみである。これに加え、議員の召集もできない国家緊急事態、たとえば大災害が発生して事実上召集が不能の場合や、全議員が死亡した場合に対処する必要がある。

なお、参議院の緊急集会のみで国家の緊急事態に果して対応可能か否かという意見が出された。

第五十五条

（1）現行どおりとする。

第五十六条

（1）現行どおりとする。

（2）委員会制度の改正

① 予算・決算について、衆・参両議院で審議事項を分担した場合、参議院においては予算委員会を廃止、衆議院においては決算委員会を廃止する。また、参議院の審議に特色をもたせるために、中・長期的な観点から懸案事項を調査・審議するための調査会を設置すべきである、とする意見があった。

② 委員会制度の改正については、憲法上現行のままとし、国会ないし議院の自律に委ね、国会法ないし議員規則の改正問題とするべきであるという意見があった。

第五十七条

（1）現行どおりとする。

第五十八条

（1）現行どおりとする。

第五十九条

（1）現行どおりとする。

第六十条

（1）現行どおりとする。

第六十一条

（1）現行どおりとする。

第六十二条

（1）証人の人権を保障する規定及び裁判類似の証人喚問は慎しむべきである旨の適切な抑制規定を挿入するべきである。

（理由）

この権能は、国民を代表する国会の地位を重視し、両院の活動が十分に行なわれるための規定である。しかし、「証人喚問」について濫用の事例があった。それに対しては、証人喚問は議院の他の権能を実効的に行使するための補助的権能であり、司法権の代替ではないとする批判があるからである。

なお、刑事事件の公判において、議院における証言に証拠能力を認めている点にも問題があるから議院証言法についても検討を要する、という意見があった。

第六十三条

（1）現行どおりとする。

第六十四条

（1）現行どおりとする。

◇第七章　財政

第八十三条

（1）現行どおりとする。
第八十四条
（1）現行どおりとする。
第八十五条
（1）現行どおりとする。
（2）緊急財政処分制度
天災その他の非常事態に対処するため、事後の国会承認を条件とする緊急財政処分制度を設ける必要がある。

第八十六条
（1）現行どおりとする。
（2）予算不成立の場合の措置
憲法上明記すべきである。そのような場合に対処する方法としては、以下のような方法が議論された。
① 新予算が成立しない場合には前年度の予算を執行する（明治憲法）。
② 内閣の責任支出を一般的に確認する。
（A）法律によって設置された施設を継続しおよび法律によって定めている行為を実行する。
（B）法規上国の負担に属する義務を履行する。
（C）前年度予算によってすでに経費の承認を得た建設、調達およびその他の事業を継続し、またはこれらの目的のために補助を継続するために必要な一切の支出をする。
（3）継続費
憲法上明記すべきである。
（4）予算案に対する国会の増額修正および減額修正と予算を伴う議員立法の制限
立法権と予算編成権との関係を踏まえつつ検討する。
① 国会の内閣上程予算案の増額修正および予算を伴う議員立法については内閣の同意を必要とする。
② 国会の内閣上程予算案の増額修正および議員立法を完全に禁止する。
等の具体的措置を検討する必要がある。

なお、緊急財政処分制度、予算不成立の場合の措置、継続費、予算案に対する国会の増額修正および減額修正と予算を伴う議員立法の制限等については専門的技術的に検討する必要がある。

第八十七条
（1）現行どおりとする。
第八十八条
（1）「すべて皇室財産は、国に属する」は、実質的に憲法制定の際の経過規定にすぎず、皇室財産が現に国有化された現代では単なる歴史的意味をもつだけであるから、これを削除すべきであるという強い意見があった。
第八十九条
関連規定は二十条「何人も、宗教上の行為、祝典、儀式又は行事に参加すること強制されない。国及びその機関は、宗教教育その他いかなる宗教的活動もしてはならない。」である。
① 公の支配に属しない慈善・教育・博愛事業に対する公的補助の禁止については、
我が国の歴史、風土、慣習等の実情に適しないので廃止すべきである。
② 宗教に対する公的補助の禁止、公的機関の宗教活動の禁止については、
廃止すべきであるとする意見に対し、信教の自由を担保する規定として存続すべきであるとする意見もあった。

第九十条
（1）現行どおりとする。
第九十一条

（1）現行どおりとする。

◇**第八章　地方自治**

第九十二条

（1）現在においては本条の地方自治の本旨という規定が定着し、現行憲法の運用上も適切であると考えられるので、現行の規定を改める必要はない。なお、地方公共団体の範囲を明記すべきかどうかについては、現行の規定で支障はなく、また時勢にともない変化することも考えられるので、むしろ現行の包括的な地方公共団体という字句の方が適当である。

第九十三条

（1）地方公共団体の長の多選については、当該地方公共団体が条例をもってこれを制限することができるものとすることが適当である。なお、地方公共団体の長の多選の禁止については、国家制度の一翼として憲法に明記すべきであるという意見もあった。

（2）極小の地方公共団体については、本条の例外を認めることが適当である。なお、例外措置（要件・具体的内容）については、条例に委ねる等の意見が検討された。

（3）法律の定めるその他の吏員の規定は、これを削除するか、あるいは法律の定める公務員とすることが適当である。

第九十四条

（1）課税権

自主的課税権を有し、それによって事務を処理し、行政を執行することを明確にすることが適当である。

（2）罰則

罪刑法定主義との関係上、条例に罰則を付することができることを明確にすることが適当である。

第九十五条

（1）削除することが適当であるという意見が大勢を占めた。しかし、民主的な地方公共団体の自主性を尊重する制度であるので存置することが適当であるという強い意見もあった。

◇**第三章　国民の権利及び義務**

（1）基本認識

現行憲法は戦後の混乱期に極めて短時日の間に作成されたものであり、したがって、用語、修辞等の面で改善すべき点を多く含んでおり、よりわかりやすく、より整理された文章が求められることでは全員の意見が一致した。

しかしながら、国民の基本権及び義務についての現行憲法の規定は、比較的すぐれたものであり日本国民の叡知により、時代の要請に応える形で巧みに運用されてきており、従来から指摘されている問題点のかなりのものは、運用上の配慮や立法の過程で解決されており、また解決されるであろうとの点でも一致した。

以上の基本認識に立った上で、総論的問題点と各論的問題点を抽出して議論を重ね、よりすぐれた憲法上の規定方法を探索していった。

（2）総論的問題点についての審議結果

①　基本的人権は天賦のものであり、その尊重のためには最大限の配慮を要する。この点で現行憲法の基本的人権に関する諸規定には、その根幹において改正すべき点は見出せなかった。

他面、現代は個人の権利、自由のみでなく、国民全体の福祉をも重視する福祉国家の時代であるから、憲法は単なる権利宣言であってはならず、国民の権利と責任の間のバランスもまた重要である。かかる観点よりみるとき、現行憲法がバランスの上で、若干、権利、自由に片寄りすぎているという指摘もなされた。

②　憲法の規定はできるだけ簡潔であるべきであり、規定の厳密さより、その弾力的運用が大切である。よって「現行憲法の規定方法は厳密さ

を欠くので、改正によって、解釈問題の生じにくいように、厳密かつ詳細な内容のものとせよ」とする主張は受け入れることができない。

③　基本権の制約については、種々の学説や意見があり、その点から改正の要、不要が論じられるケースが多い。各基本権には、その本質上内在的限界が存在し、さらに「公共の福祉」による一般的制約がすべての基本権に及ぶとする見解が、各委員を通じて一般的であった。したがって第二十二条、第二十九条にのみ、再び「公共の福祉」を持ち出している現行憲法の規定方法は内容の問題ではなく、立法技術としては適当でない。

④　「公共の福祉」という用語の適、不適もしばしば議論となるが、他に適切な用語もなくその意味内容は立法や判例を通じて国民の間に定着しつつあることから、「公共の福祉」を引き続き使用すべきと判断した。

⑤　「『公共の福祉』の内容を憲法上具体的に書くべきだ」という考え方については、「公共の福祉」の内容が時代とともに変化する性質のものであり、また、本報告書三の（2）の②の観点からも、これを否定すべきと考える。

⑥　一般的制約のみでなく、ボン基本法にみられるが如く、各権利の制約要因を個別的、具体的に書くべきか否かについても論議した結果、憲法の本質上、個別的制約を細かく書き込むことには無理があるとの結論に達した。ただし、土地等の財産権については、「公共の福祉」の範囲内で具体的な制約を加えるべしとの有力意見があった。

⑦　本来、憲法には、国家権力の乱用を防ぐという色彩があり、義務規定より権利規定に重心が存在するのは当然のことである。しかしながら、現憲法には納税、勤労、教育の三義務しか規定されておらず、最小限にとどめるべきとはいえ、さらにいくつかの義務規定を書き込み、義務軽視の風潮を防ぐ必要があるとの意見が多数の委員から述べられた。

⑧　自由、権利として新設すべきものは、何も主張されなかった。

⑨　現憲法における司法上の人格保障に関する規定は詳細にすぎ、また不明瞭な点も多いので、憲法上の保障は大綱にとどめるべきで、その他は刑事訴訟法等に譲るべきとする意見もあったが、これに対しては、有力な反対意見も表明され、意見の一致には至らなかった。

（5）各論的問題点についての審議結果

①　国の宗教活動を禁じた第二十条については、その趣旨の妥当性・重要性の点で、全員の意見が一致した。

②　なお、靖国神社の国家護持については、これが違憲の疑いなく実現できるように、その方途を探るべきであるという意見が半数を占めた。

③　教育のあり方や使命、教育の基本方針及び基本原則について、現行憲法が全く触れていないのは規定の不備であろう。

④　「学問の自由」の中には、「教員の授業活動の自由」は、含まれていないとの解釈論では全員の意見が一致した。

⑤　財産権の内容は、公共的観点より多くの制限が加えられるべきであるという意見が大勢を占めた。しかし、「公共の福祉」による一般的制約があるのだから「財産権は義務を伴う」というような規定方法をとる必然性はない。むしろ、環境保全・天然資源の開発等の社会的観点から土地所有権のみ特別の制限が加えられうることを明記すべきではないかという有力な意見があった。

⑥　労働者の団結権に対し、経営者の経営権を憲法に書き込むべきだとの、従来一部の論者によって主張されてきた意見に対しては、これを否定する見解が圧倒的であった。

⑦　男女平等については、第十四条の一般規定と、婚姻についての第二十四条にみられるだけで不十分であり、あらゆる状況下における男女平等を、新たに項目をおこして規定すべきだという意見が、婦人の委

員から提起された。
⑧　第二十四条の規定は、家庭の保護、育成をうたっておらず、改正を要すると考える。
⑨　社会権をうたった第二十五条は、プログラム規定であると判断した。最高裁の判例も同様の判断であり、この条文を改正して、具体的詳細に書き改めるのはかえって不都合を生じ、望ましくない。
⑩　環境権を新たに規定すべきだとする意見は特になかった。
⑪　「職業選択の自由」及び「経済活動の自由」については、それらの権利に必然的に伴う公共性の故に、多くの制限が加えられるべきであるが、それらを具体的に規定するのは適当でなく、「公共の福祉」による一般的制約の解釈で対処すべきである。
⑫　「集会、結社の自由」についても⑪と同様に考える。
⑬　「知る権利」を特に新設すべき理由は見当らなかった。「公務員の守秘義務」については一考を要するとの意見があったが、それは法律で対処すべき問題との反対意見も半数を占めた。
⑭　「プライバシーの権利」は憲法に書き込むべきものではないとの考え方は各委員共通のものであった。
⑮　「検閲の禁止」を定めた第二十一条二項の規定は、学説上、解釈問題が生じている。具体的な書き方には慎重な検討を要するが、税関検閲や教科書検定が違憲とならぬような表現が望ましい。
⑯　死刑は廃止すべきでない。死刑は第三十六条の残虐な刑罰には該当せず、よって改正すべき点はない。

◇第六章　司法

（１）基本認識

わが国の司法制度に根本的な欠陥があるという意見はなく、現行憲法も比較的良好に機能しているとの基本認識の下で個別の議論を行った。

（２）問題点の審議結果

①　特別裁判所を認めるため、第七十六条を改正すべきかの問題については、現行制度で充分とする意見が多数を占めたが、改正すべしとの少数意見もあり一致をみなかった。
②　司法権の独立原則からみて、政府が最高裁判所裁判官を任命する現在の制度は不適当であるとの主張について検討した結果、実際上の運用状況からみて、あえて改正の必要はないとの結論に達した。
③　第七十九条の国民審査制については、全く無意味、無機能であり、廃止すべきとする意見と、無言のうちに任命の適正を確保する意義があり存続すべきとする意見が相半ばし、結論には至らなかった。
④　違憲審査の解釈問題では、最高裁は法律そのものを違憲審査することはできず、具体的な事件の中においてのみ違憲審査できるという見解をとることで全員の意見が一致した。しかし違憲審査制度そのものは廃止すべきではないという点でも一致した。

◇第二章　戦争の放棄

（１）戦争放棄

憲法第九条について学者等より意見聴取を行ないながら鋭意調査審議を重ね、これを踏まえて森私案が提出された。これについて「⑴憲法に自衛力を明記すべき規定を設ける。⑵憲法に防衛出動的な規定を設ける。」等の意見が出された。この意見による改正試案は、次の通りである。

第二章　戦争の放棄　改正試案
第九条第二項を削り、同条の次に次の章を加える。
第二章の二　自衛隊
第九条の二　わが国の平和と独立を守り、国の安全を保つため、自衛隊をおく。
内閣総理大臣は、内閣を代表して自衛隊の最高の指揮監督権を有する。
第九条の三　内閣総理大臣は、国会の承認を得て、防衛状態を宣言する。

《別案》

第九条の三　内閣総理大臣は国会の承認を得て、自衛隊の出動を命ずることができる。

これに対し、憲法第九条について①現憲法がわが国の平和と繁栄に果たしてきた役割は大きく、すでに国民の意識の中に定着している　②東南アジアをはじめとする諸外国が、わが国は再び軍事大国の道へ踏み出すのではないか、と警戒を強めてくることが予想される――等の理由から、憲法第九条の基本的精神である平和主義を踏まえて、改正する必要はないという主張がなされた。

これらの意見を総合すると、この時期における改正には、なお、総合的判断にまたなければならない。

◇**第九章　改正**

（1）第九章改正について検討したが、問題もあるがこの際改正する必要はないという意見である。

◇**第十章　最高法規**

（1）第十章最高法規について検討したが、問題もあるがこの際改正する必要はないという意見である。

◇**第十一章　補則**

（1）現行どおりとする。

資料I・67

日本国憲法〈草案〉〈抄〉

一九八四年五月三日

中川八洋

［出典］『新・日本国憲法草案』一九八四年五月、山手書房

コメント

1．この案は、筑波大学教授で政治学者の中川八洋が作成・公表した改憲案である。タカ派の論客中川の作ったこの案は全体としては、五〇年代型の改憲案の特徴を備えているが、部分的に、八〇年代の、憲法に対する国民意識の変化を反映した規定も入っているというのが特徴である。もっともこの案は、政治的にはさしたる影響力をもたなかった。

本案は紙数の関係で第六～九章、一二章を省略した。

2．この案の注目される点は、以下の諸点である。

第一に、天皇については元首という言葉を避けている点で、八〇年代改憲論の影響を受けているが、天皇を「国防軍統帥の象徴」と規定して、軍の最高指揮権は天皇から内閣総理大臣に授権されるというような時代錯誤的な規定があるのが特徴である。

第二に、九条関係では、九条第一項を残し、第二項を削除して、「個別的または集団的自衛の固有の権利」を明記していることが注目される。

第三に、人権条項では刑事手続き的人権の削除、家庭保護規定、国民の義務の追加、公安を理由とした表現の自由の制約規定など、五〇年代型改憲を踏襲しているが、プライバシーの権利を入れると

ころなどに、八〇年代改憲の影響がみえる。

第四に、国会については、参議院の議員の半数を推薦制にする改正は五〇年代改憲論以来のものだが、国政調査権にからむ証人の出頭に際して人権保障の規定が入っているのはロッキード以来の汚職に対する議員等の証人喚問問題が反映している。また、第五章で「政党」を規定していることも注目される。

第五に、内閣、司法、財政については緊急事態の宣言、財政上の緊急処分など五〇年代改憲以来の要求が並んでいるくらいで、さほど新味はない。

第六に、地方自治については現状維持である点が特徴的である。

第七に、憲法改正規定は要件の緩和を図っている。

第八に、わざわざ第一一章を新設して国旗・国歌の規定を入れている点が注目される。

日本国は、自由と正義の民主主義の尊重を厳粛に宣言し、自国並びに世界の平和へのたゆまぬ努力を堅く決意して、主権を喪失した占領下に制定された日本国憲法を改正し、ここに新しく憲法を制定する。

第一章　天　皇

第一条　天皇は、日本国の象徴であり、日本国民統合の象徴であって、日本国を代表する。

天皇の尊厳は、これを侵してはならない。

第二条　皇位は、世襲のものであって、皇室典範の定めるところにより、これを継承する。

第三条　天皇のこの憲法に定める行為には内閣の奏請を必要とし、内閣がその責任を負う。

第四条　天皇は、この憲法の定める行為を行う。天皇は、法律の定めるところにより、その行為を皇嗣に委任することができる。

第五条　皇室典範の定めるところにより、摂政を置くときは、摂政は、天皇の名においてこの憲法の定める天皇の行為を行う。

第六条　天皇は、国会の指名に基づいて、内閣総理大臣を任命する。

天皇は、内閣の指名に基づいて、最高裁判所長官を任命する。

第七条　天皇は、国防軍統帥の象徴である。

第八条　天皇は、内閣の奏請により、左の行為を行う。

一　憲法の改正、法律、政令及び条約を公布すること。

二　国会を召集すること。

三　衆議院を解散すること。

四　国会議員の総選挙の施行を公示すること。

五　法律の定めるところにより文武官を任免すること。

六　大赦、特赦、減刑、刑の執行の免除及び復権を行うこと。

七　栄典を授与すること。

八　緊急事態を宣言すること。

九　全権委任状及び大使及び公使の信任状を発し、並びに外国の大使及び公使の信任状を接受すること。

一〇　儀式を行うこと。

第二章　平和と安全

第九条　日本国民は、正義と秩序を基調とする国際平和を誠実に希求し、国権の発動たる戦争と、武力による威嚇または武力の行使は、国際紛争を解決する手段としては、永久にこれを否認する。

前項の規定は、我が国の平和及び安全の維持のために、我が国が個別的または集団的自衛の固有の権利を行使することを妨げるものではない。

第二項の目的を達成するために国防軍を保持する。

国防軍の最高指揮権は、国防軍統師の象徴たる天皇により、内閣総理大臣に授権される。

第一〇条 日本国が締結した条約及び確立された国際法規は、これを誠実に遵守しなければならない。

第三章 国民の権利及び義務

第一一条 日本国民たる要件は、法律でこれを定める。

第一二条 日本国民は、すべての基本的人権の享有を妨げられない。この憲法が国民に保障する基本的人権は、侵すことのできない永久の権利として、現在及び将来の国民に与えられる。

第一三条 日本国民の享有する基本的人権は、国の安全と公の秩序の維持、及び公共の福祉と他人の基本的人権を損ねない限り、または緊急事態の場合を除き、これを制限してはならない。

第一四条 日本国民は、日本防衛の名誉ある権利及び義務を有する。日本国民の兵役義務、その良心的拒否、及びその他の兵役義務免除、並びにそれに代る社会的役務については、法律でこれを定める。

第一五条 日本国民はすべて、個人として尊重される。生命、自由及び幸福追求の国民の権利については、公共の福祉に反しない限り、立法その他の国政の上で、最大に尊重される。

個人及び家庭のプライヴァシーの権利も、これを保障する。

第一六条 日本国民はすべて、法の前に平等である。

第一七条 法律で定めるところの公務員を選定し、及びこれを罷免することは、日本国民の権利である。

これらの公務員は、全体の奉仕者であって、一部の奉仕者ではない。これらの公務員の選挙については、成年者による普通選挙を保障する。

すべての選挙における投票の秘密は、これを侵してはならない。選挙人は、その選択に関し公的にも私的にも責任は問われない。

第一八条 日本国民は、損害の救済、公務員の罷免、法律、命令または規則の制定、廃止または改正その他の事項に関し、平穏に請願する権利を有する。かかる請願をしたためにいかなる差別をも受けることはない。

第一九条 日本国民は、公務員の不法行為により、損害を受けたときは、法律の定めるところにより、国または公共団体に、その賠償を求めることができる。

第二〇条 思想及び良心の自由は、これを保障する。

第二一条 信教の自由は、これを保障する。国教は、これを定めてはならない。

第二二条 学問の自由は、これを保障する。

第二三条 集会、結社、言論及び出版その他すべての表現の自由は、これを保障する。

これらの自由は、国の安全、公の秩序、または個人の権利と名誉を損うものでない限り、これを制限してはならない。

検閲は、これをしてはならない。通信の秘密は、これを侵してはならない。

第二四条 婚姻の自由は、これを保障する。家庭は、保護を受け尊重される。

第二五条 日本国民は、健康で文化的な生活を営む権利を有する。

国は、社会福祉、社会保障及び公衆衛生の向上及び増進に努めなければならない。

第二六条 日本国民は、私有財産権を有し、またこれに伴う義務を負う。私有財産権の内容は、公共の福祉に適合するように、法律でこれを定める。

私有財産は、適正な補償の下に、これを公共のために用いることができる。

第二七条　日本国民は、法律の定めるところにより、その能力に応じて、ひとしく教育を受ける権利を有する。

日本国民は、法律の定めるところにより、その保護する子女に普通教育を受けさせる義務を負う。

第二八条　日本国民は、勤労の権利と義務を有する。

第二九条　勤労者は、法律の定めるところにより、団結する権利及び団体交渉その他の団体行動をする権利を保障される。

第三〇条　日本国民は、法律の定めるところにより、納税の義務を負う。

第三一条　日本国民は、公共の福祉に反しない限り、居住、移転及び職業選択の自由を有する。

日本国民は、外国に移住し、または国籍を離脱する自由を侵されない。国籍を奪われ、国外に追放され、または犯罪人として外国政府に引き渡されることもない。

第三二条　日本国民は、憲法の定める裁判所において、公正な裁判を受ける権利を有する。

第三三条　日本国民は、法律の定めるところの適正な手続きによらなければ、逮捕、拘禁及び審問を受け、または刑罰を科せられることはない。

第四章　国　会

第三四条　立法権は、国会に属する。

第三五条　国会は、衆議院及び参議院の両議院でこれを構成する。

第三六条　両議院は、直接または間接に選挙された、全国民を代表する議員でこれを組織する。

但し、参議院議員の半数については法律の定めるところにより、選挙によらない議員とすることができる。

両議院の議員の定数は、法律でこれを定める。

第三七条　両議院の議員及び選挙人となる権利は、すべての国民にひとしく与えられ、その資格については法律でこれを定める。

第三八条　衆議院議員の任期は、四年とする。但し、衆議院解散の場合には、その期間満了前に終了する。

第三九条　参議院議員の任期は、六年とし、三年ごとに議員の半数を改選する。

第四〇条　選挙区、投票の方法その他両議院の議員の選挙に関する事項は、法律でこれを定める。

第四一条　何人も、同時に両議院の議員たることはできない。

第四二条　両議院の議員は、国庫から歳費を受ける。

第四三条　両議院の議員は、法律の定める場合を除いては、国会の会期中逮捕されず、会期前に逮捕された議員は、その議院の要求があれば、会期中これを釈放しなければならない。

第四四条　両議院の議員は、議院で行った演説、討論または表決について、院外で責任を問われない。

第四五条　国会の常会は、毎年一回これを召集する。

第四六条　内閣は、国会の臨時会の召集を決定することができる。いずれかの議院の総議員の四分の一以上の要求があれば、内閣は、その召集を決定しなければならない。

第四七条　衆議院が解散されたときは、解散の日から四十日以内に、衆議院議員の総選挙を行い、その選挙の日から三十日以内に、国会を召集しなければならない。但し、衆議院が解散されたときは、参議院は、同時に閉会となる。

第四八条　緊急事態が宣言された場合、国会の会期は、国会の議決でその継続延長ができるものとする。また、国会議員の任期満了後または衆議院の解散後に緊急事態が宣言された場合、あらたに国会が成立するまでの間、前の国会が引き続きその権限を行うものとする。

第四九条　両議院は、各々その総議員の三分の一以上の出席がなければ、議事を行い議決することができない。

両議院の議事は、この憲法に特別の定めのある場合を除いては、出席議員の過半数でこれを決し、可否同数のときは、議長の決するところによる。

第五〇条　両議院の会議は、公開とする。但し、出席議員の三分の二以上の多数で議決したときは、秘密会を開くことができる。

両議院は、各々その会議の記録を保存し、秘密会の記録の中で特に秘密を要すると認められるもの以外は、これを公表し、且つ一般に頒布しなければならない。

出席議員の五分の一以上の要求があれば、各議員の表決は、これを会議録に記載しなければならない。

第五一条　両議院は、各々その議長その他の役員を選任する。

両議院は、各々その会議その他の手続き及び内部の規律に関する規則を定め、また、院内の秩序をみだした議員を懲罰することができる。但し、議員を除名するには、出席議員の三分の二以上の多数による議決を必要とする。

第五二条　法律案は、この憲法に特別の定めのある場合を除いては、両議院で可決したとき法律となる。

衆議院で可決し、参議院でこれと異なった議決をした法律案は、衆議院で出席議員の三分の二以上の多数で再び可決したときは、法律となる。

前項の規定は、法律の定めるところにより、衆議院が、両議院の協議会を開くことを求めることを妨げない。

参議院が、衆議院の可決した法律案を受け取った後、国会休会中の期間を除いて六十日以内に、議決しないときは、衆議院は、参議院がその法律案を否決したものとみなすことができる。

第五三条　予算は、さきに衆議院に提出しなければならない。

予算について、参議院で衆議院と異なった議決をした場合に、法律の定めるところにより、両議院の協議会を開いても意見が一致しないとき、または参議院が、衆議院の可決した予算を受け取った後、国会休会中の期間を除いて三十日以内に議決しないときは、衆議院の議決を国会の議決とする。

第五四条　条約の締結に必要な国会の承認については、前条第二項の規定を準用する。

第五五条　両議院は、各々国政に関する調査を行い、これに関して、証人の出頭及び証言並びに記録の提出を要求することができる。

但し、証人の人権は保障されなければならず、また司法権を代替する権能は認められない。

第五六条　内閣総理大臣、副内閣総理大臣及びその他の国務大臣は、両議院のいずれかに議席を有すると有しないとにかかわらず、何時でも議案について発言するため議院に出席することができる。また、答弁または説明のため出席を求められたときは、出席しなければならない。

第五七条　国会は、罷免の訴追を受けた裁判官を裁判するため、両議院の議員で組織する弾劾裁判所を設ける。

弾劾に関する事項は、法律でこれを定める。

第五章　政　党

第五八条　国民は自由に政党を結成することができる。但し、自由と正義を尊重する民主主義の日本国の基本的秩序と原理とを尊重しない、または日本国の存立を危うくすることを目的とする政党の結成の自由は認められない。

第五九条　政党の運営は、自由と正義を尊重する民主主義の原則に合致していなくてはならない。

第六〇条　政党に参加する、参加しない、あるいは脱退することは、国民の自由であって、これらのために差別を受けることはあってはならない。

第六章　内　閣《略》

第七章　司　法《略》

第八章　財　政《略》

第九章　地方自治《略》

第一〇章　改　正

第九一条　この憲法の改正は、内閣、もしくは両議院の総議員の三分の一以上の国会議員によって発議される。

改正案は、両議院の総議員の過半数の賛成を経て、国民投票により承認されるものとする。国民投票は、総有効投票の過半数をもって賛成とする。但し、両議院の総議員の三分の二以上の賛成がある場合は、国民投票を要しない。

天皇は、憲法の改正が承認を経たときは、これを直ちに公布する。

被占領下、もしくは緊急事態宣言下においては、憲法の改正をなしてはならない。

第一一章　国旗及び国歌

第九二条　日本国の国旗は、白と赤の日章旗であり、日本国の国歌は、君が代である。

第一二章　補則《略》

資料Ⅰ・68

有事法制の研究について〈第二次中間報告〉

一九八四年一〇月一六日

防衛庁

［出典］防衛庁編『防衛白書（昭和六〇年版）』一九八五年八月

コメント

これはⅠ・64の「有事法制の研究について（中間報告）」の続きである。この文書では、八一年以後進められた第2分類（防衛庁以外の省庁）の法令について、自衛隊の行動の円滑化のための特例措置の検討を行っている。

1　経緯及び第2分類の検討

（1）経緯

ア　有事法制の研究は、昭和五二年八月、内閣総理大臣の了承の下に、防衛庁長官の指示によって開始されたものであり、自衛隊法第七六条の規定により防衛出動を命ぜられるという事態において自衛隊がその任務を有効かつ円滑に遂行する上での法制上の諸問題を研究の対象とするものである。自衛隊は有事に際して我が国の平和と独立を守り国の安全を保つためのものである以上、日ごろからこれに備えて研究しておくことは当然であると考える。研究を進めるに当たっての基本的な考え方については、昭和五三年九月二一日の見解で示したところであり、現在これに基づいて作業を進めているところである。

イ　有事法制の研究の対象となる法令は、防衛庁所管の法令（第1分類）、他省庁所管の法令（第2分類）及び所管官庁が明確でない事項に関する法令（第3分類）に区分され、そのうち第1分類については、問題点の概要を取りまとめて、昭和五六年四月、国会の関係委員会に報告したところである。

ウ　その後の有事法制の研究では、第1分類に引き続いて第2分類に重点を置いて検討を進めた。

（2）第2分類の検討

他省庁所管の法令について、現行規定の下で有事に際しての自衛隊の行動の円滑を確保する上で支障がないかどうかを防衛庁の立場から検討し、検討項目を拾い出した上、当該項目に関係する条文の解釈、適用関係について関係省庁と協議、調整を行った。

現在までに検討した事項と問題点の概要を整理すれば、次のとおりである。

2　第2分類で検討した事項と問題点の概要

現行自衛隊法においては、他省庁所管の法令について、特例や適用除外の規定があり、自衛隊の任務遂行に必要な法制の骨幹は、整備されているが、今回検討した項目には、なお法令上特例措置が必要と考えられる事項もあり、また法令上必要とされる特定行政庁の承認、協議等手続に係る事項も相当数含まれている。

特定行政庁の承認、協議等の手続は、有事に際しての自衛隊の行動の円滑を確保するため関係省庁の協力を得て迅速に措置されることが必要である。

自衛隊と他省庁との連絡協力については、自衛隊法第八六条の関係機関との連絡及び協力の規定並びに同法第一〇一条の海上保安庁との関係の規定によって、基本的枠組が整備されており、また、具体的な手続に際して、手続の迅速化を配慮するなど関係省庁の協力が当然得られるものと考えられるところである。

このような基本的枠組等を踏まえて、有事に際しての自衛隊の行動等の態様に区分して検討した事項と問題点の概要を整理すれば、次のとおりである。

（1）部隊の移動、輸送について

ア　陸上移動等

有事に際しては、速やかに部隊を移動させ、その任務遂行上必要な物資を輸送する必要があるが、これについては「道路交通法」に基づく公安委員会等による交通規制の実施及び公安委員会の指定に係る緊急自動車の運用により、おおむね円滑に行えるものと考えられる。

しかしながら、道路、橋が損傷している場合に、部隊の移動、物資の輸送のためその道路等を応急補修し、通行しなければならないことが考えられるが、この場合「道路法」上、部隊自らがその補修を行うことができないことがある。したがって、部隊自らが応急補修を行うことも含めて、損傷した道路等を滞りなく通行できるよう「道路法」に関して特例措置が必要であると考えられる。

イ　海上移動等

有事に際して自衛隊の使用する船舶は、その任務の有効かつ円滑な遂行を図るため、速やかに移動、輸送を行う必要があるが、その航行等については民間船舶と同様に船舶交通の安全を図るための「港則法」、「海上交通安全法」及び「海上衝突予防法」が適用される。

この場合、一定の港における「港則法」による夜間入港の制限又は特定海域における「海上交通安全法」による航路航行義務等の航行規制を受けるが、これらについては、夜間入港の際の港長の迅速な許可又は緊急用務船舶の指定により、自衛隊の任務遂行上支障がないと考えられる。なお「海上衝突予防法」の適用について検討を加えたが特に問題とする事項はないと思われる。

ウ　航空移動等

有事に際して自衛隊機は、その任務の有効かつ円滑な遂行を図るため、速やかに移動、輸送を行う必要がある。

防衛出動時の自衛隊機の飛行については、その任務と行動の特性から、自衛隊法第一〇七条により「航空法」の規定の相当部分が適用除外されている。

しかし、自衛隊機は、その任務遂行のため、計器気象状態（悪天候）であっても計器飛行方式によらないで飛行する必要があり、このような飛行は、「航空法」によって、やむを得ない事由がある場合又は運輸大臣の許可を受けた場合でなければできないとされている。また、特別管制空域を計器飛行方式によらないで飛行する必要があり、これについても、同法によって運輸大臣の許可を得なければならないとされている。これらの飛行については、同法に基づく運輸大臣の迅速な許可等の措置がなされれば、自衛隊機の行動に支障がないものと考えられる。

（2）土地の使用について

部隊は、侵攻が予想される地域に陣地を構築するために土地を使用する必要がある。

一方、国土の利用について海岸、河川、森林などの態様に応じて「海岸法」、「河川法」、「森林法」、「自然公園法」等の法令により、国土の保全に資する等の観点から、一定の区域について立入り、木竹の伐採、土地の形状の変更等に対する制限等が設けられ、土地を使用する場合には、原則として法令で定められている手続が必要である。

部隊があらかじめ陣地を構築するために土地を使用する場合においても、法令に定められた許可手続に従い又は許可手続の例により行うほかなく、侵攻の態様によってはそれらの手続をとるいとまがないことが考えられ、また、法令によっては「非常災害」に際しての応急的な措置について、手続をとらなくても一定の範囲内で土地を使用し得るとされているものもあるが、これにも当たらないとされている。さらに、構築される陣地の形態によっては、これらの法令上許可し得る範囲を超えることも考えられる。

したがって、有事に際しての自衛隊による土地の使用等については、「海岸法」等に関して特例措置が必要であると考えられる。

（3）構築物建造について

有事に際して、航空基地等では、他の基地に所在する航空部隊の機動展開を受け入れ、あるいは、抗たん性を強化するために航空機用えん体、指揮所、倉庫等を建築することがある。

一方、「建築基準法」は、建築物を建築する際の工事計画の建築主事への通知等の手続、構造の基準等を定めている。

航空機用えん体、指揮所、倉庫等を建築する際にも、同法に定められている手続を行い、構造の基準を満たさなければならないため、速やかに建築を進めることができないことも考えられる。

したがって、有事に際して自衛隊の建築する建築物については、「建築基準法」に関して特例措置が必要であると考えられる。

（4）電気通信について

有事に際しては、部隊等相互間において通信量が増大することが予想され、また、通信系の抗たん性を確保することが必要となる。

自衛隊法第一〇四条では、防衛庁長官は、防衛出動を命ぜられた自衛隊の任務遂行上必要があると認める場合には、緊急を要する通信を確保するため、郵政大臣に対し、公衆電気通信設備を優先的に利用すること及び「有線電気通信法」第三条第四項第三号に掲げる者が設置している電気通信設備を使用することについて必要な措置をとることを求めることができ、郵政大臣はその要求に沿うように適当な措置をとるものとすることが規定されており、また「有線電気通信法」、「公衆電気通信法」及び「電波法」では、天災、事変等一般的に住民の生命、財産の安全又は公共の安全が脅かされるような非常事態の際の重要な通信の確保について規定されている。防衛出動下令事態における自衛隊の任務遂行上必要な通信の確保については、これらの諸規定に沿って措置されるものであり、自衛隊の任務遂行に支障がないものと考えられる。

（5）火薬類の取扱いについて

ア　自衛隊の保有する火薬類は、各地の自衛隊の施設内の弾薬庫に貯蔵されており、有事に際して部隊が展開する地域へ輸送する必要がある。火薬類の輸送手段としては、鉄道輸送、車両輸送、船舶輸送等が考えられ、火薬類の積載方法、積載重量、運搬方法等について、「火薬類取締法」等の法令によって規制されているが、自衛隊機及び自衛艦による輸送については、自衛隊法第一〇七条及び第一〇九条により、積載方法、積載重量等について適用除外されている。火薬類の輸送については、これらの法令に従いおおむね円滑に実施できるものと考えられる。

しかしながら、火薬類を車両に積載して輸送する場合に、状況によっては夜間に火薬類の積卸しを行う必要があるが、「火薬類の運搬に関する総理府令」によって火薬類の積卸しは夜間を避けて行うこととされている。また、隊員が一定量以上の火薬類を携帯して民間自動車渡船（フェリー）に乗船する場合や、火薬類を積載した車両を一般の隊員とともに自動車渡船に積載する場合もあるが、「危険物船舶運送及び貯蔵規則」によれば、一定量以下の火薬類を除き船舶に持ち込んではならず、また、火薬類を積載した車両の運転手、乗務員及び貨物の看守者以外のものが乗船している自動車渡船に火薬類を積載した車両を積載してはならないとされている。

したがって、これらについて自衛隊の任務遂行に支障が生じないよう措置することが必要であると考えられる。

イ　防衛行動において使用される火薬類を、使用又は輸送するために必要な範囲内で、一時的に野外に集積することが考えられるが、そのような集積は、「火薬類取締法」上の「消費」又は「運搬」に当たるものと解される。「消費」に当たる場合は、自衛隊法第一〇六条により規制が適用除外とされており、また、「運搬」に当たる場合は、安全措置等を講じることが必要とはなるが、自衛隊の任務遂行に支障はないものと考えられる。

（6）衛生医療について

有事に際しては負傷者が多数発生することが考えられるが、負傷者の容体から見て早急に処置を必要とする場合又は既設の病院、診療所へ輸送する手段がない場合には、自衛隊の設置する野戦病院等に負傷者を収用し、医療を行わなければならないことがある。

一方、「医療法」によれば病院等を設置する場合には厚生大臣に協議等を行うこと、また、その病院等は同法に定める構造設備を有することとされている。

自衛隊の設置する野戦病院等は、部隊の移動に合わせて移動する必要があるため、構造設備等の基準を満たすことは困難であると思われる。

したがって、有事に際して自衛隊の設置する野戦病院等については、「医療法」に関して特例措置が必要であると考えられる。

（7）戦死者の取扱いについて

有事に際して戦死者については、人道上、衛生上の見地から、部隊が埋葬又は火葬することが考えられる。

一方、「墓地、埋葬等に関する法律」によって、墓地以外の場所に埋葬すること、火葬場以外の場所で火葬することが禁じられており、また、墓地に埋葬し、火葬場で火葬する場合にも、市町村長の許可が必要であるとされている。

死者が一時期に広範な地域にわたって生じた場合には、既存の墓地、火葬場で埋葬、火葬することが困難となり、市町村長の許可を迅速に得ることも困難であると思われる。

したがって、有事に際して部隊が行う埋葬及び火葬については、「墓地、埋葬等に関する法律」に関して特例措置が必要であると考えられる。

（8）会計経理について

自衛隊が必要とする工事用資材等の物資を調達する場合、現行の会計法令上では、いわゆる同時履行の原則によることとされているが、自衛隊が必要とする船舶、航空機等については、前金払い及び概算払いの方式が認められているところである。

有事に際しては、自衛隊の任務遂行に支障が生じないよう工事用資材等の物資の調達についても、前金払等の方式が講ぜられるよう措置されることが必要であると考えられる。

3　今後の研究の進め方

以上に述べたとおり、第2分類について問題点の整理はおおむね終了したと考えられるが、なお、研究は今後も引き続き進める必要があり、その際、有事において自衛隊の行動が円滑に行われるための準備の重要性にかんがみ、陣地の構築のための土地の使用、建築物の建築等の特例措置について、例えば、防衛出動待機命令下令時から適用するというような点をも考慮する必要があると考えている。

また、これまでの検討を踏まえて整理すれば、有事における、住民の保護、避難又は誘導を適切に行う措置、民間船舶及び民間航空機の航行の安全を確保するための措置、電波の効果的な使用に関する措置など国民の生命財産の保護に直接関係し、かつ、自衛隊の行動にも関連するため総合的な検討が必要と考えられる事項及び人道に関する国際条約（いわゆるジュネーブ四条約）に基づく捕虜収容所の設置等捕虜の取扱いの国内法制化など所管官庁が明確でない事項が考えられ、これらについては、今後より広い立場において研究を進めることが必要であると考えている。

〈資料　関係ある法令の条文〉「有事法制の研究について」本文で述べた問題点等の概要のうち、有事に際して、自衛隊の円滑な行動等を確保する上で、法令上関係があると考えられる条文を整理すれば、次のとおりである。

1　法律関係

（1）道路等が損傷している場合に、滞りなく通行するためには、次の規定との関係が問題となると考えられる。

道路法第二四条（道路管理者以外の者の行う工事）
同　第四三条（道路に関する禁止行為）
同　第四六条（通行の禁止又は制限）

（2）陣地の構築のため速やかに土地を使用するためには、次の規定との関係が問題となると考えられる。

ア　海岸法第七条（海岸保全区域の占用）
同　第八条（海岸保全区域における行為の制限）
同　第一〇条（許可の特例）

イ　河川法第二四条（土地の占用の許可）
同　第二五条（土石等の採集の許可）
同　第二六条（工作物の新築等の許可）
同　第二七条（土地の掘さく等の許可）
同　第五五条（河川保全区域における行為の制限）
同　第五七条（河川予定地における行為の制限）
同　第九五条（河川の使用等に関する国の特例）

ウ　森林法第三四条（保安林における制限）

エ　自然公園法第一七条（特別地域）
同　第一八条（特別保護地区）
同　第一八条の2（海中公園地区）
同　第一九条（条件）
同　第二〇条（普通地域）
同　第四〇条（国に関する特例）
同　第四二条（保護及び利用）

（3）自衛隊の行動に必要な建築物を速やかに建築し使用するためには、建築物に対する制限の緩和に関して、次の規定との関係が問題となると考えられる。

建築基準法第一八条（国、都道府県又は建築主事を置く市町村の建築物に対する確認、検査又は是正措置に関する手続の特例）

同　第一九条（敷地の衛生及び安全）

同　第二一条（大規模の建築物の主要構造部）

同　第二二条（屋根）

同　第二三条（外壁）

同　第二六条（防火壁）

同　第三五条（特殊建築物の避難及び消火に関する技術的基準）

同　第三六条（この章の規定を実施し、又は補足するため必要な技術的基準）

同　第三七条（建築材料の品質）

同　第三九条（災害危険区域）

同　第四〇条（地方公共団体の条例による制限の附加）

同　第三章（都市計画区域内の建築物の敷地、構造及び建築設備）

（4）自衛隊が野戦病院等を設置し円滑、速やかに医療を行なうためには、次の規定との関係が問題となると考えられる。

医療法第七条（開設許可）

同　第九条（病院等の休廃止等の届出）

同　第一二条（開設者の管理等）

同　第一三条（診療所の患者収容時間の制限）

同　第一八条（専属薬剤師）

同　第二一条（病院の法定人員及び施設の基準等）

同　第二三条（省令への委任等）

同　第二四条（施設の使用制限命令等）

同　第二五条（報告の徴取、立入検査）

同　第二七条（使用許可）

（5）戦死者を速やかに埋葬又は火葬するためには、次の規定との関係が問題となると考えられる。

墓地、埋葬等に関する法律第四条（墓地外の埋葬、火葬場外の火葬の禁止）

同　第五条（埋葬、火葬、改葬の許可）

2　政令関係

自衛隊が必要とする工事資材等の円滑な調達については、次の規定との関係が問題となると考えられる。

予算決算及び会計令臨時特例第二条（前金払いのできる経費）

同　第三条（概算払いのできる経費）

3　総理府令及び省令関係

（1）火薬類の車両による円滑、速やかな運搬については、次の規定との関係が問題となると考えられる。

火薬類の運搬に関する総理府令第一五条（運搬方法）

（2）民間自動車渡船（フェリー）に、隊員が一定量以上の火薬類を携帯して乗船したり、火薬類を積載した車両を一般の隊員とともに積載するためには、次の規定との関係が問題となると考えられる。

危険物船舶運送及び貯蔵規則第四条（持込の制限）

同　第二一条（自動車渡船による危険物の運送）

第Ⅱ部

「冷戦」の終焉と現代改憲の台頭の時代

1 自衛隊海外派兵圧力と現代改憲構想の噴出＝一九九〇～九九年

資料Ⅱ・01

私の憲法案

一九九一年六月三〇日

西部　邁

［出典］『わが憲法論』一九九一年六月、徳間書店

コメント

1．この憲法改正案は、西部邁の手になるもので、一九九〇年代になって台頭した現代の改憲論の最初にでたものである。しかし、その内容は、現代の改憲論のなかでは、やや特異なもので、決して現代改憲論の主流的なタイプではない。むしろ、西部の改憲案は、九〇年代末葉になって顕在化した、企業社会の統合の崩れに危機感を強め、憲法改正によって社会的統合の再建を図ろうとする、新保守派の改憲論の先駆であると見たほうがよい。

2．西部の改憲案には、以下のような特徴がある。

第一に、前文に、西部の憲法観、すなわち、憲法とは、日本社会の伝統によって形成された規範を表明したものであり、その担い手は伝統を担う「国民」にあるという点が強く打ち出されている。

第二に、「天皇は日本国民の伝統の象徴であり」というかたちで、天皇を日本の伝統の「象徴」として規定している。

しかし、西部は現在の象徴天皇を日本の伝統に沿ったものととらえており、明治憲法で規定された、強大な政治権力と軍事的権力を一手に担った「元首」としての天皇を、伝統に沿ったものだとは見ていない。その点で、明治憲法下の天皇制への復帰を図る復古主義的改憲派とは異なる。

第三は、西部も五〇年代以来の改憲派と同様、日本国憲法の平和主義に憎悪をもち、それを強く批判しており、その立場から九条の破棄と「国防軍」の保持を謳っている。

しかし、西部案のなかでは、現代改憲の主たるねらいである、自衛隊の海外派兵の正当化という点は、あまり重視されていない。もちろん、西部とて、その点の正当化は必要と考えているからであろう、その案には、「国防軍は、自衛のための軍事行動を準備し実行するに当たり、集団的自衛や国際的警察を含めて国際協調に最大限の配慮をしなければならない」と書かれていることには注意しなければならない。

第四に、西部案では、人権条項が簡単化され、逆に、伝統にのっとった国民が「法の秩序」に従う義務、また国民の「基本的責任」が強調されている点が特徴である。この点は、五〇年代型の復古的改憲論と共通している。

前　文

一九九X年、日本市民を代表するわが憲法制定会議は、被占領体制にあって占領軍の指導により制定された日本国憲法を根本的に改正し、日本国家および日本市民の活動にたいし新たな規範を示すため、ここに新日本国憲法を制定する。

新日本国憲法は国民主権主義に立脚する。日本国民とは日本の伝統の中心にある人間および社会にかんする根本規範をこれまで担ってきた日本の人々およびこれからも担おうとする日本の人々のことであり、この人々にこそ主権が存する。日本市民は、自分らの決定を下すに当たって、国民の主権の下に服さなければならない。

それゆえわが国政は、その正統性にかかわる権威を日本の伝統を担う

ものとしての国民に発し、その有効性にかかわる権力を市民の信託にもとづいてその代表者が行使し、それによってもたらされる物質的および精神的な富を市民が享受する。これが国民主権主義にもとづく市民統治の政治原理であって、新日本国憲法はその政治原理を保守するものである。したがってわが憲法制定会議は、現在および将来の日本市民にたいし、日本国民の権威に従いつつ市民統治の権力を有効に発揮するよう要望する。

またわが憲法制定会議は国際社会に平和が到来するよう切望し、それゆえ、日本の対外的な権力は無制限ではありえず、他国の権力との調整が必要であるとみなす。この国家権力制限主義にもとづく国際的調整は国際社会の平和にとってのみならず日本社会の繁栄にとって不可欠である。したがって日本市民はその調整をより円滑にするため国際ルールの形成に貢献しなければならない。

わが憲法制定会議は対内的には国民主権主義と市民統治主義を、そして対外的には国家権力制限主義をそれぞれ政治の原理とし、以下、これらの原理を憲法条文のうちに敷衍し、日本市民にその遵守を要求するものである。

第一章　天　皇

第一条

天皇は日本国民の伝統の象徴であり、したがって日本市民の統合の象徴である。

天皇は日本国の文化的代表であり、したがってそれに相応した文化的儀式を執り行う。

天皇の地位は日本国民の歴史的総意にもとづくものであり、したがって日本市民がその地位とその権能について決定を下すに当たっては、日本の伝統からの制限を受ける。

第二条

天皇は、皇室に直接的にかかわる公事については、皇位継承のことをはじめとして、すべて内閣の助言を受けつつ皇室の慣習に従ってそれを執り行う。

第四条第一項

天皇は、政治にかかわる国事については、この憲法によって定められる文化的儀式のみを行う。

第八条

皇室が市民から財産を譲り受ける場合、あるいは市民に財産を賜与する場合、内閣の助言と承認を必要とする。

第二章　戦争の放棄

第九条

日本市民には日本国家の独立と安全を保つ義務が課せられる。

その義務を全うするため日本政府は国防軍を形成し保持しなければならない。

国防軍は他国にたいする侵略的な目的のためにその戦力を使用してはならない。また国防軍は、自衛のための軍事行動を準備し実行するに当たり、集団的自衛や国際的警察を含めて国際協調に最大限の配慮をしなければならない。

国防軍の最高指揮権は内閣総理大臣に属する。

第三章　国民の権利及び義務

第十一条

あらゆる日本市民は基本的自由の享有を妨げられないと同時に、同条で規定される基本的責任の遂行を免れえない。

第十二条

あらゆる日本市民は基本的自由を享受し、また基本的責任を遂行するに当たって、法の秩序に従わなければならない。

この法の秩序のうちには公共の福祉にかんする日本の伝統的な基準を守ることも含まれる。

第十三条

すべての市民は法の下における自由を、自己においてのみならず他人についても、最大限に尊重しなければならない。

人身の安全を求める自由、居住・移転および職業を選択する自由、財産を私有する自由そして信教、言論、出版、結社、集会、学習および教育の表現活動にかかわる自由という四種の自由は、基本的自由として、すべての市民に保証される。

また、国防に参加する責任、税金を納める責任、子供に教育を受けさせる責任そして法の秩序に従う四種の責任は、基本的責任として、すべての市民に課される。

第十四条第一項

日本市民が自由を発揮したことにたいする報償と日本市民が責任を果たさないことにたいする制裁はすべて法によって律せられる。

すべての日本市民は法の下に平等であって、個人の能力によるほかは、人種、信条、性別、身分または家柄によって差別されるようなことはない。

第十五条第一項

日本市民は、法律によって定められた種類の公務員にかんし、法律にもとづいて、これを投票によって選出しなければならず、またそれを投票によって罷免することができる。

第十八条

（削除）。

第十九条

（削除）。

第二十条

日本政府は国教を定めてはならない。また政党活動にかかわる宗教団体に特権を授けてはならない。

何人も宗教団体が中心となって催す儀式に参加することを強制されない。

日本政府は宗教教育のごとき積極的な宗教活動をしてはならない。

第二十一条

市民の表現の自由にかかわる法の秩序にあって、日本政府は、政府および市民の通信の秘密が侵されることを禁止するとともに、政府が検閲を行うことの弊害および市民のプライバシーが破られることの弊害にたいして最大限の配慮をなさなければならない。

第二十三条

（削除）。

第二十五条第一項

日本政府はすべての日本市民および日本に長期に滞在する外国人にたいし健康的で文化的な生活にかんする最低水準を保証するよう最大限の努力をしなければならない。

第二十六条第二項

すべての市民は、法律の定めるところにより、その保護する子弟に普通教育を受けさせなければならない。

第二十七条第一項

（削除）。

第二十九条

市民の財産私有の自由にかかわる法の秩序にあって、日本政府は、社会のシビル・ミニマムが侵害されることのないよう、最大限の配慮をしなければならない。

日本政府は、市民の私有財産を社会のシビル・ミニマムを保障するために用いるとき、その財産保有者に正当な補償をなさなければならない。

第三十条

市民の納税責任にかかわる法の秩序にあって、日本政府は社会のシビル・ミニマムが侵害されることのないよう、最大限の配慮をしなければならない。

第三十三条〜第四十条

（削除）。（刑法等、法律に委ねる）

第四章　国　会

第四十一条

（国家権力の最高機関は、三権のあいだの依存と独立の構造そのものである）意とする。

第四十二条

国会は、衆議院でこれを構成する。

第四十三条第一項

衆議院は、全国民を代表する選挙された議員でこれを組織する。

第五十四条第二項後半および第三項

緊急事態が宣せられた場合、国会の会期は、国会の議決でその継続延長ができるものとする。また、国会議員の任期満了後または衆議院の解散後に緊急事態が宣言された場合、あらたに国会が成立するまでのあいだ、前の国会が引きつづきその権限を行使するものとする。

第五章　内　閣

第六十六条第一項

内閣は、法律の定めるところにより、その首長たる内閣総理大臣、その副首長たる内閣副総理大臣およびその他の国務大臣でこれを組織する。

第七十三条

（その八）を追加。

緊急事態を決定し、それを宣言すること。

第六章　司　法

第七十九条第二項

（削除）。

第七章　財　政

第八十三条

（第二項および第三項）を追加。

緊急事態宣言が発せられた場合には、内閣は国会の議決を経ずに財政を処理することができる。

ただしその処理について、内閣は事後に国会の承諾を得なければならない。

第八十八条

皇室の費用については内閣がそれらを管轄し、その結果を国会に報告しなければならない。

第八十九条

（削除）。

第八章　地方自治

第九十五条

特定の地方公共団体に適用される特別法は、国会の投票で五分の三、そして地域住民投票で五分の二の同意を必要とする。

第九章　改　正

第九十六条第一項

この憲法の改正が許されるのは第四章から第九章までの部分にかぎられる。

この憲法の改正は、国会の三分の二以上の賛成で、内閣がこれを発議し、市民投票の過半数によって承認されなければならない。

第十章　最高法規

第九十七条

（削除）。

第九十八条第一項

（削除）。

第九十八条第二項

日本政府および日本市民は日本政府の締結した条約および国際社会において確立されている国際法規を守らなければならない。

条約および国際法規と日本の法秩序とのあいだに不一致が見出されたとき、それを調整するのは日本政府の責任である。

その調整に当たり、日本の憲法・法律を改正しないあいだは、条約および国際法規にたいしてよりも日本の法秩序にたいして多くの考慮を払わなければならない。

日本政府には、国際秩序を安定させるため、とくに国際社会における国際的シビル・ミニマムを達成するため、よき国際法規の形成に努力する責任がある。

第九十九条

（削除）。

第十一章　補　則

（国旗・国歌）を追加。

日本国の国旗は「日の丸」、国歌は「君が代」とする。

資料Ⅱ・02

日本国憲法改正私案

一九九二年三月五日

小林　節

［出典］『憲法守って国滅ぶ―私たちの憲法をなぜ改正してはいけないのか』一九九二年三月、ＫＫベストセラーズ

コメント

1．この改正案は、小林節が一九九二年に発表した改憲案である。現代の改憲構想を表現した改正案としては、もっとも早くでたものとして注目される。小林案には、自衛隊の海外派兵を正当化することに重点を置いた九条改正論、「新しい人権」を入れることを訴えた人権条項の改正が、いずれも登場しているからである。

2．具体的には、以下の諸点が注目される。

第一に、前文については、平和主義の理念を謳った部分の削除に焦点をあてている。

第二に、天皇を「元首」とし、国民統合の中心に据えて天皇の統合力を強化しようとしているが、女帝を承認していることにみられるように、それは明治憲法下の天皇への復古をめざすものではなく、また天皇を軍事的統合の要に復活させようとしたものでもなく、より広く、国民統合の要として、統合の強化に利用しようという意図がうかがわれる。

第三に、元号の廃止、君が代に代わる新しい国歌の制定など、国民統合を強化するに際して、復古的、非民主的な色彩の強い制度の改廃を提起している点は、小林案の反復古主義的性格を象徴していて興味深い。

第四に、九条については、「自国の独立」に並べて「世界平和を維持するため」の軍隊保持を謳うことにより、自衛軍の海外派兵を正当化することに主眼を置いた改正案となっている。

第五に、「知る権利」や「環境権」など新しい人権の規定の補充を謳い、現代社会に見合った憲法改正という視点を強く打ち出している。

同時に、教科書検定の合憲化、最高裁の違憲審査におけるいわゆる統治行為の明文化など、保守政治の下で、問題となった、あるいはトゲとなっている憲法条項には、それが統治の障害とならないような手が打たれている。

第六に、内閣総理大臣の指名権を衆議院に限る一方、条約の審査を参議院に限るなど、衆・参両院の権限を再配分する参議院改革を提起している。

第七に、しかし小林がのちになって主張することになる（小林「二十一世紀への責任として」中西輝政編『憲法改正』中央公論新社、二〇〇〇年）首相公選制や憲法裁判所設置論などは、まだ入っていない点で、この案は、いまだ過渡的である。

なお、本改正案は、原本では現行憲法条文に対照して改正部分が記されているが、収録に際して見やすいように編集した。

（《　》＝削除、【↓】＝修正、〔　〕＝追加）

前　文

日本国民は、正当に選挙された国会における代表者を通じて行動し、われらとわれらの子孫のために、諸国民との協和による成果と、わが国全土にわたって自由のもたらす恵沢を確保し、《政府の行為によって＝

戦争は「政府」だけが起こすのではなく、他国や愚かな自国民の判断が起こすこともある。故に、このような誤解を招きかねない表現は削除する》再び戦争の惨禍が起ることのないやうにすることを決意し、ここに主権が国民に存することを宣言し、この憲法を確定する。（中略）

日本国民は、恒久の平和を念願し、人間相互の関係を支配する崇高な理想を深く自覚するのであつて、《平和を愛する諸国民の公正と信義に信頼して、われらの安全と生存を保持しようと決意した。＝愚かで危険な空想なので削除する》われらは、平和を維持し、専制と隷従、圧迫と偏狭を地上から永遠に除去しようと努めてゐる国際社会において、名誉ある地位を占めたいと思ふ。（後略）

第一章　天　皇

第一条　天皇は、日本国の【象徴であり→君主にして元首であり】日本国民統合の象徴であつて、この地位は、主権の存する日本国民の総意に基く。

第二条　皇位は、世襲のものであつて、国会の議決した皇室典範の定めるところにより、〔性別にかかわりなく〕これを継承する。

第七条　天皇は、内閣の助言と承認により、国民のために、左の国事に関する行為を行ふ。

一〇　〔大喪の礼、即位の礼、その他、皇室に伝統的な〕儀式を行ふこと。

第八条　【皇室に財産を譲り渡し、又は皇室が、財産を譲り受け、若しくは賜与することは、国会の議決に基かなければならない。→皇室に対する贈与は、すべて国庫に属する。】

第二章　【戦争の放棄→安全保障】

第九条　日本国民は、正義と秩序を基調とする国際平和を誠実に希求し、国権の発動たる戦争と、武力による威嚇又は武力の行使は、【国際紛争を解決する→侵略の】手段としては、永久にこれを放棄する〔が、自国の独立と世界平和を維持するためにはこれを放棄しない〕。

前項の目的を達するため、陸海空軍その他の戦力は、【これを保持しない。国の交戦権は、これを認めない。→自衛軍として保持する。同じく国の交戦権は、これを放棄しない。】

〔この自衛軍の総司令官は内閣総理大臣であり、総理大臣は、わが国の独立又は世界平和を維持するために、事前に、時宜によっては事後に国会の承認を経て又は国連の要請を受けて、自衛軍の出動を命ずることができる。

自衛軍の組織・運用と非常事態に関する事項は、法律でこれを定める。

すべて国民は、法律の定めるところにより、国防の義務を負う。但し、良心的兵役拒否の自由は、法律の定めるところにより、何人に対してもこれを保障する。

第九条ノ二　日本国民は、平和のうちに生存する権利を有する。〕

第三章　国民の権利及び義務

第一一条　【国民は→何人も】、すべての基本的人権の享有を妨げられない。〔但し、外国人は、その立場の特殊性の故に、人権の享受につき制約を受けることがある。〕この憲法が国民に保障する基本的人権は、侵すことのできない永久の権利【として、現在及び将来の国民に与へられる。→である。】

〔**第一一条ノ二**　この憲法の規定は、全法秩序の基本法として、直接・間接に私人間の法律関係にも適用される。但し、それがために私的自治を不当に害することがあってはならない。〕

第一四条　すべて国民は、法の下に平等であつて、【人種、信条、性別、

社会的身分又は門地により、政治的、経済的又は社会的関係において、差別されない。→いかなる不合理な差別も受けない。】

〔国は、歴史的・構造的な差別を被ってきた階層に対する優先処遇を行う。但し、これがために、新たな差別を生むことがあってはならない。〕

第二〇条 信教の自由は、何人に対してもこれを保障する。【いかなる宗教団体も、国から特権を受け、又は政治上の権力を行使してはならない。

何人も、宗教上の行為、祝典、儀式又は行事に参加することを強制されない。

国及びその機関は、宗教教育その他いかなる宗教的活動もしてはならない。→国は宗教活動を行ってはならず、いかなる宗教団体も国から特権を受けてはならない。国と宗教のかかわりは、その目的または効果のいずれかにおいて特定の宗派に対する援助又は妨害があった場合には許されない。】

第二一条 集会、結社及び言論、出版その他一切の表現の自由〔および知る権利〕は、これを保障する。〔但し、公務員は、その職務の性質に応じて政治活動の自由を制限される。〕

検閲は、これをしてはならない。〔但し、初等中等教育で使用される教科書の検定はここで言う検閲にはあたらない。〕通信の秘密は、これを侵してはならない。

〔情報公開制度は、これを保障する。但し、それがために、国民の基本的人権と公共の福祉を害することがあってはならない。

第二一条ノ二 何人も、私事を暴露されない。

但し、公人については、公共の福祉のために必要な限度で私事の秘匿は制限される。

何人も、社会的評判を害されない。但し、公人については、公共の福祉のために必要な限度で社会的評判の保障は制限される。

第二一条ノ三 政権の獲得と政策の実現を通して国民全体の福利の向上を目指す結社を政党と呼び、政党は、法律の定めるところにより、公的援助を受け公営選挙に参加する資格を有する。但し、公営選挙に参加できる政党は、次の各号のいずれかに該当するものに限る。

一　直近の国政選挙において有効投票の百分の四以上を得たもの

二　五名以上の国会議員を有するもの

三　当該選挙において一〇名以上の候補者を有するもの

政党の運営に際しては、民主主義と地方自治と公明性の原則が守られなければならない。

この憲法秩序の破壊を目的とする政党の結成は禁じられる。〕

第二三条 学問の自由は、これを保障する。〔大学における研究・教育の方法・対象及び施設の管理と財政に関する事項は、教授団の自治に委ねる。〕

第二五条 すべて国民は、健康で文化的な最低限度の生活を営む権利を有する。〔心身に障害を有する者が人格的な生存を確保する権利は、国政のうえで特に尊重されなければならない。〕

〔**第二五条ノ二** 良好な環境を享受する住民の権利は、これを保障する。

喫煙の自由は、これを保障する。但し、これがために他者の健康を害してはならない。〕

第二六条 すべて国民は、法律の定めるところにより、その保護する子女に普通教育を受けさせる義務を負ふ。義務教育は、〔次代の国民を育成する教育として、民主行政の原則に従って行われ、〕これを無償とする。〔但し、その実施に際しては、自由な人格の育成に留意しなければならない。〕

第二八条 勤労者の団結する権利及び団体交渉その他の団体行動をする権利は、これを保障する。〔但し、公務員は、その職務の性質に応じ

て団体行動権が制限される。〕

第二九条　私有財産は、【正当な→相当な】補償の下に、これを公共のために用ひることができる。

第三一条　何人も、法律の定める〔適正な〕手続によらなければ、その生命若しくは自由を奪はれ、又はその他の刑罰を科せられない。【そいかなる不利益処分も受けない。又、何人も行為前に定められた明確な法律によらなければ、犯罪者とされ刑罰を科せられない。】→

第三五条　《捜索又は押収は、権限を有する司法官憲が発する各別の令状により、これを行ふ。＝不要な語なので削除する》

〔**第四〇条ノ二**　在監者の人権の制約は、その立場の特殊性に由来する正当目的に資する相当手段の範囲内のものに限る。〕

第四章　国　会

第四一条　国会は、【国権の最高→主権者・国民を唯一直接代表する】機関であって、国の唯一の立法機関である。

第四三条　両議院は、全国民を代表する選挙〔又は推薦〕された議員でこれを組織する。

両議院の議員の定数は、法律でこれを定める。

第四四条　両議院の議員及びその選挙人の資格は、法律でこれを定める。但し、人種、信条、性別、《社会的身分、＝職業代表院を可能にするために削除する》門地、教育、財産又は収入によって差別してはならない。

第四七条　選挙区、投票の方法その他両議院の議員の選挙に関する事項は、【法律で→国会及び内閣から独立した選挙制度審議会がその規則で】これを定める。

第六〇条　予算〔案〕は、さきに衆議院に提出しなければならない。

第六一条　《条約の締結に必要な国会の承認については、前条第二項の規定を準用する。＝参議院改革・強化のために削除する》

第五章　内　閣

第六五条　行政権は、内閣に属する。〔但し、独立行政委員会はその限りではない。〕

第六六条　【内閣総理大臣その他の国務大臣は、文民でなければならない。→軍人は、現役・退役を問わず、国務大臣になれない。又、参議院議員は国務大臣又は政務次官になれない。】

内閣は、〔その所轄の〕行政権の行使について、国会に対し連帯して責任を負ふ。

第六七条　内閣総理大臣は、【国会→衆議院】議員の中から国会の議決で、これを指名する。この指名は、他のすべての案件に先だって、これを行ふ。

〔**第六七条ノ二**　内閣総理大臣が欠けた時は、左の順序により、新たに総理大臣が任命されるまでその職務を行う。

一　予め指定された臨時代理

二　内閣官房長官

三　衆議院議長〕

第六八条　内閣総理大臣は、〔参議院の同意を得て〕国務大臣を任命する。但し、その過半数は、【国会→衆議院】議員の中から選ばれなければならない。

第七三条　内閣は、他の一般行政事務の外、左の事務を行ふ。

三　条約を締結すること。但し、事前に、時宜によっては事後に、【国会→参議院】の承認を経ることを必要とする。

五　予算〔案〕を作成して国会に提出すること。

第六章　司　法

第八一条　最高裁判所は、一切の法律、命令、規則又は処分が憲法に適合するかしないかを決定する権限を有する終審裁判所である。〔但し、国家の存立にかかわる高度の政治性を有する行為についてはその限りではない。

最高裁判所がある法令を違憲と決定した場合には、内閣と裁判所はその法令の適用を停止し、国会又は内閣は、その決定の趣旨に従って、その法令を改廃する。〕

第八二条　裁判所が、裁判官の全員一致で、〔国家の安全保障、〕公の秩序又は善良の風俗を害する虞があると決した場合には、対審は、公開しないでこれを行ふことができる。但し、政治犯罪、出版に関する犯罪又はこの憲法第三章で保障する国民の権利が問題となってゐる事件の対審は、常にこれを公開しなければならない。

第七章　財　政

第八六条　内閣は、毎会計年度の予算〔案〕を作成し、国会に提出して、その審議を受け議決を経なければならない。

第八八条　すべて皇室財産は、国に属する。すべて皇室の費用は、予算〔案〕に計上して国会の議決を経なければならない。

第八九条　公金その他の公の財産は、宗教上の組織若しくは団体の使用、便益若しくは維持のため、又は公の支配に属しない慈善、**【**教育若しくは→又は**】**博愛の事業に対し、これを支出し、又はその利用に供してはならない。

第八章　地方自治

第九二条　〔各地方に特有な行政課題については、その地方の住民によって民主的に統制された地方自治体が処理する。〕地方公共団体の組織及び運営に関する事項は、〔この〕地方自治の本旨に基いて、法律でこれを定める。

第九四条　地方公共団体は、その財産を管理し、事務を処理し、及び行政を執行する権能を有し、〔固有の事務については排他的な立法権を有するが、〕法律の〔趣旨の〕範囲内で条例を制定することができる。

第九章　改　正

第九六条　この憲法の改正は、各議院の総議員の三分の二以上の賛成で、国会が、これを発議し、国民に提案してその承認を経なければならない。この承認には、特別の国民投票又は国会の定める選挙の際行はれる投票において、その過半数の賛成を必要とする。〔但し、国民主権、平和主義もしくは人権尊重主義に反する改正は行われてはならない。〕

第一〇章　最高法規

第九八条　この憲法は、国の最高法規であって、その条規に反する法律、〔条約、〕命令、詔勅及び国務に関するその他の行為の全部又は一部は、その効力を有しない。〔但し、前国家的な国際法はその限りではない。〕

第九九条　**【**天皇又は摂政及び国務大臣、国会議員、裁判官その他の公務員→日本国の国民及び公務員**】**は、この憲法を尊重し擁護する義務を負ふ。

〔**第九九条ノ二**　元号を廃止し、西暦を用いる。君が代に代わる、わが国に相応しい国歌を定める。わが国の国旗は日の丸である。〕

第一一章　補　則

第一〇〇条　この憲法〔及びその改正〕は、公布の日から起算して六箇月を経過した日から、これを施行する。

第一〇一条　この憲法〔又はその改正の〕施行の際、参議院がまだ成立してゐないときは、その成立するまでの間、衆議院は、国会としての権限を行ふ。

第一〇二条　この憲法〔又はその改正〕による第一期の参議院議員のうち、その半数の者の任期は、これを三年とする。その議員は、法律の定めるところにより、これを定める。

第一〇三条　この憲法〔又はその改正の〕施行の際現に在職する国務大臣、衆議院議員及び裁判官並びにその他の公務員で、その地位に相応する地位がこの憲法で認められてゐる者は、法律で特別の定をした場合を除いては、この憲法〔又はその改正の〕施行のため、当然にはその地位を失ふことはない。但し、この憲法によつて、後任者が選挙又は任命されたときは、当然その地位を失ふ。

（なお、全体として、歴史的仮名遣いを現代仮名遣いに改める）

資料Ⅱ・03

PKO等協力法

（国際連合平和維持活動等に対する協力に関する法律）

一九九二年六月一九日公布、法律七九号

（改正一九九八年六月一二日法律一〇二号、改正箇所《　》）

［出典］『法令全書』一九九二年2、一九九八年2

コメント

1．これは、自衛隊を国連のPKOに参加させることを保障するため、一九九二年に制定された法律、いわゆるPKO等協力法である。

本法は、自衛隊を海外に派遣することを定めた、初めての法律であるため、国会内外での強い反対運動のなかで、制定が強行された。この法律に基づいて、政府は、カンボジア、モザンビーク等のPKO活動に自衛隊を派遣した。

2．しかし、本法に対する内外の強い反対や懸念の声を踏まえ、本法での自衛隊の海外派兵には、いくつかの重要な限定がついており、これが、自衛隊の海外派兵を制約している。そのため、以後、政府は、こうした自衛隊海外派兵に課せられた「足枷」の打破に腐心することとなる。本法で課せられた自衛隊の活動に対する制約とは、以下の諸点である。

第一に、日本がPKO部隊に参加する際には、いわゆるPKO五原則を満たしていなければならないとされたことである。

第二に、本法に基づく国際平和協力業務に従事するため自衛隊を海外に派遣するには、その「開始前に」国会の承認が求められていることである（六条七項）。

第三に、国際平和協力業務に携わる自衛隊員の武器使用について、「自己又は自己と共に現場に所在する他の隊員の生命又は身体を防衛するためやむを得ない必要があると認める相当の理由がある場合」（二四条一項）と厳格に定められたことである。

第四に、附則第二条で、停戦監視や緩衝地帯への駐留、武器検査、放棄武器の収集・保管など、いわゆるＰＫＦの本体活動については、別に法律を定めるまでは実施しないとされたことである。

3．これらの限界を突破するために、政府はたびたび本法の改正を試みるが、九八年の改正では、《　》の部分が改正をみた。さらに、二〇〇一年の再改正（⇩Ⅱ・39）では、対米テロに対するアメリカの報復攻撃に便乗して、武器使用基準の緩和やＰＫＦ本体業務への参加が認められた。

第一章　総　則

（目的）

第一条　この法律は、国際連合平和維持活動《、人道的な国際救援活動及び国際的な選挙監視活動》に対し適切かつ迅速な協力を行うため、国際平和協力業務実施計画及び国際平和協力業務実施要領の策定手続、国際平和協力隊の設置等について定めることにより、国際平和協力業務の実施体制を整備するとともに、これらの活動に対する物資協力のための措置等を講じ、もって我が国が国際連合を中心とした国際平和のための努力に積極的に寄与することを目的とする。

（国際連合平和維持活動《等》に対する協力の基本原則）

第二条①　政府は、この法律に基づく国際平和協力業務の実施、物資協力、これらについての国以外の者の協力等（以下「国際平和協力業務の実施等」という。）を適切に組み合わせるとともに、国際平和協力業務の実施等に携わる者の創意と知見を活用することにより、国際連合平和維持活動《、人道的な国際救援活動及び国際的な選挙監視活動》に効果的に協力するものとする。

②　国際平和協力業務の実施等は、武力による威嚇又は武力の行使に当たるものであってはならない。

③　内閣総理大臣は、国際平和協力業務の実施等に当たり、国際平和協力業務実施計画に基づいて、内閣を代表して行政各部を指揮監督する。

④　関係行政機関の長は、前条の目的を達成するため、国際平和協力業務の実施等に関し、国際平和協力本部長に協力するものとする。

（定義）

第三条　この法律において、次の各号に掲げる用語の意義は、それぞれ当該各号に定めるところによる。

一　国際連合平和維持活動　国際連合の総会又は安全保障理事会が行う決議に基づき、武力紛争の当事者（以下「紛争当事者」という。）間の武力紛争の再発の防止に関する合意の遵守の確保、武力紛争の終了後に行われる民主的な手段による統治組織の設立の援助その他紛争に対処して国際の平和及び安全を維持するために国際連合の統括の下に行われる活動であって、武力紛争の停止及びこれを維持するとの紛争当事者間の合意があり、かつ、当該活動が行われる地域の属する国及び紛争当事者の当該活動が行われることについての同意がある場合（武力紛争が発生していない場合においては、当該活動が行われる地域の属する国の当該同意がある場合）に、国際連合事務総長（以下「事務総長」という。）の要請に基づき参加する二以上の国及び国際連合によって、いずれの紛争当事者にも偏ることなく実施されるものをいう。

二　人道的な国際救援活動　国際連合の総会、安全保障理事会若しくは経済社会理事会が行う決議又は《別表第一》に掲げる国際機関が行う要請に基づき、国際の平和及び安全の維持を危うくするおそれのある紛争（以下単に「紛争」という。）によって被害を受け若しくは受けるおそれがある住民その他の者（以下「被災民」という。）の救援のために又は紛争によって生じた被害の復旧のために人道的精神に基づいて行われる活動であって、当該活動が行われる地域の属する国の当該活動が行われることについての同意があり、かつ、当該活動が行われる地域の属する国が紛争当事者である場合においては武力紛争の停止及びこれを維持するとの紛争当事者間の合意がある場合に、国際連合その他の国際機関又は国際連合加盟国その他の国（《次号及び第四号》において「国際連合等」という。）によって実施されるもの（国際連合平和維持活動として実施される活動を除く。）をいう。

《二の二　国際的な選挙監視活動　国際連合の総会若しくは安全保障理事会が行う決議又は別表第二に掲げる国際機関が行う要請に基づき、紛争によって混乱を生じた地域における民主的な手段による統治組織の設立を目的とする選挙又は投票の公正な執行を確保するために行われる活動であって、当該活動が行われる地域の属する国の当該活動が行われることについての同意があり、かつ、当該活動が行われる地域の属する国が紛争当事者である場合においては武力紛争の停止及びこれを維持するとの紛争当事者間の合意がある場合に、国際連合等によって実施されるもの（国際連合平和維持活動として実施される活動を除く。）をいう。》

三　国際平和協力業務　国際連合平和維持活動のために実施される業務で次に掲げるもの《、人道的な国際救援活動》のために実施される業務で次のヌからレまでに掲げるもの《及び国際的な選挙監視活動のために実施される業務で次のト及びレに掲げるもの》（これらの業務にそれぞれ附帯する業務を含む。以下同じ。）であって、海外で行われるものをいう。

イ　武力紛争の停止の遵守状況の監視又は紛争当事者間で合意された軍隊の再配置若しくは撤退若しくは武装解除の履行の監視

ロ　緩衝地帯その他の武力紛争の発生の防止のために設けられた地域における駐留及び巡回

ハ　車両その他の運搬手段又は通行人による武器（武器の部品を含む。ニにおいて同じ。）の搬入又は搬出の有無の検査又は確認

ニ　放棄された武器の収集、保管又は処分

ホ　紛争当事者が行う停戦線その他これに類する境界線の設定の援助

ヘ　紛争当事者間の捕虜の交換の援助

ト　議会の議員の選挙、住民投票その他これらに類する選挙若しくは投票の公正な執行の監視又はこれらの管理

チ　警察行政事務に関する助言若しくは指導又は警察行政事務の監視

リ　チに掲げるもののほか、行政事務に関する助言又は指導

ヌ　医療（防疫上の措置を含む。）

ル　被災民の捜索若しくは救出又は帰還の援助

ヲ　被災民に対する食糧、衣料、医薬品その他の生活関連物資の配布

ワ　被災民を収容するための施設又は設備の設置

カ　紛争によって被害を受けた施設又は設備であって被災民の生活上必要なものの復旧又は整備のための措置

ヨ　紛争によって汚染その他の被害を受けた自然環境の復旧のための措置

タ　イからヨまでに掲げるもののほか、輸送、保管（備蓄を含む。）、通信、建設又は機械器具の据付け、検査若しくは修理

レ　イからタまでに掲げる業務に類するものとして政令で定める業務

四　物資協力　《次に掲げる活動》を行っている国際連合等に対して、その活動に必要な物品を無償又は時価よりも低い対価で譲渡することをいう。

《イ　国際連合平和維持活動

ロ　人道的な国際救援活動（別表第三に掲げる国際機関によって実施される場合にあっては、第二号に規定する合意が存在しない場合における同号に規定する活動を含むものとする。第二五条第一項及び第三項において同じ。）

ハ　国際的な選挙監視活動》

五　海外　我が国以外の領域（公海を含む。）をいう。

六　派遣先国　国際平和協力業務が行われる外国（公海を除く。）をいう。

七　関係行政機関　国家行政組織法（昭和二三年法律第一二〇号）第三条第二項に規定する国の行政機関及び同法第八条の三に規定する特別の機関で、政令で定めるものをいう。

第二章　国際平和協力本部

（設置及び所掌事務）

第四条①　総理府に、国際平和協力本部（以下「本部」という。）を置く。

②　本部は、次に掲げる事務をつかさどる。

一　国際平和協力業務実施計画（以下「実施計画」という。）の案の作成に関すること。

二　国際平和協力業務実施要領（以下「実施要領」という。）の作成又は変更に関すること。

三　前号の変更を適正に行うための、派遣先国において実施される必要のある国際平和協力業務の具体的内容を把握するための調査、実施した国際平和協力業務の効果の測定及び分析並びに派遣先国における国際連合の職員その他の者との連絡に関すること。

四　国際平和協力隊（以下「協力隊」という。）の運用に関すること。

五　国際平和協力業務の実施のための関係行政機関への要請、輸送の委託及び国以外の者に対する協力の要請に関すること。

六　物資協力に関すること。

七　国際平和協力業務の実施等に関する調査（第三号に掲げるものを除く。）及び知識の普及に関すること。

八　前各号に掲げるもののほか、法令の規定により本部に属させられた事務

（組織）

第五条①　本部の長は、国際平和協力本部長（以下「本部長」という。）とし、内閣総理大臣をもって充てる。

②　本部長は、本部の事務を総括し、所部の職員を指揮監督する。

③　本部に、国際平和協力副本部長（次項において「副本部長」という。）を置き、内閣官房長官をもって充てる。

④　副本部長は、本部長の職務を助ける。

⑤　本部に、国際平和協力本部員（以下この条において「本部員」という。）を置く。

⑥　本部員は、内閣法（昭和二二年法律第五号）第九条の規定によりあらかじめ指定された国務大臣及び関係行政機関の長のうちから、内閣総理大臣が任命する。

⑦　本部員は、本部長に対し、本部の事務に関し意見を述べることができる。

⑧　本部に、政令で定めるところにより、実施計画ごとに、期間を定め

て、自ら国際平和協力業務を行うとともに海外において前条第二項第三号に掲げる事務を行う組織として、協力隊を置くことができる。

⑨ 本部に、本部の事務（協力隊の行うものを除く。）を処理させるため、事務局を置く。

⑩ 事務局に、事務局長その他の職員を置く。

⑪ 事務局長は、本部長の命を受け、局務を掌理する。

⑫ 前各項に定めるもののほか、本部の組織に関し必要な事項は、政令で定める。

第三章　国際平和協力業務

（実施計画）

第六条① 内閣総理大臣は、我が国として国際平和協力業務を実施することが適当であると認める場合であって、次に掲げる同意があるときは、国際平和協力業務を実施すること及び実施計画の案につき閣議の決定を求めなければならない。

一 国際連合平和維持活動のために実施する国際平和協力業務については、紛争当事者及び当該活動が行われる地域の属する国の当該業務の実施についての同意

二 人道的な国際救援活動のために実施する国際平和協力業務については、当該活動が行われる地域の属する国の当該業務の実施についての同意

《三 国際的な選挙監視活動のために実施する国際平和協力業務については、当該活動が行われる地域の属する国の当該業務の実施についての同意》

② 実施計画に定める事項は、次のとおりとする。

一 当該国際平和協力業務の実施に関する基本方針

二 協力隊の設置その他当該国際平和協力業務の実施に関する次に掲げる事項

イ 実施すべき国際平和協力業務の種類及び内容

ロ 派遣先国及び国際平和協力業務を行うべき期間

ハ 協力隊の規模及び構成並びに装備

ニ 海上保安庁の船舶又は航空機を用いて当該国際平和協力業務を行う場合における次に掲げる事項

（1）海上保安庁の船舶又は航空機を用いて行う国際平和協力業務の種類及び内容

（2）国際平和協力業務を行う海上保安庁の職員の規模及び構成並びに装備

ホ 自衛隊の部隊等（自衛隊法（昭和二九年法律第一六五号）第八条に規定する部隊等をいう。以下同じ。）が当該国際平和協力業務を行う場合における次に掲げる事項

（1）自衛隊の部隊等が行う国際平和協力業務の種類及び内容

（2）国際平和協力業務を行う自衛隊の部隊等の規模及び構成並びに装備

ヘ 第二〇条第一項の規定に基づき海上保安庁長官又は防衛庁長官に委託することができる輸送の範囲

ト 関係行政機関の協力に関する重要事項

チ その他当該国際平和協力業務の実施に関する重要事項

③ 外務大臣は、国際平和協力業務を実施することが適当であると認めるときは、内閣総理大臣に対し、第一項の閣議の決定を求めるよう要請することができる。

④ 第二項第二号に掲げる装備は、第二条第二項《及び第三条第一号から第二号の二まで》の規定の趣旨に照らし、この章の規定を実施するのに必要な範囲内で実施計画に定めるものとする。この場合において、国際連合平和維持活動のために実施する国際平和協力業務に係る装備

は、事務総長が必要と認める限度で定めるものとする。

⑤　海上保安庁の船舶又は航空機を用いて行われる国際平和協力業務は、第三条第三号トからタまでに掲げる業務又はこれらの業務に類するものとして同号レの政令で定める業務であって、海上保安庁法（昭二三年法律第二八号）第二五条の趣旨にかんがみ海上保安庁の船舶又は航空機を用いて行うことが適当であると認められるもののうちから、海上保安庁の任務遂行に支障を生じない限度において、実施計画に定めるものとする。

⑥　自衛隊の部隊等が行う国際平和協力業務は、第三条第三号イからへまでに掲げる業務、同号ヌからタまでに掲げる業務又はこれらの業務に類するものとして同号レの政令で定める業務であって自衛隊の部隊等が行うことが適当であると認められるもののうちから、自衛隊の任務遂行に支障を生じない限度において、実施計画に定めるものとする。

⑦　自衛隊の部隊等が行う国際平和協力業務であって第三条第三号イからへまでに掲げるもの又はこれらの業務に類するものとして同号レの政令で定めるものについては、内閣総理大臣は、当該国際平和協力業務に従事する自衛隊の部隊等の海外への派遣の開始前に、我が国として国際連合平和維持隊に参加するに際しての基本的な五つの原則（第三条第一号、本条第一項第一号及び第一三項第一号、第八条第一項第六号並びに第二四条の規定の趣旨をいう。）及びこの法律の目的に照らし、当該国際平和協力業務を実施することにつき国会の承認を得なければならない。ただし、国会が閉会中の場合又は衆議院が解散されている場合には、当該国際平和協力業務に従事する自衛隊の部隊等の海外への派遣の開始後最初に召集される国会において、遅滞なく、その承認を求めなければならない。

⑧　前項本文の規定により内閣総理大臣から国会の承認を求められた場合には、先議の議院にあっては内閣総理大臣が国会の承認を求めた後国会の休会中の期間を除いて七日以内に、後議の議院にあっては先議の議院から議案の送付があった後国会の休会中の期間を除いて七日以内に、それぞれ議決するよう努めなければならない。

⑨　政府は、第七項ただし書の場合において不承認の議決があったときは、遅滞なく、同項の国際平和協力業務を終了させなければならない。

⑩　第七項の国際平和協力業務については、同項の規定による国会の承認を得た日から二年を経過する日を超えて引き続きこれを行おうとするときは、内閣総理大臣は、当該日の三〇日前の日から当該日までの間に、当該国際平和協力業務を引き続き行うことにつき国会に付議して、その承認を求めなければならない。ただし、国会が閉会中の場合又は衆議院が解散されている場合には、その後最初に召集される国会においてその承認を求めなければならない。

⑪　政府は、前項の場合において不承認の議決があったときは、遅滞なく、第七項の国際平和協力業務を終了させなければならない。

⑫　前二項の規定は、国会の承認を得て第七項の国際平和協力業務を継続した後、更に二年を超えて当該国際平和協力業務を引き続き行おうとする場合について準用する。

⑬　第一項（各号を除く。）及び第三項の規定は、実施計画の変更（次に掲げる場合に行うべき国際平和協力業務に従事する者の海外への派遣の終了に係る変更を含む。）について準用する。この場合において、第一項中「適当であると認める場合であって、次に掲げる同意があるとき」とあり、及び第三項中「適当であると認めるとき」とあるのは、「必要であると認めるとき、又は適当であると認めるとき」と読み替えるものとする。

一　国際連合平和維持活動のために実施する国際平和協力業務については、第三条第一号に規定する合意若しくは同意若しくは第一項第一号に規定する同意が存在しなくなったと認められる場合又は当該

活動がいずれの紛争当事者にも偏ることなく実施されなくなったと認められる場合

二　人道的な国際救援活動のために実施する国際平和協力業務については、第三条第二号に規定する同意若しくは合意又は第一項第二号に規定する同意が存在しなくなったと認められる場合

《三　国際的な選挙監視活動のために実施する国際平和協力業務については、第三条第二の二に規定する同意若しくは合意又は第一項第三号に規定する同意が存在しなくなったと認められる場合》

（国会に対する報告）

第七条　内閣総理大臣は、次の各号に掲げる場合には、それぞれ当該各号に規定する事項を、遅滞なく、国会に報告しなければならない。

一　実施計画の決定又は変更があったとき　当該決定又は変更に係る実施計画の内容

二　実施計画に定める国際平和協力業務が終了したとき　当該国際平和協力業務の実施の結果

三　実施計画に定める国際平和協力業務を行う期間に係る変更があったとき　当該変更前の期間における当該国際平和協力業務の実施の状況

（実施要領）

第八条①　本部長は、実施計画に従い、国際平和協力業務を実施するため、次の第一号から第五号までに掲げる事項についての具体的内容並びに第六号及び第七号に掲げる事項を定める実施要領を作成し、及び必要に応じこれを変更するものとする。

一　当該国際平和協力業務が行われるべき地域及び期間

二　前号に掲げる地域及び期間ごとの当該国際平和協力業務の種類及び内容

三　第一号に掲げる地域及び期間ごとの当該国際平和協力業務の実施の方法（当該国際平和協力業務に使用される装備に関する事項を含む。）

四　第一号に掲げる地域及び期間ごとの当該国際平和協力業務に従事すべき者に関する事項

五　派遣先国の関係当局及び住民との関係に関する事項

六　第六条第一三項各号に掲げる場合において国際平和協力業務に従事する者が行うべき国際平和協力業務の中断に関する事項

七　その他本部長が当該国際平和協力業務の実施のために必要と認める事項

②　実施要領の作成及び変更は、国際連合平和維持活動として実施される国際平和協力業務に関しては、前項第六号に掲げる事項に関し本部長が必要と認める場合を除き、事務総長又は派遣先国において事務総長の権限を行使する者が行う指図に適合するように行うものとする。

③　本部長は、必要と認めるときは、その指定する協力隊の隊員に対し、実施要領の作成又は変更に関する権限の一部を委任することができる。

（国際平和協力業務等の実施）

第九条①　協力隊は、実施計画及び実施要領に従い、国際平和協力業務を行う。

②　協力隊の隊員は、第二条第一項の規定の趣旨にかんがみ、第四条第二項第三号に掲げる事務に従事するに当たり、国際平和協力業務が行われる現地の状況の変化に応じ、同号の事務が適切に実施される上で有益であると思われる情報及び資料の収集に積極的に努めるものとする。

③　海上保安庁長官は、実施計画に定められた第六条第五項の国際平和協力業務について本部長から要請があった場合には、実施計画及び実施要領に従い、海上保安庁の船舶又は航空機の乗組員たる海上保安庁の職員に、当該船舶又は航空機を用いて国際平和協力業務を行わせる

ことができる。

④　防衛庁長官は、実施計画に定められた第六条第六項の国際平和協力業務について本部長から要請があった場合には、実施計画及び実施要領に従い、自衛隊の部隊等に国際平和協力業務を行わせることができる。

⑤　前二項の規定に基づいて国際平和協力業務が実施される場合には、第三項の海上保安庁の職員又は前項の自衛隊の部隊等に所属する自衛隊員（自衛隊法第二条第五項に規定する隊員をいう。以下同じ。）は、それぞれ、実施計画及び実施要領に従い、当該国際平和協力業務に従事するものとする。

⑥　第四項の規定に基づいて自衛隊の部隊等に国際平和協力業務を行わせる場合における本部長と防衛庁長官との関係に関する事項については、この法律に定めるところによるほか、内閣総理大臣が決する。

⑦　協力隊は、外務大臣の指定する在外公館と密接に連絡を保つものとする。

⑧　外務大臣の指定する在外公館長は、外務大臣の命を受け、国際平和協力業務の実施のため必要な協力を行うものとする。

（協力隊の隊員の任免）

第一〇条　本部長は、協力隊の隊員（以下「隊員」という。）の任免を行う。

（隊員の採用）

第一一条①　本部長は、第三条第三号トからタまでに掲げる業務又はこれらの業務に類するものとして同号レの政令で定める業務に係る国際平和協力業務に従事させるため、当該国際平和協力業務に従事することを志望する者のうちから、選考により、任期を定めて隊員を採用することができる。

②　本部長は、前項の規定による採用に当たり、関係行政機関若しくは地方公共団体又は民間の団体の協力を得て、広く人材の確保に努めるものとする。

（関係行政機関の職員の協力隊への派遣）

第一二条①　本部長は、関係行政機関の長に対し、実施計画に従い、国際平和協力業務であって協力隊が行うものを実施するため必要な技術、能力等を有する職員（国家公務員法（昭和二二年法律第一二〇号）第二条第三項各号（第一六号を除く。）に掲げる者を除く。）を協力隊に派遣するよう要請することができる。ただし、第三条第三号イからヘまでに掲げる業務及びこれらの業務に類するものとして同号レの政令で定める業務に係る国際平和協力業務については、自衛隊員以外の者の派遣を要請することはできない。

②　関係行政機関の長は、前項の規定による要請があったときは、その所掌事務に支障を生じない限度において、同項の職員に該当する職員を期間を定めて協力隊に派遣するものとする。

③　前項の規定により派遣された職員のうち自衛隊員以外の者は、従前の官職を保有したまま、同項の期間を任期として隊員に任用されるものとする。

④　第二項の規定により派遣された自衛隊員は、同項の期間を任期として隊員に任用されるものとし、隊員の身分及び自衛隊員の身分を併せ有することとなるものとする。

⑤　第三項の規定により従前の官職を保有したまま隊員に任用される者又は前項の規定により隊員の身分及び自衛隊員の身分を併せ有する者は、本部長の指揮監督の下に国際平和協力業務に従事する。

⑥　本部長は、第二項の規定に基づき防衛庁長官により派遣された隊員（以下この条において「自衛隊派遣隊員」という。）についてその派遣の必要がなくなった場合その他政令で定める場合には、当該自衛隊派遣隊員の隊員としての身分を失わせるものとする。この場合には、当

該自衛隊員は、自衛隊に復帰するものとする。

⑦ 自衛隊派遣隊員は、自衛隊員の身分を失ったときは、同時に隊員の身分を失うものとする。

⑧ 第四項の規定により隊員の身分及び自衛隊員の身分を併せ有することとなる者に対する給与等（第一六条に規定する国際平和協力手当以外の給与、災害補償及び退職手当並びに共済組合の制度をいう。）に関する法令の適用については、その者は、自衛隊のみに所属するものとみなす。

⑨ 第四項から前項までに定めるもののほか、同項に規定する者の身分取扱いに関し必要な事項は、政令で定める。

第一三条① 海上保安庁長官は、第九条第三項の規定に基づき同項の海上保安庁の職員に国際平和協力業務を行わせるときは、当該職員を、期間を定めて協力隊に派遣するものとする。この場合において、派遣された海上保安庁の職員は、従前の官職を保有したまま当該期間を任期として隊員に任用されるものとし、隊員として第四条第二項第三号に掲げる事務に従事する。

② 防衛庁長官は、第九条第四項の規定に基づき自衛隊の部隊等に国際平和協力業務を行わせるときは、当該自衛隊の部隊等に所属する自衛隊員を、期間を定めて協力隊に派遣するものとする。この場合において、派遣された自衛隊員は、当該期間を任期として隊員に任用され、隊員として第四条第二項第三号に掲げる事務に従事する。

③ 前項に定めるもののほか、同項の規定により自衛隊員の身分及び隊員の身分を併せ有することとなる者の身分取扱いについては、前条第六項から第九項までの規定を準用する。

第一四条 （国家公務員法の適用除外）

第一一条第一項の規定により採用される隊員については、隊員になる前に、国家公務員法第一〇三条第一項に規定する営利企業（以下この条において「営利企業」という。）を営むことを目的とする団体の役員、顧問若しくは評議員（以下この条において「役員等」という。）の職に就き、若しくは自ら営利企業を営み、又は報酬を得て、営利企業以外の事業の団体の役員等の職に就き、若しくは事業に従事し、若しくは事務を行っていた場合においても、同項及び同法第一〇四条の規定は、適用しない。

（研修）

第一五条 隊員は、本部長の定めるところにより行われる国際平和協力業務の適切かつ効果的な実施のための研修を受けなければならない。

（国際平和協力手当）

第一六条① 国際平和協力業務に従事する者には、国際平和協力業務が行われる派遣先国の勤務環境及び国際平和協力業務の特質にかんがみ、国際平和協力手当を支給することができる。

② 前項の国際平和協力手当に関し必要な事項は、政令で定める。

③ 内閣総理大臣は、前項の政令の制定又は改廃に際しては、人事院の意見を聴かなければならない。

（服制等）

第一七条① 隊員の服制は、政令で定める。

② 隊員には、政令で定めるところにより、その職務遂行上必要な被服を支給し、又は貸与することができる。

（国際平和協力業務に従事する者の総数の上限）

第一八条 国際平和協力業務に従事する者の総数は、二千人を超えないものとする。

（隊員の定員）

第一九条 隊員の定員は、実施計画に従って行われる国際平和協力業務の実施に必要な定員で個々の協力隊ごとに政令で定めるものとする。

（輸送の委託）

第二〇条① 本部長は、実施計画に基づき、海上保安庁長官又は防衛庁長官に対し、第三条第三号ルに規定する国際平和協力業務の実施のための船舶若しくは航空機による被災民の輸送又は同号ヌからヨまでに規定する国際平和協力業務の実施のための船舶若しくは航空機による物品の輸送（派遣先国の国内の地域間及び一の派遣先国と隣接する他の派遣先国との間で行われる被災民の輸送又は物品の輸送を除く。）を委託することができる。

② 海上保安庁長官又は防衛庁長官は、前項の規定による委託があった場合には、海上保安庁又は自衛隊の任務遂行に支障を生じない限度において、当該委託を受け、及びこれを実施することができる。

（関係行政機関の協力）

第二一条① 本部長は、協力隊が行う国際平和協力業務を実施するため必要があると認めるときは、関係行政機関の長に対し、その所管に属する物品の管理換えその他の協力を要請することができる。

② 関係行政機関の長は、前項の規定による要請があったときは、その所掌事務に支障を生じない限度において、同項の協力を行うものとする。

（小型武器の保有及び貸与）

第二二条 本部は、隊員の安全保持のために必要な政令で定める種類の小型武器を保有することができる。

（小型武器の保有及び貸与）

第二三条① 本部長は、第九条第一項の規定により協力隊が派遣先国において行う国際平和協力業務に隊員を従事させるに当たり、現地の治安の状況等を勘案して特に必要と認める場合には、当該隊員が派遣先国に滞在する間、前条の小型武器であって第六条第二項第二号ハ及び第四項の規定により実施計画に定める装備であるものを当該隊員に貸与することができる。

② 小型武器を管理する責任を有する者として本部の職員のうちから本部長により指定された者は、前項の規定により隊員に貸与するため、小型武器を保管することができる。

③ 小型武器の貸与の基準、管理等に関し必要な事項は、政令で定める。

（武器の使用）

第二四条① 前条第一項の規定により小型武器の貸与を受け、派遣先国において国際平和協力業務に従事する隊員は、自己又は自己と共に現場に所在する他の隊員の生命又は身体を防衛するためやむを得ない必要があると認める相当の理由がある場合には、その事態に応じ合理的に必要と判断される限度で、当該小型武器を使用することができる。

② 第九条第五項の規定により派遣先国において国際平和協力業務に従事する海上保安官又は海上保安官補（以下この条において「海上保安官等」という。）は、自己又は自己と共に現場に所在する他の海上保安庁の職員若しくは隊員の生命又は身体を防衛するためやむを得ない必要があると認める相当の理由がある場合には、その事態に応じ合理的に必要と判断される限度で、第六条第二項第二号ニ(2)及び第四項の規定により実施計画に定める装備である第二二条の政令で定める種類の小型武器で、当該海上保安官等が携帯するものを使用することができる。

③ 第九条第五項の規定により派遣先国において国際平和協力業務に従事する自衛官は、自己又は自己と共に現場に所在する他の自衛隊員若しくは隊員の生命又は身体を防衛するためやむを得ない必要があると認める相当の理由がある場合には、その事態に応じ合理的に必要と判断される限度で、第六条第二項第二号ホ(2)及び第四項の規定により実施計画に定める装備である武器を使用することができる。

《④ 前二項の規定による小型武器又は武器の使用は、当該現場に上官が在るときは、その命令によらなければならない。ただし、生命又は身体に対する侵害又は危難が切迫し、その命令を受けるいとまがないときは、この限りでない。

⑤　第二項又は第三項の場合において、当該現場に在る上官は、統制を欠いた小型武器又は武器の使用によりかえって生命若しくは身体に対する危険又は事態の混乱を招くこととなることを未然に防止し、当該小型武器又は武器の使用がこれらの規定及び次項の規定に従いその目的の範囲内において適正に行われることを確保する見地から必要な命令をするものとする。

《⑥》《第一項から第三項まで》の規定による小型武器又は武器の使用に際しては、刑法（明治四〇年法律第四五号）第三六条又は第三七条の規定に該当する場合を除いては、人に危害を与えてはならない。

《⑦》海上保安庁法第二〇条の規定は、第九条第五項の規定により派遣先国において国際平和協力業務に従事する海上保安官等については、適用しない。

《⑧》自衛隊法第九五条の規定は、第九条第五項の規定により派遣先国において国際平和協力業務に従事する自衛官については、適用しない。

《⑨》自衛隊法第九六条第三項の規定は、第九条第五項の規定により派遣先国において国際平和協力業務に従事する自衛官については、自衛隊員以外の者の犯した犯罪に関しては適用しない。

《⑩》第一項の規定は第八条第一項第六号に規定する国際平和協力業務の中断（以下この項において「業務の中断」という。）がある場合における当該国際平和協力業務に係る隊員について、第二項及び《第七項》の規定は業務の中断がある場合における当該国際平和協力業務に係る海上保安官等について、第三項、《第八項》及び前項の規定は業務の中断がある場合における当該国際平和協力業務に係る自衛官について、《第四項及び第五項の規定はこの項において準用する第二項及び第三項の規定による小型武器又は武器の使用について、第六項》の規定はこの項において準用する第一項から第三項までの規定による小型武器又は武器の使用について準用する。

第四章　物資協力

（物資協力）

第二五条①　政府は、国際連合平和維持活動《、人道的な国際救援活動又は国際的な選挙監視活動》に協力するため適当と認めるときは、物資協力を行うことができる。

②　内閣総理大臣は、物資協力につき閣議の決定を求めなければならない。

③　外務大臣は、国際連合平和維持活動《、人道的な国際救援活動又は国際的な選挙監視活動》に協力するため適当と認めるときは、内閣総理大臣に対し、物資協力につき閣議の決定を求めるよう要請することができる。

④　本部長は、物資協力のため必要があると認めるときは、関係行政機関の長に対し、その所管に属する物品の管理換えを要請することができる。

⑤　関係行政機関の長は、前項の規定による要請があったときは、その所掌事務に支障を生じない限度において、その所管に属する物品の管理換えを行うものとする。

第五章　雑　則

（民間の協力等）

第二六条①　本部長は、第三章の規定による措置によっては国際平和協力業務を十分に実施することができないと認めるとき、又は物資協力に関し必要があると認めるときは、関係行政機関の長の協力を得て、物品の譲渡若しくは貸付け又は役務の提供について国以外の者に協力を求めることができる。

② 政府は、前項の規定により協力を求められた国以外の者に対し適正な対価を支払うとともに、その者が当該協力により損失を受けた場合には、その損失に関し、必要な財政上の措置を講ずるものとする。

（政令への委任）

第二七条 この法律に特別の定めがあるもののほか、この法律の実施のための手続その他この法律の施行に関し必要な事項は、政令で定める。

附則〈抄〉

（施行期日）

第一条 この法律は、公布の日から起算して三月を超えない範囲内において政令で定める日から施行する。

（自衛隊の部隊等が行う国際平和協力業務についての特例）

第二条 自衛隊の部隊等が行う国際平和協力業務であって第三条第三号イからへまでに掲げるもの又はこれらの業務に類するものとして同号レの政令で定めるものについては、別に法律で定める日までの間は、これを実施しない。

（見直し）

第三条 政府は、この法律の施行後三年を経過した場合において、この法律の実施状況に照らして、この法律の実施の在り方について見直しを行うものとする。

附則（平成一〇年六月一二日法律一〇二号）

この法律は、公布の日から施行する。ただし、第二四条の改正規定は、公布の日から起算して一月を経過した日から施行する。

別表《第一》（第三条関係）

一 国際連合

二 国際連合の総会によって設立された機関又は国際連合の専門機関で、次に掲げるものその他政令で定めるもの

《イ》国際連合難民高等弁務官事務所

《ロ》国際連合パレスチナ難民救済事業機関

《ハ》国際連合児童基金

《ニ》国際連合ボランティア計画

《ホ》国際連合開発計画

《ヘ》国際連合環境計画

《ト》世界食糧計画

《チ》国際連合食糧農業機関

《リ》世界保健機関

三 国際移住機関

《別表第二（第三条関係）

一 国際連合

二 国際連合の総会によって設立された機関又は国際連合の専門機関で、国際連合開発計画その他政令で定めるもの

三 国際的な選挙監視の活動に係る実績又は専門的能力を有する国際連合憲章第五二条に規定する地域的機関で政令で定めるもの

別表第三（第三条関係）

一 国際連合の総会によって設立された機関又は国際連合の専門機関で、次に掲げるものその他政令で定めるもの

イ 国際連合難民高等弁務官事務所

ロ 国際連合パレスチナ難民救済事業機関

ハ 国際連合児童基金

ニ 国際連合ボランティア計画

ホ 国際連合開発計画

ヘ 国際連合環境計画

ト　世界食糧計画
チ　国際連合食糧農業機関
リ　世界保健機関
二　国際移住機関》

資料Ⅱ・04

日本国憲法改正草案

一九九三年四月二四日
自主憲法期成議員同盟・自主憲法制定国民会議
[出典]『日本国憲法草案』一九九三年四月、現代書林

コメント

1．この案は、自主憲法期成議員同盟・自主憲法制定国民会議といういわば伝統的な改憲派が、一九九〇年代に入って最初に発表した改憲案である。

自主憲法期成議員同盟・自主憲法制定国民会議は、六〇年代以降の憲法改正運動の主たる担い手であり、八〇年代には、第Ⅰ部でみたように（⇩Ⅰ・65）竹花光範に委託して改憲案を作成・公表し以後も逐次改憲案を公表してきた。

ところが、九〇年代に入って再び改憲機運が盛り上がってきた。それを受けて、いわば「老舗」の証として、今まで同団体が出してきた改憲案を再編成して出した草案が、この案である。当然、この度も竹花がかなり執筆したものと推測される。

そのためか、この案は、六〇年代以降の改憲案の定番を盛り込んだものとなっており、いくつかの点で、現代の改憲の要請にあっていない。その結果、政治的影響力も必ずしも強くなかったと言える。

3．以下の諸点が、この案の特徴である。

第一に、この案は、天皇元首化、九条については「自衛のための軍事力」の保持規定の挿入、家庭の保護規定、国会の「最高機関性」の削除、参議院議員の間接選挙や推薦制導入、参議院の権限縮

小、内閣不信任案の提出制限規定など、五〇年代型改憲論の伝統的な主張を繰り返している。それに加えて、知る権利の規定や、汚職議員の被選挙資格の制限など、改憲を正当化するために入れられた新しい規定もあるが、全体としては、伝統的な改憲論の主張が表明されていると言える。

第二に、そのため、この改憲案は九〇年代の改憲が必要とする改正の要求には必ずしも合致していない点が注目される。

とくに、九条については、この案は、九条の一項、二項はそのままにして、三項に「前二項の規定は、……自衛のために必要な限度の軍事力を持ち、これを行使することまで禁じたものではない」という規定を入れるという手法をとっている。この手法は、九条についての強い国民の支持があることを前提にして、最小限の改正にとどめようというねらいから、五〇年代改憲以来主張されてきたやり方であるが、これでは、今日の政府が一番欲しがっている、自衛隊の海外派兵の正当化には、十分でない。「自衛のため」の軍事力保持を正当化しているから、個別的自衛権の発動のみならず、米軍の軍事行動に協力する集団的自衛権の発動も可能とすると解釈できなくもないが、九条の一項、二項を残していることから既存の政府解釈の体系が、改憲後も踏襲されると考えれば、集団的自衛権は依然認められないと解される余地がある。

しかも、多国籍軍への参加など、集団的自衛権を根拠にしない、現代の自衛隊の海外出動の重要な形態はこれでは正当化できないからである。

（［ ］削除、【 】変更、《 》追加。新仮名遣いに改める）

◇一、天皇

Ⅰ、天皇の地位を明確にする（第一条）

第一条　天皇は、日本国の象徴【元首】であり日本国民統合の象徴であって、この地位は、主権の存する日本国民の《伝統的》総意に基く。

Ⅱ、国事行為に対する内閣の助言と承認を助言だけに改める（第三条、第七条）

第三条　天皇の国事に関するすべての行為には、内閣の助言［と承認］を必要とし、内閣が、その責任を負う。

第七条　天皇は、内閣の助言［と承認］により、国民のために、左の国事に関する行為を行う。

◇二、戦争の放棄

Ⅰ、自衛力が保持できることを明確にする（第九条③項）

第九条　日本国民は、正義と秩序を基調とする国際平和を誠実に希求し、国権の発動たる戦争と、武力による威嚇又は武力の行使は、国際紛争を解決する手段としては、永久にこれを放棄【否認】する。

《③　前二項の規定は、国際法上許されない侵略戦争ならびに武力による威嚇または武力の行使を禁じたものであって、自衛のために必要な限度の軍事力を持ち、これを行使することまで禁じたものではない。》

◇三、国民の権利及び義務

Ⅰ、法の下の平等から法の前の平等に改める（第十四条①項）

第十四条　すべて国民は、法の下【前】に平等であって、人種、信条、性別、社会的身分又は門地により、政治的、経済的又は社会的関係において、差別されない。

Ⅱ、知る権利規定を新設する（第二十一条②項）

第二十一条《②　日本国民は、国の安全および公共の秩序ならびに個人の尊厳を侵さない限り、一般に入手できる情報源から、情報を得る

ことを妨げられない権利を有する。》

Ⅲ、国籍剥奪・国外追放禁止規定を新設する（第二十二条③項）

第二十二条《③ 日本国民は、正当な理由なくして、国籍を奪われ、外国に追放され、又は犯罪人として外国政府に引渡されない。》

Ⅳ、家庭の保護規定を新設する（第二十四条③項）

第二十四条《③ 国は、国民生活の基礎単位として、家庭を尊重し、及びこれを保護しなければならない。》

Ⅴ、老人および母子家庭の保護規定を新設する（第二十五条③項）

第二十五条《③ 国は、老人及び母子家庭に特別の補助及び援助を与えなければならない。》

Ⅵ、財産権の限界を明確にする（第二十九条③項・④項）

第二十九条《③ 土地の究極的所有権は、国家に属する。》

④ 私有財産は、正当【相当】な補償の下に、これを公共のために用いることができる。

Ⅶ、法定手続の保護をより確実にする（第三十一条）

第三十一条 何人も、法律の定める《適正な》手続によらなければ、その生命若しくは自由を奪われ、又はその他の刑罰を科せられない。

Ⅷ、裁判を受ける権利をより確実にする（第三十二条）

第三十二条 何人も、《適法な》裁判所において《、資格を有する裁判官の》裁判を受ける権利を奪われない。

Ⅸ、逮捕および捜索・押収に対する保障をより確実にする（第三十三条・第三十五条②項）

第三十三条 何人も、現行犯として逮捕される場合を除いては、権限を有する司法官憲【裁判官】が発し、且つ理由となっている犯罪を明示する令状によらなければ、逮捕されない。

第三十五条 ② 捜索又は押収は、権限を有する司法官憲【裁判官】が発する各別の令状により、これを行う。

◇四、国会

Ⅰ、国会が立法機関であることを明確にする（第四十一条）

第四十一条 国会は、国権の最高機関であって、国の唯一の立法機関である【国民代表の府であり、立法権を行使し、予算案を議決し、国政を監督し、その他この憲法および法律の定める権限を行う。】

Ⅱ、国会議員の全国民代表性を明確にする（第四十三条①項・②項・③項）

第四十三条 両議院は、全国民を代表する［選挙された］議員でこれを組織する。

《② 衆議院は国民によって直接選挙された議員でこれを組織する。

③ 参議院は法律の定めるところに従い、国民によって間接に選挙された議員、ならびに推薦議員によってこれを組織する。》

Ⅲ、衆議院議員の任期を五年に延長する（第四十五条①項）

第四十五条 衆議院議員の任期は、四【五】年とする。但し、衆議院解散の場合には、その期間満了前に終了する。

Ⅳ、非常事態の際の国会への権限付与規定を新設する（第四十五条②項・③項）

第四十五条《② 衆議院議員の任期は、衆議院議員の総選挙を行うに適しない非常の事態が発生した場合においては、国会の議決で、非常事態の継続中、これを延長することができる。

③ 議院議員の任期満了後、又は衆議院の解散後、総選挙を行うに適しない非常の事態が発生した場合には、新国会が成立するまで、前国会が引きつづきその権限を行う。》

第五十四条 ② 衆議院が解散されたときは、参議院は、同時に閉会となる。［但し、内閣は、国に緊急の必要があるときは、参議院の緊急集会を求めることができる。

③　前項但書の緊急集会において採られた措置は、臨時のものであって、次の国会開会の後十日以内に、衆議院の同意がない場合には、その効力を失ふ。〕

Ⅴ、常会二回制を導入する（第五十二条）

第五十二条　国会の常会は、毎年一【二】回これを召集する。

Ⅵ、法律案の発案権を明記する（第五十九条①項）

第五十九条　《法律案の発案件は、内閣および各議院の議員に属する。但し、租税に関する法律、および予算を伴う法律案の発案権は、内閣に属する。》

②　【③】衆議院で可決し、参議院でこれと異なった議決をした法律案は、衆議院で出席議員の三分の二以上の多数【総議員の過半数の賛成】で再び可決したときは、法律となる。

Ⅶ、年度内に予算が成立しない場合の措置を講ずる（第六十条③項）

第六十条　《③　会計年度の終了までに次年度の予算が成立しない場合には、内閣は、予算が、成立するまでの間、左の目的のために必要な一切の支出をなすことができる。

一、法律によって設置された施設を維持し、並びに法律によって定まっている行為を実行するため。

二、法規上国に属する義務を履行するため。

三、前年度の予算ですでに承認を得た範囲内で、建築、調達及びその他の事業を継続し、又はこれらの目的に対して補助を継続するため。》

◇五、政治改革

Ⅰ、国会議員に就任宣誓義務を課す（第四十八の二条）

《**第四十八の二条**　両議院の議員は、その就任に際し、左の宣誓を行わなければならない。

「私（氏名）は、憲法及び法律を尊重擁護し、何人からも職務に関して贈与を受けずまた不正な約束もせず、つねに全力を尽くし、日本国の発展と国民の利福の増進に努めることを誓います。」

②　右の宣誓を行うことを拒否し、又は条件付の宣誓を行う場合は、議員の地位を放棄したものと見なす。》

Ⅱ、国会議員の被選挙資格を制限する（第四十四の二条）

《〔国会議員の被選挙資格の制限〕

第四十四の二条　刑事法上、有罪の確定判決を受けた者、並びに民事法上、偽造、詐欺、横領、背任、及び詐欺的破産などで有罪の確定判決を受けた者は、議員としての被選挙権を有しない。

②　選挙に関して、買収、強要、脅迫などの腐敗行為を行い、有罪の確定判決を受けた候補者は、その犯罪の行われた選挙区から選出される権利を永久に失い、他の選挙区からは四年間立候補出来ないものとする。

③　候補者の選挙責任者が、前項の行為を行った場合は、その候補者は当該選挙区から選出される資格を四年間失うものとする。》

Ⅲ、国会議員の欠格事由を明記する（第五十五の二条）

《〔国会議員の欠格事由〕

第五十五の二条　両議院の議員は、左に掲げる事由により、その地位を失う。

一、公有財産を購入又は賃借すること。

二、国又はその機関と、土木請負契約、物品納入契約、又はその他の法律が禁ずる契約を結ぶこと。

三、国又はその機関と契約関係にある営利企業の役員又は法律顧問となること。

四、国又はその機関を相手とする訴訟事件において、訴訟代理人又は弁護人となること。

五、第三者の利益を図るために、国又はその機関の事務の負担となるべき交渉をなし、又は交渉をなさしめること。

六、正当の理由なくして、会期中三分の一以上欠席すること。》

Ⅳ、両院合同会制を導入する（第五十九の二条）

《〔両院合同会議〕

第五十九の二条　いずれかの議院の総議員の過半数の要求があれば、内閣は両院合同会議の召集を決定しなければならない。

② 両院合同会議は、両院の総議員の過半数の出席がなければ、議事を開き、議決することが出来ない。

③ 両院合同会議の議事は、出席議員の過半数でこれを決し、可否同数のときは議長の決するところによる。

④ 両院合同会議は公開とする。秘密会の開催、会議録の保存、表決の記載については、第五十七条の規定を準用する。

⑤ 両院合同会議は、その議長、その他の役員を選任する。》

◇六、内　閣

Ⅰ、内閣総理大臣に事故がある場合の措置を講ずる（第六十八条③項・④項）

〈案一〉

第六十八条　《③ 内閣総理大臣は、内閣の成立と同時に、内閣総理大臣に事故ある時、又は、内閣総理大臣が欠けた時に、臨時に内閣総理大臣の職務を行う国務大臣を指定しなければならない。》

〈案二〉

第六十八条　《③ 内閣総理大臣は、内閣の成立と同時に、国務大臣の中から一名を選び、内閣副総理大臣に指定しなければならない。

④ 内閣副総理大臣は、内閣総理大臣に事故ある時、又は、内閣総理大臣が欠けた時に、臨時に内閣総理大臣の職務を行う。》

Ⅱ、内閣不信任権の濫用防止措置を講ずる（第六十九条①項・②項）

第六十九条　内閣は、衆議院で《総議員の過半数により》不信任の決議案を可決し、又は信任の決議案を否決したときは、十日以内に衆議院が解散されない限り、総辞職をしなければならない。

《② 内閣に対する不信任及び信任の決議案の議決は、動議が提出されてから四十八時間後でなければならない。》

Ⅲ、政令制定権の範囲を明確にする（第七十三条六号）

第七十三条

六　［この憲法及び］法律の規定を実施するために、政令を制定すること。但し、政令には、特にその法律の委任がある場合を除いては、罰則を設けることができない。

◇七、司　法

Ⅰ、最高裁判所の規則制定権の範囲を明確にする（第七十七条①項）

第七十七条　最高裁判所は、《法律の定める範囲内において》訴訟に関する手続、弁護士、裁判所の内部規律及び司法事務処理に関する事項について、規則を定める権限を有する。

Ⅱ、裁判の公開原則を合理化する（第八十二条②項）

第八十二条　②裁判所が、裁判官の全員一致で、公の秩序又は善良の風俗を害する虞があると決した場合には、対審は、公開しないでこれを行うことができる。［但し、政治犯罪、出版に関する犯罪又はこの憲法第三章で保障する国民の権利が問題となってゐる事件の対審は、常にこれを公開しなければならない。］

◇八、財　政

Ⅰ、継続費に関する規定を新設する（第八十六条②項）

第八十六条　《② 特別に継続支出の必要あるときは、年限を定め、継

続費として、国会議決を経なければならない。》

Ⅱ、公金の支出制限を合理化する（第八十九条）

第八十九条　公金その他の公の財産は、宗教上の組織若しくは団体の使用、便益若しくは維持のため、又は公の支配に属しない慈善、「教育」若しくは博愛の事業に対し、これを支出し、又はその利用に供してはならない。

◇九、地方自治

Ⅰ、地方自治の基本原則を明確にする（第九十二条②項）

第九十二条　《②　地方公共団体は、国と共同して、住民の福祉の増進につとめなければならない。》

◇十、最高法規

Ⅰ、国民の憲法尊重擁護義務規定を新設する（第九十九条①項）

第九十九条　《日本国民は、この憲法及び法律を誠実に遵守する義務を負う。》

◇十一　憲法の前文について

今回の改正案では、憲法の「前文」について触れていないので、その点につき付言しておく。たしかに現憲法の前文は、マッカーサー草案の翻訳であるために「日本文になっていない」とか、また「敗戦の詫び証文」といわれてもいたしかたない内容もあり、これはいずれ改められるべきものであろう。

現に、改正案を作るに当たって、真っ先に前文から手をつけている団体もある。しかし、当団体では、以下の見地から、今次案ではあえて、前文には手をつけないことにした。

（1）法学上、前文は、法規範的性格を有するとはいえ、本文各条項のような法的拘束力を有せず、各条項を解釈する基準に留まると解するのが一般である。

（2）前文を有しない外国憲法も多く、その点で、前文と各条項とは、学術書の総論と各論の関係にあるわけではなく、前文を改正する法的緊急度は各条項と比べ高くない。

（3）むしろ前文は、各条項の改正点が定まってから、各条項を集約する形でまとめられるべきである。

資料Ⅱ・05

新憲法の大綱

一九九三年五月三日
日本を守る国民会義

［出典］『日本国新憲法制定宣言』一九九四年四月、徳間オリオン

コメント

1．この案は、自主憲法制定国民会議案（⇩Ⅱ・04）と並んで、「日本を守る国民会議」という伝統的改憲派の組織によりつくられた案である。

日本を守る国民会議は、一九八一年に日本の軍事大国化と憲法改正を実行するための国民組織としてつくられ、国家秘密法制定などに取り組んだが、八〇年代後半には、その勢力を減退させていた。それが九〇年代に入っての改憲機運に乗じて出したものが、この案である。

2．しかし、この案は、先の自主憲法制定国民会議案に比べると、現代の支配層の要請に対応した中身となっている。この案の注目すべき特徴は、以下の諸点である。

第一に、この案は、前文、天皇の章の改定において、天皇の地位を強化し、かつ天皇の伝統的祭祀行為を正当化しようというねらいが鮮明にでている。これは、天皇を国民統合の中心に据え直そうという意図に基づいている。五〇年代改憲以来の伝統的な主張である。

第二に、九条の改正の点では、自衛隊の海外出動を正当化するというねらいの下に、国軍の保持の理由として、「我が国の平和と独立を守る」ためのみならず「国際平和に寄与する」ことも加えられている点が注目される。また「国際協力」の規定が加えられている点も同様である。

第三に、現代国家にふさわしい権利・義務として、知る権利や、プライバシー、環境権などが主張されている。反面、国防の義務などの国民の義務規定、家庭の保護規定など、伝統派の主張が入っていることも見逃せない。

第四に、国会を一院制にして、政府の立法が通りやすくしようとしており、また憲法訴訟に対処し、憲法上の障害を早期に排除することをねらって、最高裁に憲法訴訟部を設ける提案がなされている。

さらに広域行政を展開しやすいように道州制の導入など新自由主義的国家体制の構築が追求されている。

第五に、伝統的改憲派の年来の主張であった憲法改正要件の緩和も主張されている。

第六に、九〇年代改憲論で主張されるようになった首相公選制導入を検討しているが、それについては天皇制と矛盾することなどをあげて慎重であることが注目される。

◇一、前　文

日本国は古来、多様な価値の共存を認め、自然との調和・共生のうちに、伝統を尊重しながら海外文明を摂取・同化することにより、天皇と国民が一体となって国家を発展させてきた。

我々は、このような我が国固有の国柄に基づき、民意を国政の基礎におく明治以来の立憲主義の精神と歴史を継承・発展させ、基本的人権を尊重するとともに国家の一員としての責任を自覚して新たな国づくりへ進むことを期し、併せて世界の平和と諸国民の共存互恵の実現に資する国際責任を果たすために、この憲法を制定する。

◇二、天　皇

（1）天皇は日本国の元首であり、日本国の永続性及び日本国民統合の象徴である。

（2）天皇は元首として、内閣の補佐に基づき左の行為を行う。

1、国会の指名に基づく内閣総理大臣の任命

2、国会の指名に基づく国会議長の任命

3、内閣総理大臣の指名に基づく最高裁判所長官の任命

4、「参事院」の指名に基づく参事院議長の任命

5、憲法及び皇室典範の改正、並びに法律及び政令の公布

6、条約の批准並びに公布

7、国会の召集及び解散

8、国会議員の総選挙の施行の公示

9、内閣総理大臣の指名に基づく国務大臣の任免及び法律の定めるその他の公務員の任免

10、全権委任状及び外交使節の信任状の授与

11、外交使節の接授

12、栄典の授与

13、元号の制定

14、恩赦

（3）天皇は伝統に基づく祭祀、国家儀式その他象徴にふさわしい行為を行う。

（4）天皇の行為については内閣が全て責任を負う。

（5）元首及び象徴の尊厳は守られるべきである。

◇三、防　衛

（1）我が国は国際平和を誠実に希求し、国際条約を遵守して、国際紛争を平和的手段によって解決するよう努めるものとする。

（2）我が国の平和と独立を守り、併せて国際平和に寄与するため、適切な規模の国軍を保持する。

（3）国軍の編制は法律で定める。

（4）国軍の最高指揮権は、内閣の首長たる内閣総理大臣が行使する。

◇四、国際協力

（1）我が国は、

1、各民族及び各国家の共存共栄の原則に基づき、世界平和の実現のため

2、自然保護と産業開発の調和、各国の自助及び応分の負担を原則とする地球環境の保全のため

3、世界的規模での文化財保護及び福祉の増進のため積極的な国際協力を行う。

◇五、国民の権利・義務

（1）憲法で定める自由及び権利は、国政上、最大限尊重されなければならない。同時にそれは、権利の濫用の禁止と他人の権利の尊重及び公共の福祉の実現のために制限される。

（2）自由を享受し、権利を行使するに当たっては、自助努力と自己責任の原則に従うと共に、公共の福祉の実現のために努力する責任を負う。

（3）現代国家にふさわしい新しい権利や義務規定を採用する。

（4）政府及び個人の情報に関して、一定の権利と義務を規定すること。

1、国民は政府及びその機関の有する情報を知る権利を有する。但し、国防・外交・公安上の機密情報及び企業、個人の秘密にかかわる情報及びその公開が公共の福祉を害するおそれがあるとして法律で定める情報については、国はこれを保護する義務を負う。

2、個人の秘密にかかわる情報は、何人もこれを侵してはならない。但し、国の安全を害する場合、犯罪捜査、税務調査その他法律で定める場合を除く。

3、表現の自由は、最大限尊重されなければならない。但し、個人の名誉の保護、青少年の保護その他公益上の必要のため、法律の定めたところにより国はこれに制限を加えることができる。

（5）環境に関する権利と義務を規定すること。

1、国民は、健康で文化的な生活を維持するため、公共の福祉に反しない限度において良好な自然環境を享受する権利を有する。

2、国民は自然環境を保護し、将来の国民にこれを伝えるよう努めなければならない。

（6）信教の自由を保障するとともに、国及びその機関が、特定宗教の布教・宣伝のために宗教活動をし、特定宗教団体の教化活動に財政的援助をしてはならない旨を明記する。

（7）家族生活における個人の尊重及び両性の平等と並んで、国は国家・社会の自然的基礎である「家庭」及び「家族」を尊重、保護、育成すべきことを明記する。

（8）財産権については、国土の公共性を明らかにすると共に、国民の財産権と、国土の利用及び自然環境の保護との調和をはかることを明記する。

（9）国民は能力に応じて等しく教育を受ける権利を有することを定めると共に、学校教育に関する国の責任を明記する。

（10）国民の義務として、新たに遵法の義務及び国を守る義務を明記する。

◇**六、国会および内閣**

（1）国会の立法能力を強化し、審議の効率化をはかるべく一院制を採用する。但し、一院制国会の適正な運営をはかり、かつその機能を保元する機関として「参事院」置く。

（2）憲法に政党条項を設け、政党は国民の政治的意思の形成に協力し、その結成及び活動は自由であること、並びに政党の組織及び運営は民主的でなければならないことを明記する。

（3）行政権は内閣に属するとした上で、必要ある場合は、法律の定めるところにより、その定める機関に行使させることができる。

〈補足事項―首相公選制について〉

新憲法大綱案の作成の過程において、首相公選制についての活発な議論がなされたが、いわゆる天皇制と矛盾しないかといった意見や、時期尚早という意見、あるいは現在主張されている首相公選論が共和制を指向している向きがあり、これと混同される思念があるといった意見が出されたため、今回は首相公選制の提案は留保することとなった。従って、ここでは首相公選制の是非論を提示するにとどめ、今後の検討課題として引き続き議論を続けていくこととする（「首相公選制採用の是非について」略）。

◇**七、司　法**

（1）憲法訴訟の続出と裁判の遅滞に対処し、憲法解釈の統一をはかるべく、最高裁の中に憲法訴訟を専門に扱う部門を設置する。

（2）最高裁の裁判官の国民審査制度については、これを採用しないこととする。

◇**八、地方自治**

（1）地方分権の強化、行政の広域化に対処するため、いわゆる「道州制」を採用する。

（2）道州庁の首長は公選にし、道州議会を設ける。

◇**九、非常事態**

（1）我が国が外国から武力攻撃を受け、またはその危険が切迫している場合、及び内乱、大規模自然災害等の非常事態が生じた場合、内閣は国会及び「参事院」の事前又は事後の承認のもとに、政令により、非常事態宣言を発することができる。非常事態においては、国軍の出動を命じ、及び法律に定めるところにより、一定の権利の制限を行うことができる。

（2）右の非常事態及び経済恐慌その他の緊急やむを得ざる場合において、国会が閉会中のときには、「参事院」の承認のもと、内閣は緊急政令と緊急財政処分の政令を制定することができる。緊急政令と緊急財政処分の政令は、すみやかに国会の事後承認を得るものとする。

◇十、**憲法改正**

（1）憲法改正は、国会または内閣が発議し、国会の総議員の五分の三以上の賛成と「参事院」の総議員の過半数の賛成を必要とする。

（2）国会の総議員の過半数を得つつも、五分の三以上の賛成が得られない場合には、国民投票にかけることができる。その場合には、有効投票の過半数の賛成があれば、憲法改正は成立する。

資料Ⅱ・06

自民党憲法調査会「中間報告」

〈憲法調査会委員による発言要旨〉

一九九三年六月一六日

自由民主党憲法調査会

［出典］『月刊憲法運動』二二一号、一九九三年六月号

コメント

1．この中間報告書は、一九九〇年代に入っての、憲法改正論の再台頭をふまえて、活動を再開した自民党憲法調査会がまとめたものである。

これを見ると、党の憲法調査会には、相変わらず改憲派とともに改憲消極派が参加していること、全体として、改憲の是非、またその論点についても、八〇年代同様、自民党内はいまだまとまっていないことが分かる。

2．しかし、そのなかでも現代改憲の要請に応える注目すべき変化があるので、その点を以下に指摘しておく。

第一に、改憲を必要とする理由のなかで、伝統的な「押し付け憲法」論と並んで、冷戦終結による国際情勢の変化、現状と憲法のギャップの拡大、など現代の改憲論に特有の理由づけをあげる議論が出てきていることが注目される。

第二に、九条関係でも、「集団的自衛権」「集団安全保障」など、自衛隊の海外派兵にかかわる論点があげられている点が注目される。

第三に、伝統的な改憲項目に並んで、環境権、情報公開、プライバシーの保障など現代改憲に特有の論点があげられている点も注目

される。

Ⅰ　今、国民的な憲法論議は必要か。

国民的な憲法論議は必要。
○憲法制定後、約半世紀を経過し、現状と憲法との間にギャップが生じている。
○冷戦の終結によって、国際情勢は激変し、国連における日本の国際的役割の増大。
○国民の間でも、憲法問題に関する意識が高まっている。
○憲法論議は、今や政治の緊急課題で、政治家が率先して行うべき。
○国民の間に現憲法が定着している点を評価すべき。
○自主憲法制定が党是であり、改憲論議をおこすべき。
○占領下という異常事態下で制定された現憲法だから。
○解釈改憲は、さらに拡大の危険性があり、すでに限界にきている。
○憲法論議は、改憲を前提とすべきでない。改憲論議は時期尚早。
○改憲というよりも、新しい憲法制定という気持ちで取り組むべき。

Ⅱ　必要とするならば、どのような手法が望ましいか。

国民的な憲法論議のためには、以下の場で議論を深める。
（1）国会に調査委員会等を設置
（2）内閣に憲法調査会を設置
（3）党憲法調査会
（4）各政党レベル
（5）民間憲法臨調を設置
なお、地方での公聴会、演説会の開催、マスコミの協力によって国民的論議に高めるべきとする意見や定期的な憲法国会の開催、二〇〇一年を憲法改正目標とすべきなどの意見が出された。さらに、アメリカ型の修正条項によって実質改正を目指すべきとする意見も出された。

Ⅲ　点検すべき事項

1、憲法との関連事項

（1）憲法の制定経過
（2）歴史の再点検
○憲法論議と並行して、太平洋戦争の歴史的総括を行うべき
○戦後体制の見直しを行うべき
○歴史を学ぶべきである
（3）将来の国家像について
○国際社会における日本の国家像
○二一世紀の理想とすべき国家目標、座標軸
（4）国際法（条約）と憲法の優位性について
○国連憲章と憲法の関係

2、憲法について

（1）憲法全体
①　緊急を要する問題とゆっくり時間をかける問題を区分すべき
②　憲法の翻訳調の文章を日本語として平易な現代用語とすべき
○解釈上、疑義の生じない表現とする
③　全体の問題について点検すべき
④　国民主権主義、人権尊重主義、平和主義の基本原理は堅持すべき
（2）個別問題
特に多くの委員から指摘のあったもの。
①　前文
○憲法の理念など
②　第九条問題

○自衛隊の明確化
○集団的自衛権
○集団安全保障など
③ 国際貢献
○国連との関係
○わが国の国際的役割
④ 国民の権利・義務
○公共の福祉と財産権、私権の制限（土地の所有権）など
⑤ 地球環境、環境保全、環境権
⑥ 二院制
⑦ 公の財産の支出と利用の制限
○私学助成など
⑧ 地方自治、地方分権
○道州制、連邦制など
その他の意見としては、
① 天皇（元首とする）
② 国歌、国旗
③ 非核三原則、核廃絶、軍縮など
④ 国家緊急非常事態への対応
⑤ プライバシーの保障
⑥ 情報公開
⑦ 家族制度（土地の相続等）
⑧ 靖国神社問題
⑨ 社会奉仕、ボランティア
⑩ 国会と議院内閣制
⑪ 政党
⑫ 政治改革
⑬ 公務員制度
⑭ 首相公選制
⑮ 国民投票制度の新設
⑯ 憲法改正手続きの簡素化
――などである。

なお、有事立法。表現の自由（報道の公正など）。知る権利。外国人の権利保護。人権保障の拡大。死刑廃止。男女平等。文化財保護。元号。行政委員会（公取委）の法的位置付けの明確化。憲法と法律（基本法）の関係。憲法改正が不可能ならば、基本法を整備すべき。最高裁判事の国民審査の廃止。違憲立法審査権。政府及び地方公共団体における規制の削減、経費の削減、健全財政の実現に関する努力規定を置く。

総理大臣が欠け、新総理誕生までの間の規定がない。

他に、憲法重視の思想が重要で、そのためには憲法の授業を義務教育の正課とする。現在の政治不信が解消される努力を行うべき。――などの意見も出された。

資料Ⅱ・07

提言 信頼される日本（抄）

――常任理事国にふさわしい国を目指して

一九九四年三月

関西経済同友会　安全保障委員会

コメント

1．本報告は、戦後五〇年を前に、関西経済同友会が発表した安保政策に関する提言である。本報告は、財界が、日本の国際貢献を積極化することを提言した文書として注目される。

2．報告は、冷戦後の国際秩序のなかで日本の果たすべき役割は大きく、そのために日本が狭い「一国平和主義」を脱して積極的に国際貢献をすべきであると主張し、そのための国家体制づくりを憲法の見直しをも含めて主張したものであるが、以下のような特徴をもっている。

第一に、この報告は、自衛隊の海外出動を含めた国際貢献の増大を、主として、集団的自衛権の行使容認による日米同盟の強化による方式よりも、国連のPKOや平和維持活動への参加を通じて行うべきだと主張している点が注目される。その点では、一九九四年に出された防衛問題懇談会報告と共通した構想であり、後に見るように、日米安保の強化を基軸とする新防衛計画の大綱（⇩Ⅱ・11）などとはやや力点をことにしている。

第二に、報告は、国連への協力体制強化方策として、PKO訓練センターの創設、人材協力をあげている。

第三に、日米同盟関係では、「日米グローバルパートナーシップ」を謳っているが、その中身は、日米安保共同宣言（⇩Ⅱ・12）以後に強調される軍事的協力関係というよりは、政治・経済協力などに比重がかかっていたことが注目される。

第四に、報告は、こうした国際協力強化のために既存の国民意識、とりわけ「蟻の一穴」論や「一国平和主義」批判を行っており、その見直しを強力に主張している。その延長上に、国連の武力行使への参加を可能とする憲法の見直し、また国連への自衛隊の派遣を可能とする安全保障基本法の制定、武器使用基準の緩和などのPKO等協力法の改正、そして有事法制の整備などを主張している。

そして、こうした措置を妨げている国民意識の改革のために、地方自治体やマスコミも協力すべきことを訴えている。

第五に、しかし、この報告の注目すべき点は、こうした日本の国際貢献の強化のためにも、日本は過去をきちんと清算すべきであり、とくに従軍慰安婦問題などに対する調査と公表、そして個人補償などを行うべきことを、報告のかなりの分量をさいて主張している点である。その後の自由主義史観や、「新しい歴史教科書をつくる会」などの運動の盛り上がりを考えると、同じく日本の軍事大国化をめざす勢力のなかにも大きな違いがあることが注目される。

3．報告のうち、「Ⅱ．国際情勢」の部分は、紙数の関係で省略した。

Ⅰ．はじめに――今、何故提言するのか

○今までの提言

当委員会は、七七年以来、国の安全保障について健全な国民意識を醸成することや国際社会の信頼を確保することを、最重要課題として活動してきた。その中で提言として、「健全な国民意識の醸成」、「守るべき

価値としての民主主義と自由で安定した市民生活」、「総合安全保障の重要性」、「自衛隊も含め国際貢献活動への積極的な参加」、「アジア・太平洋地域における多国間の政治対話の必要性」などを主張してきた。

○高まる期待：日本の常任理事国入り

現在、我が国は、経済だけでなく政治、外交、安全保障など様々な分野で経済大国としての立場など我が国にふさわしい国際的な責任・役割を果すために、国連安全保障理事会の常任理事国に加わるよう求められている。常任理事国入りについては、PKOなどへの参加義務の問題など様々な議論があり今後紆余曲折も予想されるが、常任理事国入りすることは国際社会での責任・役割を果たしていこうと考えている我が国の意思にも合致するに違いない。今後は、常任理事国入りのために必要な国内体制づくりを進めていく気運を盛り上げていくことが大きな課題となっている。

○顔が見えない日本：国民的なコンセンサスを

しかしこれまで経済大国日本は、一方で「安保タダのり」という国際的な批判を浴び続けてきた。湾岸戦争でほとんど汗をかかずに済ませたことによって生じた我が国に対する不信感は、その後の湾岸への掃海艇派遣やカンボジアPKOへの自衛隊派遣などの国際的な活動に参画することによって、幸いにもある程度取り除かれたものの、これに至る過程での政府や国会の決断の遅さや国民世論・マスコミ論調の賛否両論は、依然として顔が見えない日本、すなわち国際社会に貢献する日本としての基本方針が不明確であることを露呈したと言われている。一方で、アジアの一部の国々からは、今なお自衛隊の海外派遣に対する懸念が表明され、同時に近年従軍慰安婦問題など太平洋戦争にまつわる問題も提起されている。

それぞれ歴史的な経緯があり意見がわかれる困難な問題でもあり時間をかけた取り組みが必要であるが、その解決に向けて国民的なコンセンサスを得べく努力していくことが、我が国が世界の国々から真に信頼されるための出発点である。

今回は、このような問題意識に立って、我が国が何を主張しどのように行動していかなければならないのか、また、そのために我が国国内の法律・制度や安全保障に対する国民意識などについて何が議論されなければならないのか、という視点からこの提言をまとめた。

Ⅱ．国際情勢《略》

Ⅲ．提言

1．〝国際〟総合安全保障の確立のために

（1）国連安全保障理事会に〝国際〟総合安全保障という多元的な理念を

冷戦が終結した今日、〝国際〟総合安全保障という考え方、すなわち一国の安全保障だけを目指すのではなく世界全体の安全保障を目指して、軍事力だけに頼るのではなく、紛争の発生・拡大防止のための予防外交・核軍縮・軍備管理等や、紛争の火種ともなっている貧困を解消するための経済支援、紛争の再発防止のための戦後復興への経済協力など主として外交・経済面での施策をもっと積極的に展開するという考え方が重要になってきている。

我が国は、人類史上唯一かつ最も悲惨な被爆体験を持ち、戦後は軍国主義と絶縁し永遠の平和を希求し経済的繁栄を達成、豊かで文化的な平和国家を築いた。この歴史の経験を活かし我が国は国連の国際安全保障を議論する場に主体的に参加していくことは、国連が〝国際〟総合安全保障という考え方に基づいて多元的に行動していく上で非常に有意義である。このような我が国の役割を内外に明示するとともに、これに関するコンセンサスを国内的にも国際的にも早急に得ていくことが重要であ

る。

○〝国際〟総合安全保障の重要性

冷戦終結後の国際平和秩序構築のために、国連安全保障理事会の役割が非常に重要になっている。現在国連では、一八四ヶ国にものぼる加盟国の増加に対応して、安保理の構成国を増やすことや、常任理事国の構成メンバーの地域バランスを図り「南」の発展途上国の意見も反映させることなどが議論されている。安保理の機能としても軍事だけでなく、経済や社会、人権などについても取り扱うことが検討されている。その意味では、〝国際〟総合安全保障という考え方、すなわち一国の安全保障だけを目指すのではなく世界全体の安全保障を目指して、かつ軍事力だけに頼るのではなく、紛争の発生・拡大防止のための予防外交・核軍縮・軍備管理等や、紛争の火種ともなっている貧困を解消するための経済支援、紛争の再発防止のための戦後復興への経済協力など主として外交・経済面での施策をもっと積極的に展開するという考え方が重要になってきている。

○日本の役割

我が国は、人類史上唯一かつ最も悲惨な被爆体験を持ち、戦後は軍国主義と絶縁し永遠の平和を希求し経済的繁栄を達成、豊かで文化的な平和国家を築いた。この歴史の経験を活かし我が国が国連の国際安全保障を議論する場に主体的に参加していくことは、国連が〝国際〟総合安全保障という考え方に基づいて多元的に行動していく上で非常に有意義である。いわば我が国の常任理事国入りは、「新しい国際平和秩序形成のための仕掛け人」としての役割を積極的に果たすための第一歩と位置付けられるのである。

常任理事国としての我が国の具体的な役割としては、たとえば、カンボジアPKOの成功に見られるように、平和的手段の追求すなわち武力発動に至らないように話し合いを重視して問題解決を図っていく考え方をアピールすることや、武器輸出を禁じる我が国が通常兵器の国際間の移転等の状況を国連に報告する制度を提案しその制度が多くの国の賛同を得て発足したように軍備管理という面で、また、唯一の被爆国で非核三原則を国是とする我が国が核軍縮・廃棄や核拡散防止、原子力の平和利用などに対する協力でイニシアティブを発揮することが出来る。紛争などで疲弊した国の経済再建のプログラム作りなどで安保理の議論をリードしていくことや、ODAの最大供与国として我が国が発展途上国に最も進んだ産業技術・ノウハウや環境・公害防止・エネルギー技術を移転することなどによって、主として経済面から地域の安定を促進する施策なども一層効果を増すだろう。旧東側諸国の市場経済への転換について、ハード・ソフト両面から一層協力することも出来る。このような国際社会への貢献は、我が国自身の安全保障にも大いに役立つ。

我が国の常任理事国入りのタイミングとして議論されている戦後五〇年、国連創立五〇年の一九九五年は目前に迫っている。まず我が国は、国連の国際安全保障を議論する場に主体的に参加していくことを内外に明示するとともに、これに関するコンセンサスを国内的にも国際的にも早急に得ていくことが重要である。

（２）もっと国連協力を

我が国は苦悩する国連を盛り立てるために中核的な役割を積極的に果たしていかなければならない。

第一に、国連のPKOニーズ増大に対処するために国際的なPKO訓練センター・物資供給基地の設置や、我が国への国連機関の誘致を推進すべきである。

第二に、国連への人材協力が肝要である。特に事務次長や部長、課長クラスの邦人管理職員を育成するために、外務省のJunior Professional Officer（JPO）制度に関わる予算（現状約九億円）の大幅な増額を検討する必要がある。

〝国際〟総合安全保障を確立するためには、国連の基盤強化、それも財政面だけでなく、手足となる組織・機構や人材の充実・強化も必要である。この面でも我が国は中核的な役割を果たす必要がある。

○ＰＫＯのための国際訓練センター・物資供給基地設置や国連機関誘致の推進

第一に、我が国はＰＫＯニーズ増大に対処するために国際的なＰＫＯ訓練センターの設置や国連機関の誘致を推進すべきである。現在、ＰＫＯ訓練センターとしては、北欧四ケ国の国防軍の中の北欧待機軍が保有しており、内容的にはその四ケ国がそれぞれ停戦監視や武装解除などを役割分担している。いずれも基本的には自国要員中心の訓練センターである。オーストリアやカナダも訓練センターを保有しているが、外国の要員訓練も受け入れている。今後は、ＰＫＯのノウハウを蓄積しつつある我が国が、アジアの国々の要員訓練も担当する国際的な訓練センター設置について検討する必要がある。

また、ＰＫＯのための物資供給基地としては、現在、イタリアのピサに使用済みの機材を保管する基地があるが、我が国が将来的な課題として、土木工事・輸送機材などの特殊機材等を常時保管するためのアジアの物資供給基地を設置することは有意義である。

国連機関の誘致についても、既に国連大学や国際熱帯木材機関、関西には国連環境計画環境技術センターなどが設置されているが、我が国が最も得意とする分野、たとえば発展途上国の人材育成や発展途上国への産業技術等の移転、原子力の平和利用のための機関などを新たに設置することを検討する必要がある。

○人材協力

第二は、国連への人材協力である。現在、国連事務局に勤務する邦人職員数は、望ましい職員数と言われている一九四人（中位点）に対し、約半数の八六人（九三年六月末）である。人数の少なさもあるが、事務次長や部長、課長クラスの管理職員が少ないことも大きな問題である。これに対処するために政府は、Junior Professional Officer（ＪＰＯ）制度、すなわち我が国が費用負担して大学や大学院卒業の若者などを年間五〇人、二年間、国連関連の国際機関に派遣することによって専門知識を広め国際的業務の体験を積む、いわば実施研修の機会を提供する制度を設けている。これは国連への若手職員送り込みとそれらの者の国際機関内でのキャリアアップのための支援制度であるが、この制度の終了後に正規の国連職員に採用される比率は、三〇～四〇％に及び、通常の国連職員採用競争試験などに比べてはるかに高い。ＪＰＯへの応募者が定員を大幅に上回っている（平成五年度：六〇〇人）現状も踏まえ、政府はＪＰＯに関わる予算（平成五年度約九億円）の大幅な増額を検討すべきである。民間企業もまた、国連という国際的な仕事をこなしてきた国際感覚あふれる人材を、帰国後積極的に受け入れることなどで、この制度を側面から支援することも大切である。

（３）アジア・太平洋地域の安全確保に向けた地道で重層的な努力を

多様な歴史・地理的背景、経済条件、価値観を持つアジア・太平洋地域の安定確保のためには、地道で重層的な努力が求められる。

第一に必要なのは、多国間対話の推進、特に、経済だけでなく、政治や安全保障など幅広い対話の推進である。その際、アジア・太平洋地域の政治・経済・安全保障の要である米国の存在が不可欠であることは言うまでもないし、近い将来には中国やロシアの参加も必要である。具体的には、ＡＳＥＡＮ地域フォーラムなども活用・発展させていくことが有効である。

第二に、多国間対話だけでなく、紛争や対立の解決を目指すための地域協力も必要である。たとえば、朝鮮半島の緊張緩和を図るために、南北和解のための対話の促進などについて日米中ロ四ケ国の協力によって支援していくことが大きな課題である。

第三に、政治、外交、安全保障の専門家だけでなくあらゆるレベル・階層の人々が交流・対話することが重要である。アジア・太平洋諸国の在日外国人と関西経済同友会会員による「経済人・安全保障シンポジウム」を開催することを提案したい。

〝国際〟総合安全保障を確立するためには、我が国の基盤とも言うべきアジア・太平洋地域の安定を促進するための施策を進めなければならない。

○パックス・アジア・太平洋コンソーシアム

アジア・太平洋地域は、依然として不安定要素を内在しているとともに、歴史的にも地理的にも文化的にも大変多様性に富んでいる。経済的な先進国もあれば発展途上国もある。欧米の普遍的な価値観である人権や民主主義などとは異なる独自の価値観が存在することも見逃せない。パックス・アジア・太平洋コンソーシアムとも言うべき平和理念構築のための地道な努力が必要な所以である。

○多国間対話の推進

このようなアジア・太平洋地域において、第一に必要なのは、互いの安心感を高め、相互理解と友好を深めるための多国間対話の推進、特に、経済だけでなく、政治や安全保障など幅広い対話の推進である。それも、多様性に富み、安全保障理念も異なる国が多いアジア・太平洋地域では、欧州のCSCEやNATOのようなハードな枠組みよりも、まずは言いたいことを言い合うソフトな対話が重要である。もちろん、その際、アジア・太平洋地域の政治・経済・安全保障の要である米国の存在が不可欠であることは言うまでもないし、近い将来には中国やロシアの参加も必要である。具体的には、ASEAN地域フォーラムなども活用・発展させていくことが有効である。

○地域協力も

第二に、多国間対話だけでなく、紛争や対立の解決を目指すための地域協力も必要である。たとえば、北東アジアには、朝鮮半島という軍事的緊張を孕んだ対立がある。この緊張緩和を図ることは、今日、アジア・太平洋地域の安定にとって最も重要な課題である。この問題について、南北和解のための対話の促進などを日米中ロ四ケ国の協力によって支援していくことが大きな課題である。

要は、互いの安心感を高めるための全域的な政治対話の促進と、紛争や対立の解決を目指すサブ・リージョナルな協力の促進という、いわゆるトゥー・トラック・アプローチを進めることが大切である。

○重層的対話を

第三に、いろいろな国々のあらゆるレベル・階層の交流・対話促進が不可欠である。政治・外交担当者だけでなく、自衛隊の制服組や民間人同士の交流を、日ロ、日中を含めもっと積極的に進めるべきである。経済界も、経済だけでなく、政治・外交・安全保障などについても意見を交換するために、たとえば、若手経営者等による安全保障フォーラムなどを定期的に開催すること、その手始めに、アジア・太平洋諸国の在日外国人と関西経済同友会会員による「経済人・安全保障シンポジウム」を開催することを提案したい。

（4）日米安保体制の堅持：今日的意義の再評価

日米安保体制は、言うまでもなく我が国の独立と安全の確保や、アジア・太平洋地域の安全のための米国のプレゼンス確保の手段、そして憲法の下専守防衛に徹し他国に脅威を与えるような軍事大国にならない、過去の過ちを再び繰り返さないという我が国の基本的立場に信頼性を与えるという、日本とアジア・太平洋地域の国々との信頼関係醸成の根本である。

新しい日米関係を模索しつつある今日、この日米安保体制を堅持し、その信頼性を高めていくためには、我が国自身が専守防衛の下必要な自衛力を確保し、在日米軍駐留経費の負担や軍事技術の共同開発などで日米協力を深めていくとともに、経済面においては我が国が規制緩和や閉鎖的な商慣行を改めることなどによって市場開放を一層進めていかなければならない。また、日米グローバルパートナーシップの下、政治・環境・経済協力などで地球的、世界的な責任と役割を果たしていくことが重要である。

○変化しつつある日米関係

冷戦の終結は、これまでの日米関係のあり方にも影響を及ぼしていることは否めない。米国と旧ソ連対立の時代には、日米安保体制の下我が国が米国の前線基地として重要な役割を担っていたが、今や共産主義に対する前線基地としての意義は低下している。逆に、湾岸戦争でカネだけ出してほとんど汗をかかなかった日本の対応や次期支援戦闘機ＦＳＸに関わる技術摩擦などで、米国の対日批判が強まっている。貿易摩擦も解消していない。一〇〇〇億ドルを上回る日本の貿易黒字、とりわけ米国との不均衡拡大が問題を増幅させている。閉鎖的な日本市場や貿易黒字削減のための数値目標設定に対する対応などが米国を苛立たせている。

○アジアに対する米国の関心の高まり

一方、東アジアのダイナミックな経済発展がアジア・太平洋地域に対する米国の関心を増大させている。これは、米国がアジア・太平洋地域における戦力の再編・合理化を進める一方で、米国の前方展開戦力は引き続き維持していることにも窺える。

日米両国のＧＮＰ総額は、世界の四割を占める。この両国が安定的な協力関係を維持することは、アジア・太平洋地域だけでなく、世界の平和と発展のためにも重要である。このように、日米の協力関係が重要性を増す一方、経済問題などで日米関係の揺らぎも存在する中で、我が国としては、日米安保体制の今日的意義を改めて再評価する必要がある。

○日本の安全確保

第一は、もちろん、我が国の独立と安全の確保である。まだまだ残るアジアの不安定に対し、我が国だけで対処することは出来ない。現在の防衛計画の大綱策定にあたって採用された基盤的な防衛力構想、すなわち「我が国に対する軍事的脅威に直接対抗することを目指すよりも、自らが力の空白となって、我が国周辺地域の不安定要因とならないようにすべきであるという考え方に基づき、独立国としての必要最小限の基盤的な防衛力を整備しよう」という構想は、日米安保体制があってはじめて意義を持つものである。日本の安全確保は、アジア、ひいては世界の安全確保につながることも認識しなければならない。

○米国のアジアへのプレゼンス確保

第二は、アジア・太平洋地域の安全のための米国のプレゼンスを確保する手段である。在比米軍基地の撤退等米国のアジア・太平洋地域における兵力削減という状況を踏まえ、日米安保体制が極東における国際の平和と安全を維持しているという意味で、この重要性は一層増大している。

○日本の立場への信頼性

第三は、日本の立場に信頼性を与えることである。憲法の下、専守防衛に徹し、他国に脅威を与えるような軍事大国にならない、過去の過ちを再び繰り返さないという我が国の基本的立場に信頼性を与える効果を持つ。言い換えれば、日米安保体制は、日本とアジア・太平洋地域の国々との信頼関係醸成の根本であると言っても過言ではあるまい。

○日米グローバルパートナーシップ

新しい日米関係を模索しつつある今日、この日米安保体制を堅持し、その信頼性を高めていくために、我が国自身が専守防衛の下必要な自衛力を確保し、在日米軍駐留経費の負担や軍事技術の共同開発などで日米協力を深めていくとともに、経済面においては我が国が規制緩和や閉鎖的な商慣行を改めることなどによって市場開放を一層進めていかなければならない。また、日米グローバルパートナーシップの下、政治・経済協力・環境など地球的、世界的な責任と役割を果たしていくことが重要である。

2．信頼される日本となるための国内体制・世論づくり

○いつまで一国平和主義が許されるのか

我が国が常任理事国の大役を引き受け〝国際〟総合安全保障を推進しようという立場から国際社会に積極的に貢献していくためには、まず自分の国は自分で守るという独立国としての当然の努力を払うとともに世界平和のために積極的に貢献していくというコンセンサスを形成する必要があり、そのためには国内の体制・世論づくり、すなわち憲法や法律、政策方針、国民意識のあり方などについてもっとオープンに議論を進めていくことが大切である。

戦後、防衛問題を議論することは、ある時期口にすることさえ憚られるぐらいタブーであった。自分の国は自分で守るものとは言いにくい、日本だけが平和であればいい、世界や日本の安全は誰か他の人が考えてくれるだろうという、国際社会から見ればいわゆる利己的な一国平和主義の考え方が続いていた。その残滓は根深い。カンボジアＰＫＯへの参画など世界の平和を維持するために積極的に貢献しようという活動でも、自衛隊の海外派遣に対して反対意見が多いことはその顕われである。たとえ平和的な国際貢献であっても、一度、自衛隊が海外に派遣されれば、いずれ海外派兵につながるという「蟻の一穴」論は依然として残っている。

ところが、我が国が「蟻の一穴」論を重視して一国平和主義を続けても、アジアの国々の懸念はなくならない。むしろ、一国平和主義は、自分の国のことしか考えないという意味で、日本以外の国にとってはかえって脅威や不安定要因となっているのが現実である。

今なお一国平和主義の考え方が残っているのは憲法解釈の不統一も大きな原因である。憲法が自衛権を放棄しているかどうか、ＰＫＯまでは合憲だがＰＦＫは違憲なのか、国連の活動であれば集団的自衛権を行使できるかどうか、憲法と国連憲章とどちらが優位かなど議論が定まらない。これでは、海外各国に対して不信感を与えるとともに、これを実践していく自衛隊の士気にも関わる。

我が国防衛の基本方針である防衛大綱のあり方や、自衛隊法におけるＰＫＯの位置付けや不完全ＰＫＯ法、未整備状態の有事法制などについても、もっともっと国民全体で議論されなければならない。

（1）安全保障基本法の制定と自由な憲法論議を

第一に、第九条や前文で謳われている平和を尊ぶ憲法の理念と専守防衛などの基本方針は世界に誇れる原則であるので、確固たる自信と誇りを持って堅持しなければならない。

第二に、安全保障に関する憲法解釈を明確化するために別途安全保障基本法の制定を検討する必要がある。我が国は独立国である以上主権国家として我が国固有の自衛権が存在することやＰＫＯなど武力行使を目的としない国際社会の平和維持のための活動に積極的に貢献していくことを明記すべきである。

第三に、憲法そのものについても絶えず自由な論議がなされることが大切である。国連軍や平和執行部隊など国連の総意で行われる武力行使について、我が国が将来どのように対応すべきか同時にその限界について議論を進め、国民的なコンセンサスを形成していくことが必要不可欠である。

○平和を尊ぶ憲法の理念は守るべき

我が国の憲法は、第九条において、戦争の放棄、戦力及び交戦権の否認を規定している。また、我が国は、基本方針として専守防衛、シビリアンコントロール、非核三原則を掲げている。一方、憲法の前文では、国際社会との共存共栄の大切さ、その責任の重みについて謳っている。

このような平和を尊ぶ憲法の理念と専守防衛などの基本方針は世界に

誇れる原則であるので、確固たる自信と誇りを持って堅持しなければならない。

［憲法前文］

日本国民は、恒久の平和を念願し、人間相互の関係を支配する崇高な理想を深く自覚するのであって、平和を愛する諸国民の公正と信義に信頼して、われらの安全と生存を保持しようと決意した。われらは平和を維持し、専制と隷従、圧迫と偏狭を地上から永遠に除去しようと努めている国際社会において、名誉ある地位を占めたいと思う。……われらは、いずれの国家も、自国のことのみに専念して他国を無視してはならないのであって、……。

○憲法解釈を明確化するために安全保障基本法の制定を

安全保障に関する憲法の解釈や意思を明確化するために、別途、安全保障基本法の制定について検討する必要がある。我が国は独立国である以上、主権国家として我が国固有の自衛権が存在することや、自衛のために必要な武力を保持することは主権国家の当然の権利であることを明記すべきである。これによって自衛隊の存在が国民の総意として正式に認知されることになる。

同時に安全保障基本法でPKOなど武力行使を目的としない国際社会の平和維持のための活動に積極的に貢献していくこと、そのためには、カンボジアPKOのように自衛隊をはじめ、必要な手段・方策を活用することも明記する必要がある。

○自由な憲法論議を

憲法そのものについても絶えず自由な論議がなされることが大切である。我が国は国際的な安全保障活動への参画を始めたばかりであるが、我が国の国際的な地位と役割はこれからも変化していく。その変化に対応して、現在の国際平和協力法では自衛隊の活動はPKOに限定されているが、国連軍や平和執行部隊など国連の総意で行われる武力行使につ

いて、我が国が将来どのように対応すべきかについて同時にその限界について議論を進め、国民的なコンセンサスを形成していくことが必要不可欠である。その意味で、国民の意思と行動の原点とも言うべき憲法も、絶えず国民的な議論と理解統一への努力がなされるべきである。これは、安全保障に対する健全な国民意識を醸成するためにも役立つ。

（2）防衛計画の大綱：国際情勢の変化や効率アップの視点から見直しを

防衛計画の大綱については、現在見直しが検討されている基盤的防衛力の考え方や自衛官定数を含む防衛力のあり方などを、冷戦終結など国際情勢の変化や効率アップという視点から論議されなければならないが、我が国防衛体制の根幹である専守防衛と日米安保体制を堅持するとともに、世界の安全保障は我が国の安全保障にもつながるという観点から国際貢献を一層推進していくことについて、これを新たに織り込む必要がある。もちろん見直しにあたっては我が国国民や海外各国に対してこれをわかりやすく明示し理解を得ることが重要であることは言うまでもない。

我が国の基本方針では、専守防衛に徹し、他国に脅威を与えるような軍事大国にならないことを基本理念としている。この基本方針の下、防衛計画の大綱で、基盤的防衛力構想という限定的かつ小規模な侵略までの事態に対し有効に対応しうる防衛力を整備していくという考えが採用されてきたが、冷戦終結に伴い、この基盤的防衛力の考え方や自衛官定数を含む防衛力のあり方についてその見直しの必要性が議論されている。

我が国の防衛力に関しては、アジア・太平洋地域の国々の中には世界が軍縮に向っている中で防衛費が増大を続けていることに対して脅威を感じている国がある反面、我が国が軍事的に空白になることは周辺地域の不安定要因になることや一旦減らした人材、装備、技術などはすぐには元に戻らないことなども考慮しなければならない。また、専守防衛の

効率を上げるために、レーダーサイトを地下に設置することや、衛星利用などによって情報収集機能を充実・強化すること、現在の師団規模や地域的な配置なども再検討する必要がある。

その意味で、防衛計画の大綱の見直しの際には、冷戦終結など国際情勢の変化や効率アップという視点から議論されなければならないが、我が国防衛体制の根幹である専守防衛と日米安保体制は堅持するとともに、世界の安全保障は我が国の安全保障にもつながるという観点から国際貢献を一層推進していくことについて、これを新たに織り込むことが必要である。もちろん、我が国国民や海外各国に対してわかりやすく明示し理解を得ることが重要であることは言うまでもない。

（3）自衛隊の国際貢献活動の位置付けもっと高く、PKO法の見直しを

今後国際的な平和協力業務の重要性が一層高まってくることを考慮し、自衛隊法を早急に改正して、国際的な平和協力業務の位置付けをもっと高めるべきである。

合せて、自衛隊の中に、隊員の教育訓練や人員確保を担当するスタッフ部門を備えたPKO専門組織や、PKO業務を専門に担当する組織の設置なども検討することが大切である。

平成七年に見直しが議論されるPKO法についても、カンボジアでの教訓を下にたとえば個人の判断による武器使用や、ボランティアなどの安全確保のための業務が出来ないことなど、既に指摘されている反省事項は早急に見直すことを検討する必要がある。

今、自衛隊に必要なのは、明確な任務、任務遂行のための手段、世論の支持であることを銘記する必要がある。

我が国は国際貢献活動を幅広く進めていかなければならないが、ODAなどの経済的な活動やボランティアレベルでの協力だけでなく、カンボジアPKOのように組織的、装備的、技術的に自衛隊でなければ対応出来ないケースも多い。この自衛隊の国際的な平和協力業務が、自衛隊法雑則第一〇〇条の七で運動競技会に対する協力や国賓等の輸送と同列に規定されている。今後、国際的な平和協力業務の重要性が一層高まってくることを考慮し、自衛隊法を早急に改正して、国際的な平和協力業務の位置付けをもっと高めるべきである。

合せて、自衛隊の中に、隊員の教育訓練や人員確保を担当するスタッフ部門を備えたPKO専門組織や、PKO業務を専門に担当する組織の設置なども検討することが大切である。

これは、我が国が人的な国際貢献に積極的に取り組むことを内外に示すという意義があるだけでなく、それによって自衛隊の海外派遣に対する国民の不安感を取り除くとともに、自衛隊員の士気をも高めることにつながる。

また、平成七年に見直しが議論されるPKO法についても、カンボジアでの教訓を下に、既に指摘されている反省事項についてその見直しを検討しなければならない。たとえば現在のPKO法では、自己または他の隊員の生命・身体を防衛するために限定されている武器使用は個人の判断に委ねられているが、それでは不意の発砲が身方同士の銃撃を招いたり、個々の隊員に武器使用が本当に妥当かどうかなどの不安感を与えかねない。その意味で、PKOの国際的な常識とも言われている「部隊としての判断」でも武器使用が可能となるように、また、現地で活動するボランティアなどの安全確保のための業務も出来るように、その見直しを検討する必要がある。

今、自衛隊に必要なのは、明確な任務、任務遂行のための手段、世論の支持であることを銘記する必要がある。

（4）国民の安全保障意識の醸成

第一に、国民一人一人の安全保障意識を高めるために、国民に最も近い地方自治体レベルでも、安全保障の課題に取り組むべきである。安全

保障セミナーやシンポジウムなどを開いたり、地域住民と自衛隊の交流をもっと積極的に企画・実行することが有効である。

第二に、自衛隊自身ももっとオープンでなければならない。そのために、防衛庁の広報活動をもっと強化する必要がある。

第三に、国民生活とも深く関わりを持つ有事法制を整備することについて早急に議論を始めるべきである。

第四に、今後我が国が国際貢献活動を積極的に展開していくという健全な国民意識を醸成する観点からマスコミの役割に期待されるところは大きい。

○無関心と無見識が他国に脅威を与える

国の独立と安全を確保するために最も大切なことは、安全保障に対する健全な国民意識を醸成することであるが、カンボジアPKOへの参画以降徐々に醸成されつつはあるものの依然不十分である。国を守る、自らの安全を確保するという意識はまだまだ薄い。自衛隊の基地がある街は別として、自衛隊を身近に感じることも少ない。国のレベルでも、有事の対応については、議論することすら憚られる。このように、安全保障に対する希薄な国民意識、有事を語ることを出来れば避けたいと考える国民意識では、日本の安全並びに世界平和のために我が国が国際的な責任を果たしていかなければならないという考えも育たない。逆に、このような無関心な国民では、アジア・太平洋地域の国々に、日本は再び過去の過ちを繰り返すのではないかという不安感をすら与えていることを忘れてはならない。国民一人一人が健全な国民意識を持ち安全保障に関心を示し見識を備えることこそが何よりも大切である。

○地方自治体も協力を

第一に、国民一人一人の安全保障意識を高めるために、国民に最も近い地方自治体レベルでも、安全保障セミナーやシンポジウムなどを開いたり、地域住民と自衛隊の交流をもっと積極的に企画・実行することが有効である。これによって、安全保障の大切さや有事における対処の仕方などについて国民コンセンサスを形成することが出来るとともに、国民一人一人が自衛隊をはじめ日本の独立と安全を守るために努力している人々に親みや敬意を持つことにもつながる。

○自衛隊をもっとオープンに

第二に、自衛隊自身ももっとオープンでなければならない。防衛業務は、国民生活との関わりが少ない方がハッピーであるし機密に属する面もあるが、自衛隊を支えるのは国民であることを再認識して、今まで以上に自衛隊の公開や、車両や航空機の体験搭乗などを通じて、国民との接点をもっと増やす必要がある。そのために、防衛庁の広報活動をもっと強化する必要がある。

○有事法制の整備を

第三に、同民生活とも深く関わりを持つ有事法制を整備することについて早急に議論を始めるべきである。米国や英国、仏国の有事法制では、有事の際に政府は何でも出来るという方式を採用しているが、我が国の場合、有事の際に政府は何が出来るかという方式を採用して、有事法制に関する研究が進められた。「自衛隊法七六条の規定により防衛出動を命ぜられるという事態において自衛隊がその任務を有効かつ円滑に遂行する上での法制上の諸問題」、たとえば部隊の移動・輸送のための道路法に関する特例措置や陣地構築など土地使用のための特例措置、有事における住民の保護、避難、誘導を適切に行う措置、有事における民間船舶・民間航空機の航行の安全を確保するための措置など、自衛隊の行動に関わる法制についての研究はほとんど完了している。にもかかわらず法制化についての議論が全く行われていないのは政府として怠慢と言わざるを得ない。有事法制は、平時において冷静に検討すべき課題であるとともに、議論を進める中で国民の権利や義務も明らかにすることも出来る。このような議論を堂々と進めること自体が、健全な国民意識を醸成するための第一歩と言えるだろう。

○健全な国民意識の醸成にマスコミも

第四に、今後我が国が国際貢献活動を積極的に展開していくという健全な国民意識を醸成する観点からマスコミの役割に期待されるところは大きい。以前、中には、日本や日本人だけが安全であればいい、国際社会への責任は二の次と誤解されかねない報道などが散見された。たとえば、カンボジアPKOにおいて我が国の文民警察官が死傷した事件を取り上げて、危険地域やカンボジアから撤収すべきであるとの立場からの主張があった。このような報道姿勢に対しては国内だけでなく、海外での批判も大変厳しかった。我が国の国際的役割が各段に増大している今日、マスコミ自身がその役割のあり方について再認識する必要がある。

3．近くて近い隣人に：心に刻み未来を見つめて

○相当の覚悟で

世界から信頼されるためには、まず、歴史、文化、民族、宗教など強いつながりを持つアジアの国々の信頼を確保することが大切である。その前提として、日本は、歴史的に、日中戦争や太平洋戦争などで、軍国主義の下、アジア・太平洋地域の国々に多大なる痛みを与えたという事実をしっかりと認識するとともに、このことをいつまでも心に刻み語り継いでいくことが大切である。その上で、アジア・太平洋地域の人々の傷を癒し未来に向って相互理解と信頼醸成を図るためには、相当の覚悟が必要であることを肝に命じなければならない。

（1）安全保障教育の充実

第一に、不幸な歴史を繰り返さないために、近・現代史教育にもっと力点を置くことが重要である。明治以来の近代化の過程、戦争の経緯・実態、戦後の復興などの歴史的事実とその意味合いを教えることによって、日本国民としての自覚、戦争への反省、将来への責任などの認識を培うことが必要不可欠である。

第二に、自衛隊の位置付けを明確にする必要がある。主権国家には侵略に対する自衛権が存在することを明記し、我が国の平和と独立を守る自衛隊の存在を正しく理解させるとともに、この厳しい任務に携わる自衛官等を信頼しその役割を評価する気持ちを育むことが大切である。

第三に、大学に安全保障に関する論議・研究の場を設けることを提案したい。

○近・現代史教育に力点を

第一に、不幸な歴史を繰り返さないために、どちらかというと授業時間が少なくなりがちな近・現代史教育にもっと力点を置くことが重要である。痛みを受けたアジアの国々が相当のページ数を割いて教えていることをもっと認識する必要がある。明治以来の近代化の過程、戦争の経緯・実態、戦後の経済復興などの歴史的事実とその意味合いを教えることによって、日本国民としての自覚、戦争への反省、将来への責任などの認識を培うことが必要不可欠である。この歴史認識こそがこれからの国の安全保障のあり方を支える国民的基盤となるであろう。また、歴史教育を通して事実をありのままに伝えることこそが、過ちを二度と繰り返さない証となり、アジア・太平洋地域の国々の信頼を得ることにもつながるだろう。

○自衛隊の位置付けを明確に

第二に、自衛隊の位置付けを明確にする必要がある。主権国家には侵略に対する自衛権が存在することを明記し、我が国の平和と独立を守る自衛隊の存在を正しく理解させるとともに、この厳しい任務に携わる自衛官等を信頼しその役割を評価する気持ちを育むことが大切である。自衛隊が日本国民を代表して国際的な平和維持のための活動に携わっていることに誇りを持つ、そのような子供を育てることが今の教育に求められているのである。

○大学に安全保障に関する論議・研究の場を

第三に、大学に安全保障に関する論議・研究の場を設けることを提案したい。たとえば、国際関係論の一部として扱われている安全保障論を一つの独立した講座として取り上げることも検討に値する。そのために、必要があれば、経済界が支援することも有意義である。

（2）過去の不幸な歴史への〝きちんとした〟対応

戦後はまだまだ続いている。歴史的事実としての日本の軍国主義の記憶や従軍慰安婦問題に代表される被害の意識等日本に対する不信感は、今なお残っている。今後政治・経済・外交・安全保障等の面で国際的な役割を果たしていかなければならない我が国は、この不信感を子孫の代まで残さぬよう全力を挙げてこれを取り除くための努力を傾注しなければならない。

まず、従軍慰安婦問題などについて徹底的に事実関係を調査するとともに、これをきちんと公表しなければならない。

その上で法的処理を求められるものはこれを尽くすこと、そして不正や非人道的行為などの事実が明らかになれば、必要に応じて法的処理を超えて人間の尊厳と人道的観点から国としての責任のとり方、国民としての対処の仕方について真摯に議論すべきである。その際、対象者が高齢化していることもあり、出来る限り早期に具体策をまとめ実行する必要がある。

このことは今後我が国が二度と過ちを繰り返さないという決意である。ドイツが背景や事態の相違はあれドイツ連邦共和国基本法第一条の「人間の尊厳は不可侵、これを守ることは国家の義務である」に基づいてこの課題に取り組んでいることに学ぶべき点は多い。

○戦後はまだまだ続いている

戦後半世紀近くを経過したにもかかわらず、我が国は、依然として過去の不幸な歴史を引き摺っている。歴史的事実としての日本の軍国主義の記憶と従軍慰安婦問題に代表される被害意識等日本に対する不信感は、今なお残っている。外交努力や経済協力、従軍慰安婦問題の調査結果等を報告することなどによって、日本に対する信頼も徐々に回復してきてはいるが、まだまだ十分とは言えない。今後政治・経済・外交・安全保障等の面で国際的な役割を果たしていかなければならない我が国は、この不信感を子孫の代まで残さぬよう全力を挙げてこれを取り除くための努力を傾注しなければならない。これは、我が国が国際社会の理解を得て〝国際〟総合安全保障の理念を具体的に実行していく上での原点の一つであろう。

○徹底的な事実調査を

まず、従軍慰安婦問題などについて、徹底的に事実関係を調査するとともに、それをきちんと公表しなければならない。

旧植民地の人たちの強制連行に関わる資料のように、政府がその存在を否定していた資料でも、当時の関係者が保存しているケースもある。説得力ある客観的資料や証言をできるだけ広く集めることが大切である。当時の人たちの記憶も相当薄れている。時間が経てば経つほど事実解明は困難になるので、政府は調査のための陣容を強化して集中的に調査すべきである。そのために政府の中に一元的に調査するための部局を設けたり、場合によっては、相手国との間で合同調査委員会を設置することも検討する必要がある。

○人間の尊厳・人道的観点からの責任を

その上で法的処理を求められるものはこれを尽くすこと、そして不正や非人道的行為などの事実が明らかになれば、必要に応じて法的処理を超えて人間の尊厳と人道的観点から日本国としての責任のとり方、国民としての対処の仕方について真摯に議論すべきである。その際、対象者が高齢化していることもあり、出来る限り早期に具対策をまとめ実行する必要がある。

いわゆる「国対国の問題は解決済み」イコール「国対個人の問題も解

決済み」という法律論ではなく、ドイツがドイツ連邦共和国基本法第一条の「人間の尊厳は不可侵、これを守ることは国家の義務である」に基づきナチスによるユダヤ人等の迫害に対して非人道的行為に対する責任を果たすために、また、米国が日系人迫害に対して理想に背いた行為に対する謝罪の証として被害者個人に補償したことにも学ぶ必要がある。

たとえば、従軍慰安婦問題はニュールンベルグ裁判の「人道に対する罪」という国際法違反であるとか、日韓協定は一般国際法である強行法規違反（＝重要な人権を消滅させてしまうような条約は国際社会の公序良俗に違反）でありその条約は無効であるとかなど法律的な問題も提起されているが、日本政府としては、そのような法律に照らして争うとか、あるいはその結果としてたとえばやむを得ず責任を果たすということではなく、自ら率先して徹底的に調査し非があれば責任を果たす姿勢を示してこそその意義があることを認識しなければならない。

「戦後はまだ終わっていない」人たちに対し責任を果たすことは、日本はあの戦争を忘れない、二度と繰り返さないという決意であり、そのことは被害を受けた国々にも伝わるに違いない。責任を果たすことは、我が国は子々孫々にわたって「信頼」というかけがえのない財産が得られることを銘記すべきである。

具体策としては、たとえばドイツのように補償の仕方は補償受取国に委ねる方法などは貴重な前例である。また、公平・公正の観点から、病院や老人ホームなど社会福祉施設の建設や青少年交流・歴史教育の積極的な推進など未来指向の責任の果たし方も検討する必要がある。

ドイツ連邦共和国のヴァイツゼッカー大統領は、敗戦四〇周年の一九八五年五月八日、ドイツ連邦議会で「荒れ野の四〇年」と題する追悼演説をされた。われわれ日本人としても教えられるところ大であるので引用する。

「罪の有無、老幼を問わず、われわれ全員が過去を引き受けなければなりません。全員が過去からの帰結に関わりあっており、過去に対する責任を負わされているのであります。心に刻み続けることがなぜかくも重要であるかを理解するため、老幼たがいに助けあわねばなりません。また助けあえるのであります。……過去に目を閉ざす者は、結局のところ現在にも盲目となります。非人間的な行為を心に刻もうとしない者は、またそうした危険に陥りやすいのです。ユダヤ民族は今も心に刻み、これからも常に心に刻みつづけるでありましょう。われわれは人間として心からの和解を求めております。まさしくこのためにこそ、心に刻むことなしに和解はありえない、という一事を理解せねばならぬのです。……かつて敵側だった人びとが和解しようという気になるには、どれほど自分に打ち克たねばならなかったか……そのためには、ドイツが二度と再び暴力で敗北に修正を加えることはない、という確信が次第に深まっていく必要がありました。……相手が手を差し出すのを持つのではなく、自分の方から相手に手を差し出すことは、はかりしれないほど平和に貢献するものであります。……われわれ年長者は若者に対し、夢を実現する義務は負っておりません。われわれの義務は誠実さであります。心に刻みつづけるということがきわめて重要なのはなぜか、このことを若い人びとが理解できるよう手助けせねばならないのです。……歴史の真実を冷静かつ公平に見つめることができるよう、若い人びとの助力をしたいと考えるのであります。……」

Ⅳ．おわりに

我が国は、明治維新以来、欧米に追いつくため急速な近代化を進める一方で、忌まわしい軍国主義への突入、その結果として広島・長崎の被爆、敗戦という我が国歴史上かつてない悲惨な結末に至った。しかし、戦後この悲劇を乗り越え驚異的な経済発展を遂げ世界第二の経済大国として繁栄を築いた。このような戦後五〇年を迎えるにあたり、これまでの歴史を心に刻むとともに後世に伝える、その上で国際社会において平和と繁栄のために積極的に貢献するという崇高な使命を果たしていく意思と自覚を持たなければならない。この提言がいささかなりともその役に立てば幸いである。

資料Ⅱ・08

日本国憲法を考える

一九九四年四月四日

関西経済同友会・基本問題部会・憲法問題委員会

〔出典〕憲法会議『月刊憲法運動』二三一号、一九九四年六月号

コメント

1．これは、Ⅱ・07と同じく関西経済同友会の基本問題部会によって作成された憲法問題に関する報告書である。

この文書は、単に日本の国際貢献の強化という視点からのみでなく、国内の戦後体制の行き詰まりの打破という視点から憲法の見直しを訴えたという点で「画期的な」文書である。このあたりを境にして、憲法の見直しは、単に自衛隊の海外出動、国際貢献というすじからのみでなく、より包括的な社会改革との関係で提起されるようになる。

2．まず報告は、日本が「国際社会における新しいリーダーシップを発揮することが望まれている」のみならず、国内的にも「変革期」にあり、「戦後を支えた体制や制度を見直すべき」時に来ているとし、国際、国内双方の戦後体制の柱となってきた憲法の見直しを提起する。しかも、それを解釈によって行うのではなく憲法そのものを改正し「世界や国の将来を見据えて、新しい指針となりうる内容を盛り込んで行く必要がある」と主張する。

3．そのうえで、報告の提起する点で注目すべきは具体的には以下の諸点である。

第一に、安全保障については、憲法改正で自衛権の保持を明記す

べきだが、それが時間を要するのであれば、安全保障基本法でそれを行い、また有事法制を制定すべきである、と主張している。ここで、報告が解釈改憲を提起している点は、政府の方針とも合致していて注目される。

また報告は国連の国際平和維持活動への積極的参加、PKF本体業務への参加を主張している。

第二に、国内体制の見直しに関しては、私権が公益に規制される点の明記、地方主導体制の確立を憲法上明記すること、そのために地方交付税制度の廃止を提言していることが注目される。地方交付税制度の廃止による地方間格差の拡大はむしろ自治体間競争を刺激するうえで望ましいというのが、報告の立場である。

さらに報告は、首相主導体制の確立による官僚や与党による規制の打破を主張しているが、地方主導体制確立と並んで、ここには戦後の中央集権的な開発主義国家体制を改革しようという新自由主義改革の主張が貫かれている。

はじめに

日本国憲法の公布以来、わが国は世界有数の経済大国へと発展してきた。一方で、海外での米ソ冷戦の終焉、地域紛争の頻発、地球環境問題に対する意識が高まるなど、日本を取り巻く国際環境は大きく変化している。

国内に目を転じれば、戦後政治体制・経済構造の行き詰まりや、高齢化の進展、消費行動やライフスタイルの多様化、家族形態の変化など、社会の構成員たる個々人を取り巻く環境やその行動様式・考え方にも大きな変化が現れている。

この間、わが国やその構成員たる国民は、憲法に規定された民主主義や自由の保障を謳歌してきたと言っても過言ではない。しかし、国際社会におけるリーダーシップを求められているわが国は、「世界にとって魅力ある日本」へと移行するために、世界の平和と繁栄に貢献していかなければならない。同時に、内にあっては、「ゆとりある豊かな社会」へと自らを変革させるために、国民一人一人の努力が必要となっている。これらを実現するために、わが国自身や個々の国民が、自らの義務や責任を果たすべき時を迎えている。

国内外にわたる変革を実行に移し、軌道に乗せるためには、今こそ幅広い憲法論議が必要である。

当委員会では、これらの基本認識のもとに、昨年七月以来、講演会、懇談会を頻繁に開催し、それぞれ異なった視点から学識経験者・有識者の貴重な意見を聴取し、幅広い活発な議論を行ってきた。その議論の主な論点は以下の二点に集約することができる。

◎国民生活の視点に立ち、日本国民の真の意味での豊かさを目指した憲法は、如何にあるべきか。

◎未来の国際社会における日本のあるべき姿を展望しつつ、憲法における守るべき価値とは何か、見直すべき内容とは何か、付け加えるべき項目とは何か。

本提言が、今後の憲法問題を考える上で、何らかの示唆を提供するものとなれば幸いである。

一九九四年四月四日

関西経済同友会　基本問題部会　部会長　井上義国

基本問題部会　憲法問題委員会　部会長　井上　収

委員長　松下　滋

一、自由で闊達な議論を

◎世界や国の将来を見据える原点としての憲法

日本国憲法の公布（一九四六年（昭和二一年）十一月三日）以来、五〇年の歳月が経過しようとしている。この間、憲法を取り巻く客観的環境は大きく変わった。日本は、戦後の混乱期から経済成長を達成し、今や、世界有数の経済大国となっている。また、戦後の国際政治経済体制を支配した米ソ冷戦構造の終焉や、南北問題、南南問題の顕在化、地球環境問題・エネルギー問題の出現など、流動化する国際情勢の中で、わが国は国際社会における新しいリーダーシップを発揮することが望まれている。

他方、国内においても、政治的・経済的・社会的状況は正に変革期にある。一極集中の弊害などに象徴される中央集権システムの見直しの必要性が増大する一方で、高度経済成長を支えたこれまでの制度のいきづまりに対する議論が高まっている。また、戦後の日本を支えてきた政治システムについても、新たな体制を模索する段階が到来している。あらゆる局面において、戦後を支えた体制や制度を見直すべき時を迎えている。

わが国は、新しい時代の到来とともに、新たな理念や価値観を構築していかなければならない。そして、その基本となる憲法については、解釈によって社会に適合させるのではなく、世界や国の将来を見据えて、新しい指針となりうる内容を盛り込んでいく必要がある。憲法を、国内外の諸問題に関する議論を停止させるための言い訳とするのではなく、「ゆとりある豊かな社会」の構築と、次代の世界をリードする「世界にとって魅力ある日本」の実現のための原点として、改めて位置づける時が来ている。

◎中期的、継続的に、幅広く憲法を議論するための問題提起

憲法は国の基本構造に関わるものを明文で規定する。同時に、憲法は不変ではないという前提に立ち、環境の変化に応じて、新しい基本事項を示す必要があると考える。

これまでの憲法論議は、第九条をめぐる解釈論が中心であった。しかし、変革の時代を迎えた今、わが国の国際社会における立場や社会全般のあるべき姿を念頭に置くと、憲法をタブー視することなく、国民的規模で幅広い議論を行う必要がある。

当委員会では、新しい時代の日本のあり方を憲法との関わりで考え、中期的、継続的に、幅広く議論するための問題提起を心がけた。細かい解釈論に入ることなく、またテーマをいくつかの項目に絞って、憲法をめぐる基本的な問題について考えた。

二、検討にあたってのスタンス

◎権利・自由と義務・責任の認識

憲法は、宗教の聖典のような「超越規範」ではない。憲法が規定する主体は、国際社会における「国家」であり、国家における「個人」である。国家や個人は、基本ルールとしての憲法を通じてそれぞれの権利や自由が確保されると同時に、義務や責任を負うこととなる。

◎多様な価値尺度に対応する努力

国際社会や国家は、平和や繁栄の追求といった全体特性や全体目的をもつ。国家や個人は、日々刻々と変化する情勢に的確に対応するため、多様な価値尺度に柔軟に対応する努力が必要となる。

◎促されるべき個の確立・立場の尊重と役割分担

次の世代に何を引き継ぐか、それを考えるのはわれわれの責務である。新しい流れを創るためには、新たな価値観づくりと国民各層にわたる自由で闊達な議論が望まれる。そのためには、「個」を確立し、その立場を尊重するとともに、それぞれの役割分担を確認する必要がある。

◎「豊かな社会づくり」と「世界にとって魅力ある日本」の実現

その上で、当委員会では国民生活の立場から「ゆとりある豊かな社会」づくりを進めるためには何をすべきなのか、また、世界の平和と繁

栄の立場から、「世界にとって魅力ある日本」となるために何が必要なのかを、憲法問題との関連で考察した。

三、時を経ても変わらぬ理念

基本的人権尊重主義、平和主義および国民主権主義が日本国憲法の基本原理である。われわれは、この基本原理こそが、国際社会に平和と繁栄をもたらす「人類普遍の原理」であると考える。

日本国民一人一人は、以下の点について、この崇高な基本原理が「時を経ても変わらぬ理念」であることを再確認し、日々の弛まぬ努力でこの基本原理を実現する必要がある。

◎人権保障のための根本原則

自由であることは人間として当然の与件である。日本国憲法は、人権の保障を明文化（「国民の基本的人権の享有と基本的人権の性質」（第十一条））し、「侵すことのできない永久の権利」であることを明確に表現している。

これは、基本的人権の普遍的、不可侵的、永久的、固有的特徴を表現していると言うことができる。

◎世界平和を希求し努力する意思表示

「平和のうちに生存する権利」（前文）は、個人の人権確保の基礎となる。これを確保するためには、平和で公正な国際秩序の確立が必要である。

この点で、国家および個人のそれぞれの努力が必要であり、「国際社会において、名誉ある地位を占めたいと思ふ」（前文）日本においては、崇高な理想を達成するために、応分の義務を伴うことが含まれている。

◎憲法をチェックする国民の責任

主権を有する国民は、憲法を制定する権利と自由をもつ。同時に、その制定後は、規定の遵守や意味の確定・拡充、改正等の義務や責任を負うことになる。

すなわち、国民に主権があるということは、国民に憲法を制定する権利だけでなく、絶えず見直し、チェックする責任もあることを意味している。

四、盛り込むべき新しい理念
——国の基本法に盛り込むべきもの

1、安全保障

われわれ日本国民は、国家の平和的生存権が自然権であり、平和が与件ではないという認識に立ち、コストを負担し犠牲を払ってでも守るべき価値が、「人類普遍の原理」（基本的人権尊重主義、平和主義、国民主権主義）であることを確認する必要がある。その上ではじめて、日本独自の安全保障のあり方を捉えることができる。

日本国憲法で特に議論が分かれるのは、「戦争の放棄、戦力の不保持、交戦権の否認」（第九条）である。これについては、前文で確認した平和主義を前提に、一切の戦争と武力の行使が放棄されたとするのが学説上の多数説となっている。しかし、代価や犠牲を払わずに平和を維持しえた戦後の日本の経験が、世界的にも稀有な史実であることを認識すれば、われわれ日本人は如何にして自国の平和を維持するのか、世界の平和に貢献しえるのかを真剣に考える必要がある。

日本の安全保障を考える際に必要なことは、まず第一に、人的ネットワークの強化や継続的コミュニケーションの充実などの予防外交、経済的支援、人づくりや医療など、日本の得意科目の展開を中心に据えるという考え方の再確認である。

第二に、自衛権については、以下の側面から、憲法の内容について、冷静で自由な国民的な議論を継続する必要がある。

① 前文で確認した平和主義に鑑み、日本は他国に対する侵略を目的

とした戦争、武力による威嚇、武力の行使を一切行わないこと。

② 他国から侵略を目的とした戦争、武力による威嚇、武力の行使に対して、自衛権の行使が認められること。

③ 国の主権と独立を維持するために、自衛隊の保持と適法性があることをはっきりさせること。

第三に、憲法の検討に時間を要するのであれば、自衛権について、以上の主旨を明確にするための「安全保障基本法」の制定を検討する必要がある。さらに、非常事態時のクライシスマネージメントを円滑にするために、現在の「自衛隊法」や「安全保障会議設置法」に加えて、有事に即応する有事立法を整備する必要がある。

2、国際平和維持活動

日本は、戦後、与件としての平和を結果として最大限に謳歌しえてきた。しかし、日本を取り巻く客観的環境は不安定な国際社会システムの上にあり、共存の時代を迎えているにもかかわらず、民族主義、国家主義、地域主義、超国家主義が大きく台頭している。日本国民は、「恒久の平和を念願」（前文）し、「平和を愛する諸国民の公正と信義に信頼して」（前文）、自らの安全と生存をも含めた国際平和維持活動に貢献する必要がある。

日本が国際平和維持活動を考える際に、まずはじめに認識しなければならないことは、「いづれの国家も、自国のことのみに専念して他国を無視してはならない」（前文）という憲法上の立場から、日本が平和で公正な国際秩序の維持に努める義務と責任を有することである。また、戦力の放棄を前提として、平和を追求する崇高な憲法を有する日本が行うべき国際平和維持活動のあり方についても明確にしなければならない。

この義務や責任が自覚され、憲法の理念が遵守されれば、日本として取り組むべき国際平和維持活動は、国連を中心とするものに収束する。日本は、その国際平和維持活動に応分の貢献を行うことが必要となる。憲法そのものと直接的な関係はないが、関連法規との関連で、次のような分野に最大限に貢献する「堂々とした新しい取り組み」が必要となる。

① 戦闘を目的とせず当事者の協力の上に立脚して非強制的・中立的・第三者的視点に立った Peace-Keeping

② 国連平和憲章第六章の仲介や調停を前提としたより平和的な外交手段によって紛争の平和的解消をめざす Peace-Making

Peace-Keeping や Peace-Making への取り組みは、国際緊急援助活動および国際平和維持活動に限定された現行の国際平和協力法および国際緊急援助隊法の一部改正法の両法（一九九二年六月成立）の範囲内に止めるべきである。ともに、ＰＫＦについて現実的な検討を進めるべきである。

3、公益／私権

日本国民は、日本国憲法を通じて、人権としての権利や自由を賦与されている。しかし、「ゆとりある豊かな社会」の実現という観点からみて、私権は、義務や責任において、制限を受けることがある。

私権が無制限に行使されうるものでないことは、「自由・権利の保持義務、濫用の禁止、利用の責任」（第一二条）、「個人の尊重、生命・自由・幸福追求の権利の尊重」（第一三条）、「居住・移転・職業選択の自由、外国移住・国籍離脱の自由」（第二二条）および「財産権」（第二九条）の「公共の福祉」に関する規定でも明らかである。これらは、私権が、社会に対する義務と責任のために制限を受けることを示している。

私権の制限の根拠となる「公共の福祉」の概念は、「公益」と「私権」との矛盾と対立を調整する概念である。然るに、現状は、往々にして私権が公益に対して優位性をもちかねない（例：公用収用（特に「財産権」（第二九条）との関連））。いわゆるごね得といった現象が起こっているのも事実である。

このような現実があるのは、将来の世代に何を残すのかという視点も含めて、「公共の福祉」の概念が不明確であるからである。また、「公共の福祉」を誰がどんな目的で運用するのか、また、制限を受ける者にとって、それを遵守すべきものであるのかどうかも不明確である。

今後は、もとより流動的な「公共の福祉」の概念を曖昧にしたままにするのではなく、「時を経ても変わらぬ憲法の理念」に基づきながら、時代の要請・日本の目指すべき方向に照らし、より効率性、公平性、公正性を追求する社会の実現に向けて、具体的な適用範囲や尺度を構築する必要がある。

4、地方自治

◎地方主導の確立と「中央集権（一極集中）排除法」の制定

ゆとりある豊かな社会を実現するためには、バランスのとれた多極分散型国土の形成や、多様な国土軸の構築が必要となる。また、言葉の真の意味における国民生活の豊かさに見合う住環境を整備する必要がある。さらに、地域住民のニーズに対応したきめ細かな行政・公共サービスが提供される必要がある。地方が主体的に、各々の責任で自治を行う地方主導の風土を醸成していかなければならない。

わが国の現状をみると、官民の中枢機能が首都圏に集中している。大阪も「東京以外の他都市」として位置づけられつつあり、望ましい均等のとれた多極分散型国土の形成とかけはなれた状況にある。

これは、憲法の地方自治の規定（「地方自治の基本原則」（第九二条））の「地方自治の本旨」の意味が必ずしもはっきりしていないところが少なくない。そのため、中央集権的な行財政システムを促し、地方自治の自主性および独自性を損なわせている。

また、「地方公共団体の権能・条例制定権」（第九四条）で規定される地方自治体の実体的自治機能は、財産管理権、事務処理権、行政執行権および条例制定権とされているが、厳格に地方自治体が取り組むべき事項と国家が行う事項とを区別すべき基準は存在していない。

さらに地方自治法（第二条）では、地方自治が行う業務を「その公共事務」（固有（公共）事務）、「法律またはこれに基づく政令により普通地方公共団体に属するもの」（団体委任事務）および「その区域内におけるその他の行政事務で国の事項に属さないもの」（行政事務）と規定しているが、この区別は不明確で、また、国、都道府県、市町村間の役割分担も明確ではない。

地方自治制度が存在する本来の意味は、中央の立法府や行政府の権限の強化および濫用を抑制することにある。その意味で、民主主義国家においては、地域における部分思想を国の全体意思の中に適切に組み込み、再びフィード・バックさせることが必要である。

政府が扱うべき外交、防衛、司法制度、経済政策などの内容の広範化と複雑化、地方自治体が提供すべき地域住民のニーズに対応した行政・公共サービスの多様化とその充実の必要性に鑑み、それぞれの役割を明確に規定する必要がある。

地域の内部情報（福祉・都市計画・教育の一部）は地方が優位であり、中央の優位は国際（世界）情報である。それぞれの違った立場を明らかにするために、行財政システムにおける権限・財源・人員の中央と地方における適正配分および役割分担を見直すことが必要である。また、情報化や機械化を積極的に推進し、適正な人員数を公開しつつ、人員削減を促すことが望まれる。さらに、往々にして地方公共団体が自らの業務を「国が悪いから」と責任転嫁することを避けるために、責任の所在を明らかにするシステムづくりも必要である。

バランスのとれた多極分散型国土づくりのためには、まず第一に、地方自治体が歳入・歳出の効率化をはかり、主体性と自己責任を取り戻さなければならない。

第二に、憲法における地方自治の意義、地方主導の概念を明らかにする議論を展開する必要がある。そして、地方自治について、以上の主旨を明確にするために、「中央集権（一極集中）排除法」の早期制定が望まれる。同法により、健全な地方自治のあり方を明確にした上で、政府と地方自治体との権限・財源・人員におよぶ役割分担を明確に規定するとともに、政府と地方自治体との適正配分を積極的に押し進め、責任の所在を明らかにすることが必要である。

◎中・長期的に、地方交付税制度の廃止を

地方自治体が、自主性・独自性を明確に打ち出し、地域住民のニーズに対応したきめ細かな行政・公共サービスを提供するために、他都市との競争原理を導入する必要がある。このためには、地方自治体の財政責任を明確にして、地方主導の実現を促すとともに、独自の都市成長管理を実践すべきである。

日本国憲法の「地方自治の基本原則」（第九二条）に示されている地方自治体の業務のうち、その自主性・独自性の欠落の大きな要因となるものが財源の問題である。特に、地方交付税制度は、画一的な地方行政と中央依存の温床となっている。成熟社会に向かいつつあるこれからは、国民自らが行政と課税を選択できる制度にしなければならない。

地方交付税制度の改革は、地方主導の実現のためにも必要である。政府のみならず地方自治体も含めて、無責任であってはならず、大胆な改革者でなければならない。ナショナル・ミニマムはほぼ確保されたわけであるから、これからは地方自治体間に相違が出ても良いのである。例えば、英国の「歳入援助交付金」制度では、地方自治体の行政水準の「最低保障」に政府からの供与額の目処が設定されているため、地方税の地域間格差が行政水準の格差に対応しており、地方自治体の財政責任が明確になっている。翻って、日本の地方交付税交付金制度では、国が決めた「望ましい」行政水準が供与額の目処で、行政水準の低いところほど多く貰えるシステムとなっており、地方自治体の財政責任が不明瞭である。

これらを踏まえ、地方の自主性・独自性を高め、地方主導を実現するためには、中・長期的に、国内版経済援助ともいうべき地方交付税制度を廃止する方向で検討すべきである。

5、チェックシステム

わが国は、三権分立の原則を採用し、権力を分割してその相互抑制によって公権力の不当な行使を防止するシステムをとっている。しかしながら、現実には、国会が立法を行う場合においても、内閣が行政を司る場合においても、官僚機構と近密な関係にあり、三権分立が十分に機能しているとは言い難い。

◎首相によるチェック

「両議院の組織」（第四三条）に規定された「全国民を代表する選挙された議員」が、全国民の多様な意思を適切に反映しているとは言い難い。これは、現行の議院内閣制度では、政党が中心的な役割を果たし、政党による所属議員の行動に対する規律・拘束が一般化しているからである。議員の活動は、国民の意思にきっちりと応えていない。

政党は「集会・結社・表現の自由、検閲の禁止、通信の秘密」（第二一条）の「結社」に属し、党員の自由意思に基づく任意団体に他ならない。すなわち、政党は、公的機関として所属議員を法的に規律・拘束しうるものではない。しかしながら、現実問題として、国民の理念が明確に反映される形で個々の議員が活動するような政治機構が健全に機能しているとは言い難い。

これらの点を踏まえ、国政が官僚機構によって支えられ、縦割り行政が行き過ぎている現状を考えると、「官吏に関する事務を掌理すること」（第七三条）が内閣の職務とされていることを踏まえて、官僚機構の人事や予算に対してもチェック機能として働くよう、首相の権限を強化することを検討することが必要である。

◎行政オンブズマン制度の導入

国の基本ルールを規定する憲法では、公務員の権力の誤用・濫用を避ける規定が必要である。

公務員の権力の誤用・濫用をチェックするためには、「公務員の選定罷免権、公務員の性質、普通選挙・秘密投票の保障」（第一五条）で規定されている項目を明確に運用することが望まれる。ここでは、国民主権原則のもとで公務員の地位は究極的には国民の信任に基づき、公務員が本人や一部の利益だけではなく、公僕として国民全体の利益のためにその権限を行使する必要があることを意味する。

日本国憲法の「憲法尊重擁護義務」（第九九条）は、公務員による国家権力の過剰・不当な行使が、それ自体として憲法違反であることを明記している。これを具体化し、「敏感な民主主義」を実現するためには、主権を有する国民が公益力の行使を含めた公務員の役割をチェックする枠組みが必要である。

中立的な「行政オンブズマン制度」の導入によって、公務員および行政諸機関の活動を制度的に監視・審議するシステムを構築することが望ましい。これは、国民主権の立場から見れば、国民が行政を監視・審議する権利を有し、また、責務を負うべきものであり、「行政オンブズマン」には、いわば国民の利益代表（公益代表）としての活動が保障されるべきである。

資料Ⅱ・09

新しい平和国家をめざして

一九九四年七月

経済同友会

コメント

1．この文書は、経済同友会が日本の改革方向を打ち出した文書である。そこでは、国際的には「一国平和主義」「一国繁栄主義」を打破して国際社会に積極的に協力する国家、国内的には官僚の規制優位の国家から自己責任と透明なルールに基づいた市民社会に支えられる国家、という二つの柱から成る国家をめざすと主張されている。九〇年代改革の二つの柱―軍事大国化と新自由主義という二つの柱が提起されている。

2．そのために、報告が強調しているのは以下の諸点である。

第一は憲法の見直し、それも安全保障関係にとどまらず、「憲法全体」の見直しを提起していることである。

第二は、規制緩和による資本の活力の回復、公正な市場の構築、新しい産業構造の構築などによる経済発展の回復すなわち新自由主義改革である。

第三は、既存の日本社会の構造の改革である。そこでは司法の復権、憲法改正をやりやすくするための国民投票法制定、憲法裁判所の設置、地方自治、行政改革・規制緩和による透明な市場機構の形成、などがめざされる。新自由主義改革を遂行するための効率的体制づくりが提起されている。

第四は、国際的な安全保障への参画、憲法の見直しによる自衛力保持と国際平和維持活動への貢献である。

ここで注目すべきは、報告が、憲法改正か、安全保障基本法によって、こうした自衛力保持、国際平和維持活動への貢献を認めるべきだとしている点である。

また、報告が、その前提としてアジア諸国への反省による不信感の払拭を強調している点も、関西経済同友会の「提言　信頼される日本」（⇩Ⅱ・07）同様、財界の考え方を知るうえで注目される。

はじめに

我が国は、今まさに内外の変化に対応した新しい国家像を構想すべき時代の転換点に立たされている。したがって、我が国は、主体的に世界との関わりを再考し、同時に国内の仕組みを変革していかなければならない。

すなわち、世界においては第二次世界大戦後の国際秩序を規定してきた冷戦構造が崩壊し、新しい経済の仕組みや政治的リーダーシップのあり方など、旧来のパックス・アメリカーナの延長ではない新しい国際秩序が模索されている。そして、そうした動きの中で民族問題、国際的な発展段階の格差の問題、環境問題、人口問題、資源・エネルギー問題など人類の将来のために解決されなければならない諸問題が顕在化してきている。こうした問題を克服し、国際社会の安定的・平和的繁栄を図ることは、経済面を中心に国際社会における地位が向上した我が国にとって極めて重要である。

一方国内に目を転じれば、戦後五〇年を経て、国際社会における我が国の立場や人々の価値観が変化し、これまでの社会政策と一体となった成長至上主義的経済政策に代表される国家運営の様式や政治・経済・社会の構造が有効性を失いつつある。そのため、政治・経済の指導者の意識、政策決定過程など、無形の部分における変革をも求められているのである。

我々は、以上のような問題意識に基づき、新しい日本の国家像について議論を重ねてきた。世界の中の日本として、我が国が今後どう変わっていくかは、日本のみならず、世界の将来にも大きな影響を及ぼすものである。そこで、我々は、国民一人ひとりが日本の新しい姿を考える契機となることを望み、国際協調主義とヒューマニズムの思想に基づく『新しい平和国家』という一つの考え方を提案する。

1．新しい平和国家としての日本

我が国は、これまで戦争の放棄と戦力の不保持のみを拠り所とする平和国家であった。新しい平和国家とは、これまで以上に国際社会についての的確な認識を持ち、我が国はもとより世界の健全かつ安定的な繁栄を実現するために様々な努力を行なう国家である。すなわち、一国のみの繁栄や一国の中だけの平和に終始することから脱却し、政治的にも経済的にもより一層世界に貢献し、世界と調和するための国内の仕組みと政策を持ち、かつ国際社会の諸問題の解決に積極的に取り組むことである。そして、世界の安全保障については国連など国際機関を中心として行動することを責務と考え、自国の安全については総合安全保障の考え方を追求する。

その実現のためには、例えば、世界に存在する貧困や不信などの紛争の原因を取り除いていくために、国連改革をはじめとして、国際社会を運営するルールを時代に合ったものに変革するよう求めていくこと、さらには、経済自由化と政治的民主化に取り組む諸国に対しては、それらの努力に協力・支援することが重要である。また、国内では、国際社会の理解を得られるような市民社会を形成し、国民が豊かさを実感でき、国際的にも調和のとれた政治・経済・社会の仕組みに改革することが必要である。そのためにも、まず市場開放や規制緩和を進めるべきである。

日本国憲法前文には、「われらは、平和を維持し、専制と隷従、圧迫と偏狭を地上から永遠に除去しようと努めてゐる国際社会において、名誉ある地位を占めたいと思ふ」とある。この日本国憲法の理念を国際社会へのメッセージとして位置づけ、新しい平和国家を現実化するための様々な努力が「国家の信用」を高めることになると信じる。そして、世界各国における我が国の理解を促す方法として、経済のみならず文化交流や人的交流などの幅広い努力が求められている。

このような新しい平和国家の構築を考える際には、地球・世界の中の日本という視点と、個の尊重という視点が重要となる。そして、それは、それぞれ「国際協調主義とヒューマニズムに基づく国家」と「市民社会に支えられる国家」という指針によって表すことができるであろう。

2．新しい平和国家の指針

（1）国際協調主義とヒューマニズムに基づく国家

新しい国際秩序の構築と人類共通の課題は、国際的な枠組みの中で解決されなければならない。そのため、国家の行動は人類共通の理念や目標の下に制約される時代、すなわち国際的な協調がより一層求められる時代になったのである。

我々は、現在の日本国憲法の理念「自由・民主・人権・平和」は、世界に通用する普遍的理念であると考える。新しい平和国家の構築に際しても、この普遍的価値を基礎とするべきである。

（2）市民社会に支えられた国家

新しい平和国家は、市民社会に支えられたものでなければならない。この際、市民社会は、ただひたすら制度面や現象面で欧米の後を追うのではなく、自らの歴史と、自らの民族の長所と短所を客観的に認識するという知恵の上に、顔のある市民社会として形成されなければならない。日本に新しく形成されるべき市民社会には、この確立および法と透明で公正なルールの遵守、という二点が必要となる。

我が国においては、これまで他者の尊重と一体となった個の尊重という考え方が希薄であった。こうした個の確立が重要であり、自己責任原則に基づいた国民一人ひとりの行動が求められている。また、その中で、国民の国家に対する「権利」と「義務」「責任」について、考え直していくことも必要である。

個が確立し、自己責任原則が全うされる市民社会を形成するためには、憲法や法の遵守、および透明で公正なルールの遵守が不可欠である。これまで、憲法や法の拡大解釈および不透明なルールに基づく行政府、民間企業の行動があったことは否めない。法の解釈を独占することにより裏打ちされた行政指導は外国から見れば不透明なルールである。民間企業についても、法の恣意的な拡大解釈や不透明なルールに基づく行動がなかったとは言いきれない。それが、世界から見て「日本はわかりにくい国である」といった評価を生む原因の一つとなっていると思われる。

3．新しい平和国家構築のための幾つかの方策

以上のような考え方の下で、新しい平和国家をどのように構築するか。ここでは、これから約一〇年の間に検討すべき幾つかの方策を提案したい。

（1）新しい平和国家における日本国憲法：国民的論議を望む

憲法は国家の基本法として位置づけられる。したがって、新しい平和国家を考えるにあたっては、憲法の論議が不可欠である。我々は、現日本国憲法の理念「自由・民主・人権・平和」を人類に共通の理念として尊重しつつ、時代の大きな変化に対応して、憲法の精神やそれに基づく秩序を現在と将来の国民のものとして確保し、活かしていくことが必要であると考える。これが真に憲法を護るということである。

憲法制定後約五〇年を経過し、日本社会や日本人の価値観が変わり、また国際社会における日本の位置づけが変化する中で、憲法典の文言が現実と乖離しているものがある。加えて、文言の中には日本語の表現として整っていない箇所が多々ある。我々は今や憲法改正を巡って国民的論議が必要な時機が来たと判断している。これまでは、一面では安全保障の論議が突出し、政争の具となってきた面があることは否定できない。そのため憲法論議がたびたびタブー視されてきた。安全保障に関わる問題は、数多く存在する論点の一つであることを認識し、前文を含む憲法全体が論議されなければならない。

（2）世界と日本の健全かつ安定的経済発展

① 成長至上主義経済政策からの転換

これまで我が国は、官民一体となった所謂成長至上主義的経済政策により、その都度重点産業を決め、資金、技術、労働力を集中し、当該産業の国際競争力を強化するために、必要であれば新規参入や輸入の制限を行なってきた。高度成長と呼ばれる時代には、この目的のための行政指導も時には適切な措置であり得たのである。

しかし、我が国が経済大国と呼ばれるようになり、成熟化の段階を迎え、また経済の国際的相互依存がますます深まってきている。こうした変化の中で、我々は、国際的な経済ルールであり、かつ真の豊かさを国民にもたらすのは、ミクロ・マクロ両面における不均衡を排除する、実効ある市場メカニズムであるとの再認識の上に立って、従来型の政策からの脱皮を考えなければならない。

所謂経済的規制の緩和とはこのような政策転換の制度面への反映で、その一つのシンボルであり、決して古典的な自由競争にのみその理論的基礎を持つものではない。現在各論の段階にある規制緩和は、立法府や行政府だけにその責任を負わせるのではなく、我々経済人が自ら所属する業界の規制緩和に真摯に取り組まなければならない。規制緩和を唱えながら、実際は参入障壁などの規制に恩恵を感じているという姿勢があるならば、それは改められるべきである。

② 市場の健全性維持

我が国は、国際的には対外経済問題の解決のため、また国内的には真の豊かさを享受するためにも、「自由」「公正」「透明」な市場を構築しなければならない。そして、これは我が国が経済的に世界に貢献し、世界と調和するための第一歩である。

一方、広い地域での協力関係の成立を目指し、リージョナリズムに終始することなく世界市場の秩序を維持するため、国際機関の役割を強化することが重要になってきている。よって、国際的な市場経済のルールを構築する上で、ＧＡＴＴ・ウルグアイ・ラウンドで設立が合意された世界貿易機構（ＷＴＯ）の活動などに、我が国は積極的に参画すべきである。

③ 新しい産業構造の構築

我が国は、これまで産業構造の転換を図ることにより、その都度、過去の停滞期を乗り越えてきた。そして今、多様化、ソフト化などの言葉で表現される成熟化社会を迎え、今後ともなだらかな成長を実現するよう、再び新しい産業創出のためのイノベーションを必要とする時代に入ったといえる。一方、先進工業国全体が構造転換期を迎え、廉価な労働力を有する国が飛躍的に技術力を向上させつつ、世界貿易市場へ急速に参入してきている。こうした中で、我が国は、空洞化によってもたらされる技術力の低下や雇用の喪失を防ぐために、産業ダイナミズムを維持し、活力ある社会を作って行かなければならない。それには、労働力の質と量の確保が必要である。このことは、単に我が国のためばかりではなく、国際的にも期待されている努力であることに留意しなければならない。

そのため、我が国製造業は、既存技術に基づき廉価な製品の生産を可能にするシステムの構築を主軸としてきたこれまでのパターンから、新しい技術そのものを創造していくパターンへ変化する必要がある。そして、それらの努力は新しい市場を創造するという経済構造の構築に繋がるものである。そして、こうした観点から産業構造の転換を展望するならば、それは技術と市場を創造する真のイノベーションに基づく技術・知識集約型産業を中心として構築される必要がある。その中には、ソフトウェア、情報ネットワーク、バイオテクノロジー、新エネルギーなどが含まれよう。これらの技術に支えられた新しい産業は、それ自体、貿易財として有望なだけではなく、社会システムを大幅に変革する潜在力を有し、その波及効果により新たな事業を生むであろう。このような技術・知識集約型産業を育成していくためには、米国の例を見る迄もなく、自主的な判断と決意によって事業を興すことを可能にする起業家精神の奨揚とサポートシステムなどベンチャービジネスの推進が必要となる。

従来の同一産業内の秩序維持のための産業政策では、こうした新しい変化には対応できないであろう。そこでは基礎科学重視、イノベーション重視、起業重視といった視点からの諸政策が重要であり、例えば科学技術に関する予算の見直しなどが急務である。加えて、企業の創造性を高めるためには、人材の多様化を推進しなければならず、そのための教育制度の見直しも検討されなければならない。

このような産業構造の転換を円滑に進めるためには、より効率的でより安全な金融・資本市場の整備も不可欠である。金融機関の健全性、競争力をさらに高め、市場運営のルールを一層透明なものとし、資金の迅速かつ安全な流れを確保していかなければならない。そのためには、一段の金融自由化、競争の促進、金融インフラの整備、金融・資本市場の国際化が必要である。

④　実効ある経済協力の取り組み

国際社会において、紛争の原因となりうる貧困の問題を解決するためには、まず政府開発援助（ＯＤＡ）を被援助国のニーズに見合うよう、質量両面にわたり、より一層拡充することが必要である。より具体的には、従来の要請主義の見直しなど実施体制の改善を図るほか、軍縮や地球環境保全など国際秩序の構築や人類共通の課題の解決のためにもＯＤＡを戦略的に活用すべきであろう。また、昨今、草の根の国際協力を推進するＮＧＯの活動が活発となってきている。我が国におけるＮＧＯの活動を支援するための制度・枠組みの整備が急務であろう。

一方、冷戦構造の崩壊により、世界には政治的民主化と経済的自由化に取り組む多くの国が存在している。これら諸国が円滑に新しい体制に移行していくことは、世界の健全かつ安定的発展に不可欠であることは言うまでもない。我が国は、国際社会における立場を充分認識して、これら諸国の努力に支援・協力していくことが重要である。特に民間企業としては、このような地域との投資・貿易関係に未だ多くの問題を抱えてはいるが、経営ノウハウなどの技術移転、とりわけ人材交流を積極的に展開することが望ましい。

なお、我々は、貧困から発生しているもう一つの問題、即ち人々が貧困からの脱却を求めて、世界的規模で移動を始めていることに注目する必要がある。我が国産業界が、特に東アジアおよび東南アジア地域に工場進出など対外直接投資を行なってきていることは、この地域の発展に少なからず貢献をしてきたといえよう。今、我々の経験と日本の今後の経済・社会の変化の中で、この問題は、他の先進国、労働者の出身国との調整も含めて、慎重に取り組んでいくべき問題である。

⑤　省資源と地球規模の環境保全

近い将来、人口爆発を背景に地球規模での資源環境問題が深刻化し発展阻害要因となることは不可避であろう。この問題は、世界の健全かつ安定的発展を確保するためにも、取り組まなければならない課題である。

従来の我が国の経済構造は資源・エネルギー多消費型であった。しかし、数次のエネルギー危機や様々な環境問題に直面してきたにも拘らず、省資源・省エネルギー技術、環境対策技術の開発・導入により問題を克服してきた。さらには、マイクロエレクトロニクスなど先端技術の積極的導入により、経済的活力を失うことなく資源多消費型産業構造の体質転換を進めてきた。

今また、地球規模の資源環境問題が重視される中で、この努力が更に継続され、それが広く裾野にまで拡がってゆくことが必要となっている。そのための技術力が今まさに工業発展の時代に入った各国、わけてもアジア諸国に移転されることは、単に地球規模の省資源にとって有益であるばかりでなく、我が国を取り巻く大気・海洋の汚染を防止する上でも喫緊の課題である。我が国は地球環境問題に対して徹底した実態の認識、国際的なルールと体制作り、環境保全修復技術の開発などに積極的に取り組み、大きな国際貢献を果すべきである。

（3）日本社会のあり方

① 三権分立の再認識

真の民主主義の下で、個の確立および法と透明で公正なルールの遵守に基づく市民社会を構築していくためには、「立法」「行政」「司法」の三権分立の重要性が再認識され、それぞれがその本来の役割を充分担うことが期待される。そうした中で、「司法」が国民にとってより身近な存在となることも重要であろう。

また、三権分立を機能させ、憲法を国の最高法規として護っていくためには、制度として憲法改正の手続きが明確にされていること、及び法律その他の国家行為が憲法の条項に照らして有効か無効かの判断をする制度が確立されていることの二つが重要となる。そのためには、憲法改正国民投票法の制定や憲法裁判所の設置などが検討される必要がある。

② 個人と社会の新しい関係

国内の仕組みの再構築を考えるにあたっては、個人で解決できることは個人で、地域で解決できることは地域コミュニティで、さらには、市町村、都道府県、そして国へと問題解決の範囲を徐々に移行させてゆくという考え方を導入すべきである。これは個の確立と公正の尊重に基づく所謂『サブシディアリティーの原則』である。例えば国と地方のあり方についても、このような考え方に立って、地方自治の原則を再確認し、国全体の仕組みが再検討されるべきである。

③ 新しい政治・行政・企業の関係

政治におけるいわゆる五五年体制の崩壊に則して、従来の政治・行政・企業の関係を癒着とみなし、その結合の強さを鉄のトライアングルと呼んで否定的に考察する見解が強い。確かにこれまでの関係には、成文化・ルール化されていないものがあり、またかつては有効であった調整原理が今日では既得権益の擁護の性格を強くしている面があるなど、批判されても止むを得ない点も多い。

しかし、政治・行政・企業の関係そのものが悪い訳ではなく、それが癒着に転じて既得権益化し、産業発展の阻害要因となり、腐敗した政治の維持機構になっていたことが問題なのであって、それが摘出・是正されるべきなのである。しかも、不文律的なものが多かったためにその多くが国民の目から見ても不透明であるばかりでなく、「顔の見えない日本」、「ヴエールに包まれた意思決定システム」として海外の指導者の目にも映っている。言い換えれば、国際的な視野に立つべき日本のシステムのあり方としては、不適切なものが多くなりつつあることを事実として認めなければならない。

今後は、これらの情況を客観的認識として明確にした上で、時代に対して柔軟性を発揮し得る新しい政治・行政・企業の関係のあり方を創造すべきである。その際、この関係は国際的に理解され適用され得る透明なルールに基づき、相互のチェック機能が働くものであるとの原則に立つべきである。

（a）政治・政府

政治の機能は、国の安全、外交、国民の福祉、経済システムの枠組みなどといった国の基本的政策について、国としての整合性を求めた政策を提案し、実行することにある。従って、将来的には、政策中心の政権交替可能な政治環境が醸成される必要があり、各政党が独自の政策立案能力を持つことが期待される。

また、強調すべきことは、国民が選挙における投票行為を通じて政治に参加していることである。政治を変え得るのは、国民一人ひとりの政治に対する自覚と責任であることを思い起すべきである。

そして、今後望まれる政府は、省益を超えて、国として全体的に整合性のある基本政策を策定・実現する機能的で時代に適応力を持つ政府である。これからの我が国の潜在成長力を大きく左右する政策課題である社会資本整備などについては、政府が我が国の将来を見据え、有効な社会資本の蓄積を企図し実施しなければ、国民経済に多くの無駄を強いることとなるであろう。したがって、硬直的な予算配分方法は必要性に基づき是正されなければならない。さらに、今求められる政府の役割は、成長至上主義的経済政策を終焉させるプログラムの策定と実行を強力に推進することである。

（b）行政・官庁

行政もまた、行政改革や規制緩和を通じて、「自由」「公正」「透明」な市場の機構を推進しなければならない。そのためには、企業や消費者などが守るべき自由主義社会のルールを明確にし、ルール違反を厳格に罰する制度を確立することも必要である。

そして、各行政主体である省庁は、幅広い視野を持ち、各分野における政策メニューを作成し、政治に政策の選択肢を提示することが必要である。そのためには、省益に基づく非効率・かつ不公正な行政システムは見直されなければならない。

また、より公正な行政システムを構築するために、公務員の採用のあり方、天下りと見られない官民の平等な人材交流の促進のあり方、行政へのチェック・システムのあり方、情報公開の促進などの検討が期待される。

（c）企業・経済界

企業は、社会を構成する重要な単位であるとの考え方を、上場・非上場、大企業・中小企業の別なく徹底させることが重要である。すなわち、経営者は、企業の社会的責任を再確認し、社会的規範に則った意思決定を行なわなければならない。コーポレート・ガバナンスの観点からみれば、企業は特定のステークホルダーに偏重することなくバランスのとれた関係を保つことが、企業競争力維持の点からも必要である。

また、経済界は、自己責任の自覚に立った経営者によって構成され、産業・企業間関係の公正化と透明化を進めていかなければならない。そのために、業界団体の役割、業界と政治・行政との関係のあり方、業界の市場情報の公有化、企業のディスクロージャーの原則等が検討される必要がある。なお、今日以後の変化の中で、経済四団体のあり方についても客観的な見地から検討が行なわれるべきであろう。

これからの経済団体のあり方としては、経営者の相互研鑽の場という機能に加え、政策提言機能の強化を通じて、社会のオピニオン・リーダーとして存在すると同時に、国際社会と日本経済の接点になるという役割が重視されていくべきである。そして、経済団体が改革の痛みを自ら負う意志を持った経営者の集団となった時、その発言は社会で意味を持つものとなるであろう。そのためには、各政党、労働組合、消費者団体など社会各層の諸集団との対話・コミュニケーションを図っていくことが重要となる。

（4）世界と日本の安全保障

① 総合安全保障の考え方

経済的関係が相互に地球的な拡がりを持ち、かつ兵器にも利用され得る科学技術の発達が高度な水準に達した今日のような世界にあっては、安全保障は軍事面だけで論じられるべきではない。健全な経済を維持・発展させ、あわせて教育や文化などの国内政策の充実を図るとともに、経済協力や文化交流など積極的な外交政策や平和のための多種多様の努力によって、世界や日本の安全保障が確保されなければならない。すなわち、我が国はもとより世界にとっても、総合安全保障という考え方がより重要となってきている。

よって、我が国は世界情勢について独自の判断ができるよう、政治や経済のみならず、文化、宗教、民族なども含めた総合的情報を収集・蓄積・分析する体制を作る必要がある。そのためには、専門家の育成、世界各国の有識者への接触、公開文書、新聞・雑誌、テレビ・ラジオなどの利用を強化しなければならない。

② 世界の安全保障に対する参画の方法

我が国は、憲法第九条を盾に何もしないという消極的平和国家を目指すものではなく、総合安全保障という考え方に基づき、平和憲法の意味と日本が持つ特徴を充分に踏まえた積極的平和国家を築き、世界でその役割を担うべきである。そのためには、まず非核三原則や武器輸出の禁止を実行する唯一の国として、世界の軍縮を進めるために努力しなければならない。国際的安全保障の取り組みについては、日本が得意とする分野、例えば経済協力や技術援助を積極的に展開することにより、紛争の原因となる貧困の問題に取り組むことが重要である。

一方、紛争地域などに対する国際的な取り組みに関しては、被災地難民への食料、衣料、医薬品など生活関連物資の提供や医療活動などの人道援助を中心とする国際救援活動、また資金面などの経済的側面を中心に協力を行なうべきである。そのためには、例えば国連難民高等弁務官事務所の活動に対して、資金面での協力を拡充するとともに、人的貢献を促進する方策が検討に値しよう。

そして、停戦が合意された地域における国際的平和維持活動については、カンボジアにおける警察・自衛隊・ボランティアによる参画などを一つの具体例とし、今後も積極的に推進するよう必要な法整備を進めなければならない。

国連協力については、まず国連経済社会理事会へ積極的に参画することにより、環境、人口、エイズ、難民などの人類共通の課題に取り組むことが重要である。また、国連安全保障理事会常任理事国への参加により、平和国家としての日本の考え方を国連政策に反映させ、国際社会での責任を果たすべきであるというもっともな考え方がある。これは諸国間で国連改革の論議が進みつつあり、また参加による我が国の義務と責任について国民の間に危惧の念もあるので、充分な討議の後に決定されるべきであろう。

③ 自衛力の位置づけと役割

近代国家の古典的概念に照らすならば、我が国の憲法は自衛力の保持を認めるべきである。これなくして国連平和維持活動への自衛隊の参加を認めることは、憲法を空文化する行為に等しい。

しかし、そうした決定に対する世界各国、わけてもアジア諸国の強い反応は、憲法上自衛力の保持を認めるために、解決しなければならない課題が存在していることを我々に教えている。したがって、世界の各国に対して、我が国の行動に対する理解を促すような外交努力が不可欠である。とりわけアジアとの政治的、経済的連帯を強化しつつ、過去の戦争でアジア諸国民に与えた様々な苦痛に対して充分な反省の意志を示し、我が国に対する不信感の払拭に努めることが先決である。そして、人権の尊重、政治的民主化、市場経済化が各国の自主性の下に促進されるよう、積極的な支援を行なってゆくべきである。以上のような努力が、我が国の行動に対して国際的に起こり得べき否定的反応を払拭する唯一の方法であろう。

加えて、第二次世界大戦後に生まれた行政機構の改革すらが、いかに困難な問題に直面しているかを考えれば、憲法第九条改正がもたらす重大な影響を無視することはできないと言えよう。したがって、①武力行使を目的とする海外出兵をしない、②徴兵制を採用しない、③核武装をしない、という三原則を基本とすべきである。そして、「必要最小限の自衛力」を法律で規定するとともに、第二次世界大戦の経験に照らし、シビリアン・コントロールの徹底やチェック機能の整備など、自衛力の自己増殖を許さないルールづくりと民主主義の教育を充実させなければならない。

以上のような努力は、我が国が戦争の経験を活かし、今後新しい平和国家として、現実の課題に対応していくために必要・不可欠である。「戦争の放棄と戦力の不保持」を規定した現日本国憲法の意味は重く、その本質的思想を変えるべきではない。しかし、国際的に見て地域紛争の危機が払拭されない今日、我が国の国際社会における位置づけが憲法制定時とは大きく変化したことを考慮し、我々は「必要最小限の自衛力の保持とその国際的平和維持・救援活動への貢献」を、国民と国際社会の理解を得るためにわかりやすい形で法制化すべきであるとの結論に達した。

しかし、この法制化の方法は、各委員の歴史観や人生観などと大きく関わるものであり、早急に結論を出すにはあまりにも重要な問題である。そこで、ここでは開陳された意見の中から主な三つの考え方を紹介し、今後の議論の参考に供したい。

第一の考え方は、現憲法九条の規定を維持し、「安全保障基本法（仮称）」といった法律により定めようというものである。

第二の考え方は、現憲法九条を改正し、それらを明記しようというものである。

第三の考え方は、それらを修正九条として現九条と並記しようというものである。修正九条は時限的なものであり、日本国憲法が理想とするように、世界に平和が訪れた時には、これを削除することとする。国民が平和を希求する精神を持ちながらも、現在の世界情勢に対応するためにこうした決定を取らなければならなかったことについて、「国の顔」である憲法に敢えて明記することは、将来の国民のみならず諸外国の理解を得るためである。

おわりに

世界が冷戦の終結後の新しい秩序を模索し、その中で日本は所謂成長至上主義的経済政策からの転換の必要性に直面している。五五年体制の崩壊による政治の激動、バブル崩壊に伴う経済停滞は、そうした変革の必要性を示していると言えよう。世界において経済的に主要な役割を担うようになった日本が、今後どのような指針を示すかは、我が国だけではなく、世界にとっても無視できない重要な問題である。すなわち、現在日本が抱えている問題は、日本だけの問題ではなく世界の問題として捉えられているのである。別の見方をすれば、成長至上主義的経済政策の円滑な終焉を如何に図るかという問題は、将来アジア諸国などが経験するであろう課題に対する指針ともなりうるものとして捉えることもできる。

以上のように、我々は新しい日本の国家像を模索するという課題への挑戦を試みた。ここでの問題意識は、「二一世紀にかけての世界における日本の立場・役割を考え、憲法・安全保障・国連等国際機関への対応を含め、どのような日本にしていくのか、そのために必要な国内のシステムの改革を考える」というものであった。この過程で改めて気づかされてきたことは、これまで我が国の国家像というものを考える機会がいかに少なかったか、ということである。言うまでもなく、ここで掲げた「新しい平和国家」は一つの考え方にすぎない。国家像については、所謂福祉国家論、産業国家論、文化国家論などといった、様々な視点からの論議が必要である。よって、我々は、こうしたテーマにつき、今後様々な視点から広く国民的論議が行なわれていくことを切に期待する。

以上

資料Ⅱ・10

読売新聞「憲法改正試案」（第一次）

一九九四年一一月三日

［出典］読売新聞一九九四年一一月三日

コメント

1．この改正案は、一九九四年一一月三日に読売新聞社が同社名で発表した憲法改正試案である。日本最大の読者数を誇る新聞社が憲法改正の立場に立ったということの政治的意義もさることながら、その内容においても、現代改憲のねらいと性格をもっともよく表現したものとして注目される。読売新聞では、その後、二〇〇〇年五月三日（⇩Ⅱ・23）、さらに二〇〇四年五月三日にも改訂版（⇩Ⅲ・02）を出している。各改訂版については、のちに検討する。

2．読売改憲案全体の特徴は、九〇年代以降にはじまった日本の軍事大国化と新自由主義改革を推進し、その改革を遂行したあとの新しい国家のあり方を、最初に、典型的なかたちで示した点にある。こうした読売案の性格から、この案はその後の改憲案のモデルとなっていく。

3．この案の注目すべき部分は、具体的には以下の諸点である。

第一に、九条関係では、読売試案は、「自衛のための組織」（二〇〇〇年改正案では「自衛軍」）の保持を明記すると同時に、新たに第四章として「国際協力」の章を設け、そこで「日本国は、確立された国際的機構の活動に、積極的に協力する。必要な場合には、……平和の維持及び促進並びに人道的支援の活動に、自衛のための組織の一部を提供することができる」という条項を設けて、イラクに対する多国籍軍などへの参加のような、集団的自衛権では必ずしも正当化が難しいような自衛隊の海外出動を根拠づける規定を新設したことが注目される。

第二に注目されるのは、天皇の規定が第一条から格下げされ、そのかわりに第一章には国民主権の章が来たことである。これは、国民主権の原則をより鮮明にしたものであり、天皇を国民統合の中心として強化しようという伝統的改憲論とは逆の方向をもつ改正である。これまでの改憲諸案で見るように、天皇の章を国民主権規定のあとに置く構想はなかったわけではないが、こうした構成の変更は、読売試案が、現代の国民統合を、天皇よりは国民主権・民主主義によって行おうと考えてのものであると推測される。この点は、後述する新しい人権の規定の挿入と同様、復古的・伝統的改憲論との違いが際立っている。

第三に注目されるのは、人格権、環境権などの新しい人権が入っていることである。

第四に注目されるのは、読売案は、首相のリーダーシップの強化のための改正、衆・参両院の任務を分割することによる議事の効率化、衆院で可決され参院で異なる議決をした法案の再可決要件の緩和、憲法裁判所の設置による迅速な憲法判断など、全体として強力かつ効率的な政治体制を求める改革を打ち出している。これは軍事大国化のみならず、新自由主義改革の効率的な実行体制をめざすものであろう。

ちなみに、読売改憲案は、首相公選制に批判的であるが、これは首相公選制が天皇制と矛盾するという理由からである。

第五に注目されるのは、読売案が、憲法改正条件の緩和を図っている点である。両院の過半数の賛成で発議し国民投票にかけるか、あるいは両院の三分の二の多数の支持を受けた場合には、それで改正が成立するとしている。これは、五〇年代改憲論以来の改憲派の共通志向である。

（注：《 》内が改正箇所）

前文

《日本国民は、日本国の主権者であり、国家の意思を最終的に決定する。国政は、正当に選挙された国民の代表者が、国民の信託によってこれに当たる。》

《日本国民は、世界の恒久平和を念願し、国際協調の精神をもって、国際社会の平和と繁栄と安全の実現に向け、全力を尽くすことを誓う。》

《日本国民は、基本的人権が尊重され、自由で活力ある社会の発展をめざすとともに、国民の福祉の増進に努める。》

《日本国民は、民族の長い歴史と伝統を受け継ぎ、美しい国土や文化的遺産を守り、文化及び学術の向上を図る。》

《この憲法は、日本国の最高法規であり、国民はこれを遵守しなければならない。》

第一章　国民主権

《**第一条**（国民主権）日本国の主権は、国民に存する。》

《**第二条**（主権の行使）国民は、正当に選挙された国会における代表者を通じ、及び憲法改正のための国民投票によって、主権を行使する。》

第三条（国民の要件）日本国民たる要件は、法律でこれを定める。

第二章　天　皇

《**第四条**（天皇の地位）天皇は、日本国及び日本国民統合の象徴であっ

て、その地位は、国民の総意に基づく。》

第五条（皇位の継承）皇位は、世襲のものであって、国会の議決した皇室典範の定めるところにより、これを継承する。

第六条（天皇の権能の限界、天皇の国事行為の委任、《摂政》）〈1〉天皇は、この憲法の定める国事に関する行為を行い、国政に関する権能を有しない。

〈2〉天皇は、法律の定めるところにより、その国事に関する行為を委任することができる。

〈3〉皇室典範の定めるところにより摂政を置くときは、摂政は、天皇の名でその国事に関する行為を行う。この場合には、《第一項》の規定を準用する。

第七条（天皇の国事行為に対する内閣の助言と承認）天皇の国事に関するすべての行為には、内閣の助言と承認を必要とし、内閣が、その責任を負う。

第八条（天皇の任命権）〈1〉天皇は、衆議院の指名に基づいて、内閣総理大臣を任命する。

《〈2〉天皇は、参議院の指名に基づいて、憲法裁判所の長たる裁判官を任命する。》

〈3〉天皇は、内閣の指名に基づいて、最高裁判所の長たる裁判官を任命する。《この場合の内閣の指名は、参議院の同意を得たものでなければならない。》

第九条（天皇の国事行為）天皇は、内閣の助言と承認により、国民のために、《次の》国事に関する行為を行う。

一　《国を代表して、》外国の大使及び公使を接受し、《また、》全権委任状及び大使、公使の信任状、批准書及び法律の定めるその他の外交文書を認証すること。

二　憲法改正、法律、政令及び条約を公布すること。

三　国会召集の《詔書を発すること。》

四　衆議院の解散の《詔書を発すること。》

五　《衆議院議員の総選挙及び参議院議員の通常選挙》の施行を公示すること。

六　国務大臣及び法律の定めるその他の《公務員》の任免を認証すること。

七　大赦、特赦、減刑、刑の執行の免除及び復権を認証すること。

八　栄典の授与を《認証すること。》

九　儀式を行うこと。

第三章　安全保障

第十条（《戦争の否認、大量殺傷兵器の禁止》）〈1〉日本国民は、正義と秩序を基調とする国際平和を誠実に希求し、国権の発動たる戦争と、武力による威嚇又は武力の行使は、国際紛争を解決する手段としては、永久にこれを《認めない。》

《〈2〉日本国民は、非人道的な無差別大量殺傷兵器が世界から廃絶されることを希求し、自らはこのような兵器を製造及び保有せず、また、使用しない。》

《**第十一条**（自衛のための組織、文民統制、参加強制の否定）〈1〉日本国は、自らの平和と独立を守り、その安全を保つため、自衛のための組織を持つことができる。

〈2〉自衛のための組織の最高の指揮監督権は、内閣総理大臣に属する。

〈3〉国民は、自衛のための組織に、参加を強制されない。》

第四章　国際協力

《**第十二条**（理念）日本国は、地球上から、軍事紛争、自然災害、環

境破壊、特定地域での経済的欠乏及び地域的な無秩序によって生じる人類の災禍が除去されることを希求する。》

《**第十三条**（国際活動への参加）前条の理念に基づき、日本国は、確立された国際的機構の活動に、積極的に協力する。必要な場合には、公務員を派遣し、平和の維持及び促進並びに人道的支援の活動に、自衛のための組織の一部を提供することができる。》

第十四条（国際法規の遵守）日本国が締結した条約及び確立された国際法規は、これを誠実に遵守する。

第五章　国民の権利及び義務

第十五条（基本宣言）国民は、すべての基本的人権を《享有する。》この憲法が保障する基本的人権は、侵すことのできない永久の《権利》である。

第十六条（自由及び権利の保持責任）この憲法が国民に保障する自由及び権利は、国民の不断の努力によって、これを保持しなければならない。また、国民は、常に公共の福祉《との調和を図り》、これを濫用してはならない。

第十七条（個人の尊厳）すべて国民は、個人として尊重される。生命、自由及び幸福追求に対する国民の権利については、公共の福祉に反しない限り、立法その他国政の上で、《最も尊重されなければならない。》

第十八条（法の下の平等）〈1〉すべて国民は、法の下に平等であって、人種、信条、性別、社会的身分又は門地により、政治的、経済的又は社会的関係において、差別されない。

〈2〉華族その他の貴族の制度は、これを認めない。

〈3〉栄誉、勲章その他の栄典の授与は、いかなる特権も伴わない。《ただし、法律で定める相当な年金その他の経済的利益の付与は、この限りではない。》

〈4〉栄典の授与は、現にこれを有し、又は将来これを受ける者の一代に限り、その効力を有する。

《**第十九条**（人格権）〈1〉何人も、名誉、信用その他人格を不当に侵害されない権利を保障される。》

《〈2〉何人も、自己の私事、家族及び家庭にみだりに干渉されない権利を有する。》

〈3〉通信の秘密は、これを侵してはならない。

第二十条（思想及び良心の自由）思想及び良心の自由は、これを侵してはならない。

第二十一条（信教の自由《及び公金の支出制限》）〈1〉信教の自由は、何人に対してもこれを保障する。

〈2〉何人も、宗教上の行為、祝典、儀式又は行事に参加することを強制されない。

〈3〉国及びその機関は、宗教教育その他いかなる宗教活動もしてはならない。

〈4〉いかなる宗教団体も、国から特権を受け、又は政治上の権力を行使してはならない。

《〈5〉公金その他の公の財産は、宗教上の組織若しくは団体の使用、便益若しくは維持のため、これを支出し、又はその利用に供してはならない。》

第二十二条（表現の自由）〈1〉言論、出版その他一切の表現の自由は、これを保障する。

〈2〉検閲は、これをしてはならない。

第二十三条（集会及び結社の自由）《何人も、集会及び結社の自由を有する。》

第二十四条（居住及び移転、国籍離脱の自由）〈1〉何人も、公共の福祉に反しない限り、居住及び移転の自由を有する。

〈2〉《すべて国民は、》外国に移住し、又は国籍を離脱する自由を《保障される。》

第二十五条（学問の自由）学問の自由は、これを保障する。

第二十六条（家族生活における個人の尊厳と男女の平等）〈1〉婚姻は、両性の合意のみに基づいて成立し、夫婦が同等の権利を有することを基本として、相互の協力により、維持されなければならない。

〈2〉配偶者の選択、財産権、相続、住居の選定、離婚並びに婚姻及び家族に関するその他の事項に関しては、法律は、個人の尊厳と両性の本質的平等に立脚して、制定されなければならない。

第二十七条（生存権、国の社会的使命）〈1〉すべて国民は、健康で文化的な最低限度の生活を営む権利を有する。

〈2〉国は、すべての生活部面について、社会福祉、社会保障及び公衆衛生の向上及び増進に努めなければならない。

《**第二十八条**（環境権）〈1〉何人も、良好な環境を享受する権利を有し、その保全に努める義務を有する。》

《〈2〉国は、良好な環境の保全に努めなければならない。》

第二十九条（教育を受ける権利）〈1〉すべて国民は、法律の定めるところにより、その能力に応じて、ひとしく教育を受ける権利を有する。

〈2〉すべて国民は、法律の定めるところにより、その保護する子どもに普通教育を受けさせる義務を負う。義務教育は、これを無償とする。

第三十条（勤労の権利及び義務）〈1〉すべて国民は、勤労の権利を有し、義務を負う。

〈2〉賃金、就業時間、休息その他の勤労条件に関する基準は、法律でこれを定める。

〈3〉児童は、これを酷使してはならない。

第三十一条（労働者の団結権）勤労者の団結する権利及び団体交渉その他の団体行動をする権利は、これを保障する。

第三十二条（職業選択及び《営業の自由》）何人も、公共の福祉に反しない限り、職業選択《及び営業の自由》を有する。

第三十三条（財産権）〈1〉財産権は、これを侵してはならない。

〈2〉財産権の内容は、公共の福祉に適合するように、法律でこれを定める。

〈3〉私有財産は、正当な補償の下に、これを公共のために用いることができる。

第三十四条（納税の義務）国民は、法律の定めるところにより、納税の義務を負う。

第三十五条（法定手続きの保障）何人も、法律の定める手続きによらなければ、その生命若しくは自由を奪われ、又はその他の刑罰を科せられない。

第三十六条（裁判を受ける権利）何人も、裁判所において裁判を受ける権利を《有する。》

第三十七条（逮捕の要件）何人も、現行犯として逮捕される場合を除いては、《裁判官が発し、》かつ理由となっている犯罪を明示する令状によらなければ、逮捕されない。

第三十八条（抑留または拘禁の要件、不法拘留に対する保障）何人も、理由を直ちに告げられ、かつ、直ちに弁護人に依頼する権利を与えられなければ、抑留又は拘禁されない。また、何人も、正当な理由がなければ、拘禁されず、要求があれば、その理由は、直ちに本人及びその弁護人の出席する公開の法廷で示されなければならない。

第三十九条（住居の不可侵）〈1〉何人も、《第三十七条の場合を除いては、正当な理由に基づいて裁判官が発する令状によらなければ、その住居、書類及び所持品について侵入、捜索及び押収を受けることはない。》

〈2〉搜索又は押収は、《捜索する場所及び押収する物を明示する》各別の令状に《よらなければならない。》

第四十条（拷問及び残虐刑の禁止）公務員による拷問及び残虐な刑罰は、絶対にこれを禁ずる。

第四十一条（刑事被告人の権利）〈1〉すべて刑事事件においては、被告人は、公平な裁判所の迅速な公開裁判を受ける権利を有する。

〈2〉刑事被告人は、すべての証人に対して審問する機会を十分に与えられ、また、公費で自己のために強制的手続きにより証人を求める権利を有する。

〈3〉刑事被告人は、いかなる場合にも、資格を有する弁護人を依頼することができる。被告人が自らこれを依頼することができないときは、国でこれを付する。

第四十二条（自己に不利益な供述、自白の証拠能力）〈1〉何人も、自己に不利益な供述を強要されない。

〈2〉強制、拷問若しくは脅迫による自白又は不当に長く抑留若しくは拘禁された後の自白は、これを証拠とすることができない。

〈3〉何人も、自己に不利益な唯一の証拠が本人の自白である場合には、有罪とされ、又は刑罰を科せられない。

第四十三条（遡及処罰の禁止、一事不再理）何人も、実行の時に適法であった行為又は既に無罪とされた行為については、刑事上の責任を問われない。また、同一の犯罪について、重ねて刑事上の責任を問われない。

第四十四条（刑事補償請求権）何人も、抑留又は拘禁された後、無罪の裁判を受けたときは、法律の定めるところにより、国にその補償を求めることができる。

第四十五条（公務員を選定罷免する権利、公務員の性質、普通選挙の保障、投票の秘密の保障）〈1〉《国会議員、地方公共団体の長及びその議会の議員その他の》公務員を選定し、及びこれを罷免することは、国民固有の権利である。

〈2〉すべて公務員は、全体の奉仕者であって、一部の奉仕者ではない。

〈3〉公務員の選挙については、成年者による普通選挙を保障する。

〈4〉すべて選挙における投票の秘密は、これを侵してはならない。選挙人は、その選択に関し公的にも私的にも責任を問われない。

第四十六条（請願権）何人も、損害の救済、公務員の罷免、法律、命令又は規則の制定、廃止又は改正その他の事項に関し、平穏に請願する権利を有し、何人も、かかる請願をしたためにいかなる差別待遇も受けない。

第四十七条（国及び公共団体の損害賠償責任）何人も、公務員の不法行為により、損害を受けたときは、法律の定めるところにより、国又は公共団体に、その賠償を求めることができる。

第六章　国　会

第四十八条（立法権）《立法権は、国会に属する。》

第四十九条（両院制）国会は、衆議院及び参議院の両議院で構成する。

第五十条（両議院の組織）〈1〉《両議院は、選挙された議員でこれを組織する。》

〈2〉《議員は、全国民を代表する。》

〈3〉両議院の議員の定数は、法律でこれを定める。

第五十一条（議員及び選挙人の資格）両議院の議員及びその選挙人の資格は、法律でこれを定める。ただし、人種、信条、性別、社会的身分、門地、教育、財産又は収入によって差別してはならない。

第五十二条（衆議院議員の任期）衆議院議員の任期は、四年とする。ただし、衆議院解散の場合には、その期間満了前に終了する。

第五十三条（参議院議員の任期）参議院議員の任期は、六年とし、三年ごとに議員の半数を改選する。

第五十四条（選挙に関する事項）選挙区、投票の方法その他両議院の議員の選挙に関する事項は、法律でこれを定める。

第五十五条（両議院議員の兼職の禁止）何人も、同時に両議院の議員たることはできない。

第五十六条（議員の歳費）両議院の議員は、法律の定めるところにより、国庫から相当額の歳費を受ける。

第五十七条（議員の不逮捕特権）両議院の議員は、法律の定める場合を除いては、国会の会期中逮捕されず、会期前に逮捕された議員は、その議院の要求があれば、会期中これを釈放しなければならない。

第五十八条（議員の発言及び表決の無責任）両議院の議員は、議院で行った演説、討論又は表決について、院外で責任を問われない。

第五十九条（常会）国会の常会は、毎年一回これを召集する。

第六十条（臨時会）内閣は、国会の臨時会の召集を決定することができる。いずれかの議院の総議員の四分の一以上の要求があれば、内閣は、その召集を決定しなければならない。

第六十一条（衆議院の解散及び特別会、参議院の緊急集会）〈1〉衆議院が解散されたときは、解散の日から四十日以内に、衆議院議員の総選挙を行い、その選挙の日から三十日以内に、国会を召集しなければならない。

〈2〉衆議院が解散されたときは、参議院は、同時に閉会となる。ただし、内閣は、国に緊急の必要があるときは、参議院の緊急集会を求めることができる。

〈3〉前項ただし書の緊急集会において採られた措置は、臨時のものであって、次の国会開会の後十日以内に、衆議院の同意がない場合には、その効力を失う。

第六十二条（資格争訟の裁判）両議院は、各々その議員の資格に関する争訟を裁判する。ただし、議員の議席を失わせるには、出席議員の三分の二以上の多数による議決を必要とする。

第六十三条（定足数、表決）〈1〉両議院は、各々その《在籍》議員の三分の一以上の出席がなければ、議事を開き議決することができない。

〈2〉両議院の議事は、この憲法に特別の定めのある場合を除いては、出席議員の過半数でこれを決し、可否同数のときは、議長の決するところによる。

第六十四条（会議の公開、会議録、表決の記載）〈1〉両議院の会議は、公開とする。ただし、出席議員の三分の二以上の多数で議決したときは、秘密会を開くことができる。

〈2〉両議院は、各々その会議の記録を保存し、秘密会の記録の中で特に秘密を要すると認められるもの以外は、これを公表し、かつ一般に頒布しなければならない。

〈3〉出席議員の五分の一以上の要求があれば、各議員の表決は、これを会議録に記載しなければならない。

第六十五条（役員の選任、議院規則・懲罰）〈1〉両議院は、各々その議長その他の役員を選任する。

〈2〉両議院は、各々その会議その他の手続き及び内部の規律に関する規則を定め、また、院内の秩序をみだした議員を懲罰することができる。ただし、議員を除名するには、出席議員の三分の二以上の多数による議決を必要とする。

第六十六条（法律案の議決、衆議院の優越）〈1〉法律案は、この憲法に特別の定めのある場合を除いては、両議院で可決したとき法律となる。

〈2〉衆議院で可決し、参議院でこれと異なった議決をした法律案は、衆議院で出席議員の《五分の三》以上の多数で再び可決したときは、法律となる。
〈3〉前項の規定は、法律の定めるところにより、衆議院が、両議院の協議会を開くことを求めることを妨げない。
〈4〉参議院が、衆議院の可決した法律案を受け取った後、国会休会中の期間を除いて六十日以内に、議決しないときは、衆議院は、参議院がその法律案を否決したものとみなすことができる。
第六十七条（衆議院の予算《案》先議、予算《案》議決に関する衆議院の優越）〈1〉予算《案》は、さきに衆議院に提出しなければならない。
〈2〉予算《案》について、参議院で衆議院と異なった議決をした場合に、法律の定めるところにより、両議院の協議会を開いても意見が一致しないとき、又は参議院が、衆議院の可決した予算《案》を受け取った後、国会休会中の期間を除いて三十日以内に、議決しないときは、衆議院の議決を国会の議決とする。
第六十八条（条約の承認に関する参議院の優越）〈1〉条約は、さきに参議院に提出しなければならない。
《〈2〉条約について、衆議院で参議院と異なった議決をした場合に、法律の定めるところにより、両議院の協議会を開いても意見が一致しないとき、又は衆議院が、参議院の可決した条約を受け取った後、国会休会中の期間を除いて三十日以内に、議決しないときは、参議院の議決を国会の議決とする。》
《**第六十九条**（人事案件の参議院の優越）〈1〉法律で定める重要な公務員の就任については、国会の議決を経なければならない。》
《〈2〉前項の議決については、前条の規定を準用する。》
第七十条（議院の国政調査権）両議院は、各々国政に関する調査を行い、これに関して、証人の出頭及び証言並びに記録の提出を要求することができる。
第七十一条（閣僚の議院出席の権利と義務）内閣総理大臣その他の国務大臣は、両議院の一に議席を有すると有しないとにかかわらず、何時でも議案について発言するため議院に出席することができる。また、答弁又は説明のため出席を求められたときは、出席しなければならない。
第七十二条（弾劾裁判所、《訴追委員会》）〈1〉《参議院》に、罷免の訴追を受けた裁判官を裁判するため、《参議院議員》で組織する弾劾裁判所を《置く。》
《〈2〉衆議院に、前項の訴追のため、衆議院議員で組織する訴追委員会を置く。》
〈3〉《訴追及び》弾劾に関する事項は、法律でこれを定める。

第七章　内　閣

第七十三条（行政権）行政権は、内閣に属する。
第七十四条（内閣の組織、国会に対する連帯責任）〈1〉内閣は、法律の定めるところにより、内閣総理大臣及びその他の国務大臣でこれを組織する。
《〈2〉内閣総理大臣は、内閣を代表し、国務大臣を統率する。》
〈3〉内閣総理大臣その他の国務大臣は、文民でなければならない。
〈4〉内閣は、行政権の行使について、国会に対し連帯して責任を負う。
第七十五条（内閣総理大臣の指名、衆議院の優越）内閣総理大臣は、《衆議院議員の中から衆議院の議決で、》これを指名する。この指名は、他のすべての案件に先だって、これを行う。
第七十六条（国務大臣の任命及び罷免）〈1〉内閣総理大臣は、国務大臣を任命する。ただし、その過半数は、国会議員の中から選ばれなければならない。

〈2〉内閣総理大臣は、任意に国務大臣を罷免することができる。

第七十七条（《内閣の解散権、》内閣不信任決議の効果）《〈1〉内閣は、衆議院を解散することができる。》

〈2〉内閣は、衆議院で不信任の決議案《が可決され、》又は信任の決議案《が否決された》ときは、十日以内に衆議院《を解散しない》限り、総辞職をしなければならない。

第七十八条（内閣総理大臣の不在及び新国会の召集と内閣の総辞職）内閣総理大臣が欠けたとき、又は衆議院議員総選挙の後に初めて国会の召集があったときは、内閣は、総辞職をしなければならない。

第七十九条（総辞職後の内閣）前二条の場合には、内閣は、あらたに内閣総理大臣が任命されるまで、引き続き《この憲法の定める》職務を行う。《ただし、衆議院の解散権は、行使できない。》

第八十条（内閣総理大臣の職務）内閣総理大臣は、内閣を代表して《法律案、予算案その》他の議案を国会に提出し、一般国務及び外交関係について国会に報告する。

《**第八十一条**（内閣総理大臣の統括権）内閣総理大臣は、行政各部を統括する。》

《**第八十二条**（内閣総理大臣の臨時代理）〈1〉内閣総理大臣に事故あるとき、又は内閣総理大臣が欠けたときは、臨時代理たる国務大臣が内閣総理大臣の職務を行う。》

《〈2〉前項の場合に備え、内閣総理大臣は、あらかじめ臨時代理となる国務大臣を指定しておかなければならない。》

第八十三条（内閣の職務）内閣は、他の一般行政事務のほか、《次の》事務を行う。

一　法律を誠実に執行し、《行政事務を統括管理》すること。

二　外交関係を処理すること。

三　条約を締結すること。ただし、事前に、《場合》によっては事後に、国会の承認を経ることを必要とする。

四　法律の定める基準に従い、《公務員》に関する事務を掌理すること。

《五　国会を召集すること。》

六　予算《案》を作成して国会に提出すること。

七　この憲法及び法律の規定を実施するために、政令を制定すること。ただし、政令には、特にその法律の委任がある場合を除いては、罰則を設けることができない。

八　大赦、特赦、減刑、刑の執行の免除及び復権を決定すること。

《九　栄典の授与を決定すること。》

第八十四条（国務大臣の特典）国務大臣は、その在任中、内閣総理大臣の同意がなければ、訴追されない。ただし、これがため、訴追の権利は、害されない。

第八章　司　法

第八十五条（司法権、《憲法裁判所及び》裁判所、《特例の》裁判所の禁止）〈1〉すべて司法権は、《憲法裁判所、》最高裁判所及び法律の定めるところにより設置する下級裁判所に属する。

〈2〉《特例の》裁判所は、これを設置することができない。行政機関は、終審として裁判を行うことができない。

第八十六条（《憲法裁判所》の違憲立法審査権）《憲法裁判所》は、一切の《条約、》法律、命令、規則又は処分が憲法に適合するかしないかを決定する権限を有する《唯一》の裁判所である。

《**第八十七条**（憲法裁判所の権限）憲法裁判所は、次の事項を管轄する。

一　条約、法律、命令、規則又は処分について、内閣又はそれぞれの在籍議員の三分の一以上の衆議院議員若しくは参議院議員の申し立てがあった場合に、法律の定めるところにより、憲法に適合するかしないかを審判すること。

二　具体的訴訟事件で、最高裁判所又は下級裁判所が求める事項について、法律の定めるところにより、憲法に適合するかしないかを審判すること。

三　具体的訴訟事件の当事者が最高裁判所の憲法判断に異議がある場合に、法律の定めるところにより、その異議の申し立てについて、審判すること。》

《**第八十八条**（憲法裁判所の判決の効力）憲法裁判所が、条約、法律、命令、規則又は処分について、憲法に適合しないと決定した場合には、その決定は、法律で定める場合を除き、それ以降、あらゆる国及び地方公共団体の機関を拘束する。》

《**第八十九条**（憲法裁判所の裁判官、任期、定年、報酬）〈1〉憲法裁判所は、その長たる裁判官及び八人のその他の裁判官で構成し、その長たる裁判官以外の裁判官は、参議院の指名に基づいて内閣が任命する。》

《〈2〉憲法裁判所の裁判官は、任期を八年とし、再任されない。》

《〈3〉憲法裁判所の裁判官は、法律の定める年齢に達した時に退官する。》

《〈4〉憲法裁判所の裁判官は、すべて定期に相当額の報酬を受ける。この報酬は、在任中、減額することができない。》

《**第九十条**（上告裁判所としての最高裁判所）最高裁判所は、憲法裁判所の管轄以外の事項につき、裁判を行う終審裁判所とする。》

第九十一条（最高裁判所の裁判官、《任期》、定年、報酬）〈1〉最高裁判所は、その長たる裁判官及び法律の定める員数のその他の裁判官でこれを構成し、その長たる裁判官以外の裁判官は、内閣でこれを任命する。

《〈2〉最高裁判所の裁判官は、任期を五年とし、再任されることができる。》

〈3〉最高裁判所の裁判官は、法律の定める年齢に達した時に退官する。

〈4〉最高裁判所の裁判官は、すべて定期に相当額の報酬を受ける。この報酬は、在任中、これを減額することができない。

第九十二条（下級裁判所の裁判官・任期・定年、報酬）〈1〉下級裁判所の裁判官は、最高裁判所の指名した者の名簿によって、内閣でこれを任命する。その裁判官は、任期を十年とし、再任されることができる。ただし、法律の定める年齢に達した時には退官する。

〈2〉下級裁判所の裁判官は、すべて定期に相当額の報酬を受ける。この報酬は、在任中、これを減額することができない。

第九十三条（《憲法裁判所及び》最高裁判所の規則制定権）〈1〉《憲法裁判所及び》最高裁判所は、訴訟に関する手続き、弁護士、裁判所の内部規律及び司法事務処理に関する事項について、規則を定める権限を有する。

〈2〉検察官は、《前項に規定する》規則に従わなければならない。

〈3〉最高裁判所は、下級裁判所に関する規則を定める権限を、下級裁判所に委任することができる。

第九十四条（裁判官の独立、身分保障）〈1〉すべて裁判官は、その良心に従い独立してその職権を行い、この憲法及び法律にのみ拘束される。

〈2〉《すべて》裁判官は、裁判により、心身の故障のために職務を執ることができないと決定された場合を除いては、公の弾劾によらなければ罷免されない。裁判官の懲戒処分は、行政機関がこれを行うことはできない。

第九十五条（裁判の公開）〈1〉裁判の対審及び判決は、公開法廷でこれを行う。

〈2〉裁判所が、裁判官の全員一致で、公の秩序、善良の風俗又は《当事者の私生活の利益を害するおそれ》があると決した場合には、対審は、公開しないでこれを行うことができる。ただし、政治犯罪、出版に関する犯罪又はこの憲法第五章で保障する国民の権利が問題となっている事件の対審は、常にこれを公開しなければならない。

第九章　財　政

第九十六条（財政処理の基本原則）《国の財政は、国会の議決に基づいて、内閣が、これを処理する。国は、健全な財政の維持及び運営に努めなければならない。》

第九十七条（課税）あらたに租税を課し、又は現行の租税を変更するには、法律又は法律の定める条件によることを必要とする。

第九十八条（国費の支出及び国の債務負担）国費を支出し、又は国が債務を負担するには、国会の議決に基づくことを必要とする。

第九十九条（予算《案》）〈1〉内閣は、毎会計年度の予算《案》を作成し、国会に提出して、その議決を得なければならない。

《〈2〉特別に継続支出の必要があるときは、年限を定め、継続費として国会の議決を得なければならない。》

第百条（予備費）〈1〉予見し難い予算の不足に充てるため、国会の議決に基づいて予備費を設け、内閣の責任でこれを支出することができる。

〈2〉すべて予備費の支出については、内閣は、事後に国会の承諾を得なければならない。

第百一条（皇室財産・皇室の費用）すべて皇室財産は、国に属する。すべて皇室の費用は、予算案に計上して国会の議決を得なければならない。

第百二条（決算検査、会計検査院）〈1〉国の収入支出の決算は、すべて毎年会計検査院がこれを検査し、内閣は、次の年度に、その検査報告とともに、これを国会に提出しなければならない。

〈2〉会計検査院の組織及び権限は、法律でこれを定める。

第百三条（財政状況の報告）内閣は、国会及び国民に対し、定期に、少なくとも毎年一回、国の財政状況について報告しなければならない。

第十章　地方自治

第百四条（地方自治の基本原則）地方公共団体の組織及び運営に関する事項は、《地域住民と地方公共団体の自治権を尊重して、》法律でこれを定める。

第百五条（地方議会、長・議員等の直接選挙）〈1〉地方公共団体には、法律の定めるところにより、議会を設置する。

〈2〉地方公共団体の長及びその議会の議員は、その地方公共団体の住民が、直接これを選挙する。

第百六条（地方公共団体の権能、条例制定権）地方公共団体は、その財産を管理し、事務を処理し、及び行政を執行する権能を有し、法律の《趣旨に反しない》範囲内で条例を制定することができる。

第百七条（特別法の住民投票）《特定の地方公共団体》に適用される特別法は、法律の定めるところにより、その地方公共団体の住民の投票においてその過半数の同意を得なければ、国会は、これを制定することができない。

第十一章　改　正

第百八条（改正の手続き及びその公布）〈1〉この憲法の改正は、《改正案につき、各議院の在籍議員の三分の二以上の出席により、出席議員の過半数の賛成で議決し、国会がこれを発議し、国民に提案してその

承認を経なければならない。》
《〈2〉前項の規定にかかわらず、この憲法の改正は、改正案につき、各議院の在籍議員の三分の二以上の出席で、出席議員の三分の二以上の賛成で可決することにより成立する。》
《〈3〉第一項の承認には、特別の国民投票又は国会の定める選挙の際行われる投票において、有効投票の過半数の賛成を必要とする。》
《〈4〉第一項又は第二項の憲法改正案は、国会議員又は内閣が提出することができる。》
《〈5〉第一項の承認を経たとき、又は第二項の可決があったときは、》天皇は、国民の名で、直ちにこれを公布する。

資料Ⅱ・11

平成八年度以降に係る防衛計画の大綱

一九九五年一一月二八日
安全保障会議決定、閣議決定
［出典］防衛庁編『日本の防衛（平成八年版）』一九九六年七月

コメント

1．この文書は、一九七六年に作成された「防衛計画の大綱」（⇩Ⅰ・59）の改訂版である。冷戦後の新たな事態において日本の国際秩序を、改めて日米同盟中心であると明記し、日米安全保障共同宣言（⇩Ⅱ・12）、新ガイドライン（⇩Ⅱ・16）につながる方針を打ち出した文書として重要である。

すなわち、冷戦後の日本の軍事大国としてのあり方をめぐり、国連の集団安全保障措置に参加する方向と、日米同盟の強化の方向とがあったが、この文書は、後者を重視して日本の軍事的プレゼンスの拡大を図ろうという方向を打ち出したものである。これは、米国の望む方向でもあった。

2．この大綱においては具体的には以下の諸点が注目される。

第一に、新大綱は、まず冷戦後においても安保条約の役割を重視して「米国との安全保障体制は、我が国の安全の確保にとって必要不可欠なものであり、また、我が国周辺地域における平和と安定を確保し、より安定した安全保障環境を構築するためにも、引き続き重要な役割を果たしていくものと考えられる」と述べ、安保体制の信頼性の向上と有効な機能発揮のための諸措置をとることを明らかにしたことである。

第二に、七六年の旧大綱では自衛隊の役割が「我が国の防衛」にあるとされていたのが、今度の大綱ではそれに加えて、「大規模な災害等の各種事態」への備え、さらに「国際社会」における「安全保障環境の構築」に向けた役割が明記されたことである。

また大綱は、第三に、第二で述べた防衛力の役割の拡大をふまえ、自衛隊が侵略に加えて「我が国周辺地域において我が国の平和と安全に重要な影響を与えるような事態が発生した場合には、憲法及び関係法令に従い、必要に応じ国際連合の活動を適切に支持しつつ、日米安全保障体制の円滑かつ効果的な運用を図ること等により適切に対応する」と述べ、アジア・太平洋地域の紛争における米軍の軍事行動を支援する方向を明らかにした。これが、のちに、日米安保共同宣言を経て、新ガイドラインで具体化されていくのである。

I 策定の趣旨

一 我が国は、国の独立と平和を守るため、日本国憲法の下、紛争の未然防止や解決の努力を含む国際政治の安定を確保するための外交努力の推進、内政の安定による安全保障基盤の確立、日米安全保障体制の堅持及び自らの適切な防衛力の整備に努めてきたところである。

二 我が国は、かかる方針の下、昭和五一年、安定化のための努力が続けられている国際情勢及び我が国周辺の国際政治構造並びに国内諸情勢が当分の間大きく変化しないという前提に立ち、また、日米安全保障体制の存在が国際関係の安定維持等に大きな役割を果たし続けると判断し、「防衛計画の大綱」(昭和五一年一〇月二九日国防会議及び閣議決定。以下「大綱」という。)を策定した。爾来、我が国は、大綱に従って防衛力の整備を進めてきたが、我が国の着実な防衛努力は、日米安全保障体制の存在及びその円滑かつ効果的な運用を図るための努力と相まって、我が国に対する侵略の未然防止のみならず、我が国周辺地域の平和と安定の維持に貢献している。

三 大綱策定後約二〇年が経過し、冷戦の終結等により米ソ両国を中心とした東西間の軍事的対峙の構造が消滅するなど国際情勢が大きく変化するとともに、主たる任務である我が国の防衛に加え、大規模な災害等への対応、国際平和協力業務の実施等より安定した安全保障環境の構築への貢献という分野においても、自衛隊の役割に対する期待が高まってきていることにかんがみ、今後の我が国の防衛力の在り方について、ここに「平成八年度以降に係る防衛計画の大綱」として、新たな指針を示すこととする。

四 我が国としては、日本国憲法の下、この指針に従い、日米安全保障体制の信頼性の向上に配意しつつ、防衛力の適切な整備、維持及び運用を図ることにより、我が国の防衛を全うするとともに、国際社会の平和と安定に資するよう努めるものとする。

II 国際情勢

この新たな指針の策定に当たって考慮した国際情勢のすう勢は、概略次のとおりである。

一 最近の国際社会においては、冷戦の終結等に伴い、圧倒的な軍事力を背景とする東西間の軍事的対峙の構造は消滅し、世界的な規模の武力紛争が生起する可能性は遠のいている。他方、各種の領土問題は依然存続しており、また、宗教上の対立や民族問題等に根ざす対立は、むしろ顕在化し、複雑で多様な地域紛争が発生している。さらに、核を始めとする大量破壊兵器やミサイル等の拡散といった新たな危険が増大するなど、国際情勢は依然として不透明・不確実な要素をはらんでいる。

二 これに対し、国家間の相互依存関係が一層進展する中で、政治、経済等の各分野において国際的な協力を推進し、国際関係の一層の安定化を図るための各般の努力が継続されており、各種の不安定要因が深刻な国際問題に発展することを未然に防止することが重視されている。安全保障面では、米ロ間及び欧州においては関係諸国間の合意に基づく軍備管理・軍縮が引き続き進展しているほか、地域的な安全保障の枠組みの活用、多国間及び二国間対話の拡大や国際連合の役割の充実へ向けた努力が進められている。

主要国は、大規模な侵略への対応を主眼としてきた軍事力について再編・合理化を進めるとともに、それぞれが置かれた戦略環境等を考慮しつつ、地域紛争等多様な事態への対応能力を確保するため、積極的な努力を行っている。この努力は、国際協調に基づく国際連合等を通じた取組と相まって、より安定した安全保障環境を構築する上でも重要な要素となっている。このような中で、米国は、その強大な力を背景に、引き続き世界の平和と安定に大きな役割を果たし続けている。

三　我が国周辺地域においては、冷戦の終結やソ連の崩壊といった動きの下で極東ロシアの軍事力の量的削減や軍事態勢の変化がみられる。他方、依然として核戦力を含む大規模な軍事力が存在している中で、多数の国が、経済発展等を背景に、軍事力の拡充ないし近代化に力を注いでいる。また、朝鮮半島における緊張が継続するなど不透明・不確実な要素が残されており、安定的な安全保障環境が確立されるには至っていない。このような状況の下で、我が国周辺地域において、我が国の安全に重大な影響を与える事態が発生する可能性は否定できない。しかしながら、同時に、二国間対話の拡大、地域的な安全保障への取組等、国家間の協調関係を深め、地域の安定を図ろうとする種々の動きがみられる。

日米安全保障体制を基調とする日米両国間の緊密な協力関係は、こうした安定的な安全保障環境の構築に資するとともに、この地域の平和と安定にとって必要な米国の関与と米軍の展開を確保する基盤となり、我が国の安全及び国際社会の安定を図る上で、引き続き重要な役割を果たしていくものと考えられる。

Ⅲ　我が国の安全保障と防衛力の役割

（我が国の安全保障と防衛の基本方針）

一　我が国は、日本国憲法の下、外交努力の推進及び内政の安定による安全保障基盤の確立を図りつつ、専守防衛に徹し、他国に脅威を与えるような軍事大国とならないとの基本理念に従い、日米安全保障体制を堅持し、文民統制を確保し、非核三原則を守りつつ、節度ある防衛力を自主的に整備してきたところであるが、かかる我が国の基本方針は、引き続きこれを堅持するものとする。

（防衛力の在り方）

二　我が国はこれまで大綱に従って、防衛力の整備を進めてきたが、この大綱は、我が国に対する軍事的脅威に直接対抗するよりも、自らが力の空白となって我が国周辺地域における不安定要因とならないよう、独立国としての必要最小限の基盤的な防衛力を保有するという「基盤的防衛力構想」を取り入れたものである。この大綱で示されている防衛力は、防衛上必要な各種の機能を備え、後方支援体制を含めてその組織及び配備において均衡のとれた態勢を保有することを主眼としたものであり、我が国の置かれている戦略環境、地理的特性等を踏まえて導き出されたものである。

このような基盤的な防衛力を保有するという考え方については、国際情勢のすう勢として、不透明・不確実な要素をはらみながら国際関係の安定化を図るための各般の努力が継続されていくものとみられ、また、日米安全保障体制が我が国の安全及び周辺地域の平和と安定にとって引き続き重要な役割を果たし続けるとの認識に立てば、今後ともこれを基本的に踏襲していくことが適当である。

一方、保有すべき防衛力の内容については、冷戦の終結等に伴い、我が国周辺諸国の一部において軍事力の削減や軍事態勢の変化がみられることや、地域紛争の発生や大量破壊兵器の拡散等安全保障上考慮すべき事態が多様化していることに留意しつつ、その具体的在り方を見直し、最も効率的で適切なものとする必要がある。また、その際、近年における科学技術の進歩、若年人口の減少傾向、格段に厳しさを増している経済財政事情等に配意しておかなければならない。

また、自衛隊の主たる任務が我が国の防衛であることを基本としつつ、内外諸情勢の変化や国際社会において我が国の置かれている立場を考慮すれば、自衛隊もまた、社会の高度化や多様化の中で大きな影響をもたらし得る大規模な災害等の各種の事態に対して十分に備えておくとともに、より安定した安全保障環境の構築に向けた我が国の積極的な取組において、適時適切にその役割を担っていくべきである。

今後の我が国の防衛力については、こうした観点から、現行の防衛力の規模及び機能について見直しを行い、その合理化・効率化・コンパクト化を一層進めるとともに、必要な機能の充実と防衛力の質的な向上を図ることにより、多様な事態に対して有効に対応し得る防衛力を整備し、同時に事態の推移にも円滑に対応できるように適切な弾力性を確保し得るものとすることが適当である。

（日米安全保障体制）

三　米国との安全保障体制は、我が国の安全の確保にとって必要不可欠なものであり、また、我が国周辺地域における平和と安定を確保し、より安定した安全保障環境を構築するためにも、引き続き重要な役割を果たしていくものと考えられる。

こうした観点から、日米安全保障体制の信頼性の向上を図り、これを有効に機能させていくためには、①情報交換、政策協議等の充実、②共同研究並びに共同演習・共同訓練及びこれらに関する相互協力の充実等を含む運用面における効果的な協力態勢の構築、③装備・技術面での幅広い相互交流の充実並びに④在日米軍の駐留を円滑かつ効果的にするための各種施策の実施等に努める必要がある。

また、このような日米安全保障体制を基調とする日米両国間の緊密な協力関係は、地域的な多国間の安全保障に関する対話・協力の推進や国際連合の諸活動への協力等、国際社会の平和と安定への我が国の積極的な取組に資するものである。

（防衛力の役割）

四　今後の我が国の防衛力については、上記の認識の下に、以下のとおり、それぞれの分野において、適切にその役割を果たし得るものとする必要がある。

（１）我が国の防衛

ア　周辺諸国の軍備に配意しつつ、我が国の地理的特性に応じ防衛上必要な機能を備えた適切な規模の防衛力を保有するとともに、これを最も効果的に運用し得る態勢を築き、我が国の防衛意思を明示することにより、日米安全保障体制と相まって、我が国に対する侵略の未然防止に努めることとする。

核兵器の脅威に対しては、核兵器のない世界を目指した現実的かつ着実な核軍縮の国際的努力の中で積極的な役割を果たしつつ、米国の核抑止力に依存するものとする。

イ　間接侵略事態又は侵略につながるおそれのある軍事力をもってする不法行為が発生した場合には、これに即応して行動し、早期に事態を収拾することとする。

直接侵略事態が発生した場合には、これに即応して行動しつつ、米国との適切な協力の下、防衛力の総合的・有機的な運用を図ることによって、極力早期にこれを排除することとする。

（２）大規模災害等各種の事態への対応

ア　大規模な自然災害、テロリズムにより引き起こされた特殊な災害その他の人命又は財産の保護を必要とする各種の事態に際して、関係機関から自衛隊による対応が要請された場合などに、関係機関との緊密な協力の下、適時適切に災害救援等の所要の行動を実施することとし、もって民生の安定に寄与する。

イ　我が国周辺地域において我が国の平和と安全に重要な影響を与えるような事態が発生した場合には、憲法及び関係法令に従い、必要に応じ国際連合の活動を適切に支持しつつ、日米安全保障体制の円滑かつ効果的な運用を図ること等により適切に対応する。

(3)より安定した安全保障環境の構築への貢献

ア　国際平和協力業務の実施を通じ、国際平和のための努力に寄与するとともに、国際緊急援助活動の実施を通じ、国際協力の推進に寄与する。

イ　安全保障対話・防衛交流を引き続き推進し、我が国の周辺諸国を含む関係諸国との間の信頼関係の増進を図る。

ウ　大量破壊兵器やミサイル等の拡散の防止、地雷等通常兵器に関する規制や管理等のために国際連合、国際機関等が行う軍備管理・軍縮分野における諸活動に対し協力する。

Ⅳ　我が国が保有すべき防衛力の内容

Ⅲで述べた我が国の防衛力の役割を果たすための基幹として、陸上、海上及び航空自衛隊において、それぞれ一に示される体制を維持し、二及び三に示される態勢等を保持することとする。

一　陸上、海上及び航空自衛隊の体制

(1)陸上自衛隊

ア　我が国の領域のどの方面においても、侵略の当初から組織的な防衛行動を迅速かつ効果的に実施し得るよう、我が国の地理的特性等に従って均衡をとって配置された師団及び旅団を有していること。

イ　主として機動的に運用する各種の部隊を少なくとも一個戦術単位有していること。

ウ　師団等及び重要地域の防空に当たり得る地対空誘導弾部隊を有していること。

エ　高い練度を維持し、侵略等の事態に迅速に対処し得るよう、部隊等の編成に当たっては、常備自衛官をもって充てることを原則とし、一部の部隊については即応性の高い予備自衛官を主体として充てること。

(2)海上自衛隊

ア　海上における侵略等の事態に対応し得るよう機動的に運用する艦艇部隊として、常時少なくとも一個護衛隊群を即応の態勢で維持し得る一個護衛艦隊を有していること。

イ　沿岸海域の警戒及び防備を目的とする艦艇部隊として、所定の海域ごとに少なくとも一個護衛隊を有していること。

ウ　必要とする場合に、主要な港湾、海峡等の警戒、防備及び掃海を実施し得るよう、潜水艦部隊、回転翼哨戒機部隊及び掃海部隊を有していること。

エ　周辺海域の監視哨戒等の任務に当たり得る固定翼哨戒機部隊を有していること。

(3)航空自衛隊

ア　我が国周辺のほぼ全空域を常時継続的に警戒監視するとともに、必要とする場合に警戒管制の任務に当たり得る航空警戒管制部隊を有していること。

イ　領空侵犯及び航空侵攻に対して即時適切な措置を講じ得る態勢を常時継続的に維持し得るよう、戦闘機部隊及び地対空誘導弾部隊を有していること。

ウ　必要とする場合に、着上陸侵攻阻止及び対地支援の任務を実施し

得る部隊を有していること。

エ　必要とする場合に、航空偵察、航空輸送等の効果的な作戦支援を実施し得る部隊を有していること。

二　各種の態勢

自衛隊が以下の態勢を保持する際には、自衛隊の任務を迅速かつ効果的に遂行するため、統合幕僚会議の機能の充実等による各自衛隊の統合的かつ有機的な運用及び関係各機関との間の有機的協力関係の推進に特に配意する。

（1）侵略事態等に対応する態勢

ア　日米両国間における各種の研究、共同演習・共同訓練等を通じ、日米安全保障体制の信頼性の維持向上に努めるとともに、直接侵略事態が発生した場合、各種の防衛機能を有機的に組み合わせることにより、その態様に即応して行動し、有効な能力を発揮し得ること。

イ　間接侵略及び軍事力をもってする不法行為が発生した場合には、これに即応して行動し、適切な措置を講じ得ること。

ウ　我が国の領空に侵入した航空機又は侵入するおそれのある航空機に対し、即時適切な措置を講じ得ること。

（2）災害救援等の態勢

国内のどの地域においても、大規模な災害等人命又は財産の保護を必要とする各種の事態に対して、適時適切に災害救援等の行動を実施し得ること。

（3）国際平和協力業務等の実施の態勢

国際社会の平和と安定の維持に資するため、国際平和協力業務及び国際緊急援助活動を適時適切に実施し得ること。

（4）警戒、情報及び指揮通信の態勢

情勢の変化を早期に察知し、機敏な意思決定に資するため、常時継続的に警戒監視を行うとともに、多様な情報収集手段の保有及び能力の高い情報専門家の確保を通じ、戦略情報を含む高度の情報収集・分析等を実施し得ること。

また、高度の指揮通信機能を保持し、統合的な観点も踏まえて防衛力の有機的な運用を迅速かつ適切になし得ること。

（5）後方支援の態勢

各種の事態への対処行動等を効果的に実施するため、輸送、救難、補給、保守整備、衛生等の各後方支援分野において必要な機能を発揮し得ること。

（6）人事・教育訓練の態勢

適正な人的構成の下に、厳正な規律を保持し、各自衛隊・各機関相互間及び他省庁・民間との交流の推進等を通じ、高い士気及び能力並びに広い視野を備えた隊員を有し、組織全体の能力を発揮し得るとともに、国際平和協力業務等の円滑な実施にも配意しつつ、隊員の募集、処遇、人材育成・教育訓練等を適切に実施し得ること。

三　防衛力の弾力性の確保

防衛力の規模及び機能についての見直しの中で、養成及び取得に長期間を要する要員及び装備を、教育訓練部門等において保持したり、即応性の高い予備自衛官を確保することにより、事態の推移に円滑に対応できるように適切な弾力性を確保することとする。

主要な編成、装備等の具体的規模は、別表のとおりとする。

（別表）各自衛隊の編成・装備等の規模

陸上自衛隊

編成定数　一六万人

　常備自衛官定数　一四万五千人

　即応予備自衛官員数　一万五千人

基幹部隊

平時地域配備する部隊　八個師団　六個旅団
機動運用部隊　一個機甲師団／一個空挺団／一個ヘリコプター団
低空域防空用地対空誘導弾部隊　八個高射特科群
主要装備　戦車　約九〇〇両／主要特科装備　約九〇〇門／両

海上自衛隊
基幹部隊　護衛艦部隊（機動運用）　四個護衛隊群／護衛艦部隊（地方隊）　七個隊／潜水艦部隊　六個隊／掃海部隊　一個掃海隊群／
陸上哨戒機部隊　一三個隊
主要装備　護衛艦　約五〇隻／潜水艦　一六隻／作戦用航空機　約一七〇隻

航空自衛隊
基幹部隊　航空警戒管制部隊　八個警戒群　二〇個警戒隊　一個飛行隊／要撃戦闘機部隊　九個飛行隊／支援戦闘機部隊　三個飛行隊／
航空偵察部隊　一個飛行隊／航空輸送部隊　三個飛行隊／高空域防空用地対空誘導弾部隊　六個高射群
主要装備　作戦航空機　約四〇〇機／うち戦闘機　約三〇〇機

V　防衛力の整備、維持及び運用における留意事項

一　各自衛隊の体制等Ⅳで述べた防衛力を整備、維持及び運用することを基本とし、その具体的実施に際しては、次の諸点に留意してこれを行うものとする。

なお、各年度の防衛力の具体的整備内容のうち、主要な事項の決定に当たっては、安全保障会議に諮るものとする。

（1）経済財政事情等を勘案し、国の他の諸施策との調和を図りつつ、防衛力の整備、維持及び運用を行うものとする。その際、格段に厳しさを増している財政事情を踏まえ、中長期的な見通しの下に経費配分を適切に行うことにより、防衛力全体として円滑に十全な機能を果たし得るように特に配意する。

（2）関係地方公共団体との緊密な協力の下に、防衛施設の効率的な維持及び整備並びに円滑な統廃合の実施を推進するため、所要の態勢の整備に配意するとともに、周辺地域とのより一層の調和を図るための諸施策を実施する。

（3）装備品等の整備に当たっては、緊急時の急速取得、教育訓練の容易性、装備の導入に伴う後年度の諸経費を含む費用対効果等についての総合的な判断の下に、調達価格等の抑制を図るための効率的な調達補給態勢の整備に配意して、その効果的な実施を図る。

その際、適切な国産化等を通じた防衛生産・技術基盤の維持に配意する。

（4）技術進歩のすう勢に対応し、防衛力の質的水準の維持向上に資するため、技術研究開発の態勢の充実に努める。

二　将来情勢に重要な変化が生じ、防衛力の在り方の見直しが必要になると予想される場合には、その時の情勢に照らして、新たに検討するものとする。

資料Ⅱ・12

日米安全保障共同宣言——二一世紀に向けての同盟

一九九六年四月一七日　東京

日本国内閣総理大臣
アメリカ合衆国大統領

［出典］外務省編『外交青書（平成九年版）』〈仮訳〉一九九七年五月

コメント

1．これは、橋本首相とクリントン大統領の会談で発表された共同宣言であり、その内容から言って、事実上の安保条約改定の意義をもつものと言える。この共同宣言に基づいて、一九七八年ガイドライン（⇩Ⅰ・61）の見直し作業が開始され、九七年に新ガイドライン（⇩Ⅱ・16）が締結されることとなる。

2．この共同宣言で確認された新たな点とは次の四点にある。

第一に、共同宣言は、アジア・太平洋地域において米軍がこれからも一〇万人の軍事的プレゼンスを維持することを確認した。ちなみに、共同宣言が、これまで日米安保で使用されてきた「極東」という地域概念に代えて、それより広い「アジア・太平洋地域」における米軍のプレゼンスを確認したことも見逃せない。

第二に、共同宣言は、日米軍事同盟が日米同盟の中核であるという確認のうえに立って、とくに「日本周辺地域において発生しうる事態で日本の平和と安全に重要な影響を与える場合における日米間の協力」を強化するために、七八年ガイドラインの見直しに同意したことである。

第三に、共同宣言が、沖縄における米軍基地の「整理」「統合」「縮小」についての協議を行うことに合意した点である。

そして第四に、共同宣言は、日米が、国連の平和維持活動や中東和平プロセスなどグローバルな問題についても協力を強化することで合意したことである。

1　本日、総理大臣と大統領は、歴史上最も成功している二国間関係の一つである日米関係を祝した。両首脳は、この関係が世界の平和と地域の安定並びに繁栄に深甚かつ積極的な貢献を行ってきたことを誇りとした。日本と米国との間の堅固な同盟関係は、冷戦の期間中、アジア太平洋地域の平和と安全の確保に役立った。我々の同盟関係は、この地域の力強い経済成長の土台であり続ける。両首脳は、日米両国の将来の安全と繁栄がアジア太平洋地域の将来と密接に結びついていることで意見が一致した。

この同盟関係がもたらす平和と繁栄の利益は、両国政府のコミットメントのみによるものではなく、自由と民主主義を確保するための負担を分担してきた日米両国民の貢献にもよるものである。総理大臣と大統領は、この同盟関係を支えている人々、とりわけ、米軍を受け入れている日本の地域社会及び、故郷を遠く離れて平和と自由を守るために身を捧げている米国の人々に対し、深い感謝の気持ちを表明した。

2　両国政府は、過去一年余、変わりつつあるアジア太平洋地域の政治及び安全保障情勢並びに両国間の安全保障面の関係の様々な側面について集中的な検討を行ってきた。この検討に基づいて、総理大臣と大統領は、両国の政策を方向づける深遠な共通の価値、即ち自由の維持、民主主義の追求、及び人権の尊重に対するコミットメントを再確認した。両者は、日米間の協力の基盤は引き続き堅固であり、二一世紀においてもこのパートナーシップが引き続き極めて重要であることで意見が一致した。

◇地域情勢

3　冷戦の終結以来、世界的な規模の武力紛争が生起する可能性は遠のいている。ここ数年来、この地域の諸国の間で政治及び安全保障についての対話が拡大してきている。民主主義の諸原則が益々尊重されてきている。歴史上かつてないほど繁栄が広がり、アジア太平洋という地域社会が出現しつつある。アジア太平洋地域は、今や世界で最も活力ある地域となっている。

しかし同時に、この地域には依然として不安定性及び不確実性が存在する。朝鮮半島における緊張は続いている。核兵器を含む軍事力が依然大量に集中している。未解決の領土問題、潜在的な地域紛争、大量破壊兵器及びその運搬手段の拡散は全て地域の不安定化をもたらす要因である。

◇日米同盟関係と相互協力及び安全保障条約

4　総理大臣と大統領は、この地域の安定を促進し、日米両国が直面する安全保障上の課題に対処していくことの重要性を強調した。これに関連して総理大臣と大統領は、日本と米国との間の同盟関係が持つ重要な価値を再確認した。両者は、「日本国とアメリカ合衆国との間の相互協力及び安全保障条約」（以下、日米安保条約）を基盤とする両国間の安全保障面の関係が、共通の安全保障上の目標を達成するとともに、二一世紀に向けてアジア太平洋地域において安定的で繁栄した情勢を維持するための基礎であり続けることを再確認した。

（a）総理大臣は、冷戦後の安全保障情勢の下で日本の防衛力が適切な役割を果たすべきことを強調する一九九五年一一月策定の新防衛大綱において明記された日本の基本的な防衛政策を確認した。総理大臣と大統領は、日本の防衛のための最も効果的な枠組みは、日米両国間の緊密な防衛協力であるとの点で意見が一致した。この協力は、自衛隊の適切な防衛能力と日米安保体制の組み合わせに基づくものである。両首脳は、日米安保条約に基づく米国の抑止力は引き続き日本の安全保障の拠り所であることを改めて確認した。

（b）総理大臣と大統領は、米国が引き続き軍事的プレゼンスを維持することは、アジア太平洋地域の平和と安定の維持のためにも不可欠であることで意見が一致した。両首脳は、日米間の安全保障面の関係は、この地域における米国の肯定的な関与を支える極めて重要な柱の一つとなっているとの認識を共有した。大統領は、日本の防衛及びアジア太平洋地域の平和と安定に対する米国のコミットメントを強調した。大統領は、冷戦の終結以来、アジア太平洋地域における米軍戦力について一定の調整が行われたことに言及した。米国は、周到な評価に基づき、現在の安全保障情勢の下で米国のコミットメントを守るためには、日本におけるほぼ現在の水準を含め、この地域において、約一〇万人の前方展開軍事要員からなる現在の兵力構成を維持することが必要であることを再確認した。

（c）総理大臣は、この地域において安定的かつ揺るぎのない存在であり続けるとの米国の決意を歓迎した。総理大臣は、日本における米軍の維持のために、日本が、日米安保条約に基づく施設及び区域の提供並びに接受国支援等を通じ適切な寄与を継続することを再確認した。大統領は、米国は日本の寄与を評価することを表明し、日本に駐留する米軍に対し財政的支援を提供する新特別協定が締結されたことを歓迎した。

◇日米間の安全保障面の関係に基づく二国間協力

5　総理大臣と大統領は、この極めて重要な安全保障面での関係の信頼性を強化することを目的として、以下の分野での協力を前進させるために努力を払うことで意見が一致した。

（a）両国政府は、両国間の緊密な防衛協力が日米同盟関係の中心的要素であることを認識した上で、緊密な協議を継続することが不可欠であることで意見が一致した。両国政府は、国際情勢、とりわけアジア太平洋地域についての情報及び意見の交換を一層強化する。同時に、国際的な安全保障情勢において起こりうる変化に対応して、両国政府の必要性を最も良く満たすような防衛政策並びに日本における米軍の兵力構成を含む軍事態勢について引き続き緊密に協議する。

（b）総理大臣と大統領は、日本と米国との間に既に構築されている緊密な協力関係を増進するため、一九七八年の「日米防衛協力のための指針」の見直しを開始することで意見が一致した。

両首脳は、日本周辺地域において発生しうる事態で日本の平和と安全に重要な影響を与える場合における日米間の協力に関する研究をはじめ、日米間の政策調整を促進する必要性につき意見が一致した。

（c）総理大臣と大統領は、「日本国の自衛隊とアメリカ合衆国軍隊との間の後方支援、物品又は役務の相互の提供に関する日本国政府とアメリカ合衆国政府との間の協定」が一九九六年四月一五日署名されたことを歓迎し、この協定が日米間の協力関係を一層促進するものとなるよう期待を表明した。

（d）両国政府は、自衛隊と米軍との間の協力のあらゆる側面における相互運用性の重要性に留意し、次期支援戦闘機（F－2）等の装備に関する日米共同研究開発をはじめとする技術と装備の分野における相互交流を充実する。

（e）両国政府は、大量破壊兵器及びその運搬手段の拡散は、両国の共通の安全保障にとり重要な意味合いを有するものであることを認識した。両国政府は、拡散を防止するため共に行動していくとともに、既に進行中の弾道ミサイル防衛に関する研究において引き続き協力を行う。

6　総理大臣と大統領は、日米安保体制の中核的要素である米軍の円滑な日本駐留にとり、広範な日本国民の支持と理解が不可欠であることを認識した。両首脳は、両国政府が、米軍の存在と地位に関連する諸問題に対応するためあらゆる努力を行うことで意見が一致した。両首脳は、また、米軍と日本の地域社会との間の相互理解を深めるため、一層努力を払うことで意見が一致した。

特に、米軍の施設及び区域が高度に集中している沖縄について、総理大臣と大統領は、日米安保条約の目的との調和を図りつつ、米軍の施設及び区域を整理し、統合し、縮小するために必要な方策を実施する決意を再確認した。このような観点から、両首脳は、「沖縄に関する特別行動委員会」（SACO）を通じてこれまで得られた重要な進展に満足の意を表するとともに、一九九六年四月一五日のSACO中間報告で示された広範な措置を歓迎した。両首脳は、一九九六年一一月までに、SACOの作業を成功裡に結実させるとの確固たるコミットメントを表明した。

◇地域における協力

7　総理大臣と大統領は、両国政府が、アジア太平洋地域の安全保障情勢をより平和的で安定的なものとするため、共同でも個別にも努力することで意見が一致した。これに関連して、両首脳は、日米間の安全保障面の関係に支えられたこの地域への米国の関与が、こうした努力の基盤となっていることを認識した。両首脳は、この地域における諸問題の平和的解決の重要性を強調した。両首脳は、この地域の安定と繁栄にとり、中国が肯定的かつ建設的な役割を果たすことが極めて重要であることを強調し、この関連で、両国は中国との協力を更に深めていくことに関心を有することを強調した。ロシアにおいて進行中の改革のプロセスは、地域及び世界の安定に寄与するものであり、引き続き慫慂し、協力するに足るものである。両首脳は、また、アジア太平洋地域の平和と安定にとり、東京宣言に基づく日露関係の完全な正常化が重要である旨述べた。両者は、朝鮮半島の安定が日米両国にとり極めて重要であることにも留意し、そのために両国が、韓国と緊密に協力しつつ、引き続きあらゆる努力を払っていくことを再確認した。

総理大臣と大統領は、ＡＳＥＡＮ地域フォーラムや、将来的には北東アジアに関する安全保障対話のような、多数国間の地域的安全保障についての対話及び協力の仕組みを更に発展させるため、両国政府が共同して、及び地域内の他の国々と共に、作業を継続することを再確認した。

◇**地球的規模での協力**

8　総理大臣と大統領は、日米安保条約が日米同盟関係の中核であり、地球的規模の問題についての日米協力の基盤たる相互信頼関係の土台となっていることを認識した。

総理大臣と大統領は、両国政府が平和維持活動や人道的な国際救援活動等を通じ、国際連合その他の国際機関を支援するための協力を強化することで意見が一致した。

両国政府は、全面的核実験禁止条約（ＣＴＢＴ）交渉の促進並びに大量破壊兵器及びその運搬手段の拡散の防止を含め、軍備管理及び軍縮等の問題についての政策調整及び協力を行う。両首脳は、国連及びＡＰＥＣにおける協力や北朝鮮の核開発問題、中東和平プロセス及び旧ユーゴースラヴィアにおける和平執行プロセス等の問題についての協力を行うことが、両国が共有する利益及び基本的価値が一層確保されるような世界を構築する一助となるとの点で意見が一致した。

◇**結語**

9　最後に、総理大臣と大統領は、安全保障、政治及び経済という日米関係の三本の柱は全て両国の共有する価値観及び利益に基づいており、また、日米安保条約により体現された相互信頼の基盤の上に成り立っているとの点で意見が一致した。総理大臣と大統領は、二一世紀を目前に控え、成功を収めてきた安全保障協力の歴史の上に立って、将来の世代のために平和と繁栄を確保すべく共に手を携えて行動していくとの強い決意を再確認した。

資料Ⅱ・13

平成新憲法

一九九六年四月

木村睦男

［出典］『平成の逐条新憲法論』一九九六年五月、善本社

コメント

1．この案は、岸信介の後を継いで、自主憲法期成議員同盟の会長に就任していた木村睦男の作成した改憲案である。伝統的な改憲派の案であるにもかかわらず、九〇年代以降の現代改憲のねらいがこうした案にまで貫徹していることを示している点で注目される。

2．この案の注目すべき点は、以下の諸点である。

まず第一に、憲法九条関係では、自衛軍の保持規定とともに、第一一条で、「国際平和と安全を維持するため、国際連合が集団安全保障措置をとる決議をし、我が国が協力する必要があると認めた場合」自衛軍を海外に派遣できるという規定を置いて、自衛権によらない海外出動の場合をも正当化している点が注目される。

第二に、この案は天皇の統合機能の強化を図り、また国民の義務規定を入れ、さらに表現の自由についてはわざわざ「国の安全、公の秩序」によって制限を受ける旨を規定している点、さらに日本国憲法にある詳細な刑事手続き的人権を削減している点に見られるように、五〇年代型改憲派の共通要求を掲げているが、ここにすら、知る権利やプライバシーの権利（私事不可侵という形で）が入っている点で、現代的な色彩の投影が見られることが注目される。

第三に、国会を一院制としていること、憲法改正規定から国民投

票を外していることなど、全体として統治構造の改正の点でも、伝統的保守派の改憲論と同様であるが、そこに、憲法裁判所の設置構想が加わっている点は、おそらく、統治の迅速化という思惑からであろうが、現代改憲の影響をみてとることができる。

第一章　天　皇

第一条【天皇の地位】
天皇は、日本国の歴史と伝統に基づき、世襲せられた国家の元首であって、日本国を代表する。

第二条【国民主権】
皇位は、主権の存する日本国民の総意に基づき国民統合の象徴である。

第三条【皇位継承、元号】
① 皇位は世襲であって、皇室典範の定めるところによる。
② 皇位の継承に際しては元号を定める。

第四条【天皇の国事行為の委任と内閣の助言】
① 天皇の、この憲法に定める国事行為には、内閣の助言を必要とし、内閣がすべてその責任を負う。
② 天皇は、国事に関する行為を、法律の定めるところにより、世嗣の資格者に委任することができる。

第五条【摂政】
皇室典範の定めるところにより、摂政を置くときは、摂政は、天皇の名で国事に関する行為を行う。

第六条【天皇の任命権】
① 天皇は、国会の指名に基づいて内閣総理大臣、および憲法裁判所の長たる裁判官を任命する。
② 天皇は、内閣の指名に基づいて、最高裁判所の長たる裁判官を任命する。
③ 天皇は内閣総理大臣の奏請に基づき国務大臣を任命する。

第七条【天皇の国事行為】
天皇は、前条に定める行為のほか、左の行為を行う。
一　憲法改正、法律、政令および条約を公布すること。
二　国会を召集すること。
三　国会を解散すること。
四　国会議員の選挙の施行を公示すること。
五　法律の定める国家公務員の任免状、ならびに全権委任状、および大使および公使の信任状に親署し、およびこれを授与すること。
六　外国の大使および公使を接受すること。
七　条約を批准し、および法律の定めるその他の外交文書に親署すること。
八　非常事態を宣言すること。
九　大赦、特赦、減刑、刑の執行免除および復権を行うこと。
十　栄典を授与すること。
十一　祭祀その他儀式を行うこと。
前各号のほか、皇位に伴う行為を行う。

第二章　安全保障

第八条【国際秩序の尊重、戦争の否認】
日本国は、国際平和を誠実に希求し、自衛の場合を除き、国際紛争解決のため、あらゆる武力行為、および国権の発動による戦争を否認する。

第九条【条約および国際法規の遵守】
日本国が締結した条約、および確立された国際法規は、誠実に遵守する。

第十条【自衛軍の保持】

① 日本国は、国の平和と独立、および国民の基本的人権を守るため、自衛軍を保持する。
② 自衛軍の編成、指揮、監督は、内閣総理大臣の権限に属する。
③ 内閣総理大臣は、自衛軍の出動を命ずるときは、国会の同意を得なければならない。ただし、緊急やむを得ない場合は、出動後、一カ月以内に国会の承認を求めなければならない。

第十一条【国際協力と自衛軍の海外派遣】

国際平和と安全を維持するため、国際連合が集団安全保障措置をとる決議をし、わが国が協力する必要があると認めた場合、内閣総理大臣は国会の承認を経て、自衛軍を海外に派遣することができる。国会閉会中の場合は、派遣後、一カ月以内に国会の承認を得なければならない。

第三章　国民の権利および義務

第十二条【国民の要件】

日本国民たる要件は法律で定める。

第十三条【基本的人権の享有と濫用の禁止】

① この憲法が定めるすべての基本的人権は、固有の権利として、国民に保障される。
② 国民はこの権利を、常に公共の福祉のために活用し、これを濫用してはならない。

第十四条【法の前の平等、栄典】

① すべての国民は、法の前に平等である。
② 国民は、国が規制する国民生活のすべてにわたり、人種、性別、信条、社会的地位により差別されない。
③ 栄誉、勲章、その他栄典の授与は、これを受ける者の一代限りとする。

第十五条【思想および良心の自由】

思想および良心の自由は、侵してはならない。

第十六条【学問の自由】

学問の自由は、これを保障する。

第十七条【信教の自由】

① 何人も信教の自由を有する。
② 何人も、公共の福祉に反しない限り、宗教上の行為または儀式に参加する自由を有する。

第十八条【国、公共団体の宗教活動の禁止】

① 国、および地方公共団体は、宗教教育、その他いかなる宗教活動もしてはならない。
② いかなる宗教団体も、国から特権を受け、または政治上の権力を行使してはならない。

第十九条【公金の支出、公の財産の利用の制限】

国は公金、その他公の財産を、宗教上の団体のために支出または使用に供してはならない。

第二十条【集会・結社・表現の自由、通信の秘密】

① 集会、結社、および言論出版その他一切の表現の自由は、これを保障する。
② これらの自由は、国の安全、公の秩序、または個人の権利と名誉を損なうものでない限り制限してはならない。
③ 検閲は、これをしてはならない。
④ 通信の秘密は、これを侵してはならない。

第二十一条【居住、移転、職業選択の自由】

何人も公共の福祉に反しない限り、居住、移転、および職業選択の自由を有する。

第二十二条【婚姻、家庭】

① 結婚は、男女の合意のもとに成立し、夫婦は同等の権利を有し、相

互の協力により家庭を維持しなければならない。
② 家庭における夫婦の住居、財産権等に関し、法律は、家庭生活が幸福で豊かであるよう配慮して制定されなければならない。

第二十三条【財産権】
① 財産権は、これを保障する。
② 財産権の内容は、公共の福祉に適合するよう法律で定める。
③ 私有財産は、正当な補償のもとに、これを公共のために用うることができる。

第二十四条【外国移住、国籍離脱の自由】
何人も外国に移住しまたは国籍を離脱する自由を保障される。

第二十五条【生存権】
① すべて国民は、健康で文化的な生活を営み、生存する権利を有する。
② 国は社会福祉、社会保障、および公衆衛生の向上と、良好な環境の保全に努めなければならない。

第二十六条【教育の権利と義務】
① 日本国民は法律の定めるところにより、その能力に応じ、ひとしく教育を受ける権利を有する。
② すべて国民は法律の定めるところにより、その保護する子女に普通教育を受けさせる義務を負う。
③ 義務教育は、これを無償とする。

第二十七条【知る権利、私事不可侵】
① 知る権利は、何人に対しても保障する。
② 何人も、私事に対する侵害は守られなければならない。

第二十八条【勤労の権利と義務、児童酷使の禁止】
① すべて国民は勤労の権利を有し義務を負う。
② 児童は、これを酷使してはならない。

第二十九条【勤労者の団結権】
勤労者の団結する権利、および団体交渉その他の団体行動をする権利はこれを保障する。

第三十条【刑事被告人の権利】
① 刑事被告人は、公平にして迅速な公開裁判を受ける権利を有する。
② 刑事被告人は、すべての証人に対し審問する機会が与えられ、また自己のために強制的手続により、公費で証人を求める権利を有する。
③ 刑事被告人は、弁護士を依頼する権利を有し、被告人が自ら依頼することができない場合は、国がこれを付さなければならない。

第三十一条【請願権】
① 何人も、損害の救済、公務員の罷免、および法令の制定、廃止、または改正その他の事項に関し、平穏に請願する権利を有する。
② 何人も請願したために、いかなる差別待遇も受けない。

第三十二条【国家防衛の義務】
国民は法律の定めるところにより、国家防衛の義務を負う。

第三十三条【納税の義務】
国民は法律の定めるところにより納税の義務を負う。

第三十四条【法を守る義務】
国民は、憲法および法律を遵守する義務を負う。

第四章　国　会

第三十五条【国会の地位、権限】
国会は国民を代表する立法府であって、左の権限のほか、この憲法および法律の定める権限を行う。
一　立法権
二　予算の議決権
三　条約の承認権
四　国政の調査権

第三十六条【一院制】
国会は国民によって選挙された議員で組織する一院をもって構成する。

第三十七条【議員の定数および任期】
① 議員の定数は法律で定める。
② 議員の任期は四年とする。ただし国会解散の場合には、その時をもって終了する。

第三十八条【議員および選挙人の資格】
議員およびその選挙人の資格は法律で定める。ただし人種、宗教、性別、社会的身分、財産、教育による差別をしてはならない。

第三十九条【選挙に関する事項】
選挙区の区割り、投票の方法、その他選挙に関する事項は法律で定める。

第四十条【議員の歳費】
議員は法律の定めるところにより、国庫から相当額の歳費を受ける。

第四十一条【議員の不逮捕特権】
議員は現行犯および法律の定める場合を除いては、国会の会期中逮捕されず、会期前に逮捕された議員は国会の要求があれば、会期中釈放しなければならない。

第四十二条【議員の発言・表決の無責任】
議員は国会で行った演説、討論または表決について国会外で責任を問われない。

第四十三条【資格争訟の裁判】
国会は、議員の資格に関する争訟を裁判する。ただし、議員の資格を失わせるには、出席議員の三分の二以上の多数による議決を必要とする。

第四十四条【常会】
国会の常会は毎年一回これを召集する。

第四十五条【臨時会】
内閣は、国会の臨時会の召集を決定することができる。この場合、議員の四分の一以上から要求があれば、内閣はその召集を決定しなければならない。

第四十六条【特別会】
国会が解散されたときは、解散の日から四十日以内に総選挙を行い、その選挙の日から三十日以内に、内閣は国会を召集しなければならない。

第四十七条【緊急措置】
① 内閣は国会解散中、緊急非常の事態が発生した場合は、内閣の責任において、臨時に必要な措置をとることができる。
② この場合、次の国会開会後十日以内に、国会の同意を求めなければならない。同意が得られない場合はその効力を失う。

第四十八条【定足数、表決方法】
① 国会は、総議員の三分の一以上の出席がなければ、議事を開き、議決することができない。
② 国会の議事は、この憲法に特別の定めのある場合を除き、出席議員の過半数で決し、可否同数のときは議長の決するところによる。

第四十九条【会議の公開、会議録、表決の記録】
① 国会の会議は、公開とする。ただし、出席議員の三分の二以上の多数で議決すれば、秘密会を開くことができる。
② 国会は、会議の記録を保存し、秘密会の記録の中で、特に秘密を要すると認められるもの以外は、これを公表し、かつ一般に頒布しなければならない。
③ 出席議員の五分の一以上の要求があれば、各議員の表決は、これを会議録に記載しなければならない。

第五十条【役員の選任、議院規則・懲罰】
① 国会は、議長その他の役員を選任する。
② 国会は、会議その他の手続および内部の規律に関する規則を定め、

また国会内の秩序を乱した議員を懲罰することができる。ただし議員を除名するには出席議員の三分の二以上の議決を必要とする。

第五十一条【国政調査権】

国会は、国政に関する調査を行い、これに関して証人の出頭、および証言、ならびに記録の提出を要求することができる。

第五十二条【閣僚の国会出席の特別義務】

内閣総理大臣その他国務大臣は、国会に議席を有すると否とにかかわらず、いつでも議案について発言するため、国会に出席することができる。また、答弁あるいは説明のため出席を求められたときは出席しなければならない。

第五十三条【弾劾裁判所】

① 国会は、罷免の訴追を受けた裁判官を裁判するため、国会議員で組織する弾劾裁判所を設ける。

② 弾劾に関する事項は、法律でこれを定める。

第五章　内　閣

第五十四条【行政権】

行政権は内閣に属する。

第五十五条【内閣の組織】

① 内閣は、法律の定めるところにより、内閣総理大臣およびその他の国務大臣で組織する。

② 内閣は、行政権の行使につき国会に対し連帯して責任を負う。

第五十六条【内閣総理大臣の指名】

内閣総理大臣は、国会議員の中から国会の議決で指名する。この指名は、他のすべての案件に先立って行う。

第五十七条【国務大臣の任免】

国務大臣の任命の奏請および罷免は、内閣総理大臣の権限に属する。ただし任命については、その過半数を国会議員の中から選ばなければならない。

第五十八条【内閣総理大臣の職務】

内閣総理大臣は、内閣を代表して議案を国会に提出し、一般国務および外交関係について国会に報告し、ならびに行政各部を指揮監督する。

第五十九条【内閣の職務】

① 内閣は一般行政事務の外、次の事務を行う。

一　法律を誠実に執行し、国務を総理する。

二　法律の規定を実施するため、政令を制定すること。ただし政令には、特にその法律の委任がある場合を除いては、罰則を設けることができない。

三　外交関係を処理する。

四　条約を締結する。ただし事前もしくは事後に国会の承認を経なければならない。

五　法律の定めるところに従い、国家公務員に関する事務を掌理する。

六　予算を作成し国会に提出する。

七　大赦、特赦、減刑、刑の執行の免除および復権を決定する。

② 法律および政令には、すべて主任の国務大臣が署名し、内閣総理大臣が連署する。

第六十条【国務大臣の特権】

国務大臣は内閣総理大臣の同意がなければ訴追されない。

第六章　憲法裁判所

第六十一条【憲法裁判所】

① 憲法裁判所は、もっぱら憲法に関する判断を行う特別の裁判所である。

② 憲法裁判所の裁判官の定数は十一名とし、任期は十年とする。

③　憲法裁判所の訴追に関する、手続その他必要事項は法律で定める。

第六十二条【憲法裁判所の権限】

憲法裁判所は次の権限を有する。

①　条約、法律、命令、規則または処分について、内閣または国会議員の三分の二以上の申し立てがあった場合に、法律の定めるところにより憲法に適合するかしないかを審判する。

②　具体的訴訟事件で、最高裁判所または下級裁判所が求める事項について、法律の定めるところにより憲法に適合するかしないかを審判する。

③　具体的訴訟事件の当事者が、最高裁判所の憲法判断に異議がある場合、法律の定めるところにより、その異議申し立てについて審判する。

第六十三条【判決の効力】

憲法裁判所が、条約、法律、命令、規則または処分について、憲法に適合しないと決定した場合には、法律の定める場合を除き、何人もその決定に拘束される。

第六十四条【裁判官の任命、報酬】

①　憲法裁判所は、その長たる裁判官およびその他十人の裁判官で構成し、裁判官は国会の指名に基づき、長官以外の裁判官は内閣が任命する。

②　裁判官は、定期的に相当額の報酬を受ける。この報酬は在任中減額されない。

第七章　司　法

第六十五条【司法権と裁判所、裁判官の独立】

①　司法権は、最高裁判所および法律により設置される下級裁判所に属する。

②　行政機関は、終審として裁判を行うことはできない。

③　裁判官は、法律に定められた資格を有し独立してその職権を行い、憲法および法律にのみ拘束される。

第六十六条【最高裁判所の規則制定権】

①　最高裁判所は、訴訟手続、裁判所の内部規律、および司法事務処理に関し、規則制定の権限を有するとともに、この権限を下級裁判所に委任することができる。

②　検察官は最高裁判所の定める規則に従わなければならない。

第六十七条【最高裁判所の構成、裁判官の任命】

①　最高裁判所は、長官、および内閣が任命する法定数の裁判官で構成する。

②　下級裁判所の裁判官は、最高裁判所が作成する候補者名簿の中から、内閣が任命する。

第六十八条【裁判官の身分保障、定年、報酬】

①　裁判官は、心身の障害により、職務執行が不可能の旨裁判で決定されるか、もしくは法律による弾劾手続によるのでなければ罷免されない。

②　裁判官は、法律の定める年齢に達したとき退官する。

③　裁判官は、定期に相当額の報酬を受ける。この報酬は在任中減額されない。

第六十九条【裁判の公開】

①　裁判の対審および判決は、公開の法廷で行わなければならない。

②　裁判所が、裁判官の全員一致で公の秩序または善良の風俗を害するおそれがあると決定した場合は、対審は非公開で行うことができる。

第八章　財　政

第七十条【財政処理の基本原則】

国の財政は、国会の議決に基づき内閣が処理する。

第七十一条【予算】

内閣は、毎会計年度の予算を作成し、国会に提出して議決を経た後、執行しなければならない。

第七十二条【租税】

あらたに租税を課し、またはこれを変更するには、法律によらなければならない。

第七十三条【国費の支出、債務負担】

国費を支出し、または国が債務を負担するには、国会の議決によらなければならない。

第七十四条【予備費】

内閣は、予見し難い予算の不足に充てるため、国会の議決に基づき予備費を計上し、これを支出した場合、事後に国会の承認を得なければならない。

第七十五条【皇室の財産、費用】

① すべて皇室財産は国に属し、その増減については法律で定めるところによる。

② すべて皇室費用は、予算に計上して国会の議決を経なければならない。

第七十六条【暫定予算】

① 内閣は、会計年度開始後の予算の不成立に備え、必要により一定期間に係る暫定予算を作成し、国会に提出しなければならない。

② 暫定予算は予算の成立によりその効力を失う。

第七十七条【継続費】

内閣は、工事、事業等で完成に一年以上を要するものについては、あらかじめ国会の議決を経て、数年度にわたり国費を支出することができる。

第七十八条【増額修正の禁止等】

① 国会における予算審議の際、増額修正は認められない。

② 国会において、議員による予算を伴う立法は、認められない。

第七十九条【決算、会計検査院】

① 国の収入支出の決算は、毎年会計検査院が検査し、内閣は次の年度にその検査報告とともに、これを国会に提出しなければならない。

② 会計検査院の組織および権限は、法律で定める。

第九章　地方自治

第八十条【地方自治の基本】

地方公共団体の組織および運営に関しては、地方自治の本旨に基づいて法律で定める。

第八十一条【地方公共団体の権能】

地方公共団体は、財産を管理し、事務を処理し、および行政を執行するとともに、法律の範囲内で条例を制定することができる。

第八十二条【地方公共団体の機関、選挙】

① 地方公共団体は、法律の定めるところにより、議事機関として議会を設置する。

② 地方公共団体の長、およびその議会の議員は、その団体の住民が直接選挙する。

第八十三条【特別法の住民投票】

特定の地方公共団体のみに適用されることを目的とした法律案は、法律によるその地方公共団体の住民投票による過半数の同意が得られなければ、法律とならない。

第十章　改　正

第八十四条【憲法の改正、公布】

① 憲法の改正は、国会議員または内閣が発議し、国会において総議員

の三分の二以上の賛成で議決しなければならない。

② 憲法改正につき前項の議決を経たときは、天皇は直ちにこれを公布する。

資料Ⅱ・14

「平成日本国憲法」私案〈抄〉

一九九六年五月

愛知和男（衆議院議員）

［出典］憲法会議『月刊憲法運動』一九九六年六、七月号

コメント

1. この案は、愛知和男が、新進党議員時代に作り公表した改憲案である。全体としては、読売案（⇩Ⅱ・10）の影響を受け、かつ新進党憲法問題調査会の中間報告（⇩Ⅱ・15）を具体化したかたちとなっている。その意味で、現代改憲のねらいに沿った案の一つということができる。しかし、この案は新進党が解党してしまったこともあって、大きな政治的影響はもたなかった。

2. 本改憲案の注目すべき特徴は、以下の諸点である。

第一に、天皇の章を第二章に下げ、第一章に「国家統治原則」を置いている点は、読売案と同様の発想に基づくといえる。

ただし第一一条で天皇の準国事行為なる条を設け、伝統儀式の執行など、従来解釈上疑義があり「公的行為」といわれてきた領域の行為を広く憲法上天皇の行為として明記している点は、天皇の統合力の強化を図るねらいをもったこの案独自の規定であり、注目される。

第二に、九条関係では、読売案にならって、一方で侵略に対する国家防衛組織の創設を謳うとともに、「確立された国際機構の運営及び活動に」この国家防衛組織を使用できる規定（第一四条三項）を置いている。これは、愛知案が、二一世紀の日本の国際的あり方という点から軍事大国化を正当化しようというねらいに基づくもの

である。

しかし、愛知案が読売案を踏襲したために、同じころ、自衛隊の海外出動の主たる形態として日米同盟強化による米軍の後方支援方式が有力となり、それとともに集団的自衛権に基づく海外派兵の正当化が重要な形態となりつつある事態に変わりつつあることにはうまく対応できていないことが注目される。

第三に、愛知案も、憲法が社会に適合しなくなったから刷新するという改憲理由の正当化論を前面に出していることから、人格権、集会結社の自由、障害者等に対する国の配慮義務、環境権、デュー・プロセス条項など、人権カタログを充実させている。

第四に、衆議院と参議院の役割分担の明確化による法案審議等の迅速化、いわゆる統治行為については最高裁が憲法判断を回避できるという規定など、全体として迅速な執行体制の確立をめざす改正が行われているが、憲法裁判所案などは採用されていない。憲法裁判所は、迅速な統治には障害となるという判断がなされてのことであろう。

3．なお、本案はあまりにも膨大にわたるので、第四章、第五章を省いて収録した。

前文

日本国民は、日本国の意志を最終的に決定する。国政は正当に選挙された国民の代表者が、国民の信託によってこれにあたる。

日本国民は、人類存続の基盤たる地球環境を守るとともに、人類同士の争いを防止し、われわれに続く世代に平和にして安全で繁栄した世界を残すために、国境を初めとするあらゆる境界を超えて、世界の人々と力を合わせ、努力することを誓う。

日本国民は、人間としての基本的特性が尊重される社会、並びに、人間と人間以外のものが共生する社会の建設に努める。

日本国民は、日本民族の永い歴史と伝統を誇りに思うと同時に、他民族のそれに対して敬意を払う。

日本国民は、国造りにあたっては、祖先から受け継いだ国土と伝統を守り、その上に新たな伝統を築いていく。

第一章　国家統治原則

第一条　統治の正統性

① 国家統治に関する総ての権力は、国民に由来する。

第二条　統治の主体

① 国家統治に関する総ての権力は、国民によって行使される。

② 国民は、権力の行使に際して、正当な選挙を経た国会における代表を通じてこれを行う。

③ 前項の場合の他、憲法改正の際の国民投票、もしくは憲法第七十一条に定める国民投票において、国民は、国家統治に関する最終的な意志を決定する。

第三条　国民の条件

① 日本国民であるための条件は、法律によって、これを定める。

第二章　天皇

第四条　天皇の地位

① 天皇は、日本国の元首である。

② 天皇は、対外的に日本国を代表するとともに、日本国の伝統、文化、及び国民の統合を象徴する。

③ 天皇の地位は、国民の総意に基づく。

第五条　皇位の継承

① 皇位は、世襲のものである。
② 皇位の継承は、国会の承認した皇室典範の定めることによって、性別にかかわりなく皇統に属する者が、これを行う。

第六条 国政との関係

① 天皇は、国政に関する一切の権能を有しない。

第七条 国事行為の原則

① 天皇は、憲法の定める国事に関する行為を行う。
② 天皇は、国事に関する行為を行うにあたって、内閣の助言と承認を受ける。天皇の国事に関する行為については、内閣が責任を負う。
③ 天皇は、法律の定めるところによって国事に関する行為を委任することができる。

第八条 摂政

① 天皇が成年に達しない場合、もしくは皇室典範が定める場合には、摂政を置くことができる。
② 摂政の行為は、前条の規定を準用する。

第九条 三権の長の任命

① 天皇は、衆議院の指名に基づき、内閣総理大臣を任命する。
② 天皇は、衆議院の指名に基づき、衆議院議長を任命するとともに、参議院の指名に基づき、参議院議長を任命する。
③ 天皇は、内閣の指名に基づき、最高裁判所長官を任命する。

第十条 国事行為の内容

① 天皇は、次に定める国事に関する行為を行う。

一、外国の大使及び公使の信任状を受領すること。
二、全権委任状、外国の大使及び公使の信任状、批准書、及び法律に定めるその他の外交文書を認証すること。
三、憲法改正、法律、政令及び条約を公布すること。
四、国会を召集すること。
五、衆議院を解散すること。
六、衆議院議員の総選挙及び参議院議員の通常選挙を公示すること。
七、憲法七十一条に規定された国民投票の施行を公示すること。
八、国務大臣及び法律の定める他の公務員の任免を認証すること。
九、恩赦、刑の減免及び復権を認証すること。
十、栄典の授与を行うこと。
十一、儀式を行うこと。

第十一条 天皇の準国事行為

① 前条に規定する国事行為の他、次に掲げるように、天皇が、元首として対外的に日本国を代表し、日本国の文化、伝統、国民統合を象徴するために必要な一切の行為は、国事行為に準ずるものとする。

一、即位の礼、婚姻の礼、大喪の礼その他の皇室に固有の伝統儀式
二、外国の国家元首及び賓客の歓待
三、前二号に付随し関連する一切の行為

② 天皇が元首としての地位と尊厳を保つための条件は、国政の上で、特段の配慮を必要とする。

第十二条 皇室の財産

① 皇室の財産は、国庫に属する。皇室に関わる総ての費用は、予算案に計上し国会の議決を得なければならない。

第三章 安全保障及び対外関係

第十三条 世界平和の理念

① 日本国民は、武力紛争、抑圧、飢餓、貧困、環境破壊といった人類の災禍が地球上から除去されることを希望する。
② 前項の目的を達するため、日本国は、正義に基づく国際秩序の形成、維持、発展に主導的な役割を果たすように努めるとともに、確立された国際機構の運営及び活動には責任ある立場で積極的に参画する。

第十四条　国家防衛組織

① 日本国は、自らの独立と安全を守り、急迫不正の侵略に対しては、これに対抗し国家を防衛する権利を有する。

② 前項の目的を達成するため、日本国は、国家防衛組織を持つものとする。

③ 日本国は、前条第二項の目的を達成するため必要と認められた場合においては、諸外国との協調と合意を得た上で、国家防衛組織を使用することができる。

④ 国家防衛組織の最高の指揮監督権は、内閣総理大臣に帰属する。

第十五条　地球安全保障

① 人類に対する直接の殺傷でなくとも、中長期的に地球環境を破壊し、地球の安全を脅かすような行為は、これを認めない。

第十六条　国際法規の遵守

① 日本国が自ら締結した条約及び確立された国際法規は、これを誠実に遵守することを必要とする。

第四章　国民の権利及び義務《略》

第五章　立法権《略》

第六章　行政権

第七十五条　行政権の所在

① 行政権は内閣に帰属する。

② 行政権は、法律、命令、規則または処分に基づいて、内閣がこれを行使する。

第七十六条　内閣の組織

① 内閣は、法律の定めるところにより、内閣総理大臣及びその他の国務大臣で、これを組織する。

② 内閣総理大臣は、内閣を代表し、国務大臣を統率する。

③ 内閣総理大臣及びその他の国務大臣は、憲法第十四条第二項に規定される国家防衛組織に属する者であってはならない。

④ 内閣は、行政権の行使について、国会に対し連帯して責任を負う。

第七十七条　内閣総理大臣の指名、衆議院の優越

① 内閣総理大臣は、衆議院議員の中から衆議院の議決で、これを指名する。この指名は、他の総ての案件に先立って、これを行う。

第七十八条　国務大臣の任命及び罷免

① 内閣総理大臣は、国務大臣を任命する。国務大臣の過半数は、国会議員の中から選ばなければならない。

② 内閣総理大臣は、国務大臣を任意に罷免することができる。

第七十九条　内閣の解散権、内閣不信任決議の効果

① 内閣は、衆議院を解散することができる。

② 内閣は、衆議院で不信任の決議案が可決され、または信任の決議案が否決されたときは、十日以内に衆議院を解散しない限り、総辞職しなければならない。

第八十条　内閣総理大臣の不在、新国会の召集と内閣の総辞職

① 内閣総理大臣が欠けたとき、または衆議院議員総選挙の後に初めて国会の召集があったとき、内閣は総辞職しなければならない。

第八十一条　総辞職後の内閣

① 前二条の場合には、内閣は、あらたに内閣総理大臣が任命されるまで、引き続き憲法の定める職務を行う。

② 前項の場合、内閣は、衆議院を解散することができない。

第八十二条　内閣総理大臣の職務

① 内閣総理大臣は、内閣を代表して法律案、予算案その他の議案を国会に提出し、一般国務及び外交関係について国会に報告する。

第八十三条　内閣総理大臣の統括権

① 内閣総理大臣は、行政各部を統括する。

第八十四条　内閣総理大臣の臨時代理

① 内閣総理大臣に事故あるとき、または内閣総理大臣が欠けたときは、次の序列に従って、内閣総理大臣の職務を代行するものとする。

一、内閣総理大臣首席臨時代理

二、内閣総理大臣次席臨時代理

三、衆議院議長

② 前項の規定に基づき、内閣総理大臣は、国務大臣の中から首席臨時代理及び次席臨時代理を予め指名するものとする。

第八十五条　内閣の職務

① 内閣は、一般の行政事務の他に、次の事務を行う。

一、法律を誠実に実行し、行政事務を統括管理すること。

二、外交関係を処理すること。

三、条約を締結すること。ただし、事前に、場合によっては事後に国会の承認を経ることを必要とする。

四、法律の定める基準に従い、公務員に関する事務を掌理すること。

五、国会を召集すること。

六、予算案を作成し、国会に提出すること。

七、憲法及び法律の規定を実施するために、政令を制定すること。ただし、政令には、特にその法律の委任がある場合を除いては、罰則を設けることができない。

八、恩赦、刑の減免及び復権を決定すること。

九、栄典の授与を決定すること。

第八十六条　行政情報の公開原則

① 内閣は、次に掲げる場合を除き、その統括する行政各部の情報について、これを一定の年限が経過した後に公開しなければならない。

一、国家の安全保障を脅かすおそれのあるとき。

二、公共の秩序を害するおそれのあるとき。

三、善良の風俗を害するおそれのあるとき。

四、関係当事者の人格を害し、その私生活上の利益を害するおそれのあるとき。

② 前項の規定に基づき、行政情報の公開に関する手続きは、法律でこれを定める。

第八十七条　国家非常事態命令

① 内閣総理大臣は、国家の独立と安全保障、または国民の生命、身体もしくは財産に切迫した影響を及ぼす緊急事態が発生した場合において、国家非常事態命令を発動することができる。

② 前項の場合、内閣総理大臣は、国家非常事態命令の発動の後、十五日以内に国会の承認を得なければならない。国家非常事態命令の延長は、国会の承認を得られなければ、これを認めない。

第八十八条　国務大臣の特典

① 国務大臣は、その在任中、内閣総理大臣の同意がなければ、訴追されない。

② 前項を根拠としては、国務大臣を訴追する権利が害されることはない。

第七章　司法権

第八十九条　司法権の所在

① 司法権は、最高裁判所及び法律の定めるところにより設置される下級裁判所に属する。

第九十条　特別裁判所の禁止、行政機関の裁判

① 特別裁判所は、これを設置することができない。

② 行政機関は、終審としての裁判を行うことができない。

第九十一条　法令審査権

① 最高裁判所は、一切の法律、命令、規則または処分が憲法に適合するかしないかを判断する権限を有する終審裁判所である。
② 前項の規定にかかわらず、最高裁判所は、高度の政治性を帯びた案件については、憲法に適合するかしないのかの判断を回避することができる。

第九十二条 国会、内閣、裁判所及び地方公共団体の法令審査権尊重義務
① 前条の規定に基づき、最高裁判所が、法律、命令、規則または処分について、憲法に適合しないとの判断を下した場合には、内閣、裁判所及び地方公共団体は、その法律、命令、規則または処分の適用を停止しなければならない。
② 国会は、憲法に適合しないと判断された法律、命令、規則または処分について、これを速やかに改廃しなければならない。

第九十三条 最高裁判所の裁判官、任期、定年、報酬
① 最高裁判所は、その長たる裁判官及び法律の定める定員数のその他の裁判官で、これを組織する。
② 最高裁判所の長たる裁判官以外の最高裁判所裁判官は、内閣が、これを任命する。
③ 最高裁判所の裁判官は、任期を五年とし、再任されることができる。
④ 最高裁判所の裁判官は、法律の定める年齢に達した時に退官する。
⑤ 最高裁判所の裁判官は、総て定期に相当額の報酬を受ける。この報酬は、在任中、これを減額することができない。

第九十四条 下級裁判所の裁判官、任期、定年、報酬
① 下級裁判所の裁判官は、最高裁判所の指名した者の名簿に依り、内閣が、これを任命する。
② 下級裁判所の裁判官は、任期を十年とし、再任されることができる。
③ 下級裁判所の裁判官は、法律の定める年齢に達した時に退官する。
④ 下級裁判所の裁判官は、総て定期に相当額の報酬を受ける。この報酬は、在任中、これを減額することができない。

第九十五条 最高裁判所の規則制定権
① 最高裁判所は、訴訟に関する手続き、弁護士、裁判所の内部規律及び司法事務処理に関する事項について、規則を制定する権限を有する。
② 最高裁判所は、下級裁判所に関する規則を定める権限を下級裁判所に委任することができる。

第九十六条 裁判官の独立、身分保障
① 総て、裁判官は、その良心に従い、独立して自らの権限を行い、この憲法及び法律のみに拘束される。
② 裁判官は、裁判により、心身の故障のために職務を執ることができないと決定された場合を除いては、公の弾劾に依らない限り罷免されない。裁判官の懲戒は、行政機関が、これを行なうことはできない。

第九十七条 裁判の公開
① 裁判の対審及び判決は、公開の法廷でこれを行なう。
② 裁判所が、次に掲げる理由により、裁判の公開が適当でないと裁判官の全員一致で決定した場合、対審は、公開しないでこれを行なうことができる。
一、国家の安全保障を脅かすおそれのあるとき。
二、公共の秩序を害するおそれのあるとき。
三、善良の風俗を害するおそれのあるとき。
四、当事者の私生活上の利益を害するおそれのあるとき。
③ 前項の規定にかかわらず、政治犯罪、出版または報道に関する犯罪、もしくは憲法第四章で保障する国民の権利が問題になっている事件の対審は、常に、これを公開しなければならない。

第八章　財　政

第九十八条　財政の基本原則

① 国の財政は、国会の議決に基づいて、内閣が、これを処理する。

② 国は、健全なる財政の維持及び運営に努めなければならない。

第九十九条　課税

① 国は、あらたに租税を課し、または現行の租税を変更する際には、法律、または法律の定める条件に依らなければならない。

第百条　国費の支出、国の債務負担

① 国は、国費を支出し、または債務を負担する際には、国会の議決に基づくことを必要とする。

第百一条　予算案

① 内閣は、毎会計年度の予算案を作成し、国会に提出して、その議決を得なければならない。

② 内閣は、国会において議員が提出した法律案が可決されたときは、その法律の執行に必要な費用を次の会計年度の予算案に計上しなければならない。

③ 内閣は、特別に複数年に渉って継続して国費を支出する必要のあるときは、継続費として国会の議決を得なければならない。

第百二条　予備費

① 内閣は、予見の難しい予算の不足に充当するために、国会の議決に基づいて予備費を設け、内閣の責任において、これを支出することができる。

② 予備費の支出については総て、内閣は、事後に国会の承認を得なければならない。

第百三条　決算検査、会計検査院

① 国の総ての収入及び支出の決算は、会計検査院が、これを検査する。

② 内閣は、次の年度に、前項に規定する会計検査院による決算検査と併せ、国の総ての収入及び支出の決算を国会に提出しなければならない。

③ 会計検査院の組織及び権限は、法律でこれを定める。

第百四条　財政状況の報告

① 内閣は、国会及び国民に対して、少なくとも毎年一回、定期に、国の財政状況について報告しなければならない。

第九章　地方自治

第百五条　地方自治の原則

① 地方公共団体の運営に関する第一の責任は、当該地方公共団体及び地域住民に属する。

② 地方公共団体の運営及び組織に関する事項は、前項の趣旨に基づき、法律でこれを定める。

第百六条　地方議会、首長、議員等の直接選挙

① 地方公共団体には、法律の定めるところにより、議会を設置する。

② 地方公共団体の首長及びその議会の議員は、その地方公共団体の住民が、これを選挙する。

第百七条　地方公共団体の権能、条例制定権

① 地方公共団体は、その財産を管理し、事務を処理し、及び行政を執行する権能を有する。

② 地方公共団体は、法律の趣旨の範囲内で、条例を制定することができる。

第百八条　特別法の住民投票

① 特定の地方公共団体のみに適用される特別法は、法律の定めるところにより、その地方公共団体の住民の投票において、過半数の同意を得られなければ、国会は、これを制定することができない。

第百九条　国家非常事態下における地方自治

① 憲法第八十七条に規定される国家非常事態命令が発動された場合、

法律の定めるところにより、地方公共団体は、その機能を停止し、内閣の直接の指揮の下に入るものとする。

第十章　改　正

第百十条　改正の手続き及びその公布

① この憲法の改正に際しては、改正案として、両議院のそれぞれにおいて、その在席議員の三分の二以上の出席の上で、出席議員の三分の二以上の賛成による可決を必要とする。

② 前項の場合の他、この憲法の改正に際しては、改正案として、両議院のそれぞれにおいて、その在席議員の三分の二以上の出席の上で、出席議員の過半数により、国会が、これを発議し、国民に提案して、その承認を得なければならない。

③ 前項に規定する国会の承認には、特別の国民投票、または国会の定める選挙の際に行なわれる投票において、有効投票の過半数の賛成を必要とする。

④ 本条第一項及び第二項に規定する憲法改正案は、内閣または国会議員が提出することができる。

⑤ 憲法改正について、本条第一項に規定する改正案の可決、または、第二項に規定する改正案の承認があったときは、天皇は、国民の名において、これを直ちに公布する。

資料Ⅱ・15

新進党憲法問題調査会中間報告〈骨子〉

一九九六年一二月二日
新進党憲法問題調査会
［出典］憲法会議『月刊憲法運動』二五六号、一九九六年一二月号

コメント

1．この報告は、当時憲法の見直しに積極的であった小沢一郎を党首とした新進党の憲法問題調査会が一九九六年一一月に中間報告として発表したものである。

新進党は、その内部に、改憲に消極的な旧公明党や旧社会党系議員を抱えていたため、公式には「論憲」を打ち出していたが、この文書では、それは単に憲法を論ずるというのではなく「憲法の改善を図る」立場からの論憲であることを鮮明にした。

2．この報告で注目されるのは、以下の点である。

第一に、焦点となる自衛隊の海外派兵については、「外交・安全保障分科会」の「当分科会で合意された平和・安全保障に関する基本原則」において、国連の集団安全保障への参加と集団的自衛権をわけ、前者の方に関しては、現行憲法九条の下でも可能という立場を打ち出していることが注目される。以下の部分である。「国連憲章は国際社会の平和維持及び平和の回復を国連の最大の任務と位置付けている。一方、日本国憲法前文において、国際社会との協調によってわが国の平和と繁栄を維持していくことを宣言しており、わが国が一九五六年（昭和三一年）、国連に加盟した際その理念に基づいて、「あらゆる手段をもって国連に協力する」と内外に表明し

た。／したがって、国連の安保理あるいは総会、またはその双方において決議が行われた場合、わが国は決議を尊重し、国連の平和維持活動、侵略にたいする平和回復活動等に積極的に参加する。それは国際社会の一員としての責務であるだけでなく、憲法の国際協調主義の具体化である。これは憲法九条で禁止しているものとは別の範疇の国際平和のための活動である。同時にこれは日米安保体制と並ぶわが国の安全保障の根幹でもある。」

他方、集団的自衛権については、明示はしていないが、個別的自衛権に限るという政府の解釈を踏襲している。「わが国は憲法及び国連憲章の基本理念に従って、これを誠実に守り、自国が攻撃されていないにもかかわらず、武力による威嚇や武力の行使は一切行わない。わが国は、急迫不正の侵害を受けた場合にのみ、国民の生命と財産を守るために武力によって阻止、反撃する。これが憲法の精神であり、わが国はあくまでもこの憲法の考え方を遵守する。」報告は、論点のところで、集団安全保障、集団的自衛権と憲法の関係についてはペンディングである旨を記しているが、上記の考え方は、当時の党首であった小沢の考え方が色濃く反映している。

第二に、人権や統治制度に関しては、新しい人権の規定の拡充や、首相と内閣機能の強化、地方分権、国民投票制度の拡充など、新自由主義改革を効率的に推進するとともに、既存の企業社会と自民党政治に代わる新しい社会統合のシステムを構想している。

しかし、まだこうした視点からの憲法改正を政治課題として浮上させるという切迫感は見られず、それが「中間報告」という体裁を採らせた大きな要因であろうと考えられる。

一、はじめに

憲法問題調査会では、本年五月二一日の発足以来、別紙のとおり、六回に及ぶ総会での討論のほか、「総括」分科会、「外交・安全保障」分科会、「人権・義務」分科会、「統治制度」分科会の四つの分科会を設け、それぞれのテーマごとに検討を重ねてきた。本中間報告骨子は、これらの各分科会の中間報告（別紙）を基に、当会におけるこれまでの検討の状況・結果をまとめたものである。

なお、現在の国家状況・社会状況の下では、憲法を視野に入れながらもとりあえずその前の段階で早急に改革を図っていかなければならない問題も少なくなく、また憲法にまで踏み込むには多少時間をかけて議論することを要する問題もある。したがって、ここで報告する内容は、憲法の規定の改正について端的に述べているものから、憲法の規定自体についてほとんど触れていないものまで、テーマによってそのレベルは大きく異なっている。これらについては、憲法全体について論議のテーマとそれに関する基本的な考え方を国民に提示し、ともに論議していくことができるよう、今後さらに検討を進めていくこととしたい。

二、論憲に臨む基本姿勢

わが党は、たゆまざる改革に取り組む政党、また国民とともに歩む政党として、二十一世紀の日本を、民主的な国家として、「主権者」国民に対し、真に自由で豊かで平和な生活を保障し得る国とすべく、党の綱領、憲法記念日アピール等に基づいて、国家の基本ルールとしての憲法の改善を図り、新しい日本の国づくりを目指す。

三、論憲等のための課題の提示とその基本的な考え方

《以下は、分科会報告を要約したものとなっているので、ここでは、分科会報告を掲載—編者》

【「総括」分科会中間報告骨子】

1、わが党が論憲に臨む基本姿勢

わが党が発表した憲法記念日アピールにもとづいて、自由と公正が確

保され、豊かで平和な生活を主権者・国民に保障するために、国民生活の基本ルールとしての憲法の改善を検討していく。

2、論憲の課題に関する見解

（1）憲法の全体構成は、現行の「前文・天皇・人権および義務・立法・行政・司法・財政・地方自治・改正・最高法規・補則」のままでよい。

＊国民主権国家であろうとも、その国家の象徴として最上位の儀礼的立場にある天皇に関する規定は第一章にあることが自然であろう。

（2）前文は現行のものより簡潔・明瞭・わかりやすいものにし、その中で日本国憲法の三大原理（国民主権主義・平和主義〔国際協調主義〕・人権尊重主義）と日本国の文化・伝統の尊重を宣明する。

（3）現行憲法の中に見られる表現上の誤りは全体を通して訂正する。

Ex　前文　欠乏から免れ→欠乏を免れ

七条四号　国会議員の総選挙→国会議員の選挙

同五号　官吏→公務員

一五条三項　公務員→議員および首長

三一条　法律の定める手続き→法律の定める適性な手続き

三三条　司法官憲→裁判官

五七条一項および五八条二項　裁決→可決

六〇条および七三条五号　予算→予算案

七二条　内閣を代表して議案を→内閣を代表して、議案を

（4）改正手続について、現行の各議院の総議員の三分の二以上の賛成で、国会が発議し、国民に提案してその承認を経る、という条件を変更しないが、内閣にも議員にも発議権があることを明らかにするとともに、一定数の国民による発案もみとめる。加えて、改正権の限界として、日本国憲法の基本原理と基本原則を超える改正は許さないことを明記する。

（5）現行の代表制民主政治の原則（間接民主制）は守るが、国会の発議により特別に国民投票にかけることができることも加える。

＊この投票結果は法的拘束力をともなうものとする。

《統治制度分科会と重複のためかこの報告からは削除―編者》

（6）現行の九九条に規定された公務員の憲法尊重擁護義務に加えて、私人たる国民の側にも当然に憲法尊重擁護義務があることを明記する。

（7）元号・国旗・国歌については、それらが必ずしも憲法事項ではないことと、このような事項は論争になじまず、むしろ歴史的慣行に委ねられるべきものであることに加え、未だ国民世論の中に流動的な部分もみられるので、いずれ自然に世論の帰趨が定まった段階で法律で対処することとする。

【「外交・安全保障」分科会中間報告骨子】

1、分科会の趣旨

当分科会の趣旨については七月三日の第二回分科会において、「憲法問題の基本的な取り組み方を明らかにすると共に、新進党として結党以来の課題である安全保障基本法を起草すること等」とすることで合意した。

2、当分科会で合意された平和・安全保障に関する基本原則

（1）人類は二度の世界大戦後ようやく、自国の利益のために戦争に訴えることは不法であるとの思想に達し、国連憲章はその考え方を明文化した。一方、日本国憲法は諸国に先駆けて「国権の発動たる戦争と、武力による威嚇又は武力の行使は、国際紛争を解決する手段としては、永久にこれを放棄する」と明記している。

わが国は憲法及び国連憲章の基本理念に従って、これを誠実に守り、自国が攻撃されていないにもかかわらず、武力による威嚇や武力の行使は一切行わない。わが国は、急迫不正の侵害を受けた場合にのみ、国民

の生命と財産を守るために武力によって阻止、反撃する。これが憲法の精神であり、わが国はあくまでもこの憲法の考え方を遵守する。

（2）万一、不法な侵略により、国際社会の正義と秩序が踏みにじられた時、それを排除し、国際の平和を回復することができなければ、自国の利益追求のための戦争は不法であるとの思想を担保することはできない。国連憲章は国際社会の平和維持及び平和の回復を国連の最大の任務と位置付けている。一方、日本国憲法前文において、国際社会との協調によってわが国の平和と繁栄を維持していくことを宣言しており、わが国が一九五六年（昭和三一年）、国連に加盟した際、その理念に基づいて、「あらゆる手段をもって国連に協力する」と内外に表明した。

したがって、国連の安保理あるいは総会、またはその双方において決議が行われた場合、わが国は決議を尊重し、国連の平和維持活動、侵略にたいする平和回復活動等に積極的に参加する。それは国際社会の一員としての責務であるだけでなく、憲法の国際協調主義の具体化である。これは憲法九条で禁止しているものとは別の範疇の国際平和のための活動である。同時にこれは日米安保体制と並ぶわが国の安全保障の根幹でもある。

（3）日米安保体制はわが国及びアジア・太平洋地域の平和と安定の要として引き続き堅持し、さらにその信頼性の向上を図る。わが国は、日米同盟のもとで、日米安保条約の諸規定を誠実に履行するとともに、その円滑な運用のために、防衛力を効率的に整備する。

しかし、日米安全保障条約をなし崩し的に、あるいは無原則に拡大解釈し、わが国が米国の行動に連動し、アジア・太平洋地域の紛争等に介入・参加すべきではない。

3、分科会の活動

（1）当分科会は（登録議員数は約一〇〇名）毎週一回（水曜日）のペースで研究会を実施しており、当初は専門家・有識者の意見を聴取しつつ議員相互の意見交換を行ってきた。多数の議員が参加し、積極的に討論に加わっている。

（2）今後は国連の集団安全保障、集団的自衛権の行使問題及び憲法問題への取り組み方を含め主要な論点を整理した上で基本的な問題につき新進党としての考え方を整理する。

（3）前項の論点を基礎として安全保障基本法の草案を早期に起草することを目標として活動する。

（4）以上の作業を通じて分科会として新進党の政策方針に反映されるべき主要問題については憲法問題調査会に適宜報告することとする。

4、当面の主要論点

今までの分科会における意見聴取及び議員相互の意見交換を通じて出された主要な問題は概ね以下の通り。

（1）国連の集団安全保障に参加協力することについては、憲法九条の解釈上問題はないとする意見と憲法九条の問題ではなく九八条二項の問題であると捉える見方が示された。いずれにせよ国連の集団安全保障への参加協力には前向きの立場が大勢を占めたものの、その場合、武力行使を含む活動に参加するかどうかについては政策上の問題とする意見が出された。

（2）集団的自衛権の問題については憲法解釈上の集団的自衛権の行使は認められるとする意見、政策上、その活動については一定の規制が行われるべきであるという意見、武力行使に当たらない活動は協力すべきだという意見が出され、今後新進党としての考え方を整理する必要がある。

（3）憲法問題については新進党としてどのような態度でのぞむべきかについてまだ、討論を重ねる必要があるが、いずれにせよ本問題は解釈上の観点というよりわが国の安全保障政策としてどの様な方針を確立するかという政策上の観点から議論されるべきであるとの意見が出された。

（4）安全保障基本法については、全ての論点を整理し新進党としての考え方をまとめた上で立法政策上の措置として基本法を起草する。

【「人権・義務」分科会中間報告】

1、論憲に臨む基本的な姿勢

日本国憲法の公布から五〇年を経過しようとしている現在の社会状況に対応して、主権者である国民に真に自由で豊かで平和な生活を保障するために、我が党の綱領に則して日本国憲法の人権規定の章（第三章）の改善を試みる。

2、論憲の課題に関する見解

（1）科学技術社会・産業社会の高度な発展に対応するために、自然との共生の理念に基づき環境権の規定を新設する。

（2）高度情報社会の中で個人の尊厳を守るために、プライヴァシーの権利の規定を新設する。

（3）行政国家・官吏社会の中で国民主権・民主主義を確実にし、人権を尊重するために、国民の知る権利（情報公開制度）の規定を新設する。

（4）国際化時代に対応するために、外国人の人権保障とその合理的限界を明記する。

（5）民主主義の不可欠な前提である価値多元社会（相互に異見の存在を許容し合う寛容な社会）を確保するために、信教の自由を保護するための政教分離原則の意義を明確にする。

（6）現代行政国家において国民の主権と人権が尊重されるように、行政過程における法定適性手続の保障を明記する。

（7）障害者等のいわゆる社会的弱者が不利益を受けないよう規定を新設する。

（8）教育権と学問の自由を保障する観点から、私学助成の違憲性を払拭する。

【「統治制度」分科会中間報告】

1、論憲に臨む基本姿勢

我が国の統治機構は、内外の諸問題に適切に対応できなくなっていることにみられるように、立法・行政・司法の全般にわたり機能不全の状況に陥っており、国民の間には政治に対する閉塞感が蔓延しつつある。そして我が国社会全体が大きな変革期を迎えつつある今日において、このような状況を打破し政治にダイナミズムを取りもどしていくためには、現在の時代状況を正しく把握・認識し、日本の国家像・これからの国家目標を明確にした上で、憲法改正も視野に入れ、一切のタブーを排して、統治制度の改革を行っていく必要がある。

そこで、我が党は、たゆまざる改革に取り組む政党、また国民とともに歩む政党として、二十一世紀の日本を、真に民主的な国家として主権者「国民」に自由で豊かな平和な生活を保障し得る国とすべく、その基本となるべき統治制度の論憲の基本的方向を提示するとともに、積極的に国民とともに論憲を行いこれを実現していくことで、新しい日本の国づくりを目指す。

2、統治制度改革の基本的方向

（1）国会の復権

国民主権国家・日本において、主権者「国民」に直結した唯一の機関として現憲法において「国権の最高機関」と明記されている国会が、国家運営上の役割と責任を果たし得なくなっていることはもはや明白である。そこで、野党にも配慮した国政調査権の強化、行政監査機能を国会に帰属させる議会オンブズマンの設置、国会自身の情報公開・発信機能の強化、二院制の活性化などによって国会の機能の強化を図り、その復権を目指す。

（2）内閣機能の強化

薬害エイズ、住専問題などに象徴されるがごとく、官僚機構は縦割りと様々なしがらみによって機動性を失い、硬直化しているが、それも、内閣の指導力の欠如に一因があるといえよう。そこで行政機構改革を伴った内閣の総合調整機能の強化、首相の行政各部に対する直接的指揮監督権の確立などにより内閣機能の拡充・強化を図る。

（3）司法の充実

法の支配の名の下に現憲法によってはじめて違憲審査権を付与された裁判所ではあるが、それがきわめて消極的な姿勢を堅持し続けていることは明らかである。そこで、裁判所が権力の横暴をもっと有効にただし、国民の権利・自由の防波堤たり得るよう、権限の強化された憲法裁判所を新設する。

（4）地方分権の実現

政治の要請は国民の正当な要求にきめ細かく対応していくことにあるが、そういった意味では、地方の自治にこそ大きな役割が期待されているといえよう。そこで、国に権限も財源も握られ「三割自治」とまでいわれる現状を打破し、我が国政治の再生の突破口とすべく、道州制の導入、基礎的自治体である市町村の再編、国民に対する行政サービスの権限の地方への全面的移譲などにより、強力に地方分権を推進する。

（5）国民投票制度の導入

国民の主権者意識を目覚めさせ民主主義を活性化させるためにも、また政治の閉塞状況を打開するためにも、国民投票制度は有効であると思われる。そこで、濫用を防ぎ、あくまで国会の主導性を確保するために国会による発案を条件として、特定の重要案件に限定した国民投票制度を導入していく。

（6）情報公開制度の確立

民主主義国家にあって、主権者の知る権利が保障されるべきは当然のことであり、十分な情報を与えられた有権者による判断なくして民主政治は正当に機能しない。そのために、情報公開制度を早急に確立する。

《総会報告では削除。人権分科会と重複のためか―編者》

3、論憲につなげるために

2で示した統治制度改革の基本方向を具体化すべく、また首相公選制の是非、公務員のあり方、国家緊急制度の整備などそれ以外の残された課題について、国民とともに議論をしていくために、党として積極的に「論憲」に取り組んでいくべきである。そして、そのためには、論憲のための戦略とプログラムを早急に打ち立て、キャンペーン、シンポジウム、アンケートなどを展開し、憲法に関する国民的な議論を巻き起こしていくことが不可欠である。

資料Ⅱ・16

日米防衛協力のための指針（新ガイドライン）

一九九七年九月二三日

日米安全保障協議委員会

［出典］防衛庁編『日本の防衛（平成一〇年版）』一九九八年六月

コメント

1．これは、日米安保共同宣言（⇩Ⅱ・12）に基づいて、一九七八年ガイドライン（⇩Ⅰ・61）に代えて、新たに結ばれた日米防衛協力に関するガイドライン（いわゆる新ガイドライン）である。

この新ガイドラインで打ち出された、米軍の戦闘作戦行動への自衛隊の後方地域支援方式は、憲法上の制約をすり抜けつつ、日本の自衛隊がグローバル秩序の維持のための行動に参加する形態として編み出されたものであり、この具体化が、周辺事態法（⇩Ⅱ・18）である。

新ガイドラインは、もちろん、直接憲法の改正を謳っているわけではないが、新ガイドラインが作った自衛隊の米軍支援の枠組みの強化が、日本の大国化を新たな段階に引き上げるための憲法改正を要請しているという点で、憲法改正と密接な関係をもつものであることはいうまでもない。

3．この新ガイドラインは、日本がもつ憲法上の制約のために、集団安全保障措置への武力行使をともなう参加や集団的自衛権を行使できないことをふまえ、それに抵触しないような限界つきとならざるをえないことを承認してつくられた。その点は、ガイドラインの米国側の当事者であるジョセフ・ナイの次の言葉に明瞭に表明されていた。「われわれとしては、（安保）条約改定や日本の憲法改正が必要だとは思いません。法的な枠組みにまで触れると、パンドラの箱を開けることになる不安があるのです。……現在日米安保関係の再構築に向けて両国合同で作業に入っていますが、これもあくまで現行の条約・憲法の範囲内で行っています」と。

そのため、新ガイドラインでは、周辺事態における米軍の活動への日本の支援は、「後方地域」において武力行使にならない範囲に限定された。この枠組みが周辺事態法（⇩Ⅱ・18）において具体化された。

しかし、新ガイドライン＝周辺事態法成立以後には、この限界が自衛隊の海外派遣・米軍支援の大きな制約となるのである。

日米同盟関係は、日本の安全の確保にとって必要不可欠なものであり、また、アジア太平洋地域における平和と安全を維持するために引き続き重要な役割を果たしている。日米同盟関係は、この地域における米国の肯定的な関与を促進するものである。この同盟関係は、自由、民主主義及び人権の尊重等の共通の価値観を反映するとともに、より安定した国際的な安全保障環境の構築のための努力を始めとする広範な日米間の協力の政治的な基礎となっている。このような努力が成果を挙げることは、この地域のすべての者の利益となる。

一九七八年一一月二七日の第一七回日米安全保障協議委員会（SCC）で了承された「日米防衛協力のための指針」（「指針」）は、防衛の分野における包括的な協力態勢に関する研究・協議の結果として策定された。指針の下で行われたより緊密な防衛協力のための作業の成果には顕著なものがあり、これは、日米安全保障体制の信頼性を増進させた。

冷戦の終結にもかかわらず、アジア太平洋地域には潜在的な不安定性と不確実性が依然として存在しており、この地域における平和と安定の維持は、日本の安全のために一層重要になっている。

一九九六年四月に橋本総理大臣とクリントン大統領により発表された「日米安全保障共同宣言」は、日米安全保障関係が、共通の安全保障上の目標を達成するとともに、二一世紀に向けてアジア太平洋地域において安定的で繁栄した情勢を維持するための基礎であり続けることを再確認した。また、総理大臣と大統領は、日本と米国の間に既に構築されている緊密な協力関係を増進するため、一九七八年の指針の見直しを開始することで意見が一致した。

一九九六年六月、日米両国政府は、一九九五年一一月の日本の「防衛計画の大綱」及び「日米安全保障共同宣言」を踏まえて指針の見直し（「見直し」）を行うため、日米安全保障協議委員会の下にある防衛協力小委員会（ＳＤＣ）を改組した。防衛協力小委員会は、冷戦後の情勢の変化にかんがみ、指針の下での成果を基礎として、以下の分野について検討を行ってきた。

＊平素から行う協力
＊日本に対する武力攻撃に際しての対処行動等
＊日本周辺地域における事態で日本の平和と安全に重要な影響を与える場合（「周辺事態」）の協力

これらの検討は、平素からの及び緊急事態における日米両国の役割並びに協力及び調整の在り方について、一般的な大枠及び方向性を示すことを目的としたものである。見直しは、特定の地域における事態を議論して行ったものではない。

防衛協力小委員会は、一九九六年九月の日米安全保障協議委員会による指示を受け、一九九七年秋に終了することを目途に、より効果的な日米協力に資するような考え方及び具体的な項目を洗い出すことを目標として見直しを行った。見直しの過程で防衛協力小委員会において行われた議論は、一九九六年九月の「日米防衛協力のための指針の見直しの進捗状況報告」及び一九九七年六月の「日米防衛協力のための指針の見直しに関する中間とりまとめ」に整理されている。

防衛協力小委員会は、新たな「日米防衛協力のための指針」を作成し、これを日米安全保障協議委員会に報告した。日米安全保障協議委員会は、以下に示す指針を了承し、公表した。この指針は、一九七八年の指針に代わるものである。

◇日米防衛協力のための指針

Ⅰ　指針の目的

この指針の目的は、平素から並びに日本に対する武力攻撃及び周辺事態に際してより効果的かつ信頼性のある日米協力を行うための、堅固な基礎を構築することである。また、指針は、平素からの及び緊急事態における日米両国の役割並びに協力及び調整の在り方について、一般的な大枠及び方向性を示すものである。

Ⅱ　基本的な前提及び考え方

指針及びその下で行われる取組みは、以下の基本的な前提及び考え方に従う。

1　日米安全保障条約及びその関連取極に基づく権利及び義務並びに日米同盟関係の基本的な枠組みは、変更されない。

2　日本のすべての行為は、日本の憲法上の制約の範囲内において、専守防衛、非核三原則等の日本の基本的な方針に従って行われる。

3　日米両国のすべての行為は、紛争の平和的解決及び主権平等を含む国際法の基本原則並びに国際連合憲章を始めとする関連する国際約束に合致するものである。

4　指針及びその下で行われる取組みは、いずれの政府にも、立法上、予算上又は行政上の措置をとることを義務づけるものではない。しかしながら、日米協力のための効果的な態勢の構築が指針及びその下で行われる取組みの目標であることから、日米両国政府が、各々の判断に従い、このような努力の結果を各々の具体的な政策や措置に適切な形で反映することが期待される。日本のすべての行為は、その時々において適用のある国内法令に従う。

Ⅲ　平素から行う協力

日米両国政府は、現在の日米安全保障体制を堅持し、また、各々所要の防衛態勢の維持に努める。日本は、「防衛計画の大綱」にのっとり、自衛のために必要な範囲内で防衛力を保持する。米国は、そのコミットメントを達成するため、核抑止力を保持するとともに、アジア太平洋地域における前方展開兵力を維持し、かつ、来援し得るその他の兵力を保持する。

日米両国政府は、各々の政策を基礎としつつ、日本の防衛及びより安定した国際的な安全保障環境の構築のため、平素から密接な協力を維持する。

日米両国政府は、平素から様々な分野での協力を充実する。この協力には、日米物品役務相互提供協定及び日米相互防衛援助協定並びにこれらの関連取決めに基づく相互支援活動が含まれる。

1　情報交換及び政策協議

日米両国政府は、正確な情報及び的確な分析が安全保障の基礎であると認識し、アジア太平洋地域の情勢を中心として、双方が関心を有する国際情勢についての情報及び意見の交換を強化するとともに、防衛政策及び軍事態勢についての緊密な協議を継続する。

このような情報交換及び政策協議は、日米安全保障協議委員会及び日米安全保障高級事務レベル協議（ＳＳＣ）を含むあらゆる機会をとらえ、できる限り広範なレベル及び分野において行われる。

2　安全保障面での種々の協力

安全保障面での地域的な及び地球的規模の諸活動を促進するための日米協力は、より安定した国際的な安全保障環境の構築に寄与する。

日米両国政府は、この地域における安全保障対話・防衛交流及び国際的な軍備管理・軍縮の意義と重要性を認識し、これらの活動を促進するとともに、必要に応じて協力する。

日米いずれかの政府又は両国政府が国際連合平和維持活動又は人道的な国際救援活動に参加する場合には、日米両国政府は、必要に応じて、相互支援のために密接に協力する。日米両国政府は、輸送、衛生、情報交換、教育訓練等の分野における協力の要領を準備する。

大規模災害の発生を受け、日米いずれかの政府又は両国政府が関係政府又は国際機関の要請に応じて緊急援助活動を行う場合には、日米両国政府は、必要に応じて密接に協力する。

3　日米共同の取組み

日米両国政府は、日本に対する武力攻撃に際しての共同作戦計画についての検討及び周辺事態に際しての相互協力計画についての検討を含む共同作業を行う。このような努力は、双方の関係機関の関与を得た包括的なメカニズムにおいて行われ、日米協力の基礎を構築する。

日米両国政府は、このような共同作業を検証するとともに、自衛隊及び米軍を始めとする日米両国の公的機関及び民間の機関による円滑かつ効果的な対応を可能とするため、共同演習・訓練を強化する。また、日米両国政府は、緊急事態において関係機関の関与を得て運用される日米間の調整メカニズムを平素から構築しておく。

Ⅳ　日本に対する武力攻撃に際しての対処行動等

日本に対する武力攻撃に際しての共同対処行動等は、引き続き日米防衛協力の中核的要素である。

日本に対する武力攻撃が差し迫っている場合には、日米両国政府は、事態の拡大を抑制するための措置をとるとともに、日本の防衛のために必要な準備を行う。日本に対する武力攻撃がなされた場合には、日米両国政府は、適切に共同して対処し、極力早期にこれを排除する。

1　日本に対する武力攻撃が差し迫っている場合

日米両国政府は、情報交換及び政策協議を強化するとともに、日米間の調整メカニズムの運用を早期に開始する。日米両国政府は、適切に協力しつつ、合意によって選択された準備段階に従い、整合のとれた対応を確保するために必要な準備を行う。日本は、米軍の来援基盤を構築し、維持する。また、日米両国政府は、情勢の変化に応じ、情報収集及び警戒監視を強化するとともに、日本に対する武力攻撃に発展し得る行為に対応するための準備を行う。

日米両国政府は、事態の拡大を抑制するため、外交上のものを含むあらゆる努力を払う。

なお、日米両国政府は、周辺事態の推移によっては日本に対する武力攻撃が差し迫ったものとなるような場合もあり得ることを念頭に置きつつ、日本の防衛のための準備と周辺事態への対応又はそのための準備との間の密接な相互関係に留意する。

2　日本に対する武力攻撃がなされた場合

（1）整合のとれた共同対処行動のための基本的な考え方

（イ）日本は、日本に対する武力攻撃に即応して主体的に行動し、極力早期にこれを排除する。その際、米国は、日本に対して適切に協力する。このような日米協力の在り方は、武力攻撃の規模、態様、事態の推移その他の要素により異なるが、これには、整合のとれた共同の作戦の実施及びそのための準備、事態の拡大を抑制するための措置、警戒監視並びに情報交換についての協力が含まれ得る。

（ロ）自衛隊及び米軍が作戦を共同して実施する場合には、双方は、整合性を確保しつつ、適時かつ適切な形で、各々の防衛力を運用する。その際、双方は、各々の陸・海・空部隊の効果的な統合運用を行う。自衛隊は、主として日本の領域及びその周辺海空域において防勢作戦を行い、米軍は、自衛隊の行う作戦を支援する。米軍は、また、自衛隊の能力を補完するための作戦を実施する。

（ハ）米国は、兵力を適時に来援させ、日本は、これを促進するための基盤を構築し、維持する。

（2）作戦構想

（イ）日本に対する航空侵攻に対処するための作戦

自衛隊及び米軍は、日本に対する航空侵攻に対処するための作戦を共同して実施する。

自衛隊は、防空のための作戦を主体的に実施する。

米軍は、自衛隊の行う作戦を支援するとともに、打撃力の使用を伴うような作戦を含め、自衛隊の能力を補完するための作戦を実施する。

（ロ）日本周辺海域の防衛及び海上交通の保護のための作戦

自衛隊及び米軍は、日本周辺海域の防衛のための作戦及び海上交通の保護のための作戦を共同して実施する。

自衛隊は、日本の重要な港湾及び海峡の防備、日本周辺海域における船舶の保護並びにその他の作戦を主体的に実施する。

米軍は、自衛隊の行う作戦を支援するとともに、機動打撃力の使用を伴うような作戦を含め、自衛隊の能力を補完するための作戦を実施する。

（ハ）日本に対する着上陸侵攻に対処するための作戦

自衛隊及び米軍は、日本に対する着上陸侵攻に対処するための作戦を共同して実施する。

自衛隊は、日本に対する着上陸侵攻を阻止し排除するための作戦を主体的に実施する。

米軍は、主として自衛隊の能力を補完するための作戦を実施する。その際、米国は、侵攻の規模、態様その他の要素に応じ、極力早期に兵力を来援させ、自衛隊の行う作戦を支援する。

(ニ) その他の脅威への対応

i 自衛隊は、ゲリラ・コマンドウ攻撃等日本領域に軍事力を潜入させて行う不正規型の攻撃を極力早期に阻止し排除するための作戦を主体的に実施する。その際、関係機関と密接に協力し調整するとともに、事態に応じて米軍の適切な支援を得る。

ii 自衛隊及び米軍は、弾道ミサイル攻撃に対応するために密接に協力し調整する。米軍は、日本に対し必要な情報を提供するとともに、必要に応じ、打撃力を有する部隊の使用を考慮する。

(3) 作戦に係る諸活動及びそれに必要な事項

(イ) 指揮及び調整

自衛隊及び米軍は、緊密な協力の下、各々の指揮系統に従って行動する。自衛隊及び米軍は、効果的な作戦を共同して実施するため、役割分担の決定、作戦行動の整合性の確保等についての手続をあらかじめ定めておく。

(ロ) 日米間の調整メカニズム

日米両国の関係機関の間における必要な調整は、日米間の調整メカニズムを通じて行われる。自衛隊及び米軍は、効果的な作戦を共同して実施するため、作戦、情報活動及び後方支援について、日米共同調整所の活用を含め、この調整メカニズムを通じて相互に緊密に調整する。

(ハ) 通信電子活動

日米両国政府は、通信電子能力の効果的な活用を確保するため、相互に支援する。

(ニ) 情報活動

日米両国政府は、効果的な作戦を共同して実施するため、情報活動について協力する。これには、情報の要求、収集、処理及び配布についての調整が含まれる。その際、日米両国政府は、共有した情報の保全に関し各々責任を負う。

(ホ) 後方支援活動

自衛隊及び米軍は、日米間の適切な取決めに従い、効率的かつ適切に後方支援活動を実施する。

日米両国政府は、後方支援の効率性を向上させ、かつ、各々の能力不足を軽減するよう、中央政府及び地方公共団体が有する権限及び能力並びに民間が有する能力を適切に活用しつつ、相互支援活動を実施する。その際、特に次の事項に配慮する。

i 補給

米国は、米国製の装備品等の補給品の取得を支援し、日本は、日本国内における補給品の取得を支援する。

ii 輸送

日米両国政府は、米国から日本への補給品の航空輸送及び海上輸送を含む輸送活動について、緊密に協力する。

iii 整備

日本は、日本国内において米軍の装備品の整備を支援し、米国は、米国製の品目の整備であって日本の整備能力が及ばないものについて支援を行う。整備の支援には、必要に応じ、整備要員の技術指導を含む。また、日本は、サルベージ及び回収に関する米軍の需要についても支援を行う。

iv 施設

日本は、必要に応じ、日米安全保障条約及びその関連取極に従って新たな施設・区域を提供する。また、作戦を効果的かつ効率的に実施するために必要な場合には、自衛隊及び米軍は、同条約及びその関連取極に従って、自衛隊の施設及び米軍の施設・区域の共同使用を実施する。

v　衛生

日米両国政府は、衛生の分野において、傷病者の治療及び後送等の相互支援を行う。

V　日本周辺地域における事態で日本の平和と安全に重要な影響を与える場合（周辺事態）の協力

周辺事態は、日本の平和と安全に重要な影響を与える事態である。周辺事態の概念は、地理的なものではなく、事態の性質に着目したものである。日米両国政府は、周辺事態が発生することのないよう、外交上のものを含むあらゆる努力を払う。日米両国政府は、個々の事態の状況について共通の認識に到達した場合に、各々の行う活動を効果的に調整する。なお、周辺事態に対応する際にとられる措置は、情勢に応じて異なり得るものである。

1　周辺事態が予想される場合

周辺事態が予想される場合には、日米両国政府は、その事態について共通の認識に到達するための努力を含め、情報交換及び政策協議を強化する。

同時に、日米両国政府は、事態の拡大を抑制するため、外交上のものを含むあらゆる努力を払うとともに、日米共同調整所の活用を含め、日米間の調整メカニズムの運用を早期に開始する。また、日米両国政府は、適切に協力しつつ、合意によって選択された準備段階に従い、整合のとれた対応を確保するために必要な準備を行う。更に、日米両国政府は、情勢の変化に応じ、情報収集及び警戒監視を強化するとともに、情勢に対応するための即応態勢を強化する。

2　周辺事態への対応

周辺事態への対応に際しては、日米両国政府は、事態の拡大の抑制のためのものを含む適切な措置をとる。これらの措置は、前記Ⅱに掲げられた基本的な前提及び考え方に従い、かつ、各々の判断に基づいてとられる。日米両国政府は、適切な取決めに従って、必要に応じて相互支援を行う。

協力の対象となる機能及び分野並びに協力項目例は、以下に整理し、別表に示すとおりである。

（1）日米両国政府が各々主体的に行う活動における協力

日米両国政府は、以下の活動を各々の判断の下に実施することができるが、日米間の協力は、その実効性を高めることとなる。

（イ）救援活動及び避難民への対応のための措置

日米両国政府は、被災地の現地当局の同意と協力を得つつ、救援活動を行う。日米両国政府は、各々の能力を勘案しつつ、必要に応じて協力する。

日米両国政府は、避難民の取扱いについて、必要に応じて協力する。避難民が日本の領域に流入してくる場合については、日本がその対応の在り方を決定するとともに、主として日本が責任を持ってこれに対応し、米国は適切な支援を行う。

（ロ）捜索・救難

日米両国政府は、捜索・救難活動について協力する。日本は、日本領域及び戦闘行動が行われている地域とは一線を画される日本の周囲の海域において捜索・救難活動を実施する。米国は、米軍が活動している際には、活動区域内及びその付近での捜索・救難活動を実施する。

（ハ）非戦闘員を退避させるための活動

日本国民又は米国国民である非戦闘員を第三国から安全な地域に退避させる必要が生じる場合には、日米両国政府は、自国の国民の退避及び現地当局との関係について各々責任を有する。日米両国政府は、各々が適切であると判断する場合には、各々の有する能力を相互補完的に使用しつつ、輸送手段の確保、輸送及び施設の使用に係るものを含め、これらの非戦闘員の退避に関して、計画に際して調整し、また、実施に際して協力する。日本国民又は米国国民以外の非戦闘員について同様の必要が生じる場合には、日米両国が、各々の基準に従って、第三国の国民に対して退避に係る援助を行うことを検討することもある。

（ニ）国際の平和と安定の維持を目的とする経済制裁の実効性を確保するための活動

日米両国政府は、国際の平和と安定の維持を目的とする経済制裁の実効性を確保するための活動に対し、各々の基準に従って寄与する。

また、日米両国政府は、各々の能力を勘案しつつ、適切に協力する。そのような協力には、情報交換、及び国際連合安全保障理事会決議に基づく船舶の検査に際しての協力が含まれる。

（2）米軍の活動に対する日本の支援

（イ）施設の利用

日米安全保障条約及びその関連取極に基づき、日本は、必要に応じ、新たな施設・区域の提供を適時かつ適切に行うとともに、米軍による自衛隊施設及び民間空港・港湾の一時的使用を確保する。

（ロ）後方地域支援

日本は、日米安全保障条約の目的の達成のため活動する米軍に対して、後方地域支援を行う。この後方地域支援は、米軍が施設の使用及び種々の活動を効果的に行うことを可能とすることを主眼とするものである。そのような性質から、後方地域支援は、主として日本の領域において行われるが、戦闘行動が行われている地域とは一線を画される日本の周囲の公海及びその上空において行われることもあると考えられる。

後方地域支援を行うに当たって、日本は、中央政府及び地方公共団体が有する権限及び能力並びに民間が有する能力を適切に活用する。自衛隊は、日本の防衛及び公共の秩序維持のための任務の遂行と整合を図りつつ、適切にこのような支援を行う。

（3）運用面における日米協力

周辺事態は、日本の平和と安全に重要な影響を与えることから、自衛隊は、生命・財産の保護及び航行の安全確保を目的として、情報収集、警戒監視、機雷の除去等の活動を行う。米軍は、周辺事態により影響を受けた平和と安全の回復のための活動を行う。

自衛隊及び米軍の双方の活動の実効性は、関係機関の関与を得た協力及び調整により、大きく高められる。

Ⅵ　指針の下で行われる効果的な防衛協力のための日米共同の取組み

指針の下での日米防衛協力を効果的に進めるためには、平素、日本に対する武力攻撃及び周辺事態という安全保障上の種々の状況を通じ、日米両国が協議を行うことが必要である。日米防衛協力が確実に成果を挙げていくためには、双方が様々なレベルにおいて十分な情報の提供を受けつつ、調整を行うことが不可欠である。このため、日米両国政府は、日米安全保障協議委員会及び日米安全保障高級事務レベル協議を含むあらゆる機会をとらえて情報交換及び政策協議を充実させていくほか、協議の促進、政策調整及び作戦・活動分野の調整のための以下の二つのメカニズムを構築する。

第一に、日米両国政府は、計画についての検討を行うとともに共通の基準及び実施要領等を確立するため、包括的なメカニズムを構築する。これには、自衛隊及び米軍のみならず、各々の政府のその他の関係機関が関与する。

日米両国政府は、この包括的なメカニズムの在り方を必要に応じて改善する。日米安全保障協議委員会は、このメカニズムの行う作業に関する政策的な方向性を示す上で引き続き重要な役割を有する。日米安全保障協議委員会は、方針を提示し、作業の進捗を確認し、必要に応じて指示を発出する責任を有する。防衛協力小委員会は、共同作業において、日米安全保障協議委員会を補佐する。

第二に、日米両国政府は、緊急事態において各々の活動に関する調整を行うため、両国の関係機関を含む日米間の調整メカニズムを平素から構築しておく。

1　計画についての検討並びに共通の基準及び実施要領等の確立のための共同作業

双方の関係機関の関与を得て構築される包括的なメカニズムにおいては、以下に掲げる共同作業を計画的かつ効率的に進める。これらの作業の進捗及び結果は、節目節目に日米安全保障協議委員会及び防衛協力小委員会に対して報告される。

（1）共同作戦計画についての検討及び相互協力計画についての検討

自衛隊及び米軍は、日本に対する武力攻撃に際して整合のとれた行動を円滑かつ効果的に実施し得るよう、平素から共同作戦計画についての検討を行う。また、日米両国政府は、周辺事態に円滑かつ効果的に対応し得るよう、平素から相互協力計画についての検討を行う。

共同作戦計画についての検討及び相互協力計画についての検討は、その結果が日米両国政府の各々の計画に適切に反映されることが期待されるという前提の下で、種々の状況を想定しつつ行われる。日米両国政府は、実際の状況に照らして、日米両国各々の計画を調整する。日米両国政府は、共同作戦計画についての検討と相互協力計画についての検討との間の整合を図るよう留意することにより、周辺事態が日本に対する武力攻撃に波及する可能性のある場合又は両者が同時に生起する場合に適切に対応し得るようにする。

（2）準備のための共通の基準の確立

日米両国政府は、日本の防衛のための準備に関し、共通の基準を平素から確立する。この基準は、各々の準備段階における情報活動、部隊の活動、移動、後方支援その他の事項を明らかにするものである。日本に対する武力攻撃が差し迫っている場合には、日米両国政府の合意により共通の準備段階が選択され、これが、自衛隊、米軍その他の関係機関による日本の防衛のための準備のレベルに反映される。

同様に、日米両国政府は、周辺事態における協力措置の準備に関しても、合意により共通の準備段階を選択し得るよう、共通の基準を確立する。

（3）共通の実施要領等の確立

日米両国政府は、自衛隊及び米軍が日本の防衛のための整合のとれた作戦を円滑かつ効果的に実施できるよう、共通の実施要領等をあらかじめ準備しておく。これには、通信、目標位置の伝達、情報活動及び後方支援並びに相撃防止のための要領とともに、各々の部隊の活動を適切に律するための基準が含まれる。また、自衛隊及び米軍は、通信電子活動等に関する相互運用の重要性を考慮し、相互に必要な事項をあらかじめ定めておく。

2　日米間の調整メカニズム

日米両国政府は、日米両国の関係機関の関与を得て、日米間の調整メカニズムを平素から構築し、日本に対する武力攻撃及び周辺事態に際して各々が行う活動の間の調整を行う。

調整の要領は、調整すべき事項及び関与する関係機関に応じて異なる。調整の要領には、調整会議の開催、連絡員の相互派遣及び連絡窓口の指定が含まれる。自衛隊及び米軍は、この調整メカニズムの一環として、双方の活動について調整するため、必要なハードウェア及びソフトウェアを備えた日米共同調整所を平素から準備しておく。

Ⅶ　指針の適時かつ適切な見直し

日米安全保障関係に関連する諸情勢に変化が生じ、その時の状況に照らして必要と判断される場合には、日米両国政府は、適時かつ適切な形でこの指針を見直す。

［別表　周辺事態における協力の対象となる機能及び分野並びに協力項目例］

◇日米両国政府が各々主体的に行う活動における協力

○救援活動及び避難民への対応のための措置

・被災地への人員及び補給品の輸送

・被災地における衛生、通信及び輸送

・避難民の救援及び輸送のための活動並びに避難民に対する応急物資の支給

○捜索・救難

・日本領域及び日本の周囲の海域における捜索・救難活動並びにこれに関する情報の交換

○非戦闘員を退避させるための活動

・情報の交換並びに非戦闘員との連絡及び非戦闘員の集結・輸送

・非戦闘員の輸送のための米航空機・船舶による自衛隊施設及び民間空港・港湾の使用

・非戦闘員の日本入国時の通関、出入国管理及び検疫

・日本国内における一時的な宿泊、輸送及び衛生に係る非戦闘員への援助

○国際の平和と安定の維持を目的とする経済制裁の実効性を確保するための活動

・経済制裁の実効性を確保するために国際連合安全保障理事会決議に基づいて行われる船舶の検査及びこのような検査に関連する活動

・情報の交換

◇米軍の活動に対する日本の支援

○施設の使用

・補給等を目的とする米航空機・船舶による自衛隊施設及び民間空港・港湾の使用

・自衛隊施設及び民間空港・港湾における米国による人員及び物資の積卸しに必要な場所及び保管施設の確保

・米航空機・船舶による使用のための自衛隊施設及び民間空港・港湾の運用時間の延長

・米航空機による自衛隊の飛行場の使用

・訓練・演習区域の提供

・米軍施設・区域内における事務所・宿泊所等の建設

◇米軍の活動に対する日本の支援

○後方地域支援

〈補給〉

・自衛隊施設及び民間空港・港湾における米航空機・船舶に対する物資（武器・弾薬を除く。）及び燃料・油脂・潤滑油の提供

・米軍施設・区域に対する物資（武器・弾薬を除く。）及び燃料・油脂・潤滑油の提供

〈輸送〉

・人員、物資及び燃料・油脂・潤滑油の日本国内における陸上・海上・航空輸送

・公海上の米船舶に対する人員、物資及び燃料・油脂・潤滑油の海上輸送

・人員、物資及び燃料・油脂・潤滑油の輸送のための車両及びクレーンの使用

〈整備〉

・米航空機・船舶・車両の修理・整備

・修理部品の提供

・整備用資器材の一時提供
〈衛生〉
・日本国内における傷病者の治療
・日本国内における傷病者の輸送
・医薬品及び衛生機具の提供
〈警備〉
・米軍施設・区域の警備
・米軍施設・区域の周囲の海域の警戒監視
・日本国内の輸送経路上の警備
・情報の交換
〈通信〉
・日米両国の関係機関の間の通信のための周波数（衛星通信用を含む。）の確保及び器材の提供
◇米軍の活動に対する日本の支援
○後方地域支援
〈その他〉
・米船舶の出入港に対する支援
・自衛隊施設及び民間空港・港湾における物資の積卸し
・米軍施設・区域内における汚水処理、給水、給電等
・米軍施設・区域従業員の一時増員
◇運用面における日米協力
○警戒監視
・情報の交換
○機雷除去
・日本領域及び日本の周囲の公海における機雷の除去並びに機雷に関する情報の交換
○海・空域調整
・日本領域及び周囲の海域における交通量の増大に対応した海上運航調整
・日本領域及び周囲の空域における航空交通管制及び空域調整

資料Ⅱ・17

緊急提言 早急に取り組むべき我が国の安全保障上の四つの課題

一九九九年三月九日

経済同友会

コメント

1. この提言は、一九九九年三月、小渕恵三内閣下の第一四五国会に向けて、安保関係の法整備を要求した経済同友会の提言である。

財界が安保関係について、このような具体的な緊急の提言をするのはきわめて異例であるが、それだけ財界は、周辺事態法（⇩Ⅱ・18）の成立その他に切迫した要請をもっていたと思われる。

2. この提言で同友会は四つの政策実行を提起している。周辺事態法ほかの新ガイドライン（⇩Ⅱ・16）関連法制の制定、予防外交、そして集団的自衛権の行使は禁止されているという政府解釈の見直し、最後に有事法制制定である。とくに提言がこの時期に出されたのは、提言自身がいうとおり、新ガイドラインが締結されてから一年半の間、途中橋本龍太郎内閣の予想外の交代などが挟まったにせよ、ガイドライン実行法制が制定されていなかったことにいらだって、その制定を促す意図があったことは明らかである。

3. しかし、この報告が一層注目されるのは、周辺事態法の制定のあとの、いわば第二段階として集団的自衛権の解釈見直し、有事法制、そして憲法改正と続く要求が出されていたことである。

まさしく現在から見ると——この間に二〇〇一年九月一一日事件によるテロ対策特措法（⇩Ⅱ・35）というかたちでの自衛隊海外派兵の実現という「予想外」の政策が挟まったにせよ——、同友会の提言どおりにことが進行しているのに驚く。

とくに同友会提言が、集団的自衛権行使を認めていない政府解釈の変更を「もはや避けて通ることのできない主要改題の一つ」として掲げていることは注目される。

Ⅰ　はじめに

これまで経済同友会は、我が国の安全保障にかかわる諸問題について、様々な角度から検討を続けてきた。我々は、我が国および世界の平和と安定の確保が、国民生活並びに経済活動と企業発展の基礎であると考える。

冷戦が終結して、ほぼ一〇年を経た今、インド、パキスタンによる核実験の実施や北朝鮮による「テポドン」発射など、アジア太平洋地域の不安定性が一層増大しつつある。また、戦略兵器・技術の拡散やテロリズム、世界各地における地域紛争などに加え、資源およびエネルギーの需給、環境破壊、食糧問題、難民流入、密入国、麻薬・武器密輸、そして情報化などに伴う様々な経済・社会秩序への挑戦など、我が国を取り巻く世界の安全保障環境に劇的な変化が生じている。

このように状況が急激に悪化している中、日本国民の生存そのものにかかわる安全保障問題に、我々は重大な関心を持たざるを得ない。

Ⅱ　今次国会で取り組むべき課題

前述の問題意識を前提に、今次国会で取り組むべき安全保障上の課題として、我々は以下の四項目を提言したい。ただし、今回の提言は、国民的視野から国会での議論に建設的に貢献するために、四つの課題に焦点を当てて取り纏めたものであり、網羅的な提言ではない。特に、国内治安、沖縄、資源・エネルギー、環境、といった広義の安全保障の課題については、その重要性を十分に認識するものであるが、これらについては、今後の課題として取り上げて行きたいと考えている。

1．「日米防衛協力のための指針」（以下「新ガイドライン」）関連の法制整備の早期実現

一九九六年四月の「日米安全保障共同宣言」を受けて、「新ガイドライン」が策定されてから、既に一年半が経過している。我が国を取り巻く地域の安定確保は、我が国の安全保障と一体であり、その基軸である日米安保体制の実効性確保は必要不可欠なものである。日米安保体制がより有効に機能するためにも、「新ガイドライン」関連の法制整備を、一日も早く実現することを求めたい。

2．紛争予防に向けたさらなる努力

当然のことながら、新ガイドライン関連法制の整備とともに重要なことは、「周辺事態」はもとより、我が国自体の有事を未然に防止することである。そのために実行されるべき具体的事項は、以下の三点と考える。

（a）まず、信頼醸成を含む予防外交の強化である。そのためには、ARF（ASEAN地域フォーラム）への参画のみならず、北東アジアの平和と安定を図るため、周辺諸国との対話を強化し、我が国の平和を求める意図について十分な理解を得るとともに、地域の平和と安定に向けた協力関係を更に強化することが重要である。

（b）一方、我が国としては、新たに設置された情報本部を含め、総合的安全保障の観点から、情報収集と分析能力を一段と高める必要がある。既に着手した情報収集衛星の開発・実用化については、良質の装備を効率的に調達することを最優先しつつ、速やかに進めるべきである。また、日米共同で行う弾道ミサイル防衛（BMD）に関する技術研究に着手するとの政府の方針も歓迎する。

（c）また、沿岸防備および国内の安全保持をさらに強化すべきである。これは、外国による日本人の国外拉致疑惑の顕在化に加え、我が国への覚醒剤などの麻薬の密輸入、周辺諸国からの密入国、日本海や北海道近海での外国船の不法操業や日本船が受ける操業妨害、国境侵犯などが多発してきており、平時における安全の保持に対する危機意識の不足と具体的施策の不備が露呈しているからである。

3．集団的自衛権行使の見直し

我が国の防衛と国際安全保障への貢献を考える上で、もはや避けて通ることのできない重要課題の一つとして、「集団的自衛権の行使」にかかわる政府見解がある。我が国政府は、国際法上いかなる国も保持しているとされているのに、憲法上許されないとする「集団的自衛権の行使」にかかわるこれまでの見解を維持するとの方針である。しかし、このままでは、現実と遊離して無理が生じるのは明白であり、この政府見解の見直しは必要不可欠である。改めて「集団的自衛権の行使」にかかわる政府の憲法解釈の早期見直しを強く求めたい。（注釈1）

しかしながら、本来的には、我が国の憲法について国民的論議を行い、改正すべきところは改正すべきであると考える。その意味で、先送りされている憲法問題に関わる常任委員会を早急に国会に設置すべきである。

4．必要不可欠な有事法制整備

以前より、日本有事に対応するための総合的法制整備の必要性が指摘されていたが、現在に至るも依然多くの部分で未整備状態である。新ガイドライン関連の法制整備を先ずは早急に行い、それに引き続いて、我が国自体の有事や緊急事態に備えた法制も速やかに整備することを求めたい。これなしには、我が国の安全保障の基本である国民の安全と生存そのものを、直接確保することすら困難と思われる。（注釈2）

Ⅲ　おわりに

我が国を取り巻く国際環境が、不安定性を増しているにもかかわらず、我が国の安全保障体制は、今回我々が取り上げた分野以外でも、国内治安や沖縄問題を含め多くの部分につき、十分な議論がなされていない。事態は、このままでは、もはや一刻の猶予も許されないところにきている。

今日まで、国政の最重要課題の一つである安全保障問題が、過度にタブー視され、国権の最高機関である国会において十分な議論がなされずにきたことは、極めて憂慮すべき事態である。国民の生命と財産の安全を確保するという国家の基本的使命と責任につき、今次国会において、従前の如き不毛な「安保論議」ではなく、国際政治の現実を踏まえた本質的な議論が真摯になされることを期待するとともに、経済同友会としても、引き続き、総合的な観点から安全保障問題に関わる重要課題について検討し、発信して行く決意である。

〈注釈〉

（1）「集団的自衛権」とは、自国と密接な関係にある外国に対する武力攻撃を、自国が直接攻撃を受けてはいないにも関わらず、実力をもって阻止する権利を指し、国連憲章第五一条において、主権国家の固有の権利（the inherent right）として個別的自衛権とともに明示的に認められている。

しかしながら、これまでの政府は、憲法第九条（「戦争の放棄」）の下において許容される自衛権の行使は、「わが国を防衛するため必要最小限の範囲」にとどまるべきであり、「集団的自衛権の行使」はこの範囲を超えるものであるとの統一見解を繰り返し表明してきた。

（2）これまでに、日本有事を想定して進められてきた有事法制研究は、①防衛庁所管の法令（第一分類）、②他省庁所管の法令（第二分類）、③所管省庁が明らかでない事項に関する法令（第三分類）、の三分野について検討されてきた。その結果、政令の不備のために有事に際して必要な物資収容、土地収用ができない、物資輸送や部隊の移動に制限が課せられ、海岸や森林では陣地構築ができない、住民の保護・避難・誘導を適切に行う措置がとれないなど、様々な問題点が指摘されたものの、法制整備には至っていないのが現状である。

資料Ⅱ・18

周辺事態法

（周辺事態に際して我が国の平和及び安全を確保するための措置に関する法律）

一九九九年五月二八日法律第六〇号
一九九九年八月二五日施行
［出典］『法令全書』一九九九年2

コメント

1．これは、新ガイドライン（⇩Ⅱ・16）の実行を国内的に整備するためにつくられた法律である。

新ガイドラインを実行する体制を作るこの法律の制定過程において、国会で論議されたのは、「周辺事態」の定義、集団的自衛権の行使にならないような自衛隊の行動地域の限定、当初対応措置のひとつとして想定されていた船舶検査活動を入れるかどうか、米軍の戦闘作戦行動を支援する基本計画に基づく自衛隊の海外派遣についての国会の事前承認問題、海外出動した際の自衛隊の武器使用の基準、そして後方地域支援活動において武器弾薬の輸送、補給を行うか否かである。これらの論点はいずれも自衛隊の米軍支援の活動と、憲法九条に関する政府解釈による自衛隊の活動に対する制約との矛盾・抵触をめぐるものであった。

2．これら諸点の議論の結果、成立した法律では以下の諸点が注目される。

第一は、「周辺事態」の定義である。この点につき、野党は政府案が、「我が国周辺の地域における我が国の平和及び安全に重要な影響を及ぼす事態」では、無限定に米軍の行動を支援しなければならなくなるとして、この範囲を安保条約の「極東」に限ることを法案に明記することを求めた。

結局、法文では「周辺事態」についての限定はなされず、第一条に「安保条約の効果的運用に寄与」することを目的とするという文句を入れるという妥協で決着した。安保条約の効果的運用に寄与するためといっても、そのために米軍がまた自衛隊が「極東」以外にでることは禁じられているわけではないから、これが自衛隊の活動に地域的限界を画すことになるかは定かではなかった。

第二に、自衛隊の活動区域については、「現に戦闘行為が行われておらず、かつ、そこで実施される活動の期間を通じて戦闘行為が行われることがないと認められる我が国周辺の公海……及びその上空の範囲」をいう「後方地域」とするとされた。この点は後にテロ対策特措法（⇩Ⅱ・35）の際に、ふたたび問題となる。

第三に、「船舶検査活動」は、主として当時与党の一員であった自由党の主張もあって削除され、別の法律となった。

第四に、国会の事前承認要求は、原則として認められ、武器使用基準は、「自己または自己とともに当該職務に従事するものの生命または身体の防護」に限られた。これはＰＫＯ等協力法（⇩Ⅱ・03）の武器使用基準を踏襲したものであった。また武器・弾薬の輸送は認められ、補給は禁止された。

3．この法律制定後に、以上のような、国会でつけられた法律の限界を突破し、さらに法案全体が制限付けられている、武力行使の禁止を取り払うための集団的自衛権行使容認論が台頭することになる。

（目的）

第一条　この法律は、そのまま放置すれば我が国に対する直接の武力攻撃に至るおそれのある事態等我が国周辺の地域における我が国の平和及び安全に重要な影響を与える事態（以下「周辺事態」という。）に対応して我が国が実施する措置、その実施の手続その他の必要な事項を定め、日本国とアメリカ合衆国との間の相互協力及び安全保障条約（以下「日米安保条約」という。）の効果的な運用に寄与し、我が国の平和及び安全の確保に資することを目的とする。

（周辺事態への対応の基本原則）

第二条　政府は、周辺事態に際して、適切かつ迅速に、後方地域支援、後方地域捜索救助活動その他の周辺事態に対応するため必要な措置（以下「対応措置」という。）を実施し、我が国の平和及び安全の確保に努めるものとする。

2　対応措置の実施は、武力による威嚇又は武力の行使に当たるものであってはならない。

3　内閣総理大臣は、対応措置の実施に当たり、第四条第一項に規定する基本計画に基づいて、内閣を代表して行政各部を指揮監督する。

4　関係行政機関の長は、前条の目的を達成するため、対応措置の実施に関し、相互に協力するものとする。

（定義等）

第三条　この法律において、次の各号に掲げる用語の意義は、それぞれ当該各号に定めるところによる。

一　後方地域支援　周辺事態に際して日米安保条約の目的の達成に寄与する活動を行っているアメリカ合衆国の軍隊（以下「合衆国軍隊」という。）に対する物品及び役務の提供、便宜の供与その他の支援措置であって、後方地域において我が国が実施するものをいう。

二　後方地域捜索救助活動　周辺事態において行われた戦闘行為（国際的な武力紛争の一環として行われる人を殺傷し又は物を破壊する行為をいう。以下同じ。）によって遭難した戦闘参加者について、その捜索又は救助を行う活動（救助した者の輸送を含む。）であって、後方地域において我が国が実施するものをいう。

三　後方地域　我が国領域並びに現に戦闘行為が行われておらず、かつ、そこで実施される活動の期間を通じて戦闘行為が行われることがないと認められる我が国周辺の公海（海洋法に関する国際連合条約に規定する排他的経済水域を含む。以下同じ。）及びその上空の範囲をいう。

四　関係行政機関　次に掲げる機関で政令で定めるものをいう。

イ　内閣府並びに内閣府設置法（平成十一年法律第八十九号）第四十九条第一項及び第二項に規定する機関並びに国家行政組織法（昭和二十三年法律第百二十号）第三条第二項に規定する機関

ロ　内閣府設置法第四十条及び第五十六条並びに国家行政組織法第八条の三に規定する特別の機関

2　後方地域支援として行う自衛隊に属する物品の提供及び自衛隊による役務の提供（次項後段に規定するものを除く。）は、別表第一に掲げるものとする。

3　後方地域捜索救助活動は、自衛隊の部隊等（自衛隊法（昭和二十九年法律第百六十五号）第八条に規定する部隊等をいう。以下同じ。）が実施するものとする。この場合において、後方地域捜索救助活動を行う自衛隊の部隊等において、その実施に伴い、当該活動に相当する活動を行う合衆国軍隊の部隊に対して後方地域支援として行う自衛隊に属する物品の提供及び自衛隊による役務の提供は、別表第二に掲げるものとする。

（基本計画）

第四条　内閣総理大臣は、周辺事態に際して次に掲げる措置のいずれかを実施することが必要であると認めるときは、当該措置を実施すること及び対応措置に関する基本計画（以下「基本計画」という。）の案につき閣議の決定を求めなければならない。

一　前条第二項の後方地域支援
二　前号に掲げるもののほか、関係行政機関が後方地域支援として実施する措置であって特に内閣が関与することにより総合的かつ効果的に実施する必要があるもの
三　後方地域捜索救助活動

2　基本計画に定める事項は、次のとおりとする。
一　対応措置に関する基本方針
二　前項第一号又は第二号に掲げる後方地域支援を実施する場合における次に掲げる事項
イ　当該後方地域支援に係る基本的事項
ロ　当該後方地域支援の種類及び内容
ハ　当該後方地域支援を実施する区域の範囲及び当該区域の指定に関する事項
ニ　その他当該後方地域支援の実施に関する重要事項
三　後方地域捜索救助活動を実施する場合における次に掲げる事項
イ　当該後方地域捜索救助活動に係る基本的事項
ロ　当該後方地域捜索救助活動を実施する区域の範囲及び当該区域の指定に関する事項
ハ　当該後方地域捜索救助活動の実施に伴う前条第三項後段の後方地域支援の実施に関する重要事項（当該後方地域支援を実施する区域の範囲及び当該区域の指定に関する事項を含む。）
ニ　その他当該後方地域捜索救助活動の実施に関する重要事項
四　前二号に掲げるもののほか、自衛隊が実施する対応措置のうち重要なものの種類及び内容並びにその実施に関する重要事項
五　前三号に掲げるもののほか、関係行政機関が実施する対応措置のうち特に内閣が関与することにより総合的かつ効果的に実施する必要があるものの実施に関する重要事項
六　対応措置の実施について地方公共団体その他の国以外の者に対して協力を求め又は協力を依頼する場合におけるその協力の種類及び内容並びにその協力に関する重要事項
七　対応措置の実施のための関係行政機関の連絡調整に関する事項
3　第一項の規定は、基本計画の変更について準用する。

（国会の承認）
第五条　基本計画に定められた自衛隊の部隊等が実施する後方地域支援又は後方地域捜索救助活動については、内閣総理大臣は、これらの対応措置の実施前に、これらの対応措置を実施することにつき国会の承認を得なければならない。ただし、緊急の必要がある場合には、国会の承認を得ないで当該後方地域支援又は後方地域捜索救助活動を実施することができる。
2　前項ただし書の規定により国会の承認を得ないで後方地域支援又は後方地域捜索救助活動を実施した場合には、内閣総理大臣は、速やかに、これらの対応措置の実施につき国会の承認を求めなければならない。
3　政府は、前項の場合において不承認の議決があったときは、速やかに、当該後方支援又は後方地域捜索救助活動を終了させなければならない。

（自衛隊による後方地域支援としての物品及び役務の提供の実施）
第六条　内閣総理大臣又はその委任を受けた者は、基本計画に従い、第三条第二項の後方地域支援としての自衛隊に属する物品の提供を実施するものとする。
2　防衛庁長官は、基本計画に従い、第三条第二項の後方地域支援としての自衛隊による役務の提供について、実施要項を定め、これについて内閣総理大臣の承認を得て、防衛庁本庁の機関又は自衛隊の部隊等にその実施を命ずるものとする。

3　防衛庁長官は、前項の実施要項において、当該後方地域支援を実施する区域（以下この条において「実施区域」という。）を指定するものとする。

4　防衛庁長官は、実施区域の全部又は一部がこの法律又は基本計画に定められた要件を満たさないものとなった場合には、速やかに、その指定を変更し、又はそこで実施されている活動の中断を命じなければならない。

5　第三条第二項の後方地域支援のうち公海又はその上空における輸送の実施を命ぜられた自衛隊の部隊等の長又はその指定する者は、当該輸送を実施している場所の近傍において、戦闘行為が行われるに至った場合又は付近の状況等に照らして戦闘行為が行われることが予測される場合には、当該輸送の実施を一時休止するなどして当該戦闘行為による危険を回避しつつ、前項の規定による措置を待つものとする。

6　第二項の規定は、同項の実施要項の変更（第四項の規定により実施区域を縮小する変更を除く。）について準用する。

（後方地域捜索救助活動の実施等）

第七条　防衛庁長官は、基本計画に従い、後方地域捜索救助活動について、実施要項を定め、これについて内閣総理大臣の承認を得て、自衛隊の部隊等にその実施を命ずるものとする。

2　防衛庁長官は、前項の実施要項において、当該後方地域捜索救助活動を実施する区域（以下この条において「実施区域」という。）を指定するものとする。

3　後方地域捜索救助活動を実施する場合において、戦闘参加者以外の遭難者が在るときは、これを救助するものとする。

4　後方地域捜索救助活動を実施する場合において、実施区域に隣接する外国の領海に在る遭難者を認めたときは、当該外国の同意を得て、当該遭難者の救助を行うことができる。ただし、当該海域において、現に戦闘行為が行われておらず、かつ、当該活動の期間を通じて戦闘行為が行われることがないと認められる場合に限る。

5　前条第四項の規定は実施区域の指定の変更及び活動の中断について、同条第五項の規定は後方地域捜索救助活動の実施を命ぜられた自衛隊の部隊等の長又はその指定する者について準用する。

6　第一項の規定は、同項の実施要項の変更（前項において準用する前条第四項の規定により実施区域を縮小する変更を除く。）について準用する。

7　前条の規定は、後方地域捜索救助活動の実施に伴う第三条第三項後段の後方地域支援について準用する。

（関係行政機関による対応措置の実施）

第八条　前二条に定めるもののほか、防衛庁長官及びその他の関係行政機関の長は、法令及び基本計画に従い、対応措置を実施するものとする。

（国以外の者による協力等）

第九条　関係行政機関の長は、法令及び基本計画に従い、地方公共団体の長に対し、その有する権限の行使について必要な協力を求めることができる。

2　前項に定めるもののほか、関係行政機関の長は、法令及び基本計画に従い、国以外の者に対し、必要な協力を依頼することができる。

3　政府は、前二項の規定により協力を求められ又は協力を依頼された国以外の者が、その協力により損失を受けた場合には、その損失に関し、必要な財政上の措置を講ずるものとする。

（国会への報告）

第十条　内閣総理大臣は、次の各号に掲げる事項を、遅滞なく、国会に報告しなければならない。

一　基本計画の決定又は変更があったときは、その内容

二　基本計画に定める対応措置が終了したときは、その結果

（武器の使用）

第十一条　第六条第二項（第七条第七項において準用する場合を含む。）の規定により後方地域支援としての自衛隊の役務の提供の実施を命ぜられた自衛隊の部隊等の自衛官は、その職務を行うに際し、自己又は自己と共に当該職務に従事する者の生命又は身体の防護のためやむを得ない必要があると認める相当の理由がある場合には、その事態に応じ合理的に必要と判断される限度で武器を使用することができる。

2　第七条第一項の規定により後方地域捜索救助活動の実施を命ぜられた自衛隊の部隊等の自衛官は、遭難者の救助の職務を行うに際し、自己又は自己と共に当該職務に従事する者の生命又は身体の防護のためやむを得ない必要があると認める相当の理由がある場合には、その事態に応じ合理的に必要と判断される限度で武器を使用することができる。

3　前二項の規定による武器の使用に際しては、刑法（明治四十年法律第四十五号）第三十六条又は第三十七条に該当する場合のほか、人に危害を与えてはならない。

（政令への委任）

第十二条　この法律に特別の定めがあるもののほか、この法律の実施のための手続その他この法律の施行に関し必要な事項は、政令で定める。

附　則　（抄）

（施行期日）

1　この法律は、公布の日から起算して三月を超えない範囲内において政令で定める日から施行する。

［別表第一（第三条関係）］

補給・給水、給油、食事の提供並びにこれらに類する物品及び役務の提供

輸送・人員及び物品の輸送、輸送用資材の提供並びにこれらに類する物品及び役務の提供

修理及び整備・修理及び整備、修理及び整備用機器並びに部品及び構成品の提供並びにこれらに類する物品及び役務の提供

医療・傷病者に対する医療、衛生機具の提供並びにこれらに類する物品及び役務の提供

通信・通信設備の利用、通信機器の提供並びにこれらに類する物品及び役務の提供

空港及び港湾業務・航空機の離発着及び船舶の出入港に対する支援、積卸作業並びにこれらに類する物品及び役務の提供

基地業務・廃棄物の収集及び処理、給電並びにこれらに類する物品及び役務の提供

〈備考〉

一　物品の提供には、武器（弾薬を含む。）の提供を含まないものとする。

二　物品及び役務の提供には、戦闘作戦行動のために発進準備中の航空機に対する給油及び整備を含まないものとする。

三　物品及び役務の提供は、公海及びその上空で行われる輸送（傷病者の輸送中に行われる医療を含む。）を除き、我が国領域において行われるものとする。

［別表第二（第三条関係）］

補給・給水、給油、食事の提供並びにこれらに類する物品及び役務の提供

輸送・人員及び物品の輸送、輸送用資材の提供並びにこれらに類する物品及び役務の提供

修理及び整備・修理及び整備、修理及び整備用機器並びに部品及び構成

品の提供並びにこれらに類する物品及び役務の提供
医療・傷病者に対する医療、衛生機具の提供並びにこれらに類する物品及び役務の提供
通信・通信設備の利用、通信機器の提供並びにこれらに類する物品及び役務の提供
宿泊・宿泊設備の利用、寝具の提供並びにこれらに類する物品及び役務の提供
消毒・消毒、消毒機具の提供並びにこれらに類する物品及び役務の提供

〈備考〉
一　物品の提供には、武器（弾薬を含む。）の提供を含まないものとする。
二　物品及び役務の提供には、戦闘作戦行動のために発進準備中の航空機に対する給油及び整備を含まないものとする。

資料Ⅱ・19

安全保障基本政策〈抄〉

一九九九年六月二四日

民主党

コメント

1．この政策は、民主党が周辺事態法（⇩Ⅱ・18）への対応を経たあとに公表した安保政策である。周辺事態法論議における同党内部の対立を整理し、この経験をふまえて、安保政策を見直し、整備することをねらって出されたものであった。

2．政策は、安保条約基軸論や自衛隊の重要かつ多様な役割の承認など、従来からの立場を改めて確認したうえで、いくつかの新たな主張を行った。

第一は、民主党結党時には明確に否定していた集団的自衛権の解釈変更を「憲法解釈の変更により行うべきでない」つまり明文の憲法改正によってやる余地はあるというふうに変更した点である。以後、民主党はこの線を踏襲している。

第二に、本政策は、有事法制の必要性を積極的に承認し、また「テロリズムやゲリラ的活動などの新たな脅威に対処する」ための自衛隊装備の変更・強化、さらには法制面での整備を主張した。

第三に、本政策は、ＰＫＯについても一歩踏み込んで、ＰＫＦ活動の解禁に向け、法改正をすべしと主張している点が注目される。

はじめに

二一世紀を目前に控え、今後の日本の安全保障政策について、民主党

の基本的考え方をまとめたのが本提言である。本提言の前提としている点について、二、三、ここで述べておきたい。

第一に、この提言においては、狭義の安全保障の問題を中心に検討している。いうまでもなく、平和を実現するために最も重要なことは外交であり、外交努力を尽くした後に安全保障の問題となると考えるべきである。民主党は戦争や紛争の芽をあらかじめ摘むことでその発生を未然に防止するための予防外交の必要性を強く認識している。近年顕著となってきた民族や宗教に起因する紛争もその背景には経済的困難があることが多く、経済力に裏付けられた日本の外交能力を更に高め、平和の創造に貢献していくことが必要である。その際、近年重要性が増している非政府組織（ＮＧＯ）との連携というアプローチも取り入れながら、外交・防衛の総合力向上をめざすべきである。

第二に、この提言は、東西冷戦の終了に伴い、安全保障環境に大きな変化があったという現実を直視するなかで取りまとめられた。民主党は従来のイデオロギー対立に基づく安全保障論議を排し、安全保障面における日米関係の重要性を十分に認識しつつ、日本の主体性ある安全保障政策の確立を目指す。

第三に日本国憲法との関係である。民主党は今後憲法論議が活発になされることを期待するが、日本国憲法が基本原理としている平和主義について今日においても重要視されるべきとの基本的考えに立っている。

Ⅰ　安全保障環境と日本の基本的対応《略》

Ⅱ　日本国憲法についての基本的考え方

（１）基本認識

日本国憲法は平和主義をその基本原理として採用し、他国の憲法に見られるような侵略戦争の放棄だけでなく、より踏み込んだ戦争否定の考え方を採用し、自らに制約を課している。これは第二次世界大戦の悲惨な経験を踏まえ、自衛の名のもとに侵略戦争を開始したことに対する深刻な反省に基づいたものである。民主党は今日においてもその基本精神は重要であり、維持されるべきであるとの立場に立つ。

民主党は憲法問題について議論することは重要なことであると考える。一般論として言えば憲法の文言と現実に乖離が生じた場合には、憲法解釈の安易な変更を行うのでなく必要に応じて憲法改正することが成熟した民主主義国家のとるべき道である。従って民主党に設置された憲法調査会や国会に設置が予定されている憲法調査会（仮称）において、安全保障問題も含め幅広く憲法論議が行われることが期待される。今回の以下に述べる結論はこのような本格的な憲法論議に先立って、現時点における民主党としての考え方をまとめたものである。

（２）憲法第九条

憲法制定以後、第九条の解釈については国会や学界における論争において様々な考え方が示された。しかし現時点において重要なことは半世紀にわたる国会の議論の結果、①外国から違法な侵害を受けた場合の個別的自衛権の行使まで放棄したものでないこと　②現在の自衛隊が憲法違反の存在でないことの二点については、国民の大多数の間に定着した憲法認識となっているという事実である。

（３）国連軍及び集団安全保障

現時点において直ちに問題となる訳ではないが、国連憲章第四二条、第四三条の特別協定に基づく正式の国連軍やアジア太平洋地域における集団安全保障体制が確立した場合に日本としてどう対応すべきかの問題がある。民主党は後に述べるようにこれらを積極的に評価し、将来日本が参加すべきと考える。ただし、日本が参加する場合に、現行憲法で可能かどうかについては議論があるところであり、今後党の内外において十分検討されるべきである。

（4）多国籍軍

国連安全保障理事会の決議に基づく武力行使を伴う多国籍軍について、①憲法前文の国際協調主義を強調する立場、②憲法九条に規定する国権の発動にあたらないとする考え方に基づき、積極的に参加すべきとの意見がある。

しかし①多国籍軍はその指揮権は各国が持つことが通常であり、かつ②参加するか否かの選択が各国に委ねられている状況において多国籍軍への参加を日本が決定することを考えると、国権の発動にあたらないとは言えない。このため民主党は後に述べるように正式の安保理決議に基づく多国籍軍が現実に果している役割について一定の評価をしつつも、日本が多国籍軍に参加し武力行使を行うことについては憲法第九条が許容していないと考える。

（5）集団的自衛権

政府は憲法第九条が認める自衛権の行使は我が国を防衛するため必要最小限の範囲にとどまるものであり集団的自衛権の行使はその範囲を超えるものであり憲法上許されないとの立場に立っている。集団的自衛権の行使とは「自国と密接な関係にある外国に対する武力攻撃を、自国が直接攻撃されていないにもかかわらず、実力をもって阻止する権利を行使すること」と定義されるが、この権利行使（武力の行使）を解釈として認めることは重大な解釈の変更になり、また憲法第九条は侵略戦争を禁止しているに過ぎないということになりかねない。以上を踏まえ民主党は、集団的自衛権行使の是否を憲法解釈の変更により行うべきではないと考える。

（6）防衛政策の原則

戦後半世紀を経て、憲法の平和主義のもとにおける以下のような防衛政策の原則が確立されてきた。即ち、①個別的自衛権の行使を超えた海外における武力行使は行わないこと　②専守防衛を堅持すること　③個別的自衛権行使のための必要最小限度の実力を保持すること　④集団的自衛権を行使しないこと　⑤核・化学・生物兵器等の大量破壊兵器を保持しないこと　⑥自衛権発動については三要件（急迫不正の侵害があること、他に適当な手段がないこと、必要最小限度の実力行使にとどまるべきこと）に該当する場合に限られること　⑦徴兵制を採用しないこと　⑧文民統制を維持すること　⑨武器輸出三原則　⑩非核三原則などは国会審議を通じて確立した原則である。民主党はこれらの諸原則は現時点においても尊重されるべきであると考える。

III　安全保障体制

1　日本の防衛と防衛力のあり方

（1）基本認識

東西冷戦の終了により、我が国に対し大規模な直接侵略がなされる可能性が低下したことは我が国を取り巻く安全保障環境の最も重要な変化である。一方、テロリズムやゲリラ的活動、生物・化学兵器の使用、領土・領海・領空（領域）への不法侵入、ミサイルや核兵器の拡散など新たな脅威の可能性が生じるなど、北東アジアには警戒を要する状況が残っている。このような安全保障環境の変化に柔軟に対応するためには防衛大綱の機動的な見直しが必要であり、また厳しい財政状況を考慮し、従来型資源配分の見直しや防衛費の抑制も視野に入れた検討がなされるべきである。

同時に自衛隊に期待される役割そのものが多様化している。上記の多様な脅威への対応に加え、災害派遣、ＰＫＯ活動などの国際協力活動、周辺事態における日米協力、海外における邦人救出など、自衛隊は重要かつ多様な役割を果すことが期待されている。

（2）新たな脅威への対応

以上のような自衛隊をとりまく環境と自衛隊に期待される役割の変化

に対応した効率的で質の高い自衛力の確保が必要である。とくに大規模直接侵略を主として想定して構築されてきた自衛隊の装備、配置及び構成について抜本的な見直しを行い、テロリズムやゲリラ的活動などの新たな脅威に、日本が原則として単独で対処できる体制を早急に整備することが重要である。平成七年に閣議決定された防衛大綱においても東西冷戦の終結に伴い世界的な規模での武力紛争が生起する可能性は遠のいているとの認識が示されてはいるものの、我が国の防衛力の整備に関しては従来の発想を大きく変えるには至っていない。例えば陸上自衛隊については戦車部隊中心主義から、より機動力がありかつゲリラ的活動に対処できる装備にも力点を置くことなど新たな環境に対応した体制整備も急ぐ必要がある。

我が国に対するテロリズムやゲリラ的活動による主権侵害や破壊工作等に対して法制面での整備も含め検討すべきである。その際、①このような主権侵害等に対しては断固とした措置をとるとの政治的意思を明らかにすること、②海上保安庁や警察との連携が円滑に行われるよう一元的危機管理体制を整備すること、③海上保安庁や警察では対応不可能な状況において、自衛隊が速やかに対応できるようにすること、④武器使用基準（ＲＯＥ）の策定も含め、危機における基準を予め明確に決めておくことで冷静かつ効果的な対処ができる体制を整備すること、⑤シビリアンコントロールを徹底することが重要である。

また、増大するミサイルの脅威に対し、専守防衛の原則に立ちながら、日米協力も含め、効果的な対応のあり方を早急に検討すべきである。

（3）緊急事態法制

自衛隊が出動するような緊急事態が発生した時の自衛隊出動にあたっての要件・手続については、自衛隊法が規定しているところであるが、出動した後の自衛隊の活動のルールについては、法律の規定がほとんど存在していない。現状のままでは、日本に対する直接侵略などの緊急事態において自衛隊の活動が円滑に行われないことで国民の生命・財産に対する侵害が拡大するか、または、自衛隊が超法規的措置を取らざるを得ない可能性がある。このためあらかじめ緊急事態における法律関係について十分な議論を行い法制化しておくことが重要である。具体的には、①緊急事態において、日本に対する武力攻撃などに効果的に対処できるようその活動の根拠を与えるとともに、②このような緊急事態においても自衛隊などの活動が、シビリアンコントロールの下にあり、国民に対する必要以上の権利制限とならないよう、国民の権利、とりわけ憲法上認められた基本的人権・表現の自由等を保障することである。

（4）装備調達

限られた防衛予算のもとで必要な装備を整備していくためには、従来の陸海空横ならびの考え方から脱却して想定される脅威に対応した予算の編成が必要である。またコスト削減の観点から汎用品についてはその範囲を拡大しつつ、一般競争入札の積極導入を図る。また、随意契約・指名競争入札の対象となる装備などについても、出来る限り透明性・客観性・公正性を担保できるような装備調達方法の改革も不可欠である。技術研究開発における従来の体制についても見直す必要がある。

従来防衛生産・技術基盤の維持の観点から装備の国産化が行われてきた。しかし、どの範囲までの装備を我が国が国産技術として保持すべきか、そのことの費用対効果や有事における補充はどうかといった点について今後基本的な議論が必要である。同時に海外からの調達にあたっても、コスト削減の観点から調達先の多様化を検討すべきである。

（5）情報

専守防衛を国是とする我が国にとって情報収集・分析・対応能力の向上は喫緊の課題である。我が国が運営する情報収集衛星を保有すること、情報本部の充実を図ることは最優先で取り組まれねばならない。今後見込まれるコンピュータ・情報システムの電子的脆弱性についても対応が必要である。

2. 日米安全保障体制

（1）基本認識

戦後、我が国は憲法第九条に基づいて専守防衛を選択しながら米国と同盟を結び、日本の安全保障政策を効果的に追及してきた。民主主義と自由主義経済という価値観を米国と大枠において分かち合い、同国と安全保障・経済両面で緊密な関係を構築してきたことが、戦後我が国の安全と繁栄に大きく貢献してきたことを我々は評価する。国民の安全確保は、国家にとって最も基本的な義務であり、日本の平和と安全を守るためには、日本自身の外交防衛努力が基本となることは言うまでもないが、これと並んで、日米安全保障条約が我が国の安全保障政策の最も重要な柱であるとの認識を我々は持つ。

（2）新防衛指針

さきに日米間で合意した新ガイドラインは、我が国の平和と安全を確保するために我が国の米軍に対する平素、日本有事、周辺事態における日米防衛協力について定めており、民主党はその必要性を認識している。ただし、周辺事態に対応するための周辺事態安全確保法の運用に際しては周辺事態の認定を含め、日本の主体性を十分に担保するとともに、日本の安全と国民生活に与える影響のバランスに細心の注意を払うべきである。同法については、必要に応じて、国会関与のあり方を含めた不断の見直しを図っていく。

（3）日本の主体性

従来の日米安保体制は重要な意思決定を米国に委ねるという点で、真の意味での同盟関係とは言いにくい状況にあった。今後日本のとるべき態度は、日本の国益を十分に踏まえつつ米国との緊密な対話・協議を行う姿勢である。日米両国の国益は当然のことながら常に一致するとは限らない。重要なのは、このような場合に率直で質の高い協議を通じてしっかりと調整を行っていくことであり、その前提として求められているのは日本の主体性である。

このような観点から「日米安保条約の第六条の事態に関する交換公文（一九六〇年）」に基づく事前協議制度をより明確にする必要がある。例えば従来の政府解釈のように「日本国から行われる戦闘作戦行動のための基地使用」を極端に狭く解して艦船の「移動」はすべてこれに該当しないなどの解釈を再考する必要がある。また、日本政府内で事前協議の当事者は誰であり、どのような手続きを経て日本政府としてＹｅｓ、Ｎｏを判断するのかを国内法令の整備等を通じて明確にすべきである。当然のことながらこれらの問題は米国との緊密な話し合いのうえ実現すべき事柄である。

（4）米軍基地

在日米軍基地の態様、規模については、不断の見直しが必要である。特に、戦後五〇年余が経過している今日、なお、沖縄に米軍基地が集中していて、多くの負担と犠牲を強いている状況にある。民主党は、沖縄の米軍基地の整理・縮小のため、国内外への移設を含め積極的に推進していく。ＳＡＣＯ合意の目玉となっている普天間海兵隊基地については、沖縄県民の意見を十分に踏まえつつ、その移転について早急に結論を出すよう日米両国政府に働き掛けていく。さらに民主党は今後の米軍基地の整理縮小をより推進していく立場から、ＳＡＣＯⅡの検討も必要と考える。

将来、朝鮮半島情勢が安定した場合に、現在の在韓米軍の役割がその存続の是否も含めて大きく見直されることが予想され、その際に在日米軍を含めた東アジアの米軍の縮小・再配置が必要となろう。朝鮮半島安定後の極東における米軍のプレゼンスのあり方や、アジア太平洋地域の平和と安定を確保するための拠点として在日米軍基地をどのように位置付けるべきか中長期的な視点に立って基本的な検討が必要である。

民主党は日米地位協定の運用改善を行っていくことは重要な課題であると考える。同時に米国が欧州各国と締結している地位協定を参考としつつ、日米地位協定の見直しについても米国と率直に交渉していく。

3．アジア太平洋地域の安全保障

（1）日米安保体制の意義

アジア太平洋地域の平和と安定を確保するうえで、日米安保体制が果してきた役割には大きなものがある。この地域において経済的に圧倒的な存在である日米両国が外交・安全保障両面で緊密な協力体制を築いていることは、この地域の安定要因となっている。またアジア太平洋地域における米軍のプレゼンスはNATOのような集団安全保障の枠組みを持たないこの地域の平和と安定に重要な役割を果している。その中で在日米軍は、この地域における米軍全体の中核として機能している。在日米軍がアジア太平洋地域においてこのような役割を果していることは極東及び日本の平和と安定を目的とした日米安保条約が直接規定していないところではあるが、民主党は、当分の間、日米安保体制の実効性を高めることが、アジア太平洋地域の平和と安定のための重要な基盤であると考える。その際、日本として重要なことは同盟国としての信頼関係を構築しつつ、米国の行動が米国の国益にのみ重点を置きバランスを欠いたものとならないように、率直に協議するという姿勢である。

（2）日本の主体的役割

アジア太平洋地域において、日本が主体的に果すべき役割には重要なものがある。即ち、核拡散等の防止や危機を未然に防止・減少させるための予防外交展開などの広義の安全保障を高めるために、近隣諸国との二国間関係を充実したり、地域的取り組み、国連を通じた取り組みを推進するための積極的な努力が必要である。ただし狭義の安全保障については、近隣諸国の不信感を解消しつつ、慎重に対応する必要があることは言うまでない。このような観点から民主党は自衛隊がアジア太平洋地域において単独で活動することについては、邦人救出など例外的な場合を除いて今後とも慎重であるべきと考える。また周辺事態法に基づく米軍への後方支援を行うにあたってもその範囲が拡大しないよう厳格な運用が必要と考える。

（3）安全保障対話

APECやARFはアセアン地域の安全保障面の信頼醸成を高めるために重要な役割を果たしてきた。最近のアジアの経済危機の中で、ARF等が十分に機能するように日本のリーダーシップ発揮が求められている。また、ARF等の延長線上にアジア太平洋地域における広い意味での多国間安全保障対話の枠組み構築に取り組むことや朝鮮半島問題に関する四者会談を拡大した六者会談を更に発展させ、北東アジアフォーラムを構築することを民主党は主張する。これら多国間協議の場において、安全保障関係者の交流や交換、基地や施設への相互訪問、演習などの事前通報・情報公開や交換、通信連絡手段の設置などの信頼醸成措置を積極的に実現していくことが求められる。また海賊情報も含めて安全保障情報の域内共同管理や情報衛星の共同運営の提案などについても日本としても憲法の枠内で積極的なイニシアティブを果すべきと考える。

このような広い意味でのアジア太平洋地域における多国間安全保障対話の枠組み構築と日米安保体制は対立するものではなく、両立・補完関係にあり、同地域の平和と安定のため、それぞれ重要な役割を果すことが期待されている。

（4）集団安全保障

安全保障対話を更に進め、軍事的強制力を伴う集団安全保障体制がこの地域に構築されることが望まれるが、このためには、解決すべきいくつかの問題があることも事実である。例えば、アジア太平洋地域の安保体制を考える際に、米国と中国両国のいずれかが参加しない集団安保体制は、参加しない国に対抗する同盟的色彩が強くなり、むしろ有害である。また、国連の集団安全保障との役割分担、相互の関係についても検討が必要である。これらの点の検討も含め国内外において更に積極的な議論がなされることが期待される。

4．国連の安全保障

（1）基本認識

国際連合は、非効率な運営、軍事的強制手段の不完全性等の問題点を抱えながらも、国際的な平和と安定に重要な役割を果している。コソボ問題は国連の紛争解決能力の限界を示すことになったが、他方で国連にかわるものは現時点で存在しない。重要なことは国連の限界を指摘し、批判することではなく、国連がよりよく機能するよう改革していくことである。民主党は、国連改革を推進する一方で、幅広い国連外交を主体的・積極的に展開することが重要であるとの基本認識に立つ。

（2）ＰＫＯ活動

国連憲章は平和を破壊するおそれのある国際的紛争や事態を平和的手段によって調整・解決することをその目的に挙げている。国連が行う国際紛争の解決に向けての交渉、仲介や平和維持活動（ＰＫＯ）の展開は世界の平和と安定のため重要な役割を果しており、我が国もより積極的に協力する必要がある。とりわけＰＫＯ活動についてはＰＫＯ協力法施行後七年を経過し国民の間にも理解と支持が定着した。ＰＫＯ活動を通し、国際的な平和の維持に対する積極的な貢献を行うことを我が国の基本的な政策と位置付けるべきである。また、現在凍結中の紛争停止や武装解除の監視、緩衝地帯における駐留・巡回などのいわゆるＰＫＦ活動についても、その凍結解除に向け、国会審議を開始すべきである。

（3）国連軍

国連は平和に対する脅威、平和の破壊、侵略行為があった場合に、世界の平和と安全を維持するための最終的な手段として国連軍の創設を規定している。「国連憲章第四二条、第四三条の特別協定に基づく」という意味において正式な国連軍はいまだ編成されたことがなく、当分の間その可能性は低いと考えられる。しかしながら民主党は国連設立時の精神である国連を中心とする集団安全保障体制の確立に向けて真摯な努力を続けるべきと考える。正式な国連軍が編成される場合に日本はこれに参加すべきと考える。

（4）多国籍軍

国連軍に類似するものとして安全保障理事会決議に基づく多国籍軍が湾岸戦争において編成された。世界の平和の侵害者が存在し、かつこれに対し最終的には武力をもって対抗せざるを得ないというのが歴史的事実であり、かつ世界の現実である。従って、安保理で議論を尽くした後の正式な決議が行われた場合には、その決議に基づく多国籍軍の役割は評価されるべきである。しかしながら先にも検討したように我が国憲法は多国籍軍への武力行使を伴う参加を禁じていると考えるべきである。

自衛隊が武力行使を行わない場合には多国籍軍への協力は憲法上は可能である。しかし米国のイラク攻撃のように国連決議が存在しているかどうか微妙な場合もありまた、どこまでが武力行使等であるかの線引きが明確にできない場合も多く想定される。したがって民主党は戦争終了後の協力や資金協力を別とすれば、自衛隊の多国籍軍への協力については慎重を期すべきであると考える。

（5）国連改革

コソボ紛争において、国連の決議がないままにＮＡＴＯが武力行使に踏み切った。今回の空爆開始にあたり国連安保理における議論が尽くされたかについては疑問が残るところであるが、仮に国連安保理が機能しないときに国際社会は平和の維持のためどう対応すべきかという基本的問題を提起した事も事実である。国連の安全保障の枠組みが機能しないときに主要国が協力しつつ武力行使によって問題を解決することは今後とも起こり得ることであるが、しかし安易にこれらのことを認めれば国連が形骸化し世界は主権国家がそれぞれの価値判断により無秩序に軍事力を行使することになりかねない。二度の世界大戦に対する反省の結果設立された国際連合が世界の平和を維持するための機関としてよりよく機能するよう安全保障理事会の改革、拒否権行使のあり方について検討すべき時期にきていると民主党は考える。

Ⅳ　おわりに

安全保障は政治の基本的課題である。複雑かつ予測困難な安全保障環境のもとで、単に受身に対応するのではなく、日本自身が主体性を持ち、自らの構想力によって対処しなければならない。民主党は国民の安全を確保し、かつ世界平和の創造に日本が積極的に貢献するという基本的視点に立って、今後とも安全保障の問題に取り組んでいく。今回の基本政策はそのための第一歩であり、今後更により充実したものとすべく努力を重ねたい。

資料Ⅱ・20

憲法調査会設置に関する法改正等

①国会法の一部を改正する法律

一九九九年八月四日法律第一一八号

〔出典〕『法令全書』一九九九年2

②憲法調査会設置に関する申合せ

一九九九年七月六日

③衆議院憲法調査会規程

一九九九年七月六日議決

コメント

1．この三つの文書は、一九九九年、国会に憲法調査会を設置することを定めた国会法改正、衆議院・参議院の議院運営委員会での会の運営等に関する申し合わせ、衆議院憲法調査会規程、など憲法調査会の発足にあたっての文書である。

一九九〇年代以降、アメリカの圧力を受けて、自衛隊の海外派兵、米軍との共同作戦の要請が出るなかで、再び憲法改正の動きが台頭し活発化した。そうした状況を踏まえ、一九九七年、自民党議員を中心に、「憲法調査委員会設置推進議員連盟設立趣意書」が出され、国会に憲法調査委員会を置くべきことが提案された。以後、国会に憲法の調査・審議機関を置くべきであるという議論が行われ、第一四五国会で、周辺事態法（⇩Ⅱ・18）成立の直後に、議員提案で、国会に憲法調査会を設置する国会法改正が上程され、制定をみた。自民党政権は、改憲問題を出すと、政権の運営に悪影響を及ぼすことを懸念して、憲法議連の要求を一日延ばしにしていたが、周辺事態法が制定を見るや、間髪を入れず、実現に動いたのである。
2．憲法調査会に対する自民党、ほか各党の思惑は、各党の改憲に対する態度の違いから、大きく異なっていた。改憲派は、この調査会を舞台にして、改憲案をまとめ、改憲実行に乗り出したいと考えていたが、社民党、共産党は、こうした動きに断固として反対しており、他方民主党、公明党は、「論憲」路線で、この段階では調査会が改憲目的で突っ走ることには消極的であった。

そうした各勢力の対抗のなかで、妥協の産物として、調査会は、改憲派にとってはさまざまな制約をつけて設置された。まず、会の性格規程であるが、①の国会法改正では、その任務を「日本国憲法について広範かつ総合的に調査を行うため」（国会法一〇二条の六）の機関とし、改憲を謳わなかった。また、国会法改正の採決に先立ち、②の申合せで、以下の三点が確認された。

（1）議案提出権がない
（2）調査機関はおおむね五年程度を目途とする
（3）会長が会長代理を指名し、野党第一党の幹事の中から選定する

このように、調査会は、それが憲法改正のため、改憲案を発議する母体となるのではないかという護憲派の懸念をふまえて、議決権、法案提出権をもたない、調査するだけの組織であることを明示してつくられたのである。
3．両院の憲法調査会は、二〇〇〇年一月二〇日にスタートした。

③の衆議院の憲法調査会規程で、衆議院では委員は五〇名、会長は互選で決められるとされた。衆議院では、調査会設置に反対した共産党、社民党委員も含め、全会一致で中山太郎が就任した。

調査会は運営にあたって、通例の委員会と異なり、議席数に応じて発言時間を割り振ることをせず、ひとり五分、何度でも可という各党平等の発言を保障した。

①国会法の一部を改正する法律

国会法（昭和二十二年法律第七十九号）の一部を次のように改正する。

第十一章の次に次の一章を加える。

第十一章の二　憲法調査会

第百二条の六　日本国憲法について広範かつ総合的に調査を行うため、各議院に憲法調査会を設ける。

第百二条の七　前条に定めるもののほか、憲法調査会に関する事項は、各議院の議決によりこれを定める。

附　則

1　この法律は、次の常会の召集の日から施行する。
2　国会議員の歳費、旅費及び手当等に関する法律（昭和二十二年法律第八十号）の一部を次のように改正する。

第八条の二中「調査会長」の下に「並びに各議院の憲法調査会の会長」を加える。
3　議院に出頭する証人等の旅費及び日当に関する法律（昭和二十二年法律第八十一号）の一部を次のように改正する。

第六条中「調査会」の下に「、憲法調査会」を加える。

②憲法調査会設置に関する申合せ

衆議院議院運営委員会における採決に先立ち、議院運営委員会の理事会において次の申合せがなされ、委員会にその内容が報告されている。なお、参議院の議院運営委員会理事会においても、ほぼ同じ内容の申合せが行われている。

一　憲法調査会は、議案提出権がないことを確認する。
二　調査期間は、概ね五年程度を目途とする。

三　会長が会長代理を指名し、野党第一党の幹事の中から選定する。

③衆議院憲法調査会規程

（設置の趣旨）

第一条　憲法調査会は、日本国憲法について広範かつ総合的に調査を行うものとする。

（報告書）

第二条　憲法調査会は、前条の調査を終えたときは、調査の経過及び結果を記載した報告書を作成し、会長からこれを議長に提出するものとする。

2　憲法調査会は、調査の経過を記載した中間報告書を作成し、会長からこれを議長に提出することができる。

3　議長は、第一項の報告書及び前項の中間報告書を印刷して、各議員に配付する。

（委員数）

第三条　憲法調査会は、五十人の委員で組織する。

（委員）

第四条　委員は、会期の始めに議院において選任し、議員の任期中その任にあるものとする。

2　委員は、各会派の所属議員数の比率により、これを各会派に割り当て選任する。

3　前項の規定により委員が選任された後、各会派の所属議員数に異動があったため、委員の各会派割当数を変更する必要があるときは、議長は、第一項の規定にかかわらず、議院運営委員会の議を経て委員を変更することができる。

4　衆議院規則第三十七条、第三十九条及び第四十条の規定は、委員について準用する。

（会長）

第五条　憲法調査会の会長は、憲法調査会において委員が互選する。

2　衆議院規則第百一条及び第百二条の規定は、会長について準用する。

第六条　会長は、憲法調査会の議事を整理し、秩序を保持し、憲法調査会を代表する。

（幹事）

第七条　憲法調査会に数人の幹事を置き、委員がこれを互選する。

2　会長は、憲法調査会の運営に関し協議するため、幹事会を開くことができる。

3　衆議院規則第三十八条第二項の規定は、幹事について準用する。

（小委員会）

第八条　憲法調査会は、小委員会を設けることができる。

2　衆議院規則第九十条の規定は、小委員会について準用する。

（開会）

第九条　憲法調査会は、会期中であると閉会中であるとを問わず、いつでも開会することができる。

第十条　会長は、憲法調査会の開会の日時を定める。

（定足数）

第十一条　憲法調査会は、委員の半数以上の出席がなければ、議事を開き議決することができない。

（委員の発言）

第十二条　委員は、議題について、自由に質疑し、及び意見を述べることができる。

（委員でない議員の意見聴取）

第十三条　憲法調査会は、調査中の案件に関して、委員でない議員に対し必要と認めたとき又は委員でない議員の発言の申出があったときは、その出席を求めて意見を聴くことができる。

（委員の派遣）

第十四条　憲法調査会において、調査のため委員を派遣しようとするときは、議長の承認を得なければならない。

（国務大臣等の出席説明）

第十五条　憲法調査会は、調査のため必要があるときは、議長を経由して、国務大臣、最高裁判所長官及び会計検査院長の出席説明を求めることができる。

（報告又は記録の提出）

第十六条　憲法調査会は、調査のため必要があるときは、議長を経由して、内閣、官公署その他に対し、必要な報告又は記録の提出を求めることができる。

（公聴会）

第十七条　憲法調査会は、調査のため必要があるときは、公聴会を開くことができる。

2　衆議院規則第七十八条及び第七十九条の規定は、公聴会について準用する。

（参考人）

第十八条　憲法調査会は、調査のため必要があるときは、参考人の出頭を求め、その意見を聴くことができる。

（会議の秩序保持）

第十九条　委員が憲法調査会の秩序を乱し又は議院の品位を傷つけるときは、会長は、これを制止し、又は発言を取り消させる。命に従わないときは、会長は、当日の憲法調査会を終わるまで発言を禁止し、又は退場を命ずることができる。

（休憩及び散会）

第二十条　会長は、憲法調査会の議事を整理し難いとき又は懲罰事犯があるときは、休憩を宣告し、又は散会することができる。

（懲罰事犯の報告等）

第二十一条　会長は、憲法調査会において、懲罰事犯があると認めたときは、これを議長に報告し処分を求める。

2　衆議院規則第二百三十五条の規定は、憲法調査会における懲罰事犯について準用する。

（会議の公開及び傍聴）

第二十二条　憲法調査会の会議は、公開とする。ただし、憲法調査会の決議により非公開とすることができる。

2　会長は、秩序保持のため、傍聴を制限し、又は傍聴人の退場を命ずることができる。

（会議録）

第二十三条　憲法調査会は、会議録を作成し、会長及び幹事がこれに署名し、議院に保存する。

2　会議録には、出席者の氏名、会議に付した案件の件名、議事その他重要な事項を記載しなければならない。

3　会議録は、これを印刷して各議員に配付する。ただし、第十九条の規定により会長が取り消させた発言については、この限りでない。

（事務局）

第二十四条　憲法調査会の事務を処理させるため、憲法調査会に事務局を置く。

2　事務局に事務局長一人その他必要な職員を置く。

3　事務局長は、会長の命を受けて、局務を掌理する。

（細則）

第二十五条　この規程に定めるもののほか、議事その他運営等に関し必要な事項は、憲法調査会の議決によりこれを定める。

附　則

この規程は、国会法の一部を改正する法律（平成十一年法律第一一八号）の施行の日から施行する。

資料Ⅱ・21

日本国憲法改正試案（抄）

一九九九年九月

小沢一郎

［出典］『文藝春秋』一九九九年九月特別号

コメント

1．九〇年代初頭には、その実現の展望がないという理由から憲法改正には消極的であった小沢一郎が、明文改憲論に転じ改憲を主張した論文である。内容は、現代改憲論の共通項を踏襲しており、特段に新しい点はないが、九〇年代に一貫して大国化と新自由主義改革、それを実現するための政治改革を領導してきた政治家が、明文改憲に転じたことの政治的意義は大きい。

もっとも、小沢は、二〇〇〇年代に入り、自ら率いていた自由党の民主党への合流を果たし党代表に就任して以降、ふたたび明文改憲には慎重な態度に転じ、その後改憲については消極的姿勢を維持している。

ここでは小沢が『文藝春秋』に掲載した論文のうち、注目すべき部分を抜粋する。

2．小沢の改正論で注目すべき点の第一は、九条関係である。小沢は九条の三項に「前二項の規定は、第三国の武力攻撃に対する日本国の自衛権の行使とそのための戦力の保持を妨げるものではない。」という但し書きを入れるという伝統的改憲派の案を採用しつつ、他方、国際社会の平和活動のために自衛隊を派兵する自由を根拠づける条項を新設することを提案している。「日本国民は、平和に対する脅威、破壊及び侵略行為から、国際の平和と安全の維持、回復のため国際社会の平和活動に率先して参加し、兵力の提供をふくむあらゆる手段を通じ、世界平和のため積極的に貢献しなければならない。」というものである。この規定からだけみると、国連の決定なしにでも、湾岸戦争やアフガニスタンへ軍隊を派兵できることになるが、小沢がここで念頭においているのは、国連である。それは、小沢が「国連警察軍」の創設を提案していることにもよく表れている。小沢がここで強調しているのは、日本の平和を守るためにも個別的・集団的自衛権よりも国連の集団安全保障措置への参加が重要だという点である。

もともと冷戦終焉後、日本の平和のためにもアメリカの要請にしたがって日本も兵力提供を含む国際貢献をすべきことを逸早く一貫して主張したのが小沢であった。その点からすれば、この改正論は小沢の真骨頂である。

小沢の改正点で注目すべき第二の点は、人権が「すべて公共の福祉及び公共の秩序に遵う。」という規定を入れるよう主張している点である。これは一見、五〇年代の伝統的改憲論の主張と同様にみえるが、小沢の含意は、新自由主義改革後の社会の柱のひとつとして「強い国家」のあり方を示したものであり、読売第二次改正試案（⇨Ⅱ・23）と同様の発想に基づいている。

注目すべき第三点は、参議院議員を選挙によらない名誉職的なものにすべしというものである。また小沢は憲法裁判所を設置して、法律に対する憲法上の疑義を早期に解消し、今まで政府の政策遂行を邪魔していた憲法上の障害を除去しようという構想も打ち出している。これらは、「改革」遂行を効率的に行う政治体制づくりをめざしたものである。

注目すべき第四点は、小沢案も、他の五〇年代以来の改憲案同様、憲法改正規定を改正して国会の過半数で改憲発議ができるようにするという主張をしていることである。
本書では、論文のうち、九条関係、人権制約の一般的規定、参議院改革の部分のみを引用した。

《前半略》

条文の順に従って、第二章「戦争の放棄」（第九条）に移る。

「日本国民は、正義と秩序を基調とする国際平和を誠実に希求し、国権の発動たる戦争と、武力による威嚇又は武力の行使は、国際紛争を解決する手段としては、永久にこれを放棄する。

前項の目的を達するため、陸海空軍その他の戦力は、これを保持しない。国の交戦権は、これを認めない。」

この第九条は、戦後日本において最大の論点であった。ここに書かれているのは国権の発動、すなわち自衛権の発動は個別的、集団的を問わず抑制的に考えるべきであるという原則なのである。平たく言えば、直接の攻撃を受けなければ武力による反撃はしないということだ。第九条の小見出しも〔戦力の不保持〕や〔交戦権の否認〕ではなく、〔自衛権の発動〕とすべきである。

自衛権というのは、人間に譬えれば正当防衛権である。これらの本来的な権利は「自然権」として認められていて、最高法規の憲法や国際条約は言うに及ばず、いかなる法律もその権利を否定することはできない。一国の中で強制力を持つ刑法体系においても、正当防衛や緊急避難は認められている。強制力を持つ統一した法秩序の存在しない国際社会では更に当然の国家としての自然権である。国家の正当防衛権が認められなければ、憲法など成り立たない。したがって、憲法九条はこうなる。

〔自衛権〕

一　「日本国民は、正義と秩序を基調とする国際平和を誠実に希求し、国権の発動たる戦争と、武力による威嚇又は武力の行使は、国際紛争を解決する手段としては、永久にこれを放棄する。」

二　「前項の目的を達するため、陸海空軍その他の戦力は、これを保持しない。国の交戦権は、これを認めない。」

三　「前二項の規定は、第三国の武力攻撃に対する日本国の自衛権の行使とそのための戦力の保持を妨げるものではない。」（編集部注・小沢試案）

「正義と秩序を基調とする国際平和を誠実に希求」すべしと、第九条では冒頭に説いている。さらに前文には「平和を維持し、専制と隷従、圧迫と偏狭を地上から永遠に除去しようと努めている国際社会において、名誉ある地位を占めたい」と、日本は平和創出のために積極的な役割を担うことを表明しているのだ。しかし実際には、どのようにして国際社会における正義と秩序を維持すべきであるのか。

日本の平和活動は世界の国々が加盟し、唯一の平和機構である国連を中心にやっていくしかないと、私は考えている。前文で書かれている国際協調主義は、逐条にも具体的に盛り込まれることが望ましい。そこで日本国憲法第二章第九条に続いて、新たに次のような一条を創設することにより、憲法の目指す国際協調主義の理念はより明確になるだろう。

〔国際平和〕

「日本国民は、平和に対する脅威、破壊及び侵略行為から、国際の平和と安全の維持、回復のため国際社会の平和活動に率先して参加し、兵力の提供をふくむあらゆる手段を通じ、世界平和のため積極的に貢献しなければならない。」（編集部注・小沢試案）

この条文の精神は国連憲章第七章の「平和に対する脅威、平和の破壊及び侵略行為に関する行動」と同じものであり、又日本が国連に加入する際に発出した文書と同じ趣旨のものである。

国連に加入して国連憲章を是認しながら、「国連が認める平和活動に参加することは国内憲法によって許されない」と言うのは支離滅裂である。先述のように、憲法の前文には国際協調主義が貫かれている。その原則に従って、新しい時代における平和主義の理念を表明すれば、なし崩し的な軍事大国化という近隣諸国の懸念を避けて、誤解を解消することもできる。現行憲法の前文には「国際社会において、名誉ある地位を占めたい」とある。名誉ある地位を占めるために、我々はあらゆる努力をする必要がある。「お金だけ出します」は、もはや通用しない。

◇**「国連常備軍」を創設する**

直接的に武力攻撃を受けたときの反撃手段のため、最小限度の軍事力として自衛隊を持つ。加えて国連の一員として平和維持活動に協力して「国連常備軍」の創設を計画したり、軍縮や核兵器廃絶などの具体的な目標を法律（安全保障基本法）に織り込むことも可能である。

新世紀を迎えようとする日本が平和を維持し、生き残っていくためには、国際社会との協調を図らなければならない。そのためには、国連を中心としたあらゆる活動に積極的に参加していく以外に道はない。その意味で私は、日本が率先して国連常備軍の構想を提案すべきだと思う。兵器・技術の発達により、もはや昔の主権国家論は通用しなくなった。個別的自衛権や集団的自衛権だけで、自国の平和を守ることは不可能である。集団安全保障の概念、すなわち地球規模の警察力によって秩序を維持するしかない。自衛隊は歴史的使命を終えて、これから縮小することになる。そして日本は国連常備軍に人的支援と経済力を供出すべきである。

明治維新のとき、朝廷は武力を持たなかった。警察力も権力もなかったので、薩長を中心に近衛軍をつくったのである。今の国連は、ちょうど維新後の朝廷と立場が似ている。固有の力を持っていないので、事が起きた時に、その都度各国に呼びかけPKOを始めとして多国籍軍の編成を行なうことになる。これでは、緊急な時に迅速な行動がとれないという事もあり、又、その時々の各国の思惑や事情により実効があがらないという面も多々ある。従ってこういうやり方でなく、一歩進めて国連に常備軍を設けるべきであるというのが私の主張である。日本は国際協調によらなければ生きていけないのだから、日本が積極的にこの常備軍創設を呼びかけるべきだ。アメリカはこの考え方に賛成ではないが、日本はその説得にあたると同時に、経済的にも軍事的にもその力の備わった有力な国々に積極的に提唱し、それを率先して実行する姿勢を示すべきである。

一概に、国連を中心とした集団安全保障とは言っても、もちろん実はそこに国益が絡んでいることもある。湾岸戦争のときにも、アメリカはメジャーの石油資本を守りたいという思惑があると主張する人達がいた。確かに、自らの利権を守るために軍隊を派遣する側面もあった。しかしアメリカはけしからんと短絡的に批判することに、何の意味があるのか。こればグローバリゼイションの問題でもある。この流れに反感を持つ人達の中には、「グローバリゼイションとはアングロサクソン原理の国際化である」と言って批判する人がいる。しかし、そんなこと言っても、どうしようもない。世界はそれに基づいて動いているのだから、きちんと対応して克服するしかないのである。アメリカと手を切ることは、日本が鎖国するということに等しい。それでいい、それこそが真の幸せだと確信できるのであれば、それも一つの生き方であり哲学だと私は思う。しかし、物質的豊かさは人一倍享受したいと願っているくせに、口先だけでそんな事を言うのは、日本的〝アマッタレ〟以外の何物でもない。

結論として言えば、国際の平和と安全の維持、回復のため我が国が積極的に貢献することは、憲法第九条に言う「国権の発動たる戦争」とは全く異質のものである。

すなわち、我が国が世界の恒久平和のために、国連憲章に基づき、兵力の提供を含むあらゆる手段を用いて貢献することこそが、結果として我が国自身の平和と安全を守ることである。
そして、これこそが日本国憲法の目指す「国際協調主義」の原点そのものである。

◇公共の福祉を啓蒙しろ

第三章は「国民の権利及び義務」であり、現行憲法では第十条から第四十条までに明文化されている。

この日本国憲法全体の問題として、抽象的な言葉が多すぎるためにわかりにくいと指摘しているが、この第三章においてはその傾向があからさまになっている。

特に目につくのは「公共の福祉」という言葉だ。第十二条と第十三条に出てくる。さらに第二十二条、第二十九条と、頻繁に出てくる「公共」という言葉は濫用の域に達しているのに、「公共の福祉」という言葉が何を意味するのか、憲法にはまったく定義されていない。これでは憲法論議そのものが、言葉遊びの陥穽にはまりこんでしまう。

第十二条には「自由及び権利は、国民の不断の努力によって、これを保持しなければならない」と説かれて、最後に「公共の福祉のためにこれを利用する責任を負う」としている。第十三条の「個人の尊重」も、やはり「公共の福祉に反しない限り」と制限されている。民法には第一条の基本原則として「私権ハ公共ノ福祉ニ遵ウ」とあって、権利の行使、義務の履行は信義に従って誠実になすことが必要であると書かれているのに、憲法には「公共の福祉」の規定が独立していなくて、条文に埋もれさせているから抽象的で意味不明になる。両条文の改正案は、第十二条では「公共の福祉」を規定して、第十三条は自由や権利を保持するためには国民の努力が必要であるという訓示規定にすべきである。従って、第十二条、第十三条は次のように改正する。その結果、他の条項に書かれている公共の福祉の文言は必ずしも必要ではなくなる。

［公共の福祉］

「この憲法の保障する基本的人権はすべて公共の福祉及び公共の秩序に遵う。公共の福祉及び秩序に関する事項については法律でこれを定める。」（編集部注・小沢試案）

［幸福追求権］

「この憲法が保障する生命、自由及び幸福追求に対する国民の権利については不断の努力によって、これを保持しなければならない。又、国民は、これを濫用してはならない。」（編集部注・小沢試案）

日本では、公共の福祉という概念が理解されていないので、個人の権利を制限する法律がつくれない。日本人が本当の意味で自立するためには、時には個人の自由が制限されることもはっきりさせておく必要がある。

政府にも責任があるだろう。例えば通信傍受法案。これは国防を含めた治安維持に欠かせない。そこの問題を国民には隠して、捜査をするのに少しだけ必要などと誤魔化しながら法案を通そうとする。住民台帳をつくるのも、税金のためだけではない。有事の安全保障や緊急時の危機管理に必要だからこそ、背番号制度を導入するという形で論議されるべきではないか。

日本の政治は、その本質を取り違えている。公共の福祉という概念をきちんと国民に理解してもらって、その上で具体的な危機管理システムを提案すべきではないか。それから組織犯罪によって国民全体が不利益を受ける危険性を啓蒙すればよい。もちろん権力がそれを濫用したら国民は不利益を受けるから、厳罰をもって対処することも規定すべきである。

この第三章には、あえて憲法に書くべきでないような、常識の範疇にあると思われる当たり前の条文も多い。時代に必要とされない条項が残されていると、裁判上のトラブルを発生させる原因にもなる。

憲法に明記されている価値観が、日本古来の伝統文化になじまないケースもある。神道の祖先崇拝は、西欧人の宗教観とは異なる。第二十条の信教の自由に基づいて最高裁が憲法違反とした愛媛県の「玉串料判決」は、八百万の神を信じる日本人にはピンとこない。信教の自由は、宗教と国家が結びついたファシズムの抑止に限定してはどうか。

また、「環境権」や「知る権利」のような新しい人権も導入されて然るべきである。

◇**参議院に選挙はいらない**

さて、次が問題である。

第四章「国会」（第四十一条～第六十四条）は、全面的に改正すべきだ。憲法第四十二条に「国会は、衆議院及び参議院の両議院でこれを構成する」と書かれているように、わが国は二院制をしいている。私の実感では、これが機能していない。衆議院と参議院がほぼ同等の権限をもっており、共に選挙によって選ばれることになっているので必然的に参議院まで政党化し、本来の二院制度の目指している衆議院との機能分担ができなくなっている。

法案、予算、条約などの制定において衆議院が優越することになっているけれども、その他の案件は参議院で否決されると衆議院は三分の二の特別決議が必要になる。あとは完全平等で、同じことを二度やるからカーボンコピーと言われている。衆議院で過半数を獲得しても、強いリーダーシップが発揮されないことは、現在の政治状況がよく示している。両院を実質的に同等にしているために、総選挙で示された国民の意思が現実政治になかなか反映しない。選挙によって国民の代表を選ぶのは、衆議院に限定して、参議院はチェック機能に徹するべきだ。

私は、参議院についてはイギリスのような「権力なき貴族院」をイメージしている。イギリスでは直接選挙によって六百五十九人の代議士が選ばれている。約十万人に一人である。それとは別に約千三百人の貴族院議員がいる。しかし、国会の実質的権能は、衆議院（下院）にあり、その意味では事実上は一院制といってもよい。

日本も英国を始め他の国々のように実質的な一院制をとっているならば、衆議院議員の定数は五百人、約二十五万人に一人であるから、人口比を考えれば衆議院議員は現在の二倍以上に増やしてもいい。しかし、日本の場合は、ほぼ対等の衆参二院制度をとっているので、国民からは衆参両院が同じようなことをやっているから、無駄だということになり、定数削減が求められるのである。

従って私の結論は参議院議員を選挙によらない名誉職的なものにして、立派な業績や顕著な実績のある方に、大所高所から御審議願うという制度に変えた方が良い。選挙されるということは何らかの形で利害代表者になることだ。名誉職的参議院議員には、そういう個々の利害関係から遮断し、公平中立な判断を行わしめるのがよい。衆議院を通過した法案は、参議院で否決されても衆議院に戻され、通常議決で可決できるようにする。利害の絡まない参議院がチェックしているという事実の重みに、両院制の存在意義が生まれるのである。

貴族院的な参議院と言っても、身分制度的な爵位という意味ではない。一代限りの栄典にすれば、貴族制度の弊害は生じない。その代わりに勲章と称号は惜しむことなく与える。憲法第十四条は、貴族制度は認めないけれど、栄典の授与は認めている。それに財政負担も現在よりはるかに少なくてすむ。

例えば衆議院を二十五年間つとめた人には勲章を与えて、参議院の終身議員になってもらう。サッチャー元首相も「サー」の称号をもらって貴族院に移っている。私だって、喜んで参議院に行く。名誉ある地位を与えられて、選挙の心配がなければ、みんなが競うように参議院に移るだろう。地元への利益誘導は必要ないし、国家的見地から発言するようになる。年金を増やすより喜ばれるばかりでなく、衆議院の若返りにもつながる。

第四章「国会」についての改正は以下の通りである。

まずは日本国憲法第四十三条第一項「両議院は、全国民を代表する選挙された議員……」を改めて、

「衆議院は、全国民を代表する選挙された議員で組織する。定数及び選挙に関する事項は法律でこれを定める。」（編集部注・小沢試案）

次に、第四六条は、

「参議院議員は衆議院の指名により天皇が任命する。その任期は終身とする。」（編集部注・小沢試案）

（注）天皇の国事行為に参議院議員の任命を加える。

又、第五十九条第二項「衆議院の優越」は次のように改める。

「衆議院で可決し、参議院でこれと異なった議決をした法律案は、衆議院で再び可決したときには法律となる。」（編集部注・小沢試案）

第四章の「国会」については、その他にも論議された上で改正、整理されてしかるべき問題点があり、制度的に国会や内閣の組織につながる実効性のある条文だけを残し、将来的にはさらに削除してもいい。イギリスに成文憲法がなくても問題ないように、機能的な法律がきちんと運用されていればいいのである。

《以下略》

2 解釈改憲による自衛隊海外派兵の実行へ＝二〇〇〇～〇三年

資料Ⅱ・22

わが改憲論

二〇〇〇年三月一日

中曽根康弘

［出典］『諸君！』二〇〇〇年四月号

コメント

1．この論文は、年来の改憲論者である中曽根康弘が、国会の憲法調査会の活動開始をふまえて現代の改憲の輪郭と手順を述べたものである。

2．中曽根は、一貫した改憲論者でありながら、常にその時代の状況に合わせて改憲の意義を唱え、また改憲の内容も変えてきた。現代の改憲を主導する政治部門の中心にも中曽根がいたことは明らかであり、中曽根が、自民党だけでなく民主党（当時）の鳩山由紀夫なども巻き込んで改憲派の政治勢力の結集を策していることは、この論文でも分かる。その意味で、この論文は、現代改憲の戦略的展望を示したものとして注目される。

3．具体的に注目される点は以下の諸点である。

第一に、中曽根は現代の改憲を単に自衛隊の海外出動の自由化という大国化の目的からのみめざすのではなく、行き詰まる現代社会の変革の綱領づくりとして位置づけている点が注目される。「文明病の建て直し」「戦後日本からの脱却」「この国のかたちとこころ」を正す方法としての改憲といった表現がそれを示している。

第二に、改憲の内容では、中曽根の年来の主張を繰り返していて、さしたる新味はない。ただ、首相公選制による首相中心の国民統合の強化と強い政治の実行体制の主張は、中曽根の持論であり、これが現代改憲の一焦点となりつつあることは注目される。

また第三に、改憲の焦点となっている九条関係では集団的自衛権の承認を明記すること、それを具体的に規定するために改憲と並行して国家安全保障基本法を制定し、自衛隊の海外出動の範囲を具体的に定めるべきだとしている。明文改憲と解釈・立法改憲の二本建て路線を主張している。この点は、これまた中曽根の持論であるが、重要な点である。

改憲論全体の傾向を見ても、この中曽根発言あたりを境に、読売新聞の改憲案（**Ⅱ・10**）のように、国連を媒介とした国際協力を前面に出すものに代わって集団的自衛権を明示したものが主流になっていく。

さらに、中曽根がここで展開している集団的自衛権論も、後年の、第二次安倍政権下での集団的自衛権解釈見直し論と比較すると興味深い。中曽根は、ここで集団的自衛権を「個別的自衛権のために存在する」もの、「個別的自衛権のために集団的自衛権もある」ととらえている。この考え方は、安倍政権の集団的自衛権の限定行使論でも採用された議論である。

第四に、この論文で、中曽根が憲法調査会での議論と改憲のスケジュールを示していることも、極めて注目すべきである。以後このスケジュールを念頭において改憲が進められているからである。

またそれと関連して、中曽根が、改憲実行のための政界再編を主張していることも注目される。「今度の総選挙が終わったら、ある段階を経て、憲法ともうひとつの重要課題である教育基本法の改正という大きな国策を中心に議論して、各政党の境界線を明確にして離合集散、再編成すればいい。……国民の選択の基準を明確にすることが第一であり、それに基づいて政界再編成を行なったうえで、

はじめて、国論と政治構造の基盤ができ、憲法改正が国民的課題に登場してくるでしょう」と。

実際には中曽根の予想しめざした政界再編とは異なる展開がなされたが、中曽根がここで指摘した、憲法をめぐる政界再編によって初めて改憲ができるという点は、依然として注目すべき点である。

◇二一世紀日本の原図作製

この度、国会において憲法調査会が発足し、現行憲法についてさまざまな角度から論議する場ができました。憲法改正を終生の政治目標としてきた身にとっては、ひとしお感慨深いものがあります。

そもそも、日本で初めて制定された明治憲法（大日本帝国憲法）は、封建時代を脱却して、近代国民国家を形成しようという意欲的な行動のもとに作られました。新しい国家創造の青写真に則って、薩長同盟による藩閥政治という強大な力が、憲法制定に向けて働いたわけです。そして、現行の日本国憲法は、アメリカ民主主義という青写真があり、マッカーサー元帥の超憲法的な力が働いてできたといえます。

明治維新、大東亜戦争の敗戦とともに今日の混迷する日本の状況は「第三の開国」が必要とされているわけですが、どのような国家を作るのかという青写真がないし、それを実現する強大な力も存在しない。しかし、冷戦の終了とともに世界情勢は大きく変わり、いわば米ソの磁場のもとに集結していた砂鉄が、ソ連の崩壊により電磁力が切れて散乱した状況です。米ソ各々の傘下にいた国家・民族が、各自のアイデンティティーを探しはじめ、自己主張をしつつあります。

日本もその例外ではないのですが、戦後五〇年を経て、九〇年代にはさまざまな制度の金属疲労が如実に表れてきました。政治、経済、社会のバブルの崩壊です。政治では、金丸問題に端を発して、自民党の大分裂と政治の漂流となり、経済は、銀行その他が深刻な金融危機に陥り、不良債権の処理に苦しみながら、なかなか再建のめどが立たない。さらに、一般社会でも、さまざまな腐敗が現出し、また凶悪犯罪の激増ともなり、教育の崩壊も目に余るものがあります。

日本は大きな改革を避けられない再建の時期に入ったわけで、戦後の「日本病」を克服しなければならない時代を迎えているわけです。敗戦の結果、アメリカのプラグマティズム、イギリスの功利主義、あるいはフランス流の個人主義が虚脱状態に陥った日本人の精神に横溢して、日本固有のディシプリン（規律・規範）は失われました。このために、日本は政治経済社会全般に文明病を抱えてしまったのです。その病理を克服して、この国の建て直しを考えるときに、とりわけ現行憲法の欠陥が目につきます。

各種の世論調査をみても、憲法改正派が反対派をだいたい二〇パーセントも上回っています。そもそも占領政策からの脱却を図った昭和三〇年代に、鳩山・岸内閣のもとにできた憲法調査会というのは、日本の自立という地平が見えてきた時代の産物でした。今度の憲法調査会も、広い意味で戦後日本からの脱却、日本の自己主張という性格をもっています。

一言で言えば、憲法の中に社会の諸現象は集約されています。安全保障、外交、政治、経済、社会福祉、文化、教育、それに民族の伝統や文化等―全部のあり方を集約したものが、憲法です。

広く憲法を検討するという行為は、現代の文明病を直す挑戦という歴史的意味があります。今度の場合、大事な点は、日本の自己主張を基本にすえて、国民参加の文字通り主権在民の憲法にしなければいけないことです。ですから、政党は国民参加を手助けする一つの手段であって、政党はいわば産婆役にすぎない。学会やジャーナリズム、経済団体や地方自治体をはじめとした一般国民の大多数の意見を調整して、日本立国以来、はじめて国民自らが作ったという形の憲法にしなければならないと思っています。

◇改正をタブー視させた二つの要因

戦後、憲法についてのこうした本質的な論議が避けられてきたのは、マルキシズムの影響が非常に強かったことがあります。しかも、マッカーサーの占領政策によっても、国家主義が非道徳的なものとして否定された。その行き過ぎが災いして今日まで、本質的な法論議が行なわれないできたのです。

憲法の基礎には、歴史的、伝統的な日本的共同社会、あるいは文化的共同体という実体がなければならないのに、共同体や国家に言及すること自体、罪悪とされた。マルキシズムにおいては、「国家は悪の装置」であり、やがては滅びるものとされた。昭和二〇年代は、憲法に言及することはタブーで、戦争に疲れた国民には、社会党や、吉田茂首相のいう「一国平和主義」が蔓延していました。憲法改正というと、すぐ第九条（戦争の放棄、戦力及び交戦権の否認）が連想されました。

その後もながらく「憲法を改正すれば戦争になる」というデマゴーグに、国民が強く影響されてきました。国家や国民的共同体に触れる政治家や知識人は、すぐ右翼とのレッテルを貼られ、私も激しく排斥されました。

私は当時の吉田内閣にも、果敢に論戦を挑みましたが、それは占領が終わって、日本の安全保障をどうするか非常に重要な問題が控えていたからです。

自主独立の国家像、防衛戦略に移行するという重要課題について、私からみれば吉田首相は余りにも策略的であり、言葉は悪いが卑怯でした。吉田首相は、「日本が独立した場合は、防衛を自らやらなければならない。独立国とはこういうものである」あるいは「日本が国連に将来入ったときには、国際的な責任もはたさなければならない」と言わなければなりませんでした。吉田首相は「今は一国平和主義でしばらくいく」という措置は暫定的であることを明言すべきところを避けました。

結局、安保条約は結ばれましたが、「他国依存」「一国平和主義」的思想に終始しました。一方で、当時の社会党をはじめ野党も一国平和主義的な思想を強く喧伝していました。「青年よ、銃をとるな」「母よ、子どもを戦場に送るな」というスローガンが蔓延し、戦争に疲れていた国民はそのスローガンにのったわけです。

吉田首相は、護憲・一国平和主義と言ったほうが票が集まり選挙に勝てるから、それに合わせた答弁で国会その他を乗り切ってきました。それに対して私は、選挙に勝つ、負けるは短期的な考え方で、一国の首相はもっと長い目で国家の行く末、運命を考えてあるべき姿を提示すべきだと反論しました。吉田首相は紋付、袴姿で自らを国士らしく見せるゼスチャーはうまかったが英国流の現実主義者、功利主義者でした。それに国民は幻惑されていたと思ったから、私は強く反発したわけです。

もうひとつ、憲法論議をタブーとさせたのは、戦争によって疲弊して、疲れた国民が、現行憲法によってようやく手にした平和な生活や個人の自由や権利を、二度と政治の主導によって失うまい、あるいはようやく回復した生活を再び乱されてはならないという危機感をもった点も見逃せません。「憲法に手を着けることは戦前に返ることだ」というイメージを国民が持ってしまった。だから、吉田路線に反対する私や鳩山一郎氏、岸信介氏などは非常に苦しい環境のもとで「憲法改正をしよう」と言っていました。いまはそれに比べると、国民がよく理解するようになったという状況だろうと思います。

鳩山内閣が成立して、憲法改正・日ソ交渉を旗印に国会を解散して選挙に打って出ました。それを岸内閣が受け継いで、憲法調査会が実を結んだわけです。昭和三〇年代の憲法調査会に参画したのは、今や、国会では私一人になりました。私や鳩山一郎氏や岸信介氏は吉田路線に挑戦していました。

独立後の日本の安全保障を占領当時のまま放置しておくわけにはいかないですから、警察予備隊、保安隊を発足させ、さらに自衛隊に改編して、それに安保条約というアメリカ製のギプスをはめた。当面の日本の安全保障を実現したわけです。そこで憲法調査会を作って全般的に見直して、正常な国民意識のあり方はどうあるべきかを議論しようというのが、鳩山・岸両氏の考えでした。さらに、岸首相は、安保条約の改定を主張しました。

なにより、吉田首相が、昭和二六年に単独講和に調印した安保条約は、片務的でした。たとえばアメリカの軍人が日本国内で犯罪行為を犯した場合にも、裁判権はアメリカが持っている。あるいは、条約の期限も無期限になっている。さらに、日本に内乱が起きた場合には、アメリカ軍が出動できるとなっている。そういう、隷属的、国辱的な内容を岸内閣は直そうとした。期限を一〇年に限り、アメリカ軍出動の条項は削除することを決め、裁判権も回復した。われわれもそれを支持した。ただ残念ながら、その改定された安保条約を国会で通過させる議会運営に失敗して、六〇年（昭和三五年）に国民を巻き込んだ大騒動が起きました。しかし、いま冷静になって振り返ると、やはり安保条約は必要だというのは、言論の世界では統一されてきたと思います。

◇かつての憲法調査会の実態

当時の憲法調査会では会長を誰にするかで問題が起きました。私は、東大法学部で私の政治学の先生だった矢部貞治教授を推薦しました。ところが、高柳賢三教授の名前が出てきて、矢部教授にとっては、高柳教授が法学部の先任教授だったこともあって、遠慮して、高柳教授を推薦した。われわれは高柳教授の会長就任には反対でした。当時から、「今の憲法は日米の合作である」という合作論を言い張っていたので、「一国の憲法が合作であるとはとてもいえない」と強い反発をもっていたからです。しかし、矢部先生が高柳教授に固執したので、結局高柳会長が誕生しました。

学会では、宮沢俊義教授をはじめ、だいたい東大法学部の先生が思想的に主導権を握って、自衛隊違憲、さらに憲法改正不可という絶対神聖視する意識を植えつけていました。各大学にある閥族的師弟関係が、国論を大きく間違えてきたと思います。とりわけ第九条擁護論には、イデオロギー的な要素が強い。純粋に法学的、政治学的に分析して判断すれば、不合理性にみんな気づくはずです。しかし、それに触れることすらできなかったのは、平和教というイデオロギーのせいでしょう。

憲法調査会が発足して、まず憲法制定の由来を検討する小委員会ができました。委員長は政治評論家の細川隆元氏で、私もその小委員会に入って随分論戦しましたが、結局は、細川氏が「今の憲法は、アメリカの強い影響力の下にできたが、日本の考えも取り入れられた」という見解を通した格好になった。

われわれはそれに対しても反対しました。憲法制定当時、マッカーサーの占領軍は絶対的権力をもっていたのは紛れもない事実です。原案を作ったのも彼らだし、修正その他についてもひとつひとつ許可を求めなければならなかった。その討議の過程においてすら、ウィリアムズ国会対策課長が内面指導をしてきた。憲法が「自由意思の保障されない情況下にやむをえずできた憲法であって、その事実までわれわれは否定できない」ことを正確に論証して、それを正していこうと主張しましたが、憲法調査会の結論は、結局両論併記の形で終わりました。

その後、池田内閣が成立して、憲法改正についての論議は下火になりました。池田首相とそれに続く佐藤内閣は、吉田直系でした。岸首相が安保騒動の騒然たる雰囲気のなかで退陣したあと、池田首相は、吉田流に戻したわけです。「私の内閣は憲法改正はいたしません」と明言し、佐藤内閣もそれを受け継いだ。それで、いくら憲法改正論をしようとしても、総理大臣や内閣がしないと明言する以上、とても短時日にはできない雰囲気になって、改正論議は退潮しました。高度経済成長という別の目標を国民が与えられて、「憲法よりメシだ」と、関心の対象が移ったのが昭和四〇年代以降の状況です。

石油危機、保革伯仲の時代を経て、私が首相をつとめた昭和五〇年代後半も、行財政改革という大問題が目前にあって、それを遂行するために憲法まで手を出す余裕がありませんでした。中曽根内閣でも「憲法改正には着手しません」といって国民に安心感を与えて、混乱を防いだわけです。

今日、池田首相の流れを受け継いでいるのは、宮沢喜一大蔵大臣でしょう。憲法改正を唱える私は、鳩山・岸と思想的に同一の系統にありますが、民主党の鳩山由紀夫代表も同じです。鳩山代表が祖父の考えを受け継いでいることはきちんと理解されるべきです。

いまようやく冷静になって憲法のあり方の誤りを正し、歴史的文化的共同体を法制化し直し、未来も見つめた新しい日本の国家像をつくっていく段階にはいったといえます。司馬遼太郎氏は「この国のかたち」といったが、私は「かたち」だけではなくて、「かたちとこころ」を正さなければならないと思っています。

◇国民参加の国民憲法を作れ

かつての憲法調査会は、内閣が作りました。したがって、内閣に答申して、それを内閣がどう処理するかは、総理大臣や与党の責任でした。それと違って、今回の憲法調査会は、国会にできた。しかも、これは「論憲」であって、改正論を提出する権利はない。

憲法改正は、自自公連立政権の枠組みの中でやるよりも、国会内に調査会を作るという今の手順のほうが妥当でしょう。国会よりも国民の意識のほうが進んでいる状態になりつつあるし、自由な論議が交わされると思います。

この調査会では、国民の目の前で、今の憲法はいいのか悪いのか、あるいはどういう経緯でできたかを調査、論議するのが目的です。

調査会の両院の各会長である衆議院の中山太郎氏や参議院の村上正邦氏らから、調査会のあり方について意見を聞かれましたが、私の経験によれば、前の調査会はだらだらと時間をかけすぎたという反省があります。だから、今回はできるだけ時間を切り詰めて、早めに結論を出して国民の判断を求めたほうがよい。論憲は三年で終える。四年目から五年目にかけては各政党が改正試案を出して、それを中心に調査会で論戦すべきだ。それ迄に国民にもひろく改正試案を出してもらう。

経団連も商工会議所も知事会、市町村議長会も労働組合も、あるいは学者もみんな憲法改正試案を出すべきです。たとえば明治憲法制定の時にも、東京の西多摩地方で「五日市憲法」という試案が出されました。あるいは自由党なども、板垣退助をはじめ活発に議論していました。

今度も、広く国民から試案を出してもらって、公聴会を開いたり、各政党が全国行脚して意見を聞き、あるいは演説会を開いて盛り上げる行動が大事になってきます。そして、六年目から具体的な行動に入り、八年目には改正を完了する。平成二〇年までに憲法改正を終わるような目算でやったらどうかと中山、村上両氏には伝えました。

しかし、八年という長いタイムスパンも、国民に切迫感や強迫感を与えないように時間を取っているのであって、実際に動き始めたら、もっと時間を切り上げて五年くらいで改正案を出して国会で論議するほうがいいし、おそらくそうなるのではないか。鳩山代表が「二年で改正試案を各政党が出して、速やかに憲法改正の結論をつけよう」といっているのは、さすが鳩山一郎氏の孫だと思います。

◇第九条・集団的自衛権を認める

ここで個別に改正を検討すべき、現行憲法の問題点に触れておきます。

まず、前文については、占領下でできた憲法であって、自国の安全保障を他国民の信義に任せて、自らは積極的な努力をしないような文章は改めるべきでしょう。これはマッカーサー司令部の「防衛はアメリカがやるから、日本は自分でやる必要はない」という占領政策の影響を受けたものです。昭和二一年、日本解体の時代にあって、「日本の防衛は司令部がやる」という間接の意思表示にほかならない。ことほどさように、マッカーサー司令部は日本の軍事施設を撤去しようとしていたわけで、前文は当時の影響が非常に強い。さらに文章自体、非常に未熟です。もう少し自主性のある、日本国民の歴史的文化的共同体としての国家をみんなで作り、みんなで守って発展していくということと、世界の運命や平和確保に言及する内容が必要です。

また、それに関連して、非常事態に対する措置、危機管理の条文もない。どの国の憲法にも、非常事態宣言等による行政措置は明文化されている。非常事態において、国会で論議していては間に合わないことがある。それはあとで国会に報告するとか、承認を求めるべきで、旧憲法第八条及び第三一条がそれに該当するが、今の憲法にはそれがない。これもマッカーサー司令部の、「非常事態にはこちらで対処する」という間接的意思表示だったからです。

これは防衛問題ばかりでなく、阪神大震災のような大災害に対処する場合でも同じです。憲法上の規定があれば、総理大臣になるときの心構えがおのずとちがってきます。私が総理大臣になったときは、まず万一南関東大地震が起きたときのことを想定して、一部マスコミなどから〝田中角影内閣〟などと批判を浴びながらも、危機管理に強い後藤田正晴氏を官房長官に任命したわけです。

また、改正の大きな争点となる第九条についても、第一項は残しておいていいと思いますが、第二項「陸海空軍その他の戦力は、これを保持しない。国の交戦権は、これを認めない」とあるのはどうか。やはり自分の国を自分で守るという意思を明確にしておく必要がある。しかも、個別的自衛権のみならず、集団的自衛権も行使できると正確を期すべきでしょう。

そもそも今の政府の自衛権論の基礎にあるのは、日本を防衛するのに必要な最小限の戦闘力を確保することです。禁止されている戦力というのは、近代戦を遂行するに足る軍事組織力のことと定義しています。必要最小限の戦闘力とはそれ以下のものですが、どの程度かという線引きははっきりしていない。

私はこれまで繰り返し主張してきましたが、現在の憲法の政府の解釈では、集団的自衛権は、権利はあるけれども、行使できないことに大きな矛盾があります。日米安保条約でも、国連憲章でも、集団的自衛権は認められている。それから政府の答弁にも、「集団的自衛権はあるけれども、使えない」となっている。集団的自衛権は、ひとことでいえば個別的自衛権のために存在する、広い範囲の中の一つの権力です。つまり、自分一人では敵の攻撃を防げないから、他の相手と提携して同盟条約を結んで守る。提携相手が危機に陥ったときにこちらが助けることができないというのであれば、相手にとっては一方的、片務的な契約であり、当方は被保護国の形になる。当然相手を助けなければ独立国でない。然らば当方はどこまで相手を助けられるかという程度は、憲法や特別に立法する国家安全保障基本法できめればよい。

とにかく自衛権の発動で自分を守るために、同盟条約を結ぶのだから、相手を助ける自衛権の行使、即ち集団的自衛権の行使は当然認められるのである。

個別的自衛権も集団的自衛権も一体同根のものです。いいかえれば、個別的自衛権のために集団的自衛権もあると考えていい。世界中がそういう概念を認めている。

自衛権は正当防衛権ですから、何時でも必要最小限にきまっています。しかし、その限度が現行憲法は曖昧です。たとえば、村山富市氏が総理大臣になる前は、自衛隊も安保条約も憲法違反と言っていたのが、総理大臣になって自衛隊を認めたために、国会で質問を受けたら「国際情勢の変化ならびに国内情勢の推移によってそのように変えて対応するのが正しいと認識したから変えた」という趣旨の答弁をしました。そうすると、国際あるいは国内情勢の変化によって防衛力の境界線が移動するというのは、まさに政策論ではないか。必要最小限の戦力という目盛りが政府によって自由に動かせるとしたら、こんな曖昧で危険なことはない。だからこそ、憲法上、境界線を明らかにして、文章も解釈も、正確にしておく必要があります。

ただし、集団的自衛権の行使を認めるといっても、憲法の条文は比較的抽象的に書いてあります。この点も多少具体的にしておく必要があります。実際その行使については、国家安全保障基本法という法律を作って、外国と提携して協力するときに、どの程度の範囲かを具体的に決めておくことが適切です。集団的自衛権の行使の態様は国会の統制下に置き、国会の承認、否認、報告、中止等々憲法及びその基本法で明定しておくことです。このように透明性を確保することによって、国民に安心感をもたせ、外国に対しても理解を求められるようにする。私はそれが絶対不可欠だとかねてから言っているわけです。

◇内閣、国会、地方自治

また、内閣制度についても、今の議院内閣制でいいのかどうか。私は、首相公選制を訴えています。政治のリーダーシップ―責任性を考えれば、代議士制度に一任しておいていいものではない。都道府県知事と同じく、総理大臣を選挙で国民自らが選ぶようになれば、そこに指導力と責任性が生まれる。国会で総理大臣が決められるとなると、誰が総理になるかわからないし、責任の所在も不明確です。そういう曖昧さによる弊害がいまの政治にはある。

国民投票にすれば、横山ノック前大阪府知事のようなケースもあるではないかという批判もあるかもしれないが、首相候補は国会議員三〇人以上の推薦が必要とするなどハードルを設けて、しかるべき候補者の資格が限定されるようにすればいい。インターネットが普及してゆけば電話市民社会からインターネット市民社会になり、ボタンを押して首相をきめさせよと市民が要求する時代が間もなくきます。

国会については、参議院が衆議院のコピーにすぎなくなっていて、参議院自身からも改革論が出てきている状況です。当事者である参議院の意見を十分参考にした上で、たとえばアメリカにおける上院のように、外交、条約や人事を参議院の優先処理事項にするなど、国政上における部分的な責任と権力を持つ独自の組織にしないと、存在意義が薄れてしまう。

その他、細かい点ですが、矛盾や不足している概念も、山積している。私学助成金もその典型例です。これは明らかに憲法違反（第八九条＝公の財産の支出又は利用の制限）です。それをごまかすために、私学振興財団という隠れ蓑を作ってそこに国がカネを拠出し、迂回させて私学に支出するという手の込んだ方法をとっている。そういう国民が気づいている違反を横行させておいては、法治国家の名に反する。

さらに、与野党を問わず、新しい概念―環境保護、個人のプライバシーの擁護、幼児や老人の保護、女性の地位や役割尊重など、いくつもの必要な権利について意見が出され、追加検討すべき時代になっている。いうまでもなく、そうした概念は、昭和二一年の憲法制定当時はまったくありませんでした。

その他、地方自治の問題も大きい。第九二条（地方自治の基本原則）には、「地方公共団体の組織及び運営に関する事項は、地方自治の本旨に基いて、法律でこれを定める」とありますが、「地方自治の本旨に基いて」という意味不明の文章も改めるべきでしょう。中央と地方の権限、予算の配分など境界線をもっと明確にして、地方自治にある程度財政権を認め、自立権をもっと強化すべきだと思います。また道州制も検討課題でしょう。

さらに、最高裁判所の裁判官の国民審査も、いまやまったく形骸化し、無意味になっている。これも改正して新しい方法にする必要がある。

最後に、第九六条（憲法改正条項）そのものに手をつけなければならないことも付け加えておきたい。「各議院の三分の二以上の賛成で、国会が、これを発議し、国民に提案してその承認を経なければならない。この承認には、特別の国民投票又は国会の定める選挙の際行はれる投票において、その過半数の賛成を必要とする」とあるが、もう少し改正が容易に可能な弾力性のある条項にしなければならないでしょう。世界的水準に戻すことです。

◇**天皇制のあり方**

天皇のあり方については、私は今の象徴天皇のままでいいと思います。明治憲法では、天皇が、権能と権威を兼ね備えた。旧憲法第一一条は「天皇は陸海軍を統帥す」という条文があり、統帥権の独立と称せられることが軍人から叫ばれて、内閣が軽んぜられ、これがついには日本が大東亜戦争で敗戦の憂き目を見るに至った一つの原因です。象徴天皇となったのは、日本古来の伝統的なあり方に戻ったと言える。かつては天皇は歴史的文化的伝統的権威を持った存在で、将軍が現実的権力を持った。その将軍を天皇が任命するという形をとり、権威と権力の分離という形態をとることによって、大きな革命や悲惨な内乱を経験する悲劇は少なくてすんだ。

ところが、明治憲法でプロシア憲法をまねたために、天皇は権威ばかりでなく権力ももった。陸海軍を統帥したわけですが、その制度はアメリカに倒されたわけで、いわば軍刀を捨てた昭和天皇が顕微鏡を持ったのは、非常に賢明な選択でした。昔の天皇は大体笏を持っていました。だから、第一条（天皇の地位・国民主権）は変える必要はない。ただし、女帝問題は皇室典範に係わることですが、憲法調査会の対象にはなる。かつては孝謙天皇など女性の天皇もいましたが、明治憲法以降、男系の男子が継承するとなっている。これは国民の世論をみながら政治が判断すべき問題です。だから、結論はまだわれわれが出す段階ではありませんが、自由で弾力的に議論する国民の場があっていいと思います。

◇**財政再建のうえで改正を・政治基盤と力を作れ**

このように、憲法におけるさまざまな個別の問題を考え合わせていくなかで、政界の再編成が行なわれていくべきだと考えます。

いまは各政党の政策の違いが不明瞭で、境界線がはっきりしません。だから国民の支持も大多数が無党派という状態になっている。たとえば、私と鳩山代表は憲法改正や首相公選では一致するのに、なぜ自民党と民主党に別れて対立しなければならないのか。あるいは鳩山代表と横路孝弘氏が憲法や国旗・国歌という問題でちがうのに、同じ民主党にいるのか。一般国民には非常にわかりにくくなっていると思います。このように政党に対する信用度が低くなっているから、無党派層が増大する。政界再編を行なって、政党間の境界をはっきりさせて、選挙においてどの党に投票するか、目に見える区分けができれば無党派層は減り、有権者は政治に対する関心が高まって、責任をもった投票行動ができる。それが民主主義です。

だから、今度の総選挙が終わったら、ある段階を経て、憲法ともうひとつの重要課題である教育基本法の改正という大きな国策を中心に議論して、各政党の境界線を明確にして離合集散、再編成すればいい。再編成の中には合同もあるし、連立も連合もある。国民の選択の基準を明確にすることが第一であり、それに基づいて政界再編成を行なったうえで、はじめて、国論と政治構造の基盤ができ、憲法改正が国民的課題に登場してくるでしょう。その実現に努力する決心です。

資料Ⅱ・23

読売新聞「憲法改正試案」（第二次）

二〇〇〇年五月三日

［出典］読売新聞二〇〇〇年五月三日

コメント

1．この二〇〇〇年五月に発表された読売新聞の憲法改正案は、一九九四年に発表された第一次案（Ⅱ・10）を補充・修正したものである。この第二次案は、全体として、九四年案の性格を変えるものではなく、その欠落を補い、新自由主義型国家構想としての性格を一層強調したものといえる。

2．第二次案で注目される改正点は以下の諸点である。

第一に、この案では、政党についての憲法上の規定が入った。現代民主主義における政党の役割の決定的位置を前提にして、政党を憲法上の制度として認め国民統合の装置として規制しようという意図に基づくもので、国民統合を強化しようという読売案の性格に沿った補充である。

第二に、「公共の福祉」という概念があいまいであるとして、これが「公共の利益」と変えられ、またその中身が、「国の安全や公の秩序、国民の健全な生活環境その他の公共の利益」というかたちで定義された（一七条）ことである。

この「公共の利益」の中核を「国の安全や公の秩序」であるとした点に、この案の立場がよくでている。読売案の国家構想は、新たな軍事大国化と新自由主義型国家であるが、それは一方では、新しい人権や、情報公開などの制度を拡充して上層市民の政治参加の道を拡大すると同時に、下層に対する「強い国家」すなわち治安の強化を特徴とする。「公共の利益」についてのこの定義は、こうした、新たな国家の「強い国家」としての側面を明記したものである。

第三は、緊急事態規定が新たに設けられた点である（八八～九〇条）。この規定は、一九九九年の一四五国会で周辺事態法（⇩Ⅱ・18）が通り新ガイドライン体制が成立して、軍事大国化の新たな段階に入り、集団的自衛権の行使容認や有事法制の制定が政治日程にのぼったことに関係して挿入されたものであり、興味深い。

第四は、地方自治について「地方自治の本旨」の内容が具体的に規定された点である（一一〇条）。しかしここで注目されるのは、地方自治がいわゆる団体自治と住民自治を内容とするという以上に、自治体と住民の「自立と自己責任」を原則とするとされ、地方自治の新自由主義的位置づけが明確にされた点である。

（一九九四年試案への追加、修正《　》部分）

第一章　国民主権

第三条（政党）〈1〉国民は、その政治的意思形成に資するため、自由に政党を結成することができる。

〈2〉政党は、国民主権の原理を尊重し、民主政治の発展に努めなければならない。

第三章　安全保障

第一二条（自衛のための《軍隊》、文民統制、参加強制の否定）〈1〉日本国は、自らの平和と独立を守り、その安全を保つため、自衛のための《軍隊》を持つことができる。

〈2〉前項の軍隊の最高の指揮監督権は、内閣総理大臣に属する。

〈3〉国民は、第一項の軍隊に、参加を強制されない。

第五章　国民の権利及び義務

第一七条（自由及び権利の保持責任）この憲法が国民に保障する自由及び権利は、国民の不断の努力によって、これを保持しなければならない。また、国民は、常に《相互に自由及び権利を尊重し、国の安全や公の秩序、国民の健全な生活環境その他の公共の利益との調和を図り、これを濫用してはならない。》

第一八条（個人の尊厳）すべて国民は、個人として尊重される。生命、自由及び幸福追求に対する国民の権利については、公共の《利益》に反しない限り、立法その他国政の上で、最も尊重されなければならない。

第二五条（居住及び移転、国籍離脱の自由）〈1〉何人も、公共の《利益》に反しない限り、居住及び移転の自由を有する。

第三三条（職業選択及び営業の自由）何人も、公共の《利益》に反しない限り、職業選択及び営業の自由を有する。

第三四条（財産権）

〈2〉財産権の内容は、公共の《利益》に適合するように、法律でこれを定める。

第四六条（犯罪被害者の権利）〈1〉生命又は身体を害する犯罪行為による被害者又はその遺族は、法律の定めるところにより、国の救済を受けることができる。

〈2〉生命又は身体を害する犯罪行為による被害者又はその遺族は、法律の定めるところにより、当該事件の処理と結果について司法機関から説明を受け、裁判に際して意見を述べることができる。

第四七条（公務員を選定罷免する権利、公務員の性質、普通選挙の保障、投票の秘密の保障）〈1〉国会議員、《地方自治体》の長及びその議会の議員その他の公務員を選定し、及びこれを罷免することは、国民固有の権利である。

第四九条（国の行政情報の開示請求権）何人も、法律の定めるところにより、国に対して、その事務に係る情報について、開示を求めることができる。

第六章　国会（現行第四章）

第六九条（法律案の議決、衆議院の優越）

〈2〉衆議院で可決し、参議院でこれと異なった議決をした法律案は、衆議院で出席議員の《過半数》で再び可決したときは、法律となる。

〈4〉第二項の規定による衆議院の再議決は、参議院の議決後、国会休会中の期間を除いて六十日を経なければならない。

第七一条（条約の承認に関する衆議院の優越）条約の締結に必要な国会の承認については、前条第二項の規定を準用する。

第七二条（人事案件の参議院の優越）

〈2〉前項の案件は、さきに参議院に提出しなければならない。

〈3〉第一項の議決については、衆議院で参議院と異なった議決をした場合に、法律の定めるところにより、両議院の協議会を開いても意見が一致しないとき、又は衆議院が、参議院の可決した案件を受け取った後、国会休会中の期間を除いて三十日以内に、議決しないときは、参議院の議決を国会の議決とする。

第七章　内閣（現行第五章）

第八八条（緊急事態の宣言、指揮監督）〈1〉内閣総理大臣は、国の独立と安全又は多数の国民の生命、身体若しくは財産が侵害され、又は侵害されるおそれがある事態が発生し、その事態が重大で緊急に対策をとる必要があると認めるときは、法律の定めるところにより、全国又は一部地域について、緊急事態の宣言を発することができる。
〈2〉前項の宣言には、その区域、宣言を必要とする事態の概要及び宣言の効力が生ずる日時を明示しなければならない。
〈3〉内閣総理大臣は、緊急事態の宣言を発した場合には、法律に基づき、自衛のための軍隊のほか、警察、消防等の治安関係機関を一時的に統制し、それぞれの機関の長を直接に指揮監督できる。また、前段に定めるもの以外の国の機関、地方自治体その他の行政機関に、必要な指示及び命令を行うことができる。

第八九条（国会承認と宣言の解除）〈1〉内閣総理大臣は、緊急事態の宣言を発したときは、二十日以内に国会に付議して、その承認を求めなければならない。衆議院が解散されているときは、緊急集会による参議院の承認を求めなければならない。
〈2〉内閣総理大臣は、国会が緊急事態の宣言を承認しなかったとき、又は宣言の必要がなくなったときは、すみやかに宣言を解除しなければならない。

第九〇条（内閣総理大臣の緊急措置、基本的人権の制限）〈1〉内閣総理大臣は、緊急事態の宣言を発した場合には、国民の生命、身体又は財産を守るためにやむをえないと法律が認める範囲内で、身体、通信、居住及び移転の自由並びに財産権を制限する緊急の措置をとることができる。
〈2〉内閣総理大臣は、前項の措置をとる場合には、この憲法が国民に保障する基本的人権を尊重するよう努めなければならない。

第八章　司法（現行第六章）

第九四条（憲法裁判所の判決の効力）憲法裁判所が、条約、法律、命令、規則又は処分について、憲法に適合しないと決定した場合には、その決定は、法律で定める場合を除き、それ以降、あらゆる国及び《地方自治体》の機関を拘束する。

第一〇章　地方自治（現行第八章）

第一一〇条（地方自治の基本原則）〈1〉地方自治は、地方自治体及びその住民の自立と自己責任を原則とする。
〈2〉地方自治体の組織及び運営に関する事項は、前項の原則を尊重して、法律でこれを定める。
〈3〉地方自治体は、国と協力して、住民の福祉の増進に努めなければならない。

第一一一条（地方議会、長・議員等の直接選挙）〈1〉《地方自治体》には、法律の定めるところにより、議会を設置する。
〈2〉《地方自治体》の長及びその議会の議員は、その《地方自治体》の住民が、直接これを選挙する。

第一一二条（《地方自治体》の権能、条例制定権）《地方自治体》は、その財産を管理し、事務を処理し、及び行政を執行する権能を有し、法律の趣旨に反しない範囲内で条例を制定することができる。

第一一三条（特別法の住民投票）特定の《地方自治体》に適用される特別法は、法律の定めるところにより、その《地方自治体》の住民の投票においてその過半数の同意を得なければ、国会は、これを制定することができない。

第一一四条（地方自治体の行政情報の開示請求権）地方自治体の住民は、条例の定めるところにより、当該地方自治体に対して、その事務に係る情報について、開示を求めることができる。

資料Ⅱ・24

次代へ活きる憲法に　自律型社会に対応を

二〇〇〇年五月三日

日本経済新聞

コメント

1．これは、従来憲法問題には積極的な見解を示していなかった日本経済新聞が、はじめて本格的に憲法改正を論じた文書である。しかも本改憲論は、その中身の点でも、新自由主義改革を徹底し、新自由主義社会の構想に沿って作られている点で他の改憲案にはない特徴をもっている。

2．具体的には以下の諸点が注目される。

第一に、日経新聞案は、九条関係については、それを明文改憲でやるか安全保障基本法というような立法で行うか、あるいは解釈変更で行うか、いずれにせよ集団的自衛権の行使を認めるべきだということを主張している。

第二に、日経案は、新自由主義改革を官主導国家の打破という形で体系的に主張していることである。「官主導国家」とは、国家が経済を規制し、所得再分配に介入する「福祉国家」のことであるという。

「五五年体制下の自民党も社会党も、国家の役割には公共財の提供だけでなく、所得と富の再分配や望ましい経済秩序の形成があり、豊かな社会を国家がつくりあげていくのは当然だ、と考えた。それを指導したのが霞ヶ関である。中央省庁のエリート官僚が主導する福祉国家の建設だった」と。ところが、経済のグローバル化の下では、こうした規制を続けていては大競争時代に勝てない。官僚主導国家を改革し、規制改革で経済への規制を原則廃止し、個人が自己責任に基づいて生きていく社会にしなければならないというのが、日経案の考え方である。「二十一世紀の日本にとって必要なのは『個』の自立であり、多元的な価値観にもとづく、自己決定・自己責任型の経済社会実現だ」というのである。

そこで日経案は、「福祉国家」を根拠づけた二五条の見直し、経済活動に対する国家の規制を根拠づける二二条、二九条の「公共の福祉」条項の見直し、つまり削除を主張する。

またそうした国家の介入の排除という視点から、地方分権も主張される。地方の自己責任を確立するための市町村合併や道州制も主張される。

現代改憲で流行の知る権利や環境権なども、果たして憲法で定めるべきものなのか、というのが日経案の考えである。

こうした日経の改憲構想は、二五条の改廃を謳ったのが日経だけである点から見ても、現代改憲のなかで新自由主義改革を徹底した点で特異なものであり、いわばグローバル企業の本音を露骨に語って改憲を論じたものとして注目される。

◇憲法改革の考え方―シナリオは二つ　決めるのは政治

憲法問題を考えるとき、まず憲法とは何か、ということを確認しておかなければならない。国や国民にとって何がいちばん大事かという価値や、めざすべき理念を示した文書なのか、それとも政治が介入してはならない領域を定めた文書なのか――。ここでは、価値や理念の文書ではなく、政府が権限を行使するための手続きを決めた基本法と考えたい。

憲法は政治権力が個人の世界に無断で踏み込んでいかないよう定めたものであり、個人の要求や社会の需要を満たすためのものではない。政府がどのような役割を果たすかを決めたものでもない。それは政治が決定すべき問題である。政府が何をどこまでやるのかは、防衛力のあり方などにしても投票を通じて示される有権者の意思によって方向を定めていくべきものだ。

憲法が政治決定のための手続きを定めた文書だとすれば、憲法は国民のために使う道具となる。検討されるべきはその使われ方であり、使い勝手の善しあしということになる。重大な問題への責任は政治が背負わなければならない。

環境権やプライバシーの権利、自己決定権などの新しい権利を憲法の中に、どう位置付けていくのかも、そうした文脈で考えると、すぐさま憲法に書き込もうという話にはなりにくいところがある。

もちろん、政治の意思として、憲法を改正して新しい権利を明示するという選択肢はあり得る。立法改革できちんと制度化していく方法もあるわけで、それこそ、国会の憲法調査会での議論ということになる。

それは、憲法改正はまず、国会議員の三分の二以上の賛成により発議し国民投票で過半数の賛成が必要とする九六条の改正条項を改正することからはじめようという議論に似て、政治の判断をどう示すかの問題である。

忘れてはならないことがある。成文憲法だけでなく実質的意味の憲法があるということだ。日本社会を実質的に律しているのはむしろこちらの方である。おそらく、その第一条は「和を以て貴しと為し」だろう。ムラ社会からの横並び型、「お上」依存型……今なお引きずるこうした意識が社会や組織の原理となっている。

「すべて国民は、個人として尊重される」（一三条）と個人の尊厳をうたった現行憲法の精神が十分に生かされていないのは、こうした日本の政治文化によるためだ。

憲法のどこにも明記されていないのに、日本の経済社会の実効的支配者が、なぜ官僚なのかということも、明治国家から続く実質的意味の憲法から来ていると考えるしかない。

二十一世紀の憲法を考えるとき、果たして成文憲法だけでいいのかどうか。実質的意味の憲法までも視野に入れたものでなければなるまい。

◇変わる経済社会と国家―グローバル化・高齢化の波

二十一世紀に向けた憲法論議をするためには、これからの経済社会の見取り図と国家像を示す必要がある。

参考になるのが、首相の諮問機関である経済審議会が九九年七月に答申した「経済社会のあるべき姿と経済新生の政策方針」である。二〇一〇年をにらんだもので、規格大量生産の時代にかわって、多様な知恵の時代になると位置付けている。「個」の自由と自己責任を基本的な行動原理として、個性が強く発揮される社会を想定している。

小渕恵三前首相の私的諮問機関「二十一世紀日本の構想」懇談会が一月にまとめた報告書も、二十一世紀は個人の世紀になるとみて、自立した個の自己責任による社会を描いている。官尊民卑型の統治から、個人と様々な主体が協同し、これまでとは異なる「公」をつくっていく新たなガバナンス（協治）を確立する必要があるとして、政府の役割を絞り込むよう求めている。

二つの報告がそろって指摘するように、二十一世紀の日本にとって必要なのは「個」の自立であり、多元的な価値観にもとづく、自己決定・自己責任型の経済社会の実現だ。その場合、考えておかなければならないのが、グローバル化の進行と少子高齢化、環境問題への対応である。

グローバル化で経済が国家の枠を超え、国際企業や国際機関、非政府組織（NGO）など非国家の存在が大きくなり、国家の比重が低下する。

とりわけ地球環境問題の深刻化が、国家を超えた統一的な意思決定の場となるグローバルガバナンスの設置を促す。

グローバリズムによって国家は上に引っぱられるだけでなく、ローカリズムによっても下に引っぱられる。少子高齢化に伴い福祉が地域社会や地方自治体、NGOや非営利組織（NPO）によって担われるようになるとき、国民の関心はローカルなものに向かい、国家は集権型から分権型への変容を迫られる。

社会保障のあり方と絡んで、公平をどのように考えるかもポイントとなる。セーフティーネット（安全網）をどう張るかという問題でもある。政府が担当する最低限の保障はどこまでなのか。年金、医療、福祉を全体としてどう考えていくのか。

経済社会の構造変化や国家の変質に対応するため、憲法をどのように変えていくのかが、憲法改革の視角である。

◇九条問題の道筋—安保基本法で問う道も

戦後政治の最大の争点となってきた九条問題は、社会党首相の村山連立内閣が九四年、自衛隊を認めたことで、個別的自衛権をめぐる対立には一応のケリがついた。現在の論点は、保有しているものの行使できないと政府が解釈している集団的自衛権に集約されている。この制約を取りのぞくために憲法改正を、という主張がある一方で、その必要はないという考え方も根強い。

〈二項が制約〉

集団的自衛権の制約が日本の安全保障に問題だとして、どういう筋道で考えたらいいのかが、ここでの論点である。

第一は、もちろん明文改憲である。集団的自衛権の行使や一段の国連協力を可能にするよう憲法の条文を改めるものだ。その場合、問題は九条二項である。九条一項は、侵略戦争を禁じた二八年の不戦条約を踏まえたもので、国連憲章にも盛り込まれており、特段目新しいものではない。戦力の不保持を決めた二項が世界にあまり例を見ない規定であるのは確かで、九条の改正とは二項問題であり、ここを改めようという考え方になる。

〈時の政権が判断〉

第二は、集団的自衛権の行使も国連協力も現行憲法の枠内で対応可能という判断だ。集団的自衛権の行使は憲法上許されないという政府見解は内閣法制局による解釈論であり、これを内閣、つまり時の政権が、その判断と責任で乗りこえる考え方がひとつある。その場合、内閣法制局長官の辞任は必至だ。

もうひとつは、国権の最高機関たる国会の意思として可能にするもので、集団的自衛権の行使を認めることなどを内容とする法律を成立させることである。安保に関する基本方針を網羅的に盛り込んだ安全保障基本法といったものになる。法律によって憲法解釈を改めるもので、いわゆる立法改憲だ。

第三は、別の視点からこの問題を乗りこえる考え方である。集団的自衛権という概念にこだわらずに防衛協力、国連協力を進めていく方法だ。参考になるのが宮沢喜一蔵相の見解だ。九条について宮沢氏は「外国で武力行使をしてはいけないと、それだけが禁じられていることで、それ以外には何も禁じられていない。急迫不正の事態の下での自衛のためであれば、外国で武力行使する以外のことは何をしてもいい」という解釈を示している。

個別的自衛権の行使に準ずるような場合を想定しており、集団的自衛権の限定的容認論である。集団的自衛権という言葉を避けているのは、同じ土俵に乗れば改憲の流れにさおさすことになるのを懸念してのものとみられる。

明文改憲はかねて言われているが、安保基本法による立法改憲的な考え方も、九〇年代になって、新進党をはじめ各党が主張している。

〈**限定的行使論も**〉

自民党でも、集団的自衛権の行使は容認されるとの立場の中曽根康弘元首相は国家安全保障基本法を定め、集団的自衛権の限定的行使を政府が法律で決めたらいいと提唱している。三段階に分けて内閣や国会での手続きを明確にし、最終段階でも航空自衛隊と海上自衛隊を使い、陸上自衛隊による戦闘は行わず、外国では自衛隊は武力行使をしない、というのが内容だ。

これは「憲法で禁じているのは、外国では武力行使してはいけないということ」という宮沢氏と要は同趣旨である。

安保基本法を制定して九条のしがらみから抜けだし、二十一世紀の日本の安全保障体制を確立することは有力な考え方だ。

ただ、九条の政治史に思いをめぐらしたとき、基本法の制定だけで済むのかどうか。従来の憲法解釈を変更すると声明し、基本法を争点に衆院解散・総選挙で国民の信を問う必要があるのではないかというのはそのためだ。

国際国家ニッポンとして国際社会での責任を果たし、日米安保体制を守っていくためには、やはり改憲した方がいいのか、それとも立法措置で対応可能なのか、そこには政治的なコストも絡んでくる。国会の憲法調査会で大いに議論し、方向を出していくべき最大のテーマである。

〈**政府「集団的自衛権、行使は違憲」**〉

集団的自衛権は「自国と密接な関係にある外国に対する武力攻撃を、自国が直接攻撃されていないにもかかわらず、実力をもって阻止する権利」とされる。国連憲章に明記されており、五一条で国連加盟国に武力攻撃が発生した場合、安全保障理事会が必要な措置をとるまでの間「個別的又は集団的自衛の固有の権利を害するものではない」と定めている。

集団的自衛権の行使とは、たとえば、グァムが攻撃されたとき、日本自体は攻撃されていないが、米軍と共同で攻撃相手をたたくようなケースのことで、これは認められていないというのが一貫した政府の見解である。

八一年五月の政府の答弁書は次のような解釈を示している。

「憲法九条の下において許容されている自衛権の行使は、わが国を防衛するため必要最小限度の範囲にとどまるべきものと解しており、集団的自衛権を行使することは、その範囲を超えるものであって、憲法上許されない」

他国に加えられた武力攻撃を阻止する集団的自衛権の行使は、日本を防衛するための自衛権の範囲を超え、憲法上認められないというのが内閣法制局の見解である。主権国家は国際的には国際法、国内的には憲法と二重の規律を受けており、国際法上は認められても憲法上認められないなら、結局容認されないという論理だ。

内閣法制局は、憲法の解釈を変えることで集団的自衛権の行使を認める、いわゆる「解釈改憲」はできず、容認するためには憲法改正手続きを取ってほしい、との立場をとっている。

◇参院を行政監視機関に――閣僚出さずお目付け役

国会を名実ともに「国権の最高機関」にできるかどうかが憲法を考えるうえで、ひとつのポイントだ。国会が行政をきちんとチェックし、官主導から政治主導に転換して、政治の自己決定・自己責任原則を貫けるかという問題でもある。その際のテーマとなるのが参院のあり方の見直しだ。

〈**首相指名せず**〉

二院制を採用したものの、現在、衆参両院とも比例代表選挙の導入で選挙制度の違いがほとんどなくなり、とくに参院の存在意義が問われている。斎藤十朗参院議長の有識者懇談会が四月二十六日にまとめた報告は、参院を衆院に対するチェック機関である「再考の府」と位置付け、憲法の枠組みにこだわらない提言で、参考になるものだ。

国会を改革し政治主導を確立する第一は、官をチェックする政として の国会の機能強化である。二〇〇一年からの副大臣・政務官制度は政が官の中に入っていって、行政をコントロールするものだが、その役割は衆院にゆだねればいい。

参院議長の懇談会提言のように政府の創出は衆院に任せ、参院が担当するのは政府の監視と役割分担をはっきりさせるのが一案だ。官を外から監視する政としての参院の位置づけである。

そのためには、参院から閣僚や副大臣、政務官を出すことを控える必要がある。内閣に入るのは衆院議員だけで、参院議員はお目付け役となる。政府の同意人事案件での優先議決権を参院に与えることも有効だろう。会計検査院を参院の付属機関にすることも検討課題だ。

首相指名選挙は衆院だけに限っていい。この場合、六七条の改正を伴う。憲法には手を触れなくても、参院が行政監視院であることをはっきりさせるため立法改革で対応する方法もある。

〈**「強すぎる参院」**〉

衆院との機能を分化し、行政監視の役割を担わせるためにも現在の「強すぎる参院」を改める必要が出てくる。憲法は、法律案、予算、条約、首相指名などで衆院の優越を認めている。予算と条約は三十日以内に参院が議決しないときには衆院の議決を国会の議決にすると定めている。

法案はあくまで両院で議決して法律になるのが原則で、参院が衆院を通過した法案を否決すれば、衆院でこれをくつがえすには、出席議員の三分の二以上の圧倒的多数が必要となる。これをどう見るかだが、参院に強い拒否権を与えたと言っていいだろう。

予算や条約は、衆院で過半数を確保していれば、参院で野党が多数を占めていても、自然成立するわけで問題ないが、むしろ一般の法案がにっちもさっちも行かなくなるという妙な展開になっている。

野党は参院で過半数を確保し、衆院で三分の一以上の勢力があれば、内閣提出法案を廃案に追い込むことができるわけで、第二院の存在が日本の政治を不安定にしているとの指摘は決して的外れではない。

〈**選挙改革も必要**〉

参院改革には、当然、選挙制度の改革や議員の選出方法、任期も再検討が必要となる。少なくとも衆参両院で同じようになってしまった選挙制度は、国会全体で考え直す余地がある。地方議員や首長などを選出する間接選挙制の採用や、衆院議員から参院議員への推薦、六年の任期の短縮なども検討課題だ。「全国民を代表する選挙された議員」のしばりをどうするのか。ここでも憲法改革につながってくる。

◇民間主導に脱皮必要—規制改革で制限排除　「福祉国家」問い直し

戦後日本の特徴のひとつは、中央省庁の官僚が国家を引っぱる行政優位の体制ができあがったことである。官が政をおさえ、民をリードし、地方を従えた行政国家である。経済のグローバル化が進む中で、官主導による官民一体型の経済システムが行き詰まった。二十一世紀に向けて、民間主導をどのように確立し、活力ある国家に再生していくのか。これが憲法改革のひとつの視点だ。

〈**官に一定の役割**〉

戦後一貫して追い求めてきた目標である「福祉国家」・「社会国家」の根拠となっているのが生存権をうたった二五条一項である。

この条項の生みの親は社会党である。一九四六年の憲法制定議会で、社会党は生存権、労働権、女性の権利など社会権の充実を強く求めて現行の二五条一項そのままの条文を書き加える修正案を提示し、衆院段階で実現した。

当時、この修正は意味のあるものだった。敗戦のどん底からどうやって、はいあがっていくのか。だれもが同じように豊かになるにはどうすればいいのか。それが戦後日本の最大のテーマだったからだ。福祉国家の建設こそは何の疑問も抱かせない国家目標だった。

五五年体制下の自民党も社会党も、国家の役割には公共財の提供だけでなく、所得と富の再分配や望ましい経済秩序の形成があり、豊かな社会を国家がつくりあげていくのは当然だ、と考えた。それを指導したのが霞ヶ関である。中央省庁のエリート官僚が主導する福祉国家の建設だった。

〈一国完結に限界〉

二五条で「健康で文化的な最低限度の生活」を保障する一方で、営業の自由や財産権の保障など経済的自由を定めた二二条、二九条はともに「公共の福祉」による制約を認めていることから、経済活動への規制は認められると一般に受け止められた。

経済的自由は精神的自由より下位の価値しかなく、制約されてもやむを得ないというのが憲法解釈の主流で、官が民の経済活動に介入し、規制してもいいという理屈になっている。しかし、なぜ経済的な価値が精神的な価値より劣るのか、規制により失って回復困難なのはむしろ経済的価値の方ではないのか――そうした疑問が出始めている。

経済活動の規制や富と所得の再分配による「結果平等」の政策を官僚が主導した結果、所得水準を底上げし、一億総中流意識をもたらしたのは事実だ。それは戦後日本の成功だった。

ところが、米ソ冷戦構造の崩壊に伴う世界的大競争とグローバル化、情報化で、企業や個人が行政のシェルターから外に引きずりだされるようになり、状況は一変した。もはや一国完結の社民主義型の行政国家は立ち行かなくなっている。

憲法によると、内閣は国会によって構成され、国会に責任を持っており、官僚組織としての各省庁は、国会と内閣によってコントロールされる機関のはずだが、実態的には官僚優位の官僚内閣制が続いている。

首相の権限にしても憲法の規定を内閣法以下で制限して、リーダーシップを発揮させないようにしているおかしな官僚国家である。盛んに主張されている首相公選制の導入も、政治主導をいかに確立するかの流れの中にある。

〈市場原理基本に〉

官僚主導を排するにはどうしたらいいのか。規制改革で官が出てくる領域を狭めるしかない。

福祉国家目標の根拠となっている二五条の問い直しがまず迫られる。福祉国家のためだからといって、官が民を規制できるものではないということを、憲法か基本法か、何らかの形で明確にする仕組みを検討していいのかもしれない。

経済的自由を制約する根拠となっている二二条と二九条の公共の福祉をめぐる考え方にもつながってくる。基本的人権を制限することのできる公共の福祉を類型化し、自由な競争秩序を守るための規制は許されるが、競争制限・参入制限的な規制は原則として認められないといった趣旨を明記するのが一案だ。

その進め方として、二つのシナリオが出てくる。憲法そのものを改正するのか、それとも、基本法によって改革するのかである。

基本法は市場原理を働かせることを基本に、許される規制の類型をいくつかに絞り込んで、今ある規制はいったんすべて撤廃し、本当に必要なものだけを残す全面的な見直しを内容としたものになるだろう。

◇地方分権踏み出す時―国の役割を限定列挙

地方分権一括法が四月から施行され、国と地方の関係は新たな段階に入った。中央省庁が主導するのではなく地方自治体が自らで決め、その結果に責任を負う地方主導への第一歩である。しかし、その範囲はまだ狭く、地方分権を進めていくには憲法に立ち返って検討する必要がある。

日本国憲法第八章の地方自治は、戦争の放棄と並び、明治憲法にはないもので、連合国軍総司令部（ＧＨＱ）の意向によって新たに規定された章だ。

〈**地方自治の本旨**〉

ＧＨＱ案はLocal Government（地方政府、地方行政）とのタイトルで三カ条からなっていた。第一条で首長と議員の公選制、第二条で基本権（憲章）の制定権をそれぞれ定め、第三条で現行憲法九五条にそのまま生かされている地方自治特別法の住民投票を盛り込んでいた。

日本側はこれを修正、タイトルを「Local Self-Government（地方自治）」に変え、「地方公共団体」という名称もひねり出した。章の最初に総則的な規定として九二条も付け加えた。

問題は、そこに盛られた「地方自治の本旨」という言葉が何を意味するかである。その点がはっきりせず、明治以来の国が上位で地方が下位という意識を引きずり、戦後日本の目標だった福祉国家実現への近道は集権的な国家をつくることにあると考えたことが、中央官僚万能論を生み、中央による地方のコントロールを許す結果となった。

「地方自治の本旨」とは何かを明確にするうえで、確認する必要があるのは先進諸国に共通する地方自治制度があるのかどうかということだ。地方自治のグローバルスタンダードの検討である。

〈**基本ルール欠く**〉

その際、参考になるのが八五年に欧州評議会がまとめた「欧州地方自治憲章」と、同年に採択した国際自治体連合（ＩＵＬＡ）の「世界地方自治宣言」である。

西尾勝国際基督教大教授によると、それらと比べ、日本国憲法の第八章の地方自治では、地方公共団体の財源に関する基本原則や、国から地方公共団体への事務の委任・委託の基本ルールなどが欠けている。

これらを憲法にはっきりと書き込むのが、ひとつの方法だ。明文改憲である。もうひとつは、地方自治の基本法を制定し、こうした趣旨を明記して、事実上のしばりをかける方法である。これが立法改革である。

別の視点がある。国を後ろに退けるため、国の役割を限られたものにしていく方法だ。「国の役割の限定列挙」という考え方である。四九年のシャウプ勧告でも触れられているが、地方制度調査会は九四年六月の答申で、国の役割として外交、防衛、通貨など国家の存立に直接かかわる政策など三つの類型を示している。

もちろん国の役割をすべて限定列挙できるわけではなく、グレーゾーンの部分は残る。国が何らかの形でかかわらざるを得ない問題も出てくるはずだ。

しかし、役割を限ることで、例示されていないものはすべて地方自治体の仕事となり、国がかかわろうとするときには、国の仕事であることを証明しなければならなくなるところがミソだ。これをどこまで憲法なり、基本法なりに盛り込むかは議論の余地があるが、検討に値するものだ。

〈**道州制など課題**〉

地方自治に絡んで考えるべきテーマが二つある。ひとつは受け皿の論議である。数府県をまとめて、中央政府からある程度独立した連邦や道、州を設け広域的な行政の展開などを検討するのかどうか。憲法に絡む問題である。もうひとつは住民投票の論議である。九四条の特別法の住民投票の規定の使い道を含めて、今後の検討課題である。

〈国の役割の限定列挙〉

《地方制度調査会答申（九四年六月）》

国の役割は次の三類型に限定

1、国家の存立に直接かかわる政策に関する事務（外交、防衛、通貨、司法など）

2、国内の民間活動や地方自治に関して全国的に統一されていることが望ましい基本ルールの制定に関する事務（公正取引の確保、生活保護基準、労働基準など）

3、全国的規模・視点で行われることが必要不可欠な施策・事業に関する事務（公的年金、宇宙開発、骨格的・基幹的交通基盤など）

資料Ⅱ・25

米国と日本——成熟したパートナーシップに向けて

二〇〇〇年一〇月

米国防大学国家戦略研究所（ＩＮＳＳ）特別報告書（第一次アーミテージ報告）

［出典］日本原水協「国際情報資料４」

コメント

1．周辺事態法（⇩Ⅱ・18）の成立以降、米国、日本のそれぞれから、周辺事態法への不満とそれを新たな段階に引き上げる方策の提示が相次いだが、この報告書は米軍の活動への日本の協力をさらに一段高いものに引き上げるべく周辺事態法を前提にアメリカ側からなされた政策提言の代表である。

この報告は、共和党、民主党系の軍事専門家が超党派で発表したものであるが、その主たる執筆者の名を冠して、アーミテージ報告と呼ばれた。同様のメンバーにより、のちに第二回（⇩Ⅲ・31）、第三回（⇩Ⅲ・61）の報告が出されているため、この報告は第一次アーミテージ報告と呼ばれている。

2．報告の注目すべき点は、以下の諸点である。

第一に、報告は、米国と日本の同盟が米国と英国の関係のようになるべきだと主張し、そのためには日米の分担関係を「責任の分担」から「権力の分担」へと引き上げる必要があると述べる。

そのうえで第二に、そのためには日米同盟の軍事的協力関係を強化することを主張しているが、その要に集団的自衛権行使の容認を置いていることである。報告は、周辺事態法を、日米同盟の土台にすぎないと強調し、同盟の強化のための方策として日本政府が集団的自衛権の行使は禁止されているという解釈を変更することを提言している。「日本が集団的自衛権を禁止していることは、同盟間の協力にとって制約となっている。この禁止事項を取り払うことで、より密接で、より効果的な安全保障協力が可能になろう。これは日本国民のみが下せる決定である。アメリカは、これまでも安全保障政策の特徴を形成する日本国内の決定を尊重してきたし、今後もそうすべきである。しかし、アメリカ政府が明確にしなくてはならないことは、日本がより大きな貢献をおこない、同盟のより対等なパートナーとなる意志をもつことを歓迎するということである」という具合である。

報告は、この点で、日本側のその後の安保政策に大きな影響を与えた。

◇この報告について

この報告の内容は、米日協力にかんする研究をおこなった超党派グループのメンバーによる全会一致の見解である。本報告は、政治文書ではなく、本研究グループメンバーの見解を反映したものにすぎない。本報告は、たんに、アメリカにとって不可欠と考えるアジア関係に、一貫性と戦略的方向を与えようと試みるものである。

研究グループは以下のメンバーで構成されている。リチャード・L・アーミテージ（アーミテージ・アンド・アソシエーツ）、ダン・E・ボブ（ウィリアム・V・ロス二世上院議員事務所）、カート・M・キャンベル（戦略国際研究センター）、マイケル・J・グリーン（外交関係評議会）、ケント・M・ハリントン（ハリントングループLLC）、フランク・ジャヌージ（上院外交関係委員会民主党スタッフ）、ジェームズ・A・ケリー（戦略国際研究センター・太平洋フォーラム）、エドワード・J・リンカーン（ブルッキングス研究所）、ロバート・A・マニング（外交関係評議会）、ケビン・G・ニーラー（スカウクロフト・グループ）、ジョゼフ・S・ナイ二世（ハーバード大学・JFK政治学部）、トーケル・L・パターソン（ジオインサイト）、ジェームズ・J・プリジスタップ（国防大学・国家戦略研究所）、ロビン・H・サコダ（サコダ・アソシエーツ）、バーバラ・P・ワーナー（フレンチ・アンド・カンパニー）、ポール・D・ウォルフォウィッツ（ジョンズ・ホプキンス大学・ポール・ニッチェ国際研究学部）。

本報告で表明または示唆された意見、結論、勧告は、著者たちのものであり、必ずしも国防大学、国防総省、その他の政府機関または非政府組織の見解ではない。

アジアは、歴史的変化が起こっている過渡期の混乱のなかで、アメリカの政治、安全保障、経済をはじめとする利害の相関関係において重要な位置を占めるべき地域である。世界人口の五三％が住み、世界経済の二五％を占め、アメリカとの間に年間六千億ドル近い貿易をおこなっているアジアは、アメリカの繁栄にとって死活的に重要である。政治的にみて、日本からオーストラリア、フィリピン、韓国、台湾、インドネシアまで、アジア地域の国々では、民主主義の価値がもつ普遍的な魅力が証明されている。中国はいま、きわめて重要な社会・経済の変化に直面しており、今後の成り行きはまだ明らかではない。

欧州で大規模な戦争が起こる可能性は、少なくともむこう三〇年は考えられないが、アジアで紛争が起こる見通しがないとはとても言えない。この地域には、世界でも最大級で最も近代的な軍隊をもつ国、核保有大国、そして核保有能力をもつ国が数カ国存在している。アメリカを大規模な紛争に直接巻き込みかねない対立が、朝鮮半島や台湾海峡において一瞬のうちに起こりかねない。インド亜大陸は、重大な一触即発の危機が起こりうる地域である。それぞれの地域が、戦争が核戦争へとエスカレートする可能性を十分もっている。さらに、世界第四位の人口を有するインドネシアで続いている混乱状態は、東南アジアの安定をおびやかしている。アメリカは、依然としてアジアの事実上の安全保障機構をなしている一連の二カ国間安全保障同盟により、この地域と結びついている。

こうした将来性を有しながらも潜在的に危険な状況のなかで、米日の二国間関係はこれまで以上に重要となっている。世界第二位の経済力と十分な装備をもつ有能な軍隊を有し、また、アメリカにとって民主的同盟国である日本は、アメリカのアジアへの関与において今後もかなめ石の役割を果たす。米日同盟は、アメリカの地球的安全保障戦略の中心である。

日本もまた重要な変化を経験している。大体はグローバル化によって余儀なくされたものであるが、日本は、第二次世界大戦の終結以来最も大きな社会的・経済的変化のただなかにある。日本の社会、経済、国家としてのアイデンティティー、国際的役割が遂げつつある変化は、明治維新に経験した変化に匹敵するほど根本的なものとなる可能性をもつ。

この変化がどのような結果をもたらすかは、まだ十分に把握できない。西洋諸国が、明治維新が生み出した近代国家日本の潜在能力を大きく過小評価したのと同様に、ただちに目に見える形では現れてはいないが、いま日本に起こりつつある、当時に劣らないほど深い変化を、多くの国々が無視している。アメリカにとって、二一世紀に米日同盟を維持し強化するカギは、日本で進行中の変化の結果を予測する形でわれわれの二カ国間関係を作り直すことにある。

第二次世界大戦終結後、日本は、アジアで建設的な役割を果たしてきた。高い教育を受け、積極的に参加する有権者をもつ成熟した民主国家として、日本は、政権の変化が平和的におこなわれうることを実証してきた。日本政府は、この地域全体において、率先的な外交をおこない、経済的に影響を与えることにより、地域の安定の促進と信頼の醸成に寄与してきた。

一九九〇年初頭のカンボジアでの国連平和維持活動への日本の参加、多岐にわたる防衛分野での交流と安全保障問題の対話、東南アジア諸国連合（ＡＳＥＡＮ）地域フォーラムへの参加、新たに作られた「プラス３」グループなどは、日本政府の積極的活動の高まりを裏付けている。最も重要なことは、日本がアメリカと結ぶ同盟が、地域秩序の基礎としての役割を果たしてきたことである。

ここでわれわれは、米日関係の六つの主要な要素を検討し、二一世紀に耐え得る同盟の基礎の構築を目的とする、超党派の行動課題を検討した。

◇冷戦後の傾向

広範な西側同盟のパートナーとして、アメリカと日本は協力して、冷戦に勝利し、アジアに民主主義と経済的チャンスの新しい時代をもたらすために寄与した。しかしながら、この勝利を分かちあったのち、両国が真の脅威と潜在的危険に直面しているにもかかわらず、米日関係は進路を踏み迷っており、焦点と一貫性を失っている。

ソ連の封じ込めという戦略的な束縛からいったん解放されると、米日政府はともに、二カ国間同盟が現実にも実際の上でも、また緊急に必要としているものにも、目を向けなかった。具体的共同と明確な目標設定の代替案を見つけようと善意の努力がなされてきたが、話し合いは散漫で、共通の目的を明確に定義することができていない。

国際安全保障の新しい概念を試そうとする努力は断続的にしかおこなわれておらず、二カ国間の安全保障の結びつきを再定義し再活性化する上で目に見える成果はあがっていない。

どちらの国においても、この焦点と計画の後に続く行動は明らかに欠落している。日本では一部の人々が「アジア化」の方向に傾いており、経済的相互依存関係と多国間制度により、アジアが欧州と同様の道のりをあゆむことに期待をかけている。アメリカでも多くが、冷戦の終結を、経済の優先課題にふたたび立ち戻る機会ととらえている。

一九九〇年代初期は、おもに日本市場へのアクセス問題をめぐって、二カ国間の緊張が最も高まった時期であった。アメリカの中には、日本からの経済競争を脅威と見た者もいた。しかしこの五年間で、貿易摩擦は減少している。日本経済の大いなる成功に寄せられた羨望と関心は、日本の不況と高まる財政危機を前に落胆に変わっている。

米日どちらも、同盟を再定義し再活性化する必要性に応えていない。それどころか両国とも、米日同盟を存在してあたりまえのものととらえていたのである。同盟に生じていたこのずれは、朝鮮半島をめぐる危機に米日両国政府の政策立案者が注目した一九九〇年代中ごろ――ちょうどこの頃、沖縄で恐ろしいレイプ事件があったが――には明らかになっていた。こうした出来事をへてようやく米日政府は、両国関係を軽視してきた代償に気づいたのである。そのあと一九九六年三月台湾海峡で生じた対立が、太平洋の両側に位置する両国に、この二カ国間安全保障同盟を再確認するさらに強いきっかけを与えることになった。

一九九六年の米日安全保障共同宣言は、両国政府の目を同盟刷新の必要性に向けさせる上で大いに効果を発揮し、米日防衛協力のガイドラインの改定、沖縄特別行動委員会（ＳＡＣＯ）一九九六年報告、戦域ミサイル防衛の共同研究の合意といった形で、防衛面の結びつきを刷新する具体的な変化につながった。しかし、一九九六年宣言は、高いレベルにおける継続した注目をもって支持されることなく、その象徴的意義だけが孤立していた。その結果、アメリカと日本の政策調整はすぐに、揺らいで不十分なものへと戻ってしまった。

米日関係の悪化がもたらした損失は、潜行性のものもあるし、明らかなものもある。一九九〇年代の終わりには、アメリカの多くの政策立案者たちが、自己再生能力に欠けると映った日本に興味を失っていた。確かに、日本の長引く不況により、日本の政府関係者の中にさえ落胆し、意気消沈する者が出ている。

日本政府の多くが、アメリカ政府は、傲慢で、自国の処方箋がすべての国の経済、政治、社会的ニーズに当てはまるとは限らないことを認識する能力に欠けていると見ている。政府関係者とオピニオンメーカーの多くが、アメリカのやり方を、自国の商業・経済にだけ利益をもたらすことの正当化だと見ており、自己中心的なグローバル化に没頭しているかのようなアメリカに恨みをつのらせている。

明らかにアメリカの目と関心は、アジアのほかの地域に注がれてきた。もっと最近の例では、アメリカの政策立案者は、中国との二カ国関係に主要な焦点をあててきた。この関係は、一九八九年の天安門での民主化を求める運動以後続いている一連の危機的状況により特徴づけられている。アメリカ政府も日本政府も、一九九六年宣言がうちだした安全保障の課題を積極的に後追いするようなことはしていないが、これは大体において、米日の安全保障協力の再活性化にたいする中国政府の敵対的な対応を懸念しているためである。

中国政府は、この米日協力を、中国の地域外交に制約を加えようとするアメリカ政府のより広範な政策の重要な要素であるとみなしていることを、はっきりと表明してきた。これにたいしアメリカは、またそれほど強い調子ではないが日本も、中国との関係修復に努めるなかで、封じ込め戦略の概念を重要視しないという明確な意志を示している。

実際、安全保障問題に関し米日が唯一積極的におこなってきた対話は、北朝鮮を説き伏せて鎖国的状態から抜け出させたいという願望の副産物にすぎない。アメリカ、日本、韓国はすべて、緊密な協力関係や目的の統一が、北朝鮮政府に対応する上で最も効果的な戦略だという点で同意している。

これまで見られてきたこのような違い、不明確さ、遠まわしなやり方の原因は一つではないし、単純化しすぎて誰かにだけ罪を着せようとするものでもない。むしろ必要なのは、米日同盟を改善し、再活性化し、焦点をしぼりなおすことに、新たに注意を向けるべき時が来ていることにたいする認識である。

米日両国とも、国政の転換と重要な変化が起こっている時に、不確実なアジアの安全保障環境に直面している。アメリカでは新しい政権出発の時であり、日本では依然として政治、経済、社会の面での構造的変化が続いている。同時に、中国とロシアの政治・経済の行く手の不確実さ、朝鮮半島における緊張緩和の現実がかかえる脆さ、インドネシアで続く社会不安といったすべてが、両国に共通の難題を投げかけている。

日本は再生不可能な衰退期にある「消耗資産」だと論じる者がいるが、思い出して欲しいのは、ほんの一〇年前には、国際社会におけるアメリカの力は衰退していると誰もが信じきっていたことである。むこうみずにも、日本の力の耐久性を過小評価してしまえば、一九八〇年代と九〇年代に日本の一部の者があさはかにも、アメリカの潜在力と持久力を見逃してしまったのと同じ失敗を繰り返すことになろう。

◇政　治

この一〇年間、自由民主党は、内部の分裂、従来の利益集団が追求する課題同士の衝突、主要な支持者内での分裂の広がりに直面し、崩れつつある権力の座にしがみつくことに主な力を注いできた。同時に、野党勢力も、信頼性があり、慎重に練られた政策を提案できずにいる。よって、自民党は政権にしがみつくことに腐心し、野党側は代替案を提供できず、日本国民は、自民党に代わる信頼できる指導者がいないため、しかたなく自民党を選んでいるというのが現状である。この結果は、機能せず、場当たり的政策しかとれない政府をもたらしている。

しかしながら、国際経済のグローバル化の容赦ない圧力により、経済の改革と再編は必然とされており、これが政治の変化につながるであろう。こうした経済的な力が、「鉄の三角形」――これまでの政治家、企業、官僚による共謀関係――と呼ばれる独占勢力を崩し、支配力を分散させている。日本の政治秩序は、長引く変化を経験している最中である。

日本の政治的変化は、米日関係の再活性化にとってこれまでにない機会をもたらしうるもので、同時に、この関係がさらに試される機会でもある。二極に分かれた思想の対立は日本の政治において終わり、選出された若い世代の議員の間に、安全保障問題について新たな実用主義的考えが台頭していることで、指導部づくりへ向けた創造的な新しいアプローチを生み出す土壌が整ってきている。

現在の指導部が突然、改革を支持したり、世界規模の舞台においてより大きな責任を引き受けるなどと期待するのは非現実的であろう。日本の国会の制度上、長期的利益と引換えに短期的な痛みを必要とするような政策の実行は難しい。日本の政治制度はリスク回避型である。しかし、新しい世代の政治家と国民全体も、経済力だけでは日本の将来が保証されないことを認識している。さらに、日本国民が、国旗と国歌に公式の地位を与えたり、尖閣諸島の例にあるように領土権に目を向けていることは、国家の主権と領土の保全が新たに重んじられていることを示す実例である。こうした変化が米日関係にもたらす意味合いは大きい。

アメリカでも同様の変化が進行中である。議会の役割が外交政策における一勢力として増大しており、州・地方政府の影響力も増している、また、技術と個人の権限と能力の強化により推進された劇的な変化が民間セクターの間でみられ、経済的変化の起爆剤となっており、こうした変化が、かつて中心的役割を果たした外交政策立案の諸機関の影響力を変化させているのである。

しかし、日本のリスク回避型政治が日本経済の変革を阻害してきたように、アメリカ政府から明確な方向付けがないことも損失をもたらしてきた。気まぐれな大統領府のリーダーシップは、アメリカの対日関係について、十分吟味した計画を作り出すことができなかった。これが一方では、米日同盟の重要性についての政治的支持と国民の理解を加速的に掘り崩してきたのである。端的に言うと、アメリカで進行中の政治、経済、社会的変化は、外交問題における大統領府の指導力をいっそう必要としているのである。

アメリカが、日本との関係において指導力を、つまり、傲慢になることなしに卓越性を発揮することができるなら、両国は過去五〇年間培ってきた協力関係の潜在力を全面的に実現することができるようになろう。日本で進行中の変革が最終的に、より強く、より対応力の高い政治・経済システムの誕生につながるなら、米日関係の相乗効果により、今後、地域および全世界的舞台において、積極的に関与し、相互に支援し、根本的に建設的な役割を果たす両国の能力は高まるであろう。

◇安全保障

アジアにおける利害関係が非常に大きいことから、アメリカと日本は緊急に、二一世紀の両国関係に関して共通の認識とアプローチを発展させる必要がある。アジアにおける紛争の可能性は、目に見える、そして「真の」米日防衛関係により劇的に低減した。日本が提供している基地の使用により、アメリカは、太平洋からペルシャ湾にいたるまでの安全保障環境に影響を与えることができている。共同防衛計画の基本である米日防衛協力指針（ガイドライン）の改定は、太平洋をまたぐこの同盟で日本が果たす役割の増強に向けた、上限ではなく、基盤とみなすべきであり、しかも、冷戦後の地域的状況の不確実性は、二カ国間の防衛計画によりダイナミックな取り組みを必要としている。

日本が集団的自衛権を禁止していることは、同盟間の協力にとって制約となっている。この禁止事項を取り払うことで、より密接で、より効果的な安全保障協力が可能になろう。これは日本国民のみが下せる決定である。アメリカは、これまでも安全保障政策の特徴を形成する日本国内の決定を尊重してきたし、今後もそうすべきである。しかし、アメリカ政府が明確にしなくてはならないことは、日本がより大きな貢献をおこない、同盟のより対等なパートナーとなる意志をもつことを歓迎するということである。

われわれは、アメリカとイギリスのあいだの特別な関係を、米日同盟のモデルと考えている。そのためには、次のような要素が必要である。

・防衛への誓約の再確認。アメリカは、日本と、尖閣諸島を含む日本の行政上の管轄下にある地域の防衛にたいする誓約を再確認すべきである。

・改定された米日防衛協力のためのガイドラインの誠実な実行。これには、有事立法の成立も含まれる。

・アメリカの三軍すべてと日本の全自衛隊との力強い協力。アメリカと日本は、軍事施設の共同使用を高め、演習活動の統合に向けて努力すべきであり、一九八一年に合意された軍隊の役割と任務の再検討と更新をおこなうべきである。両パートナー国は、旧式の訓練のやりかたの踏襲ではなく、実戦なみの訓練に時間と努力を注ぐべきである。また、国際的テロや国境を越えた犯罪活動などの新たな問題や長年にわたる潜在的脅威に対応するにあたっての相互支援のあり方、平和維持・平和構築活動における協力のあり方を定義すべきである。

・平和維持・人道的救援活動への全面的参加。日本は、一九九二年に自ら課した制約を取り払い、他の平和維持活動参加諸国に負担をかけないようにする必要がある。

・用途が広く、機動性、柔軟性、多様性に富み、生存能力の高い軍隊づくり。その調整は、どのようなものでも、たんに理論上の数に基づくものでなく、地域的安全保障上の環境を反映すべきである。こうした過程のなかで、戦力構成に加えられる変更は、協議と対話を通じた、またお互いが合意可能なものであるべきである。アメリカは、技術的変化と地域的な情勢の進展を利用して、日本列島における米軍プレゼンスを再編すべきである。われわれの能力が維持できる範囲で、日本における米軍の足あとを縮小するよう努力すべきである。これには、引き続く米軍の整理統合や、一九九六年の沖縄にかんする米日特別行動委員会（ＳＡＣＯ）合意の実施などが含まれる。

・日本がアメリカの防衛技術を優先的に利用できるようにする。防衛技術は、米日同盟全体の不可欠な構成要素とみなされなければならない。われわれは、アメリカの防衛産業を奨励して、彼らが日本企業との戦略的同盟を結ぶことで、最先端の軍事的および両面利用技術の双方向の流れを促進するべきである。

・米日のミサイル防衛協力の範囲の拡大。

こうしてわれわれが日本により大きな役割を提唱することにより、両国で健全な議論がおこなわれるであろう。そうした議論がすすむなか、アメリカ政府関係者と議員は、日本の政策がアメリカの政策に必ずしもすべての側面で一致するわけではないことを認識せざるを得なくなるだろう。いまや、責任分担を権力の分担に発展させる時期が来ており、これはつまり、アメリカの次期政権は、この権力分担の実現に必要となる時間を相当費やさねばならないことを意味している。

◇**沖　縄**

在日米軍の大部分（約七五％）は沖縄に集中して駐留している。これは安全保障上および距離的な事情によるものである。沖縄は東シナ海と太平洋の中間地点に位置しており、朝鮮半島、台湾、南シナ海からそれぞれ飛行機で一時間足らずの距離にある。米空軍嘉手納基地はこの地域全体へのアメリカの軍事力投入のための重要な連結地点となっている。これはまた日本の防衛にとっても重要である。沖縄駐留の米海兵隊第三遠征軍は、この地域において、非戦闘員の避難から侵略撃退のための大規模隊形を可能にする最前線戦闘分隊としての活動にいたるまでの諸問題に迅速に反応できるような、独立した合同前方梯隊（self-sustaining, joint forward echelon）を提供している。

しかし、沖縄への米軍の非常な集中はまた、日本にたいしては明らかな負担を作り出しているとともに、それほどではないにせよ、アメリカにとっても、たとえば訓練にたいする規制などの形で負担となっている。作戦上の速度の激しさや兵員の若さなどから、海兵隊は、この日本最南端の沖縄県における米軍駐留の変更を求める日本国民から特別の注目を集めている。

海兵隊の側としても、良き隣人となるべく努力をおこなってきたが、基地の周辺が取り囲まれていることから生じる制約は大きくなっており、即応態勢や訓練に支障が出ている。統計上、米国軍人による犯罪の発生率は急減しているにもかかわらず、現在の政治的状況のもとでは、実際に発生した不運な違法行為は注目を集めやすく、過大に報道されることになる。

一九九六年、沖縄にかんする米日特別行動委員会（ＳＡＣＯ）合意は、沖縄駐留米軍基地の再編、統合、縮小をうちだした。米日両国はこの合意を完全に実施しなければならない。この結果、アメリカの管轄下にある施設面積は五、〇〇〇ヘクタール減少し、米海兵隊普天間飛行場を含む一一の施設が削減される。

われわれは、ＳＡＣＯ合意に、重要な四つ目の目標を入れるべきであると考える。それは、アジア・太平洋地域全域への多様化である。軍事的側面からみると、米軍がこの地域に幅広く柔軟なアクセスを有することは重要である。しかし、政治的観点から言えば、アメリカのプレゼンスと信頼性を維持するためには、沖縄県民が背負っている負担を軽減することが不可欠である。日本における部隊構成を考慮するアメリカ側担当者は、ＳＡＣＯ合意でとどまっていてはならない。アメリカは、海兵隊のために、この地域全体において、より幅広く、柔軟な配備と訓練の選択肢を考慮すべきである。

◇諜　報

東アジアにおいて、性格が変化しつつある潜在的脅威と明白な危険に米日両国が対処するためには、両同盟国間の協力を強化し、諜報能力を統合することが必要である。この二国間同盟の重要さにもかかわらず、この地域における米日間の情報共有の度合は、緊密の度を高めつつあるNATO同盟諸国との関係とは際立って違っている。この傾向は世界情勢の進展によっても強まっているのだが、同様に、資金の減少と平和維持・平和創出などの新たな使命は、同盟国間の協力の強化と諜報能力の統合を必要としているという認識もまた強まっている。

皮肉にも、冷戦の終結とともに、脅威の性格があいまいになり、より複雑な政策の選択を迫られる事態がよく起こるなかで、世界共通の安全保障上の脅威に関して重要な情報を分析・収集する上での協力の必要性はいっそう高まった。日本政府は、現行の米日諜報協力関係は必要を十分満たしていない、とはっきりと表明している。

アメリカにとって、日本との協力を強化する潜在的可能性は明らかである。同盟諸国は、お互いの違いについてはっきりとものを言い、比較的・競争的分析に基づいた政策行動に関して合意を作り出さねばならない。諜報の共有は、この目的にむかうひとつの道筋を示している。しかも、分業、つまり各国の比較優位にそって分析の任務を分担することは、資金繰りの厳しい諜報分野に利益をもたらす。日本は世界中で多くのことに関与しているため、戦略的な諜報にかんする対話に、貴重な情報と洞察を提供できる能力を有している。

おそらくもっと重要なことは、日本との諜報協力の戦略的ビジョンが、長らく懸案のまま実現されていないことだろう。米日間の諜報協力が強化されないままでは、同盟としての共通した理解と行動の必要が起こった場合に、お互いの認識、ひいてはおそらく政策も、互いに違ったものとなってしまう恐れがある。

諜報協力の改善は、日本にとっても同様に重要である。日本が国際貢献を拡大するには、日本固有の諜報能力の強化とともに、アメリカとの協力の拡大が必要である。

諜報協力の強化は、日本自身の政策策定、危機管理、意思決定プロセスの改善に役立つだろう。それだけでなく、日本はアジア内外でさまざまな脅威と複雑性を増す国際的責任に直面しており、自国の安全保障になにが必要かをより理解できるような諜報活動を必要としている。

諜報協力はまた、米日同盟における日本の役割を強化することにもなろう。米日の諜報分野における規模に格差がある現状からすると、より均衡のとれた分担を達成するには時間がかかることは避けられない。しかし、長期的にみて、潜在的脅威にかんする情報収集力が向上し、競争的分析がおこなえるという利益があり、相互補完的なものの見方ができるなどの成果が期待でき、協力が豊かになるだけでなく、相手の理解をいっそう高めることが可能になるだろう。

双方の国内レベルの問題としては、米日諜報協力にも国内レベルでの管理が必要である。協力には新たなやり方が必要であり、既存の関係を拡大する必要もある。

アメリカにとっては、以下の点が急務である。

・国家安全保障委員会の顧問は、諜報協力の強化を政策とし、諜報を優先課題とせねばならない。

・政策策定にたずさわる者たちとの調整のもと、中央情報局（ＣＩＡ）局長は、日本の国家安全上優先すべき課題に合うやり方で、日本との協力を拡大せねばならない。不法移民、国際犯罪、テロなどの国境を越えた諸問題はすべて、両国内の部局間の計画の調整を必要としている。

・アメリカは、自前の衛星をもつなど、独自の諜報能力を発展させたいという日本のもっともな要望を支援せねばならない。分担の質的な向上に早急に目を向ける必要がある。

・アメリカは、分析センターの共同スタッフの配置、相互教育プログラムその他、諜報ネットワークを豊かにする、緊密なイニシアチブの発揮を優先すべきである。

米日間の諜報関係の強化にはまた、両国内での政治的支援が必要である。この点で、日本政府は以下の基本的措置をとる必要がある。

・日本の指導者たちは、機密情報を保護する法律の立法化に向け、国民の支持と政治的支持を得なければならない。

・諜報能力の強化は、日本の政策策定を改善する上で役立つが、日本政府の指導者たちは、みずからの政策策定プロセスの問題にも取り組む必要がある。諜報の分担は、米日両国間だけでなく、日本政府の内部においてもおこなわれなければならない。

・これまでの経験からみて、国会を諜報プロセスにどのように関与させるかについて対話をおこなうことが重要である。民主国家における諜報の管理は、政治的支持の維持において、中心的に重要な要素である。ひとことで言って、日本が将来の防衛上の問題に取り組み、政府の再編をおこなうにあたり、米日両国間の諜報協力についてオープンに問題を取り上げるべき時が来ている。

◇**経済協力**

日本が経済的に健全な状態にあることは、二国間パートナーシップの繁栄に不可欠である。実際、アジア全域におけるアメリカの利益は、日本経済の繁栄、成長、活性化から恩恵を受けることになる。日本はいまでも、米国製品の世界第三位の消費国であり、日本の弱体化が続いていることは、アメリカの労働者と産業界にとって機会の喪失となっている。弱い日本は、世界の資本の流れの危うさと不安定さに拍車をかけている。加えて、日本国民が内にこもり、挫折感と不安にうちひしがれていると、二国間同盟においてより大きな役割を果たそうという意欲も減少し、果たすこともできないだろう。

不幸にも日本は、がっかりするような経済的停滞と不況の一〇年を経験した。一九九二年から一九九九年にかけての平均年間実質成長率は一%にすぎなかった。一九九七年と九八年、また九九年後半の不況でこの一〇年は終わった。

日本が持続的経済成長を取り戻すには、市場の開放と、民間部門がグローバル化の力に対応できるようにすることが景気回復のかなめであるという認識が大いに必要となる。このためには、引き続き規制緩和と貿易障壁の撤廃に加え、より開かれた市場を支えるためのより強力なルールと仕組みを作り上げることが必要である。

日本の政策エリートの一部はこの点を理解しており、それはまた一九八六年の前川レポートにはじまる多くの公的な論評のなかで指摘されてきたことでもある。一九七〇年代なかば以来、諸外国は日本の政策立案者たちに、経済の透明性と開放性を増加させる措置をとるようにと働きかけてきた。業を煮やした歴代の米政権は、さまざまな通商経済政策のオプションを練り上げ、作り変え、日本政府がこれらを採択するように促してきた。

改革の障壁はかなり大きい。成熟した労働者（そのうち二〇〜三〇%はいまだにいごこちのよい終身雇用を享受している）、保護された産業、長い間さまざまな産業が現状を維持できるように采配をふるってきた官僚たち。しかも、日本人はほかに選択肢がまったくないという場合を除いては、急進的な変化を嫌う傾向をもつ。日本には、この国の経済的問題はまだ危機的な段階に達していないと論じる者までいる。危機感の欠如と、既成の慣行への突発的変化を受け入れたくない国民性が、必要ではあるが政治的・精神的に痛みを伴うような再編に向けた措置に踏み切ることを妨げている。

同時に、日本がその経済的問題に対処するなかで、いくつか進展があったことを認識することも重要である。たとえば、西側の多くの経済学者たちは、日本のおこなった「ビッグ・バン」と呼ばれる一連の金融部門の規制緩和政策と、一九九八年の銀行救済策に高得点を与えている。こうした展開により競争が高まり、新たなビジネスモデルができた。各企業は企業間の関係よりも収益性により重きを置くようになり、時代遅れになりつつある系列システムを弱体化させる変化が起こった。企業家精神が高まり、ベンチャーキャピタル市場が成長している。

情報技術（IT）部門は急速に成長している。新たな会社が設立され、経済の多くの部門にまたがって利益がもたらされる可能性は大きい。しかし、IT部門の成長だけでこの一〇年間の経済停滞を克服できるかどうかについては、専門家たちの意見は分かれている。規制による障壁が、ほかの産業部門におけるIT技術の成長と採用を遅らせている。よって、日本経済にとってのIT部門の重要性からみて、経済の明るい未来を確実にする努力の一環として、経済システムにさらなる改革と規制緩和を実施することの必要性はいっそう強まっている。ITがもたらしうるおそらく最も重要な貢献は、日本経済全体に規制緩和とビジネスの柔軟性の増大を促すきっかけを与えることだろう。

しかし、回復への障害は引き続き存在する。特に、銀行問題はまだ適切に対処されておらず、財政刺激策は利益誘導型の公共事業に頼りすぎており、こうした政策が長期的な成長を促す可能性はほとんどない。この欠陥だらけの財政アプローチの結果、日本は少なくともGNPの一・二倍にのぼる巨大な財政赤字を作り出した。これは、世界のどの主要先進諸国よりもはるかに高い数字である。

民間部門のダイナミズムを使って経済に変化を起こそうとする革新的なアプローチが準備されている。日本の物価が引き続き高いことが予想される。日本経済に長期的な健全さを取り戻すためには、これまで日本の政治家たちが拒否してきたような、一定の短期的な犠牲を払うことが必要となる。アメリカは、日本が次のような線にそった政策を発展させるよう促すべきである。

・日本経済のさらに系統的な改革。内外すべてのプレーヤーにたいして開かれた市場への依存度を高めることは、持続的な経済回復のかなめである。

・短期的な財政金融刺激策の継続。財政赤字増大という問題はあるが、日本政府は将来の成長を促進する見込みのある分野に重点を置くべきである。橋やトンネル、あてのない高速鉄道などを建設する時代は終わらなければならない。

・会計制度、ビジネス慣行、ルールの策定においては透明度をもっと高めねばならない。日本の経済統計の質を改善し、金融機関や地方自治体は自らの本当の財政状態について全面的な会計報告をおこなわなければならない。同様に政府も、政府のもつ情報の開示をもっとオープンにする必要がある。

・特に電気通信などの経済に最大の利益をもたらす可能性のある分野において、規制緩和を加速すべきである。

・日本・シンガポール間の自由貿易協定は、同様の協定を韓国、カナダ、アメリカその他関心のある諸国との間に結ぶためのテストケースとして、奨励されるべきである。

日本の市場を開放し、構造的変化を起こすためにアメリカ政府がイニシアチブをとる力は小さくなっている。改革の欠如がアメリカの企業に影響し、世界経済を危うくするような時には、アメリカは確かに正当な利害関係をもっている。良好な企業組織管理基準（corporate good governance standard）や、ビジネス慣行の透明性の向上などの分野において、アメリカ政府が注意をはらい、行動することは引き続き大切である。

アメリカは、来るべき数年間において二カ国間パートナーシップの改善を促進するためにいくつか重要な目標を追求せねばならない。

・アメリカの経済的利益は、一貫した方法で表明されねばならない。日本が現在進めている体制的変革に効果的に対応するために、アメリカ政府は自らの優先課題をストレートにうちださねばならない。この点で、次期政権は、焦点をしぼった経済政策課題へのアメリカ国民の支持を得なければならない。

・アメリカ政府は、日本への直接外国投資の増加についての対話を開始すべきである。外国企業は新たな技術と新たなビジネスモデルをもたらし、これらは直接的に、そして彼らの日本企業にたいする競争的インパクトを通じて、日本経済に寄与することになる。

・新政権は、世界貿易交渉の新ラウンド開始を最優先課題のひとつとせねばならない。それに向けた努力のなかで、アメリカとパートナー諸国は、工業製品関税、農業援助金、金融サービス取引への障壁の撤廃を目指し、特に金融機関について国際的に受け入れ可能な会計基準を導入するための交渉を追求すべきである。

・米日経済関係は重要であるため、米日両国がWTOに紛争の解決を求め、協力に向けた新たな門を開く一方で、二国間の貿易交渉は引き続き中心的に重要な道具である。

・アメリカは、日本と韓国の間に始まったばかりの経済調整協力を奨励すべきである。

◇外　交

伝統的に、アメリカは、日本がより大きな国際的役割を果たすことを激励してきた。見逃されてきた現実は、特に人道的努力やその他従来日本が参加してこなかった安全保障の分野において、多くはアメリカとの協力のもとに、日本がその激励に応えてきたことである。日本は、世界銀行、国際通貨基金、国連、アジア開発銀行で最大あるいは二番目に多い拠出金を負担しており、すべての主要な多国間機関においても最大の寄与をおこなっている。現行の協力を維持し、新たな二国間の努力に門戸を開くことについて、アメリカと日本国内で、国民の支持を育て上げることは急務である。

外交努力において不意打ちはあってはならない。日本はよく、アメリカ政府との協調抜きにアイデアを発展させることがあった。アジア通貨基金などがその例である。アメリカには、自国の外交政策に日本を引き込むのが遅すぎたということがあまりに多かった。後知恵による政策立案が両国関係を特徴づけたことにより、両国とも被害をこうむった。外交政策における日本の協力を「小切手外交（資金供出のみの外交）」とみなすような見方を、アメリカは捨てるべき時である。日本は、国際的リーダーシップの発揮には、これまでの資金供出国としての役割を越えて、リスクを冒す必要性も含まれることを認識せねばならない。

アメリカは、自国の政策課題が日本政府に十分理解され、積極的に支持されるよう努力しながらも、日本の目標を考慮せねばならない。アメリカ政府は、日本政府にとっては多国間による取り組みが重要なことを認識しなくてはならない。日本政府はこのようなイニシアチブを、アメリカのリーダーシップを損なうものではなく、自国のアイデンティティーの表明であるとみなしている。二国間首脳会議の最後の瞬間に共同で派手に発表するようなパートナーシップの宣言よりも、静かに舞台裏で戦略を調整することのほうが、より効果的なことが多くある。

外交において日本が独自のアイデンティティーを追求することは、アメリカの外交と対立するものではない。実際、アメリカと日本は大局的には同じ外交目標を共有している。両国は多くの利益を共有している。

・アジアにおいて、積極的で前進配備されたアメリカのプレゼンスを維持する。紛争防止、平和維持、平和創設活動にもっと効果的に対応できる機構となるよう国連を改革する。アメリカは安保理事会の常任理事団のポストを目指す日本の希望を今後も支持すべきである。しかし、そのためには集団的安全保障上の義務を果たさねばならず、日本はこの問題に取り組む必要が出てくる。

・中華人民共和国が地域的政治・経済問題において積極的な勢力となるよう促す。米日両国は、この問題について、現在おこなわれている戦略的対話に関与すべきである。

・朝鮮半島における和解を促進する。アメリカ政府と日本政府は、引き続き三者調整グループ（韓国、日本、アメリカ）が同半島の関連諸問題に対処するよう支援する一方で、その協力の幅を広げる機会を探るべきである。

・極東におけるロシアの安定を支持し、ロシアに埋蔵されている巨大な天然資源の開発を促進する。米日両国は、それぞれの対ロシア政策をもっと効果的に調整すべきである。

・各ASEAN（東南アジア諸国連合）加盟国にたいする政策について、米日間に相違はあっても、活発で、独立し、民主的で繁栄するASEANを促進する。

・インドネシアの安定性と復興を支援する両国の努力を調整する。

世界第二の経済大国である日本は、経済的問題を口実に、援助する側よりもされる側への寄与に重点を置くべく変化した自らの対外援助政策を、ふたたび変更するようなことがあってはならない。日本の政策が、アジアの経済成長と開放性をさらに促進するべきである。日本政府が提案している円の国際通貨化は、日本の金融市場が透明になるまでは成功しないだろう。

◇結　論

一五〇年前にペリー提督の黒船が東京湾に到着して以来、米日関係は、よきにつけ悪しきにつけ、日本とアジアの歴史を形作ってきた。新たな千年紀の夜明けにあたって、逃れようのないグローバル化の力と、冷戦後のアジアの安全保障体制の変遷は、米日両国に、あたらしく、複雑な難題を突きつけている。これまで両国の相互協力は、経済的、政治的、戦略的概況に影響を与えてきたが、一国として、または同盟のパートナー同士として、両国がどのようにこの状況に対応するかが、アジア・太平洋の安全保障と安定、そして新たな世紀の可能性を大きく決定することになるだろう。

資料Ⅱ・26

平和憲法のもと適切、着実な国際貢献を果たします

二〇〇〇年一一月四日　第三回公明党全国大会

［出典］「二一世紀「健康日本」の構築――〝活力と安心の生活大国〟をめざして」第二部一三

コメント

1．これは、二〇〇〇年一一月に開かれた公明党第三回全国大会における安全保障政策の部分である。ここには、自民党との連立に踏み切って以降の同党の安保政策が示されている。

2．ここで公明党は、集団的自衛権行使は禁じられているという政府解釈の変更には反対であることを表明し、国連の集団安全保障措置についても武力行使にわたる可能性があるので慎重にすべきだ、という態度を打ち出している。

他方、周辺事態法成立による日米同盟関係の強化、国連ＰＫＯの積極化、またＰＫＦ本体活動の解禁は容認し、不審船などへの対応を根拠とする領域警備法の制定、有事法制の整備などの必要性を訴えている。

二〇〇〇年における南北朝鮮首脳による平和に向けての対話ほど、北東アジアにとって明るいニュースはありません。もっとも、それは、手放しで警戒心を解いてよいほどのものでもないことに留意する必要があります。九〇年代における朝鮮民主主義人民共和国（北朝鮮）の核疑惑や日本海と太平洋三陸沖へのミサイル発射と見られる事件、さらには台湾海峡における中国のミサイル演習事件は、その性質は違うものの、二一世紀における北東アジアの平和と安全に大きな不安を感じさせる要因になっていることには、基本的にいささかの変化もありません。

とりわけ、北朝鮮が飛距離二〇〇〇キロを超える射程のミサイルを持ったことが確実視される点は、かねて予想されていたとはいえ、ミサイル防衛に無防備である日本の現状を白日のもとにさらけだしました。これに対しては、過剰な反応ではなく、冷静で沈着な対応が望まれます。

日米ガイドライン関連法の成立で、日米信頼関係がより一層堅固なものになり、二一世紀の北東アジアにおいて不測の事態がおこらないための「抑止」が働くことが期待されます。日本は、平和憲法の範囲内でできる国際貢献に積極的に取り組むとともに、危機管理体制の整備をさらに充実させ、文字通りの平和国家をめざす必要があります。公明党は、戦争放棄をうたった憲法の精神のもと、平和で安全な日本としてアジア各国からも一層の信頼を勝ち得るように、努力を続けていきます。

1　日本の安全保障構想の基本的視座

日米安保条約体制を引き続き堅持するなかで、領域保全に徹する「専守防衛」に限定した力を持つことが、現実的な日本の安全保障構想であると考えています。集団的自衛権を日本が行使することについては、憲法上許されないとの考え方に立っています。一方、国際社会における平和と安全を確保するための、日本の貢献策については、国連平和維持活動（ＰＫＯ）を中心にするべきだとの態度です。いわゆる集団安全保障については、憲法の禁ずる海外における武力行使を伴う可能性があるだけに、国連安保理の決議に基づくものであっても、慎重でなければならないとの姿勢です。

2　日本の安全と当面する課題

（1）沖縄を平和の拠点島に

沖縄に過度に集中した在日米軍基地の整理・縮小については、日本全体でその負担と痛みを分かち合うことについて、国が責任を持って解決をはかる必要があります。米軍の東アジア戦略の要石としての位置を二一世紀も固定するのではなくて、むしろ日本の平和戦略の象徴の島としての役割を明確にしなければなりません。その意味から、沖縄への国連アジア本部の創設を働きかけ、北東アジア安全保障会議の事務局を常設するなど、平和の拠点島・沖縄を世界に宣揚することを提案します。

沖縄における在日米軍基地は、多発する米兵犯罪やPCB汚染問題など、日米地位協定をめぐる課題を抱えています。このため日米地位協定については、見直しを視野に入れつつ、さらなる運用改善を迫ってまいります。

(2) ミサイル防衛とその対応

隣国の軍事的挑発に対応するためにミサイル防衛が領域保全のために必要な手段として新たに求められてきます。TMD（戦域弾道ミサイル防衛）は、現実に配備するとなるとさまざまな問題点があるものの、抑止力の前段階としての技術研究などは怠らず準備する必要があります。もちろん、国際世論の高まりを背景に、可能な限りの「対話」を軸にした外交手段を展開しつつ、平和な環境を醸成することが同時に急がねばならないことを銘記する必要があります。

3　国連平和活動としての集団安全保障とPKOへの対応

(1) 国連容認の多国籍軍でも参加は慎重に

国際社会における紛争発生に際し、多国籍軍などが編成されて、軍事的制裁措置が講じられる場合があります。そうした事態には、たとえ国連が容認するものであっても、慎重であるべきだとの態度です。国連における平和活動への参加は、PKOへの参加を主軸にし、それ以外のものについては、戦闘行為と一体化しない場合に限り、後方地域における武器、弾薬の輸送など、それぞれケース・バイ・ケースで慎重に判断すべきだと考えています。

(2) PKOへの参加は積極的に

PKOは、カンボジア型のような伝統的なものについては、今後とも積極的に参加することを求めていきます。その際に、凍結されているPKF（国連平和維持隊）本体業務は、この数年間の経験を踏まえ、解除されるべきであると考えます。

ただ、国際社会の現実では、さまざまな民族、宗教的対立など新たな紛争要因が発生、当初予定した国家間の紛争終結後に再発を防ぐためのものといったこととはまったく別の事態が多発、それへの対応が迫られています。そうしたことについて、現行法のままでは対処しきれないため、新たな見直しが迫られています。公明党は、あくまで憲法の枠内で、どうすればより的確な対応ができるかについて、引き続き検討を加えていく構えです。

4　軍縮の促進に向けての具体的提案

二一世紀を戦争や紛争のない平和な世紀にするためには、具体的に軍縮を進める必要があります。公明党は、かつて防衛費GNP一％枠の設定や、非核三原則、武器輸出三原則などを提案してきました。新時代を迎え、より一層キメの細かい軍縮への提案が必要です。

その第一に、まずアジア太平洋地域各国の軍事支出や兵器貿易に関する調査・研究機関を設立することを提案します。また、第二に、アジア太平洋地域における、軍事産業から民間産業への転換についての専門家のネットワークを組織化することを提案します。さらに、第三には、武器輸出三原則いわゆる武器禁輸原則を厳守し、軍事拡張につながる対外経済協力を行わないために、同原則の法制化を提案します。

5　危機管理体制の整備と防衛出動法制の提案

（1）領域警備への対応――現行法を適切に運用

九〇年代の日本は、阪神淡路大震災、オウム真理教事件、不審船侵犯事件などの経験を通じて、危機管理体制の確立の重要性を強く認識するに至りましたが、わが党は、危機管理体制の充実をさらに求めていきます。

特に、領域警備については、新たな法整備を求める動きがありますが、当面は、現行法で対処すべきだと考えます。危機管理に万全を期するために、関係各省庁の連携など現行法の運用面の改善や適切な船舶や航空機などの整備の充実をはかることが必要です。その上で、中長期的な課題として、現行法の枠組みにおける法制上や運用上における不備を点検したり見直す議論は、積み重ねるべきであると考えます。

（2）緊急事態への対応――防衛出動法制の提案

日米ガイドライン関連法案の審議を通じて、日本そのものに対しての武力攻撃が起こり、国民の生命、財産が直接に脅かされるという緊急事態が発生した時に、必要にして最小限の対応措置が取られなければならないとの指摘がなされました。それが自衛隊など関係各機関によって超法規的なものになってはならないことは当然です。わが党は、これを防衛出動に伴う緊急事態への対応措置として、あくまで憲法の範囲内という原則に基づいた防衛出動法（仮称）を整備するように提案します。

資料Ⅱ・27

憲法を生かした民主日本の建設を

二〇〇〇年一一月二四日

日本共産党

［出典］日本共産党第二二回大会決議第三章（9）

コメント

1．これは、二〇〇〇年代に入って以降の日本共産党の憲法政策、安保・外交政策を表明した同党第二二回大会の決議の部分である。

この決議は、憲法調査会が設置されて憲法改正の動きが勢いを増している事実を踏まえ、党の憲法に対する態度を改めて確認し、憲法政策、とりわけ、九条に基づく、日米安保条約の廃棄と自衛隊解消についての具体的道筋を検討したものである。

2．本決議の注目すべき点は以下の諸点である。

第一に、決議は、「当面の日本の民主的変革」の時期における共産党の憲法に対する態度をこう指摘した。「日本共産党は、当面の日本の民主的改革において、憲法の進歩的条項はもとより、その全条項をもっとも厳格に守るという立場をつらぬく」。ここでは「当面の民主的改革」という限定つきであるが、憲法の全条項の厳守を打ち出しており、これと、将来にわたって守り全面実施を求めて行く五原則とを区別して扱っている点が、注目される。

第二に、決議は、「憲法九条の改悪」を許すか否かが現在の政治的対決の焦点であると指摘し、これに反対するという一点での幅広い共同を呼びかけている。

第三に、決議は自衛隊を憲法九条に違反する違憲の軍隊であると

指摘したうえで、自衛隊を解消し九条完全実施へ向けての段階的政策を提言している。

第四に、決議は、憲法の人権と民主主義の条項が現在の保守政治によって広範にじゅうりんされていることを指摘し、その完全実施を主張するとともに、新しい人権も現行憲法の中で根拠付けられるとして、新しい人権の創設を口実とした改憲に反対している。

（1）国会に憲法調査会が設置され、改憲勢力は、この場を利用して、憲法改悪にむけた策動を強めている。憲法問題は、二十一世紀の日本の進路をめぐる、進歩と逆流のたたかいの重大な焦点となっている。

日本共産党は、当面の日本の民主的改革において、憲法の進歩的条項はもとより、その全条項をもっとも厳格に守るという立場をつらぬく。この立場は、わが党が野党であっても、政権党になったとしても、同じである。わが党がめざす民主連合政府は、政府として、憲法第九九条にもとづいて現行憲法を尊重し、擁護する立場にたつ政府である。天皇制についても、いまわが党がもとめているのは、憲法で定められた国政への不関与（第四条）、国事行為の範囲の限定（第六・七条）などを、厳格に守ることである。

二十一世紀の日本の未来を、より大きな視野で展望したときに、社会の発展にともなって、憲法も国民の総意にもとづいて発展することは、当然のことである。天皇制も、国民主権との矛盾をはらんだ存在として、永久不変の制度ではありえない。

同時に、わが党は、現憲法の五つの進歩的原則――国民主権と国家主権、恒久平和主義、基本的人権、議会制民主主義、地方自治――については、将来にわたってこれを守り、その全面実施をもとめていく。

これらの諸原則は、二十世紀の世界史の進歩的流れをふまえ、それを発展させた先駆的価値をもつものであり、二十一世紀の日本の民主的な国づくりの羅針盤になりうるものである。わが党の「日本改革」の提案と、憲法の五つの進歩的原則の完全実施とは、ともに重なりあう内容と方向をもっている。

（2）憲法をめぐるたたかいでは、第九条が最大の焦点となっている。改憲派は憲法のその他の条文についても、あれこれの問題点を指摘しているが、その一番のねらいは、九条をとりはらうことであり、この一点にあるといっても過言ではない。改憲のくわだてとむすびついて、軍国主義的な思想・潮流の動向が強まっていることも重大である。

憲法九条をとりはらおうという動きの真の目的は、アメリカが地球的規模でおこなう介入と干渉の戦争に、日本を全面的に参戦させるために、その障害となるものをとりのぞくところにある。

昨年強行された戦争法は、そのための仕組みをつくろうとするものであった。しかし、九条があるために、戦争法においても、「自衛隊が海外で武力行使を目的に行動することはできず、その活動は後方地域支援にかぎられる」ということを、政府は建前にせざるをえなかった。政府が「後方地域支援」とよんだ兵站活動は、戦争の一部であり、政府の建前はごまかしである。同時に、なお九条の存在が自衛隊の海外派兵の一定の制約になっていることもまた事実である。

戦後、日本は、一度も海外での戦争に武力をもって参加していない。これは、憲法九条の存在と、平和のための国民の運動によるものである。憲法九条は、戦後、自民党政治のもとで、蹂躙されつづけてきたが、自衛隊の海外派兵と日本の軍事大国化にとって、重要な歯止めの役割をはたしてきたし、いまなおはたしている。この歯止めをとりのぞき、自由勝手に海外派兵ができる体制をつくることを許していいのか。これが憲法九条をめぐるたたかいの今日の熱い中心点である。この点で、九条改憲に反対することは、自衛隊違憲論にたつ人々も、合憲論にたつ人々も、共同しうることである。

日本共産党は、憲法九条の改悪に反対し、その平和原則にそむくくわだてを許さないという一点での、広大な国民的共同をきずくことを、心からよびかける。

（3）憲法九条と自衛隊の関係をどうとらえ、その矛盾をどのように解決していくかという問題は、二十一世紀の日本にとって重要な問題である。

憲法九条は、国家の自衛権を否定してはいないが、「国権の発動たる戦争」「武力による威嚇」「武力の行使」を放棄するだけでなく、「陸海空軍その他の戦力を保持しない」として一切の常備軍をもつことを禁止している。ここまで恒久平和主義を徹底した憲法は世界にほとんど例がない。憲法九条は、戦争の違法化という二十世紀の世界史の大きな流れのなかで、もっとも先駆的な到達点をしめした条項として、世界に誇るべきものである。

その値打ちは、昨年、オランダのハーグでおこなわれた世界市民平和会議での「行動指針」が、各国議会に「憲法九条のように戦争放棄宣言を採択すること」をよびかけるなど、いま世界でも見直されつつある。それは二十一世紀にむけてわきおこりつつある平和と進歩の国際的な流れを反映している。二十一世紀は、軍事力による紛争の「解決」の時代でなく、〝国際的な道理にたった外交〟と〝平和的な話し合い〟が世界政治を動かす時代になる。この新しい世紀には、憲法九条の値打ちが、地球的規模で生きることになる。とりわけ平和と進歩の力強い潮流がわきおこりつつあるアジアでは、憲法九条の値打ちは、いよいよ精彩あるものとなるだろう。

憲法九条にてらすならば、自衛隊が憲法違反の存在であることは、明らかである。世界でも有数の巨額の軍事費をのみこみ、最新鋭の現代兵器で武装した軍隊を、「戦力ではない自衛力」などといってごまかす解釈改憲は、もはや到底なりたたない。

それでは、憲法九条と自衛隊の現実との矛盾をどう解決するか。わが党は、改憲派がとなえるような自衛隊の現実にあわせて九条をとりはらうという方向での「解決」ではなく、世界史的にも先駆的意義をもつ九条の完全実施にむけて、憲法違反の現実を改革していくことこそ、政治の責任であると考える。

この矛盾を解消することは、一足飛びにはできない。憲法九条の完全実施への接近を、国民の合意を尊重しながら、段階的にすすめることが必要である。

――第一段階は、日米安保条約廃棄前の段階である。ここでは、戦争法の発動や海外派兵の拡大など、九条のこれ以上の蹂躙を許さないことが、熱い焦点である。また世界でも軍縮の流れが当たり前になっている時代に、軍拡に終止符をうって軍縮に転じることも急務となっている。

――第二段階は、日米安保条約が廃棄され、日本が日米軍事同盟からぬけだした段階である。安保廃棄についての国民的合意が達成されることと、自衛隊解消の国民的合意とはおのずから別個の問題であり、自衛隊解消の国民的合意の成熟は、民主的政権のもとでの国民の体験をつうじて、形成されていくというのが、わが党の展望である。この段階では、自衛隊の民主的改革――米軍との従属的な関係の解消、公務員としての政治的中立性の徹底、大幅軍縮などが課題になる。

――第三段階は、国民の合意で、憲法九条の完全実施――自衛隊解消にとりくむ段階である。独立・中立の日本は、非同盟・中立の流れに参加し、世界やアジアの国々と、対等・平等・互恵の友好関係をきずき、日本の中立の地位の国際的な保障の確立に努力する。また憲法の平和原則にたった道理ある平和外交で、世界とアジアに貢献する。この努力ともあいまって、アジアの平和的安定の情勢が成熟すること、それを背景にして憲法九条の完全実施についての国民的合意が成熟することを見定めながら、自衛隊解消にむかっての本格的な措置にとりくむ。

独立・中立を宣言した日本が、諸外国とほんとうの友好関係をむすび、道理ある外交によって世界平和に貢献するならば、わが国が常備軍によらず安全を確保することが、二十一世紀には可能になるというのが、わが党の展望であり、目標である。

自衛隊問題の段階的解決というこの方針は、憲法九条の完全実施への接近の過程では、自衛隊が憲法違反の存在であるという認識には変わりがないが、これが一定の期間存在することはさけられないという立場にたつことである。これは一定の期間、憲法と自衛隊との矛盾がつづくということだが、この矛盾は、われわれに責任があるのではなく、先行する政権から引き継ぐ、さけがたい矛盾である。憲法と自衛隊との矛盾を引き継ぎながら、それを憲法九条の完全実施の方向で解消することをめざすのが、民主連合政府に参加するわが党の立場である。

そうした過渡的な時期に、急迫不正の主権侵害、大規模災害など、必要にせまられた場合には、存在している自衛隊を国民の安全のために活用する。国民の生活と生存、基本的人権、国の主権と独立など、憲法が立脚している原理を守るために、可能なあらゆる手段を用いることは、政治の当然の責務である。

(4) 憲法の、人権や民主主義に関する規定を、政治に生かすとりくみも重要である。

わが国の憲法では、人権について三十条にわたる規定がもりこまれている。そこには政治的権利とともに社会的権利が明記され、全体として世界でも先駆的な豊かな人権規定となっている。ところが自民党政治のもとで、この人権規定が生かされず、つぎの諸問題をはじめ、あらゆる分野で踏みにじられてきた。

――第一四条・二四条・四四条では、社会的にも、家庭でも、政治参加の面でも、「男女の同権・平等」を詳細に規定しているが、男女賃金格差など労働条件一つとってもこれが生かされたとはいえない現状がある。政治参加も世界の水準にはるかに遅れている。

――第一九条では、「思想及び良心の自由」が保障されているが、政党助成法、「日の丸・君が代」の強制など、内心の自由を侵す政治が横行している。

――第二一条では、「通信の秘密」を保障しているが、それをまっこうから蹂躙する盗聴法が強行された。

――第二五条では、国が「社会保障の増進」の責任をはたすことを義務づけているが、社会保障への国の支出を抑制・削減する政治がつづけられている。

――第二七条では、「国民の勤労権」「労働条件を法律で決める」などをのべているが、残業時間一つとっても法律での規制がないなどの現実が放置されている。労働法制の全面改悪がすすめられていることも重大である。

――第二九条の「財産権の保障」は、もっとも古くからある人権規定だが、米軍用地特別措置法の改悪などは、これを蹂躙するものだった。

わが国の憲法の先駆的で豊かな人権規定を、暮らしに生かす政治こそ、いま強くもとめられているのである。

「環境権」「知る権利」「プライバシー権」など、〝新しい人権〟をどう位置づけるかが問題とされている。これらは、憲法の人権規定をふまえて、国民の運動によって発展的に生みだされてきた権利であり、第一三条の「幸福追求権」など現憲法の人権規定によって根拠づけられるものである。憲法は、〝新しい人権〟にも対応できる、懐の深い構造をもっている。これを改憲論の〝入り口〟として利用し、九条改憲を〝出口〟とする方向に、世論を誘導しようという議論には、まったく道理がない。

リストラ・人べらしにたいし、確立した判例であった「整理解雇の四要件」をくつがえす判決が相ついでいる。司法の反動化を許さず、陪審制など国民の司法参加、裁判官の選任方法や法律扶助制度の改善など、司法制度の民主的改革を実現することは、国民の人権を守るうえで重要である。

議会制民主主義をめぐって、政権党が、党利党略で、選挙制度を改悪する動きを、臆面もなくくりかえしていることは重大である。小選挙区制・比例代表並立制のもとで、民意を反映する比例代表の定数を削減するという暴挙が、政権与党の〝数の暴力〟によって強行された。参議院の比例代表の選挙制度を、「非拘束名簿式」に改変するという政権与党のくわだても、政党選択というこの制度の土台を根底から崩す、むきだしの党利党略の動きである。民主主義に逆行する選挙制度の改悪を許さず、小選挙区制撤廃を軸にした選挙制度の民主的改革をかちとることは、ひきつづき重要な課題である。

企業献金は、大企業の金の力で政治をゆがめ、憲法に保障された国民の参政権を侵害するものである。この間の一連の汚職事件を通しても、企業献金が政治腐敗の根源であることは、いよいよ明瞭である。政府与党は、二〇〇〇年一月から政党への企業献金を見直すとした政治資金規正法の規定すら無視して、企業献金をもらいながら、政党助成金も二重どりするという姿勢をつづけている。わが党は、企業献金禁止、政党助成金撤廃を身をもって実行している唯一の党として、この政治腐敗の根源を日本の政界から一掃するために、ひきつづき力をつくす。

資料Ⅱ・28

新しい憲法を創る基本方針〈第一次草案〉

二〇〇〇年一二月四日
自由党・日本一新推進本部・国家基本問題に関する委員会

コメント

1．これは、二〇〇〇年一二月、小沢一郎の率いる自由党が出した改憲案である。自由党は、民主党の「論憲」が方向性のないものであると批判してきた。党首の小沢も一九九九年独自の改憲案（⇩Ⅱ・21）を提示しているが、この改憲案は、小沢のそれとは異なる、独自の特徴を持っている。それは、この起草の中心に平野貞夫がいることと関係していると推測される。

2．この案の具体的特徴は、以下の諸点にある。

第一に、この案では、改憲の必要性が、まず日本の社会秩序の再建という視点から説かれている点である。もちろん、国際社会の平和への貢献の必要性はあげられるが、それよりも「（1）日本人の心と誇りを取り戻す。（2）自己中心的な社会から、規律ある自由に基づく開かれた社会に改める。（3）経済の活力を回復し、誰もが生き甲斐を持って暮らせる社会をつくる。」という具合に、社会統合の再建が優先されているのである。

第二に、この案では九条関係については、自衛権の保持より、国連による集団安全保障の「整備」とそれへの参加が強調されていることが特徴である。これは、小沢の持論であるが、小沢案（⇩Ⅱ・21）では、その点はより広く規定されており、自由党案と比較すると興味深い。

第三に、この案では国会の権能の強化、首相のリーダーシップの強化による官僚支配体制の打破が強調されていることが特徴である。

全体に、この案では統治機構の改革が重視されており、司法の強化、憲法裁判所の設置、地方分権の推進など、既存の自民党・官僚機構による政治体制を打破して効率的政治体制づくりがめざされている。また、場合によっては国民投票制度を導入することがうたわれている点も、同様の視点からの改革構想として注目される。

第四に、この案では、新しい人権も強調されてはいるが、新自由主義改革よりも、むしろ新自由主義改革により分裂し、格差や貧困が増大している社会統合の再建、国家による社会への配慮に重点が置かれている点でも、他の、現代の改憲案の主流とは異なる特徴を持っている。教育の重視と教育基本法の改正、環境保全と、社会保障への国家の関与の強調などがそれである。

ここには、九〇年代後半以降露呈してきた既存社会の統合の解体に対する危機意識が強く現れており、どちらかというと新保守主義に基づく改憲構想に近い内容がある。

一、国及び国民のあり方について

憲法に前文を設け、国及び国民のあり方について基本理念を明記する。現憲法の基本原理を継承し、発展させるとともに、日本の文化・伝統を尊重し、自由で創造性あふれ、思いやりのある自立国家日本をつくることを宣言する。

日本は戦後、一貫して経済発展を国家目標に掲げそれに専念してきた。それによって失ったものも多く、いわゆる「戦後政治」は経済発展による利益の配分に終始してきた。その結果、日本人は社会共同体の構成員としての生き方、教育のあり方、安全保障の確保などをおろそかにしてきた。それにより、今、日本は方向性を失い、混迷の淵をさまよっている。一日も早く「戦後政治」と訣別し、新しい国家目標を掲げて、「自由で創造性あふれる自立国家日本」をつくらなければならない。そのため、次の事項を新しい憲法を創るための指針とする。

（1）日本人の心と誇りを取り戻す。（2）自己中心的な社会から、規律ある自由に基づく開かれた社会に改める。（3）経済の活力を回復し、誰もが生き甲斐を持って暮らせる社会をつくる。（4）地球の平和と環境に自ら進んで貢献する。

これらの指針に沿って、政治、行政、司法、地方自治、経済、教育等のシステムを抜本的に改革する。

二、天皇制について

天皇は、国民統合のための歴史的文化的存在である。国家元首としての位置も定着しており、国政に関する機能を有しないこと及び国事に関する行為の委任等について、現憲法の原則を変更する必要はない。

ただし、「象徴」という表現に代わる用語の検討、国事行為に関わる規定の正誤の訂正等の整備を行う。

三、国民の権利と義務について

国家権力と人権を対峙させる啓蒙時代の発想を克服し、ともすれば阻害されがちな個人の自由を国家社会の秩序の中で調和させる。基本的人権の保障は、国民が享有すべき条理であると同時に、国家社会を維持し発展させるための公共財であると位置づける。

国民の諸権利と義務は、人類の普遍的原理に基づいて、日本のよき文化と伝統を踏まえるものとする。「公共の福祉」の概念を明確にし、用語を見直す。「思想・信教の自由」については、政教分離の原則の意義を明確化し、価値多元化社会に適応する自由を確保する。国民の知る権利及びプライバシー権、外国人の人権保障とその合理的限界、犯罪被疑者と被害者の人権保護の調整等を検討する。

自由で公正かつ規律ある経済活動を確保し、勤労者の社会的権利の拡大と経済的発展によって国家社会の安定を図るものとする。

教育、環境保全、社会保障については別項に記載する。

四、安全保障について

二十世紀に人類が起こした悲劇を繰り返さないために、現行第九条の理念を継承する。同時に、二十一世紀においては旧世紀の戦争観にとらわれない新しい安全保障の概念を創造する。新世紀において日本が平和を維持し存続していくためには、国際社会との真の協調を図らなければならない。もはや、個別的自衛権や集団的自衛権だけで自国の平和を守ることは不可能である。

そのためには、外交努力に全力を尽くし、国連による集団安全保障を整備するとともに、国連を中心としたあらゆる活動に参加する。さらに、日本が率先して国連警察機構創設を積極的に提唱する。同時に、人類を破滅に導く大量破壊兵器の全廃を推進する。

自衛隊の権限と機能、内閣総理大臣の指揮権を、憲法に明記し、シビリアン・コントロールを徹底させる。日本が侵略を受け、国民の生命及び財産が脅かされた場合のみ武力により阻止することとし、それ以外の場合には自衛権の名の下に武力による威嚇またはその行使は一切行わないことを宣言する。緊急事態体制を整備する。

五、立法権について

政府委員制度の廃止や党首討論制度をはじめとする国会活性化法の制定は、憲法慣例の改革であった。今後も、国民の選挙によって構成する国会が、国権の最高機関として名実ともに機能するよう、抜本的な整備を行う。代表制民主制度の基本を維持しつつ、社会状況の変化・進展に伴い直接民主制度による補完によって、形骸化した議会制民主主義の真の民主化を図り国民主権を確立する。インターネット等情報技術の発展に伴う社会状況の変化に対応できる民主政治の新しいシステムを検討する。

現行の両院制は抜本的に改善する。特に、構成の方法について、参議院は間接選挙や推薦制度の導入を検討する。両院の権限や機能の分担を徹底させ、参議院の役割を国政に対して大所高所から指導・進言するものとし、国政運営の民主化と効率化を図るものとする。

憲法の国会に関する規定の多くが実定法であり、現行の解釈や運用に議論がある曖昧な表現、誤った用語等について整備する。また、議員の権限や責任、議事運営等について、二十一世紀の新しい社会状況を踏まえ、全面的に見直しを行う。特定の要件に限定して国民投票制度を導入する。政治倫理の確立については、議院の自浄機能として憲法上の制度を整備する。

六、行政権について

首相公選制は、慎重かつ冷静な論議が必要である。首相のリーダー・シップは、政治家としての資質や政治文化によるものであり、制度によって保証されるものではない。むしろ、議院内閣制の整備によって効果的に発揮できるものである。国家の最高権力者の選出は、代表制民主制によることが、日本の歴史や民族性から適切である。

議院内閣制は、国会と内閣が対立するものではなく、政府与党と野党が対立するものである。日本では官僚政治が続き、議会民主政治の定着と発展に問題があるため、国民の多くは行政権が、国会より上位であるとの意識を持っている。これを打破するため、立法権優位の原則に基づいて、行政権の位置づけを明確にする。

中央行政府の役割を国家の維持と発展に必要かつ最小限なものとし、大胆な地方分権を断行する。例えば、マクロ経済政策、外交・防衛、災害等危機管理、基礎教育、治安維持、市場ルールの形成、環境保全、基礎的社会保障の整備、金融システムの安定、国家プロジェクト等に限定する。

縦割りとしがらみによって硬直化した官僚支配体制を改革するために、

内閣の総合調整機能を強化し、首相の行政各部に対する直接的指揮監督権を確立させる。また、大規模自然災害、原子力災害、犯罪の国際化、テロ等に対する危機管理体制を確立して、必要に応じて国及び地方の権限を首相に集中できる体制を整備する。

七、司法権について

日本は現在、驚異的な情報技術の発展や米・ソ冷戦の終結などによるグローバル化の波に洗われている。世界経済は全地球を統合する形で大競争の時代に入り、それに伴う法的処理の増加と多様化、また、犯罪の国際化や凶悪化などに対して、従前の司法システムでは、適切に対応できない。

政府の司法制度改革審議会で、司法制度の抜本改革について論議が行われているが、憲法の枠の中での論議であり限界がある。真の司法権の独立と新世紀の法秩序を維持するため憲法の見直しを行う。

「憲法裁判所」を設置し、形骸化した違憲立法審査権の機能を再生させるとともに、特定の行政訴訟等も担当するものとする。これにより、一般裁判所の業務を軽減することになり、迅速で適切な事案の処理が可能となる。

内閣の指名に基づいて天皇が指名する最高裁判所の長官及び、内閣が任命する最高裁判所の裁判官について、国会の承認を必要とするなど、行政権の関与を減少させる。なお、最高裁判所の裁判官の国民審査制度は廃止する。

八、地方自治について

健全な民主主義の発展と豊かな国民生活の実現、そして日本人の伝統と文化の継承は、地方分権の推進と真の地方自治の確立によって可能である。日本の国家統治の歴史は、中央集権から地方分権、そして中央集権と繰り返しながら、人的、物的資源を活性化させてきた。新世紀こそ地方の時代である。地方自治体が中央政府に従属する関係から対等となる関係に改めるために、憲法において、地方自治の意義と中央政府と地方自治体の役割を明確にする。

さらに、地方自治体に対する中央政府の規制権限の撤廃、税財源の確保、エコ・マネーの導入、NPOとの連携等、地方自治体が独自の特色ある活動ができる根拠規定を設ける。

地方自治体がその行政を一貫して自主的、自律的に企画、立案、調整するためには、行政基盤を強化しなければならない。さらに財源を確保し、効率的な行政を推進するため、現在全国に三千二百余ある市町村を段階的に三百程度を目標に合併統合する必要がある。それにより、文化的・経済的・地理的に共通な地域コミュニティを形成し、中央政府と対等な関係に立つことができる。そのための整備は中央政府の責任であり、それに必要な根拠規定を設ける。

九、財政について

激動する内外の諸問題に対処するため、国の財政運営が公正で健全でなければならない。現在の日本の財政は破綻状況であり、無定見な財政・経済運営が原因である。また、予算の単年度制度による消化ノルマの弊害も原因の一つであり、単年度予算制度及び財政状況の報告制度について見直しを行う。

宗教団体及び慈善・教育・博愛等の事業に対する公金の支出等の禁止規定を廃止して、必要な措置は法律事項とする。

会計検査院を国会の機関とし、公正を確保し責任の明確化により、国民の立場による検査を確保する。

十、教育及び文化について

人づくり国づくりの基本は教育にある。「教育及び文化」の章を憲法に設けて、教育の基本理念と教育・文化行政のあり方について明記する。

人間は、生物的にも生理的にも「社会的動物」として創られている。また、進化の過程で、精神的にも肉体的にも長期間の教育と躾が欠かせない動物となった。人間は「文化的動物」でもある。「文化的」とは、祖先が創ったものを踏襲して、さらに改革する能力を持つことである。教育の原点はここにある。

日本人は古来、世界の様々な文化を取り入れて融合し、独自の文明をつくり上げてきた。この日本人の心と誇りを取り戻すことが必要である。その上に新たな文明を築いて人類に貢献しなければならない。祖国と世界の平和と繁栄に寄与する知識と志と活力を持つ青少年の育成が教育の目標である。

現行教育基本法では「人類の福祉」と「個人の価値」が力説されているが、「類」と「個」の間に必要な「種」の役割が欠落している。「種」とは、家庭や郷土や国家共同体であり、これらは、青少年に「躾」を通して人間形成の基本を学ばせる場である。

特に重要なのは義務教育である。基礎学力を重視するとともに、日本人の伝統的な資質を育み、次の時代を担い得る「よき日本人」を育てる責任をもっている。そのために、官僚支配の教育行政を改革し柔軟で民主的運営を図るため、地域に「教育オンブズマン制度」を設ける。また、教師が次代の日本人を育てる崇高な職務であることに鑑み、地位と名誉等の保証を国が行うなど、必要な制度を整備する根拠規定を設ける。

十一、環境・社会保障について

（1）環境問題について

環境問題は、「人類存続の基盤である地球環境の保全に全力を尽くさなければならない」と位置づける。国民の環境権の確保という立場からだけでなく、保全の義務として憲法に規定を設ける。

環境破壊は、人間が生きること自体から発生して資本主義のあり方と直結する問題である。自然といかに共生していくかが、これからの人類の課題であり、自立した国家として人類・地球の問題を自分自身の問題として考え、地球の一員としての義務としてその解決に積極的に参加、貢献する。

（2）社会保障について

自律した個人が多様な選択肢と公正なルールのもとで、自らの生き方を創造的かつ自由に追求できる創造的自由主義社会を創るためには、新しい社会形態、税制、雇用システム、地域共同体を確立することが必要である。さらに、国民の命や生活の維持、発展に必要な仕組み、即ち、基礎的社会保障（基礎的年金・介護・高齢者医療）を国の責任で整備することを憲法に明記し、誰もが生き甲斐を持って安心して暮らせる社会をつくる。

十二、改正手続について

現行の改正規定は、制定過程の特殊事情により、異常な改正手続となっている。「各議院の三分の二以上の賛成」という発議要件を「過半数」の要件に改める。国民投票による承認制度は存続させる。

なお、現行憲法の改正手続制度（国会法の改正、憲法改正国民投票法）が整備されておらず、早急に関係法規の制定を行う。

資料Ⅱ・29

橋本派・憲法改正案

二〇〇〇年一二月二七日
自由民主党橋本派政策局・憲法問題に関する分科会
［出典］産経新聞二〇〇〇年一二月二八日

コメント

1．この案は、当時自民党最大派閥であった橋本派が発表した改憲案である。党内の一派閥が改憲案を出したという政治的意義は大きい。

九〇年代末に国会で憲法調査会が設置されたあたりを境に、小沢一郎をはじめ保守政治の主流が相次いで改憲構想を打ち出している点に、現代改憲の課題が政治課題として浮上しつつあることが見て取れるが、橋本派の改憲案提示はそのひとつとして注目される。

2．この案で注目されるのは、以下の諸点である。

第一に、橋本案は、改憲を三～五年で実現すべきとし、憲法調査会を舞台に各党合意案を作って改正発議に持ち込むべしと提案している。その際「全面改正」が望ましいが「段階的に改正することはやむを得ない」と述べて段階的改憲論を主張していて極めて注目される。

また、そのために自民党が早く「試案」をまとめ、各党の合意のイニシアティブをとるべしとしている点も注目される。

第二に、改憲の内容では、特段の新味はないが、まず「前文」の改正をいい、とくに国際社会への貢献すなわち「国際社会への積極的かつ主導的な貢献」という文言を入れるべしと主張している点は、改憲のねらいが軍事大国化にあることを明示していて興味深い。

第三に、その点に関連して、九条関係では、集団的自衛権と集団安全保障に基づく自衛隊の海外出動の規定を入れるべきと主張している点、明文改憲と別に、それと並行して安全保障基本法を定めて武力行使要件を具体的に規定すべしと主張している点は、この二本立て構想が、現代改憲戦略の主流となりつつあることを示していて注目される。

第四に、この案も新しい人権を主張しているが、「環境権」については消極的なところが注目される。橋本派の基盤である地方の農村部では、原発や高速道路などの「開発」、公共事業投資が依然として支持基盤培養の武器となっている関係上、環境権が極めて厄介な障害となることが認識されている点で注目すべきである。実際に、改憲作業に入れば、これは当然問題となるであろうからである。

第五に、国会の衆議院、参議院の改革についても橋本派は意見をまとめていないが、これも、参院に巨大勢力をもつ橋本派としては、参院の権限を縮小するような改憲には慎重たらざるをえないからであろう。

また、地方自治についても、連邦制と道州制で意見が分かれているが、これも橋本派議員の利害に密接にかかわるところだけに意見の集約ができなかったと見られる。

第六に、橋本派案が首相公選制に消極的なことも注目される。この案が首相公選制反対の理由として「人気はあるが適性に欠ける首相が選ばれる恐れ」をあげていることは、一方で首相公選制のもたらす保守政治運営の安定性への不安とともに、橋本派のコントロールのきかない首相の登場に対する警戒であると考えられる。

【基本的な考え方】

（1）現行日本国憲法は、国民主権、平和主義、基本的人権といった国家・社会運営の枠組みを定めることによって、戦後日本の発展に大きな役割を果たした。

（2）しかし、現行憲法は占領下という主権が制限された状況でGHQにより与えられたという性格は否めず、文章も日本語として十分こなれていない。

（3）現在は大きな転換期である。明治維新以来百数十年の「欧米先進国へのキャッチアップ」又は「近代化」という国家目標は達成され、少子・高齢・人口減少社会の到来、グローバリゼーションの深化、規格大量生産型社会から多様な価値の共生する社会への転換といった社会変化が生じている中で、新しい国家像、国民目標が求められている。国民的議論の下で、現行憲法の優れた部分は残しながら、新しい憲法を作るべきである。

（4）おおむね三→五年以内に改正を実現することを目途として、衆参の憲法調査会において議論を深め、各党合意案を作るべきである。全面改正が望ましいが、大方の合意が得られるものから段階的に改正することはやむをえない。

（5）各党が「基本方針」をもっていることが衆参の調査会での合意形成を円滑にするので、自民党としては、党憲法調査会でわが党の「基本方針」又は「試案」を早急にまとめ、合意形成にイニシアチブをとるべきである。

【前文】

（1）憲法前文は、わが国の国家像、国民共有の目標と理想を提示する憲法の核心的な部分である。ところが現行の前文は、GHQの「変えさせない」という強い意志があったために、制定当時、国会および内閣法制局の審査は行われず、稚拙な翻訳調の文章のままであり、全面改正するべきである。

（2）中学生が理解できる程度の平明、簡潔、格調の高い文章とするべきである。現行の国民主権、平和・国際協調主義、基本的人権は堅持し、とくにこれからのわが国の国家像として「国際社会への積極的かつ主導的な貢献」を打ち出す。

（3）民族の長い歴史と伝統を受け継ぎ、美しい国土と文化的遺産を守ること、多様な価値を許容しつつ節度と調和を重んじる共生社会を目指すことを明記する。

【天皇制】

（1）現行の象徴天皇制を維持する。

（2）天皇は対外的にわが国を代表する「元首」であることを明記するべきである。現在でも実態としては「元首」であり、外国からも「元首」として扱われているが、「元首は内閣総理大臣」と解釈する学説もあり、解釈上の混乱を払しょくする必要がある。

【安全保障】

（1）平和主義（侵略戦争の禁止）は堅持しつつ、自衛のため必要な軍隊の保持を明記する。わが国の安全その他国益を維持するため必要と認めるときは、集団的自衛権、および国連などが行う集団安全保障のため軍隊の派遣（武力行使）を可能とする。憲法に詳細な規定をおくことは困難であるため、別に安全保障基本法を制定し、武力行使の要件、範囲などを定めることとする。

（2）国際協調に関する条項を設け、地域紛争、発展途上国支援、地球環境、自然災害など国際社会の平和と繁栄に積極的に貢献するとともに国際的機構が行う平和活動に積極的に参画する。

（3）緊急事態に関する条項を設け、侵略、大規模災害などの緊急事態の際の権利制限などを可能にする。

【国民の権利義務】

（1）公共の福祉の概念を明確にし、権利の乱用を禁止するとともに、すべての国民は社会公共の安寧と秩序を維持するため義務と責任を有することを明記する。

（2）人格権、プライバシー権、知る権利（行政情報開示請求権）を明記する。

（3）環境権については、権利の内容が明らかでなく、明文化した場合混乱を生ずるおそれがあり、外国憲法にも立法例が少ない。したがって、現行二十五条二項（国の社会的使命）に、国の環境保全義務を定めることとする。

【国会】

（1）衆議院が政治闘争の場であるのに対し、参議院は、政争から一定の距離をおく国政全般（行政、司法、衆議院）に対する監視機関とし、チェックアンドバランスの機能を果たす。このため例えば、

・人事案件の承認（特定の重要な公務員の任命は国会の承認を要するものとする）

・最高裁判所裁判官の罷免（最高裁判所裁判官の国民審査は廃止し、国会が審査するものとする）

・決算の承認などについて参議院の議決を優越。

（2）「一案」法律案の議決について衆議院の優越を認める。

「二案」現行どおりとする。

【内閣】

（1）議院内閣制を維持する。現行の議院内閣制は首相の選任に国民の意志が直接反映されないため、国民の政治不信を招くという欠陥がある。首相公選制を導入することによって、国民は自分が決めた首相という意識になるため、政治に対する責任意識が高まること、公選首相は、政治的リーダーシップを発揮しやすくなること、などのメリットがある。

他方、首相公選によって、人気はあるが適性に欠ける首相が選ばれ、外交や安全保障の面で判断を誤り、国家運営を危険におとしめるおそれがあること、公選首相が議会で多数派でない場合があり、この場合著しく政治の安定が害されることなどの欠点がある。この欠点をなくすため、アメリカ型の完全な大統領制をとるとすると、元首となり象徴天皇制と抵触するおそれがある。したがって議院内閣制は維持し、現行制度の下で政治的リーダーシップを高める工夫をこらすべきである。

（2）内閣副総理大臣の制度を設ける。

【司法】

（1）最高裁判所裁判官国民審査は廃止し、国会が委員会を設けて審査し、三分の二以上の議決で罷免できるものとする。

（2）「一案」憲法裁判所を設置する。憲法裁判所は、具体的訴訟事件の有無にかかわりなく、申し立てに基づき、法令などが憲法に適合するかどうか審査する裁判所である。現行の最高裁判所は、具体的事件がある場合のみ憲法判断できるが、多くの場合、憲法判断を避けてきたため、内閣の一機関である法制局が重要な憲法解釈をしてきたとの批判があり、憲法判断に真正面から取り組む機関をつくるべきである。

「二案」最高裁判所より上位の憲法裁判所は司法を混乱させるので、現行の最高裁判所に具体的事件の有無にかかわらず憲法判断ができる憲法裁判所としての機能を兼ねさせる。その場合、高等裁判所相当の憲法裁判所を設け、憲法判断を二審制とすることも考えられる。

【地方自治】

「一案」連邦制を導入する。憲法改正を要するのは、主権を持った国(州）の合成体である連邦制である。真の意味の地方分権を実現するためには連邦制が必要。

「二案」連邦制には反対。わが国には、連邦制を導入するだけの歴史的背景、社会的実体がない。まず、市町村合併などを進めることが先で

ある。都道府県が合併した形のいわゆる道州制は、現行憲法の枠内で可能であり、連邦制に至る前段階として促進することも考えられる。

【その他】

（1）現行憲法の改正手続きは厳格すぎるので、緩和する。

（2）私学助成を合憲とする。

資料Ⅱ・30

提言　わが国の安全保障政策の確立と日米同盟――アジア・太平洋地域の平和と繁栄に向けて

二〇〇一年三月二三日

自由民主党・国防部会

コメント

1．これは、自民党国防部会が新ガイドライン体制成立後の新たな日本の軍事大国化の構想を示した文書である。本提言は、先のアーミテージ報告（⇩Ⅱ・25）に対応する日本側の文書として位置づけられる。

2．この提言で注目されるのは以下の諸点である。

第一に、この提言では、世界秩序維持と日本の大国化の方向として、終始、日米同盟の強化が強調されている点が最大の特徴である。

第二は、その視点から、周辺事態法（⇩Ⅱ・18）以後、日本のなすべき方策が列挙されているが、そこでは、日米同盟を強化する方策として、新たな脅威や技術面などでの米軍と自衛隊の協力体制強化とともに、周辺事態法の限界打破の焦点として、集団的自衛権行使は禁止されているという政府解釈の破棄が強く主張されていることである。

提言は、こう述べている。「新ガイドラインとガイドライン関連法に基づく日米の共同作戦計画についての検討及び相互協力計画についての検討や日米共同訓練の重要性は既に述べた通りであるが、そこには限界もある。それは、わが国が集団的自衛権の行使を禁じていることで、米軍の軍事作戦が極めて複雑なものとなってしまい、有事の際に、日米が共同で紛争の抑止にあたる場合に支障をきたすことが懸念されることである。政府の従来の集団的自衛権行使に対する解釈は、同盟の信頼性確保の上での制約となっていて、かつ日米同盟の〝抑止力〟を減退させる危険性をはらんでいる」と。

とくに、この提言で注目されるのは、集団的自衛権見直しの具体策として、「[1] 政府の解釈の変更、[2] 憲法改正、[3] 新たな法律の制定、[4] 国会の決議、などが考えられる」としたうえで、[3] の国家安全保障基本法により、集団的自衛権行使と集団安全保障への参加の正当化を図るべきだとしている点である。

第三に、新たな段階での軍事大国化に必要な自衛隊の活動強化に関する方策として、提言が、有事法制の整備、領域警備法制の整備、PKF本体業務の凍結解除をはじめとするPKO活動への自衛隊参加の強化、などを提起している点も注目される。

3．この国防部会提言を見れば、九・一一テロ事件以後の日本政府の対応が決して突然出てきたのではなく、すでにこの時点で構想されていた方向を、九・一一を機に具体化したものであったことが分かる。

1、はじめに

二一世紀という新たな時代を迎え、わが国の平和と独立を守り、国家存立の基盤となる国防を全うし、もって国民の生命・財産を守るためには、引き続き、わが国の安保・国防政策の着実な推進が求められている。国防は、国の重要な任務であり、国際社会における責務である。また、国民に対する究極的な福祉とも言える。

戦後一貫してわが国が平和と繁栄を享受できたのは、自衛隊の存在と日米安保条約を基盤とした日米同盟関係が大きく貢献してきたからである。冷戦後の多極型国際社会においては、なお一層「日米関係はわが国にとっても世界にとっても最も重要な二国間関係」であるとの認識を持たねばならない。

新世紀に、さらなる発展が期待されるアジア・太平洋地域の繁栄に向けて、地域の平和と安定が不可欠である。そのためにも、日米同盟関係を一層強化し、日米安保協力の拡大・深化を図っていく必要がある。

冷戦後、日米安保共同宣言、新ガイドラインの策定、ガイドライン関連法の制定などによって日米の安全保障面での協力関係は増進された。しかし冷戦後、次々と生じている新たな事態に的確に対応していくためには、わが国として主体性を持って努力していく必要がある。

わが党は、安保問題について、昨年九月から浜田靖一国防部会長のもとで行なわれた一八回にわたる個別的検討を踏まえ、本年二月から依田智治国防部会長のもとで八回に及ぶ総括的検討・議論を重ね、以下「わが国の安全保障政策の確立と日米同盟―アジア・太平洋地域の平和と繁栄に向けて―」の提言を取りまとめた。本提言は、日米同盟に関する提言である「アーミテージ・レポート」の発表、ブッシュ新政権の発足に鑑み、日米同盟関係の強化のあり方と、わが国及びアジア・太平洋地域の平和と安定を図るための安全保障政策全般についても言及した。特に、将来において、わが国が幅広い国際的な安全保障協力を推進するとともに、日米の安全保障面での協力関係をさらに進める上での問題点は、日本国憲法に由来する集団的自衛権の行使など国内の法制面であることを明らかにし、具体的な解決策についても言及している。

また、二月九日に起こった「えひめ丸」の悲劇的事故については、船体の引き揚げなど関係者の心情に十分に配慮し、事故原因の徹底究明と再発防止策の確立を急ぎ、日米関係の信頼が損なわれることのないようにしなければならない。

2、最近の国際軍事情勢

（1）国際軍事情勢

冷戦後の世界においては、世界規模の戦争の可能性は大幅に低下し、近年は予防外交の推進や国連などを中心とした国際関係の安定化にむけての各般の努力も行なわれている。他方、民族、宗教上の対立が顕在化するなど、ヨーロッパ、アフリカ、中東、アジア等において地域紛争・無差別テロ等が発生している。

また、大量破壊兵器（ＮＢＣ（核、生物、化学）兵器）の拡散が進み、最近ではサイバー攻撃への懸念も増大している。

（2）わが国周辺情勢

わが国周辺地域においては、冷戦後、ヨーロッパと違って多くの国が軍事力の強化を推進し、朝鮮半島や台湾海峡等を巡る問題やわが国の北方領土など未解決な諸問題が存在するなど不透明かつ不確実な情勢にある。

朝鮮半島では、極めて閉鎖的だった北朝鮮は、諸外国との正常化を目指す積極的な外交を展開し、二〇世紀最後の年に、南北の首脳が初めて会談を行なうに至った。しかし、慢性的な食糧不足や深刻な経済の現状にもかかわらず、依然として一五〇万人を超える大軍が、軍事境界線をはさんで対峙している状況等に変化はない。また、北朝鮮による弾道ミサイルの開発・配備や大量の生物・化学兵器の保有、国内における思想の引き締めや大規模な軍事演習の実施など、朝鮮半島の先行きはまだまだ不透明な面が残されている。

中国では、軍事力の近代化・強化を継続し、依然として海洋進出の傾向を強めているが、台湾問題でどのような対応をするかが米中間の重要な対立要因になりかねず、わが国の安全保障にも重大な影響を与えることが懸念される。また、中国の共産党の一党支配体制と国内における経済格差問題などにより、中国が今後この地域において、協調的で責任ある国として発展していくことができるか明らかになっていないことも問題である。

極東地域におけるロシア軍の規模は、ピーク時に比べて大幅に削減された状態にあり、活動も全般的には低調である。しかし、依然として核戦力を含む大規模な戦力が蓄積された状況にあり、その一部において更新・近代化の動きがある。こうした動向については、引き続き注目しておく必要がある。

このほか、ＡＳＥＡＮ諸国等においても、特に大きな影響力を有するインドネシアの国内動向など様々な問題を抱えており、留意する必要がある。

3、日米同盟の強化と日米安保体制

（1）日米同盟関係の重要性

新たな世紀においても、わが国周辺の国際軍事情勢は先にも述べたように不透明・不確実な要素をはらんでおり、日本の平和と独立を守り、アジア・太平洋地域の平和と安全を確保するため、適切な防衛力の整備と日米安保体制の強化が必要不可欠である。

自由と民主主義と市場経済という価値観を共有する世界のスーパーパワーたる米国と第二位の経済大国のわが国が同盟関係にあることは、特別な意義を有するものであり、わが国はもとよりアジア・太平洋地域の平和と繁栄を確保する上で極めて大きな役割を果たしている。

冷戦後の不安定なアジア・太平洋地域においては、依然として国連による集団安全保障体制やアジア地域の集団安保体制が確立しておらず、日米同盟関係の意義は益々重要になってきている。米国のブッシュ新政権も日米を含む同盟関係を重視する姿勢を明確にしている。

（2）ガイドライン関連法と日米同盟

日米安保共同宣言においてガイドライン見直しが決まり、その後、新ガイドラインが策定され、それに基づいて周辺事態安全確保法や船舶検査法が成立するなど、日米防衛協力関係は一歩前進した。

しかし、これらはあくまでも協力強化に向けての一歩に過ぎない。今後は、これを土台に米新政権との政策面での協議、共同作戦計画についての検討及び相互協力計画についての検討などのガイドラインの実効性確保のための施策、日米共同訓練の実施、弾道ミサイル防衛（ＢＭＤ）の日米共同技術研究、その他の装備技術面などの具体的な協力関係をさらに強化していく必要がある。

（3）新たな脅威に対する米軍と自衛隊の協力関係の強化

冷戦後の脅威は多様化し、国際的なテロや国境を越える犯罪活動やサイバー攻撃など、新たな事態と挑戦への対応が必要となっている。米軍と自衛隊など日米間でいかに協力するかについて協議し、早急に緊密な協力関係を構築すべきである。

（4）日米の防衛技術協力の促進

日米同盟の中でも防衛技術協力は、同盟関係全般における重要な要素である。

日々進歩する先端技術の防衛・軍事面への対応や最近のサイバー攻撃対策などの実施には、日米間で戦略的提携関係を築き双方向での協力関係を拡大していくなど、装備技術面における協力を積極的に推進する。

なお、双方向の装備技術協力が同盟関係を維持する重要な基盤であるとの観点からも、武器輸出三原則のあり方についても検討する必要がある。

（5）日米ミサイル防衛協力

弾道ミサイルなどの脅威に対処するためとともに、その拡散を防止するため、日米間で現在、行なわれている弾道ミサイル防衛（ＢＭＤ）の日米共同技術研究を推進する。

（6）情報交換と秘密保全

安全保障へのニーズに対処するには情報を適切に収集・分析することが重要であり、日米双方が情報面での一層充実した協力関係を構築することが必要である。それには、まず日本自らが独自の情報収集力を強化するとともに、重要な軍事情報が他に漏えいすることのないよう秘密保全に万全を期さなければならない。そのためには、新たに法律の改正等も行なうべきである。

（7）沖縄米軍基地問題への対応

沖縄における米軍施設・区域の整理・統合・縮小への取り組みについては、沖縄県及び地元自治体の理解と協力を得ながら、ＳＡＣＯ（沖縄特別行動委員会）最終報告を着実に実施し、沖縄県民の負担軽減に努める。

また、米軍兵士による事件に対しては、地位協定の運用改善により個々の問題に対応し、それが十分でない場合には、協定の改訂も提起するなど適切に対処すべきである。

なお、日米間の防衛協力が大きく前進し、より信頼性の高い協力関係が構築することにより、アジアの安全保障体制はより強固なものとなり、沖縄における米軍施設・区域の整理・統合・縮小及び訓練負担の軽減への取り組みが、さらに前進させることになる。

4、国民の生命・財産を守るための自衛隊の態勢整備

（1）大規模災害等への対処・危機管理体制の充実強化

大規模災害等から、国民の生命・財産を守るために、地方公共団体との連携の下、自衛隊の活動拠点の確保を積極的に進めるなど、自衛隊による災害対処体制の充実、運用態勢の整備を推進することが、わが国の危機管理態勢の充実強化を図る上で必要不可欠である。

（2）いわゆる有事法制を含む緊急事態法制の整備

緊急事態法制は、国家・国民の安全を確保するために是非とも必要なものであり、政府の進めてきた有事法制研究を踏まえ、新しい事態を含めた緊急事態法制として法制化を目指した検討作業を開始し、早急に立法化することが必要である。

また、不審船対処や武装工作員等に対処するため、いわゆる領域警備に係る法制の整備を行なう。この場合、自衛隊が出動する以上、武器の使用については、単なる警察官職務執行法の規定の準用ではなく、国際法規・慣例に基づき、行動ができるよう所要の法改正を行なうべきであろう。

（3）新たな技術革新等への対応

二十一世紀においては、情報通信技術（ＩＴ）革命や「軍事における革命」（ＲＭＡ）などの新たな動きに対応した運用面を含む態勢の整備が求められている。このため、サイバー攻撃対策を含めた諸施策を積極的に推進する。

また、ゲリラや特殊部隊による攻撃、ＮＢＣ（核・生物・化学）兵器などへの対処能力の向上を図る。

（4）中期防衛力整備計画の着実な達成

昨年末に閣議決定された中期防衛力整備計画は、まさに、こうした新たな世紀の防衛に備えようとするものであり、その着実な達成を図ることが重要である。

（5）防衛産業・技術基盤の維持

健全な防衛産業の存立は、適切な防衛力の整備、維持を図る上で重要な前提であることから、わが国の防衛産業・技術基盤を適切に維持するための諸施策を実施する。

5、自衛隊による国際貢献の充実

（1）国連平和維持活動への協力

わが国は国際社会の一員として一層積極的に国際社会に貢献するため、ＰＫＦ本体業務の凍結解除と必要な法整備を早期に行なうなど国際的な基準に合った体制を整備する。また、こうした体制の下、国連の平和活動に積極的に参加する。

（2）地域の安全保障、信頼醸成

議員交流を始め各レベルにおける安全保障対話、防衛交流を推進し、多国間の信頼醸成に努め、地域の安全保障体制の確立に努力する。併せて、軍事面・非軍事面を問わず技能の向上にも資するため、多国間の共同訓練等についても積極的に推進する。

6、集団的自衛権の行使などについて

（1）集団的自衛権の行使などの問題点

新ガイドラインとガイドライン関連法に基づく日米の共同作戦計画についての検討及び相互協力計画についての検討や日米共同訓練の重要性は既に述べた通りであるが、そこには限界もある。それは、わが国が集団的自衛権の行使を禁じていることで、米軍の軍事作戦が極めて複雑なものとなってしまい、有事の際に、日米が共同で紛争の抑止にあたる場合に支障がきたすことが懸念されることである。政府の従来の集団的自衛権行使に対する解釈は、同盟の信頼性確保の上での制約となっていて、かつ日米同盟の〝抑止力〟を減退させる危険性をはらんでいる。

「集団的自衛権の行使」「国連の集団安全保障への参加」などに関わる憲法解釈が、平常時の多国間共同訓練、ＰＫＯ活動、周辺事態における各種支援・協力活動、在外邦人等の輸送（ＮＥＯ）やわが国に対する武力攻撃への対処行動についてさえ大きな制約となっている。

わが党には、従来から「集団的自衛権は行使可能」という根強い意見が多数あり、今こそ本問題を真正面から取り上げていくべき課題であると考える。

（2） 集団的自衛権の行使とわが国の姿勢

集団的自衛権の行使が可能となれば、日米間の防衛協力が一層進み〝抑止力〟がより強化されるとともに、それが、アジア・太平洋地域全体の平和と安定に寄与することになる。

政府は、わが国が国際法上、集団的自衛権を有していることは、主権国家である以上、当然であるが、憲法第九条の下において許容されている自衛権の行使は、わが国を防衛するため必要最小限度の範囲にとどまるべきものであり、集団的自衛権の行使は、これを超えるものであって、憲法上許されないとの立場を取っている。

しかし、われわれは国際法上有している以上は憲法上も有しており、その行使は許されるものと解する。ただし、その行使の可否については個別的自衛権の場合と同様、必要最小限度の範囲にとどめるべきものと考えている。なお、われわれとしては、集団的自衛権の行使すなわち必要最小限度を越えるとの論理には飛躍があるものと考える。

また、スピード性が格段に増した現代の戦闘形態においては、わが国のみならず、わが国と密接に関係ある他国に対する急迫不正の侵害が、そのままわが国に対する侵害に直結する可能性も増大している点も考慮しなければならない。

このように解釈すれば、わが国の主体的判断によって、同盟関係において幅広く協力をすることができ、日米安保体制の信頼性向上に一層資することになる。

なお、われわれは、国連の集団安全保障やＰＫＯへの参加の際には、国連の基準に基づいて、武器の使用は、集団的自衛権の行使とは別の次元の問題として考えるべきで、わが国が何らの留保なく国連に参加している以上、憲法上許される行為であると考える。

集団的自衛権の行使については、ケース・バイ・ケースでわが国自らが国益を考慮して主体的に判断することであり、自動的に米国の戦争に参加することとなるといった批判は当たらない。

（3） 集団的自衛権の行使などを可能とする方法

集団的自衛権の行使を可能とする方法は、［1］政府の解釈の変更、［2］憲法改正、［3］新たな法律の制定、［4］国会の決議、などが考えられる。

われわれとしては、早急に実現可能とする方策を検討した結果、従来の政府解釈の変更を求め、それとともに、例えば国家安全保障基本法というような新たな法律を制定し、その中で「集団的自衛権の行使」「国連の集団安全保障への参加」などの範囲を明確に規定する方向での検討を進める。

また、この場合、自衛隊の武力組織としての位置付けも、併せて明確に規定することが重要である。

7、防衛庁の「省」移行の実現・自衛官の処遇の改善

（1） 防衛庁の「省」移行の実現

国防は、国家として国民に対して果たすべき責務の最たるものであり、国防を所管する国の行政機関を、わが国のように、他の行政機関より一段低い「庁」（エージェンシー）に位置づけている国は、世界で皆無である。

冷戦終結後、自衛隊の任務が増大し、国の内外からの期待が益々高まるなど、国政の中における防衛の重要性が増大している中で、各種の施策を強力に推進していくため、防衛庁の「省」への移行の早期実現を図る。

（2） 自衛官の処遇の改善

自衛官は、国防の第一線にあって、任務遂行に当たり、事に臨んでは危険を顧みず、身をもって責務の完遂に務めることとなる。われわれは、自衛隊を国防に任ずる武力組織として正当に位置付けるとともに、自衛

官をその武力組織の構成員として明確に位置付け、その社会的な地位や、栄典を含む隊員の処遇の向上を推進する。

（3）国防意識の高揚

国防には、国民の広範な理解と支持が不可欠である。わが党は、以上の諸施策を着実に実施するためにも、国民の国防意識の一層の高揚に努める。

資料Ⅱ・31

平和と繁栄の二一世紀を目指して

――新時代にふさわしい積極的な外交と安全保障政策の展開を

二〇〇一年四月二五日

経済同友会　外交・安全保障委員会

コメント

1．この提言は、周辺事態法（⇩Ⅱ・18）成立以後の日米の動きのひとつであり、自民党の国防部会提言（⇩Ⅱ・30）と並んで日本の財界の、大国化へ向けての政策を示している点で、政治的意義も大きいものである。

提言が新段階での日本の目標を、「より主体的、建設的に世界の諸問題に取り組む積極的外交と安全保障政策の展開」としているのは、日本の大国としての役割行使を主張したものと見られる。

2．内容的には新味があるわけではないが、一方で有事法制の整備とともに、国際秩序強化のための主体的な取り組みとして、国連の平和維持活動参加の強化と、集団的自衛権解釈の見直しが提起されている。

そして最後に、憲法改正問題に触れ、国会の憲法調査会の論議が遅いことを批判し、二〇〇五年に憲法改正手続に入るべく、調査会の審議を促進することを訴えていることが注目される。

本提言は、経済同友会外交・安全保障委員会における調査、研究、議論を踏まえ、横山善太外交・安全保障委員会委員長代行が取りまとめたものである。

本提言作成過程においては、戦後日本外交の評価、アジア近隣諸国に関する言及、歴史認識に関わる問題、日米関係の位置付けなど提言の主要論点をめぐり、委員会、理事会、および幹事会において活発な討議が行われた。実にさまざまな意見が表明されたため、最後まで完全な一致をみなかった点もあったが、最終的に委員会の大多数の合意を得て本提言が取りまとめられた。

経済同友会理事会は、本提言の重要性を認識し、当該問題に関する国民レベルの議論のさらなる活性化の一助として、本提言を委員会提言として対外的に公表することを決定した。

1. はじめに

第二次世界大戦後、連合軍の占領を経て国際社会に復帰した日本は、新憲法の下、「平和国家」として新たなスタートを切った。以来およそ五〇年、日本は冷戦下の国際秩序と日米安全保障体制の枠組みの中で、まずは経済的復興を図りつつ、国際協調主義を基軸に自らの平和と繁栄の基盤を確保し、その下で国民生活の向上と経済の発展を成し遂げてきた。このようなわが国の外交・安全保障政策は、戦後日本の安定と繁栄に大きく寄与してきた。

しかし、新世紀の到来にあたって、わが国が蓄積した力、地域・世界に占めるに至った地位、求められている責任に鑑みて、これまでの外交姿勢が引き続き有効性を発揮するか否かは疑問である。戦後日本が国際社会で追求しようとした理想とその成果を踏まえつつも、今こそわれわれは世界にあって自らが担ってゆくべき役割について改めて考え、真剣に国民的議論を行うべき時を迎えている。

冷戦終結後、加速するグローバリゼーションと情報技術革命と共に国際的相互依存が進む一方、さまざまな課題がいっそう複雑化する世界にあって、これからの日本の外交と安全保障政策は、従来のような懸案処理・状況対応型を超えたものにならねばならない。また、それは日本のみならず世界各国にとっても望ましい国際社会の創造と、その円滑な運営に貢献するものでなければならない。

政治的には自由と民主主義を、経済的には市場経済と自由貿易体制の推進を掲げる日本にとって、その存続と国益の基盤は世界の平和と繁栄である。しかし、平和や繁栄は、これを願望するだけでは確保することはできない。これを担保し、希求するそれらの価値を現実の世界により確かなものとするには、引き続き国際協調主義を基軸におきながらも、日本自らがより主体的、建設的に世界の諸問題に取り組む積極的外交と安全保障政策の展開が強く望まれるのである。

2. 新しい時代の外交と安全保障政策の課題

われわれは戦後日本外交が立脚してきた諸原則を踏まえつつ、新たな時代の国際関係において国民の平和と繁栄を維持すべく、主体的な外交を推進していくべきである。そのために日本が取り組むべき課題として、近い将来を視野に入れつつ、以下七つの項目につき提言したい。

(1) アジアにおける地域的パートナーシップの構築、信頼醸成と歴史的関係の客観的調査・研究作業の推進

a. 地域的パートナーシップの構築と地域の民主化に向けた取り組み

冷戦後の世界にあって、最も注目すべき現象の一つは、民主主義と市場経済の理念が世界的に広がりつつあることであろう。今後日本としては、これらの価値観に基づく地域的なパートナーシップを積極的に育成し、日米同盟と並ぶ地域の安定化メカニズムとして活用して行くべきである。

具体的には、ＡＰＥＣ（Asia Pacific Economic Cooperation：アジア太平洋経済協力会議）、ＡＲＦ（ASEAN Regional Forum：アセアン地域フォーラム）、ＡＳＥＡＮ＋３などの現存する枠組みの強化・活用に加

え、政治、経済、安全保障、環境、資源・エネルギー問題をも視野に入れ、将来的には予防外交・紛争処理をも担いうるような総合的、重層的地域フォーラムの構築に向けて、いっそうのイニシアチブを発揮して行かなければならない。

また、これから本格的な政府間交渉が期待される日本・シンガポール間あるいは日本・韓国間などの二国間ベースでの経済緊密化に向けた地域取り決めの動きも歓迎したい。加えて、重要なプレイヤーとしてますます台頭しつつある中国には、大国としての国際的な役割をしっかりと担うことを期待する。

今後、孤立路線からの脱却が期待される北朝鮮（朝鮮民主主義人民共和国）には、いわゆる拉致問題、ミサイル問題等の懸案事項の解決に真摯に取り組むことと、開放政策に向けた動きをよりいっそう進め、国際社会へ参画して行くことを促したい。

b．アジアにおける信頼醸成と歴史的関係の客観的調査・研究作業の推進への取り組み

外交・安全保障の基本である国民の安全・生命・財産の保護のためには、日本と周辺地域の「有事」を未然に防ぐことがまずは求められる。日本は、紛争を予防し、地域の安定と平和を確保するための相互理解と信頼醸成を推進する諸国間対話・交流にいっそう積極的な役割を担うべきである。

日本とアジア諸国との間には、先の大戦中の不幸な歴史とそれ故の誤解や外交上の困難が未だ介在している。過去半世紀にわたる幅広い交流を通じて、状況は徐々に改善されて来てはいるが、変化をいっそう後押しするための努力の余地は依然大きい。各国との経済的・文化的・人的交流のさらなる促進を通じて、戦後日本の発展と繁栄に裏付けられた成熟した民主主義・平和主義への理解を更に求めて行くことが必要である。加えて、日本とアジア諸国との歴史的関係について、客観的事実に基づく調査・研究作業を積極的に推進することが、未来志向の地域協力と信頼醸成の基盤として重要である。

（2）主体的外交の展開を支えうる情報収集・分析機能の強化

情報技術革命の進展という急速かつ複雑な変化の波への対応は、経済・社会面はもとより、国の外交・安全保障に関しても死活的な重要性を有する課題である。また、変化の激しい国際情勢において、主体的かつ迅速な判断と政策決定を可能とするためには、日本独自の情報収集・分析機能のさらなる強化が不可欠である。

そのためには、IT革命とその影響に対する国家的なビジョンに基づいて、政府部内における総合的情報機能のいっそうの拡充・一元化や、情報衛星の有効活用のための人材育成・効率的システムの構築等の施策を進めることが急務である。同時に、情報化に伴い発生する新たな危機への対処、情報管理の徹底も重要な課題である。

（3）緊急事態に即応出来る法的枠組みと体制の整備

将来直面する惧れのある国内外のさまざまな緊急事態に対し、平時においてこそ十分な検討と議論を重ね、法治国家にふさわしい体制を整備しておくべきである。

具体的には、緊急時に国家が必要な行動を取ることを法的に担保しうる有事法制の整備と運用体制の確立、及び周辺事態発生時における日米共同行動の実効性を確保するための体制整備が急務である。さらに、サイバーテロなど新しい形の脅威に対する備えにも万全を期す必要がある。

（4）日米同盟の真のパートナーとしての自己改革と体制整備

基本的価値観と地域的関心、利害関係の多くを共有する日米二国間の関係は、近い将来においてもわが国にとって最も重要な二国間関係であり続けよう。日本の安全保障の要として、そして地域の安定装置として、日米同盟を真に効果あるものとするためには、両国の協力に基づく「再調整」が必要である。そのためにもまず、日本自身が主体的に米国のパ

ートナーとしての役割と責任を果たし得るように、自己改革と体制整備に取り組まなければならない。

具体的には、日本自身の有事に際しての対応能力を強化すると共に、地域情勢に対する主体的判断と密度の濃い日米二国間交流を確立すること、有事に際して実効性を発揮しうる、ある程度の双務性を有する役割分担を明確化することが不可欠である。

また、ＢＭＤ（Ballistic Missile Defense：弾道ミサイル防衛）の共同研究・開発、衛星情報を含めた情報面での緊密な連携も極めて重要である。沖縄の安全保障上の負担をこの先どのように分担してゆくかという問題についても、以上のような視点からの真摯な検討が改めて必要であろう。

（5）日本外交の目標と経済協力原則に即したいっそう効果的な経済協力

開発途上国の民主化と市場経済化の促進によって政治的安定と経済成長を後押しすることは、地域の安定と平和を確保する上で重要かつ有効な方策である。自らの経済力と経験を活かしたＯＤＡ（Official Development Assistance：政府開発援助）など経済協力の推進は、これからも日本の外交と安全保障政策の根幹をなすものであり、その重要性は引き続き高い。

しかし、新時代にふさわしい経済協力を実行するには、新しい視点からそのあり方と手法を再検討する必要がある。具体的には、それをいっそう日本の外交目標と経済協力の原則に沿ったものとし、かつ相手国の経済発展に真に資するよう、より効果的なものとしなければならない。またその実行にあたっては、ＮＰＯ、ＮＧＯなど市民社会との協調も視野に入れた、透明性の高い柔軟な運用が必要となろう。

（6）国際的秩序形成過程への積極的参画

第二次大戦後、政治、安全保障、経済、社会、文化などの分野において、さまざまな国際システムが構想され、具体化されて来た。国際連合、ＩＭＦ（International Monetary Fund：国際通貨基金）、ＷＴＯ（World Trade Organization：世界貿易機構）などはその代表的なものである。しかし、その完成までには依然多くの困難と長い道程がある。これからの日本は、官民の有効な協力の下、人類共通の資産である国際システムにより主体的・積極的に関与することによって、その強化・充実に取り組まねばならない。

ａ．集団的自衛権行使に関する政府見解の再検討および軍縮に向けたイニシアチブ

具体的に、安全保障面では、国連安全保障理事会の改革と常任理事国としての参画、国連平和維持活動等へより積極的かつ有効な協力を果たすための世論形成や体制整備が求められる。特に、わが国においては、憲法の制約の下その行使が否定されてきた集団的自衛権に関する政府見解を再検討する必要がある。この問題をいたずらに危険視することなく、今後国際社会において日本が同盟国や地域的パートナーとともに果たそうとする責任・役割に照らして、改めて政治的判断を行うべきであろう。

また、不確実性の増しつつある冷戦後の世界にあって、核兵器などの大量破壊兵器、生物・化学兵器とその運搬手段の開発・拡散は、人類に対する深刻な脅威であり、憂慮せざるを得ない。日本は、先の大戦による悲惨な経験に鑑みて自ら非核三原則を掲げ、核兵器の拡散防止に尽力して来た。今後も、核軍縮、戦略兵器拡散阻止に向けた国際的なコンセンサスと規範の確立のために、日本としていっそうのイニシアチブを発揮すべきである。また、目覚ましい発展を遂げる生命科学技術が、人類社会の倫理的発展と国際社会の規範に背くことなく、正しく活用されるよう国際的な努力をして行くことも重要である。

ｂ．国際的経済秩序構築への貢献

経済的には、ＩＭＦやＷＴＯを始めとする国際的ルール・標準策定の

場への積極的関与が求められる。近年、貿易・投資分野を中心に国際的な秩序形成過程における民間の役割が益々重視されつつある。このような中、われわれ経済人としても、その知見や機会を積極的に活用してそのような動きに参画すると共に、官民の有効な協力関係を構築しなければならない。

c．構造改革などによる開かれた魅力ある日本の構築

国際システムの強化・育成のためにも、またそれらとの調和を図るためにも、日本をよりいっそう世界に開かれた魅力ある市場とすべきであることは改めて指摘するまでもない。思い切った規制改革の実行と内需主導型経済への構造改革はその第一歩である。さらにこれからは、少子・高齢化社会の到来に備え、日本の経済・社会のさらなる活性化に向けて労働市場を開放することも一定の限度で必要となろう。また、自由化の進む世界にあって、食糧安全保障の視点をも踏まえた日本農業の国際競争力強化に向けて真剣な議論も必要となろう。これらがどれほど厳しい挑戦をわれわれにもたらそうとも、長期的には日本自身の繁栄と活力に資するものであると確信している。

また、環境問題、情報格差、人口問題への対応などの地球規模での新たな挑戦に対して他国に先駆けて取り組み、それらの課題を豊かさと活力を生むメカニズムに転換する方策を模索し、各国と知恵の共有を図ることも日本にふさわしい世界への貢献である。

（7）二〇〇五年憲法改正に向けた論議の促進

昨年、国会に漸く憲法調査会が設置された。しかし、そこでの審議のペースは激動する世界の動きに比していかにも遅く、また必ずしも国民的論議の高まりにつながるものともなっていない。衆参両院における調査会の活動を、国民レベルでの活発な議論を促す方向に向けていっそう活性化し、加速することが必要である。

そのための具体的なステップとして、国民的合意が得られることを前提に、遅くとも二〇〇五年までには憲法改正に必要な手続きがとられるよう、調査期間を現在の五年から三年程度に短縮することが望まれる。

3．おわりに

日本の存続と国益の基盤は世界の平和と繁栄であり、それはわれわれ自身のみならず、各国のたゆまぬ努力と協力をもって達成すべきであることを、二一世紀を迎えた今、改めて確認する必要がある。

国際社会が新たな時代にふさわしい世界を模索し、同時に大きな試練に直面している現在、世界の平和といっそうの繁栄に向けて、自らの地位と持てる力を充分に活用し、より積極的な役割を果たすことは、全世界に対する日本の責任であろう。

その上で重要なことは、日本の外交と安全保障は一部の専門家のみに委ねられるべき課題ではなく、広い国民的議論に支えられた責任ある政治的リーダーシップの発揮によって、初めて有効に取り組まれるものだということである。そのために、われわれ経済人としても、それぞれの立場から最大限の努力を惜しむものではないことをここに改めて示したい。

以上

《（注）略》

資料Ⅱ・32

二十一世紀の平和構想——核も不信もないアジアを

二〇〇一年五月二日
土井たか子（社会民主党党首）

コメント

1．この文章は、土井たか子名で出された、社民党の平和・安全保障構想である。この文書は、二〇〇一年一〇月の党大会で確認された。

2．ここでは安全保障五原則と五つの政策目標が掲げられている。五原則は、（1）平和憲法の実行、世界への普及、（2）北東アジアの近現代史認識の深化、（3）国際紛争の平和的話し合い解決原則、（4）大量破壊兵器の廃絶促進、非核三原則の法制化と周辺国への普及、（5）国際協力とPKOでの非軍事的役割、である。

それを受けた五つの政策とは、（1）日本の非核不戦国家宣言、（2）北東アジア総合安全保障機構の創設、（3）北東アジア非核地帯の設置、（4）多国間協調へ、安保条約の日米平和友好条約への転換、沖縄基地の縮小・整理、（5）自衛隊の縮小・改編、である。

3．この方針は、社民党が、村山政権下での自衛隊容認、安保容認、という転換を事実上再度軌道修正し、改めて、憲法に基づく平和構想の構築に乗り出しつつあることを伺わせる。

冷戦構造崩壊から十年余り、北東アジアにおいても昨年六月の歴史的な朝鮮半島の南北首脳会談によって緊張緩和が大きく前進しました。二人の首脳の英断をしっかりと受け止め、北東アジアの緊張緩和を恒常化し、拡大することこそ私たちの果たすべき役割ではないでしょうか。そのための政治の構想力が今、問われているのです。私の提言が、内外において議論され、二十一世紀の新たな平和構想のたたき台となれば幸いです。

1、北京から

昨年の夏以来、二十一世紀の平和構想について社会民主党の「安保・軍縮に関する委員会」において検討を進めてきました。

私は、その骨子となる「北東アジア総合安全保障機構」の創設を昨年八月にニュージーランドで開かれた社会主義インターのアジア太平洋委員会で報告しました。さらにこの三月五日から六日にかけて東京で私たちが主催党となって開催した社会主義インター、アジア太平洋委員会で内容を説明して、出席した十三ヵ国、三国際組織の賛同をえて、満場一致の決議となりました。

二十一世紀が明けて間もない一月九日、私は社会民主党訪中団として中国を訪問し、中南海で、江沢民国家主席と会談し、つぎのような会話をかわしました。

——「朝鮮半島の南北首脳同士が直接会談し、握手して、和解の道へ大きな扉を開きました。この緊張緩和を後退させてはいけません。前進させ、本格的に安定させる努力こそ大事です。アジアに再び、冷戦構造をつくるようなことがあってはならないからです。」

江沢民国家主席　「私たちは朝鮮半島の和解にプラスになることにすべて賛成し、マイナスになることにはすべて反対します。」

——「今回の訪中では行く先々で、北東アジアの協調的安全保障プロセスにできるだけ早く着手し、総合安全保障機構をぜひとも具体化したい、この地域を非核地帯にしていきたいと提案しています。おおよそのところでは『中国として協力できることは全部協力しましょう』と答えていただきました。とくに非核地帯の設置について、

（主席に）ご協力をお願いしたいと思います。」

江沢民国家主席「私は、よく分かっています」（日本語で）

この訪中では、中国人民解放軍総参謀部や外交部の首脳とも会談しました。それぞれの場所で、訪中団は北東アジア総合安全保障機構の創設と北東アジア非核地帯の設置をよびかけました。これに対して中国側は、総合安全保障機構が想定している協調的、総合的な機能を積極的に評価し、南半球や南太平洋、東南アジアですでに実を結んでいる非核地帯条約を支持する立場を鮮明にしました。なかでも、朝鮮半島の非核化に熱心でした。中国の姿勢は数年前までは考えられなかったほど積極的といえます。二十一世紀の北東アジアにおける平和と安定を中国を抜きに確保することは、いかなる角度からみても難しいことを考え合わせ、今回の前進を貴重な足場として話し合いを重ねていきます。

非核地帯を設けるにあたって、いつも障害になるのは、核兵器保有国の姿勢です。中国は核の先制不使用のほか、非核保有国に対しては核攻撃をしないことや核を持ち込まない方針を宣言しておりますが、自らの利害が直接からむ中国北東部の非核地帯化については、応ずる姿勢をみせていません。ロシアは一時、宣言していた先制不使用さえ、通常戦力が劣勢になるにつれて口にしなくなりました。米国は非核地帯の構想そのものに冷淡です。当面はこうした現実を踏まえ、非核兵器保有国による限定的な北東アジア非核地帯条約の実現を先行させつつ、時間をかけて核兵器保有国の説得に取り組む段階的な方法を選ぶべきでしょう。核兵器保有国同士の緊張を解消する国際環境をつくりだすことはもちろんですが、核兵器を抱えてにらみ合うことの愚かしさや極度の危うさについて世界に警鐘を鳴らし続けることが大切です。

社会民主党の訪問団は二〇〇〇年に韓国では金大中大統領と、モンゴルでは長時間、エンフバヤル首相と会談し、意気投合して、それぞれの国の政権党に同じ内容の提案をしました。いずれも共同の取り組みを進めることで一致しています。二〇〇一年は中国に続いて、カナダや朝鮮民主主義人民共和国（北朝鮮）のほか、米国やロシアにも働きかけていく計画です。

2、対立構造復活の危険

前世紀の歴史は、第一次世界大戦→国際連盟→連合国対枢軸国の対立→第二次世界大戦→国際連合→東西冷戦と流れながれてきました。国際連盟や国際連合ができたのは、悲惨な二度の大戦にこりて国際協調機構をつくろうという試みでした。まず国際連盟は、連合国（米・英・仏・中・ソ）と枢軸国（日・独・伊）という二つの同盟の分立のはざまに消えていきます。行き着く先は第二次世界大戦でした。その次にできた国際連合は、東西両陣営という二つの巨大な同盟の間の冷たい戦争に、もまれ続けました。国際協調体制の崩壊から同盟分立による戦争へ、という繰り返しだったのです。

歴史は繰り返すと言いますが、新世紀にこれを繰り返すことは絶対に避けなければなりません。協調体制の崩壊から戦争へという惨害の繰り返しを避けるには、どうしたらいいのでしょうか。東西冷戦の終結から十年ほどがたちましたが、この間、アジアにおいては日米安全保障条約再定義という名の同盟強化がおこなわれ、一方においては、ＡＳＥＡＮ地域フォーラムの誕生に見られるような多国間の総合的・協調的な安全保障の機運も芽生えました。ところが、多国間システムが本格的に機能しないうちに、すでに危ない兆候が顕在化しつつあります。

米軍事費が冷戦後の削減傾向から、再び増加に転じました。新世紀になって登場したブッシュ政権は、国家ミサイル防衛（ＮＭＤ）や戦域ミサイル防衛（ＴＭＤ）に傾倒し、一国超大国主義に傾きつつあります。これに対し、中国やロシアが警戒心をあらわに身構えはじめました。とくに中国の動向が心配です。中国はいかなる同盟にも参加しない非同盟政策をとっていますが、事実上のブロックを形成する可能性が全くないとは言い切れません。それにアジアにおいては、中国は単独でも影響力の大きい地域大国です。もし米国中心の強大な同盟が、多国間協調システムの芽生えを押し流す勢いになれば、中国の反発を招いて米中間の緊張は一層高まり、双方による事実上の同盟分立のぶり返しが避けられないでしょう。こうした冷戦の再来を未然に防ぐには、米国も中国もロシアも、同盟国すべてが席を同じくする多国間協調システムを確立するしかありません。それが遠回りのようで、実は平和と安定のための近道なのです。

3、アジアへの発信

社会民主党は、新世紀に生きる安全保障五原則と五つの政策目標をアジアに向けて発信します。すべては、日本国憲法前文と第九条がその源泉です。

(原則)

(1) 平和憲法を実行にうつし、世界に広めます。また、アジア諸国に対する日本軍国主義の武力侵略、広島・長崎の原爆被爆という歴史を心に刻みつつ、武力の行使や威嚇がもつ非人間的な本質を認識し、経済格差の解消や人権擁護、環境保全など総合的な観点から二十一世紀の安全保障に取り組みます。

(2) 北東アジアの近現代史を社会科学的に確立し、日本人として自発的にそれに基づく公正な歴史認識を深めます。加害国としての反省と償いはすべての出発点となります。

(3) 国際紛争は軍事力によらず、平和的な話し合いで解決します。まずは、冷戦の遺物である相互不信をぬぐい、透明度を高める信頼醸成措置を先行させましょう。朝鮮半島有事を想定し、アジアの域内対立の固定化に加担している日本政府の安全保障政策は、根本的に見直します。

(4) 核兵器や生物化学兵器をはじめとする大量破壊兵器の廃絶を進めます。日本自らも作らず、持たず、持ち込ませずの非核三原則の法制化に取り組み、それを周辺国に広げていきます。核をはじめとする近代兵器がもたらした「恐怖と力」による抑止力の発想は、もう時代遅れです。

(5) 日本として国際協力を惜しまず、国際社会の安全保障面では、国連の旗の下の平和維持活動(PKO)で非軍事の役割を積極的に果たします。その際NGOとの協力も重要なことです。第一に、安心される国、第二に信頼される国をめざします。

(政策目標)

(1) 日本国の非核不戦国家宣言

憲法第九条を日本国の意志として世界に知らしめるため、衆参両議院による国会決議にもとづき、日本政府に「非核不戦国家」を宣言させます。これを踏まえ、国連に対して、日本国に「非核不戦国家の地位」を与えるよう要請します。

(2) 北東アジア総合安全保障機構の創設

北東アジアに信頼と協調による多国間の総合安全保障機構を創設し、地域内の紛争予防に努めます。もし国際紛争が生じたら平和的な話し合いによる解決を図り、決して武力は行使しません。これには、朝鮮半島の二ヵ国、米国、中国、ロシア、モンゴル、カナダ、日本の計八ヵ国の参加が望ましいと考えます。カナダの参加を想定している理由としては、非核地帯化に熱心に取り組んでいること、米国との緩衝役が期待できること、北東アジアに北太平洋という概念を重ねた取り組みを可能にすることがあります。モンゴルの首相は「大国よりはむしろ中小国が中心となって進める方が疑心を招かず、話がまとまりやすい」と言われましたが、同感です。最初から機構そのものを確立することは、難しいとしても、機構創設につながるプロセスへの着手は急がなければなりません。この機構が問題解決能力を高めれば高めるほど、日米安保条約の役割は後退していくに違いありません。

（3）北東アジア非核地帯の設置

当面、日本、モンゴル、韓国、北朝鮮の四非核兵器保有国を非核地帯とする限定的な北東アジア非核地帯条約を締結し、核保有国に対しては、⑴この地域に核兵器を持ち込まない⑵この地域に核攻撃しない——の二点を約束する条約付属文書への署名を求めることを提案します。これらが実行できれば、米国をはじめとする核保有国の核の傘は無用化することになります。

（4）二国間安保から多国間協調へ

日米安保条約は、北東アジア総合安全保障機構の実現に向けて前進するにつれ、軍事同盟の側面を薄めていくことになります。いずれ、役割を終える時がくるでしょう。そうなれば、日米平和友好条約に転換します。

とりわけ現行安保体制のもと、沖縄は異常なまでの過重負担を強いられています。当面は、沖縄海兵隊の撤収をはじめ在日米軍基地の整理・縮小・閉鎖のための「基地整理基本法」をつくり、返還後の跡地利用や汚染対策、基地従業員の雇用対策などを計画的に行ないます。また、在日米軍の駐留経費を肩代わりしている「思いやり予算」の大幅な削減、日米合同委員会の公開、日米地位協定の改定による不平等性の解消に努め、基地周辺住民の安全や生活権を確保します。数年後に予想される米原子力空母の横須賀母港化はやめさせたいと考えています。

米外交文書が明らかにした一九六〇年安保改定の際の日米密約（朝鮮半島有事における米軍の日本基地自由使用、米軍艦船や核積載航空機の寄港・通過・飛来の黙認）は、非核三原則と事前協議を有名無実化するものであり、ただちに廃棄するよう求めます。一九九六年の日米安全保障共同宣言（安保再定義）とそれに基づく新しい日米防衛協力指針、それを法制化した周辺事態法の成立によって、日本政府の軍事力と安保政策は平和憲法の枠を明白に乗り越えたといわざるをえません。自衛隊が海外での武力行使、集団的自衛権の行使に踏み込むことは断じて認められません。

（5）自衛隊の縮小・改編

憲法第九条に基づいて「平和基本法」を制定し、肥大化した自衛隊の規模や装備を必要最小限の水準まで縮小するためのプログラムを策定します。当面、自衛隊に関しては、軍事力肥大を生む軍産複合体の増殖をおさえ、国会による文民統制のシステムを強化し、情報の公開を徹底させ、基本的人権に抵触する有事立法や秘密保護法をやめさせ、また隊内いじめ事件で発覚した自衛官の基本的人権侵害を防ぐ制度を創設します。軍事力増強による威嚇効果を「抑止力」とよぶ日米安保路線は、対抗勢力を刺激し、軍拡競争をエスカレートさせる危険性を伴います。社会民主党はこれに反対し、対抗勢力をつくらずにすむ「対話と協調」路線を選択します。

冷戦の終結で日本侵略の潜在力をもつ脅威が消えてしまい、しかも物価が下落する時代にあって、冷戦期を上回る中期防衛力整備計画（二〇〇一～二〇〇五年度、限度額二五兆一六〇〇億円）は明らかに過大です。新しい中期防に盛り込まれた抑止力優先の攻撃的な装備の調達は削除するよう要求します。将来的には、いずれ自衛隊は国境警備、国土防衛、災害救助、国際協力などの任務別に分割し、縮小、改編することをめざします。

4、憲法を愛するひとの力を合わせよう

私たちは、冷戦構造崩壊後の平和と安定の秩序作りの根幹は、武力への信仰ではなく、「多国間の信頼と協調」にあると考えます。それは、平和を愛する諸国民の公正と信義に信頼して、戦争放棄とそのための戦力不保持を誓った日本国憲法の理念を具体化し、世界に拡げることにほかなりません。しかし、現実には、日米軍事同盟強化を基礎に、憲法を改悪し、集団的自衛権すら容認しようという動きが強まっています。軌

を一にするかのように歴史的事実を大きくゆがめる教科書が編纂され、アジア諸国の憤激をかっています。憲法改悪と偏狭なナショナリズムの台頭は著しく時代に逆行するものといわなければなりません。

今、平和憲法は戦後最大の危機に直面しているといっても過言ではないでしょう。しかし、平和を愛し、平和憲法に心を寄せる人々は決して少数ではありません。今こそ、国会の場はもちろんのこと、さまざまな分野で憲法を守ろうとする人々が大きく力を合わせることを強く訴えます。

資料Ⅱ・33

新憲法試案

二〇〇一年五月三日

山崎　拓

［出典］『憲法改正―道義国家をめざして』二〇〇一年五月、生産性出版

コメント

1．この案は、自民党の国防族議員の大物であり小泉純一郎内閣下で党幹事長をも務めた山崎拓が幹事長就任直後の二〇〇一年五月に発表した改憲案である。発表当時は、自民党現職幹事長の改憲構想ということで注目を集めた。

2．内容的には、現代の改憲論のねらいを共有していてさほど新味はないが、どちらかといえば、大国化よりは、崩壊しつつある既存社会統合と国家秩序の再建を念頭においての改憲構想という性格が強い点で、自由党の改憲案（⇩Ⅱ・28）などと共通する関心に基づいていると思われる。

3．各論として注目されるのは以下の諸点である。

九条関係では、自衛権を明記するとともに、軍隊を保持する理由として、「国の安全を保つ」という点とともに「国際平和の実現に協力するため」をあげ、自衛隊の海外出動を正当化する規定を置いていることが注目される。

人権関係では環境権、知る権利、プライバシー、デュープロセスなどが主張されている。

また憲法裁判所の設置、憲法改正手続については発議の要件を各議院の過半数の賛成に緩和することなどが主張されている。

〈改正条文〉

（前文）

日本国民は、日本国の最終意思を決定する主権者である。国政は、正当に選挙され、国民の信託を受けた代表者によって担われる。

日本国民は、世界の平和の維持に努め、積極的に国際貢献を果たす。日本国は独立を堅持し、国際社会の一員として平和主義を貫き、国家間の共存関係を追求する。

日本国民は、基本的人権が尊重され、活力に満ち、安心できる社会を目指す。権利は義務を伴い、自由は責任を内在する。自立した国民間の権利は、時に、公共の利益の観点から調整される。

日本国民は、共生の理念を重んじ、日本の歴史と伝統、固有の文化、美しい国土を大切に守り育て、自立した個人として社会に奉仕する精神を発揮する。

日本国民は、連帯してこうした「道義国家」の実現を誓う。

日本国の最高法規として、この日本国憲法を制定する。

〈改正条文〉

第一章　国民と天皇

第一条　日本国の主権は国民に存する。

天皇は、日本国の象徴であり日本国民統合の象徴である。

第二条　日本国民たる要件は、法律でこれを定める。

国民は、正当に選挙された国会における代表者を通じて、主権を行使する。

第三条　天皇の皇位は、世襲のものであって、国会の議決した皇室典範の定めるところにより、これを継承する。

第四条　天皇の国事に関するすべての行為には、内閣総理大臣の助言と承認を必要とし、内閣総理大臣が、その責任を負う。

第五条　天皇は、この憲法の定める国事に関する行為のみを行い、国政に関する権能を有しない。

天皇は、法律の定めるところにより、その国事に関する行為を委任することができる。

第六条　皇室典範の定めるところにより摂政を置くときは、摂政は、天皇の名でその国事行為を行う。この場合には、前条第一項の規定を準用する。

第七条　天皇は、国会の指名に基いて、内閣総理大臣を任命する。

天皇は、内閣総理大臣の指名に基いて、最高裁判所の長たる裁判官を任命する。

第八条　天皇は、内閣総理大臣の助言と承認により、国民のために、左の国事に関する行為を行う。

一、憲法改正、法律、政令及び条約を公布すること。

二、国会を召集すること。

三、衆議院を解散すること。

四、国会議員の選挙の施行を公示すること。

五、国務大臣及び法律の定めるその他の官吏の任免並びに全権委任状及び大使及び公使の信任状を認証すること。

六、大赦、特赦、減刑、刑の執行の免除及び復権を認証すること。

七、栄典を授与すること。

八、批准書及び法律の定めるその他の外交文書を認証すること。

九、国を代表して外国の大使及び公使を接受すること。

十、儀式を行うこと。

第九条　皇室に財産を譲り渡し、又は皇室が、財産を譲り受け、若しくは賜与することは、国会の議決に基かなければならない。

〈新設条文〉※挿入すべき箇所についてはさらに検討を要する。

（国旗及び国歌）

第〇条　国旗及び国歌は、法律でこれを定める。

〈改正条文〉

第○章　安全保障
第○条　日本国民は、正義と秩序を基調とする国際平和を誠実に希求し、自衛権を行使する場合を除き、国権の発動たる戦争と、武力による威嚇または武力の行使は、永久にこれを放棄する。

日本国の主権と独立を守り、国の安全を保つとともに、国際平和の実現に協力するため、内閣総理大臣の最高指揮権の下、陸、海、空軍、その他の組織を保持する。

〈新設条文〉※内閣の章に追加。

第○条　非常事態の宣言は、法律の定めるところにより、期限を定めて内閣総理大臣が行う。

〈改正条文〉

（自由及び権利の保持責任）

第○条　この憲法が国民に保障する自由及び権利は、国民の不断の努力によって、これを保持しなければならない。また、国民は、これを濫用してはならず、常に公共の利益との調和を図らなければならない。

（個人の尊厳）

第○条　すべて国民は、個人として尊重される。

生命、自由及び幸福追求に対する国民の権利は、公共の利益に反しない限り、立法その他の国政の上で、最大限に尊重される。

（居住・移転の自由、国籍離脱の自由）

第○条　何人も、公共の利益に反しない限り、居住移転の自由を有する。

すべて国民は、外国に移住し、または国籍を離脱する自由を有する。

〈新設条文〉

（憲法・法令遵守義務）

第○条　すべて国民は、憲法及び法律を尊重し遵守する義務を負う。

〈新設条文〉

（環境権、環境を保全する義務）

第○条　何人も、健康かつ快適な環境を享受する権利を有し、その保全に努める義務を負う。

国は、環境の保全及び改善に努めなければならない。

〈改正条文〉

（プライバシーの保護）

第○条　何人も、名誉、信用その他人格を不当に侵害されない権利を保障される。

何人も、自己の私事、家族及び家庭にみだりに干渉されない権利を有する。

通信の秘密は、これを犯してはならない。

〈新設条文〉

（知る権利）

第○条　何人も、法律の定めるところにより、国及び公共団体等に対して、その事務に係る情報について、開示を求めることができる。

〈新設条文〉

（文化等を保護する義務）

第○条　国は、景観及び歴史的、文化的、芸術的財産の保護、育成を図らなければならない。

〈改正条文〉

（職業選択・営業の自由）

第○条　何人も、公共の福祉に反しない限り、職業選択及び営業の自由を有する。

〈新設条文〉

（適正手続き）

第○条　行政手続きは適正でなければならない。

〈新設条文〉

（国家の安全を守る義務）

第○条　国民は、法律の定めるところにより、国家の安全に寄与する義務を負う。

〈新設条文〉

（政党）

第○条　全ての国民は、自由に政党を結成することができる。

政党の目的、行動および機構は、民主主義の諸原理に合致しなければならない。

〈改正条文〉

（内閣）

第○条　行政権は、内閣総理大臣に属する。

第○条　内閣は、法律の定めるところにより、その首長たる内閣総理大臣及びその他の国務大臣でこれを組織する。

内閣総理大臣その他の国務大臣は、文民でなければならない。

内閣総理大臣は、行政権の行使について、国会に対し責任を負う。

第○条　内閣総理大臣は、国務大臣を任命する。但し、承認を受けた閣僚の過半数は国会議員の中から選ばなくてはならない。

内閣総理大臣は、任意に国務大臣を罷免することができる。

第○条　内閣総理大臣は、衆議院で不信任の決議案を可決し、又は信任の決議案を否決したときは、十日以内に衆議院が解散されない限り、内閣を総辞職しなければならない。

〈新設条文〉　※再掲。

第○条　非常事態の宣言は、法律の定めるところにより、期限を定めて内閣総理大臣が行う。

〈新憲法試案のポイント〉

・ヨーロッパ型の多元的司法制度とし、特別裁判所の禁止規定を削除する。

・憲法裁判所を憲法上明記し、違憲審査を主要な権能とするが、機関訴訟など法律上の争訟に当たらないもの、選挙制度の問題や国と地方自治体との権限争い、議員の弾劾裁判など、現在の司法制度では対象としにくい争訟を所轄する。

・条約、条例を違憲審査の対象とする。

・抽象的違憲審査、事前審査を可能とする。申し立てによる審査は、内閣、国会及び政党法に基づく政党に認め、国会では、少数派の意向も反映出来るよう、必要な申し立て人の数を、各議院における議員定数の一〇分の一とする。

・付随的違憲審査を最高裁以下の普通裁判所にも認める。

・普通裁判所は、付随的違憲審査にあたって必要と認めるときには、事件を憲法裁判所に回付して、その判断を求めることができる。この場合、最終的な憲法判断については、普通裁判所からの回付により、憲法裁判所が行う。他方、訴訟当事者は、普通裁判所に対し、法律で定めるところにより、回付請求ができることとする。これにより、憲法判断の終審としての役割を確保するとともに、同一事件処理に屋上屋を重ね、裁判が遅延することを防ぐ。

・憲法裁判所の独立性を確保するため、現在最高裁に認められている身分保障を引き継ぐ。普通裁判所も同様。

・憲法裁判所裁判官について、参議院選挙の際に、信任投票の方式による国民審査を行う。

〈新設条文〉

（財政の健全）

第○条　国及び地方自治体は、健全な財政の維持及び運営に努めなければならない。

〈改正条文〉

（公の財産の支出又は利用の制限）

第○条　公金その他の公の財産は、宗教上の組織若しくは団体の使用、便益若しくは維持のため、これを支出し、又はその利用に供してはならない。

〈新設条文〉

（地方自治）

第○条　地方自治は、地方自治体及びその住民の自立と自己責任を原則とする。

第○条　地方自治体の組織及び運営に関する事項は、地方自治の原則に基いて、法律でこれを定める。

〈改正条文〉

（地方自治）

第○条　地方自治体には、法律の定めるところにより、その議事機関として議会を設置する。

地方自治体の長、その議会の議員及び法律の定めるその他の吏員は、その地方自治体の住民が、直接これを選挙する。

地方自治体の長の任期は、法律によって定めることができる。又、多選の制限を設けることができる。

第○条　地方自治体は、その財産を管理し、事務を処理し及び行政を執行する権能を有し、法律の趣旨の範囲内で条例を制定することができる。

〈改正条文〉

（改正手続き）

第○条　この憲法の改正は、改正案について、各議院の総議員の過半数の賛成で、国会が、これを発議し、国民に提案してその承認を経なければならない。この承認には、特別の国民投票又は国会の定める選挙の際行われる投票において、その過半数の賛成を必要とする。

憲法改正について前項の承認を経たときは、天皇は、国民の名で、直ちにこれを公布する。

資料Ⅱ・34

新憲法の大綱

二〇〇一年四月

日本会議・新憲法研究会

コメント

1．これは、「日本を守る国民会議」が、一九九三年に出した同名の改憲案「新憲法の大綱」（⇩Ⅱ・05）の改訂版にあたる。

日本を守る国民会議は、一九九七年五月に日本を守る会と合併し「日本会議」に改組されたが、旧国民会議時代に作られた「新憲法研究会」のもとで引き続き旧大綱の改訂の研究が進められ、新たに公表されたものである。

新しい大綱は、先の大綱と基本線は変わりないが、より復古的、新保守主義的性格が鮮明になった。

全体にわたって手が入っており字句修正がなされているので、ここで改めて掲載した。

2．改訂版で旧版が修正されている注目すべき点は、以下の諸点である。

第一に、改訂版では、天皇を元首とするばかりでなく「日本国は立憲君主国である」という立憲君主国規定が明記されたことである。

第二に、人権の章では、近年の社会統合の解体を意識して、国家による家族の保護、教育に対する国家の責任など新保守主義的条項が改めて強調された。

第三に、国会では、旧版が一院制をとっていたのを改め、二院制とし、参議院の選出方法を見直すとした。

第四に、旧版では、検討中とされた首相公選制を明確に否定し、そのかわりに首相権限の強化を入れた。

第五に、旧版では、道州制の導入が提唱されていたものが、改訂版では抽象化された。以上の点である。

3. 新しい人権、国民の義務規定、政党条項、憲法改正条項の緩和、国民投票の削除、非常事態規定など、現代の改憲論に共通する部分については旧版と変わりない。

一、前　文

我々日本国人は、古来、人と人との和を尊び、多様な価値の共存を認め、自然との共生のうちに、伝統を尊重しながら海外文明を摂取・同化することにより独自の文化を築き、天皇と国民が一体となって国家を発展させてきた。

我々は、このような我が国固有の国体に基づき、民意を国政の基礎におく明治以来の立憲主義の精神と歴史を継承発展させ、国民の自由と権利を尊重するとともに国家の一員としての責任を自覚して新たな国づくりへ進むことを期し、併せて世界の平和と諸国民の共存互恵の実現に資する国際責任を果たすために、この憲法を制定する。

二、天　皇

（1）日本国は立憲君主国である。

天皇は日本国の元首であり、日本国の永続性及び日本国民統合の象徴である。

（2）天皇は元首として、内閣の補佐に基き左の行為を行う。

1、内閣総理大臣の任命
2、衆議院及び参議院議長の任命
3、最高裁判所長官の任命
4、憲法及び皇室典範の改正、並びに法律及び政令の公布
5、条約の批准並びに公布
6、国会の召集及び衆議院の解散
7、衆議院議員の総選挙及び参議院議員の通常選挙の施行の公示
8、国務大臣及び法律の定めるその他の公務員の任免
9、全権委任状及び外交使節の信任状の授与
10、外交使節の接受
11、栄典の授与
12、元号の制定
13、恩赦
14、儀式

（3）天皇は伝統に基く祭祀、儀礼その他象徴にふさわしい行為を行う。

（4）天皇の行為については内閣が全て責任を負う。

（5）元首及び象徴の尊厳は守られるべきことを明記する。

三、防　衛

（1）我が国は正義と秩序を基調とする国際平和を誠実に希求し、国際条約を遵守して、国際紛争を平和的手段によって解決するよう努める。

（2）我が国の安全と独立を守り、併せて国際平和に寄与するため、国軍を保持する。

（3）国軍の最高指揮権は、内閣総理大臣が行使する。

（4）国軍の指揮及び編制は、法律で定める。

四、国際協力

（1）我が国は、各民族及び各国家の共存共栄の精神に基づき、次に掲げる目的の実現のための積極的な国際協力を行う。

1、自由で公正な国際経済社会の実現。
2、自然保護と産業開発の調和、各国の自助及び応分の負担を原則とする地球環境の保全。
3、世界的規模での文化財保護その他固有の民族文化の復興。

五、国民の権利及び義務

（1）憲法で定める自由及び権利は、国政上、最大限尊重されなければならない。同時にそれは、権利の濫用の禁止、他人の権利の尊重及び公共の福祉の実現のため制限され得る。

（2）自由を享受し、権利を行使するに当たっては、自助努力と自己責任の原則に従うとともに、公共の福祉の実現のために努力する責任を負う。

（3）現代国家にふさわしい新しい権利や義務規定を採用する。

（4）情報に関する新しい権利と義務の規定を新に設ける。

1、国民は法律の定めるところにより、政府及びその機関の有する情報の開示を求める権利を有する。但し、国防・外交・公安上の機密情報及び企業、個人の秘密に関わる情報及びその公開が公共の福祉を害するおそれがあるとして法律で定める情報については、国はこれを保護する義務を負う。

2、個人の秘密に関わる情報は、保護されなければならない。但し、国の安全を害する場合、犯罪捜査、税務調査その他法律で定める場合を除く。

（5）環境に関する権利と義務を新たに規定する。

1、国民は、健康で文化的な生活を維持するため、公共の福祉に反しない限度において良好な自然環境を享受する権利を有する。

2、国民は自然環境を保護し、将来の国民にこれを伝えるよう努めなければならない。

（6）国民の義務として、教育を受ける義務、納税の義務に加えて、新たに遵法義務及び国を守る義務を明記する。

（7）信教の自由を保障するとともに、国及びその機関が、特定宗教を布教・宣伝し、並びにそのための財政的援助をしてはならないこと、また宗教団体による政治支配を禁止する旨を明記する。

（8）表現の自由は、最大限尊重されなければならない。但し、個人の名誉の保護、青少年の保護その他公益上の必要のため、法律の定めるところにより国はこれに制限を加えることができる。

（9）婚姻における個人の尊重及び両性の平等とともに、国は国家・社会の存立の基盤である家族を尊重、保護、育成すべきことを明記する。

（10）教育は、この憲法の前文に掲げられた理念を基本として行われるべきこととともに、学校教育に関する国家の責任を明記する。

（11）財産権については、国土の公共性を明らかにするとともに、国民の財産権と、国土の利用及び自然環境の保護との調和をはかることを明記する。

（12）本大綱に掲げる権利、義務のうち、国家構成員たる国民に固有のもの以外は、原則として外国人にも適用する。

六、国会及び内閣

（1）現代国家の要請に応えるべく、国会と内閣について新たな役割分担を考え、統治機構の再構築をはかる。

1、国会の「最高機関性」を見通す。

2、内閣および内閣総理大臣の権限を強化する。

（2）「権威の府」としての参議院の独自性を発揮させるべく、左の点において現行の二院制を抜本的に見直す。

1、議員の選出方法

2、憲法上の権限

3、運用上の配慮

（3）憲法に政党条項を設け、政党は国民の政治的意思の形成に協力し、その結成及び活動は自由であること、並びに政党の組織及び運営は民主的でなければならないことを明記する。

［補足事項］

首相公選制について

首相公選制については、検討の結果、これを採用しないこととした。

七、司　法

（1）憲法訴訟の続出と裁判の遅滞に対処し、憲法解釈の統一をはかるべく、最高裁の中に憲法訴訟を専門に扱う部門を設置する。

（2）最高裁の裁判官の国民審査制度については、新憲法ではこれを採用しないこととする。

八、地方自治

（1）地方自治の本旨を明らかにし、行政の広域化に対処するために、地方自治体の再編と権限の再配分をはかる。

九、非常事態

（1）我が国が外国から武力攻撃を受け、またはその危険が切迫している場合、及び内乱・騒擾、大規模自然災害等の非常事態が生じた場合、内閣は国会の事前又は事後の承認のもとに、政令により、非常事態宣言を発することができる。非常事態においては、国軍の出動を命じ、及び法律に定めるところにより、非常事態が解消されるまで一定の権利の制限を行うことができる。事後の承認が得られなかった時、また非常事態が終了したと認められた時は、内閣は解除宣言を発しなければならない。

（2）右の非常事態及び経済恐慌その他の緊急やむを得ざる事態において、国会が閉会中のときには、内閣は緊急命令と緊急財政処分の命令を制定することができる。緊急命令と緊急財政処分の命令は、すみやかに国会の事後承認を得るものとする。事後承認が得られなかった時、また緊急やむを得ざる事態が終了したと認められた時は、内閣は失効宣言を発しなければならない。

十、憲法改正

（1）憲法改正は、国会または内閣が発議し、衆参両院の各総議員の五分の三以上の賛成を必要とする。

資料Ⅱ・35

テロ対策特措法

（平成十三年九月十一日のアメリカ合衆国において発生したテロリストによる攻撃等に対応して行われる国際連合憲章の目的達成のための諸外国の活動に対して我が国が実施する措置及び関連する国際連合決議等に基づく人道的措置に関する特別措置法）

二〇〇一年一一月二日法律第一一三号

［出典］『法令全書』二〇〇一年一一月

コメント

1．この法は、九・一一の対米テロ事件に対し、アメリカが報復作戦に出ることを受けて、自衛隊を米軍や多国籍軍の戦闘作戦行動に対する後方支援に派遣するためにつくられた法律である。

当初、政府は、周辺事態法（⇩Ⅱ・18）の適用を考えたが、アフガニスタンやその周辺海域が周辺事態法発動の要件たる日本「周辺」にあたるかどうかは、周辺事態法制定国会における小渕恵三首相の答弁などを考えると難点があることから、新法がつくられた。

この法は、新ガイドライン（⇩Ⅱ・16）、周辺事態法による自衛隊等の米軍の軍事行動支援の枠組みを拡大した重要な法律であり、この法に基づいて、自衛隊が初めて、インド洋海域に派遣された。

2．この法の、周辺事態法と比較して注目される点は以下の諸点である。

注目される第一の点は、周辺事態法と異なり、本法では、米軍の戦闘作戦行動に対する自衛隊の後方支援の地域的限界が、取り払われたことである。周辺事態法では、自衛隊は、「我が国周辺の地域における我が国の平和及び安全に重要な影響を与える事態」に際してのみ米軍の活動支援を行うとされたが、この法では、テロに対する軍事行動であれば、地域的限定なく自衛隊を米軍等の後方支援に派遣することが可能となった。

また、本法では自衛隊の後方支援の目的・条件として従来つけられていた「日本の平和と安全」にかえ「我が国を含む国際社会の平和及び安全」とした。法第二条は、言う。「政府は、この法律に基づく協力支援活動、捜索救助活動、被災民救援活動その他の必要な措置（以下「対応措置」という。）を適切かつ迅速に実施することにより、国際的なテロリズムの防止及び根絶のための国際社会の取組に我が国として積極的かつ主体的に寄与し、もって我が国を含む国際社会の平和及び安全の確保に努めるものとする。」と。従来、法が、「日本の平和と安全」にこだわったのは、自衛隊は「自衛のための必要最小限度の実力」であり、あくまで個別的自衛権にのみかかわるという政府解釈が示した限界を意識していたからであった。テロ対策特措法はその限界を超えたといえる。

3．注目される第二点は、本法が自衛隊の活動区域を、周辺事態法の「後方地域」（「我が国領域並びに現に戦闘行為が行われておらず、かつ、そこで実施される活動の期間を通じて戦闘行為が行われることがないと認められる我が国周辺の公海……及びその上空」）より拡大し、戦闘行為が行われていない「外国の領域」をも含むこととした。これにより、テロ対策特措法に基づけば、アフガニスタンの領海内、さらにはアフガニスタンの地上にも自衛隊を派遣することが可能となったことである。

4．注目される第三点は、本法においては、周辺事態法に比べ、武器の使用基準が緩和され、以前からの使用基準であった「自己または自己とともに現場に所在する他の自衛隊員」に加え、「若しくはその職務を行うに伴い自己の管理の下に入った者の生命又は身体の防護」の場合にも武器使用が可能となるとしたことである。

5．さらに、注目される第四点は、周辺事態法では、周辺事態に際しての対応措置のなかで自衛隊が出動する場合には原則として国会の事前承認を求めることとなっていたのを、本法では国会の事後承認に緩和したことである。

この法によって、自衛隊は戦後初めて、海外の戦争に後方支援とはいえ参加し、日本の軍事大国化は新たな段階に入った。

（目的）

第一条　この法律は、平成十三年九月十一日にアメリカ合衆国において発生したテロリストによる攻撃（以下「テロ攻撃」という。）が国際連合安全保障理事会決議第千三百六十八号において国際の平和及び安全に対する脅威と認められたことを踏まえ、あわせて、同理事会決議第千二百六十七号、第千二百六十九号、第千三百三十三号その他の同理事会決議が、国際的なテロリズムの行為を非難し、国際連合のすべての加盟国に対しその防止等のために適切な措置をとることを求めていることにかんがみ、我が国が国際的なテロリズムの防止及び根絶のための国際社会の取組に積極的かつ主体的に寄与するため、次に掲げる事項を定め、もって我が国を含む国際社会の平和及び安全の確保に資することを目的とする。

一　テロ攻撃によってもたらされている脅威の除去に努めることにより国際連合憲章の目的の達成に寄与するアメリカ合衆国その他の外国の軍隊その他これに類する組織（以下「諸外国の軍隊等」という。）の活動に対して我が国が実施する措置、その実施の手続その他の必要な事項

二　国際連合の総会、安全保障理事会若しくは経済社会理事会が行う

決議又は国際連合、国際連合の総会によって設立された機関若しくは国際連合の専門機関若しくは国際移住機関（以下「国際連合等」という。）が行う要請に基づき、我が国が人道的精神に基づいて実施する措置、その実施の手続その他の必要な事項

（基本原則）

第二条　政府は、この法律に基づく協力支援活動、捜索救助活動、被災民救援活動その他の必要な措置（以下「対応措置」という。）を適切かつ迅速に実施することにより、国際的なテロリズムの防止及び根絶のための国際社会の取組に我が国として積極的かつ主体的に寄与し、もって我が国を含む国際社会の平和及び安全の確保に努めるものとする。

2　対応措置の実施は、武力による威嚇又は武力の行使に当たるものであってはならない。

3　対応措置については、我が国領域及び現に戦闘行為（国際的な武力紛争の一環として行われる人を殺傷し又は物を破壊する行為をいう。以下同じ。）が行われておらず、かつ、そこで実施される活動の期間を通じて戦闘行為が行われることがないと認められる次に掲げる地域において実施するものとする。

一　公海（海洋法に関する国際連合条約に規定する排他的経済水域を含む。第六条第五項において同じ。）及びその上空

二　外国の領域（当該対応措置が行われることについて当該外国の同意がある場合に限る。）

4　内閣総理大臣は、対応措置の実施に当たり、第四条第一項に規定する基本計画に基づいて、内閣を代表して行政各部を指揮監督する。

5　関係行政機関の長は、前条の目的を達成するため、対応措置の実施に関し、相互に協力するものとする。

（定義等）

第三条　この法律において、次の各号に掲げる用語の意義は、それぞれ当該各号に定めるところによる。

一　協力支援活動　諸外国の軍隊等に対する物品及び役務の提供、便宜の供与その他の措置であって、我が国が実施するものをいう。

二　捜索救助活動　諸外国の軍隊等の活動に際して行われた戦闘行為によって遭難した戦闘参加者について、その捜索又は救助を行う活動（救助した者の輸送を含む。）であって、我が国が実施するものをいう。

三　被災民救援活動　テロ攻撃に関連し、国際連合の総会、安全保障理事会若しくは経済社会理事会が行う決議又は国際連合等が行う要請に基づき、被害を受け又は受けるおそれがある住民その他の者（以下「被災民」という。）の救援のために実施する食糧、衣料、医薬品その他の生活関連物資の輸送、医療その他の人道的精神に基づいて行われる活動であって、我が国が実施するものをいう。

四　関係行政機関　次に掲げる機関で政令で定めるものをいう。

イ　内閣府並びに内閣府設置法（平成十一年法律第八十九号）第四十九条第一項及び第二項に規定する機関並びに国家行政組織法（昭和二十三年法律第百二十号）第三条第二項に規定する機関

ロ　内閣府設置法第四十条及び第五十六条並びに国家行政組織法第八条の三に規定する特別の機関

2　協力支援活動として行う自衛隊に属する物品の提供及び自衛隊による役務の提供（次項後段に規定するものを除く。）は、別表第一に掲げるものとする。

3　捜索救助活動は、自衛隊の部隊等（自衛隊法（昭和二十九年法律第百六十五号）第八条に規定する部隊等をいう。以下同じ。）が実施するものとする。この場合において、捜索救助活動を行う自衛隊の部隊等において、その実施に伴い、当該活動に相当する活動を行う諸外国

の軍隊等の部隊等に対して協力支援活動として行う自衛隊に属する物品の提供及び自衛隊による役務の提供は、別表第二に掲げるものとする。

（基本計画）

第四条　内閣総理大臣は、次に掲げる対応措置のいずれかを実施することが必要であると認めるときは、当該対応措置を実施すること及び対応措置に関する基本計画（以下「基本計画」という。）の案につき閣議の決定を求めなければならない。

一　前条第二項の協力支援活動

二　前号に掲げるもののほか、関係行政機関が協力支援活動として実施する措置であって特に内閣が関与することにより総合的かつ効果的に実施する必要があるもの

三　捜索救助活動

四　自衛隊による被災民救援活動

五　前号に掲げるもののほか、関係行政機関が被災民救援活動として実施する措置であって特に内閣が関与することにより総合的かつ効果的に実施する必要があるもの

2　基本計画に定める事項は、次のとおりとする。

一　対応措置に関する基本方針

二　前項第一号又は第二号に掲げる協力支援活動を実施する場合における次に掲げる事項

イ　当該協力支援活動に係る基本的事項

ロ　当該協力支援活動の種類及び内容

ハ　当該協力支援活動を実施する区域の範囲及び当該区域の指定に関する事項

ニ　当該協力支援活動を自衛隊が外国の領域で実施する場合には、当該活動を外国の領域で実施する自衛隊の部隊等の規模及び構成並びに装備並びに派遣期間

ホ　関係行政機関がその事務又は事業の用に供し又は供していた物品以外の物品を調達して諸外国の軍隊等に譲与する場合には、その実施に係る重要事項

へ　その他当該協力支援活動の実施に関する重要事項

三　捜索救助活動を実施する場合における次に掲げる事項

イ　当該捜索救助活動に係る基本的事項

ロ　当該捜索救助活動を実施する区域の範囲及び当該区域の指定に関する事項

ハ　当該捜索救助活動の実施に伴う前条第三項後段の協力支援活動の実施に関する重要事項（当該協力支援活動を実施する区域の範囲及び当該区域の指定に関する事項を含む。）

ニ　当該捜索救助活動を自衛隊が外国の領域で実施する場合には、当該活動を外国の領域で実施する自衛隊の部隊等の規模及び構成並びに装備並びに派遣期間

ホ　その他当該捜索救助活動の実施に関する重要事項

四　前項第四号又は第五号に掲げる被災民救援活動を実施する場合における次に掲げる事項

イ　当該被災民救援活動に係る基本的事項

ロ　当該被災民救援活動の種類及び内容

ハ　当該被災民救援活動を実施する区域の範囲及び当該区域の指定に関する事項

ニ　当該被災民救援活動を自衛隊が外国の領域で実施する場合には、当該活動を外国の領域で実施する自衛隊の部隊等の規模及び構成並びに装備並びに派遣期間

ホ　関係行政機関がその事務又は事業の用に供し又は供していた物品以外の物品を調達して国際連合等に譲与する場合には、その実

施に係る重要事項

ヘ　その他当該被災民救援活動の実施に関する重要事項

五　前三号に掲げるもののほか、自衛隊が実施する対応措置のうち重要なものの種類及び内容並びにその実施に関する重要事項

六　第二号から前号までに掲げるもののほか、関係行政機関が実施する対応措置のうち特に内閣が関与することにより総合的かつ効果的に実施する必要があるものの実施に関する重要事項

七　対応措置の実施のための関係行政機関の連絡調整に関する事項

3　第一項の規定は、基本計画の変更について準用する。

4　対応措置を外国の領域で実施する場合には、当該外国と協議して、実施する区域の範囲を定めるものとする。

（国会の承認）

第五条　内閣総理大臣は、基本計画に定められた自衛隊の部隊等が実施する協力支援活動、捜索救助活動又は被災民救援活動については、これらの対応措置を開始した日（防衛庁長官が次条第二項、第七条第一項又は第八条第一項の規定によりこれらの対応措置の実施を自衛隊の部隊等に命じた日をいう。）から二十日以内に国会に付議して、これらの対応措置の実施につき国会の承認を求めなければならない。ただし、国会が閉会中の場合又は衆議院が解散されている場合には、その後最初に召集される国会において、速やかに、その承認を求めなければならない。

2　政府は、前項の場合において不承認の議決があったときは、速やかに、当該協力支援活動、捜索救助活動又は被災民救援活動を終了させなければならない。

（自衛隊による協力支援活動としての物品及び役務の提供の実施）

第六条　内閣総理大臣又はその委任を受けた者は、基本計画に従い、第三条第二項の協力支援活動としての自衛隊に属する物品の提供を実施するものとする。

2　防衛庁長官は、基本計画に従い、第三条第二項の協力支援活動としての自衛隊による役務の提供について、実施要項を定め、これについて内閣総理大臣の承認を得て、防衛庁本庁の機関又は自衛隊の部隊等にその実施を命ずるものとする。

3　防衛庁長官は、前項の実施要項において、当該協力支援活動を実施する区域（以下この条において「実施区域」という。）を指定するものとする。

4　防衛庁長官は、実施区域の全部又は一部がこの法律又は基本計画に定められた要件を満たさないものとなった場合には、速やかに、その指定を変更し、又はそこで実施されている活動の中断を命じなければならない。

5　第三条第二項の協力支援活動のうち公海若しくはその上空又は外国の領域における活動の実施を命ぜられた自衛隊の部隊等の長又はその指定する者は、当該協力支援活動を実施している場所の近傍において、戦闘行為が行われるに至った場合又は付近の状況等に照らして戦闘行為が行われることが予測される場合には、当該協力支援活動の実施を一時休止し又は避難するなどして当該戦闘行為による危険を回避しつつ、前項の規定による措置を待つものとする。

6　第二項の規定は、同項の実施要項の変更（第四項の規定により実施区域を縮小する変更を除く。）について準用する。

（捜索救助活動の実施等）

第七条　防衛庁長官は、基本計画に従い、捜索救助活動について、実施要項を定め、これについて内閣総理大臣の承認を得て、自衛隊の部隊等にその実施を命ずるものとする。

2　防衛庁長官は、前項の実施要項において、当該捜索救助活動を実施する区域（以下この条において「実施区域」という。）を指定するも

のとする。

3　捜索救助活動を実施する場合において、戦闘参加者以外の遭難者が在るときは、これを救助するものとする。

4　前条第四項の規定は実施区域の指定の変更及び活動の中断について、同条第五項の規定は捜索救助活動の実施を命ぜられた自衛隊の部隊等の長又はその指定する者について準用する。

5　第一項の規定は、同項の実施要項の変更（前項において準用する前条第四項の規定により実施区域を縮小する変更を除く。）について準用する。

6　前条の規定は、捜索救助活動の実施に伴う第三条第三項後段の協力支援活動について準用する。

（自衛隊による被災民救援活動の実施）

第八条　防衛庁長官は、基本計画に従い、自衛隊による被災民救援活動について、実施要項を定め、これについて内閣総理大臣の承認を得て、自衛隊の部隊等にその実施を命ずるものとする。

2　防衛庁長官は、前項の実施要項において、当該被災民救援活動を実施する区域（以下この条において「実施区域」という。）を指定するものとする。

3　第六条第四項の規定は実施区域の指定の変更及び活動の中断について、同条第五項の規定は被災民救援活動の実施を命ぜられた自衛隊の部隊等の長又はその指定する者について準用する。

4　第一項の規定は、同項の実施要項の変更（前項において準用する第六条第四項の規定により実施区域を縮小する変更を除く。）について準用する。

（関係行政機関による対応措置の実施）

第九条　前三条に定めるもののほか、防衛庁長官及びその他の関係行政機関の長は、法令及び基本計画に従い、協力支援活動、被災民救援活動その他の対応措置を実施するものとする。

（物品の無償貸付及び譲与）

第十条　内閣総理大臣及び各省大臣又はそれらの委任を受けた者は、その所管に属する物品（武器（弾薬を含む。）を除く。）につき、諸外国の軍隊等又は国際連合等からその活動の用に供するため当該物品の無償貸付又は譲与を求める旨の申出があった場合において、当該活動の円滑な実施に必要であると認めるときは、その所掌事務に支障を生じない限度において、当該申出に係る物品を当該諸外国の軍隊等又は国際連合等に対し無償で貸し付け、又は譲与することができる。

（国会への報告）

第十一条　内閣総理大臣は、次の各号に掲げる事項を、遅滞なく、国会に報告しなければならない。

一　基本計画の決定又は変更があったときは、その内容

二　基本計画に定める対応措置が終了したときは、その結果

（武器の使用）

第十二条　協力支援活動、捜索救助活動又は被災民救援活動の実施を命ぜられた自衛隊の部隊等の自衛官は、自己又は自己と共に現場に所在する他の自衛隊員若しくはその職務を行うに伴い自己の管理の下に入った者の生命又は身体の防護のためやむを得ない必要があると認める相当の理由がある場合には、その事態に応じ合理的に必要と判断される限度で、武器を使用することができる。

2　前項の規定による武器の使用は、現場に上官が在るときは、その命令によらなければならない。ただし、生命又は身体に対する侵害又は危難が切迫し、その命令を受けるいとまがないときは、この限りでない。

3　第一項の場合において、当該現場に在る上官は、統制を欠いた武器の使用によりかえって生命若しくは身体に対する危険又は事態の混乱

を招くこととなることを未然に防止し、当該武器の使用が第一項及び次項の規定に従いその目的の範囲内において適正に行われることを確保する見地から必要な命令をするものとする。

4　第一項の規定による武器の使用に際しては、刑法（明治四十年法律第四十五号）第三十六条又は第三十七条に該当する場合のほか、人に危害を与えてはならない。

（政令への委任）

第十三条　この法律に特別の定めがあるもののほか、この法律の実施のための手続その他この法律の施行に関し必要な事項は、政令で定める。

附　則

（施行期日）

1　この法律は、公布の日から施行する。

（自衛隊法の一部改正）

2　自衛隊法の一部を次のように改正する。

附則中第三十一項を第三十三項とし、第十七項から第三十項までを二項ずつ繰り下げ、第十六項の次に次の二項を加える。

17　内閣総理大臣又はその委任を受けた者は、平成十三年九月十一日のアメリカ合衆国において発生したテロリストによる攻撃等に対応して行われる国際連合憲章の目的達成のための諸外国の活動に対して我が国が実施する措置及び関連する国際連合決議等に基づく人道的措置に関する特別措置法（平成十三年法律第百十三号）がその効力を有する間、同法の定めるところにより、自衛隊の任務遂行に支障を生じない限度において、協力支援活動としての物品の提供を実施することができる。

18　長官は、平成十三年九月十一日のアメリカ合衆国において発生したテロリストによる攻撃等に対応して行われる国際連合憲章の目的達成のための諸外国の活動に対して我が国が実施する措置及び関連する国際連合決議等に基づく人道的措置に関する特別措置法がその効力を有する間、同法の定めるところにより、自衛隊の任務遂行に支障を生じない限度において、防衛庁本庁の機関及び部隊等に協力支援活動としての役務の提供を、部隊等に捜索救助活動又は被災民救援活動を行わせることができる。

3　この法律は、施行の日から起算して二年を経過した日に、その効力を失う。ただし、その日より前に、対応措置を実施する必要がないと認められるに至ったときは、速やかに廃止するものとする。

4　前項の規定にかかわらず、施行の日から起算して二年を経過する日以後においても対応措置を実施する必要があると認められるに至ったときは、別に法律で定めるところにより、同日から起算して二年以内の期間を定めて、その効力を延長することができる。

5　前項の規定は、同項（この項において準用する場合を含む。）の規定により効力を延長した後その定めた期間を経過しようとする場合について準用する。

［別表第一（第三条関係）］

補給―給水、給油、食事の提供並びにこれらに類する物品及び役務の提供

輸送―人員及び物品の輸送、輸送用資材の提供並びにこれらに類する物品及び役務の提供

修理及び整備―修理及び整備、修理及び整備用機器並びに部品及び構成品の提供並びにこれらに類する物品及び役務の提供

医療―傷病者に対する医療、衛生機具の提供並びにこれらに類する物品及び役務の提供

通信―通信設備の利用、通信機器の提供並びにこれらに類する物品及び役務の提供

空港及び港湾業務―航空機の離発着及び船舶の出入港に対する支援、積

卸作業並びにこれらに類する物品及び役務の提供
基地業務—廃棄物の収集及び処理、給電並びにこれらに類する物品及び役務の提供
〈備考〉
一　物品の提供には、武器（弾薬を含む。）の提供を含まないものとする。
二　物品及び役務の提供には、戦闘作戦行動のために発進準備中の航空機に対する給油及び整備を含まないものとする。
三　物品の輸送には、外国の領域における武器（弾薬を含む。）の陸上輸送を含まないものとする。

［別表第二（第三条関係）］
補給—給水、給油、食事の提供並びにこれらに類する物品及び役務の提供
輸送—人員及び物品の輸送、輸送用資材の提供並びにこれらに類する物品及び役務の提供
修理及び整備—修理及び整備、修理及び整備用機器並びに部品及び構成品の提供並びにこれらに類する物品及び役務の提供
医療—傷病者に対する医療、衛生機具の提供並びにこれらに類する物品及び役務の提供
通信—通信設備の利用、通信機器の提供並びにこれらに類する物品及び役務の提供
宿泊—宿泊設備の利用、寝具の提供並びにこれらに類する物品及び役務の提供
消毒—消毒、消毒機具の提供並びにこれらに類する物品及び役務の提供
〈備考〉
一　物品の提供には、武器（弾薬を含む。）の提供を含まないものとする。
二　物品及び役務の提供には、戦闘作戦行動のために発進準備中の航空機に対する給油及び整備を含まないものとする。
三　物品の輸送には、外国の領域における武器（弾薬を含む。）の陸上輸送を含まないものとする。

資料Ⅱ・36

改正自衛隊法

（自衛隊法の一部を改正する法律）

二〇〇一年一一月二日法律第一一五号

［出典］『法令全書』二〇〇一年一一月

コメント

1．本改正は、九・一一の対米テロ事件に対しアメリカが報復作戦に乗りだす事態を受け、自衛隊が米軍支援のために行う活動を根拠づけるために行われた法改正である。テロ対策特措法（⇩Ⅱ・35）とともに、テロ関連三法のひとつとして改正された。

2．改正で新たに規定されたものは、第一に、テロの恐れのある場合、自衛隊の施設や米軍基地を自衛隊の部隊が防護することができるという規定を設けたこと、並びにその際の武器使用基準の緩和を規定したことである。

第二は、テロの恐れのある場合に、治安出動命令の出る前であっても武装した自衛隊の出動・情報収集を認め（七九条の二）、その場合の武器使用の基準も緩和したことである。

第三は、今まで国家公務員法上の規定しかなかった「防衛秘密」の指定とその秘密の漏洩に対する処罰規定を新設したことである。

この改正は、今回のテロとは直接関係のない規定であり、一九八五年に国家秘密法案として出されたときに廃案になったものの一部であり、明らかに便乗的改正である。とりわけ、この改正が、防衛秘密を扱うことを業務とする者による「秘密」の漏洩に対する処罰に加え、その遂行の「共謀」「教唆」「扇動」を処罰対象としていることは、自衛隊の海外での米軍支援活動に対するマスコミの取材活動に向けられる恐れがあることが懸念された。

自衛隊法（昭和二十九年法律第百六十五号）の一部を次のように改正する。

目次中「第七章　自衛隊の権限（第八十七条―第九十六条）」を「第七章　自衛隊の権限等（第八十七条―第九十六条の二）」に、「第百二十二条」を「第百二十三条」に改める。

第二十二条第一項中「または第八十一条第二項」を「、第八十一条第二項または第八十一条の二第一項」に改める。

第七十九条の次に次の一条を加える。

（治安出動下令前に行う情報収集）

第七十九条の二　長官は、事態が緊迫し第七十八条第一項の規定による治安出動命令が発せられること及び小銃、機関銃（機関けん銃を含む）、砲、化学兵器、生物兵器その他その殺傷力がこれらに類する武器を所持した者による不法行為が行われることが予測される場合において、当該事態の状況の把握に資する情報の収集を行うため特別の必要があると認めるときは、国家公安委員会と協議の上、内閣総理大臣の承認を得て、武器を携行する自衛隊の部隊に当該者が所在すると見込まれる場所及びその近傍において当該情報の収集を行うことを命ずることができる。

第八十一条の次に次の一条を加える。

（自衛隊の施設等の警護出動）

第八十一条の二　内閣総理大臣は、本邦内にある次に掲げる施設または施設及び区域において、政治上その他の主義主張に基づき、国家もしくは他人にこれを強要し、または社会に不安もしくは恐怖を与える目的で多数の人を殺傷し、または重要な施設その他の物を破壊する行為おそれがあり、かつ、その被害を防止するため特別の必要があると認める場合には、当該施設または施設及び区域の警護のため部隊等の出動を命ずることができる。

一　自衛隊の施設

二　日本国とアメリカ合衆国との間の相互協力及び安全保障条約第六条に基づく施設及び区域並びに日本国における合衆国軍隊の地位に関する協定第二条第一項の施設及び区域（同協定第二十五条の合同委員会において自衛隊の部隊等が警護を行うこととされたものに限る）

2　内閣総理大臣は、前項の規定により部隊等の出動を命ずる場合には、あらかじめ、関係都道府県知事の意見を聴くとともに、長官と国家公安委員会との間で協議をさせた上で、警護を行うべき施設または施設及び区域並びに期間を指定しなければならない。

3　内閣総理大臣は、前項の期間内であっても、部隊等の出動の必要がなくなったと認める場合には、速やかに、部隊等の撤収を命じなければならない。

第八十六条中「第八十一条第二項」の下に「、第八十一条の二第一項」を加える。

第七章の章名を次のように改める。

第七章　自衛隊の権限等

第九十条第一項に次の一号を加える。

三　前号に掲げる場合のほか、小銃、機関銃（機関けん銃を含む）、砲、化学兵器、生物兵器その他その殺傷力がこれらに類する武器を所持し、または所持していると疑うに足りる相当の理由のある者が暴行または脅迫をしまたはする高い蓋然性があり、武器を使用するほか、他にこれを鎮圧し、または防止する適当な手段がない場合

第九十一条に次の二項を加える。

2　海上保安庁法第二十条第二項の規定は、第七十八条第一項または第八十一条第二項の規定により出動を命ぜられた海上自衛隊の自衛官の職務の執行について準用する。この場合において、同法第二十条第二項中「前項において準用する警察官職務執行法第七条」とあるのは「第八十九条第一項において準用する警察官職務執行法第七条及び前条第一項」と、「第十七条第一項」とあるのは「前項において準用する海上保安庁法第十七条第一項」と、「海上保安官または海上保安官補の職務」とあるのは「第七十八条第一項または第八十一条第二項の規定により出動を命ぜられた自衛隊の自衛官の職務」と、「海上保安庁長官」とあるのは「防衛庁長官」と読み替えるものとする。

3　第八十九条第二項の規定は、前項において準用する海上保安庁法第二十条第二項の規定により海上自衛隊の自衛官が武器を使用する場合について準用する。

第九十一条の次に次の一条を加える。

(警護出動時の権限)

第九十一条の二　警察官職務執行法第二条、第四条並びに第六条第一項、第三項及び第四項の規定は、警察官がその場にいない場合に限り、第八十一条の二第一項の規定により出動を命ぜられた部隊等の自衛官の職務の執行について準用する。この場合において、警察官職務執行法第四条第二項中「公安委員会」とあるのは、「長官の指定する者」と読み替えるものとする。

2　警察官職務執行法第五条及び第七条の規定は、第八十一条の二第一項の規定により出動を命ぜられた部隊等の自衛官の職務の執行について準用する。

3　前項において準用する警察官職務執行法第七条の規定により武器を使用する場合のほか、第八十一条の二第一項の規定により出動を命ぜられた部隊等の自衛官は、職務上警護する施設が大規模な破壊に至る

おそれのある侵害を受ける明白な危険があり、武器を使用するほか、他にこれを排除する適当な手段がないと認める相当の理由があるときは、その事態に応じ合理的に必要と判断される限度で武器を使用することができる。

4　第一項及び第二項において準用する警察官職務執行法の規定による権限並びに前項の権限は、第八十一条の二第二項の規定により指定された施設または施設及び区域の警護のためやむを得ない必要があるときはその必要な限度において、当該施設または施設及び区域の外部においても行使することができる。

5　第八十九条第二項の規定は、第二項において準用する警察官職務執行法第七条または第三項の規定により自衛官が武器を使用する場合について準用する。

第九十二条第二項中「三等海曹以上の自衛官が前項の規定により公共の秩序の維持のため行う職務の執行について」の下に「、同法第二十条第二項の規定は、第七十六条第一項の規定により出動を命ぜられた海上自衛隊の自衛官が前項の規定により公共の秩序の維持のため行う職務の執行について」を、「指定する者」と」の下に「、海上保安庁法第二十条第二項中「前項において準用する警察官職務執行法第七条」とあるのは「この項において準用する警察官職務執行法第七条及びこの法律第九十条第一項」と、「第十七条第一項」とあるのは「この項において準用する海上保安庁法第十七条第一項」と、「海上保安官または海上保安官補の職務」とあるのは「第七十六条第一項の規定により出動を命ぜられた自衛隊の自衛官が公共の秩序の維持のため行う職務」と、「海上保安庁長官」とあるのは「防衛庁長官」と」を加え、同条第三項中「使用する場合」の下に「及び前項において準用する海上保安庁法第二十条第二項の規定により海上自衛隊の自衛官が武器を使用する場合」を加え、同条の次に次の一条を加える。

（治安出動下令前に行う情報収集の際の武器の使用）

第九十二条の二　第七十九条の二の規定による情報収集の職務に従事する自衛官は、当該職務を行うに際し、自己または自己と共に当該職務に従事する隊員の生命または身体の防護のためやむを得ない必要があると認める相当の理由がある場合には、その事態に応じ合理的に必要と判断される限度で武器を使用することが出来る。ただし、刑法第三十六条または第三十七条に該当する場合のほか、人に危害を与えてはならない。

第九十三条第三項中「武器を使用する場合」を「自衛官が武器を使用する場合及び前項において準用する海上保安庁法第二十条第二項の規定により海上自衛隊の自衛官が武器を使用する場合」に改め、同項を同条第四項とし、同条第二項の次に次の一項を加える。

3　海上保安庁法第二十条第二項の規定は、第八十二条の規定により行動を命ぜられた海上自衛隊の自衛官の職務の執行について準用する。この場合において、同法第二十条第二項中「前項」とあるのは「第一項」と、「第十七条第一項」とあるのは「前項において準用する海上保安庁法第十七条第一項」と、「海上保安官または海上保安官補の職務」とあるのは「第八十二条の規定により行動を命ぜられた自衛隊の自衛官の職務」と、「海上保安庁長官」とあるのは「防衛庁長官」と読み替えるものとする。

第九十五条の次に次の一条を加える。

（自衛隊の施設の警護のための武器の使用）

第九十五条の二　自衛官は、本邦内にある自衛隊の施設であって、自衛隊の武器、弾薬、火薬、船舶、航空機、車両、有線電気通信設備、無線設備もしくは液体燃料を保管し、収容しもしくは整備するための施設設備、営舎または港湾もしくは飛行場に係る施設設備が所在するものを職務上警護するに当たり、当該職務を遂行するためまたは自己もしくは他人を防護するため必要であると認める相当の理由がある場合には、当該施設内において、その事態に応じ合理的に必要と判断される限度で武器を使用することができる。ただし、刑法第三十六条または第三十七条に該当する場合のほか、人に危害を与えてはならない。
第七章中第九十六条の次に次の一条を加える。

（防衛秘密）

第九十六条の二　長官は、自衛隊についての別表第四に掲げる事項であって、公になっていないもののうち、我が国の防衛上特に秘匿することが必要であるもの（日米相互防衛援助協定等に伴う秘密保護法（昭和二十九年法律第百六十六号）第一条第三項に規定する特別防衛秘密に該当するものを除く）を防衛秘密として指定するものとする。

2　前項の規定による指定は、次の各号のいずれかに掲げる方法により行わなければならない。

一　政令で定めるところにより、前項に規定する事項を記録する文書、図画もしくは物件または当該事項を化体する物件に標記を付すこと。

二　前項に規定する事項の性質上前号の規定によることが困難である場合において、政令で定めるところにより、当該事項が同項の規定の適用を受けることとなる旨を当該事項を取り扱う者に通知すること。

3　長官は、自衛隊の任務遂行上特段の必要がある場合に限り、国の行政機関の職員のうち防衛に関連する職務に従事する者または防衛庁との契約に基づき防衛秘密に係る物件の製造もしくは役務の提供を業とする者に、政令で定めるところにより、防衛秘密の取り扱いの業務を行わせることができる。

4　長官は第一項及び第二項に定めるもののほか、政令で定めるところにより、第一項に規定する事項の保護上必要な措置を講ずるものとする。

第百二十二条を第百二十三条とし、第百二十一条の次に次の一条を加える。

第百二十二条　防衛秘密を取り扱うことを業務とする者がその業務により知得した防衛秘密を漏らしたときは、五年以下の懲役に処する。防衛秘密を取り扱うことを業務としなくなった後においても、同様とする。

2　前項の未遂罪は、罰する。

3　過失により、第一項の罪を犯した者は、一年以下の禁錮または三万円以下の罰金に処する。

4　第一項に規定する行為の遂行を共謀し、教唆し、または扇動した者は、三年以下の懲役に処する。

5　第二項の罪を犯した者または前項の罪を犯した者のうち第一項に規定する行為の遂行を共謀したものが自首したときは、その刑を減軽し、または免除する。

6　第一項から第四項までの罪は、刑法第三条の例に従う。

別表第三の次に次の一表を加える。

別表第四（第九十六条の二関係）

一　自衛隊の運用またはこれに関する見積もりもしくは計画もしくは研究

二　防衛に関し収集した電波情報、画像情報その他の重要な情報

三　前号に掲げる情報の収集整理またはその能力

四　防衛力の整備に関する見積もりもしくは計画または研究

五　武器、弾薬、航空機その他の防衛の用に供する物（船舶を含む。第八号及び第九号において同じ）の種類または数量

六　防衛の用に供する通信網の構成または通信の方法

七　防衛の用に供する暗号

八　武器、弾薬、航空機その他の防衛の用に供する物またはこれらの

物の研究開発段階のものの仕様、性能または使用方法

九　武器、弾薬、航空機その他の防衛の用に供する物またはこれらの物の研究開発段階のものの製作、検査、修理または試験の方法

十　防衛の用に供する施設の設計、性能または内部の用途（第六号に掲げるものを除く）

付則

（施行期日）

1　この法律は、公布の日から施行する。ただし、目次の改正規定、第七章の章名の改正規定、第七章中第九十六条の次に一条を加える改正規定、第百二十二条を第百二十三条とし、第百二十一条の次に一条を加える改正規定及び別表第三の次に一表を加える改正規定並びに次項の規定は、公布の日から起算して一年を超えない範囲内において政令で定める日から施行する。

（日米相互防衛援助協定等に伴う秘密保護法の一部改正）

2　日米相互防衛援助協定等に伴う秘密保護法（昭和二十九年法律第百六十六号）の一部を次のように改正する。

本則中「防衛秘密」を「特別防衛秘密」に改める。

資料Ⅱ・37

改正海上保安庁法

（海上保安庁法の一部を改正する法律）

二〇〇一年一一月二日法律第一一四号

〔出典〕『法令全書』二〇〇一年一一月

コメント

1．この法改正は、数年前から問題となった不審船等の動きに対応するために政府が九・一一テロ事件以前から改正を検討していたものであるが、九・一一事件を「好機」として、テロ対策に便乗し改正したものである。

2．法改正の内容は、領海における不審船に対し、その逃亡を停め、船舶の進行を停止させるために他に手段がないときに、いわゆる危害射撃を行うことができるようにした改正である。

海上保安庁法（昭和二十三年法律第二十八号）の一部を次のように改正する。

第十八条第一項第三号中「船内にある者」の下に「（以下「乗組員等」という）」を加え、同条第二項中「乗組員、旅客その他船内にある者」を「乗組員等」に改める。

第二十条中「第七条」の下に「の規定」を加え、同条に次の一項を加える。

前項において準用する警察官職務執行法第七条の規定により武器を使用する場合のほか、第十七条第一項の規定に基づき船舶の進行の停止を繰り返し命じても乗組員等がこれに応ぜずなお海上保安官または海上保

安官補の職務の執行に対して抵抗し、または逃亡しようとする場合において、海上保安庁長官が当該船舶の外観、航海の態様、乗組員等の異常な挙動その他周囲の事情及びこれらに関連する情報から合理的に判断して次の各号のすべてに該当する事態であると認めたときは、海上保安官または海上保安官補は、当該船舶の進行を停止させるために他に手段がないと信ずるに足りる相当な理由のあるときには、その事態に応じ合理的に必要と判断される限度において、武器を使用することができる。

一　当該船舶が、外国船舶（軍艦及び各国政府が所有しまたは運航する船舶であって非商業的目的のみに使用されるものを除く）と思料される船舶であって、かつ、海洋法に関する国際連合条約第十九条に定めるところによる無害通航でない航行を我が国の内水または領海において現に行っていると認められること（当該航行に正当な理由がある場合を除く）。

二　当該航行を放置すればこれが将来において繰り返し行われる蓋然性があると認められること。

三　当該航行が我が国の領域内において死刑または無期もしくは長期三年以上の懲役もしくは禁固に当たる凶悪な罪（以下「重大凶悪犯罪」という）を犯すのに必要な準備のため行われているのではないかとの疑いを払拭することができないと認められること。

四　当該船舶の進行を停止させて立ち入り検査をすることにより知り得べき情報に基づいて的確な措置を尽くすのでなければ将来における重大凶悪犯罪の発生を未然に防止することができないと認められること。

第二十九条中「職権」の下に「(第二十条第二項に規定するものを除く)」を加える。

付則

この法律は、公布の日から施行する。

資料Ⅱ・38

憲法改正国民投票法案〈抄〉

①日本国憲法改正国民投票法案

②国会法の一部を改正する法律案

二〇〇一年一一月一六日

憲法調査推進議員連盟

コメント

1．この法案は、改憲派の議員たちでつくる「憲法調査推進議員連盟」が、国会で憲法改正の発議を行う際、または発議がなされた後国民投票を行う手続に関する法案を整備する必要があるとして作成したものである。①日本国憲法改正国民投票法案と②国会法一部改正案の二本からなる。

国民投票法案は、第Ⅰ部にもあるように、すでに一九五〇年代にも作成されたことがあるが（⇩Ⅰ・04、Ⅰ・05）、その後憲法改正反対運動が強まり、国民のなかでの憲法の定着とともに保守政治が改憲を断念した結果、改憲派も同法を制定する意欲を失い、長らく放置されていたものである。

ところが、九〇年代末から二一世紀にかけての改憲の盛り上がりのなかで、今回作成を見た。改憲の機運の盛り上がりを示す兆候の一つである。

2．国民投票法案のほうで注目すべき点は、以下の諸点である。

第一に、憲法改正国民投票は、国会での発議以降六〇日以後九〇日以内に行うとしたことである。発議以後改憲の国民投票までの期間をできるだけ長くとりたいのが憲法改正に反対する陣営の思惑であり、逆に短くとりたいのが改憲派の思惑である。

注目される第二は、投票は賛成反対を○×で行い、改正賛成が有効投票の過半数を超えたときは国民の承認があったものと見なす（五四条）とした点である。

ここで注目されるのは、改正が実現する条件として、憲法九六条が「その過半数の賛成」といっている意味の解釈である。これは、有権者の過半数、国民投票を行った者の過半数、いろいろ解釈できるが、この法案は、有効投票の過半数とした。賛成の数をできるだけ少なくてすむようにしたものである。しかもとくに重要なのは、改憲の賛否を○、×で求めることにより、白票を認めず、白票は無効票としたことである（四三条）。これは改憲の賛成のハードルをできるだけ低く設定しようとしたねらいに基づく。

注目される第三は、国民投票運動に関し、法案では、特定公務員の国民投票運動の禁止、公務員、教育者の「地位利用の禁止」、さらに、新聞紙、雑誌、放送事業者による虚偽報道の禁止規定など、運動や報道に対する厳しい規制が行われている点である。新聞、雑誌等による「虚偽の事項」の記載、「事実を歪めて記載」することの禁止は、使いようによっては、マスメディアの自由な報道に対する大きな脅威となりかねない恐れがある。

3．国会法改正案のほうで注目されるのは、憲法改正案を発議するには、衆議院では一〇〇人、参議院では五〇人以上の賛成を要するとした点である。

①日本国憲法改正国民投票法案

◇憲法改正国民投票法案提案理由

（憲法改正国民投票法を制定する必要性について）

憲法第九六条は、憲法改正手続の一環として、国民投票が行われることを規定しており、そして、この憲法改正の国民投票を実施するには、その具体的な実施手続を定めた法律の制定が必要となる。しかるに、このような国民投票実施のための法律は、憲法制定後半世紀以上経った現在に至るまで、制定されていない。

そもそも、唯一の立法機関たる国会は、憲法に規定されている事柄を実行するのに必要となる法律を制定すべき義務を負っている。もとより、このような義務はいわゆる政治的な義務という性格のものではあろう。しかし、憲法が、改正手続を定め、必要に応じて憲法改正が行われ、迅速に時代の変化に対応しうることを期しているにもかかわらず、その改正を実行するための立法措置を国会がとらないのは、憲法改正手続を定めた憲法第九六条の趣旨から導かれる国会の立法義務に違反する「不作為」とでもいうべき状態にあると言わざるを得ない。

よって、憲法改正国民投票の実施手続に関する法律を制定することによって、憲法改正の必要が生じた場合に迅速に対応しうるための法整備を早急に行い、上記のような「立法の不作為状態」の解消を図る必要があると考えるものである。

◇日本国憲法改正国民投票法案〈抄〉

第一章　総　則

（趣旨）

第一条　日本国憲法の改正についての国民の承認の投票（以下「国民投票」という。）については、この法律の定めるところによる。

（国民投票に関する事務の管理）

第二条　国民投票に関する事務は、中央選挙管理会が管理する。

（技術的な助言及び勧告並びに資料の提出の要求）

第三条　中央選挙管理会は、国民投票に関する事務について、都道府県又は市町村に対し、都道府県又は市町村の事務の運営その他の事項について適切と認める技術的な助言若しくは勧告をし、又は当該助言若しくは勧告をするため若しくは都道府県又は市町村の事務の適正な処理に関する情報を提供するため必要な資料の提出を求めることができる。

2　中央選挙管理会は、国民投票に関する事務について、都道府県の選挙管理委員会に対し、地方自治法（昭和二十二年法律第六十七号）第二百四十五条の四第一項の規定による市町村に対する助言若しくは勧告又は資料の提出の求めに関し、必要な指示をすることができる。

3　都道府県又は市町村の選挙管理委員会は、中央選挙管理会に対し、国民投票に関する事務の管理及び執行について技術的な助言若しくは勧告又は必要な情報の提供を求めることができる。

（是正の指示）

第四条　中央選挙管理会は、この法律又はこの法律に基づく政令に係る都道府県の地方自治法第二条第九項第一号に規定する第一号法定受託事務（以下この条及び次条において「第一号法定受託事務」という。）の処理が法令の規定に違反していると認めるとき、又は著しく適正を欠き、かつ、明らかに公益を害していると認めるときは、当該都道府県に対し、当該第一号法定受託事務の処理について違反の是正又は改善のため講ずべき措置に関し、必要な指示をすることができる。

2　中央選挙管理会は、この法律又はこの法律に基づく政令に係る市町村の第一号法定受託事務の処理について、都道府県の選挙管理委員会に対し、地方自治法第二百四十五条の七第二項の規定による市町村に対する指示に関し、必要な指示をすることができる。

3　中央選挙管理会は、前項の規定によるほか、この法律又はこの法律に基づく政令に係る市町村の第一号法定受託事務の処理が法令の規定に違反していると認める場合、又は著しく適正を欠き、かつ、明らかに公益を害していると認める場合において、緊急を要するときその他特に必要があると認めるときは、自ら当該市町村に対し、当該第一号法定受託事務の処理について違反の是正又は改善のため講ずべき措置に関し、必要な指示をすることができる。

（処理基準）

第五条　中央選挙管理会は、この法律又はこの法律に基づく政令に係る都道府県の第一号法定受託事務の処理について、都道府県が当該第一号法定受託事務を処理するに当たりよるべき基準を定めることができる。

2　都道府県の選挙管理委員会が、地方自治法第二百四十五条の九第二項の規定により、市町村の選挙管理委員会がこの法律の規定に基づき担任する第一号法定受託事務の処理について、市町村が当該第一号法定受託事務を処理するに当たりよるべき基準を定める場合において、当該都道府県の選挙管理委員会の定める基準は、次項の規定により中央選挙管理会の定める基準に抵触するものであってはならない。

3　中央選挙管理会は、特に必要があると認めるときは、この法律又はこの法律に基づく政令に係る市町村の第一号法定受託事務の処理について、市町村が当該第一号法定受託事務を処理するに当たりよるべき基準を定めることができる。

4　中央選挙管理会は、この法律又はこの法律に基づく政令に係る市町村の第一号法定受託事務の処理について、都道府県の選挙管理委員会に対し、地方自治法第二百四十五条の九第二項の規定により定める基準に関し、必要な指示をすることができる。

5　第一項又は第三項の規定により定める基準は、その目的を達成するために必要な最小限度のものでなければならない。

（国民投票に関する啓発、周知等）

第六条　総務大臣、中央選挙管理会、都道府県の選挙管理委員会及び市町村の選挙管理委員会は、国民投票に際しては、あらゆる機会を通じて、国民投票の方法その他国民投票に関し必要と認める事項を投票人に周知させなければならない。

2　中央選挙管理会は、国民投票の結果を投票人に対して速やかに知らせるように努めなければならない。

3　投票人に対しては、特別の事情がない限り、国民投票の当日、その投票権を行使するために必要な時間を与えるよう措置されなければならない。

第二章　国民投票の投票権

第七条　日本国民で年齢満二十年以上の者は、国民投票の投票権を有する。ただし、次に掲げる者は、国民投票の投票権を有しない。

一　成年被後見人

二　禁錮以上の刑に処せられその執行を終わるまでの者

三　禁錮以上の刑に処せられその執行を受けることがなくなるまでの者（刑の執行猶予中の者を除く。）

四　公職（公職選挙法（昭和二十五年法律第百号）第三条に規定する公職をいう。）にある間に犯した刑法（明治四十年法律第四十五号）第百九十七条から第百九十七条の四までの罪又は公職にある者等のあっせん行為による利得等の処罰に関する法律（平成十二年法律第百三十号）第一条の罪により刑に処せられ、その執行を終わり若しくはその執行の免除を受けた者でその執行を終わり若しくはその執行の免除を受けた日から五年を経過しないもの又はその刑の執行猶予中の者

五　この法律に規定する罪により禁錮以上の刑に処せられその刑の執行猶予中の者

第三章　国民投票に関する区域

（国民投票を行う区域）

第八条　国民投票は、全都道府県の区域を通じて行う。

（投票区及び開票区）

第九条　国民投票の投票区及び開票区については、公職選挙法第十七条及び第十八条の規定を準用する。この場合において、同条第一項ただし書中「衆議院（小選挙区選出）議員の選挙若しくは都道府県の議会の議員の選挙において市町村が二以上の選挙区に分かれているとき又は第十五条第六項の規定による選挙区があるとき」とあるのは、「国民投票が衆議院議員の総選挙の期日に行われる場合であって、衆議院（小選挙区選出）議員の選挙において市町村が二以上の選挙区に分かれているとき」と読み替えるものとする。

《第四章、第五章略》

第六章　国民投票の期日等

（国民投票の期日）

第三十一条　国民投票は、国会が日本国憲法の改正（以下「憲法改正」という。）を発議した日（国会において最後の可決があった日をいう。）から起算して六十日以後九十日以内において内閣が定める期日に行う。ただし、衆議院議員の総選挙又は参議院議員の通常選挙の期日その他の特定の期日に行う旨の国会の議決がある場合には、当該期日に行う。

（国民投票の期日及び憲法改正案の告示）

第三十二条　内閣は、少なくとも国民投票の期日の二十日（衆議院議員の総選挙の期日に行う場合にあっては十二日、参議院議員の通常選挙

の期日に行う場合にあっては十七日）前に国民投票の期日及び国会法（昭和二十二年法律第七十九号）第六十八条の五第二項の規定に基づき内閣に送付された憲法改正案を官報で告示しなければならない。

第七章　投票及び開票

（一人一票）

第三十三条　国民投票は、一人一票に限る。

（投票管理者）

第三十四条　国民投票の投票区ごとに、投票管理者一人を置く。

2　投票管理者は、国民投票の投票権を有する者の中から市町村の選挙管理委員会が選任する。

3　衆議院議員の総選挙又は参議院議員の通常選挙の期日のいずれかの期日に国民投票を行う場合においては、当該選挙の投票管理者を同時に国民投票の投票管理者とすることができる。

4　投票管理者は、国民投票の投票に関する事務を担任する。

5　投票管理者は、国民投票の投票権を有しなくなったときは、その職を失う。

（投票立会人）

第三十五条　国民投票の投票区ごとに、投票立会人を置く。

2　市町村の選挙管理委員会は、各投票区における投票人名簿に登録された者の中から、本人の承諾を得て、二人以上五人以下の投票立会人を選任し、国民投票の期日前三日までに、本人に通知しなければならない。

3　投票立会人で参会する者が投票所を開くべき時刻になっても二人に達しないとき又はその後二人に達しなくなったときは、投票管理者は、その投票区における投票人名簿に登録された者の中から二人に達するまでの投票立会人を選任し、直ちに本人に通知し、投票に立ち会わせなければならない。

4　同一の政党その他の政治団体に属する者は、一の投票区において、二人以上を投票立会人に選任することができない。

5　投票立会人は、正当な理由がなければ、その職を辞することができない。

6　前条第三項の規定は、投票立会人について準用する。この場合において、同項中「当該選挙の投票管理者」とあるのは、「当該選挙の投票立会人」と読み替えるものとする。

（投票用紙の様式）

第三十六条　投票用紙には、憲法改正に対する賛成又は反対の意思を表示する記号を記載する欄を設けなければならない。

2　投票用紙には、憲法改正案を掲載しなければならない。

3　投票用紙は、別記様式に準じて都道府県の選挙管理委員会が調製しなければならない。

（投票の方式）

第三十七条　投票人は、投票所において、憲法改正に対し賛成するときは投票用紙の記載欄に○の記号を、憲法改正に対し反対するときは投票用紙の記載欄に×の記号を、自ら記載して、これを投票箱に入れなければならない。

2　投票用紙には、投票人の氏名を記載してはならない。

3　第一項の○又は×の記号の記載方法その他投票の方式に関し必要な事項は、政令で定める。

（点字投票）

第三十八条　投票人は、点字による投票を行う場合においては、投票所において、投票用紙に、憲法改正に対し賛成するときは賛成と、憲法改正に対し反対するときは反対と、自ら記載して、これを投票箱に入れなければならない。

2　前項の場合における投票用紙の様式その他必要な事項は、政令で定める。

（投票の秘密保持）

第三十九条　何人も、投票人のした投票の内容を陳述する義務を負わない。

（投票録）

第四十条　投票管理者は、国民投票の投票録を作り、投票に関する次第を記載し、投票立会人とともに、これに署名しなければならない。

（開票管理者及び開票立会人）

第四十一条　国民投票の開票区ごとに、開票管理者一人及び開票立会人を置く。

2　第三十四条第二項から第五項までの規定は開票管理者について、第三十五条第二項から第六項までの規定は開票立会人について準用する。この場合において、第三十四条第三項中「当該選挙の投票管理者」とあるのは「当該選挙の開票管理者」と、同条第四項中「国民投票の投票」とあるのは「国民投票の開票」と、第三十五条第二項中「各投票区」とあるのは「各開票区」と、同条第三項中「投票所」とあるのは「開票所」と、「投票管理者」とあるのは「開票管理者」と、「その投票区」とあるのは「その開票区」と、「投票」とあるのは「開票」と、同条第四項中「投票区」とあるのは「開票区」と、同条第六項中「当該選挙の投票立会人」とあるのは「当該選挙の開票立会人」と読み替えるものとする。

（投票の点検及びその結果の報告）

第四十二条　開票管理者は、投票の点検を終えたときは、直ちにその結果を国民投票分会長に報告しなければならない。

（投票の効力）

第四十三条　国民投票の投票で次の各号のいずれかに該当するものは、無効とする。

一　所定の用紙を用いないもの

二　所定の○又は×の記号の記載方法によらないもの

三　○又は×の記号のいずれも記載していないもの

四　○又は×の記号のほか、他事を記載したもの

五　○又は×の記号を自ら記載しないもの

六　○及び×の記号をともに記載したもの

七　○又は×の記号のいずれを記載したかを確認し難いもの

（開票録）

第四十四条　開票管理者は、国民投票の開票録を作り、開票に関する次第を記載し、開票立会人とともに、これに署名しなければならない。

（投票等の保存）

第四十五条　投票は、有効無効を区別し、投票録及び開票録と併せて、市町村の選挙管理委員会において、第五十五条の規定による訴訟を提起することができる期間又は同条の規定による訴訟が裁判所に係属している間、保存しなければならない。

（投票及び開票に関するその他の事項）

第四十六条　この章に規定するもののほか、国民投票の投票及び開票に関しては、公職選挙法中衆議院比例代表選出議員の選挙の投票及び開票に関する規定の例による。

第八章　国民投票分会及び国民投票会

（国民投票分会）

第四十七条　都道府県ごとに、国民投票分会長を置く。

2　国民投票分会長は、国民投票の投票権を有する者の中から都道府県の選挙管理委員会が選任する。

3　国民投票分会長は、国民投票分会に関する事務を担任する。

4　国民投票分会長は、国民投票の投票権を有しなくなったときは、その職を失う。
5　国民投票分会長は、当該都道府県の区域内における選挙人名簿に登録された者の中から、本人の承諾を得て、国民投票分会立会人三人を選任し、国民投票分会の期日前三日までに、本人に通知しなければならない。
6　国民投票分会は、都道府県庁又は都道府県の選挙管理委員会の指定した場所で開く。
7　国民投票分会長は、都道府県の区域内におけるすべての開票管理者から第四十二条の報告を受けた日又はその翌日に国民投票分会を開き、国民投票分会立会人立会いの上、その報告を調査しなければならない。
8　都道府県の選挙管理委員会は、あらかじめ国民投票分会の場所及び日時を告示しなければならない。
9　第三十五条第三項から第五項までの規定は、国民投票分会立会人について準用する。この場合において、同条第三項中「投票所」とあるのは「国民投票分会」と、「二人」とあるのは「三人」と、「投票管理者」とあるのは「国民投票分会長」と、「その投票区」とあるのは「その都道府県の区域」と、「投票」とあるのは「国民投票分会」と、同条第四項中「一の投票区において、二人以上」とあるのは「二人以上」と読み替えるものとする。

（国民投票分会録）

第四十八条　国民投票分会長は、国民投票分会録を作り、国民投票分会に関する次第を記載し、国民投票分会立会人とともに、これに署名しなければならない。
2　国民投票分会録は、第四十二条の報告に関する書類と併せて、都道府県の選挙管理委員会において、第五十五条の規定による訴訟を提起することができる期間又は同条の規定による訴訟が裁判所に係属している間、保存しなければならない。

（国民投票分会の結果の報告）

第四十九条　国民投票分会長は、第四十七条第七項の規定による調査を終えたときは、国民投票分会録の写しを添えて、直ちにその結果を国民投票長に報告しなければならない。

（国民投票会）

第五十条　国民投票会ごとに、国民投票長を置く。
2　国民投票長は、国民投票の投票権を有する者の中から中央選挙管理会が選任する。
3　国民投票長は、国民投票会に関する事務を担任する。
4　国民投票長は、国民投票の投票権を有しなくなったときは、その職を失う。
5　国民投票長は、投票人名簿に登録された者の中から、本人の承諾を得て、国民投票立会人三人を選任し、国民投票会の期日前三日までに、本人に通知しなければならない。
6　国民投票会は、中央選挙管理会の指定した場所で開く。
7　国民投票長は、すべての国民投票分会長から前条の報告を受けた日又はその翌日に国民投票会を開き、国民投票立会人立会いの上、その報告を調査しなければならない。
8　中央選挙管理会は、あらかじめ国民投票会の場所及び日時を告示しなければならない。
9　第三十五条第三項から第五項までの規定は、国民投票立会人について準用する。この場合において、同条第三項中「投票所」とあるのは「国民投票会」と、「二人」とあるのは「三人」と、「投票管理者」とあるのは「国民投票長」と、「その投票区における投票人名簿」とあるのは「投票人名簿」と、「投票」とあるのは「国民投票会」と、同条第四項中「一の投票区において、二人以上」とあるのは「二人以上」と読み替えるものとする。

（国民投票録）

第五十一条　国民投票長は、国民投票録を作り、国民投票会に関する次第を記載し、国民投票立会人とともに、これに署名しなければならない。

2　国民投票録は、第四十九条の報告に関する書類と併せて、中央選挙管理会において、第五十五条の規定による訴訟を提起することができる期間又は同条の規定による訴訟が裁判所に係属している間、保存しなければならない。

（国民投票の結果の報告及び告示等）

第五十二条　国民投票長は、第五十条第七項の規定による調査を終えたときは、国民投票録を添えて、直ちにその結果を中央選挙管理会に報告しなければならない。

2　中央選挙管理会は、前項又は第六十一条第四項後段の報告を受けたときは、直ちに有効投票の総数、憲法改正に対する賛成の投票の数及び反対の投票の数並びに憲法改正に対する賛成の投票の数が有効投票の総数の二分の一を超える旨又は超えない旨を官報で告示するとともに、総務大臣を通じ内閣総理大臣に通知しなければならない。

3　内閣総理大臣は、前項の通知を受けたときは、直ちに同項に規定する事項を衆議院議長及び参議院議長に通知しなければならない。

（国民投票分会及び国民投票会に関するその他の事項）

第五十三条　この章に規定するもののほか、国民投票分会及び国民投票会については、公職選挙法第八十二条、第八十四条及び第八十五条の規定を準用する。この場合において、同法第八十二条中「選挙人」とあるのは「投票人」と、同法第八十五条中「選挙会場及び選挙分会場」とあるのは「国民投票分会場及び国民投票会場」と読み替えるものとする。

第九章　国民投票の効果

第五十四条　国民投票の結果、憲法改正に対する賛成の投票の数が有効投票の総数の二分の一を超える場合は、当該憲法改正について国民の承認があったものとする。

2　内閣総理大臣は、第五十二条第二項の規定により、憲法改正に対する賛成の投票の数が有効投票の総数の二分の一を超える旨の通知を受けたときは、直ちに当該憲法改正の公布の手続を執らなければならない。

第十章　訴　訟

（国民投票無効の訴訟）

第五十五条　国民投票の効力に関し異議があるときは、投票人は、中央選挙管理会を被告として、第五十二条第二項の規定による告示の日から起算して三十日以内に、東京高等裁判所に訴訟を提起することができる。

（国民投票無効の判決）

第五十六条　前条の規定による訴訟の提起があった場合において、国民投票についてこの法律又はこの法律に基づく命令の規定に違反することがあるときは、国民投票の結果に異動を及ぼすおそれがある場合に限り、裁判所は、その国民投票の全部又は一部の無効の判決をしなければならない。

（訴訟の処理）

第五十七条　第五十五条の規定による訴訟については、裁判所は、他の一切の訴訟に優先して、速やかにその裁判をしなければならない。

（訴訟に関する通知）

第五十八条　第五十五条の規定による訴訟が提起されたとき若しくは裁

判所に係属しなくなったとき又はその訴訟について裁判が確定したときは、裁判所の長は、内閣総理大臣及び総務大臣を通じ中央選挙管理会に対し直ちにその旨を通知しなければならない。

（訴訟手続に関するその他の事項）

第五十九条　第五十五条から前条までの規定に定めるもののほか、第五十五条の規定による訴訟については、公職選挙法第二百十四条及び第二百十九条第一項の規定を準用する。

（国民投票無効の告示）

第六十条　第五十五条の規定による訴訟の結果、国民投票の全部又は一部の無効の判決が確定したときは、中央選挙管理会は、直ちにその旨を官報で告示しなければならない。

第十一章　再投票及び更正決定

第六十一条　第五十五条の規定による訴訟の結果、国民投票の全部又は一部が無効となった場合においては、第四項の規定に該当する場合を除いて、更に国民投票を行わなければならない。

2　前項の規定による国民投票の期日は、中央選挙管理会が定め、少なくとも当該期日の二十日前に官報で告示しなければならない。

3　第五十五条の規定による訴訟を提起することができる期間又は同条の規定による訴訟が裁判所に係属している間は、第一項の規定による国民投票を行うことができない。

4　第五十五条の規定による訴訟の結果、国民投票の全部又は一部が無効となった場合において、更に国民投票を行わないで国民投票の結果を定めることができるときは、国民投票会を開き、これを定めなければならない。この場合においては、国民投票長は、国民投票録を添えて、直ちにその結果を中央選挙管理会に報告しなければならない。

第十二章　国民投票に関する周知

第六十二条　都道府県の選挙管理委員会は、政令で定めるところにより、憲法改正案、投票用紙の見本その他国民投票に関し参考となるべき事項を掲載した国民投票公報を発行しなければならない。

2　前項の国民投票公報の配布については、公職選挙法第百七十条の規定を準用する。この場合において、同条第一項中「選挙」とあるのは「国民投票」と、「選挙人名簿」とあるのは「投票人名簿」と、同条第二項中「選挙人」とあるのは「投票人」と読み替えるものとする。

3　前二項に規定するもののほか、国民投票公報の発行の手続に関し必要な事項は、中央選挙管理会が定める。

第十三章　国民投票運動に関する規制

（特定公務員等の国民投票運動の禁止）

第六十三条　次に掲げる者は、在職中、国民投票に関し憲法改正に対し賛成又は反対の投票をさせる目的をもってする運動（以下「国民投票運動」という。）をすることができない。

一　中央選挙管理会の委員及び中央選挙管理会の庶務に従事する総務省の職員並びに選挙管理委員会の委員及び職員

二　裁判官

三　検察官

四　会計検査官

五　公安委員会の委員

六　警察官

七　収税官吏及び徴税の吏員

2　投票管理者、開票管理者、国民投票分会長及び国民投票長は、在職中、その関係区域内において、国民投票運動をすることができない。

3　第四十六条の規定によりその例によるものとされる公職選挙法第四十九条の規定による投票に関し、不在者投票管理者は、その者の業務上の地位を利用して国民投票運動をすることができない。

（公務員等の地位利用による国民投票運動の禁止）

第六十四条　次に掲げる者は、その地位を利用して国民投票運動をすることができない。

一　国若しくは地方公共団体の公務員又は特定独立行政法人（独立行政法人通則法（平成十一年法律第百三号）第二条第二項に規定する特定独立行政法人をいう。以下同じ。）の役員若しくは職員

二　公団等の役職員等（公職選挙法第百三十六条の二第一項第二号に規定する公団等の役職員等をいう。）

（教育者の地位利用による国民投票運動の禁止）

第六十五条　教育者（学校教育法（昭和二十二年法律第二十六号）に規定する学校の長及び教員をいう。）は、学校の児童、生徒及び学生に対する教育上の地位を利用して国民投票運動をすることができない。

（外国人の国民投票運動の禁止等）

第六十六条　外国人は、国民投票運動をすることができない。

2　外国人、外国法人又はその主たる構成員が外国人若しくは外国法人である団体その他の組織（以下この条において「外国人等」という。）は、国民投票運動に関し、寄附（金銭、物品その他の財産上の利益の供与又は交付及びその供与又は交付の約束で、党費又は会費その他債務の履行としてされるもの以外のものをいう。以下同じ。）をしてはならない。

3　何人も、国民投票運動に関し、外国人等に対し、寄附を要求し、又はその周旋若しくは勧誘をしてはならない。

4　何人も、国民投票運動に関し、外国人等から寄附を受けてはならない。

（国民投票に関する罪を犯した者等の国民投票運動の禁止）

第六十七条　この法律に規定する罪により刑に処せられ国民投票の投票権を有しない者及び公職選挙法第二百五十二条の規定により選挙権及び被選挙権を有しない者は、国民投票運動をすることができない。

（予想投票の公表の禁止）

第六十八条　何人も、国民投票に関し、その結果を予想する投票の経過又は結果を公表してはならない。

（新聞紙又は雑誌の虚偽報道等の禁止）

第六十九条　新聞紙（これに頼する通信類を含む。以下同じ。）又は雑誌は、国民投票に関する報道及び評論において、虚偽の事項を記載し、又は事実をゆがめて記載する等表現の自由を濫用して国民投票の公正を害してはならない。

（新聞紙又は雑誌の不法利用等の制限）

第七十条　何人も、国民投票の結果に影響を及ぼす目的をもって新聞紙又は雑誌の編集その他経営を担当する者に対し、財産上の利益を供与し、又はその供与の申込み若しくは約束をして、当該新聞紙又は雑誌に国民投票に関する報道及び評論を掲載させることができない。

2　新聞紙又は雑誌の編集その他経営を担当する者は、前項の供与を受け、若しくは要求し、又は同項の申込みを承諾して、当該新聞紙又は雑誌に国民投票に関する報道及び評論を掲載することができない。

3　何人も、国民投票の結果に影響を及ぼす目的をもって新聞紙又は雑誌に対する編集その他経営上の特殊の地位を利用して、当該新聞紙又は雑誌に国民投票に関する報道及び評論を掲載し、又は掲載させることができない。

（放送事業者の虚偽報道等の禁止）

第七十一条　日本放送協会又は一般放送事業者は、国民投票に関する報道及び評論において虚偽の事項を放送し、又は事実をゆがめて放送す

る等表現の自由を濫用して国民投票の公正を害してはならない。

第十四章　罰　則

（買収罪）

第七十二条　次に掲げる行為をした者は、三年以下の懲役若しくは禁錮又は五十万円以下の罰金に処する。

一　国民投票の結果に影響を及ぼす目的をもって、投票人に対し、財産上の利益を供与し、又はその供与の申込み若しくは約束をしたとき。

二　前号の行為をさせる目的をもって、国民投票運動をする者に対し、財産上の利益を供与し、若しくは交付し、又はその供与若しくは交付の申込み若しくは約束をしたとき。

三　前二号の供与若しくは交付を受け、若しくは要求し、又はその供与若しくは交付の申込みを承諾したとき。

四　前三号に掲げる行為に関し周旋又は勧誘をしたとき。

2　中央選挙管理会の委員若しくは中央選挙管理会の庶務に従事する総務省の職員、選挙管理委員会の委員若しくは職員、投票管理者、開票管理者、国民投票分会長若しくは国民投票長又は国民投票事務に関係のある国若しくは地方公共団体の公務員が当該国民投票に関し前項の罪を犯したときは、四年以下の懲役若しくは禁錮又は百万円以下の罰金に処する。公安委員会の委員又は警察官がその関係区域内の国民投票に関し同項の罪を犯したときも、また同様とする。

（新聞紙又は雑誌の不法利用罪）

第七十三条　第七十条第一項又は第二項の規定に違反した者は、五年以下の懲役又は禁錮に処する。

（買収罪等の場合の没収及び追徴）

第七十四条　前二条の場合において収受し、又は交付を受けた財産上の利益は、没収する。その全部又は一部を没収することができないときは、その価額を追徴する。

（国民投票の自由妨害罪）

第七十五条　国民投票に関し、次に掲げる行為をした者は、四年以下の懲役若しくは禁錮又は百万円以下の罰金に処する。

一　投票人又は国民投票運動をする者に対し暴行若しくは威力を加え又はこれをかどわかしたとき。

二　交通若しくは集会の便を妨げ、演説を妨害し、又は文書図画を毀棄し、その他偽計詐術等不正の方法をもって国民投票の自由を妨害したとき。

三　投票人若しくは国民投票運動をする者又はその関係のある社寺、学校、会社、組合、市町村等に対する用水、小作、債権、寄附その他特殊の利害関係を利用して投票人又は国民投票運動をする者を威迫したとき。

（職権濫用等による国民投票の自由妨害罪）

第七十六条　国民投票に関し、国若しくは地方公共団体の公務員、特定独立行政法人の役員若しくは職員、中央選挙管理会の委員若しくは中央選挙管理会の庶務に従事する総務省の職員、選挙管理委員会の委員若しくは職員、投票管理者、開票管理者又は国民投票分会長若しくは国民投票長が故意にその職務の執行を怠り、又はその職権を濫用して国民投票の自由を妨害したときは、四年以下の禁錮に処する。

2　国若しくは地方公共団体の公務員、特定独立行政法人の役員若しくは職員、中央選挙管理会の委員若しくは中央選挙管理会の庶務に従事する総務省の職員、選挙管理委員会の委員若しくは職員、投票管理者、開票管理者又は国民投票分会長若しくは国民投票長が、投票人に対し、その投票しようとし、又は投票した内容の表示を求めたときは、六月以下の禁錮又は三十万円以下の罰金に処する。

（投票の秘密侵害罪）

第七十七条　中央選挙管理会の委員若しくは中央選挙管理会の庶務に従事する総務省の職員、選挙管理委員会の委員若しくは職員、投票管理者、開票管理者、国民投票分会長若しくは国民投票長、国民投票事務に関係のある国若しくは地方公共団体の公務員、立会人（第四十六条の規定によりその例によるものとされる公職選挙法第四十八条第二項の規定により投票を補助すべき者を含む。以下同じ。）又は監視者（投票所、開票所、国民投票分会場又は国民投票会場を監視する職権を有する者をいう。以下同じ。）が投票人の投票した内容を表示したときは、二年以下の禁錮又は三十万円以下の罰金に処する。その表示した事実が虚偽であるときも、また同様とする。

（投票干渉罪）

第七十八条　投票所又は開票所において、正当な理由がなくて、投票人の投票に干渉し、又は投票の内容を認知する方法を行った者は、一年以下の禁錮又は三十万円以下の罰金に処する。

2　法令の規定によらないで、投票箱を開き、又は投票箱の投票を取り出した者は、三年以下の懲役若しくは禁錮又は五十万円以下の罰金に処する。

（国民投票事務関係者に対する暴行罪等）

第七十九条　国民投票に関し、次に掲げる行為をした者は、四年以下の懲役又は禁錮に処する。

一　投票管理者、開票管理者、国民投票分会長、国民投票長、立会人又は監視者に対して暴行又は脅迫を加えたとき。

二　投票所、開票所、国民投票分会場又は国民投票会場を暴行又は威力を用いて混乱させたとき。

三　投票、投票箱その他関係書類を抑留し、損ない、又は奪取したとき。

（多衆の国民投票妨害罪）

第八十条　多衆集合して第七十五条又は前条の罪を犯した者は、次の区別に従って処断する。

一　首謀者は、一年以上七年以下の懲役又は禁錮に処する。

二　他人を指揮し、又は他人に率先して勢いを助けた者は、六月以上五年以下の懲役又は禁錮に処する。

三　付和随行した者は、二十万円以下の罰金又は科料に処する。

2　前項の罪を犯すため多衆集合し、権限のある公務員から解散の命令を三回以上受けたにもかかわらず、なお解散しなかったときは、首謀者は二年以下の禁錮に処し、その他の者は二十万円以下の罰金又は科料に処する。

（凶器携帯罪）

第八十一条　国民投票に関し、銃砲、刀剣、こん棒その他人を殺傷するに足りる物件を携帯した者は、二年以下の禁錮又は三十万円以下の罰金に処する。

2　権限のある警察官は、必要と認める場合においては、前項の物件を領置することができる。

（投票所等における凶器携帯罪）

第八十二条　前条第一項の物を携帯して投票所、開票所、国民投票分会場又は国民投票会場に入った者は、三年以下の禁錮又は五十万円以下の罰金に処する。

（携帯凶器の没収）

第八十三条　前二条の罪を犯した場合においては、その携帯した物件を没収する。

（煽動罪）

第八十四条　演説、放送、新聞紙、雑誌、ビラ、ポスターその他いかなる方法をもってするを問わず、第七十二条、第七十五条又は第七十八条から第八十二条までの罪を犯させる目的をもって人を煽動した者は、一年以下の禁錮又は三十万円以下の罰金に処する。

（新聞紙又は雑誌が国民投票の公正を害する罪）

第八十五条　次の各号のいずれかに該当する者は、二年以下の禁錮又は三十万円以下の罰金に処する。

一　第六十九条の規定に違反して新聞紙又は雑誌が国民投票の公正を害したときは、その新聞紙若しくは雑誌の編集を実際に担当した者又はその新聞紙若しくは雑誌の経営を担当した者

二　第七十条第三項の規定に違反して国民投票に関する報道又は評論を掲載し、又は掲載させた者

（放送事業者が国民投票の公正を害する罪）

第八十六条　第七十一条の規定に違反して日本放送協会又は一般放送事業者が国民投票の公正を害したときは、その放送をし、又は編集をした者は、二年以下の禁錮又は三十万円以下の罰金に処する。

（詐偽登録、虚偽宣言罪等）

第八十七条　詐偽の方法をもって投票人名簿又は在外投票人名簿に登録をさせた者は、六月以下の禁錮又は三十万円以下の罰金に処する。

2　投票人名簿に登録をさせる目的をもって住民基本台帳法（昭和四十二年法律第八十一号）第二十二条の規定による届出に関し虚偽の届出をすることによって投票人名簿に登録をさせた者も、前項と同様とする。

3　第四十六条の規定によりその例によるものとされる公職選挙法第五十条第一項の場合において虚偽の宣言をした者は、二十万円以下の罰金に処する。

（詐偽投票罪等）

第八十八条　投票人でない者が投票をしたときは、一年以下の禁錮又は三十万円以下の罰金に処する。

2　氏名を詐称し、その他詐偽の方法をもって投票し、又は投票しようとした者は、二年以下の禁錮又は三十万円以下の罰金に処する。

3　投票を偽造し、又はその数を増減した者は、三年以下の懲役若しくは禁錮又は五十万円以下の罰金に処する。

4　中央選挙管理会の委員若しくは中央選挙管理会の庶務に従事する総務省の職員、選挙管理委員会の委員若しくは職員、投票管理者、開票管理者、国民投票分会長若しくは国民投票長、国民投票事務に関係のある国若しくは地方公共団体の公務員、立会人又は監視者が前項の罪を犯したときは、五年以下の懲役若しくは禁錮又は五十万円以下の罰金に処する。

（代理投票における記載義務違反）

第八十九条　第四十六条の規定によりその例によるものとされる公職選挙法第四十八条第二項の規定により○又は×の記号を記載すべきものと定められた者が投票人の指示する○又は×の記号を記載しなかったときは、二年以下の禁錮又は三十万円以下の罰金に処する。

（立会人の義務を怠る罪）

第九十条　立会人が、正当な理由がなくてこの法律に規定する義務を怠るときは、二十万円以下の罰金に処する。

（国民投票運動の規制違反）

第九十一条　第六十三条の規定に違反して国民投票運動をした者は、六月以下の禁錮又は三十万円以下の罰金に処する。

2　第六十四条の規定に違反して国民投票運動をした者は、二年以下の禁錮又は三十万円以下の罰金に処する。

3　第六十五条、第六十六条第一項又は第六十七条の規定に反して国民投票運動をした者は、一年以下の禁錮又は三十万円以下の罰金に処する。

4　第六十六条第二項の規定に違反して寄附をし、同条第三項の規定に

違反して寄附を要求し、若しくはその周旋若しくは勧誘をし、又は同条第四項の規定に違反して寄附を受けた者（会社その他の法人又は団体にあっては、その役職員又は構成員として当該違反行為をした者）は、三年以下の禁錮又は五十万円以下の罰金に処する。

5　前項の場合において収受し、又は交付を受けた財産上の利益は、没収する。その全部又は一部を没収することができないときは、その価額を追徴する。

（予想投票の公表の禁止違反）

第九十二条　第六十八条の規定に違反して予想投票の経過又は結果を公表した者は、二年以下の禁錮又は三十万円以下の罰金に処する。ただし、新聞紙又は雑誌にあってはその編集を実際に担当した者又はその新聞紙若しくは雑誌の経営を担当した者を、放送にあってはその編集をした者又は放送をさせた者を罰する。

（不在者投票の場合の罰則の適用）

第九十三条　第四十六条の規定によりその例によるものとされる公職選挙法第四十九条第一項の規定による投票については、その投票を管理すべき者は投票管理者と、その投票を記載すべき場所は投票所と、その投票に立ち会うべき者は投票立会人と、投票人が指示する○又は×の記号を記載すべきものと定められた者は第四十六条の規定によりその例によるものとされる同法第四十八条第二項の規定により○又は×の記号を記載すべきものと定められた者とみなして、この章の規定を適用する。

2　第四十六条の規定によりその例によるものとされる公職選挙法第四十九条第二項の規定による投票については、投票人が投票の記載の準備に着手してから投票を記載した投票用紙を郵送するためこれを封入するまでの間における当該投票に関する行為を行う場所を投票所とみなして、第七十八条第一項及び第八十四条中同項に係る部分の規定を適用する。

3　第四十六条の規定によりその例によるものとされる公職選挙法第四十九条第三項の規定による投票については、船舶において投票を管理すべき者及び投票を受信すべき市町村の選挙管理委員会の委員長は投票管理者と、投票の記載をし、これを送信すべき場所及び投票を受信すべき場所は投票所と、投票を受信すべきファクシミリ装置は投票箱と、船舶において投票に立ち会うべき者は投票立会人と、投票人が指示する○又は×の記号を記載すべき者と定められた者は第四十六条の規定によりその例によるものとされる同法第四十八条第二項の規定により○又は×の記号を記載すべきものと定められた者とみなして、この章の規定を適用する。

（在外投票の場合の罰則の適用）

第九十四条　この法律及びこの法律に基づく命令並びに第四十六条の規定によりその例によるものとされる公職選挙法及び同法に基づく命令により在外公館の長に属させられた事務に従事する在外公館の長及び職員並びに第二十一条第二項及び第三項に規定する在外投票人名簿の登録の申請の経由に係る事務に従事する者は、第六十三条第一項第一号、第七十二条第二項、第七十六条、第七十七条及び第八十八条第四項に規定する選挙管理委員会の職員とみなして、この章の規定を適用する。

2　第四十六条の規定によりその例によるものとされる公職選挙法第四十九条の二第一項の規定による投票については、その投票を管理すべき在外公館の長は投票管理者（第七十九条第一号に規定する投票管理者に限る。）と、その投票を記載すべき場所は投票所と、その投票に立ち会うべき者は投票立会人と、投票人が指示する○又は×の記号を記載すべきものと定められた者は第四十六条の規定によりその例によるものとされる同法第四十八条第二項の規定により○又は×の記号を記載すべきものと定められたものとみなして、この章の規定を適用する。

3　第四十六条の規定によりその例によるものとされる公職選挙法第四十九条の二第二項の規定による投票については、投票人が投票の記載の準備に着手してから投票を記載した投票用紙を郵送するためこれを封入するまでの間における当該投票に関する行為を行う場所を投票所とみなして、第七十八条第一項及び第八十四条中同項に係る部分の規定を適用する。

4　第四十六条の規定によりその例によるものとされる公職選挙法第四十九条の二第三項の規定による投票については、その投票を管理すべき市町村の選挙管理委員会の委員長は投票管理者（第七十九条第一号に規定する投票管理者に限る。）と、その投票を記載すべき場所は投票所と、その投票に立ち会うべき者は投票立会人と、投票人が指示する○又は×の記号を記載すべきものと定められた者は第四十六条の規定によりその例によるものとされる同法第四十八条第二項の規定により○又は×の記号を記載すべきものと定められた者とみなして、この章の規定を適用する。

（国外犯）

第九十五条　第七十二条、第七十三条、第七十五条から第七十七条まで、第七十八条第一項、第七十九条、第八十条、第八十一条第一項、第八十二条、第八十四条、第八十八条から第九十条まで並びに第九十一条第一項、第二項及び第三項（第六十七条の規定に違反して国民投票運動をした者に係る部分に限る。）の罪は、刑法第三条の例に従う。

第十五章　補則

《以下略》

②国会法の一部を改正する法律案

国会法（昭和二十二年法律第七十九号）の一部を次のように改正する。

第六章の次に次の一章を加える。

第六章の二　日本国憲法の改正の発議

第六十八条の二　議員が日本国憲法の改正案（以下「憲法改正案」という。）を発議するには、衆議院においては議員百人以上、参議院においては議員五十人以上の賛成を要する。

第六十八条の三　憲法改正案につき議院の会議で修正の動議を議題とするには、衆議院においては議員百人以上、参議院においては議員五十人以上の賛成を要する。

第六十八条の四　憲法改正案については、第五十一条第二項の規定を準用する。

第五十六条第二項ただし書及び第三項から第五項まで並びに第五十六条の三の規定は、憲法改正案については、これを適用しない。

第六十八条の五　憲法改正案について国会において最後の可決があった場合には、その可決をもって、国会が日本国憲法第九十六条第一項の規定による日本国憲法の改正の発議をし、かつ、同項の承認を求めるために国民に提案したものとする。

憲法改正案について前項の最後の可決があった場合には、その院の議長から、内閣に対し、その旨及びその可決があった日を通知するとともに、これを送付する。

第八十三条の四を第八十三条の五とし、第八十三条の三の次に次の一条を加える。

第八十三条の四　憲法改正案について、後議の議院は、先議の議院の送付案を否決したときは、その議案を先議の議院に返付する。

　憲法改正案について、先議の議院は、後議の議院の回付案に同意しなかった場合において両院協議会を求めないときは、その議案を後議の議院に返付する。

第八十六条の次に次の一条を加える。

第八十六条の二　憲法改正案について、先議の議院において後議の議院の回付案に同意しなかったとき、又は後議の議院において先議の議院の送付案を否決したときは、先議の議院は、両院協議会を求めることができる。

　憲法改正案について、先議の議院が、後議の議院の回付案に同意しなかった場合において両院協議会を求めなかったときは、後議の議院は、両院協議会を求めることができる。

第八十七条第一項中「及び条約」を「、条約及び憲法改正案」に改める。

附則

この法律は、　　から施行する。

理由

　日本国憲法第九十六条に定める憲法改正について、国会がその発議をするための規定を整備する必要がある。これが、この法律案を提出する理由である。

資料Ⅱ・39

改正ＰＫＯ等協力法

（国際連合平和維持活動等に対する協力に関する法律の一部を改正する法律）

二〇〇一年一二月一四日法律第一五七号

［出典］『法令全書』二〇〇一年一二月

コメント

1．これは、一九九二年に制定されたＰＫＯ等協力法（⇩Ⅱ・03）の改正である。ＰＫＯ等協力法は、九・一一テロ事件以前からＰＫＦ本体活動への自衛隊参加を認めるためなどの改正が検討されていたが、テロ事件を好機として、タリバン政権崩壊後のアフガニスタンへの自衛隊派遣をもにらみながら、改正が行われたものである。

2．改正の要点は、ひとつは、九二年法で凍結されていたＰＫＦ本体活動への自衛隊の参加が解禁されたことであり、第二は、テロ対策特措法と同様、武器使用基準が自己または自己とともに現場にいる他の隊員に加え「その職務を行うに伴い自己の管理の下に入った者」の生命又は身体を防衛する場合も含めるよう緩和されたことである。

　国際連合平和維持活動等に対する協力に関する法律（平成四年法律第七十九号）の一部を次のように改正する。

　第二十四条第一項中「他の隊員」の下に「若しくはその職務を行うに伴い自己の管理の下に入った者」を加え、同条第二項及び第三項中「若しくは隊員」を「、隊員若しくはその職務を行うに伴い自己の管理の下に入った者」に改め、同条第八項を削り、同条第九項を同条第八項とし、同条第十項中「、第八項」を削り、同項を同条第九項とする。
附則第二条を次のように改める。
第二条　削除
附則
この法律は、公布の日から施行する。ただし、第二十四条の改正規定は、公布の日から起算して一月を経過した日から施行する。

資料Ⅱ・40

民主党憲法調査会「中間報告」〈抄〉

二〇〇一年一二月一八日
民主党憲法調査会

コメント

1．この「中間報告」は民主党が今までの「論憲」の立場を一歩踏み込んで、現代改憲の二つの課題となっている新自由主義改革の面からと軍事大国化の双方から、憲法の抜本見直しの主張を打ち出した文書である。

2．中間報告は、「偏狭な一国平和主義」という点からと、「極端な個人主義」という二つの面から現行憲法の問題点を指摘し、その見直しを主張しているが、これは、先の二つの課題実現のための憲法の見直しに対応している。

報告は、そのうえで前者の欠陥を克服するために「平和創造国家」への転換が必要であると述べ、また後者の欠陥を克服するために「社会の再構築」が必要であり、そのためには「政府にすべてを依存し、行政の対象者として位置づけられた受益者民主主義や請負型民主主義を脱却し、義務よりまず権利が先行するという戦後民主主義の弱さを克服して、人々が共に支え合い、すべての分野で『国民一人ひとりが主役となって自ら参画し責任を負う新しい民主主義』の時代を切り開くこと」が求められると述べている。この後者の指摘は、かなりあからさまな新自由主義改革の主張である。

3．中間報告の中身では、具体的には、以下の諸点が注目される。

第一に、「偏狭な一国平和主義」の克服、つまり軍事大国化の課題の全面展開は、いまだこの「中間報告」では行われていない点である。報告では、ＰＫＯと憲法の関係だけが検討され、あとの課題は先送りされている。しかし、ここでは、ＰＫＯ活動への自衛隊の参加の拡大のために、それと矛盾する憲法上の規定についての積極的見直し、報告の言葉でいえば「憲法上の整理が避けられない」という点が強調されていることが注目される。

第二に、新自由主義改革の結果生じている既存社会統合の破綻に代わる新たな社会システムづくりの構想と憲法見直し論、さらに新自由主義改革を強力に推進する効率的な政治体制づくりについては、立ち入った検討がなされていることである。首相中心の政治主導体制構築のための憲法見直し、首相公選制の導入、参議院の改革、憲法裁判所の設置構想などである。

これらの改正点は、近年の新自由主義的改憲論に共通するものであり、その内容にはさしたる新味はないが、民主党がそれらを体系的に打ち出した点は画期的な政治的意義をもっていると言えよう。

なお報告はあまりにも膨大なので第三作業部会人権関係部会の部分を省略した。

◇新しい国のかたちと日本の憲法の姿（第一作業部会）

I．いま、なぜ論憲か。

私たちは、半世紀以上も荒波に耐えてきた憲法の柔軟性、そのしなやかさに改めて驚く。それはまた、如何に現在の日本国憲法が国民生活と国民意識の中に深く定着してきたかを示唆している。

私たちは、日本国憲法は戦後の平和国家日本の確立と持続に極めて大きな役割を果たしてきたと受け止めている。日本という国が長い平和を享受することができたということにとどまらず、人権意識や民主主義をこの国に深く根付かせることができたのも、日本国憲法という土台があってのことである。それどころか、国際平和を願う日本国民の感情を広く世界に伝える役割も充分に担ってきたと自負している。

だが、私たちは、その一方で、憲法の運用において惰性に流され、曖昧さのつきまとう憲法解釈のままに、国際社会の要請や時代の変化に鋭く反応する気概をこの国の人々から喪失させているのではないかとの一抹の懸念も抱いている。他国の紛争はともかく、「日本が平和であればそれでよい」といった偏狭な一国平和主義や、他人のことはともかく、「自分のやりたいことをやっていればいい」といった極端な個人主義を産み落としてきたのではないかと心配している。

とりわけ、九〇年代を迎えて、世紀末転換期に応えるかのように、情報化、グローバリゼーション、地球規模での市場経済化などが一気に加速した。政治的には、ポスト冷戦時代の新しい国際秩序の構築を模索するときを迎え、社会的には、移民の増大や一層の南北格差の拡大、そして地球環境問題の切迫化などの挑戦を受けている。

この新たな変化に、日本はどのように応えていくのか。受け身ではなく、自らの主体性と自発性で、能動的に国際的責務を果たしていくべきではないか。新しい世紀にふさわしい国家戦略の確立と展開が求められている。

国内にあっても、経済の長期低迷のみならず、倫理観の変化や教育の荒廃を受けて、安心・安全・効率の社会が脅かされている。遺伝子治療やいわゆるインターネット革命がもたらす新型社会犯罪の発生などのように、「未知との遭遇」ともいうべき新たな不安にも直面している。政治の分野では、政官業の癒着を生み出してきた中央集権型国家から市民参画型の分権型社会への転換が求められている。自由な市場の活性化と同時に、市場の暴走を制御する新たなルール作りも必要だ。

私たちは、戦後日本が自分たちの憲法を制定する歴史的場面に立ち向かいながら、自ら持てる知力のすべてを出し尽くし、その成立のために実に生き生きとした議論を戦わせてきたことを知っている。いま一度、この国の活力を信じて、日本という可能性に充ちた社会の再生に向け、活気ある憲法論議を巻き起こし、二一世紀の新しい日本にふさわしい憲法のあり方を大いに議論するときを迎えていると思う。

そもそも、国のかたちの骨格をなす憲法は、世界の変化にも動じない普遍的な原理をうち立てるとともに、新しい課題にも対応できる優れた対応力・包容力も持っていなければならない。常に歴史を振り返り、新しい課題に挑戦する進取の気風をもって憲法をも議論のテーブルにのせる能動的な姿勢が、いま必要だと考えている。

日本国の憲法をどのように議論すべきか。それについて、私たちは、第一に、日本という国のあるべき姿を描き、第二に、その望ましい姿を構造的に創りだす基本法としての憲法のあり方を検討するべきだと考えている。

ここに提案する草案は、そのための議論の素材として、新しいビジョンを提起し、この国のあり方の方向を示し、そして憲法について私たちは何を討議すればよいのかを投げかけるためのものである。民主党が主張する「論憲」を真摯に推し進めるための問題提起にほかならない。

Ⅱ．二一世紀の新しい日本のかたちを創り出すために

1．豊かな可能性を持つ国・日本を生かす。

日本は、長い歴史と豊かな自然と変化に富んだ四季に育まれた文化や伝統を持つ魅力あふれる国である。この国には、世界に誇ることのできる勤勉で誠実な人々がいる。この優れた特性を生かし、国民と共に、二一世紀の新しい日本、「最良の国・日本」を築いていくべきである。

しかし、今日の現実は、長い不況と将来への強い不安から、日本社会は黄昏時を迎えているのではないかとの声を生み出している。日本はかつての元気をなくし、自信喪失に陥っているかのようであり、少子高齢社会の到来や終身雇用制の動揺、急速な情報社会化、市場主義の蔓延が国民生活の将来に不安をもたらし、これに教育の荒廃やモラルの崩壊、猟奇的犯罪の発生などが伴って、このままでは、日本社会の土台が崩れるのではないかとの不安も生まれている。

この国にいまもっとも必要なことは、社会の再構築だと言わねばならない。経済の停滞も深刻であるが、長期的には日本社会の基礎体力の衰弱そのものが課題となっている。経済はもとより、この「社会の再生」にチャレンジすることが、いまこの国に最も求められている課題である。

社会の再生なくして、少子高齢社会に対応する社会サービスの確保も、市場社会や官僚世界に蔓延しているモラル・ハザードの防止も、教育再興も実現することはでない。いまこそ、「強靱な社会の構築」が何よりも優先されなければならない。

個人の自立と確かなモラルによって支えられた共同社会（コミュニティ）に基礎を置き、国民一人ひとりの自由な創造性が発揮される社会、すなわち「最良の国」日本の実現を私たちはめざすべきである。世界に向けても、日本は、「最強の国」でも「最大の国」でもなく、文字通りの「最良の国」になることを高らかに宣言することが必要だ。それは、世界の国々や人々から信頼され、世界とともに行動する日本となることに他ならない。

国のかたちを構想するとき、何よりも必要なことは、国民と国民のエネルギーを信頼することから始めることである。時代の転換期に臨み、社会の再生に向けて改革すべき点を大胆に変革する勇気と、国民に基礎を置いた新しい政治が確立されるならば、日本は生まれ変わることができると私たちは信じている。

日本は、実に可能性に満ちた国である。古代以来、中国・朝鮮半島やオランダ、南東アジアなどとの交流を経て豊かな文化を築き上げ、近代においてもヨーロッパ先進諸国の文物を積極的に輸入しつつ日本文化に

一層の厚みを創り出してきた国である。それは、対立と排除の文化ではなく、「融合の文化」、「重ね合わせの文化」であり、いわば絶えずそのイノベーションを受け入れる「寛容で柔軟な文化」であった。ここに、いわゆるリベラリズムの源流を見ることができる。この多様性に満ち、新しいものを受容する進取の気風あふれる「柔軟な文化」を糧に、その可能性を新しい時代に向けて切り拓くならば、必ずや世界にも誇れるすばらしい「最良の国・日本」を創造することができると確信している。

2．個人の自立と共同による「社会の再生」をめざす

私たちは、不公平を拡大し、人々に不安と不満をもたらす弱肉強食社会に通じる「市場万能主義」にも、依存心を増長し、個人の尊厳と自立した人格の破壊に通じる「福祉国家至上主義」にも与しない。市場原理の機能を強く支持しているが、社会と政治の積極的役割についても重視している。特に、市場主義と利己主義の行き過ぎは社会のモラル基盤を危ういものとし、不公正や不平等を放置するゆがんだ構造を創り出すことにもなる。

私たちは、個人の選択の自由を広く容認しつつも、ルールを守ることや社会を支えるモラルを大切にする立場に立つ。

二一世紀は、国際人権の時代とも言われている。世界のどこに暮らす人々であっても、大量の人権侵害が繰り返される状況については、国際的な規模でこれを防止しその支援を行う時代である。私たちは、日本がそうした国際活動に率先して大きな役割を果たせることを望んでいる。国内外を問わず、人権や個人の尊厳が尊重される新しい社会の姿を追求していく。

私たちは、個人の自由な選択が保障される社会の形成につとめる。それとともに、国民生活の安心と安全が守られるセーフティネットの整備に徹する。「経済には可能な限りの自由を、生活には最大限のセーフティネットを」である。「自由で安心な社会」の構築が私たちの基本目標なのである。

これからの日本は、人と人、男と女、国と国、人間と自然等の間の「対等」「互恵」を基本に、「自立」と「共生」が織りなす社会の実現をめざしていくべきである。「自助」も「公助」も必要だが、何よりも人々が互いに結び合い助け合う「共助」の世界を大切にする社会を築くべきである。

これらの基本理念を形に変えるため、私たちは、新しい政治手法として、「新・民主主義」の確立を提唱したい。政府にすべてを依存し、行政の対象者として位置づけられた受益者民主主義や請負型民主主義を脱却し、義務よりまず権利が先行するという戦後民主主義の弱さを克服して、人々が共に支え合い、すべての分野で「国民一人ひとりが主役となって自ら参画し責任を負う新しい民主主義」の時代を切り開くことである。

3．分権連邦型国家を創り出し、新しい民主主義を確立する。

私たちは、二一世紀日本の姿は、分権連邦型国家でなければならないと考えている。明治維新以降のわが国は、文明開化・軍国主義・戦後復興という三段階のプロセスを通じて、欧米に「追いつき追い越せ」という目的の下、中央政府が権力を独占し、地方自治体は、その補完的役割を担わされてきた。しかし、権力の集中を必要とするキャッチアップが実現されたことで、その役割も終わりを迎え、今日では官依存の風潮を残す弊害だけとなっている。

いまや、個々の住民の多様なニーズに対応でき、住民による参加と監視がより容易である地方自治体こそが、行政の主役としての地位を占めるべきときである。「地域のことは地域で決める」「自分たちのことは自分たちで決める」という国民主権と民主主義の原点に立ち返り、「分権連邦型国家」への転換を大胆に進めていくべきだと考える。

また、国民の「知る権利」に基礎を置いた情報公開の徹底があって初

めて民主主義が十分に機能し、国民の自由な力が発揮できる。分権改革と情報公開の徹底は、まさに、新・民主主義革命にとって不可欠な条件である。

政治が行政をコントロールし、その政治を国民が選挙を通じてコントロールすることによって、初めて「国民主権に基礎を置く政府」が実現する。時代はいま、必要な改革を迅速に実施する強い政治のリーダーシップを求めており、国民はまた、政策決定過程が透明で、官僚の抵抗によって改革が骨抜きにされることなく、国民のための政治が展開されることを望んでいる。首相権限の明確化、政治主導の省庁運営の確立、行政監視能力の強化、さらなる情報公開の実現、行政改革の徹底推進などを可能とする新たな統治制度を検討すべきである。

4．国際社会と協働する「平和創造国家」日本をめざす。

私たちは、国際社会を与件として、これに依存する国の姿をかえなくてはいけないと考えている。日本は、これまで日米関係を重視するあまり、自前の対外政策と自己主張を持たず、世界の国々から「顔の見えない国」として見られてきた。しかし、日本は、世界平和の中でしか生きられない国である。資源小国であり、国際交易の利益を大いに享受している日本にとって、世界平和はまさに国の存立基盤そのものなのである。それはまた、国際平和と国際社会に信を置き、未来を切り開くことを決意した戦後日本の出発点でもあった。

「平和を享受する日本」から「平和を創り出す新しい日本」へ、すなわち「平和創造国家」へと大転換していくことが重要である。

とくに、国連の効率的体制の確立に日本自らその積極的役割を果たすとともに、国際平和の創造により有効な活動ができるよう国連活動の活性化に取り組んでいくべきである。

冷戦時代の終わりとともに、世界に開かれた海洋国家でもある日本は、自らの創意工夫で、新たな地域的平和秩序の形成に挑んでいくべきときを迎えている。とりわけ、「アジアの中の日本」の地位と役割を明確にし、アジア太平洋地域における外交的リーダーシップを発揮していく必要がある。

今日の世界は、いわゆるグローバリゼーションの大波の中で、民族や国境を越えたコミュニケーションを促進する一方、米国もしくは先進国の「一人勝ち」状態を定着・加速させ、地球規模の不公平と不安を拡大している。こうしたことが、他方でのリージョナリズム（国境を越えた地域主義）やローカリズム（地方主義）、民族主義の復興、原理主義の活性化をもたらしている事実にも目を向ける必要がある。

私たちは、平和主義と人権保障を掲げ、経済的な先進国でもある日本が、このグローバリゼーションが生み出す地球規模の新たな課題にも果敢に挑戦し、その解決に向けて率先して取り組む国となるのを望んでいる。

Ⅲ　今日における憲法論議の前提条件と基本的な課題

憲法は、その国の「統治機構」のあり方および普遍的な「人権保障」を明示し、その下における国のかたちを方向づける基本法である。わけても近代憲法は、「国制」選択の結果を確定する重要な役割を担ってきた。すなわち、君主政体か共和政体か、国権主義か民主主義かを決する重大な意義を近代憲法は担い続けてきた。

従って、それは第一義的に、「国民国家の創設」もしくは「再建」の基盤的枠組みとして機能するものとされてきた。すなわち併存する国家間対立の世界における国の独立を確保するという歴史的使命をも担って、国民統合の実現と国民主義（近代ナショナリズム）を形成する枠組みとしてそれは機能してきた。近代日本では、明治の大日本帝国憲法、戦後の日本国憲法制定時に直面した歴史的局面である。

しかし、二一世紀初頭における憲法論議は、そうした国民国家創設及び再建の時代とは異なる国際政治もしくは国民的課題に直面している。

そもそも、それはいまや「国制」の選択として役割を期待されてはいない。ない。少なくとも、成熟した産業国家においては、民主主義は国と国民生活の与件であり、国民国家という枠組みを確保するという課題はもはや過去のものとなっている。第二に、国という枠組みの下で、ナショナリズムを発揚し、国民意識とその共通言語＝国語を確立するという歴史的使命もまた、過去のものである。

そして、こうした事情が、今日の憲法論議を激しいイデオロギー対立とは異なる次元での、いわば政策的・戦略的レベルでの論争スタイルを求めている背景ともなっている。われわれは、国粋主義に立ち返る守旧的な憲法論議にも、憲法論議をあたかも国制選択の問題として和解できないイデオロギー対立の問題としてのみ取り扱う思考にも組みしない。

では、今日における憲法論議は如何なる視点から展開されるべきであろうか。以下の諸点について、その基本的方向性を整理する必要があると考える。

1．新しい課題と国家の役割についての再定義

私たちは、いま、地球環境問題やグローバリゼーションの光と影、個人の自己決定の尊重とモラルの確立、表現の自由と映像及び言葉の暴力とのバランス、政府の統治能力の向上と参画型政治の促進、そして国家主権の重視と国際協調の実現など、様々な新しい課題の挑戦を受けている。

そこで、最初に、二一世紀初頭における日本が直面している新しい課題に対して、国家はいかなる役割を期待されるべきかを論議する必要がある。とりわけ、以下の五つの課題について再整理する。

（1）グローバリゼーションと国家の役割

二一世紀の新しい国家は、国内の安心と安全、繁栄と公正の確保に責任を負うと同時に、国際社会における社会的公正と人権の保障、平和と安全の確保、地球規模のバランスのとれた繁栄に大きく寄与するものでなければならない。

情報化の加速とともに急進展するグローバリゼーションは、二重の課題を突きつけている。問われているのは、一つは、国家もしくは国境の稀薄化であり、いま一つは、新しい国際協調のあり方である。グローバリゼーションの陰の部分を補い、光の部分を促進する国家の役割を明瞭にすべきである。〈国民益〉と〈国際益〉との調和を積極的に考慮すべきである。

（2）市場と国家の役割

私たちは、自由な市場のための環境整備を優先する。しかし、国家には、その市場経済がもたらす弊害をコントロールし、国民の安心と人間的豊かさを保障する義務があると考える。

明治の近代国家創設以来続いてきた開発途上国型の国家運営は終わらせ、「市場のことは市場に委ねる」と同時に、明快なルールに基づく政府と市場の運営を確立すべきである。しかし、市場の弊害から人々を守る新たなルール作りを進める必要がある。また、ルール違反に対しては公正厳格であるための仕組みを確立するべきである。それとともに、十分に整備されたセーフティネットの確立を政府の責任として明示する。

（3）地域及び個人の自己決定と国家の役割

自由主義の立場に立つ私たちは、地域及び個人の自己決定が何よりも尊重される社会を創り出すことが国家の責任だと考える。これからの社会に必要なのは、個人や地域をいわば上から保護するのではなく、その自立を支援する政府の実現である。また、国民の知る権利や環境権などのほか、生命倫理、情報倫理の確立など、いわゆる「新しい権利」の確保についても検討する必要がある。

ただし、例えば、尊厳死の受容と生命の尊重の両立をどう考えるのか、個人の自己決定とコミュニティの維持・発展との関係をどうはかるのか、など困難な課題に直面している。個人の自己決定と併行してコミュニテ

ィの維持・促進についても政府は責任を持ち、性の解放とモラルの確保、情報の自由と表現の暴力の抑制など倫理的問題について公正な関与が可能な仕組みについても検討する必要がある。

（4）国家とアイデンティティとの関係

国民一人ひとりのアイデンティティを一つのものに限定することはできないし、望ましいことでもない。この前提に立って、日本人及び日本国としての統一したシンボルの確立と尊重を促す必要がある。

このためいわゆる国旗・国歌問題については、新たな次元で議論を起こし、新しい時代にふさわしい日本のシンボルとして明記し定着させていくことが望ましい。また、戦後五〇余年定着してきた象徴天皇制はこれを維持する。

ただし、国民のアイデンティティは、国際共同体、地域社会、ネットワーキングなど多重複合型のものへと連なることを明示することも必要である。

（5）国家と国民との関係

国民主権は、いかなる時代においても普遍的なものである。同時に、国際社会と国民利益との調和に配慮し、より賢明な選択ができるよう国家はその役割を果たす必要がある。

このため、国民投票制度やオンブズマン制度など、代表制と国民参加を同時に生かすことのできる新たな仕組みの創設を検討する必要がある。また、地域分権を促し、国民の直接選択や直接参加の機会を飛躍的に拡大する方向をめざす。このため、分権連邦型システムの構築を検討する。

2．憲法の最高法規性と根本規範の再定義

日本国憲法の根本規範たる「平和主義」「国民主権」「基本的人権の尊重」は、今後も遵守する。しかし、「国際協調主義」「権力分立」についてその明確化または再定義する。また、国家主権のあり方については、国際社会及び国際法との関係を考慮してその相対化を再検討する。

（1）国際法規と憲法との関係

国際社会との協調と共生が歴史の流れとなっている今日、「主権の移譲」を含めて、国際機関と国家のあり方について抜本的に見直す必要がある。日本は、国際社会の責任ある一員として、その積極的な役割を果たしていくことを内外に宣言すべきである。

二〇世紀後半の世界は国際法秩序が整備された時代であり、各国の憲法も、そうした国際法体系の中で位置づけられ、歴史的・政治的意味を持つようになった。憲法は、国内にあっては「最高法規」としての性格を保有しつつも、国際法体系の中では「一つの法規範」に過ぎないとも言える。具体的に、EUでは、ヨーロッパ共同体法が各国憲法やその他国内法の上位法として機能している実例が少なくない。日本の憲法論議においてもこの観点からの議論と再検討が必要である。

（2）普遍的な法としての人権保障と憲法

私たちは、日本を人権保障を促進する国として自らを位置づけ、率先して基本的人権の確立に取り組むべきだと考える。特に、先進国と途上国との人権格差を是正する環境整備において主導的な役割を果たし、世界に誇りの持てる国づくりをめざすべきである。

人権については、フランス人権宣言以来、国際人権法がその法的規定を行っており、各国にあっては憲法及びその他の国内法によってその具体化を裏付けるという形になっている。それは、一国の憲法といえども合理的な理由なくして普遍的な人権を制約することはできないとの国際慣習が広く定着していることを示している。日本国憲法が規定する人権条項も不断にその国際人権保障との関係において再吟味されなければならない。

わけても、人権の前国家性をどう理解するか、プライバシーの権利、環境権、自己決定権など「新しい人権」についてどう規定すべきか、表現の自由とその限界についてはどうか、多文化社会におけるマイノリティの人権はいかにして確保されるか、そして人権保障機構のあり方はどうするか、等々の課題に挑戦する必要がある。

（3）権力分立及び統治機構のあり方と憲法

中央集権型の政治・行政システムと決別し、分権型の政治・行政システムへの転換を推し進める。同時に、転換期にふさわしい政治的リーダーシップが可能な仕組みを確立するとともに、国民参加の新たな制度化を促すべきである。

その国の民主主義の仕組みや統治機構をどのように定めるかは、極めてドメスティック（国内的）な問題である。従って、この点でいくつかの先進事例の参照を求めることはあるとしても、国際法によって強い規定を受けるということは基本的にあり得ない。その基本は国民の創意工夫に委ねられている。

いわゆる権力分立の考えをどう捉えるか、首相公選制の議論とともに議院内閣制について如何に再整理するか、首相の権限についてはどうか、議会の二院制はそのままでよいか、政治（内閣）と行政との関係をどう解釈するか、あるいは国民投票制度導入を進めるべきか、等々を是非検討すべきである。

同時に、分権連邦型国家への転換をどうはかるのか、憲法八章にいう「地方自治の本旨」とは何か、地方公共団体の二層制はこのままでよいか、中央政府と地方政府との関係はどうすべきか、基礎自治体の単位はどうするのか、等々の課題にも応えなくてはいけない。

（4）国権の発動としての安全保障政策の制約と憲法

日本は、国権の発動としての「戦争」の放棄、「武力行使」の禁止を高らかに宣言し、国連傘下の国際紛争解決には積極的・主体的にその役割を果たすことを明瞭に謳うことが必要だと考える。

日本国憲法は、「国権の発動」としての「武力の保持及び行使」を原則禁止している。これは国連憲章の基本原理に沿うものであり、国際紛争の解決は基本的に国連を中心とする国際機関の行動に委ねるとした思想に立つものである。したがって、日本が国連加盟国としての行動原則を優先する限りにおいて、国権の発動としての武力の保持及び行使について自ずと強い制約が存在すると理解すべきである。しかし、このことと日本の国益を考慮し、一国として如何なる安全保障政策を選択すべきかといった論議とは必ずしも相反するものではないし、それは国際連合憲章との整合性の中で実際的に構想されるべき課題である。

とりわけ、近年新たな意味でクローズアップされている国際平和維持活動（ＰＫＯ）について日本はもっと積極的に関わるべきではないか、国連の集団安全保障と日本の役割はどうすればよいか、地域的安全保障体制の構築にどう関わるべきなのか、「戦争の違法化」と国連の強制執行型活動との関係をどう捉えるのかなど、検討されるべき課題は多い。

（5）憲法尊重義務と違憲立法審査制の確立

憲法は、国民と政府によって尊重されるべき基本法である。そのためには、国民が憲法に対する高い信頼感を抱くよう工夫することが欠かせない。その条文を可能な限り明瞭なものとすると同時に、その公正な運用を保障する制度的仕組みを十分に確保する必要がある。

わが国における憲法問題の最大のテーマの一つは憲法の具体化を保障する司法審査が十全に機能していないという点にある。このため、憲法の実現に際しては常に「司法の限界」が焦点となり、その「司法消極主義」が問題とされてきた。憲法がその国内の「最高法規」として機能するかどうかはこの違憲立法審査機能によって担保されるべきものであり、独立の憲法裁判所あるいは憲法院の整備を含め、改めて検討・議論すべきである。

最後に、二一世紀日本の方向をどう定めるかという国家戦略に関する課題がある。これは例えば「世界の中における日本」「東アジア地域と日本」という国家戦略的課題への回答であると同時に、官僚主導型政府運営から国民主導の政府運営への転換をどう位置づけるかという国のかたちに関する政治選択の問題への回答である。それと同時に、そうした国家戦略・国のかたちに合わせた統治機構もしくは政治指導のあり方を確定する作業に連なるものである。それはまた、二一世紀の新しい世紀における日本及び日本人のアイデンティティを方向付ける枠組みともなろう。

◇首相主導の議院内閣制度の確立に向けて（第二作業部会）

日本国憲法の国民主権の原理は、国民によって選ばれた議員からなる国会が内閣総理大臣を指名し、その内閣総理大臣が内閣を組織し運営するという仕組みを定着させてきた。そうした日本国憲法の基本原理と規定にもかかわらず、わが国の内閣運営および内閣と議会との関係については、制度的曖昧性を多く残しながら、もっぱら政府の一機関たる内閣法制局の解釈と戦前からの通念によって推進されてきたという問題を抱えてきた。ある意味では、ここに多くの問題点が凝集していると言えなくもない。

たとえば、憲法の統治原理をなす「権力分立」について、内閣イコール行政と議会イコール政治との間の分離・隔離を当然として、本来「政治の領域」たる内閣を戦前の超然内閣のごとき「行政府」の地位に置き、政治の関与を極力排除する解釈をとり続けてきた。また、憲法の規定にも存在しない「閣議」なる用語をもって内閣総理大臣の権限を拘束し、その政治主導を大きく制約してきた。このため、憲法第六六条1の「首長たる内閣総理大臣」の地位と権限が形骸化されている側面が少なくない。「閣議」のあり方そのものを再検討する必要がある。

それだけではない。憲法自体に整合性が欠けていることによる課題もある。すなわち、憲法第六六条一項の「内閣は……、内閣総理大臣及びその他の国務大臣でこれを組織する」との条文では、主体が「内閣」となっており、首相（内閣総理大臣）は、その一構成員とされているが、これは本来、「首相（内閣総理大臣）」が内閣を組織するとの能動的規定であるべきものである。このことが、「内閣」が「首相（内閣総理大臣）」の上位に置かれて責任所在が曖昧となる原因となってきた。そもそも、内閣総理大臣は、選挙によって国民の多数の支持を得た政党のリーダーが国会で選任されたものであり、その選任された首相（内閣総理大臣）が国務大臣を指名し、内閣を組織するという首相主導型システムが議院内閣制の姿である。現行の規定は、その点を曖昧にする要素を強く持っていると言わねばならない。

こうした解釈は、議院内閣制の母国イギリスでは当然のものであり、ヨーロッパ大陸における議院内閣制の国ドイツでも採られている理解であって、これらの国々における内閣運営の実際にも沿うものである。

そしてまた、このような議院内閣制の姿は、日本における首相主導の政府運営の実現と深く関わるものである。さらに、この種の議院内閣制度に関する理解は、従前からの内閣法制局的憲法解釈や戦前からの通念とはまったく異なるものであるだけでなく、日本国憲法の様々な規定について疑問を投げかけることを意味する。

例えば、憲法第六五条の「行政権は、内閣に属する」との条文は、議院内閣制の趣旨に立てば、本来「行政権は、内閣総理大臣に属する」とすべきとの考えも成り立つ。また、憲法第六六条三の「内閣は、……国会に対して連帯して責任を負う」の規定も、主体を「内閣」という顔の見えない機関に置いているという点で再検討が必要となる。とりわけ、憲法第七四条のいわゆる「主任の大臣」規定と「連署」規定は、首長たる内閣総理大臣の権限を強く制約するものとして問題となってきた。

私たちは、現行の議院内閣制を維持することを基本に、内閣に関する一連の規定についての再検討を進めるべきだと考える。それとともに、日本の統治機構のあり方と運営に関して、政府による解釈権の独占を排し、独立した憲法解釈と裁決の可能な仕組みを検討すべきであると考えている。

1．首相（内閣総理大臣）主導の政府運営の実現

私たちは、首相（内閣総理大臣）主導の政府運営の実現をめざす。このため、「首長たる内閣総理大臣」（憲法第六六条）の実質を阻害する憲法及び内閣法等の規定を見直し、首相の責任と指導性が明確となる法的枠組みを確立する。

そもそも、議院内閣制は、首相（内閣総理大臣）たるに相応しいリーダーが選挙で実質的に選ばれ、国会もしくは大統領・その他の元首によって承認されて任命されるという仕組みである。日本でも、そのような実質を備えるべく九〇年代に入ってから小選挙区制を中心とした選挙制度改革、それに基づく二大政党型政党システムへの転換促進、および首相主導を補佐する内閣府の設置等の改善を行ってきた。

しかし、今日論議を呼んでいる与党事前審査や憲法規定をも制限する内閣法などによって、首相の権限は実質的に大きく制約されているというのが実態である。曖昧性の残る憲法規定を含めて法制度の抜本的見直しを行い、首相主導型の政府運営のための法的枠組みを確保すべきである。とりわけ、「内閣」を主体とする諸規定を再検討して、「首相（内閣総理大臣）」主体の規定へと変換する必要がある。また、首相公選制の導入などとともに、国民が直接的に首相を選択できるに等しい選挙制度の確立についても検討すべきである。

2．内閣が遂行するのは「行政」ではなく、政治による「執行権」の行使である。

憲法第六五条は「行政権は内閣に属する」としているが、ここに言う「行政権」とは本来、例えばカナダ一八六七年憲法第二章にいう「執行権」に相当するものであり、日本の行政組織法に規定される「行政」とはまったく性質の異なるものである。「執行権」とは、行政をコントロールし、政治目的に向けてそれを指揮監督する権限を指すものである。

また、この執行権が付与されるのは、日本においては国会で選任された首相（内閣総理大臣）のみであり、国務大臣はその首相（内閣総理大臣）の補佐機関としての地位を持つに過ぎないと解すべきである。従って、憲法第六五条に規定される「行政権」、すなわち「執行権」は「内閣総理大臣（首相）に属する」と規定するのが当然と言えよう。この点においても、私たちは、憲法規定における「内閣」と「内閣総理大臣」との組み換えを積極的に行う必要があると考える。

3．二院制のあり方と参議院の役割

私たちは、国会の活性化のための審議のあり方の改善とともに、現行の二院制について思い切った再検討を加えるべきだと考える。国会の活性化については、重要法案についての両院合同審査制の積極活用や与党審査の廃止、いわゆる国対政治からの脱却など国会運営のあり方そのものに関わるものも少なくないが、議会の調査機能の充実や行政監視院の設置などの制度的工夫も求められている。

現行の二院制については役割分担の不明確さの解消が従前から課題とされてきた。現行の参議院の役割を大胆に見直し、例えば、参議院議員の大臣指名の廃止、衆議院における予算審議と参議院の決算審議などの役割分担、また長期的な視野に立った調査権限や勧告機能の充実などを検討すべきである。さらに、衆議院と類似する現行の選挙制度を改め、地域代表制、専門性を加味した選任方法へと改革することも検討の余地がある。

4．政府・与党の一体化と責任の明確化

戦後日本の政府運営は、自民党一党支配が長く続いたことも要因となって、与党と内閣の二元体制が採られてきた。その典型が与党の税制調査会であり、与党審査の現実である。このことによって政府の責任が曖昧となり、首相（内閣総理大臣）によって任命された国務大臣が党と省

庁の利害代表として行動するケースもしばしば見られる要因となってきた。

内閣と議会との関係についても、もっぱら与党が野党との駆け引きに対処し、内閣としての議会対応は二の次にされるという状態が続いた。このことがまた、国会に責任を負うべき内閣の姿勢をますます曖昧にする背景となってきたことは否めない。

私たちは、まず、この政府運営の二元構造を排し、内閣の一体的運営と責任の明確化を強く求めたいと考える。このため、内閣以外の議員の行政への関与を厳しく制限し、行政のコントロールに関する内閣の主導性を確保する。同時に、野党の第一党に対して、シャドーキャビネットを義務づけ、一定の範囲での行政への関与を制限的に容認する仕組みを確立することも検討されるべきである。

政府の責任は一義的に国民に対して示されるべきものであり、それには情報の公開、政府の説明責任が不可欠であるが、何よりも政権交代可能な仕組みの充実を欠くことはできないと考える。

5．憲法調査機能の拡充と違憲立法審査制の確立

わが国では憲法解釈の権威を内閣法制局に求めるという奇妙な現象が長く続いてきた。こうしたことの背景には、日本における裁判所の司法消極主義があることは言うまでもない。このためもあって、国民や議会は、裁判所にではなく、内閣法制局に憲法解釈を委ねてきたとの指摘もある。しかし、内閣法制局は政府の一機関に過ぎない。その機関が憲法解釈に権威を振るう姿は権力分立のあり方としても問題が大きいと指摘せざるを得ない。

そこで、私たちは、まず第一に、憲法解釈の機関として立法府たる議会にある衆参両院の法制局を強化し、執行機関の一部局たる内閣法制局を縮小することが必要だと考える。議会における立法作業の強力な支援機関とすると同時に、立法に際しての憲法審査を保障する仕組みの検討も必要である。

次に、日本における司法消極主義の制約を超えて、国民の人権保障と憲法に基づく統治のあり方を確保するため、ヨーロッパや韓国などが採り入れている憲法裁判所もしくは憲法院など、違憲立法審査のできる司法機関を新たに整備することを検討すべきである。

結　語

首相主導の政治を確立するためには、内閣と与党の関係、内閣と議会との関係の見直しと同時に、憲法に規定された「首長たる内閣総理大臣」の権限の明確化と再整理を欠くことができない。そのためには、日本国憲法の規定と内閣法などの再検討も視野に入れるべきである。

また、政府の機能強化と並行して、憲法を保障する違憲立法審査制の確立に早急に取り組む必要がある。

◇すべての人々の人権を保障するために（第三作業部会）《略》

◇分権型社会の実現をめざして（第四作業部会）

日本国憲法は、その第八章「地方自治」で、日本における地方分権の尊重をうたっている。戦後日本は、この精神を踏まえて、とりわけ基礎自治体たる市町村の完全自治体化を保障するとともに、都道府県知事の直接選挙による選出を導入した。地方自治体に対する中央統制についても、「地方自治の本旨」によって制約があることを明示し、極端な中央集権の復活を抑制している。

しかし、機関委任事務を通じた長い間の中央政府による行政的コントロールが続いたことに加えて、課税自主権や財政自治が保障されずに、補助金による強い制約を受けてきた。また、地方自治体の組織権についても様々な制約が課せられており、日本の政治・行政の中央統制体質が温存されたまま、今日に至っているというのが実情である。

こうした制度的・行政的限界の他にも、新たな政治・行政課題が「地

方自治の形骸化」を促進するという現象も生じた。いわゆる福祉国家化や国をあげての産業近代化の推進とともに、政治・行政の官僚化も進行し、中央政府による地方のコントロールが一層強化されるという事態を招いたことも否定できない。

私たちは、こうしたことが、日本における地方自治の定着を阻害し、諸個人や地域の自己決定と自己責任に基づいた民主主義の発達を先送りさせてきた要因だと考える。グローバル化が進む中で、この国に民主主義を深く浸透させ、その新しい政治文化のもとに「自治の精神」を培っていく試みが求められている。そして、いま、この考えに基づき、文化やコミュニティに根ざした日本型「分権型社会」への転換を実現したいと考えている。

民主党は、党の基本方針の一つに「分権連邦型国家の実現」を掲げている。国民一人ひとりの自己決定を尊重し、その意思を大事にする参画型社会の実現には、地方自治の確立を欠かすことはできない。私たちは、「地域のことは地域に暮らす人々が決定する」という原則のもと、日本の国のかたちを大胆に組み換えることを強く熱望する。

ただし、日本は、米国やドイツのような連邦制国家ではなく、イギリスやイタリアと同様の単一制国家である。そして、議院内閣制と権力分立による節度ある統治機構を有する民主主義国家であり、「地方自治」が憲法によって保障された国である。従って、単一国家としての枠組みを当然の与件としつつ、能う限りの「地方自治」を制度的・政治的・社会的に実現することを目標としたい。

1．中央政府の役割を限定し、地方政府の自主性を確立する。

日本における地方自治の確立のために、まず基礎自治体でできることは地域の基礎自治体に、その上で必要な広域行政については広域自治体に、そして中央政府は国として直接責任を負うべき業務に限定するという「補完性の原理」を優先する。このため、中央政府権限限定法（仮称）を定めるとともに、憲法にもその内容が明示されるよう検討する。

また、現行憲法第八章第九二条の「地方自治の本旨」について、その内容をできるだけ明確にして、地方公共団体の組織及び運営に関する立法権の恣意的制約をなくし、中央政府の一方的な関与を排除できるようにする必要がある。併せて、自治体の課税自主権、財政自治について明記することも検討されるべきである。

2．国・地方紛争処理機能の整備と地方参画制度

中央政府・地方政府間および地方自治体間の調整と紛争の処理については、権限を有する第三者機関を設置する。現在、地方分権推進委員会の提言を受けて、「自治紛争処理委員会」の制度が発足しているが、当事者間の同意を原則とする協議制が中心の同制度の改革を含めて、将来的には、違憲立法審査制の適用を視野に入れた調整・勧告・裁定の機構を整備すべきである。特に、憲法には、こうした中央政府・地方政府間及び地方自治体間の紛争処理を想定した規定が欠けており、その規定の成文化についても検討する必要がある。同時に、地方政府が中央政府の意思決定に参画できる仕組みを工夫し、それを参画権として保障する規定の整備の検討が必要である。

3．地方自治憲章の導入と制度化

一九八〇年代以降、ヨーロッパの多くの国で「分権改革」の動きが大きな波となった。フランスやベルギーで「地方分権法」が成立し、イギリスでは「分権」が政府の課題となってスコットランドやウェールズの自治権が飛躍的に拡大された。スイスやアメリカで導入されていた住民投票制度がヨーロッパ各国に波及していったのもこの頃である。国際自治体連合やヨーロッパ地方自治憲章が、地球規模での分権改革の推進が普遍的課題であることを宣言するとともに、地方自治体が自らの憲法たる「憲章」を持つことを奨励している。日本においても、地方自治憲章を地方自治の要として位置づける提言が生まれている。

地方自治体が、自律した政府を持ち、自前の統治機構と住民自治によって自治の実現をより確かなものとするためにも、これらの自治体憲章の意義は小さくないと思われる。憲法や今後の地方自治基本法（仮称）の中にこの「憲章」を明確に位置づけることも重要である。

4．地方自治体のあり方の再検討

現在の地方自治体は、歴史的・政治的経緯もあって画一的で多様性に乏しく、地方自治をもっぱら「行政」のあり方としている傾向が強い。地方自治は、まさに政治そのものであり、民主主義の発現と運営そのものである。地方自治体行政の経営的効率化とともに、多様な参画システムの導入とコミュニティ・レベルにおける住民自治の実現に十分配慮すべきであり、基礎自治体のあり方についてもこの観点からの議論が不可欠である。この点、分権改革の波が大きなうねりとなっているヨーロッパの基礎自治体が、日本のそれと比較して小規模であることの意義を再確認する必要がある。

5．地方政府の多様性の実現

戦後の地方自治体は、首長と地方議会議員とを直接選挙で選ぶという画期的な制度を採り入れており、このことが、地方自治を政治的に保障する仕組みとなってきたことは言うまでもない。しかし、その運営制度が画一的で、変化に乏しく、行政主導の総与党体制という副産物を産み落としてきたことも否めない。

このような画一性を排し、ヨーロッパの国々で見られる議院内閣制型の政府運営、アメリカのシティ・マネージャー制度、あるいは住民総会制の導入など多様な政府形態が可能な仕組みに転換する必要がある。さらに、様々な住民参画制度を整備して、「民主主義の学校」（ブライス）に相応しい地方自治の実現をめざす必要がある。また特に、首長の権限行使が可能な補佐機能についてその整備を検討し、憲法もしくは基本法に明記することも併せて検討すべきである。

結　語

以上の構想に基づき、地方自治に関する憲法的規定の再整備を進めるべきと考える。

◇ＰＫＯの変容と日本の参加について（第五作業部会）

第五作業部会は、（1）国連憲章と日本国憲法、（2）集団安全保障と自衛権、（3）日米安保と日本国憲法、（4）ＰＫＯ変容と日本の参加、（5）地域安全保障体制の構築、（6）自衛隊の役割、（7）国際援助活動等、を主なテーマと定めている。

ここでは、（4）の『ＰＫＯ変容と日本の参加』に論点を絞って中間報告を行なうものである。

1．国連平和維持活動に対する基本姿勢

平和創造国家・日本にとって、国際連合の活性化とその効率的体制の確立は最重要の課題の一つである。国際連合の現実に理想からかけ離れている部分があることは否定できない。しかし、只今現在も平和の破壊や不正義が地球上に存在し、無辜の民が苦しんでいることを思う時、国連の不完全さを理由に傍観者然と振舞うことは許されない。国連の現実を直視しながら、国連活動の実践を通じて、憲章が規定する理想の姿に国連を近づけていく道を、私たちは選びたい。

日本は平和の実現に向けた国際秩序の構築に参加していくべきであり、国連ＰＫＯをその一つの手段として積極的に活用することを国家戦略として明確に位置付けるべきである。本中間報告は、伝統型ＰＫＯはもちろん、平和構築型や平和強制型、複合型ＰＫＯ等、あらゆる種類の国連ＰＫＯに参加する選択肢を日本が持つことを提案する。

（1）国連平和維持活動（ＰＫＯ）は、国連憲章上に明文上の規定はないものの、憲章第六章の平和創造と憲章第七章の平和強制の中間的性格を持ち、「憲章第六章半の活動」と呼ばれてきた。一九四八年以降、多くの地域紛争の拡大防止に重要な役割を果たしてきたのみならず、難民の大量発生やジェノサイド等、人道面での挑戦に対しても重要な役割を果たしている。国連ＰＫＯを万能薬と考える飛躍は戒めなければならないが、国連憲章の規定する理想的な国連軍が存在しない今日、国連ＰＫＯは国連が正当性を付与した集団安全保障メカニズムを構成していると肯定的に評価できる。

（２）冷戦後、敵対行為が事実上存続する状況にあっても国連憲章第七章の下に活動する、平和強制型とも呼ばれるＰＫＯが増加しており、国家間の停戦を前提に停戦監視等を行なう伝統型ＰＫＯと比べ、質的な変化を見せている。こうした新しいＰＫＯについても、「平和に対する脅威、平和の破壊および侵略行為」に関して国連が暫定措置、非軍事的措置、軍事的措置を取ることを規定する憲章第七章の精神に鑑み、集団安全保障活動として正当性を持つと考える。

（３）日本は、国連ＰＫＯへの参加に当たっては、国連が規定するすべての種類の任務を果たせるようにすべきである。ただし、国連ＰＫＯへの参加を日本の義務と捉えることはせず、我が国が特定のＰＫＯに参加すべきか否かは日本の自立的な政策判断によると考える。

（４）日本が国連ＰＫＯに積極的に参加することについては、近隣諸国の理解を得られやすいと考えられる。また、関係国と協働してＰＫＯ活動を行なうこと等を通して、信頼醸成措置（ＣＢＭｓ）としての役割も期待できる。

（５）日本の安全保障に関係する場合等においては、国連ＰＫＯへの参加が国益の観点から重要となるケースが存在することにも留意する。

２．現状の問題点

私たちは、前章で合意された方向性と既存の日本の法制度との関係についても併せて検討した。その結果、我が国の現行法制度のもとに国連ＰＫＯへの全面的参加を実現することは困難であり、現行の法制度及び考え方を抜本的に見直す必要があるとの認識で一致した。特に、敵対行為が予見される平和強制型ＰＫＯへの参加と、国連基準での武器使用の二点が集中的に議論された。

（１）敵対行為が予見され、強制色の強いＰＫＯ

平和強制型ＰＫＯは、安保理決議が当該状況を「国際の平和と安全に対する脅威」と認定し、国連憲章七章のもとに活動することを宣言した上で、派遣されるＰＫＯに「あらゆる必要な措置」を取る権限を付与するなど、強制色を強めている点に特徴がある。停戦合意そのものの存在が不明確であったり、停戦合意の有無に関わらず、戦闘行為が散見される状態で派遣されたりすることも珍しくない。近年の例では、ボスニア、ソマリア、クロアチア、シエラ・レオーネ、東ティモール、コンゴ等のＰＫＯがそれにあたる。

現行の憲法解釈によれば、戦闘行為が予見されるＰＫＯに参加することは、ＰＫＯ部隊（自衛隊）が国際紛争の引き金を引く可能性を排除できないこと、及び、その際に自衛隊の活動が「自衛のための必要最小限度の実力の行使」を超える可能性があることから、憲法九条との関係で問題があると考えられている。従って、九九年時点でのＵＮＴＡＥＴ（東ティモール）への参加を含め、平和強制型ＰＫＯ（実際には複合型ＰＫＯ）への参加を我が国は見送ってきている。

私たちは、事実上の敵対行為の存在の有無に関わらず、また、国連憲章七章の下に行なわれる強制力の強い活動あっても、国連安保理等で正当性が付与される限りは、国連平和維持活動への参加が可能となるよう、我が国の法制度に関する今後の議論を整理すべきであると意見を集約した。国連平和協力法のＰＫＯ参加五原則との関連では、停戦合意を除外することを含め、受入同意、中立性原則、撤退原則の見直しが必要である。それに付随して憲法上の整理を行なうことも避けられない。

（２）国連基準による武器使用

国連がＰＫＯ活動で予定する武器使用は、自衛目的に限定される。しかし、その意味するところは、⑴自己、その他の国連要員、もしくはその防護下にある人々及び地域を防衛すること、並びに、⑵部隊の任務遂行に対する妨害を排除すること、の二つに分かれる。（後者を「任務遂行のための武器使用」と呼ぶ。）一方、日本のＰＫＯの武器使用基準は国連基準に比べ、大幅に限定的である。現行憲法及びその解釈は、ＰＫＯ活動であっても原則「自己保存のための武器使用」しか認めておらず、「任務遂行のための武器使用」は不可能である。そのために、日本のＰＫＯ要員は、例えば武装解除という任務のために武器を使用することができず、本体業務を凍結解除した後も他国のＰＫＯ部隊と同等の任務を果たすことができない。また、国連の言う狭義の自衛（上記⑴）についても、他国のＰＫＯ部隊を防護するための武器使用は原則として認めていない。結果として、日本のＰＫＯ参加が、国連全体のオペレーション効率を下げている側面があることは残念ながら事実である。

私たちは、日本が国連ＰＫＯに全面的に参加できるようにする以上、武器使用についても国連基準と同等のものを認めるべきだと考える。さらに、それが可能になる方向で今後の法制度のあり方を議論することに同意する。

3．今後の論点

私たちは、伝統型ＰＫＯに限定することなく、平和構築型や平和強制型を含め、あらゆる種類の国連ＰＫＯに参加する選択肢を日本が持つべきであることを提案した。そして、この提案を実現するためには、現行法制度の抜本的見直しが不可欠である。予想される見直しはＰＫＯ参加五原則（停戦合意、受入同意、中立性原則、撤退原則、自己保存のための武器使用）の変更を含む。

今後の課題は、このような見直しを可能とする方向で憲法論議を整理することである。本中間報告は、憲法を含む法制度の見直しに関して、以下の論点を例示する。

（1）安全保障基本法等による規定

安全保障基本法又はそれに類似するものを制定し、その中に国連ＰＫＯ活動への全面的参加を明記する方法も考えられる。

（2）ＰＫＯ派遣部隊の位置付けの見直し

ＰＫＯに派遣する部隊を既存の自衛隊から区分し、その部隊に関しては国連ＰＫＯ活動への全面的参加が可能になると考える方法である。完全な別組織とするか、国連待機部隊の形とするか、部隊の身分をどう考えるべきか（国連に属すると考えるか否か等）等については、今後、詳細な議論が必要である。

（3）憲法との関わり

（ア）憲法の関連条文は現行のままとした上で、国連ＰＫＯを集団安全保障と明確に位置付け、集団安全保障を憲法九条と前文の再評価によって積極的に認める方法がある。この場合、集団安全保障の明確な肯定によって国連ＰＫＯへの参加に憲法上の制限はなくなり、平和強制型ＰＫＯへの参加や武器使用の問題も解決する。

（イ）憲法前文及び九条の条文自体を見直す方法も考えられる。この場合、集団安全保障を可能とする旨の根拠条文を加える、集団安全保障への参加を制限する条文を削除する、等の選択肢が考えられる。いずれにしても、国連ＰＫＯ以外の憲法上の論点についても結論を出した上で見直し案を検討することになる。

資料Ⅱ・41

21世紀臨調「国の基本法制検討会議」中間報告（抄）

①新しい日本と憲法・基本法制の課題（総論）

新しい日本をつくる国民会議（二一世紀臨調）

二〇〇二年二月二二日

②国の外交・安全保障・危機管理に関する基本法制上の課題――二一世紀初頭における世界と日本

国の基本法制検討会議・第一回中間報告（外交・安全保障部会編）

二〇〇二年二月二二日

③国の統治機構に関する基本法制上の課題

国の基本法制検討会議・第二回中間報告

二〇〇二年二月二八日

④国民の権利・義務に関する基本法制上の課題

国の基本法制検討会議・第三回中間報告

二〇〇二年三月二〇日

コメント

1．この提言は、一九九九年に設立された「新しい日本をつくる国民会議」、通称二一世紀臨調とそのなかに設置された「国の基本法制検討会議」が、相次いで発表した中間報告である。

二一世紀臨調は、小選挙区制を中心とする政治体制づくりをめざした「政治改革」の実現を掲げて一九九二年につくられた民間政治臨調を、より包括的な、日本の改革をめざす機関として改組する形で、一九九九年七月、亀井正夫を会長として発足した政策提言の組織である。

二一世紀臨調は、発足にあたる宣言で四つの課題を掲げたが、その第一には、「1．われわれは、目前に迫った二一世紀日本のあるべき姿、国の理念、国民目標の新たな創造にむけて、国の統治システム、基本法制の一体的な見直しをおこない、戦後憲法体制の包括的な検証にまで踏み込んだ今世紀最後の国民的議論を推進する。」と、文字どおり日本の全体改革をめざすことを謳っていた。

二一世紀臨調は、発足後、改革を主導する政治体制づくりについてもいくつかの提言を出したが、本中間報告は、同会が、日本の軍事大国化と新自由主義改革の構想を全体として打ち出したものであり、そこでは現憲法下での改革と、憲法改正を含む改革の構想が示されている。

同臨調は、その後、二〇〇二年六月には会長の亀井が、九月には代表幹事赤澤璋一が死去したこともあり、二〇〇三年七月に佐々木毅、茂木友三郎、北川正恭、西尾勝の四名を共同代表に新発足することとなった。

2．この中間報告は、二一世紀臨調およびそのなかに設けられた「国の基本法制検討会議」の打ち出したものである。「基本法制検討会議」の代表は赤澤と西尾の二名で、その下に三つの部会が設けられた。「国の外交・安全保障・危機管理」を担当した第一部会の部会長は、森本敏と北岡伸一であった。「国の統治機構」を担当した第二部会の部会長は西尾、「国民の権利義務」を担当した第三部会の部会長は、福川伸次、草野忠義の二名である。

中間報告は、①二〇〇二年二月二二日に発表された「新しい日本と憲法・基本法制の課題（総論）」、②「総論」と同日、二月二二日に発表された「国の外交・安全保障・危機管理に関する基本法制上の課題」と題する第一部会の「第一回中間報告」、③「国の統治機構に関する基本法制上の課題」と題して二月二八日に発表された第二部会の「第二回中間報告」、④「国民の権利・義務に関する基本法制上の課題」と題し三月二〇日に発表された第三部会の「第三回中間報告」からなる。これら中間報告をまとめた中間報告要旨が、同年六月一八日に発表されている。

ここでは、①、②の全文と、③、④のうち、提言部分を収録した。

3．①、②、③、④の四本の報告は、保守支配層が九〇年代以降に直面した二つの課題、自衛隊の海外派兵と日米の共同軍事行動を可能とする安保体制改革すなわち軍事大国化と新自由主義改革を遂行できる政治体制づくりについて、包括的な改革の構想と、それに必要な憲法を含めた法制改革を提示している点で注目される。

4．総論にあたる①では、「現在」が、明治維新、戦後改革に次ぐ「第三の改革」の時代であるという認識に基づき、「この国のかたちを論」ずるという視点から憲法や基本法制の在り方の見直しが必要であると主張する。そのうえで、提言は、現行憲法を前提にしてただちに取り組むべき基本法制上の改革「立法改革」と、憲法そのものの見直しとの双方を実現するべしという方針を打ち出している。これは、憲法改正について言えば、解釈・立法改憲と明文改憲の並行という主張になっていることが注目される。

5．第一部会の中間報告②で注目される点は下記である。

第一に、アジア情勢では、中国の動向の重要性が強調されており、それとの関係で日米同盟強化の必要性が強調されている点である。「その資源を軍事力に投資する結果、中国の軍事力が拡大し、それが海洋における権益保護に向かう可能性は高く、そのことに多くのアジア諸国は懸念と不安を抱いている。」「地域大国をめざす中国の動向が、アジアにおける最大の不安定要因になる可能性があ」るという点である。

第二に、戦後の自衛隊の諸活動を制約してきた憲法解釈による制約と、冷戦後のアメリカによる要請等との矛盾は限界に達しているとして、解釈の根本的見直し、安全保障体制の改革の必要を訴えている。

第三に、その具体的な中身として、現行憲法下で、解釈・立法により行う改革として、報告は、国家戦略構築のための「国家戦略諮問会議」の設立、安全保障基本法の制定、非常事態法制の整備、多国籍軍、国連軍、PKFなど国連平和創生活動への参加、日米同盟強化を調整する日米戦略会議の創設、などを提言している。さらに報告は、防衛計画の大綱の改正、武器輸出三原則の見直しにも言及している。

そのうえで、報告は、明文の憲法改正による緊急事態規定の創設、集団的自衛権の明記などの必要性を訴えている。この時点では、北岡らも集団的自衛権の行使容認には、明文改憲が必要と認識していたのであろうか。

6．第二部会の中間報告③で注目すべき点は以下の点である。

第一に、現行憲法下での改革として、税財源移譲、規制緩和、道州制への移行を含めた地方庁創設、地方自治基本法など、後に分権改革や民主党政権下での地域主権改革で具体化される内容が打ち出されていた。もう一つの柱は、首相中心の政治主導のため、単純小選挙区制による保守二大政党制、内閣総理大臣の権限強化、国会改革などが打ち出されている。

第二に、憲法改正では、改憲手続法の制定、憲法での政党条項の新設、国会の会期制廃止、参議院の権限の弱体化、憲法裁判所の創設など、全体として、新自由主義改革の強行に大きな障害物となっている参議院などの権限を低下させることで、改革立法をスムーズに制定させる体制づくりがめざされている。

7．第三部会の中間報告④では、以下の点が注目される。

第一に、所得税の累進制の緩和や財政を圧迫している社会保障費の削減のため、憲法二五条の生存権に基づく「ナショナルミニマム」の見直し、高齢者自己負担の増加、雇用の柔軟化など、多国籍企業の競争力を強化する新自由主義改革の見地からの提言が注目される。

また、主として新自由主義改革の見地から、教育基本法改正をはじめとする教育改革が提起されていることも注目される。

第二に、人権の対象としての「国民」という規定の改正、「民族」「国籍」による差別の廃止など、グローバル化にともなう国内市場の開放を促進する改憲が提唱されていることである。

また、九〇年代以降の改憲論の定番である、環境権、知る権利、プライバシーなど、新しい人権規定の創設も謳われている。

他方、家族規定の創設など、新保守主義的改憲論も入っていることは注目される。

①新しい日本と憲法・基本法制の課題

われわれの立場と問題意識

新しい日本をつくる国民会議（二一世紀臨調）は平成一一年秋の発足と同時に「国の基本法制検討会議」を設置し、二一世紀における日本のあるべき姿を念頭に、国の憲法・基本法制上の諸課題について検討を重ねてきた。

いま、日本は明治維新、戦後改革に次ぐ歴史的な変革の時代を迎えている。日本は後に続く世代のために希望のもてる新しい国のかたちを模索しており、国の骨格を決める憲法や基本法制のあり方についても、その根本に立ち戻った見直しが求められている。

しかしながら、戦後の日本において憲法は、長らく議論をするための土俵さえ用意されてはこなかった。衆参両院に憲法調査会が設置され、国民世論が積極的な憲法論議を求めるなど新しい息吹が見られるようになった今日においても、その状況は基本的に変わっていない。憲法の改正を願う側も、護憲を主張してやまない側も、ともすれば専門家による専門家のための論議に終始し、一般には縁遠い逐条的な論争はあっても、この国のかたちを論ずるという観点から憲法論議そのものを国の政策や基本法制全体の論議の中に位置づけ直し、すべての国民が共有しうる新しい土俵をつくりあげるという試みは、ごく最近まで行なわれることすらなかったのである。

いうまでもなく、憲法を論ずるということはこの国のかたちを論じることである。そして、その論議を始めるということは、国民一人ひとりが自らの手で新しい国づくりへの営みを始めるということにほかならない。憲法の内容に何を盛り込むかということ以上に、そうした問題をわれわれ日本人が扱いうるか否かが問われている。合理的な検討を行いうるだけの政治的な力量と民主主義の成熟の度合い、そして、世界の中の日本のありようを問い、自らの手で新しい生き方を導き出す見識が試されていると言い換えてもよい。

このような観点からわれわれは、検討を始めるにあたり、われわれの進める作業の目標を、憲法を専門としないごく普通の人々の視点に立ち、多くの国民が共有しうる新しい論議の土俵を構築することに置き、以下に掲げる方針にもとづいて検討を進めることとした。

第一に、われわれの検討の場に、護憲であるとか、改憲であるとかといった先入観や従来までの経緯からくる抜きがたい相互不信、あるいは、特定のイデオロギーは絶対に持ち込まないということである。

第二に、最終的には、新しい時代にふさわしい憲法のあり方を希求するための具体的な作業を行うとしても、検討を始めるにあたっては、現行憲法の逐条的な審議からは入らないということである。

第三に、二一世紀初頭の四半世紀先を念頭に、各分野における中長期的な日本の課題を明らかにし、その分野の法制度や政策上の基本的な課題を検討することから出発することである。そして、その過程において現行憲法の可能性と限界の双方を検討し、現行憲法下において直ちに取り組むべき基本法制上の改革、「立法改革」（制度の運用や政策の見直しを含む）と、憲法の見直しを視野に入れて議論することが妥当と思われる「憲法成文上の改正事項」の双方を明らかにすることである。

われわれは以上の方針のもと、基本法制会議の下に「外交・安全保障・危機管理」「国の統治機構」「国民の権利・義務」の三部会を設け、約八〇回におよぶ会議を重ねてきた。会議は経済界、労働界、学識者、ジャーナリストなど各界の有志によって構成されているが、憲法を専門とする者は一人も含まれていない。これは、憲法論議を専門家の世界から解き放し、国民の日々の営みから改めて発想してみたいという、われわれの意志のあらわれである。

また、われわれは検討を進めるにあたり、ともに手を携え活動する与野党の若手国会議員（当選一回から四回程度）と超党派の勉強会を組織し、精力的に意見交換を重ねてきた。これは、新しい時代を担わねばならない若い政治家こそが、この国のかたちを論ずる主役となって欲しいという、われわれの願いのあらわれである。

本日公表する「外交・安全保障・危機管理」に関する部会報告をはじめ、これから逐次公表する予定の各部会報告は、こうした考えにもとづくこれまでの検討成果の一端を中間総括的な意味合いを込めてとりまとめたものである。あくまでも中間報告であり、まだまだ議論を尽していない論点は数多くある。われわれとしては、引き続きその不備な点を補いながら、さらに先の検討を進めていきたいと考えている。

報告書を一読すればわかるとおり、憲法成文上の改正と同等あるいはそれ以上のスペースを現憲法下の改革に当てている。これは、憲法を見直す以前に、あるいはその前提として、現憲法下において早急に取り組まねばならない立法改革上の課題がいかに多いかを端的に物語るものである。

われわれがここに示す中間報告は日本の現状にいかなる改革を求めるものであろうか。何よりも、この数十年の間、世界は変わり日本も大きく変わったということを正しく認識することである。この状況の変化を十分に組み込みながら、日本あるいは日本人のもてる潜在能力を引き出し、克己心と活力にあふれる社会をつくりあげること、そのためにも、国家や個人生活におけるリスクの増加やその質的な変化を念頭におきながら、新しいガバナンスをいかに確立していくかが、改革の核心に位置しなければならない。われわれの報告書は、この「新たなガバナンスの確立」という問題意識に貫かれている。

最後に、報告書の公表にあたり、とくに改革を牽引すべき立場にある政党と政治家に対し次の三点を強調しておきたいと思う。

その一。「改革一〇年」という確固たる信念である。いま政府を中心に進められつつある諸改革はまだ緒に着いたばかりだが、それらの改革がわれわれの指向するような国政全般にわたるものであるとすれば、これから一〇年かかってやり抜くという確固たる信念が必要となる。急ぐものは急いでもよいが、そのリアクションも考慮に入れれば少なくとも一〇年、新しい憲法の構想までを視野に入れて改革をやり抜くという信念がこの際、表明されてしかるべきである。

その二。「日本の国の骨格を変える」。国民は小泉首相に期待している。それだけに、改革の中味がここ数年の緊急対策のごときものであっては国民の失望は免れない。二〇世紀の一〇〇年を経て、いまやあらゆる仕組みが制度疲労をきたしている。「この国の骨格を変える」というのが、改革の基本でなければならない。「改革一〇年」とわれわれが主張するのも正にこの点を踏まえてのものである。

その三。この改革を実行していくために最も必要なことは、力強い政治のリーダーシップと、そのために必要な力の結集であるということを強調しておきたい。われわれがめざそうとしている諸改革は一内閣でできるものではない。今後、政権の交代や政党の再編成がどのような形で行われるかは現時点では予測し難いが、いずれにせよ、改革の焔は引続き数代の内閣とこれからの新しい政権政党に引継がれねばならない。

改革一〇年のうち、内外の情勢からみてこれからの数年こそが、その正念場であろう。いまや、政治に国家を考える若い力が求められている。

②国の外交・安全保障・危機管理に関する基本法制上の課題

はじめに

国の基本法制検討会議の第一部会（国の外交・安全保障・危機管理に関する検討部会）は平成一二年以降、国の基本法制のあり方について、外交・安全保障・危機管理の観点から総合的な検討を行なった。その結果を中間報告としてここに提示し、いくつかの提言を試みてみたい。

まず、当部会が到達した基本認識は以下の通りである。

日本は先の大戦後に制定した憲法にもとづき、約半世紀にわたり、国家の繁栄と安全の確保を最重点課題として、戦後の復興にはじまる国家の再建に努力してきた。日本は主権の回復と同時に、米国との同盟関係の構築という道を選択した。この選択が戦後の目覚ましい復興を可能にし、「世界の奇跡」ともいわれる経済発展を成し遂げるにいたったのは周知のとおりである。

しかし、国際・国内情勢の劇的な変化によって、戦後の占領政策と憲法を起点とする諸政策は、すでに多くの現実的な課題に直面している。従来の方針や政策では、内外の変化や状況の推移に対応できないばかりか、このままでは、国家の存立や国益を損ないかねない事態となりつつある。

すなわち、日本は政治、経済、社会、文化などあらゆる分野で、戦後半世紀における成功の代償としての「負の遺産」に直面しており、その克服が求められている。とりわけ、国家の生存と繁栄にとって不可欠な国の安全保障をめぐる状況が最も深刻である。二一世紀初頭における国際社会の動向と日本の現状を考えると、今後、ますます深刻化する可能性さえ否定できない。

そこで、当部会はこうした諸問題を解決するために、日本は国家としてどうあるべきか、われわれは何をすべきかについて安全保障の側面から総合的な検討を重ねることとした。その際、まず、二一世紀初頭の国際社会とアジアの動向を洞察し、そのなかで、日本がいかなる課題に直面し、いかなる国家として存立しうるのかを検討し、国家の外交・安全保障・危機管理を考えるにあたっての主要課題について考察した。

この検討結果はあくまでも暫定的なものであり、今後さらに検討を加えて、最終的な報告書としたいが、とりあえずの中間的な検討結果は以下の通りである。

Ⅰ．二一世紀初頭の日本をとりまく国際環境

1．二一世紀初頭の国際社会
混沌と模索の四半世紀

歴史は時間の連続による所産である。二一世紀が到来したからといって国際社会の諸現象が突然、変化するわけではない。二〇世紀後半における世界を支配した冷戦構造という国際秩序が崩壊し、およそ一〇年の歳月を経て二一世紀に入ったが、世界は冷戦後の新秩序を模索する努力をいまなお続けている。

しかし、国際社会は依然として混沌とした状態であり、新世界秩序な

るものはいまだ確立されていない。おそらく、二一世紀最初の四半世紀、およそ二〇二〇年から二〇二五年頃までは、国際社会には前世紀の特色と新世紀の諸現象が混在する状況が続き、その間に新たな世界秩序が徐々に構築されることになるであろう。

二〇世紀が人類の歴史の中で果たしてきた役割と意味を簡潔に要約すると、二〇世紀は科学・技術の顕著な進展と産業・経済のめざましい発展によって、人類の生活様式や社会システムが顕著に向上し、人々の生活が豊かに、便利に、かつ安全になった世紀である。このことは、一〇〇年前と今日の社会と日々の生活を比較してみれば容易に想像しうるところである。

しかし、その一方で、世界はこの世紀の前半に二度にわたる世界大戦を経験し、後半には冷戦という別の戦争を続け、この間二〇〇回以上にも及ぶ地域紛争、国際紛争を経験した。この意味で二〇世紀とは、繁栄の世紀であるとともに、多くの貴重な人命が失われた戦争の世紀でもあった。

多元化する国際社会

将来における日本のあり方や国家像を考えるとき、まず、二一世紀初頭とはどのような特色をもち、日本をとりまく二一世紀初頭の国際社会がどのような課題とテーマに直面するかについて推察してみる必要がある。

国際社会は冷戦後の新秩序を模索しつつあり、現段階ではその全貌は必ずしも明確ではない。しかし、ゆっくりと構築される世界秩序なるものは、おそらく、「多元的」「多層的」な性格をもつであろう。冷戦後の世界は米国の一極制という様相を呈している。これは、二一世紀にも相当の間、続くであろうし、現在までのところ、米国以外の国が国際秩序の極になりうる要素はない。従って、世界が「多極化」する可能性は低いものの、「多元的な性格」をもつ可能性はあるといえる。

すなわち、国際社会には、グローバルな機構、地域主義、あるいは、特定の共通な目的や利益を追求する機構や枠組みが重層的に構成され、各国はその中に適宜、帰属しつつ、国益を追求するような構造ができあがる可能性が高い。

影響力を増すソフトパワー

他方、国際社会にどのような新秩序ができあがるにせよ、二一世紀の世界を特徴づける要因としては、まず、グローバル化の急速な進展がある。現在は、経済・金融・情報・技術面でのグローバル化が進み、情報、文化、国民意識、市場経済、民主主義、宗教・民族的ナショナリズムなどの価値観が国境を超えて拡大しつつあるが、このグローバル化は将来、さらにあらゆる分野に広がるであろう。また、国益や国力の面では、軍事力や経済力などの「ハードパワー」よりも、文化、情報・科学技術、理念、制度などの魅力によって引きつける「ソフトパワー」が重視される特徴が顕著となる。

国際社会や国家間の関係を動かす重要な要因としては、価値観や文化、文明という問題が認識されるようになる。こうした価値観や文化、文明の多様性が国際社会をより複雑なものにしていくであろう。また、ロシアや中国については、膨大な核兵器と通常兵器を保有し、地域大国として影響力を拡大することはあっても、ソフトパワーの面では米国に対抗できず、国内の経済発展のためには、米国との間に決定的な対決関係をもたらすような選択はできないものと思われる。

このように、冷戦後の世界がグローバル化の進展と米国による一極制という特色をもつ中で、明確な世界秩序が形成されないために、各国とも安定と繁栄を求めて帰属すべき枠組みがなく、結局のところ、他国との協調をはかりつつ国益を追求せざるをえない。そのため、国際協調主義がさらに発展する。各国とも、国内世論において国益を重視する路線と国際協調主義との相克関係が拡大し、これらをどのようにして調和するかという課題に直面することとなるが、このことは国際社会全体の問題でもある。

米国同時多発テロが示唆するもの

二〇〇一年九月に発生したテロ事件以降、米国の国際社会におけるリーダーシップは増大し、ロシアは米・欧諸国と多くの分野で協調するようになり、残る大国の一つである中国の孤立感が深まっている。しかし、米国の一極制の中で、米・中・ロの主要国の協調が国際社会安定のための重要な要素であるという状況に変わりはなく、とくに、経済面での発展と成長が国力を左右する主因となり続けるであろう。

また、グローバル化が国際社会や各国を豊かに、便利に、安全にする一方で、そのマイナス面として、紛争、テロ、国際犯罪、伝染病、難民、麻薬、大量破壊兵器の拡散などの深刻な地球的規模の諸問題がさらに広がりつつある。国際社会はグローバル・ガバナンス（国際社会の発展、繁栄のために国際公共財である規範、規律の確立をはかること）を確立することで、こうした諸問題に対処しようと試みているが、問題の解決には程遠い状況にある。例えば、二〇〇一年九月に米国内で発生した同時多発テロ事件は、テロを解決するための国際的な枠組みが未発達であった盲点をつかれたという側面もある。また、この同時多発テロ事件とこれに対する対応措置は犯罪と戦争、軍事と警察行動の境界を曖昧なものにしている。

このようにグローバル化、とくにIT化の進展にともない、国家を超越するいわゆるボーダレス現象が顕著になるものの、国家が国民の総体であり、国際社会は国家の集合体であるかぎり、二一世紀においても主権国家は存続し、その意義はなくならないであろう。むしろ、すべての国家の安定と繁栄は、グローバル化の進展による国際社会全体の動向から、より大きな影響を受けるようになるであろう。

他方、国連が国際社会全体の問題を有効に解決して世界の平和と秩序を維持する機能を十分に発揮できるようにはならず、国連のあり方が根本的に見直されるであろう。もっとも、国連による紛争予防のための努力は続けられ、この面では、改善がはかられるであろう。

伝統的同盟関係から「文明・文化・価値観」にもとづく国家関係へ

このような状況の下で、二一世紀初頭の国際社会が直面する主要な課題とテーマは、まず、グローバル化の進展と国益との調和である。また、国際社会では、各国が自国の経済発展を重視し国益を追求する一方で、この国益を増進するために多国間協力・協調を進める傾向にあるが、こうした国益中心の国家主義と、グローバル、あるいは地域機構を中心とする多国間協力・協調主義との調和をどのようにしてはかるかという問題もある。

欧州、アジアなどの主要地域における地域機構は、経済・自由貿易・通貨・関税などの面で統合が進み、これが緩やかに安全保障面での統合へとつながる可能性もある。国家間の関係は「力の均衡」から「力の協調」へと変化し、軍事力よりもソフトパワーが重視されるようになっているが、同時に、「イデオロギーや伝統的な同盟関係」よりも、「文明・文化や価値観にもとづく国家関係」が国際社会の主流を占めるようになりつつあることは注目すべきである。とくに、二〇〇一年九月のテロ事件以降、「法と正義」「自由」「人権」「民主主義」といった価値観のとらえ方が国際関係を動かす主要因になる可能性がある。

役割を増す紛争予防、ヒューマン・セキュリティ

冷戦後の世界で深刻化しつつある大量破壊兵器の拡散、環境破壊、テロ、国際犯罪、麻薬、伝染性疾患、民族・宗教的対立、領有権問題に根ざした地域紛争・国内紛争、難民、経済格差など地球的規模の諸問題の多くは、グローバル化によってもたらされた影の部分である。こうした諸問題を解決するためには、とくに、紛争予防、人間の安全保障（ヒューマン・セキュリティ）、開発、人権、テロなどの分野における多国間協力が不可欠であり、国際社会はこうした問題の解決に大きなエネルギーを傾注せざるを得ないであろう。

また、二一世紀はエレクトロニクスを中心として急速に進んだ科学技術、IT革命がさらに発展し、これらが社会システム、産業構造、人間の生態にきわめて重要な変化をもたらすことが予測され、それにともない人間性や倫理観をいかにして回復するか、多様な価値観や文化、文明の違いをどのように調和するか、科学技術の進歩や経済発展にともなう産業活動と自然との共生をいかにしてはかるか、また、先進国と途上国の経済格差をいかにして是正するかなどの問題にも直面することが予測される。

2. 二一世紀初頭におけるアジア
アジア情勢全般について

二一世紀初頭の世界を以上のように展望すると、アジアもまたその例外ではなく、欧州とともに地域主義を軸にして市場経済体制や民主主義の進展が予測される一方、アジア地域がもつ固有の潜在的な不安定要因が顕在化し、それが域内の発展と安定を停滞させる可能性もある。

アジアは八〇年代後半以降、急速な経済発展をとげ、域内の安定と繁栄が着実に進展してきた。カンボディア和平が達成されて以来、域内には大規模な紛争も発生しておらず、歴史的に見ても最も平和な時期が到来している。九〇年代に入ってからは、域内に多方面にわたる多国間協力が進展してきた。APECやARFはその一例である。

このアジアにおける多国間協力は、欧州と比べれば緩やかな地域主義であり、アジアの多様性という特色を考えれば、これがすぐに地域的な枠組みに発展する可能性は低い。しかし、自由貿易圏のような多国間協力枠組みができれば、これが地域経済圏へ発展する可能性はあり、その点で二一世紀初頭はアジアの地域主義がどのように発展していくかという方向づけが行なわれる時期でもある。

アジア経済は九七年後半以降、通貨危機、金融危機、経済危機に見まわれた。一部の東南アジア諸国を除き、ほぼ経済的な困難を克服し、もとの経済発展の基調に回復しつつあったが、二〇〇一年の米国同時多発テロとITバブル崩壊の影響により、短期的には、ふたたび不透明感を増しつつある。しかし、アジア諸国の懸念と心配はむしろ、こうした経済発展を持続させるために、域内の政治・安全保障面での安定をいかにして確保するかということにある。アジアには潜在的に不安定要因が多く、これらの諸問題を多国間協力で処理・解決できるかどうかという問題も共通の関心である。

とくに、朝鮮半島問題、中国・台湾関係、南シナ海問題、アフガン・カシミール問題を含む固有の地域問題や、テロ、領有権問題、人種的・宗教的・部族的対立、核兵器・ミサイルなど大量破壊兵器の拡散、軍備拡張競争、ナショナリズム、労働力の移動や海洋の不安定、人口増加や経済発展にともなう食糧・エネルギー不足、環境破壊、テロ、麻薬・国際犯罪、経済格差の拡大といった多くの問題がある。これらの諸問題に対し、多国間協力によって対応できるような地域主義をどのように発展させるか、地域主義と域内大国の国益をどのように調和させるかが、地域における繁栄と安定の鍵となる。

さらにアジアは、地域的な多様性と域内各国がもつナショナリズム的な傾向を、経済的発展や地域的な安定・繁栄を目的とする多国間協力・協調を基礎とする地域主義によって、どのように克服できるかという問題に直面するであろう。これらの諸問題の中で、日本が安全保障上とくに注意しなければならないのは、海洋の安定問題、大量破壊兵器の拡散およびエネルギー問題である。

二〇〇一年九月に発生したテロ事件以降、米国の前方展開戦略を含む国防戦略がどのように変化するかについても注意深く検討していく必要がある。その際、米国は今後、域内諸国、とくに同盟国や友好国の協力を得て、多国間の安全保障面での抑止機能を発揮しつつ兵力構成を再検討していく可能性があり、それが域内の安定にいかなる影響を与えるかについても慎重に検討し、日本の安全保障政策に反映させていく必要があろう。

中国の動向について

また、アジアの繁栄と安定は中国の動向によって大きく変化する可能性がきわめて高い。しかし、中国共産党による独裁体制が今後とも維持されるかどうか、中国経済が今後とも成長し続けるかどうかは現時点においてはなお不透明である。いずれにしても、その資源を軍事力に投資する結果、中国の軍事力が拡大し、それが海洋における権益保護に向かう可能性は高く、そのことに多くのアジア諸国は懸念と不安を抱いている。

地域大国をめざす中国の動向が、アジアにおける最大の不安定要因になる可能性があり、その際、米国の関与政策を中心とするアジア・太平洋政策の動向が大きな影響を与えることになる。米国のアジア・太平洋に対する関与とプレゼンスは引き続きこの地域の重要な安定要因であり、その点で、米国のアジア・太平洋政策はこの地域の平和と安定にとって重要な鍵であり続けている。

いずれにしても、日本のとるべき道は、日米同盟を基礎としてアジアの平和と安定のために政治・経済・安全保障・文化など広範な面で貢献と役割を拡大することである。とくに、ＡＳＥＡＮ、インド、「統一朝鮮国」などとの緊密な協力関係を構築するとともに、米国がこの地域に国益と関心を持ち続けるよう働きかけ、できる限り、米国との安全保障協力を強化していくことが重要である。

北東アジアについて

北東アジアは日・米・中・ロの主要国が接点を有する重要な地域であり、米国の政策と日米同盟の性格、中国の動向、中ロの戦略的関係が引き続き重要な要因であり続けるであろう。とくに、米国の北東アジア政策は日本の安全保障に重大な影響を与える。日本としては、米国と常に緊密な協議をおこない、政策調整をはかる必要がある。

また、日本が最も注視すべきことは朝鮮半島の統一がどのような経緯を経て成立するかであり、半島統一後に北東アジアの国家関係に構造的な変化が起こりうることを念頭に入れて、北朝鮮との関係を含む半島政策を進める必要がある。とくに近年、北朝鮮は平和外交を進めつつ、体制の存続をはかろうとしているが、構造的問題をかかえる経済は改善される可能性はなく、その一方で軍事的な体質と独裁体制に変化はない。

北東アジアにおける核兵器、生物・化学兵器、弾道ミサイルの開発・配備・移転、周辺諸国への妨害・威嚇行動は今後とも排除されない。日本人拉致問題はその重要な一例である。日本としては、このような北東アジアの不安定要因を解決しつつ、北朝鮮の長期的なあり方を戦略的に展望し、半島統一のプロセスが平和裡に進展するよう働きかける必要がある。

また、この点で、日・米・韓の緊密な関係維持も日本の国益に合致する。日本としては北東アジア政策の基本は中国をアジアの安定要因とするため、他のアジア諸国と協力しつつ中国とどのような建設的な関係を維持しうるかということにある。中国を域内の不安定要因にしないために日本が果たすべき役割は大きい。とりわけ、日本としては、中国の内政・経済の動向と中台関係の行方に関心を持たざるを得ないが、台湾海峡の安全保障に対しては、米国と協力しつつ日米同盟にもとづく対応をおこなう必要があろう。

II．日本の国力と国家像

戦後日本の選択

日本は第二次大戦後、連合軍の占領政策と憲法にもとづいて戦後の復興に努めてきた。一九五〇年に朝鮮戦争が勃発し、翌一九五一年九月のサンフランシスコ平和条約によって主権を回復すると同時に、日米同盟の選択をおこない、日本の安全を米国に依存しつつ経済復興を優先させ、「世界の奇跡」ともいわれる経済成長を達成するにいたった。

このように日本は、国際的にはIMF・GATTなどの経済的枠組みと日米同盟関係によって支えられ、さらには、日本人の勤勉さと創意工夫、努力もあって経済的発展と民主主義の育成に努めてきたのであり、この選択は適切なものであったと評価できる。さらに、安全保障面では、日本は朝鮮戦争後に自衛力を保持するようになり、冷戦期には、日米安保体制と自衛力にもとづき、アジア太平洋の平和と安定にも寄与してきた。

日本は日米同盟のもとで、冷戦期には西側の一員として西側の団結と協力のため、政治、経済、安全保障などにおいて多面にわたる貢献をおこない、自国の安定と繁栄の確保に努めてきた。また、国連外交を展開し、経済、開発、技術、文化、人道などの分野で国際貢献を進めてきた。いまや日本は、世界第一位のODA国、世界第二位の国連予算拠出国となり、湾岸戦争後にはPKOにも参加している。

成功の代償としての「負の遺産」

戦後日本の安全保障政策は、日米安全保障体制と日本の防衛努力、そしてグローバルあるいは、アジア・太平洋地域の平和と安定のための外交努力という三つの軸から成り立ってきたが、実体的には、日米安保と防衛力を相互に補完させつつ、抑止と対応の機能を実施することを基本にしてきた。

他方、その具体的な対応は憲法解釈や政治的な要因により制約を受けてきた。その制約とは、①自衛隊は軍隊ではないと内外に説明し、その自衛隊の活動を主として領域内にとどめ、海外派兵やPKOで部隊としての武器使用を禁止するなど、領域外において武力行使にあたる行動をおこない得る一切の活動ができないこと。②同盟国である米国との集団的自衛権行使にあたる一切の行動ができないこと。③有事に際し、政府が緊急対応措置をとるための憲法上の根拠がないこと――などである。日本の安全保障政策とは、この与件の中で何ができるのかという発想によって進められてきたものであり、必ずしも、国益を追求し、国家の安全保障を確保するために何を実施すべきかという考えに立って進められてきたものとは言えない。

しかし、このことによる矛盾はすでに限界に達している。何よりも、こうした政策上の与件は、戦後の経済発展と安定の前提として機能したものの、その一方において、日本の国際社会における貢献を経済や開発の分野に偏ったものにしてきたことは否定できない。米国政府や一部の有識者は、日本のこのような安全保障上の与件をある程度理解しているが、米国議会やジャーナリズム・世論は日本の憲法上の制約を十分に理解しているわけではなく、米国がアジア・太平洋において対応に迫られたとき、しばしば、日本の「安保ただ乗り」論が沸いた。また、日米政府間においても、米国のアジア・太平洋や中東・湾岸での作戦展開にあたり、日本に同盟国として後方分野での支援・協力を求めるたびに摩擦が発生し、しばしば、これが日米同盟の危機を招いてきたことは記憶に新しい。

冷戦後、日米両国は日米同盟の再定義をおこない、日米防衛協力を拡大することとなったが、日本側には、これまでの政策上の与件を合理的に見直しうるような国民的な議論もなく、それを実現するための中長期な戦略も、政治の力量も不足していた。米国は従来、日本の政策上の与件については、その改正を求める発言を控えてきたが、近年では日米同盟の不均衡性と不平等性を問い、日本の政策上の与件を是正すべきだと明確に指摘するようになっている。

一方、国内を見ると、民主主義、自由、人権、経済繁栄、産業、科学・技術、生活様式などの面で著しい進展が見られたものの、近年では社会の活力が低下し、経済的に低迷していることもあり、人々の気持ちにも停滞感が漂っている。とくに、国民意識の中に主権者として公を担う意識が希薄であることは深刻な問題である。国民全体がモラルハザードを起こしているような日本社会の現状は戦後半世紀の「負の遺産」であり、戦後日本の成功のいわば代償にほかならない。

しかし、いまや日本は国際環境の中で国のあり方をその根本から問い直すべき時期を迎えている。これまで日本は、外交、防衛、安全保障政策に戦略的な思考をもたず、総合的な国家戦略を構築しないまま、日米同盟に依存して国家の安全を維持してきた。そのため、日本がいかなる国家として生存しようとしているのか不透明であり、それがために、他のアジア諸国から不安感をもたれている。しかも、そのことについて日本人はいまだに十分に認識していない。

この数年にわたり、日本はあらゆる種類の改革に取り組んでいるが、これらの諸改革のなかで最も重要なもののひとつは、安全保障改革である。いま、日本人に問われるべき問題は、この諸改革を成し遂げなければ、二一世紀の日本はないという意識の改革にほかならない。

日本の国力と国家像

日本が将来の国家像を描く場合、目標として掲げるべき国家像と同時に、それを実現するに必要な国力がどの程度あるのかについての推測と冷静な議論が必要となる。

二一世紀初頭に日本は少子化・高齢化の進展にともない、全体の人口が減少し、産業・社会構造をたとえ改革しても、労働力・資源・エネルギーの不足という問題は根本的に解決できそうにない。IT革命を進め、情報技術の面できわめて特色のある国家として生き残る可能性はあるが、これによって、現在の経済力を将来にわたり維持することもほぼ不可能に近い。また、たとえ憲法を改正したとしても、日本の防衛力が飛躍的に向上することも期待できない。したがって、これらの国力を基礎とした政治・外交・軍事力にも自ずから限界がある。

このような国力を前提として、日本がとくにアジア・太平洋のなかでいかなる国として生存していけるのか、いかなる特長と利点を活用して国益を追求すべきかについては、国民の間に色々な議論があろう。しかし、軍事的にも、経済的にも大国にはなり得ず、かといって、経済的な小国にもなり得ない日本がとるべき選択肢はそう多くはない。

すなわち、科学技術力、情報力、あるいは人間の知恵を基礎とした政治力の面で東アジアの諸国に信頼され、模範となり、その役割を現在よりも向上させるとともに、経済面においては、効率的な経済活動が可能な国づくりをめざし、社会のあり方においては、文化・芸術を大切にし、豊かで、便利で、清潔で、自然と共生する快適かつ安心な、克己心にあふれた品格と魅力ある国となることが求められるであろう。そのために必要な日本のあり方や日本人の生き方の見直しについては、近々とりまとめられる第三部会（国民の権利と義務に関する検討部会）の報告書で後述することになるが、日本は将来にむけて、こうした「ソフトパワー」（軍事力や経済力などのハードパワーに対し、文化、情報・科学技術、理念、制度の魅力で引きつけること）の価値を戦略的に重視した国づくりへと立ち向かう必要がある。

そして、日本がそのような国になりうるとすれば、アジア諸国の人々が争って日本に訪れ教育を受け、触発され、日本をモデルとして自国の発展に努め、日本で過ごすことや日本に住むことを希望することも期待できる。日本がこれを支援し、奨励するような役割を積極的に果たせるとすれば、日本はアジアの中で最も望ましい国のあり方を見出すことができるであろうし、日本はそのような国のあり方を目標とすべきである。

Ⅲ．当面する主要な安全保障上の課題

日本が直面する安全保障上の課題に取り組み、これを解決していくためには、長期的な展望に立った国家としての総合戦略を策定しなければならない。その上で、現憲法下のもとで取り組むべき政策や法制上の改革と、憲法上の諸問題を明らかにしつつ、従来の方針と与件を見直すことが必要となる。以上のような考え方にもとづき、当面必要となる安全保障上の主要課題を整理すると次の通りである。

1．国家戦略の構築～「国家戦略諮問会議」の設置

二一世紀初頭に日本が前項のような国家像を目標として国家のあり方を模索する場合、まず、とりくむべき最重要の課題は日本の国家戦略を構築することである。戦後日本の最大の欠陥は、総合的な国家戦略が欠落していることに尽きる。このことは、①戦後日本が国家観や国家意識についての議論を意図的に回避してきたこと、②日米同盟に大きく依存し独自の戦略をもたないでもやってこれたこと、③国家としての政策遂行手段が経済政策、ＯＤＡ等の経済協力に偏重し、国家戦略を構築してもこれを遂行する手段がきわめて限定され、ともすれば、戦略をもたないほうがよいという風潮があったこと、④国家戦略を起案すべき官僚制度が縦割りになっているため、総合的な国家機能を果たしえなかったこと――等によるものと想定される。

しかし、日本のような主要国の一つが明確な国家戦略を持たないことはかえって他国に不安感や疑心を抱かせることになる。また、何よりも国家戦略がないために国益を損なうことにもなりかねない。このような欠陥を是正し、日本が国家としての総合戦略を構築するためには、首相が力強い指導力を発揮して縦割り行政の弊害を打ち破り、中長期的な観点から国家の戦略を策定するための仕組みを構築する必要がある。

そのためには、①内閣府に内閣総理大臣を議長とする常設の「国家戦略諮問会議」の設置を検討しなければならない。②諮問会議は、「国益の定義とクライテリアの設定」および「国家の存立と安全にかかわる中長期の戦略と基本方針」を策定するとともに、その方針にもとづいて「中長期的な外交、安全保障、防衛政策の立案」や「中長期的な資源・エネルギー、食糧等安保政策の立案」を所掌する。③その構成は内閣総理大臣を議長とし、官房長官、関係閣僚、民間有識者など一〇数名程度とする。④なお、民間有識者は常勤とし、独立の事務局を設置することが適当と思われる。なお、諮問会議を支える独立の事務局には、官・民を問わず国家の総力を挙げて人材を起用する着意が必要である。

国家戦略諮問会議は、すでに内閣府に設置され内閣総理大臣が議長を務める経済財政諮問会議と相まって活動し、経済財政諮問会議が中短期の経済全般の運営の基本方針、財政運営の基本、予算編成の基本方針を調査審議するのに対し、国家戦略諮問会議は経済財政諮問会議の活動の基礎を与えるような、より長期的な国の存立と安全にかかわる運営方針の策定を任務とする。

また、国防に関する重要事項や重大緊急事態への対処のために内閣に設置（非常勤）されている安全保障会議については、国家戦略諮問会議の発足や後述する安全保障基本法の制定にともない、その位置づけを再検討する必要があろう。

2．現憲法下における基本法制、政治的な与件の見直し

日本が取り組むべき最優先の安全保障上の課題は、まず、憲法の枠内で行いうる諸改革を実行に移すことであり、さらには、従来までの基本政策の与件となってきた憲法をはじめとする法的・政治的な制約について国民的な議論を促し、その見直しを始めることである。

日本は冷戦期以降、日米安全保障体制と日本自身の防衛努力および、

世界やアジア・太平洋地域の平和と安定のための国際貢献などの外交努力を柱として、安全保障政策を展開してきた。当然のことながら、これらの諸政策は憲法の枠内で策定され、実行されてきたものであり、日本の安全保障政策にとって最大の与件とは、いうまでもなく憲法であり、それをめぐる政治的問題であった。

他方、こうした憲法上の制約から生じる政策上の与件は現実問題に直面して、いくつもの問題に遭遇することとなった。例えば、一九九一年の湾岸戦争や一九九四年の北朝鮮危機の際、米国の協力要請に日本が十分、応じられなかったため、日米同盟が危機に直面したことや日本のPKO活動は法的な制約が多すぎて他の参加国から不満が出たり、派遣されている自衛隊員に危険が及びそうになる事態が生起したこともある。国際紛争に対し、国際社会が国連安保理決議にもとづき行動するとき、日本のみが憲法上の制約により、多国籍軍などの諸活動に参加できず、財政支援、後方支援やPKOを中心とする貢献を行ってきたが、日本の金で解決するやり方が批判を受けたこともある。

二〇〇一年九月に米国で発生した同時多発テロ事件に対応するために、日本はテロ特別措置法を制定し、米軍を含む外国軍隊に対する輸送・補給などの後方支援のために自衛隊の領域外派遣を行った。さらに、在日米軍基地周辺における基地警備のために自衛隊を活動させることとなった。とくに、インド洋周辺に自衛隊の艦艇・航空機を輸送・補給のために派遣したことは、後方支援のためとは言え、いままでにない画期的な貢献であったと言える。

このテロ特別措置法は従来、憲法解釈上、武力行使の一体化として扱われてきた後方支援分野の活動をほとんど可能にしたという意味において、これにより、現憲法による制約の限界に達したと言えるであろう（例えば、日米同盟関係について言えば、日本側が行なうべき後方支援活動はこれでほとんど可能になったといえる）。すなわち、これ以上の活動を行うためには、憲法の改正問題に取り組む必要が出てきたということになる。

従って、二一世紀初頭における日本をとりまく国際社会やアジアの国際環境を念頭にいれて日本の安全保障を考える際、このような従来における政策上の与件を構成する諸要因を今後、いかにして克服していくかが今後の最大課題である。とくに、日米安全保障関係については、集団的自衛権を行使し、アジア・太平洋の安定のために日米共同で軍事的役割を果たしうることが必要となる。そのためには、今般、テロ特別措置法にもとづいて活動を行った自衛隊の諸活動を十分に検討し、今後の憲法論議の方向づけを行う必要があろう。

他方、集団的自衛権問題が憲法改正を必要とするとしても、それ以前に、現憲法下で日本がやるべきこと、あるいは、やれることがあることにも着目すべきである。例えば、米国が今後、アジア諸国と多国間での緊急即応合同部隊を編成し訓練する場合に、日本がそのような部隊に参加し、協力することは集団的自衛権問題とは言いがたい。日本が多国籍軍に対し、その領域外で輸送・補給などの後方活動に従事することも、集団的自衛権の問題とは言いがたい。このように、日本が国際社会やアジア・太平洋地域の安全保障のために役割を果たしうる分野は広く、これらの諸問題の可能性について再検討する必要があろう。集団的自衛権の問題はそれから後に来る問題である。

防衛力については、米国の抑止機能を補完するとともに、日本の防衛に任じるという二面性を持つよう整備されてきた。今後は米国の国防戦略の変化に応じて、日本として域内における独自の対応能力と地域的防衛協力の拡大をはかることが課題となる。とくに、日米協力や国際協力の拡大にともない、防衛力のあり方を再検討する必要が生じている。そのためには、現在の防衛大綱をさらに見直すとともに、日本独自の対応力を拡充するために必要な防衛力と日米防衛協力のあり方について再検討する必要がある。

日本が国連安保理決議にもとづく国連平和活動に他国と同様の参加・協力を進めることは、国連加盟国として当然の協力である。アジア・太平洋の平和と安定のために行なっている協力のうち、最も重要なものは日米安全保障体制の抑止機能を確保しつつ、この地域の多国間安全保障協力に積極的に取り組むことであり、そのための貢献の一例については、すでに上記のごとく指摘した通りである。

3．安全保障基本法の策定と危機管理体制の確立

さらに日本は、現憲法下で国家としての安全保障を一貫性のある法体系のもとに実行するため、「安全保障基本法」を制定するとともに、これにもとづいて、国家の緊急事態（紛争、内乱、間接侵略、大規模なテロ・騒擾、大規模災害・事変など）に対処するための個別法制ならびに有事（自衛隊法第七六条にもとづく防衛出動が下されるような事態）に対処するための有事法制を体系だてて整備する必要がある。

現在、日本は戦後はじめて有事に対応する法体系の整備に取りかかっているが、さまざまな法律がその時々の情勢に対応してその都度立案される現状は好ましいものではない（例えば、国際緊急援助隊法、PKO法、周辺事態法、船舶検査法、テロ特措法など）。国家の緊急事態や有事に適用される法律は体系的に整備されていなければならず、こうしたあらゆる立法のベースとなり、既存の法体系を包括する基本法が求められる。

安全保障基本法の目的は、国家の安全を確保するための基本的な機構、権限、活動と法体系のあり方を定めることにある。基本法には「事態の設定、宣言等」「必要な権限、権利・義務等」「その他基本事項」を定めることとし、少なくとも、次の規定を盛り込むことが必要と思われる。

①安全保障の定義・目的を示す。

②内閣総理大臣が国家の安全保障に関し最高の責任と権限を有するなど「内閣総理大臣の責任と権限」を明示する。

③内閣総理大臣が安全保障に関する報告を国会に行なうことを義務づけることや、文民統制の考え方など「政府と立法府の関係」を明確にする。

④緊急事態が宣言された場合、内閣総理大臣は安全保障上最小限必要とされる範囲内で、国民の権利と自由の一部を制約するとともに、国民に対し土地、財産、物資等の収用、役務や便宜の供与、提供などの必要な協力、支援を求めることができる旨を定めるなど「国民の権利・義務」にかかわる規定を示す。

⑤自衛隊が、国連活動や同盟国との活動に参加・協力する場合の指針を示す。

とくに、安全保障基本法の制定にあたっては、国家としての国内事態に対応するとともに、事態の内容に応じて、国際社会の活動に対する参加・協力や同盟国に対する協力・支援に関する基本的な要領を含むことが求められる。さらに、この基本法にもとづいて個別法制を整備するための実施要領が示される必要もあろう。もとより本来的には、憲法上、緊急事態に関する規定があることが望ましい。憲法が改正される際には、国家の有事あるいは緊急事態に国家の安定と繁栄のために国民の権利・義務を明確にする規定が設けられることが期待される。

なお、今後予想される緊急事態には、とくに、大規模地震などの自然災害や原発事故、周辺国による妨害行為や挑発行動、組織的なテロや大規模犯罪行為など多種多様な事態が含まれる。近年、日本はこうした各種の事態に直面して効率的に対応してきたとは言いがたく、日本社会の「安全神話」は完全に崩壊している。

とりわけ、大規模地震や火山爆発などの頻発は、日本が地震の活動期に入ったと見られる兆候であり、すでに述べた安全保障基本法にもとづ

き、国家の非常事態に対応するための危機管理上の個別法制（例えば、非常事態法など）を含む必要な国内体制を早急に整備する必要がある。

4．国連平和創生活動と「人間の安全保障」のための活動への参加

日本の安全保障政策上の重要課題は、日本としての国づくりの目標を明確にし、それらを実現するための国益を具体的な目標として認識し、国家としての総合戦略を構築することであり、そのことはすでに強調した通りである。

国家はこの戦略にもとづき、政策の総合性と一貫性を維持し、国益を念頭においた政策を遂行する必要がある。安全保障政策はこの国家戦略から導かれる国家の安定と発展のための基本政策と位置づけられる。そのためには、国家としての安全保障に関する方針を明確にし、法体系を整備して、総理大臣の権限を強化することが重要であることも、すでに述べたところである。

外交戦略は安全保障政策の基本を構成する。日本の外交政策は従来から重点と優先順位が必ずしも明確でなかった。日本が世界やアジアの中で国力に応じた役割を果たしていくためには、外交戦略の重点と優先順位を明確にする必要がある。その際、日本が国連の平和創生活動（PEACE MAKING）や「人間の安全保障」（HUMAN SECURITY）のための活動に積極的に参加・協力できるようにしなければならない。そのための方針についてはすでに述べた「安全保障基本法」において規定することが求められる。

また同時に、国連の行なう紛争予防や人間の安全保障のための活動に対し積極的な役割を果たしつつ、ＯＤＡを戦略的に活用し国益を追求することが重要である。そのためには、「紛争予防と開発のための戦略」および「ＯＤＡ戦略」を見直し、再構築する必要があるが、それらの諸政策の見直しと立案はすでに述べた「国家戦略諮問会議」において行なうことが求められる。

また、アジア戦略についても再構築する必要がある。日本がアジア・太平洋においていかなる国として存在し、地域に関与していくかについての基本方針を明確にし、国際社会とアジア・太平洋における貢献と役割を拡大する必要もある。とくに、中国への対応は最優先課題である。このために、ＡＳＥＡＮ、インド、ロシア、「統一朝鮮国」などとどのような戦略関係を構築すべきかについても再検討すべきである。朝鮮半島統一に対しては、将来の北東アジアにおける国家関係を念頭に戦略的なアプローチをとることが必要であり、また、中・台関係についても、日米同盟を基軸として対応することが重要な配慮である。

日本が国際社会に貢献すべき最も重要な分野は途上国の開発と紛争予防である。これにともなう諸問題（民族・宗教対立、領有権問題、難民、疾病、貧困、人口、食糧・エネルギー、兵器拡散、テロ、麻薬など）の解決に取り組み、これを解決するための多国間協力を促進することである。日本は多国籍軍、国連軍、ＰＫＦなどの国連平和創生活動に対しては、他の先進国と同じような役割と機能を、そのときの国益を勘案しつつ必要に応じて果たすことができるようにする必要がある。

他方、日本はまず、主として非軍事的な分野での役割を進めることにより、国際社会に貢献することが求められている。国連分担金拠出を含む国連活動、ＯＤＡのあり方などを根本的に見直し、途上地域の「開発と紛争予防」や「人間の安全保障」のための活動を進めるためにこれらを活用し、また、国際社会においてイニシアティブをとるための理論と政策を抜本的に構築する必要がある。

5．「日米戦略会議」の創設〜日米同盟と防衛戦略の見直し

日本にとって日米同盟は最も重要な二国間関係の一つであり、従って、日本は日米間の同盟関係を充実し、政策面での協議を緊密化するため、

政府レベルと民間レベルの双方で「日米戦略会議」を設置する必要がある。

日米戦略会議は、二一世紀初頭におけるアジア情勢を評価・分析し、アジア・太平洋の平和と安全を維持するため、日米同盟のあり方について根本的な見直しをおこない、日米間で果たすべき安全保障・防衛面での役割と任務の分担について再検討をおこなう。必要に応じて日米安保条約および日米地位協定の改定も検討すべきである。また、朝鮮半島統一を念頭においた日・米・韓の緊密な防衛協力を推進することは、日本のみならず北東アジア全体の平和と安定に不可欠の要件であり、従って、日・米・韓の政府と民間レベルの双方で半島統一前と半島統一後の米軍兵力構成のあり方に関する協議を開始する必要があろう。

さらに日本は、日米同盟にもとづく防衛協力、PKO・PKF活動を含む国連平和維持活動、シーレーン防衛、アジア・太平洋の平和と安定のための安全保障協力活動などを一層拡大・充実することとし、そのための防衛力整備や防衛政策・活動のあり方について根本的な改正を行なう必要がある。そのためにも、平成七年度に策定した防衛大綱を改正する作業に速やかに着手する必要がある。また、TMDの配備・取得については国際情勢や技術の進歩を勘案した上でできるだけ速やかに政治決断を行なうとともに、武器禁輸原則についても、その趣旨を十分遵守しつつ、これまでの硬直的な運用のあり方を再検討する必要がある。

6．ITの活用と国家情報機関の創設

すでに述べたように、日本は国内外で発生する緊急事態に対し国家として効果的、効率的な対応をおこなうに必要な法体系や国内体制の整備をすみやかに進める必要がある。

しかしながら、日本社会は従来から危機管理体制が整いにくい体質を有している。それは、憲法上に規定がないことや、危機感の低い環境や歴史的背景などもあり、また、特定の人や機関に権限が集中することに消極的な国民性なども反映している。緊急事態とは予期せぬときに、予期せぬ状況が起ることを言うのであるが、いかなる事態にも、国家として国民の生命・財産などの利益を守るために法体系を整備し、これを十分に事態に適用できるように常時、体制を整備し、訓練し、是正できるようにしておく必要がある。

また、国家として、このような危機管理体制を整備する際、最も重要な点は、国家の情報機能を強化しておくことである。国家の情報機能には情報の収集、分析、評価および、その活用など総合的な機能が含まれる。日本の場合、情報収集はもとより、分析・評価した情報を国家として総合的に活用する体制が十分できていないことは深刻な問題である。

このような情報機能を国家として整備するためには、「国家情報機関」の設立やIT革命の活用をはかるための体制を整えることが不可欠である。IT革命が日本の将来における国力充実にとって重要であるとすれば、IT革命を国家の情報機能のために十分に活用することが、国家の危機管理体制にとって最優先課題となるであろう。

③国の統治機構に関する基本法制上の課題

当部会の提言

1．基本理念

国の統治機構の改革にあたっては、①政治・行政・司法の仕組みを国民（住民）にとってよりわかりやすいものに再構築し、国民の政治参加を促進すること。②政治の仕組みを政権交代が可能なものにし、国民の政治的無力感を解消すること。③選挙で勝利した政党とその党首が各省庁の官僚機構を完全に統制し、その政策綱領の具体化と実施を確実にして民意に基づく政治を貫徹できる仕組みを構築すること。

以上を基本理念とし、国と地方の政治・行政を明確に分離する「地方分権改革」と、政党（政党政治家）と官僚機構（職業行政官）の関係を再構築し政治主導（＝内閣主導）体制を確立する「議院内閣制度改革」を推進することが求められる。

2. 現憲法下における課題／地方分権改革

（1） 税財源の構造改革

自己決定・自己責任の原則を地方税財政の領域にまで貫徹させるため、財政構造改革に際し、①国庫補助負担金の大幅な整理合理化の実施と、②国税と地方税の双方を包括した抜本的な税制改革を断行し、③安定的で偏在性の少ない地方税制の確立と自主課税権の強化、地方交付税制度の改革を進める必要がある。

（2） 自治事務に対する法令等による規制の緩和

地方公共団体の自治権をさらに大幅に拡充するためには、地方公共団体の自治事務に対する国の法令等（法律・政令・省令・告示）による枠づけや義務づけを緩和する必要がある。これは、地方財政計画上の所要財源の算定を見直し、地方交付税総額の減額をはかるためにも不可欠の前提条件である。

（3） 自治体の政治的枠組みに対する画一的な制度規制の緩和

住民自治を拡充するためにも、現在の地方自治法による地方公共団体の政治の仕組みに対する画一的な規制の緩和を検討すべきである。

（4） 道州制等への移行を念頭においた「地方庁」の創設

国と地方公共団体の役割分担を見直し、国の事務事業の都道府県以下に移譲し国の官僚機構を身軽にする必要がある。仮にそれが思うように進まない場合には、次善の方策として、①国の各府省の事務を企画調整事務と実施事務とに分離する方策を徹底し、②中央の府省には企画調整事務のみを残し、実施事務はすべて「地方庁」（全国を一一程度に分割した地方ブロック単位に新設する国の府省の総合出先機関）に分散する方策を検討する必要がある。また将来的には、③当該地域住民の請求に基づいて、管区内の都道府県と地方庁を統合し「道州制」または「連邦制」に移行するための一里塚とすることについても真剣に検討する必要がある。

（5） 地方自治特別法制度の活用～「一国多制度」への移行～

北海道や沖縄県のように独自の歴史的沿革をもつ自治体は、憲法第九五条の「地方自治特別法制度」を活用し、他の都府県に先駆けて自治権の特例的な拡充を求め「一国多制度」に移行する方策を検討すべきである。

（6） 地方自治基本法の検討

分権改革を推進し、その成果を将来にわたって確実に保障する手立てとして、憲法第八章第九二条の「地方自治の本旨」を具体化する趣旨の「地方自治基本法」の制定を検討する必要がある。

3. 現憲法下における課題／議院内閣制度改革

先の内閣法の改正により、国民主権→国会→内閣→各省大臣→各省庁が一本の縦糸でつながる上下の関係になることが明確になり、これまで官界に支配的であった国会と内閣を対等・並立の関係とみる三権分立制的な考え方は明確に修正された。日本の政治を議院内閣制本来の姿に近づけるためには、この考え方を徹底し、政治主導とは「首相を中心とする内閣主導」であることを制度・運用の双方で確立する必要がある。

（1） 選挙制度改革～将来的な「単純小選挙区制」への移行

当面においては、現行の小選挙区比例代表並立制の下で総選挙を繰り返し、政界再編成の道を模索すべきではあるが、将来的には、民意の変化を鋭敏に反映した政権交代の可能性を高める観点から「単純小選挙区制」に改める必要がある。

（2）責任ある内閣運営の実現と与党との関係の見直し（内閣一元）

日本の議院内閣制度を改革するためには、①内閣総理大臣に閣議への発議権を認め、内閣官房を強化し、経済財政諮問会議を新設するなど、「各省大臣の分担管理の原則」を緩和し首相を中心とする内閣主導体制を強化する目的で採用された諸施策を所期の目的どおりに運用すること。②内閣と与党機関とを分立させ、与党機関が内閣提出法案を事前審査・承認してきた従来の政治慣行を改め、与党幹部を国務大臣等に任命して内閣のなかに組み入れ、閣議等における審議決定を実質化し、内閣と与党の政治方針の一元化（内閣一元）をはかること。③内閣を中核とする「政権」に参画していない与党議員との意見調整は、内閣を構成する国務大臣や副大臣・大臣政務官等の立場で「政権」に参画している政治任用職の任務とすること。④各省庁に配置された大臣・副大臣・大臣政務官は一意同心のチームとして編成され、各省庁の政策決定の中枢機関として機能させること。⑤内閣総理大臣をはじめ国務大臣の任期を衆議員の任期と一致させる政治慣行を確立すること。そのためにも、政党の党首の任期は原則として次の総選挙までとする政治慣行を確立し、あわせて同一の内閣総理大臣の下で内閣改造を頻繁に行う政治慣行を廃止する必要がある。

（3）国家公務員制度の改革と新しい政官ルールの確立

現在、人事院の人事管理権を縮小し、これを各府省大臣に移すことを眼目とする公務員制度の改革構想が進められている。しかし、これでは、各府省の割拠体制を緩和するどころか、これを強化してしまうおそれが強い。むしろ、首相を中心にした内閣主導の体制をさらに一層強固なものにし、各府省の割拠体制を緩和するためには、①各府省の審議官級以上の高級官僚についてはその任免権を各省大臣から内閣総理大臣に移管し、高級官僚の忠誠の対象を各府省の官僚機構から内閣に向けさせるとともに、現職の官僚を内閣に直属する国家戦略スタッフとして活用しやすくする必要がある。

同時に、②各府省の課長級以下の行政員の任免については、従来どおり各府省官僚機構の自律的な判断に委ね、各省大臣以下の政治任用職はこれに介入しない政治慣行を確立する必要がある。また、③政治主導の確立とあわせて、大臣以下の政治任命職や与党議員などの政治家が、許認可、契約、事業の箇所づけなど職業行政官の専管領域に属する個別の行政決定には介入してはならないことを明確にするなど、政治と行政の「分離の規範」と両立するための措置を講じる必要がある。

（4）国会改革～読会制と逐条審議の導入

衆議院においては、①党首討論制や政府委員の廃止など、政治主導体制の確立にむけて、進められてきたこれまでの試みをさらに成熟させるとともに、②委員会審査における「逐条審議制」や「読会制」を導入する方向で検討を深める必要がある。③また、参議院については、政党化を完全に避けることはできないにしても、議案の審議・表決については党議拘束をしない政治慣行を確立する等の見直しが必要であるが、後述するように、参議院のあり方については憲法改正論議の中で検討を行うことはもはや避けられない。

（5）政党の党議拘束の見直し

政党の党議拘束についても、①党の綱領、総選挙に際して国民に提示した政策綱領等に掲げた事項以外は、原則として党議拘束の対象外とし、党議拘束の対象とする事項はそのつど個々に決定すること。②かりに党議拘束をする場合でも、それは本会議における最終表決にあたって投票行動の統一をはかるためのものに限定し、これに先立つ委員会審査等においては、議員個々人の活動の自由を保障すべきである。

4．憲法改正を視野に入れた基本法制改革

（1）憲法改正手続の法制化～「憲法改正手続法」の制定

現行憲法第九章に定める憲法改正手続は、「憲法改正草案の発案権は内閣にもあるのか否か」「憲法改正は各議院の総議員の三分の二以上の賛成でこれを発議するとされているが、この総議員とは法定数在職議員数か」「国民投票の過半数の賛成を要するとされているが、この過半数とは投票総数の過半数なのか有効投票の過半数なのか」が不明であるなど、改正手続が定まっていない。今後の憲法論議を真剣なものにするためにも、国会憲法改正草案の起草や憲法改正の是非に関する論議に先立ち、①憲法改正手続をめぐる憲法解釈を明確にし、②国会における憲法改正発議の手続とこれに続く国民投票の手続を包括した「憲法改正手続法」（仮称）を制定すべきである。

（2）「政党条項」と「政治家と官僚の役割分担」に関する憲法条項の創設

現代国家の代表制デモクラシーにおいては政党と官僚機構こそが政治権力の実質的な担い手であり、国会と内閣の関係以上に政党（政党政治家）と官僚機構（職業行政官）の役割分担と協働関係をどのように規律するかが決定的に重要である。しかしながら、現行憲法には政党に関する条項が皆無である。また、現行憲法第一五条の公務員に関する条項は、選挙で選ばれる「特別職公務員」と資格に基づいて任用される「一般職公務員」の双方を包括した条項になっており、政党（政党政治家）と官僚機構（職業行政官）のそれぞれに固有の役割が明示されてない。

そこで、憲法を改正する際には、①政党を代表制デモクラシーを作動させるために不可欠の組織として公認するとともに、その政治資金についての情報公開の義務づけなど最小限の規制を加える「政党条項」を設けること。③「政党政治家と職業行政官の役割分担の明確化」に関する条項を定めるべきである。

（3）国会「会期制」の廃止

国会改革を憲法改正まで視野に入れて考えた場合、まず見直す必要があるのは、国会の会期制である。国会はその時々の国政上の課題に機動的に対応するために常時開かれている方が望ましい。

当面は会期不継続原則を廃止するとともに、憲法改正にあたっては、国会の「会期制を廃止」し通年国会を実現する必要がある。

（4）参議院制度の改革

議院内閣制度の制度原理をさらに一段と明確にするためには、現行憲法に定められている二院制に改正を加え、参議院の第二院的性格の明確化が望まれる。そのためには、①憲法条文において、内閣総理大臣は国会議員の中からではなく衆議院議員の中から指名するものとし、参議院は内閣総理大臣の指名に関与しないことを明記すること。②憲法改正の発議は衆議院のみの権能とするか、あるいは参議院においては出席議員の過半数の賛成で足りることとすること。③参議院に特有の任務に係る法律案の場合を除き、衆議院による再議の要件を緩和すること。④参議院に特有の任務は、国と地方公共団体の関係を監視しこれを「地方自治の本旨」に基づくものに改善し維持することに置き、参議院議員は地方公共団体の立場と利益を代表する者から選任すること。

たとえば、現行の地方自治制度を前提にすれば、各都道府県ごとに都道府県・市・町・村の利益を代表する者をそれぞれ一名選任する。その選任方法については検討を必要とするが、いずれにしろ、地方公共団体の首長と議員による間接選挙を基本とし、国民による直接公選にこだわらないものとする。

（5）司法制度改革

立法権・行政権と司法権の関係では、最高裁判所とは別に憲法裁判所を設置し憲法訴訟に抽象的規範統制訴訟を導入することの是非、最高裁判所裁判官の国民審査制の是非、普通裁判所とは別に特別裁判所として行政裁判所、労働裁判所などを設置することの是非、また内閣法制局に内閣の憲法解釈に関する統一見解を表明させてきた従来の政治慣行の是非などの重要問題がある。これらについては、司法制度改革の行方に注目しつつ引き続き検討をおこなう。

《以下略》

④国民の権利・義務に関する基本法制上の課題

当部会の提言

今日の日本にとって何よりも大切なことは、人々が「統治主体意識」を確立し、自由と責任のバランスを保ち、民主主義をしっかりと日本の社会に植えつけることである。その上で日本の国家像を描くとすれば、質の高い個人が自律性と自己責任をもって社会の運営に参画し、活力ある経済を営み、国民の人間性と知性を健全に持続し、社会の安定と信頼を保ち、国際社会に貢献するということに集約できる。

（1）現行憲法下における課題

1．国籍法や戸籍法の見直し

憲法は「国民たる要件は法律でこれを定める」と規定し、その要件はすべて国籍法に委ね、同法において国籍の取得の原則や帰化の条件を定めている。日本が二一世紀の国際社会の中で生きていくためには、これまでの同質的で血統主義的な日本社会の姿を改め、他民族、異文化をも受け入れる「文化的価値観を共有する政治体」へと転換する必要がある。

そのためにも、①社会の価値共有性と安定性の確保、②文化価値の共有の保証、③異文化との交わりが新しい創造性を高め活力を生む可能性、④日本における人口の減少の影響等を考慮しつつ同法を見直し、「国籍取得の条件を緩和」する方向で国民の合意をはかる必要がある。⑤なお、戸籍法についても廃止を含めた根本的な見直しを行なう必要がある。

また、居住ビザの発給が制限的に運用されている現状を踏まえ、これを緩和する方向で見直しを行なう。さらに、外国人労働者についても、すでに多くの外国人が日本の家族の構成員になっている等、先行している日本社会の実態を踏まえ、一定の条件の下で外国人労働者の移入を拡大することを検討すべきである。

2．公職選挙法等の見直し～選挙の規制緩和、一八歳選挙権、登録投票制の検討～

現在の公職選挙法が、投票する有権者よりも公正な選挙運動を運営・管理することを優先させた「べからず選挙法」である実態を改め、少なくとも、①候補者による戸別訪問の解禁、②インターネットを活用した選挙運動の実現、③選挙運動期間中における有権者主催の政党や候補者討論の実現など、有権者の投票機会を実質化するための大胆な規制緩和策がとられるべきである。

また、④投票は義務であると同時に国民の有する権利の行使であることに鑑み、さらに必要があれば、「登録投票制」等を視野に入れて検討すべきである。また、⑤広く若年層の意見を国政に反映させるため「一八歳選挙権」の実現をはかる必要がある。

また、これらすべての前提として、国民の政治参加の不平等を解消するためにも、一票の価値の格差を抜本是正する。

3．司法制度改革～国民の司法参加の実現と行政訴訟制度等の見直し～

国民が自律的で社会的な責任を負った「統治主体」となり、公正な社会を実現するためにも、①法曹人口の増大、裁判官の給源の多様化と多元化を進めるとともに、②「裁判員制度」など国民の司法参加に道を拓く必要がある。また、③不透明な事前規制を排した透明性の高い行政運営を実現するために、行政訴訟制度の見直しや行政実体法の見直しを進める必要がある。さらには、④形骸化が指摘されている最高裁判所裁判官の国民審査（憲法七九条）のあり方についても、審査対象裁判官の情報開示を進めるとともに、制度そのものの再検討を行なう必要がある。

4. 法の下での平等／性別、年齢による差別の撤廃

男女共同参画社会基本法など、両性の平等を指向する制度改革はかなり進んでいるが、社会制度や慣行に固定的な男女役割分担の考えが残っている。夫婦別姓、所得税における配偶者控除制度、出産、育児などの諸施設の整備など女性の地位を正当に保証するための改革を急ぐ必要がある。また、年齢による差別禁止を基本法制上に位置づけ、企業等における定年制を廃止することを検討する必要がある。高齢者の多くは健康であり社会参加意識が高い。年齢からくる能力の低下を考慮しつつ、労働市場やボランティアなどで女性とともに高齢者の活躍が期待される社会をつくらねばならない。

5. 等級制のある叙位叙勲制度の廃止

等級制のある叙位叙勲制度については、①形式要件によって人々を順位づけることは困難であること、②公の関係者が優位に取り扱われていること、③公職での在任期間が等級に関係するため若返りが進まないなど、今後の日本社会のあり方に矛盾することが多い。

今後は分野別の褒章制度の新設や、文化勲章、国民栄誉賞、紫綬褒章、藍綬褒賞、黄綬褒章など、そうした矛盾の生じない褒章制度などを活用し、「等級制のある叙位叙勲制度」については廃止する必要がある。

6. 機会の平等と努力が報われる社会／所得税の累進性の緩和と体系の簡素化

日本人には横並び意識あるいは結果平等の指向が強い。それは日本人の伝統的な価値観によるが、戦後の累進性の高い所得税体系、護送船団方式といった行政の介入、硬直的な予算配分、前例尊重の行政執行などがこれに影響を及ぼしてきた。国民が新しい価値を探求する高い知性を育み、創造力と発信力を高めるには、「結果の平等」から「機会の平等」へと軸足を移し、努力した人が報われる社会システムに移行する必要がある。そのためには、規制制度改革とともに、所得税の累進性を緩和し所得税体系を簡素化する必要がある。

7. 源泉徴収制度の廃止／公的分野に対する寄付税制の拡大

憲法は第三〇条で「国民は、法律の定めるところにより、納税の義務を負う」と規定しているが、源泉徴収制度が果たすべき義務の観念を麻痺させている。国民一人ひとりが自律意識と自己責任意識をもつためには、進展著しいＩＴ技術等を活用し、源泉徴収制度を廃止して申告納税制度に移行する必要がある。

また、国民自らの選択を明確にし公を担う意識を高めるために、教育、医療、学術研究、環境保全、人道支援などの公的な分野についての寄付税制を大幅に拡大し、財政を通さずに国民が直接資金を流すことのできる道をつくる必要がある。基準を明確にして事後監視を徹底すれば、抜け道も防げるし、自己責任の意識も高まる。

8. 財産権に対する制約原理の明確化

現行憲法は、第二九条第一項で財産権の基本的人権としての不可侵性を定める一方、同条第二項で公共の福祉に適合するよう法律で定めるとし、さらに同条第三項で私的財産は正当な補償の下にこれを公共のために用いることができると定めている。しかし現実の運用を見ると、財産権に対する制約原理は必ずしも明確ではない。財産権に対する制約原理や適用の基準、補償の基準などを明確化するとともに、環境保全、都市計画、土地利用、交通政策、安全保障政策などの「公共の福祉」にかかわる諸政策の遂行にあたっては公益に照らし財産権に対する調整をより重視する方向で合意を形成する必要がある。

9. ナショナルミニマムの見直し

これまで日本ではナショナルミニマムが時代の変化とともにかさ上げされてきた。しかし、急速な少子化、高齢化と国・地方の財政状態の悪化を踏まえれば、現在の社会保障の仕組みを維持することは不可能であり、憲法の「生存権」に基づくナショナルミニマムの適正な水準をどこにおくべきか見直すべき時期に来ている。少なくとも、①医療については、制度そのものを抜本的に見直すとともに、所得と資産を加味して高齢者の自己負担を増大すること、②年金についても、負担と給付、受給者の所得と資産、世代間の公平性を踏まえつつ、制度の抜本改正に取り組む必要がある。

10．雇用のセーフティネットの整備、ワーク・シェアリングの推進

持続的な経済成長が期待できないこれからの経済では、一時的な失業が「生存権」を脅かすような脅威とはならず、次の仕事への積極的な挑戦の機会となるような法制度の整備が不可欠である。失業保険、再訓練制度、職業情報の提供と紹介の充実、移動が不利にならないような税制や企業年金、福利制度等の見直し、解雇や労使紛争に関する法制と紛争処理制度の整備などが求められる。

また、仕事を分かち合う「ワーク・シェアリング」を推進し、緊急避難的な雇用確保にとどまらず、社会保障制度や税制のあり方の見直しを含め、雇用の形態にかかわらず雇用者の均等待遇（同一価値労働・同一賃金）を明確にするための法制化を急ぐ必要がある。

また、このことを通じて日本人の「働きかたの構造改革」に踏み込む必要がある。

11．教育基本法の見直し

教育基本法は主として通則的な規定となっている。①健全な倫理観や宗教心に裏付られ自律性を備えること。②個性に支えられた若々しい創造力に満ちていること。③主権者国民としての自覚を深めること。④社会を支える参画の精神とルールを尊重する意識を育てること。⑤論理的な思考能力や表現力、ディベイト力を有していること。⑥国語の能力を備え、日本の歴史と伝統を理解し尊重すること。⑦異なる文化や価値観を理解し尊重するとともに、地球上の問題を自らの問題として考え行動しうる国際性に富んだ精神を養うこと。以上七点を期待される人間像とし、画一的な教育を改め、競争性を導入して多様化をはかるとともに、地方の特色を活かした教育を受ける権利を保障する基本法に改める必要がある。

12．初等中等教育、大学教育の見直し

初等中等教育（高校教育を含む）においては、落ちこぼれを出さない記憶中心の教育から、個性と人間性を育むとともに、コンピュータ・リテラシー、英語力、表現力、考える力などの充実をはかる教育に重点を移す必要がある。また、授業時間の増加を進めるとともに、学区制の弾力化や教育委員会の廃止、校長の人事権、教科書採用など権限の拡大、教員研修の充実、それに能力に応じた教員の待遇改善をはかる必要がある。

また、日本の大学のレベルは国際的にみてかなり低い。大学の魅力を高めるためには、①設立の自由化などを通じて大学間の競争の強化をはかるとともに、②入試、卒業試験の厳格化、第三者および学生による評価、評価に応じた待遇の付与、外国人教員の大幅採用、大学院の充実強化をはかる必要がある。また、③文部科学省の大学に対する補助金を廃止し、学生個人に対する奨学金の充実に振りかえる必要がある。

13．生涯教育の充実

教育はたんに学校教育に帰するものではない。家庭の教育機能を高めるとともに、学校教育と生涯教育、地域教育との連動をはかる必要がある。とりわけ、産業構造や技術条件、管理手法の急速な変化を考えると、生涯教育の重要性はこれまでとは比較にならないほど高まる。学校教育法の第一条に規定された一般教育とならぶ今ひとつの柱として生涯教育を位置づけるべきである。

14．家族法制の再検討

世界人権宣言や女子差別撤廃条約、家庭責任をもつ男女労働者に関する条約など日本が批准した国際法の趣旨に照らし、就労や家族形態の変化をも踏まえ、「個人の尊厳」と「両性の平等」を保障する観点から、現在の家族法制（民法親族編、相続編等）や戸籍法、税法等の改正をさらに進める必要がある。

また、現行民法は夫婦とその未婚子により構成される婚姻家族（核家族）をモデルとしていたが、戦後五〇年を経て家族形態はさらに変化し、離婚、事実婚、非婚、晩婚化、一人親世帯、高齢者の単身世帯化など従来型のイメージでは対処できない事態が進んでいる。

今後の高齢化社会の進展を踏まえ、従来型の家族の観念にとらわれず、高齢者同士、同性同士の世帯やシェアード・リビングなど多様な暮らし方の形態を包含する「新たな家族の定義＝約束事としての家族」を社会に組み入れるための検討を行なう必要がある。

15．個人中心の刑法概念の見直し

経済社会の進歩とともに企業等の団体による組織犯罪が増えている。また、一部の宗教法人等による反社会的な行動も増加している。こうした事態に対処するため、法人の解散などを可能にすることを含め、従来までの個人中心に編成されている刑法概念を再検討する必要がある。

（2）憲法改正を視野に入れた基本法制改革

1．国民であるか否かにかかわらず「何人」も享受すべき権利の保障

憲法第一四条は、「すべて国民は、法の下に平等であって、人種、信条、性別、社会的身分又は門地により」差別されないと定め、「国民」に限定した規定となっている。しかし、憲法制定後の世界的な差別撤廃への努力の積み重ねを踏まえると、第一四条の規定は「国民」という表現を見直し、国民であるか否かにかかわらず、日本にいる外国籍の人を含め、「何人」も保障されるべき権利として新たに確立し、憲法に明記する必要がある。

2．民族・国籍・宗教・年齢・障害の有無による差別の禁止

その際、憲法第一四条は、「人種、信条、性別、社会的身分又は門地」という従来の規定に加え、「民族」「国籍」「宗教」「年齢」「障害の有無」によっても差別されないことを明記すべきである。

3．国民の要件に関する規定の創設

すでに述べたように、憲法第一〇条は「国民たる要件は、法律でこれを定める」と規定し、その要件はすべて国籍法に委ねている。しかし、国民の要件は国家の構成を規定する必要不可欠な要素であり、新しい憲法においては、①国籍取得にあたってとくに考慮すべき基本原則や国籍の効果等を憲法において定めるなど「国民の要件」を明記する必要がある。②その際、国家を他民族や異文化をも受け入れる「文化的価値観を共有する政治体」として位置づけ、③従来までの同質的で民族共同体的な考え方を改める方向で、国籍取得の条件を緩和する必要がある。

4．公金や公の財産の支出・利用禁止の見直し

社会的費用を担う国民の負担能力がますます乏しくなる中で、介護や子育ての社会的サービスや教育については、これまでのように公的機関に依存するのではなく、公的な資源と民間の能力を適切に組み合わせる公設民営など、民間の資源と能力をできるだけ活用する工夫が求められる。憲法八九条では、公金または公の財産は《ママ》「公の支配に属しない慈善、教育、《ママ》博愛の事業に対し、これを支出しまたはその利用を供してはならない」と定めているが、福祉や教育などの必要な社会サービスに関してはこの規定を見直し、国民の資源が国民福祉の向上のために有効に活用されるような国の仕組みを検討する必要がある。

5．環境権および環境を保全する義務に関する規定の創設

環境保護の現代的な重要性に鑑み、何人も生命を維持し、人間らしい生活を営んでいくために不可欠な自然の恵沢を享受する権利として「環境権」を明記するとともに、国や自治体はこの権利を享受する国民の付託に沿い、「よい環境を保つ施策を講ずる責務」もしくは「環境を保全する義務」を明記する必要がある。また国民の側も環境権の反面の効果として「環境を汚染しない義務」を負うことになる。

6．知る権利に関する規定の創設

情報公開法の制定により、行政機関に対する国民の情報開示請求権が具体化されているが、これをさらに進めて、憲法条文上においても二一世紀型の新しい権利として「知る権利」を明記し、国および公益性の高い団体・機関等に対し情報の開示を求めることのできる権利として確立する必要がある。

7．人格権またはプライバシーの権利に関する規定の創設

報道被害によって「人格権」が侵害され、救済措置がとられないまま放置されるケースがある。また、高度情報通信社会の下では個人情報の大量漏洩やインターネットによる中傷などが多発する恐れもある。したがって、個人情報保護法制を整備するとともに、憲法に、何人も名誉、信用その他人格を不当に侵害されないこと、個人の私生活や家族・家庭をみだりに干渉されない権利を保障する「人格権」または「プライバシーの権利」を明記する必要がある。

8．人間の尊厳に関する規定の創設

クローン技術やヒトゲノム技術の急速な進歩により、技術と人間をめぐる倫理上の制約が重要な課題となる。生命科学の研究にあたっては人間の尊厳に留意する必要があり、そのためにも、憲法において「人間の尊厳」の不可侵、尊重、保護に対する規定を設ける必要がある。

9．知的財産権に関する規定の創設

現行憲法は財産権の不可侵を定めているが、知的財産権についてはこれを特に明示して保護していない。二一世紀の日本における知的財産権の戦略的な重要性に鑑み、宣言的な意味合いを含め、これを憲法上の保護の対象として明示する必要がある。

10．法人の位置づけ

現代社会の実態に即してみると、企業は社会に欠くべからざる存在として活動し、その組織力をもって特定地域、分野に影響を与えているにもかかわらず、憲法上明確な位置づけがなされていない。また、企業のほかにも、個人と国家の間には宗教法人、ＮＰＯ、地域活動団体などがある。このような中間組織の活動が二一世紀の日本社会においてさらに影響力を増すであろうことを踏まえ、その役割を積極的に位置づけるとともに、社会の安定との調和をはかるための権利義務規定を検討する必要がある。

11．家庭に関する規定の創設

現行民法では、家族を定義することは旧民法の「家」の読み替えにつながる恐れがあるとして排除され、親族関係、婚姻関係、親子関係、相続関係等を個別に規定するにとどめ、法形式上「家族」という言葉は使用されていない。

憲法も同様であり、第二四条において、「婚姻は両性の合意のみに基づいて成立し、夫婦が同等の権利を有する」とし、婚姻および家族に関する事項は「個人の尊厳と両性の本質的平等に立脚して制定されねばならない」と定めているものの、家族そのものの位置づけが明記されていない。また、世界人権宣言第一六条にある「家庭が国や社会の保障を受ける権利」あるいは「家庭を形成する権利」も謳われていない。家族は個人的なつながりである一方、社会を構成する最小単位の共同体であることを踏まえ、「個の尊厳」「両性の平等」とともに、家族または家庭の位置づけやその役割を明示し、社会の基礎的な集団として社会や国の保障を受ける権利を有する旨を憲法に明記する必要がある。

《以下略》

資料Ⅱ・42

国家安全保障基本法要綱案

二〇〇二年三月一九日

世界平和研究所・安全保障特別研究会

コメント

1．国家安全保障基本法要綱案（以下要綱案）は、中曽根康弘が主催する世界平和研究所が、冷戦後の事態において、自衛隊の諸活動に対する憲法九条の解釈に基づく制約を憲法をいじらずに立法で打破することをめざして提案した法案構想である。

世界平和研究所は、九・一一事件に伴う、自衛隊のインド洋海域への出動の実績をふまえ、軍事大国化をめざす構想を「日本の総合戦略大綱」という形で発表したが、国家安全保障基本法は、その中心的施策として提唱されていた。

2．要綱案で注目される第一点は、要綱案の最大のねらいが、現行憲法の下で自衛隊の活動を縛っている集団的自衛権行使は許されないという解釈を、立法措置で改変することに置かれていることである。

提言の背景の（2）で「その行使が憲法上できないとする政府の解釈に問題があることは、本研究所の『米国同時多発テロに対する我が国の対応に関する提言』で述べたとおりであり、この憲法解釈のために我が国が今回のテロ事件等の事態に際して限定的な対応を行うにとどまっていることは、我が国が国際社会の一員として責任ある行動を取る上で制約となっている」と述べている。だから国家安全保障基本法で「我が国が現行憲法の下においても、憲法上『集団的自衛権』を行使できることを明確にし、必要な前提条件や要件、手続き等の整備を行うべきである。」（傍点引用者）というのである。

3．注目される第二点は、政府解釈で禁止されている集団安全保障活動への自衛隊の参加、武力行使も含めた参加を容認していることである。この点は、提言の背景の（3）に「『国家安全保障基本法』においては、国際平和の維持・構築を図るための諸活動への参加を自衛隊の任務として明確に位置付け、……国際貢献に必要な体制整備を図る」と明記してある。

国家安全保障基本法要綱案

前文

日本国民は、正義と秩序を基調とする国際平和を誠実に希求するとともに、その実現のために、諸外国との協力による不断の努力を行う必要があることを認識する。

このため、我が国は、核兵器の廃絶をはじめ世界の軍備縮小のための政策を推進すること、固有の個別的及び集団的自衛の権利を行使するために必要な防衛力を整備すること、国際連合の行う平和のための諸活動に参加すること、国際平和の維持・構築のために諸外国の政府や国際的に活動する各種団体との協力を図ること、国の各種政策の運営において総合的な安全保障の実現を図ること、等の努力を行うことが必要である。

これらの活動により、国際平和を達成し、我が国の平和と安全を確保するため、ここに、国家安全保障基本法を制定する。

一　安全保障政策の目的及び手段

国の安全保障政策は、自国を防衛するとともに広く国際平和の維持・構築を図り、国民が平和と安全のうちに生存することを目的とする。

前項の目的を達成するため、諸外国との協力を図りつつ、我が国の自衛のために必要な自衛力の整備、我が国の生存に不可欠な食料及びエネルギー等の供給の確保等、我が国の平和と安全の確保のために必要な各種政策を総合的に実施する。

二　安全保障に関する国家の体制

国の安全保障に関する総合的で基本的な政策の立案・実施を図るため、内閣総理大臣を議長とし、関係する国務大臣及び統合幕僚会議議長を構成員として、内閣に国家安全保障会議を置く（安全保障会議を改組）。

国家安全保障会議は、国の安全保障のための基本方針及び重要事項について審議する。

国家安全保障会議は、総合的な安全保障政策の実施のために必要な調整を行う権限を有する。関係各行政機関は、必要な協力を行わなければならない。

我が国の安全保障の確保の上で、内閣が適切に意思決定を行うための情報調査体制を、国家安全保障会議の統括の下に整備する。

三　防衛力の整備等

個別的及び集団的自衛の権利を行使し、我が国の平和と安全を確保するための防衛力として、自衛隊を組織する。

自衛隊は、併せて国際平和の維持・構築を図るための諸活動に参加する。

自衛隊は、内閣総理大臣を最高司令官とする。

防衛力の整備を適切に行うため、同盟国等との武器等の研究開発及び相互の供給、共同訓練の実施、その他必要な相互協力を行う。

四　自衛権の行使

個別的自衛権は、我が国を防衛するため必要な場合に、原則として国会の承認を経て行使するものとする。ただし、緊急の必要がある場合は、事後に承認を求めることができる。

集団的自衛権は、同盟国が武力攻撃を受け、又は受けるおそれがあり、当該国の要請がある場合において、我が国の安全保障上必要なときに、原則として国会の承認を経て行使するものとする。ただし、緊急の必要がある場合は、事後に国会の承認を求めることができる。

五　国際平和の維持・構築を図るための活動

国際平和の維持・構築及び我が国の安全保障のため、安全保障上の目的及び利益を共通にする国と協力し、必要に応じて条約等を締結するほか、国連の平和のための諸活動に参加するなど、諸外国の政府、国際機関及び国際的に活動する各種団体との必要な協力を行う。

国際平和の維持・構築を図るための諸活動への自衛隊の参加については、原則として、国連安全保障理事会の決議に基づき、国会の承認を経て行うものとする。関係行政機関は、自衛隊の活動について、必要な協力を行わなければならない。

六　総合的な安全保障政策の推進

我が国の生存に不可欠な食料及びエネルギー等の供給並びにそれらの主要な海上輸送路の安全の確保、その他我が国の平和と安全の確保に必要な各種政策を、総合的に実施する。

七　安全保障の確保のための法制度の整備

我が国が、安全保障上の脅威に適切に対処することが可能となるよう、有事における、国民の権利のあり方、自衛隊の行動と各種法律との調整、集団的及び個別的自衛権の行使のあり方、平常時における、安全保障上の危機予防及び我が国の領域保全のための法制度等の、必要な法制度の整備を図る。

八　有事における安全保障の確保

有事の宣言は、内閣総理大臣がこれを行う。

有事においては、国は、内閣総理大臣の主導により、迅速に必要な対応を行う。

有事においては、内閣総理大臣は、国家安全保障会議の補佐を受けて、あらかじめ閣議で定めるところにより、行政各部を直接指揮監督する権限を有する。

有事においては、特別に法律で定めるところにより、自衛隊等が我が国の防衛のために必要な措置を実施することができるものとする。

有事においては、財産権等国民の権利について、特別に法律で定めるところにより一定の制限を加えることができるものとする。

以上に掲げるほか、有事の対応に関し必要な事項については、憲法の範囲内で別に法律で定める。

九　国、地方自治体及び国民の責務

国は、総合的な安全保障政策を実施するとともに、我が国の安全保障を巡る状況について国民に積極的に情報を提供し、その理解と協力を得る責務がある。

地方自治体は、国の安全保障政策に協力し、その地域内における国民の安全の確保を図る責務がある。

国民は、我が国の安全保障の確保のために必要な協力を行う責務がある。

提言の趣旨及び背景

1．提言の趣旨

財団法人世界平和研究所は、「日本の総合戦略大綱」（平成一三年四月）及び「米国同時多発テロに対する我が国の対応に関する提言」（平成一三年一〇月）等において、「国家安全保障基本法」の制定をはじめとする、我が国の総合的な安全保障政策の確立のための方策について提言を行ってきた。

この提言は、これらをさらに具体化するため、制定が望まれる「国家安全保障基本法」について、その基本となる考え方を示し、国会をはじめとする場での今後の議論の参考に供するものである。

2．提言の背景

（1）我が国の安全保障を巡る環境の変化と「国家安全保障基本法」の必要性

昨年九月の米国同時多発テロの発生とその後の国際社会の行動や、昨年一二月に我が国近海で発生した不審船事件は、我が国の安全保障を巡る状況に大きな変化が生じていることを改めて明らかにした。今日では、我が国の安全保障を確保するためには、我が国の領域内はもとより、領域外においても、我が国自らが行動することが必要な場合が生じている。その際には、国民の理解の上に立ち、国際社会において認められた基準に則り、出来得る限り多国間協力の枠組みの中で、諸外国の政府やNGO等の諸団体との協調の下に行動する必要がある。また、できるだけ平和的な手段によるべきことは当然であるが、国際社会の現実を踏まえれば、実力による対応も必要な場合が生じ得ることは率直に認めざるを得ない。

通信・輸送手段の急速な発達等により、地球規模の経済圏が出現し、国境を超えた人類の諸活動が活発化するに至った現在では、このように、我が国はもとより世界の平和と安全のために積極的に行動することではじめて、我が国の総合的な安全保障を確保することが可能となる。そのために必要な活動は、単に我が国の個別的・集団的な自衛のための活動にとどまらず、国連のＰＫＯ活動等の世界の平和と安全のための活動を広く含むものである。また、海洋国家であり、かつ、通商国家であるという我が国の基礎的与件からも、我が国の安全保障を確保するための諸活動は、国際的な公共財であるシーレーンの安全確保をはじめ、地球的な広がりを持つものとならざるを得ない。

このような我が国一国の安全保障のみならず、世界全体の平和の維持を念頭に置く「積極的な平和主義」とも言うべき安全保障政策を推進する上で、まず、「国家安全保障基本法」を制定し、安全保障政策の目的、手段、政策決定及び遂行のための制度と組織、政策体系等を明確にすることが必要である。

すなわち、我が国を取り巻く国際環境の変化を踏まえ、世界と我が国の平和の実現のために我が国が一定の条件の下に積極的に行動する必要があることを明らかにし、安全保障に関する国の政策の基本方針を定め、総合的な安全保障政策の推進を図り、安全保障のために必要な体制を整備することが、基本法制定の目的である。

この制定は、同時に我が国の安全保障政策の透明性を高め、国民の理解と協力を得るとともに、諸外国の理解を促進する効果も持つものと期待される。

（２）集団的自衛権について

いわゆる「集団的自衛権」の行使は、今後の我が国の安全保障のために必要不可欠である。その行使が憲法上できないとする政府の解釈に問題があることは、本研究所の「米国同時多発テロに対する我が国の対応に関する提言」で述べたとおりであり、この憲法解釈のために我が国が今回のテロ事件等の事態に際して限定的な対応を行うにとどまっていることは、我が国が国際社会の一員として責任ある行動を取る上で制約となっている。

このため、「国家安全保障基本法」の制定により、我が国が現行憲法の下においても、憲法上「集団的自衛権」を行使できることを明確にし、必要な前提条件や要件、手続き等の整備を行うべきである。

集団的自衛権の行使の態様は、国内外の情勢に基づいて高度の政策判断として決定されるべきものであり、原則として事前に国会の承認を得ることとすべきである。

（３）自衛隊による国際平和のための活動の必要性

今日の国際社会において、我が国は、世界の平和と安全のため、国連ＰＫＯ活動への参加をはじめ、積極的に活動することが必要である。「国家安全保障基本法」においては、国際平和の維持・構築を図るための諸活動への参加を自衛隊の任務として明確に位置付け、関係する行政機関の協力を義務付けるなど、国際貢献に必要な体制整備を図るべきである。

（４）有事法制と緊急事態法制について

我が国の安全保障に関する体制において、いわゆる「有事」に対応するための法制度の整備が遅れていることは、重要な問題である。「国家安全保障基本法」では、有事に対応する上で、①内閣総理大臣に権限を集中し迅速に必要な対応を図ること、②通常の法制度の水準を超えて自衛隊等の必要な活動が可能となるようにすること、③財産権等国民の権利について、想定される状況の下で極めて限定的に一定の制限を加えることがあり得ること、等の基本的な原則を示し、必要な法制度の整備を行うこととすべきである。

また、これと平行し、国家の緊急事態に対応するための「緊急事態法」についても、制定を目指して検討を進める必要がある。想定される「緊急事態」はいわゆる「有事」より広い概念であり、国民の安全と国内の治安の確保という観点から、十分な検討が必要と考える。

（注一）いわゆる「有事法制」や「緊急事態法制」については、論者により概念の違いも見られるが、ここでは次のようにこれらの概念とそれに対応する法制度を整理する。

①「緊急事態」は、戦争、武力紛争、内乱、大規模な暴動、大規模テロ、大災害などの事態で、国家秩序維持や国民生活の安定の観点からの対応が必要なものをいう。

②「有事」とは、「緊急事態」のうち、戦争、武力紛争など、自衛のための武力行使による対応（防衛出動等）を必要とする事態をいう。

③「緊急事態法」は、「緊急事態」に対応するための法制度である。日本には、包括的な緊急事態法制は存在せず、自然災害を対象とした災害対策基本法等の個別法が整備されている。「緊急事態法」について包括的な法整備を行う場合、ドイツ等の法制度を参考にすれば、例えば、まず「緊急事態の宣言を内閣が行い、宣言がなされた場合には、憲法の範囲内で、国民の基本的人権の制限を一定範囲で可能としたり、立法手続きの迅速化を可能とすること等が考えられる。

（注二）いわゆる「有事法制」には、①防衛出動等が発令された後の法制、②平時から有事に至る間の法制、が含まれ得る。このうち、①については、昭和五二年以来、防衛庁で研究が進められており、第一分類（防衛庁が所管する防衛庁設置法、自衛隊法、防衛庁職員救助法等）、第二分類（防衛庁以外の省庁が所管する法律で、自衛隊の部隊の移動、資材の輸送、通信、火薬類の取り扱い、衛生医療等の広範な分野に係るものがある。）、第三分類（所管省庁が明確でない法制で、有事の際の一般国民の生命、財産等の保護、必要に応じた行動及び自由の規制等の根拠になるもの。）及び米軍有事法制（有事における米軍に対する支援を可能にするための法制）がある。これらの法制度は、いずれも今後本格的な整備が必要であるが、その広範な内容から「国家安全保障基本法」そのもので整備を行うことは適当ではなく、法制度の整備の必要性と基本的な考え方を基本法で明示し、順次整備を進めることが適当と考えられる。

安全保障特別研究会委員名簿

委員長　中曾根康弘　財団法人世界平和研究所会長　衆議院議員

主査　赤澤璋一　財団法人世界平和研究所副会長

委員（五十音順）

今井隆吉　財団法人世界平和研究所理事・首席研究員

大河原良雄　財団法人世界平和研究所理事長

小堀深三　財団法人世界平和研究所理事・首席研究員

志方俊之　財団法人世界平和研究所評議員・研究顧問　帝京大学法学部教授

田中啓二郎　財団法人世界平和研究所評議員・研究顧問

中川幸次　財団法人世界平和研究所副会長

薬師寺泰蔵　財団法人世界平和研究所常務理事・研究主幹

資料Ⅱ・43

民間憲法臨調提言——この一年の討議をふり返って

二〇〇二年一一月三日

「二一世紀の日本と憲法」有識者懇談会（民間憲法臨調）

コメント

1. この提言は、二〇〇一年一一月二三日に設立された、「『21世紀の日本と憲法』有識者懇談会」（略称、民間憲法臨調）が最初に出した提言である。

民間憲法臨調は、櫻井よしこを代表、西修を運営委員長、百地章を事務局長にして創設された。本提言は、当時国会で活動していた、憲法調査会に反映させることをも念頭において、民間憲法臨調の発足一年後に発表された憲法改正構想である。

2. 本提言は、臨調のメンバーが伝統的改憲派で占められているのを受けて、伝統的改憲派の年来の主張をまとめたものとなっている。

すなわち、第一に憲法九条の改正による軍隊保持の明記、第二に憲法九六条改正による憲法改正要件緩和、第三に前文の改正による歴史と伝統の明記、第四に人権制約の原理として伝統を入れるなどの人権規定の修正、第五に統治構造、とりわけ参議院の権限の弱体化、からなっている。それでも、時代に合わせた新しい特徴も見える。

3. 時代に合わせた改正の第一は、九条の改正で、軍隊保持と同時に「世界平和への貢献」の規定を入れるようにと主張していることである。改憲が自衛隊の海外派兵の正当化をねらってのものという この時代の改憲論の共通の要求が反映されている。

同時に、提言が明文改憲に「先行して」、「政府解釈の是正、安全保障基本法などの法整備」により、現行憲法下でも自衛隊の海外派兵に道を開くことを求めていることも、注目される。

4. 提言の第二の注目点は、憲法九条改正の次に、憲法九六条改正による改憲発議要件の緩和——ここでは三分の二の多数の賛成から五分の三の賛成への緩和——とともに、未制定であった「憲法改正国民投票法」の制定を謳っている点である。

この時代から、改憲派が、憲法九条と憲法九六条改正を前面に立てるようになったことを本提言も反映している。

5. 第三の注目点は、統治機構の章で、参議院の権限を弱体化し、衆議院の再可決要件を三分の二から二分の一に下げること、内閣総理大臣の指名権を衆議院に限ることなどを提起していることである。

この後、民主党の議席増にともなって生じた衆参のネジレにより、軍事大国化や新自由主義改革の法律が通らなくなるにつれ、参議院の権限や再議決要件の緩和論が華やかになるが、この提言はその早い例の一つである。

はじめに

現行憲法が制定されて以来、すでに半世紀以上が経過した。この間、憲法は一度も改正されず、国家社会の現実と憲法とのギャップは拡大の一途をたどっている。このため憲法改正を支持する国民の声は、各種世論調査でも常に多数を占め、過半数を超えるようになった。

また日本国憲法は、占領下において制定されたという異常な立法経緯を有する。憲法の内容に関する評価は分かれるとしても、この事実は否定できない。そのため、国家は歴史的な存在であり、憲法はその国の歴史、伝統、文化をふまえて編纂されるべきものであるとの観点から、日本国憲法を全面的に見直し、「新しい憲法の創造」が必要であるとの見解さえ、ひろく見られるようになった。

にもかかわらず、憲法改正を支持する国民の声は国会に正確に反映されているとはいえず、国会の憲法調査会での議論についてのマスコミの報道は不十分であり、国民の憲法調査会に対する関心も、今ひとつ盛り上がらないというのが実情である。

そこで衆参両院に設置された憲法調査会の議論がより実り多きものとなるように、民間の側からも忌憚のない意見を表明し、憲法論議の活性化に資するべく「二一世紀の日本と憲法」有識者懇談会（通称・民間憲法臨調）を結成したのが、昨年一一月三日のことであった。

本会は、その後、一年間にわたり、三部会（「新しい国家社会の原理」部会、「日本の安全保障と国際協力」部会、「日本の政治システム」部会）および合同部会において鋭意検討を重ねてきたが、本日、一周年を迎えるにあたり、次のとおり提言を行なう。

1　すみやかに憲法九条改正に取り組むとともに安全保障関係法規を整備し、政府解釈を即刻、変更すべきこと

本来、憲法は、平時のみならず、有事に対する国家のあり方を示すものでなければならない。しかるに、日本国憲法には有事に国家の主権・領土を確保し、国民の生命と安全ならびに権利・自由を守るため、国家としてとるべき基本事項について明確な規定がなく、また有事に即応すべき包括的な法律もいまだに整備されていない現状にある。

その最大の原因は、憲法九条にある。この憲法九条の解釈をめぐって、学説は一致するところを知らず、自衛隊は「自衛のための必要最小限度の実力」に過ぎず「戦力」ではない、集団的自衛権の行使も認められないとする政府解釈が牢固として存在する。

憲法九条には、こうした重大な欠陥が存在するにもかかわらず、なんらの手当てもなされないまま今日にいたっている。冷戦後も内外情勢は厳しく、さらに国際社会に占める日本の役割の増大によって、国際社会は、わが国に対して、一国平和主義に安住するのではなく、世界平和のために積極的に貢献することを期待するようになってきている。

それゆえ、世界平和の維持に積極的に貢献する責任ある国家として行動していくためには、憲法九条の改正は不可欠である。さらに、自国の安全をもっぱら他国の意思に依存しようとする前文の規定が為政者、国民の独立心や国家主権意識の喪失をもたらしてきたことを考えるならば、前文も含めた改正の必要性がある。

本会としては、少なくとも、他の改正テーマに先行して、憲法九条改正に取り組むべきであるとの認識のもとに、以下のことを提唱する。

（1）憲法九条二項を削除し、軍隊の保持を明記すべきである。

憲法九条を改正しようとする場合、さまざまな考え方があり得るが、最小限、同条二項を削除し、軍隊の保持を明記すべきである。これによって、従来の政府解釈も含めた安全保障問題の弊害は大方は是正されよう。

一項については、一九二八年の不戦条約を受けて、「国際紛争を解決する手段としての戦争、武力による威嚇又は武力の行使」を放棄している。それゆえ、同項が自衛のための戦争および国軍の保持を否定してないことは、国際的常識である。しかしながら、同条二項の規定方式がきわめてあいまいなため、大きな混乱を招いてきた。自衛隊が合憲か否かおよび自衛隊が軍隊か否かをめぐって、長い間、神学論争が展開されてきており、無益な歳月を経てきたように思われる。したがって憲法九条二項を削除し、軍隊の保持を明記することによって、足が地に着いた安全保障制度と政策確立への道を開くべきである。また、軍隊の最高指揮権の所在、シビリアン・コントロールの確保などについても当然、法整備が必要となるが、詳細は法律に委ねることとする。

（2）積極的に国際協力主義を打ち出すべきである。

九条一項の平和主義条項は、世界各国憲法においても同趣旨の条文が見られることでもあり、必ずしも改正しなければならないという必要性はない。ただし積極的にわが国の基本原則を定めるとすれば、国際協力主義の立場から、世界平和への貢献に関する規定を追加することが考慮されるべきである。

（3）この憲法改正への取り組みに先行して、政府解釈の是正および安全保障基本法などの法整備にも同時に取り組むべきである。

明文による憲法の改正を行うことは、いまや喫緊の課題であるが、政府解釈の是正や安全保障関係法規の整備に遅滞があってはならない。外国からの武力攻撃や主権侵害などの緊急事態に際し、国家が断固として対処することが、国民個々の平和と安全を守るためでもあるからである。また積極的な世界平和への貢献のためには、あいまいな地位と権限のもとに自衛隊を海外に派遣している政府解釈の是正に即刻、取り組む必要がある。

2　憲法改正の条件を緩和し、「憲法改正国民投票法」を制定すべきこと

現行憲法上、憲法改正は、各議院において総議員の三分の二以上の賛成で国民に提案し、国民の過半数の賛成により、成立することになっている。このような議決要件は厳しすぎるので、その要件を緩和する必要がある。

また、憲法自身が憲法改正手続規定を設けている以上、具体的にその実施のための「憲法改正国民投票法」が制定されていなければならない。ところが憲法施行後、半世紀余を経ているにもかかわらず、いまだに法律が制定されていないというのは、国会の怠慢以外のなにものでもない。

（1）憲法改正の条件を緩和すべきである。

憲法九六条を以下のように改める。

「この憲法の改正は、改正案につき、各議院の在籍議員の三分の二以上の出席により、出席議員の五分の三以上の賛成で議決し、国会がこれを発議し、国民に提案してその承認を経なければならない。この承認には、特別の国民投票又は国会の定める選挙の際行われる投票において、有効投票の過半数の賛成を必要とする。

憲法改正について前項の承認を経たときは、天皇は、国民の名で、直ちにこれを公布する。」

（2）「憲法改正国民投票法」をただちに制定すべきである。

憲法改正のための「国民投票」は、憲法九六条の予定するところである。にもかかわらず、いまだに法律が制定されていないのは不自然きわまることであり、すでに憲法調査推進議員連盟が、「日本国憲法改正国民投票法」および「国会法の一部を改正する法律案」をまとめているが、両法案をすみやかに上程すべきである。

ただし、国民投票法を制定する際には、以下の点に留意すべきである。

①賛否の問い方について、十分に検討を加えること。

②国民投票に際しては、報道の自由を保障するとともに、新聞、雑誌、放送事業者等による虚偽報道を禁止すること。

3　前文においてわが国の歴史、伝統にもとづく国家像をうたうこと

そもそも国家は歴史的な存在であり、憲法は、その国の歴史、伝統、文化をふまえて編纂されるべきものである。

世界各国の憲法の前文をみてみると、前文のまったくない憲法もあるが、前文を設ける場合には、神の加護への祈念、建国や独立の経緯、伝統や文化の尊重など、それぞれの国の歴史や国民精神にのっとった文言があり、いかにも国家の基本法としての憲法にふさわしい様相を呈している。したがって、わが国の憲法の前文も、古代から律令国家を経て、今日まで連綿と続く日本国の国家制度の歴史、とくに明治以来の立憲主

義をはじめとする諸原理を確認し、戦後半世紀余にわたる日本国憲法下での経験への厳密なる吟味と反省の上にたって構想した内容でなければならない。

また、「新しい憲法の創造」という以上、前文では二一世紀を見すえた新しい国家構想を指し示す必要がある。

以上の視点にたって、前文を全面的に書き改めるべきである。

4　国民の権利・義務についても、わが国の歴史、伝統、文化をふまえ、抜本的な見直しをはかること

国民の権利・義務については、以下のとおり提言する

（1）国家的、公共的利益をふまえた権利・義務の概念を確立すべきである。

国民の権利の尊重は当然であるが、今日、その過度にわたる主張や行動が、社会の安定を揺るがすほどの弊害を生み出していることは、周知の通りである。西欧の歴史において、キリスト教の果してきた役割に明らかなごとく、本来、国民の権利を守るための自己制約の規範は、それぞれの国の歴史、文化、伝統から見いだされる。ところが、日本国憲法では、歴史的、伝統的な価値観が否定され、「公共の福祉」も、学説上、たんに国民相互間の権利調整の原理にとどまると解されてきたために、国家的、公共的利益を確保するために必要とされる権利の一時的制約も、困難となっているのが現状である。

古くから、わが国には、独自の伝統的な権利・義務観念が存在し、「思いやり」、「譲り合い」、「和」という言葉で他人の権利を尊重する規範意識を表現してきた。こうした歴史・伝統をふまえ、国家的、公共的利益の確保を前提とする権利・義務の概念が確立されるべきである。

（2）わが国の歴史・伝統をふまえた政教分離規定を設けるべきである。

憲法二〇条に定められた政教分離規定は、日本の歴史・伝統を十分に配慮した規定とはいえず、多元的な価値の存在を認める多神教的風土の上に形成されてきた日本の社会に多くの対立と混乱を生み出してきた。

このような事態に終止符を打ち、政教関係の真の安定を確保するためには、わが国の文化的条件に見合った政教分離のあり方が検討されなければならない。その場合、国家や公共団体は、いっさい宗教とかかわってはならないという完全分離の解釈を導くような文言は極力避け、あくまで「特定宗教の布教・宣伝を目的とした宗教的活動の禁止」にとどめるべきである。それとともに、「宗教的伝統の尊重」や「宗教的寛容の必要性」なども明記しておくことが望ましい。

（3）知的創造、環境、プライバシーなどに関する新しい権利の導入および家族尊重規定の新設などについて検討すべきである。

日本国憲法から半世紀余を経たという状況のもと、時代の変化に応じて現実にそぐわなくなった条文を整理する一方で、知的創造、環境、プライバシーに関する権利など、いわゆる新しい権利の導入についても検討する必要がある。ただし、環境権については、環境保全の義務についても言及されなければならない。

また、伝統の継承や家庭教育重視の見地から、国家社会の基礎的単位である家族の保護についても配慮すべきである。

5　二院制の特色を発揮させるための改革に取り組むべきこと

二院制については、参議院が衆議院のカーボン・コピーといわれるような現状にあり、他方、衆議院による法律案の再議決要件が厳しいため参議院の力が強くなってしまい、政治のあり方をゆがめている。そこで一院制を採る方法も考えられるが、本会としては、一院制による暴走をふせぐため二院制を維持することとした。

参議院に期待されるのは以下の点であると思われる。

①同一の問題につき、時を異にしてもう一度見直しをすることで衆議院の足らざるところを補い、国会の決定を権威づける。

②衆議院と異なる角度から、国会に国民の意見を反映させる（たとえば、地域的な立場にたった意見、政党を通じては反映されない意見など）。

このような視点に立ち、改革の実効性を考慮して、以下のように提言する。

（1）衆議院の法律案再議決要件を緩和すべきである。

憲法五九条二項によれば、衆議院で可決し、参議院でこれと異なった議決をした法律案は、衆議院で出席議員の三分の二以上の多数で再び可決したときにのみ、衆議院の議決が優越する。このような規定方式では、ときの政府・与党が法律案を通過させるためには、両院で過半数の議席を獲得しているか、あるいは参議院で過半数の議席を獲得していないときは、衆議院で三分の二以上の議席を保有していなければならない。参議院には、内閣不信任案の議決権を与えられていないことを考えれば、参議院に不当に強い権限を与えることを意味し、理論的にも不合理である。

それゆえ、五九条二項を次のように改正する。

「衆議院で可決し、参議院でこれと異なった議決をした法律案は、衆議院で出席議員の過半数で再び可決したときは、法律となる。ただし、この再可決は、衆議院で最初に可決した日から国会の休会中を除いて、九〇日以後でなければならない。」

（2）参議院に与えられている内閣総理大臣の指名権を廃止すべきである。

参議院を衆議院と違った性格のものにするために、内閣総理大臣の指名権を衆議院のみに与えるべきである。

それゆえ、憲法六七条を次のように改める。

「内閣総理大臣は、衆議院議員の中から衆議院の議決で、これを指名する。この指名は、他のすべての案件に先立って、これを行う。」

（3）裁判官弾劾裁判所の組織方法を改めるべきである。

現行法では、訴追委員会と弾劾裁判所は、それぞれ両院議員で組織している。このような組織方法は参議院のあり方から考えて適切ではないので、むしろ両院で役割分担をすべきである。

それゆえ、憲法六四条を次のように改める。

「参議院に、罷免の訴追を受けた裁判官を裁判するため、参議院議員で組織する弾劾裁判所を置く。

衆議院に、前項の訴追のため、衆議院議員で組織する訴追委員会を置く。訴追及び弾劾に関する事項は、法律でこれを定める。」

資料Ⅱ・44

「国際平和協力懇談会」報告書（抄）

二〇〇二年一二月一八日
国際平和協力懇談会

コメント

1．小泉純一郎内閣は、九・一一のテロ事件を機に行われたブッシュ政権によるタリバン政権攻撃への参加をはじめとして、アメリカの求めに従い「国際貢献」を強化していたが、二〇〇二年五月、内閣官房長官福田康夫の主催する懇談会として、「国際平和協力懇談会」を設け、国際平和協力活動強化方策を検討した。懇談会は同年一二月、長文の報告書を出したが、ここでは、その第Ⅲ部の提言部分を抄録する。

2．提言は全部で一一の提案を行っているが、そのうち憲法やそれに基づく法律上の制約に関して行われている提言で注目されるのは、「3　より柔軟な国際平和協力の実施に向けて早急に法整備を行う」という提言である。ここでは、紛争当事者が消滅し停戦合意や受け入れ同意が意味をなさない場合にも国連決議があれば自衛隊を派遣できるようにすること、警護や任務遂行のための武器使用を認めること、PKO等協力法の業務をポジティブリスト方式からネガティブリスト方式に変えること、自衛隊法を改正して国際平和協力を本務として位置づけること、などが提案された。

これら提言の多くは、小泉内閣下では実現されなかったが、その後、法改正等で実現され、あるいは実現される方向で動いている。

【序】

小泉内閣総理大臣は、二〇〇二年五月一日にシドニーにおいて政策演説を行い、「紛争に苦しむ国々に対して、我が国としても平和の定着や国づくりのための協力を強化し、国際協力の柱とするために必要な検討を行う」旨述べた。これを受けて、国際平和協力の理念、我が国の役割、必要な体制の整備及び施策等について幅広く検討を行うため、二〇〇二年五月二八日、一六人の有識者で構成する「国際平和協力懇談会」の開催が決定された（懇談会の委員の構成は別紙参照）。本懇談会は、同年六月一二日以降、六回の会合を開催するとともに、NGOの代表者との意見交換会やカンボジア文民警察OBとの意見交換会を開催し、広く関係者から意見を聴取しながら検討を行い、今般報告を取りまとめた。

政府においては、今後この報告の提言を十分踏まえて国際平和協力のための政策を鋭意立案することを切望する。また、本報告書を契機として国際社会の平和や安全保障、我が国の国際協力のあり方等について広範な国民的議論が行われ、それにより我が国が国際社会のより有力な一員として国際平和協力に向けて重要な役割を果たしていくことを心から期待するものである。

《中略》

第Ⅲ部　国際平和協力の改善・強化のための方策──提言──

国際平和のために我が国がより積極的、包括的、弾力的な協力をすること（──平和の定着と国づくり──）は緊急の課題であり、国としての基本業務に位置付けるべきである。この方針を世界に向けて発信し、その実現のための制度の見直し及び具体的な施策の改善・充実を推進するために以下の提言を行う。

1．国際平和協力の推進体制を整備・充実する。

（1）国際平和協力は、紛争予防から「平和の定着と国づくり（平和構築）」、そして本格的な復興開発支援に至るまでの包括的なアプローチであり、これが機動的かつ間隙のない形で行われるよう、政府は、国際平和協力に関する組織体制の整備・充実を図る。

（2）国際平和協力に関わる省庁は、上記（1）の国際平和協力の実施に当たって、国際協力事業団（ＪＩＣＡ）やＮＧＯ、民間企業、学界などとの相互理解を深め、協力を強化する。

2．文民専門家・文民警察を積極的に派遣する。

（3）内閣府国際平和協力本部は、文民専門家のより積極的な派遣実現に向け、緊急援助隊の経験・ノウハウを活用し、同事務局における派遣要員の人選（特に、人道救援専門家グループ（ＨＵＲＥＸ）制度の活用）、研修及び医療器材・物資調達等の運用面の体制を強化する。

（4）文民警察が行う国際平和協力業務を警察庁の責務として法律上明確に根拠づけ、国際平和協力のため、支援機能を備えた警察官隊を警察庁に附置し、派遣することを目指す。警察官隊の設置に当たっては、その要員は志願制を前提とするとともに、犯罪の増加等厳しさを加える国内の治安情勢を考慮し、また、新たな業務の性格を踏まえ所要の措置を講じる必要がある。

（5）我が国の警察官の実務能力を踏まえて、それに相応しい業務を行うことができるように国際平和協力法や警察法を改正して新たな業務を付加することを目指す。仮に、業務の付加が困難な場合には指導・助言・監視業務の範囲内での派遣の可能性について検討する。

（6）内閣府及び警察庁等関係省庁が協力して、警察官を対象とした、語学力、現地事情、武器使用等の教育訓練の実施、装備資機材の整備・開発、生活必需品や宿舎、通信手段等の支援の充実、撤収に係る手続きの明確化及び手段の確保等を図る。なお、日本から派遣される文民警察官は、管理、能率、安全上の観点から、できるだけまとまった単位として編成されるように国連当局と調整する。

3．より柔軟な国際平和協力の実施に向けて早急に法整備を行う。

（7）いわゆるＰＫＯ参加五原則に関し、紛争当事者が消滅し、停戦合意や受け入れ同意がそもそも意味を有さない場合には、これらの要件がみたされなくとも、例えば、国連安全保障理事会の決議をもって参加を可能とする。

（8）国際平和協力業務において、国際基準を踏まえ、「警護任務」及び「任務遂行を実力をもって妨げる試みに対する武器使用（いわゆるＢタイプ）」を可能とする。

（9）国際平和協力法第3条に規定する国際平和協力業務を、現行の限定列挙（ポジ・リスト）から、必要不可欠な禁止事項の列挙（ネガ・リスト）へ変更する。

（10）国際平和協力法において、人道救援活動や選挙監視活動に参加する文民専門家については、いわゆるＰＫＯ参加五原則の適用範囲から除外する。

（11）国際機関の要請に基づく紛争関連の選挙監視活動への派遣について、例えば、紛争後一定期間経過した後で行われる選挙への監視団の派遣や小規模な監視団の派遣等、一定の条件の下で外務省設置法に基づいて柔軟に派遣できるようにする。

（12）国際平和協力法に基づく人道救援活動に対する文民専門家の早期派遣に向け、人道救援専門家グループ（ＨＵＲＥＸ）制度の実際の運用を早急に実現すべきである。その一方、紛争後に起こる災害であって、紛争と時間的・空間的に直接関係のないものについては、人員の安全の確保に留意しつつ、国際緊急援助隊法（ＪＤＲ法）の柔軟な適用による支援の可能性を鋭意検討する。

（13）国連ＰＫＯの機動的展開を目的とする国連待機制度に関し、少なくともレベル1（一定期間で派遣可能な部隊の種類、要員数、派遣期間等につき予め意図表明を行うもの）、できればレベル2（上記事項につきより詳細な計画資料を予め提出するもの）への参加を実現する。

（14）自衛隊法を改正し、国際平和協力を自衛隊の本務として位置付けるとともに、適時適切な派遣を確保するため自衛隊の中に即応性の高い部隊を準備する。

4．より幅広い平和協力活動に取り組む。

（15）国際的に経験の豊富な人材を特定の地域紛争を担当する政府代表に任命することや国際機関に推薦すること等を通じ、紛争の終結、和平の実現を目指す紛争当事者との調停や仲介などの努力を一層促進する。

（16）国連決議に基づき派遣される多国間の平和活動（いわゆる「多国籍軍」）への我が国の協力（例えば、医療・通信・運輸等の後方支援）について一般的な法整備の検討を開始する。

（17）平和の定着において信頼醸成、武装解除及び治安の維持等に軍事部門が大きな役割を果たすようになっているが、こうした活動に対し、我が国がより機動的に支援することが可能となるような予算の仕組み等につき検討する。

（18）紛争後に残された兵器等の処理・処分を行う軍縮関連事業への支援について、新たな組織の立ち上げの可能性を含め、体制整備を行う。

5．国際平和協力分野においてODAを一層活用する。

（19）紛争予防、平和構築、復興開発支援等の各段階において、国際平和協力活動を促進するためにODAを積極的に活用する。

（20）ODAの積極的な活用に当たっては、難民・国内避難民支援、対人地雷除去、DDR、選挙支援、基礎インフラの復旧といった「平和の定着」や、行政・警察・司法分野における支援、経済・社会インフラの整備、教育・メディアの支援といった「国づくり」に重点を置くものとする。

（21）国際平和協力分野で、他の援助国や国際機関との対話を深め、互いの比較優位を生かした形で協調することにより、効果的な支援を実施する。

6．緊急人道支援から本格的復興支援までのギャップを埋める。

（22）緊急人道支援から本格的復興支援までギャップのない支援を実施するため、人道機関や開発機関との間の議論等を踏まえつつ、緊急支援調査や日本NGO支援無償資金協力のスキームを一層活用する。

（23）迅速かつ柔軟な支援を行うため、英国の紛争基金（Conflict Pools）の制度を参考としながら、より柔軟な予算制度について検討する。

7．専門的な人材の養成・研修・派遣体制を整備する。

（24）JICA又は非営利組織等の事業・スキームを活用し、海外の各種の訓練・研修施設や研究機関等とも協力して、国際平和協力分野での専門的な人材養成・研修及び人材のリクルート・派遣をより包括的かつ効果的に行うため、政府・民間が一体となった有機的なメカニズムを創設する。なお、国際平和協力分野での研修は、日本人のみならず、海外の多くの国々からも積極的に研修生を受け入れ、国際社会の平和の構築の基盤になる人材育成に寄与する。

（25）人材を迅速にリクルート・派遣するために、人材管理の中核となるシステムを確立し、人道救援専門家グループ（HUREX）制度を始めとする各種人材登録制度の活用やネットワーク化を促進するとともに、派遣事前準備、事後のフォローアップ体制の充実を図る。

（26）国内の研究・研修機関に対し、海外の関係機関との連携を図りつつ、緊急性の高い国際平和協力に関する理論的・学術的分析を推進することを慫慂する。

（27）国際平和協力分野における大学の機能の向上を図るため、大学教員の派遣を支援する体制を整備し、教員の海外での活動を適切に評価したり、大学自らのコンサルタント登録制度への参加を促進する。

8．国際平和協力関係者の包括的なキャリア・プランを確立する。

（28）大学・大学院等での専攻分野、インターン制度や奨学金制度、現地ミッションを含む幅広い国際機関などの人材募集情報などキャリア・プラニングに関する情報提供やアドバイスの実施等の支援体制を強化する。

（29）国際平和協力に意欲を持つ人々が国際平和協力分野の活動に参加しやすいように、出向・休職・ボランティア休暇などの制度の普及や弾力的運用の促進を図る。

（30）国際機関、国際NGOや他のドナーとの連携による国内外の人事交流や連携プロジェクトによる共同チームの活動等を一層充実化することにより、国際平和協力分野で活動する要員のキャリア・アップを図る。また、日本での国際協力活動経験者の受け皿を広げることにより、これら人材の一層の活用を促進し、国際平和協力分野でキャリア・プランを確立する。

（31）国際平和協力に意欲を持つ人々が、実務研修を通じて現場の業務を体験できるよう、インターンシップ制度の充実を図るとともに、こうした経験が大学・大学院の単位として認められるような制度の普及を図る。

（32）既存の各種研修機関リストを活用しつつ、より包括的な情報の把握に資する「国際平和協力関連研修ガイドブック」をウェッブ上で作成し、公開・維持する。

9．**安全対策を確立し、補償制度を整備する。**

（33）国際平和協力を行う全ての組織は、現場における情報収集・分析機能の強化を図るため、安全問題の担当者を指名・配置し、また、安全確保のためのマニュアルの整備、通信や避難のための輸送手段の確保、衛生管理・医療など支援機能の確保、危機回避のための研修の充実を図る。

（34）地方公務員である都道府県の警察官が、警察庁に附置された警察官隊の隊員として派遣され、事故にあった場合に支給される賞じゅつ金については、都道府県警察官として支給される賞じゅつ金との均衡を考慮した水準を確保するための措置を講じる。

（35）日本NGO支援無償資金協力の支援形態の一つであるNGO緊急人道支援無償等を通じ、紛争・災害等の発生直後に活動するNGO関係者の健康・安全のための支援の充実を検討する。

10．**NGOへの支援を促進する。**

（36）国際平和協力に従事するNGOに対し、運営の安定化、国内外での研修やアドバイザー・トレーナーの派遣・雇用などによる専門的な人材の養成、調査研究の充実等が図られるよう政府の各種支援を強化する。

（37）国連や国際人道救援機関等における人道救援活動に関する決定において、日本のNGOのプレゼンスが確保されるよう、政府とNGOとの対話と連携を一層推進する等、可能な方策を講じる。

11．**国民の理解を深め、参加を促進する。**

（38）我が国の果たすべき役割と責務、国際社会から寄せられる期待等について、シンポジウムや各種のメディアによる広報を通じて国民が活発な議論を行うようにし、それにより国民各層の理解を深め、より広範で積極的な参加ができるようにする。

（39）国際平和協力分野の活動についての情報公開を一層深め、その成果と問題点を国民にわかりやすい形で伝えることにより、国民の理解と参加を促進する。

（40）人道援助や平和活動、安全保障等につき、我が国が国際社会の中で果たす役割について、海外向けのメディアや国際社会の場等を通じて明確なメッセージを活発に発信する。

「国際平和協力懇談会」の開催について

平成一四年五月二八日
内閣官房長官決裁

1．趣旨

小泉内閣総理大臣が平成一四年五月一日にシドニーにおいて行った講演の中で表明した「平和の定着及び国造り」のための国際協力の強化に向けて必要な検討を行うため、高い識見を有する人々の参集を求め、「国際平和協力懇談会」（以下「懇談会」という。）を開催することとする。

2．構成

（1）懇談会は、別紙に掲げる有識者により構成し、内閣官房長官が開催する。
（2）内閣官房長官は、有識者の中から、懇談会の座長を依頼する。
（3）懇談会は、必要に応じ、関係者の出席を求めることができる。

3．その他

懇談会の庶務は、関係行政機関の協力を得て、内閣官房において処理する。

（別紙）

「国際平和協力懇談会」メンバー

明石　康　元国連事務次長
海老沢勝二　日本放送協会会長
草野　厚　慶応大学総合政策学部教授
小島　明　日本経済新聞社常務取締役　論説主幹
小林陽太郎　富士ゼロックス株式会社代表取締役会長
嶌　信彦　ジャーナリスト
志村尚子　津田塾大学学長
田中明彦　東京大学東洋文化研究所教授
千野境子　産経新聞社大阪本社編集局特別記者兼論説委員
西元徹也　元防衛庁統合幕僚会議議長
新田　勇　元大阪府警察本部長
星野昌子　特定非営利活動法人日本NPOセンター代表理事
山崎正和　東亜大学学長
山中燁子　国際連合大学・北海道大学大学院国際広報メディア研究科客員教授
弓削昭子　国連開発計画（UNDP）駐日代表
横田洋三　中央大学法学部教授

資料Ⅱ・45

憲法問題調査会意見書

――自立した個人、自立した国たるために

二〇〇三年四月

経済同友会・憲法問題調査会

コメント

1．本文書は二〇〇三年に経済同友会が出した、改憲の薦めである。この経済同友会を手始めに、二〇〇四年には日本商工会議所が、また二〇〇五年には日本経団連（⇩Ⅲ・14）が、という形で財界諸団体が、次々に改憲を求める提言を出している。本文書はその皮切りをなすものである。

2．本文書は、憲法改正によってめざす目標を二つあげている。一つは、自立した個人のつくる社会の建設であり、もう一つが、自らの国益と価値を守る自立した日本の建設である。

前者は、官主導の経済によるお上依存の社会体質の脱却、後者は対米依存を脱却して国際社会へ貢献する国家づくりであり、それぞれ、当時保守支配層がめざしていた軍事大国化と新自由主義改革の遂行を表明したものである。

3．個別論点では、「前文」の改正による「この国のかたち」の明記、象徴天皇制堅持、公による権利制限の明記、安全保障の規定の導入、統治機構の見直し、憲法裁判所の設置による違憲審査に関する司法の役割強化、など、この時期の改憲案に共通してみられる内容である。

4．本文書の特徴の第一は、解釈改憲の積み重ねをやめて、憲法の明文改正を推進すべきことを強調している点である。そのために憲法改正の国民投票法の制定を強調し、また憲法改正手続の緩和を求めている。

また、改憲を推進するために各政党が、憲法問題に対する姿勢を「政策マニフェスト」の形で公表することを訴えている。この提言を受けて、二〇〇三年一一月の総選挙では、自民党のみならず、民主党、公明党も憲法についての政策をあいついでマニフェストに明記した。

5．本文書の特徴の第二は、憲法九条にかかわる課題については、第一と矛盾するが、現行憲法下で、解釈で変更できる点についてはそれを「早急に」行うことを提言していることである。具体的には、集団的自衛権行使に関する政府解釈を変更すること、有事法制を整備すること、情報収集体制の整備である。

1．はじめに：なぜ憲法改正が必要か

近年、日本国憲法をめぐる様々な問題について、国会のみならず民間においても議論が行われ、さまざまな切り口から憲法改正論、改正試案を提案する動きが一段と活発化している。

このような中で、われわれ憲法問題調査会は、日本国憲法の改正が必要であるという自らの立場を改めて確認し、特に重要と考える論点について、調査会での議論を踏まえて意見を表明する。（注1）

（1）憲法改正を通じ、真の国民主権を確立しよう

われわれは、日本の国民がこれまで、自らの意志で憲法を作り、必要に応じてこれを改正するという、最も重要な形での国民主権の行使をしてこなかったことこそが、憲法に関わる最大の問題だと考える。

国民が主権者として憲法に関わる機会を持ち得なかったために、特に戦後日本においては、憲法は何を規定するために存在するのか、日本はどのような「国のかたち」を掲げるべきかなど、本質的な問題に関する国民的議論が妨げられてきた。また、国民を代表する国会においても、長期的な視野に立って、これらの問題を正面から取り上げてきたとは言いがたい。

その結果、国の根幹に関わるような重要な問題ほど、本質を突き詰めた取り組みが回避され、不毛な解釈論議と弥縫的な対応にばかり終始してきてしまった感がある。今や、憲法の規定と現実との乖離は、随所において、誰の目にも明らかなほどに大きく広がっている。

憲法をはじめとする法制度などの「国のガバナンス」を司るシステムは、本来、主権者たる国民の意思を反映する形で運用され、必要に応じて改められるべきものである。われわれ国民は、今こそ、日本という国のあり方や憲法の役割について、自分たちの意思を明確に示し、それに沿った形で「国のガバナンス」の改革が進められるよう、積極的に求めていかねばならない。

そのような行動を起こすことによって初めて、従来のような「お上依存」意識を脱して主権者としての自覚を確立し、一部の専門家や官僚の手からイニシアティブを取り戻すことができるのだと考える。

(2) 戦後五〇余年間の変化を踏まえ、「この国のかたち」を再考しよう

現憲法が制定された当時と比べ、日本の社会状況や国際環境は、想像を超えるほど大きく変化してきた。

日本の経済社会は、復興と欧米へのキャッチアップを目標とする大量生産・大量消費型社会から、グローバルな大競争の中で、知的創造と技術革新を重んじる社会へと転換しつつある。それと並行して、冷戦構造の崩壊後、グローバル化・情報化の潮流が一層加速し、社会における官民の役割の変化や活動主体の多様化が進む中で、かつて自明と考えられていた「国家」に対する国民の認識も、揺らぎ始めている。

このような中で、憲法改正という共通の目標を掲げ、それに向けた作業を押し進めることによって、国民的な議論を巻き起こす必要がある。そうした議論を通じて、日本という国のあり方、国の責務と権限、国際社会への参画のあり方などについて、国民の間で共有できる「意思」を確かめ合い、それを憲法に明文化していくことが求められる。

国会に設けられた憲法調査会は、活動の折り返し地点を過ぎたが、残念ながら、その議論はいささか中だるみ気味に映るし、いまだ国民の前に重要な論点を提示しているとは言えない。われわれ企業経営者も、主権者の一員として民の立場から、憲法論議のモメンタムを高めるために、積極的に発言していきたい。

2. 憲法改正によって何を目指すか：自立した個人、自立した国たるために

(1) 自立した個人がつくる日本社会を目指して

戦後の日本社会では、そのさまざまな問題や歴史的経緯ゆえに、国と個人の関係についての理解・認識が、一般に不十分であるように思える。例えば、第二次世界大戦に至る全体主義的な国家体制への反省に由来する、国家に対する不信感や一種のアレルギー的拒否感がある一方、国防・安全保障を外国に依存したまま、国を挙げて官主導の経済発展に邁進してきたことにより、「お上依存」の社会風潮が醸成されてしまった。

また、冷戦下のイデオロギー対立を背景に、数合わせと利権の分配を核として政治が動いてきたため、問題の本質を掘り下げ、論点や対案を提示して国民の総意を問う、健全な民主主義のあり方が阻害されてきた。

冷戦後、グローバリゼーションや情報・科学技術の進歩など、大規模

な変化が同時並行的に、かつ予想もつかない形で世界を席巻している。これに伴って、日本社会においても価値観の多様化が進み、国民の間では「共通の前提」や「常識」、「道徳」のあり方が改めて問い直されている。

このように、共同体的な暗黙の了解や、漠然とした社会的連帯感だけでは、もはや社会がたちゆかなくなるため、国と個人の関係をめぐる問題は、今後ますます複雑化していくことだろう。

このような中、日本という国のあり方や国と個人の関係など、これまで棚上げされてきた問題に正面から取り組み、国民の間に共通認識を確立することが急務であろう。そして、このようなコンセンサスを軸として、「お上」からの押しつけでもなく、私的な利害追求の寄せ集めでもない、自立した個人を主体とする社会秩序を確立していくことを目指すべきである。

(2) 自らの国益と価値を守る、自立した日本を目指して

冷戦体制の崩壊に伴い、国際社会の情勢は不安定化・不透明化の度を深めつつある。単純なイデオロギー軸で物事を割りきることができない複雑な状況の中では、各国は自らの「国益」と国際社会において追求すべき「価値」を明確に見きわめ、それに基づく外交軸を定めて、国の舵取りすることを迫られる。

日本は戦後、真の主体として国際政治に参画して来たとは言えないし、また、ある意味では幸運なことに、そうする必要に迫られてもこなかった。しかし、いまやその「幸運」ゆえ、日本は国際社会の状況に対応する上で、他の国々以上に大きな課題を抱えている。

一九九〇年代を通じ、わが国においても、国際情勢に対応していろいろな施策がとられてきたが、その多くは「カネで済ませる」姿勢にとどまっており、本質的な問題への取り組みはほとんど手付かずのままである。

この点を克服しない限り、日本は国際社会において「漂流する大国」であり続けるだろうし、引き続き、次から次へと弥縫策に追われ、国際的な秩序構築に主体的に参画していくことなど不可能であろう。

それればかりか、大局的な戦略をもたないまま、混迷の度を増す国際情勢に対応しようとすれば、わが国の国益、すなわち国民の生命・財産・安全と日本の国際的な立場に、深刻なダメージをこうむる惧れもある。

われわれはもはや、イデオロギーや盲目的な執着の虜囚となり、これ以上時間を無駄にするべきではない。まずは、日本は国として何をどのように守るのか、そのためにどのようなシステムを構築するのか、また担うべき責務は何かなど、根本に立ちかえった議論を早急に進めることが不可欠である。

国際情勢が日々揺らぎ、緊張を増す中、躊躇して問題を先送りすることはもはや許されない。

3. 具体的・個別論点について

(1) 憲法の顔、前文の見直し

①現前文の問題点

憲法が「この国のかたち」を示すものであるならば、その前文は、憲法の制定意図や基本的原理、その全体像を明らかにする、いわば憲法の顔にあたる。

現憲法の前文に掲げられている「平和主義」・「国民主権」・「国際協調主義」等の理念が、戦後日本が国際社会に復帰し、新しい国のかたちを築いていく上での重要な指針として機能してきたことは事実である。

しかしながら、ここで謳われているのは、人類社会に共通する普遍的価値のみであって、日本という国がどのような歴史・風土・文化の上になりたっているのかという、いわば国の「個性」や、それらを活かしつ

つ、国際社会に関わり、平和構築に参画しようという「主体性」とを、著しく欠いていると言えるだろう。

これまで、憲法前文に掲げられてきた普遍的理念の重要性と、その今日的な意義を改めて確認するとともに、日本が憲法の顔たる前文において独自に謳うべき価値は何かを、国民的論議を通じて明らかにする必要がある。

②日本の「個性」、国際的秩序構築に向けた「主体性」を新しい前文に

既に憲法前文の改正をめぐっては、さまざまな意見や私案が発表されている。[注2] それらを参照し、検討した結果、憲法前文には、

・日本の歴史、地理的環境と風土、文化等の特色を踏まえた「この国のかたち」、
・日本の「国のガバナンス」が立脚する基本原則（国民主権、自由民主主義、等）
・国際社会に対する認識と日本の関わり方、世界における日本の立場と責任
・日本の進路・将来像・ビジョン、等の要素

などの要素が、明らかに示されるべきだと考える。

現在の前文について特に問題だと思えることは、日本という国の個性や「この国のかたち」を伺い知ることができない点である。日本には、歴史を通じて育まれてきた、自然に対する感受性と共生の文化、勤労・勤勉を重んじる国民性、新たなものを吸収し、自在に活用する柔軟性など、さまざまな特質がある。これらの価値を改めて振り返り、国として次代に伝え、受け継ぐべきものは何かを検証する必要がある。

また、現前文に示されている「平和を愛する諸国民の公正と信義に信頼して、われらの安全と生存を保持」するという決意は、残念ながら、現在の国際社会の現実にはそぐわないものであるし、戦後五〇余年を経て日本が獲得した国際的な立場から見て、あまりにも受身であり、ふさわしいものとは言えない。

われわれは、わが国が従来のような消極的な一国平和主義を脱し、国際的な平和構築の主体的な参画者となるべきという信念に基づき、この点を特に見直す必要があると考える。

（2）象徴天皇制の堅持

第二次世界大戦での敗戦を受けて現憲法が制定された当時から、天皇制のあり方は、さまざまな議論の対象となってきた。しかしながら、皇室のたゆみない努力もあって、半世紀以上の時を経て、象徴天皇制は日本社会に深く根付き、国民の大多数の間では、現在の制度に対する肯定的な見方や愛着が支配的であるように思う。

よって象徴天皇制は、日本の文化・伝統に適ったものとしてその位置付けを再確認し、堅持すべきものと考える。

その上で、天皇の位置付けと国民主権との関わり、男子直系に限定される世襲の仕組みなど、指摘されている問題については、憲法改正に向けた国民的議論を深める過程で検討し、必要に応じて関連の法律や憲法の規定を改めることが望ましい。

（3）外交・安全保障に関する考え方

①戦後日本社会における問題点

本来、「自分の身は自分で守る」ことが国際社会の常識であり、国家には「国民の生命・財産・安全を保護する」という基本的な責任がある。そして、国がそのような責任を果たすために必要な場合、国民は自らの主権の一部を国家に委ね、場合によっては、自らの権利が限定的に制限されることを認めるという関係が成り立つ。

しかし、戦後の日本は日米安全保障体制の下にあり、このような国の

責任と、それを背景とする国と国民の関係とを、はっきりと認識してこなかった。

それゆえ、極めて最近まで、国が自らの国益と国民の安全を守るためには何をすべきか、日本は国際社会に対して、どのような役割を果たすべきかなど、日本外交・安全保障に関わる基本的な論点を取り上げ、正面から議論することすらできなかったように思う。

その結果、現在極めて危機的な状況に直面していながら、日本はこれにどう対処すべきかという喫緊の課題について、議論できる状態には至っていない。それ以前に、国の安全を確保するための実質的な体制が整っていないばかりか、安全保障体制に関する基本的なコンセンサスも得られていないからだ。

戦後日本において醸成されてきた「平和主義」と「国際協調主義」は、極めて重要な価値であり、今後とも世代を越えて引き継がれていくべきものだ。しかしながら、それゆえに思考停止に陥り、国が果たすべき本来的な役割までも否定しては、元も子もない。

②目前の危機を直視し、まずは喫緊の課題に取り組むべき

このような、外交・安全保障に関わる日本の問題を克服していくためにも、目前の危機を直視し、国としての「危機管理」の視点に立って、今すぐにできるところから改めていくべきである。

具体的には、

・集団的自衛権の行使に関する政府解釈を改め、適正な目的と範囲を踏まえて「自衛権」の行使についての枠組みを固めること、
・長く棚上げされてきた有事法制につき、整備を進めること、
・危機を事前に察知し、これを防ぐ上で極めて重要な情報収集・分析体制の整備を急ぐこと、

等は、本来、現憲法の枠内でも充分に改めることができる問題であり、早急に対応すべき喫緊の課題だと考える。(注3)

その場合、念頭におくべきは、国民の生命・財産・安全と日本の主権を守るという、最も基本的な国の責務をいかに全うするかということだ。法解釈の辻褄あわせや机上の空論に堕することなく、さまざまな状況を想定して、本質的な対応を真剣に考えるべきである。

③総合的・重層的な安全保障体制の構築に向けて

国際的な自由主義経済体制の恩恵の上に、自らの繁栄を築いてきた日本にとって、ただ自らの守りを固めるだけでは、その安全を保障することはできない。日本の安全は、地域の、そして世界の平和と繁栄の上にのみなりたつ。このような認識に立ち、自らが世界の平和と繁栄のために主体的に行動するという視点も、また欠かすことができない。

自らの国益と国民を守り、望ましい国際秩序構築に参画するという目的に照らし、日本は何を、どこまでなすべきかという最も基本的な点について正面から議論をし、国民的なコンセンサスを形成すべきであろう。その上で必要とあれば、憲法を含む国のシステムを見直し、改めていくことをためらうべきではない。

ただしその場合、安全保障を狭い意味での「防衛」に限定して議論すべきではない。相互依存が進む複雑な国際関係において、国が持つ「力」とは、ひとり軍事的なものを指すのではない。外交、経済、人道・人権、資源・エネルギーなど、幅広い分野を視野に入れ、予防外交・人間の安全保障といった新しいアプローチも含めて、日本ならではの外交・安全保障戦略を構想すべきである。

同時に、二国間・多国間での安全保障協力を、自らを守るための「手段」と認識した上で、全体的な戦略の中にそれらをどう位置付けるか、それぞれのレベルにおいて、日本は何をなすべきかを見きわめる必要がある。

自らの国益と守るべき価値とを根幹に据えない限り、このような複眼的な視点に立つ外交・安全保障戦略を推進することはできない。われわ

れ国民は、「何を、どのように守るのか」という基本認識を共有し、それに基づいて、国が必要な能力と制度を備えるよう、求めていかねばならない。同時に、適正な枠組からの逸脱を防ぐチェック機能は、主権者たるわれわれの責任でもあると自覚する必要がある。

(4) 国民の権利・義務、公共の福祉再考

①希薄な「公」意識、誤解される「権利」

昨年、経済同友会会員を対象に、「憲法問題に関する意識調査」を実施した。その際、憲法と現実との間に乖離があると感じられる問題点として、「国民の権利と義務のアンバランス」、「公意識の不足」を指摘する意見が多く見られた(注4)。

その背景には、「自由」や「権利」の名の下に、個人の放縦な利益追求を是認して最優先する一方で、「公」の概念を否定的に捉える風潮への懸念があると認識している。

本来、憲法が個人の権利保障をその目的とし、国民から国に対する命令という性格を持つ以上、憲法における義務規定の数の少なさを非難することは理にかなってはいない。しかしながら、戦後日本社会独特の歪みが権利・義務の概念に関する誤解を生み、それが放置されてきたことも、また否定できない。

本来、「権利」とは、「正しさ」や「公共性」を内包する概念であり、それゆえに、おのずから一定の制約を伴うものだと論じられてきた。また、何かを自分の「権利」として主張する以上、たとえ自分が不利益を蒙りかねない場合であっても、他人にも同様の「権利」を主張することを認め、それを尊重しなければならないとの議論もある。

このような「権利」概念に関わる議論は、一般になじみのあるものとは思えないし、そのような思考を通じて、日常的に自らの利益追求に歯止めをかける人が、それほどいるとは思えない。

憲法に関する議論を通じ、権利・義務とは何か、国と個人は憲法を介してどのような関係にあるのかといった問題について、国民の間で理解を深めていく必要がある。

②変わる「公」を支える個人

国を、個人の権利を抑圧しかねないものとして、危機感を持って見張ることと同時に、一方では、国とは主権者であるわれわれ個人が、総体として形作るものであると認識することが必要である。

個人の権利追求や価値の実現を可能とするものは、最終的には、法に基づく「国のガバナンス」に他ならない。国や社会は、われわれ国民の多様な主張を調整し、その中から、大多数に共有されうる秩序を生み出すための共通の基盤でもある。

近年、市民社会の成熟に伴って、「公＝国」、または「公＝地方公共団体」という図式は、もはや成り立ちにくくなっている。家族・地域社会・企業・NPO、NGO等、国と個人の間に存在する中間団体も、「公」を形成する要素として、重要な役割を果たしている。これらの重層的な「公」の担い手の役割を再認識するとともに、参画を通じて最終的に「公」のあり方を決定するのは、一人ひとりの個人に他ならないと、改めて認識する必要がある。

一般に、社会の秩序を律するものは、個人の良心と道徳、法と社会の成り立ちに関する共通認識であるが、日本においては、宗教的な価値基準を背景とする倫理観も、社会のなりたちに関する思想的根拠も、明確には根付いていない。それに加え、社会における価値観やニーズが多様化していくにつれて、国民の「共通認識」を確立することや、「公」意識を共有することは、ますます困難になる傾向がある。

個々人がその権利と自由を享受し、社会における多様性を活かしていくためには、その基盤としての「公共性」が極めて重要であり、それを支える理念を掘り下げ、広く共有していく必要がある。

その際、日本の歴史を通じて培われたさまざまな特質、中でも、柔軟性や思想的寛容性の真価が、ますます問われることになるだろう。

③憲法改正の一案として

一般に、現行憲法の条文は「簡短」にして、解釈の余地が多い性質をもつと言われており、中でも「国民の権利・義務」に関する条項は、法律的な規定というよりも、「宣言」に近い性質を持つと指摘されることもある。

よって、これらの条項を見直し、改正することも一案として考えられる。具体的には、「公共の福祉」という概念を明確にするために、国連や欧州連合の人権規約の例にならい、どのような権利が保障されるのかということと同時に、どのような場合・条件下において、これらの権利が制限され得るのかということを、明記するという方法である。

(5) 統治機構に関わる問題

近代民主社会においては、国民の意思に基づく政策決定を適正に遂行することが、統治機構の本来の役割である。その意味では、国民の声をくみ上げ、それに基づき政治的決定を下す立法、決められた政策を速やかに、かつ効率的に実行に移す行政、それらの権限が、憲法に規定された枠を逸脱することがないかどうかをチェックする司法からなる統治機構は、国と個人の関係を規定し、健全な「国のガバナンス」を通じてその実現を図る上で、それぞれ極めて重要な役割を担っている。

しかしながら、これまで経済同友会がくりかえし指摘してきたように、日本社会の現状は、立法・行政・司法がそれぞれの本来的な責務を果たし、健全な民主主義社会を形成しているとは言いがたい。

特に日本においては、歴史的に強力な官僚組織が存在し、それは時として、政策決定過程に過度の影響力を行使してきた。この背景には、官僚組織を本来の形で活用する創意と意志に欠ける政治の問題がある。統治機構に関する問題の多くは、憲法の条文ではなく、各種法令や実際の執行の側に起因している。よって、経済同友会の他委員会がこれまでに提言してきたように、統治機構に関わる「憲法と現実の乖離」を埋めるための諸施策を、早急に推進すべきであると改めて指摘したい。(注5)

(6) 憲法を活かしていくための方策

①憲法改正手続の整備、柔軟化

憲法には、第九六条として憲法改正に関する規定があり、その中で、国会の発議・審議を経た後の国民投票というプロセスが定められている。しかしながら、実際には「憲法改正のための国民投票」を実施するための法律が設けられておらず、憲法改正は事実上不可能になっている。(注6)

これは憲法制定以来、立法が本来必要な作業を先のばししてきた「不作為の罪」である。これによって、「川に橋がかかっていない」おらず、「川を渡る」こと、すなわち憲法を改正することが現実的に不可能な状況が作り出され、緊張感ある憲法論議が阻害されてきたのではないだろうか。そしてそれゆえに、憲法に立ち返った本質的な議論が妨げられ、拡大解釈による実質的な改憲とも呼ぶべき状況が積み重ねられてきたように思える。

このような立法の不作為の罪を糾し、「憲法改正のための国民投票法」を早期に成立させることは当然のことであり、また国民的な憲法論議を推進する上での必要条件でもある。

また、日本国憲法は、世界的に見ても最も改正に対して抑制的な性質を持つと言われる。憲法は「不磨の大典」ではなく、社会における現実とのかね合いで常に参照され、検証されるべきものである。このような認識に立ち、またその姿勢を明確にするためにも、現在の憲法改正手続を見直し、必要に応じて緩和すること、一定の条件の下で、国民の側からの改正の発議を認めること等の改革を進めることが必要だろう。

国会の憲法調査会における議論は大いに尊重すべきだが、憲法改正手続きに関する改革は、それと併行してできるだけ早急に実現する必要がある。

②司法の役割の強化

憲法八一条は、最高裁判所を「一切の法律、命令、規則又は処分が憲法に適合するかしないかを決定する権限を有する終審裁判所」と定めているが、これまで最高裁判所は、憲法に関わる問題について判断を回避し、また現状維持的な姿勢をとる傾向にあった。

この背景には、膨大な数の訴訟を抱える最高裁判所の限界という問題もあるのだろうが、このために、国民の信託を得ていない、内閣の一部局に過ぎない内閣法制局が、事実上、憲法問題に関する影響力を発揮するといった矛盾も生まれている。憲法と現実を参照し、すり合わせることでその乖離を埋め、時代時代に応じた解釈を積み上げていくことは、本来は司法の役割のはずである。

したがって、最高裁判所とは別に、憲法問題を専門とする憲法裁判所を設け、「法の番人」としての司法の役割を強化していくことが望ましい。同時に、憲法に関わる裁判の活性化・迅速化や、違憲立法審査のあり方の見直しなどの施策を通じ、憲法を参照し、活用する司法を実現することも重要である。

4．結　語

われわれは、「国民的な議論を通じて、早急に憲法改正を実現すべき」という自らの認識を改めて確認し、主張するとともに、引き続き、粘り強くこの問題を注視し、取り組んでいく必要があると感じている。

その際、政治家・官庁・学界・他民間団体等と、幅広い連携を活かして、それぞれの立場から、あるべき日本、あるべき憲法の姿について、意見を戦わせていくことが不可欠である。また、この問題は将来の日本のかたちを定める重要な問題であるだけに、若い世代も巻きこんで、国民的な議論を盛り立てていくことが望ましい。

憲法に関する国民的議論を促進するためには、まず、国民を代表し、「国権の最高機関」に属する一人ひとりの議員、そして政党の取り組みが欠かせない。そのため、憲法問題に対するそれぞれの姿勢を、政策マニフェストのような形で明確に示し、世論に問うことを求めたい。

憲法改正を進めることは、長期的な視野に立って国のあり方を再考し、すべてのシステムを望ましい形に転換していくためにも、必要不可欠なプロセスである。その際、国と個人の関係、日本と国際社会の関わり、政治・行政・司法のあり方、国と地方の関わりといった「国のガバナンス」など、あらゆる側面における、制度の再設計が必要となる。

そのためには、真摯な議論とある程度の時間が必要であり、そこに妥協が許されないことは明らかである。よって、そのような議論と併行し、現憲法の改正を必ずしも前提としない問題、具体的には、有事法制整備、集団的自衛権の行使に関する政府見解の変更、「憲法改正のための国民投票手続法」の整備などについては、早急に解決を図るべきであることを、改めて強調したい。

以　上

注釈

（注1）憲法改正に関する経済同友会の立場

経済同友会憲法問題調査会は、昨年度一年間の活動を踏まえて、二〇〇二年三月に「活動報告書」を取りまとめ、対外発表している。その際に実施した会員アンケートの結果、経済同友会会員の九〇％以上が、憲法改正が必要との意見であることが明らかになった。

（http://www.doyukai.or.jp/database/teigen/020422.pdf）

（注2）憲法前文の改正に関する意見

憲法前文の改正については、主に以下を参照。うち、英氏には、二〇〇一年度当調査会において講演をいただいた。

英正道「君は自分の国をつくれるか『憲法前文改正私案』」（小学館文庫）

読売新聞社「憲法改正試案」「憲法改正第二次試案」

中央公論「理想の憲法前文を作ろう」（二〇〇一年一〇月号、一二月号、二〇〇二年一月号～六月号）

大塚英志（監修）「私たちが書く憲法前文」（角川出版）

（注3）集団的自衛権の行使に関する政府解釈の問題等

集団的自衛権とは、「自国と密接な関係にある外国に対する武力攻撃を、自国が直接の攻撃を受けていないにも関わらず、実力をもって阻止する権利」と定義されており、国連憲章第五一条において、主権国家の固有の権利（the inherent right）として、個別的自衛権とともに明示的に認められている。

従来、日本政府は、わが国が、国際法上、集団的自衛権を保有していることを認める一方、憲法第九条（戦争の放棄）の下で許容される自衛権の行使は、「わが国を防衛するための必要最小限の範囲」にとどまるべきであり、集団的自衛権の行使はその範囲を超えるため、憲法上許されない、との見解を示してきた。

しかしながら、これはあくまでも「内閣法制局」によって提示された「政府見解」であり、憲法そのものには、個別的・集団的自衛権を分けて考える根拠は全く明示されていない。よって、本来ならば、時の政府の政策判断によって、この問題を見直すことは十分に可能であると考える。

前述の会員アンケートの結果、集団的自衛権の行使を認める方向で、この政府見解を見直すべきとの意見は、回答者の七六・九％、見直すべきだが時期尚早との意見は、一五・四％であった。

「保有はするが行使できない権利」という矛盾する表現のため、日本の安全保障に関する議論は、思考停止に陥り、机上の空論と辻褄合わせに終始してきた憾みがある。そもそも、日本は何を守るのか、そのためにどのような手段を選ぶのか、どこまでが「自衛」の範囲として認められるのかという、根本にたちかえった議論に基づき、自衛とそのための行動について、明確な枠組みづくりを進めることが不可欠である。

また、前述の会員アンケートの結果、有事法制整備の早急な整備を支持する意見は九〇・四％、整備すべきだが時期尚早との意見は七・七％であった。

（注4）憲法と現実のギャップ

前述の会員アンケートの結果、憲法と現実のギャップを感じることが、「大いにある」との意見は五六％、「多少はある」との意見は四二・一％であった。具体的に、憲法と現実のギャップを感じる点として、回答が多かったのは、①戦争放棄、自衛隊の問題（全回答者の八九・九％）、②憲法改正の問題（同、五三・九％）、③選挙制度の問題（同、五〇・九％）、国民の権利・義務のバランスの問題（同、四七・二％）であった。

（注5）統治機構に関わる問題

以下は、経済同友会の過去の提言を元に、調査会での議論を加味してとりまとめた問題点である。これらの問題の多くは、直接的には憲法改正と関わらないが、健全な国のガバナンスを確立する上で、また憲法の理念を現実に活かしていく上での重要な課題と考えている。

①国民の意思を反映する政治、国民参加の政治を目指して

・「一票の格差」の問題は、明らかに「法の下の平等」を定める憲法に違反している。国民の意思が正しく政治に反映されるよう、早急にこの問題の是正を図るべきである。

・二院制のあり方に関しても、さまざまな問題点が指摘されている。

これを維持するならば、両院が明確な役割分担に基づいて、緊張感ある関係を確立するよう、求めていく必要がある。

・政治がその本来の役割を果たしていくためには、国政選挙に際して各政党が政策マニフェストを掲げて戦うなど、政策本意の政党政治が行われるような政治改革を進めること、個々の政治家・政党が、主体的に透明性確保に努めることなど、政治への信頼を回復することが不可欠である。

②機動的・積極的な司法の活用と国民参加を求めて

・司法の役割は、法に基づく社会運営がなされているかを常にチェックし、必要に応じ、範を示すことにあるが、時代変化の中で、その制度疲労が顕著になってきている。

・民を主体とするグローバル化と自由化の流れの中、社会における価値観や、個々の法令の役割は、急激な変化に晒されている。このような中で、率先して規範を示すことが自らの役割であると任じ、迅速かつ積極的にその役割を果たすことを、司法に対して強く期待したい。

・日本においては、あからさまな対立や論理に基づく決着を避ける風潮があり、そのことが日本的な解決手段を発展させてきたことには、一定の評価もできる。しかしながら、本来は国民生活を守る手段たる法律を、一部専門家や官僚の手に過度に委ね、その「裁量」に任せることで、透明性を欠く風土を作ってきたことの弊害は大きい。

・国民が司法制度や法律を自らの「武器」と自覚し、主体的に活用する社会へと転換を図ることが不可欠であり、そのためにも、司法における国民参加を積極的に進めるべきだと考える。

③国と地方の関係の再構築、地方への権限と責任の委譲

・中央集権、官主導、均質・平等指向など、戦後日本が追求してきたキャッチアップ型のシステムは、もはや活力を生み出し得ない。それぞれの地方が、自らの多様なニーズを踏まえ、自主・自立かつ個性に富んだガバナンスを確立できるよう、国と地方の関係を改めていく必要がある。

・将来的に道州制の導入をも視野に入れて、中央から地方への権限の委譲、しばしば世の批判を受ける地方の冗費の徹底した削減、地方交付税制度の見直しを前提とした税源移譲によって、効率的で創造性豊かな地方自治の確立を目指すべきである。

・憲法にある「地方自治の本旨」を明らかにする目的で、地方自治基本法の策定を進めることも、一案である。

（注6）憲法改正のための国民投票手続き法

中山太郎衆議院議員が会長を務める憲法改正議員連盟が中心となり、憲法改正国民投票法案、および国会法の一部を改正する法律案が、既に取りまとめられている。一日も早く、これら法案について国会で議論が行われ、可決されることを強く期待する。

憲法問題調査会：委員名簿

（敬称略）

委員長

髙坂節三（栗田工業　顧問）

副委員長

下村満子（健康事業総合財団［東京顕微鏡院］　理事長）

給田英哉（丸紅　丸紅経済研究所会長）

横山善太（ＪＡＬＵＸ　取締役社長）

斎藤博明（ＴＡＣ　取締役社長）

委員

青木　昭（日本証券金融　相談役）

朝倉龍夫（ＪＳＲ　相談役）

伊藤　潔（セイコーインスツルメンツ　相談役）
伊藤淳二（カネボウ　名誉会長）
伊藤　正（住友商事　名誉顧問）
稲川広幸（ＪＡＬＵＸ　取締役会長）
植松富司（コニカ　取締役会長）
浦野光人（ニチレイ　取締役社長）
大場正成（大場・尾崎・嶋末法律事務所　所長・弁護士）
尾崎　護（矢崎総業　顧問）
小野茂夫（ニコン　相談役）
角川歴彦（角川書店　取締役会長兼ＣＥＯ）
神﨑泰雄（日興ソロモン・スミス・バーニー　特別顧問）
児玉幸治（日本情報処理開発協会　会長）
近藤　晃（日本航空システム　常任顧問）
柴田善憲（ジェイアール東日本企画　顧問）
志村文一郎（電気化学工業　名誉顧問）
城森倫雄（伊勢丹　相談役）
関根　攻（長島・大野・常松法律事務所　弁護士）
竹川節男（健育会　理事長）
辰野克彦（辰野　取締役社長）
田中利道（パシフィックグレーンセンター）
富田純明（日進レンタカー　取締役社長）
富田徹郎（エフシージー総合研究所　取締役会長）
長坂　強（長坂事務所　所長）
長瀬朋彦（フォトロン　取締役社長）
中野正健（嘉悦大学　副学長 教授）
西塚英和（日本航空システム　常務取締役）
野村邦武（富士重工業　監査役）
林　明夫（開倫塾　取締役社長）
林　宏之（鉄道情報システム　取締役会長）
原田　滋（機械産業記念事業財団）
平子　勝（ＴＣＭ　取締役会長）
福川伸次（電通　顧問）
藤田　雄（極東鋼弦コンクリート振興　専務取締役）
松方　康（三井住友海上火災保険　相談役）
茂木賢三郎（キッコーマン　取締役副社長）
森　哲也（日栄国際特許事務所　所長・弁理士）
柳　省三（日本スペンサースチュアート　シニア　ディレクター）
山下光二（全日空ワールド　常勤顧問）
山本裕二（ベリングポイント　顧問）
横山　隆（不二工機　取締役社長）
米澤敏夫（新日本製鐵　常務取締役）
寄木正敏（月島機械　相談役）
以上四九名

資料Ⅱ・46

武力攻撃事態対処関連三法

①武力攻撃事態等における我が国の平和と独立並びに国及び国民の安全の確保に関する法律

二〇〇三年六月一三日法律第七九号

②安全保障会議設置法の一部を改正する法律

二〇〇三年六月一三日法律第七八号

③自衛隊法及び防衛庁の職員の給与等に関する法律の一部を改正する法律

二〇〇三年六月一三日法律第八〇号

コメント

1．これら諸法律は、小泉純一郎内閣時に成立したいわゆる有事法制である。①の武力攻撃事態法と、それにともなう②安全保障会議設置法改正、③自衛隊法等の改正法である。

この有事法制は、小泉内閣下、二〇〇二年の通常国会にはじめて提出されたが、反対運動の力で、二度にわたり継続審議に追い込まれた。しかし、北朝鮮問題を口実に、〇三年、ようやく制定をみたのである。

このコメントでは、本法制の中心である①武力攻撃事態法について解説する。

2．武力攻撃事態法は、武力攻撃事態等いわゆる有事に際し、対処方針、国と地方自治体の責務、民間企業等の動員、国民の協力などを定めた法律である。

有事立法は、長年にわたり制定することができなかった保守政権の宿願であったが、この時期には特別に必要なものとして制定が急がれた。というのは、冷戦終焉後、世界の自由市場秩序の維持・拡大のために海外侵攻を繰りかえし日本に対しても「ともに血を流す」ことを求めているアメリカが、日本周辺における米軍の戦闘作戦に対して自衛隊のみならず地方自治体や民間企業も協力することを可能とする法律を強く求めていたからである。本法はそうしたアメリカの要請に応えるものでもあった。

3．以上の経緯でつくられた同法の特徴は以下の諸点にある。

注目すべき第一点は、同法が、いわゆる「有事」のなかに、他国からの武力攻撃が発生した事態または武力攻撃が発生する明白な危険が切迫していると認められるに至った事態のみならず、「武力攻撃事態には至っていないが、事態が緊迫し、武力攻撃が予測されるに至った事態」すなわち「武力攻撃予測事態」をも含めている点である。

こうすることで、政府は、他国からの武力攻撃を受けるはるか前の時点で、アメリカの要請に従い、自衛隊の出動準備から地方自治体の動員、民間企業の動員を行うことができるようになった。本法で、「武力攻撃事態等」（傍点引用者）と規定してあるのは、こうした武力攻撃予測事態をも含めて対処することを想定しているからだ。

4．注目すべき第二点は、法第五条で、本法制定の目的の一つである、有事に際しての地方自治体の協力義務が定められたことである。「第五条　地方公共団体は、当該地方公共団体の地域並びに当該地方公共団体の住民の生命、身体及び財産を保護する使命を有することにかんがみ、国及び他の地方公共団体その他の機関と相互に協力し、武力攻撃事態等への対処に関し、必要な措置を実施する責務を有する。」という規定がこれである。

これまで周辺事態法等においては地方自治体に協力を求めることはできても協力を義務づけることはできなかったが、本法を使うと、有事の早い段階で地方自治体の動員が可能となる。

たとえば朝鮮半島で軍事紛争が勃発した時点で、日本は、周辺事態法により米軍の戦闘作戦行動に対する後方支援が可能となる。それに対して北朝鮮の反撃が予測される時点で、今後は「武力攻撃予測事態」が発令されれば、地方自治体の港湾などを米軍や自衛隊の行動に動員できるようになることになる。

5．注目すべき第三点は、法第六条により、有事に際して、早くから、民間企業等を戦争に協力させることが可能となっている点である。民間企業を「指定公共機関」に指定することでこれが可能となる。

「第六条　指定公共機関は、国及び地方公共団体その他の機関と相互に協力し、武力攻撃事態等への対処に関し、その業務について、必要な措置を実施する責務を有する。」という規定である。

6．注目すべき第四点は、本法が、第八条で、有事に際しての国民の協力義務を定めている点である。

①武力攻撃事態等における我が国の平和と独立並びに国及び国民の安全の確保に関する法律

第一章　総則

（目的）

第一条　この法律は、武力攻撃事態等（武力攻撃事態及び武力攻撃予測事態をいう。以下同じ。）への対処について、基本理念、国、地方公共団体等の責務、国民の協力その他の基本となる事項を定めることにより、武力攻撃事態等への対処のための態勢を整備し、併せて武力攻撃事態等への対処に関して必要となる法制の整備に関する事項を定め、もって我が国の平和と独立並びに国及び国民の安全の確保に資することを目的とする。

（定義）

第二条　この法律において、次の各号に掲げる用語の意義は、それぞれ当該各号に定めるところによる。

一　武力攻撃　我が国に対する外部からの武力攻撃をいう。

二　武力攻撃事態　武力攻撃が発生した事態又は武力攻撃が発生する明白な危険が切迫していると認められるに至った事態をいう。

三　武力攻撃予測事態　武力攻撃事態には至っていないが、事態が緊迫し、武力攻撃が予測されるに至った事態をいう。

四　指定行政機関　次に掲げる機関で政令で定めるものをいう。

イ　内閣府、宮内庁並びに内閣府設置法（平成十一年法律第八十九号）第四十九条第一項及び第二項に規定する機関並びに国家行政組織法（昭和二十三年法律第百二十号）第三条第二項に規定する機関

ロ　内閣府設置法第三十七条及び第五十四条並びに宮内庁法（昭和二十二年法律第七十号）第十六条第一項並びに国家行政組織法第八条に規定する機関

ハ　内閣府設置法第三十九条及び第五十五条並びに宮内庁法第十六条第二項並びに国家行政組織法第八条の二に規定する機関

ニ　内閣府設置法第四十条及び第五十六条並びに国家行政組織法第八条の三に規定する機関

五　指定地方行政機関　指定行政機関の地方支分部局（内閣府設置法第四十三条及び第五十七条（宮内庁法第十八条第一項において準用する場合を含む。）並びに宮内庁法第十七条第一項並びに国家行政組織法第九条の地方支分部局をいう。）その他の国の地方行政機関で、政令で定めるものをいう。

六　指定公共機関　独立行政法人（独立行政法人通則法（平成十一年法律第百三号）第二条第一項に規定する独立行政法人をいう。）、日本銀行、日本赤十字社、日本放送協会その他の公共的機関及び電気、ガス、輸送、通信その他の公益的事業を営む法人で、政令で定めるものをいう。

七　対処措置　第九条第一項の対処基本方針が定められてから廃止されるまでの間に、指定行政機関、地方公共団体又は指定公共機関が法律の規定に基づいて実施する次に掲げる措置をいう。

イ　武力攻撃事態等を終結させるためにその推移に応じて実施する次に掲げる措置

（1）武力攻撃を排除するために必要な自衛隊が実施する武力の行使、部隊等の展開その他の行動

（2）（1）に掲げる自衛隊の行動及びアメリカ合衆国の軍隊が実施する日本国とアメリカ合衆国との間の相互協力及び安全保障条約（以下「日米安保条約」という。）に従って武力攻撃を排除するために必要な行動が円滑かつ効果的に行われるために実施する物品、施設又は役務の提供その他の措置

（3）（1）及び（2）に掲げるもののほか、外交上の措置その他の措置

ロ　武力攻撃から国民の生命、身体及び財産を保護するため、又は武力攻撃が国民生活及び国民経済に影響を及ぼす場合において当該影響が最小となるようにするために武力攻撃事態等の推移に応じて実施する次に掲げる措置

（1）警報の発令、避難の指示、被災者の救助、施設及び設備の応急の復旧その他の措置

（2）生活関連物資等の価格安定、配分その他の措置

（武力攻撃事態等への対処に関する基本理念）

第三条　武力攻撃事態等への対処においては、国、地方公共団体及び指定公共機関が、国民の協力を得つつ、相互に連携協力し、万全の措置が講じられなければならない。

2　武力攻撃予測事態においては、武力攻撃の発生が回避されるようにしなければならない。

3　武力攻撃事態においては、武力攻撃の発生に備えるとともに、武力攻撃が発生した場合には、これを排除しつつ、その速やかな終結を図らなければならない。ただし、武力攻撃が発生した場合においてこれを排除するに当たっては、武力の行使は、事態に応じ合理的に必要と判断される限度においてなされなければならない。

4　武力攻撃事態等への対処においては、日本国憲法の保障する国民の自由と権利が尊重されなければならず、これに制限が加えられる場合にあっても、その制限は当該武力攻撃事態等に対処するため必要最小限のものに限られ、かつ、公正かつ適正な手続の下に行われなければならない。この場合において、日本国憲法第十四条、第十八条、第十九条、第二十一条その他の基本的人権に関する規定は、最大限に尊重されなければならない。

5　武力攻撃事態等においては、当該武力攻撃事態等及びこれへの対処に関する状況について、適時に、かつ、適切な方法で国民に明らかにされるようにしなければならない。

6　武力攻撃事態等への対処においては、日米安保条約に基づいてアメリカ合衆国と緊密に協力しつつ、国際連合を始めとする国際社会の理解及び協調的行動が得られるようにしなければならない。

（国の責務）

第四条　国は、我が国の平和と独立を守り、国及び国民の安全を保つため、武力攻撃事態等において、我が国を防衛し、国土並びに国民の生命、身体及び財産を保護する固有の使命を有することから、前条の基

本理念にのっとり、組織及び機能のすべてを挙げて、武力攻撃事態等に対処するとともに、国全体として万全の措置が講じられるようにする責務を有する。

（地方公共団体の責務）

第五条　地方公共団体は、当該地方公共団体の地域並びに当該地方公共団体の住民の生命、身体及び財産を保護する使命を有することにかんがみ、国及び他の地方公共団体その他の機関と相互に協力し、武力攻撃事態等への対処に関し、必要な措置を実施する責務を有する。

（指定公共機関の責務）

第六条　指定公共機関は、国及び地方公共団体その他の機関と相互に協力し、武力攻撃事態等への対処に関し、その業務について、必要な措置を実施する責務を有する。

（国と地方公共団体との役割分担）

第七条　武力攻撃事態等への対処の性格にかんがみ、国においては武力攻撃事態等への対処に関する主要な役割を担い、地方公共団体においては武力攻撃事態における当該地方公共団体の住民の生命、身体及び財産の保護に関して、国の方針に基づく措置の実施その他適切な役割を担うことを基本とするものとする。

（国民の協力）

第八条　国民は、国及び国民の安全を確保することの重要性にかんがみ、指定行政機関、地方公共団体又は指定公共機関が対処措置を実施する際は、必要な協力をするよう努めるものとする。

第二章　武力攻撃事態等への対処のための手続等

（対処基本方針）

第九条　政府は、武力攻撃事態等に至ったときは、武力攻撃事態等への対処に関する基本的な方針（以下「対処基本方針」という。）を定めるものとする。

2　対処基本方針に定める事項は、次のとおりとする。

一　武力攻撃事態であること又は武力攻撃予測事態であることの認定及び当該認定の前提となった事実

二　当該武力攻撃事態等への対処に関する全般的な方針

三　対処措置に関する重要事項

3　武力攻撃事態においては、対処基本方針には、前項第三号に定める事項として、次に掲げる内閣総理大臣の承認を行う場合はその旨を記載しなければならない。

一　防衛庁長官が自衛隊法（昭和二十九年法律第百六十五号）第七十条第一項又は第八項の規定に基づき発する同条第一項第一号に定める防衛招集命令書による防衛招集命令に関して同項又は同条第八項の規定により内閣総理大臣が行う承認

二　防衛庁長官が自衛隊法第七十五条の四第一項又は第六項の規定に基づき発する同条第一項第一号に定める防衛招集命令書による防衛招集命令に関して同項又は同条第六項の規定により内閣総理大臣が行う承認

三　防衛庁長官が自衛隊法第七十七条の規定に基づき発する防衛出動待機命令に関して同条の規定により内閣総理大臣が行う承認

四　防衛庁長官が自衛隊法第七十七条の二の規定に基づき命ずる防御施設構築の措置に関して同条の規定により内閣総理大臣が行う承認

4　武力攻撃事態においては、対処基本方針には、前項に定めるもののほか、第二項第三号に定める事項として、第一号に掲げる内閣総理大臣が行う国会の承認（衆議院が解散されているときは、日本国憲法第五十四条に規定する緊急集会による参議院の承認。以下この条において同じ。）の求めを行う場合にあってはその旨を、内閣総理大臣が第二号に掲げる防衛出動を命ずる場合にあってはその旨を記載しなければならない。ただし、同号に掲げる防衛出動を命ずる旨の記載は、特に緊急の必要があり事前に国会の承認を得るいとまがない場合でなければ、することができない。

一　内閣総理大臣が防衛出動を命ずることについての自衛隊法第七十六条第一項の規定に基づく国会の承認の求め

二　自衛隊法第七十六条第一項の規定に基づき内閣総理大臣が命ずる防衛出動

5　武力攻撃予測事態においては、対処基本方針には、第二項第三号に定める事項として、次に掲げる内閣総理大臣の承認を行う場合にはその旨を記載しなければならない。

一　防衛庁長官が自衛隊法第七十条第一項又は第八項の規定に基づき発する同条第一項第一号に定める防衛招集命令書による防衛招集命令（事態が緊迫し、同法第七十六条第一項の規定による防衛出動命令が発せられることが予測される場合に係るものに限る。）に関して同法第七十条第一項又は第八項の規定により内閣総理大臣が行う承認

二　防衛庁長官が自衛隊法第七十五条の四第一項又は第六項の規定に基づき発する同条第一項第一号に定める防衛招集命令書による防衛招集命令（事態が緊迫し、同法第七十六条第一項の規定による防衛出動命令が発せられることが予測される場合に係るものに限る。）に関して同法第七十五条の四第一項又は第六項の規定により内閣総理大臣が行う承認

三　防衛庁長官が自衛隊法第七十七条の規定に基づき発する防衛出動待機命令に関して同条の規定により内閣総理大臣が行う承認

四　防衛庁長官が自衛隊法第七十七条の二の規定に基づき命ずる防御施設構築の措置に関して同条の規定により内閣総理大臣が行う承認

6　内閣総理大臣は、対処基本方針の案を作成し、閣議の決定を求めなければならない。

7　内閣総理大臣は、前項の閣議の決定があったときは、直ちに、対処基本方針（第四項第一号に規定する国会の承認の求めに関する部分を除く。）につき、国会の承認を求めなければならない。

8　内閣総理大臣は、第六項の閣議の決定があったときは、直ちに、対処基本方針を公示してその周知を図らなければならない。

9　内閣総理大臣は、第七項の規定に基づく対処基本方針の承認があったときは、直ちに、その旨を公示しなければならない。

10　第四項第一号に規定する防衛出動を命ずることについての承認の求めに係る国会の承認が得られたときは、対処基本方針を変更して、これに当該承認に係る防衛出動を命ずる旨を記載するものとする。

11　第七項の規定に基づく対処基本方針の承認の求めに対し、不承認の議決があったときは、当該議決に係る対処措置は、速やかに、終了されなければならない。この場合において、内閣総理大臣は、第四項第二号に規定する防衛出動を命じた自衛隊については、直ちに撤収を命じなければならない。

12　内閣総理大臣は、対処措置を実施するに当たり、対処基本方針に基づいて、内閣を代表して行政各部を指揮監督する。

13　第六項から第九項まで及び第十一項の規定は、対処基本方針の変更について準用する。ただし、第十項の規定に基づく変更及び対処措置を構成する措置の終了を内容とする変更については、第七項、第九項及び第十一項の規定は、この限りでない。

14　内閣総理大臣は、対処措置を実施する必要がなくなったと認めるとき又は国会が対処措置を終了すべきことを議決したときは、対処基本方針の廃止につき、閣議の決定を求めなければならない。

15　内閣総理大臣は、前項の閣議の決定があったときは、速やかに、対処基本方針が廃止された旨及び対処基本方針に定める対処措置の結果

を国会に報告するとともに、これを公示しなければならない。

（対策本部の設置）

第十条　内閣総理大臣は、対処基本方針が定められたときは、当該対処基本方針に係る対処措置の実施を推進するため、内閣法（昭和二十二年法律第五号）第十二条第四項の規定にかかわらず、閣議にかけて、臨時に内閣に武力攻撃事態等対策本部（以下「対策本部」という。）を設置するものとする。

2　内閣総理大臣は、対策本部を置いたときは、当該対策本部の名称並びに設置の場所及び期間を国会に報告するとともに、これを公示しなければならない。

（対策本部の組織）

第十一条　対策本部の長は、武力攻撃事態等対策本部長（以下「対策本部長」という。）とし、内閣総理大臣（内閣総理大臣に事故があるときは、そのあらかじめ指名する国務大臣）をもって充てる。

2　対策本部長は、対策本部の事務を総括し、所部の職員を指揮監督する。

3　対策本部に、武力攻撃事態等対策副本部長（以下「対策副本部長」という。）、武力攻撃事態等対策本部員（以下「対策本部員」という。）その他の職員を置く。

4　対策副本部長は、国務大臣をもって充てる。

5　対策副本部長は、対策本部長を助け、対策本部長に事故があるときは、その職務を代理する。対策副本部長が二人以上置かれている場合にあっては、あらかじめ対策本部長が定めた順序で、その職務を代理する。

6　対策本部員は、対策本部長及び対策副本部長以外のすべての国務大臣をもって充てる。この場合において、国務大臣が不在のときは、そのあらかじめ指名する副大臣（内閣官房副長官又は法律で国務大臣をもってその長に充てることと定められている各庁の副長官を含む。）がその職務を代行することができる。

7　対策副本部長及び対策本部員以外の対策本部の職員は、内閣官房の職員、指定行政機関の長（国務大臣を除く。）その他の職員又は関係する指定地方行政機関の長その他の職員のうちから、内閣総理大臣が任命する。

（対策本部の所掌事務）

第十二条　対策本部は、次に掲げる事務をつかさどる。

一　指定行政機関、地方公共団体及び指定公共機関が実施する対処措置に関する対処基本方針に基づく総合的な推進に関すること。

二　前号に掲げるもののほか、法令の規定によりその権限に属する事務

（指定行政機関の長の権限の委任）

第十三条　指定行政機関の長（当該指定行政機関が内閣府設置法第四十九条第一項若しくは第二項若しくは国家行政組織法第三条第二項の委員会若しくは第二条第四号ロに掲げる機関又は同号ニに掲げる機関のうち合議制のものである場合にあっては、当該指定行政機関。次項において同じ。）は、対策本部が設置されたときは、対処措置を実施するため必要な権限の全部又は一部を当該対策本部の職員である当該指定行政機関の職員又は当該指定地方行政機関の長若しくはその職員に委任することができる。

2　指定行政機関の長は、前項の規定による委任をしたときは、直ちに、その旨を公示しなければならない。

（対策本部長の権限）

第十四条　対策本部長は、対処措置を的確かつ迅速に実施するため必要があると認めるときは、対処基本方針に基づき、指定行政機関の長及び関係する指定地方行政機関の長並びに前条の規定により権限を委任

された当該指定行政機関の職員及び当該指定地方行政機関の職員、関係する地方公共団体の長その他の執行機関並びに関係する指定公共機関に対し、指定行政機関、関係する地方公共団体及び関係する指定公共機関が実施する対処措置に関する総合調整を行うことができる。

2　前項の場合において、当該地方公共団体の長その他の執行機関及び指定公共機関（次条及び第十六条において「地方公共団体の長等」という。）は、当該地方公共団体又は指定公共機関が実施する対処措置に関して対策本部長が行う総合調整に関し、対策本部長に対して意見を申し出ることができる。

（内閣総理大臣の権限）

第十五条　内閣総理大臣は、国民の生命、身体若しくは財産の保護又は武力攻撃の排除に支障があり、特に必要があると認める場合であって、前条第一項の総合調整に基づく所要の対処措置が実施されないときは、対策本部長の求めに応じ、別に法律で定めるところにより、関係する地方公共団体の長等に対し、当該対処措置を実施すべきことを指示することができる。

2　内閣総理大臣は、次に掲げる場合において、対策本部長の求めに応じ、別に法律で定めるところにより、関係する地方公共団体の長等に通知した上で、自ら又は当該対処措置に係る事務を所掌する大臣を指揮し、当該地方公共団体又は指定公共機関が実施すべき当該対処措置を実施し、又は実施させることができる。

一　前項の指示に基づく所要の対処措置が実施されないとき。

二　国民の生命、身体若しくは財産の保護又は武力攻撃の排除に支障があり、特に必要があると認める場合であって、事態に照らし緊急を要すると認めるとき。

（損失に関する財政上の措置）

第十六条　政府は、第十四条第一項又は前条第一項の規定により、対処措置の実施に関し、関係する地方公共団体の長等に対する総合調整又は指示が行われた場合において、その総合調整又は指示に基づく措置の実施により当該地方公共団体又は指定公共機関が損失を受けたときは、その損失に関し、必要な財政上の措置を講ずるものとする。

（安全の確保）

第十七条　政府は、地方公共団体及び指定公共機関が実施する対処措置について、その内容に応じ、安全の確保に配慮しなければならない。

（国際連合安全保障理事会への報告）

第十八条　政府は、国際連合憲章第五十一条及び日米安保条約第五条第二項の規定に従って、武力攻撃の排除に当たって我が国が講じた措置について、直ちに国際連合安全保障理事会に報告しなければならない。

（対策本部の廃止）

第十九条　対策本部は、対処基本方針が廃止されたときに、廃止されるものとする。

2　内閣総理大臣は、対策本部が廃止されたときは、直ちに、その旨を公示しなければならない。

（主任の大臣）

第二十条　対策本部に係る事項については、内閣法にいう主任の大臣は、内閣総理大臣とする。

第三章　武力攻撃事態等への対処に関する法制の整備

（事態対処法制の整備に関する基本方針）

第二十一条　政府は、第三条の基本理念にのっとり、武力攻撃事態等への対処に関して必要となる法制（以下「事態対処法制」という。）の整備について、次条に定める措置を講ずるものとする。

2　事態対処法制は、国際的な武力紛争において適用される国際人道法の的確な実施が確保されたものでなければならない。

3　政府は、事態対処法制の整備に当たっては、対処措置について、その内容に応じ、安全の確保のために必要な措置を講ずるものとする。

4　政府は、事態対処法制の整備に当たっては、対処措置及び被害の復旧に関する措置が的確に実施されるよう必要な財政上の措置を講ずるものとする。

5　政府は、事態対処法制の整備に当たっては、武力攻撃事態等への対処において国民の協力が得られるよう必要な措置を講ずるものとする。この場合においては、国民が協力をしたことにより受けた損失に関し、必要な財政上の措置を併せて講ずるものとする。

6　政府は、事態対処法制について国民の理解を得るために適切な措置を講ずるものとする。

（事態対処法制の整備）

第二十二条　政府は、事態対処法制の整備に当たっては、次に掲げる措置が適切かつ効果的に実施されるようにするものとする。

一　次に掲げる措置その他の武力攻撃から国民の生命、身体及び財産を保護するため、又は武力攻撃が国民生活及び国民経済に影響を及ぼす場合において当該影響が最小となるようにするための措置

イ　警報の発令、避難の指示、被災者の救助、消防等に関する措置

ロ　施設及び設備の応急の復旧に関する措置

ハ　保健衛生の確保及び社会秩序の維持に関する措置

ニ　輸送及び通信に関する措置

ホ　国民の生活の安定に関する措置

ヘ　被害の復旧に関する措置

二　武力攻撃を排除するために必要な自衛隊が実施する行動が円滑かつ効果的に実施されるための次に掲げる措置その他の武力攻撃事態等を終結させるための措置（次号に掲げるものを除く。）

イ　捕虜の取扱いに関する措置

ロ　電波の利用その他通信に関する措置

ハ　船舶及び航空機の航行に関する措置

三　アメリカ合衆国の軍隊が実施する日米安保条約に従って武力攻撃を排除するために必要な行動が円滑かつ効果的に実施されるための措置

（事態対処法制の計画的整備）

第二十三条　政府は、事態対処法制の整備を総合的計画的かつ速やかに実施しなければならない。

（国民保護法制整備本部）

第二十四条　事態対処法制のうち第二十二条第一号に規定する措置に係る法制（次項において「国民の保護のための法制」という。）に関し広く国民の意見を求め、その整備を迅速かつ集中的に推進するため、内閣に、国民保護法制整備本部（以下この条において「整備本部」という。）を置く。

2　整備本部は、次に掲げる事務をつかさどる。

一　国民の保護のための法制の整備に関する総合調整に関すること。

二　国民の保護のための法制の整備のために必要な法律案及び政令案の立案に関すること。

三　国民の保護のための法制の整備に関する地方公共団体その他の関係団体及び関係機関との連絡調整に関すること。

3　整備本部は、国民保護法制整備本部長及び国民保護法制整備本部員をもって組織する。

4　整備本部の長は、国民保護法制整備本部長（次項及び第七項において「整備本部長」という。）とし、内閣官房長官をもって充てる。

5　整備本部長は、整備本部の事務を総括し、所部の職員を指揮監督する。

6　整備本部に、国民保護法制整備本部員（次項において「整備本部

員」という。）を置く。

7　整備本部員は、整備本部長以外のすべての国務大臣（内閣総理大臣を除く。）をもって充てる。

8　整備本部に関する事務は、内閣官房において処理し、命を受けて内閣官房副長官補が掌理する。

9　整備本部に係る事項については、内閣法にいう主任の大臣は、内閣総理大臣とする。

10　この法律に定めるもののほか、整備本部に関し必要な事項は、政令で定める。

第四章　補則

（その他の緊急事態対処のための措置）

第二十五条　政府は、我が国の平和と独立並びに国及び国民の安全の確保を図るため、武力攻撃事態等以外の国及び国民の安全に重大な影響を及ぼす緊急事態に迅速かつ的確に対処するものとする。

2　政府は、前項の目的を達成するため、武装した不審船の出現、大規模なテロリズムの発生等の我が国を取り巻く諸情勢の変化を踏まえ、次に掲げる措置その他の必要な施策を速やかに講ずるものとする。

一　情報の集約並びに事態の分析及び評価を行うための態勢の充実

二　各種の事態に応じた対処方針の策定の準備

三　警察、海上保安庁等と自衛隊の連携の強化

附　則

1　この法律は、公布の日から施行する。

2　政府は、国及び国民の安全に重大な影響を及ぼす緊急事態へのより迅速かつ的確な対処に資する組織の在り方について検討を行うものとする。

②安全保障会議設置法の一部を改正する法律

安全保障会議設置法（昭和六十一年法律第七十一号）の一部を次のように改正する。

第二条第一項第四号を次のように改める。

四　武力攻撃事態等（武力攻撃事態及び武力攻撃予測事態をいう。以下同じ。）への対処に関する基本的な方針

第二条第一項中第五号を第六号とし、第四号の次に次の一号を加える。

五　内閣総理大臣が必要と認める武力攻撃事態等への対処に関する重要事項

第二条第一項に次の一号を加える。

七　内閣総理大臣が必要と認める重大緊急事態（武力攻撃事態等及び前号の規定により国防に関する重要事項としてその対処措置につき諮るべき事態以外の緊急事態であって、我が国の安全に重大な影響を及ぼすおそれがあるもののうち、通常の緊急事態対処体制によっては適切に対処することが困難な事態をいう。以下同じ。）への対処に関する重要事項

第二条第二項を削り、同条第三項中「前二項」を「前項」に改め、同項を同条第二項とする。

第三条中「第五条各号」を「第五条第一項各号」に改め、「議員」の下に「（同条第二項の規定により臨時に会議に参加する議員を含む。）」を加える。

第四条第三項中「次条第一号」を「次条第一項第一号」に改める。

第五条中第七号を削り、第六号を第九号とし、第五号を第八号とし、第四号を第七号とし、第三号を第四号とし、同号の次に次の二号を加える。

五　経済産業大臣

六　国土交通大臣

第五条中第二号を第三号とし、第一号の次に次の一号を加える。

二　総務大臣

第五条に次の二項を加える。

2　議長は、必要があると認めるときは、前項に掲げる者のほか、同項に掲げる国務大臣以外の国務大臣を、議案を限って、議員として、臨時に会議に参加させることができる。

3　議長は、前二項の規定にかかわらず、第二条第一項第四号から第七号までに掲げる事項（同項第六号に掲げる事項については、その対処措置につき諮るべき事態に係るものに限る。第八条第二項において同じ。）に関し、事態の分析及び評価について特に集中して審議する必要があると認める場合は、第一項第一号、第三号及び第六号から第九号までに掲げる議員によって事案について審議を行うことができる。ただし、その他の同項又は前項に規定する議員を審議に参加させるべき特別の必要があると認めるときは、これらの議員を、臨時に当該審議に参加させることを妨げない。

第七条の見出しを「（関係者の出席）」に改め、同条中「、関係の国務大臣」を削る。

第十一条を第十二条とし、第八条から第十条までを一条ずつ繰り下げ、第七条の次に次の一条を加える。

（事態対処専門委員会）

第八条　会議に、事態対処専門委員会（以下「委員会」という。）を置く。

2　委員会は、第二条第一項第四号から第七号までに掲げる事項の審議及びこれらの事項に係る同条第二項の意見具申を迅速かつ的確に実施するため、必要な事項に関する調査及び分析を行い、その結果に基づき、会議に進言する。

3　委員会は、委員長及び委員をもって組織する。

4　委員長は、内閣官房長官をもって充てる。

5　委員は、内閣官房及び関係行政機関の職員のうちから、内閣総理大臣が任命する。

附則

この法律は、公布の日から施行する。

③自衛隊法及び防衛庁の職員の給与等に関する法律の一部を改正する法律

第一条　自衛隊法（昭和二十九年法律第百六十五号）の一部を次のように改正する。

目次中「第九章　罰則（第百十八条―第百二十六条）」を「第九章　罰則（第百十八条―第百二十三条）」に改める。

第七十六条第一項中「外部からの武力攻撃（外部からの武力攻撃のおそれのある場合を含む。）に際して、わが国」を「我が国に対する外部からの武力攻撃（以下「武力攻撃」という。）が発生した事態又は武力攻撃が発生する明白な危険が切迫していると認められるに至った事態に際して、我が国」に改め、「、国会の承認（衆議院が解散されているときは、日本国憲法第五十四条に規定する緊急集会による参議院の承認。以下本項及び次項において同じ。）を得て」を削り、同項ただし書を削り、同項に後段として次のように加える。

この場合においては、武力攻撃事態等における我が国の平和と独立並びに国及び国民の安全の確保に関する法律（平成十五年法律第七十九号）第九条の定めるところにより、国会の承認を得なければならない。

第七十六条第二項を削り、同条第三項中「前項の場合において不承認の議決があったとき、又は」を削り、同項を同条第二項とする。

第七十七条の次に次の一条を加える。

（防御施設構築の措置）

第七十七条の二　長官は、事態が緊迫し、第七十六条第一項の規定による防衛出動命令が発せられることが予測される場合において、同項の規定により出動を命ぜられた自衛隊の部隊を展開させることが見込まれ、かつ、防備をあらかじめ強化しておく必要があると認める地域（以下「展開予定地域」という。）があるときは、内閣総理大臣の承認を得た上、その範囲を定めて、自衛隊の部隊等に当該展開予定地域内において陣地その他の防御のための施設（以下「防御施設」という。）を構築する措置を命ずることができる。

第八十六条中「第七十六条第一項」の下に「、第七十七条の二」を加える。

第九十二条の二を第九十二条の四とし、第九十二条の次に次の二条を加える。

（防衛出動時の緊急通行）

第九十二条の二　第七十六条第一項の規定により出動を命ぜられた自衛隊の自衛官は、当該自衛隊の行動に係る地域内を緊急に移動する場合において、通行に支障がある場所をう回するため必要があるときは、一般交通の用に供しない通路又は公共の用に供しない空地若しくは水面を通行することができる。この場合において、当該通行のために損害を受けた者から損失の補償の要求があるときは、政令で定めるところにより、その損失を補償するものとする。

（展開予定地域内における武器の使用）

第九十二条の三　第七十七条の二の規定による措置の職務に従事する自衛官は、展開予定地域内において当該職務を行うに際し、自己又は自己と共に当該職務に従事する隊員の生命又は身体の防護のためやむを得ない必要があると認める相当の理由がある場合には、その事態に応じ合理的に必要と判断される限度で武器を使用することができる。ただし、刑法第三十六条又は第三十七条に該当する場合のほか、人に危害を与えてはならない。

第百三条第二項中「基き」を「基づき」に改め、「、前項の規定の例により」を削り、同条第三項を次のように改める。

3　前二項の規定により土地を使用する場合において、当該土地の上にある立木その他土地に定着する物件（家屋を除く。以下「立木等」という。）が自衛隊の任務遂行の妨げとなると認められるときは、都道府県知事（第一項ただし書の場合にあっては、同項ただし書の長官又は政令で定める者。次項、第七項、第十三項及び第十四項において同じ。）は、第一項の規定の例により、当該立木等を移転することができる。この場合において、事態に照らし移転が著しく困難であると認めるときは、同項の規定の例により、当該立木等を処分することができる。

第百三条第六項中「又は第二項」を「から第四項まで」に改め、同項を同条第十八項とし、同条第五項中「前四項」を「前各項」に、「第七十六条第一項の規定により自衛隊が出動を命ぜられた場合における施設の管理、土地等の使用、物資の保管命令、物資の収用又は業務従事命令」を「第一項から第四項までの規定による処分」に改め、同項を同条第十七項とし、同条中第四項を第五項とし、同項の次に次の十一項を加える。

6　第一項本文又は第二項の規定による処分の対象となる施設、土地等又は物資を第七十六条第一項の規定により出動を命ぜられた自衛隊の用に供するため必要な事項は、都道府県知事と当該処分を要請した者とが協議して定める。

7　第一項から第四項までの規定による処分を行う場合には、都道府県知事は、政令で定めるところにより公用令書を交付して行わなければならない。ただし、土地の使用に際して公用令書を交付すべき相手方の所在が知れない場合その他の政令で定める場合にあっては、政令で定めるところにより事後に交付すれば足りる。

8　前項の公用令書には、次に掲げる事項を記載しなければならない。

一　公用令書の交付を受ける者の氏名（法人にあっては、名称）及び住所

二　当該処分の根拠となったこの法律の規定

三　次に掲げる処分の区分に応じ、それぞれ次に定める事項

イ　施設の管理　管理する施設の所在する場所及び管理する期間

ロ　土地又は家屋の使用　使用する土地又は家屋の所在する場所及び使用する期間

ハ　物資の使用　使用する物資の種類、数量、所在する場所及び使用する期間

ニ　取扱物資の保管命令　保管すべき物資の種類、数量、保管すべき場所及び期間

ホ　物資の収用　収用する物資の種類、数量、所在する場所及び収用する期日

ヘ　業務従事命令　従事すべき業務、場所及び期間

ト　立木等の移転又は処分　移転し、又は処分する立木等の種類、数量及び所在する場所

チ　家屋の形状の変更　家屋の所在する場所及び変更の内容

四　当該処分を行う理由

9　前二項に定めるもののほか、公用令書の様式その他公用令書について必要な事項は、政令で定める。

10　都道府県（第一項ただし書の場合にあっては、国）は、第一項から第四項までの規定による処分（第二項の規定による業務従事命令を除く。）が行われたときは、当該処分により通常生ずべき損失を補償しなければならない。

11　都道府県は、第二項の規定による業務従事命令により業務に従事した者に対して、政令で定める基準に従い、その実費を弁償しなければならない。

12　都道府県は、第二項の規定による業務従事命令により業務に従事した者がそのため死亡し、負傷し、若しくは疾病にかかり、又は障害の状態となったときは、政令で定めるところにより、その者又はその者の遺族若しくは被扶養者がこれらの原因によって受ける損害を補償しなければならない。

13　都道府県知事は、第一項又は第二項の規定により施設を管理し、土地等を使用し、取扱物資の保管を命じ、又は物資を収用するため必要があるときは、その職員に施設、土地、家屋若しくは物資の所在する場所又は取扱物資を保管させる場所に立ち入り、当該施設、土地、家屋又は物資の状況を検査させることができる。

14　都道府県知事は、第一項又は第二項の規定により取扱物資を保管させたときは、保管を命じた者に対し必要な報告を求め、又はその職員に当該物資を保管させてある場所に立ち入り、当該物資の保管の状況を検査させることができる。

15　前二項の規定により立入検査をする場合には、あらかじめその旨をその場所の管理者に通知しなければならない。

16　第十三項又は第十四項の規定により立入検査をする職員は、その身分を示す証明書を携帯し、関係者の請求があったときは、これを提示しなければならない。

第百三条第三項の次に次の一項を加える。

4　第一項の規定により家屋を使用する場合において、自衛隊の任務遂行上やむを得ない必要があると認められるときは、都道府県知事は、同項の規定の例により、その必要な限度において、当該家屋の形状を変更することができる。

第百三条に次の一項を加える。

19　第一項から第四項まで、第六項、第七項及び第十項から第十五項までの規定の実施に要する費用は、国庫の負担とする。

第百三条の次に次の一条を加える。

（展開予定地域内の土地の使用等）

第百三条の二　第七十七条の二の規定による措置を命ぜられた自衛隊の部隊等の任務遂行上必要があると認められるときは、都道府県知事は、展開予定地域内において、長官又は政令で定める者の要請に基づき、土地を使用することができる。

2　前項の規定により土地を使用する場合において、立木等が自衛隊の任務遂行の妨げとなると認められるときは、都道府県知事は、同項の規定の例により、当該立木等を移転することができる。この場合において、事態に照らし移転が著しく困難であると認めるときは、同項の規定の例により、当該立木等を処分することができる。

3　前条第七項から第十項まで及び第十七項から第十九項までの規定は前二項の規定により土地を使用し、又は立木等を移転し、若しくは処分する場合について、同条第六項、第十三項、第十五項及び第十六項の規定は第一項の規定により土地を使用する場合について準用する。この場合において、前条第六項中「第七十六条第一項の規定により出動を命ぜられた自衛隊」とあるのは、「第七十七条の二の規定による措置を命ぜられた自衛隊の部隊等」と読み替えるものとする。

4　第一項の規定により土地を使用している場合において、第七十六条第一項の規定により自衛隊が出動を命ぜられ、当該土地が前条第一項又は第二項の規定の適用を受ける地域に含まれることとなったときは、前三項の規定により都道府県知事がした処分、手続その他の行為は、前条の規定によりした処分、手続その他の行為とみなす。

第百十五条の二に次の二項を加える。

3　消防法第十七条の規定は、第七十六条第一項の規定により出動を命ぜられ、又は第七十七条の二の規定による措置を命ぜられた自衛隊の部隊等が応急措置として新築、増築、改築、移転、修繕又は模様替の工事を行った同法第十七条第一項の防火対象物で政令で定めるものについては、第七十六条第二項若しくは武力攻撃事態等における我が国の平和と独立並びに国及び国民の安全の確保に関する法律第九条第十一項後段の規定による撤収（以下第百十五条の十七までにおいて単に「撤収」という。）を命ぜられ、又は第七十七条の二の規定による命令が解除されるまでの間は、適用しない。

4　長官は、前項の規定にかかわらず、同項に規定する防火対象物について、消防の用に供する設備、消防用水及び消火活動上必要な施設の設置及び維持に関する基準を定め、その他当該防火対象物における災害を防止し、公共の安全を確保するため必要な措置を講じなければならない。

第百十六条に次の一項を加える。

2　前項の部隊が第七十六条第一項の規定により出動を命ぜられた場合における麻薬及び向精神薬取締法の規定の適用については、前項後段に規定するもののほか、当該部隊が撤収を命ぜられるまでの間は、当該部隊の医師又は歯科医師は、麻薬施用者とみなす。

第百十六条を第百十五条の三とし、同条の次に次の十八条を加える。

（墓地、埋葬等に関する法律の適用除外）

第百十五条の四　墓地、埋葬等に関する法律（昭和二十三年法律第四十八号）第四条及び第五条第一項の規定は、第七十六条第一項の規定により出動を命ぜられた自衛隊の隊員が死亡した場合におけるその死体の埋葬及び火葬については、適用しない。

（医療法の適用除外等）

第百十五条の五　医療法（昭和二十三年法律第二百五号）の規定は、第七十六条第一項の規定により出動を命ぜられ、又は第七十七条の規定により出動待機命令を受けた自衛隊の部隊等が臨時に開設する医療を行うための施設については、適用しない。

2　前項の医療を行うための施設は、医師法（昭和二十三年法律第二百一号）第二十四条第二項、歯科医師法（昭和二十三年法律第二百二号）第二十三条第二項、診療放射線技師法（昭和二十六年法律第二百二十六号）第二十六条第二項、歯科技工士法（昭和三十年法律第百六十八号）第二条第三項ただし書及び第十八条ただし書、採血及び供血あっせん業取締法（昭和三十一年法律第百六十号）第四条第一項ただし書、臨床検査技師、衛生検査技師等に関する法律（昭和三十三年法律第七十六号）第二十条の三第一項、薬事法（昭和三十五年法律第百四十五号）第二条第五項ただし書、第二十六条第三項、第四十六条第二項及び第四十九条第一項ただし書、薬剤師法（昭和三十五年法律第百四十六号）第二十二条ただし書並びに救急救命士法（平成三年法律第三十六号）第二条第一項及び第四十四条第二項ただし書の規定の適用についてはこれらの規定に規定する病院と、麻薬及び向精神薬取締法第五十条の十六第一項第一号及び第二項の規定の適用については同条に規定する病院等とみなす。

（漁港漁場整備法の特例）

第百十五条の六　第七十六条第一項の規定により出動を命ぜられ、又は第七十七条の二の規定による措置を命ぜられた自衛隊の部隊等が漁港漁場整備法（昭和二十五年法律第百三十七号）第三十九条第一項の規定により許可を要する行為をしようとする場合における同条第四項の規定の適用については、撤収を命ぜられ、又は第七十七条の二の規定による命令が解除されるまでの間は、同法第三十九条第四項中「協議する」とあるのは、「その旨を通知する」とする。

2　前項の規定により読み替えられた漁港漁場整備法第三十九条第四項の通知を受けた漁港管理者は、漁港の保全上必要があると認めるときは、当該通知をした部隊等の長に対し意見を述べることができる。

（建築基準法の特例）

第百十五条の七　第七十六条第一項の規定により出動を命ぜられ、又は第七十七条の二の規定による措置を命ぜられた自衛隊の部隊等が行う破損した建築物の応急の修繕又は応急仮設建築物の建築については、建築基準法（昭和二十五年法律第二百一号）第八十五条第一項本文及び第三項の規定を準用する。この場合において、同項中「その建築工事を完了した後三月をこえて」とあるのは「自衛隊法（昭和二十九年法律第百六十五号）第七十六条第二項若しくは武力攻撃事態等における我が国の平和と独立並びに国及び国民の安全の確保に関する法律（平成十五年法律第七十九号）第九条第十一項後段の規定による撤収を命ぜられ、又は自衛隊法第七十七条の二の規定による命令が解除された後においても」と、「特定行政庁の許可」とあるのは「当該撤収の命令又は命令の解除があった後、速やかに特定行政庁に申請し、その許可」と読み替えるものとする。

（港湾法の特例）

第百十五条の八　第七十六条第一項の規定により出動を命ぜられ、又は第七十七条の二の規定による措置を命ぜられた自衛隊の部隊等が港湾法（昭和二十五年法律第二百十八号）第三十七条第一項又は第五十六条第一項の規定により許可を要する行為をしようとする場合における同法第三十七条第三項（同法第五十六条第三項において準用する場合を含む。以下この条において同じ。）の規定の適用については、撤収を命ぜられ、又は第七十七条の二の規定による命令が解除されるまでの間は、同法第三十七条第三項中「とあるのは「港湾管理者と協議し」と、前項中「許可をし」とあるのは「協議に応じ」」とあるのは、「とあるのは、「あらかじめ、その旨を港湾管理者に通知し」」とする。

2　前項に規定する自衛隊の部隊等が応急措置として行う防御施設の構

築その他の行為であって港湾法第三十八条の二第一項の規定により届出を要するものをしようとする場合における同条第九項の規定の適用については、同項中「同項の規定による届出の例により」とあり、及び「第四項の規定による届出の例により」とあるのは、「あらかじめ」とする。

3　前二項の規定により読み替えられた港湾法第三十七条第三項又は第三十八条の二第九項の通知を受けた港湾管理者又は都道府県知事は、港湾の利用又は保全上必要があると認めるときは、当該通知に係る部隊等の長に対し意見を述べることができる。

4　港湾法第四十条第一項の規定は、第一項に規定する自衛隊の部隊等が応急措置として行う防御施設の構築その他の行為については、適用しない。

（土地収用法の適用除外）

第百十五条の九　土地収用法（昭和二十六年法律第二百十九号）第二十八条の三第一項（同法第百三十八条第一項において準用する場合を含む。）の規定は、第七十六条第一項の規定により出動を命ぜられ、又は第七十七条の二の規定による措置を命ぜられた自衛隊の部隊等が応急措置として行う防御施設の構築その他の行為については、適用しない。

（森林法の特例）

第百十五条の十　第七十六条第一項の規定により出動を命ぜられ、又は第七十七条の二の規定による措置を命ぜられた自衛隊の部隊等が応急措置として行う森林法（昭和二十六年法律第二百四十九号）第十条の八第一項の規定により届出を要する立木の伐採に対する同項の規定の適用については、同項中「伐採するには、農林水産省令で定める手続に従い、あらかじめ」とあるのは「伐採したときは」と、「森林の所在場所、伐採面積、伐採方法、伐採齢、伐採後の造林の方法、期間及び樹種その他農林水産省令で定める事項を記載した伐採及び伐採後の造林の届出書を提出しなければ」とあるのは「その旨を通知しなければ」とする。

2　森林法第三十一条の規定は、前項に規定する自衛隊の部隊等が応急措置として行う防御施設の構築その他の行為については、適用しない。

3　第一項に規定する自衛隊の部隊等が応急措置として行う防御施設の構築その他の行為であって森林法第三十四条第一項又は第二項の規定により許可を要するものをしようとするときは、これらの規定にかかわらず、あらかじめ都道府県知事にその旨を通知することをもって足りる。

4　前項の通知を受けた都道府県知事は、保安林の保全上必要があると認めるときは、当該通知をした部隊等の長に対し意見を述べることができる。

（道路法の特例）

第百十五条の十一　第七十六条第一項の規定により出動を命ぜられた自衛隊の部隊等が、破損し、又は欠壊している道路を通行するために応急措置として行う道路に関する工事については、道路法（昭和二十七年法律第百八十号）第二十四条の規定にかかわらず、同条本文の承認を受けることを要しない。この場合において、当該部隊等の長は、当該道路に関する工事の概要を着手後速やかに当該承認の権限を有する者に通知しなければならない。

2　前項前段に規定する自衛隊の部隊等が行う道路の占用に対する道路法第三十五条の規定の適用については、撤収を命ぜられるまでの間は、同条中「道路管理者に協議し、その同意を得れば」とあるのは、「同条第一項又は第三項の許可の権限を有する者にあらかじめ同条第二項各号に掲げる事項を通知すれば」とする。

3　道路法第九十一条第一項の規定は、第七十六条第一項の規定により出動を命ぜられ、又は第七十七条の二の規定による措置を命ぜられた自衛隊の部隊等が応急措置として行う防御施設の構築その他の行為については、適用しない。

4　前項に規定する自衛隊の部隊等が行う道路予定区域の占用に対する道路法第九十一条第二項において準用する同法第三十五条の規定の適用については、徴収を命ぜられ、又は第七十七条の二の規定による命令が解除されるまでの間は、同法第九十一条第二項において準用する同法第三十五条中「道路管理者に協議し、その同意を得れば」とあるのは、「第九十一条第二項において準用する第三十二条第一項又は第三項の許可の権限を有する者にあらかじめ同条第二項各号に掲げる事項を通知すれば」とする。

5　第二項の規定により読み替えられた道路法第三十五条又は前項の規定により読み替えられた同法第九十一条第二項において準用する同法第三十五条の通知を受けた者は、道路の管理上必要があると認めるときは、当該通知に係る部隊等の長に対し意見を述べることができる。

（土地区画整理法の適用除外）

第百十五条の十二　土地区画整理法（昭和二十九年法律第百十九号）第七十六条第一項の規定は、第七十六条第一項の規定により出動を命ぜられ、又は第七十七条の二の規定による措置を命ぜられた自衛隊の部隊等が応急措置として行う防御施設の構築その他の行為については、適用しない。

（都市公園法の特例）

第百十五条の十三　第七十六条第一項の規定により出動を命ぜられ、又は第七十七条の二の規定による措置を命ぜられた自衛隊の部隊等が行う都市公園又は公園予定地の占用に対する都市公園法（昭和三十一年法律第七十九号）第九条（同法第二十三条第三項において準用する場合を含む。以下この条において同じ。）の規定の適用については、撤収を命ぜられ、又は第七十七条の二の規定による命令が解除されるまでの間は、同法第九条中「第七条各号に掲げる工作物」とあるのは「工作物」と、「と公園管理者との協議が成立すること」とあるのは「があらかじめ公園管理者に占用の目的、占用の期間、占用の場所及び工作物その他の物件又は施設の構造を通知すること」とする。この場合において、同法第十一条（同法第二十三条第三項において準用する場合を含む。）の規定は、適用しない。

2　前項の規定により読み替えられた都市公園法第九条の通知を受けた公園管理者は、都市公園の管理上必要があると認めるときは、当該通知に係る部隊等の長に対し意見を述べることができる。

3　都市公園法第十八条の規定に基づく条例の規定は、第七十六条第一項の規定により出動を命ぜられ、又は第七十七条の二の規定による措置を命ぜられた自衛隊の部隊等が応急措置として行う防御施設の構築その他の行為については、適用しない。

（海岸法の特例）

第百十五条の十四　第七十六条第一項の規定により出動を命ぜられ、又は第七十七条の二の規定による措置を命ぜられた自衛隊の部隊等が海岸法（昭和三十一年法律第百一号）第七条第一項、第八条第一項、第三十七条の四又は第三十七条の五の規定により許可を要する行為をしようとする場合における同法第十条第二項（同法第三十七条の八において準用する場合を含む。以下この条において同じ。）の規定の適用については、撤収を命ぜられ、又は第七十七条の二の規定による命令が解除されるまでの間は、同法第十条第二項中「協議する」とあるのは、「その旨を通知する」とする。

2　前項の規定により読み替えられた海岸法第十条第二項の通知を受けた海岸管理者は、海岸の保全上必要があると認めるときは、当該通知に係る部隊等の長に対し意見を述べることができる。

（自然公園法の特例）

第百十五条の十五　第七十六条第一項の規定により出動を命ぜられ、又は第七十七条の二の規定による措置を命ぜられた自衛隊の部隊等が応急措置として行う防御施設の構築その他の行為であって自然公園法（昭和三十二年法律第百六十一号）第十三条第三項、第十四条第三項、第二十四条第三項又は第二十六条第一項の規定により許可又は届出を要するものをしようとする場合における同法第十五条第三項ただし書又は第五十六条の規定の適用については、同法第十五条第三項第一号中「第五十六条第一項後段の規定による協議」とあるのは「自衛隊法（昭和二十九年法律第百六十五号）第百十五条の十五第一項の規定により読み替えられた第五十六条第一項後段の規定による通知」と、同法第五十六条第一項中「協議しなければ」とあるのは「その旨を通知しなければ」と、同条第三項中「これらの規定による届出の例により」とあるのは「あらかじめ」とする。

2　前項の規定により読み替えられた自然公園法第五十六条第一項又は第三項の通知を受けた環境大臣又は都道府県知事は、自然公園の保護上必要があると認めるときは、当該通知をした部隊等の長に対し意見を述べることができる。

3　第一項に規定する自衛隊の部隊等が応急措置として行う防御施設の構築その他の行為が自然公園法第六十条第一項の規定に基づく条例の規定により許可又は届出を要することとされる場合における当該条例の規定の適用については、前二項の規定の例による。

（道路交通法の特例）

第百十五条の十六　第七十六条第一項の規定により出動を命ぜられた自衛隊の部隊等が応急措置として行う防御施設の構築その他の行為であって道路交通法（昭和三十五年法律第百五号）第七十七条第一項の規定により許可を要するものに対する同項の規定の適用については、撤収を命ぜられるまでの間は、同項中「の許可（当該行為に係る場所が同一の公安委員会の管理に属する二以上の警察署長の管轄にわたるときは、そのいずれかの所轄警察署長の許可。以下この節において同じ。）を受けなければならない」とあるのは、「にあらかじめ当該行為の概要を通知しなければならない。この場合において、当該行為に係る場所が同一の公安委員会の管理に属する二以上の警察署長の管轄にわたるときは、そのいずれかの所轄警察署長に通知すれば足りる」とする。

2　前項の規定により読み替えられた道路交通法第七十七条第一項の通知を受けた警察署長は、道路における危険を防止し、その他交通の安全と円滑を図るため必要があると認めるときは、当該通知をした部隊等の長に対し意見を述べることができる。

3　第七十六条第一項の規定による防衛出動命令又は第七十七条の規定による出動待機命令を受けた隊員が受けている都道府県公安委員会の運転免許に係る運転免許証の有効期間及びその更新については、道路交通法第九十二条の二第一項から第三項まで及び第百一条第一項の規定にかかわらず、政令で特別の定めをすることができる。

（河川法の特例）

第百十五条の十七　第七十六条第一項の規定により出動を命ぜられ、又は第七十七条の二の規定による措置を命ぜられた自衛隊の部隊等が河川法（昭和三十九年法律第百六十七号）第二十三条から第二十五条まで、第二十六条第一項、第二十七条第一項、第五十五条第一項、第五十七条第一項、第五十八条の四第一項又は第五十八条の六第一項の規定により許可を要する行為（同法第二十七条第四項に規定する一定の河川区域内の土地における土地の掘削、盛土又は切土を除く。）をしようとする場合における同法第九十五条（同法第百条第一項において準用する場合を含む。以下この条において同じ。）の規定の適用については、撤収を命ぜられ、又は第七十七条の二の規定による命令が解除されるまでの間は、同法第九十五条中「国と河川管理者との協議が成立することをもって、これらの規定による許可又は承認があったものとみなす」とあるのは、「これらの規定にかかわらず、国があらかじめ河川管理者に当該行為をしようとする旨を通知することをもって足りる」とする。

2　前項の規定により読み替えられた河川法第九十五条の通知を受けた河川管理者は、河川の管理上必要があると認めるときは、当該通知に係る部隊等の長に対し意見を述べることができる。

（首都圏近郊緑地保全法の適用除外）

第百十五条の十八　首都圏近郊緑地保全法（昭和四十一年法律第百一号）第八条第一項及び第三項の規定は、第七十六条第一項の規定により出動を命ぜられ、又は第七十七条の二の規定による措置を命ぜられた自衛隊の部隊等が応急措置として行う防御施設の構築その他の行為については、適用しない。

（近畿圏の保全区域の整備に関する法律の適用除外）

第百十五条の十九　近畿圏の保全区域の整備に関する法律（昭和四十二年法律第百三号）第九条第一項及び第三項の規定は、第七十六条第一項の規定により出動を命ぜられ、又は第七十七条の二の規定による措置を命ぜられた自衛隊の部隊等が応急措置として行う防御施設の構築その他の行為については、適用しない。

（都市計画法の適用除外）

第百十五条の二十　都市計画法（昭和四十三年法律第百号）第四十二条第一項、第五十二条の二第一項（同法第五十七条の三第一項において準用する場合を含む。）、第五十三条第一項及び第六十五条第一項の規定は、第七十六条第一項の規定により出動を命ぜられ、又は第七十七条の二の規定による措置を命ぜられた自衛隊の部隊等が応急措置として行う防御施設の構築その他の行為については、適用しない。

2　都市計画法第五十八条第一項の規定に基づく条例の規定は、前項に規定する自衛隊の部隊等が応急措置として行う防御施設の構築その他の行為については、適用しない。

（都市緑地保全法の特例）

第百十五条の二十一　第七十六条第一項の規定により出動を命ぜられ、又は第七十七条の二の規定による措置を命ぜられた自衛隊の部隊等が応急措置として行う防御施設の構築その他の行為であって都市緑地保全法（昭和四十八年法律第七十二号）第五条第一項の規定により許可を要するものをしようとする場合における同条第八項後段の規定の適用については、同項後段中「協議しなければ」とあるのは、「その旨を通知しなければ」とする。

2　前項の規定により読み替えられた都市緑地保全法第五条第八項の通知を受けた都道府県知事は、緑地の保全上必要があると認めるときは、当該通知をした部隊等の長に対し意見を述べることができる。

第百十六条の二を第百十六条とし、第百十六条の三第二項中「とのえる」を「調える」に改め、同条を第百十六条の二とする。

第百十六条の四中「及び第二項並びに」を「から第四項まで、第六項、第七項及び第十項から第十五項まで、第百三条の二、」に、「第百三条第三項において準用する災害救助法第二十三条の二第二項及び第三項、第二十三条の三、第二十四条第五項並びに第二十九条」を「第百十五条の十第四項」に、「事務は」を「事務（第百十五条の十第四項の規定により処理することとされているもののうち民有林に係るものにあっては、森林法第二十五条第一項第一号から第三号までに掲げる目的を達成するための指定に係る保安林に関するものに限る。）は」に改め、同条を第百十六条の三とする。

本則に次の三条を加える。

第百二十四条　第百三条第十三項（第百三条の二第三項において準用する場合を含む。）又は第十四項の規定による立入検査を拒み、妨げ、若しくは忌避し、又は同項の規定による報告をせず、若しくは虚偽の報告をした者は、二十万円以下の罰金に処する。

第百二十五条　第百三条第一項又は第二項の規定による取扱物資の保管命令に違反して当該物資を隠匿し、毀棄し、又は搬出した者は、六月以下の懲役又は三十万円以下の罰金に処する。

第百二十六条　法人の代表者又は法人若しくは人の代理人、使用人その他の従業員が、その法人又は人の業務に関し前二条の違反行為をしたときは、行為者を罰するほか、その法人又は人に対しても、各本条の罰金刑を科する。

第二条　防衛庁の職員の給与等に関する法律（昭和二十七年法律第二百六十六号）の一部を次のように改正する。

第三条第一項中「以下「出動」を「第十二条第二項において「出動」に改める。

第十五条を次のように改める。

（防衛出動手当）

第十五条　自衛隊法第七十六条第一項の規定による出動（以下「防衛出動」という。）を命ぜられた職員（政令で定めるものを除く。）には、この条の定めるところにより、防衛出動手当を支給する。

2　防衛出動手当の種類は、防衛出動基本手当及び防衛出動特別勤務手当とする。

3　防衛出動基本手当は、防衛出動時における勤労の強度、勤務時間、勤労環境その他の勤労条件及び勤務の危険性、困難性その他の著しい特殊性に応じて支給するものとする。

4　防衛出動特別勤務手当は、防衛出動時における戦闘又はこれに準ずる勤務の著しい危険性に応じて支給するものとする。

5　防衛出動基本手当が支給される職員には、第十四条第一項の規定にかかわらず、単身赴任手当、超過勤務手当、休日給、夜勤手当、宿日直手当及び管理職員特別勤務手当は、支給しない。

6　第十四条第二項において準用する一般職給与法第十一条の九第一項第三号の規定の適用については、防衛出動を命ぜられた日の前日において同号の規定に該当していた職員で、前項の規定の適用がないとしたならば同日後も引き続き単身赴任手当の支給要件を具備することとなるものは、防衛出動手当を支給されている間、同号の規定に該当するものとみなす。

7　前各項に定めるもののほか、防衛出動基本手当及び防衛出動特別勤務手当の額その他防衛出動手当の支給に関し必要な事項は、政令で定める。

第二十七条第二項中「単身赴任手当及び管理職員特別勤務手当」を「単身赴任手当、管理職員特別勤務手当及び防衛出動手当」に、「宿日直手当及び管理職員特別勤務手当」を「宿日直手当、管理職員特別勤務手当及び防衛出動手当」に、「航空手当」を「特殊勤務手当、特地勤務手当、管理職員特別勤務手当、防衛出動手当、航空手当」に、「、営外手当」を「及び営外手当」に改め、「、特殊勤務手当、特地勤務手当及び管理職員特別勤務手当」を削る。

第三十条を削り、第三十条の二を第三十条とする。

附則

（施行期日）

1　この法律は、公布の日から施行する。ただし、第一条中自衛隊法本則に三条を加える改正規定は、公布の日から起算して三月を経過した日から施行する。

（地方自治法の一部改正）

2　地方自治法（昭和二十二年法律第六十七号）の一部を次のように改

正する。

別表第一自衛隊法（昭和二十九年法律第百六十五号）の項中「及び第二項並びに」を「から第四項まで、第六項、第七項及び第十項から第十五項まで、第百三条の二、」に、「第百三条第三項において準用する災害救助法第二十三条の二第二項及び第三項、第二十三条の三、第二十四条第五項並びに第二十九条」を「第百十五条の十第四項」に、「事務」を「事務（第百十五条の十第四項の規定により処理することとされているもののうち民有林に係るものにあつては、森林法第二十五条第一項第一号から第三号までに掲げる目的を達成するための指定に係る保安林に関するものに限る。）」に改める。

（薬事法及び採血及び供血あっせん業取締法の一部を改正する法律の一部改正）

3　薬事法及び採血及び供血あっせん業取締法の一部を改正する法律（平成十四年法律第九十六号）の一部を次のように改正する。

附則第一条第一号中「、第二十八条及び第二十九条」を「及び第二十八条から第二十九条の二まで」に改める。

附則中第二十条の次に次の一条を加える。

第二十条の二　自衛隊法（昭和二十九年法律第百六十五号）の一部を次のように改正する。

第百十五条の五第二項中「薬事法（昭和三十五年法律第百四十五号）第二条第七項ただし書」を「薬事法（昭和三十五年法律第百四十五号）第二条第十一項ただし書」に改める。

附則第二十九条の次に次の一条を加える。

（第一条及び第三条の規定による改正に伴う関係法律の一部改正）

第二十九条の二　自衛隊法の一部を次のように改正する。

第百十五条の五第二項中「採血及び供血あっせん業取締法（昭和三十一年法律第百六十号）第四条第一項ただし書」を「安全な血液製剤の安定供給の確保に関する法律（昭和三十一年法律第百六十号）第十三条第一項ただし書」に、「薬事法（昭和三十五年法律第百四十五号）第二条第五項ただし書」を「薬事法（昭和三十五年法律第百四十五号）第二条第七項ただし書」に改める。

資料Ⅱ・47

安全保障についての要綱案

二〇〇三年七月二四日

自由民主党政務調査会・憲法調査会・憲法改正プロジェクトチーム

コメント

1．本文書は、国会での憲法調査会の活動、九・一一事件後のアフガニスタン侵攻、二〇〇三年のイラク戦争をふまえ、自民党が明文改憲への意欲を強化するなかで、党憲法調査会内につくられていた、谷川和穂を座長とする「憲法改正プロジェクトチーム」が発表した九条改憲方針である。

当時、小泉純一郎内閣は、来るべき総選挙へ向けてのマニフェスト内に、〇五年の同党の結党五〇周年にあたって憲法改正草案の発表、憲法改正国民投票法の制定を盛り込むことを検討していた。

こうした事態を受けて、二〇〇三年一一月に行われた総選挙後、党憲法調査会も抜本的に再編強化された。それまで憲法調査会長であった葉梨信行が引退して保岡興治が会長に就任し、憲法改正プロジェクトチームも杉浦正健を座長として再編され、憲法改正草案づくりが本格化するが、本文書の発表は、そうした自民党内改憲の動きの先駆をなす試みである。

2．党憲法調査会は、安全保障関係の要綱のあと、前文、天皇、人権、統治機構、地方自治、改正などにおいても改正案を次々と打ち出す予定であったが、実際には、総選挙後には、憲法調査会もプロジェクトチームも再編されて再出発することになり、調査会名での文章は、この要綱のみに終わった。

3．本文書の特徴は以下の諸点にある。

第一に、本要綱案は、憲法改正で、個別的自衛権、集団的自衛権保持を明記することを提唱していることである。

「集団的自衛権」が問題として浮上したのは、アメリカの戦争に、武力行使抜きで後方支援を行うことを定めた周辺事態法の制定をふまえた第一次アーミテージ報告（⇩Ⅱ・25）以後であり、大きなうねりになるのは、二〇〇四年自衛隊イラク派兵後のことだが、本要綱もその流れに乗っている。

第二に、本要綱案は、自衛軍の出動の場合を自衛権行使と国際貢献の二本立てで考えており、当時の改憲の背景にあった、あらゆる場合における自衛隊の海外派兵の実現という要請が貫徹していることである。

第三に、本要綱案は、国家緊急事態規定を重視している点である。そこでは首相が国家緊急事態を宣言すると、国民に対し「命令を発することができ」「地方公共団体を直接指揮することができる」としている。

第一　国家の防衛

日本国は、国家の独立及び安全を守るため、個別的自衛権及び集団的自衛権を有する。

第二　自衛軍

1　自衛軍の設置

日本国は、第一に掲げる自衛権を行使する組織として、自衛軍を保持する。

2　自衛軍の任務

一　自衛軍は、第四及び第五で定めるところにより、自衛権の行使その他国家緊急事態における措置及び国家（際）貢献に係る措置を実施するため、出動することができる。

二　その他法律で定めるところにより、自衛軍は、出動することができる。

3　自衛軍の指揮及び組織・運用

一　自衛軍の最高指揮権は、内閣総理大臣がこれを有する。

二　自衛軍の組織及び運用は、法律で定める。

4　自衛軍の軍人に関する特例

一　自衛軍の軍人の基本的人権は、法律の範囲内において、制限される。ただし、その制限は、自衛軍の任務を遂行するために必要かつ最小限のものでなければならない。

二　最高裁判所の下に、法律で定めるところにより、軍事規律上の犯罪に関する裁判を行う特別の裁判所を設置する。

第三　国民の責務

国民は、国家の独立と安全を守る責務を有する。責務の具体的内容は、法律でこれを定めるものとする。

第四　国家緊急事態

1　国家緊急事態の宣言等

①　内閣総理大臣は、次に掲げる緊急事態が発生したと認めるときは、国家緊急事態を宣言することができる。

一　防衛緊急事態　外部からの武力攻撃により国家の独立又は安全に重大な影響が生じ、又は生ずるおそれのある事態

二　治安緊急事態　テロリスト等による大規模騒乱その他わが国の民主的な基本秩序に対する差し迫った危険が生じ、又は生ずる恐れのある事態

三　災害緊急事態　大規模な自然災害等により国民の生命、身体又は財産に被害が生じ、又は生ずるおそれのある事態

②　内閣総理大臣が国家緊急事態を宣言するには、原則として事前に、緊急の必要がある場合には事後に、国会の承認を得なければならない。

③　国会は、国家緊急事態の終了を議決することができる。

2　国家緊急事隊における措置

①　防衛緊急事態及び治安緊急事態における措置

一　内閣総理大臣の権限

イ　防衛緊急事態及び治安緊急事態において、内閣総理大臣は、法律で定めるところにより、自衛軍に対し、出動を命ずることができる。この場合においては、原則として事前に、緊急の必要がある場合には事後に、国会の承認を得なければならない。

ロ　防衛緊急事態及び治安緊急事態において、内閣総理大臣は、法律で定めるところにより、国民に対し、国家の独立と安全を守るために必要な措置を実施するため、命令を発することができる。

ハ　防衛緊急事態及び治安緊急事態において、内閣総理大臣は、法律で定めるところにより、国家の独立と安全を守るために必要な措置を実施するため、地方公共団体を直接に指揮することができる。

二　内閣総理大臣の職務代行に関する特例

国家緊急事態において、内閣総理大臣が欠けた場合には、あらかじめその指名した国務大臣が、新たに内閣総理大臣が任命されるまでの間、内閣総理大臣の職務を行う。

三　国会議員及び国会に関する特例

イ　任務の延長等

国家緊急事態の間に国会議員の任期が満了するときは、その任期は、国家緊急事態の終了後一定期限まで延長される。衆議院が解散中に国家緊急事態が宣言された場合は、衆議院の総選

挙は、国家緊急事態の終了後一定期限まで延長することができる。

ロ　両院合同委員会

国家緊急事態において、国会を開会できない場合には、国会の両院合同委員会が、内閣総理大臣の指名権、立法権、予算の議決権、条約の承認等の国会の憲法上の権限を行使する。

両院合同委員会は、憲法上の衆議院と参議院との関係を踏まえて、法律で定めるところにより、衆議院議員（衆議院が解散中の場合は、直前に衆議院議員であった者）及び参議院議員で構成される。

② 災害緊急事態における措置

災害緊急事態において、内閣総理大臣は、その有効な対処のために必要な限り、法律の定めるところにより、自衛軍を出動させ、国民に対し命令を発し、及び地方公共団体に指示を与えることができる。

第五　国際貢献

国際貢献上必要と認められる場合において自衛軍の軍事力を行使するときは、原則として事前に、緊急の必要がある場合には事後に、国会の承認を得なければならない。

資料Ⅱ・48

イラク復興支援特別措置法

（イラクにおける人道復興支援活動及び安全確保支援活動の実施に関する特別措置法）

二〇〇三年八月一日法律第一三七号

コメント

1．本法は、二〇〇三年三月のアメリカによるイラク攻撃に呼応して、日本が自衛隊のイラク派遣を含む支援を行うことを根拠づける法律として制定された。

イラク特措法の核心は、アメリカのイラク攻撃後、占領下のイラクに自衛隊を派遣し「人道復興支援活動」と「安全確保支援活動」を行うことである。そのうち特に重視されるのが、「安全確保支援活動」であって、その中身は法によれば米英軍の治安確保活動に対する「医療、輸送、保管、通信、建設、修理、もしくは整備、補給又は消毒」（三条三項）である。この「輸送」のなかには、武器弾薬や兵員の輸送が入るから、これはイラク本土における米軍の作戦行動に対する自衛隊の後方支援活動にほかならない。

九〇年代以来、日本は自衛隊の海外出動のための態勢づくりに力を費やしてきたし、国連ＰＫＯ活動の一環としてカンボジアはじめさまざまな地域に自衛隊を海外に派遣してきた。

しかし、九・一一事件後のアメリカのタリバン政権攻撃に呼応したテロ対策特措法（⇩Ⅱ・35）による自衛隊の派兵以来、派兵の中身は質的に変わった。これ以後の自衛隊派兵は明確に米軍の戦闘作戦行動と一体化した後方支援活動となったからである。イラク特措法はそれをさらにレベルアップして、テロ対策特措法で法律で認められながら実施されなかったイラク地上への自衛隊派遣、しかも武器弾薬、兵員の輸送を中心とした活動に踏み込もうとしたものである。

米軍の戦闘作戦行動に民間企業や地方自治体を動員する態勢づくりをめざす有事法制と並んで、このイラク特措法は、米軍の軍事行動の後方支援と共同作戦態勢という形での日本の軍事大国化を新たな段階に引き上げるものであった。同法に基づき、日本は、二〇〇四年一月、自衛隊史上初めて、自衛隊をイラクの地上に派遣したのである。

2．本法の注目すべき特徴は以下の諸点にある。

第一の特徴は、イラクの地上に武装した自衛隊を「人道復興支援活動」「安全確保支援活動」という名目で派遣することを認めた点である。

イラク攻撃は、国連安保理内でも反対が強く、日本が国連決議に基づいて自衛隊をイラクに派兵することはとうてい不可能であった。ところが、イラクにおけるアメリカの攻撃が短期に「勝利」のうちに終わり、かつ国連が米英主導の占領を容認しイラク制裁解除を認める決議一四八三を出したため、ようやくイラクへの自衛隊の派遣のめどが立った。

本法一条は、国連決議一四八三号をふまえ、「人道復興支援活動」「安全確保支援活動」を行う名目で自衛隊をイラクに派遣することを規定したのである。

3．本法は、「自衛隊の海外派兵はしない」、「集団的自衛権行使は違憲」、武力行使と一体化した活動も禁止という政府解釈のハードルを越えるために、二条二項で「武力による威嚇又は武力の行使に当たるものであってはならない」ことを謳い、また武力行使との一体化を避けるために、同条三項で自衛隊の活動を「非戦闘地域」に限るとした。すなわち「現に戦闘行為（国際的な武力紛争の一環として行われる人を殺傷し又は物を破壊する行為をいう。以下同じ。）が行われておらず、かつ、そこで実施される活動の期間を通じて戦闘行為が行われることがないと認められる次に掲げる地域」としたのである。

4．本法の注目すべき第三の特徴は、自衛隊の活動の拡大を図っていることである。周辺事態法に比べて、テロ対策特措法は、自衛隊の派遣地域を拡大し、武器使用基準をゆるめ、自衛隊の活動範囲も拡大した。さらに、周辺事態法では自衛隊出動につき国会の事前承認が必要であったのを事後承認へ緩和した。

イラク特措法では、テロ対策特措法では実施されなかった地上での活動を改めて認め（二条三項）、自衛隊の活動範囲も、武器弾薬、兵員輸送を中心とした活動に踏み込んだのである。

5．にもかかわらずイラク特措法でも、自衛隊の海外での武力行使、さらには武力行使と一体化された活動とみなされる、戦闘地域での活動は認められなかった。以後、この限界の突破が明文改憲という形で追求されることになるのである。

第一章　総則

（目的）

第一条　この法律は、イラク特別事態（国際連合安全保障理事会決議第六百七十八号、第六百八十七号及び第千四百四十一号並びにこれらに関連する同理事会決議に基づき国際連合加盟国によりイラクに対して行われた武力行使並びにこれに引き続く事態をいう。以下同じ。）を受けて、国家の速やかな再建を図るためにイラクにおいて行われている国民生活の安定と向上、民主的な手段による統治組織の設立等に向けたイラクの国民による自主的な努力を支援し、及び促進しようとする国際社会の取組に関し、我が国がこれに主体的かつ積極的に寄与するため、国際連合安全保障理事会決議第千四百八十三号を踏まえ、人道復興支援活動及び安全確保支援活動を行うこととし、もってイラクの国家の再建を通じて我が国を含む国際社会の平和及び安全の確保に資することを目的とする。

（基本原則）

第二条　政府は、この法律に基づく人道復興支援活動又は安全確保支援活動（以下「対応措置」という。）を適切かつ迅速に実施することにより、前条に規定する国際社会の取組に我が国として主体的かつ積極的に寄与し、もってイラクの国家の再建を通じて我が国を含む国際社会の平和及び安全の確保に努めるものとする。

2　対応措置の実施は、武力による威嚇又は武力の行使に当たるものであってはならない。

3　対応措置については、我が国領域及び現に戦闘行為（国際的な武力紛争の一環として行われる人を殺傷し又は物を破壊する行為をいう。以下同じ。）が行われておらず、かつ、そこで実施される活動の期間を通じて戦闘行為が行われることがないと認められる次に掲げる地域において実施するものとする。

一　外国の領域（当該対応措置が行われることについて当該外国の同意がある場合に限る。ただし、イラクにあっては、国際連合安全保障理事会決議第千四百八十三号その他の政令で定める国際連合の総会又は安全保障理事会の決議に従ってイラクにおいて施政を行う機関の同意によることができる。）

二　公海（海洋法に関する国際連合条約に規定する排他的経済水域を含む。第八条第五項及び第十四条第一項において同じ。）及びその上空

4　内閣総理大臣は、対応措置の実施に当たり、第四条第一項に規定する基本計画に基づいて、内閣を代表して行政各部を指揮監督する。

5　関係行政機関の長は、前条の目的を達成するため、対応措置の実施に関し、内閣総理大臣及び防衛庁長官に協力するものとする。

（定義等）

第三条　この法律において、次の各号に掲げる用語の意義は、それぞれ当該各号に定めるところによる。

一　人道復興支援活動　イラクの国民に対して医療その他の人道上の支援を行い若しくはイラクの復興を支援することを国際連合加盟国に対して要請する国際連合安全保障理事会決議第千四百八十三号又はこれに関連する政令で定める国際連合の総会若しくは安全保障理事会の決議に基づき、人道的精神に基づいてイラク特別事態によって被害を受け若しくは受けるおそれがあるイラクの住民その他の者（以下「被災民」という。）を救援し若しくはイラク特別事態によって生じた被害を復旧するため、又はイラクの復興を支援するために我が国が実施する措置をいう。

二　安全確保支援活動　イラクの国内における安全及び安定を回復するために貢献することを国際連合加盟国に対して要請する国際連合安全保障理事会決議第千四百八十三号又はこれに関連する政令で定める国際連合の総会若しくは安全保障理事会の決議に基づき、国際連合加盟国が行うイラクの国内における安全及び安定を回復する活動を支援するために我が国が実施する措置をいう。

三　関係行政機関　次に掲げる機関で政令で定めるものをいう。

イ　内閣府並びに内閣府設置法（平成十一年法律第八十九号）第四十九条第一項及び第二項に規定する機関並びに国家行政組織法（昭和二十三年法律第百二十号）第三条第二項に規定する機関

ロ　内閣府設置法第四十条及び第五十六条並びに国家行政組織法第八条の三に規定する特別の機関

四　人道復興関係国際機関　国際連合難民高等弁務官事務所その他国際連合の総会若しくは安全保障理事会によって設立された機関若しくは国際連合の専門機関又は我が国が締結した条約その他の国際約束により設立された国際機関であって人道復興支援活動に関するものとして政令で定める国際機関をいう。

2　人道復興支援活動として実施される業務は、次に掲げるもの（これらの業務にそれぞれ附帯する業務を含む。）とする。

一　医療

二　被災民の帰還の援助、被災民に対する食糧、衣料、医薬品その他の生活関連物資の配布又は被災民の収容施設の設置

三　被災民の生活若しくはイラクの復興を支援する上で必要な施設若しくは設備の復旧若しくは整備又はイラク特別事態によって汚染その他の被害を受けた自然環境の復旧

四　行政事務に関する助言又は指導

五　前各号に掲げるもののほか、人道的精神に基づいて被災民を救援し若しくはイラク特別事態によって生じた被害を復旧するため、又はイラクの復興を支援するために我が国が実施する輸送、保管（備蓄を含む。）、通信、建設、修理若しくは整備、補給又は消毒

3　安全確保支援活動として実施される業務は、国際連合加盟国が行うイラクの国内における安全及び安定を回復する活動を支援するために我が国が実施する医療、輸送、保管（備蓄を含む。）、通信、建設、修理若しくは整備、補給又は消毒（これらの業務にそれぞれ附帯する業務を含む。）とする。

第二章　対応措置等

（基本計画）

第四条　内閣総理大臣は、対応措置のいずれかを実施することが必要であると認めるときは、当該対応措置を実施すること及び当該対応措置に関する基本計画（以下「基本計画」という。）の案につき閣議の決定を求めなければならない。

2　基本計画に定める事項は、次のとおりとする。

一　対応措置に関する基本方針

二　対応措置を実施する場合における次に掲げる事項

イ　当該対応措置に係る基本的事項

ロ　当該対応措置の種類及び内容

ハ　当該対応措置を実施する区域の範囲及び当該区域の指定に関する事項

ニ　当該対応措置を自衛隊が外国の領域で実施する場合には、当該対応措置を外国の領域で実施する自衛隊の部隊等（自衛隊法（昭和二十九年法律第百六十五号）第八条に規定する部隊等をいう。以下同じ。）の規模及び構成並びに装備並びに派遣期間

ホ　国際連合、人道復興関係国際機関又は国際連合加盟国（第十八条において「国際連合等」という。）に無償又は時価よりも低い対価で譲渡するために関係行政機関がその事務又は事業の用に供し又は供していた物品以外の物品を調達する場合には、その実施に係る重要事項

ヘ　その他当該対応措置の実施に関する重要事項

三　対応措置の実施のための関係行政機関の連絡調整に関する事項

3　第一項の規定は、基本計画の変更について準用する。

4　対応措置を外国の領域で実施する場合には、当該外国（イラクにあっては、第二条第三項第一号の政令で定める国際連合の総会又は安全保障理事会の決議に従ってイラクにおいて施政を行う機関を含む。）

及び人道復興関係国際機関その他の関係機関と協議して、実施する区域の範囲を定めるものとする。

（国会への報告）

第五条　内閣総理大臣は、次に掲げる事項を、遅滞なく、国会に報告しなければならない。

一　基本計画の決定又は変更があったときは、その内容

二　基本計画に定める対応措置が終了したときは、その結果

（国会の承認）

第六条　内閣総理大臣は、基本計画に定められた自衛隊の部隊等が実施する対応措置については、当該対応措置を開始した日（防衛庁長官が第八条第二項の規定により当該対応措置の実施を自衛隊の部隊等に命じた日をいう。）から二十日以内に国会に付議して、当該対応措置の実施につき国会の承認を求めなければならない。ただし、国会が閉会中の場合又は衆議院が解散されている場合には、その後最初に召集される国会において、速やかに、その承認を求めなければならない。

2　政府は、前項の場合において不承認の議決があったときは、速やかに、当該対応措置を終了させなければならない。

（本府による対応措置の実施）

第七条　内閣総理大臣又はその委任を受けた者は、基本計画に従い、対応措置として実施される業務としての物品の提供（次条第一項に規定する物品の提供を除く。）を行うものとする。

2　内閣総理大臣は、基本計画に従い、対応措置として実施される業務としての役務の提供（次条第二項に規定する役務の提供を除く。）を行うものとする。この場合において、内閣総理大臣は、イラク復興支援職員（一般職に属する国家公務員のうち対応措置に従事する内閣府本府（以下「本府」という。）の職員をいう。以下同じ。）にその実施を命ずるものとする。

3　前二項に定めるもののほか、本府による対応措置の実施に関し必要な事項は、政令で定める。

（自衛隊による対応措置の実施）

第八条　内閣総理大臣又はその委任を受けた者は、基本計画に従い、対応措置として実施される業務としての物品の提供（自衛隊に属する物品の提供に限る。）を行うものとする。

2　防衛庁長官は、基本計画に従い、対応措置として実施される業務としての役務の提供（自衛隊による役務の提供に限る。）について実施要項を定め、これについて内閣総理大臣の承認を得て、自衛隊の部隊等にその実施を命ずるものとする。

3　防衛庁長官は、前項の実施要項において、対応措置を実施する区域（以下この条において「実施区域」という。）を指定するものとする。

4　防衛庁長官は、実施区域の全部又は一部がこの法律又は基本計画に定められた要件を満たさないものとなった場合には、速やかに、その指定を変更し、又はそこで実施されている活動の中断を命じなければならない。

5　対応措置のうち公海若しくはその上空又は外国の領域における活動の実施を命ぜられた自衛隊の部隊等の長又はその指定する者は、当該活動を実施している場所の近傍において、戦闘行為が行われるに至った場合又は付近の状況等に照らして戦闘行為が行われることが予測される場合には、当該活動の実施を一時休止し又は避難するなどして当該戦闘行為による危険を回避しつつ、前項の規定による措置を待つものとする。

6　自衛隊の部隊等が対応措置として実施する業務には、次に掲げるものを含まないものとする。

一　武器（弾薬を含む。第十八条において同じ。）の提供

二　戦闘作戦行動のために発進準備中の航空機に対する給油及び整備

7　自衛隊の部隊等は、外国の領域において対応措置を実施するに当たり、外務大臣の指定する在外公館と密接に連絡を保つものとする。

8　外務大臣の指定する在外公館長は、外務大臣の命を受け、自衛隊による対応措置の実施のため必要な協力を行うものとする。

9　第二項の規定は、同項の実施要項の変更（第四項の規定により実施区域を縮小する変更を除く。）について準用する。

（配慮事項）

第九条　内閣総理大臣及び防衛庁長官は、対応措置の実施に当たっては、その円滑かつ効果的な推進に努めるとともに、イラク復興支援職員及び自衛隊の部隊等の安全の確保に配慮しなければならない。

（イラク復興支援職員の採用）

第十条　内閣総理大臣は、対応措置に従事させるため、当該対応措置に従事することを志望する者のうちから、選考により、任期を定めてイラク復興支援職員を採用することができる。

2　内閣総理大臣は、前項の規定による採用に当たり、関係行政機関若しくは地方公共団体又は民間の団体の協力を得て、広く人材の確保に努めるものとする。

（行政機関の職員の定員に関する法律の特例）

第十一条　行政機関の職員の定員に関する法律（昭和四十四年法律第三十三号）第一条及び第二条の規定にかかわらず、前条第一項の規定により採用されるイラク復興支援職員の定員は、政令で定めるところにより、同法第一条第一項及び第二条の定員に含まないものとする。

（関係行政機関の職員の派遣）

第十二条　内閣総理大臣は、関係行政機関の長に対し、基本計画に従い、対応措置を実施するため必要な技術、能力等を有する職員（国家公務員法（昭和二十二年法律第百二十号）第二条第三項各号に掲げる者を除く。）を本府に派遣するよう要請することができる。

2　関係行政機関の長は、前項の規定による要請があったときは、その所掌事務に支障を生じない限度において、同項の職員に該当する職員を期間を定めて本府に派遣するものとする。

3　前項の規定により派遣された職員は、従前の官職を保有したまま、同項の期間を任期としてイラク復興支援職員に任用されるものとする。

4　前項の規定により従前の官職を保有したままイラク復興支援職員に任用される者は、内閣総理大臣の指揮監督の下に対応措置に従事する。

（国家公務員法の適用除外）

第十三条　第十条第一項の規定により採用されるイラク復興支援職員については、イラク復興支援職員になる前に、国家公務員法第百三条第一項に規定する営利企業（以下この条において「営利企業」という。）を営むことを目的とする団体の役員、顧問若しくは評議員（以下この条において「役員等」という。）の職に就き、若しくは自ら営利企業を営み、又は報酬を得て、営利企業以外の事業の団体の役員等の職に就き、若しくは事業に従事し、若しくは事務を行っていた場合においても、同項及び同法第百四条の規定は、適用しない。

（イラク人道復興支援等手当）

第十四条　我が国以外の領域（公海を含む。）において対応措置に従事する者には、対応措置が行われる地域の勤務環境及び対応措置の特質にかんがみ、イラク人道復興支援等手当を支給することができる。

2　前項のイラク人道復興支援等手当に関し必要な事項は、政令で定める。

3　内閣総理大臣は、前項の政令の制定又は改廃に際しては、人事院の意見を聴かなければならない。

（国家公務員災害補償法等の読替え）

第十五条　イラク人道復興支援等手当が支給される者に係る国家公務員災害補償法（昭和二十六年法律第百九十一号）第四条第二項及び防衛

庁の職員の給与等に関する法律（昭和二十七年法律第二百六十六号）第二十七条第二項ただし書の規定の適用については、これらの規定中「及び国際平和協力手当」とあるのは、「、国際平和協力手当及びイラク人道復興支援等手当」とする。

（関係行政機関の協力）

第十六条　内閣総理大臣及び防衛庁長官は、対応措置を実施するため必要があると認めるときは、関係行政機関の長に対し、その所管に属する物品の管理換えその他の協力を要請することができる。

2　関係行政機関の長は、前項の規定による要請があったときは、その所掌事務に支障を生じない限度において、同項の協力を行うものとする。

（武器の使用）

第十七条　対応措置の実施を命ぜられた自衛隊の部隊等の自衛官は、自己又は自己と共に現場に所在する他の自衛隊員（自衛隊法第二条第五項に規定する隊員をいう。）、イラク復興支援職員若しくはその職務を行うに伴い自己の管理の下に入った者の生命又は身体を防衛するためやむを得ない必要があると認める相当の理由がある場合には、その事態に応じ合理的に必要と判断される限度で、第四条第二項第二号ニの規定により基本計画に定める装備である武器を使用することができる。

2　前項の規定による武器の使用は、当該現場に上官が在るときは、その命令によらなければならない。ただし、生命又は身体に対する侵害又は危難が切迫し、その命令を受けるいとまがないときは、この限りでない。

3　第一項の場合において、当該現場に在る上官は、統制を欠いた武器の使用によりかえって生命若しくは身体に対する危険又は事態の混乱を招くこととなることを未然に防止し、当該武器の使用が同項及び次項の規定に従いその目的の範囲内において適正に行われることを確保する見地から必要な命令をするものとする。

4　第一項の規定による武器の使用に際しては、刑法（明治四十年法律第四十五号）第三十六条又は第三十七条の規定に該当する場合を除いては、人に危害を与えてはならない。

第三章　雑則

（物品の譲渡及び無償貸付け）

第十八条　内閣総理大臣又はその委任を受けた者は、本府又は自衛隊に属する物品（武器を除く。）につき、国際連合等からその活動の用に供するため当該物品の譲渡又は無償貸付けを求める旨の申出があった場合において、当該活動の円滑な実施に必要であると認めるときは、その所掌事務に支障を生じない限度において、当該申出に係る物品を当該国際連合等に対し無償若しくは時価よりも低い対価で譲渡し、又は無償で貸し付けることができる。

（民間の協力等）

第十九条　内閣総理大臣及び防衛庁長官は、前章の規定による措置によっては対応措置を十分に実施することができないと認めるときは、関係行政機関の長の協力を得て、物品の譲渡若しくは貸付け又は役務の提供について国以外の者に協力を求めることができる。

2　政府は、前項の規定により協力を求められた国以外の者に対し適正な対価を支払うとともに、その者が当該協力により損失を受けた場合には、その損失に関し、必要な財政上の措置を講ずるものとする。

（その他の措置）

第二十条　政府は、前章の規定による措置を実施するほか、イラク特別事態を受けて、国家の速やかな再建を図るためにイラクにおいて行われている国民生活の安定と向上、民主的な手段による統治組織の設立等に向けたイラクの国民による自主的な努力を支援し、及び促進するよう努めるものとする。

（政令への委任）

第二十一条　この法律に特別の定めがあるもののほか、この法律の実施のための手続その他この法律の施行に関し必要な事項は、政令で定める。

附則

（施行期日）

第一条　この法律は、公布の日から施行する。

（この法律の失効等）

第二条　この法律は、施行の日から起算して四年を経過した日に、その効力を失う。ただし、その日より前に、対応措置を実施する必要がないと認められるに至ったときは、速やかに廃止するものとする。

第三条　前条の規定にかかわらず、施行の日から起算して四年を経過する日以後においても対応措置を実施する必要があると認められるに至ったときは、別に法律で定めるところにより、同日から起算して四年以内の期間を定めて、その効力を延長することができる。

第四条　前条の規定は、同条（この条において準用する場合を含む。）の規定により効力を延長した後その定めた期間を経過しようとする場合について準用する。

（自衛隊法の一部改正）

第五条　自衛隊法の一部を次のように改正する。

附則中第三十三項を第三十五項とし、第十九項から第三十二項までを二項ずつ繰り下げ、第十八項の次に次の二項を加える。

19　内閣総理大臣又はその委任を受けた者は、イラクにおける人道復興支援活動及び安全確保支援活動の実施に関する特別措置法（平成十五年法律第百三十七号）がその効力を有する間、同法の定めるところにより、自衛隊の任務遂行に支障を生じない限度において、対応措置としての物品の提供を実施することができる。

20　長官は、イラクにおける人道復興支援活動及び安全確保支援活動の実施に関する特別措置法がその効力を有する間、同法の定めるところにより、自衛隊の任務遂行に支障を生じない限度において、部隊等に対応措置としての役務の提供を行わせることができる。

（内閣府設置法の一部改正）

第六条　内閣府設置法の一部を次のように改正する。

附則第二条第四項中「前三項」を「前各項」に改め、同項を同条第五項とし、同条第三項の次に次の一項を加える。

4　内閣府は、第三条第二項の任務を達成するため、第四条第三項各号及び前三項に掲げる事務のほか、イラクにおける人道復興支援活動及び安全確保支援活動の実施に関する特別措置法（平成十五年法律第百三十七号）がその効力を有する間、同法第二条第一項に規定する対応措置（自衛隊が実施するものを除く。）の実施に関する事務をつかさどる。

［編著者紹介］

渡辺　治（わたなべ　おさむ）

一橋大学名誉教授、九条の会事務局。一九四七年東京生まれ。東京大学法学部卒業、東京大学社会科学研究所助教授、一橋大学社会学部教授などを歴任。主な著書・編著に『日本国憲法「改正」史』（日本評論社、一九八七年）、『戦後政治史の中の天皇制』（青木書店、一九九〇年）、『「豊かな社会」日本の構造』（旬報社、一九九〇年）、『政治改革と憲法改正』（青木書店、一九九四年）、『講座現代日本1　現代日本の帝国主義化』（大月書店、一九九六年）、『日本の大国化は何をめざすか』（岩波ブックレット、一九九七年）、『憲法「改正」は何をめざすか』（岩波ブックレット、二〇〇一年）、『日本の大国化とネオ・ナショナリズム』（桜井書店、二〇〇一年）、『憲法「改正」の争点』（編著、旬報社、二〇〇二年）、『憲法「改正」』（旬報社、二〇〇五年）、『構造改革政治の時代』（花伝社、二〇〇五年）、『安倍政権論』（旬報社、二〇〇七年）、『憲法九条と二五条・その力と可能性』（かもがわ出版、二〇〇九年）、『新自由主義か新福祉国家か』（旬報社、二〇〇九年）、『新たな福祉国家を展望する』（共編著、旬報社、二〇一一年）、『安倍政権と日本政治の新段階』（旬報社、二〇一三年）、『渡辺治の政治学入門』（新日本出版社、二〇一二年）、『安倍政権の改憲・構造改革新戦略』（旬報社、二〇一三年）、『〈大国〉への執念　安倍政権と日本の危機』（共著、大月書店、二〇一四年）など。

憲法改正問題資料・上巻

二〇一五年四月三〇日　初版第一刷発行

編著者　渡辺　治

装丁　佐藤篤司

発行者　木内洋育

発行所　株式会社　旬報社

〒一一二-〇〇一五　東京都文京区目白台二-一四-一三

TEL　〇三-三九四三-九九一一　FAX　〇三-三九四三-八三九六

ホームページ　http://www.junposha.com/

印刷製本　中央精版印刷株式会社

ISBN978-4-8451-1371-2